中國奶業年鑒
劉成果

刘成果 主编

中国奶業年鉴

2010

中国农业出版社

《中国奶业年鉴》编辑委员会

主　编　刘成果

副主编

魏克佳　徐定人　陈伟生　王俊勋　何子阳
刘　艳　谢建民　李昌健　何新天　刘　敏
冯忠武　刘连贵　张　沅　许世卫　王加启
李胜利　杨利国　王本利　豆　明

编辑部主任　豆　明

编辑部成员

郑剑玲　钱嫦圭　陈联奇　李凯燕　孙兰欣
刘曰强　罗　刚　罗艳红　郝志华　陈　辉
王彦龙　于　娜　吴玉翠　曾之桂　林捷刊
曹　婷　熊　倩　陈　兵

特邀编辑

经宝临（北京）　赵祥增（天津）　李贺峰（河北）
王印魁（山西）　那达木德（内蒙古）　林仁堂（辽宁）
付殿国（吉林）　吴和平（黑龙江）　陈　新（上海）
孙宏进（江苏）　戴旭明（浙江）　李赛明（安徽）
陈玉明（福建）　娄佑武（江西）　张思聪（山东）
宋洛文（河南）　吴晓萍（湖北）　伍佰鑫（湖南）
陈三有（广东）　唐善生（广西）　张绍君（海南）
罗　健（重庆）　马继良（四川）　廖正录（贵州）
刘红文（云南）　蔡　斌（西藏）　郭庆宏（陕西）
沈启云（甘肃）　张惠萍（青海）　罗晓瑜（宁夏）
齐新林（新疆）　刘英虎（石家庄）　张玉安（唐山）
雷秀敏（太原）　巴根那（呼和浩特）　王　军（包头）
李剑军（呼伦贝尔）　魏润元（乌兰察布）　范　颖（大连）
刘进盛（哈尔滨）　于忠诚（大庆）　翟振双（绥化）
谷成标（南京）　叶剑华（杭州）　赵建成（南昌）
袁传溪（济南）　宗绪贵（青岛）　王选顺（郑州）
杨焕堂（武汉）　王丁棉（广州）　赵庆政（深圳）
王春秀（成都）　谢　红（昆明）　王伟民（西安）
丁维华（乌鲁木齐）
马　莹（农业部奶业管理办公室）　邓兴照（农业部畜牧业司）
陈国盛（农业部兽医局）　王林昌（农业部农垦局）
李桂群（农业部市场信息司）　王学勤（科技部农村科技司）
殷成文（全国畜牧总站）　刘海良（全国畜牧总站）
石有龙（全国畜牧总站）　李　栋（中国奶协秘书处）
侯　锐（国家统计局农村司）　汤艳丽（农业部信息中心）

2009年3月16日　国务院副总理回良玉视察山东得益乳业有限公司。

2009年10月15日　全国政协人口资源环境委员会和中国奶协主办的“中国奶业振兴态势分析会”在北京召开。大会主题是贯彻落实奶业振兴规划纲要，推进奶业转型升级。全国政协副主席王志珍、中国奶协理事长刘成果，以及国家发改委副主任穆虹，工业和信息化部副部长苗圩，农业部副部长高鸿宾等7部委领导出席会议。

2009年11月19日　农业部副部长高鸿宾在光明食品集团总裁曹树民等陪同下，视察上海光明荷斯坦金山种奶牛场。上海光明荷斯坦牧业总经理黄黎明和金山种奶牛场场长王建宗介绍情况。

2009年4月28日　农业部全国生鲜乳收购站建设和管理现场会在石家庄召开。农业部首席兽医师于康震、畜牧业司副司长陈伟生以及来自中宣部、工信部等国家九部委的有关负责人，各省、自治区、直辖市畜牧主管部门和奶牛生产大县畜牧局领导共160余人到会。

2009年5月30日至6月1日 中国奶业协会2009年会在杭州召开。本次年会主题是“树立消费信心 振兴民族奶业”。农业部副部长高鸿宾出席大会并讲话，刘成果理事长做主题报告，魏克佳常务副理事长兼秘书长做工作报告。会议期间举办多个专题研讨会和“世界牛奶日—天天饮奶营养健康”的特别宣传活动。

2009年5月30日至6月1日 中国奶业协会主办的“第七届中国国际奶业展览会及高层论坛”在杭州召开。中国奶业协会理事长刘成果致开幕词，农业部副部长高鸿宾宣布开幕。

2009年12月16~18日　“2009国家奶牛产业技术体系工作总结会暨体系‘金钥匙工程’北京•天津培训班”在北京召开。中国奶协理事长刘成果、常务副理事长兼秘书长魏克佳、农业部奶业管理办公室主任王俊勋等领导出席开幕式。会议由体系首席科学家李胜利主持。

2009年3月6日　三鹿集团管理人与三元集团、河北三元在石家庄举行拍卖资产交接协议签署仪式。河北省省委省政、石家庄市委市政府、北京市委市政府，三地国资委有关领导，三元集团董事长张福平、总经理薛刚、副书记范学珊及三元食品公司总经理钮立平、河北三元总经理高青山出席签约仪式。

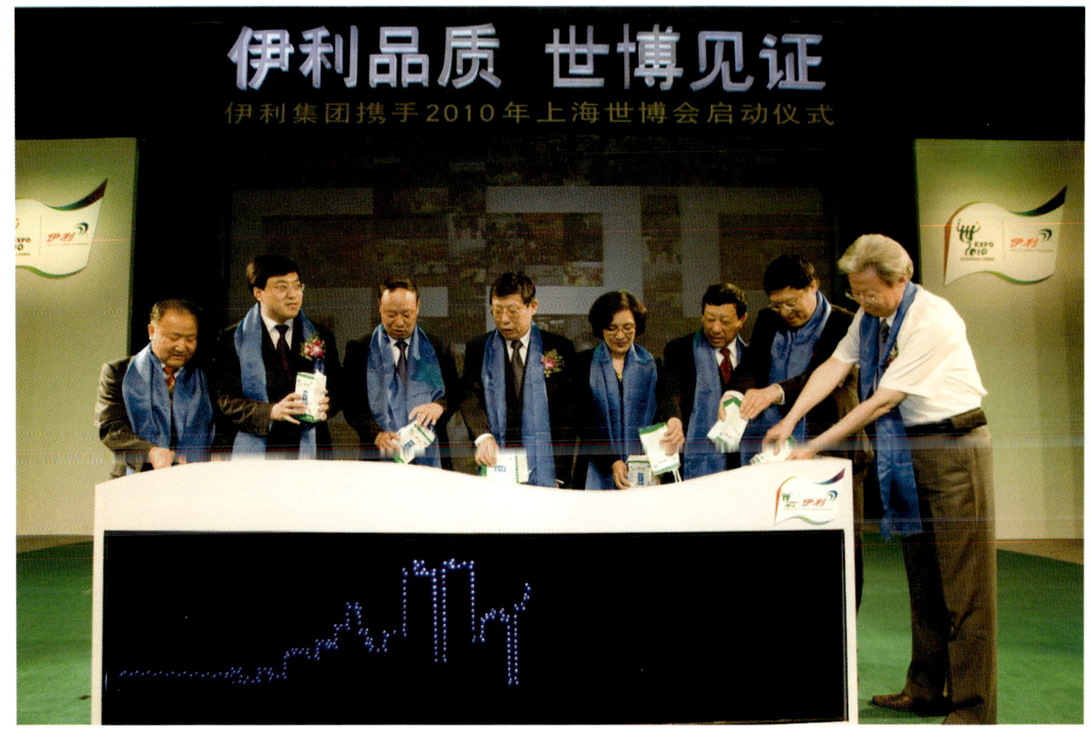

2009年5月25日　上海世博局与伊利集团在沪举行伊利集团携手2010年上海世博会启动仪式，世博局领导、内蒙及呼市有关领导、中国奶业协会、中国乳制品工业协会负责人及伊利董事长潘刚一起启动仪式。

2009年7月7日　中粮集团入股蒙牛乳业，成为蒙牛最大股东。中粮集团董事长宁高宁、蒙牛乳业董事长牛根生出席签字仪式。

2009年8月18日　飞鹤乳业(NYSE:ADY)成功转到纽交所主板上市，董事长兼CEO冷友斌敲响了纽交所开市钟声。

2009年9月17日　光明乳业（德州）有限公司二期暨15万吨生产线投产仪式在德州举行。光明乳业总裁郭本恒和德州市委书记雷建国等领导出席投产庆典仪式。

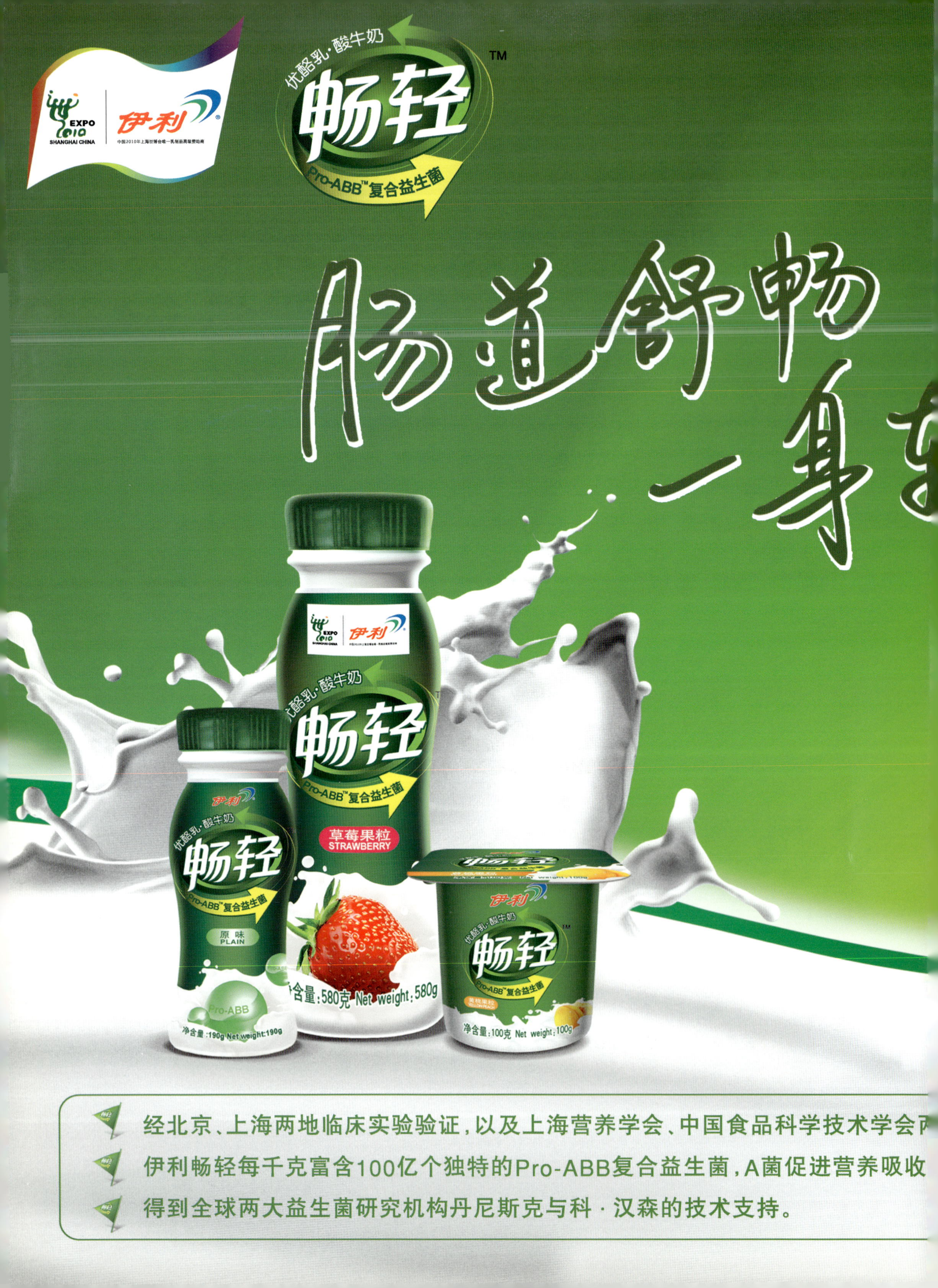
EXPO 2010 SHANGHAI CHINA
伊利
优酪乳·酸牛奶
畅轻™
Pro-ABB™复合益生菌
肠道舒畅
一身
草莓果粒
STRAWBERRY
原味
PLAIN
净含量:580克 Net weight:580g
净含量:190g Net weight:190g
黄桃果粒
净含量:100克 Net weight:100g
经北京、上海两地临床实验验证，以及上海营养学会、中国食品科学技术学会
伊利畅轻每千克富含100亿个独特的Pro-ABB复合益生菌，A菌促进营养吸收
得到全球两大益生菌研究机构丹尼斯克与科·汉森的技术支持。

中国2010年上海世博会唯一指定乳制品

大权威机构对临床实验结果的认证，伊利畅轻具有营养吸收和肠道通畅的双重功效。
3B菌促进消化、滋润排毒。ABB菌双效调节，舒畅易吸收，肠胃更健康。

代言人　张靓颖
Jane
畅
光明
畅优
优品系列
天天畅优 舒畅轻松

三元
以安全开始
以家国为重

有爱 有缘 有三元

三元纤果汇

酸奶+纤果

好喝不上火

有爱 有缘 有三元

从王震将军亲手建立黑龙江垦区第一个奶牛场至今，在北大荒这片纯朴、广袤、肥沃的黑土地上，完达山乳业走过了47年的发展历程。

完达山乳业自1965年将第一批奶粉献礼首都以来，历经国家质检总局和各级技术监督部门上万次检查，完达山产品合格率始终保持100%，无一不良记录，成为民族乳业的诚信坐标。

2009年完达山品牌在“中国500最具价值品牌排行榜”中，以51.83亿的品牌价值位居第171位！

完达山乳业一直以“取自然精华、强国民体魄、兴民族乳业、壮中华国威”为己任贡献高品质产品，并将继续为中国民族乳品工业，为“中国制造”焕发耀眼光芒！

飞鹤®
FIRMUS

飞鹤乳业全产业链

新希望
华西
好品质源自好鲜奶
好品质 源自好鲜奶
洪雅牧场
HONGYA PASTURE
鲜牛奶
FRESH MILK
自然 天成 好品质
9898

源自洪雅牧场
好牛奶，就在您身边！
洪雅牧场
HONGYA PASTURE
自然 天成 好品质
纯牛奶
PURE MILK
自然 天成 好品质

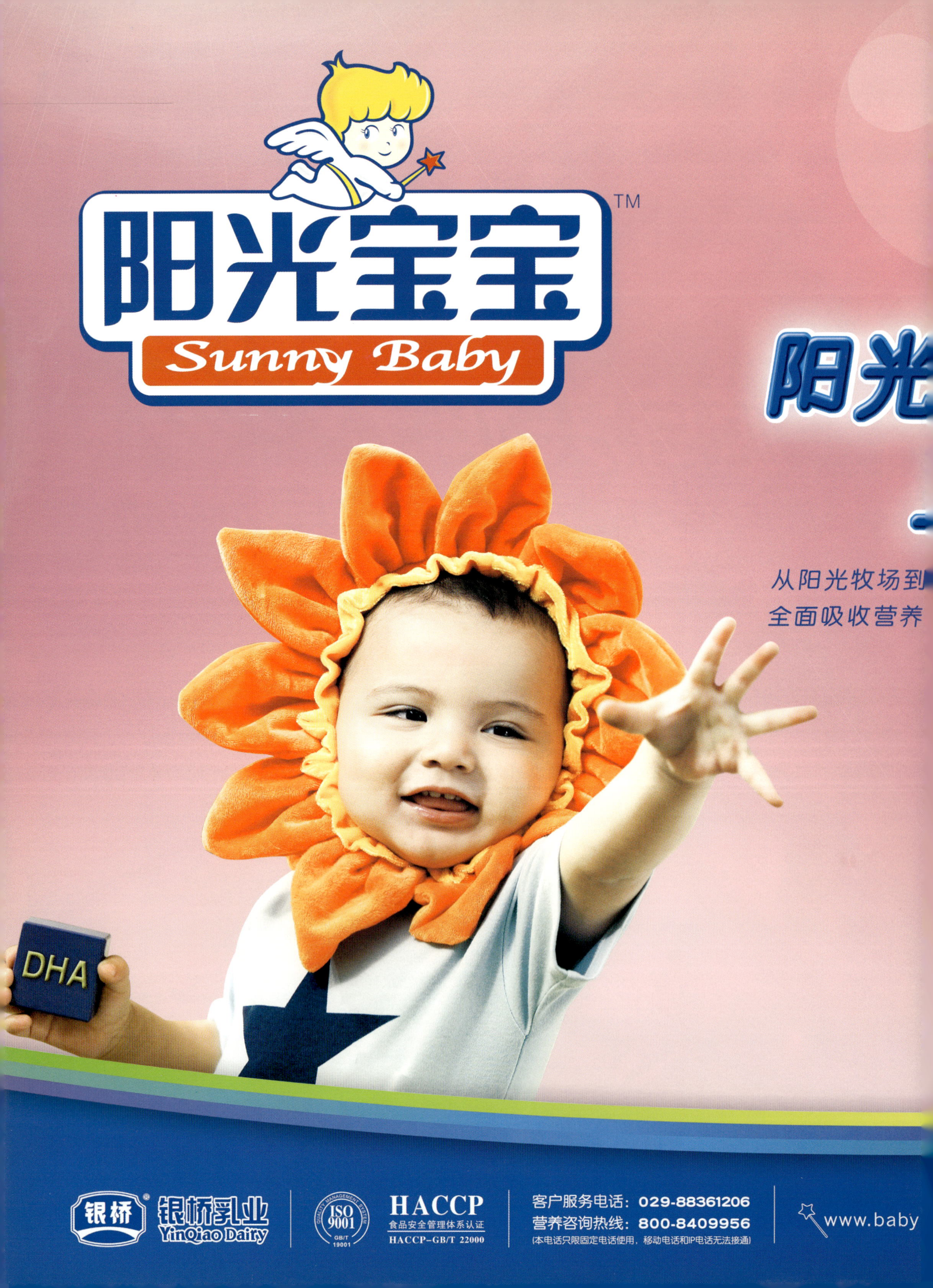

阳光宝宝
Sunny Baby
TM
阳光
从阳光牧场到
全面吸收营养
DHA
银桥
银桥乳业
YinQiao Dairy
ISO 9001
HACCP
食品安全管理体系认证
HACCP-GB/T 22000
客户服务电话：029-88361206
营养咨询热线：800-8409956
(本电话只限固定电话使用，移动电话和IP电话无法接通)
www.baby

广州风行牛奶有限公司（原广州市牛奶公司）始建于1952年7月，隶属于广州风行发展集团有限公司，是一家集奶牛饲养、乳品加工及销售为一体的国有企业。公司总部位于天河区沙太南路，注册资本为2503万元。
公司坚持牧工一体化的经营模式，以技术为基础、以质量为核心、以市场为向导、以现代管理为手段、创新经营、稳健发展。公司现有一个乳品加工厂，三个现代化牧场（华美牧场、珠江牧场及增城牧场），一家中港合资公司，及120家牛奶连锁专卖店，共有员工740人，土地资源近1700亩，全资拥有奶牛超5000头，是广东省内全资拥有奶牛最多的乳品企业，学生饮用奶定点生产企业及华南地区规模最大的乳品企业。
牛在身边 奶更新鲜
电 话：86 020 83876060
传 真：86 020 83806246
地 址：中国 广东 广州市天河区 沙太南路342号（510510）
公司主页：http://www.fxmilk.com.cn

Fengxing Milk
风行牛奶
国营牧场
鲜牛奶
FRESH MILK
风行牛奶
风行炼乳
原滋原味
学生乳酸牛奶
风行
FENGXING
纯牛奶
检验合格
即可饮用
红枣枸杞牛奶饮品

燕塘牛奶
真的·爱你
鲜牛奶

雀巢 Nestle
优质食品，美好生活

d
Good
Life

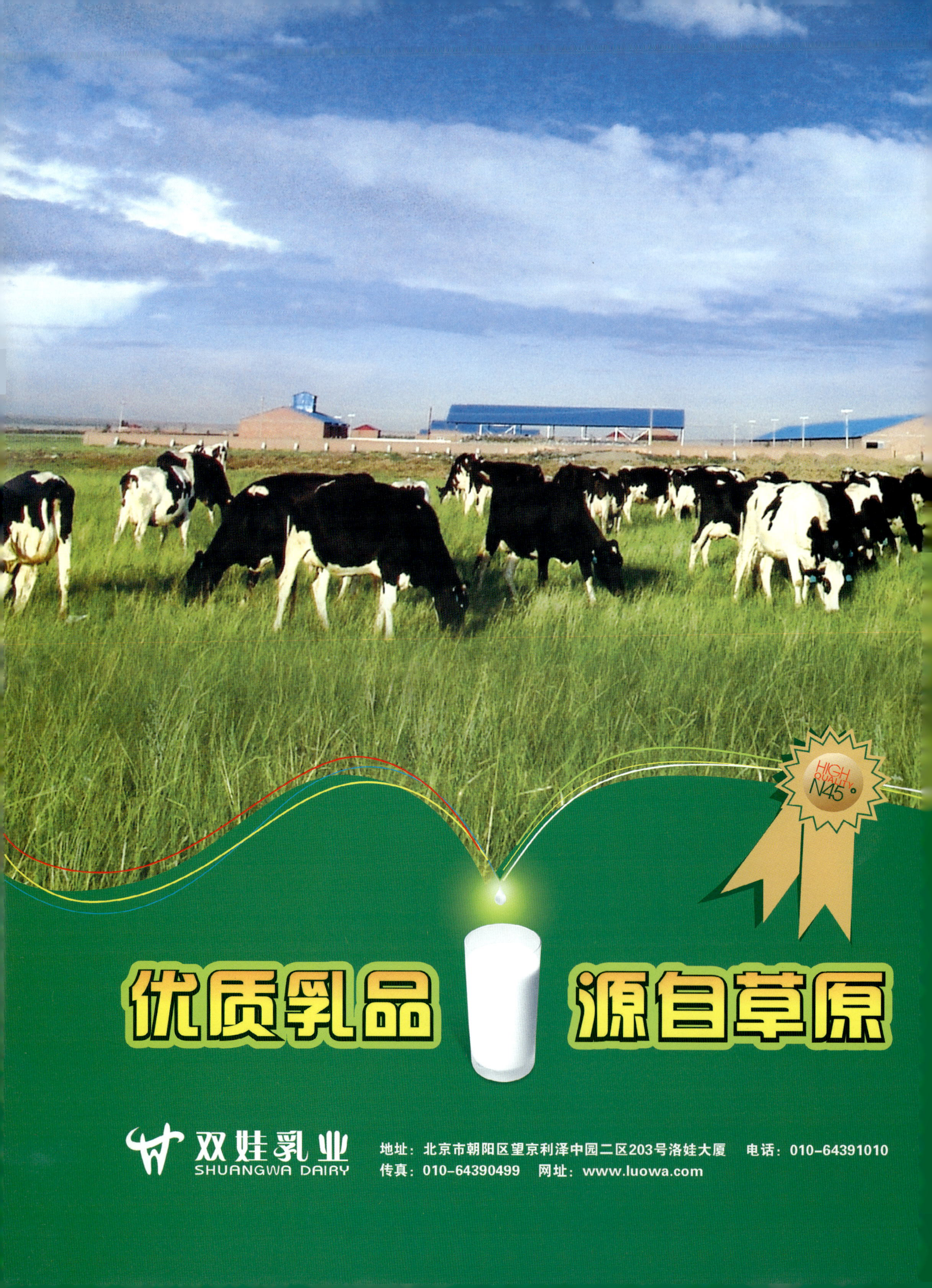
HIGH QUALITY N45°
优质乳品
源自草原
双娃乳业
SHUANGWA DAIRY
地址：北京市朝阳区望京利泽中园二区203号洛娃大厦 电话：010-64391010
传真：010-64390499 网址：www.luowa.com

北京双娃乳业有限公司是洛娃集团投资控股公司，成立于1998年，是集饲料种植加工、奶牛养殖繁育、畜牧业服务、技术研发、乳品加工、销售于一体的乳业产业化龙头企业。

■天然环境

双娃乳业在处于北纬45度优质奶牛带的内蒙古、黑龙江、河北等地建立了百万亩饲草饲料基地和奶牛养殖基地。

■优质饲料

双娃乳业在内蒙古、黑龙江等地建有奶牛专用的饲草饲料种植加工基地，研制开发了高产奶牛各个生长阶段所需的精饲料，保证了优质高产奶牛营养均衡、高产健康。

■纯种奶牛

双娃优质荷斯坦奶牛养殖基地的奶牛源自澳大利亚和新西兰的世界优良纯种荷斯坦奶牛。经过精心挑选、谱系明晰，年产奶量达7－10吨的奶牛才得以进入双娃牧场。

■先进设备

双娃乳业全面引进了德国Westfalia公司的无水黄油设备和先进的乳粉生产线，并采用丹麦Foss检测设备，全面保证了产品的国际化水平。

■完善的管理体系

双娃乳业在行业内率先通过了ISO9001国际质量管理体系认证、ISO14001国际环境管理体系认证及HACCP认证，严格、规范化管理确保各个生产环节有效控制产品质量。

我有一个梦，让每个中国人，首先是孩子，每天能喝上一斤奶。

温家寶

二零零六年四月廿三日

八喜®
纯正牛奶冰淇淋

北京中博农畜牧科技有限公司
Asia Dairy Fab. Ltd
ADF
整合国际资源 建设中国牧场
存储池
沼气预留地

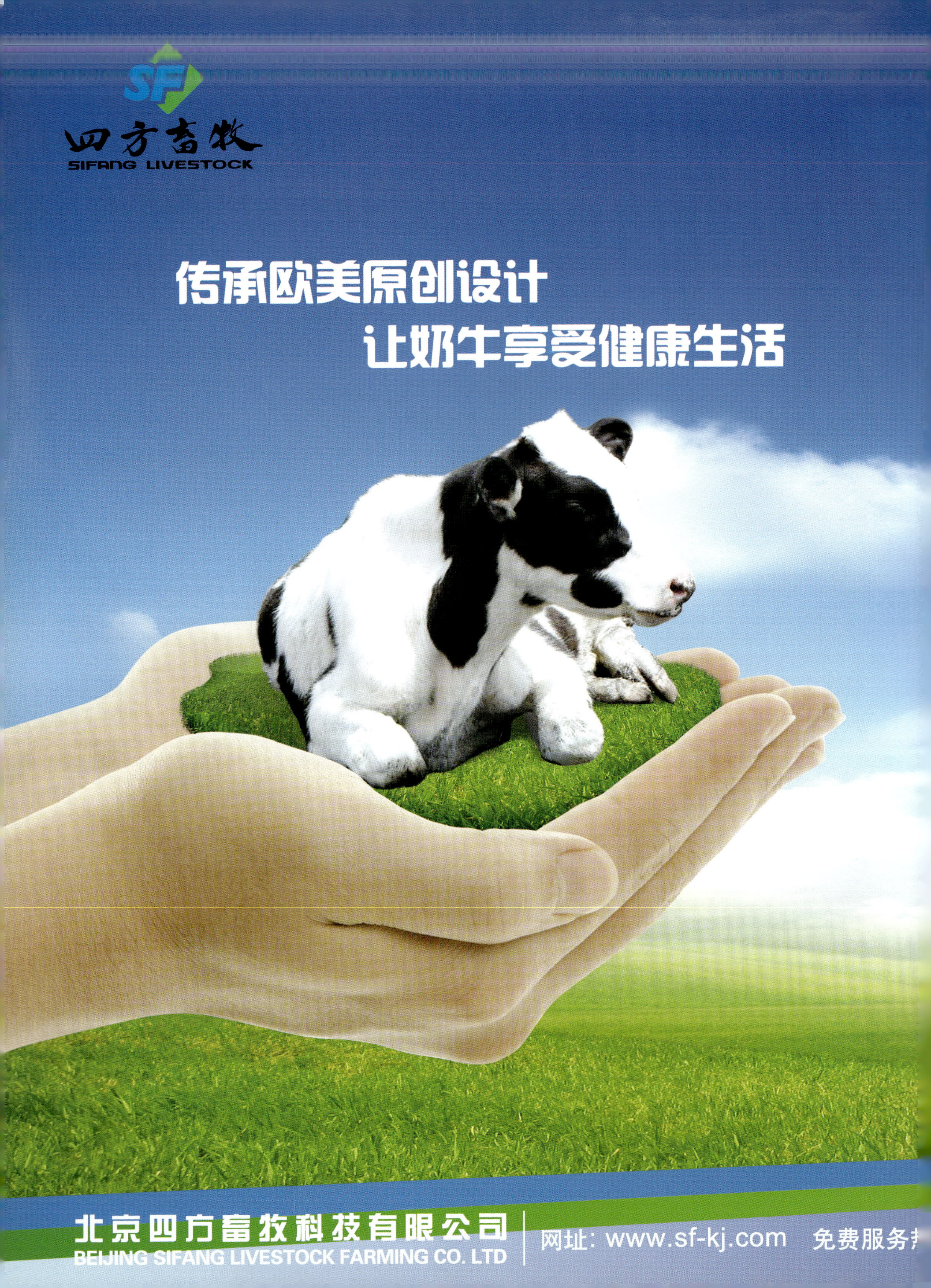
四方畜牧
SIFANG LIVESTOCK
传承欧美原创设计
让奶牛享受健康生活
北京四方畜牧科技有限公司
BEIJING SIFANG LIVESTOCK FARMING CO. LTD
网址：www.sf-kj.com

刮粪板

智能化清粪系统

智能化清粪系统由四方畜牧与荷兰JOZ公司共同研发，填补了国内在自动化清粪领域的空白。它改变了传统人工、叉车、拖拉机清粪方式间隔时间长、效率低、污染大、噪音大、清粪不彻底的弊端，让粪污处理变得轻松彻底，让奶牛的生活变得洁净惬意。

清粪系统（刮粪板）与地面接触部分装有耐磨橡胶条，不会给地面造成任何磨损，延长了地面使用寿命。工作时对奶牛的行走、饲喂、休息不造成任何影响，在寒冷冬季，清粪系统还会及时启动自动化防冻装置防止冻住，使地面粪污及时得到清理。

智能化清粪系统彻底清除了牛舍的污粪、尿液、污水，粪污通过地下粪渠输送的方式减少了对牛场内道路的污染，保证了牛舍、牛蹄的干净，消除了异味、赶走了蚊蝇，奶牛肢蹄病和乳房炎的发病率得以控制在2%以内，达到欧美国家先进水平，可以显著降低奶牛的淘汰率，提高牛奶质量，产出优质健康牛奶！。

产品类型：单向式　双向式　组合式　清粪机器人

固液筛分设备

固液筛分系统

固液筛分系统为四方畜牧与美国US公司共同研制，通过筛分系统处理后，曾经被认为是废物的污粪被转化为沼气、有机肥、牛床垫料等可再生资源，形成了一条绿色环保、低碳节能的生态链，严重污染环境的牧场粪污由此变废为宝。

经过筛分系统的处理，粗纤维变为奶牛睡着舒适的牛床垫，增强了睡眠效率，提高了产奶量；细纤维和厌氧发酵液转化为有机肥用于田间，改善土壤结构，增加土壤肥力，提高农作物的产量；发酵产生的沼气用于牧场日常燃料或发电，节约能源的同时还减少二氧化碳的排放。

牛床垫、有机肥、沼气，这一条变废为宝的生态链，真正实现了种养结合的一体化循环生产方式，完全符合国家产业政策的发展方向。

抛粪车

牧场彻底清污的能手，循环有机肥抛洒的专家——SF抛粪车，值得信赖！

牧场污粪经过搅拌和筛分之后，其中的短纤维用于生产出大量的有机肥，堆放在指定的待运区，根据堆量或田间的需要，再由SF抛粪车运离牧场，从而减少肥料对牛场的空气污染。

抛粪车配备专业的电脑控制面板，操作简单，但效率极高，在抛粪过程中能有效控制有机肥的抛洒速度和抛粪密度，从而让肥料能够根据农作物的不同需要均匀而有效地抛撒于田间，不仅可以有效降低工人的劳动强度，还可以提高肥料在田间的利用率，提高农作物的产量。

四方抛粪车——让牧场更清新，让田野更肥沃！

SF-P0011型号主要用于把发酵后的固体物质抛撒到田野里面去，这样不仅增加了土地的肥沃性，同时也减少了环境污染。配套功率160马力。

SF-P0021型号主要是用在牛舍里面进行工作，把发酵后的粗纤维物质铺到牛卧床里面，从而降低工人的劳动力，提高了工作效率。设备的配套功能为100马力。

抛粪车-SF-P0011型号

抛粪车-SF-P0021 型号

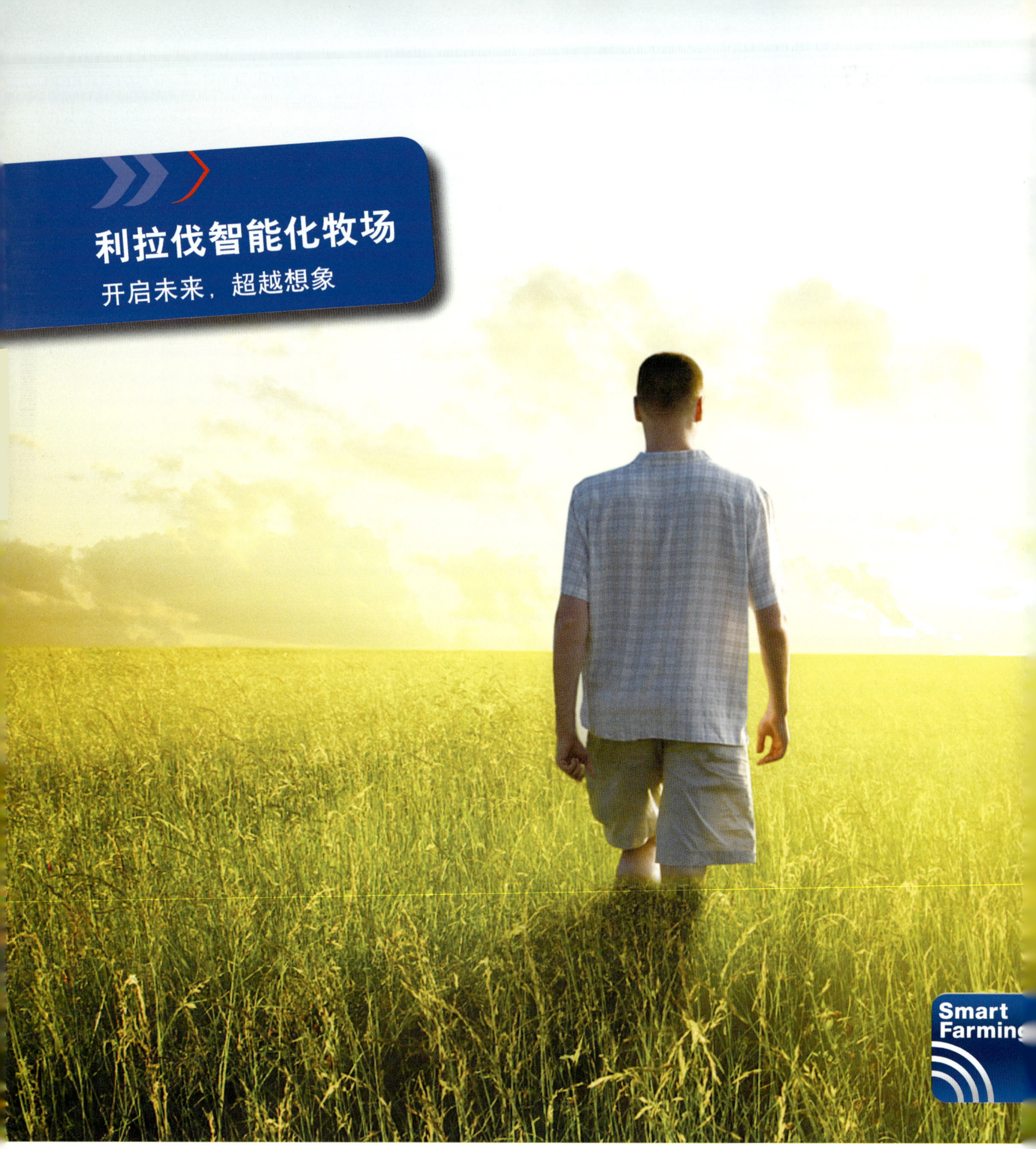

黑龙江农垦畜牧工程技术装备有限公司

Heilongjiang NongKen Animal Husbandry Engineering & Equipment Co.Ltd.

黑龙江农垦畜牧工程技术装备有限公司是生产销售机械挤奶设备和饲料搅拌设备的专业公司，自96年成立以来，一直从事机械挤奶技术和设备的推广应用业务，生产制造适用于奶牛专业户的小型挤奶机和适用于不同规模奶牛场、挤奶站的成套挤奶设备以及饲料搅拌设备，产品全部通过国家农机鉴定部门的专业技术检测，以《瑞海》牌商标注册，在国内同行业中，以零件质量可靠、整机性能良好、产品价格适中、技术服务周到而具有明显优势。

我公司与基伊埃牧场科技部（德国韦斯伐里亚）公司合作，向国内用户提供行业内技术水平领先的成套挤奶设备；与比利时 PACKO 公司合作，生产《瑞海》牌小型牛奶冷却罐，并独家经销 PACKO 系列牛奶冷却罐；与德国施特劳曼公司合作，在国内独家经销和生产制造多种型号的饲料搅拌车。我公司以北方各省奶牛饲养重点区域为主要市场，众多挤奶站、奶牛场和奶牛用户在使用我公司提供的挤奶设备、牛奶冷却罐、饲料搅拌车，公司的业务影响、服务信誉在行业中逐年提高，拥有稳定扩大的市场份额。

黑龙江农垦畜牧工程技术装备有限公司在实现我国奶牛饲养业机械化的过程中承担着重要责任，我们坚持“用先进的工程技术和精良的机械设备武装畜牧业”这一经营目标，努力为我国奶牛饲养业机械化的发展做出更大的贡献。

Made in ZENOAQ

全药舔砖在日本自从1958年开始投放市场以来，已经成为畜牧业中不可缺少的产品。同时在这半个世纪里，结合饲养技术和营养科学的发展，不断地开发和引进先进的技术和经验，进行了产品更新和技术换代。并且，我们一直坚持着为消费者提供通过系统质量管理和品质检验合格的产品，这是我们ZENOAQ的精神宗旨，永远不会改变。

全药 舔砖系列饲喂流程图

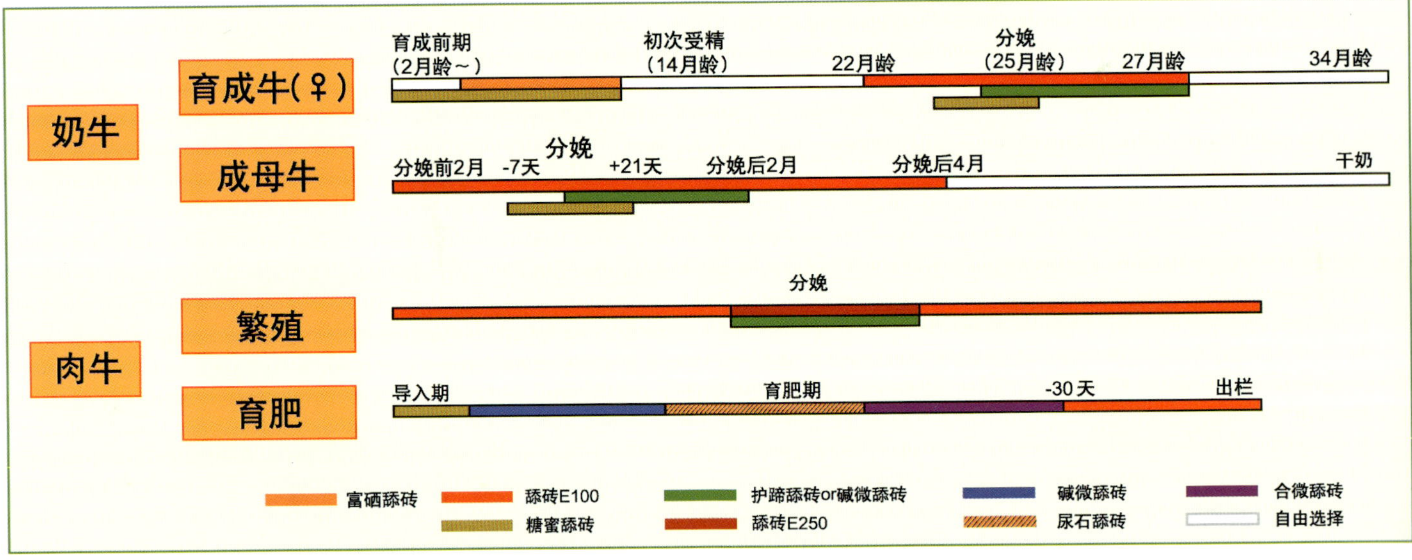

微量元素矿物质需要长期并且合理配比的补充才能达到最好的效果

日粮干物质中 mg/kg

	缺乏症状	范围	中毒症状	中毒临界值
铁 (Fe)	贫血，体重下降	50~100	食欲减退，产奶量减少	1000
铜 (Cu)	发情不规律，受胎率下降	4~10	黄疸，血色素尿，肝脏机能障碍	115
钴 (Co)	贫血，繁殖障碍，产奶量减少	0.07~0.11	几乎不发生且毒性弱	5
锌 (Zn)	发育不良，繁殖障碍	20~40	几乎不发生且毒性弱	500
锰 (Mn)	精巢萎缩，繁殖能力下降	20~50	饲料效果的降低，增体停滞	1000
碘 (I)	发育不全，繁殖障碍	0.2~2.0	引起铁缺乏症	50
硒 (Se)	白肌病，发育不良，胎衣不下	0.05~0.3	食欲减少，成长不良	2

全药舔砖系列产品

富硒舔砖 SELENIX

含有丰富硒元素的复合微量矿物质舔砖

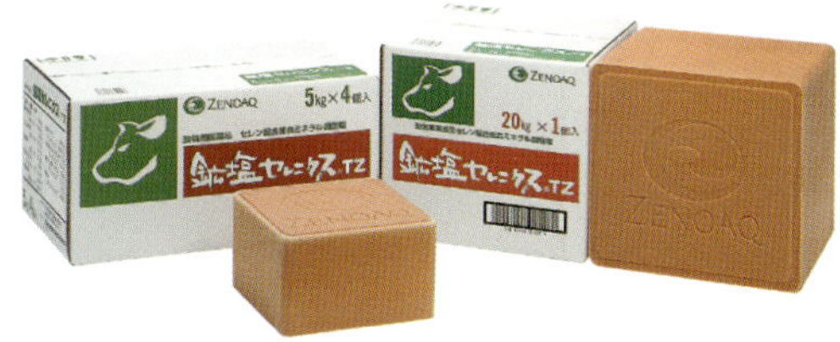

[特点] 针对广大缺硒地区设计的富硒舔砖，通过与其他微量营养元素的协同作用，维护奶牛的健康、提高奶牛的生产性能。

E100舔砖

同时补给维生素E和硒

[特点] 高品质奶牛用舔砖，可以同时安全有效的补充维生素E和硒。奶牛的繁殖障碍和乳房炎多发，与奶牛的维生素E和硒营养不足有关，E100可以帮助您解决一年中任何季节的 VE 和硒的缺乏问题。

糖蜜舔砖 MOLALIX

能量是生命之源

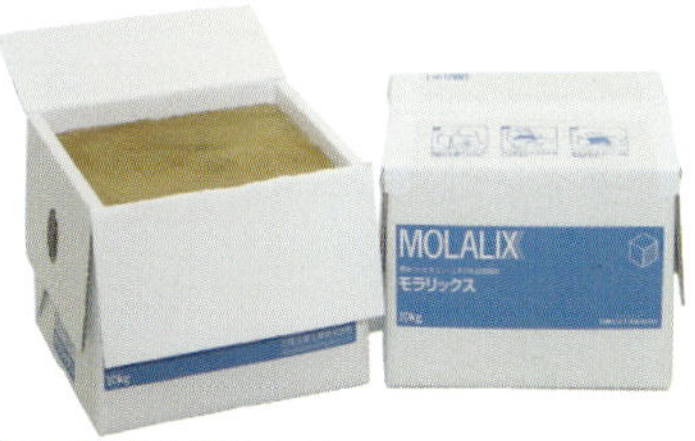

[特点] 以糖蜜为主要原料，配比有维生素A、D、E和磷、钙、镁等多种营养元素，对围产期高产奶牛的能量调节、牛热应激和环境变化应激效果明显；另外对促进断奶期犊牛的瘤胃发育非常有效。

尿石舔砖 COWSTONE

有效预防尿结石 降低尿液碱性

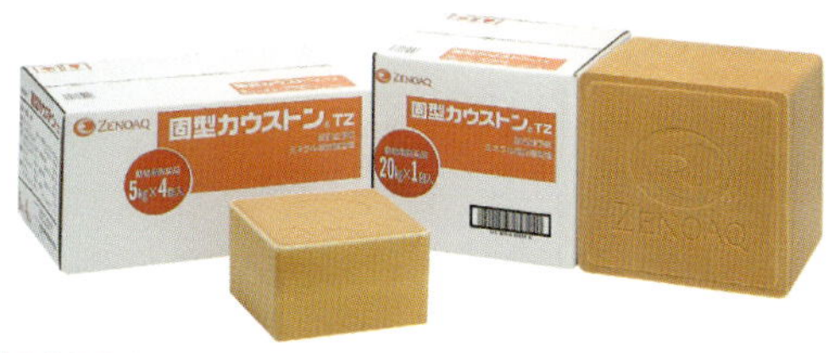

[特点] 尿石舔砖可以通过氯化铵和其他微量元素的配合，有效地帮您预防和改善肉牛、肉羊肥育期尿石症的发生。

碱微舔砖 ALUKALIX-P

加配了机体内利用率高的多肽矿物质

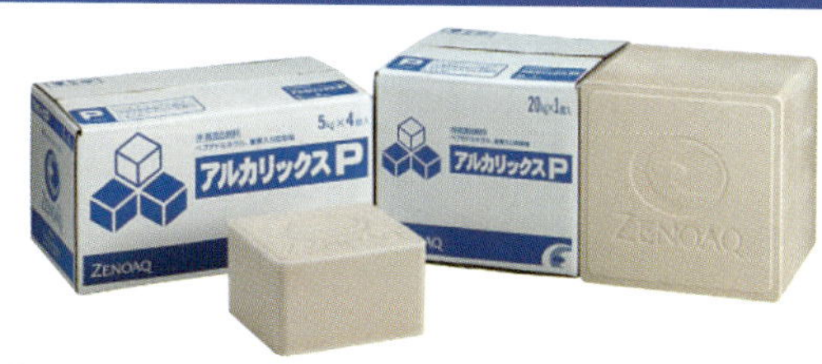

[特点] 糖蜜、小苏打和有机微量元素配合的碱微舔砖，是小苏打型舔砖，可以有效地缓冲瘤胃酸碱变化。自由舔食是牛可以依据其自身需要任意舔食行为，小苏打＋唾液节省又高效。

护蹄舔砖 FOOTBIO-P

配入有机肽锌加强吸收和口感

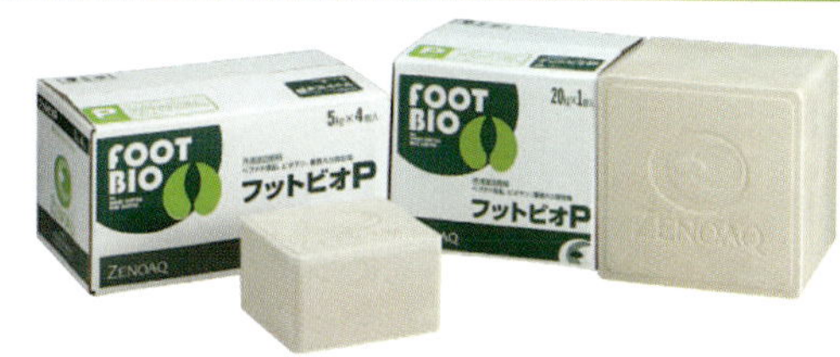

[特点] 通过生物素、有机锌和小苏打的协同作用，维护牛蹄健康，提高奶牛生产性能。通过自由舔食小苏打舔砖，有效的维护瘤胃环境并可预防瘤胃酸症所引起的各种障碍。

ZENOAQ 专用舔砖盒

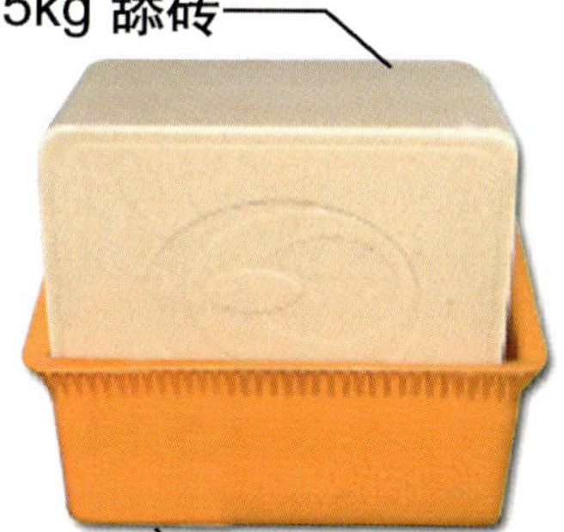

- 独家专利
- 务实耐用
- 设置方便
- 氛围良好

合微舔砖 BOVILIX-P

加配了微量元素的升级产品

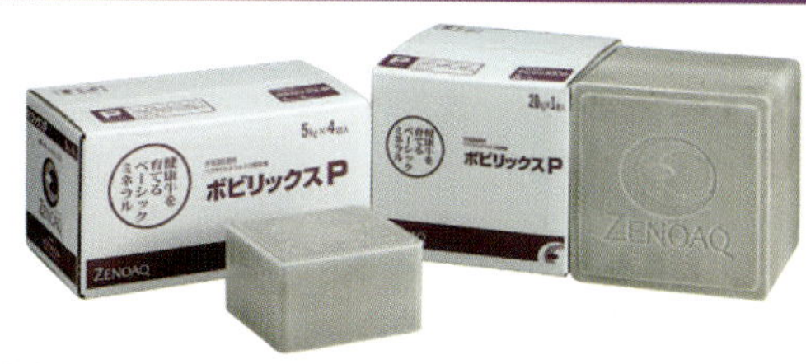

[特点] 钴元素的缺乏引发反刍动物的厌食症，合微舔砖中加强配合了4倍的钴元素和易被消化吸收的有机微量营养元素。

329
Leader in
Animal
Health
动物健康
领导
39

Fonterra™
Dairy for life

ALNILAM
PRIMA
种牛
进口专家
繁育典范

低碳
I do!
瑞典利乐公司的无菌纸包装，隔菌隔光隔空气，无需防腐剂，无需冷藏口味更好。

编辑说明

《中国奶业年鉴》是农业部年鉴系列中一部重要的产业年鉴，经农业部批准，由中国奶业协会主持编纂，2002年卷为首卷本，2010年卷为第九卷本。《中国奶业年鉴》是客观记述我国奶业发展历程的大型综合性资料工具书，是中国奶业发展的编年史册，是奶业行业发展公报，是中国奶业信息建设的重要组成部分。编纂《中国奶业年鉴》是中国奶业协会在市场经济条件下，为行业发展服务的重要工作内容。

《中国奶业年鉴》编委会由农业部、科技部、国家统计局、国务院发展研究中心、国家学生饮用奶计划办公室、中国奶业协会、中国乳制品工业协会、中国科学院、中国社会科学院、中国农业科学院、中国农业大学和省（区、市）农牧、农垦厅局等部门和单位的领导、专家、企业家等组成；特邀编辑由各省、自治区、直辖市和省会城市、计划单列市、奶业重点市（地区）相关主管部门和奶业协会的有关人员担任。

《中国奶业年鉴》（2010）主要记载我国奶业发展方针、政策和措施；全面反映我国奶业发展现状，包括奶业产业化、原料奶生产、乳制品加工、乳制品消费等整个产业链发展的基本态势；记载我国奶业及相关行业重要科技成果，以及奶业企业发展的典型经验和业绩；记载国家和地方重要奶业法规、标准和行业大事记；记载国内外奶业统计资料等。

《中国奶业年鉴》（2010）数据资料主要采用国家统计局公开发表的统计数据，部分资料由农业部畜牧司、兽医局、农垦局、全国畜牧总站和中国动物疫病预防控制中心，海关总署，中国奶业协会和中国乳制品工业协会等部门和单位提供。国内数据资料范围仅限于内地31个省、自治区、直辖市。

《中国奶业年鉴》（2010）中各省、自治区、直辖市按行政区划顺序排列。

《中国奶业年鉴》（2010）所刊载资料一般截至2009年底，部分时效性较强的资料，不限于2009年；所列数据均为国家统计局调整后的数据。

《中国奶业年鉴》（2010）的编辑、出版和发行工作得到了各级行政主管部门、各有关单位、生产企业、奶业行业协会和奶业知名专家、学者的大力支持和帮助，谨此表示诚挚的感谢。

目　录

表图目录

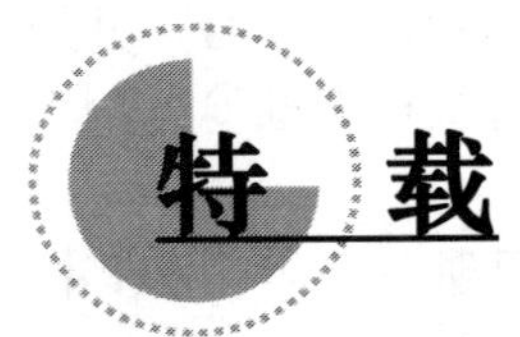

特　载

国务院办公厅关于进一步加强乳品质量安全工作的通知[①]

各省、自治区、直辖市人民政府，国务院各部委、各直属机构：

为切实加强乳品质量安全工作，严格乳品质量安全监管，提升乳品质量安全水平，保障人民群众身体健康，经国务院同意，现就有关事项通知如下：

一、严把生产经营许可关

（一）严格乳制品行业管理。各省（区、市）要认真执行乳制品工业产业政策，对新建和改（扩）建乳制品工业项目严格进行核准，突出对起始规模、配套奶源基地、布局合理性和出资人必备条件的审核，防止盲目投资和重复建设；不符合条件的项目，不得予以核准。对已建乳制品工业项目，要于2010年年底前组织完成重新审核清理工作，届时达不到有关行业核准条件的，由质检部门依法注销生产许可证。

（二）严格乳制品生产许可。要按照从严管理的原则，进一步严格乳制品生产许可审查条件，禁止以承包、转包或租赁乳制品生产企业等方式逃避监管，禁止将乳粉再还原生产乳粉，依法严格限制乳粉分装生产行为。质检总局要于2010年10月底前修订完成乳制品生产许可审查细则。对新建乳制品生产企业，省级质检部门要严格审核把关，不符合条件的一律不予发放生产许可证；对已获得生产许可证的企业，要于2011年2月底前按照修订后的生产许可审查条件进行重新审核，对不符合条件的企业责令停止生产销售、限期整改；整改不合格的，依法撤销或吊销其生产许可证并公告名单；对撤销或吊销生产许可证的企业，当地政府要采取吊销营业执照、收回税务发票、拆除设备设施等措施，防止企业非法开工生产。

（三）加强生鲜乳收购运输许可管理。畜牧兽医主管部门要加强对生鲜乳收购站和运输车辆的许可管理，严格审核相关资质和条件，禁止向经工商登记的乳制品生产企业、奶畜养殖场、奶农专业生产合作社之外的单位和个人发放许可证；鼓励通过并购重组等方式推动生鲜乳收购站的标准化建设。对已被责令关停的生鲜乳收购站，要采取封存、拆除设备设施等措施，防止其暗自收购，并将关停信息及时通报同级质检部门及辖区内的奶牛养殖户和乳制品生产企业。

（四）强化乳制品流通许可管理。工商部门要细化和完善乳制品流通许可制度，进一步明确对乳制品经营单位的资质要求；将乳制品列为食品流通许可项目核定类别单独审核，严格按照许可项目登记营业执照的经营范围；发现销售三聚氰胺超过临时管理限量值乳制品的，一律依法吊销流通许可证。对未取得流通许可非法经营乳制品的，要依法进行处罚。

（五）严格三聚氰胺生产流通管理。工业和信息化部要尽快会同工商总局等有关部门制定三聚氰胺生产流通管理办法，进一步完善和落实三聚氰胺生产企业出厂销售用户登记制度、承诺制度和销售台账制度，并在从三聚氰胺批发商到零售商的流通全程建立销售实名登记等制度，防止三聚氰胺产品及其废料流向食品生产加工企业和饲料生产加工企业。

二、强化检验检测和监测评估

（一）加强对生鲜乳、原料乳粉和奶畜饲料的检验。畜牧兽医主管部门要以非企业自建生鲜乳

[①]本文为国务院办公厅2010年9月16日发布的国办发〔2010〕42号文件。

收购站和生鲜乳运输车辆为重点，加大对生鲜乳的抽检频次和范围，对饲料加工厂、奶畜养殖场的奶畜饲料加强监督抽检。食品加工企业对购入的生鲜乳和原料乳粉要批批进行三聚氰胺检验，并严格执行索证索票制度。当地质检部门要对企业购入的生鲜乳、原料乳粉加强监督抽检，抽检比例不得少于所有批次的15%。

（二）加强乳制品出厂和流通环节的检验。乳制品企业必须对每批出厂产品进行三聚氰胺等检验。当地质检部门要对企业出厂产品每周进行抽检。各地工商、食品药品监管部门要加大对流通和餐饮服务环节乳制品、含乳食品质量安全的抽检范围和频次。

（三）切实做好风险监测和评估。卫生部要会同有关部门强化监测手段，合理布局食品安全风险监测点，重点加大对乳品中三聚氰胺等危害人体健康物质的监测频次；有关部门要及时向卫生部通报抽检、监测信息，卫生部要及时汇总分析相关疾病信息和抽检、监测信息，一旦在乳品中发现其他可能危害人体健康的物质，要立即组织风险评估，科学发布预警；各相关部门要采取有效措施，尽早消除隐患，防止演变为系统风险。

（四）切实提高检验效率。地方各级政府要结合本地实际，统一调配检验资源，促进资源共享和信息互通，集中力量做好重点环节、重点企业、重点产品的监督检验。各类抽检要随机进行，不得事先告知企业，特别要加大对中小企业的检查力度。农业、质检部门要建立健全本系统乳品质量安全异地抽检制度。要不断健全相关标准，完善检测方法，加快推广三聚氰胺等非食用物质的快速检测技术，提高检验质量和效率。

三、完善乳品追溯制度

（一）建立健全验证验票查询系统。质检、工商、商务部门要加快建立全国统一的乳制品生产经营单位信息数据库，详细收录包括银行开户名和账号在内的相关信息，从2011年6月开始向有关乳制品进货单位提供验证验票查询服务。相关检验机构要在检验报告上注明查询方式，并向有关进货单位提供查询服务。

（二）完善进货查验制度。农业、商务、工商、质检、食品药品监管等部门要进一步细化对乳品生产经营记录和进货查验的具体要求，并做好各环节的衔接，增强记录的可追溯性。食品生产经营单位在购入乳制品时，应核实销售乳制品的生产企业、经营单位、检验报告、发票等方面的信息，不得购入无法验证真伪的产品，确保购入产品来源正规、渠道可靠；需要质检、工商部门和有关检验机构协助确认供货者资质以及产品合格证明文件的，相关部门和机构应协助提供所需信息。发现虚假票证的，食品生产经营单位要立即向当地有关监管部门报告。监管部门发现乳品生产经营单位未按规定记录、造成产品无法准确溯源的，或未验证产品真伪即购进的，情节严重的依法责令停产停业，直至吊销许可证。

（三）建立电子信息追溯系统。质检总局、工商总局、农业部、商务部、食品药品监管局要会同有关部门抓紧研究以婴幼儿配方乳粉和原料乳粉为试点推行电子信息追溯系统，实现从奶源、采购、生产、出厂、运输到销售终端的全程有效监管，确保对产品在任何环节都能快速辨别真伪。2011年年底前完成婴幼儿配方乳粉和原料乳粉电子信息追溯系统建设和相关标准、法规的制定，并逐步在乳品行业推行电子信息追溯系统。

四、强化婴幼儿配方乳粉监管

（一）加大危害分析与关键控制点体系审核力度。质检部门要根据《乳品质量安全监督管理条例》等的有关规定，组织对婴幼儿配方乳粉生产企业推行危害分析与关键控制点体系情况进行全面检查审核，对达不到要求的企业，立即责令停业、限期整改，整改后仍达不到要求的，依法吊销生产许可证，并在当地主要媒体上公告。

（二）严格落实驻厂监督制度。各市、县级政府要指定监管部门对辖区内婴幼儿配方乳粉生产企业派员驻厂监督，监督、指导企业落实质量安全主体责任，特别要监督企业对进厂原料和出厂产品批批检验，保障婴幼儿配方乳粉质量安全。质检总局等有关部门要加强监督指导，确保驻厂监督制度落实到位。

（三）强化流通环节监管。各地工商部门要加大对婴幼儿配方乳粉经营单位的监督检查力度，以婴幼儿配方乳粉批发企业、大中型超市为重点对象，明确监管责任人，实行每周抽检；对小超市、食杂店、零售商等经常抽检。质检部门要将所有婴幼儿配方乳粉生产企业及产品名录上网公布并及时更新；工商部门要督促所有婴幼儿配方乳粉经营单位严格按照公布的生产企业和产品名录进货，对不在名录内的婴幼儿配方乳粉要立即检查、发出消费警示，并追查来源、依法打击。

五、加大对非法生产经营乳品行为的打击惩处力度

（一）全面清剿非法生产经营乳品“黑窝点”。在省级政府统一领导下，各市、县要明确政府分管负责人牵头，统筹协调有关部门，全面彻底清剿非法生产经营乳品“黑窝点”、非法制售三聚氰胺及其调和物“黑窝点”以及藏匿三聚氰胺超过临时管理限量值乳粉“黑窝点”；要保持高压打击态势，对农村及城乡结合部、城镇临时建筑、出租库房等重点区域进行经常性排查，及时发现、取缔各类“黑窝点”。辖区内出现“黑窝点”且未被及时清剿的，或发现仍有藏匿三聚氰胺超过临时管理限量值乳粉未被清缴且重新流入食品生产、经营、消费环节的，要严肃追究当地政府和有关部门负责人的责任。

（二）加大案件侦办力度。食品生产经营单位及食品检验检测机构在乳品或含乳食品中检出三聚氰胺等非食用物质的，要立即向监管部门报告，监管部门要及时查清来源；检出三聚氰胺超过临时管理限量值的，有关监管部门要立即向当地政府报告，并向当地公安机关及有关部门通报。公安机关要及时介入，对涉嫌犯罪的要迅速立案侦查；对跨省份的案件，公安部要挂牌督办。地方政府要加强统一领导，由政府负责人统筹协调案件查处工作，确保部门工作衔接顺畅，案件查处及时有力。

（三）加大惩处力度。要加强行政执法与刑事司法的衔接，加大对乳品生产经营违法犯罪行为的刑事处罚力度。农业、工商、质检、食品药品监管等部门要尽快研究制定有关规定，对违法生产经营乳品的责任单位和人员在法律法规规定的幅度内从重进行行政处罚。

（四）充分发挥社会监督作用。各地区、各有关部门要建立健全食品安全有奖举报制度，切实落实对举报人的奖励，保护举报人合法权益，特别要鼓励生产经营单位内部人员举报和提供线索；逐步建立食品安全协防员、信息员队伍，构建食品安全投诉网络。要支持新闻媒体开展舆论监督，畅通信息交流渠道，高度重视、认真研究处理新闻媒体反映的食品安全问题，及时发布权威信息，同时要引导媒体客观公正报道，防止不实炒作。

六、严格落实乳品质量安全各方责任

（一）企业要切实履行食品安全主体责任。乳品及含乳食品生产经营单位要完善质量安全控制体系，严格执行进货查验、生产经营记录、检验检测、停开业报告、产品召回和质量安全自查自纠制度，配备专兼职食品安全管理人员，加强从业人员质量安全培训，进一步提高守法意识和诚信意识，提高质量安全管理能力和水平。工业和信息化、商务等部门要研究制定激励惩戒措施，积极推动乳品生产经营单位诚信体系建设。有关监管部门要抓紧建立所有乳品生产经营单位信用档案，及时向社会公告违法企业及其法定代表人“黑名单”，同时向投资、国土资源、建设、银行、证券等主管部门通报，对其投资、用地、融资、信贷等予以严格限制。

（二）地方政府对本地区乳品质量安全负总责。地方各级政府要建立健全乳品质量安全监管责任制，明确政府负责人及有关部门的职责；要将乳品质量安全监管列为食品安全监管的重点，切实加大人力、财力投入，依法落实各项监管及检验监测经费，保障乳品质量安全监管工作正常开展。省级财政要切实做好质监、工商等省以下垂直管理部门的相关经费保障工作。市、县级政府要进一步完善和落实对乳制品企业的政府及相关部门领导定点包厂质量安全负责制，根据日常监管情况和诚信记录，确定本地区重点乳品生产经营单位名单，明确有关部门对其实施重点监管。要将定点包厂负责人、“黑窝点”清剿负责人、驻厂监督员等责任人名单和监管及检验监测经费保障办法、重点生产经营单位监管办法等报上级政府。对工作落实不力的，严肃追究责任。

（三）有关部门要各负其责、密切配合。农业、卫生、工商、质检、食品药品监管等有关部门要切实依法履行监管职责，密切协调配合。各级食品安全综合协调机构要加强综合协调和督查指导。发展改革委、财政部要会同有关部门研究制定相关规划，加快基层农业、工商、质检、食品药品监管等部门快速检测能力建设。中央财政要在保证本级乳品质量安全监管经费的同时，继续加大对地方特别是中西部地区的支持力度。监察机关要加大行政监察和问责力度，对监管中的失职、渎职等行为，依法依纪严肃追究相关责任人的责任。

食品安全国家标准[①]

生 乳

1　范围

本标准适用于生乳，不适用于即食生乳。

2　规范性引用文件

本标准中引用的文件对于本标准的应用是必不可少的。凡是注日期的引用文件，仅所注日期的版本适用于本标准。凡是不注日期的引用文件，其最新版本（包括所有的修改单）适用于本标准。

3　术语和定义

3.1　生乳 raw milk

从符合国家有关要求的健康奶畜乳房中挤出的无任何成分改变的常乳。产犊后七天的初乳、应用抗生素期间和休药期间的乳汁、变质乳不应用作生乳。

4　技术要求

4.1　感官要求：应符合表 1 的规定。

表 1　感官要求

项　目	要　求	检验方法
色泽	呈乳白色或微黄色。	取适量试样置于 50mL 烧 杯中，在自然光下观察色泽和组织状态。闻其气味，用温开水漱口，品尝滋味。
滋味、气味	具有乳固有的香味，无异味。	
组织状态	呈均匀一致液体，无凝块、无沉淀、无正常视力可见异物。	

4.2　理化指标：应符合表 2 的规定。

表 2　理化指标

项　目	指　标	检验方法
冰点 a,b/（℃）	－0.500～－0.560	GB 5413.38
相对密度/(20℃/4℃)　≥	1.027	GB 5413.33
蛋白质/（ g/100g)　≥	2.8	GB 5009.5
脂肪/（ g/100g)　≥	3.1	GB 5413.3
杂质度/（ mg/kg)　≤	4.0	GB 5413.30
非脂乳固体/（ g/100g)　≥	8.1	GB 5413.39
酸度/(° T)	12～18	GB 5413.34
牛乳 b	6～13	

a 挤出 3h 后检测。

b 仅适用于荷斯坦奶牛。

4.3　污染物限量：应符合 GB 2762 的规定。

4.4　真菌毒素限量：应符合 GB 2761 的规定。

4.5　微生物限量：应符合表 3 的规定。

表 3　微生物限量

项　目	限量[CFU/g(mL)]	检验方法
菌落总数　≤	2×106	GB 4789.2

4.6　农药残留限量和兽药残留限量

4.6.1　农药残留量应符合 GB 2763 及国家有关规定和公告。

4.6.2　兽药残留量应符合国家有关规定和公告。

① 本标准为中华人民共和国卫生部 2010 年 3 月 26 日发布的视频安全国家标准　生乳（GB193012010）的国家标准，2010 年 6 月 1 日实施。

巩固成效　强化执法　规范生产　提高质量安全水平[①]

农业部副部长　高鸿宾

（一）饲料和生鲜乳质量安全专项整治工作成效显著

党中央、国务院高度重视饲料和生鲜乳质量安全工作，中央领导同志多次做出重要批示和指示。2009年初，国务院决定在全国开展为期两年的食品安全整顿工作，农业部牵头组织农产品质量安全专项整治行动。各级畜牧饲料管理部门按照中央的统一部署和要求，在2008年饲料整治和奶站整顿的基础上，深入推进饲料和生鲜乳质量安全专项整治，各项工作取得显著成效，饲料和生鲜乳生产经营秩序明显规范，质量安全水平显著提高。

1. 奶站清理整顿全面完成　目前，全国共有生鲜乳收购站13503个，比清理整顿前减少6890个，减幅达34%。现有奶站由乳制品生产企业、奶畜养殖场和奶农合作社三类合法主体开办，全部获得生鲜乳收购许可证，《奶业整顿和振兴规划纲要》规定的奶站清理整顿任务已经全部完成。生鲜乳收购站机械化挤奶率达到87%，比清理整顿前提高36个百分点，奶站规范化建设和标准化管理水平迈上新台阶。

2. 奶业加快恢复发展　2009年4月份以来，全国奶牛存栏稳步回升，年底达到1219万头，全年牛奶产量3554万吨，乳制品企业利润总额是2008年的两倍多，奶业基本恢复到婴幼儿奶粉事件之前的水平。奶牛生产结构进一步优化，2009年底100头以上奶牛规模养殖比例达到23.1%，比2008年底提高3.3个百分点。内蒙古自治区2010年上半年存栏100头以上规模养殖场达到1362个，与同期相比增加514个。

在近两年的饲料和生鲜乳质量安全专项整治行动中，各级畜牧饲料管理部门态度坚决、作风扎实、措施有力，成绩值得充分肯定，经验值得全面总结。

（1）强化责任抓落实。各地高度重视饲料和生鲜乳专项整治工作，通过推行首长负责制和逐级签署责任书等方式落实监管责任；通过发放质量安全告知书和签订质量安全承诺书等方式落实生产经营主体的第一责任；通过完善问责制度和建立激励机制等方式增强履行职责的主动性。辽宁省把生鲜乳和饲料质量安全纳入了政府考核体系，浙江、四川、河北等省建立了饲料和生鲜乳质量安全行政问责制度，江苏省根据年度考评结果对基层畜牧兽医综合执法机构进行奖励。这些机制和措施，强化了属地管理责任，调动了基层工作积极性，形成了各级互动的监管合力，保证了工作有人抓，事情有人管，为专项整治各项工作的推进提供了强有力的组织保障。

（2）完善法规打基础。国务院颁布《乳品质量安全监督管理条例》后，农业部制定发布了《生鲜乳生产收购管理办法》、《生鲜乳生产技术规程》、《生鲜乳收购站标准化管理技术规范》等配套规章和规范性文件，配合卫生部制定发布了《生乳》国家标准，新疆、河北、宁夏、青海等省、自治区还根据当地奶业实际情况，出台了地方法规。

（3）规范主体促发展。在生鲜乳收购站清理整顿工作中，河北省建立了督导与通报制度，每月向分管副市长通报奶站监管情况；内蒙古推行“一村一站”式生鲜乳收购站划片管理，防止无序争抢奶源；黑龙江等地大力推进乳品企业托管生鲜乳收购站。通过各种措施的综合运用，各地淘汰了一批条件不达标的生鲜乳收购站，改造了一批经营主体不合格的生鲜乳收购站，生鲜乳收购秩序明显规范。

(4) 创新机制促执法。据不完全统计，2009年，全国立案调查违法饲料企业和养殖场户814个，处理生鲜乳收购运输问题1380起。一些省份在强化基层监管力量方面有新举措，河北省一些地区成

---

① 本文为农业部副部长高鸿宾2010年7月1日在全国饲料和生鲜乳质量安全监管工作会议上的讲话摘要。

立了畜牧派出所，内蒙古一些市县设立了奶业执法监察大队，天津和黑龙江的一些县市全面推行收奶过程数字化管理防止掺杂使假。

(5)强化应急保稳定。2009 年以来，我们从容应对、果断处置了一系列突发事件，最大限度地避免了对产业发展的冲击和对社会稳定的影响。我们都迅速派出督导组赶赴现场，与各地政府和相关部门联合行动，组织开展监督检查和检测，及时查明原因，采取有效措施，妥善解决了问题，有效控制了事态扩大。在多起使用 2008 年问题奶粉的案件查处过程中，我们密切配合卫生、公安、质检、工商、监察等部门，及时核查奶源，正确引导舆论，很快控制了局面，避免了对奶业造成二次冲击。

(二)进一步增强做好饲料和生鲜乳质量安全监管工作的紧迫感和责任感

饲料和生鲜乳安全是畜产品安全的基础，是关系到人民群众生命健康的民生问题，不仅中央高度重视，媒体高度聚焦，消费者也十分关注。近年来，我们认真履行法律法规赋予的职责，持续开展专项整治，饲料和生鲜乳质量安全水平呈现出全面提升的好势头，总体上是放心的。奶牛养殖中不按规定使用兽药导致生鲜乳抗生素残留超标，部分地区流动收奶站点出现反弹，个别生鲜乳收购站违禁添加，以及乳品企业争抢奶源带来的质量安全隐患依然存在。近年来，婴幼儿奶粉事件、“瘦肉精”中毒事件、问题奶粉再现案件等食品安全事件的发生，社会影响十分恶劣，教训十分深刻。

出现这些问题，主要有以下原因：**一是**行业自律意识不强，生产经营者缺乏质量安全第一责任人意识，质量安全观念淡薄，重效益、轻安全，不讲诚信，不按标准组织生产；少数企业和不法分子受利益驱使铤而走险，制售假劣产品，添加违禁物质，花样不断翻新。**二是**产业素质不高，饲料生产企业 1.2 万家、饲料经营门店数十万家、生鲜乳收购站 1.3 万多个、奶牛养殖场户近 300 万个、生猪养殖场户 6000 多万个，小规模生产经营者占主体，点多面广，水平参差不齐。**三是**标准体系不健全，饲料和生鲜乳的质量安全标准还不够全面，标准体系滞后于行业发展需要。**四是**监管体系不完善，基层监管能力薄弱，人员、经费和条件不能满足监管工作需要，检验检测、安全评价等技术支撑机构建设滞后，技术手段不足。**五是**部分地区饲料和生鲜乳质量安全监管制度落实不够，重发展、轻监管，属地管理责任履行不到位。

总之，当前饲料工业和奶业都处于转型提升期，老问题与新情况交织，饲料和生鲜乳质量安全问题仍处于高发、频发阶段，我们的工作基础还比较薄弱。今年 2 月，国务院成立了食品安全委员会，对食品安全工作做了全面安排部署，提出了更高的要求。我们一定要进一步增强做好饲料和生鲜乳安全监管工作的紧迫感和责任感，做好打持久战的准备。

(三)努力确保饲料和生鲜乳质量安全

2010 年是完成“十一五”规划任务、谋划“十二五”发展的关键一年，农业农村工作不仅要实现“两个千方百计”和“两个努力确保”的任务目标，还要对今后五年的工作进行统筹规划。2010 年下半年，国务院食品安全委员会将对为期两年的食品安全整顿工作进行检查。《奶业整顿和振兴规划纲要》贯彻落实工作正处于关键时期，监察部要对《纲要》执行情况进行年度考核。《饲料和饲料添加剂管理条例》（修正案）将于年内颁布实施，对今后的饲料质量安全监管工作提出了一系列新要求。各级畜牧饲料部门既要立足当前、突出重点，也要着眼长远、攻坚克难，全面加强饲料和生鲜乳质量安全监管工作。

1.进一步强化生鲜乳收购站日常监管　生鲜乳收购站许可证核发工作已经结束，工作重心要转向日常监管。按照“谁发证、谁监管”的原则，加大监督检查力度，坚决取缔不合格的收购站点和运输车辆，严防不法收购站点反弹。要督促已获证的收购站继续改善条件，改进管理，提高水平。要高度重视当前一些地方因奶源偏紧出现争抢奶源的现象，加强生鲜乳购销合同备案管理，督促乳制品生产企业和生鲜乳收购站履行合同，规范生鲜乳收购行为。《生乳》国家标准已自 6 月 1 日开始实施，各地要认真学习，加强宣传培训。标准实施过程中，要加强对标准中有关指标的摸底监测，通过监测发现生鲜乳生产和收购中存在的问题，指导奶农和奶站及时整改，引导奶农提高生鲜乳生产水平，避免“只罚不管”的现象。

2.严厉打击各种违禁添加行为 从2009年初广州“瘦肉精”中毒事件和年底查出的多起问题奶粉案件看，坚决查处、严厉打击各种违禁添加行为仍是当前饲料和生鲜乳质量安全监管工作的重点。对于“瘦肉精”、莱克多巴胺、三聚氰胺等违禁添加物，要继续严查狠打，发现一起，查处一起，绝不能手软。对饲料中高铜、高锌等超量添加行为，也要加大监管力度。在监督执法过程中，要高度重视监测与执法联动，检查与执法联动，做到有案必查，追根溯源。尤其是大案要案，一定要一查到底，充分发挥警示威慑作用。

上海世博会、广州亚运会事关国际声誉，我们一定要全力以赴做好监管工作，确保活动举办期间不出现重大畜产品质量安全问题。上海和广东的畜牧饲料管理部门要按照当地政府的统一部署，扎实做好分管工作。供沪、供粤的畜产品大省要强化产地准出把关，加强生猪养殖基地“瘦肉精”等违禁药物监管，严防问题生猪产品进入市场；要加强与沪粤两地的信息沟通，建立健全产销联动监管机制。

3.全面贯彻落实《全国奶业发展规划》 农业部会同国家发展改革委、工业和信息化部、商务部研究制定的《全国奶业发展规划》已于6月8日发布，各地要抓紧部署落实。要按照规划的要求合理布局奶业生产，以奶牛标准化规模养殖带动奶源基地建设，大力推行奶牛标准化养殖示范创建，做到畜禽良种化，养殖设施化，生产规范化，防疫制度化，粪污处理无害化和监管常态化，从源头上保障生鲜乳质量。要加快推进奶业一体化进程，通过建立奶农合作社、推行政府指导价、开展第三方检测、签订产销合同等形式，实现奶业产加销利益联结，形成风险共担、利益共享的经济联合体，促进奶业发展的良性循环。要着力抓好合同收奶，督促企业和奶站诚信经营，共同维护生鲜乳收购秩序。

(1)加强信息发布和舆情处置。质量安全问题社会非常关注，是新闻媒体报道的热点。各级畜牧饲料管理部门要按照法律法规赋予的权限，及时发布饲料和生鲜乳质量安全信息。要综合利用广播、电视、报纸、网络等各种媒体，宣传法律法规，曝光违法案件，报道监管工作，营造良好的舆论氛围。对于新闻媒体报道中涉及本辖区的饲料和生鲜乳质量安全问题，要密切关注，及时调查核实，积极回应事实真相，防止问题扩散和不良炒作。

(2)做好“十二五”发展规划。2010年是制定“十二五”规划的关键年，各地在饲料工业和奶业发展规划中，要把饲料和生鲜乳质量安全保障体系作为重要内容，对饲料工业和奶业发展中面临的各种突出问题加以统筹考虑，组织开展专题调查研究，制定发展规划，为指导行业发展、破解工作难题、强化政策扶持，争取项目支持打下基础，促进饲料工业和奶业的持续健康发展。

扎实工作 加快进度

确保生鲜乳收购站清理整顿顺利完成[①]

农业部畜牧业司司长 王智才

（一）当前我国奶业发展形势和困难

2010年一季度，全国奶业发展继续保持恢复势头，总体形势平稳，同时也出现了一些新的特点。

1. 奶牛存栏总体稳定，生鲜乳产量略有下降 据行业监测，2月底全国奶牛存栏1285万头，同比增长4.94%；受去冬今春寒潮暴雪天气和疾病影响，2月份生鲜乳产量249万吨，同比下降12.78%。预计一季度生鲜乳产量800万吨，同比下降5%，与2009年第四季度基本持平。

2. 生鲜乳价格持续回升，一些地区奶源偏紧 生鲜乳价格连续8个月保持回升，3月份最后一周主产省生鲜乳价格升至每千克2.77元，同比上涨13.5%；据典型调查，3月份蒙牛、伊利两家企业每天原奶缺口近2000吨。生鲜乳收购价格回升带动养殖效益增加，按目前价格测算，饲养一头单产5吨奶牛年盈利1800元左右，同比增加300元。

3. 乳品消费稳步恢复，进口奶粉快速增加 2月份，全国12家重点乳制品生产企业的巴氏杀菌奶销售量同比增加14.2%，超高温灭菌奶销售量同比增加31.6%，酸奶销售量同比增加45.4%。据统计，2010年1月份我国奶粉进口超过4.06万吨，同比增长80.56%，已超过1998年全年进口量；出口220多吨，同比下降96%。

4. 生鲜乳质量安全状况良好 2009年我部组织实施了生鲜乳质量安全监测计划，共抽检奶站8828站次，运输车辆4301台次，检测生鲜乳样品13129批次，三聚氰胺含量全部符合临时管理限量值规定，未检出皮革水解蛋白、淀粉、碱度等违禁添加物，养殖环节生鲜乳质量安全状况总体良好，是近年来最好水平。近日，我们又对内蒙古、黑龙江、陕西、山西四个省、自治区进行了飞行抽检，完成240批次抽检任务，监测结果月底前出来。

5. 奶站清理整顿取得阶段性成效 到2月底，全国共有奶站13724个，比清理整顿前减少6669个，减幅32.7%，流动收奶点清理工作已基本完成，生鲜乳收购许可证核发比例达到89%，河北、辽宁等20个省（区、市）已经完成生鲜乳收购许可证核发任务。全国奶站机械化挤奶率达到85%，比清理整顿前提高34%，收购站硬件建设和标准化管理明显提高。

总体来看，当前奶业发展形势平稳。随着天气转暖和疫情的消除，奶牛存栏和牛奶产量将逐步恢复，奶源偏紧的状况会逐步缓解，预计二季度生鲜乳收购价格稳中有升，有利于调动奶农的生产积极性，加快奶业的恢复和振兴。2009年年底以来，国务院有关部门开展问题奶粉彻底清查专项行动，查处了一批案件，有力的打击了各类违法添加行为，震慑了犯罪分子，有利于生鲜乳质量安全水平的提高。

但是，我们也应该看到，生鲜乳质量安全监管的长期性、艰巨性和复杂性。一是我国奶业整体生产水平仍然较低。目前奶业发展正处于数量扩张向质量提高的转型时期。近年来奶牛标准化规模养殖水平虽然不断提高，但奶业生产“小、散、低”的局面并没有得到根本扭转。比如，新疆、黑龙江和内蒙古等主产省、自治区100头以上奶牛规模养殖比重均不足20%。在小户散养为主的生产格局下，奶牛良种率低，饲养管理粗放，基础设施薄弱，卫生状况差，标准化管理难以实现，生鲜

[①]本文为农业部畜牧业司司长王智才2010年4月18日在生鲜乳收购站清理整顿工作座谈会上的讲话。

乳质量安全监管隐患较多。二是奶农与乳制品生产企业利益联结机制没有建立。生鲜乳生产具有季节性波动的特点，供给不足和生产过剩经常交替出现。奶牛散养户与乳品加工企业利益联结不紧密，还没有建立起风险共担、利益均分的产业化链条，旺季争抢奶源、淡季压级压价的现象频繁发生。最近，一些地区奶源偏紧，有的乳制品加工企业为争抢奶源，降低收购标准，收购无证奶站交售的生鲜乳，增加了生鲜乳质量安全隐患。三是生鲜乳质量安全监管能力亟待加强。畜牧兽医部门负责生鲜乳质量安全监管仅有一年多的时间，制度不健全、人员不足、经费短缺等问题突出，与监管任务相比，监管能力薄弱，需要进一步加强。

（二）下一步工作要求

在2010年的全国农业工作会议上，部党组提出了“两个千方百计”和“两个努力确保”的总体要求，并要求我们要“以发展中国家的生产水平，实现发达国家的质量安全水平”，努力确保不发生重大生鲜乳质量安全事件，责任重大，任务艰巨。各地要进一步采取更实在、更具体、更有力的措施，加快奶站清理整顿工作，确保各项任务目标顺利完成。

1. 责任要强化，进度要加快 没有完成奶站清理整顿的省区，要进一步强化责任意识，思想上不能松懈，工作上不能放松。要制定具体的工作方案，将清理整顿任务层层分解，明确到具体部门和具体单位，把每个奶站落实到具体负责人；要严格按照会议确定的期限，实行工作倒计时，达标一个，验收一个，发证一个，确保奶站整顿目标任务顺利完成。

2. 整顿要到位，管理要加强 各地要严格把关，对奶站从基础设施、机械设备、检测手段、人员素质等方面逐一核查，确保只对符合《乳品质量安全监督管理条例》的收购站发证；对暂不符合发证条件的收购站，要通过推广奶农合作社、鼓励合并重组等方式，加快推进主体改造和设施条件建设，确保所有收购站全部持证经营。各地要强化奶站标准化、规范化管理，加大日常监管力度，始终保持高压态势，坚决取缔不合格的收购站点和运输车辆，严防不法收购站点反弹；对掺杂使假的违法行为，要严查狠打，绝不手软。

3. 秩序要规范，宣传要跟上 要协调并会同工商管理部门，开展《生鲜乳收购合同》执行情况监督检查，督促乳制品生产企业和奶站履行合同，加强生鲜乳购销合同备案管理，规范生鲜乳收购行为。要摸清楚到底是哪些奶站、哪些企业在争抢奶源，发现一起，通报一起。对生鲜乳质量安全举报投诉，接到一起，受理一起，查处一起，做到月清季结，严厉查处违规收购行为，将生鲜乳质量安全隐患消除在萌芽状态，切实保护奶农利益。要加强对奶站和奶农的宣传教育，提高他们对争抢奶源危害的认识，不能只顾眼前利益，要考虑长远利益，要讲诚信和道德。

4. 生产要抓紧，培训要抓好 各地要组织实施好奶牛标准化规模养殖补贴、奶牛良种补贴、奶站机械设备购置补贴等项目。积极开展奶牛养殖标准化示范创建活动，加强养殖户技术培训，普及推广先进饲喂技术，提高养殖水平。

当前奶站清理整顿工作正处在关键阶段，我们要鼓足干劲，继续努力，集中精干力量，采取更加有效的措施，加大力度，加快进度，扎实工作，确保奶站清理整顿各项任务目标顺利完成。

中国奶业协会

逐步推进产业一体化是解决奶业深层次矛盾、构建奶业持续健康发展机制的根本举措①

中国奶业协会理事长　刘成果

首届中国奶业大会暨第八届中国国际奶业展览会在青岛召开了。这次会议是我国奶业处于振兴的关键时期召开的，本次会议之前，召开了三次中国奶牛发展大会，分别研究探讨了奶牛养殖的规模化、集约化和标准化问题。本次会议更名为中国奶业大会，以后每年召开一次并沿用此名称。这样涵盖面广，更能全面反映奶业产业的发展状况，大会的主题是研究奶业产业一体化问题。

（一）奶业产业一体化的意义和作用

1. 奶业产业一体化的实质是产、加、销利益联结　一体化，是指多个原来相互独立的主权实体通过某种方式逐步结合成为一个整体的过程。一体化的基本特征在于自愿性、平等性和主权让渡性，是一个长期、渐进的过程。奶业产业一体化就是奶牛养殖、乳品加工、市场营销等产业环节有机结合成为一个整体的经营方式，其实质是奶业产、加、销利益联结，形成风险共担、利益共享的经济联合体。通过奶业产业一体化，实现各方利益的均衡分配。乳品加工企业通过提高原料奶的附加值，拓宽销售渠道和服务，给消费者提供优质乳制品，同时获得效益。乳品企业将加工、销售的收益通过订单收购、利润返还等形式返还给奶农，使其能够得到合理的利润，从而积极发展奶牛养殖，扩大和稳定奶源基地，为乳品加工企业提供优质的原料奶，同时增加农民收入，实现良性循环。

奶业一体化是农业一体化的重要组成部分，国内外的实践经验证明，农业产业化主要表现为畜牧业的产业化，而畜牧业的产业化又突出表现为奶业的产业化。在农业产业化中，奶业产业一体化最具有代表性，奶业产业一体化的经营程度也是最高的，效益也最显著。推行奶业产业一体化，对发展农业产业化具有重要的示范作用。

2. 奶业产业一体化是奶业生产自身特点决定的　奶的鲜活性和生产的连续性决定奶业必须实行一体化经营。奶中含有丰富的蛋白质、脂肪、维生素和矿物质等营养成分，具有鲜活易腐，时效性强的自然特征。有资料证实，奶牛场生产的原料奶不经过冷处理，有害微生物将迅速繁殖。原料奶应在 2 小时内迅速冷却到 4℃以下且储存时间不宜超过 24 小时。因此，原料奶需要及时冷却、收集、储运、加工，以保证乳制品的质量。同时，大部分乳制品是供消费者直接选购的鲜活商品。如巴氏杀菌奶，一般保质期只有 2~3 天，货架期短，所以牛奶生产、收集、储存、运输、加工、销售等环节必须紧密联结，环环相扣，协调发展。只要奶业内部一、二、三产业及相关产业协调发展，就会产生巨大的经济效益和社会效益。

3. 奶业产业一体化有利于奶业持续健康发展和构建现代奶业　目前我国奶业的主体经营模式是分散养殖、集中加工，产业化组织程度低。奶牛养殖户与乳品加工企业基本上是一种买卖关系，居

① 本文为中国奶业协会理事长刘成果 2010 年 6 月 8 日在青岛召开的首届中国奶业大会上的讲话。

于不同的利益主体，两者联系不紧密，没有真正建立起风险共担、利益共享的产业化链条。奶农和乳品企业是相互孤立的两个环，没有形成链，所以，互相算计，一个产业链，两个心眼。长此以往，奶业将不能健康发展，也必将动摇我国奶业的基础。2008 年 9 月，“三鹿牌婴幼儿奶粉事件”爆发，全国共有 30 万婴幼儿因食用三鹿奶粉和其他个别问题奶粉导致泌尿系统出现异常，并有个别患儿死亡，损失巨大。“三鹿牌婴幼儿奶粉事件”使我国奶业陷入危机，消费者信心受挫，民族品牌信誉严重受损，生产企业和奶农面临极端困境。“三鹿牌婴幼儿奶粉事件”的发生，集中反映了我国奶业发展中长期积累的矛盾和问题，其中产、加、销利益联结机制不健全是重要原因之一。由于奶农与乳品企业之间没有共同的利益联结，致使牛奶生产和乳品加工形成“两层皮”，造成奶业发展不协调，不稳定，原料奶质量得不到保证。在原料奶收购环节，有些乳品企业在用奶旺季时，争抢奶源，降低标准收购，给原料奶掺杂使假留下了可乘之机；在用奶淡季时，限收拒收，压级压价，拖欠奶资，损害了奶农的利益。这一状况造成了原料奶市场的混乱，使乳制品质量安全得不到保证，危及整个行业的发展。国内外的实践证明，只有通过推进一体化，才能理顺奶农与乳品加工企业的利益关系，使各环节从关心自身利益的角度去关心整个链条，从而保障生产、加工、销售的协调发展；才能规范牛奶生产加工和市场的秩序，把奶业的管理纳入法制化的轨道，才能保障奶源基地的稳定，确保乳制品的质量安全。

奶业产业一体化是我国奶业的一种新型经营机制，对我国现代奶业的发展具有极其重要的作用。积极鼓励和扶持奶业产业一体化发展，因地制宜地探索和推进奶业产业一体化，是提高乳制品质量，增加奶农收入，提高奶业竞争力，促进农村经济发展的重要举措，也是我国新阶段奶业现代化建设的必由之路。奶业发达国家都是实行奶业产业一体化，其有效形式有两种。一是奶业内部采用建立奶农合作社形式推进一体化。具体来说，就是奶农在自愿基础上组建合作社，合作社兴办乳品加工厂，奶农既是合作社的主人，也是乳品加工企业的主人，形成了一个利益高度一致的完整产业链。奶业合作社为奶农提供从饲料、配种、防疫到收奶等一整套服务。大部分奶业合作社加工厂的利润分为三部分，一部分用于加工厂的扩大再生产，一部分作为奶农交奶的红利返还，一部分用于补贴奶业合作社为奶农提供的各类服务。利益返还解决了原料奶生产环节利润偏低的问题，促进了奶牛养殖业的可持续发展，进而为加工厂提供了稳定可靠的原料来源。奶业合作社是发达国家奶业一体化的主要实现形式，现在已成为奶业资源配置和利益分配的主要经营方式。奶业合作社使发达国家奶业发展进入良性循环。采取合作社模式的国家有美国、法国、日本、荷兰、澳大利亚、新西兰、德国、芬兰、印度等。二是在奶业外部由政府采取宏观调控手段推进一体化。如：制定合理的收奶价格，开展第三方质量检测，签订产销合同等。具体来说，定价机制是由协会或其他中介机构对奶牛养殖进行全成本核算，定期提出成本分析报告，协会商政府加上适当的利润，制定出标准牛奶的收购价，统一实行。第三方检测机构是独立于奶农和乳品企业的第三方机构，该机构对收集的原料奶进行理化指标、卫生指标等检测，将测定的结果送乳品加工企业，并保留检测奶样。乳品加工企业依据检验结果计价，向奶牛场支付奶款，如有争议对留样进行复检，并作出仲裁。合同奶业（又称为订单奶业或契约奶业）是指奶农与乳品企业在奶业生产过程中签订具有法律效力的产销合同，明确双方相应的权利与义务，奶农根据合同组织生产，企业按合同收购奶农生产的原料奶的经营形式。采取这种方式有加拿大、以色列等国家。

同时，欧美等奶业发达国家大多数都实行生产配额管理，以调控供需关系，促进一体化经营。国外的配额制度，是政府部门根据全国奶类的市场需要，制定出全国原料奶的总生产量，再根据各省奶牛饲养的历史状况和人口变化，将生产配额分配到各省，由各省把配额分到牧场，各牧场根据配额进行牛奶生产。在管理上，配额可以流通，牧场主可以买卖配额，如果牧场主完不成配额，管理部门可以强制要求其卖出配额，以保证奶的总产量满足市场需求。

（二）我国奶业一体化的现状

1. 奶业一体化的产生与发展 纵观中华人民共和国成立以来我国奶业发展历程可以发现，奶业产业一体化是伴随着我国奶业生产体制和价格体制的转变而变化的，可以划分为三个阶段。

第一个阶段是中华人民共和国成立至1978年。中华人民共和国成立初期，我国奶牛的饲养以户养为主，1956年奶业实行公私合营，将奶牛定为生产资料，而后奶牛饲养转为以国有奶牛场为主，且规模不断扩大，并实行统购统销，即统一收购生奶，集中消毒、装瓶，统一销售。1978年，全国奶牛存栏48万头，其中国营奶牛场饲养了37万头（农垦系统27.4万头），占总存栏数的77.18%，集体饲养8万头，占16.7%，个体饲养3万头，仅占6.2%。这一阶段奶牛养殖、乳品加工和市场销售是以统一管理为主的。

第二个阶段是1978—1992年。1978年，我国开始实行改革开放政策，提倡农业经营的多样化。奶牛业发展总体部署是，奶牛饲养从城市向农村转移，即实行“牛下乡，奶进城”的战略，允许和积极支持私人饲养奶牛，奶业生产实行“国营、集体、个体一起上”的发展方针，充分发挥了广大农村自然资源和劳动力资源的优势，激活了生产力要素，促进了奶业快速发展，个体饲养奶牛的头数快速增长。到1992年，个体饲养奶牛已成为主体。这一阶段奶农与乳品企业之间变化成为买卖关系，利益联结松散。由于当时国家加强了对奶业的扶持，牛奶的收购价格仍由国家制定，所以奶农与乳品企业之间并未产生直接的利益冲突。

第三个阶段为1992年之后。1992年，我国奶业进行了市场化改革，放开了牛奶购销价格，取消牛奶补贴，实行市场竞争，开放乳制品市场。牛奶购销价格除上海市仍由物价局定价外，全国均按照市场行情变化由乳品企业制定。这种原料奶价格由乳品加工企业单方确定的定价方式，并没有形成合理的原料奶价格形成机制，奶农没有发言权，利益没有保障。另一方面，乳品加工行业的丰厚利润，吸引了大量的社会资本和国际资本进入，国营乳品加工企业所占比重逐步降低。这两方面因素的共同作用，使一体化问题日益突出，为以后我国奶业的波动留下了隐患。

2004年以来我国奶业频繁出现波动，许多地区奶农多次出现倒奶、卖牛、杀牛现象，2006年内蒙古中部、山西朔州等地区集中宰杀奶牛，甚至母牛犊也杀掉，严重威胁到我国奶业发展的基础，引起了中央领导的高度重视。出现波动的根本原因是奶牛养殖与乳品加工脱节，乳品加工企业无序竞争，向奶农转嫁生产成本，造成奶牛养殖效益下降，挫伤奶牛饲养积极性，破坏奶业健康发展的基础。

2.我国奶业一体化的有益探索和尝试　在我国奶业发展过程中，特别是“三鹿牌婴幼儿奶粉事件”后，有关部门和企业对推进奶业一体化进行了有益的尝试和探索。

一是成立原料奶价格协调委员会，制定原料奶收购价格，推行合同收奶。在原料奶定价方面，2007年9月，黑龙江省成立了省及各市（县）原料奶价格协调委员会，协调委员会在兼顾乳品企业和农户双方利益的基础上，研究、协调、确定合理的原料奶交易价格，由黑龙江省奶业协会在各地奶价基础上公布全省原料奶淡旺季参考价。2008年8月26日，国家发改委、农业部、国家工商行政管理总局联合下发了《关于做好原料奶价格协调工作的通知》，2008年10月6日公布的《乳品质量安全监督管理条例》（国务院令第536号）均要求有关部门抓紧建立原料奶价格协调机制，奶业协会定期公布原料奶交易参考价格。在推行合同收奶方面，黑龙江省畜牧兽医局和黑龙江省工商行政管理局，辽宁省动物卫生监督管理局、辽宁省农垦局、辽宁省工商行政管理局分别于2007年9月和2008年6月发布了《生牛奶购销合同（示范文本）》；农业部和国家工商行政管理总局于2008年10月制定了全国《生鲜乳购销合同（示范文本）》。上述政策和措施，对于制定奶价和规范原料奶的购销合同起到了积极作用。

二是通过奶业合作社和奶联社等形式，提高奶农的组织化程度。2007年7月1日，我国《农民专业合作经济组织法》正式实施，为奶业专业合作社的发展，以及乳品企业与奶业专业合作社构建合作共赢关系提供了法律依据。目前，北京地区奶牛存栏16万头，其中奶牛专业合作社存栏13万头，占总存栏数的81.2%，已经成为奶源保障的主体。内蒙古呼和浩特市旭泥坂村2009年1月成立了奶牛专业合作社，社员可将奶牛折股入社，合作社还购买了加工奶豆腐的机器。合作社当年即实现了盈利，入社奶农得到了分红。内蒙古奶联科技有限公司创建了由企业搭建技术、管理、现代化设施设备和资金平台，吸纳奶农将现有奶牛以入股分红、保本分红、固定回报、合作生产等多种形式入社并获取回报的“奶联社”模式，将农民的奶牛集中起来，进行规模化、集约化和标准化饲养，原料奶产量和质量明显提高，与乳品企业进行对话的能力显著增强。

三是积极建立第三方检测机制。 20 世纪 80 年代末，上海就积极探索和尝试建立第三方乳与乳制品质量监督体系。1995 年上海乳品质量监督检验站作为上海地区原料奶交售的第三方检测机构，在市物价局、市奶协的支持下，首先推出了以脂肪单位与蛋白质单位作基础的原料奶的按质论价机制，此后检测项目逐年增设。2003 年该站进行了体制改革，成为具有独立法人的第三方中介服务机构，对调解纠纷，保护农（牧场）和企业（乳品厂）两者的利益，提高原料奶质量起到积极的作用。天津也于 2006 年 2 月开始推行第三方检测机制。新疆维吾尔自治区人民政府支持开展第三方检测试点，并由有关部门制定了实施方案，现正在试行中。

四是奶牛场建乳品企业和乳品企业发展稳定的奶源基地。 无锡市天资乳品饮料厂前身是 1958 年建场的无锡县奶牛场。20 世纪 90 年代初，在养牛业整体滑坡，奶牛场严重亏损的情况下，奶牛场负责人确立了“以牛为本，以工养牛，产加销一条龙，农工贸齐发展”的思路，投资创办了天资乳品饮料厂。目前，天资乳品饮料厂日销量已由建厂之初的 6000 瓶上升到 90000 多袋，并带动了奶牛养殖场的发展和周边农民发展养牛业。山东银香伟业拥有优良的奶源基地，引进了先进的乳品加工工艺设备，实行一体化经营，保障了奶牛生产、乳品加工和乳品市场的协调发展，成为鲁西南最大的乳品供应市场。同时，蒙牛、伊利、光明、完达山、三元、飞鹤、沈阳乳业等乳品企业也按照《国务院关于促进奶业持续健康发展的意见》和《乳制品工业产业政策》的要求，通过签订合同、入股、自建规模化奶牛场等形式，稳定和扩大自有奶源基地。

3. 现阶段我国奶业产业一体化存在的主要问题　一是一体化程度较低。 主要体现在两个方面。一方面，我国奶农组织化程度低，无法与乳品企业进行对接；另一方面，奶农与乳品企业之间是简单的买卖关系，利益联结松散，产加销发展不协调，乳品企业重复建设严重，区域布局不合理，加工能力过剩。

二是合同签订不规范。 目前，乳品企业与奶农签订合同的行为不规范。首先，奶农往往拿不到双方签字盖章的合同，使合同成了单方合同。其次，合同期过短。第三，奶农与乳品企业之间缺乏诚信，都怕上当吃亏，不愿履行合同：奶农怕原料奶会涨价或是随意将奶交给收购价格更高的企业，乳品企业怕原料奶多了收不了或以各种理由拒收，导致违约事件频频发生，奶农和乳品企业都不能维护自己的权益，获得稳定的利益。

三是国家和地方制定的促进奶业产业一体化的政策落实不到位。 如《条例》原料奶定价政策、原料奶购销合同范本、《乳制品工业产业政策》等出台以后，没有在全国特别是奶业主产区得到全面贯彻落实，影响了奶业产业一体化进程。

（三）推进奶业产业一体化的主要措施

1. 提高奶业产业一体化的认识　一是要充分认识推进奶业一体化的重要性。奶业产业一体化是奶业稳定健康持续发展的长效机制，其形成直接关系到奶业产加销的利益联结，直接关系到奶业深层次矛盾的解决和构建现代奶业，因此要提高奶业产业一体化的意识，把推进奶业产业一体化作为自己的责任，自觉贯彻国家和有关部门推进一体化的政策措施，把工作做好。二是充分认识推进奶业产业一体化的艰巨性。奶业一体化的难点在于涉及产加销多方的利益，特别是乳品加工企业的利益，当前我国奶业的现状是“中间强，两头弱”，乳品企业要发挥龙头的带动作用，积极主动与牛奶生产者进行利益对接，促进奶业产业的一体化。三是充分认识推进奶业产业一体化的长期性。我国奶业产业一体化总体程度还很低，推进奶业产业一体化是一个长期的过程，需要各地和有关部门根据当地实际情况做好规划，有计划、有步骤、有目标地做好此项工作。

2. 提高奶农的组织化程度　长期以来，我国奶牛养殖“小散低”的局面没有得到根本扭转，奶农处于弱势地位，要坚持贯彻《农民专业合作经济组织法》，大力发展奶农合作经济组织，提高组织化程度，与乳品企业对接，使奶农经济合作组织成为产加销利益联结的纽带，为实现奶产业一体化服务。结合我国的实际情况，当前实现奶业产业一体化的有效形式归纳起来有以下几种：

一是奶牛养殖向乳品加工拓展，乳品加工向奶牛养殖延伸。鼓励支持奶牛养殖场（小区）和奶农合作社参股加工企业或有条件的合作社自建乳品企业，鼓励支持乳品加工企业通过订单收购、建立风险基金、返还利润、参股入股等多种形式，与奶农结成稳定的产销关系和紧密的利益联结机制，更好地发挥企业的龙头带动作用。鼓励支持乳品企业自建奶牛场。乳品企业的奶牛场建起来后，不但能使乳品企业获得稳定的、高质量的奶源，而且本身就实现了利益一体化。

二是构建各方参与的原料奶收购价格形成机制。要坚持贯彻国务院《乳品质量安全监督管理条例》（国务院令第536号）的要求，加快建立合理价格形成机制的进程。合理的价格应包括养殖生产成本与奶农合理的收益。养殖成本应由物价部门牵头组织有关单位调查确定，并因地制宜定期进行调整。原料奶收购价格由政府部门、行业协会、加工企业、奶农代表组成的四方协调委员会协商制定价格方案，并由物价部门发布。企业严格按照发布价格和奶农签订收购合同，同时协调委员会对合同执行情况加强监管。

三是加快建立原料奶第三方检测机构。原料奶第三方检测机构是独立于购销双方之外的中介机构，通过其检测结果，为原料奶收购计价、质量监管、纠纷仲裁等提供依据，规避双方纠纷，维护双方利益。目前，我国原料奶市场混乱，质量得不到保证，建立第三方检测机构是改变这种局面的有效手段。近期可以省（直辖市、自治区）为组织单位，特别是在奶业主产省把第三方检测机构建立起来，有关部门要加强指导、完善标准、搞好试点工作。

四是推行合同收奶。乳品企业要与奶农建立合理的利益联结机制，签订长期稳定的原料奶收购合同，实行按质论价，保证收奶质量，发展合同奶业。

3. 加快推进合同收奶的步伐　在推进奶业产业一体化的进程中，当前最要紧、可操作性最强的是加快合同收奶的进程。合同收奶就是奶农和乳品企业按照具有法律效力的合同，行使其权利并承担相应义务。其实质是奶农和乳品企业之间的利益联结机制，是保持奶业良好秩序的基础。合同收奶一方面可以保证奶农生产的原料奶有长期稳定的销路，从而获得稳定的收入，保证其发展奶牛养殖业的积极性；另一方面，可保证乳品企业获得质优量稳的原料奶，实现加工业的可持续稳定发展。要对合同进行规范，要约定合同期限，明确规定原料奶收购的价格、收购量、收购标准、结算、交付方式，以及双方的责权利等。河北省在这方面做了许多工作，合同的签订率达到100%，取得了显著成效。他们的主要做法：一是由县级畜牧兽医主管部门监督奶站和乳品企业，以发布的生鲜乳交易价格为基础，签订《合同》。二是要求《合同》一式三份，分别由乳品企业、奶站留存，所在地县级畜牧兽医主管部门备案，以便掌握和跟踪合同签署履行情况。三是对于拒不签订《合同》，签订《合同》不交付奶站留存，不到所在地县级畜牧兽医主管部门备案的乳品企业纳入不诚信名单，通过媒体向社会公布；对拒不签订《合同》，不履行《合同》的奶站，依据《合同法》有关规定，移交工商部门处理。河北省关于合同签署有关情况将做专题报告供大家参考借鉴。各地要采取措施，加速合同奶业的进程，特别是奶业主产省要做出表率。

我国奶业进入新的快速发展阶段[①]

农业部副部长　中国奶业协会会长　　高鸿宾

过去的四年，是中国奶业历经磨难、跌宕起伏的四年，也是浴火重生、快速发展的四年。

2008 年的“三鹿奶粉事件”，是中国奶业发展史上最严重的一次危机，是中国奶业的一次灭顶之灾。整个社会，包括国际社会对中国的乳制品乃至农产品产生了严重的怀疑、担忧。这是对整个行业的诚信提出了严峻挑战。中国奶业承受着巨大压力。

面对如此严峻的形势，中国奶业协会勇于任事，敢于迎接挑战，为挽救中国奶业做出了巨大努力和突出贡献。当时我们判断，虽然中国奶业面临着压力、面临着挑战、面临着困难，但这也是一个浴火重生、凤凰涅磐的过程。压力伴随着希望，危机孕育着发展。经过我们的共同努力和顽强拼搏，到目前为止，中国奶业已经恢复到“三鹿奶粉事件”之前的水平，进入到一个新的快速发展阶段，结构进一步优化，发展方式快速转变，生产水平有了质的提高。据统计，2010 年 1～10 月，进口报批的奶牛数量已经达到 10 万头，超过去年水平。这说明广大的养殖者和企业对中国奶业是充满希望的。事实上，中国奶业还有巨大的发展空间。专家做过统计，GDP 每增加 1%，乳制品消费会增加 0.93%，基本上 GDP 增加一个点，乳制品的消费水平也增加一个点，相关系数极高。所以，大家对这个行业的发展充满信心。

过去四年中，中国奶业协会做了大量富有成效的工作，应予充分肯定。特别是刘成果理事长，做出了卓越的贡献。成果同志是我的老领导、老兄长、老朋友，德高望重，令人钦佩。我跟成果同志一起工作过不短的时间，他留给我的深刻印象是坦荡、严谨、勤勉、谦虚，这也是业内人士的共同评价。中国奶业协会在成果同志的领导下，取得了突出的成绩。正是在他的领导下，整个行业才能团结起来，万众一心，迎接挑战，共度时艰。所以我提议，请成果同志担任第六届中国奶业协会的名誉会长。

虽然中国奶业渡过了危机，克服了困难，迎来了一个新的春天。但也要清醒地认识到目前奶业面临的困难和严峻形势。实际上，我国奶业还存在着一些不容忽视的问题。

（一）　乳制品的质量问题

乳制品的质量有一个重塑形象的问题，怎么让消费者认可，让全社会信任。“三鹿奶粉事件”发生后，国家已经对问题奶粉进行了收缴、处理，但到今年，竟还有个别乳制品企业囤积着三聚氰胺严重超标的问题奶粉。这种品质恶劣、道德败坏的企业严重干扰了我国奶业的正常秩序，又一次打击了中国乳制品的信誉和消费者信心。2010 年 1～10 月份，进口奶粉已经达到 30 万吨，同比增长 73%，而出口却持续下降，国产婴幼儿奶粉遭受严重冲击。中国的儿童不敢喝中国奶粉，这是中国奶业的耻辱。所以，我们必须肩负起这一重任，重塑中国奶业形象，让消费者放心，让全社会认同。这是我们这一代人的历史责任。

（二）　奶业的生产、发展水平不高，竞争力不强

2009 年，从新西兰进口的大包奶粉到岸价是 1.7 万元/吨，当时我们生产成本是 2.2 万～2.3 万元/吨。2010 年进口的大包奶粉价格上升了，但还是低于我们的生产成本。这主要反映了我国奶牛养殖水平较低的问题。目前，我国奶牛养殖的平均单产水平是 4.5 吨/年，100 头以上的规模化养殖

[①] 本文为农业部副部长，中国奶业协会会长高鸿宾 2010 年 11 月 27 日在北京召开的中国奶业协会第六届会员代表大会上的讲话。

水平是28%，机械化挤奶率是87%，均与世界发达国家水平差距很大。而出问题的集中在那些小、乱、散的企业。中国奶业要提高竞争力，提高发展水平，就必须坚定不移地提高标准化规模养殖水平，规模化、标准化是一个基本的方向。

（三） 污染问题令人担忧

养殖业的粪污处理是一个很严重的问题，越来越受到社会关注，在未来的发展过程中，是非常尖锐且不能回避的问题。现在一些发达地区已经开始限养牲畜，例如北京开始到山西建立养殖基地，都是万头以上的生产基地。这些大型的规模化养殖企业，对污染问题处理的还是比较好的。但从全国范围看，污染问题还很严重，特别是那些小型养殖户和企业，虽然治污成本很高，但也必须下决心解决这个问题。

总之，我国奶业发展取得了很大的成绩，但也面临着相当多的困难，存在着很多问题。新一届奶业协会要在过去成绩的基础上继续努力，为中国奶业的振兴和重新崛起做出新的贡献。

在首届中国奶业大会暨第八届中国国际奶业展览会上的讲话[①]

国家首席兽医师　于康震

首届中国奶业大会暨第八届中国国际奶业展览会在美丽的海滨之城青岛隆重举行。我代表农业部对大会的召开表示热烈的祝贺，向出席会议的来宾表示诚挚的欢迎！本次大会以“推进奶业产业一体化”为主题，对于推动奶业恢复振兴，转变奶业发展方式，促进我国现代奶业建设具有十分重要的意义。

婴幼儿奶粉事件以后，为使我国奶业渡过难关，从中央到地方重视程度之高、整治力度之大前所未有；我国奶业浴火重生，恢复之快、发展之好始料未及。从生产形势看，全国奶牛存栏呈持续恢复的势头，截至 2010 年 4 月底，全国奶牛存栏 1254 万头，同比增长 4.29%。一季度全国牛奶产量 800 多万吨，与 2009 年第四季度基本持平。生鲜乳价格连续 8 个月平稳回升。从消费市场情况看，2009 年我国乳制品总产量 1935 万吨，同比增长 12.88%，乳制品行业已基本恢复正常。2010 年一季度全国乳制品消费需求旺盛，1～2 月份，全国乳制品企业产品销售率达到 99.86%，重点零售企业液态奶销量同比增长 47.3%，国产奶粉销量同比增加 25.3%。从生鲜乳质量安全状况看，2009 年我部检测生鲜乳样品 13129 批次，三聚氰胺含量全部合格，未检出皮革水解蛋白、淀粉等违禁添加物。2010 年 4 月的飞行抽检也没有发现三聚氰胺等违禁添加物超标的情况，生鲜乳质量安全处于历史较好水平。

奶业在短时期内全面恢复离不开政府的规范和引导，离不开全行业的不懈努力，更离不开广大消费者的信任与支持。在应对这次危机中，我们围绕促进奶业科学发展做了大量细致有效的工作。

一是建立健全奶业法规保障体系。婴幼儿奶粉事件以来，根据《乳品质量安全监督管理条例》和《奶业整顿和振兴规划纲要》的要求，农业部出台了 1 个配套规章，2 个技术规范，1 个限量标准，全面规范生鲜乳生产和收购行为。农业部配合卫生部通过深入调研，科学论证，组织修订的新的《生乳》国家标准已于 2010 年 6 月 1 日开始实施。这些规章和标准为乳品质量安全和奶业持续健康发展提供了有力保障。

二是推进奶业生产方式转变。奶牛养殖效益的提高是奶业持续发展的前提，好的效益要有一定的养殖规模和标准化的管理。2008 年到 2010 年，国家累计投入 12 亿元用于支持 1944 个奶牛标准化规模养殖场改扩建。到 2009 年底，全国 100 头以上规模奶牛养殖比例达到 23.1%，比 2008 年提高了 3.3 个百分点。国家奶牛良种补贴项目实施 5 年以来累计安排资金 7.15 亿元，共计改良奶牛 2480 多万头，目前全国荷斯坦奶牛的良种覆盖率已经达到 100%。

三是引导乳制品企业加强奶源基地建设。随着奶业相关产业政策的颁布与实施，人们乳品质量安全意识的提高，乳品企业对自有奶源和奶源基地建设越来越关注。2010 年一季度全国进口种牛近 3 万头，占 2009 年全年进口量的 3/4，主要流向各大乳品企业投资新建的牧场。2009 年蒙牛建成包括马鞍山三期、眉山现代牧场、洪雅现代牧场在内的 11 座大型牧场。2010 年伊利计划在沈阳投资 4 亿元，建设存栏 1 万头的现代化牧业科技示范园区。各大乳品企业自建自控规模化牧场力度不断加强。

[①] 本文为国家首席兽医师于康震 2010 年 6 月 8 日在青岛召开的首届中国奶业大会上的讲话。

四是加大生鲜乳收购站监管力度。生鲜乳收购站监管是婴幼儿奶粉事件后农业部门承担的一项新职责。为切实维护好奶源市场秩序，一年多的时间里我部开展了生鲜乳收购站清理整顿专项行动，取缔关停了一批不合格收购站点，推动了生鲜乳收购站的标准化管理和规范化建设。截至 2010 年 4 月底，全国共有生鲜乳收购站 13554 个，减幅 34%，机械化挤奶率达到 87%，比整顿前提高了 37 个百分点。

但同时也应看到，影响我国奶业持续健康发展的问题仍较突出、不稳定因素依然存在。一是奶业生产整体水平仍然较低，奶业生产“小”、“散”、“低”的局面并没有得到扭转。二是小生产与大市场的矛盾依旧尖锐，养牛户、奶站与乳制品加工企业还没有建立起风险共担、利益均分的产业链。三是乳品质量安全形势日趋复杂，乳品质量安全隐患依然存在。

当前，我国奶业正处于结构调整和转型升级的关键时期，奶业发展面临的问题需要我们凝聚力量，共同应对。

（一）加快奶业生产方式转变，不断向标准化规模养殖迈进

奶牛标准化规模养殖是提高奶业生产水平，保证乳制品市场供应，保障生鲜乳质量安全的有效途径。2010 年中央一号文件明确提出要支持奶牛规模化养殖和标准化示范创建，乳品企业应以此为契机，切实加强标准化规模养殖力度，发挥标准化规模养殖效益，提高可控奶源质量与数量，从源头上保障奶源质量安全。

（二）进一步加强行业监测，维护生鲜乳收购秩序

当前争抢奶源的现象有所抬头，奶农、奶站和乳制品加工企业之间的矛盾突出。我们要积极行动，群策群力，开展奶业生产形势监测预警，引导奶业生产结构调整，逐步建立奶业产业链利益联结机制，全力维护生鲜乳收购秩序。

（三）加大奶农培训力度，提高科学养殖水平

深入宣传培训《生乳》国家标准等法律法规和知识，提高奶农和奶站的质量安全意识。要组织各方力量，创新培训形式，进村入户开展技术指导和服务，提升奶农养殖水平。

（四）行业协会要不断加强自身建设，更好地发挥桥梁纽带作用

以中国奶业协会为主的行业协会要在加强自身政治思想、业务素质、制度建设和作风建设的同时，着力强化奶业行业服务，规范行业行为，反映行业动态，扩大对外交流，促进行业联合，为我国奶业持续健康发展作出更大的贡献。

2010 年是继续贯彻落实《奶业整顿和振兴规划纲要》的关键年，也是《生乳》国家标准颁布实施的第一年。首届中国奶业大会选择在此时召开，对推动我国奶业恢复和振兴，加快奶业生产方式转变，推进奶业产业一体化进程，意义深远。希望各位以此次大会为契机，加强交流与沟通，提高认识，加大共识，为推动我国奶业持续稳定健康发展而努力。

第五届中国奶业协会工作报告[①]

中国奶业协会常务副理事长兼秘书长　魏克佳

一、中国奶业协会第五届会员代表大会以来的工作情况

中国奶业协会根据奶业发展实际，围绕第五届会员代表大会提出的工作思路，发挥协会“协调、服务、维权、自律”的职能，以服务为宗旨，努力开展工作，取得了显著成绩。4 年来，所做的工作主要有：

（一）抓住关系奶业发展的大事，推进行业健康发展

1. 积极参与制定奶业相关法律、法规和政策　近年来，国务院和有关部门根据奶业发展的需要，进一步完善了奶业的产业政策、法律、法规和标准，包括《国务院关于促进奶业持续健康发展的意见》（国发 31 号文件）、《乳品质量安全监督管理条例》、《奶业整顿和振兴规划纲要》、《生鲜乳生产收购管理办法》、《国务院办公厅关于进一步加强乳品质量安全工作的通知》、《乳品安全国家标准》和《全国奶业发展规划》。中国奶业协会根据《国务院办公厅关于加快推进行业协会商会改革和发展的若干意见》（国办发[2007]36 号）对行业协会提供服务、反映诉求、规范行为的要求，向国务院领导同志写报告，先后向发改委、农业部、卫生部、国务院食品安全办等部门汇报，为这些文件的起草提供行业情况，反映行业诉求，得到有关部门的认可，为促进这些文件的出台发挥作用。

2. 积极向“两会”提交有关奶业提案　中国奶业协会在每年的全国人民代表大会和全国政治协商会议期间，都组织行业专家撰写有关奶业的提案，转交给参加两会的奶业界人大代表和政协委员们，请他们向 “两会”提交，反映我国奶业发展中的热点、难点问题，促进我国奶业的持续健康发展。协会历年提交的提案有：《关于加强奶业正面宣传和报道的提案》、《关于对中西部贫困地区中小学生补贴学生奶的提案》、《关于制定出台学生饮用奶支持政策的提案》、《关于尽快出台全国奶业管理条例的提案》、《关于建立全国奶牛生产性能测定财政专项支持专项提案》。

3. 积极应对奶业突发事件　2008 年 9 月份发生的婴幼儿奶粉事件是一次重大食品安全事件，不仅对婴幼儿身体健康造成了危害，也对整个奶业产生了巨大冲击和影响。中国奶业协会积极应对此次奶业突发事件，开展的工作主要有：一是事件发生后及时召开会议，就做好婴幼儿奶粉事件处置工作，保护广大奶农利益，稳定奶及奶制品生产，保障市场供应进行了认真研究。在深入了解情况后，向回良玉及李克强副总理呈送了《关于做好婴幼儿奶粉事件处理工作的建议》，为国务院开展婴幼儿奶粉事件处置工作提供决策参考。二是针对许多乳品企业受婴幼儿奶粉事件冲击出现的生产和销售不稳定情况，下发了《增加原料奶收购每日监测的紧急通知》，及时掌握行业原料奶收购和生产情况，为企业合理安排生产、销售，避免大起大落提供参考。同时反映奶农诉求，协会与有关部门协商，解决奶农交奶难的问题，受到奶农欢迎。三是收集整理了婴幼儿奶粉事件发生后的国内奶牛养殖情况、奶粉进口冲击我国奶业及对策建议等内容撰写《当前我国奶牛养殖业有关情况》报国务院研究室并抄送农业部，此材料以重要信息快报形式报国务院领导同志。四是在事件发生一年后，为了吸取经验教训，研究奶业振兴对策，2009 年 10 月 15～16 日中国奶业协会和全国政协人口资源环境委员会共同主办中国奶业振兴态势分析会，就奶业形势的判断、面临的深层次问题和振兴奶业的对策等进行深入研讨和交流，并到北京市周边的奶牛养殖场和乳品加工厂进行了实地调研，汇集

[①] 本文为中国奶业协会常务副理事长兼秘书长魏克佳 2010 年 11 月 27 日在北京召开的第六届中国奶业协会会员代表大会上做的工作报告。

各方的意见撰写《奶业振兴急需解决几个关键问题的报告》并以全国政协办公厅名义报送党中央和国务院，回良玉和李克强副总理做了重要批示。

4.推进奶业产业一体化 奶的鲜活性和生产的连续性决定奶业必须实行一体化经营。目前我国奶业的主体经营模式是分散养殖、集中加工，产业化组织程度低。国内外的实践证明，只有通过推进一体化，才能理顺奶农与乳品加工企业的利益关系，保障生产、加工、销售的协调发展。为此，中国奶业协会于2010年6月8～10日在青岛组织召开了首届中国奶业大会，主题是推进奶业产业一体化，建立产加销利益联结的长效机制，为建设现代奶业而努力。会议讨论交流了当前我国构建一体化经营模式的主要途径。

5.组织编写《中国奶业发展史》 《中国奶业发展史》是通过对中国古代、近代、现代奶业发展历史的总结，为中国奶业未来的发展提供借鉴和依据，同时还将填补中国奶业历史记载的空白，是继往开来、极具里程碑意义的一项浩大工程。2007年4月，中国奶业协会启动《中国奶业发展史》编写工作，成立了以刘成果理事长为主任的中国奶业发展史编委会，下设编辑部。2008年，明确了编写人员，确定《中国奶业发展史》编写提纲，落实了编写资金，各课题承担单位开展历史资料收集和整理任务。2009年，中国奶业发展史课题组全面启动了奶业发展史的编写工作，召开了4次专题会议推进奶业发展的编撰工作。目前，各课题承担单位完成了奶业发展各阶段历史资料收集和整理任务，并按计划安排对有关资料进行考证、分析、汇总，已经基本完成初稿的撰写工作。

（二）做好奶牛养殖基础工作，提高原料奶生产水平

近几年，我国奶牛养殖业快速增长，为推动奶业的发展，发挥了重要作用。但长期以来，奶牛养殖业“小、散、低”的局面没得到根本扭转。为此中国奶业协会把促进奶源基地建设列入第五届协会的重点工作，做好奶牛养殖的基础工作，提高原料奶生产水平，开展工作主要有：

1.召开奶牛发展大会，促进奶牛养殖方式转变 国内外实践证明，奶牛养殖规模化、集约化、标准化是发展现代奶牛养殖业的必由之路。为了促进奶牛生产方式转变，从2004年开始中国奶业协会召开了三届中国奶牛发展大会，推行奶牛养殖规模化、集约化和标准化。经过协会几年来积极倡导和全行业的共同努力，我国奶牛养殖规模化程度和奶牛单产水平显著提高，全国饲养100头以上奶牛的场（户）比重由2004年的11.22%提高到2010年上半年的28.48%，提高了17个百分点；成乳牛年单产水平由2004年的3601千克/头提高到2009年的4814千克/头。

2.推进良种繁育体系建设，提高奶牛遗传群体水平

（1）组织专家协助农业部制定《中国奶牛群遗传改良计划》、《中国荷斯坦母牛品种登记实施方案》、《中国荷斯坦种公牛后裔测定实施方案》和《中国荷斯坦种牛遗传评定方法》、《中国荷斯坦牛》国家标准，为国内开展中国荷斯坦母牛品种登记、种公牛后裔测定、种牛遗传评定工作提供了技术依据。

（2）推进全国奶牛生产性能测定（DHI）工作。协会组织有关专家完成了《中国荷斯坦牛生产性能测定技术规范》行业标准的审定工作，为在全国范围内科学、公平、公正地开展奶牛生产性能测定奠定了基础；组织开发了《奶牛生产性能测定分析系统软件》，为参测牛场提供了详细的分析报告；配合农业部开展全国奶牛生产性能测定补贴项目。每月定期收集全国奶牛生产性能测定数据，截止2010年共收集国内1269个牛场共计65万余头荷斯坦奶牛的生产性能测定数据800多万条；定期举办“全国奶牛生产性能测定技术培训班”，提高测定技术人员理论水平和实际操作能力；组织编写出版了《奶牛生产性能测定技术手册》、《中国荷斯坦奶牛生产性能测定科普读物》、DHI宣传材料免费向有关单位发放，加大宣传奶牛生产性能测定力度。

（3）组织开展全国荷斯坦公牛后裔测定工作。每年组织两次全国青年公牛联合后裔测定工作，包括系谱收集、参测资格审核、冻精检测、冻精交换等，至2010年累计44批共1335头参测公牛。根据后裔测定工作开展的需要，2007年重新制定发布了《全国青年公牛联合后裔测定技术规程》，2008年与中国农业大学联合申请了《中国荷斯坦青年公牛联合后裔测定技术规程》和《中国荷斯坦牛体型鉴定规程》两项国家标准的起草工作。

（4）推进奶牛遗传评定工作。运用从加拿大引进的测定日模型遗传评估软件系统，计算产量、体型及体细胞数等性状的育种值，并综合形成中国奶牛性能指数 CPI，2007 年到 2010 年，为国家累计选出 662 头有后裔测定的优秀种公牛参加良种补贴；利用国际公牛组织数据对国外引进公牛进行系谱指数计算，为推进我国自主培育优秀种公牛提供科学依据；利用收集的全国公牛系谱数据，建立了我国奶牛数据库，目前国内 2861 头种公牛系谱和世界上 28 万头公牛已经进入中国奶牛中心数据库。

（5）开展奶牛品种登记工作。中国奶牛数据中心编制了“12 位编号系统”应用指南，协助各省（直辖市、自治区）制定和推行编号系统实施方案，积极开展品种登记软件使用的培训。目前全国登记奶牛达到 45 万头。

3. 开展奶水牛调查，开发优秀奶水牛种质资源 我国南方水牛资源丰富，把它改良成为奶水牛，既能增加奶的产量，又能增加肉的产量，有利于改善“北奶南调”的局面，使全国奶业布局趋于合理。中国奶业协会刘成果理事长带领有关人员两次深入云南省保山、德宏两个市州进行实地考察和调研，考察了奶水牛合作社、奶牛协会、奶水牛养殖场和养殖户以及水牛奶加工企业，总结奶水牛发展经验，获得了大量的第一手资料，向有关部门提交了《关于奶水牛业发展的报告》，建议农业部有关司局大力支持槟榔江水牛育种工作，开发优秀奶水牛资源，把奶水牛产业发展作为奶业发展的重要组成部分并予以扶持。

4. 开展奶农培训，推广先进奶牛饲养管理技术 根据我国奶业发展需要，中国奶业协会在相关企业支持下，加大“中国奶农培训计划”的实施力度，2008—2010 年在全国十多个省（直辖市、自治区）共举办奶农培训班 28 期，累计培训奶农 6000 余户，发放专题宣传片 5000 套，科普宣传资料 10000 多份。培训班邀请了经验丰富的知名专家学者进行讲解，并组织专家深入到奶牛养殖场进行现场指导，通过通俗易懂的语言及形象生动的讲解，把奶牛繁育、饲草、饲养管理、卫生保健等实用知识传授给广大奶农。为加强培训效果，中国奶业协会联合中央电视台 7 频道共同拍摄了 6 集奶牛养殖科普专题片在该频道科技苑栏目播出，收视率达 0.35，共有 4000 多万人收看了该节目，同时录制成光盘在培训期间向广大奶农免费发放。中国奶农培训计划开展两年来，宣传普及了奶牛养殖科学知识和技术，促进了奶牛养殖者饲养管理水平的提高。

（三）规范行业行为，为保障乳品质量安全服务

1. 开展行业自律工作 2007 年在南京召开的中国奶业协会年会上，针对我国奶业原料奶收购市场秩序混乱、奶农养殖效益低和乳品市场混乱、乳品企业利润率低的问题，中国奶业协会会同伊利、蒙牛和光明等十四家乳品企业共同形成并发布了《乳品企业自律南京宣言》，宗旨是规范市场行为，加强自律，营造公平竞争的市场环境，践行社会责任，遵守职业道德和行业准则，构建和谐奶业发展环境，促进奶业持续健康发展。《宣言》的执行和实施，对于遏制乳品市场无序竞争的局面，促进乳品企业增强盈利能力起到积极作用，得到政府有关部门、乳品企业和消费者的支持和认可。

2. 宣贯乳品安全法律、法规 《中华人民共和国食品安全法》和《乳品质量安全监督管理条例》出台后，中国奶业协会积极开展宣贯工作，为保障乳制品质量安全服务，所做的工作主要有：一是编辑出版《生鲜乳安全生产知识系列挂图》，印制 64 万份，向全国 31 个省（直辖市、自治区）的 6 万多个奶牛养殖场（小区）和 2 万多个奶站免费发放。二是组织部分乳品加工企业和上海、北京、天津农业部乳品检测中心梳理乳品中违法添加非食用物质和滥用食品添加剂情况，并经汇总整理形成意见上报卫生部。三是积极参加卫生部、农业部等有关部门关于违法添加非食用物质和滥用食品添加剂专项整治工作，为推进食品质量安全工作献计献策。

3. 推进奶业认证工作 为提高乳制品质量安全水平，加强原料奶的生产管理，加快现代奶业建设，2008 年中国奶业协会配合国家认监委、国家标准委和各地质检系统，积极运用认证认可和标准化手段，推进奶业认证工作。一是参与认证文件、国标起草。中国奶协组织专家参与新版奶牛 GAP

标准修订工作，参加《危害分析与关键控制点体系乳制品生产企业要求》标准起草工作。二是代表中国奶牛业接受欧盟 GAP 互认检查。为使中国奶业适应全球经济一体化，促进奶制品出口，帮助国内优秀企业参与国际市场竞争创造条件。三是推进 HACCP、GAP 认证工作。目前，通过全国奶牛 GAP 认证企业 70 多家，通过 HACCP 认证的乳品、食品企业 40 家，四是整合认证资源。中国奶业协会下属的中奶协（北京）认证中心和全国畜牧总站下属的北京华思联认证中心整合，畜牧产品认证资质和技术力量更加雄厚，奶业专业特色更加鲜明。为推动 HACCP、GAP 在奶业的应用做出了积极贡献。

（四）加强奶业宣传，培育和开拓乳品消费市场

饮奶健康知识宣传对于扩大乳制品消费人群，增强国民身体素质具有重要意义，是一项需要长期开展的工作，也是协会每年的重点工作之一。特别是婴幼儿奶粉事件发生后，乳制品消费市场萎缩，乳制品销售量下降，为提振消费信心，中国奶业协会积极开展奶业宣传工作。

1. 开展世界牛奶日宣传活动 中国奶业协会每年都举办“世界牛奶日”宣传活动，每次一个主题，向广大消费者，尤其是少年儿童宣传和普及牛奶营养健康知识。中国奶业协会和国家“学生饮用奶计划”部际协调小组办公室以关注少年儿童健康成长为出发点，在《中国少年报》和《中国食品报》上刊登牛奶日专刊，促进“学生饮用奶计划”推广宣传。

2. 开辟奶业宣传专栏 中国奶业协会分别与《中国食品报》和《中国特产报》合作开辟奶业专刊，扩大饮奶科普宣传力度。奶业专刊通过报道行业及企业相关新闻及产业政策，市场动态及信息，宣传普及科学饮奶知识，积极促进宣传和引导奶业健康发展。2009 年，为反映改革开放以来我国奶业取得的重大成就，加强奶业的正面宣传和报道，振兴民族奶业，中国奶业协会联合《农民日报》、《中国畜牧兽医报》、《中国食品报》、《中国特产报》、《乳业时报》等媒体发表了纪念改革开放 30 年奶业篇——《奶香飘万家》，受到了业内人士的一致好评。

3. 拍摄奶业专题宣传片 2006 年 9～12 月，中国奶业协会联合中国农业电影电视中心和国家广电总局新视点电视节目制作中心，摄制了大型特别节目《圆梦在行动》和《现代奶业》专题片，并分别于 2007 年 1～2 月在 CCTV-7、CCTV-6 播出。2008 年 3 月，中国奶业协会与中国农业电影电视中心（CCTV-7）联合摄制了 4 集乳制品公益宣传片，宣传片通过介绍奶粉、奶酪、酸奶、羊奶等几种乳制品及促进消费等相关内容，进一步宣传普及乳制品知识。

4. 开展乳制品市场促销活动 中国奶业协会以“天天饮奶，营养健康”为主题，分别于 2009 年在杭州和 2010 年在青岛组织多家知名乳品企业举办两届乳制品市场促销活动。活动内容包括优质乳制品展示促销、免费品尝、专家饮奶知识现场咨询、发放饮奶知识宣传手册、有奖知识问答、文艺表演等多种形式的活动。中国奶业协会在活动现场开设了饮奶健康知识宣传区——“知识墙”宣传和普及科学饮奶知识，同时，免费发放了《饮奶与健康》知识宣传手册。为了解乳制品市场消费信心恢复情况，还进行了乳制品消费问卷调查活动。此外，在促销活动期间组织召开记者招待会，把企业更加重视奶源基地建设的理念，龙头企业纷纷投巨资兴建牧场的举措，通过媒体扩大宣传，使更多的消费者了解到我国乳品加工企业的奶源质量显著提高，乳品的质量安全意识明显增强等积极变化。

（五）增强信息服务功能，构建信息交流平台

国内外奶业技术发展迅速，市场形势多变。为适应这种形势，协会十分重视信息的收集和利用，做好信息服务工作。4 年来，协会不断加强奶业信息建设，丰富信息资源。

1. 充分利用宣传媒体——“一网三刊”发布行业信息 “一网”是中国奶业协会信息网，为行业提供动态、科技、供求、统计等各类综合信息，成为中国奶业网络信息交流、沟通、宣传的重要平台。4 年来，网络注册的新会员达到 6000 余名，信息更新 5 万余条；网站页面点击次数累计超过 410 万次，信息网制作的行业信息电子杂志《DAC 今日要闻》每日向部委有关领导、各地畜牧兽医部门、各地奶协、企业、院校、媒体发送，4 年累计发行 980 期，成为诸多业内人士快速了解行业情况，获取信息的重要渠道。“三刊”是《中国奶牛》杂志、《中国乳业》杂志和《中国奶业年鉴》。《中国奶牛》由原来的月刊改为半月刊，增加了信息量，扩大了发行；《中国乳业》由农业科学院信息所主办调整为中国奶业协会与该所共同主办，增加了奶协对外宣传的窗口；《中国奶业年鉴》2002 年出版首卷本，从无到有，从中文到英文，不断提高完善，受到国内外奶业界的欢迎。协会定期向会员单位免费赠送《中国乳业信息》、《中国奶牛》、《中国乳业》和《中国奶业年鉴》。

2. 做好奶业信息监测工作 根据农业部关于加强畜禽生产动态信息监测的部署要求，2008 年开始中国奶业协会承担了奶业信息动态监测工作，现分别有 30 家重点奶牛养殖参测企业和 22 家乳品加工参测企业。协会将企业上报数据收集、整理、统计和分析后形成监测报告，按时向农业部畜牧业司上报，定期参加农业部的形势会商会议，提供奶业发展动态信息。

（六）加强国际合作与交流，拓展行业发展空间

为了拓展行业的发展空间，加快中国奶业融入世界奶业的步伐，协会积极加强与奶业发达国家、地区和国际组织的交流与合作。

1. 开展技术交流合作 中国奶业协会组织国内奶牛育种专家对加拿大、美国的奶牛品种登记、DHI 测定的实施开展情况进行考察与学习，为我国建立奶牛育种评价体系和开展 DHI 测定工作提供了经验。此外，协会从加拿大奶业网引进代表世界先进水平的测定日模型奶牛遗传评估软件，为国内开展奶牛遗传评估工作奠定了基础。

2. 加强与其他奶业国家和地区的互访 为了促进奶业国际交流合作，中国奶业协会积极邀请国际奶业专家访问中国，进行学术交流，同时组织国内行业同仁出国考察学习。4 年来，协会共接待来访的国外乳品企业及组织 100 余人次，促进了世界对我国奶业的认识。中国奶业协会组团赴北美、印度、以色列、欧盟、中国台湾等奶业发达国家和地区考察和交流研讨，学习借鉴他们在奶牛饲养、奶农合作社及学生奶方面的成功经验。

3. 举办中国国际奶业展览会和国际交流专场 中国奶业协会每年组织召开一次中国国际奶业展览会，展览涵盖奶牛养殖、环境保护、牧草饲料、乳品加工、包装材料、奶业机械等奶业产业链的各个环节，国内外参展厂商逐年增多。同期举办国际交流专场，4 年来举办过中德、中法、中新、中澳、中荷、中英等奶业国际交流专场。这些会晤、交流和技术论坛等活动的开展，对协会加强同世界各国奶业企业、组织间的友好往来，扩大中国奶业的行业影响，提升中国奶业的国际地位，促进中外奶业经济技术和商贸合作发挥了积极作用。

（七）加强协会自身建设，适应行业发展需要

搞好自身建设是协会开展各项工作的基础。协会在开展活动的同时，积极加强自身建设。

1. 加强党建工作 按照《农业部业务主管的新社会组织开展深入学习实践科学发展观活动实施方案》（农{新学组} [2009]1 号）精神和要求，协会成立了党支部，组织全体工作人员和会员单位开展深入学习实践科学发展观活动：一是成立由党员组成的学习实践活动核心组，分别召开了党员大会和全体工作人员会议，传达和学习有关文件精神和要求，提高对于学习实践活动重要意义的认识；二是开展以“加强党性锻炼，增强党性修养”为主题的党课教育，刘成果理事长亲自授课，加强入党积极分子对于党的基本知识的学习，协会 7 位要求进步青年积极主动地向党组织递交了入党申请书，提高了对中国共产党的认识；三是号召协会重点副理事长单位、常务理事单位深入学习实践科学发展观活动，将科学发展观运用到奶业实际工作中去。

2. 加强思想建设 加强思想建设是协会自身建设的根本和灵魂。中国奶业协会努力培养良好的社团文化，坚持在全体会员、理事以及班子中提倡“勤”、“智”、“诚”三个字的精神，即奋斗精神，科学精神，奉献精神，树立了中国奶业协会的新形象。2008 年汶川大地震后，中国奶业协会向全国奶业界发出了积极支持抗震救灾工作的号召，为灾区的抗灾、救灾工作贡献力量。伊利、蒙牛、光明、新希望、银桥、贝因美等乳品加工企业积极响应，以实际行动参与抗震救灾工作。据不完全统计，这些企业累计捐款捐物达 2.5 亿元。中国奶业协会各部门及个人也纷纷捐款捐物，并将善款交到中国红十字会总会。

3.加强组织建设 协会积极发展会员、壮大队伍，截至目前，经登记的中国奶业协会团体会员有560多家。2006年底，协会对已建立7个专业委员会的人员组成进行了调整，形成了新一届组织机构，明确了工作任务和职责。2008年新成立了奶牛养殖工程与机械专业委员会，不断完善协会组织机构。

4.加强制度建设 2008年，为进一步完善协会自身建设，健全协会规章制度，加强协会日常工作管理，提高工作效率，协会重新制定了中国奶业协会规章制度及岗位职责。规章制度是以国家法律法规及民政部、财政部、农业部等行政部门的政策规定为根据，结合协会具体实际制定而成的，保证各项规章制度及岗位职责合理、科学，具有可操作性。规章制度及岗位职责印刷成手册向每个成员发放执行。

回顾协会4年多来的工作，虽然取得了一些成绩，但是仍存在许多不足的地方：一是协会抓行业自律不够。乳品是食品，乳业是良心产业，是道德产业，当前，道德已成为奶业健康发展的瓶颈。道德的核心是诚信，诚信的落脚点是自律。长期以来，行业自律意识差，自律机制不完善，自律手段不过硬，不能自觉地规范行业行为，恪守市场竞争规则，所以迫切需要发挥行业协会自律的职能，加大抓行业自律的决心和工作力度。二是协会的服务手段和能力有待于进一步加强。随着我国奶业的发展壮大，整个行业对于协会所提供服务的要求不断提高。为此，协会应进一步加强服务意识，积极创造条件，不断拓展服务领域，增强服务手段，提高服务能力。三是协会文化培养有待加强。2002年协会在加强思想建设方面提出"勤"、"智"、"诚"三个字的精神，以树立良好的协会文化，多年来由于在会员单位宣传落实不够，尚未在行业和全体会员中形成良好文化氛围。

二、几点工作体会

回顾几年的工作，我们深深感到要履行好奶协的职能，完成工作任务，必须做到五个坚持。

（一）坚持科学发展观

以科学发展观为指导，继续以推进我国奶业健康发展、提高奶业的现代化水平为中心，抓好奶源基地建设和培育消费市场为重点（简称一个中心两个重点）的工作思路，根据中国的实际情况和奶业发达国家的经验，提出了构建现代奶业的四个途径，即奶业规模化、集约化、标准化、一体化，并有计划、有步骤的做好工作。2004年在石家庄召开第一届奶牛发展大会，主题是推进奶牛养殖的规模化；2006年在包头召开第二届奶牛发展大会，主题是推进奶牛养殖的集约化；2008年在上海召开第三届奶牛发展大会，主题是推进奶牛养殖标准化；2010年在青岛召开首届中国奶业大会，主题是推进奶产业的一体化。多年的工作取得显著成效，国内奶牛养殖规模化的比例明显提高，乳品企业建设奶源基地的积极性明显增强，乳品质量安全意识明显提升。

以科学发展观为指导，推进我国现代奶业建设。2006年在中国奶业协会第五届会员代表大会上，提出建设现代奶业的框架，将现代奶业的内涵归纳了六个型：循环经济型，质量效益型，经营集约型，自主创新型，产业一体型和文化导向型，并提出了在建设现代奶业要高度重视并要解决好五个重点问题，即布局要科学，结构要合理，体系要健全，市场要规范，队伍要精干。

以科学发展观为指导，在2008年哈尔滨年会上，提出了构建奶业持续健康和谐发展的长效机制的设想，解决奶业发展中存在的深层次问题。一是构建原料奶收购价格的形成机制，二是构建产、加、销利益联结机制，三是构建质量控制机制，四是构建法律标准监督机制，五是构建宏观调控机制，六是构建鼓励消费机制，七是构建行业自律机制。

上述一系列以科学发展观为指导、结合奶业实际提出的发展思路，为促进我国奶业发展，协会有条不紊的开展各项工作，提供了有力指导。

（二）坚持积极主动参与奶业的重大决策

随着我国市场经济体制的发展和完善，政府职能转变的速度加快，协会发展得到了更多有利的条件和机遇。中国奶业协会作为联结企业、奶农和政府有关部门的桥梁和纽带，积极发挥职能作用，向政府部门反映行业诉求，参与重要文件的起草工作。国务院31号文件是国务院发的第一个有关奶业的文件，对奶业的发展具有很强的针对性、指导性和可操作性。文件起草的前期，中国奶业协会针对当时奶业发展出现滑坡的情况，多次深入奶业重点地区展开调研，召开座谈会；在全国政协会议上，协会理事长刘成果同志利用政协委员的有利条件先后提交了《我国奶业正处于关键时期，健康发展亟待引导和扶持》等五个书面发言，提交了《关于建立全国奶牛生产性能测定财政支持专项的提案》等三个提案。协会通过《人民日报》、《经济日报》和《农民日报》等主流媒体及时反映行业动态。在文件起草的过程中，协会向农业部、国家发改委等有关部门领导积极反映情况，提出对奶业形势的看法和应采取的对策和措施，并于2007年7月6日向回良玉副总理呈送了《关于保护和支持我国奶业持续健康发展的报告》，为起草《意见》提供依据。9月27日，国务院以国发［2007］31号文件正式印发了《关于促进奶业持续健康发展的意见》（以下简称《意见》）。31号文件出台后，中国奶业协会在哈尔滨组织召开了特别理事会，进行文件的宣传贯彻工作，并多次召开会议进行宣讲，使大家深入了解国家对奶业的各项支持和优惠政策，稳定奶农思想，坚定了大家养殖奶牛的信心。

中国奶业协会参与奶业重大事件的决策，不仅有利于行业的健康发展，而且有利于开创协会工作的新局面。

（三）坚持以服务为宗旨

为奶业行业、奶农、企业、会员单位和政府提供服务，是协会工作的基本宗旨，也是奶协的职能所规定的，体现了协会的重要地位和作用。这几年来，中国奶业协会通过反映行业诉求、专业技术指导、人员培训、技术推广、科技下乡、科普宣传、形势分析、协商协调等方式提供多种形式服务，将服务职能渗透到原料奶生产、加工及消费等奶业生产的每个环节。如抓住奶业发展中的大事，反映行业的诉求，为奶业的重大决策提供服务；抓住技术关键，开展专业技术服务，做好奶牛养殖的基础工作。抓住突发事件，反映奶农的诉求，为奶农排忧解难等。2008年9月15日，由于婴幼儿奶粉事件的突发，原三鹿集团停产导致周边牛奶收购停止，石家庄周边市县每天大量牛奶被倒掉，给广大奶农造成巨大的经济损失和精神打击。为解决这一问题，中国奶业协会联合河北省畜牧局在石家庄市紧急召开了原三鹿集团奶源基地原料奶收购协调会，针对由于三鹿停产造成河北周边奶牛养殖场（户）原料奶无处交售的情况，协会出面协调蒙牛、伊利、光明、三元等乳制品企业在保证质量的前提下，扩大原料奶收购量，解决当地奶农交奶难的问题。经过协商，几家大企业从大局出发、积极配合，通过调整产品结构、增加生产量、跨地区收奶等措施增加收购原料奶1800余吨/天，大大缓解了当地原料奶收购压力，维护了奶农利益。

（四）坚持搞好与有关单位的协调协作

《国务院办公厅关于加快推进行业协会商会改革和发展的若干意见》（国办发[2007]36 号）提出行业协会承担部分政府职能或以政府购买服务的形式开展工作的思路。理顺与各有关部门和地方协会的关系，加强协调与合作是创新协会工作方式的重要途径。一是积极争取协会主管部门农业部及有关司局的支持，不断加强协会为行业服务的手段和能力。几年来，中国奶业协会配合和参与农业部有关司局奶业的工作，包括建立中国奶牛数据中心，实施品种改良计划，良种补贴优秀种公牛评定，奶牛生产性能测定，中国荷斯坦奶牛品种登记、良种登记，奶业动态监测、乳制品市场促销，奶业形势分析，学生饮用奶计划等十多项。二是争取国家发改委、认监委、卫生部、国家质检总局等有关部委的支持。2004年底，在国家认监委的支持下，中国奶业协会充分发挥行业技术资源优势，成立了中奶协（北京）认证中心，开始实施乳品 HACCP 认证和奶牛场 GAP 认证工作。2005年，参加了国家认监委、国家标准委组织的中国良好农业规范国家标准制订工作。2009年，中国奶业协会作为乳品质量安全标准工作协调小组的成员，配合卫生部等部门进行了国家乳品安全标准的制定和修订工作，完成有关部门交办的工作。三是加强与地方奶业协会的交流与合作。调动地方协会的积极性和主动性，通过开展奶业形势分析与会商，信息交流与共享，组织调研和共同举办活动等方式，不断加强合作和交流，为协会在全国各地开展工作提供了有利条件。协会的工作得到了业界好评，得到农业部等有关部门的认可，2005 年中国奶业协会被民政部评为“全国先进民间组织”。

（五）坚持抓好自身建设

搞好协会工作的前提是找准协会定位，明确协会的作用、性质和职能。中国奶业协会的定位有三层含义：其一，它是一个有独立法人地位的民间社会团体；其二，它是一个承担政府、企业、奶农和消费者之间桥梁和纽带作用的社会中介组织；其三，它是乳品企业、奶业合作组织和奶农的行业之家。以上三层意思概括了奶协的性质和作用。

性质定位决定职能，中国奶业协会具有协调、服务、维权、自律四项职能。协调职能：包括协商、协作、协同等，“协”是合作、共同、联结的意思，体现社会中介的作用，同时也体现了协会的组织作用，即把奶牛养殖、加工、销售各环节组织起来，协调行动、健康发展。服务职能：体现奶协的根本宗旨，包括为企业和奶农服务，为政府服务，为消费者服务，归根到底是为我国奶业的健康发展服务，为我国人民的健康服务。维权职能：主要是维护乳品企业、奶农和其他会员的合法权益，也要维护消费者的合法权益，维护本行业的利益，要成为行业利益的代表，这本身就是一种更高层次的服务。自律职能：要积极采取措施，规范行业行为，使企业和奶农自觉遵守有关法律法规。

在新的形势下，中国奶业协会通过加强思想建设、组织建设、制度建设和信息建设，提高了协会整体素质，特别是提高了工作效率，增强了社会影响力，为协会开展工作创造有利条件。

三、下一届工作建议

（一）充分认清奶业面临的挑战和机遇

婴幼儿奶粉事件对我国奶业造成的冲击和影响尚未完全消除，乳制品消费信息不足，民族奶业市场竞争力不强。据统计，2009 年奶牛存栏和奶类总产量分别为 1218 万头和 3650 万吨，为 2008 年的 96.5%和 98.8%。2010 年前三季度牛奶产量 2369 万吨，同比增长 2.6%。2009 年全国城镇居民人均乳制品消费量为 25.31 千克，同比减少 0.6 %。2010 年前三季度，全国 36 个大中城市居民人均乳制品消费量 18.16 千克，同比减少 4.7%。2010 年前三季度我国进口乳制品 54.26 万吨，比上年同期增长 23.9%；其中，奶粉进口增幅明显，1～9 月共进口 30.61 万吨，同比增加 76.2%。2010 年前三季度干乳制品出口 0.81 万吨，同比减少 35.8%。加上奶业发展中积累的一些深层次问题没有得到根本解决，奶业仍然面临着严峻的挑战。

但是我国奶业经过多年发展已经具有一定的基础，而且当前奶业发展正处于贯彻落实十七届五中全会精神，转变方式的关键时期和“十二五”计划将开局之年，机遇难得。这个时期的环境有利于增加奶类的消费，拉动奶业的生产发展；有利于推进奶业的转型升级，由传统奶业向现代奶业转变；有利于制定奶业的优惠政策，增加对奶业的投入。应进一步增强工作的紧迫感、责任感和使命感，抓住机遇，迎接挑战，不断开拓协会工作的新局面。

（二）进一步做好服务工作

要进一步增强服务意识，积极争取农业部和有关部门的支持，完善服务手段，提高服务能力，为扩大服务创造条件。

1. 为奶业转型服务 要继续促进由传统奶业向现代奶业转变，提高奶业的整体素质。一是为奶牛养殖服务，继续推进奶牛饲养的规模化、集约化、标准化，推广良种良法，增加科技含量，提高牛奶的产量和质量。二是为乳品加工服务，促进乳品加工的合理布局，支持乳品企业建立巩固的奶源基地，优化产品结构，满足乳制品市场的需要，提高乳品加工业运行的质量和效益。三是为开拓市场服务，加强饮奶知识的宣传，开展乳制品促销，支持学生饮用奶计划，拓展乳制品的二三级市场。

2. 为建立长效机制服务 长效机制是解决奶业深层次问题的根本途径，应继续推进奶业长效机制的建立，特别是推进奶产业的一体化。主要是鼓励奶牛养殖向乳品加工拓展，乳品加工向奶牛养殖延伸；构建各方参与的原料奶收购价格形成机制，加快建立原料奶第三方检测机构和推进规范合同收奶。

3. 为制定重大决策和法律法规服务 要充分发挥桥梁和纽带作用，反映行业的情况、问题和诉求，为参与制定奶业重要政策、法律法规和标准提供依据。同时，宣传、贯彻国务院和有关部门制定的奶业优惠政策和法律法规，使奶业真正享受政策的实惠，尽快将管理纳入法制化轨道。

4. 为会员单位服务 奶协应反映会员单位的意见和要求，急会员所急，提供多方面的服务，为会员单位排忧解难，解除后顾之忧，使奶协真正成为生产者、加工者和消费者的行业之家。

（三）加强行业自律

自律就是自觉遵循法度，自加约束。奶协要积极采取措施，规范行业行为，使企业和奶农自觉遵守有关法律法规。

1. 努力提高自律认识 应明确自身的社会责任，对企业而言，社会责任是企业在创造利润，为股东效益负责的同时，还应该承担起对员工、消费者、供应商、同行等其他利益相关者，对环境保护、社会公益等事业的责任。企业是社会的细胞，社会是企业利润的源泉，社会环境孕育了企业的诞生，消费者的忠诚度哺育了企业的成长。企业在享受社会赋予的条件和机遇的同时，也应以符合伦理道德的行动回报社会，奉献社会，做合格的企业公民。企业存在的价值归根到底是为社会创造价值，绝非简单的创利机器。

2. 加大自律工作的力度 采取诚信体系建设、信息追溯系统等多种有效措施，提高监督和约束能力，规范行业行为，克服恶性竞争，营造公平、有序的良性竞争环境和健康消费环境，促进企业共同发展。

3. 树立良好的协会文化 在会员单位继续广泛宣传和落实“勤、智、诚”精神，提高奶协的整体素质，使奋斗精神、科学精神和奉献精神在整个奶协蔚然成风，为开展行业自律创造条件。

在过去的 4 年里，各理事、会员单位、地方协会结合当地的实际情况，付出了辛勤的劳动，为奶业发展做了大量卓有成效的工作，对中国奶业协会的工作给予了有力支持和帮助。农业部及各有关部门对中国奶业协会的工作也给予了大力指导和支持。在此，我代表中国奶业协会表示诚挚的敬意和衷心的感谢！

展望未来，我国奶业发展前景广阔，潜力巨大，让我们携起手来，共谋我国奶业发展大计，共创我国奶业的美好明天！

《中国奶业年鉴》编辑部工作的回顾[①]
——第八次中国奶业年鉴全国特邀编辑座谈会的汇报

中国奶业年鉴编辑部主任　豆明

中国奶业年鉴编辑部在中国奶业协会的领导下，农业部有关司局，特别是奶业管理办公室的指导下，奶业行业的大力支持下，几年来做了一些工作，简要汇报如下：

（一）几年来的主要工作

2002年初，刘成果副部长倡议创办并编撰奶业产业年鉴，并召集有关专家研究，定名为《中国奶业年鉴》，当年8月成立编委会并召开首届编委会会议，确定编委会主任、副主任及组成人员，刘部长亲自担任编委会主任并兼任主编，2002年10月，在第四次会员代表大会时，明确奶业年鉴由中国奶业协会主持编撰。

1.明确编撰年鉴的工作思路　坚持奶业年鉴集权威性、史存性、科学性、连续性为一体的特点，充分发挥年鉴政府公报的功能，遵循产业年鉴的编撰要求，做到四个并重：政府信息和市场信息并重；文字信息和数字信息并重；国内信息和国际信息并重；生产环节信息和产业链全方位信息并重，实行市场运作和政府多方面支持相结合的创新机制，增强年鉴的活力，为发展我国现代奶业服务。

贯彻以上思路八年来，实践证明是正确的，在年鉴编撰中发挥了关键作用，取得了明显的效果。

2.健全了编撰年鉴的组织机构　农业部办公厅于2002年12月23日发文，农办办[2002]104号，明确成立中国奶业年鉴编委会，《中国奶业年鉴》的组织工作由中国奶业协会负责，，成立编辑部，并具体负责年鉴日常编撰工作，出版由中国农业出版社负责。

根据编辑需要，建立特邀编委暨编辑制度。特邀编委由各省、自治区、直辖市农牧厅（局）分管领导担任。2002年，在中国奶协第四届会员代表大会上，刘成果理事长在工作报告中，对奶业年鉴的组织机构做出了部署，要求各省、自治区、直辖市奶协派出专人参与年鉴的编撰工作，根据奶业主要集中在大中城市的产业特点，特邀18个奶业发达的大中城市作为特邀编辑单位，2007年，在刘成果主编的直接提议下，将全国原料奶产量超过50万吨的内蒙古包头、乌兰察布、呼伦贝尔、黑龙江绥化、大庆和河北唐山等六个奶业主要地区增设特邀编辑。

2003年在云南召开第一届全国特邀编辑座谈会，以后每年都坚持举办。基本做到了精心安排、精心组织，每次座谈会都专门研讨交流年鉴编辑工作，汇报当年年鉴的进度，交流年鉴编撰的经验，研究解决年鉴编撰过程中出现的问题，实际上是年鉴编撰现场办公会议。

3.中国奶业年鉴首卷本出版问世　2003年3月，《中国奶业年鉴》首卷本出版问世，弥补了奶业产业没有年鉴的空白，受到了国内外奶业界的好评，为方便国外同行了解中国奶业的发展，2005年开始出版英文版。为及时反映行业发展情况，2003年开始出版《中国奶业统计资料》。

经过8年多的探索和实践，《中国奶业年鉴》日常编辑工作进入常态化、流程化，奶业年鉴中文版、英文版，中国奶业统计资料都能做到定期连续出版，内容日趋完善，栏目设置根据奶业发展的形势每年都有所更新。2009年，在农业部奶办的建议下，2010卷增加了奶业行业管理、质量安全等专栏，适应了奶业发展的现实需要。

截至目前，《中国奶业年鉴》（中文版）已经连续出版8卷，近1000万字，英文版已出版5卷；同时2002年开始编辑出版《中国奶业统计资料》，已连续出版9卷。

---

① 本文为中国奶业年鉴编辑部主任豆明2010年8月17日在呼和浩特召开的第八次中国奶业年鉴全国特邀编辑座谈会上的汇报。

4. 扩展了行业服务功能 得到了行业的支持和认可 每季度为农业部相关部门提供专题形势分析报告，并参与农业部有关部门召开的大宗农产品形势分析会议。

（1）为深化对国际乳品市场的研究，2009 年，编辑部承担了农业部软科学课题《进口奶粉对我国奶业发展的影响》，在课题研究中得到了农业部奶办、国际合作司的指导以及伊利、蒙牛、光明、飞鹤、银桥、新希望、完达山等奶粉生产企业的积极协助。

（2）积极为奶业协会和会员单位服务。根据中国奶协强化为行业特别是会员提供信息服务的安排，中国奶业年鉴自 2006 年卷本开始向全体会员单位赠送，加上向农业部、科技部、发改委和国务院发展研究中心等政府机构以及各地奶业管理部门和奶协赠送，中国奶业年鉴中英文版总赠送量已超过 1000 册，奶业年鉴的行业影响力、公信力和社会公益价值得到有力的提升。

（3）积极扩展行业信息服务，逐步建立行业信息咨询平台。在原有《中国奶业统计资料》、《新奶业周刊》、中国奶业产业地图的基础上，2008 年加入国家奶牛产业体系奶业经济研究室，在体系支持下，2009 年开始编辑出版《中国奶业经济月报》、《中国奶业贸易月报》，2010 年开始增加出版《国际乳品市场动态周报》，对行业及时、全面、综合了解国内外奶业发展动态趋势很有帮助。

5. 奶业年鉴在奶业发展中的重要作用 制定规划、政策、标准，以及制定奶业生产计划，推进科学研究和奶业国际合作与交流发挥了重要的参考作用。

（二）今后工作的打算

1. 坚持以科学发展观为指导，坚持现代奶业的理念 具体讲就是刘成果理事长提出的发展奶业的六个型，循环经济型、集约经济型、质量效益型、产业一体型、文化导向型等，坚持年鉴编撰的指导思想，进一步提高年鉴编辑的质量，把奶业年鉴变成精品。

2. 进一步健全奶业年鉴的组织机构和经营机制 每年坚持办好特邀编辑座谈会，积极参加行业的各项活动，加强奶业知识和编辑知识的学习，进一步提高编辑部工作人员和特邀编辑的业务素质，为编好年鉴服务。

3. 坚持以服务为宗旨，进一步拓展行业服务 积极争取政府有关部门和行业同仁的支持，共同把年鉴办好。

继续为中央和地方政府决策做好产业发展信息咨询和专题资料服务工作，扩大服务范围，提高服务水平。积极承担国家部委奶业课题研究，探索企业和地方政府奶业课题的研究工作。

4. 提高年鉴信息化服务的水平 《中国奶业年鉴》中英文版、《中国奶业统计资料》今年完成网络化出版，在保证纸质出版的前提下，完成并扩大 CD 版特别是网络版的赠送和销售发行。

在做好以上编辑出版业务的基础上，推进奶业行业信息咨询服务平台建设，整合信息资源，建立纸质出版物、电子刊物和网络平台三者并重的立体服务渠道，强化内容提供的时效性，探索以网络为核心的及时出版，提高服务频率。

继续以奶牛为线索、以奶类产量为依据的信息整合原则，通过奶业信息服务，推进奶业产业发展，积极为建设现代奶业服务。

希望各地特邀编辑，向编辑部提供各地奶业行业管理的经验、技术推广活动以及当地奶业行业相关的信息，和全国奶农共同分享。

全国人大代表、政协委员议案提案

关于采取有效应对措施 引导和保护奶业健康发展的提案[①]

东北林业大学副校长 赵雨森

（一）内容

由于全球金融危机的扩散和蔓延，对世界各国实体经济的影响日益加深，加之2008年9月三鹿“毒奶粉”事件的爆发，使我国乳制品行业遭受重创，且后续影响越来越明显和深重，在双重灾难的笼罩下，我国乳制品行业出现了严重的危机：企业产品积压，以销定产，减少原料奶的收购，伤害效应向乳品供应链的上游传导，奶农倒奶、杀牛，导致产业上游各环节的所有经营者都蒙受经济损失，整个行业已出现不可忽视的滑坡现象。

目前从全国形势看，奶业正面临着一场前所未有的危机，以往的奶业危机大多是以奶农为代表的基地方面陷于困境，而这次危机是奶业产业链条上企业与基地两个重要的环节都陷入了困境。

1．奶农面临奶价的持续下降和奶资拖欠的双重压力 目前绝大部分散养户亏损，处于无力经营、即将退出奶牛养殖领域的境地。如河北、新疆、宁夏、内蒙古等地区，由于散养户较多，企业长期拖欠奶资，限收拒收，从业人口退出比率约为15%～20%，杀牛、卖牛现象较普遍，淘汰牛多为老弱牛、低产牛，且部分地区出现了宰杀犊牛、育成牛的现象。

2．乳品企业经受全球金融危机和三鹿奶粉事件的双重灾难 三鹿奶粉事件引发了消费者消费信心危机，国内奶制品消费市场严重萎缩，同时受到进口奶粉质量高、价格低的冲击，国内奶粉出口困难，进口奶粉大量涌入，出现了大量产品积压，使得许多中小乳品企业出现了“不生产能保本，生产了就赔钱”的局面。各乳制品生产企业迫于销售压力，开始以销定产，在全国原料奶各主产区均出现了原料奶供过于求的情况。

3．进口奶粉在我国的市场占有率明显提高，国产奶粉销路不畅 “三鹿奶粉事件”后，我国乳制品生产和销售受到了强烈的冲击，国内乳制品市场严重萎缩。随着国际乳品价格持续下跌，“三鹿奶粉事件”发生后，国际奶业竞争对手乘虚而入，并以1.6万元/吨的低价向中国市场倾销奶粉，而国内生产奶粉的吨成本在2.5万元左右，巨大的差价使得国内许多乳品加工企业和食品企业纷纷大量进口奶粉，使得国内乳制品，特别是奶粉生产和销售受到进一步的冲击，国产奶粉销量大幅下降，加工企业大包装奶粉严重积压。

4．国产乳品出口大幅下降 “三鹿奶粉事件”爆发后，欧美、亚非等十几个国家禁运中国乳制品，我国乳品出口已降至5%以下。

5．消费者饮奶信心有待恢复，乳品消费市场严重萎缩 乳品消费市场的萎缩，消费者对乳制品的消费热情受挫，乳制品销售量已降到了最低点。据搜狐网做的有关消费者“是否继续消费牛奶”

① 本文为黑龙江省政协副主席，民盟中央常委、黑龙江省主委，东北林业大学副校长 赵雨森在全国政协十一届三次会议的提案。被列为全国政协十一届三次会议提案第002750号。

的网上调查，参加调查者6807人，71.36%的调查者表示能不喝就不喝，17.23%的调查者表示减少喝奶，只有11.4%的被调查者表示照喝不误。

（二）建议

三鹿奶粉事件暴露了我国乳业生产体制顽疾，即乳品加工企业与奶牛饲养者两张皮，没有形成利益共同体，乳企争相抢奶、乳企压价、奶农倒奶的极端情况此消彼长，但也给乳业彻底大治带来契机。

针对我国目前奶业遇到的危机，究其根源主要就是进口奶粉的冲击和三鹿奶粉事件引发的消费者信心缺失,建议政府采取以下应对措施。

1. 按人们需要制定奶业发展规划 绝不能盲目参考国外的人均需求，要根据我国人民的饮食习惯和饮食习惯的改变速度制定发展规划，规划要实际。

2. 奶牛养殖权利法制化 奶牛养殖要建立严格的审批制度，养殖不能完全交给市场。不能只将其片面和农民脱贫致富联系在一起，奶牛业有其特殊性，和其他产业不一样。

3. 加强科学管理，致力于提高单产水平，降低存栏数，实施规模养殖 奶牛业是技术要求较高的产业，而我国从事奶牛养殖的多是素质最低的奶农，国家应有计划、有组织地淘汰劣质牛，彻底改善牛群结构，以牛为本，同时提高人的素质，奶业管理部门应在加强对奶牛散养户的技术培训和奶源质量管理与监督的同时，新建奶源基地不应再发展散养户模式，并应有计划地引导现有散养户向规模化、标准化养殖模式过渡。鼓励企业投资建设自己的养殖基地，提高调剂能力和安全水平。

4. 加强奶牛养殖过程安全监管，开展GAP、HACCP体系认证试点工作 国家《食品安全法》已经通过，奶业相关部门应加快制定实施细则，全面贯彻实施。其中对奶牛饲料质量安全检查和奶站管理是保证牛奶安全的两个主要环节，建议由政府主持建立具有独立执法权的饲料质量检测中心，进一步加大对奶牛养殖实施全程质量安全监控，在养殖环节开展标准化导入、开展GAP、HACCP体系认证试点工作。

5. 出台原料奶最低保护价格 建议由各地奶协以及各行业主管部门对不同养殖模式，如规模化牧场、养殖小区和散养户的饲养成本进行测算，公布每千克牛奶的最低生产价格，作为原料奶的最低保护价，鼓励加工企业高于此价格收购奶农的原料奶，对于故意压低价格的，作为坑农行为由当地行业主管部门在媒体上进行曝光。

6. 制定产业发展政策，优化产业结构 我国乳品企业多，布局不合理，应推进我国乳业产业结构优化，协调中小企业之间加快战略性资源整合步伐，通过合并、控股等形式做大做强；鼓励优势地方企业通过发行股票或债券在金融市场上融资，克服资金瓶颈，培育具备国际竞争能力的乳制品加工企业。

建议政府出台产业发展政策，关停那些规模小、品牌知名度低、抗风险能力差，对整个产业拉动能力不强的中小企业，重点扶持优势地方企业做大做强，从舆论宣传、税收、资金、项目建设等方面给予大力支持,整合加工资源，提高产业集中度，提升产业水平。

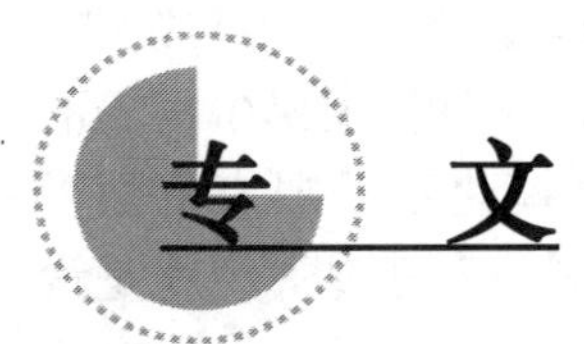

奶业振兴 急需草业支撑①

中国奶业协会理事长 刘成果

（一）草业与奶业的关系

草业是具备多种功能、多重效益的战略性产业，对维护国家生态安全、粮食安全，建设资源节约型、环境友好型社会，建设社会主义新农村，建设现代农业，调整农村经济结构，增加农民收入等意义重大。

奶业是普惠民生，强壮民族的健康营养产业，对全面建设小康社会，提高中华民族整体素质具有不可替代的战略意义。

草业和奶业的关系我觉得这个问题说得最简洁、最清楚、最明白、最深刻的不是科学家，而是文学家鲁迅先生。他的名言就是："横眉冷对千夫指，俯首甘为孺子牛"。鲁迅为什么甘为孺子牛？因为，"牛吃的是草，挤出的是奶"。这就把草、牛、奶有机地联系起来了。这种联系是紧密的、而且是密不可分的。我相信各位都知道西方有句谚语说：上帝给人类两大恩赐：一是豆科植物，二是反刍动物。前者生产丰富的蛋白质，它的根瘤是天然氮肥发生器；后者的瘤胃是天然发酵罐，将人类不能直接食用的植物纤维转化为动物蛋白。这个谚语也是对草、牛、奶之间关系的最好诠释。

我自从 2002 年接手中国奶业协会工作以后，对草、牛、奶的关系，以及奶业的地位和作用逐步有所认识。2003 年我把这种认识用一首词《长相思》表达出来："饲绿草，酿琼浆，黑白花色傲群芳，万家乳飘香。养牛富，饮奶壮，经济发展民族旺，城乡奔小康。"这首词的上半阙十六个字，讲的是草、牛、奶之间关系，草喂牛，牛挤奶。黑白花色泛指奶牛。词的下半阙十六个字讲的是奶业的地位和作用。奶农通过养牛致富，增加收入。消费者通过饮奶强壮体魄，提升中华民族的整体素质。"经济发展民族旺"是通过奶业发展，调整农村经济结构，产业结构，种植结构，劳动力就业结构，促进地方经济发展和现代农业建设。而且对全面建设小康社会和社会主义新农村建设，都起到积极的促进作用。所以，温家宝总理才把"中国人，首先是孩子，每人每天喝上一斤奶"作为自己的梦想。其实，每人每天一斤奶并非是虚幻的梦想，而是科学的指标。中国居民膳食指南 2007 年版已经提出每人每天摄入 300 克奶的要求，因为中国人现在饮食结构中严重缺钙，如果每人每天一斤奶就可以把缺的钙补足。

目前，我国奶业的现状是，奶牛存栏 2007 年底已达 1200 多万头，产奶量达 3600 多万吨，已成为世界第三产奶大国，但人均占有量才达 27 千克，相当于世界平均水平的 1/4 强点，与亚洲平均水平相比也只有 1/2，与发达国家水平相差甚远。所以，需求潜力很大，发展任务繁重。

（二）建设现代奶业急需草业建设上的两项关键性突破

中国奶业协会在 2006 年换届时，针对我国奶业目前进入转型期的客观实际，明确提出建设现代奶业的设想，具体就是："四化"，"六型"，"六要"。"四化"指规模化、集约化、标准化、

① 本文为中国奶业协会理事长刘成果 2008 年 11 月 16 日在农区草业发展论坛上的发言。

一体化。“六型”指一是循环经济型。这里包括农牧结合型、资源节约型、环境友好型。二是质量效益型。三是集约经营型。四是自主创新型。五是产业一体型。六是文化导向型。“六要”指一是布局要合理。二是结构要科学。三是市场要开拓。四是竞争要规范。五是法规要健全。六是队伍要精干。当时受到回良玉副总理的肯定。去年国务院关于促进奶业持续健康发展的意见(31号文件)也再次提出建设现代奶业的要求。最近国务院在处理三鹿奶粉事件中,更加明确提出全面建设现代奶业的任务。国务院将要出台的振兴奶业纲要,将进一步对建设现代奶业做出安排和部署。建设现代奶业首当其冲的重点是奶源基地建设,改变传统的饲养方式,提高奶牛饲养的科学水平。这一要靠良种,二要靠良法,而良法中饲草饲料是提高科学养牛水平的重要物质基础。这次三鹿事件的根源之一就和饲养环节植物蛋白饲料不足不优有关,由于饲草饲料中植物蛋白不足,造成奶质不达标,加之分散饲养,为奶贩子掺杂使假造成可乘之机。因此要改变目前奶牛主产区(除纯牧区和部分规模化牧场外)传统的依靠作物秸秆加精料喂牛的落后状况,急需草业建设的两项关键性突破。

一是紫花苜蓿要突破。

前面提到的西方谚语中上帝赐给人类礼物之一的豆科植物,紫花苜蓿就是其最好的代表,由于根瘤的固氮作用,光合效率高,效益最好,所以被称为牧草之王,绿色黄金。苜蓿干草蛋白质的含量高达18%~26%,按每亩产干草800千克左右,高的可达1500千克计算,蛋白产量可高达160千克,而玉米按亩产700千克计算,蛋白产量包括秸秆在内也只有70千克左右,所以苜蓿的粗蛋白产量是玉米的2倍以上。

根据中国农大李志强等两位专家对苜蓿干草在高产奶牛日粮中适量添加的研究结果证明,苜蓿干草的添加量对奶牛产奶量、乳脂量、乳蛋白量都有极显著的增加作用,而且对体细胞还有显著的降低作用。详见表4-1。

通过表4-1足以证明,添加3千克苜蓿干草和9千克苜蓿干草相比,每头牛每天产奶相差3.7千克,一个泌乳期增奶1.11吨,扣去增加干草的成本后,每头牛年增效益1000多元。所以,我对紫花苜蓿情有独钟,在北京市奶牛中心延庆基地的苜蓿地里,编了个顺口溜:“紫花苜蓿多年生,一年几收营养丰。荷斯坦牛常饲喂,奶质提高产量增。”可惜,目前我国奶牛饲养的实际情况是,除了个别规模化牧场喂点苜蓿以外,绝大多数奶牛对苜蓿是一种奢望,也就是说上帝赐给人类的两件礼物在我国至今尚未有机地结合起来。由于认识不足,开发不够,扶持政策不到位,苜蓿种植只是凤毛麟角。尽管草业学会前几年召开两次苜蓿大会,促进很大,上来了。但粮补后,只补粮不补草,马上又下来了,现在不仅不能出口,还要进口。说真心话,实在是对不起上帝,更对不起奶牛。三鹿三聚氰胺事件后,人们有新的认识,新的契机又出现了,所以,今天在这里恳请草业界的朋友们,和奶业界携起手来,抓住社会主义新农村建设、现代农业建设,建设环境友好型、资源节约型社会、调整经济结构的契机,把苜蓿种植、加工、利用来个突破,为奶业振兴助一臂之力。

表4-1 添加不同量苜蓿干草对产奶量和牛奶品质的影响

项目	苜蓿添加量		
	3千克	6千克	9千克
4%标准乳(千克/天)	27.8	29.9	31.5
乳脂量(千克/天)	1.075	1.160	1.208
乳蛋白量(千克/天)	0.959	1.035	1.074
体细胞(10^3/毫升)	162	149	86

二是饲料谷物要突破。

饲料谷物是在食用谷物基础上培育出来专门用于饲养牲畜的特殊品种,包括饲料水稻,玉米、麦类、薯类、高粱、油菜等。饲料谷物等同于高蛋白的草,全株营养丰富,是现代营养体农业的主体之一。尽管饲料谷物的概念在我国尚未普及,但青贮饲料玉米的种植已现曙光,并已收到明显效果。根据农业部奶牛科技入户专家组对河北保定的调查,就足以说明问题。调查组先后在蠡县、高阳县和定州市实地走访了存栏分别为500头和800头的两个规模奶牛场,一个存栏700头的奶牛小区和一个存栏3000多头的奶牛散户养殖的专业村,发现三个县市在推动传统秸秆养牛的同时,开始尝试利用“全株青贮玉米饲料”,调研组对这一新的趋势进行了重点考察和效益分析。以定州市吴定村散养户张幸旗为例,他家养了20头奶牛，种植了18公顷全株青贮玉米，每亩产量3000千克，每亩收购价600元，加上人工收割费150元，最后每千克成本0.25元，他每天每头饲喂25千克，每头日产奶平均21千克，当时奶价每千克2.3元，每头牛日收入48.3元，每日每头10千克精料（每千克2元），计20元，全株青贮玉米每日成本6.25元，每天纯收入22.05元。与之相比，传统秸秆青贮每头牛每天产奶17千克，收入39.1元，喂精料9千克，成本18元，秸秆青贮成本3.75元，每头纯收入17.35元，全株青贮比一般青贮每天多产4千克奶，多收入4.7元，一个泌乳期多收入1400元。而且走访的所有养殖户一致反映饲喂全株青贮玉米一年后，奶牛身体状况明显变好，各种疾病发病率大幅度下降，医治费用明显降低。调查组的结论是，秸秆利用方式与奶牛单产存在密切关系，饲喂普通秸秆时，奶牛单产只在4000千克左右徘徊。饲喂秸秆青贮时，单产大约在5000千克左右。饲喂全株青贮玉米时，奶牛单产很容易达到6000千克以上。正因为全株青贮玉米效果明显，发达国家才大量种植。美国每年种植青贮玉米350万公顷，占玉米播种面积的12%。法国青贮玉米种植面积占玉米播种面积的80%。荷兰耕地面积不大，但用于种植青贮玉米的土地也达18万公顷，占各类饲料总量的1/3。如果我们能抓住这次农村经济结构战略性调整的时机，扩大全株青贮玉米的种植，奶业振兴就指日可待。当然草业对奶业的支持绝非仅上述两项，以羊草为代表的禾本科牧草等都十分重要，但当前最急需、最宏观、最具普遍性、也是最具可行性的是上述两项关键性突破。

（三）几点建议

1. 创建新的草业文化　中国的传统文化排斥草，什么不好都和草相连。例如，瞧不起百姓，就称草民、草莽；说谁没用，就称草包；称胜利者是占山为王，称失败者是落草为寇；形容办事不认真为草率，草草了事；根除后患称斩草除根；乱杀无辜称草菅人命。如此等等，不一而足。现代社会应对草有个全新的认识，各级领导在这次学习落实科学发展观的活动中，应视草（优良牧草）为宝，向草示好，作为国策，让草为生态建设服务，为发展食草畜牧业服务，为粮食安全服务，发挥草的多种功能，多重效益。

2. 要立草为业，形成战略　把发展草业作为农村经济结构战略性调整的重要内容，制定专门的草业发展规划，明确草业发展目标，通过保、改、种等措施，加强天然草场保护和改良，在农区种植业结构调整中，变粮经二元结构为粮经饲三元结构，扩大优良牧草（主要是苜蓿，当然决不排除羊草等优良禾本科牧草）和饲料谷物（主要是全株青贮玉米）的种植面积，为奶牛提供优质饲草，让上帝赐给人类两件礼物的优势充分结合起来、发挥出来，进而提高奶牛的养殖水平，提高奶的产量和品质，让添加三聚氰胺的不法分子再也无空隙可钻。

3. 国家应出台具体政策，像支持粮食生产一样扶持草业的发展　要更新传统的粮食观念。粮食安全的本质是食物安全，食物安全的本质是营养安全，发展食草节粮的瘤胃动物，既是保营养安全、食物安全，又是保粮食安全。为此，必须像重视粮食一样重视草业，对优良牧草种子、牧草种植和收获机械、加工和青贮机械都要像种粮一样给予合理的补贴。

4. 加大草业科研和技术推广的支持力度　增加投入，培养草业专门的技术人才，引进培养优良牧草和饲料谷物品种，在国家重大科技攻关项目中，设立草业技术集成项目。启动优质牧草（苜蓿）和全株青贮玉米种植、加工和应用示范项目，建立专门队伍，搞好技术服务，总结经验，逐步推广。

巩固成果 强化监管
努力保障生鲜乳质量安全[①]

农业部奶业管理办公室主任 农业部畜牧业司副巡视员 王俊勋

为深入贯彻落实《乳品质量安全监督管理条例》和《奶业整顿与振兴规划纲要》精神，加强生鲜乳质量安全监测和执法工作，加快生鲜乳质量安全监管体系建设，我司决定召开全国生鲜乳质量安全监测培训班暨部分省奶业主管处长座谈会。

这次会议的主要任务是，全面总结和交流2009年全国生鲜乳质量安全监测工作取得的成效和经验，研究部署2010年全国生鲜乳质量安全监测工作，培训生鲜乳质量安全知识，研讨生鲜乳收购站机械设备购置补贴和奶业生产调控工作。这次会议之所以将质检机构负责人和奶业主管处长召集在一起，同时召开培训会和座谈会，让大家相互了解各自工作的特点，全面推进生鲜乳监管与执法联动。

（一）当前奶业形势全面恢复

受婴幼儿奶粉事件和国际金融危机的严重影响，我国奶业发展空前困难，尤其是2009年第一季度，倒奶杀牛现象集中发生，3月份养殖户亏损面一度达到50%。党中央、国务院及时出台了一系列政策措施，有关部门和地方认真贯彻中央精神，迎难而上、扎实工作，广大奶农和加工企业积极行动，我国奶业逐步走出困境开始恢复性增长，消费、加工和养殖恢复情况都超过预期，生鲜乳收购站清理整顿取得阶段性成效，生鲜乳质量安全状况明显改善。

1. 乳制品市场逐步恢复正常 一是乳制品消费信心逐渐增强。近期，中国质量协会测评的液态奶用户满意度得分为76.2分，消费者的总体评价恢复到“较好”水平；据经济日报社和国家统计局统计发布的产业景气指数，三季度乳制品产业景气指数为95.5点（景气标准为100点）。二是乳制品消费明显回暖。9月份，14家重点乳制品企业的酸牛乳销售量同比增加47.4%，巴氏杀菌乳销售量同比增加38.9%，超高温灭菌乳销售量也恢复到去年的83.2%。三是乳制品加工恢复。据工信部统计，8月份，全国乳制品产量172万吨，同比增长9.4%；乳粉产量66万吨，同比增长9.5%；据国家统计局统计，1～8月全国规模以上企业液态奶加工量和乳制品加工总产量为1066万吨和1253万吨，分别恢复到去年的98.7%和98.4%。四是乳制品企业利润率提升。1～8月我国乳制品加工企业累计实现收入1019亿元，同比增长5.44%；累计实现利润总额60亿元，同比增长14.36%；销售利润率5.95%，较2008年同期增长0.68个百分点。

2. 奶牛养殖业全面恢复增长 一是奶牛存栏和生鲜乳生产恢复性增长。据农业部奶牛信息监测，10月份全国奶牛存栏1271万头，较3月末增加5.4%，已连续7个月保持恢复性增长，但同比下降6.30%；10月份全国生鲜乳产量277.3万吨，环比增长6.68%，同比下降15.82%，2009年累计产奶量已达2780万吨。二是奶牛标准化规模水平继续提高，养殖结构加快优化。全国720个中小规模定点监测户中，有108个小规模养殖户通过“进场入区”进行整合，比例达15%；三是生鲜乳价格持续回升，养殖效益趋好。自2009年8月份以来，生鲜乳平均价格连续13周回升，累计涨幅7.8%，内蒙古、河北等10个奶牛主产省、自治区生鲜乳平均价格在11月第一周达每千克2.43元。10月份，中小规模养殖户亏损面为31.8%，比2009年3月份下降18.2个百分点，已连续7个月缩减。

3. 生鲜乳收购站清理整顿工作取得阶段性成效 一是不合格生鲜乳收购站数量大幅减少。截至10月20日，全国共有生鲜乳收购站14016个，比清理整顿前减少6377个，减少幅度为31.3%；流动收奶站（点）286个，占比2%，比清理整顿前减少4705个，减少幅度为94.3%。二是生鲜乳收购站经营秩序明显规范。全国已核发生鲜乳收购许可证8486个，占比60.5%；北京、河南、江苏、上海、

① 本文为2009年11月19日王俊勋副司长在全国生鲜乳质量安全监测培训班暨部分省奶业主管处长座谈会上的讲话。会议在合肥市召开。

安徽、湖北、湖南、广西、海南、四川、贵州 11 个省、自治区、直辖市已经完成许可证核发工作。三是生鲜乳收购站机械化水平明显提高。全国共有机械化挤奶收购站 11412 个，占比 81.4%，比整顿前提高 31.4 个百分点；现有生鲜乳收购站制冷设备显著改善，制冷效率明显提高，生鲜乳冷链储存能力进一步加强，贮奶罐生鲜乳温度抽检合格率为 99.6%。四是生鲜乳收购站标准化管理水平明显提高。现有生鲜乳收购站基础设施、卫生条件、检测手段、操作规范和人员素质明显改善。

4. 生鲜乳质量安全状况明显改善　一是生鲜乳中违禁添加现象得到了有效遏制。农业部 2009 年组织监测生鲜乳 13129 批次，三聚氰胺含量全部符合临时管理限量值规定，未检出皮革水解蛋白、淀粉、碱度等违禁添加物。二是生产经营者质量安全意识明显增强。奶农“出村进区”、“进站挤奶”数量稳步增加；广大养殖场户执行饲料和兽药使用规定的意识提高；生鲜乳收购站推行“分户留样、责任追溯”制度，严把收购关；乳品企业加强了对违禁添加物、抗生素等质量安全指标的日常检测，向生鲜乳收购站派出驻站监管员，落实奶厅、奶罐“两把锁”和运输罐铅封制度，从挤奶到加工厂实行全程监控。

（二）生鲜乳质量安全监管全面加强

生鲜乳质量安全监管工作成绩的取得，是党中央国务院高度重视、地方各级政府大力支持的结果，更是全国畜牧兽医系统行政、质检、执法、科研等部门广大干部职工齐心协力、辛勤工作的结果。

2009 年以来，各级畜牧兽医部门开拓创新、扎实工作，以严厉打击生鲜乳违禁违规添加行为为中心，围绕生鲜乳收购站和生鲜乳运输车辆两个重点环节，结合生鲜乳收购站清理整顿工作，结合卫生部、农业部等六个部门联合开展的打击食品中违法添加非食用物质和滥用食品添加剂专项整治行动，结合农业部组织的农产品质量安全专项整治行动和农产品质量安全执法年活动，重点开展了以下几个方面的工作：

1. 深入开展生鲜乳收购站标准化管理　一是继续开展生鲜乳收购站清理整顿。农业部实行了生鲜乳收购站月度统计分析制度，各省对本省生鲜乳收购站清理整顿进展进行动态分析和报告。农业部累计派出 26 个督导组 100 人次赴各地开展检查指导；二是严格生鲜乳收购站准入。农业部制定印发《生鲜乳收购站标准化管理技术规范》，各地严格按照“五有一符合”原则，实行生鲜乳收购站准入制度，推动生鲜乳收购站主体合法化改造，积极推进许可证核发工作。三是加强生鲜乳收购站规范化建设。各级畜牧部门从基础设施、制度建设、机械设备、质量检测、人员要求、档案记录和操作规范等方面，开展生鲜乳收购站规范化、标准化建设；各地积极推动生鲜乳收购站机械设备补贴工作，截至 8 月 15 日，全国使用补贴资金 1.59 亿元，购置挤奶机械 3900 台（套）。各级畜牧兽医部门在继续开展驻站、驻场监督的基础上，针对生鲜乳生产、收购和运输环节建立起日常检查、不定期巡查、监督抽查等多措并举的生鲜乳质量安全监管制度。截至 10 月底，各省共出动执法人员 13.3 万人次，共检查生鲜乳收购站 15503 站次，检查生鲜乳运输车 13302 车次。

农业部制定印发了《农业部 2009 年生鲜乳质量安全监测计划》，组织实施全国生鲜乳质量安全监测计划。全年组织 29 家质检机构在 29 个省、自治区、直辖市实施生鲜乳违禁添加物专项监测；针对重点地区，组织 9 家质检机构在 13 个省、自治区、直辖市实施生鲜乳质量安全飞行抽检；针对潜在隐患，组织 5 家质检机构，开展生鲜乳质量安全隐患排查任务。全年累计检查生鲜乳收购站 8828 个，生鲜乳运输车辆 4301 台次，检测生鲜乳样品 13129 批次。各省、自治区、直辖市加大监测力度，实施了省级、市级生鲜乳监测计划；各省累计监测生鲜乳样品 74648 个。各地依据日常检查和监测，累计查处案件 1355 起，涉及金额 625.4 万元，移送司法机关 9 起，逮捕 2 人。

2. 积极加强生鲜乳质量安全执法能力建设　农业部积极协调有关部门将提升生鲜乳质量监测能力作为一项重要内容，纳入全国农产品质量安全检验检测体系建设规划（2006—2010 年），目前已将全国奶业生产大县县级质检站纳入农产品质量安全检验检测体系建设规划，正在分期分批实施。各省也将加快生鲜乳质量安全质检体系建设作为加强农产品质量安全工作的一项战略措施，积极争取项目支持，加大资金投入，实行协同工作、资源共享，大力推进生鲜乳质量安全质检体系建设。

3. 大力开展生鲜乳质量安全宣传　农业部配合相关部门，落实奶牛良种补贴、奶牛生产性能测定

（DHI）补贴、生鲜乳收购站机械设备购置补贴、奶牛标准化规模养殖补贴政策，积极引导奶牛标准化规模养殖；按照《纲要》的要求，组织培训省级和奶牛大县畜牧技术支撑机构师资力量，采用统一组织、分级负责的方式开展全国培训，农业部全年组织培训班5次，累计培训550人次。河南、天津等省、直辖市也组织实施了奶牛标准化规模养殖技术和生鲜乳质量安全知识培训，提高奶农和收购站质量安全意识。各地累计组织宣传活动5016次，开展培训8537次，发放宣传材料186.6万份，培训129.4万人次。

在看到成绩的同时，我们也应该清醒地认识到，我国生鲜乳质量安全监管工作还面临着一些问题。一是生鲜乳质量安全基础薄弱。我国小规模养殖户基础差、水平低，安全意识有待提高。部分省份散养户比重大，生鲜乳收购站主体合法化改造难度大。二是生鲜乳质量安全隐患依然存在。部分地区存在向生鲜乳中添加β-内酰胺酶的现象。三是监管机构力量薄弱。生鲜乳收购站纳入监管的时间短，监管人员不足、经费短缺，监管能力与监管任务不匹配，监管手段和有效范围受到限制。四是生鲜乳质量安全监测能力有待提高。监测工作涉及新的检测项目较多，检测技术培训、检测能力考核相对不足，不能完全解决各任务单位在监测工作中遇到的各种技术问题；部分任务单位对生鲜乳质量安全相关知识缺乏了解，不熟悉生鲜乳质量安全监测工作程序和要求，出现抽样不规范、未执行异议处理程序、上报数据错误等情况。

（三）进一步加强生鲜乳质量安全监测工作的几点要求

生鲜乳质量安全监测是监管的重要手段，也是各地畜牧兽医部门的重要职责。为进一步做好生鲜乳质量安全监测工作，我们要认真总结2009年工作经验和教训，提高认识，理清思路，下更大气力，作更大努力，努力提高生鲜乳质量安全监测工作水平。

1. 规范监测工作，严格遵守纪律 生鲜乳质量安全监测工作担负着为生鲜乳行政执法提供技术依据的重要任务，任何不规范行为，都会影响执法工作的顺利开展，甚至影响生鲜乳质量安全监管工作的全局。各质检机构要遵循“公正、科学、廉洁、高效”的原则，进一步加强对《农业部生鲜乳质量安全监测工作规范》和相关法规的学习，树立检测与执法联动的意识，规范监测行为。各承担任务单位要严格遵守工作纪律，未经农业部许可不得擅自公布、对外透露监测结果；各承担任务单位要密切注意生鲜乳违禁添加的新动向、收集新情报，要及时向主管部门汇报监测结果和监测中发现的问题。

2. 要密切协作，按时完成任务 各地务必密切协作，加强交流，互帮互助，形成合力，充分调动畜牧行政、执法、科研、技术推广等各方面的积极性，加快构建检验检测、行政执法和技术服务体系；积极会同卫生、工商、质检、公安等部门，形成各尽其职、密切协作、相互支持、共同推进的工作局面。各承担任务的质检机构要根据农业部生鲜乳质量安全监测计划，结合本单位任务，制定具体的工作方案，做到任务到人，责任到人；2010年全国生鲜乳质量安全监测计划开展的每次监测，都有阶段性目标，有具体工作量要求，有严格的时间限制，各单位务必要按时完成任务，及时将监测结果和总结报告报送监测汇总单位，避免出现个别单位影响全局工作。

3. 加强检测研究，开展技术培训 一些技术力量较强的质检单位，要对无标准检测方法或检测方法尚不完善的检测项目，要对无限量值或无法区分内外源、难以判定是否人为添加的检测项目，开展检测方法的标准化和基础研究工作，积极提出解决方案；各质检机构要针对本单位的薄弱环节，加强对抽样和检测人员的培训，严格遵守《规范》要求，切实提高监测工作质量；各质检机构在监测抽样过程中大力宣传生鲜乳安全法规和技术知识，促进生鲜乳安全监管法规和政策的落实。

4. 加强组织管理，严格考核 2010年的监测工作将涉及30个省、自治区、直辖市和新疆建设兵团的35家质检机构。监测重点仍然是违禁添加物，监测方式以全国违禁添加物专项监测和重点地区飞行抽检为主。各质检机构要早计划早部署，为2010年监测工作做好充分准备。农业部将组织专家及时跟踪了解监测工作进展，对监测任务完成的时效性、数量和质量进行全面评估；对质检中心检验检测能力进行跟踪检查及现场考核，提高检测能力和水平。

生鲜乳质量安全监测是一件关系奶业健康发展和人民群众切身利益的大事，是对畜牧系统质检机构工作能力、工作责任心和团结协作精神的一次考验。我们要以科学发展观为指导，坚定信心、迎难而上，扎实工作，全面完成2010年的生鲜乳质量安全监测任务，为保障生鲜乳质量安全，为奶业的整顿和振兴做出贡献。

加快推广　强化监管　推进学生饮用奶计划健康发展[①]

国家学生饮用奶计划办公室主任　农业部农垦局局长　李伟国

（一）学生饮用奶的推广和监管工作取得了显著成效

近年来，各省、自治区、直辖市学生饮用奶计划办公室在当地政府的统一领导下，积极协调各成员单位、企业和学校，共同做好学生饮用奶的推广和监督管理工作，取得了显著成效。

1. 推广工作继续稳步推进　据2008年的统计，已在24个省、自治区、直辖市的171个大中城市中的1万多所中小学校，推广实施了“学生饮用奶计划”，每天供应学生饮用奶数量达到了351万份，同比增加8%；其中，上海、浙江、湖南、广东、江苏、山东、河南、安徽、福建、四川等10个省(市)和昆明市的日供奶数量已经超过了10万份。在努力巩固和扩大城市中小学校推广成果的同时，一些地方也开始在具备条件的农村中小学开展学生饮用奶的推广试点，有的已经取得了较好的效果。

2. 监督管理工作进一步加强　按照学生饮用奶管理办法的要求，各地结合实际加强了学生饮用奶的监督管理工作，学生饮用奶产品继续保持了无质量安全事故的良好记录。不少定点企业也自行购置了高效液相色谱仪等仪器，自主开展对三聚氰胺等有害物质的自检工作，初步形成了学生饮用奶管理部门、质检部门和定点企业共同保障质量安全的良好局面。不少地方的学生饮用奶管理部门通过组织定点生产企业向社会做出质量安全承诺等措施，主动接受社会和舆论的监督，对于弥补监管工作的不足、强化监管的效果，都起到了积极的作用。

3. 奶源基地管理水平不断提升　自2003年开始实施“学生奶奶源升级计划”以来，各地学生饮用奶管理部门与定点企业积极推进奶牛规模养殖场（小区）建设，从源头上确保了学生饮用奶产品的质量和安全。

4. 宣传教育活动效果明显　2007年以来，国家学生饮用奶办公室与教育部体卫艺司共同在《中国教育报》上开辟了“学生营养与健康”专栏，并继续通过《学生饮奶与健康》专刊和《中国学生饮用奶网站》，宣传普及牛奶营养和科学饮奶等有关知识；各地也在加强推广工作的同时，充分利用“六一”国际儿童节、国际牛奶日、学生营养日等节日和纪念日，组织开展了形式多样的宣传教育活动，扩大了“学生饮用奶计划”的影响，促进了学生饮用奶的推广工作。

5. 政府的支持力度逐步加大　2007年，《国务院关于促进奶业持续健康发展的意见》中明确提出了要“加大国家学生饮用奶计划的推广力度，完善学生饮用奶定点生产企业扶持政策，扩大学生饮用奶覆盖范围”；2008年《国务院办公厅关于转发发展改革委等部门奶业整顿和振兴规划纲要的通知》又提出了要“继续推进学生饮用奶计划”。同时，各级地方政府也在政策、资金等方面给予了更多的支持。

（二）深刻认识当前加强学生饮用奶推广和监管工作的重要意义

当前，继续加强学生饮用奶计划工作，在加强监管、确保广大学生饮奶安全的前提下，加快学生饮用奶的推广，进一步引导国内奶业消费、推动我国奶业的健康发展是我们各相关部门的一项重要工作，意义十分重大。

1. 加快学生饮用奶推广工作是当前推动我国乳品消费、促进我国奶业发展的一项重要举措　当前，加快推广学生饮用奶，可以稳定和提升消费者的消费信心，对国内乳制品消费起到引导作用。虽然，学生饮用奶产品在我国目前的乳品消费总量中所占比重并不高，但是由于近几年我们加强质量监管，学生饮用奶的品质、安全是有保障的，在消费者中有较高的信用。这在一定程度上，也告诉消费者，只要加强管理，国内乳制品是可以放心消费的。从长期看，我国人均乳品消费水平还比较低，乳品市场的潜力还很大，加快学生饮用奶计划的推广，有利于培育和开发乳品消费的潜在市场。因此，我们要在继续强化监管工作的基础上，采取措施，进一步扩大推广学生饮用奶计划的实施范围，努力为恢复和增强消费信心，培育和开发国产乳制品的消费

① 本文为国家学生饮用奶计划办公室李伟国局长2009年3月31日在2009年国家“学生饮用奶计划”工作会议上的讲话摘要。

市场、促进我国奶业的健康发展，作出我们应有的贡献。

（三）进一步加强学生饮用奶的推广和监管工作

当前和今后一段时间，我们要以《食品安全法》的宣传贯彻为契机，以提升国内乳制品消费信心为重点，进一步加大“学生饮用奶”的推广和监管工作力度，继续组织实施好“国家学生饮用奶计划”，重点抓好以下工作。

1. 明确职责分工，完善工作机制 实施“国家学生饮用奶计划”，需要农业、教育、卫生、质监等多个部门在当地政府的统一领导下，按照各自的职责分工相互配合、协调有序地开展工作。因此，要按照“学生饮用奶计划”有关管理制度的要求并结合当地的工作实际，进一步明确组织实施国家“学生饮用奶计划”的牵头部门和成员单位，落实各自的职责和任务，健全完善统一、全面和高效的工作机制。要特别重视和加强应急机制的建立与应急能力的建设，确保在应急状态下切实发挥积极的作用。

2. 制定发展规划，指导科学发展 实施“国家学生饮用奶计划”是一项需要长期坚持的重要工作，各地都要重视对本区域发展规划的研究和制定，通过发展规划明确发展思路和发展目标、提出主要工作和保障措施，科学指导本区域“国家学生饮用奶计划”的实施；同时，通过规划也有利于争取各级政府的支持、有利于相关政策的落实、有利于各有关部门和社会各界的广泛参与，是一项十分重要的基础工作。目前，国家学生饮用奶办公室已经组织有关专家研究编制了《学生饮用奶中长期发展规划》，这次提交会议代表讨论修改后再正式下发各地，请大家认真研究并提出修改意见。各地可以按照这个规划的思路和要求，结合本地实际情况，研究制定切实可行的中长期发展规划和配套的发展计划。研究制订中长期发展规划，要注意吸收发改、财政、农业、教育、卫生和质检等有关部门参加，认真研究各部门提出的意见和建议，增强规划的可行性和可操作性。

3. 加大宣传引导力度，营造推广良好氛围 要加强舆论宣传和科学引导，广泛深入开展宣传教育活动，进一步提高社会各界对学生饮用奶计划的认识。可通过开设营养知识课程等多种教学活动，使学生了解和掌握牛奶与健康的有关知识，掌握合理营养、平衡膳食的知识技能，培养消费牛奶习惯和健康的饮食行为。定点生产企业要积极协助学校和有关方面开展科学饮奶、食品卫生等方面的教育培训。各地要充分利用每年5月20日的“学生营养日”、6月1日的“世界牛奶日”和“国际儿童节”、每年9月最后一个星期三的“世界学生饮用奶日”等纪念日，集中举办形式多样的学生饮用奶计划宣传日（或周、月）活动。要继续通过多种媒体，采取各种形式，宣传“学生饮用奶”的高品质和安全性，树立“中国学生饮用奶”品牌形象，提高学校师生、家长和社会各界对“中国学生饮用奶”的认知度，引导公众消费习惯；要树立和表彰一批先进典型，搞好示范引导。

4. 加强基地建设，确保奶源质量 要贯彻落实《乳品质量安全监督管理条例》和《生鲜乳生产收购管理办法》的有关精神，规范学生奶奶源基地挤奶厅（站）的管理，坚决禁止原料奶收购环节中的违法违规行为。要继续实施“学生奶奶源升级计划”，加强对奶源基地奶牛养殖的指导，按照《中国学生饮用奶奶源管理技术手册》要求，大力推广和普及生鲜乳生产技术规程，加大对奶源基地的资金支持和技术服务。要继续开展学生奶奶源示范基地的创建工作，进一步完善奶源管理体系和生产规范，提高奶牛养殖者的技术素质、奶源管理水平和原料奶质量，通过开展学生奶奶源示范基地创建工作，规范原料奶生产和管理，提高奶牛单产和牛奶质量，并在加强示范基地自身建设的过程中，发挥好辐射带动作用，促进我国奶业的整体发展。

5. 不断探索学生饮用奶推广新途径 温家宝总理就做好学生饮用奶计划工作曾提出过“保证奶品质量，坚持群众自愿，运用市场机制，不强求一律，是四条重要原则。”我国学生饮用奶计划实施8年来，正是按照这四条重要原则，通过充分发挥社会各个方面特别是生产企业和推广学校的积极性，不断扩大实施范围。

6. 健全规章制度，强化监管工作 要按照《食品安全法》等法律法规以及国家对“学生饮用奶计划”管理的有关规定，进一步调整完善现有的规章制度、建立健全规章制度体系，要通过规章制度体现我们的工作机制、明确各自的职责任务、规范部门的管理程序、维护发展的良好秩序。各级管理部门都要严格按照“谁审批，谁负责，谁监管”的原则，认真履行好指导和监管职能，要结合实际梳理分析所辖区域内监管工作的特点和难点，探索创新加强监管工作的新思路和新措施，确保“学生饮用奶计划”的推广工作健康有序开展。

2009 年中国奶业发展情况

中国奶业协会副理事长 徐定人

2009 年是我国奶业恢复关键的一年，经过国家有关部门、各级人民政府和全行业的共同努力，我国奶业的恢复取得了明显进展。据国家统计局统计，2009 年，我国奶类产量同比下降 1.2%，乳品工业产值同比增长 11.90%，乳品企业实现销售收入同比增长 13.43%，实现利润同比增长 160%，奶类消费同比下降 1.60%。

2009 年我国奶业的发展可明显的分为两个阶段。1～8 月，在三聚氰胺事件的影响下，消费者对国产乳制品的信心受到挫折，加之国际市场乳品价格也进入低谷，进口奶粉增加，造成乳品企业产品积压，奶农牛奶销售困难，倒奶杀牛时有发生。8 月以后，消费信心逐步恢复，乳制品消费增长，加之国际市场乳制品价格持续回升，乳品企业收奶量增加，还出现抢奶现象，奶价持续攀升，奶农的养殖积极性有所提高。

（一）奶类生产

2009 年，我国奶类产量出现了 10 年以来的首次负增长。主要是由于受到三聚氰胺事件的后续影响，企业收奶量减少、质量要求提高，拒收散户奶，部分奶户交奶困难，导致淘汰宰杀奶牛、甚至退出奶牛养殖业。2009 年 8 月以后，这种势头得到逐步扭转，从全年来看，我国奶类生产下滑的幅度不大。

据国家统计局统计，2009 年我国奶类产量达到 3734.6 万吨，同比下降 1.2%，牛奶产量 3520.9 万吨，同比下降 1.0 %，奶牛存栏 1260.3 万头，比上年增长 2.2%。

据 IDF 资料，2009 年我国奶类产量继续保持世界第三位，仅次于印度和美国。近年来，中国一直是世界奶业增长的主要贡献者，受到三聚氰胺事件影响，出现负增长，世界奶类产量的增长成为过去 10 年增长率最低的一年。据统计，2009 年，世界奶类产量为 6.95 亿吨，比上年增加 520 万吨，增幅为 0.8%，下降了 0.8 个百分点。

根据各地区奶业资源状况和经济发展水平，专家将中国奶业划分为 5 个奶业产区，即大城市奶业产区：北京、天津、上海；东北奶业产区：黑龙江、吉林、辽宁、内蒙古；华北奶业产区：河北、河南、山东、山西；西北奶业产区：陕西、甘肃、宁夏、青海、新疆、西藏；南方奶业产区：江苏、浙江、安徽、福建、江西、湖南、湖北、广东、广西、四川、重庆、云南、贵州、海南。

在各奶业产业区中，大城市产区奶牛存栏下降幅度增大，奶类产量略降。2009 年奶牛存栏 34.6 万头，比上年下降 8.7%；奶类和牛奶的产量分别为 159.4 万吨和 159.0 万吨，均比上年下降 0.4%和 0.3%。

东北产区是我国最大的奶业产区，奶牛存栏数、奶类和牛奶产量逆势增长。2009 年奶牛存栏数 472.4 万头，同比增长 9.8%；奶类和牛奶产量分别 1628.9 万吨和 1586.3 万吨，分别增长 3.0%和 1.6%。主要得益于东北地区受到三聚氰胺事件影响相对较小，恢复较快。

华北产区为我国奶业的第二大产区，也是 2008 年三聚氰胺事件的重灾区，奶牛存栏虽然增长，但是奶类和牛奶产量下降。2009 年奶牛存栏数 329.2 万头，同比增长 4.9%。奶类和牛奶产量分别为 1094.5 万吨和 1042.2 万吨，同比分别下降 3.9% 和 3.7%。

西北产区，奶牛存栏、奶类和牛奶产量都有不同幅度的下降。2009 年，奶牛存栏数 322.2 万头，同比下降 6.2%，奶类和牛奶产量分别为 483.9 万吨和 437.2 万吨，同比下降 8.4%和 4.7%。

南方产区奶牛存栏和奶类产量都出现下降。2009 年奶牛存栏数 102.0 万头同比下降 5.9%；奶类产量 368.0 万吨，同比下降 1.4%，其中牛奶产量 296.3 万吨，同比增长 0.8%（表 4-2、表 4-3）。

2009 年奶类产量前 10 名的省份合计奶类产量为 3102.9 万吨，占全国总产量的 83.1%，比 2008 年提高了 0.6 个百分点。前 10 位省份位次没有大变化（表 4-4）。河北受三聚氰胺事件影响大，产量大幅度下降，被黑龙江超过，跌至第 3 位，其余位次没有变化。

表 4-2 全国及各奶业产区的奶类生产情况

单位：万头、万吨、万人

	奶牛		奶类		牛奶		人口	
	2008	2009	2008	2009	2008	2009	2008	2009
全国	**1233.5**	**1260.3**	**3781.5**	**3734.6**	**3555.8**	**3520.9**	**132802.0**	**133474.0**
大城市	37.9	34.6	159.9	159.4	159.4	159.0	4759.5	4904.2
东北	430.2	472.4	1581.1	1628.9	1561.5	1586.3	13287.8	13306.6
华北	313.7	329.2	1138.9	1094.5	1082.3	1042.2	29245.7	29419.1
西北	343.3	322.2	528.2	483.9	458.6	437.2	9980.2	10038.6
南方	108.4	102.0	373.4	368.0	294.0	296.3	73554.0	73992.2

表 4-3 全国及各奶业产区奶类生产增幅比较

单位：万头、万吨、%

产区	奶牛存栏			奶类			牛奶		
	2008/2007	2009/2008	±	2008/2007	2009/2008	±	2008/2007	2009/2008	±
总计	**1.2**	**2.2**	**1.0**	**4.1**	**-1.2**	**-5.3**	**0.9**	**-1.0**	**-1.9**
大城市	-2.8	-8.7	-5.9	5.6	-0.4	-5.9	5.2	-0.3	-5.5
东北	-0.1	9.8	9.9	-0.2	3.0	3.2	-0.6	1.6	2.2
华北	0.4	4.9	4.5	8.7	-3.9	-12.6	7.7	-3.7	-11.4
西北	-0.4	-6.2	-5.8	-4.4	-8.4	-4.0	-9.3	-4.7	4.6
南方	17.4	-5.9	-23.2	25.5	-1.4	-26.9	0.5	0.8	0.3

表 4-4 奶类产量前 10 位省市产量

单位：万吨、万头

	位次		奶类产量		牛奶产量		奶牛存栏	
	2009	2008	2008 年	2009 年	2008 年	2009 年	2008	2009
全国			**3781.5**	**3734.6**	**3555.8**	**3520.9**	**1233.5**	**1260.3**
内蒙古	1	1	921.2	934.0	912.2	903.1	245.6	227.3
黑龙江	2	3	512.8	534.7	508.4	528.7	140.1	197.0
河北	3	2	515.3	461.0	504.5	451.5	143.2	167.4
河南	4	4	298.6	301.3	279.1	281.9	57.8	50.5
山东	5	5	254.9	258.1	230.5	236.3	81.2	83.8
陕西	6	6	182.3	185.8	149.0	149.2	40.7	43.5
新疆	7	7	142.3	125.2	137.4	120.9	204.9	170.4
辽宁	8	8	107.3	115.6	101.2	110.0	29.3	28.9
云南	9	9	97.3	105.9	44.7	48.4	19.9	14.1
宁夏	10	10	89.2	81.1	89.2	81.1	27.1	27.2
10 省（市）合计			**3121.4**	**3102.9**	**2956.2**	**2911.1**	**989.9**	**1010.0**
占全国的比重%			**82.5**	**83.1**	**83.1**	**82.7**	**80.2**	**80.1**

注：按 2009 年奶类产量排序。

（二）乳制品加工

2009 年，我国乳制品工业产值和销售收入的增长速度仍然超过两位数。2009 年规模以上乳品企业 8105 家，比 2008 年 815 家减少 12 家，同比减少 1.47%，各产区中除东北地区增长外，其余 4 个产区都有不同幅度的减少。

2009 年全国规模以上乳品企业产值为 1668.1 亿元，比 2008 年增长 11.90%，增幅比 2008 年减少 0.27 个百分点；销售收入为 1623.2 亿元，同比增长 13.43%，增幅比上年增加了 4.17 个百分点。在各奶业产区的产值和销售收入都有不同幅度的增长，东北地区增幅最大，达到 20.43%，其他产区增幅都在 10%左右（表 4-5）。

表 4-5 全国及各奶业产区乳品加工企业经营情况

单位：个、亿元

	加工企业数			企业产值			销售收入		
	2008	2009	±%	2008	2009	±%	2008	2009	±%
全国总计	**815**	**803**	**-1.47**	**1490.7**	**1668.1**	**11.90**	**1431.0**	**1623.2**	**13.43**
大城市	39	35	-10.26	120.4	136.3	13.19	158.3	176.0	11.19
东北	186	192	3.23	589.7	698.9	18.51	551.8	664.4	20.42
华北	236	228	-3.39	338.3	356.0	5.23	310.7	339.0	9.11
西北	135	132	-2.22	114.3	118.8	3.97	98.0	106.6	8.81
南方	218	215	-1.38	328.1	358.2	9.18	312.3	337.1	7.95

2009 年全国液态奶的产量继续增长，增幅比上年略高。据国家统计局统计，全国液态奶产量 1641.64 万吨，比 2008 年增长 7.63%，增幅上升了 1.8 个百分点。液态奶的主产区仍然是东北和华北，分别是 517.17 万吨和 500.77 万吨，两产区合计占全国总产量 62%。

2009 年全国干乳制品的产量为 293.47 万吨，同比增长 2.85%。其中，干乳制品的主产区"三北地区"产量占全国的 81.56 %，比上年上升 5.15 个百分点。东北产区的产量同比增长 52.87%，西北地区基本略有增长，华北产区同比下降 33.76%，大中城市增长 27.11%，南方产区下降 26.57%(表 4-6)。

表 4-6 全国及各奶业产区乳制品生产情况

单位：万吨

产区	液体乳			干乳制品		
	2008 年	2009 年	±%	2008 年	2009 年	±%
总计	**1525.22**	**1641.64**	**7.63**	**285.34**	**293.47**	**2.85**
大城市	108.50	114.62	5.65	8.73	11.10	27.11
东北	536.19	517.17	-3.55	92.28	141.07	52.87
华北	435.43	500.77	15.01	83.68	55.43	-33.76
西北	117.29	132.03	12.57	42.07	42.87	1.89
南方	327.82	377.04	15.02	58.58	43.02	-26.57

（三）奶类消费

2009 年我国城乡居民乳制品消费信心逐步恢复，但年人均消费量还是有所下降。据国家统计局资料，2009 年全国城乡居民奶类人均消费量为 15.77 千克（折合成原料奶），比上年下降 1.60%（表 4-7）。

我国的乳制品消费主体是城镇居民，据测算，有 65.5%的乳制品被城镇居民消费，从长期来看随着农村居民消费水平的提高，这个比例正逐年降低。

2009 年城镇居民人均奶类消费 22.15 千克（折合成原料奶），比 2008 年降低 2.51 %。三大类产品中，鲜乳品（巴氏杀菌乳和超高温灭菌乳）和奶粉的消费下降，酸奶恢复增长。据国家统计局统计，鲜乳品仍然是消费的第一大类乳制品，达到年人均 14.91 千克，同比减少 1.84 %；奶粉的消费下降 15.79 %，酸奶消费同比增加 9.60%。

据国家统计局，2009 年全国农村居民人均各类乳制品消费总量 3.43 千克，但是这个数是各类乳制品消费量简单相加而得。如果分品种折合成原料奶，消费量略有降低，降幅为 1.86%，其主要原因是受三聚氰胺事件的影响，奶粉消费下降，而酸奶等液态奶消费增加所致（表 4-7）。

表 4-7　全国城乡居民人均奶类消费情况

（2001—2009 年）

单位：千克/年·人

年份	全国	城镇居民				农村居民	
	奶类	奶粉	鲜乳品	酸奶	折合成原料奶	乳制品	折合成原料奶
2001	7.92	0.50	11.90	1.36	16.76	1.20	2.58
2002	10.07	0.55	15.72	1.80	21.37	1.19	2.81
2003	12.91	0.56	18.62	2.53	25.07	1.71	4.63
2004	13.54	0.51	18.83	2.85	25.25	1.98	5.14
2005	15.59	0.52	17.92	3.23	24.79	2.86	8.66
2006	16.82	0.50	18.32	3.72	25.54	3.20	9.86
2007	17.77	0.45	17.75	5.33	26.23	3.52	10.90
2008	16.02	0.57	15.19	3.54	22.72	3.43	10.39
2009	15.77	0.48	14.91	3.88	22.15	3.60	10.20

注：① 城镇居民乳品消费除奶粉、鲜乳品和酸奶三大类外其他乳制品没有计算在内。

② 奶粉按 1:7 折合成原料奶，鲜乳品、酸奶按 1:1 折合成原料奶，农村居民的消费将干奶制品（主要为奶粉）按 1:7 折合，其余部分按 1:1 折算。

③ 国家统计局统计中将巴氏杀菌乳和超高温灭菌乳统称为鲜乳品。

2009 年，全国共进口乳制品 59.55 万吨，同比增长 70.8%，乳制品进口金额 10.28 亿元美元，同比增长 19.17%。由于国际市场价格大幅下降，进口价值增长比进口数量增长幅度小；全国共出口乳制品 3.68 万吨，同比下降 69.49%，出口金额为 0.57 亿美元，同比下降 81.18%，下降的主要原因国际市场上奶粉价格下降，我国奶粉出口基本停止。目前，出口的品种主要是供给我国香港的生鲜乳。

（四）奶业经济效益

在消费和市场尚未恢复的情况下，企业收奶量少，奶价低迷，到 2009 年 8 月初奶价跌至最低，奶农的养牛效益下降，养殖积极性严重受挫。之后随着市场的恢复，消费旺季的到来，原料奶需求增加，价格开始触底反弹，并不断走高，奶农的效益逐渐好转。总体看全年的奶农的利润有所增长。

国家发展和改革委员会的调查数据显示，2009 年，年均单产 5.5 吨的一头奶牛，年净利润为 3500.08 元，比 2008 年增加 275.84 元/头。散养户一头奶牛（单产 5.4 吨/年）年净利润为 3623.60 元/头，比上年增加 325.79 元/头；规模牛场一头奶牛（单产 5.69 吨/头）年净利润为 3376.56 元/头，比上年增长 225.58 元/头。

由于饲料、能源和劳动力成本的增加，生产 1 千克牛奶的总成本增加，但由于平均出售价格增长更快，净利润有所增长。据国家发展和改革委员会的调查，2009 年全国平均生产 1 千克牛奶的成本是 2.00 元，比上年增加 0.5 元，平均出售价格从 2.50 元/千克上升到 2.58 元/千克，净利润从 0.55 元/千克增加到 0.58 元/千克（表 4-8）。

在乳制品加工方面，随着行业的恢复，2009 年我国乳品加工企业利润大幅增长，销售利润率大幅提高。受 2008 年三聚氰胺事件的后续影响，原料奶价格明显降低，销售成本比上年大幅下降，而市场销售价格基本没动，导致企业盈利水平提高，亏损面降低。

据国家统计局统计，2009 年，803 家企业中有 106 家亏损，亏损面为 20%，比 2008 减少了 7.4 个百分点。全国乳品企业实现利润为 104.56 亿元，同比增长 160%。销售收入前 10 位地区中，去年亏损的内蒙古、河北和陕西均实现了行业扭亏，分别实现了 17.92 亿元、6.49 亿元和 2.87 亿元的盈利。

据国家统计局统计，2009 年全行业的销售利润率到 6.44%，比 2008 年上升 3.62 个百分点，为 2003 年以来最高值。在销售收入前 10 位的省份中，除广东和北京销售利润率有所下降外，其他 8 个省份都上升，其中，湖南省、内蒙古、河北、陕西、山东恢复最快（表 4-9）。

表 4-8 奶牛饲养成本收益情况 2008—2009

项目	单位	全国平均		散养奶牛		规模奶牛	
		2009	2008	2009	2008	2009	2008
每 1 头奶牛							
牛奶产量	千克	5543.15	5413.50	5400.08	5140.90	5686.22	5686.00
产值合计	元	15654.82	14638.08	14736.60	13585.33	16573.03	15690.83
其中：牛奶产值	元	14312.68	13507.38	13440.72	12481.79	15184.63	14532.97
总成本	元	12154.74	11413.84	11113.00	10287.52	13196.47	12539.85
其中：物质与服务费用	元	10793.36	10120.36	9731.54	8981.82	11855.15	11258.82
净利润	元	3500.08	3224.24	3623.60	3297.81	3376.56	3150.98
成本利润率	%	28.80	28.25	32.61	32.06	25.59	25.13
每 1 千克牛奶							
平均出售价格	元	2.58	2.50	2.49	2.43	2.67	2.56
总成本	元	2.00	1.95	1.88	1.84	2.13	2.04
净利润	元	0.58	0.55	0.61	0.59	0.54	0.51

注：存栏≤10 头为散养；奶牛存栏>10 头为规模养殖，其中 10 头<奶牛存栏≤50 头为小规模，50 头<奶牛存栏≤500 头为中规模，奶牛存栏>500 头为大规模。

表 4-9 全国及主要省份乳品加工的经济效益情况

地区	净利润					销售利润率				
	2007	2008	2009	2008/2007	2009/2008	2007	2008	2009	2008/2007	2009/2008
	亿元	亿元	亿元	%	%	%	%	%	百分点	百分点
全国	**77.9**	**40.3**	**104.5**	**-48.29**	**159.38**	**5.95**	**2.82**	**6.44**	**-3.14**	**3.62**
内蒙古	19.9	-10.	17.92	-150.94		7.67	-3.6	5.75	-11.36	9.43
黑龙江	7.69	14.7	20.55	91.86	39.20	5.12	7.25	7.88	2.14	0.63
山东	6.62	5.59	11.19	-15.67	100.25	5.62	4.22	7.16	-1.40	2.94
河北	6.96	-0.5	6.49	-107.89		3.53	-0.4	5.63	-4.02	6.12
上海	6.91	8.70	10.04	25.83	15.40	9.53	9.54	9.94	0.01	0.39
广东	10.5	8.25	7.59	-21.94	-7.98	15.84	10.0	8.60	-5.74	-1.49
辽宁	1.92	2.14	3.87	11.30	81.37	4.47	3.23	4.61	-1.23	1.37
陕西	2.20	-0.6	2.87	-127.31		4.52	-1.1	4.52	-5.64	5.64
北京	0.51	0.07	-0.05	-86.58	-170.51	1.03	0.13	-0.08	-0.90	-0.21
湖南	3.05	0.68	4.87	-77.63	613.35	7.25	1.69	11.29	-5.55	9.60

2009 年我国奶业恢复超过预期，取得了明显进展。但是应该清醒地看到，三聚氰胺事件的后续影响尚未消除，而且多年积累的一些深层次问题，没有得到根本解决，奶业仍然面临严重挑战，奶业界不可掉以轻心，应该增强紧迫感、责任感和使命感，齐心协力，团结奋斗，为恢复和振兴我国奶业做出更大的贡献。

行业管理

2009 年生鲜乳收购站清理整顿工作情况

农业部奶业管理办公室

为全面贯彻落实《乳品质量安全监督管理条例》和《奶业整顿和振兴规划纲要》，在2008年生鲜乳收购站清理整顿工作的基础上，2009年农业部继续加大力度，指导各地深入开展生鲜乳收购站清理整顿工作。通过一年的努力，生鲜乳收购站清理整顿工作进展顺利，成效显著。

1. 生鲜乳收购站清理整顿工作全面推进 按照《条例》规定的“五有一符合”原则，坚决取缔条件落后或管理混乱的非法生鲜乳收购站；自2008年11月起实行生鲜乳收购站月度统计分析制度，对各省生鲜乳收购站清理整顿工作进展进行动态分析，定期向各地通报情况、指出问题和提出整改要求。加强指导和检查，组织召开全国生鲜乳收购站标准化建设与管理现场会，推广典型经验。全年累计派出26个督导组100人次赴各地开展检查指导，推进生鲜乳收购站清理整顿工作进程。各省累计检查生鲜乳收购站15710个次，生鲜乳运输车辆13450辆次，出动执法人员13.5万人次。

2. 严格生鲜乳收购站准入 制定印发《生鲜乳收购站标准化管理技术规范》，指导各地按照《条例》要求，从规划布局、基础设施、机械设备、质量检测、人员要求和操作规范等方面，严格生鲜乳收购站准入。指导各地通过乳制品企业并购托管和发展奶农生产合作社等方式，积极推动个体生鲜乳收购站的主体合法化改造，指导生鲜乳收购站进行标准化管理。截至2009年12月底，全国共有生鲜乳收购站13623个，比清理整顿前减少6770个；全国已核发生鲜乳收购许可证10639个，占现有收购站总数的78.1%。

3. 生鲜乳交易行为进一步规范 会同工商总局向各地印发《生鲜乳购销合同示范文本》，指导各地建立生鲜乳价格协调机制。上海已全面推行按质计价制度，黑龙江省安达、杜蒙等县成立了生鲜乳价格协调委员会，试点推行生鲜乳收购指导价制度。同时，组织中国奶业协会督促企业增强社会责任，切实履行收购合同，规范生鲜乳收购行为，制止随意限收拒收生鲜乳等行为。

4. 生鲜乳收购站规范化建设稳步推进 积极参与组织实施挤奶机械购置补贴项目，指导各地做好生鲜乳收购站机械设备补贴工作。2009年，全国使用补贴资金1.59亿元，购置挤奶机械3900台（套）。全国现有机械化挤奶收购站11412个，占收购站总数的81.4%，比清理整顿前提高了31.4个百分点。

5. 生鲜乳质量安全监管不断加强 加大落实生鲜乳质量安全监管责任，在开展驻站、驻场监督的基础上，针对生鲜乳生产、收购和运输环节建立起日常检查、不定期巡查、监督抽查等多措并举的生鲜乳质量安全日常监管制度。

2009年全国种公牛站生产情况

全国畜牧总站　刘海良　孙飞舟

（一）基本情况

2009年，全国共有44个种公牛站取得了农业部核发的《种畜禽生产经营许可证》，44个站均从事正常生产经营活动，其中有36个站完成了改制工作。

1. 人员构成　44个种公牛站共有人员1672人，其中技术人员964人，占总人数的57.7%，其中大专以上学历的技术人员823人，占总人数的49.2%。技术人员中具有高级职称的225人，中级职称的329人，初级职称的311人，分别占技术人员总数的23.3%，34.1%和32.3%。执业兽医99人，占技术人员总数的10.3%。

2. 种公牛情况　44个种公牛站共存栏种公牛3687头，涉及23个品种。

（1）采精公牛。采精牛为2538头。其中荷斯坦公牛1250头，占49.3%；肉用西门塔尔牛479头，占18.9%；夏洛莱牛161头，占4.2%；乳用西门塔尔牛139头，占5.5%；水牛121头，占4.8%；南德温牛68头，占2.7%；褐牛67头，占2.6%；利木赞61头，占2.4%；其他各品种存栏采精公牛192头，占7.6%。

（2）后备公牛。存栏后备公牛20个品种，后备牛1149头。荷斯坦牛487头，占42.4%；肉用西门塔尔牛151头，占13.1%；水牛60头，占5.2%；乳用西门塔尔牛51头，占4.4%；夏洛莱牛49头，占4.3%；南德温牛33头，占2.9%；褐牛30头，占2.69%；其他品种后备公牛267头，占23.2%。

3. 冻精生产与推广　2009年生产冻精4630.7万剂，头均生产冻精1.82万剂。其中荷斯坦牛生产冻精2749.7万剂，占59.4%，头均年产冻精2.2万剂；肉用西门塔尔牛生产880.6万剂，占19%；夏洛莱牛380.9万剂，占8.2%；乳用西门塔尔牛生产234.7万剂，占5.1%；利木赞107万剂，占2.3%；水牛45.3万剂，占0.98%；褐牛27.2万剂，占0.6%；其他品种牛生产冻精205.3万剂，占4.4%。

推广销售冻精3463.4万剂，占生产总量的74.8%。其中荷斯坦牛1857.4万剂，占销售的53.6%；肉用西门塔尔牛冻精790万剂，占23.1%；夏洛莱牛273.9万剂，占7.9%；乳用西门塔尔牛冻精157.5万剂，占4.6%；利木赞牛冻精82.8万剂，占2.4%；水牛39.3万剂，占1.1%；推广销售其他品种牛冻精212.5万剂，占6.1%。

（二）取得的成绩

1. 种公牛站改制接近尾声　根据国务院和农业部的有关要求，各种公牛站继续加快了改革步伐，截止2009年年底，全国44个种公牛站中，已经完成改制的有36个，占种公牛站总数的81.8%，有3个种公牛站正在做改制前期准备工作。改制后的种公牛站焕发出勃勃生机，种公牛培育力度明显加大，技术力量和水平明显提高，综合实力明显增强，冻精生产和销售量较上年度均有大幅度提高。2009年全国种公牛站固定资产总额达9.23亿元，年销售收入3.5亿元，实现利润6700万元。

2. 质量管理水平进一步提高　各站在原有工作的基础上，不断强化质量管理。北京、上海、河北、辽宁、山东、江苏等十余个种公牛站通过开展ISO9001、GAP等认证工作，认证范围覆盖了冻精产品、公牛培育与试配体系、DHI测定、技术服务等方面，有效地提升了质量管理水平。在冷冻精液生产过程上，许多种公牛站采用信息化管理手段，减少人工操作环节，极大地提高了生产效率，保证了产品的质量。各站结合学习2009年开始实施的新修订的《牛冷冻精液》国家标准，及时修改操作规程，有效地降低了实施新标准所带来的影响。据农业部质检中心对24个种公牛站生产的582个牛冻精样品检测结果显示，有567个牛冻精样品合格，合格率为97.4%，较2008年上升了1个百分点。

3. 自主培育公牛积极性明显增强　2009年，全国后备种公牛数量增加到985头，占存栏公牛总数的28%，比2008年增加了5个百分点。在奶牛良种补贴、奶牛生产性能测定等项目的推动下，各站继续加大荷斯坦种公牛后裔测定工作力度，全年新增参加测定的荷斯坦种公牛143头，较2008年新增25头。同时，通过后裔测定选出的奶牛良种补贴项目用荷斯坦种公牛也进一步增加，达232头，较2008年增加132头；占荷斯坦种公牛总数的比例由12.3%上升到26.7%。肉用种公牛生产性能测定工作也逐步展开。2009年国家开始在部分肉牛主产区，实施200万头肉牛良种补贴试点工作，调动了种公牛站和育种场开展肉用种公牛生产性能测定的积极性。全国畜牧总站及时举办了多次培训活动，对规范测定程序，提高测定质量起到了重要作用。

4. 服务水平进一步提升 种公牛站把加强服务能力建设，提高服务质量和水平摆在了更加突出的位置。各站将人才引进和培养当作突破口，通过调整人员结构，加强人员技术培训等手段，使工作人员的业务能力和理论水平，都有较大程度的提高。2009年全年，各站参加全国技术培训500余人次，站内组织培训1000余人次。为不断巩固和扩大市场，各站积极组织技术人员，深入养殖场、养殖户开展技术培训和售后服务工作。据不完全统计，2009年各种公牛站无偿开展技术培训活动200多场，培训奶牛、肉牛养殖场（户）人员近4万人，为用户提供各类技术服务3100余人次。

（三）问题与建议

1. 继续加强种公牛站管理 一些种公牛站还存在制度不完善、体制机制不灵活、仪器设备老化、技术人才流失等现象，严重地影响了种公牛站今后的生存和发展。个别站由于设备维护和更新不及时，人员队伍不稳定等原因，导致无法正常生产。建议各站进一步加强内部管理，通过开展ISO9001、GAP等认证工作，及时发现和解决自身存在的问题，提高种公牛站管理水平。

2. 继续提高种公牛质量 部分种公牛站因缺乏种子母牛群，或与育种场联系不紧密，后备牛补充不及时，培育不精心，导致采精种公牛数量和质量下降。建议各站根据本地实际需要，从长远角度出发，制定本站的育种规划，加大对种公牛尤其是肉用种公牛的培育和选择力度，加强生产性能测定工作，培育优秀的种公牛，以满足本地区乃至全国牛改良工作的需要。

3. 继续推进改制工作 目前全国还有8个种公牛站没有完成改制工作。这些站大多分布在经济欠发达地区，长期面临着思想不统一、资金短缺、设备落后等诸多难题。国家许多支持畜牧业发展的政策、资金，因为没有改制而得不到，使这些种公牛站的生存和发展面临更大的困难。建议各站及时向上级主管部门汇报改制面临的困难，深入细致地做好职工的思想工作，多渠道筹集改制资金，淘汰落后的仪器设备，按照国务院和农业部的要求，尽快完成改制工作。

食品工业企业诚信体系建设工作开展情况

工业和信息化部消费品工业司　邓小丁

诚实守信是市场经济的基础，是完善社会主义市场经济和构建社会主义和谐社会的客观要求，诚信体系建设已成为维护市场经济秩序的重要条件。近年来，一些食品安全事件时有发生，给人民群众身体健康和生命安全造成危害，引起社会各界高度关注。2008年“婴幼儿奶粉事件”发生后，国务院领导对食品安全作出了一系列批示，要求从立法、监管、诚信等各个环节入手，系统而有序地解决食品安全问题。2009年以来，国务院下发的《轻工业调整和振兴规划》和《国务院办公厅关于印发食品安全整顿工作方案的通知》（国办发[2009]8号）以及《食品安全法实施条例》均明确要求工业和信息化部牵头，组织推进食品工业企业诚信体系建设工作。

维护食品安全是食品生产企业应担负的责任。通过推进食品工业企业诚信体系建设，提高食品工业企业诚信意识、完善企业诚信管理制度、规范企业诚信经营行为、营造行业诚信环境，对防范食品安全事故发生，提高食品质量安全整体水平，保障人民群众身体健康和生命安全，具有十分重要的意义。

（一）2009年以来开展的相关工作

围绕食品工业企业诚信建设，工业和信息化部从2008年12月起，先后与国务院有关部门，中国食品工业协会、中国纺织工业协会、中国乳制品工业协会、中国肉类协会、中国食品科学技术学会、广东省食品工业协会、国家认监委认证认可技术研究所和黑龙江省工信委、诚信办等单位有关专家进行座谈研讨，对黑龙江省信用体系和河南省食品行业诚信体系建设工作进行了实地调研，初步形成一系列相关文本文件。

1. 国务院10部门联合印发了《食品工业企业诚

信体系建设工作指导意见》在充分听取行业协会及地方意见基础上，于2009年8月底形成《食品工业企业诚信体系建设工作指导意见（征求意见稿）》（以下称《指导意见》）；9月分别召开相关单位和相关部门专题会，听取对《指导意见》的意见；10月又召集地方和有关单位代表及专家进一步征求意见；11月再次书面征求发展改革委、监察部、农业部、商务部、卫生部、人民银行、工商总局、质检总局、食品药品监管局等10部门意见；12月18日以工信部联消费[2009]701号由10部门联合印发。

2. 印发或形成有关诚信管理体系建立及评价标准、有关工作方案 食品工业企业诚信体系建设相关文本体系除《指导意见》外，包括诚信建设工作方案、企业内部诚信管理标准、企业诚信评价标准、信息平台建设方案共四部分12个文本。目前，《食品工业企业诚信管理体系（CMS）建立及实施通用要求》和《食品工业企业诚信评价准则》两项行业标准即将发布实施（注：现已正式发布并于10月1日起实施）；《乳制品企业诚信管理体系建立及实施指南》和《肉类加工企业诚信管理体系建立及实施指南》两本培训教材已编写完成；其他文本也在制定或征求意见中。

3. 启动了食品工业企业诚信体系建设试点工作 一是于2009年12月30日联合10部门在人民大会堂举办《指导意见》发布暨试点启动仪式，正式启动了黑龙江省乳制品和河南省肉类加工企业诚信建设试点。二是加大了对食品工业企业诚信体系建设工作的宣传。2010年1月，结合黑龙江省乳制品企业诚信建设试点动员大会，组织中央电视台、经济日报和中国工业报等主流媒体对黑龙江省企业试点工作进行了跟踪报道；2010年5月，结合河南省食品工业企业诚信体系建设大会，组织新华社、经济日报和中国工业报等媒体对河南省企业试点工作进行了专题报道。

（二）两省试点工作进展情况

黑龙江省试点工作启动后，选择了完达山、摇篮和龙舟等82户重点企业率先开展诚信体系建设工作。邀请专业的信用中介机构帮助企业建立并完善各项诚信管理制度；对企业负责人及关键岗位人员进行了培训；从软硬件两方面入手组织乳制品企业诚信信息平台建设，已完成对乳制品企业数据库的需求分析，制订了技术实施方案。黑龙江省政府及省工信委对诚信体系建设工作高度重视，已先期投入200多万元。

河南省于2010年5月正式启动肉类食品生产企业诚信体系建设试点工作，根据企业规模、区域布局，选择90家企业作为试点企业（其中8家为先期试点企业）。河南省委、省政府高度重视，省政府成立了以史济春副省长为组长，省发改委、工信厅、工商局、质量技术监督局、食品药品监管局等部门同志为成员的河南省食品工业企业诚信体系建设工作领导小组；制定了《河南省肉类加工企业诚信体系建设工作方案》；制定了企业诚信体系建设统一规范。目前，试点工作开始有序推进。

（三）下一步工作重点

下一步，工业和信息化部要在系统推动食品工业企业诚信体系建设工作的同时，继续注意跟踪试点省、试点行业和试点企业的情况，要深入调查研究，加大工作指导，注重点面结合，推动机制形成，加强宣传引导，落实诚信体系建设各项工作。

1. 加强工作指导 继续加强对各地政府主管部门、有关行业组织和食品企业工作的指导；加强与各部门的工作协同，促进信息和管理资源共享，加快推动诚信体系建设工作的落实。

2. 加强标准宣贯 组织专家组深入试点地区、试点企业，开展《食品工业企业诚信管理体系（CMS）建立及实施通用要求》、《食品工业企业诚信评价准则》等标准及指南的学习培训，联系企业实际，指导企业建立诚信管理体系。

3. 推动诚信试点 阶段总结黑龙江省乳制品行业和河南省肉类加工行业企业诚信建设试点工作，组织各地工作交流；适时扩大试点范围，拟在北京、广东、福建和河北等省、直辖市分别开展调味品、饮料、罐头和葡萄酒等行业扩大企业试点工作。

4. 建设信息平台 制订国家级食品工业诚信信息管理平台建设方案，推动诚信信息资源共享；衔接地方信息平台建设；支持企业信息平台建设；研究制定《食品工业企业诚信信息征集使用管理办法》。

5. 支持能力建设 安排企业技术改造资金，在肉制品加工、乳制品加工等12个行业组织落实食品加工质量安全能力建设，优先支持试点企业完善食品安全可追溯体系和诚信信息管理系统建设，提高企业的食品质量安全保障能力。

6. 加强诚信宣传 跟踪地方诚信体系建设试点情况，加强地区间、企业间交流，宣传好的做法和经验；组织开展“以讲诚信为荣，不讲诚信为耻”为主题的系列宣传活动及企业诚信专题宣传活动，营造诚实守信的环境氛围。

产业政策与法规

产业政策

全国奶业发展规划[①]

（2009—2013年）

奶业是现代农业的重要组成部分。促进奶业持续健康发展，是优化农业结构、增加农民收入、改善居民膳食结构、增强国民体质的需要。为切实保障奶业持续健康发展，根据《国务院关于促进奶业持续健康发展的意见》、《乳品质量安全监督管理条例》和《奶业整顿和振兴规划纲要》，特制定本规划，规划期为2009—2013年。

一、我国奶业发展现状及面临的形势

进入新世纪以来，我国奶业以市场为导向，强化政策支持，实施优势产业布局，推进发展方式转变，产业规模、产业结构和生产水平得到大幅提升，实现了持续快速发展。

（一）奶牛存栏快速增加，奶类总产量大幅增长。2008年，全国奶牛存栏达到1233.5万头，是2000年的2.5倍；奶类产量3781.5万吨，是2000年的4.1倍。我国奶类产量已跃居世界第三位，成为奶类生产大国。

（二）奶牛生产区域化进程加快，产业集中度明显提高。2008年，内蒙古、黑龙江、河北等13个优势省、自治区、直辖市奶牛存栏占全国84.3%，与2000年基本持平；牛奶产量占全国88.3%，比2000年提高了10个百分点，产业集中度进一步提高。同时，优势区域内部布局也进一步优化，涌现了一大批奶牛养殖大县。

（三）奶牛规模养殖加快推进，发展质量进一步提升。2008年，全国存栏20头以上的奶牛规模养殖比例达到36%，比2003年提高了9个百分点；奶牛单产水平达到4800千克，比2000年提高了40%。挤奶机械化水平显著提高，2008年底达到66%。

（四）乳制品加工业飞速发展，生产规模迅速扩大。2008年，规模以上乳制品企业达到791家，比2000年增加414家；实现工业产值1555.8亿元，是2000年的8倍；前10家大型骨干企业乳制品工业产值占全行业的47.5%。

（五）乳制品产量持续增加，产品种类丰富多样。2008年，全国规模以上企业乳制品产量1810.6万吨，其中液态乳产量1525.2万吨，分别是2000年的7.7倍和11.2倍。目前，市场上巴氏杀菌乳、超高温灭菌乳、酸乳、乳粉、干酪、奶油、炼乳等产品种类齐全，基本满足了城乡居民多样化的消费需求。

（六）乳品消费同步增长，城乡居民消费水平不断提高。2008年，城镇居民人均乳品消费量22.72千克，比2000年增长56.8%;农村居民人均4.81千克，为2000年的3.9倍；城镇居民家庭人均乳品消费金额比2000年增长了1.8倍。

但是，我国奶业在快速发展的同时，一些长期积累的矛盾和问题日益凸显。**一是养殖方式落后。**小规模散养户仍是生鲜乳生产的主体，专用饲草饲料缺乏，饲养方式粗放，高产奶牛比例不高，单产水平与国外发达国家相比差距较大，成母牛平均单产不足5吨。**二是乳品质量安全监管依然薄弱。**生鲜乳收购站点数量多，条件参差不齐，开办主体复杂，监管难度大；乳品质量安全保障体系不健全，监管力量不足。**三是乳制品市场秩序不规范。**一些乳制品企业缺乏稳定的奶源基地，淡季压价、旺季争抢奶源的现象时有发生；部分乳制品企业为抢市场打价格战和广告战，炒作概念，不落实复原乳标识制度，误导消费者。**四是原料奶定价机制不合理。**奶农组织化程度低，乳制品企业单方面决定生鲜乳价格，奶农利益难以保证。**五是消费市场培育滞后。**科学消费的观念和习惯尚未形成，乳品消费市场培育滞后于奶业发展。这些深层次矛盾和问题，与婴幼儿乳粉事件、国际金融危机等多重因素叠加，交互影响，使得2008年下半年以来，我国乳品消费萎缩，乳粉进口大幅增加，出口下降，乳制品企业经营困难，生鲜乳价格持续下行，奶牛养殖亏损严重，奶业面临前所未有的严峻挑战。

[①]本文为2010年6月11日农业部、国家发展和改革委员会、工业和信息化部、商务部联合发布的关于印发《全国奶业发展规划（2009—2013年）的通知，农牧发（2010）3号文件的附件。

当前，我国奶业正处于从数量扩张向整体优化、全面提高产业素质转变的关键时期，还有很大的发展空间和潜力。**从消费市场看，**城镇居民的人均乳品消费量只有世界平均水平的 1/4，农村居民的人均乳品消费量只有城镇居民的 1/5，随着人口增长特别是城镇人口大量增加、城乡居民收入持续较快增长和消费结构不断改善，乳品消费需求增长空间巨大。**从资源条件看，**奶牛存栏已突破1200万头，还有1000多万头牦牛、2000多万头水牛和500多万只奶山羊资源可供开发，农区种植业结构调整和饲草产业稳步发展，牧区生态逐步恢复，近7亿吨可用作饲料的农作物秸秆还有40%左右的利用空间，奶业发展相关资源还有较大的开拓潜力。**从政策环境看，**《国务院关于促进奶业持续健康发展的意见》、《乳品质量安全监督管理条例》、《奶业整顿和振兴规划纲要》和《乳制品工业产业政策》相继出台，国家扶持奶业发展的政策日趋完善，规范奶业发展的管理制度逐步健全。各级政府把发展奶业摆在重要位置，加大政策落实和资金扶持力度。只要采取有效措施，因势利导，就能化危机为机遇，促进奶业持续健康发展。

二、保障奶业持续健康发展的指导思想和基本目标

（一）指导思想

全面贯彻落实党的十七大精神，以邓小平理论和“三个代表”重要思想为指导，深入贯彻落实科学发展观，以市场为导向，以质量安全为核心，以促进产业链各环节协调发展为根本，推动科技进步，转变发展方式，夯实奶业基础，强化乳品质量安全监管，加快建设现代奶业，满足城乡居民日益增长的乳品消费需求。

切实保障奶业持续健康发展，必须坚持以下原则：

——**着眼当前和立足长远相结合。**既要采取有效措施，帮助奶农和企业渡过难关，恢复消费信心，稳定奶业生产；又要立足长远，着力强化奶业发展基础建设，解决制约奶业发展的深层次矛盾和问题，全面提高科技含量和产业素质，促进产业升级。

——**市场调节和政府扶持相结合。**充分发挥市场配置资源的基础性作用，利用市场机制，推动企业和奶农提高自身素质，促进产业升级。同时，通过政府扶持，帮助企业和奶农克服困难，增强奶业抗御风险的能力，保护奶业基本生产能力，巩固奶业发展的基础，加快转变奶业发展方式。

——**强化监管和规范引导相结合。**把保障乳品质量安全放在优先地位，坚定不移推进乳品行业清理整顿，全面加强以质量安全为核心的制度建设，消除产业链各环节的监管漏洞。规范市场秩序，鼓励企业和奶农建立各种形式的利益联结机制，构建互利共赢的产业化经营新格局。

——**突出重点与全面发展相结合。**扶持奶业重点产区，发挥区域优势，提高准入门槛，培育骨干企业，促进养殖、加工与消费协调发展。同时，兼顾地方品种和民族特色，实现奶业全面发展，满足多样化的消费需求。

（二）基本目标

——**生鲜乳生产能力稳定增长。**2013年，全国奶牛存栏达到1500万头，奶类产量达到4800万吨，成母牛平均单产水平提高到5.7吨；100头以上奶牛规模养殖比例达到35%，奶牛粗饲料质量显著提高。奶水牛和奶山羊发展取得突破。

——**乳品质量安全水平显著提高。**生鲜乳生产符合《生鲜乳生产技术规程（试行）》，乳制品企业实行《乳制品企业良好生产规范（GB 12693）》，婴幼儿乳粉生产企业全面实施危害分析与关键控制点（HACCP）（GB/T 27342）管理，质量安全保障机制更加健全，产品质量全部符合法律法规及相关标准的要求。

——**生鲜乳收购站全面规范。**2013年，生鲜乳收购站100%实现持证收购和标准化管理，偏远牧区、山区的牛奶收购点和山羊奶收购点100%纳入监管范围。

——**奶源生产和乳制品加工衔接更加合理。**乳制品企业奶源基地和加工产能合理配置，符合《乳制品工业产业政策》的要求。2013年乳制品企业稳定可控奶源达到70%以上，初步建立生鲜乳质量第三方检测体系。

——**乳制品流通条件进一步优化。**2013年，生产经营低温产品的乳制品企业拥有完善冷链体系的比例达到90%以上。配送网络覆盖全部中小城市和90%以上乡村。

——**乳品消费群体不断壮大。**全国城镇居民人均乳品消费不断提高，农村居民人均乳品消费大幅度增长，“学生饮用奶计划”在全国中小学校的覆盖率进一步提高。

三、保障奶业持续健康发展的主要任务和建设重点

（一）优化奶业区域布局

根据市场需求、资源环境、消费习惯和现有产业基础等因素，重点发展五大奶业产区，建立生产、加工、销售协调发展的产业格局。五大奶业产区以加快奶牛品种改良，加强优质饲草料生产，提高奶牛单产水平，发展适度规模标准化养殖为重点，不断提高奶牛生产水平和养殖效益；按照《乳制品工业产业政策》，合理布局加工企业，淘汰落后产能，全面提升乳制品质量，不断提高乳制品企业自主创新能力，基本实现奶源基地建设和乳制品工业协调发展。

——**东北内蒙古产区**包括黑龙江、吉林、辽宁和内蒙古等4省、自治区，以培育奶牛大户（家庭牧场）、规范化养殖小区、适度规模养殖场为重点，重点发展乳粉、干酪、奶油、超高温灭菌乳等，根据市场需要适当发展巴氏杀菌乳、酸乳等产品。

——**华北产区**包括河北、河南、山东、山西等4省，在发展规模养殖场（小区）的同时，兼顾奶山羊生产，探索资源综合利用新模式，重点发展乳粉、干酪、超高温灭菌乳、巴氏杀菌乳、酸乳等产品。

——**西部产区**包括陕西、甘肃、青海、宁夏、新疆

和西藏等6省、自治区，着力发展奶牛规模养殖场（小区），培育山羊奶、牦牛奶、马奶、驼奶和驴奶等特色奶源基地，扩大优质饲草饲料种植，推广舍饲、半舍饲养殖，重点发展乳粉、干酪、奶油、干酪素等乳制品，适度发展超高温灭菌乳、酸乳、巴氏杀菌乳等产品，鼓励发展具有地方特色的乳制品。

——**南方产区**包括湖北、湖南、江苏、浙江、福建、安徽、江西、广东、广西、海南、云南、贵州、四川等13个省、自治区，重点发展适度规模养殖场，广西、云南及其他有条件的省、自治区鼓励开展奶水牛品种改良与水牛奶产品开发，重点发展巴氏杀菌乳、干酪、酸乳等产品，适度发展炼乳、超高温灭菌乳、乳粉等乳制品，大力开发水牛奶加工等具有地方特色的乳制品。

——**大城市周边产区**包括北京、天津、上海和重庆等4个直辖市，着力培育高产奶牛核心群，提高奶牛育种选育水平，推进标准化生产，全面开展粪污无害化处理和资源化利用，大力发展都市型乳业，主要发展巴氏杀菌乳、酸乳等低温产品，适当发展干酪、奶油、功能性乳制品。

（二）加强良种繁育及推广

实施奶牛群体遗传改良计划，建立高产奶牛核心群，开展奶牛生产性能测定和种公牛遗传评估，加快实行奶牛良种登记、标识管理制度。加强对奶牛改良工作的指导，推广人工授精、胚胎移植等繁育技术，不断提高奶牛单产水平，改善生鲜乳质量。

——**构建高产奶牛核心群**。以种牛引进、遗传资源开发利用、基础设施建设为重点，加强奶牛原良种场建设，选育高产奶牛核心群，提高核心养殖场的生产水平和供种能力。

——**提升种公牛站生产经营能力**。加大种公牛站设施改造和先进生产设备配备力度，健全种公牛遗传评定和后裔测定体系，加快推进种公牛站改制，成为自主经营、自负盈亏的经济实体，提高种公牛自主培育能力和优质冻精供应能力。

——**健全生产性能测定体系**。加强奶牛生产性能测定中心、奶牛改良中心基础设施建设和仪器设备更新，完善有关奶牛生产性能测定、品种登记和改良的技术及管理标准，奠定奶牛品种改良的技术基础，加强对奶牛改良工作的指导。

——**完善优质冻精推广体系**。加强奶牛配种站点液氮罐、液氮运输车、改良配种器材配置以及配套基础设施建设，开展人工授精技术人员培训，进一步完善奶牛优质冻精推广体系。

（三）发展奶源生产基地

以奶牛养殖大县为依托，带动奶源基地发展，构建稳定的奶源生产集群。加强标准化规模养殖场（小区）建设和优质饲草料基地建设，加快推进奶源基地生产方式转变。发展奶农专业合作社，提高奶农组织化程度和生产经营能力。推动龙头企业建设自有奶源基地和学生饮用奶奶源基地。

——**增强奶牛养殖大县综合生产能力**。以奶牛养殖大县为依托，发展标准化规模养殖，规范投入品使用，增强防疫服务能力，加强环境保护，从源头上保证生鲜乳质量安全。

——**发展奶牛标准化规模养殖场（小区）**。加强养殖场和养殖小区圈舍、水、电、路等基础设施建设，粪污处理、疫病防控、饲草料贮存（或青贮）等配套设施建设，全混合日粮（TMR）饲养、挤奶、良种繁育、生鲜乳质量检测等设备配置，推进规模化奶牛养殖场良好农业规范（GAP）认证，提高标准化生产水平。

——**建立优质饲草料生产基地**。建立奶牛青绿饲料生产基地，示范推广全株玉米青贮，鼓励发展专业性青贮生产经营企业和大户，为奶牛养殖提供充足的青绿饲料资源。充分利用中低产地、退耕地、秋冬闲地等土地资源，大力发展苜蓿等高产优质牧草种植。在有条件的地区发展人工饲草地。

——**发展奶农专业合作社**。积极安排资金，扶持奶农专业合作社发展，发挥其为奶农提供服务和维护奶农利益等方面的作用。继续推进科技入户，开展实用技术培训，提高奶农素质。

（四）完善乳品质量安全监管体系

继续推进生鲜乳收购站清理整顿，规范生鲜乳收购站建设，改善基础设施条件，推行标准化、规范化经营。完善乳品质量安全标准体系，建立健全检验检测和监管体系，提高执法能力，严厉打击违禁添加行为，保障乳品质量安全。

——**建设标准化生鲜乳收购站**。支持乳制品企业、奶农专业合作社、奶牛养殖场对个体和流动生鲜乳收购站点进行改造、合并或重组，加大生鲜乳收购站挤奶设备、专用生鲜乳运输车等设施设备的更新改造力度。推进生鲜乳收购站标准化管理，配备必要的检验检测仪器设备和监控设备。

——**完善生鲜乳质量监测体系**。建立国家生鲜乳质量安全中心，健全由国家、区域、省和县四级检测机构组成的检验检测体系，提高检测能力。实施生鲜乳质量安全监测计划，开展质量安全监测和风险评估，严厉打击生鲜乳收购环节添加违禁添加物的行为。建立全国生鲜乳收购站监督管理信息系统，初步建立生鲜乳第三方检测制度。

——**提高乳制品企业质量安全管理水平**。乳制品加工企业根据原料检测、生产过程动态检测、产品出厂检测的需要，配置在线检测、快速检测及其他先进检验设备。对乳制品生产实施全程标准化管理和质量控制，实行《乳制品企业良好生产规范（GB 12693）》，婴幼儿奶粉生产企业实施危害分析与关键控制点（HACCP）（GB/T 27342）管理。

——**完善乳制品质量安全监管制度**。建立和完善乳制品检验制度、产品质量可追溯及责任追究制度、问题产品召回和退市制度、食品质量安全申诉投诉处理制度。加强乳品质量安全风险评估，完善国家乳品质量安全标准体系。加强乳制品工业企业诚信体系建设。全面清理乳制品添加剂和非法添加物，严厉打击乳制品加工中添加违禁物的行为。

（五）提升乳制品加工与流通能力

全面落实乳制品工业产业政策，严格行业准入，提升装备水平，加强冷链体系建设，培育一批骨干企业，形成资源配置合理、技术水平先进、产品结构优化、市场应对得力的现代乳制品加工与流通产业体系。

——**有序发展乳制品工业**。乳制品工业新建和改扩建项目，必须符合《乳制品工业产业政策》中规定的行业准入条件，项目建设按国家有关规定履行手续，防止盲目投资和重复建设。已建加工项目（企业）未达到《乳制品工业产业政策》要求的应限期整改。鼓励企业通过兼并、重组等方式整合资源，形成以市场为导向的合理经营规模，加快淘汰落后产能。

——**提升技术与装备水平**。推进乳品加工设备国产化，重点研发大型乳粉生产、低温喷雾干燥、干酪生产、膜过滤、灭菌及无菌灌装成套设备等关键设备。发展和应用膜分离技术、生物技术、冷杀菌技术、直投发酵剂技术等高新技术，以及纸塑复合无菌包装、多层共挤高阻隔性复合材料、可持续性绿色包装等材料。

——**优化乳制品产品结构**。大力发展干酪、发酵乳、功能肽产品等适合不同消费需求的产品，逐步改变以液态乳为主的产品单一局面。积极发展高品质、市场需求量大的乳制品，如脱脂乳粉、乳清综合利用产品等。根据市场需求开发乳蛋白、乳糖等精深加工产品。

——**改善乳制品冷链流通条件**。加强大中型乳制品企业、专业化物流企业低温设施建设，建设以原料奶收购、加工及乳制品储藏、运输、销售等全部环节实行低温控制的冷链物流体系。建立健全乳制品标准化冷链管理制度。

四、保障奶业持续健康发展的主要政策和措施

（一）加大对奶业发展的投入

大力实施奶牛良种补贴、饲草收贮加工、粪污处理和挤奶机械购置补贴以及种奶牛场和标准化规模养殖场（小区）建设等各项扶持政策，加强对奶业的扶持和保护。完善奶牛保险制度，降低养殖风险。加大对奶牛养殖大县的扶持。鼓励和扶持牧草良种推广和优质饲草料基地建设。加强对奶牛养殖农户、奶农专业合作社和乳制品企业的信贷支持。积极发挥公共财政资金的引导作用，吸引社会资本投资奶业，建立多元化投融资机制，为奶业持续健康发展注入活力。

（二）加快奶业科技研发与推广应用

进一步提高奶业科技研发和应用水平，不断完善现代奶牛产业技术体系建设，加强奶业技术服务平台与推广体系建设。鼓励相关部门、大专院校、科研院所和企业，依托国家科技计划和重大工程项目，联合开展奶业领域的重大科技研发活动，加快奶业科技进步。扩大奶牛科技推广服务实施范围，大力推广科学饲养等先进适用技术。扶持奶农专业合作组织，加强生鲜乳收购、人员培训、疫病防治、良种繁育等社会化服务。

（三）切实加强奶牛疫病防控

坚持生产发展和防疫保护并重的方针，加强奶牛的疫病防控，健全奶牛布氏杆菌病、结核病和口蹄疫等传染病的国家扑杀制度，积极开展奶牛疫病的净化，提高奶牛疫病扑杀补贴。强化定期监测和重大传染病强制免疫，建立奶牛免疫档案。指导奶牛养殖户实施科学的防疫措施，建立完善的消毒防疫制度。加强乳房炎、蹄病等常见病的防治，通过转变饲养方式、推广新疫苗和兽药等措施，逐步降低奶牛常见病的发病率。

（四）强化奶业监管能力

贯彻落实食品安全、乳品质量安全监督有关规定，加强乳品质量安全监管能力建设，健全国家、省、市、县四级监督管理体系，完善乳品质量安全监督管理制度，明确监管人员，保障工作经费，提高执法能力。各部门按照职责分工，各负其责，密切合作，形成合力，确保乳品质量安全监管无缝对接。建立健全乳品质量安全举报投诉工作机制，畅通社会监督渠道。

（五）做好奶业发展的调控和引导服务

加强生鲜乳生产、乳品市场和乳制品进出口等预警预测系统建设，强化信息发布，引导奶牛养殖场户和乳制品加工企业适时调整生产结构。采取多种措施，支持奶农专业生产合作社建设，通过引导散养户“进区入园”等方式，发展适度规模化生产。进一步扩大国产乳粉收储规模，完善乳粉临时收储政策，合理运用国际通行规则，减缓乳粉进口冲击，开展产业损害调查，建立救助补偿机制。完善生鲜乳价格协调机制和收购合同制度，鼓励各地推行生鲜乳第三方检测和按质论价。严格执行鲜乳、纯乳和复原乳标识制度，规范液态奶生产经营秩序。充分发挥各级奶业协会的作用，加强行业自律，推动企业诚信体系建设。

（六）提振消费信心，扩大乳品消费

加强正面报道，加大宣传力度，主动引导舆论，为奶业发展营造良好的舆论氛围。及时、主动、客观公布加强乳品质量安全监管的政策措施和乳品质量安全状况，科学回应社会关切，提振消费信心。继续推行“学生饮用奶计划”，加大推广力度，完善管理体制和运行机制，扩大学生饮用奶覆盖范围。积极开拓中小城市和农村奶类消费市场，普及乳制品知识，倡导乳品科学消费，依托企业购销网点和“万村千乡”等工程，加大乳制品采购力度，做好配送工作。

五、环境保护

贯彻落实国务院《关于加快发展循环经济的若干意见》，以及国务院办公厅转发的《关于加强农村环境保护工作的意见》，遵循预防为主、防治结合、综合利用的原则，推行奶业废弃物减量化、无害化和资源化利用。通过全面规划，合理布局，加强监管，推动粪便等废弃物污染防治和综合利用设施建设，实现奶业与生态环境的协调发展。

（一）区域布局符合环境条件要求。充分考虑各地环境状况，不在环境敏感的水源保护区、风景名胜区、自然保护区的核心区和缓冲区、城镇居民区等人口集中区域和法律法规规定的其他禁养区发展规模化养殖场（小区）。新建、改扩建乳制品加工项目和奶源基地建设应依法进行环境影响评价，落实环境保护“三同时”要求。

（二）提高资源利用率，减少废弃物产生量和环境污染。严格执行土地管理制度，推进养殖场（小区）标准化改造，推广清洁养殖模式，推广应用粪便耗氧堆肥和沼气处理等综合利用技术，提高乳制品加工厂和奶源基地废弃物无害化处理和资源化利用率。提倡乳制品包装简洁化、多样化，鼓励企业使用可回收、易降解的环保包装材料，减少包装材料使用量，控制包装废弃物的产生量和排放量。

（三）充分考虑环境承载能力。农区要充分考虑周边土地消纳能力和粪污处理能力，大力推进农牧结合，确定适当的养殖规模。牧区和半牧区大力推行舍饲、半舍饲圈养，严格实行草畜平衡制度，实现草原生态保护和生产发展相协调。

（四）加强环境监管。严格执行国家和地方相关环保及清洁生产等法律法规和标准，建立奶业产地环境监测体系，及时监督和跟踪规划实施后的环境效果。

乳制品工业产业政策（2009年修订）[①]

前　言

牛乳被誉为营养价值最接近于完善的食物，人均乳制品消费量是衡量一个国家人民生活水平的主要指标之一。世界上许多国家都对增加乳制品消费给予高度重视，加以引导和鼓励。在我国，乳制品逐渐成为人民生活必需食品。改革开放特别是近几年以来，我国奶牛养殖业和乳制品工业发展迅速，奶牛存栏、奶类产量、乳制品产量成倍增长，乳制品消费稳步提高，成为仅次于印度、美国的世界第三大牛奶生产国。

乳制品工业是我国改革开放以来增长最快的重要产业之一，也是推动第一、二、三产业协调发展的重要战略产业。发展乳制品工业，对于改善城乡居民膳食结构、提高国民身体素质、丰富城乡市场、提高人民生活水平，以及优化农村产业结构、增加农民收入、促进社会主义新农村建设具有很大推动作用；对于带动畜牧业和食品机械、包装、现代物流等相关产业发展也具有重要意义。

目前，我国乳制品工业正处在由数量扩张型向质量效益型转变的关键时期，在迅猛发展的同时也出现了较多问题，如产业布局不合理，重复建设严重，加工能力过剩；养殖水平低，企业与奶农关系不协调，生鲜乳供应不稳定；有效需求不足，消费结构失衡，市场竞争失序；产品质量安全保证体系不健全等。

为贯彻《中华人民共和国食品安全法》、《国务院关于促进奶业持续健康发展的意见》、《乳品质量安全监督管理条例》，全面构建竞争有序、发展协调、增长持续、循环节约的现代乳制品工业，保障我国乳制品安全，强壮民族体质，带动农民增收，提升我国乳制品工业在国际的地位和竞争能力，在《乳制品加工行业准入条件》（中华人民共和国国家发展和改革委员会公告2008年第26号）、《乳制品工业产业政策》（中华人民共和国国家发展和改革委员会公告2008年第35号）的基础上，结合相关法律法规，修订形成本产业政策。

第一章　政策目标

第一条　通过政策的制定，引导奶牛养殖、乳制品企业合理布局，节约和有效利用资源，保护环境，促进乳制品加工与生鲜乳生产协调发展，提高人均乳制品占有量，建立确保行业有序发展的乳制品工业新机制，建设具有中国特色的现代乳制品工业。

第二条　控制加工规模，有序发展。严格控制乳制品加工项目的盲目投资和重复建设，提高乳制品加工能力利用率，避免生产能力严重过剩和设备大量闲置，避免恶性竞争和资源浪费，加工产能控制在合理范围之内，与奶源供应、市场需求相适应。

第三条　整合加工资源，提升产业水平。积极引导企业通过兼并、重组，形成以市场为导向的合理经营规模，培育一批骨干企业，丰富产品品种，适应市场需求，提高产品质量，保证乳品安全。

第四条　合理布局，协调发展。优化全国奶业布局，坚持扶优汰劣的原则，继续发挥重点产区以及大中城市的资源优势，提高资源利用效率，合理配置原

[①] 本政策由中华人民共和国工业和信息化部、中华人民共和国国家发展和改革委员会于2009年6月26日联合发布，“工联产业[2009]第48号”。

料和加工产能，促进奶源基地与加工企业协调发展；适度鼓励具有地方特色的奶源基地建设及乳制品开发，逐步扩大加工能力，大力发展清洁生产和循环经济技术，提高企业环境绩效。

第五条　合理利用外资，提高乳制品工业竞争力。继续坚持利用国外的先进技术和管理经验，促进自主创新、结构调整、提升质量，提高竞争力。鼓励采用先进技术和现代管理理念，积极推进技术装备的自主化进程。

第六条　规范投融资行为和市场秩序，建立公平的竞争环境。

第二章　产业布局

第七条　乳制品工业布局应充分发挥奶业传统优势地区的资源，加快淘汰布局不合理、技术落后的产能；根据各地实际情况，形成以市场为导向、特色鲜明、布局合理、协调发展的乳制品工业新格局。

第八条　东北、内蒙古产业区，包括黑龙江、吉林、辽宁、内蒙古4省、自治区，是全国重要的奶源基地和主要的乳制品工业基地。奶牛存栏量大，奶牛单产水平不高，饲草饲料资源丰富，分散饲养比重较大，与主销区运距较远。重点发展乳粉、干酪、奶油、超高温灭菌乳等，根据市场需要适当发展巴氏杀菌乳、酸乳等产品。严格控制建设同质化、低档次的加工项目，扶持建设有国际竞争力的大型项目。

第九条　华北产业区，包括河北、山西、山东、河南4省，是我国新兴的奶牛优势产区和奶源生产基地。地理位置优越，饲草饲料资源丰富，加工基础好，是都市与基地结合型乳业产区。但奶牛品种杂，单产水平低。重点发展乳粉、干酪、超高温灭菌乳、巴氏杀菌乳、酸乳等，合理控制加工项目建设。

第十条　西北产业区，包括西藏、陕西、甘肃、青海、宁夏、新疆6省、自治区，奶牛养殖和牛奶消费历史悠久，牛奶商品率偏低，奶牛品种杂，养殖技术落后，单产水平低。主要发展便于贮藏和长途运输的乳粉、干酪、奶油、干酪素等乳制品，适度发展超高温灭菌乳、酸乳、巴氏杀菌乳等产品，合理控制加工项目建设，鼓励发展具有地方特色的乳制品。

第十一条　南方产业区，包括江苏、浙江、安徽、福建、江西、湖北、湖南、广东、广西、海南、四川、贵州、云南13省、自治区，奶牛存栏较少，水牛存栏量大，奶类产量小，经济发展程度相对较高，人口密度较大，是牛奶的主要消费地区。主要发展巴氏杀菌乳、干酪、酸乳，适当发展炼乳、超高温灭菌乳、乳粉等乳制品，根据奶源发展的情况和分布，合理布局乳制品加工企业。鼓励开发水牛奶加工等具有地方特色的乳制品。

第十二条　大城市周边产业区，包括北京、天津、上海和重庆 4 个直辖市，奶牛养殖现代化水平高、牛群良种化程度高，奶牛单产水平高，人口集中，消费市场大，加工能力强，是都市型乳业产区。支持乳制品加工科技的研究与产业升级，鼓励新型乳制品的开发，主要发展巴氏杀菌乳、酸乳等低温产品，适当发展干酪、奶油、功能性乳制品。该区域要率先实现乳业现代化，保障城市市场供给，促进城乡经济和谐发展。原则上不再布局新的加工项目。

第三章　行业准入

第十三条　规范乳制品行业投资行为，防止盲目投资和重复建设。新建和改(扩)建项目要符合准入条件要求。

第十四条　项目建设实行核准制，按照《政府核准的投资项目目录》执行。

第十五条　进入乳制品工业的出资人必须具有稳定可控的奶源基地，经济实力和抗风险能力强，管理经验丰富，信誉好，社会责任感强。应当符合以下条件：现有净资产不得低于拟建乳制品项目所需资本金的2倍，总资产不得低于拟建项目所需总投资的3倍，资产负债率不得高于70%，连续3年盈利；省级或省级以上金融机构评定的贷款信用等级须达到AA级以上；具有良好的社会形象，遵纪守法。

第十六条　乳制品工业发展要实现规模经济，突出起始规模。鼓励企业通过资产重组、兼并等方式，合理扩大生产规模。第八、九、十、十二条列举省、自治区、直辖市新建和改（扩）建乳粉项目日处理生鲜乳能力（两班）须达到 300 吨及以上；新建液态乳项目日处理生鲜乳能力（两班）须达到500吨及以上，改（扩）建液态乳项目日处理生鲜乳能力（两班）须达到 300 吨及以上。第十一条列举省、自治区新建和改（扩）建乳粉项目日处理生鲜乳能力（两班）须达到 100 吨及以上；新建液态乳项目日处理生鲜乳能力（两班）须达到 200 吨及以上，改（扩）建液态乳项目日处理生鲜乳能力（两班）须达到 100 吨及以上。牦牛乳、水牛乳、山羊乳等地方特色乳制品建设项目不受上述准入规模限制。

第十七条　新建乳制品加工项目已有稳定可控的奶源基地产生鲜乳数量不低于加工能力的40%，改（扩）建项目不低于原有加工能力的75%。液态乳生产企业所用生鲜乳 100%使用稳定可控奶源基地产的生鲜乳，配方粉生产企业所用原料 50%以上为稳定可控奶源基地产的生鲜乳。

第十八条　新建乳制品加工项目须严格执行国家及行业相关标准，并与周围已有乳制品加工企业距离北方地区（第八、九、十、十二条列举省、自治区、直辖市）在100公里以上，南方地区（第十一条列举省、自治区）在60 公里以上。牦牛乳、水牛乳、山羊乳等地方特色乳制品建设项目不受上述距离的限制。

第十九条　增强全行业节约意识，鼓励企业采用先进节能、节水技术，大力开发和推广应用节水新技术、新工艺、新设备，改造、淘汰能耗高的技术与装备，提高资源综合利用效率。企业能源消耗及水消耗应低于以下指标：

产品类别	标煤（吨/吨）	电（度/吨）	水（吨/吨）
巴氏杀菌乳	0.10	60	5.5
灭菌乳	0.10	110	5.5
酸牛乳	0.20	90	10.0
乳粉	1.50	450	35.0
脱脂乳粉	1.80	800	70.0
炼乳	0.60	200	10.0

第二十条　新建或改（扩）建乳制品加工项目（企业）要整体布局合理，各功能区域划分明确。项目建设须执行《乳制品厂设计规范》（QB6006）、《乳制品企业良好生产规范》（GB12693）、《食品企业通用卫生规范》（GB14881）、《乳品设备安全卫生》（GB12073）、《生活饮用水卫生标准》（GB5749）及国家卫生、质检等部门的相关规定。乳制品加工企业生产须具有与所生产产品相适应的技术文件和工艺文件；执行质量保证体系工艺文件规定；所采用工艺先进、适用，能够保证生产的产品符合国家标准。企业在生产过程中添加配料、添加剂、营养强化剂等应符合国家法律法规及有关规定。

第二十一条　企业必须具备国家安全生产法律、法规和部门规章及标准规定的安全生产条件，并建立、健全安全生产责任制。项目安全设施、环保设施必须与主体工程同时设计、同时施工、同时投入生产和使用。企业必须配备劳动保护和工业卫生设施。

第二十二条　新建加工项目（企业）选址须在交通方便、有充足水源的地区；环境功能符合食品加工环境要求，周围3公里范围内没有粉尘、有害气体、放射性物质和其他扩散型污染源，没有昆虫大量孳生的潜在场所等污染源；合理设置防护距离，有效防止废水、废气排放对周边环境保护目标的不良影响。

第二十三条　新建或改（扩）建乳制品加工项目（企业）必须符合上述准入条件，项目核准按照国务院关于固定资产投资的有关规定执行。核准生效前，城乡规划部门不办理规划许可手续；国土资源部门不办理用地批准手续；金融机构不提供任何形式的新增授信支持；电力部门不予以供电。

第二十四条　经核准的新建或改（扩）建加工项目（企业）投产前，须经省级及以上相关部门进行投产检查验收。检查验收合格后，相关部门核发生产许可证等资质证明，企业方可投入产品生产和销售。

新建或改（扩）建加工项目（企业）投产前经检查未达到准入条件要求的，工业主管部门责令建设单位限期完善有关建设内容。不符合环保要求的，环保主管部门责令限期整改；对土地取得不合法、用地批准手续不完备的，不得办理土地登记、发放土地使用权证书，并依法予以查处。对未按照规定的条件和土地使用合同约定使用土地的，要按照土地管理法等法律法规的规定予以处罚。

第二十五条　已建加工项目（企业）应达到准入条件中关于工艺与装备、产品质量、能耗及水耗、环境卫生与保护、安全和社会责任的要求。未达到上述要求的要限期整改，整改限期截至2010年底前。已建项目（企业）整改后由各省、市、自治区工业主管部门确认并将企业名单上报工业和信息化部。逾期仍未达到准入条件规定的，金融机构停止提供信贷支持，电力部门依法停止供电，质检部门依法注销生产许可证，环保部门依法吊销排污许可证。被依法责令关闭的企业要限期到工商部门办理变更或注销登记。

第四章　奶源供应

第二十六条　乳制品加工企业收购的生鲜乳必须是由取得了所在地县级人民政府畜牧兽医主管部门颁发的生鲜乳收购许可证的单位提供，并与生鲜乳销售方签订书面购销合同。不得向未取得生鲜乳收购许可证的单位和个人购进生鲜乳。

第二十七条　乳制品加工企业收购的生鲜乳必须由取得所在地县级人民政府畜牧兽医主管部门核发的生鲜乳准运证明的车辆运输，并随车携带生鲜乳交接单。交接单应当载明生鲜乳收购站的名称、生鲜乳数量、交接时间，并由生鲜乳收购站经手人、押运员、司机、收奶员签字。生鲜乳交接单一式两份，分别由生鲜乳收购站和乳制品加工企业保存，保存时间2年。

第二十八条　乳制品加工企业收购的生鲜乳应当符合乳品质量安全国家标准。不得购进兽药等化学物质残留超标，或者含有重金属等有毒有害物质、致病性的寄生虫和微生物、生物毒素以及其他不符合乳品质量安全国家标准的生鲜乳。

第二十九条　乳制品生产企业应当建立生鲜乳进货查验制度，逐批检测收购的生鲜乳，如实记录质量检测情况、供货者的名称以及联系方式、进货日期等内容，并查验运输车辆生鲜乳交接单。查验记录单应当保存2年。

第三十条　鼓励乳制品加工企业通过订单收购、建立风险基金、返还利润、参股入股等多种形式，与奶农结成稳定的产销关系和紧密的利益联结机制。逐步建立生鲜乳质量第三方检测制度与体系。

第三十一条　支持乳制品加工企业加强自有奶源基地建设，鼓励自建、参股建设规模化奶牛场、奶牛养殖小区。鼓励乳制品加工企业按照区划布局，自行建设生鲜乳收购站或者收购原有生鲜乳收购站。鼓励乳制品加工企业和其他相关生产经营者为奶畜养殖者提供所需的服务。

第五章　技术与装备

第三十二条　坚持引进和自主研发相结合的原则，鼓励创新，开发具有自主知识产权的先进适用技术和装备。加强国家及企业乳品技术与工程研究中心、实验室等平台建设；支持开展乳制品检测方法研究，提升加工企业质量管理水平；继续开展乳制品关键共性技术研究、集成与示范；促进乳品装备自主化，提高乳制品制造技术与装备制造水平。

第三十三条　加大乳制品产业科技创新投入，积极推进建立企业为主体，科研院所为支撑，市场为导向，产品为核心，产学研结合的乳业技术创新体系，国家工业主管部门组织相关部门，科研院所和企业，依托重大工程和国家科技计划，开展乳业领域的重大科技攻关活动，鼓励乳业科技创新型人才培养。

第三十四条　乳品加工关键技术重点发展膜分离技术、生物技术（包括基因工程、细胞工程、酶工程、发酵工程和生化工程等）、冷杀菌技术、检测技术、流变学分析技术和冷冻干燥技术、干酪加工技术及乳清综合利用技术、直投发酵剂生产技术。支持乳制品质量安全控制关键技术、乳制品中非乳成分和非法添加物检测技术的研究与开发。

第三十五条　提高乳制品加工装备自主化率。重点研发日处理生鲜乳500吨以上的大型乳粉生产设备，低温喷雾干燥设备，日处理100吨生鲜乳的干酪生产设备、膜过滤设备、节约型多效设备、奶油分离设备、灭菌及无菌灌装成套设备，乳清处理设备及榨乳成套设备等。研发原料和成品快速检测、生产过程在线检测和无损伤检测的方法和设备。

第三十六条　乳制品包装材料重点开发纸塑复合无菌包装、多层共挤高阻隔性复合材料、可持续性绿色包装材料。

第三十七条　加快现有加工能力结构调整步伐，淘汰乳粉生产中单效浓缩设备，2010 年底前淘汰加工规模为日处理生鲜乳能力（两班）20 吨以下的浓缩、喷雾干燥等设施，淘汰生产能力在200千克/小时以下的手动及半自动液体乳灌装设备。

第六章　投资融资

第三十八条　乳业发展重点省、自治区应根据国家乳制品工业产业政策，结合地方实际情况制定中长期乳制品发展规划，其内容必须符合国家乳制品工业产业政策的总体要求。大型乳制品企业集团应根据国家乳制品工业产业政策研究制定企业中长期发展方案。

第三十九条　鼓励国内企业通过资产重组、兼并收购、强强联合等方式，加快集团化、集约化进程，整合加工资源，提升产业水平。外商投资企业发生上述行为应按照国家有关外商投资的法律法规及规章的规定办理。

第四十条　加大投资监管，对违规核准、擅自更改核准内容等行为，撤销项目法人投资项目的资格，并追究相关当事人的行政责任。

第四十一条　支持具备条件的乳制品企业通过公开发行股票和发行企业债券等方式筹集资金。国内金融机构特别是政策性银行应优先给予国内大型骨干乳制品企业及特色乳制品建设项目融资支持。对违规项目，金融机构不得提供任何形式信贷支持。

第七章　产品结构

第四十二条　适应市场需求，丰富产品品种，形成多样化的乳制品产品结构。

第四十三条　逐步改善以液体乳为主的产品类型单一局面，鼓励发展适合不同消费者需要的功能性产品、干酪等，鼓励开发特色乳制品。

第四十四条　积极发展高品质、市场需求量大的乳制品，以满足高端市场的需求。如脱脂乳粉、乳清粉的生产。延长乳品加工产业链，根据市场需求开发乳蛋白、乳糖等产品。

第八章　质量安全

第四十五条　企业必须具备先进的生产设备及完善的检测手段和检测设备。在原料接受环节配备离心式净乳机、恒温储乳罐；原料处理环节配备乳脂分离与标准化、均质与杀菌等产品标准化系统；须按产品质量要求，配备杀菌、灭菌及灌装设备，须配备原位清洗系统（CIP）和酸碱中和储罐，必须有废水废液处理系统。根据原料、半成品、成品检验需要配备检验仪器和设备。

第四十六条　建立严格的质量安全控制体系，全面加强乳制品质量安全监管。健全质量监管制度，建立和完善乳制品检验制度、产品质量可追溯及责任追究制度、问题产品召回制度和质量管理制度，强化进出口乳制品的检验检疫。对乳制品生产实施从原料进厂到成品出厂的全过程的标准化管理和质量控制，强化质量安全生产许可认证，确保乳制品安全。

第四十七条　完善乳制品标准体系。企业应严格执行国家标准（或行业标准），若无国家标准（或行业标准），参照国家推荐的国际食品法典委员会（CAC）、国际乳业联合会（IDF）等国际组织的标准执行。鼓励企业、地方制定更为严格的企业和地方标准。

第四十八条　乳制品生产企业应当符合良好生产规范要求。国家鼓励乳制品生产企业实施危害分析与关键控制点(HACCP)及良好农业规范（GAP）等国际先进的管理体系，提高乳制品安全管理水平。生产婴幼儿奶粉的企业应当实施危害分析与关键控制点体系。

第四十九条　出厂的乳制品应当符合乳品质量安全国家标准。乳制品生产企业应当对出厂的乳制品逐批检验，并保存检验报告，留取样品。对检验合格的乳制品应当标识检验合格证号；检验不合格的不得出厂。检验报告应当保存2年。

第五十条　生产乳制品使用的生鲜乳、辅料、添加剂等，应当符合法律、行政法规的规定和乳品质量安全国家标准。

生产的乳制品应当经过巴氏杀菌、高温杀菌、超高温杀菌或者其他有效方式杀菌。

生产发酵乳制品的菌种应当纯良、无害，定期鉴定，防止杂菌污染。

生产婴幼儿奶粉应当保证婴幼儿生长发育所需的营养成分，不得添加任何可能危害婴幼儿身体健康和生长发育的物质。

第五十一条　产品包装标识应符合《预包装食品标签通则》（GB7718）、《预包装特殊膳食用食品标签通则》（GB13432）规定，符合国家质检及卫生部门有关食品包装标识的规定，严格执行液态奶标识制度。标示营养标签的产品还应符合《食品营养标签管理规范》。

第九章　组织结构

第五十二条　建立现代企业制度，完善行业组织形式，形成有利于行业协调发展的企业组织结构。坚持股权多元化，防止恶意并购，避免行业垄断。

第五十三条　加快整合现有乳制品生产企业，培育具有先进水平、跨地区、具有国际竞争力的大型乳制品企业集团，淘汰落后生产能力，改变乳制品企业布局不合理，重复建设严重，加工能力过剩的局面，促进中小型乳制品企业向“专、精、特、新”方向发展。

第十章　资源节约与环境保护

第五十四条　贯彻执行国务院《关于加快发展循环经济的若干意见》，按照减量化、再利用、资源化的原则，提高土地资源、饲料资源、水资源及能源等使用效率，转变增长方式，建设资源节约型乳制品工业。

第五十五条　严格执行国家有关保护耕地和节约集约用地的各项政策规定及国土资源部《工业项目建设用地指标》等相关用地标准规定，科学规划布局，从严控制用地规模。

第五十六条　降低包装材料消耗，节约社会资源。提倡乳制品包装多样化，鼓励企业使用能够回收的、循环使用的、环保的、节能的包装材料，减少包材的使用量，合理包装。

第五十七条　严格执行国家和地方相关环境保护、污染治理及清洁生产等法律法规和标准，加大环境保护执法力度，坚持预防为主、综合治理的方针，增强乳制品企业的环境保护意识和社会责任感，健全环境监管机制，完善污染预防和治理措施，努力降低企业产污强度，严格控制污染物排放，建设环境友好型乳制品工业。

第五十八条　新建、扩建乳制品项目企业和奶源基地建设应严格执行环境影响评价制度。奶源基地建设必须配套建设养殖场废弃物的无害化处理和资源的综合利用设施，提高环境保护水平。

第十一章　消费与流通

第五十九条　按照全面建设小康社会和构建社会主义和谐社会的要求，积极倡导乳制品消费，在全社会建立乳制品消费意识。鼓励企业加强新产品开发，满足不同群体消费需求，扩大消费群体，开拓中小城市和农村消费市场，提高乳制品的消费量。完善乳制品物流配送体系。鼓励绿色包装，加强包装废物的回收利用。

第六十条　通过多形式、多途径在全社会广泛宣传和大力普及乳制品营养知识，提高公益性宣传力度，培养国民乳制品消费习惯，引导城乡居民扩大消费。

第六十一条　加大国家学生饮用奶计划推广力度，完善学生饮用奶定点生产企业扶持政策，研究对贫困家庭学生进行学生奶实物补贴等措施，扩大学生饮用奶覆盖范围。

第六十二条　乳制品加工企业要加强市场销售跟踪服务，建立和完善重大事项应急处置制度和机制。发现其生产的乳制品不符合乳制品质量安全标准、存在危害人体健康和生命安全危险或者可能危害婴幼儿身体健康或者生长发育的，应立即停止生产，报告有关主管部门，告知经销商、消费者，召回已经出厂、上市销售的乳制品，并记录召回情况。乳制品加工企业对召回的乳制品应当采取销毁、无害化处理等措施，防止其再次流入市场。

第六十三条　加强宏观调控，规范企业市场行为，维护国内公平市场秩序。加强基础信息的统计，建立乳制品工业预警机制，规范乳制品销售价格行为，加强乳制品进出口调控，完善乳粉收储制度，保护奶农利益。制止不正当市场竞争，避免行业大起大落，维护市场秩序。

第十二章　监督管理

第六十四条　各级地方工业主管部门会同相关部门负责对本地乳制品生产企业执行本产业政策的情况进行监督检查。各省、直辖市、自治区工业主管部门负责依法淘汰落后乳制品加工生产能力，对属地符合准入条件的乳制品生产企业实行社会公告，接受社会舆论监督。

第六十五条　充分发挥行业协会协调服务、维权自律的职责，当好企业与政府的桥梁，加强行业发展问题的分析与研究，反映行业发展情况，提出行业发展建议。乳制品工业行业协会要依据国家有关政策规定，加强行业自律，协助政府有关部门做好乳制品加工行业准入监督和管理。

第十三章　其　他

第六十六条　加强人才队伍建设，支持企业培养和吸引科技创新人才以及高级管理人才，全面提高企业职工素质。

第六十七条　本政策涉及的相关法律、法规、政策、标准等如有修订，按修订后的规定执行。

第六十八条　复原乳生产严格按照国家有关规定执行。

第六十九条　本政策自发布之日起实施，原《乳制品加工行业准入条件》（中华人民共和国国家发展和改革委员会公告 2008 年第 26 号）、《乳制品工业产业政策》（中华人民共和国国家发展和改革委员会公告 2008 年第 35 号）同时废止。

第七十条　本产业政策由工业和信息化部、国家发展和改革委员会负责解释。

2009年奶牛良种补贴项目实施总结

刘海良[①] 邓荣臻[②] 张桂香[①]
①全国畜牧总站 ②农业部奶业管理办公室

奶牛良种补贴项目是畜牧良种补贴项目的重要组成部分，是较早实施的中央支农惠农政策之一。2009年奶牛良种补贴项目补贴规模进一步扩大，资金投入进一步增加，项目实施总体进展顺利。现将2009年项目实施情况总结如下。

（一）项目实施基本情况

根据农业部办公厅和财政部办公厅联合下发的农办财[2009]105号文件，2009年奶牛良种补贴项目共补贴能繁母牛902万头，补贴资金2.6亿元，其中796万头荷斯坦牛（含娟姗牛）全部实施良种冻精补贴；在广西、云南等9省、自治区补贴43万头奶水牛；在内蒙古、吉林8省（区、兵团）补贴27万头乳肉兼用西门塔尔牛；另外还对新疆及新疆兵团的26万头褐牛、青海的5万头牦牛、内蒙古的5万头三河牛实施了良种冻精补贴。

截至2010年5月底，各地已全部完成冷冻精液招标采购工作，冷冻精液已陆续发放到位。进展较快的地区，妊娠母牛已陆续开始产犊。根据督导和自查的统计情况，荷斯坦牛（含娟姗牛）补贴冻精到位数量1060万剂，占总任务量的66.6%；已配种母牛384万头，占总任务量的48.2%；妊娠母牛339万头，占已配种母牛总数的88.3%。其他乳用品种牛冻精到位数量164万剂，占总任务量的77.3%；已配种母牛63.6万头，占总任务量的60%；妊娠母牛51.8万头，占已配种母牛总数的81.4%。

（二）五年来项目实施主要成效

五年来，中央财政共安排奶牛良种补贴资金7.15亿元，累计改良奶牛2482.5万头（次），270多万户奶农直接受益。奶牛良种补贴项目实施已取得显著成效，主要体现在以下几方面：

1.良种补贴奶牛改良效果显著 最早实施良种补贴试点改良出生的犊牛，2009年已进入泌乳期。经对首批4个试点省、自治区38家奶牛良种补贴养殖场的1278头奶牛（639对母女）进行数据分析，良种补贴后代女儿牛305天产奶成年当量可比母亲牛提高568千克，乳脂率提高0.14%、乳蛋白率提高0.05%。另据对4个试点省、自治区部分牛群的跟踪调查，良种补贴后代牛体型匀称紧凑，外貌清秀，乳腺更加发达，初生重平均增加约3千克，犊牛成活率高，遗传疾病发生率低，良种补贴冻精使用和改良效果十分明显。

2.奶牛养殖者真正得到了实惠 各地在项目实施过程中实行精液费与配种服务费分离制度，初步统计每头牛配种服务收费平均降低15元左右。如果包括国家补贴冻精费用在内，以及配种服务收费节省的费用，按生鲜乳价格2.4元/千克计算，在投入相同的情况下，奶农全年每头牛可实现良种补贴增值效益1008元。据初步测算，奶牛良种补贴项目实施以来，共带动农民增收约85亿元。

3.良种化进程显著加快 奶牛良种补贴项目的持续实施，加速推进了我国奶牛良种化进程。目前全国奶牛良种覆盖率由项目实施前的不足30%提高到目前的50%以上，其中荷斯坦牛达到了100%。在项目实施过程中，通过开展佩带耳标、建档立卡等工作，建立健全了奶牛系谱和档案资料，也为科学选种选配奠定了良好基础。

4.奶牛良种繁育体系进一步健全 良种补贴项目的实施显著促进了奶牛良种繁育体系建设。随着项目持续实施，奶牛生产水平逐步提高，推进了奶牛性能测定和良种登记工作的开展。奶牛配种改良站（点）基础设施进一步健全，促进了基层技术推广队伍的稳定和推广体系的完善。受奶牛良种补贴政策带动，全国各种公牛站在基础设施建设、技术力量配备、自主培育种公牛能力、种公牛质量等方面明显提升。2009年农业部公布荷斯坦优秀种公牛868头，是2006年公布数量的2.2倍。其中自2008年起，各种公牛站共提供了后裔测定成绩为正值且育种值准确度大于60%的荷斯坦种公牛332头，标志着荷斯坦牛的改良工作跨入了一个新的阶段。

实践证明，奶牛良种补贴项目自试点以来充分发挥了政策效应，大幅度提高了后备奶牛的群体质量，加快了奶牛良种化进程，减少了奶牛疫病传播，深受广大奶农的欢迎，为奶业健康、高效、可持续发展奠定了良种基础，增强了发展后劲。

2009年生鲜乳收购站机械设备购置补贴实施情况

农业部奶业管理办公室　农业部农机化管理司

为加强生鲜乳收购站标准化建设和管理，加快推进机械化挤奶，保障生鲜乳质量安全，农业部和财政部印发了《关于印发2009年农业机械购置补贴实施方案的通知》（农财发[2008]190号），对生鲜乳收购站机械设备购置进行补贴。

（一）项目基本情况

该项目对奶农专业生产合作社和奶畜养殖场新建或改造生鲜乳收购站，或乳品企业参股经营的收购站进行补贴，总体上执行30%的补贴比例，补贴限额最高为12万元，一个生鲜乳收购站年度内享受补贴的购机数量不超过1套（即挤奶机、储奶罐和运输奶罐各1个）。补贴项目区包括北京、天津、河北、山西、内蒙古、辽宁、吉林、黑龙江、上海、江苏、浙江、安徽、福建、江西、山东、河南、湖北、湖南、广东、广西、海南、重庆、四川、贵州、云南、西藏、陕西、甘肃、青海、宁夏、新疆、大连市、青岛市、宁波市34个省（直辖市、自治区、计划单列市）以及新疆生产建设兵团、黑龙江农垦总局和广东农垦总局，共37个项目区。

截至2009年底，全国生鲜乳收购站机械设备购置补贴共使用中央财政补贴资金2.19亿元，补贴生鲜乳收购站机械设备购置9942台（套）。其中，挤奶机7508台，补贴资金1.58亿元；储奶罐及运输奶罐1934个，补贴资金0.61亿元。每台挤奶机平均补贴2.11万元，每个储奶罐（运输奶罐）平均补贴3.15万元。内蒙古、黑龙江、河北、山东、新疆等13个奶业主产省份，共使用中央财政补贴资金1.70亿元，完成补贴7797台（套），其中，挤奶机6231台，储奶罐及运输奶罐1566个。

（二）取得的成效

生鲜乳收购站机械设备购置补贴政策实施后，调动了奶农购买和使用挤奶机械的积极性，促进了生鲜乳收购站清理整顿和标准化改造，提升了挤奶设备的现代化装备水平。截至2009年底，全国共有生鲜乳收购站13623个，比清理整顿前减少6770个，减幅为33%；机械化挤奶收购站11581个，机械化挤奶率达到85%，比清理整顿前提高34%。

（三）主要做法和经验

各项目区按照农财两部的要求，积极开展各项相关工作，从组织管理、督导检查、宣传培训等各方面加大工作力度，使2009年生鲜乳收购站机械设备购置补贴工作得以顺利实施。

1. 加强组织管理　一是畜牧、农机和财政部门积极协调配合，内蒙古、山东、陕西、吉林等地按照分级管理、分工负责的原则，成立了专项工作小组，共同开展生鲜乳收购站机械设备购置补贴工作。二是各地按照农财两部《关于印发2009年农业机械购置补贴实施方案的通知》（农财发[2008]190号）和农业部办公厅《关于开展2009年生鲜乳收购站机械设备购置补贴工作的通知》（农办牧[2009]4号）要求，结合实际情况，制定了具体实施方案，进一步明确生鲜乳收购站机械设备购置补贴工作责任，层层分解任务，确保惠农强农政策落到实处。

2. 加强督导检查　一是做好信息公开，将补贴政策实施方案、补贴机具选型办法、补贴目录、补贴申请程序和工作要求等全部向社会公开，让广大奶农、企业了解政策，接受社会监督。二是做好受益对象公示，按照优选的条件、报名时序或奶农认可的方式初选受益者名单，在乡镇村组张榜公示，接受农民群众监督。三是加强行政监督，各级行政主管部门认真履行职责，并请纪检监察部门全程参与补贴工作，制定补贴政策监督检查方案，派出督导组实地督导检查。

3. 加强宣传培训　一是充分利用电视、广播、报纸、宣传单、网络等多种形式，深入宣传生鲜乳收购站购机补贴政策，把购机补贴政策传递给广大奶农和基层干部，做到应补尽补。河北、陕西、江苏等地深入开展奶站购机补贴政策宣传月活动，努力营造良好的政策落实氛围。二是积极开展技术咨询服务，做好购机手续、补贴目录等相关信息的咨询解答工作，让奶农充分了解补贴程序、机具种类及售后服务事项等信息，做到方便购机，明白购机。三是以《奶牛场卫生规范（GB16568）》、《生鲜乳收购站标准化管理技术规范》为重点，进一步强化机械挤奶技术培训，消除手工挤奶，促进生鲜乳收购站挤奶设备改造升级。

2009年奶牛标准化规模养殖小区（场）建设项目

农业部奶业管理办公室

为提高奶牛标准化规模饲养水平，转变奶牛饲养方式，促进奶业持续健康发展，根据《国务院关于促进奶业持续健康发展的意见》（国发[2007]31 号）有关要求开展奶牛标准化规模养殖补贴项目。

从2008年开始，国家发改委会同农业部计划5年内（2008—2013年）安排中央投资25亿元，用于支持奶牛标准化规模养殖小区（场）改扩建。

2008—2010年三年来，国家共安排中央投资12亿元，用于支持1944个奶牛标准化规模养殖小区（场）改扩建，项目主要建设内容为养殖小区（场）的水、电、路、粪污处理、防疫、挤奶等配套设施及饲草料基地建设。2008年，安排投资2亿元，对北京、天津、河北、内蒙古、黑龙江、上海、云南和新疆8个省（自治区、直辖市）的305个奶牛养殖场（小区）进行标准化改扩建；2009年，安排资金5亿元，对山东、宁夏等26个省（自治区、直辖市）及新疆生产建设兵团的807个奶牛养殖场（小区）进行标准化改扩建。

2009年奶牛疫病防控财政支持政策及落实情况

农业部兽医局

党中央、国务院一直高度重视奶牛疫病防控工作，农业部和各地畜牧兽医部门认真贯彻中央统一部署，坚持预防为主，坚持“加强领导、密切配合，依靠科学、依法防控，群防群控、果断处置”的24字防控工作方针，切实落实各项动物疫病防控措施，全国动物疫病防控工作取得重要成效。

（一）奶牛疫病防控政策基本情况

加强奶牛疫病防控工作，进一步增强奶牛疫病预防和控制能力，事关我国奶牛养殖业持续稳定健康发展，事关畜产品安全和公共卫生安全，意义重大。近年来，我部积极协调有关部门，不断加大对疫病防控工作投入，逐步建立与兽医工作发展相适应的动物疫病防控财政支持政策。

国家对动物疫病实行预防为主的方针。我国对重大动物疫病采取免疫与扑杀相结合的综合防控措施。按照国家动物疫病防控政策规定，对奶牛口蹄疫实行强制免疫政策，疫苗所需经费由中央和地方财政按比例共同分担。其中，中央财政对东、中、西部地区的经费承担比例为30%、60%和80%。对奶牛口蹄疫病畜及同群畜和布鲁氏菌病、结核病等2种重点人畜共患病阳性畜实行强制扑杀的政策，强制扑杀补助经费由国家和养殖户按80%和20%的比例分担。其中国家承担部分，由中央和地方财政按比例承担，中央财政对东、中、西部地区的承担比例为40%、50%和60%。具体扑杀补助标准为奶牛3000元/头。

（二）奶牛疫病防控财政支持政策落实情况及成效

近年来，国家逐步加大对重大动物疫病防治经费的投入力度，重大动物疫病疫苗补贴和扑杀补助经费及时拨付到位，保证各项防控措施顺利开展。2009年，中央财政落实强制免疫经费23.78亿元，为重大动物疫病免疫政策的落实提供了有力保证。其中奶牛口蹄疫免疫密度达到100%，免疫群体合格率达100%。中央财政落实奶牛口蹄疫扑杀补助经费1662万元，布病、结核病阳性奶牛扑杀补助13532万元，共计15194万元，为及时预防和控制重大动物疫情发生提供了有力保障，充分调动了农牧民防疫积极性、最大限度地减少了动物疫情带来的损失。

下一步，我国将进一步加大动物疫病防控投入力度，坚持和完善防控财政支持政策，提高疫苗补助、扑杀补贴标准，建立健全防控财政投入长效机制，充分发挥政策效应，提高重大动物疫病防控能力和水平，保障畜牧业健康发展和公共卫生安全，为农业增产、农民增收、农村社会的和谐稳定作出贡献。

2009年生鲜乳专项整治行动实施方案[①]

为加强生鲜乳质量安全监管，提高生鲜乳质量安全水平，促进奶业整顿、恢复和振兴，根据《2009年农产品质量安全整治暨农产品质量安全执法年活动实施方案》，结合全国打击食用农产品中违法添加非食用物质和滥用食品添加剂专项整治，制定本方案。

一、指导思想

以科学发展观为指导，深入贯彻落实《国务院关于促进奶业持续健康发展的意见》（国发[2007]31号）、《乳品质量安全监督管理条例》和《奶业整顿和振兴规划纲要》，围绕生鲜乳生产、收购和运输三个关键环节，强化制度建设，加强监督监测，规范生产经营，开展技术服务，推进基层畜牧部门加强生鲜乳质量安全日常执法监管，全面提高生鲜乳质量安全水平。

二、工作目标

依法规范生鲜乳生产、收购和运输行为，力争实现生鲜乳生产标准化，收购站管理规范化，生鲜乳持证收购和运输，严厉打击生鲜乳生产、收购和运输环节违法添加三聚氰胺等有毒有害物质的行为，生鲜乳收购站检查率达到100%，生鲜乳质量安全违规单位查处率达到100%，生鲜乳中三聚氰胺检测合格率100%。

三、整治重点

（一）重点产品　生鲜乳。

（二）重点单位　以生鲜乳收购站为重点，兼顾生鲜乳运输车辆和奶畜养殖场（小区）。

（三）重点区域　以北京、天津、上海、内蒙古、黑龙江、辽宁、河北、山西、山东、河南、新疆、陕西、宁夏等13个主产省、自治区、直辖市为重点，兼顾其他省、自治区、直辖市。

四、整治任务

（一）生鲜乳收购站清理整顿与规范

在保障合格生鲜乳收购的基础上，继续开展生鲜乳收购站清理整顿，提高一批，建设一批，淘汰一批。加强对乳制品生产企业、奶畜养殖场和奶农专业生产合作社开办生鲜乳收购站的扶持和指导。实施生鲜乳收购站机械挤奶设备购置补贴，推进生鲜乳收购站的规范化建设。制定实施《生鲜乳收购站标准化管理技术规范》，严格生鲜乳收购站市场准入，开展生鲜乳收购站规范化建设与生鲜乳收购许可证核发工作的检查督导，推进生鲜乳收购站的标准化管理。

（二）生鲜乳质量安全监测与监督执法

组织实施生鲜乳质量安全监测“三项行动”：以三聚氰胺为重点，在全国开展生鲜乳收购和运输环节开展监督监测；以三聚氰胺、硫氰酸钠、动物水解蛋白为重点，在奶牛主产省开展生鲜乳质量安全飞行抽检；以“解抗剂”、非蛋白氮、双氧水、外源蛋白等非法添加物为重点，在重点地区开展生鲜乳质量安全隐患排查监测。依法严厉查处在生鲜乳中添加非食用化学物质的生鲜乳收购站。实施《农业部生鲜乳质量安全监督监测工作规范》，加强监测与执法的衔接。畅通生鲜乳质量安全举报投诉电话，加强社会监督。

（三）生鲜乳安全生产技术培训与推广

按照《奶业整顿与振兴规划纲要》要求，开展《奶牛场卫生规范》、《生鲜乳生产技术规程（试行）》培训推广工作。结合实施奶牛良种补贴项目和奶牛生产性能测定（DHI）等技术工作，加强奶牛养殖技术指导与服务，普及科学饲养知识和安全生产技术，推动奶牛养殖规模化、标准化发展，提高奶牛单产，改善生鲜乳质量。

五、工作要求

（一）加强领导，明确责任

农业部负责行动的组织、协调、指导和管理。各省、自治区、直辖市畜牧部门在当地政府的领导下，按照属地化管理原则，明确整治目标，细化任务分工，责任落实到具体单位、具体环节和具体人员。

（二）整合资源，形成合力

充分调动畜牧行政、执法、检测、科研、教育、技术推广等各方面的积极性，整合现有资源，加快构建检验检测、行政执法和技术服务体系。加强与有关部门的协调与配合，形成各尽其职、密切协作、相互支持、共同推进的工作局面。

（三）强化监督，狠抓落实

各级畜牧部门要根据各项工作的具体要求，制定切实可行的工作方案，加大执行力度，加快时间进度，定期对实施情况进行督导检查和绩效评估，及时解决工作中存在的困难和问题，保证各项任务按时按质完成。要按照《2009年农产品质量安全整治暨农产品质量安全执法年活动实施方案》的要求向我部畜牧业司报告工作进展情况。

（四）总结经验，加强宣传

各地应及时总结经验，推广实施效果好的机制、模式、经验和做法。采取多种形式宣传行动的典型经验和成效，充分发挥新闻媒体的监督作用，正面引导舆论，为奶业整顿、恢复和振兴创造良好的社会氛围。

六、工作安排　（略）

[①] 本方案为农业部农产品质量安全监管局2009年2月6日公布的《2009年农产品质量安全整治暨农产品质量安全执法年活动实施方案》（农质发[2009]2号通知）之一。

关于调整《实行进口报告管理的大宗农产品目录》的公告[①]

根据《大宗农产品进口报告和信息发布管理办法》（商务部 令2008年第10号），商务部对《实行进口报告管理的大宗农产品目录》（以下简称《目录》）进行调整。现将有关事项公告如下：

一、将鲜奶、奶粉和乳清（具体目录见附件 1）纳入《目录》，自2009年8月1日起对上述品种实行进口报告管理。

二、商务部委托中国食品土畜进出口商会负责鲜奶、奶粉和乳清进口报告信息的收集、整理、汇总、分析和核对等日常工作。

三、进口鲜奶、奶粉和乳清的对外贸易经营者，应向中国食品土畜进出口商会备案，并将备案登记表抄报注册地省级及计划单列市地方商务主管部门，在京的国有资产监督管理委员会监管企业直接抄报商务部（对外贸易司）。备案登记表见附件2。

四、进口鲜奶、奶粉和乳清的对外贸易经营者应按照《大宗农产品进口报告和信息发布管理办法》（商务部 令2008年第10号）履行有关进口信息报告义务。

五、商务部每半个月一次（遇节假日顺延），在商务部政府网站“大宗农产品进口信息发布专栏”发布有关进口信息。

特此公告

附件：1. 鲜奶、奶粉和乳清目录

序号	商品类别	海关商品编号	货品名称
1	鲜奶	0401100000	脂肪含量未超1%未浓缩的乳及奶油（脂肪含量按重量计，本编号货品不得加糖和其他甜物质）
		0401200000	脂肪含量在1%～6%未浓缩的乳及奶油（脂肪含量按重量计，本编号货品不得加糖和其他甜物质）
		0401300000	脂肪含量超过6%未浓缩的乳及奶油（脂肪含量按重量计，本编号货品不得加糖和其他甜物质）
2	奶粉	0402100000	脂肪含量≤1.5%固体乳及奶油（指粉状、粒状或其他固体状态，浓缩，加糖或其他甜物质）
		0402210000	脂肪含量>1.5%未加糖固体乳及奶油（指粉状、粒状或其他固体状态，浓缩，未加糖或其他甜物质）
		0402290000	脂肪含量>1.5%的加糖固体乳及奶油（指粉状、粒状或其他固体状态，浓缩，加糖或其他甜物质）
		1901100000	供婴幼儿食用的零售包装食品（可可含量<40%粉、淀粉或麦精制、或可可含量<5%乳制品）
3	乳清	0404100000	乳清及改性乳清，不论是否浓缩、加糖或其他物质

备注：海关商品编号1901100000项下仅供婴幼儿食用的零售包装奶粉列入进口报告管理。

对进口原产于新西兰的部分乳制品实施特殊保障措施

海关总署2009年第16号公告

【发布日期】2009-04-07 【生效日期】2009-04-11

根据《中华人民共和国政府和新西兰政府自由贸易协定》（以下简称《协定》），中国对原产于新西兰的 11个税号的农产品实施特殊保障措施。4月3日，海关总署在对外网站（www.customs.gov.cn）公布了实施特保措施管理的脂肪含量大于1%未浓缩的乳及奶油（税则号列04012000，04013000）进口数量接近今年触发水平数量的情况。至今年4月10日，上述农产品进口申报数量已达到1419吨，超过今年1365吨的特保措施触发标准。因此，自4月11日起，对《协定》项下进口的原产于新西兰的上述农产品按最惠国税率征收进口关税。对于在途农产品的税率适用和其他有关事宜，按照海关总署2008年第91号公告的规定执行。

海关总署公告〔2009〕40号

【发布日期】2009-7-14 【生效日期】2009-7-22

根据《中华人民共和国政府和新西兰政府自由贸易协定》（以下简称《协定》），中国对原产于新西兰的11个税号的农产品实施特殊保障措施。7月8日，海关总署在对外网站（www. customs. gov. cn）公布了实施特保措施管理的黄油和其他从乳中提取的脂和油（税则号列04051000，04059000）进口数量接近今年触发水平数量的情况。至今年7月21日，上述农产品进口申报数量已达到9918吨，超过今年9870吨的特保措施触发标准。因此，自7月22日起，对《协定》项下进口的原产于新西兰的上述农产品按最惠国税率征收进口关税。对于在途

[①]本公告为中华人民共和国商务部2009年7月10日发布的商务部公告2009年第50号。

农产品的税率适用和其他有关事宜，按照海关总署公告2008年第91号的规定执行。

海关总署公告〔2009〕52号

【发布日期】2009-8-13 【生效日期】2009-8-13

根据《中华人民共和国政府和新西兰政府自由贸易协定》（以下简称《协定》），中国对原产于新西兰的11个税号的农产品实施特殊保障措施。8月11日，海关总署在对外网站（www.customs.gov.cn）公布了实施特保措施管理的固状和浓缩非固状乳及奶油（税则号列04021000、04022100、04022900和04029100）进口数量接近今年触发标准的情况。至今年8月27日，上述农产品进口申报数量已达到100118吨，超过今年99750吨的特保措施触发标准。因此，自8月28日起，对《协定》项下进口的原产于新西兰的上述农产品按最惠国税率征收进口关税。对于在途农产品的税率适用和其他有关事宜，按照海关总署2008年第91号公告的规定执行。

关于进一步提高部分商品出口退税率的通知[①]

各省、自治区、直辖市、计划单列市财政厅（局）、国家税务局，新疆生产建设兵团财务局：

经国务院批准，提高部分商品的出口退税率。现就有关事宜通知如下：

一、电视用发送设备、缝纫机等商品的出口退税率提高到17%。

二、罐头、果汁、桑丝等农业深加工产品，电动齿轮泵、半挂车等机电产品，光学元件等仪器仪表，胰岛素制剂等药品，箱包，鞋帽，伞，毛发制品，玩具，家具等商品的出口退税率提高到15%。

三、部分塑料、陶瓷、玻璃制品，部分水产品，车削工具等商品的出口退税率提高到13%。

四、合金钢异性材等钢材、钢铁结构体等钢铁制品、剪刀等商品的出口退税率提高到9%。

五、玉米淀粉、酒精的出口退税率提高到5%。

具体商品清单见附件。

六、本通知自2009年6月1日起执行。具体执行时间，以“出口货物报关单（出口退税专用）”海关注明的出口日期为准。

附件：提高出口退税率的商品清单（乳品部分，其他略）

商品代码	商品名称	提高到(%)
04011000002	按17%征税的脂肪含量未超1%未浓缩的乳及奶油	15
04012000002	按17%征税的脂肪含量在1%～6%未浓缩的乳及奶油	15
04013000002	按17%征税的脂肪含量超过6%未浓缩的乳及奶油	15
0402100000-0402290000	脂肪含量≤1.5%固状乳及奶油等	15
04029100002	按17%征税的浓缩但未加糖的非固状乳及奶油	15
04029900002	按17%征税的浓缩并已加糖的非固状乳及奶油	15
0403100000-0406900000	酸乳等	15
1901100000	供婴幼儿食用的零售包装食品〔可可含量＜40%粉、淀粉或麦精制、或可可含量＜5%乳品制）	15

① 本通知为国家税务局2009年6月3日发布的财税[2009]88号文件。

法 规

生鲜乳收购站标准化管理技术规范①

为加强生鲜乳收购站标准化管理，根据《乳品质量安全监督管理条例》和《奶业整顿和振兴规划纲要》的要求，参照《良好农业规范第8部分：奶牛控制点与符合性规范》(GB/T 20014.8)制订本规范。本规范适用于奶牛生鲜乳收购站管理，其他奶畜生鲜乳收购站参照本规范实施。

本规范中的生鲜乳收购站是指符合《乳品质量安全监督管理条例》和《生鲜乳生产收购管理办法》条件要求并依法取得所在地县级人民政府畜牧兽医主管部门核发的生鲜乳收购许可证的生鲜乳收购站。

1 基础设施

1.1 生鲜乳收购站应建在地势平坦干燥、排水良好、水源充足、水质符合生活饮用水国家标准的地方。

1.2 建在养殖场（小区）的生鲜乳收购站应建在场区的上风处或中部侧面，距离牛舍50米以上，应有专用的运输通道，不能和污道交叉，避免运奶车直接进出生产区。

1.3 机械挤奶的生鲜乳收购站应有消毒区、待挤区、挤奶厅、贮奶间、化验室、设备间、更衣室、办公室等设施。其他生鲜乳收购站应有收奶厅、贮奶间、化验室、设备间、更衣室、办公室等设施。

1.4 消毒区的建设应保证每班奶牛进入待挤区前能够完成正常的消毒工作。

1.5 待挤区的面积应与挤奶位数相适应，通风、排水良好，有条件的可配备降温设施。

1.6 进出挤奶厅的通道应是直道。通道宽度应为95～105厘米。通道栏杆可以用胶管或抛光的钢管制作。

1.7 挤奶厅的下水道应保持通畅，并安装便于清洗的防返味装置。

1.8 贮奶间应通风、防尘，有条件的可安装监控摄像头，对贮奶罐的开启部位进行实时监控，并应保留视频记录。视频记录应至少保留6个月，以备检查。

1.9 设备间应留有足够的空间以供配电、真空泵、冷却设备以及其他配套设备的安装和操作。

1.10 生鲜乳收购站内的地面应采用防渗、防滑、耐压材料，设一个或多个排水口，防止积水。墙壁应有瓷砖墙裙。

1.11 生鲜乳收购站应有粪污无害化处理设施，应有排水良好的、便于运输车行驶的硬质地面与贮奶间相连接。

2 机械设备

2.1 生鲜乳收购站应配备与收奶量相适应的冷却、冷藏、低温运输以及发电机、热水器等配套设备。机械挤奶的生鲜乳收购站还应有机械挤奶设备。设备选型应达到国家标准及相关要求。

2.2 机械挤奶的生鲜乳收购站应根据覆盖的泌乳牛头数和单班挤奶时间确定机械挤奶设备的挤奶位数，因地制宜选择挤奶厅（台）的形式。

2.3 贮奶罐应采用光滑、非吸湿性、抗腐蚀、无毒的材料制成，保温层厚度不低于50毫米，密封良好，内设搅拌装置。

2.4 生鲜乳运输罐应保温隔热、防腐蚀、便于清洗。

2.5 机械挤奶的生鲜乳收购站用于收集生鲜乳的管道及相关部件均应选用符合国家相关标准的材料。

2.6 设备维护

2.6.1 每天检查 真空泵油量是否保持在要求的范围内；集乳器进气孔是否被堵塞；橡胶部件是否有磨损或漏气；检查套杯前与套杯后，真空表读数是否稳定；真空调节器是否有明显的放气声，以确认真空储气量是否充足；奶杯内衬/杯罩间是否有液体进入，以确认内衬是否有破裂，如有破损，应及时更换。

2.6.2 每周检查 脉动率与内衬收缩状况；奶泵止回阀的工作情况。

2.6.3 每月检查 真空泵皮带松紧度；脉动器是否需要更换；清洁真空调节器和传感器的工作状况；检查浮球阀密封情况，确保工作正常，有磨损应立即更换；冲洗真空管、清洁排泄阀、检查密封状况。

2.6.4 年度检查 由专业技术工程师每年定期对挤奶设备进行一次全面检修与保养。不同类型的设备应根据设备要求进行相应维护。

3 质量检测

3.1 收购的生鲜乳应留存样品，并做好采样编号、记录登记。样品应冷冻保存，并至少保留10天，便于质量溯源和责任追究。

3.2 应按照乳品质量安全国家标准对生鲜乳进行常规检测。应有与检测项目相适应的化验、计量、检测

①本规范来自农业部在2009年3月23日发出的“农牧发[2009]4号”，“关于印发《生鲜乳收购站标准化管理技术规范》的通知”。

仪器设备。

4 人员要求

4.1 生鲜乳收购站的工作人员每年至少应体检一次，应有健康合格证。应建立员工健康档案。患有传染病的人员不得从事生鲜乳收购站各项工作。

4.2 生鲜乳收购站管理者应熟悉奶业管理相关法律法规，熟悉生鲜乳生产、收购相关专业知识。

4.3 生鲜乳收购站应对员工进行定期的卫生安全培训和教育，增强质量安全观念。

4.4 生鲜乳收购站从事生鲜乳化验检测的人员应经培训合格，熟悉生鲜乳生产质量控制及相关的检验检测技术。

5 操作规范

5.1 有下列情况之一的奶牛不得入厅挤奶：正在使用抗菌药物治疗以及不到规定的停药期的奶牛；产犊 7 天内的奶牛；患有乳房炎的奶牛；患有结核病、布鲁氏菌病及其他传染性疾病的奶牛；不符合《乳用动物健康标准》相关规定的奶牛。

5.2 挤奶前应对乳房进行清洁与消毒。先用 35～45℃温水清洁乳房、乳头，然后用专用药液药浴乳头 15～20 秒后擦干。每头奶牛应有专用的毛巾，鼓励用一次性纸巾擦干。药浴液应在每班挤奶前现用现配，并保证有效的药液浓度。

5.3 手工将头 2～3 把奶挤到专用容器中，检查是否有凝块、絮状物或水样物，乳样正常的牛方可上机挤奶。乳样异常时应及时报告兽医，并对该牛只单独挤奶，单独存放，不得混入正常生鲜乳中。

5.4 应在 45 秒内将奶杯稳妥地套在乳头上，使奶杯均匀分布在乳房底部，并略微前倾。挤奶时间 4～7 分钟，出奶较少时应对乳房进行自上而下的按摩，防止空挤。挤奶套杯时应避免空气进入杯组中。挤奶过程中应观察真空稳定性、挤奶杯组奶流，必要时调整奶杯组的位置。

5.5 挤奶结束后，应在关闭集乳器真空 2～3 秒后再移去奶杯。不得下压挤奶机，避免过度挤奶。挤奶结束后，应再次进行乳头药浴，药浴时间为 3～5 秒。

5.6 挤出的生鲜乳应在 2 小时之内冷却到 0～4℃保存。贮奶罐内生鲜乳温度应保持 0～4℃。生鲜乳挤出后在贮奶罐的贮存时间不应超过 48 小时。

6 管理制度

6.1 生鲜乳收购站应建立完善的管理制度，至少应包括卫生保障、质量安全保障、挤奶操作规程、化学品管理等。

6.2 生鲜乳收购站应建立生鲜乳收购、销售和检测记录，并保留 2 年。生鲜乳收购记录应载明收购站名称、收购许可证编号、畜主姓名、单次收购量、收购日期和地点。生鲜乳销售记录应载明生鲜乳装载量、装运地、运输车辆牌照及准运证明、承运人姓名、装运时间、装运时生鲜乳温度等。生鲜乳检测记录应载明检测人员、检测项目、检测结果、检测时间。

7 卫生条件

7.1 工作人员进入生鲜乳收购站应穿工作服和工作鞋、戴上工作帽。要洗净双手，并经紫外线消毒。工作服、工作鞋以及工作帽必须每天消毒。非工作人员禁止进入生鲜乳收购站。

7.2 生鲜乳在挤奶、冷却、贮存、运输过程中，应在密闭条件下操作，不得与有毒、有害、挥发性物质接触。生鲜乳运输罐在起运前应加铅封，严防在运输途中向奶罐内加入任何物质。

7.3 挤奶厅与相关设施在每班次牛挤奶后应彻底清扫干净，用高压水枪冲洗，并进行喷雾消毒。奶桶、奶杯等每班次专用，用后彻底消毒和清洗。

7.4 应严格按照设备清洗规程对挤奶、贮奶设备进行清洗、消毒，并保存有完整的清洗前后水温、冲洗时间、酸碱液浓度记录。如果清洗消毒后超过 96 小时未使用，再次使用前应重新清洗消毒。

7.5 贮奶罐外部应保持清洁、干净，没有灰尘。贮奶罐的盖子应注意保持关闭状态。交奶后应及时清洗消毒贮奶罐并将罐内的水排净。

7.6 清洗完毕后，应排干或烘干管道内以及所有和生鲜乳接触过的容器表面的水，防止因湿度过大引起微生物滋生。奶泵、奶管、节门应定期通刷、清洗，每周 2 次。

7.7 挤奶厅、贮奶间只能用于生产、冷却和贮存生鲜乳，不得堆放任何化学物品和杂物；禁止吸烟，并张贴相关警示标志；有防鼠防害虫措施，如安装纱窗、使用捕蝇纸和电子灭蚊蝇器，捕蝇纸要定期更换，并不得放在贮奶罐上；贮奶间的门应注意保持经常性关闭状态；贮奶间污水的排放口需距贮奶间 15 米以上或将污水排入暗沟。

7.8 站内许可使用的化学物质和产品应存放在不会对生鲜乳造成直接或间接污染的位置。

7.9 收购站周围环境每周应用 2%氢氧化钠溶液或其他高效低毒消毒剂消毒一次。站内排污池和下水道等每月用漂白粉消毒一次。

关于加强生鲜乳品抗生素残留量管理的公告[①]

近期，少数乳品企业宣称生产“无抗奶”，误导消费者，严重扰乱乳品生产经营秩序。为保护消费者身体健康，规范乳品生产经营活动，根据《乳品质量安全监督管理条例》、《兽药管理条例》、《食品标识管理规定》等法规规定，现公告如下：

一、严禁在乳品标签、标识和广告中宣传“无抗奶”等不科学、不符合实际的内容。自即日起，各乳品生产经营和餐饮企业应当停止“无抗奶”生产经营活动。自2009年6月30日起，各有关监管部门开始依法查处。

二、奶畜养殖者、生鲜乳收购者和乳制品生产企业要严格执行《乳品质量安全监督管理条例》、《兽药管理条例》等法规的规定，禁止销售、收购和加工尚在用药期和休药期内的奶畜产的、不符合健康标准或者未经检疫合格的奶畜产的以及其他不符合法规标准的生鲜乳，确保乳品质量安全。

三、各地要加强奶畜养殖、生鲜乳收购、乳品生产流通和餐饮消费等环节的监督管理，依职能、依法查处违反《食品标识管理规定》、乳品质量不符合《动物性食品中兽药最高残留限量》规定的违法行为，维护乳品生产经营秩序。

四、发现乳品违法生产经营活动和宣传“无抗奶”的，消费者有权向当地卫生、农业、工商、质量技术监督和食品药品监管部门举报。

乳制品生产企业落实质量安全主体责任监督检查规定[②]

第一章 总则

第一条 为督促乳制品生产企业落实质量安全主体责任，规范乳制品生产企业质量安全监督检查工作，保障乳制品质量安全，依据《中华人民共和国食品安全法》及其实施条例、《乳品质量安全监督管理条例》、《国务院关于加强食品等产品安全监督管理的特别规定》等法律法规，制定本规定。

第二条 质量技术监督部门（以下简称质监部门）采取听取企业汇报、查阅企业记录、询问企业员工、核查生产现场、检验企业产品及所用原辅料、调查企业利益相关方等方式，依法对乳制品生产企业执行有关法律法规和标准等情况（除对企业申请食品生产许可过程的现场核查外）实施监督检查，适用本规定。

第三条 国家质量监督检验检疫总局(以下简称国家质检总局）负责制（修）订乳制品质量安全监督检查规章制度，并对省级质监部门落实本规定的情况进行指导和检查。

县级以上地方质监部门在其职权范围内负责本行政区域内乳制品生产企业质量安全监督检查工作，上级质监部门对下级质监部门依据本规定实施的监督检查工作进行指导和检查。

第四条 县级以上地方质监部门应当为乳制品生产企业质量安全监督检查工作提供保障。

第五条 监督检查工作应当遵循科学公正、公开透明、程序合法、便民高效的原则。

第二章 生产企业质量安全主体责任

第六条 企业应保持资质一致性。重点落实下列责任：

（一）保证企业营业执照、食品生产许可证应当有效、一致；保证企业实际生产食品的场所、生产食品的范围等应当与许可证书内容一致；

（二）在生产许可证有效期内，企业生产条件、检验手段、生产技术或者工艺发生变化的，应当按规定向当地质量技术监督部门报告。

第七条 企业应当建立并落实原辅料采购查验制度。重点落实下列责任：

（一）建立生鲜乳进货查验制度，记录生鲜乳收购对象资质和收购生鲜乳的逐批检测报告（但乳制品生产企业能够证明生鲜乳收购站或第三方检验机构出具的检验报告符合生鲜乳收购标准的除外）记录；运输车辆生鲜乳交接单及查验记录应当保存2年；

（二）建立其他原辅材料进货验证制度，记录供货方的资质及合格产品检验报告的记录，并指定专人管理记录；

[①]本公告为中华人民共和国卫生部、中华人民共和国工业和信息化部、中华人民共和国农业部、国家工商行政管理总局、国家质量监督检验检疫总局、国家食品药品监督管理局2009年4月22日联合发布的2009年第6号公告。

[②]本规定为国家质量监督检验检疫总局2009年9月27日“国质检食监〔2009〕437号”通知的附件。

（三）建立原辅材料进货台帐，记录每批采购的原辅料供货者的名称、联系方式、进货名称、数量、日期等内容；

（四）建立食品添加剂进货台账和使用记录，保证购进的食品添加剂与使用记录应一致；

（五）记录各种购进原辅料的贮存、保管、领用出库等情况。

第八条　企业应当建立并落实生产过程控制制度。重点落实下列责任：

（一）记录生产车间或场地清洁卫生情况；

（二）按生产工艺的要求，防止人流、物流交叉污染，防止原料、半成品、成品交叉污染；

（三）做好产品投料记录，包括名称、使用数量等；

（四）做好生产设备、设施维护保养和清洗消毒记录；

（五）做好其他关键质量控制点的质量控制记录，主要包括杀菌有效性、发酵菌种鉴定、杂菌污染防止、婴幼儿奶粉企业HACCP体系实施情况等；

（六）生产过程有特别要求的，企业还应落实下列责任：

1. 生产车间、原料库、辅料库、成品库需要变化的，应当做好变化记录；

2. 对车间、库房的湿度、温度、空气清洁度有要求的，应当做好监测记录；

3. 产品入库单、出库单、库存情况记录，应当与进货、销售台账相符；

4. 岗位操作人员卫生健康应当符合要求。

第九条　企业应当建立并落实产品出厂检验制度。重点落实下列责任：

（一）做好出厂产品的原始检验数据和检验报告记录，包括检查产品的名称、规格、数量、生产日期、生产批号、执行标准、检验结论、化验员、检验合格证号或检验报告编号、检验时间等内容；

（二）企业应当具备必备的检验设备，计量器具应依法经检定合格或者校准，相关辅助设备及化学试剂应完好齐备并在有效使用期内；

（三）检验项目应与食品安全标准规定的项目一致；

（四）企业如委托其他检验机构实施产品出厂检验的，应选择有资质的检验机构，并签订委托检验合同。

第十条　企业应当建立并落实不合格品管理制度。重点落实下列责任：

（一）做好对采购的不合格食品原料、食品添加剂、食品相关产品的处理记录；

（二）做好不合格产品的处理记录。

第十一条　食品标识标注内容应当符合法律、法规、规章及食品安全标准规定事项。重点做好下列内容：

（一）使用复原乳生产液态奶，应按要求标明“复原乳”，并在产品配料表中如实标明复原乳所占比例；

（二）婴幼儿奶粉标签应按照《预包装特殊膳食用食品标签通则》标明主要营养成分及其含量、详细说明使用方法和注意事项；

（三）应如实标注生产日期，不得提前或者延后标注生产日期。

第十二条　企业应当建立乳制品产品销售台账，重点记录销售每批产品的产品名称、数量、生产日期、生产批号、购货者名称及联系方式、销售日期、出货日期、地点、检验合格证号等内容。

第十三条　企业应当严格执行有关食品安全标准，使用的企业标准应及时依法备案。企业应收集、记录新发布的国家食品安全标准，参加相关培训，做好执行工作。

第十四条　企业应建立并落实不安全食品召回制度，记录对不安全食品自主召回、被责令召回的执行情况，包括：企业通知召回的情况；实际召回的情况；对召回产品采取补救、无害化处理或销毁的情况，整改措施的落实情况；向当地政府和县级以上监管部门报告召回及处理情况。

第十五条　企业应建立从业人员健康档案，开展食品质量安全知识培训并做好记录。

第十六条　企业接受委托加工食品应符合相关法律法规规定。受委托企业应当在获得生产许可的产品品种范围内与委托方约定委托加工协议，并向所在地的县级质量技术监督局报告。委托加工食品的包装标识应符合相关规定。

第十七条　企业应建立消费者投诉受理制度，做好对消费者投诉的受理记录，包括投诉者姓名、联系方式、投诉的食品名称、数量、生产日期或生产批号、投诉质量问题、企业采取的处理措施、处理结果等。

第十八条　企业应主动收集企业内部发现的和国家发布的与企业相关的食品安全风险监测和评估信息，并作出反应，同时应建立和保存相关记录。

第十九条　企业应制定食品安全事故处置方案，定期检查各项食品安全防范措施的落实情况。发生食品安全事故的，企业应妥善处置食品安全事故，并建立和保存处置食品安全事故的记录。

第三章　监督检查程序

第二十条　县级以上地方质监部门应当根据当地人民政府组织制定的食品安全年度监督管理计划，编制本行政区域内乳制品生产企业质量安全年度监督检查计划，并报上一级质监部门备案。

县级以上地方质监部门可以根据上级质监部门的工作部署以及食品安全风险监测信息、企业食品安全信用档案记录、监管工作需要等情况，对乳制品生产企业质量安全年度监督检查计划作出调整。

第二十一条　乳制品生产企业质量安全监督检查分为特别监督检查和常规监督检查。

乳制品生产企业发生质量安全事故或者涉嫌存在质量安全问题的，质监部门可以开展特别监督检查，并持附件 1《乳制品生产企业落实质量安全主体责任监督检查通知书》直接前往企业实施监督检查。

开展常规监督检查的，质监部门应当在监督检查前15个工作日，向企业送达《乳制品生产企业落实质量安全主体责任监督检查通知书》，告知企业监督检查有关项目。《乳制品生产企业落实质量安全主体责任监督检查通知书》可以直接送达，也可以邮寄送达。直接送达的，以被监督检查单位在回执上注明的签收日期为送达日期；邮寄送达的，以签收日期为送达日期。

第二十二条　被检查企业收到《乳制品生产企业落实质量安全主体责任监督检查通知书》后，应当依据本规定第二章有关内容进行自查，并向实施监督检查的质监部门提交书面自查报告。

自查报告应当包括附件 2《乳制品生产加工企业质量安全主体责任落实情况自查表》规定内容以及其他需要说明的事项。

第二十三条 质监部门收到企业自查报告后，应当在质监部门工作场所进行核查。必要时，质监部门应当要求被检查企业作出说明并提供补充报告材料。

乳制品生产企业应当对其所提交的报告和有关材料的真实性负责。

第二十四条　质监部门经核查企业自查报告和补充材料，认为需要实施现场检查的，应当告知企业。

第二十五条　质监部门对企业实施现场检查，应当有 2 名以上工作人员参加，并出示有效证件。根据监督检查需要，质监部门可以聘请技术专家、消费者代表、人大代表、政协委员、媒体记者等人员参与检查工作。

第二十六条　质监部门可以根据监督检查工作需要，依照有关规定进行抽样检验。

第二十七条　被检查企业应当指定有关人员配合质监部门检查工作，如实提供有关资料，回答相关询问，协助核查企业生产条件和抽取样品。

乳制品生产企业应当积极配合质监部门的监督检查工作，不得以暴力、威胁或者其他方式予以阻挠。

第二十八条　监督检查人员应当按附件 3《对乳制品生产加工企业质量安全主体责任落实情况核查表》有关事项，如实记录监督检查结果。检查人员应当就检查情况与被检查单位参加人员交换意见。监督检查结论由监督检查人员和被检查企业法人代表或其授权的人员签字。被检查单位对检查结果有异议的，可以签署异议。监督检查人员应当就监督检查结论向本单位汇报。

被检查单位拒绝签字的，由监督检查人员书面记录后存档。

第二十九条　需要当地人民政府或者相关部门支持、配合监督检查工作的，质监部门应当提出工作建议，并以书面形式报告当地人民政府或者告知有关部门。

第四章 监督检查结果处理

第三十条　县级以上地方质监部门应当将监督检查情况记入对企业监管档案，并通报同级有关部门。

第三十一条　县级以上地方质监部门应当依法向社会公开监督检查结果。

第三十二条　县级以上地方质监部门在监督检查中发现乳制品生产企业违反有关法律法规规定的，应当依照有关法律法规规定予以处理。

第五章　监督检查工作要求

第三十三条　参与乳制品生产企业质量安全监督检查的工作人员，应当遵守国家法律、法规及本规定，严格检查、秉公执法、不徇私情。

第三十四条　监督检查人员进入洁净区域检查时，应遵守企业安全卫生防护措施等制度要求。

第三十五条　有下列行为之一的，按干部管理权限对相关责任人依法依规处理；构成犯罪的，依法追究刑事责任：

（一）未按规定组织监督检查造成后果的；

（二）隐瞒监督检查信息的；

（三）阻碍、干涉监督检查工作的；

（四）在监督检查中伪造或者指使他人伪造记录的；

（五）擅自向外透露企业商业秘密的；

（六）利用监督检查工作参与有偿活动的。

第三十六条　未依照本规定履行职责或者滥用职权等失职、渎职行为，造成严重后果的，依照《乳品质量安全监督管理条例》第六十二条有关规定，由监察机关或者任免机关对主要负责人、直接负责的主管人员和其他直接责任人员给予记大过或者降级的处分；情节严重的，给予撤职或者开除的处分；构成犯罪的，依法追究刑事责任。

第三十七条　对依照本规定履行乳制品质量安全监督检查职责，保障乳制品质量安全做出突出成绩的单位和个人，由上级质监部门予以奖励。

第六章 附则

第三十八条　本规定由国家质检总局负责解释。

第三十九条　本规定自 2009 年 10 月 1 日起施行。

关于规范进口乳制品卫生证书管理的公告[①]

为保证进口乳制品质量安全、规范进口乳制品管理，依据《中华人民共和国进出境动植物检疫法》及其实施条例、《中华人民共和国食品安全法》及其实施条例及相关法律法规规定，国家质检总局自2006年7月起即要求各输华乳制品国家官方主管部门为输华乳制品出具卫生证书，并对证书内容提出了统一要求：要明确产品原料地疫情状况、产品加工工艺及输出国官方监管情况等内容。在各国官方主管部门的积极配合下，国家质检总局相继确认了英国、法国、德国、阿根廷、爱尔兰、澳大利亚、巴西、波兰、丹麦、希腊、荷兰、美国、日本、瑞士、西班牙、新西兰、智利等国家主管机构出具的输华乳制品证书格式，证书样本见国家质检总局网站。为继续推进证书确认工作，国家质检总局于2009年9月4日再次函告相关国家驻华使馆，要求尚未确认证书的国家尽快提供证书样本，并自2010年1月1日起要求所有输华乳制品在入境时提交符合中方要求的出口国官方证书。

为保证输华乳制品贸易的顺利进行，各地出入境检验检疫机构自2010年1月1日起，对进口乳制品所附卫生证书实施查验，自2010年3月1日起，对无法提供有效官方卫生证书的进口乳制品不再接受报检。

关于修改《食品标识管理规定》的决定[②]

根据《中华人民共和国食品安全法》及其实施条例等有关规定，国家质量监督检验检疫总局决定对《食品标识管理规定》作如下修改：

一、第一条修改为："为了加强对食品标识的监督管理，规范食品标识的标注，防止质量欺诈，保护企业和消费者合法权益，根据《中华人民共和国食品安全法》、《中华人民共和国产品质量法》、《国务院关于加强食品等产品安全监督管理的特别规定》等法律法规，制定本规定。"

二、第八条第一款修改为："食品标识应当标注生产者的名称、地址和联系方式。生产者名称和地址应当是依法登记注册、能够承担产品质量责任的生产者的名称、地址。"

三、第九条第一款修改为："食品标识应当清晰地标注食品的生产日期、保质期，并按照有关规定要求标注贮存条件。"

第九条第二款修改为："乙醇含量10%以上（含10%）的饮料酒、食醋、食用盐、固态食糖类，可以免除标注保质期。"

四、第十条第一款修改为："定量包装食品标识应当标注净含量，并按照有关规定要求标注规格。对含有固、液两相物质的食品，除标示净含量外，还应当标示沥干物（固形物）的含量。"

五、第十一条第一款修改为："食品标识应当标注食品的成分或者配料清单。"

增加一款，作为第十一条第四款："专供婴幼儿和其他特定人群的主辅食品，其标识还应当标注主要营养成分及含量。"

六、第十二条修改为："食品标识应当标注企业所执行的产品标准代号。"

七、第二十六条修改为：" 违反本规定构成《中华人民共和国食品安全法》及其实施条例等法律法规规定的违法行为的，依照有关法律法规的规定予以处罚。"

八、第二十八条修改为："违反本规定第十五条，未按规定标注警示标志或中文警示说明的，依照《中华人民共和国产品质量法》第五十四条规定进行处罚。"

九、删除第三十条。

[①]本公告为国家质量监督检验检疫总局2009年12月25日发布的2009年第125号公告。

[②]本文为国家质检总局2009年10月22日发布的总局2009年第123号令，自公布之日起施行。

奶业行业相关政策法规目录

	政策或法规名称	颁布机构及文号	颁布时间	实施时间
		国务院		
1	轻工业调整和振兴规划	国务院办公厅	2009-5-18	
		财政部		
2	关于延长原料奶收购贷款中央财政贴息政策期限的通知	财金[2009]22 号	2009-3-9	
3	关于再次延长原料奶收购贷款中央财政贴息政策期限的通知	财金〔2009〕64 号	2009-7-9	
		农业部		
4	生鲜乳收购站标准化管理技术规范	农牧发[2009]4 号	2009-3-23	
5	2009 年生鲜乳专项整治行动实施方案	农质发[2009]2 号	2009-2-6	
6	关于印发全国肉牛、肉羊、奶牛和生猪优势区域布局规划（2008—2015 年）的通知	农业部	2009-1-24	
7	2009 年度通用类农机购置补贴中选产品名录	农业部公告　第 1141 号	2009-1-5	
8	关于公布参加 2009 年奶牛良种补贴项目种公牛站、种公牛（第一批）的通知	牧站（奶）[2009]60 号	2009-5-13	
9	关于公布参加 2009 年奶牛良种补贴项目种公牛站、种公牛（第二批）的通知	牧站（奶）[2009]119 号	2009-9-10	
		国家质检总局		
10	乳制品生产企业落实质量安全主体责任监督检查规定	国质检食监〔2009〕437 号	2009-9-27	2009-10-1
11	关于规范进口乳制品卫生证书管理的公告	总局公告 2009 年第 125 号	2009-12-25	2010-1-1
12	关于修改《食品标识管理规定》的决定	总局 2009 年第 123 号令	2009-10-22	2009-10-22
		卫生部		
13	关于加强生鲜乳品抗生素残留量管理的公告	卫生部、农业部等六部门联合公告(2009 年　第 6 号)	2009-4-22	
14	关于进一步做好婴幼儿奶粉事件患儿医疗救治和相关疾病医疗费用报销工作的通知	卫生部、保监会　卫办医政发〔2009〕66 号	2009-4-22	
		其他部委		
15	乳制品工业产业政策（2009 年修订）	工信部、国家发改委　工联产业[2009]第 48 号	2009-6-26	2009-6-26
16	关于调整《实行进口报告管理的大宗农产品目录》的公告	商务部公告 2009 年第 50 号	2009-7-10	2009-8-1
17	关于对进口原产于新西兰的部分未浓缩乳及奶油实施特殊保障措施	总署公告〔2009〕16 号	2009-04-07	2009-04-11
18	关于对进口原产于新西兰的黄油及其他脂和油实施特殊保障措施	总署公告〔2009〕40 号	2009-7-14	2009-7-22
19	关于对进口原产于新西兰的固状和浓缩非固状脂及奶油实施特殊保障措施	总署公告〔2009〕52 号	2009-8-13	2009-8-13
20	关于进一步提高部分商品出口退税率的通知	财政部 国家税务总局 财税[2009]88 号	2009-6-3	2009-6-1

质量安全

2009年生鲜乳质量安全监督检测工作情况

农业部奶业管理办公室

2009年结合生鲜乳收购站清理整顿工作、打击食品中违法添加非食用物质和滥用食品添加剂专项整治行动，以及农产品质量安全专项整治行动和农产品质量安全执法年活动，组织开展生鲜乳质量安全监督检测工作，严厉打击生鲜乳违禁违规添加行为，生鲜乳中三聚氰胺抽检合格率100%。

（1）**建立健全生鲜乳质量安全监管制度**。按照《乳品质量安全监督管理条例》和《奶业整顿和振兴规划纲要》的要求，各级农业和畜牧兽医部门及时落实了生鲜乳质量安全监管责任，逐步建立起日常检查、不定期巡查、监督抽查等多措并举的生鲜乳质量安全日常监管制度，对监管中发现的违法违禁添加行为坚决予以查处，对各种不合格生鲜乳及时进行无害化处理，确保生鲜乳质量安全。

（2）**实施全国生鲜乳质量安全监测计划**。农业部制定实施了《2009年生鲜乳质量安全监测计划》，以生鲜乳收购和运输环节为重点，通过例行监测、飞行抽检和隐患排查监测等多种形式，加大对三聚氰胺、硫氰酸钠、皮革水解蛋白、β-内酰胺酶等违禁添加物的监督抽查力度。全年组织29家质检机构在30个省（区、市）实施生鲜乳违禁添加物专项监测；针对重点地区，组织9家质检机构在13个省（区、市）实施生鲜乳质量安全飞行抽检；针对潜在隐患，组织5家质检机构，开展生鲜乳质量安全隐患排查任务。全年累计检查生鲜乳收购站8828站次，生鲜乳运输车辆4301台次，检测生鲜乳样品13129批次。

（3）**完善生鲜乳质量可追溯制度**。根据《饲料和饲料添加剂管理条例》和《中华人民共和国畜牧法》，指导各级农业和畜牧兽医部门在饲料生产企业全面推行台账制度；《条例》颁布后，农业部出台配套规章规范，各级农业和畜牧兽医部门及时制定各类记录表格，在所有生鲜乳收购站建立收购、销售、检测记录，在运输环节执行交接单制度。

（4）**畅通生鲜乳质量安全举报渠道**。公布了生鲜乳质量安全投诉举报电话和邮箱，安排专人负责。对生鲜乳质量安全举报投诉，接到一起，受理一起，查处一起，做到月清季结，严厉查处违规收购和违禁添加行为，将生鲜乳质量安全隐患消除在萌芽状态，切实保护奶农利益。2009年共接到投诉举报（含咨询）电话40多起，受理并查处30起，所有举报均妥善处理，办结率达到100%。

（5）**加强生鲜乳质量安全执法力度**。针对监测发现的问题，指导各地畜牧兽医部门严厉查处，坚决打击违禁违规添加行为，积极会同工商、卫生、公安等部门，密切协作、共同推进，最大限度消除影响生鲜乳质量安全的各种隐患。各地依据日常检查和监测，累计查处案件1380起，涉及金额626.2万元，移送司法机关9起，逮捕2人。

我国奶业标准体系建设现状

中国农业科学院北京畜牧兽医研究所　农业部奶及奶制品监督检验测试中心
王加启　刘开朗　郑楠　周振峰

（一）奶业标准体系建设现状

1. 奶业标准体系建设成就

（1）**初步健全了奶业标准监督管理机构**。我国奶业质量安全管理体系中的政府主管部门主要有农业部、卫生部和国家出入境检验检疫主管部门。农业部主要负责组织实施产品质量监督、认证和对产品投入品的质量监测、鉴定和执法监督管理；组织、监督对国内奶牛饲养的防疫、检疫工作，发布疫情并组织扑灭。卫生部负责产品的国家质量管理规范并负责产品审批认证。依法组织实施对奶制品的国家监督抽检工作。国家出入境检验检疫主管部门则负责对进出口奶产品的检验监督、组织实施对进出口奶制品及其生产单位的卫生注册、登记及对外注册管理。

（2）初步健全了奶业质量安全管理法律法规。随着奶业的快速发展，政府对奶制品质量安全逐渐重视起来，奶业质量安全管理法律法规体系从无到有。近年来，与奶业质量管理有关的法律法规不断增加，到目前为止有《农业法》、《食品卫生法》、《农产品质量安全法》、《产品质量法》、《动物防疫法》，此外还有卫生部已经颁布实施的《乳与乳制品卫生管理办法》和《混合消毒牛乳卫生管理办法》等。

（3）颁布实施了一系列奶业标准。改革开放以来，特别是"十五"以来，我国加快了畜牧业标准建设，奶业标准建设得到了极大的发展。围绕乳产品生产各环节制定了一系列标准，很多标准都是针对生产的重要环节、经过科研和实践的积累，参考了国际先进标准而制定和颁布的，对规范奶业的发展起到了至关重要的作用。1982年，我国制定颁布了奶业的第一个标准，《中国黑白花奶牛》标准（GB-3157-1982）。1999 年，农业部、财政部联合启动了农业行业标准制订专项计划。在此计划中，动植物疫病防治、药物使用与残留、农产品产地环境条件等与奶制品质量安全直接有关的关键控制技术等都被列为制标重点。截至目前，能查阅到的，不包括商品化运作的奶牛饲料、兽药，不涉及除巴氏杀菌乳、液态奶和酸奶外的深加工的奶粉、干酪等乳产品，不含有粪污等综合治理和具体的疫病等，共有国家标准和行业标准136个，其中国家标准41个，行业标准94个（表7-1）。

表 7-1 我国奶业标准统计

体系编码	标准类别	国标	行标	合计
1	名称术语符号等基础标准	3	1	4
2	养殖环境要求及其分析测试方法	3	11	14
3	种质资源及繁育技术，种质相关的检验和评价方法	6	8	14
4	机具、器械等投入品质量要求及评价鉴定方法和使用规范	5	10	15
5	饲养管理过程规范	6	23	29
6	产品加工环境、工艺、技术条件等	1	2	3
7	产品质量要求、等级规格及分析测试方法	9	30	47
8	安全限量及分析测试方法	0	5	5
9	包装标识	0	3	3
10	贮运规程或规范	0	2	2
合计		33	95	136

2. 奶业标准体系建设存在的主要问题

（1）奶业标准体系建设系统规划不完善。奶业产业链长，涉及的部门和环节较多。体系构建的核心是确保乳产品安全、优质和高效，需要通过系统的规划奶业标准体系，将乳产品生产的产前、产中、产后各环节，通过标准体系有机的联结在一起，达到祸福同享、责任和利益共担。但目前的奶业标准体系建设不完善，制定标准缺乏系统规划，导致标准不能很好执行。突出表现在：部分标准内容陈旧，不能及时更新；部分领域缺乏标准，不能全面规范乳业；针对同一种产品有两个内容不同的现行国家标准，失去法规的严肃性；产品标准中质量安全项目不全，使符合标准的合格产品仍存在安全隐患；产品标准的指标值不合理，以及乳制品生产过程的标准甚少，不能对工艺条件做出规范。

（2）奶业标准体系运行保障机制不健全。虽然我国政府高度重视奶业质量安全，并制定了一些相关的规章制度，但是真正符合我国奶业发展需要的质量安全法律法规还不是很多，也不是很具体。关于奶业的法律法规还有待进一步完善。

目前，我国已建立了国家、省、市、县检测检验机构，各科研单位、企业也都建立了相应的检测机构，但数量、设备、技术和运行制度还需要进一步完善，无法满足奶业质检的需要。难以完全规范生产和按标准化组织生产，造成乳产品质量不高，存在安全隐患。

在国际市场上，产品认证已普遍成为顾客选择商品和合格供应商的依据，甚至已成为许多国家市场准入和政府采购的必要条件。但是我国奶业行业的产品安全认证制度尚未完全推行，仅有数目不多的一些大型企业通过了一系列的认证，比如 ISO 系列、HACCP 系列、GAP 系列的体系认证。

我国奶业正处于传统奶业向现代奶业过渡的关键期，现代奶业的关键是先进技术的配套。但是，我国的奶业技术服务部门力量薄弱，难以提供全面有效的技术支撑，造成奶牛养殖技术水平落后，表现为奶牛单产水平低，牛奶品质低，发病率高，养殖效益低；乳品企业多注重设备的更新，缺乏技术支撑体系的建设，产品技术含量低，效益低。

（二）奶业标准体系建设的指导思想和原则

1. 构建奶业标准体系的指导思想 根据我国《食品安全法》及《奶业整顿和振兴规划纲要》的总体目标及要求，坚持科学发展观，大力推进奶业标准化体制创新，全面提高奶业标准的市场适应性，不断增强奶牛养殖、乳品加工和消费的标准化意识。充分发挥标准化在技术创新、产业发展和国际贸易中的重大作用，为保持奶业健康安全和持续化发展，为奶农增产、提质、增效，为生产安全、优质、充足的乳制品，提供保障。

2. 构建我国奶业标准体系的指导原则

（1）以乳产品为核心，按标准类别规划奶业标准体

系。以生产健康、优质、高效的乳产品为核心，构建从种植到餐桌，涵盖产前、产中和产后所有环节的奶业标准体系。衔接行业主管部门关于畜牧业标准体系的整体规划，以标准类别为纲，归并或提出标准内容。即：按名称术语符号等基础标准；养殖环境要求及其分析测试方法；种质资源及繁育技术，种质相关的检验和评价方法；机具、器械等投入品质量要求及评价鉴定方法和使用规范；饲养管理过程规范；产品加工环境、工艺、技术条件等；产品质量要求、等级规格及分析测试方法；安全限量及分析测试方法；包装标识；贮运规程或规范等10个类别构建奶业标准体系框架，在标准体系内对类别的标准进行清理、合并、修订和补充。

（2）建立健全奶业标准体系的法规、管理、监督和技术支撑体系。奶业是一个关联性极强，涉及面较广的产业，要制定完善、科学和不断创新的标准体系，需要建立健全奶业标准的管理、监督和科研技术配套机构。

（3）重点加强国家标准和行业标准建设。标准体系的标准包括国家标准、行业标准、地方标准和企业标准，构建体系的核心是完善国家标准和行业标准，确保乳产品生产的产前、产中和产后整个产业链都有国家标准或行业标准，而且这些标准要求全、新、科学合理，具有可操作性。严格要求地方或企业按国家标准和行业标准组织生产。鼓励企业或地方依据国标或行标，结合地方或企业实际，可制定高于国家标准或行业标准的地方标准或企业标准。

（4）发挥标准体系的意识能动性。标准属于法律范畴，是国家意志的一种的表达。食品标准具有规范和调整参与市场活动各方的利益的作用，直接体现了消费者的权益，更具有产业发展的导向作用。奶业标准体系具有规范和调整参与奶牛养殖和乳品加工产业各方的利益的作用，直接体现了乳品消费者的权益，更具有奶业发展的导向作用。

（三）奶业标准体系的基本框架（图 7-1）

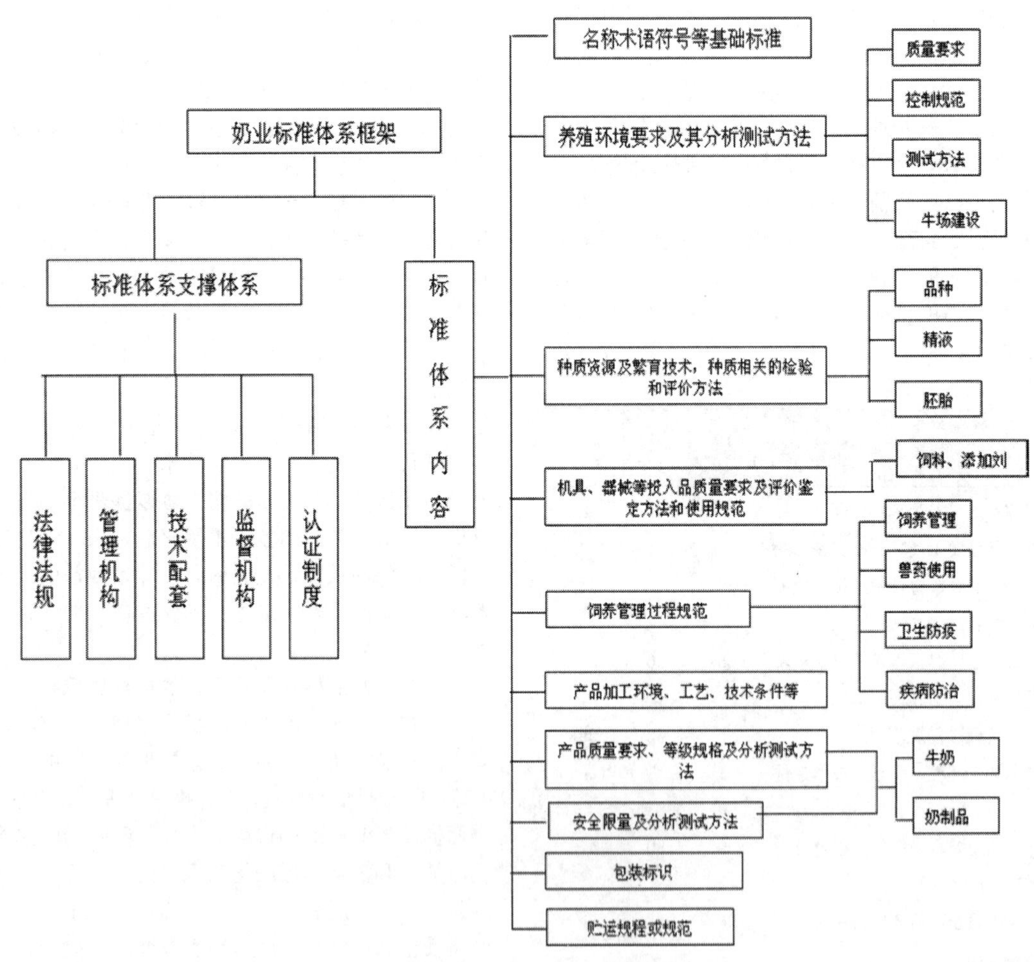

图 7-1　我国奶业标准体系的基本框架

2009 年婴幼儿配方乳粉产品质量国家监督抽查结果

本次共抽查了天津、河北、山西、内蒙古、黑龙江、上海、浙江、安徽、福建、江西、山东、河南、湖北、湖南、广东、云南、陕西、甘肃、宁夏等 19 个省、自治区、直辖市 58 家企业生产的 58 种婴幼儿配方乳粉产品。

本次抽查依据《婴幼儿配方乳粉产品质量监督抽查实施规范》CCGF 114.3-2008 及有关规定，重点对婴幼儿配方乳粉产品的铅、砷、硝酸盐、亚硝酸盐、脲酶定性、细菌总数、大肠菌群、酵母和霉菌、致病菌、黄曲霉毒素 M_1、阪崎肠杆菌等卫生指标及非食用物质三聚氰胺共 12 项指标进行了检验。

抽查结果表明：所抽产品的 12 项指标均符合标准要求。

2009 年冷冻饮品产品质量国家监督抽查结果

本次对北京、天津、河北、山西、内蒙古、辽宁、吉林、黑龙江、上海、江苏、浙江、安徽、福建、江西、山东、河南、湖北、湖南、广东、广西、重庆、四川、贵州、陕西、甘肃等 25 个省、自治区、直辖市 224 家企业生产的 318 种冷冻饮品进行了监督抽查。

本次抽查依据目前现行的强制性国家标准 GB2760-2007《食品添加剂使用卫生标准》、GB2759.1-2003《冷冻饮品卫生标准》、推荐性行业标准 SB/T10013-1999《冰淇淋》、SB/T10014-1999《雪泥》、SB/T10015-1999《雪糕》、SB/T10016-1999《冰棍》、SB/T10017-1999《食用冰》、SB/T10327-1999《甜味冰》的规定，对冷冻饮品产品的蛋白质、总砷、铅、铜、糖精钠、甜蜜素、安赛蜜、着色剂（胭脂红、苋菜红、诱惑红、柠檬黄、日落黄、亮蓝）、菌落总数、大肠菌群、致病菌（沙门氏菌 、志贺氏菌 、金黄色葡萄球菌）等 18 个卫生安全指标进行了检验。

抽查中发现有 52 种产品不合格，存在的主要质量问题：

一、本次抽查中有 42 种冷冻饮品微生物指标超标，其中菌落总数和大肠菌群均超标的有 21 种，大肠菌群一项超标的有 13 种，菌落总数一项超标的有 7 种，致病菌（金黄色葡萄球菌）检出的有 1 种。含淀粉或果类的冷冻饮品的菌落总数应≤3000cfu/克，大肠菌群应≤100MPN/100 克，本次抽查中发现武汉市东西湖常欣冷饮厂生产的老冰棒纯冰糖口味棒冰的菌落总数实测值为 160000cfu/克，超标 52 倍，大肠菌群实测值为 2400MPN/100 克，超标 23 倍。含乳蛋白的冷冻饮品的菌落总数应≤25000cfu/克，大肠菌群应≤450MPN/100 克，本次抽查中发现长治市郊区雪山冷饮厂生产的小脆筒雪糕的菌落总数实测值为 1600000cfu/克，超标 63 倍，大肠菌群实测值为 24000MPN/100 克，超标 52 倍。

二、本次抽查中有 19 种产品超范围或超量使用甜味剂（糖精钠、甜蜜素、安赛蜜）。甜蜜素在冰棍中的最大使用量为 0.65 克/千克。本次抽查中有 1 种果味冰的甜蜜素实测值为 1.9 克/千克，超标近 2 倍。不合格原因主要是用低成本高甜度的甜味剂（糖精钠、甜蜜素或安赛蜜）代替成本较高的白砂糖提高产品甜度。

三、本次抽查中有 1 种产品重金属铅超标，铅含量检测值为 2.7 毫克/千克，超标 8 倍。强制性国家标准 GB2759.1-2003 《冷冻饮品卫生标准》规定，冷冻饮品的铅含量应≤0.3 毫克/千克。

四、本次抽查中有 2 种冰淇淋蛋白质不合格，蛋白质含量均未达到 0.5%。混合型冰淇淋、组合型植脂冰淇淋的蛋白质应≥2.2%。冰淇淋产品中蛋白质能提供人体营养，赋予独特的奶香风味。

农业部奶及奶制品质量监督检验测试中心(北京)

农业部奶及奶制品质量监督检验测试中心(北京)(以下简称“中心”)为通过国家计量认证及农业部质检机构审查认可，具有第三方公正地位，为社会提供公正数据的法定检验机构，是社会公益性技术服务事业单位。

中心行政隶属于中国农业科学院北京畜牧兽医研究所，具有相对独立的建制，有固定的实验场所及仪器设施，独立开展检验业务，财务由中国农业科学院北京畜牧兽医研究所统一管理。在质量监督检验业务方面，本检测中心接受农业部市场信息司和畜牧业司的领导和北京市质量技术监督局的监督。

中心主任王加启，现任中国农业科学院北京畜牧兽医研究所副所长、国家牛奶质量改良中心主任，是农业部有突出贡献中青年专家、人事部百千万工程人才，享受国务院特殊津贴待遇。主持制订 11 项国家及行业标准，获得 4 项发明专利和 2 项实用新型专利授权，主编著作 7 部，发表论文 200 余篇。检测中心下设办公室和检测室，拥有专职技术人员 16 人，其中，硕士研究生以上 11 人，大学本科 2 人，专科 1 人，专业涉及动物营养、食品质检、分析化学、微生物学等多个学科。检验人员理论基础扎实，实验操作娴熟，严格遵守检测中心的各项规章制度，充分保证检验工作的科学性和公正性。

中心可检测指标包括：牛奶中糠氨酸、乳果糖、亚油酸、蛋白质、常/微量元素（K Ca Na Mg Fe Mn Cu Zn)、重金属（Cd Cr Pb Hg As Se I)、维生素（A D3 E 泛酸 烟酸 烟酰胺等)、DHA、EPA、黄曲霉毒素 M1、硝酸盐、亚硝酸盐、农残（六六六、滴滴涕、马拉硫磷、倍硫磷、甲胺磷)、抗生素（青霉素、链霉素、庆大霉素和卡那霉素、土霉素、四环素和金霉素）菌落总数、大肠杆菌、致病菌沙门氏菌、志贺氏菌、金黄色葡萄球菌、溶血性链球菌、嗜冷菌数、山梨酸、苯甲酸、糖精钠、乳常规成分（水分、灰分脂肪、酸度、非脂质乳固体、相对密度、杂质度)、饲料中牛、羊源性成分等，以及饲料中相关指标。

2008 年以来，中心连续牵头组织了农业部的生鲜乳统计监测预警、液态奶中复原乳监测和生鲜乳中三聚氰胺专项抽查工作。在生鲜乳及乳制品质量安全检测技术研发和标准制订中，创新了一种检测牛奶共轭亚油酸组成和含量的方法，获国家发明专利 1 项，制定了《乳及乳制品中共轭亚油酸（CLA）含量测定 气相色谱法》农业行业标准；建立了利用凝胶成像系统 SDS-PAGE 法测定乳及乳制品中乳铁蛋白含量的方法，入选制定国家标准。创新性提出根据乳果糖和糠氨酸比值区分过热巴氏杀菌乳和含复原乳巴氏杀菌乳的技术，提出规范巴氏杀菌乳工艺和 UHT 灭菌乳生产工艺的技术参数，制订农业行业标准 1 项。积极开展国内外合作，与新西兰南奥克兰独立实验室（SAITL）中心、新西兰 RML 工程有限公司和加拿大奶农协会以及国内 30 余家生鲜乳质检机构建立了平等、互利的合作与交流关系。

截至 2009 年，中心共制订国家和行业标准 12 项，获国家发明专利、实用新型专利和计算机软件著作权登记 9 项。

奶业产业化

全国奶业产值及奶牛规模化养殖情况

表 8-1 全国奶牛养殖业产值

年份	奶牛养殖业产值[1]	畜牧业产值	占畜牧业产值[1]（%）
2000	166.00	7 393.10	2.25
2001	224.52	7 963.10	2.82
2002	280.08	8 454.64	3.31
2003	332.00	9 538.80	3.48
2004	503.00	12 173.80	4.13
2005	572.97	13 310.78	4.30
2006	660.49	13 640.15	4.84
2007	835.68	16 124.93	5.18
2008	1 015.00	20 583.56	4.93
2009	1 065.00	19 468.36	5.47

注：1）本刊编辑部计算数。

表 8-2 全国奶牛规模化养殖情况

年份	年存栏数（头）	1～4	5～19	20～99	100～199	200～499	500～999	1000 头以上
2003	场（户）数	1 510 930	224 373	35 036	2 292	895	344	136
	年存栏数（头）	4 099 695	2 282 131	1 308 064	321 465	287 831	248 540	239 893
2004	场（户）数		286 973	39 592	2 821	959	346	180
	年存栏数（头）		3 045 949	1 541 994	382 806	311 593	239 417	299 462
2005	场（户）数		302 494	46 396	2 997	1 253	448	188
	年存栏数（头）		3 372 545	2 098 153	412 404	398 375	307 285	295 804
2006	场（户）数		333 944	52 491	3 656	1 616	520	248
	年存栏数（头）		3 978 623	2 200 496	532 880	521 415	359 699	425 430
2007	场（户）数	2 159 701	444 895	56 254	4 421	2 336	768	339
	年存栏数（头）	5 942 220	4 160 598	2 409 223	634 835	696 967	526 927	586 749
2008	场（户）数	1 970 755	542 102	65 646	4 425	2 679	1 026	454
	年存栏数（头）	4 966 506	4 829 121	2 529 327	618 186	835 462	690 573	849 137
2009	场（户）数	1 796 061	506 449	62 840	4 324	3 341	1 773	706
	年存栏数（头）	4 415 783	4 605 789	2 476 409	622 298	1 070 472	1 214 833	1 306 105

资料来源：全国畜牧总站。

2009年农业部农民专业合作组织奶业及相关示范项目

根据《财政部关于批复农业部2009年部门预算的通知》（财预[2009]168号），2009年农民专业合作组织示范项目资金如下：

该项目已列入财政国库集中支付范围，资金直接拨付项目主管部门。项目主管部门要在收到资金15天内，将项目资金转拨项目承担单位。农民专业合作组织要将资金到位和使用情况向全体成员公开，并设置“农业部农民专业合作组织示范项目资金”明细账，按照项目内容、经济分类及有关财务制度列支费用。主管部门（单位）要做好组织实施和监督检查工作。

表 8-3　农业部2009年农民专业合作组织示范奶业相关项目资金分配表

单位：万元

主管部门（单位）	项目单位	金额	项目任务
河北省农业厅	平泉县北美奶牛专业合作社	15	繁育养殖高产奶牛基础设施建设。
吉林省农业委员会	长岭县绿源奶牛养殖农民专业合作社	15	基础设施建设、成员培训。
青海省农牧厅	民和县川口镇奶牛养殖协会	15	成员教育培训、设备购置。
新疆维吾尔自治区农业厅	新疆昌吉市大西渠镇汇浓奶业专业合作社	15	人员教育培训，建一座标准化奶牛养殖基地及配套设施，建计算机网络体系。
新疆生产建设兵团农业局	农七师一二四团清泉澳牛养殖专业合作社	15	改善基础设施建设，组织实施标准化生产。

2009年农业部农业标准化实施示范奶业相关项目

根据《财政部关于批复农业部2009年部门预算的通知》（财预[2009]168号），2009年农业标准化实施示范项目资金如下：

该项目资金由财政部直接拨付项目单位。项目单位要设置“农业部农业标准化实施示范项目资金”明细账，按照项目内容、经济分类及有关财务制度列支费用。主管部门（单位）要做好组织实施和监督检查工作。

表 8-4　农业部2009年农业标准化实施示范奶业相关项目资金分配表

单位：万元

主管部门（单位）	项目单位	金额	项目任务
河北省农业厅	丰宁县农牧局	20	国家级奶牛标准化示范县
重庆市农垦局	天友乳业有限公司	20	国家级奶牛标准化示范县
青海省农牧厅	湟源县畜牧局	20	国家级奶牛标准化示范县
青海省农牧厅	贵德县农牧和科技局	20	国家级奶牛标准化示范县
宁夏农垦局	贺兰山农牧场	20	国家级奶牛标准化示范农场

2009年农业部农业产业化奶业相关项目

根据《财政部关于批复农业部2009年部门预算的通知》（财预[2009]168号），2009年农业产业化项目资金如下：

该项目资金由财政部直接拨付项目单位。项目单位要设置“农业部农业产业化项目资金”明细账，按照项目内容、经济分类及有关财务制度列支费用。主管部门（单位）要做好组织实施和监督检查工作。

表 8-5　农业部2009年农业产业化奶业相关项目资金分配表

单位：万元

主管部门（单位）	项目单位	金额	项目任务
河北省农业厅	小洋人生物乳业集团有限公司	50	挤奶厅、圈舍改造，乳品检测室建设，农民技术培训
新疆维吾尔自治区农业产业化发展局	新疆南达投资有限公司	50	挤奶厅、泌乳牛舍建设

2009 年农业部农业行业标准制定奶业相关项目

根据《财政部关于批复农业部 2009 年部门预算的通知》(财预[2009]168 号),2009 年农业行业标准制定和修订项目资金如下:

该项目资金由财政部直接拨付项目单位。项目单位要设置“农业部农业行业标准制定和修订项目资金”明细账,按照项目内容、经济分类及有关财务制度列支费用。主管部门(单位)要做好组织实施和监督检查工作。

表 8-6 农业部 2009 年农业行业标准制定奶业相关项目资金分配表

单位:万元

主管部门(单位)	项目单位	金额	项目任务
天津市国有农场管理局	天津市乳品食品监测中心(农业部乳品质量监督检验测试中心)	8	乳与乳制品中单甘酯的测定 气相色谱法
天津市国营农场管理局	天津市乳品食品监测中心(农业部乳品质量监督检验测试中心)	8	乳与乳制品中不饱和脂肪酸的测定 气相色谱—质谱法
内蒙古自治区农牧业厅	内蒙古农牧业机械试验鉴定站	8	活塞式挤奶机质量评价技术规范
上海市农业委员会	上海乳品培训研究中心(农业部食品质量监督检验测试中心(上海))	10	乳与乳制品中三聚氰胺的测定 酶联免疫法
江苏省农林厅	江苏省农业科学院(农业部食品安全监控重点开放实验室)	8	牛乳中季铵类化合物的检测 高效液相色谱-串联质谱法
山东省畜牧兽医局	山东省兽药质量检验所(山东省畜产品质量检测中心)	9	乳制品中叶黄素的测定 高效液相色谱法
新疆生产建设兵团农业局	新疆农垦科学院(农业部食品质量监督检验测试中心(石河子))	9	乳制品中甲基香兰素、乙基香兰素、糖精钠、苯甲酸、山梨酸的测定 高效液相色谱法
中国农业大学	中国农业大学动物科学院	7	学生饮用奶奶源基地建设规范
中国农业大学	中国农业大学	10	乳与乳制品中真蛋白的测定
农业部	中国兽医药品监察所	9	牛奶中噻拉嗪残留量的测定 液相色谱-串联质谱法
农业部	中国兽医药品监察所	9	牛奶中恩诺沙星、环丙沙星残留量的测定 高效液相色谱法

2009 年农业部一村一品特色产业项目(奶牛)

根据《财政部关于批复农业部 2009 年部门预算的通知》(财预[2009]168 号),2009 年一村一品特色产业项目资金如下:

该项目资金直接拨入项目主管部门。项目主管部门要在收到资金 15 天内,将项目资金转拨项目承担单位。项目村村民委员会要根据补贴范围和补贴标准(补贴标准详见《一村一品特色产业项目指南》(农财发[2008]128 号))制定补贴计划,报项目承担单位核准并公示后,凭购货合同及正式发票到项目承担单位报销。项目承担单位要设置“农业部一村一品特色产业项目资金”明细账,按照项目内容、经济分类及有关财务制度办理报销。省级主管部门(单位)要做好组织实施和监督检查工作。

表 8-7 农业部 2009 年一村一品特色产业项目(奶牛)资金分配表

单位:万元

主管部门(单位)	项目单位	金额	项目任务
黑龙江省农业委员会	鹤岗市东山区政府	15	蔬园乡五道岗村奶牛:青贮窖建设
陕西省农业厅	富平县农业局	15	刘集镇龙泉村奶山羊:青贮池、挤奶厅建设
陕西省农业厅	咸阳市秦都区农林局	15	古渡街道办事处永安堡村奶牛:青贮窖建设,鲜奶冷贮罐购置
青海省农牧厅	共和县农牧局	15	沙珠玉乡耐海塔村奶牛:储奶罐、牛奶检验仪器购置
新疆生产建设兵团农业局	农四师农业局	15	69 团奶牛:挤奶厅、青贮设施建设

伊利集团创新科技　增强龙头带动力

内蒙古伊利实业集团股份有限公司是我国乳品行业龙头企业之一，是国家520家重点工业企业和国家八部委首批确定的全国151家农业产业化龙头企业之一，是北京2008年奥运会唯一一家乳制品赞助商，也是上海2010年世博会的高级乳品赞助商。作为中国唯一一家先后服务于奥运会和世博会的大型民族企业，伊利集团始终以强劲的实力领跑中国乳业，并以极其稳健的增长态势成为持续发展的乳品行业代表。

伊利集团拥有液态奶、冷饮、奶粉、酸奶和原奶五大事业部，所属企业130多个，旗下有纯牛奶、乳饮料、雪糕、冰淇淋、奶粉、奶茶粉、酸奶、奶酪等1000多个自主开发的产品品种。伊利雪糕、冰淇淋产销量已连续16年居全国第一，伊利超高温灭菌奶产销量连续多年在全国领先，伊利奶粉、奶茶粉产销量自2005年起即跃居全国第一位。2009年，伊利营业收入达到243亿元，同比增长12.3%，营业利润6.7亿元，同比增长133%，净利润6.5亿元，同比增长138%。根据“世界品牌实验室”公布的2009“中国500最具价值品牌”评选结果，伊利集团的品牌价值由2008年的201.35亿元上升至205.45亿元，以绝对优势第6次蝉联乳品行业首位，成为名副其实的中国乳业领导者。公司拥有驰名商标1项，著名商标5项。

作为中国乳业的领导者，伊利在企业社会责任和社会公益方面一直走在中国乳品行业前列。截止2009年，伊利集团已累计纳税近80亿元，为中国商界树立了新的责任标杆，成为推进和谐社会建设的有益补充力量。

伊利始终坚持绿色生产、绿色消费、绿色发展，致力于打造一个让国人信任的企业，为环境安全、社会安全奉献力量。

通过多年的建设，伊利集团已经建立了三级研发平台，共同构成了伊利集团的技术主体。

一级研发平台为多个产学研合作平台，包括国家乳制品加工技术研发专业分中心、国家乳肉检测中心的乳品检测研究室、内蒙古乳业研究院、自治区企业重点实验室、伊利集团博士后科研工作站、伊利集团乳业专利信息平台、伊利母婴营养研究中心、全国冷冻饮品标准化技术委员秘书处等。其中伊利母婴营养研究中心、全国冷冻饮品标准化技术委员秘书处等为2009年新设立。母婴营养研究中心的设立为伊利集团与国内外开展营养研究提供了很好的平台，而全国冷饮业首个专门化的标准制定机构——全国冷冻饮品标准化技术委员会将秘书处设立在伊利，是政府及行业对公司高度的信任和认可，充分体现了公司的技术实力。

二级平台为集团创新机构，包括集团研发、质量管理部门（包括中心检测和校准机构）、信息工程部门等3部门。二级机构参与制定集团的技术战略规划，开展对集团各技术部门工作的评估，同时参与集团各技术部门的战略规划、工作计划的制定以及相关项目的决策。二级平台除进行中长期和方向性研究，以便更好地为事业部提供服务和技术支持外，还管理国内产学研合作工作，充分利用外脑，对外开展技术合作、技术委托，并对国内外先进成果，积极引进、购买，与公司的现有技术相结合，推进技术进步。二级平台还对公司所需技术资料进行检索、收集，与事业部共享，为事业部技术研发提供有效支持。

第三级机构是5个事业部的技术研发部门，各事业部主要针对不同区域、不同消费群体的特殊消费需求进行现有品类产品研发，以满足消费者需要为研发宗旨，不断推出新产品，保证事业部生产和经营的产品始终具有较强的市场竞争能力。

三个平台吸纳了区内外大量乳业研究方面的优秀人才，人数达到了598人，其中，在技术中心开展工作的高级专家4人，博士8人。已经建立了一支知识全面、水平先进的技术研发队伍。与此同时，还邀请数十位国外专家来公司进行技术交流。此外，还鼓励员工进行继续教育，获得更高的学位，并与高等学校、科研院所联合培养博士后及研究生。

在研发管理中，选择一部分技术成果，积极开展科研成果水平的第三方评价。通过项目外部验收和鉴定，对公司技术力量进行展示和客观评价，让公司内的科研人员客观了解公司的技术和产品水平。

伊利集团共有5个中试实验室、1个中心检验实验室、6个乳品检测实验室和1个检定校准实验室，拥有一批先进的研发检验仪器。为了进一步强化研发和创新条件，2009年伊利启动了创新中心建设项目，项目规划投资1.3亿元，建筑面积16000平方米。创新中心小试和中试设备配置齐全。

为了方便研发，伊利集团建设了现代化的信息平台。引入了公司级信息管理系统（ERP）和一些专用的信息系统，如LIMS系统和研发管理信息系统等。此外，伊利集团构建了乳业专利信息平台，购入了多个科技文献数据库、全球新产品数据库、战略数据库和市场销售数据库，方便了科研人员的科研工作。

伊利集团2009年自主研发的项目数约110余项，内容涉及产品开发和产品改进，工艺研发和改进，设备研发和改进，产品营养功能研究，质量控制和检测方法研发，以及原料和产品安全性评估。其中，国家和地方支持的研发项目有16项，伊利公司对外合作项目有20余项。

2009年伊利集团承担的国家十一五科技支撑项目“新型乳制品研制及产业化开发”及“农牧交错区奶牛

养殖技术规范建立与高产核心牛群构建课题”已经取得多项成果，伊利集团承担的另一项国家十一五项目“乳酸菌资源库建设及益生菌发酵剂和制剂产业化示范”进展顺利。公司的产学研平台“自治区乳品安全与乳品深加工重点实验室建设”得到了呼和浩特市的重点项目资助。伊利集团作为国家农产品加工技术研发体系中的“国家乳制品加工技术研发专业分中心”，积极开展与国家农产品加工技术研发总中心的合作，并探讨分中心和总中心的合作模式。伊利集团与中国农业大学合作的博士后科研工作站的博士后完成了项目任务，顺利出站，新的博士后已经入站，项目工作已经展开。与内蒙古农牧科学院共同承担的内蒙古乳业研究院项目正在推进中。

2009年围绕“畅轻”酸奶产品，开展了国内首个酸奶产品的临床研究——“维持肠道健康通畅益生菌组合研究”，临床研究成果通过了食品科学技术学会和上海营养学会的鉴定，并且取得了很好的市场表现，该研究成果在国际乳业联合会（IDF）2009年度创新产品评比中获得了功能产品组的最高奖，这是国内乳品首次在国际上拿到产品创新奖。

伊利集团围绕母乳开展了持续6年的研究，并在国内建设了中国首个母乳数据库，基于多年母乳研究成果开发并上市的金领冠产品的配方设计体现了婴幼儿奶粉配方的国际领先水平，并获得了食品工业协会等机构的多项奖励。2009年伊利集团成立了营养领域的产学研平台“伊利母婴营养研究中心”，该中心的多个项目已经在开展。

2009年伊利上市新产品62个，新产品实现销售收入达到73亿元，使公司的产品毛利率有所提升，公司的产品结构大为改善。

在知识产权方面，2009年新申请的专利达190件，其中发明和实用新型专利达到140多件，而发明申请为100件，发明专利申请比例继续保持50%以上。截止2009年底，伊利集团累计受理并公开的全部专利申请数（发明、实用新型、外观）达到了959件，受理并公开的发明173件，受理并公开的实用新型84件，其中授权的发明专利数达到了10件。

在标准方面，伊利集团以技术标准发展战略为主导，结合乳品行业的实际情况，继续深入标准化研究，积极参与国家及行业标准的制定工作，不断完善和优化乳品行业的标准化技术创新体系。2009年，国家制定、修订乳品相关标准法规66余项，伊利集团在此过程中作出了应有的贡献。

国家学生奶计划

2009年国家学生饮用奶计划综述

2009年国家学生饮用奶计划推广工作，认真贯彻落实《中华人民共和国食品安全法》，提高学生饮用奶产品质量，确保学生饮奶安全，健康有序推进学生饮用奶计划推广实施，促进了我国牛奶消费和奶业发展。

（一）学生饮用奶推广范围不断扩大

2009年学生饮用奶计划在全国24个省、自治区、直辖市的（171）224个大中城市中的1万多所中小学校推广，实施“学生饮用奶计划”的学校以小学为主，占77.8%；每天供应学生饮用奶数量达到了470万份，其中在国家学生饮用奶计划办公室备案的定点生产企业供应数量为389（351）万份，同比增加10.8%。内蒙古、新疆、江苏、浙江、广东、重庆、湖南、上海等日供学生饮用奶份达到10万份以上，日供学生饮用奶份数分别为182.5万份、75.26万份、67.10万份、37.00万份、32.52万份、21.61万份、19.00万份、15.04万份。

内蒙古拥有伊利和蒙牛两大学生奶定点生产企业，生产设备先进，质量检验严格，配送体系完善。2009年日供学生饮用奶达到182.5万份，推广范围辐射全国的内蒙古、广东、山东、河南、福建、海南、北京、新疆、江苏、吉林、重庆、湖北、河南、海南等13个省、自治区、直辖市的88个城市和地区的3879所学校。其中内蒙古自治区呼和浩特市、包头市、巴彦淖尔市、鄂尔多斯市12个旗县区已经有133所小学的学生每天定点饮用10.28万份各种花色和口味的学生奶。呼和浩特市68所，占全市小学的78%；包头市33所，占全市小学的43%；巴彦淖尔市21所，占全市小学的71%饮；鄂尔多斯11所，占全市小学的58%。

新疆为应对国际金融危机等因素带来的经济奶粉滞销及原料奶、乳制品价格下跌的局面，振兴乳业，自治区人民政府适时出台《关于稳定新疆奶业发展的意见》，克服种种困难，努力稳定奶业发展，着力推广学生饮用奶计划。一方面组织制定了推进学生饮用奶12项管理办法和规程，使学生饮用奶计划在22县市、75万名义务教育阶段的中小学生中顺利推进，推广份数由不足10万份增加到75.25万份，同时，全年共核发原料奶贷款贴息、奶粉储备补助和奶粉外销储运补助三项补贴2200万元，在帮助乳品加工企业恢复生产、稳定信心方面发挥了积极作用。另一方面积极开展奶站的清理整顿工作，共改造奶站110个，取缔流动收奶站点189个，关停环境设施简陋的奶站30个，建成县级牛奶第三方检测站79个。

江苏省学生饮用推广工作继续保持良好的运行状态，日均供应量67.1万份，推广学校1989所，其中中学508所，小学717所，幼儿园664所。学生饮用奶定点生产企业自有规模奶牛场存栏奶牛3.5万多头，产奶牛1.9多万头，日产生鲜奶400多吨，学生饮用奶品种为全脂灭菌乳、全脂灭菌调味乳和全脂巴氏杀菌乳，主要供应省内各大中小城市，供应外省主要是河南。

广东省学生饮用奶推广工作也继续得到广东省政府的大力支持，在全省2520所学校推广学生饮用奶计划，其中小学2018所，中学502所；涉及城市173个，县镇552个；日供应学生饮用奶325220包（盒），其中纯牛奶212940包（盒），调味奶112280包（盒）。

重庆市2009年学生饮用奶供应数量和覆盖学校均比2008年有较大幅度的增长。重庆市天友乳业股份有限公司日供学生奶159424份，覆盖荣昌县、万州区、沙坪坝区、南岸区约450所学校。重庆光大(集团)有限公司目前日供应学生奶约5.7万份，供应江北区、南岸区、九龙坡区、巴南区等112所学校。

（二）监督管理工作不断加强。

2009年学生饮用奶计划不断加强监督管理，学生饮用奶产品继续保持了无质量安全事故的良好记录。完善了规章制度，建立健全管理机制，基本做到了管理工作有章可循。创新了监管方式，增强了应急管理能力，拓展了监管工作思路，完善了监管工作措施。

为贯彻落实《中华人民共和国食品安全法》，提高学生饮用奶产品质量，确保学生饮奶安全，健康有序推进学生饮用奶计划推广实施，促进牛奶消费和奶业发展，2009年国家学生饮用奶计划办公室开展了学生饮用奶质量内部检查工作，在35个学生饮用奶定点生产企业共抽取了的35个学生饮用奶产品，其中包括20个全脂灭菌纯牛乳，16个全脂调味灭菌乳，检测结果全部综合判定合格，合格率100%。

（三）奶源基地建设不断深入

奶牛单产和牛奶质量，并在加强示范基地自身建设的过程中，发挥好辐射带动作用，促进我国奶业的整体发展。目前已经有三批61个学生饮用奶奶源基地通过了验收，被确定为奶源示范基地，学生饮用奶的原料奶质量都达到或超过了国家标准的要求，第四批有42个单位正在创建学生饮用奶奶源示范基地，从源头上确保了学生饮用奶产品的质量和安全。

2009年内蒙古奶牛基地建设工作根据国家制订的学生奶源基地管理规定，要求牧场所引进的奶牛，必须是来自非疫病流行区的健康奶牛，持有当地动物检疫部门颁发的动物检疫合格证；进口牛只要符合《中华人民共和国动进出境植物检疫法实施条例》相关要求，并持有检疫部门办法的检疫合格证；凡外购牛只，进入厂区前都必须进行20天的隔离观察，确定健康的奶牛才可以进站、挤奶。发现体温升高和异常情况者，将不允许进入园区；奶牛入住之前，牛舍、奶牛运动场及饲喂器具要进行全面消毒；入住园区奶牛要在园区管理处登记、备案、及时进行奶牛基础资料信息化管理。保证了奶牛健康和奶源基地整体牛群安全及奶源质量。

（四）宣传教育活动丰富多彩。

国家学生饮用奶办公室除了继续通过《学生饮奶与健康》专刊和《中国学生饮用奶网站》，坚持宣传普及牛奶营养和科学饮奶等有关知识之外，还继续与教育部体卫艺司共同在《中国教育报》“学生营养与健康”专栏，宣传实施国家“学生饮用奶计划”的重大意义，普及牛奶营养和膳食平衡知识，介绍科学饮用牛奶常识，引导培养中小学生从小饮用牛奶的良好习惯，在各地学校收到良好效果，进一步扩大了国家“学生饮用奶计划”的影响。

2009年国家学生饮用奶计划办公室举办第二届“牛奶与健康”全国少儿绘画和作文大赛。各地积极协调当地教育部门、学生饮用奶定点生产企业、少儿活动中心等相关机构和单位，认真研究制定本地区参加大赛活动方案和办法；积极宣传大赛的重要意义，充分发挥定点生产企业的作用，密切协调教育部门广泛动员中小学生踊跃参加本届大赛活动。大赛活动历时8个月，共收到全国23个省、自治区、直辖市组织单位提交的作品3642篇（幅），其中，作文1803篇，绘画1839幅，参赛作品主题突出，立意新颖，质量较高，都围绕“牛奶、营养、健康”的主题，体裁多样，创意新颖，想象力丰富。作文体裁有散文、记述文、说明文、诗歌和寓言等；语言活泼、简练；作品构思新颖、布局巧妙，少年儿童的纯真童趣和对美好生活的向往跃然纸上。绘画作品采用素描、油画、卡通和国画等形式或几种形式的巧妙结合，色彩丰富，画面结构完整，充分发挥了少年儿童的想象力和创造力。经过评审，选出获奖作品273篇（幅），其中：作文一等奖5名，二等奖10名，三等奖20名，优秀奖100名；绘画特等奖1名，一等奖5名，二等奖10名，三等奖20名，优秀奖102名。

各地充分利用5月20日的“学生营养日”、6月1日的“世界牛奶日”和“国际儿童节”、“世界学生饮用奶日”等纪念日，举办形式多样的学生饮用奶计划宣传活动，宣传“学生饮用奶”的高品质和安全性，树立“中国学生饮用奶”品牌形象，提高学校师生、家长和社会各界对“中国学生饮用奶”的认知度，引导公众消费习惯。

广东省积极响应第二届“牛奶与健康”全国绘画与作文比赛，让更多的学生通过参加比赛来加深对牛奶的认识，不仅提高了学生的饮奶意识，同时提高了学生将美术绘画、创意、文字表达有机结合的综合美术创作能力；各定点企业印制了大量有关学生奶的宣传单张、海报及推广手册等发放给老师、学生和家长，通过各种趣味性活动让学生了解学生奶饮用小常识，加大学生饮用奶相关知识的宣传力度。广东燕塘乳业有限公司于寒暑假期间向广大学生推广“营养不放假”活动，宣传坚持饮奶的重要性；广州风行牛奶有限公司通过组织学生参观奶牛场、生产车间，了解牛奶的生产过程，深入浅出地介绍了乳制品消费和科学饮奶知识，现场解答参观者提出的问题，让学校方面更直观地了解学生奶的生产流程；深圳市晨光乳业有限公司配合利乐公司开展“学生体质升级计划”活动，通过各种趣味性活动让学生了解学生奶饮用小常识。

（国家学生饮用奶计划办公室　李　玲）

内蒙古自治区学生饮用奶计划实施情况

在国务院31号文件的指引下，在国家“学生饮用奶计划”部际协调小组办公室的大力支持以及自治区“学生饮用奶”领导小组的重视下，自治区学生奶办公室在相关企业及行政部门的配合下，克服重重困难，圆满完成了各项任务。

（一）学生饮用奶供应情况及供应份数

自治区两大学生奶定点生产企业，利用先进生产设备，严格的质量检验，完善的配送体系，严格按照国家的要求做到了学生奶安全、营养、方便、廉价。2009年在全国推广的同时在自治区呼和浩特市、包头市、鄂尔多斯和巴彦淖尔市等四个市积极推广。

产品品种：纯奶、原味、巧克力、草莓、桃桃、麦香、乳酸、茄茄、美美、核桃、圆圆等各种味道的学生奶。2009年9月，伊利的哆啦A梦版新装上市与小朋友见面，新装促销活动的跟进以及香草冰淇淋口味的加入让下半年的销量较上半年增长44%。

伊利、蒙牛两集团今年日供饮量182.5万份，其中蒙牛110万份，伊利72.5万。

配送情况：辐射全国的内蒙古、广东、山东、河南、福建、海南、北京、新疆、江苏、吉林、重庆、湖北、河南、海南等13个省、自治区、直辖市的88个城市和地区的3879所学校。其中内蒙古自治区呼和浩特市、包头市、巴彦淖尔市、鄂尔多斯市12个旗县区已经有133所小学的学生每天定点饮用10.28万份各种花色和口味的学生奶。呼和浩特市68所，占全市小学的78%；包头市33所，占全市小学的43%；巴彦淖尔市21所，占全市小学的71%饮；鄂尔多斯11所，占全市小学的58%。

2009年，由于“甲流”，伊利、蒙牛两大集团学生奶生产数量和推广数量有所增加，本地区推广学校有所减少。

（二）学生饮用奶计划的宣传、教育情况

积极宣传学生饮用奶计划，是开展“学生饮用奶计划”的重要工作，也是规范操作的基础，使老师、家长、学生和社会各界了解实施国家“学生饮用奶计划”的目的意义、方针政策及要求，给学生饮用奶计划营造良好的氛围，才能更好地推动“学生饮用奶计划”健康发展。因此，我们年内开展了如下活动：

1. 宣传“学生饮用奶计划”及示范学校项目 蒙牛集团争做学生奶第一品牌，从规范着手，确保学生安全饮用。

(1) 组织各地教委老师到就近生产事业部参观。

(2) 组织了客户团队和专员团队的技能培训，培训内容包括《学生奶知识》、《客户沟通技巧》、《社交礼仪》、《牛奶营养》等。

(3) 通过《致家长的一封信》，向400万个家庭进行了学生奶的宣传，使其了解孩子在课间饮用牛奶的意义。

2. 组织培训 针对学生奶饮用，对班主任及学生进行相关培训，包括：课间饮奶的好处、如何正确饮用、辨别问题包装、判断牛奶中毒与其他不良反应（乳糖不耐受症、蛋白质过敏症、群体臆症）等。

3. 宣传形象 从配送、存放、分发、饮用及回收等各环节上，统一宣传形象，为学生奶在校园内的推广创造良好的氛围。

4. 组织活动 伊利、蒙牛两个集团同时在全国“第三届‘牛奶与健康’全国少儿绘画作文大赛”，广泛宣传学生饮用奶的营养和社会现实意义。

5. 总结交流 2009年9月份，在国家学生奶办大力支持下在呼和浩特市召开全国学生奶办主任工作会，总结交流了各地经验，也深入探讨了我国学生奶工作的下一步发展方向。

（三）开展学生饮用奶质量监督监管情况

2009年8月，由自治区农牧业厅教育厅、卫生厅、技术监督局和内蒙古农业大学、内蒙古奶业协会的专家、教授组成的专家组，对伊利、蒙牛的生产车间、奶源基地进行严格认真的检查考核、鉴定验收后报到国家学生奶办，第三次被国家学生饮用奶计划部际协调小组认定为“中国学生饮用奶定点生产企业”。

2009年在学生饮用奶生产、配送、入校、饮用等各环节采取了严格的管理措施，在学生饮用奶推广过程中全程进行监督检查，没有出现质量问题，学生饮用奶推广工作顺利进行。

（四）奶源基地建设情况

2009年原计划鉴定验收7家优质奶源基地，但是由于专家工作协调原因，都推迟到2010年1～2月份验收。目前内蒙古自治区自2004—2008年通过验收的学生奶奶源基地共有13个，日生产奶量约为250吨。

2009年申报的学生奶基地，自治区申报了7个奶源基地，蒙牛4个，伊利3个。5月29～31日派项目认证专员与牧场相关技术人员参加了国家举办的学生奶升级培训，后期一直按照第三批学生奶升级标准执行，国家学生奶办的专家分别于8月12～15日和9月19日对学生奶基地进行实地考察指导，对于专家提出的整改意见，我们及时的出具了限期整改报告，并且要求企业落实追踪整改措施，并且自治区学生奶专家组成员对基地进行了实地检查和指导，企业重点落实专家提出的整改意见，保证顺利通过验收。

根据国家制订的学生奶源基地管理规定的具体要求，为保证奶牛健康和奶源基地整体牛群安全，确保牛奶质量，做了以下工作：

(1) 牧场所引进的奶牛，必须是来自非疫病流行区的健康奶牛，持有当地动物检疫部门颁发的动物检疫合格证。

(2) 进口牛必须符合《中华人民共和国动物进出境检验检疫法实施条例》相关要求，并持有检疫部门办法的检疫合格证。

(3) 凡外购牛只，进入厂区前都必须进行20天的隔离观察，确定健康的奶牛才可以进站、挤奶。发现体温升高和异常情况者，将不允许进入园区。

(4) 奶牛入住之前，牛舍、奶牛运动场及饲喂器具要进行全面消毒。

(5) 入住园区奶牛要在园区管理处登记、备案、及时进行奶牛基础资料信息化管理。

（内蒙古自治区学生饮用奶计划办公室　陈巴特尔）

江苏省实施国家“学生饮用奶计划”

2009 年，在省学生饮用奶计划实施协调小组成员单位的正确引导和协同监管下，江苏省“学生饮用奶计划”工作稳步推进，各项工作进展顺利。全省学生饮用奶日均供应量 67.1 万份，推广学校 1989 所，学生饮用奶质量安全得力，没有发生安全事故。

（一）学生饮用奶供应情况及供应份数

全省学生饮用奶定点生产企业总数达 32 家，其中维维食品饮料股份有限公司、江苏梁丰食品集团有限公司和南京卫岗乳业有限公司是报经国家学生饮用奶计划部际协调小组办公室备案的学生饮用奶定点生产企业。

江苏省学生饮用奶日均供应量 67.1 万份（即饮奶学生数），推广学校 1989 所，其中中学 508 所，小学 717 所，幼儿园 664 所。从 28 家学生饮用奶定点生产企业上报的月报表看，自有规模奶牛场存栏奶牛 3.5 万多头，产奶牛 1.9 多万头，日产生鲜奶 400 多吨。

江苏省学生饮用奶定点生产企业的学生饮用奶品种为全脂灭菌乳、全脂灭菌调味乳和全脂巴氏杀菌乳。主要供应省内各大中小城市，供应外省主要是河南。

表 9-1　2009 年江苏省学生饮用奶供应情况统计表

	供应学校和区域	实施的学校和区域数量（个）	供应学生饮用奶数量（份）
学校	中学	508	17.8
	小学	717	23.6
	幼儿园	664	25.7
	小计 1	1989	67.1
区域	城市	20	41.6
	县镇	65	25.5
	其他	—	—
	小计 2	85	67.1
品种	纯牛奶	—	39.4
	调味奶	—	27.7
	小计 3		67.1

（二）开展学生饮用奶计划的宣传教育情况

1. 转发地方政府部门支持学生饮用奶计划的政策文件　4 月 2 日，我办转发了张家港市政府办公室“关于进一步做好‘学生饮用奶计划’实施工作的意见”的通知（苏学奶办〔2009〕4 号）。为鼓励学生饮用牛奶，张家港市政府决定对“学生饮用奶”实施财政补贴，标准为：一般学生（包括外来人员子女学校学生）补贴 0.3 元/袋，低保特困家庭和低保边缘户的学生补贴 1.2 元/袋，每个学生限一天一袋。8 月 5 日，我办发出“关于转发高邮市纪律检查委员会等五部门‘关于进一步加强我市学生饮用奶规范管理的意见’的通知”（苏学奶办〔2009〕12 号）。为确保国家“学生饮用奶计划”的顺利实施，高邮市纪律检查委员会会同高邮市监察局、农林局、教育局、物价局，于 2008 年 4 月发出“关于进一步加强我市学生饮用奶规范管理的意见”（邮纪委[2008]20 号）。意见指出，要加大宣传力度，统一思想认识；要坚持政府引导，部门各司其职；要实行资质准入，坚持市场运作；要坚持自愿原则，规范收费行为；要加强过程管理，建立良好秩序；要建立防范机制，确保饮奶安全。意见实施一年多来，成效显著，该市学生饮用奶供应量逐步上升，2009 年上半年日供学生饮用奶一直保持在 3 万份左右，学生饮用奶计划健康有序运行。

省学奶办提出建议，各市学生饮用奶计划工作机构、各学生饮用奶定点生产企业主动与各有关部门、学校做好沟通工作，争取社会各方面的支持，加大学生饮用奶的宣传推广力度，抓好乳品质量安全监管工作，积极推进学生饮用奶计划健康、有序运行，进一步改善中小学生的营养状况，全面提高广大青少年的身体素质。

2. 举办定点生产企业质量安全控制培训　为强化江苏省学生饮用奶定点生产企业奶源基地建设，提高奶牛饲养管理水平，加强乳品生产质量安全管理与风险控制，确保国家“学生饮用奶计划”顺利实施，省学生饮用奶计划实施协调小组办公室于 2009 年 3 月 25~27 日在南京举办了学生饮用奶定点生产企业奶牛饲养管理与企业质量安全控制培训与交流会议，全省 31 家定点生产企业 40 多人参加了培训。会上，南京农业大学动物医学院徐立仁教授、南京农业大学动物科技学院王根林教授、南京卫岗乳业有限公司刘小军品控主管、徐州市家畜良种站刘世峰高级畜牧师、广西烨牧生物科技有限公司陈勇经理、省畜牧总站臧胜兵研究员等分别作了奶牛乳房炎诊断与控制、生鲜乳卫生质量安全生产技术规程、牛奶掺假的鉴别检测、牛的人工授精技术、科学养牛之奶牛与舔砖、学生饮用奶定点生产企业风险控制等专题讲座。部分企业就加强学生饮用奶的市场开拓作了互动交流。培训后，进行了书面考试。经考核合格的参会人员，由省学生饮用奶计划实施协调小组办公室颁发了培训考核合格（结业）证书。

3. 组织参加全国少儿绘画和作文大赛　4 月 27 日，我办发出“关于组织参加第二届‘牛奶与健康’全国少儿绘画和作文大赛的通知”（苏学奶办[2009]7 号），请各市学生饮用奶计划工作机构、各学生饮用奶定点生产企业认真组织参加，以进一步宣传和普及科学饮奶知识，努力扩大学生饮用奶计划实施范围，促进国产乳制品消费和奶业发展，增强少年儿童的身体素质，丰富中小学生课余生活。有关学生饮用奶定点生产企业积极联合市（县）团委、宣传、教育等部门，在中小学校组织开展大赛活动。本次大赛活动，共收到7家定点生产企业报送作文150多篇，绘画130多篇。省学生饮用奶计划实施协调小组办公室组织有关专家进行初评，共选出优秀作文、绘画作品各100篇，上报国家学生饮用奶计划部际协调小组办公室，参加评选。

（三）开展学生饮用奶质量的监督监管情况

1. 加强对学生饮用奶定点生产企业的监督检查 4～5月和10～11月，派员重点检查了部分学生饮用奶定点生产企业是否持续保持《江苏省学生饮用奶定点生产企业资格认定暂行办法》中规定的申报必备条件，学生饮用奶定点生产企业原料奶的质量和学生饮用奶的品种、质量、标识是否符合要求，有无以其他品种、质量、包装的乳品代替学生饮用奶向学校配送行为；有无制定学生饮用奶突发事件应急预案，建立和完善应急机制；有无建立严密的学生饮用奶质量安全责任制，形成覆盖学生饮用奶生产、配送、组织饮用和监督管理全过程、全方位、可追溯的责任体系等；着重检查了乳品供给链与学生饮奶安全控制情况。

2. 配合开展学生饮用奶定点生产企业质量安全内部检查 配合国家学生饮用奶计划部际协调小组办公室开展本年度学生饮用奶质量内部检查工作，发出“关于做好学生饮用奶质量安全内部检查准备工作的通知”（苏学奶办[2009]8号），以贯彻落实《中华人民共和国食品安全法》，提高学生饮用奶产品质量，确保学生饮奶安全，健康有序推进学生饮用奶计划推广实施，促进牛奶消费和奶业发展。热情接待并全程陪同农业部乳品质量监督检验测试中心专家至南京卫岗乳业有限公司、江苏梁丰食品集团公司、维维食品饮料股份有限公司抽取学生饮用奶产品。

3. 强化学生饮用奶定点生产资格认定管理 按照《江苏省“学生饮用奶计划”暂行管理办法》（苏农牧[2006]53号）、《江苏省学生饮用奶定点生产企业资格认定暂行办法》（苏农牧[2006]54号）的要求，在对群众反映的问题认真核查的基础上，取消了南通市爱特津乳业有限公司的学生饮用奶定点生产企业资格。

4. 开展定点生产企业质量评比活动 三鹿奶粉事件对我国奶业造成重大打击，味全配方奶粉、多美滋奶粉、特仑苏OMP问题使奶业深受影响，国家学生饮用奶计划的实施面临严峻的挑战，我办及时采取应对措施，发出“关于开展2009年度学生饮用奶定点生产企业质量评比活动的预备通知”（苏学奶办[2009]1号），“关于开展2009年度学生饮用奶定点生产企业质量评比活动的通知”（苏学奶办[2009]14号），通过开展2009年度学生饮用奶定点生产企业质量评比活动，提高江苏省学生饮用奶定点生产企业生产经营管理水平，确保学生饮用奶质量安全，扩大学生饮用奶的社会影响。南京卫岗乳业有限公司、江苏梁丰食品集团公司、维维食品饮料股份有限公司等10家定点生产企业被评为优秀定点生产企业。参加评比的各企业代表互相认真审阅评比材料，倾听企业代表演讲，根据《2009年度学生饮用奶定点生产企业质量评比打分细则》，本着认真负责、公平、公正的态度，实事求是点评，客观准确打分。评比结果表明，26家企业得分均在80分以上，令人特别欣喜的是90分以上的企业达24家，且95分以上的企业达14家，这充分说明各定点生产企业在学生饮用奶推广工作中，十分注重质量安全管理，在原料奶生产、加工过程、配送饮用过程质量安全控制等方面抓出实效。会上各定点生产企业进行精彩演讲，运用图文并茂的多媒体，展示了企业在学生饮用奶推广中在原料奶、加工过程、配送饮用过程质量安全控制等方面的具体措施、创新做法及宝贵经验，值得大家相互学习，共同提高。

5. 重视人民来信反映问题的处理 有人民来信反映江苏春晖乳业有限公司学生饮用奶QS安全标志超期使用问题，省学生饮用奶计划实施协调小组办公室高度重视，迅速与江苏春晖乳业有限公司吕晓峰副总经理取得联系，了解、核查有关情况，并责成公司报送有关材料。随后，多次与吕晓峰副总经理联系，督促其抓紧时间对人民来信反映的问题提交材料。之后江苏春晖乳业有限公司吴新代总经理专程来到南京，对人民来信所反映的问题作了情况说明，使问题得到了圆满解决。

（江苏省学生饮用奶计划实施协调小组办公室）

重庆市加强管理　切实保障学生饮用奶供应

学生饮用奶计划在重庆市政府和市农委的统一领导下，各协调小组成员单位大力支持，企业、学校共同努力，2009年推广学校达562所，日供学生饮用奶21.64万份，分别比2008年增长87%、334%。现对重庆市2009年实施学生饮用奶计划工作进行全面总结。

一、学生饮用奶供应情况及供应份数

目前有“天友乳业股份有限公司”（批准文号：SMC500701）和“重庆光大集团有限公司”（批准文号：SMC500802）两家学生饮用奶计划定点生产企业。

学生饮用奶计划严格按照《食品安全法》、GB7718-2004《预包装食品标签通则》及《我国“学生饮用奶计划”暂行管理办法》的规定和要求，学生奶产品执行国家标准 GB5408.2-1999《灭菌乳》标准，所用原料牛奶执行 GB6914-86《生鲜牛乳收购标准》，产品净含量符合 JJF1070-2005《定量包装商品净含量检验规则》规定，并严格执行国家对学生奶的相关质量要求，坚持不使用复原乳生产，不添加任何防腐剂；采用超高温瞬时灭菌生产工艺，无菌灌装。通过相关区县、企业、学校共同努力，2009 年学生饮用奶供应数量和覆盖学校均比 2008 年有较大幅度的增长。据天友乳业股份有限公司统计：截至 2009 年 12 月 10 日，日供学生奶 159424 份，覆盖荣昌县、万州区、沙坪坝区、南岸区约 450 所学校。重庆光大(集团)有限公司目前日供应学生奶约 5.7 万份，供应江北区、南岸区、九龙坡区、巴南区等 112 所学校。

二、主要工作和做法

（一）成立机构，保障计划顺利实施

除原有的市级学生饮用奶计划协调小组、学生奶办公室外，推广学生饮用奶计划的区县也成立了学生奶领导工作小组。由行政一把手挂帅，教委、质监局、卫生局、财政局、农业局、公安局等为成员单位。教委牵头，负责组织协调、宣传发动、招标采购、饮奶学生人数及学生奶发放；财政局牵头招标采购监督、经费划拨；质监、卫生部门负责质量监督；工商部门负责对定点企业的证照、学校周边商场进行管理；农业部门负责奶源技术指导，公安部门参与突发事件的处理。各单位分工协作，责任落实，真抓实干，保障“学生饮用奶计划”顺利实施。

（二）印发资料，做好宣传发动工作

为让学生及家长更多地认识、了解“学生饮用奶计划”的目的意义，牛奶的营养与饮奶好处，“天友乳业”专门印制了“告家长书”，“中国学生饮用奶工程”，牛奶营养知识及饮用方法，异常情况的处置等相关资料，制定了极具操作性的《宣传培训科学健康饮奶方案》，派出专业技术人员和从事客户服务管理工作的培训人员为学校和学生这一特定消费环境和消费者群体提供相应的产品专业知识和售后服务环节的培训。“光大集团” 配备了学生奶专业技术培训人员，面向配送学生奶的所有学校积极开展宣传教育活动，首先是对校医、班主任老师进行牛奶知识、食品卫生知识、正确饮奶方法、应急处理等知识进行培训；其次还印制了精美的《学生奶健康宣传手册》七万本，发放至每位小学生及家长手中，让执行学生饮用奶计划的学校在科学课、家长会上进行宣传与讲解，做到未雨绸缪，把宣传发动工作做到前面，保证了“计划”的顺利实施。

（三）落实责任，保证学生饮奶安全

两家定点生产企业加强了学生饮用奶奶源、生产、配送、入校、分发、饮用等各个环节的管理，市学生饮用奶计划管理部门按照国家学生饮用奶计划的有关要求，强化了监督监管措施，保障了在 2009 年学生饮用奶的推广过程中没有出现任何质量问题。

1. 企业管理方面

（1）备有完善的产品生产及检测标准

①生产方面：“天友公司”先后通过了 ISO9001 质量管理体系和 HACCP 食品安全管理体系认证，建立了较为完善的食品质量安全管理控制程序文件，以及食品危害分析、HACCP 计划、操作性前提方案等质量安全控制文件。三聚氰胺事件发生后，公司根据新的法律法规，进一步细化了原料奶的卫生及质量安全控制、采购材料索证验证的质量安全控制、生产过程中的过程检验和追溯性记录、产品出厂检验、食品添加剂的管理，以及质量安全的预警机制等，并建立完善了产品质量检验制度、从业人员健康管理制度、采购管理制度、生产过程管理制度、不合格品管理制度、产品出厂管理制度、产品召回管理制度等等，确保能够及时准确的查出食品质量安全隐患。产品严格按照国家 GB5408.2《灭菌乳》产品标准组织生产，严格产品放行程序，使公司产品质量安全得到有效控制。目前，根据国家相关标准，公司建立了 109 个产品标准，452 个技术标准，75 个管理标准。

②检测方面：按照食品质量安全控制要求，建立了较为完善的检测技术标准；并配置了国内外较为先进的检验设备，为学生奶质量安全控制提供了技术保障。同时建立了完善的质量安全管理制度及控制程序，原料、产品实行放行管理制度。对每批到厂原料按照标准进行严格的质量安全检验，做到不合格的原料坚决不使用，同时还对生产过程的关键控制点进行质量控制检验，做到不合格的过程产品不转序。对于学生奶产品，严格按照 GB5408.2－1999《灭菌乳》标准对每批产品进行感官、理化和卫生质量检验，同时还进行保温试验，合格方可放行，做到不合格产品坚决不出厂，充分保证了学生奶产品的质量和安全。

（2）完善的储运及配送管理体系（以万州学生奶为例）

①储运配送流程：见图 9-1

图 9-1 学生奶储运配送流程

②制定储运配送管理文件：仓储库房管理制度、产品进出库管理制度、物流配送操作规程。为保证学生奶的质量和及时配送，学生奶供奶企业采用专用的、全封闭的冷藏运输车进行专车、专人、定校配送。

（3）认真选择学生饮用奶储存场所及制定标准，见表 9-2。

表 9-2 学生饮用奶储存场所标准

项 目	标 准
楼层及通道	底楼，便于运输车进入。
离地高度	产品底层垫托板，离地 10 厘米以上。
堆放高度	砖型包装不得高于 8 层，摆放整齐。
与墙面的间隙	四周离墙 50 厘米以上，或者放置隔离板隔湿。
温湿度	常温、阴凉干燥。
环境	干净，无“四害”，保持干燥、通风，避免阳光直照。
产品状态	纸箱无挤压变形、破损、渗漏、受潮等不合格现象；产品无变味、胀包、变色等不合格现象。

（4）完整的危机处理预案。为健全学生奶质量安全管理机制，确保学生奶突发事件得到及时、妥善处置，有效的控制影响，最大限度地将损失降到最低程度，两家定点生产企业均成立了应急处理小组，制定了《学生奶突发事件应急预案》。

（5）校内规范操作。所有实施学生饮用奶计划的学校，在企业的帮助下，分别建立了“学生饮用奶领取及分发制度”、“ 学生饮用奶饮用流程”、“ 学生饮用奶废包回收制度”等等。

（6）承诺保障。鉴于该学生奶项目的特殊性，对所生产的学生奶产品均进行了产品保险。

2. 部门监管 为了确保学生饮用奶质量安全，规范原料奶市场秩序，促进奶业健康有序地发展，市学生饮用奶计划协调小组组织市畜牧技术推广总站、市农业行政执法总队、市动物疾病预防控制中心等开展了学生饮用奶原料奶质量和产品的专项检查。从学生饮用奶原料奶质量、生产加工的设备工艺、配送体系、质量保证体系、应急预案、产品保险、重大产品质量事故等各个环节，进行了认真的核查，结果是重庆市两家学生饮用奶定点生产企业的产品均是合格的。通过定期不定期的方式，对本市学生奶供应企业的学生奶产品质量进行监督检查，从源头上杜绝不合格产品流入学校。

（四）创建基地，保证产品质量安全

1.“天友乳业” 天友学生奶奶源基地目前主要有三个：北碚天友牧业有限公司、万州天友百特畜牧有限公司和江北的金宏畜牧有限公司。为加强学生奶奶源基地质量管理，全面引入了 ISO9000 和 HACCP 质量管理体系，制定了严格的质量管理制度，配备了先进的检测仪器和设备，并对每一批牛奶进行了三级检测，保证了奶源质量安全。并且积极创建第三批学生奶奶源基地创建工作，计划明年 3 月份进行验收。

2.“光大集团” 积极响应学生饮用奶奶源升级计划，学生奶生产所需的原奶全部来自自己的三大核心奶牛场，2009 年 10 月三大牧场全部通过了欧盟良好农业规范（GAP）一级认证，2009 年 11 月顺利通过了国家学生奶奶源示范基地的现场验收。生产的学生奶，已通过了国家绿色食品认证，并被评为重庆名牌农产品。优质的原料奶保证了学生奶产品的质量安全。

三、2009 年学生饮用奶供应情况（表 9-3）

表 9-3 2009 年学生饮用奶供应情况调查表

	供应学校和区域	实施学校和区域数量（个）	供应学生奶数量（包/盒）
学校	中学	2	206（份）
	小学	560	21.62（万份）
	小计 1	562	21.64（万份）
区域	城市	326	16.21（万份）
	县镇	236	5.43（万份）
	小计 2	562	21.64（万份）
品种	纯牛奶	/	12.98（万份）
	调味奶	/	8.66（万份）
	小计 3	/	21.64（万份）

注 本表数据截至 2009.12.14.

（学生饮用奶计划协调小组办公室 罗健）

新疆维吾尔自治区齐抓共管 全面推进学生饮用奶计划

在新疆维吾尔自治区党委和人民政府的高度重视和正确领导下，在自治区畜牧厅、教育厅等七厅局和各地党政机关、相关部门的大力协作和积极配合下，自治区学生饮用奶计划推广工作于 2009 年 6 月 1 日正式启动，在全自治区 15 个地（州）的 22 个县（市）城镇中小学中顺利实施，成效显著，得到了社会各界、广大师生和学生家长的广泛赞扬，受益学生达 745966 人，占全自治区城镇在校中小学生总人数的 58%。

（一）领导重视，分工明确 2009 年 3 月，自治区人民政府出台《关于稳定奶业发展的意见》（新政发〔2009〕27 号），提出了全面推进自治区学生饮用奶计划工作的工作方案。为切实落实各项措施，自治区人民政府成立“落实自治区稳定奶业发展意见工作协调领导小组”，并于 4 月印发《关于印发自治区稳定奶业发展意见任务分解的通知》（新政办发〔2009〕48 号），将全面推进学生饮用奶计划具体工作任务分解到各厅、委、办、局等成员单位。畜牧厅成立“学生饮用奶计划”工作领导小组，积极开展调研，联系协调各成员单位，就推进方案、管理办法、配套规定和措施、企业和奶源基地认定、学生饮用奶进校等工作协调沟通，同时积极推进生鲜乳质量安全监管工作；教育厅也相应成立“推进学生饮用奶计划”工作领导小组，积极组织学校开展科学饮奶宣传和培训、调查核实实施“学生饮用奶计划”学生人数，组织学校奶券发放、产品领取、学生饮用等工作；财政厅积极落实并拨付补贴资金，监管各地资金使用情况；质量技术监督局、发改委、卫生厅等成员单位也在各自职责范围内，相互协同，齐抓共管。

（二）全面推进，成效显著

1. 切实改善青少年营养状况，培育乳品消费潜在市场 经过一年来大力推进，自治区学生饮用奶计划推广工作顺利实施，饮奶学生在数量和饮奶质量上得到了极大保障，饮奶人数相比2009年以前的2万～3万名中小学生迅速扩大到全自治区15个地州（市）22个县市的74.60万名中小学生，乳品消费潜在市场逐步形成和扩大。

2. 稳定奶业发展，保障企、农利益 “学生饮用奶计划”推进工作后，全自治区生鲜乳价格逐步得到稳定并不断回升，目前，各地生鲜乳收购价普遍比2008年年底提高1～1.5倍，奶农信心得到了恢复，生产积极性不断提高。同时，在乳品消费淡季，生鲜乳价格下降幅度变小，淡旺季区分逐渐不明显，促进了奶业健康发展；从一年的实施情况来看，大力推进学生饮用奶计划对稳定发展奶业、培育品牌和增加农牧民收入起到了积极的推动作用。

3. 强化质量安全监管，提升乳品整体质量水平 学生饮用奶计划的首要原则是“安全”，自治区通过制定和出台《新疆维吾尔自治区学生饮用奶计划暂行管理办法》等多种规章办法、严格评审奶源基地和生产企业，不断加强奶源基地和生产企业的质量控制，提升了内部管理水平，促进了乳制品整体质量控制水平的提高，同时，学生饮用奶计划与“乳品质量安全监管、生鲜乳收购站安全整治”等工作形成合力，进一步规范了生鲜乳收购站建设和秩序，加快了奶牛饲养向规模化、标准化养殖的发展进程，提高了奶牛饲养管理水平和生鲜乳质量。目前，在保障学生饮用奶产品质量的同时，市场销售的商品奶的整体质量有了明显的提高。

4. 积极探索合理模式，不断创新推广机制 为顺利实施学生饮用奶计划，全自治区15个地州和22个县市积极探索适合本地的学生饮用奶推广机制和模式，首先，各地在借鉴内地成功推广模式的基础上，采取“政府主导，市场运作，企业、学校和社会各界广泛参与”的运行模式，坚持“保证奶品质量，坚持群众自愿，运用市场机制，不强求一律”的原则，因地制宜，形成学生课间饮用方式，学生领回家饮用方式，校外网点凭券领取以及IC卡刷卡领取四种学生饮用奶配送供应方式，走出了一条符合新疆各地实际的推广道路，目前，采取奶券方式的一些城市如乌鲁木齐市等正在积极探索新的方式，即依托“社区电超市”电子网络服务平台配送、发放学生饮用奶产品，此方式可为政府、企业和学校减少管理环节、减轻工作量，降低企业的配送、自建渠道费用和管理成本，并为管理部门提供准确的管理数据；其次，为确保学生饮用安全，自治区明确学生饮用奶产品必须是超高温灭菌奶，严格评审和备案工作，降低了学生饮奶的安全风险。

5. 示范带动其他地区，产生连锁效应 在学生饮用奶计划的推动下，带动了许多地区的积极性，一些地方为使更多青少年享受这一惠民政策，自筹资金扩大实施范围，石河子市为使团场少年儿童与市区学生同样感受到自治区党委和政府的关怀，在原计划3.47万名中小学生享受财政补贴的基础上，由石河子市和团场两级财政计划每年拿出专项资金1560余万元，将补贴范围逐步扩大至所属各团场的中小学校，目前，已使市区和垦区50419名中小学生享受到了学生饮用奶的补贴政策，覆盖范围占石河子市全部中小学生（九年义务制）的66%。阿合奇县不在2009年学生饮用奶计划推广范围内，没有自治区财政补贴政策的支持，但该县在严格保障生鲜乳质量安全的基础上，每月由财政拿出173430.4元对全县7580名学生每天饮用200毫升鲜奶进行补贴，取得了较好的实施效果。通过在重点城市实施学生饮用奶计划，带动了其他地区的积极性，促进了这一惠民工程的进一步扩大。

6. 齐抓共管，全力推进学生饮用奶计划 各级相关部门相互协调，进一步加强监管，畜牧主管部门严把学生饮用奶奶源质量安全关，大力提升机械化挤奶水平，开展经常性监督检查和质量安全培训工作，教育主管部门积极宣传教育，指导学生科学饮奶；卫生、质监、工商等部门严格执行国家标准，采取学生饮用奶产品每批次检查、留样备检的方式，特别是伊犁州采取“三查一报告”即：进货查验、生产过程检验、成品检验和销售记录报告，确保产品质量安全。

（新疆维吾尔自治区学生饮用奶计划协调办公室）

奶业科技

2009年国家奶牛产业技术体系工作情况

国家奶牛产业技术体系 首席科学家办公室
中国农业大学动物科技学院 李胜利 黄文明 周鑫宇 曹志军

国家奶牛产业技术体系（以下简称“体系”）建设依托单位为中国农业大学，下设首席科学家办公室、6个功能研究室和24个综合试验站。现拥有25名岗位科学家、24名综合试验站站长，共200余人的研究团队。岗位的设置基本保证了我国奶业研究的主要大学和科研单位都有岗位专家，优势产区设有试验站的布局，为构建国家奶牛科研与推广的产业技术体系打下了坚实基础。

2008年下半年至2009年底，中国奶业进入了“后三聚氰胺”时代，面对低迷的乳品市场，倒奶杀牛继续上演，蒙牛特仑苏OMP事件和部分地区疾病频发更是雪上加霜，中国奶业遇到了前所未有的困难。但从2009年7月对国内6个奶牛主产省、自治区的大量走访、调研结果表明，虽然存在倒奶杀牛现象，但也有规模牧场大量购入高产牛，乳品市场明显活跃，奶价显现出回升的趋势。截至2009年11月，奶业消费市场已经恢复到三鹿奶粉事件前的90%以上，体系综合试验站及所示范带动的养殖场（或小区）均处于盈利状态。在这期间体系做了大量的工作，受到政府、行业协会、企业和广大奶农的认可和鼓励。

（一）2009年完成的工作

根据体系2008—2012年规划，2009年度岗位科学家和试验站站长都能够做到识大体、顾大局、认真工作，围绕既定目标，圆满完成了体系四大任务：

1.重点任务 围绕解决奶牛生产安全、提高单产和奶牛养殖业效益的技术问题开展相关工作：转基因牛乳成分分析方面，通过实验表明转基因和克隆技术并未对牛奶的成分组成造成影响。高产奶牛生殖生理研究及提高奶牛繁殖效率综合技术措施的试验示范方面，已整理集成《高产奶牛繁殖管理技术规程》，引入繁殖管理100天关键控制点等相关概念，以及规范生殖激素制剂的安全使用方法和程序。奶牛繁殖力相关遗传因素分析方面，已完成通过汇集奶牛繁殖信息、抽样确定符合试验要求的奶牛头数及采集血样等工作。待其他引物扩增条件优化完毕后，将进行下一步的酶切或是PCR-sscp检测后，进行基因判型，将不同基因型进行测序后，进行相应的关联分析，得出相应的结论。完成了一代GI数据库的完善及新一代GI2008的建立，较一代GI相比，GI2008在研究领域应用科学性更强，在粗饲料品质评定方面又是一项重要的创新性成果。在机械化水稻秸青贮技术及其应用方面，采用水稻割前机械脱粒、田间捡拾打捆、直接添加发酵剂和拉伸膜裹包等连续的青贮制作工艺技术，使水稻在田间直接进行机械化青贮成为可能，该项技术从配套机械设计到直投式水稻青贮专用添加剂都拥有自主知识产权。通过流化床实验机，利用旋流床制粒，底喷床包衣技术，采用数种材料进行不同配比及比例的试验，对过瘤胃胆碱的制备及在泌乳前期、围产期奶牛日粮中适宜添加水平进行了研究，建立了过瘤胃胆碱的制备方法，并得到预期实验结果。

通过收集的30 316条DHI记录来研究胎次、泌乳天数及乳成分对牛奶尿素氮含量的影响，对日粮因素、胎次、泌乳天数及乳成分对牛奶尿素氮含量的影响进行了研究，最后通过收集的21个（92个处理组，551头奶牛）有关中国荷斯坦奶牛MUN的试验来分析日粮因素对MUN值的影响。研究结果表明：胎次对MUN值有极显著影响，影响MUN值的主要因素有日粮CP、NEL、RDP、RUP、N:P，其中日粮CP是首要影响因素。筛选了风味差异化的用于酸奶发酵剂生产的乳酸菌11株。经研究发现，通过适当提高均质压力可以有效地改善UHT奶的品质，缩短发生脂肪上浮的时间。

2.基础性工作 在标记ILSTS096、MNB-86、BL41、MCM58、DIK4353、BMS2904区域发现了对产奶性状和功能性状有显著影响的QTL，为进一步精细定位和功能基因位置候选克隆奠定了基础，也为奶牛的分子标记辅助选择提供了可能。引进美国、加拿大的优秀荷斯坦牛胚胎。部分试验站制定出了育种核心群的选育方案并初步开始实施，基础条件较好的奶牛场继续实施MOET-AI技术推广，并培训相关技术人员。继续扩大生产性能测定范围，调查、收集奶牛养殖业遇到的实际问题与技术需求信息，开展了奶牛日粮蛋白饲料利用体系的研究，拟提供奶牛场科学的日粮配方，降低奶牛饲料成本。建立了引入美国 CNCPS 体系对采集原料的营养成分进行全面测定和分析，建立一套具有地方特色的以 CNCPS 为参考的奶牛常用饲料 CNCP 体系数据库，共采集、完成 176 种样品常规营养成分的测定。

建立了奶牛主要疫病数据库。将近年采集的奶牛血清近 16900 份，按年度、奶牛场进行了分类登记和保存，建立了近 10 个规模化奶牛场奶牛血清样品库。确立了 4 个口蹄疫、布病等重要动物疫病综合防控技术示范基地奶牛场，建立了长期、周期性的血清样品采集。对口蹄疫、布病、牛病毒性腹泻病等进行了血清抗体检测，及时分类、归档，建立了东北地区区域性奶牛主要疫病数据库。调查了不同国家牛用兽药制剂的上市情况，分析了不同国家牛用兽药规定的 MRL 差异，编制分析了我国的牛用兽药制剂目录，整理了休药期和弃奶期等相关信息。初步建立了奶牛病原菌耐药性监测系统。采用网络信息平台，结合地理信息数据，实现奶牛病原菌耐药数据的远程分布采集，集中管理与维护，具有操作便利，数据统一共享、图表输出直观等特点。奶牛耐药性监测系统包括耐药性数据库和数据检索系统，目前已建立奶牛病原菌耐药性数据库，初步完成奶牛病原菌耐药性数据检索系统的开发工作。编辑发行《中国奶业经济形势月度分析报告》，目前已经发布 6 期。

3. 前瞻性研究 转基因构建中标记基因安全性评价，分析结果表明标记基因的表达没有增加转基因器官的异常，与器官异常无相关，该检测结果为转基因动物的生物安全评价奠定了基础。转入 LF 和转入 LZ 牛乳毒理学研究，结果均未见转入乳铁蛋白全乳粉有致突变作用。荷斯坦牛泌乳性状候选基因研究，结果表明 PRL 基因对产奶量有显著影响（$P<0.05$），β-Lg 基因对乳蛋白率的影响显著($P<0.05$)。采用研究人和小鼠乳腺干细胞的方法来初步研究牛乳腺干细胞。结果表明悬浮培养所得的 mammospheres 中 CD29+的比例明显高于贴壁培养细胞。

种公牛精液品质分子标记筛选。研究选择参与精子发生的生殖激素及其受体基因以及与生殖有关的基因等 7 个，分析它们在荷斯坦种公牛群体共 122 个样本中的多态性，并探讨不同基因型与公牛精液的顶体完整率、畸形率、采精量、精子密度、原精活力和冻后活力等性状的关系，共发现 3 个多态位点对上述精液品质性状有显著影响。初步建立了奶牛乳腺上皮细胞三维培养系。通过设定不同的细胞接种浓度、胶的敷设厚度、细胞接种方法及培养时间，来确定能够形成腔状腺泡结构的奶牛乳腺上皮细胞三维培养体系的最佳条件。

围产期奶牛氨基酸平衡和营养保健技术的研究。本研究通过在日粮中补充必需氨基酸和抗氧化应激添加剂酵母铬或酵母硒来改善奶牛在产犊后蛋白质营养状况，同时提高处在围产期的奶牛的抗氧化应激的能力和免疫力，有效避免产后代谢疾病的发生。初步试验结果表明，在围产期平衡氨基酸日粮有利于改善蛋白质的利用效率，降低体内蛋白质动员的损失程度，发挥奶牛在产奶高峰期的泌乳潜力。在日粮中补充酵母硒或酵母铬均可以改善奶牛抗氧化能力，增强奶牛在围产期的抗感染能力。这对于有效预防产后综合症具有重要意义。

初步建立了 PrPSc PMCA 检测技术，PMCA 技术对于疯牛病检测和研究具有重要意义。建立了检测牛口蹄疫血清抗体的间接 ELISA 方法，本方法可用于感染和免疫牛群的抗体检测。建立了逆转录环介导等温扩增技术（RT-LAMP）检测牛病毒性腹泻病毒（BVDV）RNA 的特异性检测方法，该方法无需特殊设备、简便易行、检测成本低廉、敏感性高于 RT-PCR 方法。建立乳房炎菌种库和抗耐药菌药物的研究。

小鼠新孢子虫病动物模型的建立及在其体内发育过程的研究，为奶牛新孢子虫生活史的研究奠定基础。建立了牛奶中阿维菌素类药物包括伊维菌素、阿维菌素、多拉菌素和埃普利诺菌素残留的高效液相色谱法检测方法。以大肠杆菌融合表达的口蹄疫病毒结构蛋白 VP2 为包被抗原，建立了检测牛口蹄疫血清抗体的间接 ELISA 方法。检测已知阳性感染牛血清 37 份和阴性血清 99 份，敏感性和特异性分别为 97.3%和 100%；检测 364 份免疫牛血清，与 4 种商品化试剂盒符合率分别为 69.0%、95.0%、90.4%、86.8%。除 VP1 方法外，与其他三种商品化试剂盒均具有良好的符合率。抽检的 3 个规模化奶牛场免疫口蹄疫 O-Asia Ⅰ型二价苗牛血清 120、180 和 64 份，阳性率分别为 60.0%、87.8%和 89.1%，与牛场免疫次数呈正相关。本试验建立的间接 ELISA 方法就是对这一研究结论的初步探索。本研究为口蹄疫的血清学诊断又提供了一个新的可选方法。

奶牛口蹄疫疫苗免疫和自然感染抗体鉴别检测间接 ELISA 方法的研究。已研制成一种可用于鉴别口蹄疫疫苗免疫和自然感染抗体的非结构蛋白串联表位肽抗体检测间接 ELISA，通过基因工程手段人工合成优化改造后的口蹄疫非结构蛋白 B 细胞抗原表位基因，通过 Western blot 方法鉴定表达的 7 种串联非结构蛋白抗原表位多肽与口蹄疫感染阳性血清反应，与免疫阴性牛血清和非免疫阴性牛血清不反应。以表达量高、抗原性强的 8BF 蛋白为包被蛋白建立的 8BF-I-ELISA 具有良好的敏感性和特异性。

制定了牛奶中阿维菌素类药物残留的测定—高效液相色谱法、牛奶中头孢喹肟残留量的测定—高效液相色谱法以及饲料、鸡蛋、牛奶和奶粉中三聚氰胺残留量的快速检测—酶联免疫吸附法的国家标准。成功研制出阿莫西林+舒巴坦+泼尼松龙复方乳房灌注剂，建立了阿莫西林、舒巴坦、泼尼松龙三种药物成分在牛奶中的残留检测方法，研究了该复方制剂在乳中的残留消除情况。

开发出新型高效棉酚脱毒工艺。采用硫酸亚铁、氢氧化钠溶液、瘤胃液和微生物（酵母菌和乳酸菌）分别对棉籽饼、棉粕、棉籽壳以及尿素对棉花秸秆进行脱毒试验，最终筛选出一种经济、实用、效果好，易于在生产实践中推广和应用的脱毒方法，为棉副产品在全疆乃至全国的有效利用提供科学的依据。建立了气相色谱内标法检测牛奶中10种有机磷类农药和3种氨基甲酸酯类农药的含量的方法与程序。

从犊牛皱胃中克隆凝乳酶基因，成功构建毕赤酵母基因工程菌，表达出了具有生物活性的重组凝乳酶。通过对酶学特性的研究，证明了重组凝乳酶与商品凝乳酶酶学特性相近。进行了重组凝乳酶在干酪加工中的应用研究，确定了应用重组凝乳酶生产 Cheddar 干酪的加工工艺。重组凝乳酶生产干酪与商品凝乳酶在凝块硬度，凝块切割时间及凝块得率等各个指标均无明显差异。从自然界分离出 50 余株霉菌，对其产凝乳酶性能及蛋白水解活力进行了考察，并对 26S rDNA D1/D2 基因进行扩增并测定序列，筛选得到了具有较高凝乳活力的米根霉、黑曲霉和微小毛霉各 1 株。分别设计了培养基成分和培养条件的优化试验，通过试验确定了上述霉菌的发酵工艺。在试验确定的最佳工艺条件下，测定的上述几种霉菌所产的凝乳酶比活力值均达到 100000U/佛山市南海东方澳龙制药有限公司以上，说明其均具有较好的工业应用前景。

在 450 余株乳酸菌中筛选出 6 株具有优良生产性能的干酪生产用乳酸菌，分析其发酵特性，对其生长条件进行优化，并对干酪生产用乳酸菌的高密度培养和发酵剂研制展开了系统的研究。并通过优化乳酸菌培养条件，建立了一套干酪生产发酵剂高密度培养发酵技术，开发干酪加工用乳酸菌发酵剂 2 种，完成干酪生产发酵剂高密度发酵技术集成。系统研究液态奶加工中不同均质工艺条件对 UHT 奶长时间贮存过程脂肪、蛋白质存在状态的影响。首次证实通过均质压力的改变可以有效缓解 UHT 奶长期贮存过程中的脂肪上浮和蛋白质沉降的问题。已经完成《国际金融危机对我国奶业的影响分析》的研究报告、“节粮型奶业研究报告”初稿和“奶业可持续发展研究报告”初稿。

4. 应急性工作与成果　沿着奶业链条从奶牛饲料以及奶牛饲养过程中环境、水、土壤污染；奶牛（冻精、胚胎等遗传物质引进）引种和繁殖激素使用；生物安全（布病、结核、口蹄疫、疯牛病，病原微生物）。化学物质如兽药（包括激素、疫苗类，重金属等）；奶源污染（人为添加诸如三聚氰胺等或者外源污染物）；加工可能给原料奶和奶制品带来的隐患进行认真梳理，从而为我国奶业发展提供风险分析报告。

2009 年初针对“后三聚氰胺”时代奶价低、奶农心态不稳、乳企拒收原奶现象时有发生等现状，多次组织相关人员深入各大奶牛场、园区和奶农进行实地调查统计，及时将数据和存在问题以及建议上报国家行业主管部门，并通过简报的形式报送各优势省区行业主管部门，以采取适当的政策和措施，最大限度减少奶农的损失，促进奶业健康可持续发展。2009 年 1～6 月开展三聚氰胺在奶牛体内代谢规律研究。按照低等剂量、中等剂量和体内消除试验分别进行。试验结果表明牛奶中三聚氰胺含量变异系数达 15%，血浆中含量变异系数达 40%。添加后，牛奶和血浆中都是在第 3 天达到三聚氰胺含量的最高峰，之后达到平衡。鉴于试验数据变异幅度大，取统计中 99％的概率，根据本试验测定结果，饲料中添加三聚氰胺的浓度在不超过 265 毫克/千克的前提下，乳中三聚氰胺含量低于 2.5 毫克/千克。为农业部指定相应限量标准提供了有力证据。

2009 年 11 月 10～17 日，石家庄突降暴雪，岗位科学家和试验站站长带领团队成员，深入重灾区，指导奶牛养殖生产。及时用专报形式汇报灾情。针对牛舍倒塌、挤奶厅不能正常工作、牛奶产量下降等问题，提出了五条措施：清扫牛舍和运动场积雪；尽快恢复正常挤奶；增加饲料喂量和维生素 E 和 A；搞好消毒工作；牛舍重建采用夹层彩钢板，增加支柱支撑机构。及时完成农业部交办的临时任务。主要包括：农业部“948”项目推荐与评审；关于设定《生鲜乳安全标准》中“体细胞数”指标的建议；关于设定《生鲜乳安全标准》中“蛋白质”指标的建议；参加奶站整顿治理工作，并参与奶站工作检查督导。

5. 基层奶农培训工作　为积极应对奶牛产业面临的危机，发挥行业科技、行业专家在奶业行业中的作用，帮助奶农摆脱困境。体系各功能研究室围绕奶牛日粮调控、繁殖与配种、疾病防控、牧场经营管理、牛奶安全生产等分别开展了培训，在培训的同时帮助奶牛养殖场解决生产中的疑难问题。培训采取以体系岗位科学家为技术骨干，以综合试验站作为主要的培训示范基地，与奶牛优势区域的畜牧厅（局）地方培训计划紧密结合，使科学家的技术能力与当地培训资源优势互补，以满足在奶业发展过程中对技术和专业人员的需求。

2009 年在全国奶牛产业优势区域举办了 10 期“金钥匙”培训，共 112 场报告和讲座，累计 25 个培训日，培训 2670 余人。通过实践，“金钥匙”工程培训计划已成为奶牛产业技术体系的培训者、技术示范与推广的重要抓手，也是国家奶牛产业技术体系技术创新成果向产业转移延伸的有效平台。相信坚持数年，一定会成为我国科学技术推广体系建设中的一支技术领先、充满活力、拥有实力、广受欢迎、直接推动产业技术进步的生力军。

2009 年遗传育种与繁殖功能研究室、疾病控制功能研究室、营养与饲料研究室和乳制品加工研究室分别举办了 4 次培训班，培训总人数达到了 700 人次。体系在完成内部各功能研究室举办培训基础上，还协助全国畜牧总站完成6期全国奶牛标准化规模养殖培训班，主讲专家主要来自于奶牛体系专家，体系内多名科学家为师资培训班授课，培训总人数超过800人次。同时，体系专家还参加了全国政协的“奶业振兴态势分析会”等奶业相关培训、会议，由岗位专家或站长参加的培训会260次，培训人数达到5300人次。

6.宣传与简报工作 2009年3月份，体系通过实地调研和电话采访全国14个省、自治区规模牛场、养殖小区或散养户了解“三鹿奶粉事件”对我国奶业的影响程度。调研结果表明，各地区都存在不同程度的“倒奶杀牛”现象，奶牛头数明显减少，奶价急剧降低，乳品市场萎缩，奶粉大量积压，形成调研报告。为了解我国奶业经过“三鹿奶粉事件”和“金融危机”的冲击后的恢复情况，体系特组织从2009年7月10～20日，对黑龙江省、内蒙古自治区、宁夏回族自治区、天津市、山东省、山西省共六个省、自治区、直辖市的奶牛养殖重点县市进行抽样调查，形成调研报告，出版了体系工作简报重点介绍调研情况。

加强了国家奶牛产业技术体系在《中国畜牧杂志》和《荷斯坦》两个体系专栏的建设力度，2009年体系在中国畜牧杂志共发表科研论文11篇，荷斯坦杂志发表文章和相关报道20篇。其他报刊、杂志、网络等体系相关报道达到200次以上。2009年共出了4期工作简报、1期科技简报和6期奶业经济月度报告，总共发放量约1800册。内容主要涉及国家奶业政策、国内和国际奶业发展动态、奶业发展过程中存在的现象、出现的问题和政策性建议，以及奶牛体系岗位科学家和站长的最新科研成果，体系简报和月报报告已经成为国家和各省行业主管部门了解国内外奶业发展、存在的问题和趋势的一个重要参考资料。

2009年国家奶牛产业技术体系共发表文章217篇，其中SCI收录28篇。鉴定成果9项，专利34个（包括已受理），标准15个（包括国标、行标和地标），主要包括《粗饲料营养品质评定-GI法》（国标）、《乳用母犊牛、育成牛饲养管理规程》（地标）等。出版《奶牛饲养营养实用技术手册》、《奶牛场经营与管理》等专著14部。

（二）2009年取得的成绩和获得的经验

1.转变科研观念 奶牛产业技术体系建设项目的实施，彻底突破了传统的科研体制的束缚，使科研工作者能够站在产业链上的高度找出限制产业发展的问题，同时借助产业体系这个平台把研究成果和适用技术直接应用到产业发展中。奶牛科学研究有周期长，投入大，产业链环节多等特点，没有长久的科研积累和稳定的经费支持是不可能获得“看得见、用得上、经济适用”的示范技术，这是旧的科研体制下无法实现的。而奶牛产业技术体系以产业为主线，统揽全局，引导科学研究从产业链上寻找技术突破口，组织协调各奶业优势区域的科学家和试验站站长分工协作共同完成产业发展需要的共性与关键性科研任务。此外，由于体系直接给基地划拨科学研究和技术示范经费，因此，从制度上保证了奶源基地和科研单位之间的密切合作关系，激发了产业基地对解决产业发展所面临技术难题的科研积极性，同时也为科学家提供了施展科研创造力的平台。

2.增强协作意识，提高科技创新效率 奶牛产业技术体系特别强调科研协作的重要性，在体系建设统一规划的框架下，体系内各领域科学家之间、科学家和试验站之间、地方和中央主管部门之间必须密切配合，建立优势互补的合作机制。体系整合全国优势科研力量，根据不同技术特点分类设岗，各个科研岗位给以相同的支持力度，在统一规划下开展工作，有效避免了同领域科学家为了争取有限的科技资源出现的过于追求热点、重复开展工作和缺乏深度交流等现象，极大地提高了科研工作互补性和科研经费使用效率。

3.促进农科教结合 奶牛产业技术体系在全国选点设置综合试验站，并对试验站给以稳定的经费支持，充分调动了试验站参与体系建设和技术发展的积极性，不仅使各功能研究室具备了不同类型的试验基地，而且使科教机构与产业之间具备了稳定的桥梁，为构建产学研长效机制奠定了基础。

2009 年奶牛（草食动物）科技入户示范工程实施情况

中国农业科学院北京畜牧兽医研究所　王加启

2009 年全国奶牛（草食动物）科技入户示范工程紧紧围绕奶业恢复和振兴这一中心工作，在部、省、县三级的共同努力下，圆满完成了 2009 年奶牛（草食动物）科技入户示范工程主导品种和主推技术的推介、示范应用、培训和调研督导等工作，为广大奶牛（草食动物）科技示范户、辐射带动户及非项目区普通养殖户提供了稳定的技术支持，巩固和提高了奶牛（草食动物）科技入户示范工程实施以来取得的显著成绩。

（一）开展的重点工作

1. 积极做好动员工作　2009 年 1 月上旬，在总结 2008 年工作成效和存在问题的基础上，奶牛（草食动物）科技入户示范工程部级专家组制定了《全国奶牛（草食动物）科技入户 2009 年技术指导方案》，《方案》明确了 2009 年工作的重点内容和要求并下发到各示范省、县讨论，各示范县依据《方案》制定了《示范县科技入户 2009 年实施方案》。

2. 加强宣传报道　大力加强科技入户工作的宣传与报道，提高从业者学科技、用科技的意识。2009 年，部级专家组共制作《奶牛简报》16 期，发放各类实用性科学书籍、光盘 5000 余册，组织现场咨询 10 余期，组织技术交流会 5 期，组织培训班 20 余期。同时，审核各示范县《工作简报》280 期。

3. 加强技术指导与培训

（1）参加中组部院士专家团开展科技服务。2009 年 4 月 21～26 日，奶牛（草食动物）科技入户首席专家、中国农业科学院北京畜牧兽医研究所副所长王加启研究员应邀参加了中组部等八部委组织的院士专家团，深入基层，围绕如何应对国际金融危机和破解“三农”难题开展的咨询服务活动。在安徽宣城期间，王加启研究员与专家组一道先后赴宣州区、广德县、绩溪县和宁国市，参观考察了华卫、和威、荣达等农业企业以及养殖大户，围绕如何做大做强农业产业、提高农民收入等问题，现场答疑解惑，提供技术指导。在广德县期间，王加启研究员作了题为“畜牧业产业化成就与发展对策”的精彩报告。

（2）组织召开奶牛养殖新技术应用暨全国奶牛科技入户培训。2009 年 5 月 7 日，由全国农业科技入户联席会议办公室、农业部奶牛科技入户办公室和中国农业科学院北京畜牧兽医研究所主办的全国奶牛科技入户培训班在京胜利召开。来自全国各地科研院校的专家学者、企业员工、奶牛科技入户技术推广人员、奶牛养殖场（户）人员等 500 多人参加了培训。培训班由王加启研究员主持，特邀国内外 8 位长期在奶牛养殖一线从事技术研究和推广工作的资深专家进行专题讲座，内容涉及犊牛营养与管理、犊牛早期营养对其生长、健康及泌乳性能的影响、围产期奶牛营养与管理、Keenan Mech-Fiber 在奶牛日粮中的应用、高产奶牛的饲养管理、奶牛的脂肪需求、RuMin8 对瘤胃微生物活性和蛋白质、碳水化合物利用率的影响、高温条件下奶牛的饲养管理等方面，讲座受到与会人员的一致好评。

（3）组织召开中国奶协 2009 年年会牛场建设与饲养管理论坛。2009 年 5 月，中国奶业协会 2009 年年会在浙江杭州召开，期间全国奶牛（草食动物）科技入户部级专家组、中国奶业协会饲养饲料与环境专业委员会共同主办了牛场建设和饲养管理论坛。首席专家王加启研究员主持论坛，奶牛（草食动物）科技入户项目组专家孙荣鑫研究员、顾佳升高级工程师等就规模化奶牛场建设、管理与疾病防治，建立产业链确保乳制品安全，强化营养提升生鲜乳质量作培训。科技入户示范工程的相关领导、专家、指导员和部分养殖场代表参加了培训班。

（4）赴九原举办培训班，专家入户指导抵抗热应激。2009 年 6 月 29～30 日，农业部奶牛（草食动物）科技入户示范工程专家组一行六人对内蒙古包头市九原区草食动物夏季生产进行指导与培训。结合入户情况，王学天研究员、孙荣鑫研究员、顾佳升研究员、马丞宝博士、王典博士 5 位专家针对肉羊规模养殖和疾病防治技术、热应激条件下奶牛的饲养与管理、生鲜牛乳安全生产技术、规模奶牛场建设与牧场设计、奶牛场全程环保等方面进行了讲解。活动取得了非常好的效果，受到了当地养殖户的普遍欢迎。

（5）出席宁夏牛奶发展高峰论坛。2009 年 8 月 8 日，王加启研究员参加了由宁夏回族自治区农牧厅、财政厅、经信委、宁夏日报报业集团主办，宁夏日报报业集团、宁夏乳制品工业协会承办的 2009 宁夏牛奶发展高峰论坛，并作了题为“新型奶牛养殖模式中高品质牛奶生产的质量安全控制”报告，强调发展奶业还应以质取胜。针对如何提高牛奶质量，王加启研究员指出：第一，奶业作为宁夏的一个支柱产业，质量是生命线，政府要尽快建立宁夏银川、吴忠两个生鲜乳质检中心，把牛奶质量的安全隐患消灭在萌芽状态。第二，建设连接银川和吴忠的奶业科技产业园。奶业科技产业园集产业—人才—研发于一体，有利于产业的互补和发展。第三，挖掘宁夏牛奶的内在品质。大家都说宁夏的牛奶好，仅靠说是没有太大意义的，要从基础研究上深入挖掘宁夏牛奶品质的内涵，把宁夏牛奶建立在科学的基础之上。

（6）赴宁夏西夏区、平罗县科技培训。2009 年 9 月 13 日，王加启研究员等 10 位中国农业科学院北京畜牧兽医研究所专家赴宁夏西夏区、平罗县面对面为农民讲解牛病害防治、手把手示范科学饲养规范，真正把科技送到了农民手中。专家组一行通过通俗易懂的讲解与生动直观的演示，给村民们传授了肉牛、肉羊高效养殖技术与畜禽常见病的防治技术，并向农民赠送有关技术书籍和资料。

（7）组织农业部宁夏秸秆培训现场会。2009 年 9 月 15 日，首席专家王加启研究员组织并参加了农业部为农民办实事系列活动暨秸秆养畜技术宁夏培训会。培训会上，王加启研究员、赵青余博士、孟庆祥教授和李爱华教授分别就“青贮与奶牛饲养”、“肉羊高效益养殖技术”、“肉牛高效益饲养技术”和“宁夏地方饲料资源开发利用”等主题作了深入浅出的讲解。宁夏回族自治区的农业技术推广人员、规模养殖场技术人员、养殖大户代表等共计 180 余人参加了培训。

（8）赴四川开展科技入户培训。2009 年 10 月 19～20 日，部级专家组在四川成都举办了农业部奶牛科技入户示范工程四川培训班。由农业部奶牛（草食动物）科技入户示范工程项目组、中国奶业协会、国家奶业产业技术体系、四川省畜牧厅和四川奶业协会联合举办的培训班在“天府之国”——四川成都成功举办。中国奶业协会刘成果理事长、魏克佳秘书长、农业部奶牛科技入户组专家顾佳升高级工程师、孙荣鑫研究员、肖定汉研究员、王典博士以及四川成都市的 19 个县（市、区）养殖场（小区、户）技术骨干和管理骨干近 200 多人参加了培训。

4. 参加主导品种、主推技术推荐会 12 月 11 日，应农业部科教司科技推广处邀请，奶牛科技入户专家组组织并参加了 2010 年农业科技推广体系畜牧兽医领域的主导品种、主推技术推荐会。

5. 积极参与奶业整顿与振兴

（1）形势调研，生产指导。2008 年，三鹿牌婴幼儿奶粉事件对我国奶业造成了巨大的冲击，为了及时了解奶业生产恢复情况，2009 年农业部科技入户奶牛（草食动物）专家组定期组织奶业形势调研和奶牛生产指导。9 月 13 日、11 月 22 日，专家组分别赴北京大兴区、内蒙古九原区、河北唐山市和陕西省西安市、临潼市开展牛奶质量检测工作，并为奶农提供技术指导。

（2）积极组织撰写技术指导材料。2009 年，河北、山西、河南、山东、陕西等地遭遇 60 年乃至 100 年罕见的暴雪，为指导一线养殖户采取有效措施抵御突然的降温和雨雪天气，专家组立即撰写“奶牛如何安全渡过低温雨雪天气”指导性材料，并迅速转发到各示范省、各示范县专家，由各地专家对指导员、养殖户进行指导培训，并在第一时间派出专家组王学天研究员、王典博士等分别深入山西定襄县、河北丰润区开展灾情调研和抗灾指导工作。双城市依据方案要求，紧急组织指导员深入生产一线，帮助养殖户加封棚舍。定襄县农业局特邀山西省畜牧所、山西农业大学专家分别深入定襄源盛良种奶牛养殖场、定襄盛达奶牛场等奶牛养殖场进行抗灾养殖技术指导。

（3）积极引导各示范县加强奶业振兴中的科技入户工作。2009 年是我国奶业恢复振兴的重要阶段，奶牛科技入户专家组积极引导各示范县加强奶业振兴中的科技入户工作。专家组定期通过电话、短信、邮件等方式，与各示范县专家建立动态联络，部署工作、交流信息和指导奶农恢复生产。据不完全统计，有 1282 位科技入户的领导、专家、指导员日夜奋战在生产一线，开展形势调研 150 次，组织相关培训 110 期，编印发放各类科普资料 158372 份。部、省、县三级专家的动态联络，为最新情况的上报建立了方便快捷通道。

（二）取得的主要成效

1. 科技推广成效显著 奶牛（草食动物）科技入户工作始终以推广部级主导品种和主推技术为重要抓手，着重推动奶牛养殖生产方式转变，不断提高奶牛养殖水平和奶牛养殖效益。2009 年部分示范县测产、部级专家现场督导和电话调研结果显示：2009 年示范户先进技术入户率 100%，良种精液使用率 100%，青贮使用率 65%，产奶牛年单产水平超过 6000 千克，成母牛平均年养殖效益在 3000 元以上。

2. 科学养殖深入人心 近年来，我国奶牛养殖波动较大，奶牛养殖户收益降低。表面原因是饲料价格上涨、原料奶收购价格偏低，但深层次原因是奶牛良种率低、养殖水平落后、抗风险能力差。科技入户以推广良种繁育、玉米青贮、日粮配合等关键技术为工作重点，增强了奶农的科技意识，提高了养殖水平，增加了养殖效益，让养殖户尝到了实实在在的甜头。

3. 专家队伍日益健全 奶牛科技入户示范工程实施五年来，组建了 270 人的专家队伍，其中部级专家 6 人、省级专家 113 人，县级专家 151 人。遴选并培养了县级技术指导员 864 人，对口建立了技术依托单位 94 个。逐步理顺了工作机制，建立了首席专家技术负责，技术指导员定期考核，科技队伍稳定与开放相结合的工作制度。

4. 技术快速转化直通车更加畅通 在科技入户中，重点建设并实施了“专家（部、省、县）—指导员—示范户”的技术快速转化通道，并依靠咨询、培训、入户指导、观摩展示、网络宣传和发放教材等多种方式，确保了良种直接到户，良法直接到人，使技术入户直通车更加畅通。

5. 突发事件应急机制进一步完善 奶牛科技入户示范工程实施 5 年来，建立并逐步完善了应对奶业突发事件的应急机制。在突发事件面前，由农业部科教司统一指挥并启动应急预案，部、省、县三级联动，指导奶农应对突发事件，帮助奶农稳定生产，将危害降低到最低程度。

“奶业发展重大关键技术研究与示范”重大项目实施情况

科技部农村司

2009年在奶牛育种、繁殖、营养调控、牧草生产、重大疫病防治、乳制品开发、乳品设备开发和乳品安全等8个共性关键技术研究方面取得较大进展，同时在10个奶业现代化生产集成示范区的技术集成与示范方面全面开展了工作，取得了显著成效。

（一）2009年主要开展的工作

1. 奶牛种质资源创新及新品种培育技术研究

（1）建立中国荷斯坦奶牛群体遗传改良关键技术研究及高效繁育体系建设与实施。针对生产性能测定、奶牛体型外貌鉴定、青年公牛后裔测定、DHI实验室测定等奶牛育种体系中的重要技术环节，基于课题前期制定的技术标准，研发了《中国荷斯坦奶牛网上登记》软件和《中国奶牛生产性能测定数据处理系统》软件，在全国18个生产性能测定中心推广使用。开发出《中国荷斯坦青年公牛联合后裔测定软件》，建立公牛信息发布网络，并且下发到46家国内公牛站。

（2）培育出中国荷斯坦奶牛新品系。收集生产性能和DNA样品，对DGAT1、GHR、α-LA、bPL、ABCG2、OPN、PRLR基因的多态进行检测，并与奶牛产奶性状进行关联分析，结常规DHI数据，在测定牛群中共选出种子母牛1200头，选育出20头高乳蛋白系公牛。采集2万余份基础群母牛的DHI资料，对1975余份奶牛进行了生理和分子测定，初步建立了耐热核心母牛群数据库。测定了208头公牛分子标记，初步筛选出抗热应激奶牛基础群522头及公牛11头。

（3）建立了地方奶牛品种繁育体系。开展三河牛和新疆褐牛的品种资源调查，基本建立并完善了三河牛遗传评价体系。进行新疆褐牛品种资源调查，在伊犁地区的调查表明：伊犁州2008年底存栏牛109万头，其中褐牛53万头，褐牛中可繁母牛30万头。对项目区3150头褐牛进行了体型外貌鉴定，对7000头褐牛进行了品种登记。建立了核心群和改良群的数据库。以乌鲁木齐种牛场、塔城种牛场、天山畜牧褐牛场为主，形成了规模为920头（成母牛）的育种核心群，伊犁地区形成了9100头规模的品种改良区。对改良牛进行了性能测定，改良牛单产提高200.8千克，繁殖率达到80%以上。

2. 奶牛良种扩繁技术研究及产业化开发

（1）高效奶牛人工授精综合技术的研究。培育出年产优质冻精10万剂以上的公牛4头，根据精子发生的生殖内分泌和分子调控机制，选取了7个参与精子发生的生殖激素基因及其受体以及与生殖有关的基因；通过改变牛精液冷冻保存液组成成分，检测了不同种公牛冷冻前后精子活力、顶体完整率及精子畸形率，从而了解不同个体和品种对精液冷冻效果的影响，并筛选出牛精液冷冻稀释液新配方，以提高牛精液冷冻保存的效果，提高人工授精受胎率。研发奶牛性控精冷冻保存液，可使奶牛性控精子冷冻保存精液稀释液的精子活率提高15.1个百分点，达到57.4%；精子顶体完整率提高7.0%，达到51.90%。

（2）提高供体母牛超数排卵效率的关键技术。通过应用B型超声波检测仪和直肠卵巢触诊法监控卵巢发育状况，提高超排效率，使每次超排的头均获胚数从6.2枚提高到7.8枚。通过综合应用CIDR、前列腺素、促卵泡素等不同激素组合，使重复超排的时间间隔从原来的60天缩短为40天，使供体牛每次超排成本得到降低，采用连续超排技术，平均超排5.6次，平均每次获胚7.5枚。上述技术体系在课题部分执行单位进行推广，效果明显，为我国奶牛胚胎移植效率和两种扩繁速度的提高具有重要意义。

（3）奶牛胚胎工厂化生产关键技术。对奶牛胚胎生产的关键化技术加大研发推广力度。建立技术体系，活体采胚体外受精后，桑囊率达45.2%，妊娠率为45.6%。经过多种培养体系的筛选，研究发现以TCM199为基础液，添加10微克/毫升FSH，1微克/毫升LH及1微克/毫升雌激素组成的成熟液培养牛卵母细胞可以获得较高的成熟率，最高成熟率达到80%以上，将成熟卵母细胞进行体外受精后在CR1aa培养液中培养，其囊胚率可达37%。通过比较四种化学激活剂组合（①Ionomycin+6-DMAP；②Ionomycin+CHX；③乙醇+6-DMAP；④乙醇+CHX）对701枚卵丘细胞重构胚胚胎发育的影响，筛选出激活效果最好的化学激活剂组合，即Ionomycin+6-DMAP。继续优化体细胞克隆胚胎生产体系，其中牛卵母细胞成熟率达到85%以上，卵裂率达85%以上，囊胚率达25%以上，体细胞克隆总体效率得到巩固和提高。

（4）X、Y精子分离关键技术。初步建立X、Y精子分离技术的质控标准，相关研究仍在开展之中。

3. 奶牛高效饲养关键技术研究

（1）奶牛限制性氨基酸模式。建立了我国不同生产厂家的14种常见DDGS和13种奶牛常用饲料蛋白质及氨基酸营养评定参数；阐明了必需氨基酸供应模式对牛奶产量和乳蛋白组成的影响，确定赖氨酸/蛋氨酸比例为

3.00:1、苏氨酸/苯丙氨酸比例为1.05:1时达到最佳泌乳性能，乳蛋白率达到3.41%；开发出氨基酸瘤胃保护工艺及产品2个，使日粮可消化氮转化为乳氮的效率提高1个百分点；建立了利用花生藤替代部分粗饲料的南方地区蛋白质饲料高效利用模式1个。

（2）营养调控改善原料奶成分技术。建立了纳豆芽孢杆菌饲用微生物饲喂技术1套，可使乳蛋白含量平均提高18.8%;建立利用裹包TMR提高奶牛泌乳性能技术1套，提高FCM产量14.0%；建立了十二指肠中不饱和脂肪酸向乳脂转化的模式，提高乳脂中n-3脂肪酸的含量，使多不饱和脂肪酸n-6/n-3比值降至4.26；建立通过饲喂亚麻籽油、豆油以及膨化大豆调控乳中脂肪酸含量技术1套，Cis-9,trans-11CLA含量提高4.1倍；筛选了不同泌乳期乳成分合成差示表达基因，从分子水平证明了SREBP在乳腺组织对外源性脂肪酸的摄取中的关键调控地位。

（3）瘤胃优化及评价技术。建立基于瘤胃微生物PCR免培定量技术的瘤胃发酵优化评价技术1套，并在瘤胃发酵优化研究中全面应用；提出优化瘤胃微生物发酵的适宜peNDF水平参数，建立利用粗饲料组合效应优化瘤胃发酵的技术1套；筛选得到可用于畜禽生产的纳豆芽孢杆菌蛋白酶高产菌株1株，蛋白酶活性为20.1U/毫升，且蛋白酶活性在5代内保持稳定。

（4）特殊时期奶牛饲养管理技术。研究揭示了奶牛热应激形成机制，提出了能量负平衡、能量平衡和能量正平衡3个阶段的能量调控理论基础和分阶段功能饲养技术，以及《牧场缓解热应激自动控制系统》软件为核心的控制技术各1套，可使热应激条件下奶牛产奶量提高1～3千克/头.天;开发了纳豆芽孢杆菌犊牛饲用微生物饲养技术1套，使断奶后犊牛日增重提高22.1%；开发了犊牛断奶期代乳料2种；针对泌乳高峰期开发过瘤胃蛋白质补充料1种；以各类专用饲料产品为核心的奶牛分阶段饲养专用浓缩饲料和精料补充料产品达到3万吨。

（5）减少甲烷排放的饲料配合技术。提出减少磷排放的饲料配方1个，使日粮总磷含量降低35%；开发利用蔗糖、蒸汽压片玉米和小麦降低氮排泄饲料配方1个，使奶牛尿氮排泄量减少32.9%；建立奶牛场废弃物处理与资源化综合利用技术1套；开发了分别利用丁香酚和八角茴香油、大蒜油以及利用茶皂素抑制瘤胃甲烷释放的关键技术3项，甲烷释放量分别降低29%、95%和17.6%，示范应用达到600头成母牛。

4.奶牛优质饲草生产技术研究

（1）优质高产抗逆苜蓿和饲料作物新品种选育。选育出100号苜蓿、81号苜蓿、甘农5号（抗蚜苜蓿）、甘农7号（低粗纤维苜蓿）、甘农8号（多叶苜蓿）、北林201杂花苜蓿等6个苜蓿新品种。对已成功选育出的100号苜蓿、81号苜蓿在黑龙江省西部干旱区、北部寒冷区、东部湿润区三个不同生态区开展了区域试验和生产试验。结果表明，100号苜蓿、81号苜蓿平均株高、越冬率、产草量均高于对照龙牧803苜蓿和肇东苜蓿。对选育的两个高产饲用玉米优良新品系进行室内试验分析、田间鉴定评价等全部研究工作，获得有关新品系长势、生育期、饲用品质产量潜力、抗逆性等一系列数据资料。

（2）苜蓿种子扩繁技术研究。证明80厘米行距和30厘米株距处理是苜蓿种子田持续高产、稳产的适宜密度，在这一密度条件下，宁夏银川灌区紫花苜蓿种子产量达到1560.1千克/公顷，较对照（80厘米行距、10厘米株距）增产41.5%。开展紫花苜蓿多效唑、乙烯等生长调节剂化控技术对种子产量及产量构成要素的影响研究。结果表明，多效唑1.0千克a.i./公顷的剂量可有效抑制紫花苜蓿的生长。分枝期和现蕾期叶面喷施1.0千克a.i./公顷多效唑，种子产量分别增产39.1%和20.9%。乙烯利浓度为0.20%时，苜蓿种子千粒重和实际产量达到最大，分别为2.04克、944.17千克/公顷，较对照均有提高。结果表明，苜蓿种子实际产量差异显著（$P<0.05$）。当萘乙酸浓度为0.04%时，实际产量（1146.9千克/公顷）和千粒重（2.10克）均达到最大。

（3）优质饲草饲料作物高效集约生产技术体系研究与开发。从国内外收集各类饲草饲料品种89个，经过连续两年的系统评价和品种比较试验，共筛选出适宜京津地区种植的优良牧草品种31个。以11个秋眠等级标准对照苜蓿品种为试验材料，研究随着秋季温度的降低，从秋季到冬季测定某些综合指标，比较分析温度对不同秋眠等级苜蓿品种的生长及生理影响，为北京地区以及相似气候条件地区的苜蓿品种的引种提供科学的理论依据，探讨苜蓿秋眠性与抗寒性的关系，为苜蓿区划打下基础。

（4）优质青贮和半干青贮技术研究机微生物添加剂开发。主要开展了针对二次发酵抑制菌、乳酸菌组合菌株、不同添加剂对不带穗玉米秸秆青贮发酵的影响、不同剂量布氏乳杆菌对玉米秸秆青贮发酵的影响、硝酸盐对玉米秸秆发酵过程的调控作用研究、玉米秸秆与灌木类植物搭配对TMR饲料发酵效果的影响添加和添加好氧性真菌（*Aspergillus oryzae*）和植物乳杆菌（*Lactobacillus plantarum*）对不同含水量苜蓿青贮的影响作用、苜蓿半干草捆裹包青贮、等量折干苜蓿青贮替代干苜蓿和羊草饲喂奶牛试验、饲料稻青贮新技术、新工艺以及微生物添加剂的研究和应用等研究。

5.奶牛主要疾病综合防控技术研究

（1）奶牛主要疾病诊断技术研究。获得“牛分枝杆菌ELISA抗体检测试剂盒”临床试验批件（批件号：200905)和“牛分枝杆菌MPB70/83抗体检测试纸条“临床试验批件（批件号：200906)。建立牛结核鉴别诊断多重PCR，用4对引物可同时区别结核杆菌与非结核杆菌，牛分枝杆菌与结核分枝杆菌。利用建立的新型牛结核检测技术检测了 2 万余头奶牛。初步建立了检测牛轮状病毒血清抗体的间接 ELISA 方法。研究证明组装的 VirB8-PCR 试剂盒检测奶牛布鲁氏菌病快速诊断技术具有较好的重复性。

（2）奶牛主要疾病疫苗研制。建立乳房炎常见病原菌菌种库及资源数据库共享系统。克隆表达奶牛流产鹦鹉热衣原体外膜主蛋白（MOMP），建立奶牛衣原体病 MOMP-ELISA 诊断方法。针对奶牛布鲁氏菌病基因缺失疫苗候选株和诊断试剂候选抗原的研究，6 个候选疫苗菌株均已经申报转基因微生物生物安全评价的中间试验，对 6 个疫苗候选株已经进行了羊体内的安全性和效力评价，正在进行实验室制备工艺研究。

（3）奶牛常见疾病防治药剂研究。研制治疗奶牛子宫内膜炎的新型安全中药子宫灌注剂“清宫液 2 号”和“清宫液 3 号”，疗效均达到 85%以上。研制奶牛治疗不发情的纯中药“催情助孕液 A”和“催情助孕液 B”，通过临床和药效学试验，“催情助孕液 A”临床疗效达 80%，确定最佳组方和中药提取工艺，制订了质量标准草案，准备新兽药申报材料。研制治疗奶牛胎衣不下的纯中药处方“宫衣净 A”和“宫衣净 B”，“宫衣净 A”胎衣排除率达 60%。改进六茜素含量测定方法、进行六茜素稳定性试验、体外抑菌试验、急性毒性试验、大鼠亚慢性毒性试验、临床治疗与扩大试验，总有效率为 95.83%。完成乙酰氨基阿维菌素糊剂和地克珠利口服液稳定性试验，在室温放置 24 个月分别能维持标识量的 93％和 95%以上。

（4）奶牛主要疫病防治技术规范研究。在眉山市洪雅县、新希望生态天然牧场、新希望莲花小区等示范基地及凉山州的多个养殖场按照奶牛主要寄生虫病防治工艺流程，对奶牛寄生虫病进行了有效的防治工作。对奶牛主要寄生虫病防控技术在5个县市20多个奶牛养殖场和奶牛小区示范应用，完善“奶牛主要寄生虫病防控技术”。初步制定的“牛奶安全用药技术规范”在甘肃、江苏和天津的 11 个奶牛场进行试用，收集临床兽医人员的意见，形成“牛奶安全用药技术”。

6. 新型乳制品研制及其产业化开发 开展 Mozzarella 干酪熔化机理研究，对酪蛋白结构与状态对硬质干酪质构与风味的影响机理进行分析，研究了蛋白胶束对新鲜干酪凝胶体系的影响，开发建立干酪特征风味电子鼻检测系统；开展硬质、半硬质干酪加工关键技术及产业化示范；完善卡门培尔（Camembert）干酪的均匀成熟技术；针对帕玛森干酪、低脂埃德姆干酪、切达干酪加速成熟技术进行攻关；研制切达干酪中试规模的自动化生产设备；开发软质原干酪加工共性关键技术与相关产品；针对乳清粉、乳清分离蛋白及乳糖的开发进行研究与产业化示范；针对β-乳球蛋白酶改性及功能基料进行开发研究与产业化示范；开展高纯度酪蛋白糖巨肽的研究与产业化；研究微波辅助加热低温喷雾干燥关键技术与相关装备。

7. 乳品加工关键设备及材料研究与开发 完成银川旺旺 2000 千克/小时干燥塔设计：上进风上排风，配置 6 个喷头，配置附聚装置、塔内固定床和塔外振动流化床。改进研制的中试设备：中国农业科学院农产品加工所与北京格美双佳科技有限公司合作设计制造了中试型重制干酪乳化机，已获得实用新型专利，设备使实验用样品可以最小为 180 克，缩小了 20 倍，整体技术水平达到或接近了国外的技术水平。将适合于灌装液态食品的无菌灌装机的研制作为研究基础而率先实施开发，灌装速度在原有样机的基础上得到大幅提高，目前，已完成灌装能力 1.2 万包/小时、1.4 万包/小时的试验，正在进行 1.6 万包/小时的试验，并对相应的结构进行改进和优化，已新申报 30 多项专利。进行系列莫扎雷拉干酪的研究与产品开发；益生菌 Cheddar 干酪的研究开发；熔化干酪的加工工艺研究；camembert 干酪生产工艺研究；低温喷雾干燥生产乳基配料的工艺研究等。

8. 乳品质量安全控制关键技术研究及开发

（1）原料奶质量安全检测示范。完成蜡样芽胞杆菌特异性表面蛋白的分离与纯化。开展嗜冷菌低温适应性的分子机制研究。对抑制物（如二氧化碳）的添加对嗜冷菌的抑制效果进行研究。建立乳源主要致病菌的快速检测及溯源研究，制备出沙门氏菌特异性多克隆抗体；原料乳金黄色葡萄球菌快速检测技术研究及试剂盒开发和乳糖生物传感器研制。建立阪崎肠杆菌快速检测、溯源及生物学控制措施，研发快速检测试剂盒 1～2 种，提交检验检疫行业标准征求意见稿；形成风险评估报告并提出风险管理建议。建立致泻性大肠杆菌快速检测技术及溯源机制，利用 EMA-实时 PCR 快速检测原料。建立乳中活大肠杆菌检测方法，完善建立乳中致泻性大肠埃希氏菌方法。卡发环介导等温扩增（loop-mediated isothermal amplification, LAMP）技术检测乳中关键食源性致病菌。

（2）原料奶品质控制及质量追溯体系。完成原料奶品质成分现场分析和监控系统、RFID 原料奶品质管理系统、原料奶运输过程品质监控及温度监控和报警系统的开发。构成了从原料奶挤奶、奶罐、运输到生产厂家全面的品质监测和溯源，完成整个质量追溯体系的硬件和软件建设，具备实施原料奶品质控制和质量追溯的最基本条件。将基于 GSM、GPRS、CDMA1X 网络数据的发送与接收功能集成于便携式电子标签读写器，实现温度等物流信息通过无线信号传输技术发送到物流监控平台，实现牛奶安全信息的全程监控。

（3）原料乳细菌总数和体细胞快速检测技术研究与设备开发。以还原法为基础，结合光电检测技术研制原料乳细菌总数快速检测设备。经过不断的改进、完善，现可独立完成样品的预热、检测。同时，应用白细胞酯酶试验原理，结合光电技术进行牛乳体细胞在线检测技术研究，并开发检测仪器，为国内外首次应用酯酶试验原理来检测牛乳的体细胞数。

（4）乳品抗生素残留快速检测技术与设备研究开发。以头孢氨苄-BSA为免疫原所得多克隆抗体为研究对象建立间接竞争 ELISA（icELISA）和胶体金免疫层析（ICA）方法。两种方法均能实现对多种头孢类抗生素的多残留检测。其中 ELISA 试剂盒对头孢氨苄、头孢羟胺苄检测限在 0.5～5.6 纳克/毫升之间。胶体金免疫层析法通过对最佳标记量、重悬液、垫处理液、金标点样量，包被原包被量等条件的优化，对头孢氨苄、头孢羟氨苄的检测限达到 10 纳克/毫升，对头孢氨苄、头孢羟氨苄在牛奶样本中的添加回收率在 71%～98%之间，变异系数最大为 11.6。

(5)乳成分快速检测技术与非乳成分的检测技术及设备开发及乳糖生物传感器研制。完善制备酪蛋白特异性抗体的工艺路线及技术，制备大量抗酪蛋白的特异性抗体，金标试纸条的制备工艺和参数优化，生产出 20000 片检测试纸条，进行示范和推广。进行酶（β-半乳糖苷酶、葡萄糖氧化酶等）制备、提取、纯化；或产酶菌株选择、培养和处理，选择确定固定化方法、适配电极，选择最佳工艺，制成响应时间快、精度和灵敏度高、稳定性好、成本低的乳糖生物传感器。

(6)乳制品化学安全因素动态变化与危害评估和有机磷农药在原料乳生产过程中的迁移及残留。开发出一种简易、快速的有机磷农药提取、分析技术，可以对牛奶中的敌百虫、甲拌磷、久效磷、乐果、倍硫磷、马拉硫磷和甲基对硫磷进行准确分析。通过体外和体内四个试验，研究了饲料中 OPS 残留检测方法，有机膦农药在人工瘤胃和青贮过程中的降解，农药向乳中的迁移以及对血清胆碱酯酶的影响。证明农药在瘤胃和青贮过程中仅能被部分降解，控制农药污染对原料奶的安全十分重要。

（二）取得的成绩

本项目实施期间，共取得各类新产品、新材料、新工艺、新装置和计算机软件等 134 项；申请国内专利 196 项，获得 56 项，其中申请发明专利 160 项，获得 41 项；申请并获得国际发明专利 1 项；研制国家标准 14 项（其中完成 8 项），行业标准 47 项（其中完成 24 项）；成果应用 43 项，转让 8 项，获省部级科技奖励 15 项；发表科技论文 814 篇，其中 SCI 论文 104 篇；出版科技著作 958.55 万字；培养博士研究生 146 人，硕士研究生 466 人。

2009 年，本项目在 8 个共性技术课题和 10 个示范区课题取得了重大进展，经示范应用显示了较好的经济、社会和生态效益。

1. 共性关键技术研究方面 建立了包括品种登记、生产性能测定、种牛遗传评定、公牛后裔测定、优良种畜遗传物质推广等技术以及优良种畜遗传物质推广体系构成的中国荷斯坦奶牛良种繁育体系；研究了高产冻精种公牛的生理机制和遗传特点，找出了培育高产冻精种公牛的技术方法，开发了奶牛性别鉴定和性别控制胚胎产业化生产技术体系；提出了针对高、中、低不同产奶量的蛋白质饲料高效利用模式，使蛋白质饲料利用率提高 5%以上，提出了优化瘤胃微生物发酵技术，使瘤胃微生物蛋白质合成量提高 15%，研制了减少氮磷排放的饲料配方，使氮磷排放量减少 10%以上；选育出了优质饲草优良品种，建立了苜蓿良种生产技术，并研发了多种饲草机械设备，同时完善了饲草青贮技术；开发了针对严重危害奶牛业的布鲁氏菌病、结核病、乳房炎、子宫内膜炎、衣原体病、不发情症、胎衣不下和犊牛腹泻病的治疗药物；建立了契达干酪中酪蛋白结构和状态的检测标准，确定乳清粉、乳糖、乳清分离蛋白各产品工业化生产技术参数，研究了生物微囊技术，建立了干酪生产安全体系；开发了干酪及乳基原料加工关键设备，找到了廉价环保新型包材，开发了原料奶品质控制及质量追溯体系和原料奶质量现场快速测定技术，建立了常用抗生素现场快速检测方法及相应的技术标准，建立了菌落总数、大肠菌群数及沙门氏菌、金黄色葡萄球菌、阪崎肠杆菌等主要致病菌的快速检测方法。

2. 生产技术集成示范方面 在东北农区开展了高产奶牛良种繁育体系建立与示范，建立了东北农区奶牛阶段饲养技术及粗饲料模式，形成了东北寒区奶牛舍设计参数；华北农区建立了与当地饲料资源匹配的配合饲料配方库，提出了华北农区奶牛场主要疫病防治技术规范；西北农区创建了本地奶牛规范化饲养管理技术体系，筛选、培育出适合农区不同生态条件的苜蓿及青贮玉米品种；华东地区初步完成华东奶牛场良种奶牛的快速扩繁与选育体系研究，开始奶牛性别的监控和早期妊娠诊断的技术应用；北方大城市郊区规模化奶牛场全部实现 TMR 饲养技术，完成奶牛场粪污资源化利用模式，建成日处理原料奶 100 吨能力的干酪生产示范线；南方大城市郊区完成了奶牛热应激缓解技术的研究，形成拥有益生菌乳制品和高产奶牛养殖技术等方面的自主知识产权和重大核心技术；农牧交错区推广了生态型奶牛养殖示范牧场和小区，开发了与之适应的优质牧草和饲料作物品种，建立了年产 2000 吨高蛋白肽乳粉生产线；北方牧区登记良种 8000 头，建立了优质高产饲料生产基地 0.8 万公顷，示范区奶牛场实现了粪污无害化处理；西南地区初步建立了西南农区奶牛规范化饲养模式，提出了低产奶牛改良、科学饲养、防疫、配合饲料生产入户、集中机械挤奶、牛奶收集贮运、牛粪污染源治理综合利用等相应技术要求；南方地区开展了奶水牛杂交改良技术研究，推广应用了奶水牛系列生产技术规范，成年母水牛养殖规模达到 10000 头。

3. 通过科技攻关和示范推广，取得了 7 项标志性成

果。

（1）奶牛XY精子分离与性别控制关键技术研究与应用。该成果提出了动物“授精推流理论”并开发了新专利技术（申请号：2006100149168），进行了分离精子回收和技术流程两项改造，使奶牛性控冻精的生产效率提高一倍以上，生产成本降低40%，年生产奶牛性控冻精55万支。建立了性控冻精人工授精技术流程，技术已经获得国家专利（专利号：ZL200610014916.8）；进行了子宫角深部输精实验，比较了子宫颈内口、子宫体、子宫角、子宫角深部的输精位置与受胎率的影响，子角深部的受胎率最高为56.6%；该成果2009年在内蒙古重点盟市建立182个奶牛繁育基地，配种母牛87000头次，情期受胎率为57%，已出生犊牛37660头，其中母犊为35777，性控准确率为95%。

（2）原料奶品质控制及质量追溯体系。突破了原料奶的在线安全质量检测技术，开发出在线质量检测仪，牛奶运输过程的温度监控，结合网络技术，实现了原料奶安全质量的在线检测和远程监控。该体系包括了远程控制在线乳成分分析系统、基于RFID技术的原料奶品质管理系统和原料奶运输过程品质监控及温度监控和报警系统。开发了原料奶运输温度记录和报警系统2套，温度RFID标签4片；车载读写通讯装置1个；RFID智能原奶运输监测系统软件（V1.0）1套：已进行软件登记。

（3）奶牛热应激发生机理及缓解技术的研究。该成果系统调查分析了我国奶牛热应激的基本现状，重点研究了热应激对奶牛机体代谢、乳腺细胞生长和瘤胃发酵的影响，开发了缓解奶牛热应激的营养调控和环境调控技术并进行组装应用，提出了缓解奶牛热应激的操作规范。研究发现热应激期间奶牛通过降低生产性能来减少产热量，环境温湿指数明显影响奶牛生产性能。奶牛在热应激过程中，血液leptin和促甲状腺素的浓度、维持酸碱平衡的离子浓度、热休克蛋白的含量等升高，表明奶牛具有调节机体代谢适应热应激的机制。热应激影响奶牛乳腺上皮细胞的生长，而经产奶牛与初产奶牛相比热适应能力较强。该成果开发出了以日粮饱和脂肪酸、日粮阳离子盐和小肠淀粉脂肪适宜比例等为核心的缓解奶牛热应激的营养调控技术。2008年在规模牛场对20000头奶牛应用了该技术，降低发病率7%，降低死淘率3.5%，增加产奶量2.08千克/天。

（4）干酪加工关键技术研究与产业化。在广泛分析国内外干酪风味特性的基础上，调查了中国不同人群对不同干酪的喜好度，进行了专家型风味剖析，并首次采用自主开发的电子鼻技术分析中国消费者适合的干酪类型，科学提出了我国应重点首先开发的干酪品种。在此基础上，重点开展了我国广泛接受的Cheddar干酪、Mozzarella干酪、Cream干酪、再制干酪加工关键技术研究。其中在许多关键技术有所突破，其中包括Cheddar干酪快熟技术，缩短成熟期达两个月以上，达到国际先进水平；首次采用共聚焦激光显微镜技术研究Mozzarella干酪熔化过程中微观结构的变化和熔化机制，为改进其凝乳、拉伸和熔化工艺，建立Mozzarella干酪熔化特性的加工理论，指导Mozzarella的生产与控制奠定了重要的理论基础等。该成果已经成功应用于北京三元、上海光明、内蒙古蒙牛的干酪生产，年产原干酪6000吨、再制干酪5000吨。

（5）西北农区生态型奶业综合配套技术研究与示范。研究建立了高产奶牛性控胚胎体内外生产和移植技术体系以及低剂量性控冻精深部移植技术体系，累计扩繁和组建高产良种奶牛核心群12600头，改良低产奶牛52.2万头；筛选并培育出适于陕西农区栽种的紫花苜蓿新品种“西农一号”和适于新疆农区栽种的“新苜二号”、“和田大叶”苜蓿品种以及“北京1号”青贮玉米新品种，累计栽培面积达12万公顷以上；针对陕西苹果渣资源和新疆葡萄籽资源丰富的实际情况，开展了苹果渣及葡萄籽饲料化利用研究与示范，扩大了饲料来源，缓解了奶牛优质粗饲料紧缺的矛盾，提高奶牛单产23%以上；提出了陕西农区奶山羊高效繁育和舍饲、半舍饲条件下的生态养殖模式，示范推广了集约化奶牛场粪污无害化处理技术，从而有力地促进了西北农区生态型奶业的发展和技术框架的形成。

（6）上海郊区提高高产奶牛繁殖力的营养管理技术研究。研究建立了提高高产奶牛繁殖力的营养管理技术体系。日粮添加螯合复合肽能明显提高牛奶乳蛋白率，减低牛奶中尿素氮含量，提高饲料蛋白质转化为乳蛋白质的效率。日粮中添加过瘤胃保护蛋氨酸可明显提高荷斯坦奶牛的产奶量，平均每天头日产奶量提高3.43千克，平均乳蛋白含量提高0.27个百分点。胎次对MUN值有极显著影响，FCM和MUN值之间呈正二次曲线相关，乳蛋白含量和MUN值之间呈正二次曲线相关，乳脂含量和MUN值之间呈非线性负相关，SCC和MUN值之间呈正直线相关。巴尔麦可以提高奶产量、降低热应激、提高血清IgG含量，显著提高受胎率，对降低体细胞的作用不稳定。微生物抗氧化剂可提高公牛的性能力和精液品质，精液品质的提高将极大的提高母牛的受精率，提高奶牛的生产效率。这一成果为提高奶牛繁殖力提供了新的思路和途径。

（7）高温高湿条件下奶牛养殖关键技术研究与应用。针对四川奶牛生产中，存在产奶牛群体种质水平不高，个体差异较大，饲养管理粗放，青粗饲料供应不足等突出问题，结合当前奶牛生产实际，开展了荷斯坦奶牛体型线性评定应用技术、制备过瘤胃氨基酸工艺技术、奶牛热应激调控技术、饲养管理技术、牧草品种筛选与高产栽培技术等专题研究，解决了奶牛线性评定技术应用难、缺乏科学选种方法、热应激危害、微量元素缺乏等多项关键技术问题。在制作过瘤胃氨基酸的包被技术方面，率先开发出脂肪微胶囊包被氨基酸的工艺技术，其包被赖、蛋氨基酸效率分别达 72.30%和 70.55%，有助于缓解四川奶牛蛋白质营养供给不足的问题；在对四川奶牛热应激发生规律开展深入调查研究的基础上，研制出 2 个抗热应激的有效饲料配方，提出了具有国内同类技术先进水平的奶牛热应激调控综合技术，为预防奶牛热应激和在高温季节实施科学合理的饲养管理提供了重要的技术支撑。

（三）获得的经验

1. 组织管理经验

（1）充分调动地方参与项目管理的积极性，建立省际联盟。本项目实施过程中，由承担课题任务的省、自治区科技厅组成省际联盟，会同科技部农村司共同负责项目实施的总体协调。在本省、自治区承担课题的管理中，充分尊重该省科技厅的意见。从前两年的实施情况看，这种方式对于促进地方增加对课题实施的支持，提高课题管理的时效性发挥了积极作用。

（2）政府决策和专家咨询相结合。本项目从立项到实施，始终坚持善处理政府决策和专家咨询的关系，做到两者优势互补，统一协调。专项成立的总体专家组，充分发挥专家的技术优势，直接参与项目的咨询、论证、评估和过程管理；在专项的具体管理活动中，根据需要邀请总体组以外的专家参与管理、考核，对专项的监督实施发挥重要作用。在项目实施过程中，与中国奶业协会等行业协会和学术团体保持密切联系，听取有关意见和建议，充分调动社会各界积极性。

（3）注重与其他项目的衔接。在本项目实施过程中，各承担单位在坚持以课题任务和目标按计划实施为核心的同时，充分利用国内外优势研究机构平台和资源，有机衔接其他项目任务。例如，通过与农业科技入户项目的衔接，加快了项目成果的示范力度；通过与国家及省部级重点实验室和农业科技创新体系建设的衔接，显著提升了开展研究工作的装备水平。

（4）加强项目实施过程中的监督、检查与考核，保证课题按计划顺利实施。及时发现和解决课题实施过程中存在的问题，加强对项目实施所取得的成果交流。始终高度重视加强科研、生产、技术开发和管理队伍建设，注重人才培养和技术人员队伍的锻炼。实行目标责任制，层层签订合同任务，实行科学化统一管理，有效地提升了管理效率，调动了科研、技术人员的工作积极性。课题研究小组充分利用各单位优势，加强与参加课题的单位间的联合，实现研究方法互为参考、研究结果互为验证，以提高选择的可靠性，同时根据课题需要，与其他课题小组建立了全面和完善的信息交流平台，为收集和整理其他课题小组的数据信息建立了基础。

2. 建立产学研结合模式与机制

（1）突出企业在项目实施中的主体地位。本项目技术集成示范类课题全部由企业作为主持单位，科研单位作为技术依托单位，根据企业提出的技术需求，以企业的奶源基地和加工厂为基地，开展技术集成、示范和推广工作。对于共性课题，都吸纳多家相关企业参与，不仅为技术单位提供试验示范基地，而且安排专门经费，承担部分科研任务。

（2）积极培育企业科技创新基地。通过参与本项目的实施，不仅使光明、三元建立多年的企业技术创新中心实力进一步增加，而且促进蒙牛、伊利、新希望等技术创新条件相对缺乏的企业增加投入，组建自己的乳业科学研究院或技术创新中心。在参与本项目前，大部分乳品企业的技术中心主要发挥技术信息调研、技术引进和推广培训的职能。经过本项目的培育，这些企业技术中心的工作重点逐步向研究开发方面转变。

（3）注重科研教学单位和企业建立永久性合作平台。与“十五”相比，本项目在产学研结合方面最大的进步是科研教学单位与企业的合作不仅仅局限于技术成果转让、技术攻关任务委托、示范基地提供等传统形式。各企业在组建自己的研发中心时，注重通过合作和人才交流的方式吸纳科研教学机构参与，在提供示范基地的同时，创造直接在企业完成整个科研过程的条件。同时科研教学机构也通过建立试验站和联合研发中心的方式，从长期规划的角度将科研工作延伸至企业。

“十一五” 国家科技支撑计划“新型乳制品研制及其产业化开发”重大项目 2009 年实施情况

中国农业大学　任发政　郭慧媛

为保持我国奶业健康持续发展，解决制约奶业发展的原料奶生产与消费不平衡、产品高度同质化等问题，国家启动了“十一五” 奶业国家科技支撑计划，其中中国农业大学教育部功能乳品重点实验室承担“新型乳制品研制及其产业化开发”课题。截止 2009 年底，课题组取得了多项科研成果，并通过了专家论证。2009 年度在前期研究的基础上，仍主要针对干酪加工关键技术研究与产业化示范、低致敏奶粉和长货架期巴氏杀菌奶新技术研究与示范、酸奶和干酪等发酵乳制品用优良微生物菌种筛选、干酪质量安全控制技术研究几个方面开展研究，课题各项考核指标和研发任务按计划顺利进行，至目前应建立的示范生产线和示范基地已按计划提前完成。

项目于2009年度共申请、获得授权26项专利；开发了含活性乳酸菌再制干酪、高寒部队用干酪、益生菌巴氏乳、小小光明棒棒奶酪儿童系列产品共5项新产品；研制、取得标准3项；研发中试型乳品连续接种装置、陶瓷膜微滤除菌机组新装置2项；建立了试验基地5个，中试线4条，生产线9条。

另外，项目发表论文共计48篇，其中SCI收录论文13篇，EI收录论文6篇，出版著作2部：《食品生物化学》和《食品微生物学》；登记计算机软件著作2个；鉴定了7项科研成果；获得3项奖励：“长寿老人源长双歧杆菌BBMN68的筛选、功能评价及发酵剂产业化研究”获2009年“神农中华农业科技奖”三等奖，“宝宝奶酪系列产品开发” 获2009年“中国轻工业联合会科学技术进步奖二等奖”，2009年“中国东盟博览会农村先进适用技术及高新技术展优秀参展项目奖”。具体研究成果如下：

专题一　干酪加工关键技术研究与产业化开发

表 10-1　干酪加工关键技术研究与产业化开发

主要研究内容	结　论
(1)酪蛋白结构与状态对干酪质构与风味的影响研究	由不同成熟期的切达干酪作为原干酪生产的再制干酪的水分、脂肪、蛋白质总量及没有显著性差异；随着切达干酪成熟期的延长，再制干酪的硬度、弹性、凝聚性、胶黏性、咀嚼性不断的降低；对原干酪和再制干酪进行流变学的分析，发现在 tan 值不断的增大，且蛋白质在温度不断升高的过程中表现出类熔化的性质。
(2) Mozzarella 干酪熔化机理研究	随贮藏天数增加，Mozzarella 干酪的熔化性、油脂析出性逐渐增大，且到21天后基本保持稳定；当凝块 pH 为 5.05、盐渍浓度为12%、拉伸温度为65℃时干酪的熔化性和油脂析出性最好。傅里叶红外变换光谱表明 Mozzarella 干酪熔化过程中，45℃时氢键大量断裂。
(3)蛋白胶束对新鲜干酪凝胶体系影响研究	通过研究芝麻蛋白与乳蛋白相互作用对新鲜干酪特性的影响探索了新型外源蛋白在干酪中的作用机理。研究结果表明，芝麻蛋白对牛乳有均质乳化的作用，芝麻蛋白与乳蛋白相互作用并且在凝乳过程中发生共沉淀，获得的干酪在微观结构上更紧致，细密，脂肪球形状减小，蛋白结构分布更加规律，而且添加芝麻蛋白能促进干酪成熟期的水解过程。
(4)干酪特征风味电子鼻检测系统研究	研究开发的基于 ARM 的嵌入式干酪特征风味电子鼻系统能够对几种原干酪和再制干酪及不同生产日期的不同风味进行检测。
(5)硬质、半硬质干酪加工关键技术及产业化示范	脂酶在加速帕玛森干酪加速成熟中具有重要作用，而加速埃德姆和切达干酪成熟，除添加蛋白酶外，选择辅助菌种可促进产品风味。
(6)切达干酪中试规模的自动化生产设备研制	完成干酪罐单元设计、质构化单元设计、压榨单元设计的基础上进行了中试规模自动化生产设备的研制。
(7)软质原干酪加工共性关键技术与产品开发	研究了不同加工参数对奶油干酪的硬度、熔化性、黏度、黏聚性等质构指标和流变指标的影响，确定了奶油干酪的加工工艺旨在为奶油干酪的在生产提供借鉴参考； 通过研究大豆预处理条件对混合乳干酪特性的影响、原料乳组成对凝乳特性的影响，建立了混合乳干酪生产的大豆预处理条件和豆乳制备工艺条件，以及混合乳干酪凝乳条件。
(8)重制干酪关键技术及产业化示范	建立生产中重制干酪物性表现的评价方法和标准，初步解析干酪熔化过程中二级结构和化学键的变化规律，开发出从口味和质构上与进口同类产品具有可比性的涂抹、片装干酪、耐煎炸干酪及高脂干酪产品； 研究了干酪熔化过程中二级结构和化学键的变化规律，开发出口味、质构及功能上与进口同类产品具有可比性的耐高温干酪产品，探索适合产业化生产的工艺条件和工艺路线； 找出干酪的特征风味组分。建立重制干酪原料的不同成熟度的风味指纹谱库； 确定融化过程工艺参数对后续喷雾干燥过程及终产品品质的影响，确定雾干燥工艺参数对终产品功能性及风味的影响； 得到具有优秀商品学特性的干酪粉；确定原料质量对产业化再制干酪产品的影响，确定再制干酪加

（续）

主要研究内容	结 论
	工中的工艺关键控制点及其相应关键限值； 完成再制干酪产业化示范基地的土建工程及设备的选型、采购，完成设备的安装、调试及正式投入生产运行。
(9)中式奶酪加工工艺及其质量控制方法	如果加入豆乳而不加入腐乳菌，由于传统 camembert 菌种对豆乳的水解能力较弱，制作的奶酪的品质会受到影响。但在加入豆乳的同时加入腐乳菌，且控制豆乳加入量为 20%，可以加工出风味和质地不同于传统 camembert 奶酪的具有中国特色的豆牛乳传统 camembert 奶酪。
(10) 乳清粉、乳清分离蛋白及乳糖的开发研究与产业化	从脱脂乳中高效分离乳清蛋白，调试脱盐乳清粉生产线，试生产成功，并建立了乳清粉、乳清分离蛋白和乳糖生产示范线。
(11) β-乳球蛋白酶改性及功能基料开发研究与产业化	酶乳清蛋白成胶凝胶不仅具有模拟脂肪特性，且具有疏松的微观结构。用乳清蛋白凝胶替代 50%黄油用于低脂再制干酪生产时，由再制干酪的质构和感官特性接近全脂再制干酪，说明乳清蛋白凝胶可以替代适当比例的黄油用于低脂再制干酪的生产。
(12) 高纯度酪蛋白糖巨肽的研究与产业化	酪蛋白糖巨肽对体外大鼠前脂肪细胞的增殖和分化具有一定的抑制作用。动物试验结果表明酪蛋白糖巨肽可以抑制高脂膳食大鼠的体重和摄食量，降低大鼠脂肪指数和 Lee's 指数，具有控制体重和抑制肥胖的效果。

专题二　奶粉低温喷雾干燥和长货架期巴氏杀菌奶新技术研究与示范

表 10-2　奶粉低温喷雾干燥和长货架期巴氏杀菌奶新技术研究与示范

主要研究内容	结论
(1)微波辅助加热低温喷雾干燥关键技术与装备研究	完成了具有微波辅助加热及热风加热多功能的低温喷雾干燥试验样机的工艺参数与结构设计，包括系统工艺设计、喷嘴选型、真空系统选型、微波发生器系统设计、多功能喷雾塔结构设计
(2)低致敏性婴儿配方粉加工技术与产业化开发	利用胰蛋白酶水解方法，降低该过敏原的分子量，破坏其抗原的表位，结果用非竞争性 ELISA 法检测结果，抗原性减低了 49%左右。另外，利用 IMO 低聚糖，通过美拉德反应使之与 β-乳球蛋白结合，以达到对 β-乳球蛋白抗原表位的掩饰，结果用 ELISA 测定结果，抗原性降低了 35%左右。
(3)长货架期的巴氏液态奶开发与产业化	设计出蒸汽喷射技术系统工艺流程；蒸汽喷射技术系统配套设备（包括管件、阀组、信号收集、信号传输、信号反馈、控制软件等在内控制系统）的设计、开发与制造；建立了长货架期的巴氏液态奶生产线

专题三　筛选酸奶和干酪等发酵乳制品用优良微生物菌种

表 10-3　筛选酸奶和干酪等发酵乳制品用优良微生物菌种

主要研究内容	结论
(1)发酵乳制品用优良乳酸菌菌种的筛选	在上一年的基础上进一步筛选了优良菌株，并进行了生理生化和生理活性测定
(2)高密度培养体系及与新型乳制品发酵剂的产业化开发	建立以风味物质和发酵特性为基础的筛菌体系，筛选优良菌株，进行乳酸菌高密度培养技术的研究，开发了适于乳酸菌高密度培养的四器组合、培养与分离耦合的生物反应器。
(3)双歧杆菌与唾液乳杆菌代谢组学研究	评价并建立了微生物代谢组学研究的取样、淬灭方法；建立了基于 NMR 和毛细管电泳的微生物代谢组学的测试及数据分析方法，建立了微生物两大类重要代谢产物：有机酸和氨基酸的高通量分析方法，为乳酸菌代谢组学的研究提供了技术平台。
(4)双歧杆菌和唾液乳杆菌的基因组学研究	就乳杆菌染色体外遗传物质质粒和双歧杆菌全基因组测序开展研究，测定了清酒乳杆菌染色体外遗传物质质粒核苷酸序列及特性研究。

2008—2009 年国家星火计划立项项目清单

序号	项目编号	项目名称	承担单位
123	2009GA630002	茂县水果、蔬菜、畜牧基地恢复综合建设科技服务	山西省农业科学院
258	2009GA670003	屠宰下脚料鲜骨综合利用专利技术产业化	哈尔滨天鹅土畜产技术开发公司
259	2009GA670004	秸秆专用生物制剂产业化开发与示范	哈尔滨市乳业科技饲料有限公司
261	2008GA671001	玉米生物质资源开发与肉牛产业化示范	中国科学院东北地理与农业生态研究所农业技术中心
266	2008GA671006	益生菌菌群活性饲料开发与应用	哈尔滨英瑞斯饲料有限责任公司
886	2009GA730009	肉牛品种改良技术开发	永新县畜牧业开发公司
970	2009GA740006	蒸汽压片玉米饲料技术开发	嘉祥县锐意生物科技有限公司
1206	2009GA782001	华南地区奶牛营养需要研究及 TMR 技术应用	深圳市光明农业高科技园有限公司
1417	2009GA830002	普洱珍珠奶茶系列产品研究及产业化开发	红河云牛乳业有限责任公司
1570	2009GA880001	现代奶牛养殖技术集成与示范	宁夏吴忠国家农业科技园区管理委员会
1625	2009GA891001	石河子垦区奶牛标准化养殖技术集成与示范	新疆西部牧业有限责任公司
1626	2009GA891002	新疆高寒地区特色种植、养殖技术示范	石河子大学

2009 年省部级奶业科技奖项名单

	项目名称	奖类	第一完成单位	主要完成人
黑龙江	奶牛高效生产技术集成应用与示　范	进步奖	黑龙江省畜牧局牧业现代化处	王思再、胡海彦、李国江、罗新义、韩永胜、高大伟、孟宪宝、闵向波、王国红
	东北农区奶牛高效饲养综合技术的研究	进步奖	黑龙江八一农垦大学	苗树君、曲永利、许丽、李红宇、甘文平、王君伟、张洪涛
	奶牛真菌病感染的致病机理及防治关键技术的研究	进步奖	东北农业大学	刘云、岳奎忠、范锡龙、常虹、崔鹏博、李华涛、崔艳丽
	奶牛营养障碍性疾病防治工程研究与推广应用	进步奖	东北农业大学	徐世文、孙刚、石发庆、林洪金、李金龙、杨玉菊、赵颖
	三聚氰胺肾损伤机理学研究	进步奖	黑龙江省疾病控制中心	王玉燕、柴玮杰、高珉之、王瑞翀、王明秋、赵博、多凯
内蒙古	哺乳动物胚胎低温耐受性机理和冷冻保存技术研究	自然科学奖二等奖	内蒙古大学	李荣凤、塵洪武、旭日干
	农村牧区清洁能源技术模式示范	科技进步二等奖	内蒙古农村生态能源环保站	王贵平、李春生、冯志国、张国清、张一波、张雷、刘晓冬
	优质肉牛产业化技术示范研究与应用	科技进步二等奖	内蒙古东方万旗肉牛产业有限公司	王维峰、马玉山、邵云丽、邵春辉、蔚效义、郭金奎、刘桂和
	金领冠系列婴儿配方奶粉研制	科技进步二等奖	内蒙古伊利实业集团股份有限公司	王福和、云战友、刘卉芳、刘彪、李威、宿北雁
	伊利谷粒多谷物奶系列产品	科技进步三等奖	内蒙古伊利实业集团股份有限公司	巴根纳、樊启程、付永刚、孙超、贺保平
	直投式酸奶发酵剂研制及应用	科技进步三等奖	内蒙古蒙牛乳业（集团）股份有限公司	刘卫星、张兰威、胡新宇、刘爱萍、康小红
河北	奶牛规模化饲养关键技术研究与集成及产业化示范	科技进步一等奖	河北农业大学	李建国
	中药预防奶牛围产期疾病应用技术研究	科技进步奖	河北农业大学	吕建存，周帮会，弓素梅，史书军，张铁，鲁改儒，刘荣欣，王春光，张洪德，王红芹

饲草与饲料

2009年我国牧草产业发展概况

（一）牧草的生产情况

1. 生产分布 总体分为5大优势区域，即东北、华北和西北草产品生产加工优势产业带，青藏高原和南方草产品生产加工优势区，牧草生产的"一带两区"已初步形成。未来还有可能在海河低平原、黄河沿岸、黄河三角洲、苏北沿海平原和淮北平原区的盐碱地、滩涂地等区域形成规模化、集约化和产业化的牧草生产。

2. 面积和产量 2009年，牧草种植面积为1200万公顷，其中紫花苜蓿种植面积近280万公顷，干草产量2300万～2500万吨。

3. 单产 牧草平均产量较低，仅为4500～6000千克/公顷；且还未形成专门的牧草生产种子带，草种生产还不规范，草种产量低，单产仅500～600千克/公顷。

4. 品质 牧草品质较低，牧草收获过程中田间损失高达20%以上，贮藏损失高达10%～15%，平均粗蛋白含量为13%～16%，80%以上的苜蓿草产品质量仍为三级品。

5. 品种结构 用于牧草生产的种类主要有紫花苜蓿、羊草、高羊茅、老芒麦、披碱草、燕麦、猫尾草、紫花苕、黑麦、多年生黑麦草、青贮玉米、沙打旺、苏丹草、聚合草、象草、王草、杂交狼尾草、红豆草、白三叶、菊苣、饲用高粱等，其中紫花苜蓿产品占90%以上。紫花苜蓿和羊草是北方地区的主栽品种之一，多年生黑麦草是南方地区的主栽品种之一，燕麦是青藏高原的主栽品种之一。

（二）牧草的加工情况

2009年，全国牧草生产加工企业共有450多个，其中设计加工能力5万吨以上的35个，占8%，设计生产能力1万吨以下的98个，约占21%，设计加工能力10万吨以上的9个。总设计生产能力500多万吨，总实际生产加工量仅100多万吨。牧草产品品种结构中，77%左右的草产品为草捆，2%左右为草块，8%左右为草颗粒，7%左右为草粉，6%左右为其他草产品，产品结构不合理，缺乏竞争力。

（三）草产品市场

2009年，我国商品草产品生产量为近400万吨，其中国内省区间销售180余万吨，进口27.2万吨，出口日韩22余万吨，仅占国际贸易量的3%左右。

（四）存在问题及发展对策和建议

与美国、加拿大、新西兰、澳大利亚等牧草生产先进国家相比，我国在牧草品种选育、草种良繁、栽培管理、加工、机械化程度、品质评定、利用和精深加工等方面与国外仍存在很大差距，技术落后20～30年。建议国家相关部门进一步加大对发展牧草产业的支持：

1. 提升牧草的地位 应将牧草尤其是紫花苜蓿作为主要农作物对待。种草享受与种粮相同的待遇，给予种植补贴，为我国的健康农业、有机农业、循环农业、中低产田改良和节粮型畜牧业发展做出应有的贡献。

2. 加强国外技术引进与创新 应加大对牧草方面国际交流与合作的支持力度，支持建立一批牧草产业技术国际合作研发和引智基地，搭建牧草产业与国外先进国家的沟通和交流平台，提升牧草产业核心竞争力。

3. 加强牧草行业产学研结合 充分发挥牧草产业技术体系和牧草产业技术创新战略联盟的作用，加强牧草行业产学研结合，加大牧草产业技术创新力度，加快牧草产业技术推广，加快产业发展。

（中国农业大学草地研究所 杨富裕）

2009年我国玉米市场情况

受到经济危机和全球消费需求下降影响，2009年饲料企业和玉米深加工企业的消费需求都出现不同幅度的下降。之后各国刺激经济发展的计划纷纷出台，我国也出台了对深加工及饲料企业收购玉米进行补贴及在东北实行最低收购价等政策，2009年8月东北发生不同幅度的干旱，将原本已经降温的玉米市场再次推高。玉米市场基本走出低谷，开始高位运行。

（一）2009年玉米价格走势分析

图11-1所示，2009年玉米播种面积为3 064万公顷，同比提高2%，增幅比较低。各个分析机构对2009

年玉米产量存在一定分歧，国家粮油中心预计产量为16 300万吨，同比下降291万吨，降幅1.8%；美国农业部预计产量较上年下降1 090万吨至1.55亿吨，降幅为6.6%；国内其他分析机构如汇易公司预计降幅在10%。从图11-2不难发现，2009年8月干旱后，对产量下降预期心理推高玉米价格出现反季节上扬，而总体走势仍以年初国储主动提价收购为基点。

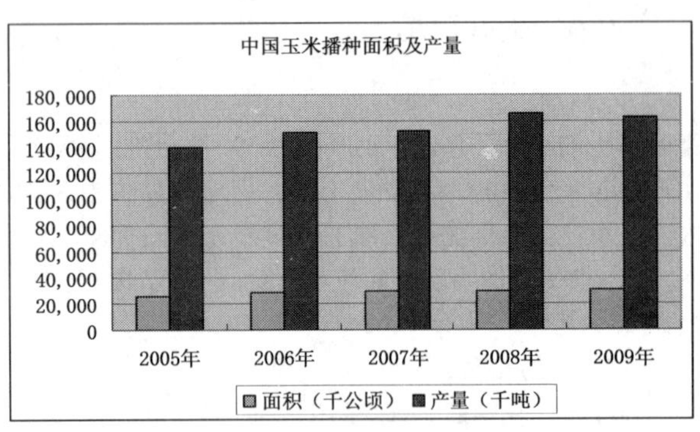

图 11-1　2005年以来中国玉米播种面积产量

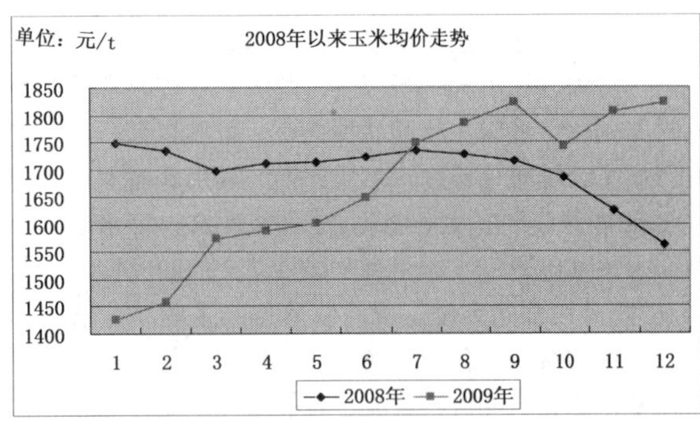

图 11-2　2008年以来玉米价格走势

（二）影响2009年玉米市场因素分析

1.国储收购提振玉米价格走出底部　2008年11月19日，我国政府正式出台4万亿元扩大内需刺激计划。玉米方面，为防止“谷贱伤农”，从2008年末到2009年4月期间，在东北分5批次收储新玉米共计3 500万吨。虽低于计划收储的4 000万吨，但相比2008年国内玉米产量1.659亿吨，已占总产量的21%左右。在期货市场上更能体现这种利多效应，自2008年12月中旬开始玉米指数触底回升，从最低的1 452元/吨连续上涨至2009年3月16日的1 700元/吨，涨幅达到18%。

2.深加工企业重新入市收购对下半年特别是10月份后玉米价格的提振作用明显　2009年初，玉米深加工产品需求锐减，深加工企业利润大幅滑坡。6月初，财政部将玉米淀粉、酒精的出口退税率提高到5%，政策扶持增加了整个行业的信心。到了2009年下半年，随着全球经济显著复苏，玉米下游产品终端价格快速上涨，玉米淀粉和酒精价格均创出历史新高，深加工企业利润增加，华北以及东北地区淀粉糖和淀粉加工开工企业率明显提升，对玉米的需求量明显增加。另外，2009年8月，国家有关部门决定划转部分国家临时存储玉米作为地方临时储备进行定向销售，划转数量共577万吨，给予辽宁、黑龙江、吉林、内蒙古规模在10万吨以上的玉米深加工企业150元/吨的补贴。

3.东北干旱减产助推玉米反季节上扬　2009年8月中旬，东北暴发了严重的旱情，减产的担忧使得期现价格同时飙升。玉米期货价格指数期价从1 646元/吨开始，在短短1个月内最高冲至1 749元/吨。而现货均价也从1 748元/吨，上涨至1 823元/吨，涨幅为40%。

4.年底物流运输难有突破　2009年年底铁路运输状况紧张仍没有缓解，从12月13日起国家铁路货物统一运价平均每吨公里由现行的9.61分提高至10.31分。其中，运营价格由平均每吨公里6.31分钱提高到7.01分钱。受此影响铁路运输成本提高，假设产区价格未变的情况下，销区市场到货成本将再次提高，对该区域市场价格形成支撑。不难发现，一旦出现阶段性到货不足，玉米价格仍会因运输问题存在冲高的概率。

5.2009年饲料平稳增长

（1）生猪存栏量提升 奠定供应充裕的基础。据初步统计，2009年末生猪和家禽存栏分别为4.7亿头和53.3亿只，同比分别增长1.5%和0.9%；奶牛存栏1 293.6万头，连续9个月保持恢复性增长。

（2）蛋禽和肉禽略有回调。图11-3显示，2009年3～5月蛋禽集中补栏较多。就蛋鸡而言，受价格长期低位盘整，蛋价基本维持在获利和亏损之间。由于蛋鸡养殖效益低迷，补栏积极性并不高，据监测，受9～10月节日效应，蛋鸡价出现上涨，导致10月份全国大型蛋种鸡生产企业的祖代鸡存栏同比增加12.2%，父母代鸡苗销售量同比增加17.7%，种鸡稳定增长，这为2010年蛋鸡饲料需求提升打下了基础。另外，肉禽市场的走势基本跟随猪肉为主导的行情，相对波动幅度更小。

（3）饲料产量增幅主要依赖猪料消费提升。图11-4显示，2009年商品饲料总产量1.48亿吨，同比增长8%。其中猪饲料产量5 103万吨，同比增长11.5%，连续2年保持10%以上的增幅。家禽饲料在连续5年快速增长后出现下降，其中蛋禽饲料产量2 433万吨，同比下降8.7%；肉禽饲料产量4 173万吨，同比下降0.9%。另外，水产饲料1 495万吨，同比增长11.7%；反刍饲料495万吨，同比下降13.2%。调查显示，2009年大型饲料企业的支撑地位将更加突出，饲料企业向养殖业、畜产品加工业延伸的趋势将更加明显。

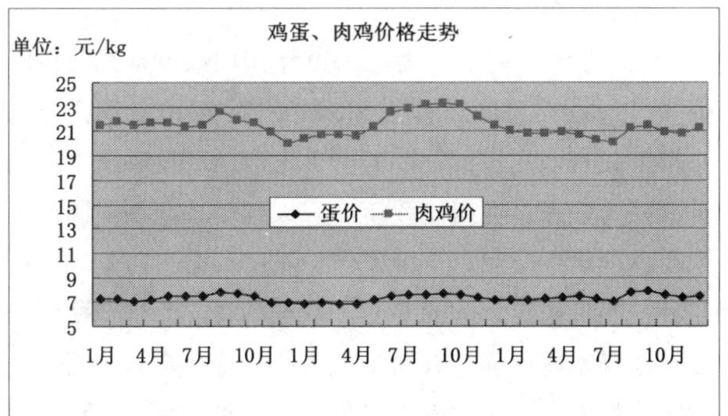

图 11-3　2007 年以来禽产品价格震荡上扬

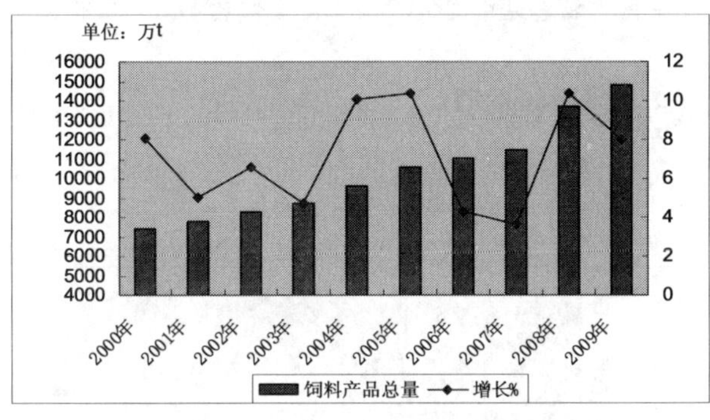

图 11-4　2009 年饲料产量及增幅比例

6. 从 7 月份开始，国储拍卖及跨省移库拍卖有效遏制玉米上涨步伐　7 月 21 日国家首拍 2009 年东北地区临储玉米，共经历 18 次拍卖，并于 12 月 1 日暂停，计划拍卖 4 185 万吨，实际总计轮出 1 412 万吨。不难发现此次拍卖遏制了国内的玉米涨势；9 月 15 日国家首度增加南方跨省移库玉米拍卖，在经历 15 次拍卖后，实际拍卖 219 万吨。成交价均介于 1 820～1 865 元/吨，即使进行了多次拍卖，但受北方提价收购、运输及玉米本身成本影响，南方玉米居高行情已基本确立。

（三）其他相关因素分析

1. 2009 年饲料麦使用有限，小麦与玉米的比价偏高　2009 年，国内小麦价格脱离原有的价格区间，基本以暴涨后阴跌整理，最后在干旱题材的炒作下，继续冲击高点。小麦均价维持在 1 900 元/吨以上，同比上涨 12%～15%，遏制了在饲料中替代玉米的量。另外，进口小麦对优质麦的冲击影响了国内小麦市场结构。2009 年中国进口优质小麦 89.4 万吨，同比提高了 27 倍，是过去 3 年均值的 3 倍。

2. 玉米出口略显冷清　2004 年以来，中国玉米出口市场就略显冷清，2009 年中国出口玉米 12.9 万吨，低于 2008 年的 27.3 万吨。国内饲料和深加工企业消费的增长基本让玉米出口市场接近退出的边缘。进口量也微乎其微，2009 年中国玉米进口额度为 720 万吨。从时间、操作程序及国内玉米价格波动等因素来看，进口玉米仍比较难以运行。

3. 玉米深加工产品情况　2009 年，中国赖氨酸产量高达 56 万吨，而赖氨酸的主要原料为玉米。其中大成集团赖氨酸产量高达 18 万吨，因需求提升，其对周边玉米价格的拉动作用会更加明显。

4. 2009 年玉米市场存在问题和发展对策及建议

（1）托市收购主体单一且时间密集引发玉米价大涨。2009 国家临时储备收购启动后，主要集中在东北三省和内蒙古地区收购。收购价格明显高于当地深加工和饲料企业收购。而深加工鉴于其产品出口量萎缩，加上国家贷款不能及时跟进等原因，国储收购缺失最强劲的竞争对手。大量收购玉米，虽然在短期内拉高玉米价格，使部分农户受益。但因不断强化的预期心理，在 2009 年全年中玉米价格基本维持高位震荡。鉴于国储收购主要为托市或者调控市场为主，建议能多主体、分批次收购参与收购如深加工和饲料企业均参与收购，才能期待稳定收购价格的作用。

（2）极端天气影响应纳入饲料原料市场预警系统。2008 年汶川地震及 2009 年东北地区出现的干旱均对饲料原料市场中玉米产生影响。玉米作为饲料深加工企业的主要原料，其价格波动牵动着养殖和饲料行业的发展，从而影响肉类的消费。不仅要有生猪预警系统，相应饲料原料玉米、大豆及相关的粮食品种增加预警系统也同样重要。如果只有生猪预警系统，未免过于单一。

（3）打造深加工企业发展长效产业体制。2009 年第四季度深加工需求旺盛和市场需求回暖，对玉米、白糖、木薯价格上涨有较大关联性，特别是市场对于玉米价格上涨预期较为强烈，贸易环节的囤货需求也趋向旺盛。这种购销两旺的场面与 2008 年形成鲜明对比。深加工企业对于保证中国淀粉、赖氨酸等限定于合理价格区间及提高国内原材料定价权方面起到了决定作用。而对于深加工行业的高依赖国家宏观调控的背景下更需要长效的机制保证供应，但并不是盲目扩张。而国内可用土地资源有限，依靠玉米深加工企业出口产品并没有更多市场价值。

（4）玉米增产的速度难以和消费增幅同步。自 2003 年以来，我国玉米总产量从 1.16 亿吨开始，逐年增多。2008 年玉米总产量一举超过 1.65 亿吨，而总消费量为 1.52 亿吨，库存消费比高达 34.93%。即使预估最低的报告玉米产量也在1.55亿吨，加上去年的结转库存，2010年玉米供应仍比较充裕。但农户销售习惯的转变和惜售心理，严重影响了玉米的销售节奏，再加上玉米主要集中在大贸易商和深加工企业手中，进出库的量均出现提升，玉米在市场中的流动量增加但缺少了流动性，业内人士预计，这必然会刺激玉米价格阶段性的攀升。

（5）DDGS是否是美国“曲线”进口手段值得关注。2009年下半年，随着玉米价格居高不下，美国DDGS在国内销售开始增多，并且增幅大大超过预期，资料显示，2009年美国出口DDGS共计564万吨，相对于2008年的出口量450万吨增长了164万吨。而中国进口DDGS已经超过65.5万吨，同比提高了12倍。显然，中国跃升为2009年美国DDGS第三大进口国家，仅次于墨西哥和加拿大。按照DDGS和玉米折算比，相当于200万吨玉米的进口量。市场预计，2010年中国进口DDGS全年有望突破100万。

（五）总结

综上所述，笔者认为，2009年国内减产导致的供应偏紧，以及加工企业的刚性需求必将对2010年国内玉米市场形成利多支撑，2009年新季玉米出现反季节上涨就是最好的佐证。但国储政策在很大程度上限制了国内玉米市场的价格空间。从国家保护农民利益与防范粮价过高冲击物价稳定之间的平衡。从长期看，经济企稳回升以及通胀预期增强，有利于玉米价格持续走强。而从产销区价格而言，当前玉米现货均价已接近历史高点。后期，一旦价格上涨过高，国储必会大量集中拍卖。

（全国畜牧总站中国饲料工业协会信息中心　王长梅）

2009年我国小麦市场情况

2009年全球实施相对宽松的货币政策为农产品市场带来一线生机。国家对农产品实施最低收购政策为小麦市场充足的供应作了有效的铺垫。2009年小麦实现第六年丰产。虽然经历了干旱和早霜等不利因素的影响，相对于消费，供应宽松的格局使得全年小麦价位维持区间震荡的行情。

（一）2009年小麦市场回顾

1. 2009年小麦价格呈右倾“N”走势　2009年1～2月份在华北冬麦地区出现强度偏大的干旱引发一波强劲的上涨行情。进入4月份，小麦墒情得到极大改善，市场担忧情绪逐步缓解，小麦步入阴跌行情。同时，国家加大了最低收购价小麦竞价销售量，小麦拍卖数量由每周150万吨左右最高提升至约230万吨，这极大抑制小麦上涨空间。而临时存储进口小麦的拍卖也同样冲击国内小麦现货市场价格继续走高。加上国家托市收购政策的支撑效应开始显现，期价开始止跌企稳，并出现了反弹行情。期货市场的表现是，在三大因素的主导下，强麦市场在年内已上演了暴涨、阴跌和企稳三个阶段的行情(图11-5)。

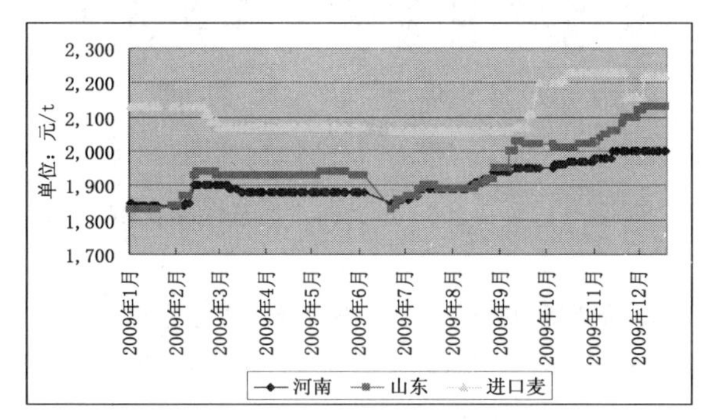

图 11-5　2009年小麦价格走势

2. 连续六年增产　政策收购是主要动力　2009年小麦产量预计为1.1495亿吨，同比2008年的1.0929亿吨，提高了2.3%。小麦产量已连续六年增幅。一方面主要得益于单产的提高，另外，播种面积增加同样是小麦产量提高的主要因素。2009年播种面积比上年提高2.5%，为2006年以来高点。即使2009年年初出现春旱，而产量仍再次提高（图11-6）。

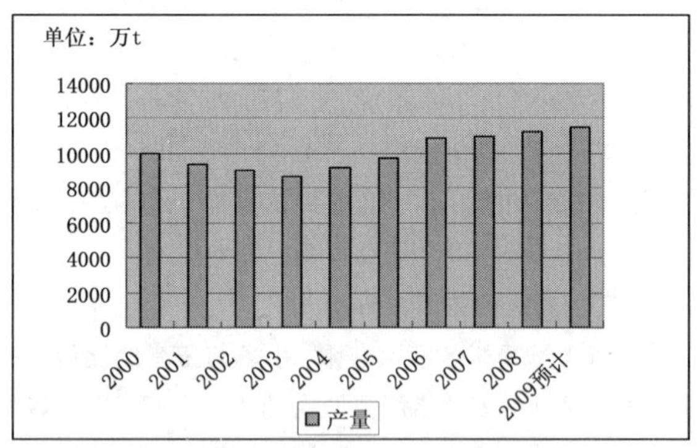

图 11-6　2000年以来小麦产量对比

3. 2009年小麦进出口情况　图11-7显示，2009年我国小麦进口增长出口降低。小麦进口数量出现继2005年始连续4年下降后的反弹性增长，而出口数量较上年却大幅下滑。据海关数据显示，2009年我国累计进口小麦89.37万吨，相比2008年进口3.19万吨，增长27倍，进口主要来自美国、澳大利亚和加拿大。2009年我国累计出口小麦 0.4 万吨，较上年出口量减少 11.76 万吨。

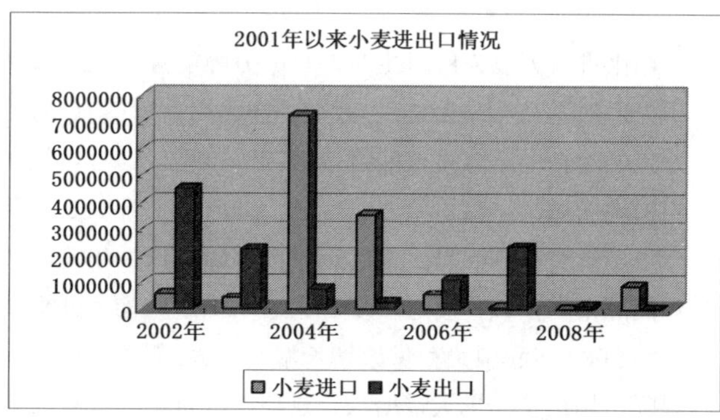

图 11-7　2002 年以来小麦进出口情况对比

4. 最低收购价小麦竞价销售及临储进口小麦销售的深远影响　从国家历次最低收购价小麦竞价销售的情况来看，拍卖成交均价在国家政策的主导下，呈现出稳步攀升态势，一般随着小麦期货价格高低而相应加大或者减少拍卖的数量，从而有效调控小麦价格过于大幅波动。值得注意的是，国家临时存储进口小麦的竞价销售在 2009 年备受关注。美麦、澳麦等进口麦的质量偏高从而影响强麦的走势，这样国家临时存储进口小麦的拍卖则直接影响到国内强麦购销市场的活跃程度，尤其是其较低的拍卖底价备受采购企业青睐。这样，通过上述两种方式对小麦价格进行有力调控达到了预期效果。

5. 进口小麦对国内市场的冲击值得关注　2009 年值得关注的是廉价的进口小麦大量流入国内，使得普通小麦与优质小麦的价差逐渐缩小，这一方面抑制了农民种植优质小麦的积极性，另一方面则是削弱了国内小麦在国际市场上的竞争力，不利于我国小麦深加工行业的发展。这样在国家政策的主导下，国内外小麦市场和国内普麦市场和优麦市场的分割，必将对小麦市场形成深远影响。企业以市场为主导必将会追逐优质价廉的小麦从而抑制国内优质强麦的优势地位。

6. 2009 年中央储备小麦收购量占产量近四成　截至 2009 年 9 月 30 日，中央储备粮委托收储库点在河北、山东、河南、安徽、河北和江苏 6 省按最低收购价收购。2009 年新产小麦累计 4004.2 万吨，占国有粮食企业收购总量的 78%，比上年同期减少 198.5 万吨。收购品种中，白麦收购量为 3796.8 万吨，混合麦 207.4 万吨，其中，不完善率 10%～20%的小麦共占 141 万吨。

（二）2009 年小麦市场存在问题和发展对策及建议

1. 政策市场导向 引发通胀预期下的粮食易涨难跌　2009 年在国家掌握主要粮源的基础上，市场上小麦流通量减少，相关粮食品种一旦出现走高行情，农民惜售小麦心理会更强，这很可能导致供给结构性、区域性不均衡而引起粮食政策性走高。在国家收储政策及市场供需等多方因素交织影响下，连年的丰收并没有给市场价格造成压力。政策市场价格的导向在逐步好转的经济层面会在 2010 年小麦市场呈现强劲坚挺的走势。

2. 国家库存释放成为小麦加工企业入市采购最佳时机　2009 年新麦仍没有大范围投放市场，后期市场存在一定的供给压力；另一方面，由于 2010 年托市小麦收购价格小幅提高，一等白麦为 1980 元/吨，托市收购价格及托市销售底价的提高不断抬升市场底部空间，显现出调控政策“稳步上涨”的导向。后期，随着国储不断抛售，如果在 2010 年小麦生长及收获季节不遇到极端气候或大的自然灾害情况下，预计市场整体价格将在 1900～2010 元/吨区间运行，底部区间将是小麦加工期入市采购最好时机。

3. 小麦进口对国内市场的冲击 托市收购调控灵活化　2009 年我国小麦进口量同比大幅增加，预计 2010 年进口量将继续走高。2010 年我国小麦进口关税配额量为 963.6 万吨，国有贸易比例为 90%。市场化进程加快的前提下，对进口小麦需求依旧旺盛，国内优质麦替代进口小麦尚需时日。而国家较大的收购量为调控粮食市场奠定坚实的基础。但应该了解，优质小麦的竞争序幕刚刚到来，从技术、政策倾斜方面更应倾向于优质小麦。

（三）总结

2009 年，国家举行最低收购价小麦竞价交易 49 次，2009 年拍卖成交均价平稳提高，河南市场成交均价由 1 月份的 1730 元/吨逐步上涨到 12 月份的 1870 元/吨左右。近两年来国家小麦托市收购量均在 4000 万吨以上，农民手中余粮较少而主要粮源来自国储，小麦加工企业 70%～80%为托市拍卖的粮源，总体来看，国储收购走势成为小麦市场的风向标。但从长期来看，提高小麦品质及小麦产量仍是重中之重的发展趋势。

（全国畜牧总站中国饲料工业协会信息中心　王长梅）

2009年我国豆粕、棉粕、菜粕市场情况

（一）豆粕、棉粕、菜粕供给情况

1. 国内油粕生产总量5220万吨 2009年我国油粕国内产量达到5220万吨，同比增加390万吨，增幅7.95%，继续呈现较强的上升趋势。其中豆粕产量达到3550万吨，同比增加360万吨，增幅11.3%，2009年豆粕产量占国内油粕总产量的比重达到68.0%，同比提高1.5个百分点；菜粕产量为910万吨，同比增加130万吨，增幅16.7%，占油粕总产量的比重为17.4%，同比提高1.2个百分点；棉粕产量440万吨，同比减少66万吨，降幅13.1%，占油粕总产量的比重8.4%，同比下降2.1个百分点；其他油粕产量320万吨，同比大体持平，占油粕总产量的比重为6.1%，同比下降0.6个百分点。从油粕产量的趋动力量分析，我国蛋白粕产量的增加主要依赖于油籽进口量的上升。2009年我国大豆进口量达到4255万吨，同比增加511万吨；菜子进口量达到329万吨，同比增加199万吨。国产油籽增产潜力较小，对油粕产量贡献率下降。

2. 油粕净出口111.2万吨 2009年我国共进口油粕43.6万吨，同比减少20.4万吨。其中豆粕进口量13.3万吨，占油粕进口总量的30.5%；菜粕进口量为24.8万吨，占油粕进口总量的56.9%；花生粕进口量5万吨，占进口总量的11.5%；其他油粕进口量0.5万吨，占油粕进口总量的1.1%。2009年我国共出口油粕154.8万吨，同比增加79.8万吨。其中豆粕出口量112.3万吨，占油粕出口总量的72.5%；菜粕出口量33.5万吨，占油粕出口总量的21.6%；棉粕出口量8万吨，占油粕出口总量的5.2%；其他油粕出口量1万吨，占油粕出口总量的0.6%。进口与出口相抵消后，2009年我国油粕净出口111.2万吨，相当于2008年净出口量的10倍。虽然2009年我国油粕净出口明显增加，但出口量占国内供给量的比重仍然较小，说明我国豆粕需求潜力仍集中于国内。

3. 新增供给总量5109万吨 综合国内产量和进出口情况，2009年我国油粕新增供给总量5109万吨，同比增加323万吨，继续刷新供给量的历史纪录。其中豆粕国内新增供给量3451万吨，同比增加294万吨；菜粕国内新增供给量901万吨，同比增加96万吨；棉粕国内新增供给量432万吨，同比减少68万吨；其他油粕新增供给量325万吨，同比增加1万吨。

从供给来源方面分析，我国油粕国内产量巨大，但原料来源高度依赖国际市场。2009年我国有3400万吨豆粕由进口大豆为原料生产，180万吨的菜粕以进口菜子为原料生产，减去111万吨的净出口，我国有3469万吨的油粕供给直接或间接依赖国际市场，约占当年油粕国内新增供给总量的67.9%，比2008年上升5.6个百分点，说明我国油籽产量远远不能保障国内油粕需求，对国际市场依赖程度进一步加大。从供给结构上分析，虽然2009年我国菜粕供给增长幅度较大，但这与这一年国际市场菜子产量大幅增长，进口菜子价格较低存在很大关系。2010年国际市场油菜子产量增长速度放慢，加上我国对菜子进口环节检验严格，预计2010年菜子进口量将会同比下降，国内菜粕产量预计将会低于去年。2009年我国油粕供给对豆粕依赖程度进一步强化，豆粕在国内粕类供给总量所占份额进一步上升。

4. 新增需求总量4985万吨 2009年我国饲料养殖业继续扩张，对油粕需求形成推动，当年油粕国内需求总量4985万吨，同比增加333万吨。其中饲料需求量为4765万吨，同比增加302万吨；其他需求量为220万吨，同比增加31万吨，年度结余量为124万吨。2009年豆粕国内需求量3346万吨，其中饲料需求量为3236万吨，其他需求量为110万吨，年末结余105万吨。菜粕国内需求总量891万吨，其中饲料需求为854万吨，其他需求为37万吨，年末结余10万吨；棉粕国内需求量432万吨，其中饲料用消费为402万吨，其他需求为30万吨，年末没有结余；其他油粕国内需求量321万吨，年末结余4万吨。

（二）豆粕、棉粕、菜粕市场情况

1. 2009年我国豆粕价格呈振荡上涨走势 2009年我国豆粕现货价格主要受国际市场及油厂开工率变化等因素影响，价格总体呈现振荡上涨走势，与大连盘期货价格走势不尽一致。1～2月份豆粕价格总体呈冲高回落走势，当时影响豆粕价格的主要原因是国内油厂开工率变动幅度较大。1月份部分油厂订购的大豆延期到港，油厂开工率下降，推动豆粕价格快速上涨。1月初沿海豆粕出厂价格集中于3200～3300元/吨，到1月中旬，豆粕价格涨至3700～3800元/吨。随着进口大豆到港量的增加，油厂开工率恢复，加上春节后饲料需求步入淡季，豆粕价格逐渐下降。到2月底，沿海豆粕价格跌至2700～2800元/吨。3～12月份，豆粕价格总体呈现波动上涨走势，主要原因是受南美大豆减产及全球经济复苏的拉动。2009年阿根廷大豆产量仅有3200万吨，比2008

年减产1420万吨；巴西大豆产量5700万吨，减产400万吨。南美大豆的减产使豆粕价格受到基本面的支撑，加上各国为刺激经济复苏，流入流动性，大宗商品价格受到推动，豆粕价格也受到相应影响。2009年底，沿海豆粕价格集中于3600～3700元/吨，比2月底的价格低点上涨了900元/吨，比年初价格上涨了400元/吨。

2. 2009年我国棉粕、菜粕价格走势强于豆粕 从价格走势对比情况分析，2009年菜粕及棉粕价格虽然仍受豆粕价格影响，但价格独立性较强，价格走势也明显强于豆粕。2009年初，华东地区菜粕出厂价格集中于1400～1450元/吨，年底出厂价格达到2300～2350元/吨，涨幅62%～65%；年初山东地区棉粕出厂价格集中于1350～1400元/吨，年底出厂价格达到2700～2800元/吨，涨幅达到100%，均高于豆粕价格涨幅。菜粕、棉粕价格走势较强有其内在原因，2009年我国对菜子实行托市收购政策，提高了加工成本，油厂为回收成本，纷纷提高菜粕价格。棉籽产量下降，油厂收购棉籽难度加大，很多油厂不得不提价收购棉籽，较低的产量及较高的收购成本对棉粕价格形成推动。从需求方面看，2009年我国水产饲料发展较好，对菜粕需求量上升，能够消化不断上涨的菜粕价格。2009年我国畜禽存栏量较大，支撑了蛋白粕需求。不过由于2009年畜禽产品价格较低，养殖业消化高价原料能力较弱，一些饲料厂改变配方，加大了菜粕和棉粕使用量，也对菜粕和棉粕价格形成拉动。

3. 2009年植物蛋白粕贸易情况 2009年我国蛋白粕贸易主要表现为三个特点：一是东北地区豆粕供给能力下降，北方地区贸易格局发生变化；二是我国菜粕产量增加，出口能力上升，由2008年的净进口国变为净出口国；三是豆粕供给略显过剩，出口数量继续上升。2009年我国对大豆实行托市收购，国家在黑龙江、吉林、辽宁和内蒙古地区累计达到了725万吨的托市收购计划，东北内陆地区油厂开工率下降，豆粕供给低于往年。受东北地区豆粕供给量减少影响，京津冀地区和山东地区豆粕销售半径延长，对北方地区的辐射作用强化。2009年我国进口菜粕数量24.8万吨，同比减少6万吨；出口菜粕33.5万吨，同比增加28.5万吨；出口与进口相抵消后，菜粕净出口8.7万吨。与此相对比，2008年我国菜粕净进口25.8万吨。受大豆进口量持续增加影响，我国豆粕出口能力上升。2009年我国出口豆粕112.3万吨，进口豆粕13.3万吨，豆粕净出口量99万吨，比2008年增加67.5万吨。

（三）存在问题及发展对策和建议

1. 棉粕、菜粕供给偏紧趋势并未改变 2009年我国棉籽产量下降，棉粕供给偏紧，价格走势坚挺，提高了养殖业的生产成本。菜粕受进口菜子大幅影响，国内供给能力暂时增强。不过2009年的菜子进口增长是建立在加拿大油菜子产量大幅增加、并刷新历史纪录基础之上的，且我国自2009年第四季度开始，对进口菜子检验力度加强，未来几年进口油菜子增长速度不会很快。我国长江流域可用于播种油菜子的耕地面积潜力很小，未来几年可能不能满足国内持续增长的菜粕需求。建议引导农民合理调整种植结构，并在必要条件下加强对棉花、油菜子生产扶持力度，以提高国内棉籽、油菜子产量，缓解菜粕和棉粕供给偏紧趋势。

2. 豆粕价格波动幅度巨大，下游企业经营风险较大 我国豆粕价格影响因素复杂，国际市场大豆价格变动、粮船运费的涨跌、进口大豆到港集中度及到港时间是否符合计划、油厂开工率的变化、下游产业的需求状况等等，都会对豆粕价格形成影响。2009年我国植物油价格走势较弱，油厂很大程度上依赖粕类调节加工收益，加上这一年我国畜禽存栏量较大，使粕类价格走势较好。不过豆粕价格受全球供需及油厂开工率变动影响，价格波动幅度仍然较大，加大了饲料养殖业经营风险。建议饲料养殖业精细核算成本收益，强化原料库存管理，以降低豆粕价格波动造成的经营风险。

（国家粮油信息中心　李云峰）

2009年进口饲料和饲料添加剂产品登记证目录（节选）

登记证号	通用名称	商品名称	产品类别	使用范围	生产厂家	有效期限
(2009)外饲准字006号	乳清粉和精炼椰子油	佳能	能量饲料	仔猪、犊牛和家禽	德国Eurolat股份有限公司	2009.01-2014.01
(2009)外饲准字009号	烟酸	饲料级烟酸	饲料级维生素	所有动物	瑞士龙沙有限公司	2009.02-2014.02

（续）

登记证号	通用名称	商品名称	产品类别	使用范围	生产厂家	有效期限
(2009) 外饲准字 012 号	维生素和棕榈油粉	繁奶康	饲料添加剂	奶牛和肉牛	马来西亚 Premier Oil	2009.02-2014.02
(2009) 外饲准字 018 号	酿酒酵母、酵母细胞壁及水合硅铝酸	霉可吸	饲料添加剂	养殖动物	巴西奥特奇公司	2009.03-2014.03
(2009) 外饲准字 020 号	乳清粉	Wheyco 低蛋白乳清粉	能量饲料	犊牛和乳猪	德国 Wheyco 有限公司	2009.03-2014.03
(2009) 外饲准字 029 号	碳酸钙和硅藻土	麦尔 007	饲料添加剂	养殖动物	德国麦尔威股份有限公司	2009.05-2014.05
(2009) 外饲准字 030 号	酵母培养物	益生酵母[1026]	饲料添加剂	养殖动物	美国奥特奇公司	2009.05-2014.05
(2009) 外饲准字 033 号	枯草芽孢杆菌和酿酒酵母	牧哥益佰	微生物饲料添加剂	猪、禽、牛和鱼	韩国 Eunjin 国际生物技术株式会社	2009.05-2014.05
(2009) 外饲准字 044 号	β-胡萝卜素	罗维素 β-胡萝卜素	维生素类饲料添加	养殖动物	帝斯曼营养产品法国有限公司	2009.06-2014.06
(2009) 外饲准字 045 号	酿酒酵母	瘤胃康	微生物饲料添加剂	牛和羊	丹麦 De Danske Gærfabrikker	2009.06-2014.06
(2009) 外饲准字 047 号	嗜酸乳杆菌和枯草芽孢杆菌	三利宝	微生物饲料添加剂	养殖动物	日本新水株式会社	2009.06-2014.06
(2009) 外饲准字 052 号	丙酸钙	凯米拉霉菌控制剂 SP1	饲料防霉剂	猪、禽和牛	荷兰凯米拉化学技术有限公司	2009.06-2014.06
(2009) 外饲准字 053 号	蛋白铜	企利蛋白铜	矿物质饲料添加剂	猪、禽和奶牛	美国企利矿物质公司	2009.06-2014.06
(2009) 外饲准字 069 号	丁基羟基茴香醚、二丁基羟基甲苯和没食子酸丙酯	纽埃特 PG 抗氧化剂	饲料抗氧化剂	养殖动物	比利时英伟-纽埃特国际营养公司	2009.07-2014.07
(2009) 外饲准字 070 号	牛舔砖	KNZ 传统盐舔块	精料补充料	牛	荷兰阿克苏诺贝尔制盐公司	2009.07-2014.07
(2009) 外饲准字 071 号	牛舔砖	KNZ 生物素盐舔块	精料补充料	牛	荷兰阿克苏诺贝尔制盐公司	2009.07-2014.07
(2009) 外饲准字 072 号	牛羊舔砖	KNZ 牛羊盐舔块	精料补充料	牛和羊	荷兰阿克苏诺贝尔制盐公司	2009.07-2014.07
(2009) 外饲准字 074 号	膨化豆粕	优力蛋白	蛋白质饲料	养殖动物	达邦蛋白股份有限公司	2009.07-2014.07
(2009)外饲准字 088 号	α-生育酚乙酸酯	维生素 E 醋酸酯油剂	饲料级维生素	养殖动物	德国巴斯夫欧洲公司	2009.08-2014.08
(2009) 外饲准字 090 号	乳清粉和棕榈油	高脂甜乳清	能量饲料	犊牛、羔羊和仔猪	法国宝莱蛋白质公司	2009.08-2014.08
(2009) 外饲准字 092 号	α-生育酚乙酸酯	生育酚乙酸酯	饲料级维生素	养殖动物	瑞士帝斯曼营养产品有限公司	2009.08-2014.08
(2009) 外饲准字 094 号	硫酸钙和氯化钙	博威钙	矿物质饲料添加剂	母牛	勃林格股格翰(丹麦）公司	2009.08-2014.08
(2009) 外饲准字 095 号	香芹油和柠檬油	肥速达	饲料添加剂	猪、犊牛、羊、兔和马	奥地利 DELACON 生物技术公司	2009.08-2014.08
(2009) 外饲准字 122 号	多种有机酸	酸化剂核心料 42439Z	饲料酸化剂	养殖动物	西班牙乐达公司	2009.09-2014.09

（续）

登记证号	通用名称	商品名称	产品类别	使用范围	生产厂家	有效期限
(2009)外饲准字 123 号	蛋白酶、脂肪酶、果胶酶（产自黑曲	新乐酶	饲料级酶制剂	养殖动物	日本新水株式会社	2009.09-2014.09
(2009) 外 饲 准字 124 号	蛋白酶、脂肪酶、果胶酶（产自黑曲	饲乐酶 CFS	饲料级酶制剂	养殖动物	日本新水株式会社	2009.09-2014.09
(2009) 外 饲 准字 125 号	蛋白铁	企利蛋白铁	矿物质饲料添加剂	猪、禽和奶牛	美国企利矿物质公司	2009.09-2014.09
(2009) 外 饲 准字 126 号	蛋白锌	企利蛋白锌	矿物质饲料添加剂	猪、禽和奶牛	美国企利矿物质公司	2009.09-2014.09
(2009) 外 饲 准字 128 号	多种电解质、大豆磷脂、酿酒酵母	达可 us	添 加 剂 预混合饲料	犊牛、羔羊、仔猪和马驹	勃林格股格翰(丹麦）公司	2009.09-2014.09
(2009) 外 饲 准字 129 号	代乳粉	乳康美 E	配合饲料	犊牛	比利时纽卡米公司	2009.09-2014.09
(2009) 外 饲 准字 137 号	酵母硒	赛乐硒	矿物质饲料添加剂	猪、牛、马和禽	美国奥特奇公司	2009.10-2014.10
(2009)外饲准字 138 号	氧化锌	保锌旺	矿物质饲料添加剂	猪、家禽、牛	韩国西梯茜公司	2009.10-2014.10
(2009) 外 饲 准字 139 号	硫酸锌和蛋氨酸	锌旺	矿物质饲料添加剂	猪、鸡、水产动物和牛	贸立实业股份有限公司	2009.10-2014.10
(2009) 外 饲 准字 140 号	硫酸亚铁和蛋氨酸	铁旺	矿物质饲料添加剂	猪、鸡、水产动物和牛	贸立实业股份有限公司	2009.10-2014.10
(2009) 外 饲 准字 142 号	维生素和氨基酸	艾可肥维他	添加剂预混合饲料	养殖动物	西班牙百卫公司	2009.10-2014.10
(2009) 外 饲 准字 143 号	维生素和矿物元素	产得乐	添加剂预混合饲料	奶牛	德国威康绍曼爱尔斯雷本有限责	2009.10-2014.10
(2009) 外 饲 准字 144 号	牛羊舔砖	黄洛奇	精 料 补 充料	牛和羊	英国泰邦公司	2009.10-2014.10
(2009) 外 饲 准字 145 号	牛舔砖	红洛奇	精 料 补 充料	牛	英国泰邦公司	2009.10-2014.10
(2009) 外 饲 准字 151 号	脂肪包被蛋氨酸	百佳美	饲料级氨基酸	牛和羊	马来西亚 Premier Oil	2009.10-2014.10
(2009) 外 饲 准字 153 号	棕榈核油、大豆浓缩蛋白和大豆磷脂	速能	能量饲料	养殖动物	马来西亚 Premier Oil	2009.10-2014.10
(2009) 外 饲 准字 166 号	L-赖氨酸盐酸盐	L-赖氨酸盐酸盐 98.5%(饲料级)	饲料级氨基酸	养殖动物	美国 ADM 公司	2009.11-2014.11
(2009) 外 饲 准字 167 号	L-苏氨酸	L-苏氨酸 98.5%(饲料级)	饲料级氨基酸	养殖动物	美国 ADM 公司	2009.11-2014.11
(2009) 外 饲 准字 168 号	牛羊舔砖	富磷洛齐	精料补充料	牛和羊	英国泰邦公司	2009.11-2014.11
(2009) 外 饲 准字 169 号	牛羊舔砖	富磷洛齐(5%)	精料补充料	牛和羊	英国泰邦公司	2009.11-2014.11
(2009) 外 饲 准字 170 号	丙酸和丙酸铵	克霉 N CH	饲料防霉剂	养殖动物	西班牙埃特亚公司	2009.11-2014.11
(2009) 外 饲 准字 173 号	奶粉与奶酪	金乳	蛋白质饲料	乳仔猪和犊牛	美国国际原料公司	2009.11-2014.11

（续）

登记证号	通用名称	商品名称	产品类别	使用范围	生产厂家	有效期限
(2009) 外饲准字 175 号	α-生育酚乙酸酯	露他维®E50	饲料级维生素	养殖动物	德国巴斯夫欧洲公司	2009.11-2014.11
(2009) 外饲准字 176 号	D-泛酸钙	露他维®泛酸钙	饲料级维生素	养殖动物	德国巴斯夫欧洲公司	2009.11-2014.11
(2009) 外饲准字 177 号	DL-蛋氨酸	饲料级 DL-蛋氨酸	饲料级氨基酸	养殖动物	美国 Evonik Degussa	2009.11-2014.11
(2009) 外饲准字 178 号	酵母硒	阿富硒 2000	矿物质饲料添加剂	养殖动物	美国达农威公司	2009.11-2014.11
(2009) 外饲准字 180 号	嗜酸乳杆菌和屎肠球菌	利生素（浓缩物）	微生物饲料添加剂	养殖动物	美国奥特奇公司	2009.11-2014.11
(2009) 外饲准字 181 号	天然类固醇萨洒皂角苷（源自丝兰）	除臭灵	饲料添加剂	猪、马、家禽和反刍动物	美国奥特奇公司	2009.11-2014.11
(2009) 外饲准字 182 号	天然类固醇萨洒皂角苷（源自丝兰）	雅可 40	饲料添加剂	家畜和家禽	美国天然原料公司	2009.11-2014.11
(2009) 外饲准字 183 号	核黄素（维生素 B_2）	露他维 B_2 80	饲料级维生素	养殖动物	韩国巴斯夫公司	2009.11-2014.11
(2009) 外饲准字 186 号	丙酸、苯甲酸钠和丙酸钠	康富鲜谷物防腐剂-PH 5-	饲料防腐剂	养殖动物	德国爱德康欧洲有限公司	2009.11-2014.11

2009 年换发进口饲料和饲料添加剂产品登记证目录（节选）

登记证号	商品名称	生产厂家	变更内容	原名称	变更名称
(2008) 外饲准字 149 号	倍多喜	法国拉曼公司	产品中文名称	倍多喜	倍特赛
(2004) 外饲准字 218 号	鲜贮宝青贮接种菌	法国拉曼公司	产品中文名称	鲜贮宝青贮接种菌	鲜得利青贮接种菌
(2008) 外饲准字 059 号	益宁易	美国凡立得工业股份有限公司	申请者和生产厂家中文名称	美国凡立得工业股份有限公司	美国伟克公司
(2008) 外饲准字 108 号	麦可食 超浓缩型一酵母培养物	美国凡立得工业股份有限公司	申请者和生产厂家中文名称	美国凡立得工业股份有限公司	美国伟克公司
(2008) 外饲准字 139 号	必驱霉	美国凡立得工业股份有限公司	产品中文名称	必驱霉	倍吉美
			申请者和生产厂家中文名称	美国凡立得工业股份有限公司	美国伟克公司
(2008) 外饲准字 155 号	麦可食酵母培养浓缩物	美国凡立得工业股份有限公司	申请者和生产厂家中文名称	美国凡立得工业股份有限公司	美国伟克公司
(2009) 外饲准字 054 号		奥地利 DELACON 生物技术公司	中文商品名称	必需壮	百奥壮 510
(2006) 外饲准字 196 号	高流动性乳清粉	法国 Lactalis 工业 Protilact 有限公司 Mayenne 工厂	申请公司名称	法国 Lactalis 工业集团 Protilact 有限公司	法国 Lactalis Ingredients 公司
			生产厂家名称	法国 Lactalis 工业集团 Protilact 有限公司 Mayenne 工厂	法国 Lactalis Ingredients 公司 Mayenne 工厂

中外主要奶牛饲料公司

表 11-1 中国主要奶牛饲料公司

序号	公 司		主要产品
1	希望集团	成都	配合料、浓缩料、预混料、添加剂
2	内蒙古牧泉元兴饲料公司	呼和浩特	配合料、浓缩料、预混料、添加剂
3	北京菲迪饲料科技有限公司	北京	浓缩料、预混料、添加剂
4	北京三元禾丰牧业公司	北京	配合料、浓缩料、预混料
5	大北农集团	北京	配合料、浓缩料、预混料、添加剂
6	荣耀公司	黑龙江双城	浓缩料、预混料
7	上海光明荷斯坦牧业有限公司	上海	配合料、浓缩料、预混料、添加剂
8	河北凯特饲料集团公司	石家庄	蒸汽玉米压片、配合料、浓缩料
9	北京东方联鸣科技发展有限公司	北京	预混料
10	上海荷斯坦奶牛科技有限公司	上海	预混料
11	北京东方天合生物技术有限责任公司	北京	预混料
12	北京中棉紫光生物科技有限公司	北京	棉籽类饲料
13	上海健荷牧业科技有限公司	上海	预混料、浓缩料、配合料
14	山东宝来利来生物工程股份有限公司	山东	添加剂
15	浙江科峰生物技术有限公司	杭州	预混料 蛋白饲料
16	北京奥耐尔饲料有限责任公司	北京	代乳粉
17	长春博瑞牧业有限公司	长春	浓缩料 精补料

表 11-2 外资在华主要奶牛饲料公司

序号	公司	国家	中国总部	主要产品
1	农标普瑞纳饲料有限公司	美国	河北廊坊市	配合料、浓缩料、预混料、添加剂
2	正大集团	泰国	北京	配合料、浓缩料、预混料、添加剂
3	大成蓝雷营养科技(北京)有限公司	中国台湾省与美国合资	北京	配合料、浓缩料、预混料
4	英国联合营养集团（ABNA）	英国	上海	“爱博恩”配合料、浓缩料
5	北京德佳牧业科技有限公司	荷兰	北京	浓缩料、预混料

表 11-3 外资在华主要奶牛饲料添加剂公司

序号	公司	国家	中国总部	主要产品
1	达农威生物发酵工程技术（深圳）有限公	美国	深圳	酵母培养物
2	北京华辰兴业科技有限公司	美国	北京	酵母培养物、丝兰提取物、代乳粉、瘤促素、霉菌毒素
3	奥特奇生物制品（中国）有限公司	美国	北京	功能性酵母、生化酶、有机微量元素、生物活性蛋白、活菌制
4	安迪苏生命科学制品（上海）有限公司	法国	上海	蛋氨酸、维生素、酶制剂和过瘤胃蛋氨酸
5	法国乐斯福集团	法国	上海	浓缩活酵母
6	日本全药工业株式会社	日本	北京	舔砖
7	美国辉宝有限公司	美国	北京	功能性饲料添加剂
8	荷兰泰高集团	荷兰	北京	酵母类添加剂
9	法国拉曼动物营养公司	法国	北京	微生物添加剂
10	帝斯曼（中国）有限公司	荷兰	北京	维生素类添加剂
11	嘉里油脂化学工业（天津）有限公司	马来西亚	天津	过瘤胃脂肪酸
12	百奥明饲料添加剂（上海）有限公司	奥地利	上海	功能性饲料添加剂
13	建明工业（珠海）有限公司	美国	上海	青贮保护剂、防菌剂、益生菌

（中国奶业年鉴编辑部整理）

中外主要草业企业

表 11-4 中国主要牧草草种供应企业

序号	公司	总部
1	北京克劳沃草业技术开发中心	北京
2	北京绿冠集团	北京
3	北京正道生态科技有限公司	北京
4	四川省燎原草业科技有限责任公司	成都

表 11-5 外资在华主要牧草草种供应企业

序号	公司	国家	中国总部
1	美国安德森牧草有限公司	美国	北京
2	美国天草牧草公司	美国	青岛

表 11-6 中国主要牧草生产公司

序号	公司	总部
1	酒泉大业牧草饲料有限责任公司	甘肃酒泉市
2	河北桃园饲草贸易有限公司	河北石家庄
3	玉门大业草业科技发展有限责任公司	甘肃玉门市
4	北京黎明牧草种植服务社	北京
5	内蒙古巴林左旗荣盛草业有限责任公司	内蒙古赤峰市
6	吉林省吉生羊草良种站	吉林长春市
7	吉林吉农草业科技开发有限公司	吉林长春市
8	北京绿田园生态农业有限公司	北京
9	大连富盛草业科技公司	辽宁大连市
10	宁夏农垦茂盛草业公司	宁夏银川市
11	甘肃天耀草业科技有限公司	甘肃定西市
12	辽阳科茵草业公司	辽宁辽阳市
13	河南合博草业有限公司	河南郑州市
14	河南黄河草业有限公司	河南郑州市
15	北京布莱特草业有限公司	北京
16	青海禾源草业科技开发有限公司	青海西宁
17	云南绿盛草业有限公司	云南昆明
18	四川川草生态草业科技公司	四川红原
19	四川红原兴牧草业公司	四川成都
20	甘肃大业牧草科技有限责任公司	甘肃张掖市
21	山西大同市美华草业有限公司	山西大同
22	山东横店草业有限公司	山东东营

繁殖育种与 DHI

2009 年奶牛良种补贴项目种公牛站及种公牛汇总表

单位：头

编号	单　　位	荷斯坦牛		娟姗牛	奶水牛	乳用西门塔尔	褐牛	牦牛	三河牛	小计
		CPI	TPPI							
111	北京奶牛中心	70	24	4			5			103
121	天津市奶牛发展中心	23	22							45
122	XY 种畜（天津）有限公司		7							7
131	河北省畜牧良种工作站	18	38							56
132	秦皇岛全农精牛繁育有限公司	10	43							53
133	亚达艾格威（唐山）畜牧有限公司		27							27
141	山西省家畜冷冻精液中心	4	20							24
151	内蒙古天和荷斯坦牧业有限公司	6	22							28
152	通辽京缘种牛繁育有限责任公司					12				12
153	海拉尔市农牧场管理局家畜繁育指导站		8						13	21
211	辽宁省牧经种牛繁育中心有限公司	1	18			3				22
231	黑龙江省博瑞遗传有限公司	10	50							60
232	大庆市银螺乳业有限公司种公牛站	1	50							51
311	上海奶牛育种中心有限公司	35	63							98
321	徐州市家畜良种站		1							1
322	南京利农奶牛育种有限公司	2	16							18
343	安徽精英种畜有限公司		33							33
361	江西省种公牛站	2	2							4
371	山东省种公牛站有限责任公司					15				15
373	山东奥克斯生物技术有限公司	13	37							50
374	山东盛能奶牛胚胎工程有限公司		13							13
411	河南省鼎元种牛育种有限公司	10	31							41
412	许昌市夏昌种畜禽有限公司		2			2				4
413	南阳昌盛牛业有限公司		4							4
414	河南省洛阳市白马寺种公牛站		6			4				10
421	武汉兴牧生物科技有限公司				6					6
431	湖南省良种牛繁育中心种公牛站				5					5
441	广州市奶牛研究所有限公司	7	5	6						18
451	广西壮族自治区畜禽品种改良站				57					57
511	成都汇丰动物育种有限公司		6	7		14				27
521	贵州省畜牧技术推广站				14	3				17
531	云南省家畜冷冻精液站	1	1		20					22
532	大理白族自治州家畜繁育指导站	3	8		19					30
611	陕西秦申金牛育种有限公司	1	12							13
621	甘肃省家畜繁育中心		3			7				10
631	青海省家畜改良中心		6			2		20		28
641	宁夏四正生物工程技术研究中心	6	14							20
651	新疆维吾尔自治区畜禽繁育改良总站	2	5			19	46			72
652	天山畜牧昌吉生物工程有限责任公司	7	39			9	25			80
合　计		232	636	17	121	90	76	20	13	1205

2009 年获得农业部《种畜禽生产经营许可证》的单位

根据《中华人民共和国畜牧法》和《〈种畜禽生产经营许可证〉管理办法》的规定，经考核和质量检测合格，中华人民共和国农业部于 2009 年 8 月 3 日、9 月 7 日和 11 月 20 日，分别发布第 1244 号、第 1256 号、第 1289 号公告，共批准 10 个单位从事冷冻精液生产经营，并核发《种畜禽生产经营许可证》，有效期为 3 年（表 12-1）。

表 12-1　2009 年获得农业部《种畜禽生产经营许可证》颁发目录

许可证编号	单位名称	生产经营范围	有效期
（2009）001509	四平市种牛冷冻精液站	西门塔尔、夏洛莱、牛冷冻精液	2009.08.01-2012.07.31
（2009）001510	山东省种公牛站有限责任公司	西门塔尔、鲁西牛、利木赞牛冷冻精液	2009.08.01-2012.07.31
（2009）001512	赤峰赛奥牧业技术服务有限公司	西门塔尔、夏洛莱牛冷冻精液	2009.09.01-2012.08.31
（2009）001513	安徽精英种畜有限公司	荷斯坦牛冷冻精液	2009.09.01-2012.08.31
（2009）001514	南阳昌盛牛业有限公司	荷斯坦、利木赞、皮埃蒙特、夏洛莱、德国黄牛、南阳牛冷冻精液	2009.09.01-2012.08.31
（2009）001515	武汉兴牧生物科技有限公司	西门塔尔、夏洛莱、槟榔江水牛、利木赞、安格斯、劳莱恩牛冷冻精液	2009.09.01-2012.08.31
（2009）001516	成都汇丰动物育种有限公司（四川省家畜冷冻精液中心站）	荷斯坦、娟姗牛、西门塔尔牛冷冻精液	2009.09.01-2012.08.31
（2009）001517	长春新牧科技有限公司	西门塔尔、夏洛莱牛冷冻精液	2009.12.01-2012.11.30
（2009）001518	大庆市银螺乳业有限公司种公牛站	荷斯坦牛冷冻精液	2009.12.01-2012.11.30
（2009）001519	上海金晖家畜遗传开发有限公司	南德温牛冷冻精液	2009.12.01-2012.11.30

中国荷斯坦青年公牛全国联合后裔测定情况

中国奶业协会　陈绍祜

（一）后裔测定组织形式

中国荷斯坦青年公牛全国联合后裔测定工作开始于 1983 年，经过 20 多年的发展，为我国培育了许多优秀验证公牛。为了进一步加快我国独立自主培育中国荷斯坦优秀种公牛的进程及规范全国联合后以测定操作流程，中国奶业协会根据我国奶业发展的需要，于 2007 年制定并发布了《中国荷斯坦青年公牛联合后裔测定规程》（以下简称《规程》）。《规程》规定，全国青年公牛联合后裔测定工作，是在农业部畜牧行政主管部门领导下，由中国奶业协会育种专业委员会负责组织相关单位实施。具体要求为：各地奶牛育种和推广机构负责后裔测定公牛冻精的分发及相关数据的收集；并要求参加联合后裔测定的公牛站必须持有农业部核发的“种畜禽生产经营许可证”；后裔测定牛场须通过中国奶业协会育种专业委员会认定；中国奶业协会育种专业委员会负责全国后测数据的收集汇总，经遗传评定后，将公牛后裔成绩报送农业部行政主管部门，并有计划地向全国公布。

（二）参测牛场及公牛情况

目前全国范围内共有认定的后裔测定牛场 127 个，分布于 12 个奶业重点省份（表 12-2）。

表 12-2　后测奶牛场分布情况

序号	省份	场数	序号	省份	场数
1	北京	20	7	宁夏	7
2	广东	1	8	山东	20
3	河北	12	9	山西	1
4	河南	7	10	上海	22
5	黑龙江	20	11	天津	11
6	内蒙古	4	12	新疆	2

截止 2010 年 5 月第 43 批后裔测定，全国累计参加测定的公牛已经达到 1274 头 ，经统计，有 34 个公牛站参加过测定，后测冻精发放范围分布在 25 个省（直辖市、自治区），平均每年分配到 14 个省（直辖市、自治区），其中 2006 年参测公牛最多达到 170 头（历次后裔测定公牛数量及各公牛站累计参测牛头数见表 12-2、表 12-3）。

表 12-3 历次后裔测定公牛数量

批次	牛数	批次	牛数	批次	牛数
1	3	16	13	31	43
2	6	17	32	32	60
3	27	18	9	33	62
4	16	19	20	34	71
5	12	20	5	35	97
6	13	21	15	36	74
7	7	22	15	37	41
8	13	23	2	38	20
9	9	24	15	39	63
10	11	25	20	40	60
11	6	26	26	41	96
12	13	27	15	42	85
13	16	28	14	43	59
14	18	29	34		
15	5	30	33		

表 12-4 各公牛站青年公牛参测情况

站号	公 牛 站	公牛数
111	北京奶牛中心	163
121	天津市奶牛发展中心	53
131	河北省畜牧良种工作站	53
132	秦皇岛全农精牛繁育有限公司	58
133	亚达艾格威（唐山）畜牧有限公司	8
141	山西省家畜冷冻精液中心	24
151	内蒙古天和荷斯坦牧业有限公司	33
153	海拉尔市农牧场管理局家畜繁育指导站	4
211	辽宁省牧经种牛繁育中心有限公司	25
231	黑龙江省博瑞遗传有限公司	131
232	大庆市银螺乳业有限公司种公牛站	35
311	上海奶牛育种中心有限公司	188
322	江苏省奶牛育种中心	47
341	安徽省畜禽遗传资源保护中心	3
343	安徽精英种畜有限公司	22
361	江西省种公牛站	19
371	山东省种公牛站有限责任公司	9
372	山东曹县中大种公牛站	2
373	山东奥克斯生物技术有限公司	41
374	山东盛能奶牛胚胎工程有限公司	11
411	河南省鼎元种牛育种有限公司	28
414	河南省洛阳市白马寺种公牛站	15
421	武汉兴牧生物科技有限公司	3
441	广州市奶牛研究所有限公司	15
511	成都汇丰动物育种有限公司	8
531	云南省家畜冷冻精液站	10
532	大理白族自治州家畜繁育指导站	24
551	重庆市种公牛站	4
611	陕西秦申金牛育种有限公司	14
612	西安光明荷斯坦奶牛育种有限公司	74
631	青海省家畜改良中心	5
641	宁夏四正生物工程技术研究中心	27
651	新疆维吾尔族自治区畜禽繁育改良总站	34
652	天山畜牧昌吉生物工程有限责任公司	17

图 12-1 历次参测牛数变化趋势

（三）后裔测定数据收集情况

通过对现有数据统计分析，累计参加测定的 1274 头青年公牛中，女儿总数为 240070 头，女儿数大于 50 头的有 358 头，占 28.1%，其中编号为 11194107 的公牛女儿数最多，目前已达到 8664 头（女儿数大于 50 头的后测公牛情况见表 12-5、表 12-6），

表 12-5 女儿数大于 50 头的后测公牛情况 1

出生年度	公牛数	出生年度	公牛数
1984	4	1999	21
1985	1	2000	9
1986	1	2001	36
1987	1	2002	42
1993	18	2003	65
1994	11	2004	48
1995	20	2005	7
1996	12	2007	1
1997	15	不详	36
1998	10		

表 12-6 女儿数大于 50 头的后测公牛情况 2

后测批次	公牛数	后测批次	公牛数
3	10	25	11
4	3	26	13
5	2	27	1
6	1	28	3
13	9	29	24
14	12	30	28
15	3	31	29
16	9	32	35
17	23	33	22
18	6	34	25
19	7	35	21
20	4	36	11
21	11	37	5
22	13	38	1
23	2	41	1
24	13		

（四）公牛遗传评估

中国奶业协会育种专业委员会对收集的数据进行筛选后（筛选条件见表6），运用从加拿大引进的测定日模型，计算产量、体型及体细胞数等性状的育种值，并综合形成中国奶牛性能指数CPI（China Performance Index），并从2007年到2010年配合国家奶牛良种补贴项目共进行过四次结果的计算和公布。2007年CPI计算公式如下：

$$CPI = 16 \times \left[50 \times \frac{PTAM}{800} + 25 \times \frac{PTAF}{0.3} + 25 \times \frac{PTAP}{0.12} \right]$$

PTAM:公牛产奶量育种值　　PTAF:公牛乳脂率育种值　　PTAP:公牛乳蛋白率育种值

随着DHI测定的发展及体型外貌鉴定工作的开展，为了能更全面准确地反映种公牛的综合生产性能，2008年在计算公式中增加了体细胞数育种值部分；2009年根据我国的实际情况对部分性状标准差进行了调整，在计算国内验证公牛CPI值的基础上增加了对国外验证公牛的CPI值计算，使国内外的公牛估计育种值之间具有了可比性；2010年在CPI计算公式中增加了体型总分、泌乳系统和肢蹄育种值，形成了较为全面的计算公式，如下：

a、适用于国内后裔测定验证公牛

$$CPI1 = 20 \times \left[30 \times \frac{Milk}{459} + 15 \times \frac{Fatpct}{0.16} + 25 \times \frac{\Pr opct}{0.08} + 5 \times \frac{Type}{5} + 10 \times \frac{MS}{5} + 5 \times \frac{FL}{5} - 10 \times \frac{SCS-3}{0.16} \right]$$

b、适用于国外引进的有后裔测定成绩的验证公牛的换算公式；

$$CPI2 = 20 \times \left[30 \times \frac{Milk}{800} + 10 \times \frac{Fatpct}{0.3} + 20 \times \frac{\Pr opct}{0.12} + 5 \times \frac{Type}{5} + 15 \times \frac{MS}{5} + 10 \times \frac{FL}{5} - 10 \times \frac{SCS-3}{0.46} \right]$$

Milk——产奶量育种值，　Fatpct——乳脂率育种值，　Propct——乳蛋白率育种值，
Type——体型总分育种值，　MS——泌乳系统育种值，　FL——肢蹄育种值，
SCS——体细胞评分育种值。

表 12-7　育种值计算数据筛选标准

项目	育种值估计条件
胎次	1、2、3胎
泌乳天数(天)	5～305
测定间隔(天)	≤70
1胎月龄(月)	22～38
2胎月龄(月)	34～50
3胎月龄(月)	46～63
记录条数(条)	≥ 3
产奶量(kg)	1～80
乳脂率(%)	1.4～6.2
乳蛋白率(%)	2.0～5.0
体细胞数(1000/毫升)	0～6000
其　　他	父亲编号为全国统一8位编号，参测母牛系谱要求齐全，编号唯一，出生日期、分娩日期和测定日期记录完整。

目前国内青年公牛的后测数据主要来源于各地奶牛生产性能测定中心，DHI测定只能得到女儿的产奶量等生产数据，而女儿体型外貌鉴定数据、配种、产犊等繁殖数据的收集十分困难，这给后测工作带来了一定难度。2010年对数据按数据筛选标准进行筛选后计算得出816头公牛的CPI值，其中476头公牛CPI为正值，340头为负值；CPI为正值的公牛数量较2007年的56头增加了420头（表12-8），增幅显著，其中CPI中包括体型性状育种值的共135头。

表 12-8　历年遗传评估结果

年度	CPI正值公牛头数	其中:含体型性状育种值头
2010	476	135
2009	232	
2008	100	
2007	56	

总之，近些年国家对该项工作的重视程度在逐年提高，给青年公牛后裔测定工作的开展创造了有利的条件，后测公牛数量及公牛遗传素质逐年提高，全国后裔测定体系也逐步完善。今后我们更应加强生产性能测定及体型外貌鉴定工作力度，并有计划地不断增加认定后裔测定奶牛场的数量，完善和提高后裔测定牛场的各项记录管理；后测承担单位要尽到责任，确保将后测冻精发放到指定后测奶牛场；后测奶牛场要及时使用后测冻精配种，确保青年公牛的女儿数量，并做好相应记录，全面加强对数据的收集和整理工作，提高数据的准确性及有效性，争取在2012年前将所有荷斯坦青年公牛全部纳入到全国联合后裔测定体系中，逐步建立起我国自主培育种公牛的育种体系。

2009 年我国奶牛生产性能测定（DHI）情况

中国奶业协会 陈绍祜 肖建国

目前国内开展奶牛生产性能测定的主要基础是国家奶牛生产性能测定补贴项目，该项目 2009 年测定任务为 26 万头，项目区为北京、天津、河北、山西、内蒙古、辽宁、黑龙江、上海、江苏、山东、河南、广东、陕西、宁夏和新疆等 15 个省（直辖市、自治区）以及黑龙江农垦总局和新疆生产建设兵团等 17 个地区。项目由农业部畜牧业司负责组织实施，其中农业部和财政部确定各项目省份的奶牛生产性能测定任务数量和补贴资金，2009 年补贴对象为上述省（直辖市、自治区）荷斯坦成年母牛存栏在 100 头以上的规模养殖场（户）和小区；中国奶业协会和全国畜牧总站组织遴选参加奶牛生产性能测定补贴项目的测定单位和数据的收集整理分析工作；项目区省级财政部门负责测定补贴资金的结算，按照中国奶业协会和省级畜牧部门核定的测定奶牛数量，将补贴资金支付给测定单位。

2009 年，为进一步提高奶牛生产性能测定中心（实验室）检测和技术服务水平，中国奶业协会和全国畜牧总站组织成立了奶牛生产性能测定专家组和督导组，加强对奶牛生产性能测定进行专项培训和技术指导，分别于 2009 年 3 月、6 月和 11 月举办了三期全国性的奶牛生产性能测定技术培训班，聘请美国和加拿大奶牛生产性能测定技术专家前来讲学，介绍奶牛生产性能测定技术推广和服务方面的先进经验，累计培训 600 余人次；各地区根据实际情况，分别组织召开了多次培训，北京、上海、山东、黑龙江、河北、宁夏、云南、内蒙古、新疆和陕西等项目区先后聘请专家为当地奶牛场做技术服务，开展奶牛生产性能测定培训工作，全年累计培训奶农 2 600 余人次。同时，为确保项目区之间的及时沟通和项目情况的了解，根据项目需要并结合项目的动态，于 2008 年 12 月正式出版《国家奶牛生产性能测定补贴项目工作简报》第一期，截止 2009 年底共出版简报八期。对项目的情况进行了及时的通报，有效地调动了项目区的工作积极性，便于有关部门掌握项目动态。

项目区结合奶牛场实际生产情况，展开多种形式的技术支持和服务，全年累计向 1 067 个奶牛场发放技术手册 2 万本，科普光盘 1 万张，发送奶牛养殖指导意见 7 000 条次，指导奶牛场健康安全生产。如内蒙古在为规模牧场上门服务与交流和发放普及读物的基础上，2009 年又根据服务对象的不同，探索开展了不同类型的现场服务活动 50 余场次。服务范围涵盖了呼和浩特市、包头市和鄂尔多斯市等地区的 110 个牧场和 2 000 个奶牛养殖户；还开展了以奶牛养殖集团为单位，走进企业搞服务；挤奶厅实地采样指导服务；资料员电话支持等多种形式的服务，获得了良好的推广效果。北京 2009 年先后组织聘请专家到参测牛场进行技术服务 23 次；上海结合国内外先进的奶牛生产性能测定牧场服务体系和国内的实际生产情况，以“提高牧场管理水平”为重点来做好服务维护工作，结合自身特点为参加测定奶牛场提供免费公牛冻精、牧场采样员专业工作服、试配冻精专用液氮罐，并享受流量计、采样瓶补贴等多项优惠政策。2009 年针对参测牧场免费发放公牛冻精 2.8 万余支；一胎牛体型鉴定头数超过 6 000 头，积极为参测牧场做好选种选配工作。

表 12-9 重点省份 DHI 开展情况

省份	牛场数（个）	牛数（头）	省份	牛场数（个）	牛数（头）
北京	78	40774	河南	75	20668
天津	31	20134	广东	4	3935
河北	66	28595	广西	1	491
山西	51	10582	贵州	1	207
内蒙古	83	24796	云南	31	6942
辽宁	10	10831	重庆	4	1429
吉林	2	1296	陕西	92	17617
黑龙江	97	51923	甘肃	1	1213
上海	73	27959	宁夏	44	19272
江苏	38	14947	新疆	16	6069
浙江	8	5520	湖北	2	871
安徽	8	2841	湖南	5	1485
山东	79	28646	福建	5	2744
			合计	905	351787

2009年在各级政府部门的大力支持下，经过项目区的共同努力，中国奶业协会共收集了项目区测定中心（实验室）上报的905个奶牛养殖场的351 787头奶牛测定数据，测定记录达1 923 641条。项目区以外的云南、湖北、湖南和福建等4省也积极开展了奶牛生产性能测定，奶牛生产性能测定规模和范围进一步扩大，取得了良好效果，具体见表12-9。

通过分析，项目区内参测奶牛测定日平均产奶量达到22.6千克、平均乳脂肪率3.70%、平均蛋白率3.25%、平均体细胞数为60.4万/毫升，详见表12-10。

表 12-10 重点省份测定日生产性能统计分析表

省份	测定日平均产奶量（千克）	测定日平均乳脂率（%）	测定日平均蛋白率（%）	测定日平均体细胞数(千个/毫升)
北京	30.15	3.94	3.2	312.90
天津	25.66	3.72	3.19	501.52
河北	23.08	3.78	3.35	658.92
山西	19.27	3.77	3.31	921.24
内蒙古	24.54	3.68	3.37	288.21
辽宁	20.58	3.93	3.17	477.62
吉林	20.7	3.88	3.21	409.86
黑龙江	20.09	3.64	3.26	601.73
上海	22.42	3.58	3.26	898.79
江苏	22.95	3.79	3.26	598.94
浙江	20.79	3.76	3.29	866.19
安徽	20.25	3.63	3.2	977.23
山东	18.92	3.82	3.22	612.42
河南	20.81	3.65	3.21	478.92
广东	17.77	3.79	3.39	599.11
广西	23.05	3.36	3.01	784.37
贵州	14.08	3.49	3.22	707.69
云南	14.44	3.76	3.26	1240.34
重庆	17.83	3.53	3.13	583.82
陕西	22.1	3.68	3.22	913.61
甘肃	17.38	3.34	3.3	486.49
宁夏	24.5	3.26	3.32	930.06
新疆	28.44	3.69	3.17	617.82
湖北	20.72	4.12	3.07	370.17
湖南	15.3	3.56	3.22	287.81
福建	18.51	3.59	3.12	620.49

2009年全国参测的905个奶牛场（包括项目区和非项目区）主要为规模牛场，其中测定头数100头以上的约占总牛场比例的80%（图12-2），较2008年增加261个，其中测定头数在1 000头以上的增加了23个（表12-11），这说明奶牛生产性能测定已经成为奶牛场，尤其是大中型奶牛场在生产管理中一项实用、有效、不可缺少的重要工具。

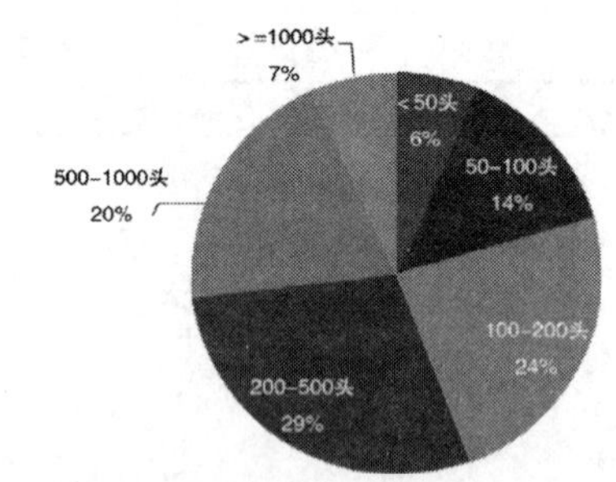

图 12-2 2009年重点DHI测定奶牛场存栏规模情况

表 12-11 全国不同规模参测牛场情况

规模（测定头数）	<50	50～100	100～200	200～500	500～1000	>=1000	合计
2008参测场数	44	76	142	174	117	39	592
2009参测场数	58	127	214	263	181	62	905

全国22个奶牛生产性能测定（DHI）中心（实验室）

为进一步贯彻落实《国务院关于促进奶业持续健康发展的意见》(国发[2007]31号文件)和《国务院办公厅关于转发发展改革委等部门奶业整顿和振兴规划纲要的通知》(国办发[2008]122号)

按项目实施方案要求，2010年奶牛生产性能测定补贴项目奶牛测定任务为26万头，项目区包括北京、天津、河北、山西、内蒙古、辽宁、黑龙江、上海、江苏、山东、河南、湖北、湖南、广东、云南、陕西、宁夏和新疆18个省（自治区、直辖市）以及黑龙江农垦总局和新疆生产建设兵团。

按照项目要求，全国畜牧总站和中国奶业协会组织专家对各地奶牛生产性能测定中心（实验室）进行了系统检查。经审核，确认了参加奶牛生产性能测定项目的22个测定中心（实验室），名单如下：

表 12-12　奶牛生产性能测定项目的测定中心（实验室）名单

序号	单　　位	序号	单　　位
1	北京奶牛中心奶牛生产性能测定中心	12	宁夏奶牛生产性能测定中心
2	天津市奶牛发展中心奶牛生产性能测定实验室	13	陕西省奶牛生产性能测定中心
3	上海奶牛育种中心有限公司奶牛生产性能测定实验室	14	河南省奶牛生产性能测定中心
4	黑龙江省家畜指导站奶牛生产性能测定中心	15	河北省畜牧良种工作站奶牛生产性能测定中心
5	黑龙江省奶牛生产性能测定中心大庆分中心	16	南京卫岗乳业检测中心
6	黑龙江省农垦乳品检测中心	17	广州市奶牛研究所有限公司奶牛生产性能检测中心
7	沈阳乳业有限责任公司奶牛生产性能测定中心	18	云南省奶牛生产性能测定中心
8	内蒙古天和荷斯坦牧业有限公司生产性能测定技术服务中心	19	山东省奶牛 DHI 测定中心
9	山东省农业科学院奶牛研究中心奶牛生产性能测定实验室	20	湖南省奶牛生产性能测定中心
10	山西省奶牛生产性能（DHI）测定管理站管理站	21	武汉兴牧生物科技有限公司生产性能测定实验室
11	新疆维吾尔自治区奶牛生产性能测定中心	22	云南省昆明市奶牛生产性能测定中心

注：以上单位名单均与本单位核实确认。

北京奶牛中心奶牛生产性能测定中心

主　任　郑维韬
电　话　010-62948038
地　址　德外清河南镇 100192
网　站　www.bdcc.com.cn
E-mail　L-84@sohu.com
设　备　Fossomatic　5000
测定能力 200　头份/小时

天津市奶牛发展中心奶牛生产性能测定实验室

主　任　赵庆彬
电　话　022-23792073
传　真　022-23790074
地　址　西青区津静公路24号　300384
网　站　www.tjdcc.com
E-mail　tjdhi@163.com
设　备　Fossomatic 5000
　　　　Foss milk Scan 4000
测定能力 200头份/小时

上海奶牛育种中心有限公司奶牛生产性能测定实验室

主　任　施健
电　话　021-56488068
传　真　021-56030602
地　址　上海场中路3100号　300443
网　站　www.chinacow.com
E-mail　shi_jian@brightdairy.com
设　备　Fossomatic　5000，3套
测定能力 200头份/小时/套

黑龙江省家畜指导站奶牛生产性能测定中心

主　任　李晓东
电　话　045186383603
传　真　045186383603
地　址　哈尔滨香坊区哈平路243号　150069
网　站　www.hljabc.cn
E-mail　habcnie@yahoo.com.cn
设　备　FOSS　combi5000
测定能力 400头份/小时

黑龙江省奶牛生产性能测定中心大庆分中心

主任 徐承斌

电话 0459-6371766

传真 0459-6280347

地址 黑龙江大庆市萨尔图区经三街 77 号 163311

设备 丹麦 FOSS 5000

测定能力（头份/小时）

黑龙江省农垦乳品检测中心

主　任　巩　军

电　话　0451-84886001

传　真　0451-84886052

地　址　哈尔滨市道里区太湖北街 1 号　150078

E-mail　gongjun1216@163.com

设　备　FOSS 公司

测定能力 200 头份/小时

沈阳乳业有限责任公司奶牛生产性能测定中心

主　任　牟海日

电　话　024-88081003

地　址　沈阳市沈北新区　110164

E-mail　hairi@163.com

设　备　Fossomatic 5000　MSC400

测定能力 200 头份/小时

内蒙古天和荷斯坦牧业有限公司（内蒙古生产性能测定中心）

主　任　呼格吉勒图

电　话　0471-7393909

传　真　0471-7393909

地　址　呼和浩特市和林格尔盛牙经济区

设　备　美国 Bentely

测定能力　300　头份/小时

山东省农业科学院奶牛研究中心奶牛生产性能测定实验室

主　任　李建斌

电　话　0531-88608606

传　真　0531-88608606

地　址　济南市工业北路 159-1 号　250100

网　站　www.sdox.cn

E-mail　www.sddhi163.com

设　备　Fosscombi 6000，2 套

测定能力　300 头份/小时

山西省奶牛生产性能（DHI）测定管理站

主　任　杨志春

电　话　0351-6264607

传　真　0351-6635481

地　址　太原市胜利西街 9 号　030027

E-mail　sxsdhi@163.com

设　备　Foss MilkoScan4000 Foss matic5000

测定能力 200 头份/小时

新疆维吾尔自治区奶牛生产性能测定中心

主　任　齐新林

电　话　0991-4643803

传　真　0991-4618113

地　址　乌鲁木齐市南湖西路北一巷 25 号　830063

网　站　www.dairy.gov.cn

E-mail　qixinlin-1996@163.com

设　备　FOSS 4000

测定能力 200 头份/小时

宁夏奶牛生产性能测定中心

主　任　温　万

电　话　0951-6736296

传　真　0951-6736095

地　址　银川市兴庆区上海东路 596 号 750004

E-mail　NXDHI@163.com

设　备　丹麦福斯 Combifoss6300

测定能力　300 头份/小时

陕西省奶牛生产性能测定中心

主　任　逄国梁

电　话　029-86278650

传　真　029-86278547

地　址　西安市未央路 28 号　710016

网　站　www.snav.cn

E-mail　sxsdhi@sina.com.cn

设　备　Foss combineFT+

测定能力 300 头份/小时

河南省奶牛生产性能测定中心

主　任　王相根

电　话　0371-65674634

传　真　0371-65674634

地　址　郑州市金水区姚桥乡兴达路 19 号　450045

E-mail　hnsdhicdzx@163.com

设　备　Delta Instruments. SOMASCOPE MKII.

测定能力 200 头份/小时

河北省畜牧良种工作站DHI中心

主　任　马亚宾
电　话　0311-86816101
传　真　0311-86816101
地　址　石家庄市学府路七号 050061
网　站　www.hbxmlz.com
E-mail　dhihebei@163.com
设　备　FossMatic FT+
测定能力 240头份/小时

南京卫岗乳业检测中心

主　任　陈长树
电　话　025-52785745
地　址　江宁区将军大道139号　211100
E-mail　lym016@126.com
设　备　Fossomatic　5000
测定能力 200 头份/小时

广州市奶牛研究所有限公司奶牛生产性能检测中心

主　任　汪　翔
电　话　020-36503972
传　真　020-36510250
地　址　广州市广园中麓景路388号　510405
网　站 http://www.nfnyw.com/gzdairyltd/
E-mail　gz_dairy_ltd@163.com
设　备　FOSS　MilkoScanFT120和Fossmatic Minor
测定能力 120头份/小时和60头份/小时

云南省奶牛生产性能测定中心

主　任　袁跃云
电　话　0871-3631530
传　真　0871-3631530
地　址　昆明市华山东路43号　　650021
E-mail　ynldl@126.com
设　备　福斯公司 CombiFoss FT+6200
测定能力　200头份/小时

云南省昆明市奶牛生产性能测定中心

主　任　周亚平　13708887929
电　话　0871-3326913
传　真　0871-3319121
地　址　昆明市东效路菊花村　650041
E-mail　ynkmdhi@163.com
设　备　福斯公司 CombiFoss FT+6200
测定能力　200头份/小时

湖南省畜牧兽医研究所奶牛生产性能测定中心

主任：刘海林
电话：0731-84615369
传真：0731-84611342
地址 长沙市芙蓉区长椰路8号　410131
E-mail　Hnsxm2007@163.com
设备：FOSS MILKO-SCAN
测定能力　60头份/小时

山东省奶牛DHI测定中心

主任：胡洪杰
电话：0531-87198700
传真：0531-87198700
地址：山东济南市槐荫区槐村街68号　250022
E-mail　Hhj0403@126.com
设备：福斯公司 CombiFoss FT++
测定能力　300头/小时

武汉兴牧生物科技有限公司生产性能测定实验室

主任：俞春华
电话：029-87292840
传真：029-87292840
E-mail：tiankong.1217@163.com

内蒙古天和荷斯坦牧业有限公司
——内蒙古自治区奶牛生产性能测定（DHI）中心

奶牛生产性能测定(DHI)是通过测定奶牛奶样中的乳成分及体细胞数，结合奶牛系谱、所处胎次、泌乳阶段和当日产奶量等牛群饲养管理基础数据，综合分析，最终以报告及建议的形式反馈给牛场管理人。报告反映了牛群配种繁殖、生产性能、乳房保健及疾病防治等方面的准确信息。牛场管理人可利用报告作为牧场各项管理的参考依据，采取有效的改善措施，充分发挥牛群的生产潜力。DHI是全球公认的最为科学、最为有效的奶牛生产管理和育种系统工程。

内蒙古自治区奶牛生产性能测定中心是农业部指定的奶牛生产性能测定中心之一，2006年开始在自治区开展奶牛生产性能测定（DHI）工作。2008 年建成内蒙古奶牛生产性能测定中心，占地面积 400 平方米。中心由测定室、数据处理室和育种室三部分组成。规划年测定能力为 20 万头，覆盖全区 50 万头牛只。现引进美国本特利公司的一条测定线，年测定量可达 5 万多头。

奶牛养殖业持续健康发展主要取决于优良的奶牛种子和科学的饲养管理。奶牛生产性能测定不仅是奶牛群体遗传改良技术体系中非常重要、非常基础的一项工作。同时还是保障奶牛科学饲养管理有效的重要措施。通过此项工作，以建立完善的奶牛数据库，指导奶牛的选种选配，合理改善饲料配方，预知奶牛健康状况，提高牛奶质量，保证原料奶的安全，提高奶牛养殖效益。

内蒙古自治区的奶牛生产性能测定工作历经 4 年，已初具规模，并取得了一定的成绩。截止 2009 年 11 月累计测定奶样 12 万份；为 110 个牧场、奶站提供了奶牛生产性能测定方面的推广培训、测定等技术服务。建立了 DHI 工作体系，完善了奶牛群体遗传改良体系，推动了奶牛养殖业的规范化和标准化，奠定了奶业快速良性发展的基础。2009 年，公司开展了以下几方面的奶牛生产性能测定工作：（1）建立完善测定中心的规章制度和操作规程。（2）根据培训目的和对象的不同，举办了不同类型的大小培训活动 50 余场次。分别在呼和浩特、包头、鄂尔多斯三市举办了三期奶牛生产性能测定培训班。（3）完成部分参测牧场的基础数据整理工作。（4）改进测定结果的反馈方式，提高沟通效率。（5）增加测定设备，为标准采样和准确测定创造条件。（6）加强技术交流，提高技术力量。

奶牛生产性能测定工作的现状及存在的问题：

1. 奶牛生产性能测定牛群占总牛群比例太低 目前为止，奶牛的测定头数只占全区总奶牛数的 1.5%左右，测定牧场数所占比例也不高。而世界奶业发达国家 DHI 测定牛群占总牛群数都在 50%以上。目前，新建和在建规模牧场数量快速上升，养殖小区和奶站的整合力度不断加大。奶牛养殖硬件条件不断改善和提高。今后，奶牛养殖以提高质量为重点，优质荷斯坦奶牛数量要稳定在 200 万头，100 头以上标准化规模养殖场（小区）奶牛存栏比重达到 60%以上，养殖场（小区）生产地优质生鲜奶占到乳业加工企业产能的 60%以上，以达到企业提质和农民增收的目的。加快提高参测牛群比例，尤其是优质牛群的测定比例，使奶业发展走上一条规范化、标准化、数据化的道路。

2. DHI 没有发挥出最佳效果 实施 DHI 测定的前期，由于认识的不到位，有些牛场不知道测定数据有用，也不会分析使用，造成 DHI 工作效果不明显。当随着测定时间的延续和饲养管理人员对 DHI 认识的提高，牛场只要按照测定数据和分析报告进行管理，各项措施落实到位，生产水平就会迅速提高。把 DHI 测定真正的应用起来，才能发挥它的功效。

3. 奶牛良种登记与奶牛生产性能测定编号无法统一 奶牛良种登记工作是保证奶牛育种工作顺利开展的有效措施之一，是保障奶牛场科学化饲养管理的重要方法，也是奶牛生产性能测定工作的基础。目前，奶牛良种登记工作由于登记部门、登记方法、登记区域和登记进度的不同，导致良种登记工作覆盖面不全、登记数据不够准确全面、登记内容不统一的现状，使得良种登记工作没有发挥出他的应有作用，不利于奶业数据管理长远发展的要求。

4. 牛场参加 DHI 测定的积极性有待进一步提高 由于 DHI 测定显效比较慢，配套改进措施投入也比较大，所以推广前期养殖者积极性不是很高。这个问题的出现主要是对 DHI 工作重要性的认识不够。DHI 测定数据有效利用后，将成为牧场管理的得力助手。

5. 尽快将体细胞数纳入乳制品企业的计价体系 乳中的体细胞数是反映牛奶质量和牛群健康程度的一项重要指标。如果牛奶中的体细胞数高就表明奶牛可能处于亚健康或疾病状态。因此欧美等国家早在 20 世纪就把原料乳中的体细胞数作为衡量奶牛健康的关键指标，用于指导奶牛养殖，同时也作为衡量原料乳的一项质量指标，并纳入原料乳收购的计价体系。近年来，几乎所有国家均将牛奶体细胞数作为牛奶收购标准之一。体细胞数纳入乳制品企业计价体系是我国奶业的必然发展趋势，也是奶业发达的一项重要标志。北京、上海等奶牛养殖发达地区在 2002 年就将体细胞纳入了原奶收购计价体系。这样才能够调动养殖者养‘好牛’的积极性，从而推动奶牛遗传改良工作，引导奶牛养殖业走上良性发展的道路，从根本上保障乳食品源头的质量安全。

（内蒙古天和荷斯坦牧业有限公司）

广州市奶牛研究所有限公司 DHI 工作情况

广州市奶牛研究所有限公司为目前我国南方地区唯一一所从事奶牛业研究的科技企业，前身为成立于 1984 年的广州市奶牛研究所。总资产 4542 万元，其中流动资产 2253 万元，固定资产 1877 万元。职工总数 82 人，其中技术人员 31 人。该所成立 24 年来，主要从事良种奶牛的引进和培育，奶牛冷冻胚胎、种公牛冷冻精液的生产推广和奶牛业先进实用技术的开发、应用推广及奶牛业技术咨询服务。产品有良种奶用种公牛冷冻精液、胚胎、种牛、牛奶及奶制品和各类兽用药器械等。

为推动广东省的奶牛业技术进步、牛场的科学化管理和奶牛品种的改良，该所自筹资金，购置了配套的牛奶成分测定仪和体细胞计数仪，于 2006 年 6 月建设了约 50 平方米的 DHI 实验室，并于 2006 年 9 月 15 日开始了组织省内奶牛场参加 DHI 测试和相应的技术培训，2008

年8月5日，经农业部全国畜牧总站验收合格，成为全国18个奶牛生产性能测定中心之一（牧站（奶）[2008]130号），开始在广州市范围内开展DHI测定。每年完成3500头以上的测试工作。

（1）奶的质量上，体细胞的总体合格率有很大的提高，尤其是通过DHI测试中牛奶成分的变化及体细胞数的变化来管理牛群，使参测场的生产水平和生产质量都有一定程度的改善，最明显的体现在牛奶体细胞数在经过2～3次测试后都普遍有所下降，而其他的指标有好转和上升的趋势。

（2）通过DHI的测试，使奶牛场的管理水平有了初步提高，带来牛场的效益提高。由于及时发现问题快速解决问题，给奶牛场减少了不必要的饲料和医疗方面的开支，提高了奶牛场的效益。

（3）初步确定了广州市奶牛群奶质优良的这一特点，牛奶的成分远远高于现有的我国生鲜牛奶的质量标准。

（4）推进奶群遗传改良品，对广州市奶牛种质资源的改良提高发挥重要作用。

根据《农业部办公厅财政部办公厅关于下达2008年奶牛生产性能测定项目实施方案的通知》（农办财[2008]150号）的要求，研究所制定了广东省2009年度奶牛生产性能测定实施方案，并上报上级指示有关部门。

在方案中，按《通知》要求制定了相应的责任制并按中国奶协育种专业委员会制定的《中国荷斯坦牛生产性能测定规程》审核了广东省的参测牛场和拟定了测定规模。按照中国奶协对广东省提出的任务和广东省的实际情况，2009年度广东省计划参测场3个，测定总规模为3500头，并制定了相应的测定计划。

根据《规程》要求，确定了广州市3个场为2009年度广东省DHI参测场，分别是广州市奶牛研究所试验奶牛场（A001），广州市珠江奶牛有限公司（A002），广州市华美牛奶公司珠村奶牛场（A003）。

经过一年的测定，实际完成测定样品数量28421个，上传样品数量26271个，参测总牛头数为3588，超额完成计划测定规模。

从奶的质量上看，体细胞的总体合格率有很大的提高，2007年体细胞全年平均数低于50万的只有A001一个场，三个场2007年的平均数分别是A001：44.6万，A002：54.3万，A003：65万，三个场的平均数为54.6万。2008年体细胞平均数低于50万的有两个场，A001：42万，降低了5.83%，A002：48.01万，降低了11.58%，A003：78.75万，却上升了21.15%，原因是A003场负责DHI项目的人员多次变动，造成人员衔接不上，管理上很不到位。三个场的平均数为55.26万，比2007年略升了1.21%，这和广东省长期未进行DHI测试，无法及时发现隐性乳房炎给予治疗和有计划地从剔除体细胞数高的奶牛个体也有关。2009年参测牛只全年体细胞平均数44.97万，比上年降低了18.67%，达到了第一个预期的目标，把体细胞总体水平降到50万以下。对比上年，A001为32.17万，降低了23.40%；A002为40.64万，降低了15.35%；A003为52.79万，降低了32.97%。

2009年参测牛全年的平均乳脂肪含量为3.8%，乳蛋白含量为3.38%，与上年的水平差别不大，但是A003的蛋白含量比上年提高了3%。

参加测试的A002牛场的牛奶体细胞数，从2006年9月初次测定时的71.5万个/毫升，到2009年全年平均40.64万个/毫升，下降了43.16%，牛奶质量有了大幅度的改善。牛群泌乳天数为168天，正处于最合适的状态；高峰奶30.4千克，较2008年提高了8.11%；高峰日为66.86天，较上年缩短了32天，低于平均值70天，处于较佳状态；305天产量7471.81千克。较上年提高了10.24%；其余的蛋白率、乳脂率等几项指标也达到较佳水平。

参加测试的A003在体细胞的控制上，较上年下降了32.9%；日产奶提高了15.86%；高峰奶提高了20.91%；高峰日和泌乳天数也处于较佳状态。

总之，由于奶牛生产周期长的固有生物特性，DHI是一个长期坚持的工作，国内外实施该计划均显示巨大作用，只有在长期实施中才能得到更完全的体现。

（广州市奶牛研究所有限公司）

外资在华种公牛站

序号	公　司	国家	中国总部
1	亚达艾格威（唐山）畜牧有限公司	加拿大	北京
2	ABSGlobal	美国	北京

外资在华主要育种公司

序号	公　司	国家	中国总部
1	北京艾格威科贸有限公司	加拿大	北京
2	ABS Global	美国	北京
3	北京环球种畜有限责任公司	美国	北京
4	德国诺丁林种畜基因产品公司	德国	北京
5	德国国际资源育种公司	德国	北京
6	基诺育种与人工授精协会基诺中国	挪威	上海
7	美国国际资源育种公司	美国	北京
8	爱德现代奶业有限公司	加拿大	北京
9	加拿大太平洋遗传中心	加拿大	北京
10	北京吉因斯育种技术服务有限公司	法国	北京
11	澳大利亚艾狄士有限公司	澳大利亚	上海
12	意大利斯门佐.伦巴弟振兴畜牧业有限公司	意大利	天津

中国奶牛数据中心

中国奶牛数据中心是为适应我国奶牛品种登记、良种登记、生产性能测定、体型鉴定、后裔测定和开展种牛遗传评定工作的需要，满足良种选育和遗传改良工作对有关数据的需求，在农业部有关行政管理司局的大力支持下成立的。主要为政府机关、科研院所、奶业相关企事业单位、养殖场及奶农提供全面、具体、迅速、准确的信息服务。中心拥有防火、防水、防尘、防静电、防雷击等功能的专用机房。机房设有不间断电源和 IC 卡式密码门禁系统，配置了采用双机热备技术的数据库服务器、大容量磁盘阵列、网络服务器、数据备份磁带库、智能安全系统等高端设备，通过光纤接入互联网。

中心先后分别从荷兰引进国际牲畜信息系统(IRIS)奶牛信息化管理平台，从加拿大奶业网引进测定日模型奶牛遗传评估系统，使中心具备了先进的奶牛信息化管理和奶牛遗传评定能力，结束了我国奶牛数据信息分散零乱的历史，实现了全国奶牛数据存储和处理的集中化统一管理。为提高我国自主培养种公牛能力，指导奶农科学选种选配，促进我国奶业的持续、健康、稳定的发展贡献力量。

联系人：陈绍祜
地　址：北京市朝阳区清河南镇中国奶业协会
电　话：010-62924088
传　真：010-62929690
网　址：www.holstein.org.cn
邮　件：holsteinchina@gmail.com

奶畜资源与养殖

2009 年全国奶畜养殖情况

农业部奶业管理办公室　农业部畜牧业司副巡视员　王俊勋

1. 奶类生产情况　2009 年是我国奶业快速复苏的一年，上半年受三聚氰胺事件延续影响消费下滑，企业收奶减少，部分鲜奶无处交售，奶价一路下滑，奶农倒奶杀牛，奶类产量持续下降。下半年，尤其是进入 8 月后，随着消费回暖，原料需求增加，加之奶牛的减少，鲜奶供应偏紧，局部地区抢奶现象重现，收购价出现明显反弹，奶农生产积极性开始升温，奶类生产呈现恢复性增长。

从全年来看，我国奶类生产虽然 10 年来首次出现下滑，但没有预期的波动大。据国家统计局统计，2009 年全国奶类总产量为 3734.6 万吨，其中牛奶产量 3520.9 万吨，同比分别下降 1.24%和 0.98%（图 13-1）。

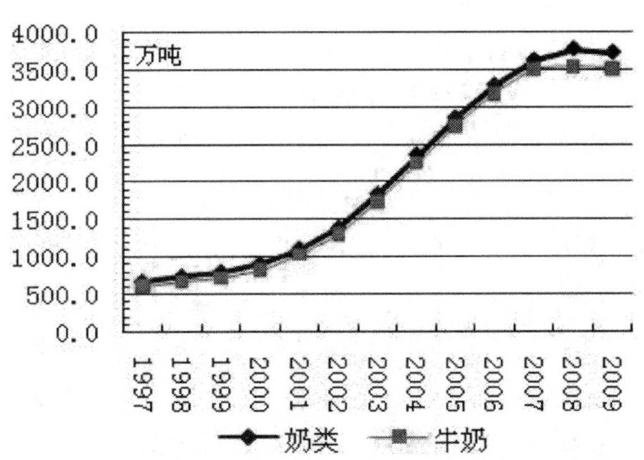

图 13-1　1997－2009 年奶类、牛奶产量增长情况

2. 奶类构成及区域特征　2009 年我国生产的奶类中，牛奶产量占 94.3%，较上年提高 0.3 个百分点；其他奶类占 5.7%，绝大部分是羊奶，少部分的马奶、骆驼奶等。从区域分布看，根据奶源资源状况和经济发展水平，我国共分为 5 个奶业区域，即大城市奶业产区：北京、天津、上海；东北奶业产区：黑龙江、吉林、辽宁、内蒙古；华北奶业产区：河北、河南、山东、山西；西北奶业产区：陕西、甘肃、宁夏、青海、新疆、西藏；南方奶业产区：江苏、浙江、安徽、福建、江西、湖南、湖北、广东、广西、四川、重庆、云南、贵州、海南等省、自治区。

我国原料奶生产主要集中的三北地区，占全国比重略有下降。2009 年，三北地区（东北、西北、华北）牛奶产量为 3066 万吨，占全国的 87.2%，比 2008 年减少约 0.1 个百分点，其中，东北地区的奶业优势进一步显现，占全国比重逐年提高，2009 年达到 45.1%，原本发展势头较快的华北地区，因是三聚氰胺事件的重灾区，占全国的比重下降到 29.6%，下降 0.8 个百分点。

大中城市产区，受三聚氰胺事件影响比较小，生产相对比较稳定。不过由于严格环保要求、受资源和劳动力成本等因素影响，牛奶生产成本增加，奶牛场大量迁往周边地区，牛奶产量占全国的比重呈下降趋势，2009 年仅占 4.5%，比 2000 年 8.8%下降 4.3 个百分点（图 13-2）。

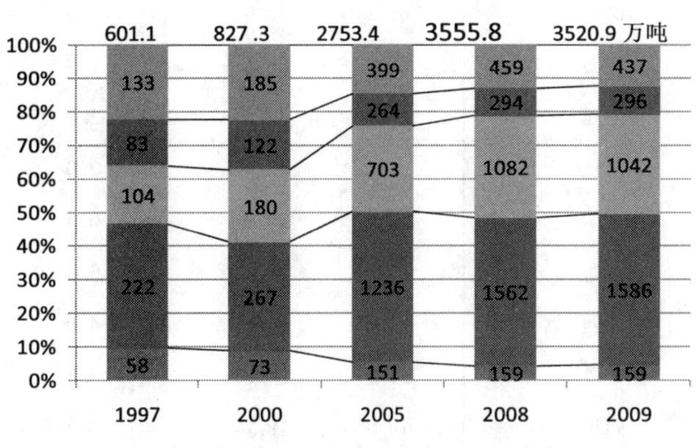

图 13-2　1997－2009 年我国牛奶生产区域分布情况

2009 年，牛奶产量排名前 5 位的省份及其位次，与上年相比没有变化，依次是内蒙古、黑龙江、河北、河南和山东。前五位总产量 2401.5 万吨，占全国的 68.2%，比上年下降 0.3 个百分点（图 13-3）。

从增长幅度看，同比增长的省增加，增长幅度均很小，而多数主产省下降，且下降幅度较大。据国家统计局数据显示，2009 年牛奶产量同比增长的省、自治区 19 个，比上年增加了 3 个，但增幅都比较小，只有吉林和安徽增幅超过 10%，分别为 12.0%和 11.1%。同比下降的有 8 个省、自治区，其中包括内蒙古、河北、新疆三个主产省，其中河北和新疆降幅均超过 10%。另外 4 个省、自治区持平。

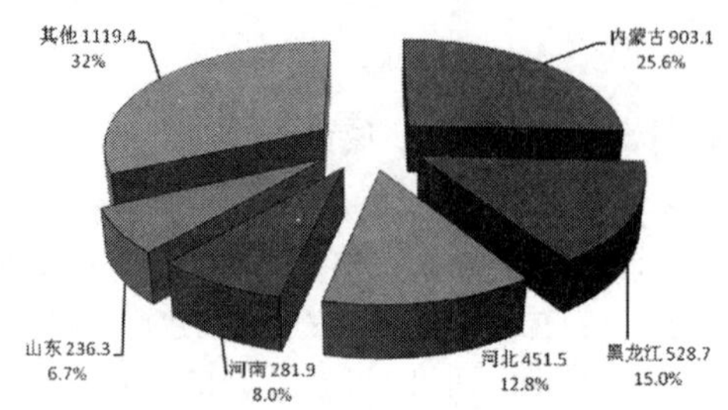

图 13-3 2009 年牛奶产量分布图

3. **奶牛存栏情况** 根据国家统计局数据显示，2009 年全国奶牛存栏 1260.3 万头，同比增长 2.2%(图 13-4)。奶牛存栏有向优势区域集中的趋势，三北地区和前五位省、自治区的奶牛存栏占全国的比重都有所增长(表 13-1)。

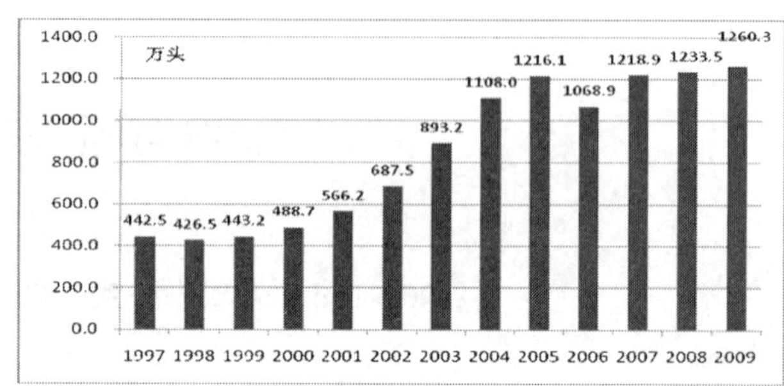

图 13-4 1997—2009 年我国奶牛存栏变化情况

表 13-1 2009 年各地区奶牛存栏及增长情况

单位：万头

地区	2008	2009	2009 年比 2008 年增加		地区	2009	2008	2009 年比 2008 年增加	
			绝对数	%				绝对数	%
全国	**1233.5**	**1260.3**	**26.8**	**2.2**	**北京**	**16.9**	**15.8**	**-1.1**	**-6.5**
内蒙古	245.6	227.3	-18.4	-7.5	天津	15.0	15.8	0.8	5.1
黑龙江	140.1	197.0	56.9	40.6	云南	19.9	14.1	-5.8	-29.1
新疆	204.9	170.4	-34.5	-16.9	甘肃	12.7	14.0	1.3	10.0
河北	143.2	167.4	24.2	16.9	贵州	10.7	9.7	-1.0	-9.3
山东	81.2	83.8	2.6	3.2	安徽	6.2	6.8	0.6	9.9
河南	57.8	50.5	-7.3	-12.6	浙江	6.5	6.1	-0.4	-6.0
陕西	40.7	43.5	2.8	6.9	广东	5.5	5.6	0.0	0.9
西藏	36.1	39.0	2.9	7.9	湖北	5.2	5.4	0.1	2.5
辽宁	29.3	28.9	-0.4	-1.3	福建	4.7	5.0	0.3	5.7
青海	21.8	28.2	6.4	29.2	江西	4.3	4.0	-0.3	-7.7
山西	31.4	27.4	-4.0	-12.7	上海	6.0	3.0	-3.0	-49.8
宁夏	27.1	27.2	0.1	0.4	湖南	2.5	2.6	0.1	4.2
四川	18.8	19.7	0.9	5.0	广西	5.1	2.3	-2.8	-54.6
吉林	15.2	19.3	4.1	26.6	重庆	1.9	1.7	-0.2	-11.4
江苏	16.8	18.9	2.1	12.6	海南	0.2	0.1	-0.1	-32.2

从区域分布看，我国奶牛存栏分布主要集中的三北地区，2009 年奶牛存栏 1123.7 万头，占全国总存栏数的 89.2%，比上年增加了 1.1 个百分点，南方和大城市的奶牛存栏数只占 10.8%%，减少了 1.1 百分点(图 13-5)。

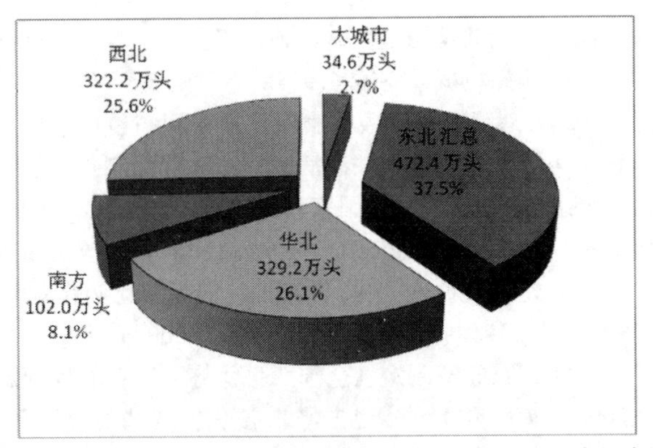

图 13-5 2009 年我国奶牛存栏分布区域及其所占比例

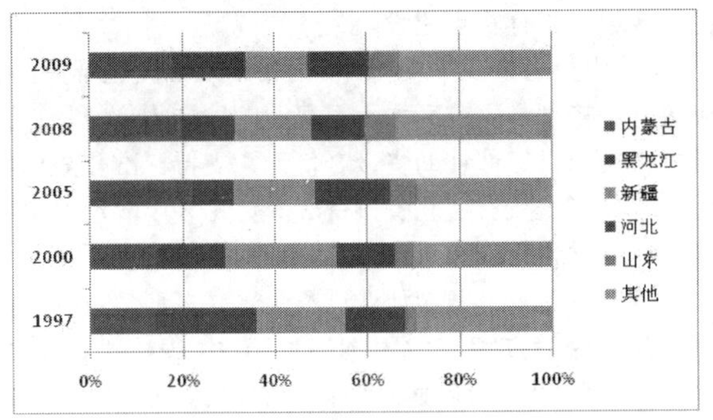

图 13-6 2009 年奶牛存栏分布图

奶牛存栏前 5 位的省、自治区没有变化，比重略增。前 5 位中，仅黑龙江由于受三聚氰胺事件影响较小，存栏增加，位次从第 4 位上升到第二位，新疆、河北、山东分列第 3、4、5 位。前 5 位奶牛存栏共计 845.8 万头，占全国的 67.1%，较上年相比增长 1 个百分点（图 13-6）。

4. 生产水平 2009 年，我国奶牛群整体结构得到优化，散户数量减少，规模化速度加快，单产水平提高，加之生鲜乳市场监管加大，原料奶质量明显提高。

经过倒奶杀牛，淘汰了有各种疾病及没有饲养价值的低产奶牛，使我国整体牛群结构进一步优化，也使牛群得到净化。另外，为保障乳制品质量安全，企业拒收散户奶，奶农丧失交奶渠道，亏损十分严重，大量淘汰奶牛，或退出产业，散养奶农数量减少，各地纷纷建设奶牛小区，力求让散养农户进入小区。与此同时，国内一些有实力的企业，如蒙牛、伊利、光明和飞鹤等加大了自有规模牧场的建设，使得规模化水平进一步提高。

据全国畜牧总站数据，2009 年全国存栏 20 以上场（户）饲养的奶牛占总存栏的 42.6%，比 2008 年增加 6.5 个百分点。特别是 500 以上的规模场（户）增长最快，数量同比增长 67.5%，奶牛存栏增长 63.7 %，达到 252 万头（表 13-2）。

表 13-2 2009 年全国奶牛养殖规模化情况

规模	2008		2009		2009 年比 2008 年增加	
	场(户)数	存栏比重%	场(户)数	存栏比重%	场(户)数%	存栏比重（百分点）
1～4	1970755	32.4	1796061	28.1	-8.9	-4.3
5～9	398744	18.2	369172	16.6	-7.4	-1.6
10～19	143358	13.3	137277	12.7	-4.2	-0.6
20～49	51804	10.4	49155	9.8	-5.1	-0.7
50～99	13842	6.1	13685	6.0	-1.1	-0.1
100～199	4425	4.0	4324	4.0	-2.3	-0.1
200～499	2679	5.5	3341	6.8	24.7	1.4
500～999	1026	4.5	1773	7.7	72.8	3.2
1000 头以上	454	5.5	706	8.3	55.5	2.8
全国	2587087	100	2375494	100	-8.2	

2009 年农业部组织开展生鲜乳质量安全监督检测工作，严厉打击生鲜乳违禁违规添加行为。全国共抽检生鲜乳收购站 8828 站次，生鲜乳运输车辆 4301 台次，检测生鲜乳样品 13129 批次。监测结果表明，全国生鲜乳质量安全状况良好。三聚氰胺含量全部符合临时管理限量值规定，未检出皮革水解蛋白、淀粉、碱度等违禁添加物。

5. 原奶价格和效益 据农业部对 10 个主产省生鲜乳价格监测显示，2009 年原料奶价格总的趋势是先抑后扬（图 13-7）。8 月份以前，特别是上半年部分鲜奶无处交售，奶农忍痛倒奶杀牛，奶价也在一路下滑。之后，随着冬季奶牛产奶量的减少，加之奶农倒奶杀牛，导致奶牛存栏量减少，原料奶供应量大幅下降。而随着中秋、国庆和春节的来临，原料奶需求增加，奶价一路上扬，一些地方出现抢奶事件。农户养牛开始盈利。

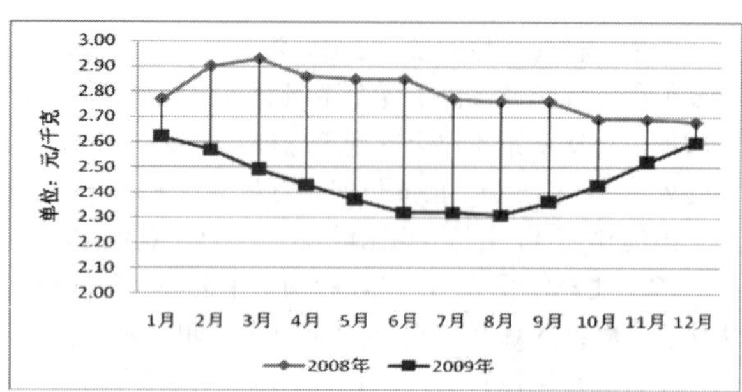

图 13-7 2008-2009 年全国生鲜乳月平均价格

6. 国家对奶牛养殖业的主要政策措施 为进一步贯彻落实《乳品质量安全监督管理条例》（国务院令 2008 年第 536 号）、《奶业整顿和振兴规划纲要》（国办发[2008]122 号）的有关精神，2009 年政策扶持力度和监管力度进一步加大。主要包括：

（1）奶牛良种补贴，增加资金扩大品种。2009 年奶牛良种补贴资金增加至 2.6 亿元，比上年增加 2000 万元，补贴品种，在荷斯坦奶牛、奶水牛、乳用西门塔尔、褐牛、牦牛的基础上，增加了娟姗牛和三河牛。

（2）继续给中西部地区、新疆建设兵团和中央直属垦区提供保费补贴。按照财政部关于印发《中央财政养殖业保险保费补贴管理办法》的通知（财金[2008]27 号），中西部地区保费由财政部补贴 30%，地方财政补贴 30%，养殖户承担 40%；新疆建设兵团和中央垦区保费由财政部补贴 60%，养殖户承担 40%。东部地区由地方财政提供一定比例的保费补贴。

（3）支持奶牛标准化规模养殖建设资金增加。补贴资金由 2008 年的 2 亿元增加至 5 亿元，主要用于养殖小区的水、电、路、防疫、挤奶等配套设施及饲草料基地建设等。

（4）国家对奶牛养殖农户购置牧业机械和挤奶机械给予补贴。总体上执行 30%的补贴比例，补贴限额最高为 12 万元。截至 2009 年底，全国生鲜乳收购站机械设备购置补贴共使用中央财政补贴资金 2.19 亿元，补贴生鲜乳收购站机械设备购置 9942 台（套）。

（5）对奶牛口蹄疫病畜及同群畜和布鲁氏菌病、结核病等 2 种重点人畜共患病阳性畜实行强制扑杀的政策，强制扑杀补助经费由国家和养殖户按 80%和 20%的比例分担。其中国家承担部分，由中央和地方财政按比例承担，中央财政对东、中、西部地区的承担比例为 40%、50%和 60%。具体扑杀补助标准为奶牛 3000 元/头。

（6）农业部制定《全国奶牛优势区域布局规划》（2008—2015 年）。《规划》将北京等 13 个省、自治区、直辖市的 313 个奶牛养殖基地县（团场）作为奶牛生产优势区域，进行重点建设。

除中央对奶业的支持外，为帮助奶业渡过难关，各级政府，特别是主产区加大对奶业的扶持力度，如：内蒙古将投入引导性补助资金 8 亿元，支持标准化规模养殖场（小区）建设；河北省投资 2.6 亿元 3 年取消奶牛散养；宁夏财政筹 2480 万元力助奶产业渡难关。

同时为进一步规范奶业，农业部实施了“2009 年生鲜乳专项整治行动”，一是继续开展奶站清理整顿工作。二是制定实施《生鲜乳收购站标准化管理技术规范》，指导各地严格生鲜乳收购站准入，严把生鲜乳收购站的市场准入关，所有生鲜乳收购站主体明确、证照齐全。三是开展生鲜乳质量安全监督监测“三项行动”，在全国开展生鲜乳中三聚氰胺等非食用物质专项监测行动，在奶牛主产区开展生鲜乳质量安全飞行抽检行动，在重点地区开展生鲜乳质量安全隐患排查监测行动。四是依法严厉打击在生鲜乳中添加三聚氰胺等有毒有害物质的违法行为。

上述系列政策的贯彻实施，保护和规范了奶业，对提高原料质量安全水平，促进我国奶牛养殖业，乃至整个奶业较快恢复，对今后奶业的持续健康发展，发挥了重要作用。

全国奶水牛、奶山羊、牦牛养殖状况

1. 全国奶水牛养殖状况 我国奶水牛主要分布在福建、河南、湖北、湖南、广东、广西、四川、云南、陕西等地，2009 年部分省、自治区提供的奶水牛养殖情况如下：

福建省： 2009 年水牛存栏 20.34 万头，其中能繁母牛 8.69 万头；由摩拉水牛和尼里拉菲水牛改良的奶水牛 0.87 万头，其中挤奶水牛 0.52 万头；主要分布在漳州、泉州、龙岩等 3 个地区，其改良奶水牛存栏数占水牛总存栏数 4.28%；主要分布在芗城区、龙文区、长泰县、华安县、龙海市、南靖县、晋江市、平和县、上杭县、漳浦县、云霄县等 11 个县，其改良奶水牛存栏数占水牛总存栏数的 4.05%。

河南省： 2009 年水牛存栏 50.5 万头，其中能繁母牛 19.9 万头，由摩拉水牛和尼里拉菲水牛改良的奶水牛 5 万头，其中挤奶水牛 1.5 万头；主要分布在信阳市、南阳市等两个地区，光山、固始、息县、商城、罗山等 7 个县，其改良奶水牛存栏数占水牛总存栏数的 21%。

奶山羊和水牛存栏与上年基本持平，羊奶和水牛奶基本持平。

湖北省： 2009 年水牛存栏 114 万头，其中能繁母牛 50 万头。

湖南省： 2009 年水牛存栏 82.8684 万头，其中能繁母牛 47.0102 万头；由摩拉水牛和尼里拉菲水牛改良的奶水牛 0.0066 万头，其中挤奶水牛 0.0052 万头；主要分布的地区（地级市）是湘潭市，其改良奶水牛存栏数占水牛总存栏数的 100%；主要分布的县（县级市）是韶山市，其改良奶水牛存栏数占水牛总存栏数的100%。

广东省：2009年水牛存栏110.7万头，其中能繁母牛40.5万头；主要分布的地区（地级市）是揭阳市、佛山市。

广州市：奶水牛存栏0.1931万头，奶水牛奶产量0.251万吨。

广西壮族自治区：2009年水牛存栏438万头，其中能繁母牛221万头，由摩拉水牛和尼里拉菲水牛改良的奶水牛4.39万头，其中挤奶水牛1.37万头；主要分布在钦州市的灵山、蒲北2个县，其改良奶水牛存栏数占全广西奶水牛总存栏数的56.23%。

四川省：2009年水牛存栏255.78万头，其中能繁母牛115.88万头，由摩拉水牛和尼里拉菲水牛改良的奶水牛8.9万头，其中挤奶水牛1.31万头；主要分布在凉山、广元、宜宾、泸州、绵阳、乐山、资阳、巴中等8个地区，安岳、犍为、合江、古蔺、宜宾、阆中、巴州、达川、大竹、通江、剑阁、德昌、西昌等47个县，其改良奶水牛存栏数占水牛总存栏数的3.9%。

云南省：全省挤奶的水牛存栏达7698头，主要分布于大理、保山和德宏。

昆明市：2009年水牛存栏19.12万头，其中能繁母牛5.646万头；由摩拉水牛和尼里拉菲水牛改良的奶水牛527头，其中挤奶水牛82头；主要分布的地区（地级市）是昆明市，其改良奶水牛存栏数占水牛总存栏数的0.93%；主要分布的县（县级市）是寻甸县，其改良奶水牛存栏数占水牛总存栏数的0.93%；2009年水牛奶产量10.95吨。

陕西省：本地区2009年水牛存栏1.8138万头，其中能繁母牛0.7028万头；主要分布的地区（地级市）是汉中市；主要分布的县（县级市）是汉台区、城固县、洋县、西乡县、勉县、宁强县、镇巴县。

2. 全国奶山羊养殖状况 我国奶山羊主要分布在山西、辽宁、吉林、福建、山东、河南、陕西等地，2009年部分省、自治区提供的奶山羊养殖情况如下：

山西省：2009年全省奶山羊存栏14.36万只，主要品种为洪洞奶山羊，是莎能公羊及少部分吐根堡公羊与当地山羊杂交育成的地方品种。奶山羊主要分布于临汾、运城、晋中、大同和吕梁等5市，其奶山羊存栏数占总存栏数的96.93%；主要分布的县（县级市）是洪洞县、万荣县、平遥县、临汾市尧都区、河津县、广灵县、浮山县、祁县、孝义市、霍州市、稷山县、古县等12个县（市、区），其奶山羊存栏数占总存栏数的79.51%，其中洪洞县和平遥县分别存栏6.07万只、2.04万只，分别占全省总量的42.27%和14.21%。

2009年全省奶山羊存栏总量比2008年减少12.49%，其原因是原料奶销售出现困难，农民养羊的积极性受到影响。羊奶产量1.38万吨，比上年减少44.3%。

辽宁省：奶山羊存栏6万只，主要分布在大连的瓦房店市和庄河市，其奶山羊存栏数占总存栏数的80%。

吉林省：奶山羊存栏7.8万只，主要品种及其存栏数量为延边奶山羊、萨能奶山羊及其杂交品种，6.4万只，主要分布的地区（地级市）是吉林、辽源、通化、白山、延边、松原等地，其奶山羊存栏数占总存栏数的90.2%，主要分布的县（县级市）是丰满区、东丰、东辽、通化县、临江、长白、敦化、安图、大安等县，其奶山羊存栏数占总存栏数的46.3%。

福建省：奶山羊存栏1.04万只，主要品种及其存栏数量萨能奶山羊、关中奶山羊、崂山奶山羊，主要分布在莆田市、漳州市、泉州市、三明市等4个设区市，其奶山羊存栏占总存栏数的99%，主要分布的地区是城厢区、涵江区、荔城区、秀屿区、芗城区、龙文区、晋江市、石狮市、泰宁县等9个县，其奶山羊存栏数占总存栏数的94%。

山东省：奶山羊存栏193.1万只，主要品种为崂山奶山羊，存栏量约占全省奶山羊存栏总数的80%，在全省分布较为广泛；文登奶山羊2009年通过国家新品种审定，是山东改革开放以来第一个国家正式审定的畜禽新品种，存栏量占全省20%。主要集中在胶东半岛及鲁中地区，2009年全省存栏量和鲜奶产量的90%均在此地区，其中青岛市存栏70万只，烟台市27万只，威海市31万只，潍坊市43万只，其奶山羊存栏数占总存栏数的8.7%，主要分布的县（县级市）是文登、乳山、青岛崂山区、福山、牟平、临朐、五莲等，其奶山羊存栏数占总存栏数的24.6%。羊奶总产量21.87万吨。

河南省：奶山羊存栏5万只，主要品种为莎能奶山羊，主要分布在郑州、开封、洛阳、南阳、焦作等4个地区，偃师、荥阳、孟津等10个县，其奶山羊存栏数占总存栏数的80%。

湖南省：奶山羊存栏0.3万只，全部为黑山羊，主要分布的地区（地级市）是娄底市，其奶山羊存栏数占总存栏数的100%，主要分布的县（县级市）是冷水江市，其奶山羊存栏数占总存栏数的100%。

广东省：奶山羊存栏2.22万只。

广西壮族自治区：奶山羊存栏0.15万只，全部为莎能奶山羊，主要分布在北海、玉林两个地级市的郊区。

四川省：奶山羊存栏1.77万只，主要品种为萨能、吐根堡、大耳羊，主要分布在雅安、资阳、绵阳、成都等4个地区，雨城、简阳、大邑、北川、平武、乐至等7个县，其奶山羊存栏数占总存栏数的32%。

云南省：奶山羊存栏358878只，主要分布于石林、陆良。

陕西省：奶山羊存栏175.0024万只，主要品种是关中奶山羊及其存栏数量约175万只，主要分布的地区（地级市）是西安、宝鸡、咸阳、渭南，其奶山羊存栏数占总存栏数的83.26%，主要分布的县（县级市）是临潼区、凤翔县、蓝田县、岐山县、陇县、麟游县、千阳县、三原县、泾阳县、永寿县、淳化县、蒲城县、富平县等14个县，其奶山羊存栏数占总存栏数的71.6%。2008年奶山羊存栏140.78万只，2009年存栏175万只，同比增长24.3%。

甘肃省：奶山羊存栏9.57万只，主要品种为关中奶山羊萨能奶山羊和地方奶山羊，主要分布在庆阳、平凉、天水、定西市等4个地区，环县、合水、宁县、正宁、麦积等20个县，其奶山羊存栏数占总存栏数的95%。

新疆维吾尔自治区：奶山羊存栏9.714万只，主要品种及其存栏数量新疆山羊6.87万只，萨能奶山羊3.2万只，主要分布的地区是喀什、塔城地区、伊犁。羊奶产量3万吨。

3.全国牦牛养殖情况 我国牦牛主要分布在四川、云南、西藏、青海等地，2008年部分省、自治区提供的牦牛养殖情况如下：

四川省：牦牛存栏473万头，主要品种是九龙牦牛，主要分布在甘孜、阿坝、凉山等3个地区，红原、阿坝、若尔盖、九龙、马尔康、壤塘、松潘等7个县，其牦牛存栏数占总存栏数的48%。

云南省：迪庆州牦牛（包括犏牛）存栏45560头。

西藏自治区：牦牛存栏489.5万头，主要分布的地区（地级市）是拉萨市、那曲、昌都，主要分布的县（县级市）是当雄、林周、墨竹工卡、那曲、聂荣、巴青、安多、比如、昌都、江达、芒康。牦牛奶年平均价格18～20元/千克。

甘肃省：牦牛存栏数124.66万头，绝大多数为藏系牦牛、天祝白牦牛6.53万头，主要分布在甘南、张掖和武威等3个地区，玛曲、夏河、碌曲、卓尼、天祝和肃南等10个县，其牦牛存栏数占总存栏数的95%。

青海省：牦牛存栏411.48万头，主要品种为大通牦牛，主要分布的地区（地级市）是西宁市、海东，其牦牛存栏数占总存栏数的3.21%，主要分布的县（县级市）是海南、海北、黄南、玉树、果洛、海西，其奶牛存栏数占总存栏数的96.79%。

新疆维吾尔自治区：牦牛存栏数20.5万头，主要品种及其数量新疆牦牛8.3万头，主要分布在克孜勒苏柯尔克孜自治州。牦牛奶产量0.49万吨。

2009年全国奶类生产前10位省份

单位：万吨、%、万头

	省份	产量	占全国比例	增长率	奶牛存栏	占全国比例	增长率
1	内蒙古	934.05	25.01	1.39	227.25	18.03	-7.47
2	黑龙江	534.69	14.32	4.26	196.97	15.63	40.60
3	河北	461.03	12.34	-10.54	167.40	13.28	16.87
4	河南	301.28	8.07	0.89	50.50	4.01	-12.64
5	山东	258.15	6.91	1.26	83.82	6.65	3.17
6	陕西	185.83	4.98	1.94	43.46	3.45	6.85
7	新疆	125.15	3.35	-12.06	170.40	13.52	-16.86
8	辽宁	115.64	3.10	7.81	28.88	2.29	-1.31
9	云南	105.93	2.84	8.85	14.13	1.12	-29.06
10	宁夏	81.14	2.17	-9.06	27.20	2.16	0.42
前10位省份合计		**3102.89**	**83.08**	**-0.59**	**1010.01**	**80.14**	**2.03**
全国		**3734.63**	**100.00**	**-1.24**	**1260.33**	**100.00**	**2.18**

资料来源：国家统计局。

2009年牛奶产量前10位大中城市

单位：万吨；万头

		牛奶产量	占全国比例	增减	奶牛存栏	占全国比例	增减
1	呼和浩特	305.29	8.67	0.09	70.01	5.56	0.08
2	哈尔滨	138.08	3.92	4.49	46.50	3.69	0.61
3	石家庄	106.70	3.03	3.08	37.93	3.01	9.26
4	北京	70.26	2.00	5.85	16.98	1.35	0.40
5	天津	67.99	1.93	-2.52	15.79	1.25	5.06
6	西安	49.84	1.42	4.77	11.63	0.92	7.55
7	青岛	44.16	1.25	37.28	14.06	1.12	24.49
8	银川	41.06	1.17	-1.48	12.98	1.03	-8.77
9	郑州	40.67	1.16	13.66	9.12	0.72	4.23
10	沈阳	39.00	1.11	23.03	8.00	0.63	-15.25
前10位合计		**903.06**	**25.65**	**4.31**	**243.00**	**19.28**	**2.38**
全国		**3520.9**	**100.00**	**-0.98**	**1260.33**	**100.00**	**2.18**

资料来源：《中国奶业统计资料2010》，天津、北京为国家统计局数据。

2009 年牛奶产量 50 万吨以上的地级城市

单位：万吨；万头

	地区	产量	占本省比例	增长	存栏	占本省比例	增长
1	呼和浩特市	305.29	33.81	0.09	70.01	30.81	0.08
2	唐山市	167.73	37.15	10.20	47.03	24.85	2.84
3	包头市	143.90	15.93	9.96	35.85	15.78	-2.98
4	哈尔滨市	138.08	26.12	4.49	46.50	23.61	0.61
5	大庆市	132.70	25.10	16.87	43.00	21.83	16.60
6	呼伦贝尔市	130.98	14.50	1.53	64.89	28.55	12.81
7	黑龙江农垦	114.63	21.68	12.57	37.35	18.96	13.34
8	张家口市	111.94	24.79	11.94	35.14	18.56	-11.55
9	齐齐哈尔市	108.39	20.50	14.33	51.83	26.31	10.87
10	石家庄市	106.70	23.63	3.08	37.93	22.66	9.26
11	绥化市	102.67	19.42	14.58	44.91	22.80	17.94
12	乌兰察布市	92.00	10.19	-8.00	36.00	15.84	-5.51
13	吴忠市	56.10	69.14	-0.32	20.53	75.48	5.16
14	昌吉州	55.18	45.65	19.08	28.00	16.43	8.53
15	咸阳市	53.63	35.95	-9.02	19.70	45.34	5.43
16	伊犁州	51.84	42.89	13.86	38.00	22.30	13.53
合 计		**1871.76**		**6.37**	**656.68**		**5.73**
全 国		**3520.88**		**-0.98**	**1260.33**		**2.18**

资料来源：《中国奶业统计资料 2010》。

2009 年农业部畜禽种质资源保护奶牛相关项目

根据《财政部关于批复农业部 2009 年部门预算的通知》（财预〔2009〕168 号）要求，2009 年物种资源保护畜禽种质资源保护项目资金用于开展国家级和省级重要畜禽种质资源的调查、监测和保护等。

该项目已列入财政国库直接支付范围，资金由财政部直接拨付到项目主管部门。各项目承担单位要建立“物种资源保护畜禽种质资源保护项目资金”明细账，按照项目内容、经济分类及相关财务制度规定进行专账核算，合理列支相关费用。项目主管部门要认真做好组织指导和监督检查工作。

2009 年农业部畜禽种质资源保护奶牛相关项目资金分配表

单位：万元

序号	主管部门	项目承担单位	项目名称	金额	项目任务
5	农业部	全国畜牧总站	具体组织开展奶牛良种补贴工作	143.46	举办 2 期奶牛良种补贴项目管理与技术培训班，种公牛评选、冻精质量抽检和项目督查，技术资料编印宣传，种公牛站验收发证和管理

（续）

序号	主管部门	项目承担单位	项目名称	金额	项目任务
56	四川省畜牧食品局	四川省九龙县农牧局	九龙牦牛遗传资源保护	28.9	引进九龙牦牛优秀能繁母牛50头、种公牛5头，扩大保种核心群规模，更新血统；完善品种标准和保种方案，开展性能测定、品种登记和保种繁育；饲草饲料基地建设；基础设施的改扩建
62	云南省农业厅	云南省洱源县畜牧事业局	邓川牛保护区建设	29	建立邓川牛保护区，对农户保种实施补贴；制定品种标准和保种方案，开展性能测定、品种登记和保种繁育；优质饲草饲料基地建设；培育优秀种公牛，加强配种管理；开展保种技术培训
68	青海省农牧厅	青海省大通种牛场	青海高原牦牛种质资源保护	28.9	组建青海高原牦牛核心群15群，扩大保种规模，培育高原牦牛种牛；开展性能测定和品种登记，制定青海高原牦牛选育标准；加强技术培训与指导

注：本表为2009年7月24日农业部关于下达2009年畜禽种质资源保护项目资金的通知（农财发[2009]99号）中，摘录与奶业相关部分。

2009中国奶牛GAP认证情况

目前在国际乳制品贸易活动中，针对严格的供应链管理，需提供可靠的农业基础规范为保证，全球大型零售商已强制要求乳制品产地的奶牛场执行GAP认证，从而强化对乳制品的安全保障，这是国际乳制品贸易发展的趋势。所以，实施奶牛GAP认证，对加强原料奶生产各环节管理，控制乳品源头危害，提高生乳质量，保证乳品安全，提升国际市场竞争力，保护牧场养殖环境，促进我国奶业向现代奶业平稳过渡具有重要意义。截止到2009年底，国家批准奶牛模块GAP开展认证工作的机构有3家，其中北京华思联认证中心在行业内认证牧场质量、规模、数量等都是首屈一指。在行业内有较高的影响力。2009年在全国畜牧总站及中国奶业协会的领导和支持下，北京华思联认证中心积极推进GAP工作。截止到2009年，GAP认证工作基本已覆盖全国各省市，有效认证牧场60余家，存栏量近20万头。其中2009年认证23牧场，存栏6.5万头。由此可见，牧场实施奶牛GAP标准认证势在必行。

（一）奶牛场GAP认证的重要作用。

良好农业规范标准非常贴近农业生产实际活动，其认证在国际上得到广泛认可。它特别强调其合理性，注重过程控制和记录，所以较易实现与推广；同时，形成充实的综合档案。实施GAP能够促进我国农业生产组织化程度的提高，GAP标准对农业生产过程提出规范、全面的农业生产记录要求，为建立质量可追溯体系奠定基础。以奶牛模块申请GAP认证为例，GAP中标注条款中近300条与奶牛养殖有关，确保产品生产每一步都具有可追溯性。因此，通过进行良好农业规范认证，是实现农业标准化工作的重要工具和有效途径，是提升生乳质量安全水平的重要手段。

GAP标准特别强调生产经营者及组织要建立其完善的内部管理体系。一是要求牧场有书面的质量手册和体系程序文件，建立追溯体系。能够区分认证和非认证产品，能够追溯到具体农户或组织的源头。二是要集中管理。所有注册成员的生产场所在相同的经营、控制和规章制度下运行，即实行统一的行政管理、审核和经营评价。三是建立内部审核程序。通过建立这样畅通的交流渠道、统一的操作程序、完善的监督管理，确保了产品可追溯到终端。可以从根本上解决农产品源头污染问题。源头污染尤其是饲料、兽药有害物残留超标一直是困扰与欧盟GLOBALGAP互认的主要问题。

实践证明，在我国实施GAP标准后，奶牛质量得到显著提高。据中国农业科学院北京畜牧兽医研究所数据显示，实施GAP认证后的牧场与认证前的体细胞数、乳蛋白率、乳脂率做了相应的比较，变化非常明显（图13-8、图13-9、图13-10）。

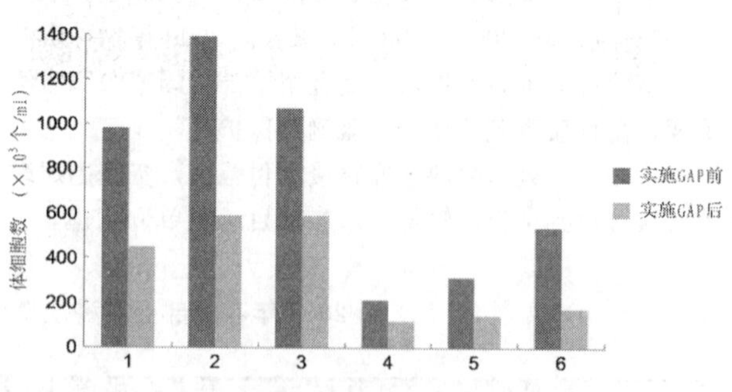

图 13-8 实施GAP前后体细胞数的变化

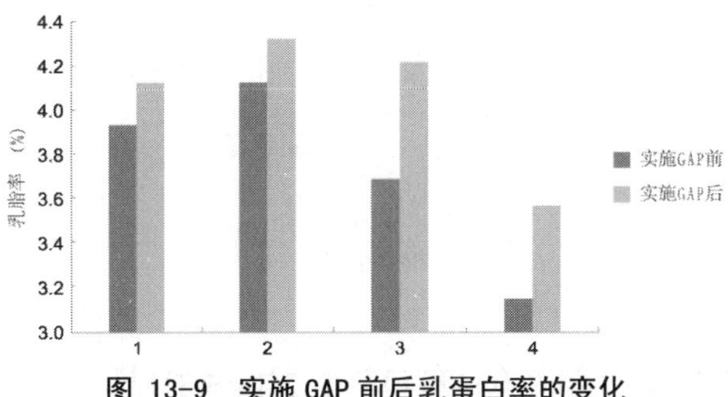

图 13-9 实施 GAP 前后乳蛋白率的变化

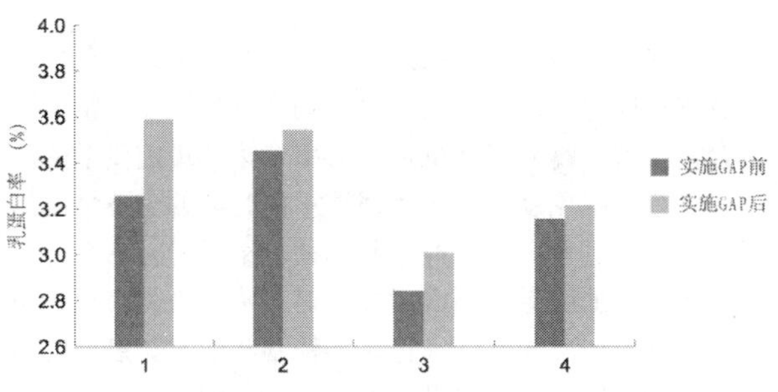

图 13-10 实施 GAP 前后乳脂率的变化

（二）2009 年认证工作的开展情况

由于 2008 年受三聚氰胺的影响，各乳品加工企业对牧场建设加大投资力度，积极改善牧场硬件条件，基本弃用奶站及小型私有牧场提供的生乳。建设规模化牧场典型企业，如现代牧业集团在 2009 年建设完成 7 家万头牧场，集团为增强牧场管理水平，提高生乳质量安全。要求下属牧场每建好一个就要实施 GAP 标准认证。目前现代牧业集团已有 7 个牧场通过 GAP 认证，为提高生乳产品质量打下坚实基础。

目前，国内通过 GAP 认证大型牧场正逐年增加，主要集中在 2009 年实施 GAP 认证的大型牧场，主要有北京三元绿荷奶牛养殖中心、现代牧业集团、伊利集团、四川新希望、黑龙江飞鹤、黑龙江完达山等国内知名企业。认证牧场主要分布在北京、天津、上海、河北、内蒙古、黑龙江等地。覆盖全国 22 个省市，大部分集中在中国乳都“内蒙古”地区。认证牧场近至北京、河北，远至云南、广西、新疆。充分利用行业技术资源，打造出全国特色鲜明的专业机构。充分发挥专业技术在奶业认证工作中的作用，为现代奶业的持续健康发展做出贡献。

（三）在奶牛及牛羊良好农业规范标准在实施工作中遇到的问题

1. 实施良好农业规范的大环境建设问题 实施良好农业规范的大环境建设，实际上就是各级政府如何引导与创造农业生产组织和个人，能够积极投入到运用良好农业规范活动中来。由于客观历史原因，我国农业生产经营者始终是弱势群体，制约因素非常多，利润微薄，面向农业推动认证工作，需要特别的政策与条件。在市场经济条件下，政府引导是前提，宣传舆论是手段，市场利益驱动是关键，也就是说，全社会各方，包括各级政府、农业企业组织、农业个体生产经营者、食品生产企业组织、市场流通销售环节等，客观上必须形成对通过 GAP 认证的初级农产品原料与未通过 GAP 认证的要有明确的价值差异。其实现方式有多样性，如政府的政策引导与补贴，政府的最低保护价，新闻媒介舆论导向、行业联合约定价等。

GAP 是为广大农民增收服务的科学工具，这是经全球经济活动已经普遍证实的真理，有关方面必须积极正视和关注良好农业规范的配套政策制定，使良好农业规范工作持续推进，真正实现食品从农场到餐桌的安全。

2. 动物养殖的局部几个技术难点 实施良好农业规范认证工作中，动物养殖的局部几个技术难点，也应引起有关各方面的高度重视。按照 GB/T20014《良好农业规范》要求，通过对集约规模式牧场 GAP 认证实践，把比较突出的应用技术难点简要归纳如下。牧场的合理选址、布局与严格疫病防治措施；粪便尿及垃圾的法定减量化、无害化处理与环保部门认定证据；产品中违禁药物残留的权威检测报告；牧草的检测报告；饲料有毒有害物质的检测报告；大部分企业缺乏足够的所属饲料地，影响受控条件下的粪便还田与青贮自供等等。这些问题中，在公共公益性专项监督尚不健全、普及的情况下，相当一部分属于企业自身很难解决的难点，也受推进 GAP 工作中的大环境因素制约。所以，出台积极的扶持政策，完善检测服务体系，加以引导与明确，可谓势在必行。

按照业内专家意见与共识，我中心已对部分难点通过认证操作文件加以规定和尝试性解决；同时，我们中心已通过各种渠道与方式，反映与汇报，呼吁有关部门积极创造进一步推进 GAP 认证的必要条件。

（北京华思联认证中心 徐 晨）

奶畜疫病控制

农业部关于做好2009年重大动物疫病免疫工作的通知[①]

为全面落实中央农村工作会议、全国农业工作会议和畜牧兽医专业会议部署，切实做好重大动物疫病免疫工作，有效防止重大动物疫病发生，维护畜牧业健康发展和公共卫生安全，现就做好2009年重大动物疫病免疫工作通知如下：

一、进一步提高认识，把免疫工作放在重大动物疫病防控工作的首位

免疫是当前防控重大动物疫病的有效措施，是避免和减少动物疫情发生的关键。各地务必高度重视，切实增强紧迫感和责任感，把免疫工作放在重大动物疫病防控工作的首位，打牢防控工作基础。**要**抓住重点时期、重点地区和重点环节，扎实做好禽流感、高致病性猪蓝耳病、口蹄疫、猪瘟强制免疫工作。**要**坚持实行散养畜禽春秋集中免疫与月月补针相结合，规模养殖场常年按程序免疫的做法。**要**坚持“政府保密度，业务部门保质量”的原则，做到应免尽免，不留空当，建立有效免疫屏障。

二、切实强化免疫工作，力保免疫密度和效果

（一）确保实现总体免疫目标。2009年对禽流感、高致病性猪蓝耳病、口蹄疫、猪瘟等四种强制免疫疫病的总体要求是，群体免疫密度常年维持在90%以上，其中应免畜禽免疫密度要达到100%，免疫抗体合格率全年保持在70%以上。对狂犬病要力争做到全面免疫，对布病、炭疽、猪乙型脑炎等疫病要切实做好重点地区免疫，坚决防止因免疫不到位引发疫情。

（二）及时制定实施方案。各地要按照我部高致病性禽流感、口蹄疫、高致病性猪蓝耳病、猪瘟等免疫方案要求，结合本地实际，及时制定本省（自治区、直辖市）免疫实施方案。对新补栏畜禽及时补免；种猪配种前、仔猪断奶前必须进行高致病性猪蓝耳病强化免疫；如有突发疫情，要及时做好紧急免疫。

（三）加强免疫技术培训。各地要在春秋集中免疫工作开展前，组织好乡镇及村级防疫员免疫技术培训。免疫时要规范操作，按要求更换注射针头，做好各项消毒工作，防止人为传播疫情。同时，要加强疫苗的运输和保存管理，保证疫苗质量。

（四）加强免疫效果监测。各地要定期组织免疫效果监测与评价工作，对被抽检的场（厂）、乡（镇）或村存栏家畜（禽）群体抗体合格率未达到规定要求的，尽快进行加强免疫。我部将根据不同时期的免疫情况组织有关单位进行随机抽检，并将抽检结果进行通报。

（五）加强免疫档案建立。对养殖户畜禽存栏、出栏及免疫等情况要有详细记录。特别要做好免疫用疫苗种类、生产厂家、生产批号等记录。做到乡镇畜牧兽医站、基层防疫员、养殖场（户）有免疫记录，免疫家畜有二维码标识，做到记录与标识相符。

（六）加强免疫信息报告。对疫苗定购和免疫情况实行月报制度，在春防、秋防集中免疫期间，对免疫进展实行周报告制度，突发重大动物疫情对紧急免疫情况实行日报告制度。各地要明确专人负责免疫信息收集统计工作，及时报告中国动物疫病预防控制中心。同时，要及时反馈免疫过程中发现的问题。

三、加强组织领导，保障免疫工作顺利开展

做好重大动物疫病免疫工作，关键在于加强组织领导。各地要统一思想，提高认识，强化督查，落实责任。**一要**加强疫苗订购、供应和使用监管，积极协调有关部门，及时落实疫苗经费地方配套资金和注射疫苗所需费用。与财政部门配合，加强疫苗经费使用监管，做到疫苗经费专款专用。**二要**加强动物卫生监管，动物卫生监督机构出具检疫证明时，应严格核查调运畜禽免疫情况。对调运的种蛋和未达首免日龄的仔畜、雏禽，应标明相关种畜（禽）的免疫情况。**三要**切实落实免疫责任制，针对免疫工作，逐个环节研究细化责任，层层落实到人。一旦发生因免疫不到位，引发动物疫情要严肃追究相关人员责任。**四要**加大督促检查力度。农业部重大动物疫病防控定点联系工作组要及时掌握本联系区域的免疫工作进展，定期进行督促检查。各地也要加大督查指导力度，确保免疫工作到位。

附件1：高致病性禽流感免疫方案　（略）

附件2：口蹄疫免疫方案

附件3：高致病性猪蓝耳病免疫方案（略）

[①]本通知为农业部于2009年2月3日发布的农医发[2009]1号文件。

附件 4：猪瘟免疫方案　（略）

附件 5：新城疫免疫方案　（略）

附件 6：小反刍兽疫、狂犬病、炭疽、布鲁氏菌病、猪流行性乙型脑炎等免疫方案　（略）

附件 2：口蹄疫免疫方案

一、要求

对所有猪进行 O 型口蹄疫强制免疫；对所有牛、羊、骆驼、鹿进行 O 型和亚洲 I 型口蹄疫强制免疫；对受 A 型口蹄疫威胁地区，尤其是受威胁边境地区的牛、羊进行 A 型口蹄疫强制免疫。

二、免疫程序

规模养殖场按免疫程序进行免疫，散养家畜在春、秋两季实施集中免疫，对新补栏的家畜要及时补免。有条件的地方，可根据母源抗体和免疫抗体检测结果，制定相应的免疫程序。

（1）规模养殖家畜和种畜免疫

仔猪、羔羊：28～35 日龄时进行初免，免疫剂量分别是成年猪、羊的一半。

犊牛：90 日龄左右进行初免，免疫剂量是成年牛的一半。

所有新生家畜初免后，间隔 1 个月后进行一次强化免疫，以后每隔 4～6 个月免疫一次。

（2）散养家畜免疫

春、秋两季对所有易感家畜进行一次集中免疫，每月定期补免。有条件的地方可参照规模养殖家畜和种畜的免疫程序进行免疫。

三、调运家畜免疫

对调出县境的种用或非屠宰畜，在调运前 2 周进行一次强化免疫。

四、紧急免疫

发生疫情时，对疫区、受威胁区域的全部易感家畜进行一次强化免疫。边境地区受到境外疫情威胁时，要对距边境线 30 公里以内的所有易感家畜进行一次强化免疫。最近 1 个月内已免疫的家畜可以不进行强化免疫。

五、使用疫苗种类

牛、羊、骆驼和鹿：口蹄疫 O 型-亚洲 I 型二价灭活疫苗、口蹄疫 O 型-A 型二价灭活疫苗和口蹄疫 A 型灭活疫苗。

猪：口蹄疫 O 型灭活类疫苗，合成肽疫苗使用范围另行规定。

空衣壳复合型疫苗在批准范围内使用。

六、免疫方法

各种疫苗免疫接种方法及剂量按相关产品说明书规定操作。

七、免疫效果监测

猪免疫 28 天后，其他畜 21 天后，进行免疫效果监测。

1. 检测方法

亚洲 I 型口蹄疫：液相阻断 ELISA；

O 型口蹄疫：正向间接血凝试验、液相阻断 ELISA。

2. 免疫效果判定

牛、羊亚洲 I 型液相阻断 ELISA 的抗体效价≥2^6判定为合格；

牛、羊、猪的 O 型抗体正向间接血凝试验的抗体效价≥2^5判定为合格，液相阻断 ELISA 的抗体效价≥2^6判定为合格。

存栏家畜免疫抗体合格率≥70%判定为合格。

农业部关于印发《2009 年国家动物疫病监测计划》的通知[①]

为及时掌握动物疫病流行规律和疫情动态，消除疫情隐患，增强重大动物疫情预警预报能力，根据《动物防疫法》的有关规定，我部组织制定了《2009 年国家动物疫病监测计划》。现印发给你们，请遵照执行。

一、指导思想

全面掌握和分析高致病性禽流感、口蹄疫、高致病性猪蓝耳病等主要动物疫病疫源分布和疫病流行规律，及时发现疫情隐患，指导各地开展重大动物疫病风险评估，发布预警预报，有针对性地开展动物疫病预防控制工作。

二、基本原则

（1）国家监测和地方监测相结合。《国家动物疫病监测计划》分国家计划和辖区计划。国家计划由农业部统一制定下发，所需经费纳入中央财政预算。各省、自治区、直辖市要结合本地区实际情况，制定并实施本辖区监测计划，监测数量原则上不少于国家监测计划。中国动物疫病预防控制中心、中国动物卫

①本通知为农业部于 2009 年 2 月 1 日发布的农医发[2009]2 号文件。

生与流行病学中心和相关动物疫病国家参考实验室或专业实验室，要按农业部的部署对重点动物疫病开展直接采样监测。

（2）集中监测和日常监测相结合。各地要按国家监测计划，按时完成高致病性禽流感、口蹄疫、猪瘟、新城疫、高致病性猪蓝耳病、狂犬病、小反刍兽疫、布鲁氏菌病、牛结核病、血吸虫病的集中监测任务。同时，要对高致病性禽流感、口蹄疫、高致病性猪蓝耳病、狂犬病、小反刍兽疫等疫病每月进行一次日常监测。

（3）监测工作和免疫工作相结合。各地要把重大动物疫病免疫抗体监测作为评价动物群体保护水平、科学指导免疫工作的重要依据。发现动物群体保护水平下降，要立即实施补免。

（4）监测工作和应急处置相结合。各地要把重大动物疫病病原学监测作为掌握动物疫病疫源分布和流行规律的重要措施，对阳性动物群体要按国家有关规定处置；发现疫情隐患要及时采取措施。

三、职责分工

（1）农业部主管全国动物疫情监测工作，负责制定、调整年度国家动物疫病监测计划并组织实施；及时发布动物疫情监测结果；组织相关实验室对禽流感等动物疫病开展抽检；确定诊断试剂生产单位，监督诊断试剂质量，协调诊断试剂有效供应。

（2）中国动物疫病预防控制中心具体负责组织实施全国动物疫病监测工作，及时汇总分析全国疫情监测结果；中国动物疫病预防控制中心兽医诊断室（农业部兽医诊断中心），负责全国种畜禽场抽样监测工作（具体工作方案另行制定）。

（3）中国动物卫生与流行病学中心具体负责在部分省份定点持续开展流行病学调查和监测工作（具体工作方案另行制定）。

（4）各省、自治区、直辖市兽医主管部门依据国家动物疫病监测计划，结合当地实际情况，制定本辖区动物疫病监测计划。省级动物疫病预防控制机构具体负责组织实施。

（5）国家动物疫情测报站和边境动物疫情监测站根据《国家动物疫情测报体系管理规范（试行）》规定，做好相应区域内动物疫情监测工作。

（6）相关动物疫病国家参考实验室或专业实验室负责对各地病原学检测阳性样品的复核、病原分离鉴定。各疫情监测单位发现阳性样品应按规定及时将有关材料送交国家参考实验室或专业实验室。

（7）各级动物疫病预防控制机构，接到养殖企业、诊疗机构等单位和个人发现动物异常情况报告后，应将可疑动物纳入监测范围。

四、监测结果报告

（1）各省级动物疫病预防控制机构应按时向中国动物疫病预防控制中心报送监测结果，同时报送本级兽医主管部门。集中监测结果在集中监测工作完成后15个工作日内上报，同时报送集中监测工作总结；日常监测结果（上月21日至本月20日）在每月底前报送。

（2）国家动物疫情测报站和边境动物疫情监测站在每月底前将上月21日至本月20日的流行病学调查结果分别报至本省级动物疫病预防控制机构、中国动物疫病预防控制中心和中国动物卫生与流行病学中心；在7月15日前和翌年1月15日前分别将上半年和下半年实验室监测结果、监测工作总结分别报至本省级动物疫病预防控制机构和中国动物疫病预防控制中心。

（3）中国动物疫病预防控制中心兽医诊断室、中国动物卫生与流行病学中心和各相关动物疫病参考实验室或专业实验室在每月底前将上月 21 日至本月20日的监测结果报至中国动物疫病预防控制中心。

（4）中国动物疫病预防控制中心应在每月 5 日前将上月度全国疫情监测汇总及分析结果报至农业部兽医局。

五、监测结果处置

（1）农业部兽医局根据疫情监测情况，及时发布相关信息，组织风险评估、预警预报，并采取相关措施。

（2）监测中发现病原学阳性的，应按本计划规定处理。对扑杀高致病性禽流感、口蹄疫等重大动物疫病病原学阳性畜禽及同群畜禽，按重大动物疫情处置的有关规定给予补偿。

（3）监测中发现免疫抗体不合格的，应向主管部门及时报告，研究落实强化免疫措施。

附件1：高致病性禽流感监测计划（略）
附件2：口蹄疫监测计划
附件3：高致病性猪蓝耳病监测计划（略）
附件4：猪瘟监测计划（略）
附件5：鸡新城疫监测计划（略）
附件6：布鲁氏菌病监测计划
附件7：牛结核病监测计划
附件8：血吸虫病监测计划（略）
附件9：狂犬病监测计划（略）
附件10：小反刍兽疫监测计划（略）

附件 2：口蹄疫监测计划

（一）监测范围

不同年龄、品种的猪、牛、羊。重点对种畜场、规模饲养场、屠宰场、发生过疫情地区以及边境地区家畜进行监测。

（二）监测时间

春秋进行两次集中监测，春季集中监测在 5 月底前完成，秋季集中监测在 11 月底前完成。日常监测由各地根据实际情况安排。发现可疑病例，随时采样，及时检测。

（三）监测数量

各省、自治区、直辖市每次集中监测至少采集 10 个种畜场（血清样品≥15 头份/场）、50 个存栏 50～300 头饲养场户（血清样品≥15 头份/场）、20 个生猪屠宰场（血清样品≥10 头份/场，淋巴结≥10 头份/场）以及 30 个村散养户的牛、羊血清样品（血清样品≥5 头份/村/畜种），数量不足的应全采。样品采集总量应根据本地实际牲畜养殖数量确定，要求最低不少于 1600 份。

（四）检测方法与结果判定

1. 免疫抗体检测方法及判定标准

（1）方法：O 型口蹄疫用正向间接血凝试验或液相阻断 ELISA，亚洲 I 型口蹄疫用液相阻断 ELISA。

（2）判定：正向间接血凝试验，免疫 21 天抗体效价≥2^5为免疫合格；液相阻断 ELISA，免疫 21 天抗体效价≥2^6 为免疫合格。

2. 牛、羊口蹄疫感染情况使用非结构蛋白抗体 ELISA 方法检测。检测结果阳性的，采集其食道－咽部分泌物（O－P 液）用 RT－PCR 方法检测，若检测结果为阴性应间隔 15 天再采样检测一次，RT-PCR 检测阳性的判定为阳性畜。

3. 对猪的检测：

从屠宰场采集猪颌下淋巴结用 RT－PCR 方法进行检测，结果为阳性的判定为阳性猪，对阳性猪进行流行病学调查。

（五）监测结果处理

病原学检测结果为阳性的，应立即采取以下措施：

（1）病原学检测结果阳性的，样品要及时送国家口蹄疫参考实验室进行确诊和病原分离鉴定。

（2）对阳性畜进行扑杀，必要时对同群畜进行扑杀，并作无害化处理。

（3）将阳性情况按快报要求报告。

附件 6：布鲁氏菌病监测计划

（一）监测范围

所有乳用牛羊及种畜场牛羊，同时各地应根据实际，安排对其他易感动物进行抽检。

（二）监测时间

每年至少进行一次监测，具体监测时间由各地根据实际情况安排。发现可疑病例，随时采样，及时检测。

（三）检测方法

按照国家标准（GB/T 18646-2002）进行，筛选检测用琥红平板凝集试验；阳性样品用试管凝集反应或补体结合试验进行复核。经农业部兽医局批准免疫的家畜，相关省份必须进行病原学检测和流行病学调查。

（四）监测结果处理

对没有免疫的或未经农业部兽医局批准免疫的家畜，检测结果阳性的，应进行扑杀并作无害化处理，对监测到的阳性场定期进行跟踪监测。

附件 7：牛结核病监测计划

（一）监测范围

所有乳用牛（包括奶水牛）以及种畜场牛。

（二）监测时间

每年至少进行一次监测，具体监测时间由各地根据实际情况安排。发现可疑病例，随时采样，及时检测。

（三）检测方法

按照国家标准（GB/T 18645-2002），应用牛提纯结核菌素皮内变态反应进行检测。

（四）监测结果处理

检测结果为阳性的，应进行扑杀并作无害化处理，对监测到的阳性场定期进行跟踪监测。

禁止从动物疫病流行国家/地区输入的动物及其产品（节选）

乳制品加工与包装

我国乳制品加工概况

根据国家统计局统计，2009年全国803家规模以上（国有和年产品销售收入500万元以上非国有企业）乳制品企业共实现工业产值 1668.11 亿元，同比增长 11.90%；销售收入1623.17亿元，同比增长13.43%；利润总额104.56亿元，同比增长159.38%；销售利润率为6.44%，行业盈利能力大幅提升；160家企业亏损，亏损比例为19.93%，虽然进入统计范围的企业减少，但亏损企业也大大减少。

2009年全国规模以上乳制品企业共生产乳制品（包括液态奶和干乳制品）1935.12万吨，同比增长12.88%；其中，液态奶1641.64万吨，同比增长13.49%；干乳制品293.47万吨，同比增长9.56%；奶粉产量2009年开始统计，产量111.70万吨，同比增长11.10%。

（一）经济指标

1. 总体情况 2009年，三聚氰胺事件对中国乳业的负面影响还未消除，上半年尤其是第一季度，原料奶价格低迷，不少地方出现倒奶杀牛的现象，不过，低迷的原料奶价格也使得加工业盈利形势好转，行业盈利能力大幅提升。体现在经济指标中，主要是主营业务成本涨幅小于收入涨幅，全年利润总额大幅增长159.38%。

而消费市场的恢复远远超出预期，过度淘汰奶牛导致原料奶短缺，原料奶价格开始了较长时期的上涨，加上白糖等其他原材料也在涨价，企业成本越来越高。从2009年国家统计局公布的四次数据来看，1～2月份、1～5月份、1～8月份、1～11月销售利润率分别为6.87%、6.05%、5.95%、5.65%，呈明显的下降趋势。不过，伊利、蒙牛、光明三大企业全部实现扭亏为盈。

2. 地区分布

（1）工业产值。前5位的省份为：内蒙古322.78亿元，同比增长10.79%，占全国的19.35%，份额再次下降，不过降幅微小；黑龙江 282.96 亿元，同比增长25.23%，占全国的16.96%，份额有较大提升；山东157.66亿元，同比增长10.98%，占全国的9.45%；河北虽然与上年相比恢复较好，全年达 118.70 亿元，同比仅下降0.80%，但由于其他地区在增长，因此其占全国的份额有较大下降，占全国的7.12%；广东96.17亿元，同比增长12.30%，占全国的5.77%（图15-1）。

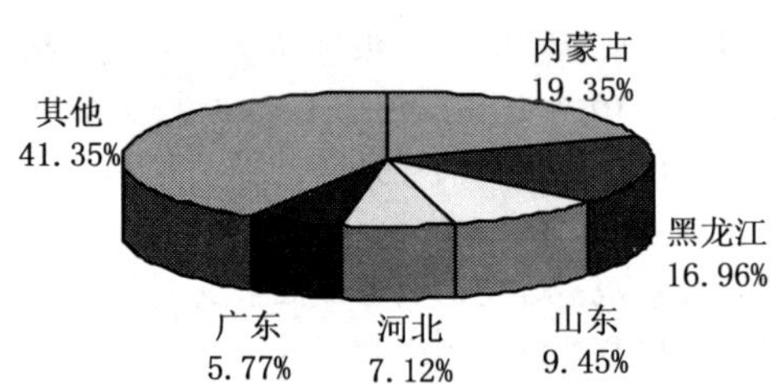

图 15-1 乳品加工业工业产值地区分布

（2）销售收入。前5位的省份为：内蒙古311.70亿元，同比增长12.73%，占全国的19.20%；黑龙江260.72亿元，同比增长28.06%，占全国的16.06%；山东156.29亿元，同比增长18.05%，占全国的9.63%；河北115.15亿元，同比增长1.79%，占全国的7.09%；上海100.99亿元，同比增长10.83%，占全国的6.22%（图15-2）。

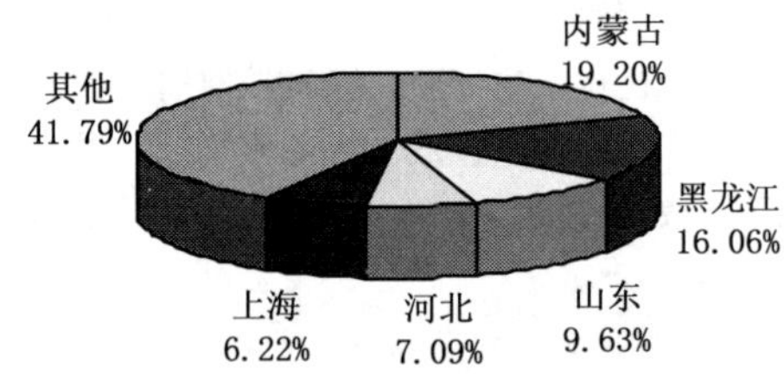

图 15-2 乳品加工业销售收入地区分布

（3）利润总额。行业恢复超出预期，行业盈利能力也大幅提升。上年利润总额倒数第一的内蒙古，2009年上升到正数第二位，显示在伊利、蒙牛的带动下，内蒙古乳业强劲复苏。三聚氰胺事件发源地和重灾区河北也上升到第六位。

前5位的省份为：黑龙江 20.55 亿元，同比增长39.20%；内蒙古17.92亿元；山东11.19亿元，同比增长100.25%；上海10.04亿元，同比增长15.40%；广东7.59亿元，同比下降7.98%。2009年有3个省份利润总额为负，亏损都不大（表15-1）。

表 15-1 2009 年各地区乳品加工利润总额

	省份	利润总额	
		亿元	同比(%)
前五位省份	**全国**	**104.56**	**159.38**
	黑龙江	20.55	39.20
	内蒙古	17.92	
	山东	11.19	100.25
	上海	10.04	15.40
	广东	7.59	-7.98
末三位省份	吉林	-0.03	-108.88
	北京	-0.05	-170.51
	甘肃	-0.06	

数据来源：国家统计局。

3. 企业分布 2009 年销售收入前 5 位的企业为：蒙牛乳业 257.10 亿元，同比增长 7.73%，占全国的 15.84%，份额有所下降；伊利集团 243.24 亿元，同比增长 12.30%，占全国的 14.99%；光明乳业 79.43 亿元，同比增长 7.94%，占全国的 4.89%；完达山乳业 33.57 亿元，同比增长 10.08%，占全国的 2.07%；三元因兼并三鹿部分资产，销售额大增，超越圣元排第五位，销售额 23.80 亿元，同比增长 68.33%，占全国的 1.47%。这 5 大企业占全国的比重达到 39.25%，与上年相比略微减小（图 15-3）。

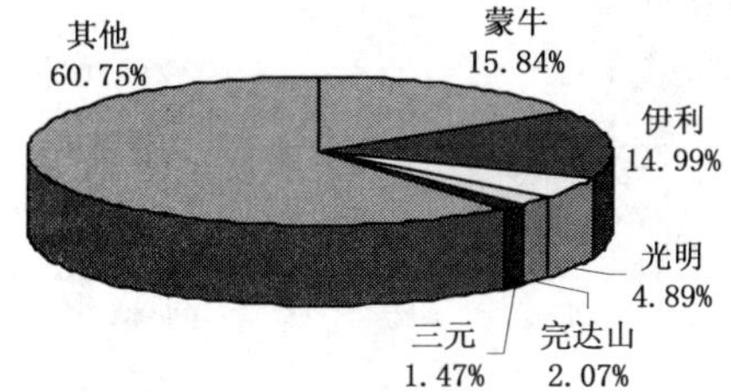

图 15-3 乳品销售收入企业分布

（二）乳制品产量

1. 乳制品（包括液态奶） 2009 年全国规模以上乳制品企业共生产乳制品（包括液态奶和干乳制品）1935.12 万吨，同比增长 12.88%。乳制品产量前 5 位的省份为：内蒙古 379.55 万吨，同比增长 5.90%，占全国总产量的 19.61%；山东 202.94 万吨，同比增长 38.13%，占全国的 10.49%；河北 196.63 万吨，同比增长 3.76%，占全国的 10.16%；黑龙江 176.81 万吨，同比增长 4.65%，占全国的 9.14%；陕西 117.15 万吨，同比增长 5.15%，占全国的 6.05%，前 5 位的省份产量共占全国总产量的 55.45%，与上年相比，减少超过 1 个百分点（图 15-4）。

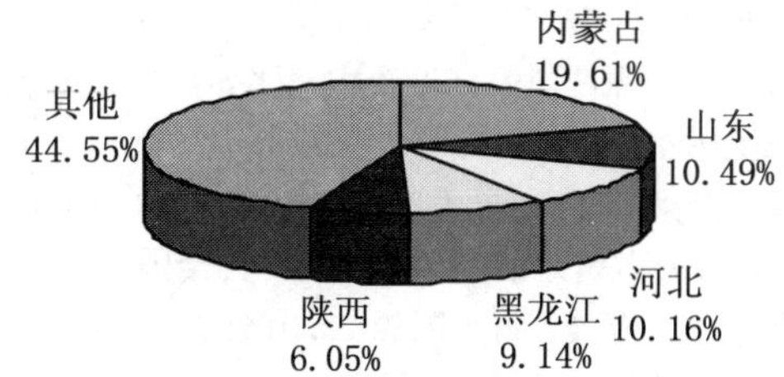

图 15-4 乳制品产量地区分布

2. 液态奶 2009 年全国规模以上乳品企业共生产液态奶 1641.64 万吨，同比增长 13.49%。前 5 位的省份为：内蒙古 348.49 万吨，同比增长 5.46%，占全国的 21.23%；山东 189.24 万吨，同比增长 44.75%，占全国的 11.53%；河北 179.84 万吨，同比增长 2.85%，占全国的 10.96%；黑龙江 111.52 万吨，同比下降 0.11%，占全国的 6.79%；江苏 93.58 万吨，同比增长 16.67%，占全国的 5.70%。前 5 大省份中，山东增幅最大，排名也上升，江苏增幅第二，取代辽宁排第五位，5 省份产量共占全国总产量的 56.20%（图 15-5）。

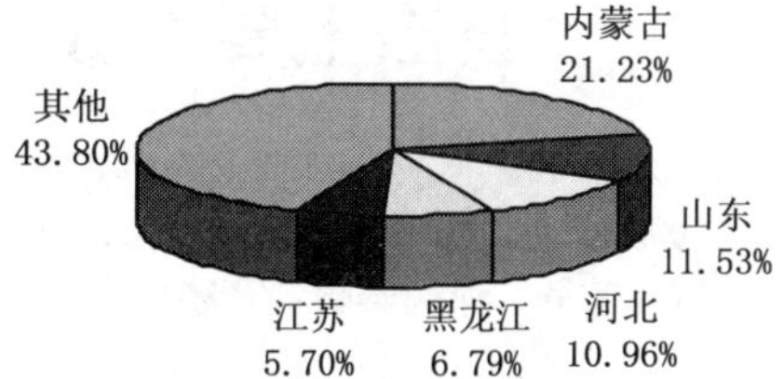

图 15-5 液态奶产量地区分布

3. 干乳制品 由于 2008 年奶粉产量较高，基数较大，因此 2009 年干乳制品产量增幅比液态奶增幅小。全国规模以上乳品企业共生产干乳制品 293.47 万吨，同比增长 9.56%。产量前 5 位的省份为：黑龙江 65.29 万吨，同比增长 13.94%，占全国的 22.25%；辽宁 44.48 万吨，同比增长 33.68%，占全国的 15.16%；陕西 31.47 万吨，同比增长 3.05%，占全国的 10.72%；内蒙古 31.05 万吨，同比增长 11.13%，占全国的 10.58%；河南 20.23 万吨，同比下降 5.67%，占全国的 6.89%。前 5 大省份产量共占全国总产量的 65.60%，与上年相比增加了 6 个百分点，前五位中，已不见河北身影，可见，原三鹿工厂产能三聚氰胺事件后利用率较低（图 15-6）。

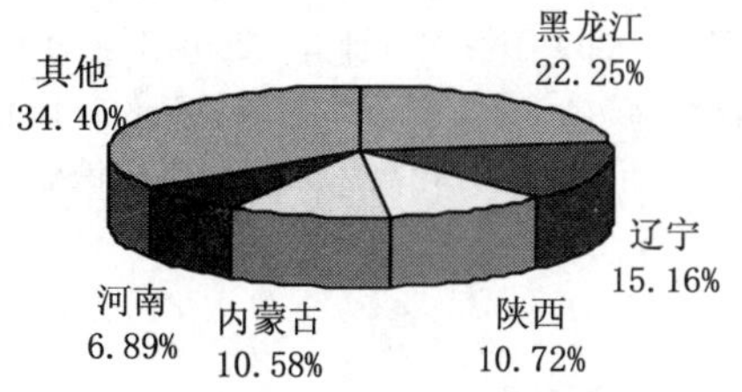

图 15-6 干乳制品地区分布

4. 奶粉 2009年国家统计局第一次公布奶粉产量，数据与干乳制品产量数据差较大，比如，辽宁干乳制品产品排全国第二位，但奶粉产量为0，全国规模以上乳品企业共生产奶粉111.70万吨，同比增长11.1%。产量前5位的省份为：黑龙江41.75万吨，占全国的37.38%；内蒙古24.58万吨，占全国的22.01%；陕西8.12万吨，占全国的7.27%；新疆4.90万吨，占全国的4.39%；湖南4.58万吨，占全国的4.10%。奶粉产量集中度更强，前5大省份产量超过全国总产量的3/4，而仅黑龙江和内蒙古两地产量就占全国的59.38%（图15-7）。

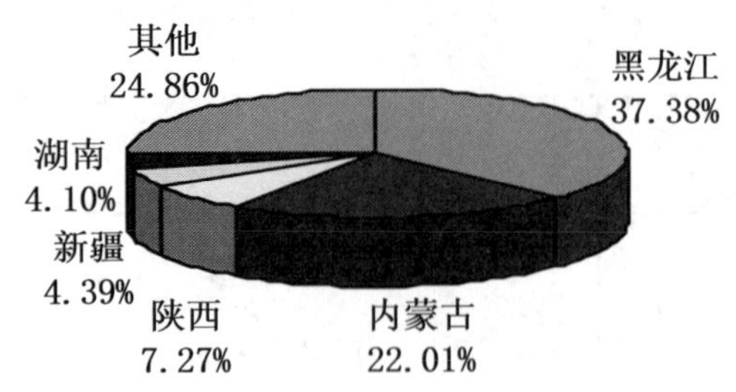

图 15-7 干乳制品地区分布

（三）乳制品品种结构

根据各地奶协上报的数据，2009年，区域巴氏奶企业仍在增长，但伊利、蒙牛等UHT奶主产企业市场恢复也较快，而酸奶增长最快。由于UHT奶基数较大，因此虽然巴氏奶涨幅较高，但地位难以改变，因此比例不变，仍为15%，调高酸奶比例至23%，UHT奶比例降为62%。

三聚氰胺事件之后，由于很多消费者不信任国产婴幼儿奶粉，转向洋品牌，加上很多国内厂家仅仅用进口奶粉干法生产婴幼儿奶粉，因此，国产奶粉中估计只有少部分婴幼儿奶粉，占20%。

（中国奶业年鉴编辑部 孙兰欣）

我国主要大城市不同包装液态奶消费特点

伴随着乳制品行业的快速发展，乳制品包装作为乳制品的一个组成部分，深刻影响着乳制品业的发展。因为乳制品易变质，因此无论是常温奶（UHT）还是巴氏奶（保鲜奶），都对包装提出了严格的质量要求。此外，外观形象佳、便于携带和饮用方便，也是对乳制品包装的基本要求。一个高质量的包装是乳制品生产企业塑造品牌形象的一个必然选择，是扩大市场占有率和生产规模的必要手段。

由于我国是一个社会、经济、地域差异极大的社会，因此，乳品包装对其细分的市场更具针对性。根据消费群的地域、消费习惯、口味、经济能力、年龄层次等推出个性化的包装。

根据Kantar Worldpanel China对中国内地15个主要大城市乳制品市场消费行为的研究，消费者对液态奶包装的选择也正在悄然变化。

1. 巴氏奶 2009年液态奶市场中，巴氏奶市场份额较之去年有所增长，消费者越来越加注重牛奶的营养价值。塑料袋、新鲜屋和玻璃瓶是目前巴氏奶最主要的三种包装形式，2009年按数量计算的市场份额分别为50%、24%和15%，较之2008年，塑料袋包装份额降低了4.5个百分点，而均价相对较高的新鲜屋市场份额却提升了6个百分点（图15-8）。

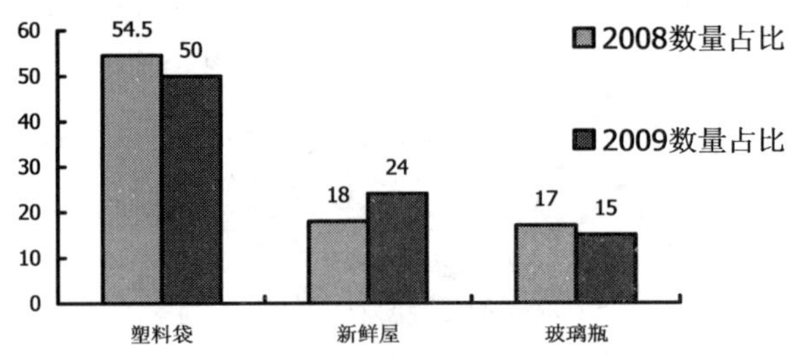

图 15-8 不同包装巴氏奶市场份额

在更受高收入消费者青睐的巴氏奶市场中，新鲜屋以其卫生、环保、良好的货架展示效果以及饮用方便等特点越来越被消费者认可。从消费者人群特征也可以看到，新鲜屋这种包装形式更受到高收入、年轻家庭消费者的青睐。而塑料袋更倾向于吸引中低收入、老年家庭的消费者（图15-9、图15-10）。同时，数据显示，玻璃瓶或瓷瓶这种包装形式的份额正在逐渐较少，结合渠道分析，主要是由于消费者对食品卫生要求越来越高，传统的在杂货铺或路边摊售卖的玻璃瓶或瓷瓶的鲜奶已经逐渐淡出市场。

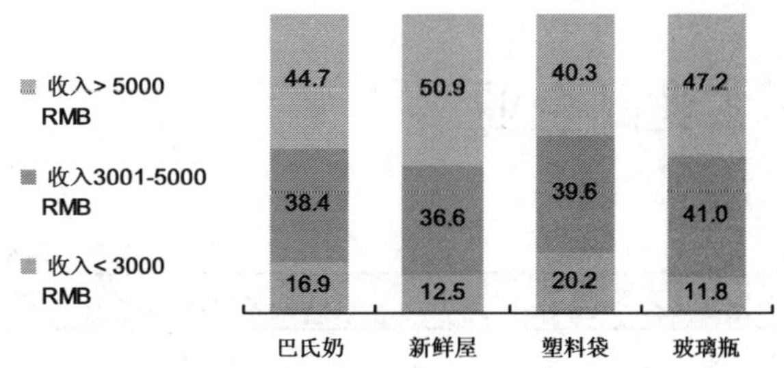

图 15-9 收入水平对不同包装巴氏奶选择的影响

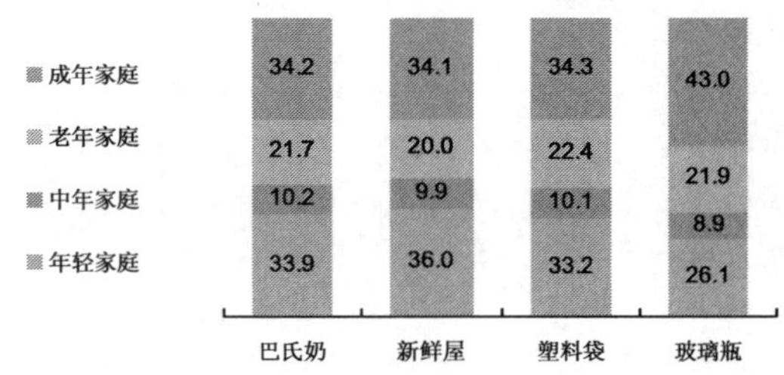

图 15-10 年龄对不同包装巴氏奶选择的影响

2. 常温奶 对于目前仍为液态奶市场主流的常温奶，利乐枕、利乐砖和百利包这三种包装形式可以说是平分秋色，2009 年这三种包装常温奶按数量计算的份额分别为 33.6%、33.5%和 30.8%，较之 2008 年，利乐枕和利乐砖的份额保持基本稳定，而百利包常温奶份额同比上升 3 个百分点。

利乐砖以其形状的多样性、运输和储存的安全方便以及货架的良好展示效果，在常温奶中拥有最广泛的消费群体，渗透率达到 80%。百利包作为一种相对较低成本的包装形式，在牛奶品质相当的情况下，吸引了更多的消费者，尤其是一些中低收入消费者购买。2009 年百利包渗透率同比上升 4.1 个百分点，达到 64.3%，这也是百利包在常温奶份额提升的原因所在（图 15-11）。

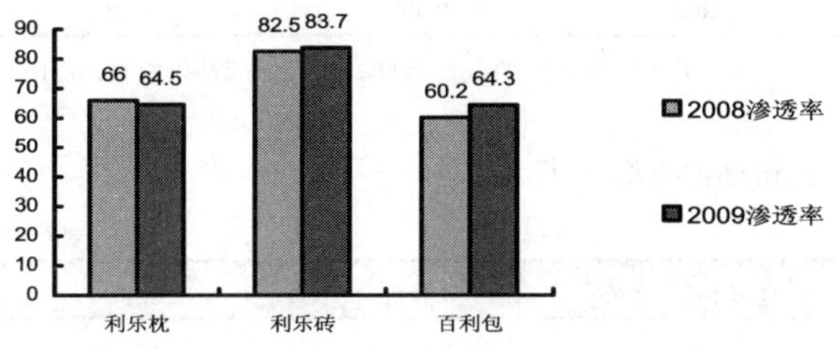

图 15-11 不同包装常温奶的渗透率

3. 酸奶 随着酸奶整体市场的快速发展以及酸奶品种的多样化，酸奶的包装形式也呈现出多样化的特点。塑料杯以其较强的适用性、包装设计的灵活性以及促销搭配的方便性是目前酸奶市场主要的包装形式。2009 年，塑料杯在酸奶市场中按数量计算的份额为 38.3%，按金额计算的份额为 45.1%，渗透率更是超过 81%，远高于其他包装形式。塑料袋包装以其相对较低的价格在酸奶市场中也占有相当重要的地位，2009 年按数量计算的市场份额达到 20.8%，较之去年还上升 2.8 个百分点。另外，除常见的几种包装形式如塑料杯、塑料瓶、塑料袋、玻璃（瓷）瓶以及保鲜屋外，其他包装形式份额也有所提升，2009 年达到 18.6%，渗透率上升了近 4 个百分点，这也反映了酸奶包装形式的日趋多样化（图 15-12）。

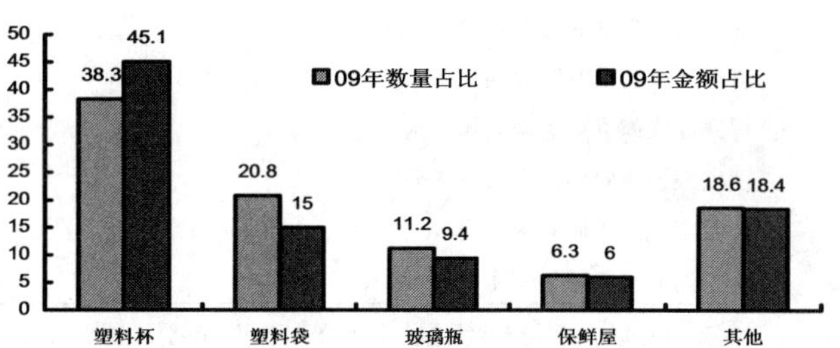

图 15-12 不同包装酸奶的市场份额

纵观以上各种乳制品包装的形式和特点，不同包装形式的成本差异极大，而且各个档次包装的应用又与乳制品本身的档次和保鲜要求、乳制品企业的市场定位等密不可分。无论如何，方便、实用、无菌及价格依然是消费者主要的考虑因素。

备注：

1. 以上数据均引用自 Kantar Worldpanel China 调查数据。

2. 15 城市总体包括：北京、广州、上海、成都、天津、沈阳、南京、武汉、西安、济南、青岛、杭州、重庆、大连、深圳。

3. 覆盖范围：城市常住居民家庭

4. 渗透率是指产品的购买家庭普及程度，即购买某产品的家庭占家庭总体的百分比。

关于 Kantar Worldpanel：

Kantar Worldpanel 在中国是隶属央视市场研究股份有限公司（CTR）的一项服务。

Kantar Worldpanel 世界连续性消费者固定样组研究的领导者，业务已遍及世界 50 多个国家，帮助客户了解人们需要买什么，用什么，以及消费者行为背后的态度等。Kantar Worldpanel 基于其专业技术而形成的确凿的量化数据，已成为本地和跨国快速消费品品牌和自营品牌制造商、生鲜食品供应商、零售商、市场分析员和政府组织的一种“行业货币”。服务不仅限于食品行业，还包括了通信、汽油、时尚、美容、婴儿和外卖食品等领域。

全国销售额前10名乳品企业

单位：亿元

公司名称	2008年销售收入	2009年销售收入
内蒙古蒙牛乳业（集团）股份有限公司	238.65	257.10
内蒙古伊利实业集团股份有限公司	216.59	243.24
光明乳业股份有限公司	73.59	79.43
黑龙江完达山乳业股份有限公司	30.50	33.57
北京三元食品股份有限公司	14.14	23.80
青岛圣元乳业有限公司	23.67	19.27
黑龙江飞鹤乳业有限公司	13.14	18.51
西安银桥生物科技有限责任公司	12.71	17.53
新希望乳业控股有限公司	12.39	13.86
南京奶业（集团）有限公司	11.37	13.02

数据来源：各地奶业协会；上市公司年报；US$:RMB=1:6.83；S$:RMB=1:4.7。

2009年各种包装乳制品市场占有率

表 15-2 不同包装液态奶市场占有率

单位：%

	2005	2006	2007	2008	2009
塑料袋	12.74	11.01	9.10	11.70	11.40
利乐枕	27.97	26.17	24.30	21.60	21.00
利乐砖	20.36	24.98	32.80	33.60	33.00
百利包	18.17	17.05	15.10	15.10	16.00
新鲜屋	5.47	4.69	4.50	6.10	8.20
玻璃瓶	11.25	10.42	8.30	5.40	5.20
塑料瓶	1.91	2.46	2.60	2.50	0.60
听	1.06	1.18	1.10	0.90	1.10
其他	1.06	2.04	2.30	3.00	3.50

数据来源：Kantar Worldpanel 中国消费者指数研究，覆盖区域：上海、北京、广州、深圳、青岛、天津、大连、成都、南京、济南、重庆、杭州、西安、武汉、沈阳。下同。

表 15-3 不同包装酸奶市场占有率

单位：%

	2005	2006	2007	2008	2009
塑料杯	44.28	32.88	31.20	46.40	45.20
玻璃瓶/瓷瓶	19.78	12.86	10.30	12.20	9.40
塑料袋	13.81	10.43	9.00	13.40	15.00
新鲜屋	9.84	6.67	5.90	5.70	6.00
塑料瓶	9.90	12.93	17.10		6.00
利乐砖		10.82	11.10	6.00	
其他	2.37	13.41	15.20	16.40	18.40

2009年获得干酪生产许可的企业

序号	企业名称	产品名称	证书编号	有效期至	发证日期	发证单位
1	内蒙古伊利实业集团股份有限公司北京乳品厂	巴氏杀菌乳、酸乳、全脂乳粉、干酪	QS1100 0501 0002	2012-12-28	2009-8-12	北京质监局
2	济南伊利乳业有限责任公司	灭菌乳、酸乳、干酪	QS3701 0501 1352	2012-7-23	2009-7-19	山东质监局
3	光明乳业股份有限公司乳品八厂	巴氏杀菌乳、酸乳、干酪	QS3115 0501 0035	2012-12-29	2009-7-23	上海质监局
4	上海光明奶酪黄油有限公司梵古易乳制品分公司	奶油、干酪	QS3120 0501 1461	2012-12-28	2009-11-6	上海质监局
5	北京三元食品股份有限公司	巴氏杀菌乳、灭菌乳、酸乳、全脂乳粉、脱脂乳粉、全脂加糖乳粉、炼乳、干酪、奶油	QS1100 0501 0003	2012-12-29	2009-12-15	北京质监局
6	北京三元食品股份有限公司华冠分公司	酸乳、灭菌乳、干酪	QS1100 0501 0009	2012-12-28	2009-11-9	北京质监局
7	北京三元食品股份有限公司乳品四厂	全脂乳粉、脱脂乳粉、全脂加糖乳粉、炼乳、干酪、奶油	QS1100 0501 0006	2012-12-29	2009-11-9	北京质监局
8	青海青西歌食品有限公司	干酪	QS6300 0501 1733	2011-4-28	2009-10-27	青海质监局
9	北京超凡食品有限公司	酸乳、干酪、奶油	QS1100 0501 1417	2012-10-11	2009-8-12	北京质监局
10	云南大理东亚乳业有限公司	巴氏杀菌乳、灭菌乳、酸牛乳、全脂乳粉、全脂加糖乳粉、脱脂乳粉、干酪	QS5329 0501 0667	2011-6-1	2009-7-14	云南质监局
11	北京吉康食品有限公司	干酪	QS1100 0501 1375	2012-9-3	2009-6-30	北京质监局
12	柏力思农产品(大理)有限公司	干酪	QS5329 0501 1306	2012-5-21	2009-5-27	云南质监局
13	丰宁缘天然乳业有限公司	灭菌乳、干酪	QS1308 0501 0003	2012-1-21	2009-1-22	河北质监局

2009年获得婴幼儿配方乳粉生产许可的企业

序号	企业名称	证书编号	有效期至	发证日期	发证单位
1	黑龙江省完达山乳业股份有限公司军川分公司	QS2300 0502 0067	2011-3-2	2009-12-10	黑龙江质监局
2	黑龙江省农垦华威乳业有限公司	QS2300 0502 0116	2013-4-25	2009-12-28	黑龙江质监局
3	黑龙江摇篮乳业股份有限公司	QS2300 0502 0204	2011-2-27	2009-2-16	黑龙江质监局
4	河北三元食品有限公司	QS1301 0502 0002	2012-2-2	2009-2-3	河北质监局
5	多美滋婴幼儿食品有限公司	QS3100 0502 0003	2013-11-6	2009-12-15	上海质监局
6	宝鸡惠民乳品（集团）有限公司	QS6100 0502 0105	2013-1-9	2009-12-14	陕西质监局
7	黑龙江农垦多元乳业有限公司	QS2300 0502 0128	2013-1-9	2009-10-27	黑龙江质监局
8	敦化美丽健乳业有限公司	QS2224 0502 0001	2012-10-20	2009-10-21	吉林质监局
9	北海贝因美营养食品有限公司	QS4500 0502 0001	2012-10-12	2009-10-13	广西质监局
10	宜昌贝因美食品科技有限公司	QS4205 0502 0099	2012-9-27	2009-9-28	湖北质监局
11	大庆乳品厂有限责任公司	QS2300 0502 0093	2012-9-22	2009-9-23	黑龙江质监局
12	澳优乳品(湖南)有限公司	QS4300 0502 0101	2012-9-22	2009-8-27	湖南质监局
13	明一(福建)婴幼儿营养品有限公司	QS3500 0502 1771	2012-8-24	2009-8-25	福建质监局
14	陕西红旗乳业有限责任公司	QS6104 0502 0007（3段）	2012-8-3	2009-8-4	陕西质监局
15	陕西红旗乳业有限责任公司	QS6104 0502 0005（1、2段）	2012-5-17	2009-5-18	陕西质监局
16	黑龙江省索康营养科技有限公司	QS2300 0502 0208	2012-8-2	2009-8-3	黑龙江质监局
17	齐齐哈尔汇昌乳业有限公司	QS2300 0502 0104	2012-9-22	2009-7-23	黑龙江质监局
18	上海晨冠乳业有限公司	QS3100 0502 0037	2012-9-22	2009-5-22	上海质监局
19	咸宁市向阳湖牛奶有限责任公司	QS4212 0502 0098	2012-3-30	2009-3-31	湖北质监局
20	江苏志威乳业有限公司	QS3200 0502 0001	2012-3-23	2009-3-24	江苏质监局
21	陕西优利士乳业有限责任公司	QS6104 0502 0004	2012-3-22	2009-3-23	陕西质监局
22	合水县古象奶业有限责任公司	QS6200 0502 0052	2012-2-17	2009-2-18	甘肃质监局
23	黑龙江美庐乳业有限公司	QS2300 0502 0205	2012-2-15	2009-2-16	黑龙江质监局
24	昆明前进乳业有限公司	QS5300 0502 0081	2011-9-19	2009-2-12	云南质监局
25	陕西金牛乳业有限公司	QS6105 0502 0003	2012-2-9	2009-2-10	陕西质监局
26	酒泉市好牛乳业食品有限公司	QS6200 0502 0051	2012-1-18	2009-1-19	甘肃质监局
27	天津海河乳业有限公司	QS1213 0502 0001	2012-1-14	2009-1-15	天津质监局

乳品消费

2009年我国城镇居民鲜乳品消费情况

1. 鲜乳品消费量同比下降1.84% 2009年我国城镇居民鲜乳品消费为14.91千克/人，人均消费比2008年减少0.28千克，同比下降1.84%，降幅为近三年最小（表16-1、图16-1）。

表16-1 2001—2009年我国城镇居民人均鲜乳品消费量变化趋势

年份	鲜乳品（千克/人）	增长率（%）
2001	11.90	19.72
2002	15.72	32.10
2003	18.62	18.45
2004	18.83	1.13
2005	17.92	-4.83
2006	18.32	2.23
2007	17.75	-3.11
2008	15.19	-14.42
2009	14.91	-1.84

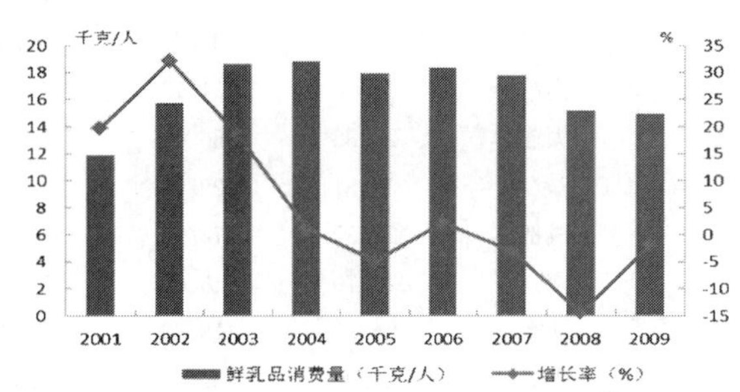

图16-1 2001—2009年我国城镇居民人均鲜乳品消费量变化趋势

2. 鲜乳品平均单价同比上升4.58% 2009年，我国城镇居民鲜乳品的人均消费支出为102.12元/人，比2008年增长了2.56元/人；平均单价为6.85元/千克，比2008年的6.55元/千克增长了0.3元/千克，同比上升4.58%（表16-2）。

表16-2 2008—2009年前10位地区城镇居民鲜乳品消费情况对比

2009年					2008年				
排序	地区	消费量（千克/人）	消费支出（元/人）	平均单价（元/千克）	排序	地区	消费量（千克/人）	消费支出（元/人）	平均单价（元/千克）
	全国	**14.91**	**102.12**	**6.85**		**全国**	**15.19**	**99.56**	**6.55**
1	山西	24.75	119.85	4.84	1	山西	25.59	117.56	4.59
2	新疆	24.19	99.39	4.11	2	北京	24.85	173.23	6.97
3	宁夏	23.67	114.14	4.82	3	山东	24.30	145.03	5.97
4	上海	23.55	219.09	9.30	4	宁夏	23.95	112.30	4.69
5	北京	23.22	165.25	7.12	5	上海	23.91	211.02	8.83
6	山东	23.06	142.27	6.17	6	天津	23.84	134.90	5.66
7	青海	22.77	102.41	4.50	7	新疆	22.40	97.67	4.36
8	天津	21.92	132.08	6.03	8	青海	21.40	96.30	4.50
9	甘肃	20.72	94.53	4.56	9	甘肃	20.16	90.19	4.47
10	内蒙古	18.29	96.17	5.26	10	河北	19.74	98.04	4.97

3. 大中城市居民鲜乳品消费量同比减少 2.42% 2009年，我国36个大中城市居民鲜乳品人均消费量为19.76千克/人，同比减少2.42%；人均消费支出为146.01元/人，同比上升1.57%；鲜乳品的平均价格为7.39元/千克，与2008年的7.10元/千克相比增长了0.29元/千克，同比上升4.08%（表16-3）。

表 16-3 2008—2009年前10位大中城市居民鲜乳品消费情况对比

2009年					2008年				
排序	城市	消费量（千克/人）	消费支出（元/人）	平均单价（元/千克）	排序	城市	消费量（千克/人）	消费支出（元/人）	平均单价（元/千克）
	全国	**19.76**	**146.01**	**7.39**		**全国**	**20.25**	**143.76**	**7.10**
1	银川	35.23	131.23	3.72	1	银川	34.90	122.18	3.50
2	南昌	28.45	161.13	5.66	2	石家庄	31.62	148.96	4.71
3	大连	27.88	156.42	5.61	3	大连	30.50	169.15	5.55
4	石家庄	27.51	129.14	4.69	4	南昌	29.28	149.88	5.12
5	成都	27.37	176.75	6.46	5	成都	27.76	187.18	6.74
6	南京	25.79	216.60	8.40	6	青岛	27.54	166.48	6.05
7	北京	24.89	178.68	7.18	7	南京	27.10	218.47	8.06
8	青岛	24.89	160.21	6.44	8	北京	26.96	189.01	7.01
9	上海	23.55	219.09	9.30	9	太原	25.94	166.18	6.41
10	呼和浩特	23.06	135.33	5.87	10	上海	23.91	211.02	8.83

4. 鲜乳品消费各季度变化不明显 2009年，我国城镇居民的鲜乳品人均消费量各季度比较均衡，其平均单价受季度变化的影响也不大（表16-4）。

表 16-4 2009年我国城镇居民鲜乳品消费季度变化

季度	消费量（千克/人）	平均单价（元/千克）
1	3.74	6.83
2	3.73	6.76
3	3.70	6.83
4	3.74	6.98

我国36个大中城市居民的鲜乳品消费也是各季度变化不明显。但是，与全国城镇居民的鲜乳品消费相比，大中城市居民的人均消费量及平均单价都相对较高（表16-5）。

表 16-5 2009年我国36个大中城市居民鲜乳品消费季度变化

季度	消费量（千克/人）	平均单价（元/千克）
1	4.89	7.42
2	4.98	7.32
3	4.90	7.37
4	4.99	7.46

2009 年我国城镇居民酸奶消费情况

1．酸奶消费量同比增长 9.60% 2009 年我国城镇居民酸奶的人均消费量为 3.88 千克/人，比 2008 年增加了 0.34 千克/人，同比增长 9.60%，显示我国城镇居民的酸奶消费在 2008 年因受到三聚氰胺事件的影响而大幅下降之后正趋于恢复性增长（表 16-6、图 16-2）。

表 16-6 2001—2009 年我国城镇居民人均酸奶消费量变化趋势

年份	酸奶（千克/人）	增长率（%）
2001	1.36	21.43
2002	1.82	33.82
2003	2.53	39.01
2004	2.85	12.65
2005	3.23	13.33
2006	3.72	15.17
2007	3.97	6.72
2008	3.54	-10.83
2009	3.88	9.60

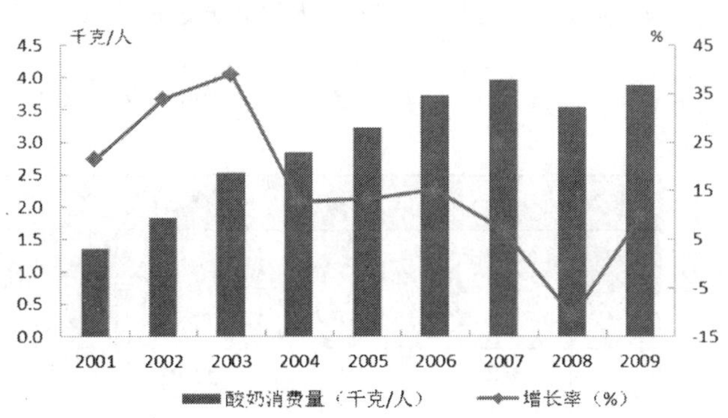

图 16-2 2001—2009 年我国城镇居民人均酸奶消费量变化趋势

2．酸奶平均单价同比上升 4.08% 2009 年，我国城镇居民酸奶的人均消费支出为 29.68 元/人，比 2008 年增长了 3.66 元/人；平均单价为 7.65 元/千克，比 2008 年的 7.35 元/千克增长了 0.3 元/千克，同比上升 4.08%（表 16-7）。

表 16-7 2008—2009 年前 10 位地区城镇居民酸奶消费情况对比

2009 年					2008 年				
排序	地区	消费量（千克/人）	消费支出（元/人）	平均单价（元/千克）	排序	地区	消费量（千克/人）	消费支出（元/人）	平均单价（元/千克）
	全国	**3.88**	**29.68**	**7.65**		**全国**	**3.54**	**26.02**	**7.35**
1	北京	8.64	81.59	9.44	1	安徽	8.74	66.19	7.57
2	安徽	8.35	63.97	7.66	2	北京	8.07	73.25	9.08
3	辽宁	7.48	55.45	7.41	3	辽宁	6.79	49.41	7.28
4	河北	7.26	40.95	5.64	4	山西	6.34	32.84	5.18
5	青海	6.75	43.68	6.47	5	河北	6.20	34.60	5.58
6	上海	6.36	67.76	10.65	6	上海	5.53	55.73	10.08
7	山西	5.98	35.26	5.90	7	西藏	5.24	41.50	7.92
8	西藏	4.92	53.10	10.79	8	宁夏	4.86	25.68	5.28
9	宁夏	4.80	25.74	5.36	9	陕西	4.35	24.64	5.66
10	陕西	4.77	29.18	6.12	10	河南	3.83	21.18	5.53

3. 大中城市居民酸奶消费量同比上升 7.53% 2009 年，我国 36 个大中城市居民酸奶的人均消费量为 5.00 千克/人，同比上升 7.53%；人均消费支出为 43.03 元/人，同比上升 11.80%；酸奶的平均价格为 8.61 元/千克，与 2008 年的 8.28 元/千克相比增长了 0.33 元/千克，同比上升 3.99%（表 16-8）。

表 16-8 2008—2009 年前 10 位大中城市居民酸奶消费情况对比

2009 年					2008 年				
排序	城市	消费量（千克/人）	消费支出（元/人）	平均单价（元/千克）	排序	城市	消费量（千克/人）	消费支出（元/人）	平均单价（元/千克）
	全国	**5.00**	**43.03**	**8.61**		**全国**	**4.65**	**38.49**	**8.28**
1	石家庄	13.62	70.37	5.17	1	石家庄	12.51	65.87	5.27
2	合肥	11.49	81.16	7.06	2	合肥	10.97	79.03	7.20
3	沈阳	10.45	82.82	7.93	3	沈阳	10.08	79.39	7.88
4	北京	9.16	88.01	9.61	4	太原	8.97	57.46	6.41
5	太原	8.65	67.19	7.77	5	北京	8.70	80.28	9.23
6	西宁	8.33	56.27	6.76	6	银川	8.33	41.78	5.02
7	青岛	7.88	52.58	6.67	7	拉萨	7.87	43.86	5.57
8	拉萨	7.74	46.89	6.06	8	长春	7.02	52.54	7.48
9	银川	7.30	37.83	5.18	9	青岛	6.23	42.12	6.76
10	上海	6.36	67.76	10.65	10	上海	5.53	55.73	10.08

4. 酸奶消费 1 季度最少，3 季度最多，平均单价全年变化不大 2009 年，我国城镇居民酸奶的人均消费量 1 季度最少为 0.76 千克/人，3 季度最多为 1.16 千克/人，其平均单价全年变化不大，4 季度略高为 7.72 元/千克（表 16-9）。

我国 36 个大中城市居民的酸奶消费量与平均单价均比城镇居民相对较高。其全年消费也是 1 季度最少为 0.97 千克/人，3 季度最多为 1.51 千克/人，平均单价 2 季度最高为 8.71 元/千克（表 16-10）。

表 16-9 2009 年我国城镇居民酸奶消费季度变化

季度	消费量（千克/人）	平均单价（元/千克）
1	0.76	7.53
2	1.07	7.63
3	1.16	7.70
4	0.89	7.72

表 16-10 2009 年我国 36 个大中城市居民酸奶消费季度变化

季度	消费量（千克/人）	平均单价（元/千克）
1	0.97	8.46
2	1.39	8.71
3	1.51	8.58
4	1.13	8.64

2009 年我国城镇居民奶粉消费情况

1. 奶粉消费量同比下降 15.79% 2009 年我国城镇居民奶粉的人均消费量为 0.48 千克/人，人均消费比 2008 年减少 0.09 千克，同比下降 15.79%，低于 2001 年的消费水平（表 16-11、图 16-3）。

表 16-11 2001—2009 年我国城镇居民人均奶粉消费量变化趋势

年份	奶粉（千克/人）	增长率（%）
2001	0.50	2.04
2002	0.55	10.00
2003	0.56	1.82
2004	0.51	-8.93
2005	0.52	1.96
2006	0.50	-3.85
2007	0.45	-10.00
2008	0.57	26.67
2009	0.48	-15.79

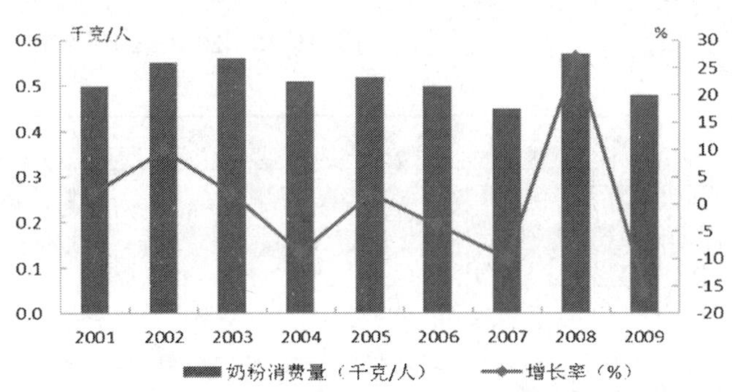

图 16-3 2001—2009 年我国城镇居民人均奶粉消费量变化趋势

2. 奶粉平均单价同比上升 15.21% 2009 年，我国城镇居民奶粉的人均消费支出为 41.45 元/人，比 2008 年减少 1.27 元/人；平均单价为 86.35 元/千克，比 2008 年的 74.95 元/千克上涨了 11.4 元/千克，同比上升 15.21%（表 16-12）。

表 16-12 2008—2009 年前 10 位地区城镇居民奶粉消费情况对比

2009 年					2008 年				
排序	地区	消费量（千克/人）	消费支出（元/人）	平均单价（元/千克）	排序	地区	消费量（千克/人）	消费支出（元/人）	平均单价（元/千克）
	全国	**0.48**	**41.45**	**86.35**		**全国**	**0.57**	**42.72**	**74.95**
1	西藏	1.44	34.87	24.22	1	西藏	1.34	30.41	22.69
2	海南	1.19	87.03	73.13	2	安徽	1.33	76.55	57.56
3	安徽	1.05	59.80	56.95	3	湖南	0.90	53.60	59.56
4	广东	0.78	96.81	124.12	4	江西	0.74	36.70	49.59
5	陕西	0.71	60.91	85.79	5	广东	0.72	93.86	130.36
6	湖南	0.63	40.68	64.57	6	黑龙江	0.70	31.70	45.29
7	四川	0.62	51.34	82.81	7	陕西	0.70	45.99	65.70
8	重庆	0.57	39.64	69.54	8	四川	0.69	46.97	68.07
9	北京	0.54	61.84	114.52	9	海南	0.67	55.53	82.88
10	河北	0.54	23.63	43.76	10	湖北	0.65	37.49	57.68

3. 大中城市居民奶粉消费量同比下降 3.51% 2009 年，我国 36 个大中城市居民奶粉的人均消费量为 0.55 千克/人，同比下降 3.51%；人均消费支出为 56.74 元/人，同比上升 6.92%；奶粉的平均价格为 103.16 元/千克，与 2008 年的 93.11 元/千克相比上涨了 10.05 元/千克，同比上升 10.79%（表 16-13）。

表 16-13 2008—2009 年前 10 位大中城市居民奶粉消费情况对比

2009 年					2008 年				
排序	城市	消费量（千克/人）	消费支出（元/人）	平均单价（元/千克）	排序	城市	消费量（千克/人）	消费支出（元/人）	平均单价（元/千克）
	全国	**0.55**	**56.74**	**103.16**		**全国**	**0.57**	**53.07**	**93.11**
1	海口	1.85	117.50	63.51	1	拉萨	2.18	40.77	18.70
2	拉萨	1.66	41.94	25.27	2	合肥	1.64	118.40	72.20
3	长沙	1.38	72.84	52.78	3	长沙	1.51	68.98	45.68
4	合肥	1.27	85.26	67.13	4	南昌	1.29	52.60	40.78
5	深圳	1.06	142.12	134.08	5	厦门	1.06	140.52	132.57
6	广州	0.89	107.15	120.39	6	深圳	0.90	121.33	134.81
7	成都	0.77	85.93	111.60	7	银川	0.86	77.40	90.00
8	哈尔滨	0.76	41.55	54.67	8	广州	0.78	93.47	119.83
9	长春	0.72	87.59	121.65	9	武汉	0.71	45.96	64.73
10	南昌	0.71	48.77	68.69	10	海口	0.70	59.34	84.77

4. 奶粉消费 3 季度最少 2009 年，我国城镇居民的奶粉人均消费量 3 季度最少为 0.11 千克/人，平均单价 4 季度最高为 88.25 元/千克（表 16-14）。

表 16-14 2009 年我国城镇居民奶粉消费季度变化

季度	消费量（千克/人）	平均单价（元/千克）
1	0.13	84.62
2	0.12	84.75
3	0.11	88.09
4	0.12	88.25

36 个大中城市居民的奶粉消费全年比较均衡，3 季度略少，为 0.13 千克/人，平均单价最高为 105.23 元/千克。与全国城镇居民的奶粉消费相比，36 个大中城市居民奶粉的人均消费量及平均单价都相对较高（表 16-15）。

表 16-15 2009 年我国 36 个大中城市居民奶粉消费季度变化

季度	消费量（千克/人）	平均单价（元/千克）
1	0.14	105.00
2	0.14	99.50
3	0.13	105.23
4	0.14	103.07

（中国农业大学经济管理学院 周俊玲）

我国乳业消费市场恢复情况（尼尔森）

（一）2009 年乳品产业销量停滞或下滑

中国乳制品行业在 2008 年 9 月份三聚氰胺事件之后，除了酸奶品类之外液奶、酸味奶销售均出现停滞，事件中心的品类——婴儿奶粉和成人奶粉销量迅速下滑；虽然主要品类销量受到不同幅度的影响，但乳品整体销售额仍然保持了 4%的微幅增长。

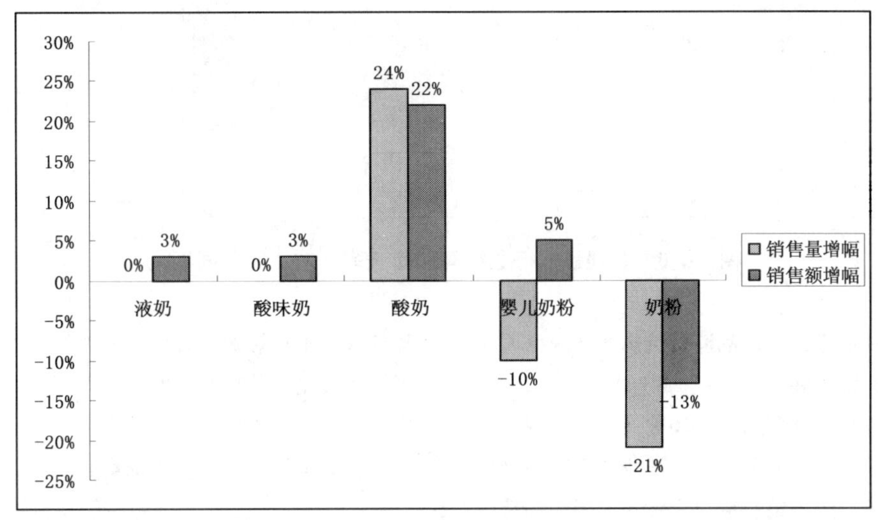

图 16-4　2009 年乳制品各品类销售量/额增长率（对比上年同期）

（二）2009 年下半年逐步回归

经历了上半年的停滞，乳制品各品类从下半年开始逐步恢复，其中市场主体部分的液奶和酸味奶销售量基本由负增长转正，酸奶继续保持大幅度提升，但奶粉市场销量虽然出现回升但表现仍不理想。

与此同时我们也发现，即使奶粉品类销量并未恢复，其销售额已经开始出现积极增长的势头。

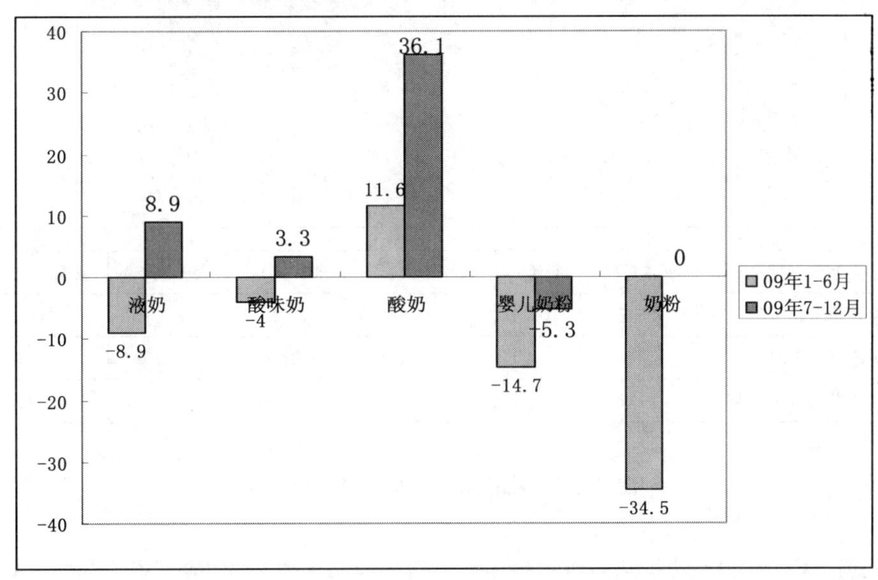

图 16-5　乳制品分行业销售量增长率（对比上年同期）

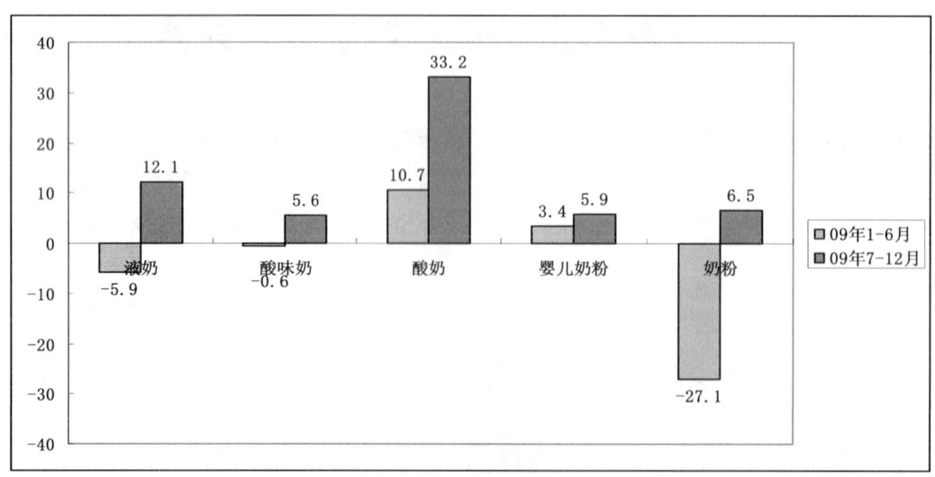

图 16-6　乳制品分行业销售额增长率（对比上年同期）

（三）品类发展态势：产品消费结构的升级推动乳制品行业更快更好的发展

在乳品行业逐步恢复背后，市场也更多地呈现出消费结构升级的现象。其中婴儿奶粉是消费结构转换最快的品类，产品升级贡献的销售额完全弥补了因为销量下降带来的不良影响；各乳品品类的驱动力开始更多地来源于消费结构的提升，即意味着消费者越来越多地选择价格更高品质更好的中高端产品。相比之下，只有酸奶市场还处于较强的刚性需求增长阶段。

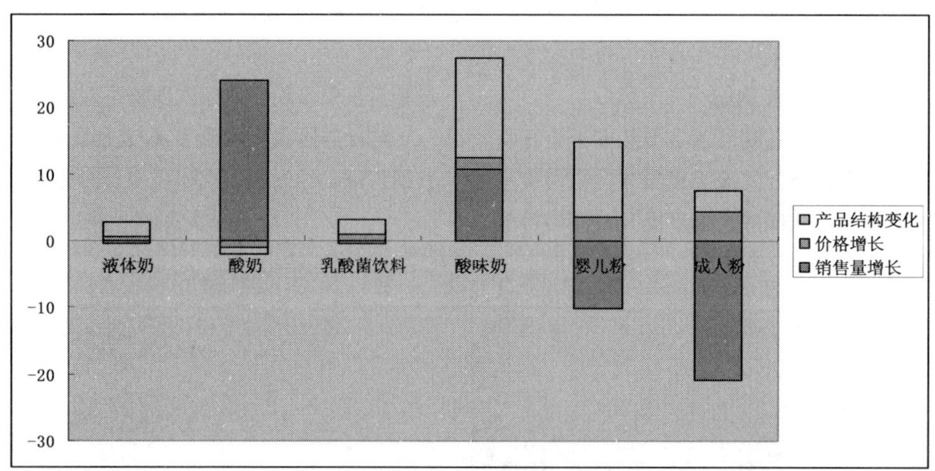

品类增长贡献率%	液体奶%	酸奶%	乳酸菌饮料%	酸味奶%	婴儿粉%	成人粉%
净销量增长贡献	-15.3	109.1	-14.3	39.1	-217.1	-157.7
价格增长贡献	28.4	-4.1	35.7	6.6	76.3	33.8
消费结构升级贡献	86.9	-5.0	78.6	54.4	240.7	23.8

图 16-7　乳品品类增长驱动贡献率%

（四）婴儿奶粉市场：国内品牌和国外品牌格局达到新的稳定

三聚氰胺事件后，婴儿奶粉品牌格局受到较大影响，跨国品牌迅速获取了较大份额，尤其是在婴儿奶粉市场。目前，在婴儿奶粉市场中跨国品牌和本土品牌的竞争态势基本稳定，国内品牌虽依然占据优势地位，但整体已经接近于平分之势。

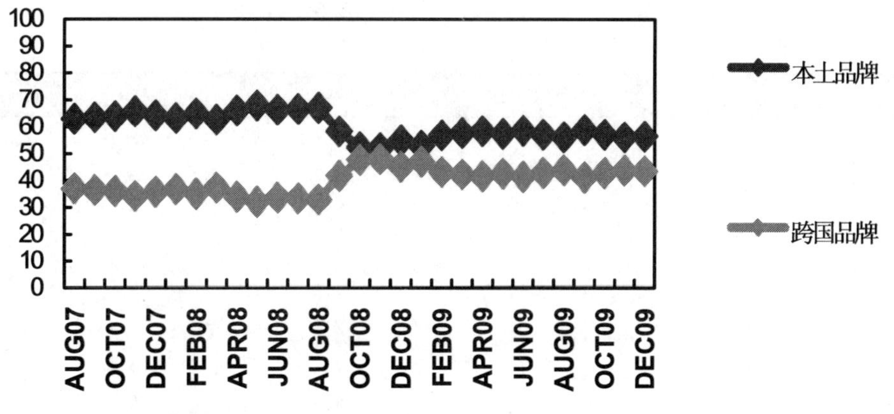

数据来源：尼尔森零售研究

图 16-8 婴儿奶粉跨国品牌和本土品牌销售量份额走势

（五）总结：强势回归中期待新的格局

2008 年三聚氰胺事件之后，虽然中国乳制品市场一度出现不明朗，但 2009 年以来，在整体市场需求推动下，中国乳制品市场逐步恢复，并在销售量恢复的同时，产品消费结构同时实现升级，整体行业形势逐步向好，消费者逐渐更多地倾向于儿童类牛奶、高端奶等高附加值的中高端产品，乳业整体结构逐渐显现出变化。

在事件核心的奶粉行业，跨国品牌在事件之后获取了较大的份额，尤其是在婴儿奶粉市场。目前来看，跨国品牌已经把获取的这些份额转化为稳定份额，国内外品牌格局也被逐渐重新分配。

我国乳制品市场数据报告（尼尔森）

液态奶市场变化特征

表 16-16 液态奶不同价位市场占有率

单位：%

平均价格(元/升)	2005	2006	2007	2008	2009
≤2.5	0.0	0.1	0.0	0.1	0.1
2.6-5	32.9	26.8	16.4	2.6	2.4
5.1-7.5	36.2	39.1	38.9	38.4	35.9
7.6-10	27.0	29.1	25.7	37.7	36.8
＞10	3.9	4.9	8.7	21.2	24.7

注：1）地理范围不是真正意义上的中国，而是特定的区域；
2）渠道范围不是所有的销售渠道，而是特定的零售渠道。下同。

表 16-17 液态奶不同购买渠道市场占有率

单位：%

	2005	2006	2007	2008	2009
现代通路	59.2	58.2	63.2	67.2	66.8
传统通路	40.2	41.0	35.0	30.0	33.2

注：现代通路包括大卖场、超级市场、小型超市、便利店；传统通路包括食杂店、售货亭。下同。

表 16-18　液态奶不同包装市场占有率

单位：%

	2005	2006	2007	2008	2009
无菌砖	35.9	35.9	40.1	43.1	43.8
百利包	24.7	25.8	24.0	21.7	21.1
无菌枕	21.9	22.7	21.4	20.7	19.1
塑料瓶	6.1	4.6	4.7	5.7	6.0
塑料袋	4.4	4.4	4.1	2.6	2.4
屋型	4.3	3.6	2.7	2.3	2.5
听/罐	2.5	2.8	2.7	3.6	4.2
玻璃瓶	0.1	0.1	0.0	0.0	0.0
其他	0.1	0.1	0.0	0.3	0.9

酸奶市场变化特征

表 16-19　酸奶不同口味市场占有率

单位：%

	2005	2006	2007	2008	2009
原味酸奶	73.1	74.0	71.4	64.7	58.4
果味酸奶	26.0	23.0	28.6	35.3	41.6

注：酸奶：以鲜乳、奶粉或其他乳制品为原料，加入水、糖液，乳酸菌或其他酸性添加剂，蛋白质含量≥2.3%，需冷藏保存或常温下保质期小于等于 30 天的产品。

表 16-20　酸奶不同购买渠道市场占有率

单位：%

	2005	2006	2007	2008	2009
现代通路	87.0	87.0	93.0	93.5	94.8
传统通路	12.9	12.4	6.4	4.2	5.2

表 16-21　酸奶不同包装市场占有率

单位：%

	2005	2006	2007	2008	2009
塑料杯(纸杯)	50.2	51.3	53.4	48.9	47.6
塑料袋	22.9	17.7	16.0	19.2	19.2
塑料瓶/桶	15.2	18.2	16.6	15.8	14.5
屋型	11.5	8.4	8.0	5.9	5.2
百利包				4.0	7.9

奶粉市场变化特征

表 16-22　针对不同人群的奶粉市场占有率

单位：%

	2005	2006	2007	2008	2009
婴幼儿奶粉	61.1	61.3	60.7	65.2	68.5
中老年奶粉	9.7	9.3	10.8	10.3	9.1
孕妇奶粉	1.4	1.4	1.9	2.3	2.3

表 16-23 奶粉不同购买渠道市场占有率

单位：%

	2005	2006	2007	2008	2009
现代通路	69.0	68.9	73.4	81.2	86.7
传统通路	30.9	31.0	26.3	18.5	13.3

乳酸饮料市场变化特征

表 16-24 乳酸饮料不同口味市场占有率

单位：%

	2005	2006	2007	2008	2009
原味乳酸饮料	67.6	64.8	62.5	59.9	57.6
果味乳酸饮料	32.2	32.3	37.5	40.1	42.4

注：乳酸饮料：以鲜乳、奶粉或其他乳制品为原料，加入水、糖液，乳酸菌或其他酸性添加剂，蛋白质含量≥0.7%，常温条件下保质期大于等于 30 天的产品。

表 16-25 乳酸饮料不同购买渠道市场占有率

单位：%

	2005	2006	2007	2008	2009
现代通路	28.1	27.5	36.3	39.0	37.1
传统通路	71.1	71.5	61.1	58.3	62.9

我国消费者指数研究数据报告（Kantar Worldpanel）

液态奶市场变化特征

表 16-26 液态奶不同购买渠道市场占有率

单位：%

	2000	2005	2006	2007	2008	2009
便民商店	50.78	30.53	18.95	16.70	12.00	10.80
超市	14.71	22.84	22.62	23.00	21.10	19.80
批发市场	4.62	12.60	3.33	2.20	1.10	0.90
超大仓储	6.19	23.85	25.83	29.30	24.70	27.20
集贸市场	12.55	7.25	4.52	3.40	2.40	2.00
百货商场	0.71	0.48	0.40	0.50	0.50	0.20
其他地点	10.45	2.45	24.35	24.80	38.20	39.10

数据来源：Kantar Worldpanel 中国消费者指数研究，覆盖区域：上海、北京、广州、深圳、青岛、天津、大连、成都、南京、济南、重庆、杭州、西安、武汉、沈阳。下同。

表 16-27 液态奶不同价位市场占有率

单位：%

	2007	2008	2009
P<5.00	20.30	2.70	3.30
5.00≤P<6.00	18.20	10.80	11.00
6.00≤P<7.00	15.90	19.40	17.10
7.00≤P<8.00	18.00	14.80	13.40
8.00≤P<9.00	8.00	12.50	12.70
P≥9.00	19.60	39.70	42.50

表 16-28 UHT 奶与巴氏奶市场占有率

单位：%

	2000	2005	2006	2007	2008	2009
UHT 奶	14.17	68.51	71.43	75.90	73.70	71.50
巴氏奶	85.83	31.49	28.57	24.10	26.30	28.50

酸奶市场变化特征

表 16-29 酸奶不同口味市场占有率

单位：%

	2000	2005	2006	2007	2008	2009
原味酸奶	53.46	58.50	60.42	69.00	53.20	50.80
传统酸奶	30.65	19.80	13.54	3.20	12.30	9.50
果味酸奶	13.38	9.10	16.54	15.80	14.50	21.90
果粒酸奶	2.51	12.60	9.50	12.00	20.10	17.80

表 16-30 酸奶不同购买渠道市场占有率

单位：%

	2000	2005	2006	2007	2008	2009
批发市场	5.83	11.70	2.27	1.40	0.60	0.50
超大仓储	14.42	36.30	39.72	41.70	41.00	42.60
超市	20.42	23.50	25.17	25.80	24.60	23.70
便民商店	37.78	20.20	11.99	11.20	7.50	7.20
集贸市场	8.84	4.50	2.78	2.30	2.20	2.00
百货商场	0.70	0.60	0.32	0.40	0.40	0.10
其他地点	12.01	3.40	17.75	17.10	23.60	23.90

奶粉市场变化特征

表 16-31 奶粉不同购买渠道市场占有率

单位：%

	2000	2005	2006	2007	2008	2009
超大仓储	21.69	38.20	42.67	44.20	34.60	35.00
超市	34.13	31.18	26.46	21.50	16.40	14.60
便民商店	11.41	8.21	6.88	6.60	2.50	2.80
批发市场	10.38	8.35	7.00	5.40	1.80	0.50
集贸市场	2.81	0.32	0.49	0.30	0.20	0.00
百货商场	3.03	1.70	0.98	1.70	0.90	0.30
其他地点	16.55	12.03	15.51	20.40	43.50	46.80

表 16-32 针对不同人群的奶粉市场占有率

单位：%

	2000	2005	2006	2007	2008	2009
婴幼儿奶粉	29.16	61.28	71.80	77.20	83.70	78.80
学生奶粉	2.42	0.68	0.79	0.80	0.90	1.20
女士奶粉	0.37	0.47	0.50	0.60	0.50	0.30
孕妇奶粉	0.28	3.08	2.31	2.60	2.00	3.10
中老年奶粉	11.10	8.73	8.24	6.60	4.10	3.10
其他	56.67	25.76	16.36	12.20	8.80	13.50

奶业进出口贸易

我国改良种用牛进口情况

2009年我国进口改良种用牛共计40591头（海关统计数据40599头，但海南从南非进口的8头牛在2008年统计过，因此在2009年数据中减去8头，以免重复统计），比上年多25516头；同时继续进口种公牛，共进口170头，其中荷斯坦青年公牛和验证公牛共126头，西门塔尔29头，夏洛莱14头，利木赞1头。因此，奶牛进口40421头。

三聚氰胺事件后，我国奶牛养殖规模化趋势加快，同时，规模牧场产原料奶质量较好、价格较高，投资规模牧场有利可图，各地掀起规模牧场建设热潮。区域优势企业在事件后产品销售有了较大增长，信心满满，建设新牛场，进口奶牛扩大规模，如辉山乳业、广泽乳业、飞鹤乳业；其他进口奶牛的主体是以奶牛养殖为主业的大公司，如现代牧业、上海牛奶集团和黑龙江农垦等；很多散户奶农没有扛过事件后的低迷期，退出奶牛行业，留下来的也没有财力购买进口奶牛，因此，散户不是进口奶牛的主体。

1. 进口数值 2009年，中国包括奶牛、种公牛在内的改良种用牛共进口40591头，进口额7495.30万美元，进口量同比增长169.26%，进口总额同比上涨119.13%（图17-1）。

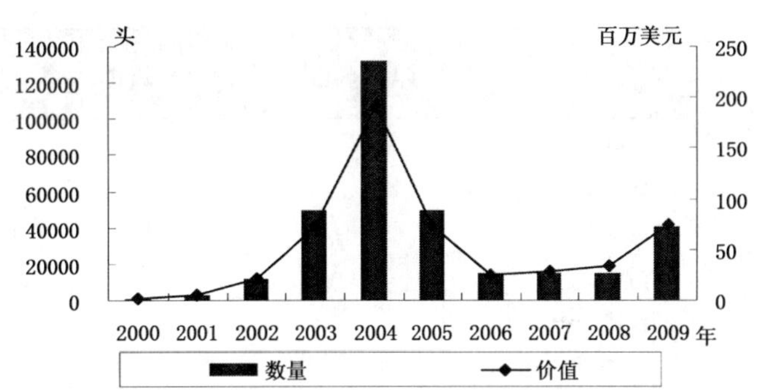

图 17-1 2000—2009年改良种用牛进口情况

2. 来源国 2009年，中国进口的改良种用牛主要还是来自澳大利亚和新西兰，进口量分别为26622头和9999头。与上年相比，澳大利亚牛进口量增长114.42%，新西兰增长277.18%；除这两个国家外，2009年乌拉圭成为我国奶牛进口新的来源国，只进口过1批，不过数量不少，3970头，为飞鹤乳业进口（图17-2、表17-1）。

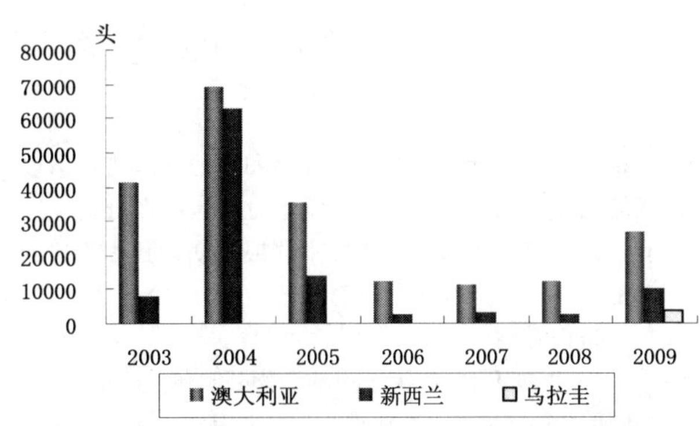

图 17-2 2003—2009年改良种用牛主要进口来源国情况

表 17-1 2006—2009年改良种用牛进口来源国情况

单位：头、万美元

地区	2006		2007		2008		2009	
	进口量	进口额	进口量	进口额	进口量	进口额	进口量	进口额
总计	**15 067**	**2 430.18**	**14 744**	**2 898.12**	**15 075**	**3 420.47**	**40 591**	**7 495.30**
澳大利亚	12 265	1 849.52	11 344	2 135.86	12 416	2 642.09	26 622	4 943.17
新西兰	2 802	580.66	3 400	762.26	2 651	750.29	9 999	1 678.72
乌拉圭							3 970	873.40
南非					8	28.08		

注：本专栏数据除非有特别注明，均来自海关总署。

3. 进货地区 2009 年，中国进口奶牛较多，进口的省份相应也较多，超过千头的就有黑龙江、辽宁、江苏、陕西、安徽、吉林、山东 7 个省份，天津、河南、广东只进口了几头种公牛（图 17-3）。

根据中地集团提供的数据，2009 年，我国共进口种公牛 170 头（表 17-2）。

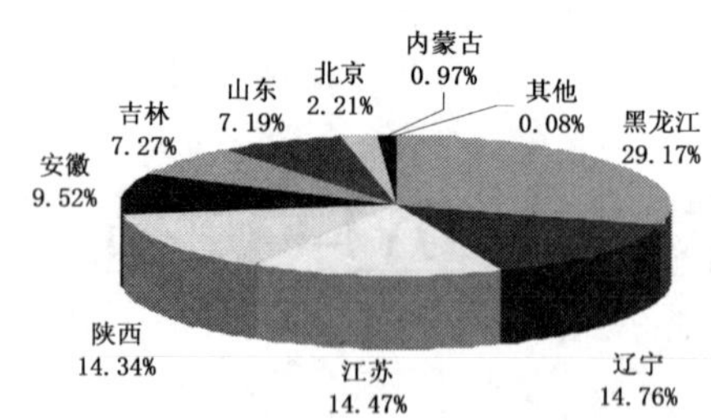

图 17-3 2009 年中国改良种用牛进货地区

表 17-2 2009 年我国种公牛进口品种及地区

单位：头

	北京	山西	内蒙古	通辽	辽宁	黑龙江	江苏	山东	郑州	南阳	广州	宁夏	品种合计
荷斯坦（青年）						16		9	8	4	5	25	67
荷斯坦（验证）	25	5	21			2	4		2				59
夏洛莱	3				11								14
西门塔尔				15	13				1				29
利木赞					1								1
各省总计	28	5	21	15	25	18	4	9	11	4	5	25	170

资料来源：中地集团

（中国奶业年鉴编辑部 孙兰欣）

我国动物胚胎与牛的精液进口情况

根据海关统计方式，动物胚胎和牛的精液进口量以液氮罐的重量（千克）作为计量单位。因此在分析上，只有进口额有参考价值，本文主要根据动物胚胎和牛的精液的历年进口额作为分析对象。

1. 进口数值

（1）**动物胚胎**。我国进口的动物胚胎包括牛的胚胎、羊的胚胎、猪的胚胎、其他动物的胚胎等等，因此单从动物胚胎数据上并不能完全反映奶牛胚胎的进口情况。

2009 年我国共进口中国的动物胚胎进口额 101.53 万美元，同比下降 24.29%（图 17-4）。

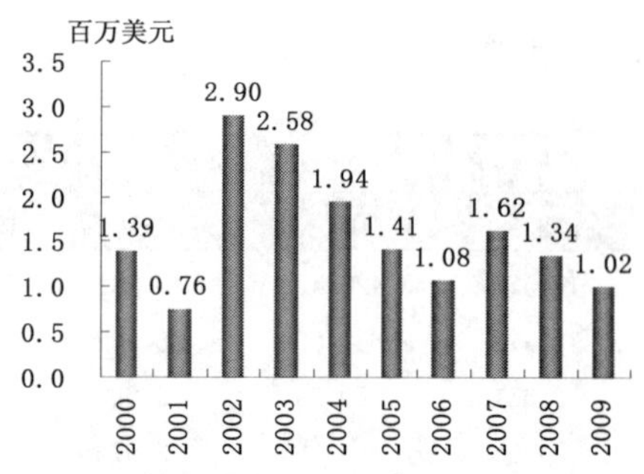

图 17-4 2000—2009 年我国动物胚胎进口额变化趋势

（2）**牛的精液**。2009 年牛精液进口额 445.23 万美元，同比增长 59.64%（图 17-5）。

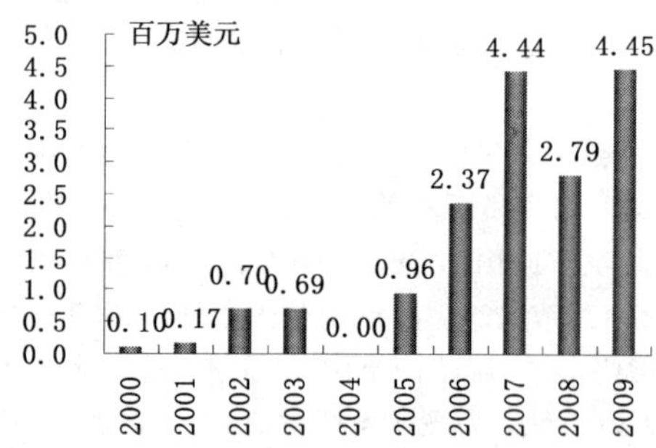

图 17-5 2000—2009 年我国牛的精液进口额变化趋势

2. 来源国

（1）**动物胚胎**。2009 年，澳大利亚再次成为我国动物胚胎的来源国之一，不过，进口加拿大胚胎出现大幅下降，下降了 80.33%，而美国产胚胎进口增加了 9.22%（表 17-3）。

（2）**牛的精液**。2009 年，从进口金额来看，美国产冻精增加了近 3 倍，从而成为第一大进口来源国，这也是近几年少有的；传统的第一来源国加拿大增长

34.27%，列第二位；继去年荷兰重新成为冻精进口来源国后，2009年增长1.7倍，列第三位；上年大幅增长的德国2009年大幅下降超过80%，跌至第4位（表17-4）。

表 17-3 2005—2009 年我国动物胚胎进口来源国情况

单位：万美元

年份	澳大利亚	加拿大	美国
2005	45.02	85.96	
2006	47.66	48.05	12.64
2007	8.93	110.15	42.57
2008		69.38	64.72
2009	17.15	13.65	70.69

表 17-4 2005—2009 年我国牛的精液进口来源国情况

单位：万美元

	2005	2006	2007	2008	2009
合 计	95.80	237.15	444.01	278.90	445.23
美 国		67.00	52.41	69.52	276.22
加拿大	95.80	141.40	287.32	65.60	88.09
荷 兰				15.42	41.91
德 国		21.90	89.22	103.68	19.58
法 国			8.49	10.07	10.70
意大利			6.56	7.91	5.45
挪 威					2.25
澳大利亚		6.86			1.04
新西兰				6.71	

3.收货地区

（1）动物胚胎。2009年我国进口动物胚胎的主要地区是北京和山东，占全国进口总额的93.68%，天津和上海也有少量进口（图17-6）。

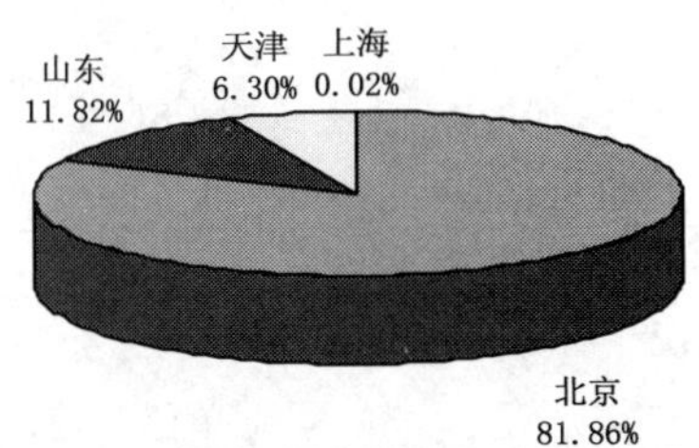

图 17-6 2009 年我国进口动物胚胎的地区

（2）牛的精液。2009年，我国进口牛精液的地区减少为3个，主要是北京和内蒙古，分别占全部进口额的61.24%和36.22%，山东只有少量进口（图17-7）。

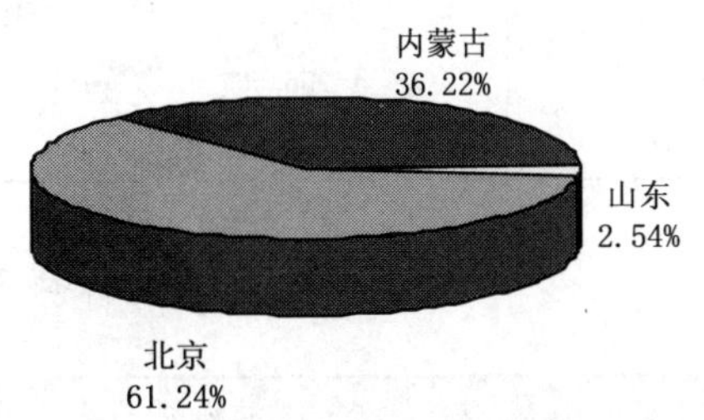

图 17-7 2009 年我国进口牛的精液的地区

（中国奶业年鉴编辑部 孙兰欣）

我国乳制品进出口情况

2009年，受三聚氰胺事件的影响，我国乳制品出口遭遇严重挫折。除奶酪恢复出口外，其他品种全面下滑。奶粉是我国乳制品出口的主要产品，除了1月份为执行之前合同出口量较高外，后面月份出口量很少，后11个月合计出口量还没有1月单月出口量高。

鲜奶出口2.00万吨，同比下降47.88%，出口额

1334.25 万美元，同比下降 54.90%；酸奶出口 843.61 吨，同比下降 23.57%，出口额 115.02 万美元，同比下降 33.31%；奶粉出口下降到不足 1 万吨，只有 9737.53 吨，同比下降 84.73%，金额 3085.97 万美元，同比下降 86.96%；乳清出口 316.09 吨，金额 33.88 万美元，同比分别下降 92.67%和 93.00%；炼乳出口量 3691.95 吨，同比下降 54.16%，金额 571.11 万美元，同比下降 51.23%；奶油出口 2045.65 吨，同比下降 58.81%，金额 501.01 万美元，同比下降 70.79%；奶酪恢复出口，但出口量和金额都较少（表 17-5）。

2009 年，中国乳制品进口全面增长。主要原因有两点：一是，三聚氰胺事件后，基于对国产乳制品的不信任，国内消费者对国外乳制品需求增加；二是，国际乳制品价格下跌，与国内产品相比，成本、质量上都占优势。

奶粉进口 24.68 万吨，增长 1.44 倍，金额 5.80 亿美元，增长 45.79%；乳清进口 28.88 万吨，同比增长 35.48%，金额 2.84 亿美元，同比下降 8.94%；炼乳进口 1732.28 吨，同比增加 1.03 倍，金额 397.51 万美元，同比增长 27.01%；奶油进口 2.84 万吨，同比增长 1.10 倍，金额 6566.50 万美元，同比增长 11.21%；价格下降后，奶酪进口增幅加大，进口 1.70 万吨，增长 22.10%，而金额下降了 5.64%，为 6966.00 万美元；鲜奶进口突破 1 万吨，为 1.28 万吨，同比增长 71.88%，金额 1970.20 万美元，同比增长 57.26%；酸奶进口 1525.84 吨，同比增长 94.38%，金额 436.08 万美元，同比增长 51.92%（表 17-6）。

从 2009 年全年平均进出口价格来看，各品种进口价格都下降，降幅最大的是奶油，其次是奶粉，下降比例都超过了 40%；出口价格中，除炼乳价格增长外，其他品种出口价格都下降。从降幅对比来看，除鲜奶出口价格降幅超过进口价格降幅外，其他品种降幅都小于进口价格（表 17-7）。

进口的大幅增加，出口的大幅下降导致 2009 年我国乳制品贸易逆差继续加大，而且逆差增幅也大大加大（图 17-8）。

表 17-5 我国乳制品出口情况

单位：吨、万美元、%

产品类型	2008		2009		同比增长	
	出口量	出口额	出口量	出口额	数量	金额
液态奶	39 531.71	3 130.98	20 873.73	1 449.27	-47.20	-53.71
鲜奶	38 427.89	2 958.52	20 030.12	1 334.25	-47.88	-54.90
酸奶	1 103.82	172.46	843.61	115.02	-23.57	-33.31
干乳制品	81 101.17	27 039.33	15 905.95	4 239.71	-80.39	-84.32
奶粉	63 770.99	23 669.26	9 737.53	3 085.97	-84.73	-86.96
乳清	4 309.97	483.89	316.09	33.88	-92.67	-93.00
炼乳	8 053.66	1 171.01	3 691.95	571.11	-54.16	-51.23
奶油	4 966.56	1 715.17	2 045.65	501.01	-58.81	-70.79
奶酪			114.73	47.73		

表 17-6 我国乳制品进口情况

单位：吨、万美元、%

产品类型	2008		2009		同比增长	
	进口量	进口额	进口量	进口额	数量	金额
液态奶	8 219.96	1 539.84	14 305.25	2 406.28	74.03	56.27
鲜奶	7 435.00	1 252.80	12 779.41	1 970.20	71.88	57.26
酸奶	784.96	287.04	1 525.84	436.08	94.38	51.92
干乳制品	342 471.18	84 625.19	582 694.00	100 392.94	70.14	18.63
奶粉	101 026.63	39 811.77	246 787.44	58 040.89	144.28	45.79
乳清	213 134.32	31 213.33	288 753.81	28 422.04	35.48	-8.94
炼乳	852.49	312.99	1 732.28	397.51	103.20	27.01
奶油	13 553.40	5 904.39	28 443.69	6 566.50	109.86	11.21
奶酪	13 904.35	7 382.71	16 976.78	6 966.00	22.10	-5.64

表 17-7 我国乳制品进出口平均价格情况

单位：美元/吨

产品类型	出口价格			进口价格		
	2008	2009	同比增长	2008	2009	同比增长
鲜奶	769.89	666.12	-13.48	1 685.00	1541.70	-8.50
酸奶	1 562.38	1363.42	-12.73	3 656.77	2857.96	-21.84
奶粉	3 711.60	3169.15	-14.61	3 940.72	2351.86	-40.32
乳清	1 122.72	1071.92	-4.52	1 464.49	984.30	-32.79
炼乳	1 454.01	1546.91	6.39	3 671.44	2294.71	-37.50
奶油	3 453.44	2449.13	-29.08	4 356.39	2308.60	-47.01
奶酪		4160.72		5 309.64	4103.25	-22.72

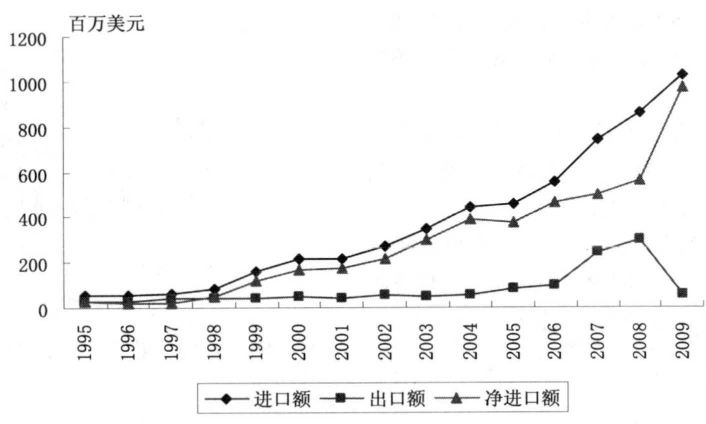

图 17-8 乳制品进出口额

（中国奶业年鉴编辑部 孙兰欣）

我国奶粉进口情况

2009 年，我国奶粉进口迅猛增加，创出历史新高，主要原因在于：三聚氰胺事件后，国内消费者对国产乳制品消费信心不足，尤其是婴幼儿奶粉；国际市场奶粉价格下跌，成本上有优势。

1. 进口数值 2009 年我国进口奶粉 24.68 万吨，同比增加 1.44 倍，进口金额 5.80 亿美元，同比上升 45.79%（图 17-9）。

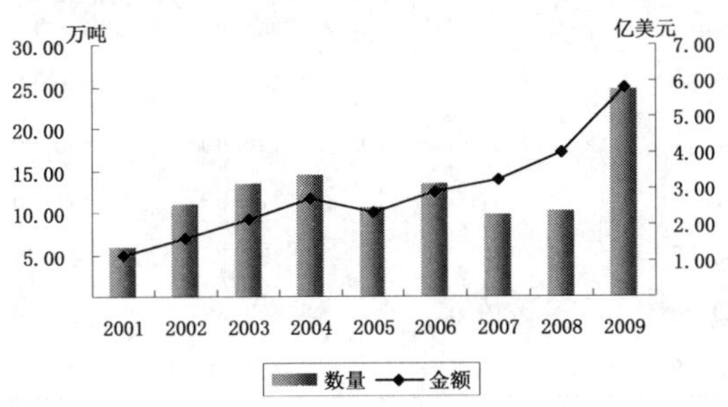

图 17-9 我国奶粉进口情况

我国进口奶粉基本上以全脂奶粉为主，2009 年进口 17.63 万吨，同比增加 2.83 倍，占全部进口奶粉的 71.46%；脱脂奶粉进口 7.04 万吨，同比增长 28.16%，占 28.54%（图 17-10）。

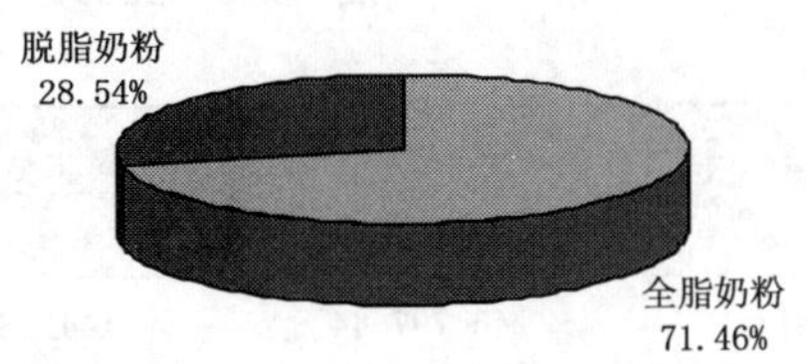

图 17-10 我国进口奶粉结构

2. 进口来源国 2009 年，我国进口奶粉的主要来源国仍然是新西兰、澳大利亚，新西兰所占的比重大幅增长到 82.63%，澳大利亚、美国所占比重下降，欧盟占比有所增长（图 17-11）。

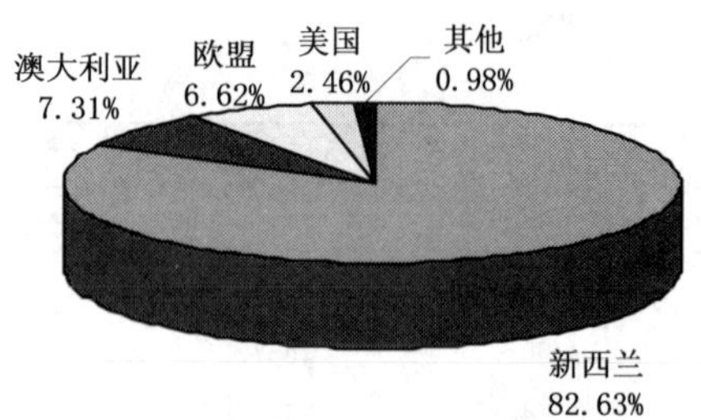

图 17-11 我国奶粉进口来源国情况

2009 年，我国奶粉进口的增长主要来自新西兰，增长超过 3 倍，前四大来源国家（或地区）另外三个中，欧盟增长比例较大，不过，由于基数低，总量不大，但已接近第二名澳大利亚；澳大利亚和美国都出现了下降。从价格来看，新西兰奶粉价格跌幅最大，澳大利亚奶粉价格最低（表 17-8）。

3. 进货地区 2009 年，我国进口奶粉的主要是天津、广东、浙江、山东、上海五个拥有港口的省市，共占进口总量的 87.22%（图 17-12）。

5 个主要进口地区增幅都较大，其中山东 2008 年占的比重很小，未进入排序，而 2009 年增幅最大，排第四位，天津、浙江、上海所占比重下降，广东上升（表 17-9）。

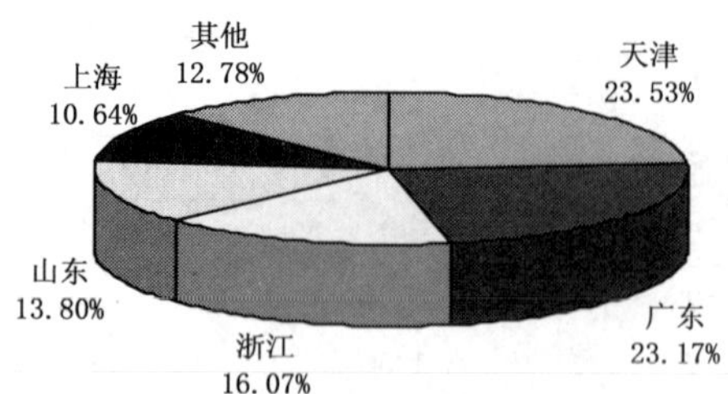

图 17-12 我国奶粉进口主要地区

4. 三聚氰胺事件导致我国奶粉进口大幅增加 受三聚氰胺事件和国际市场奶粉价格下降的影响，我国奶粉进口大幅增加，除 8、9、10 三个月进口量稍小以外，其他月份进口量都较大，年末的两个月更是屡创新高（图 17-13）。

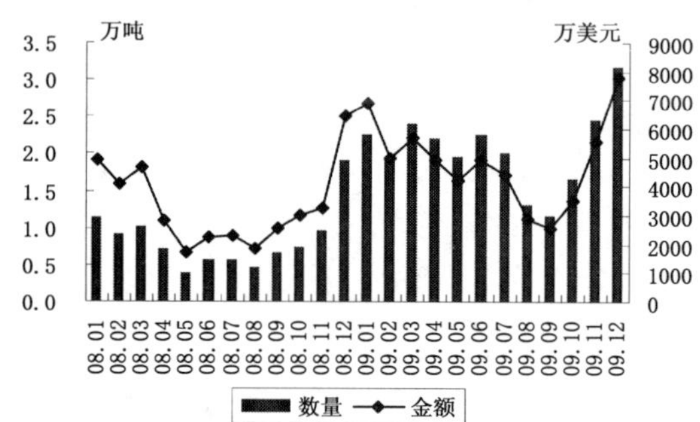

图 17-13 我国奶粉进口月度变化，2008—2009

表 17-8 2009 年我国奶粉主要进口来源国进口数值及价格

	进口量	同比	进口额	同比	价格	同比
	吨	%	万美元	%	美元/吨	%
合计	246 787.44	144.28	58 040.89	45.79	2 351.86	-40.32
新西兰	203 910.44	303.04	47 786.76	122.01	2 343.52	-44.91
澳大利亚	18 052.05	-26.41	4 015.60	-55.03	2 224.46	-38.89
欧盟	16 338.94	219.45	4 329.69	111.25	2 649.92	-33.87
美国	6 062.99	-63.23	1 369.14	-76.51	2 258.20	-36.11

表 17-9 2009 年我国奶粉主要进口地区进口数值及价格

	进口量	同比	进口额	同比	价格	同比
	吨	%	万美元	%	美元/吨	%
合计	246 787.44	144.28	58 040.89	45.79	2 351.86	-40.32
天津	58 077.50	126.53	12 465.77	39.33	2 146.40	-38.49
广东	57 180.21	180.94	13 601.39	47.35	2 378.69	-47.55
浙江	39 663.98	69.74	9 355.86	-2.16	2 358.78	-42.36
山东	34 067.04	323.59	9 018.64	219.03	2 647.32	-24.68
上海	26 251.60	122.47	6 088.68	30.54	2 319.36	-41.32

（中国奶业年鉴编辑部 孙兰欣）

我国乳清粉进口情况

1. 进口量继续大增，进口金额下降 2009年，乳清粉价格继续下跌，进口再创历史新高。进口量28.88万吨，比2008年增长35.48%，进口金额同比下降8.94%，为2.84亿美元（图17-14）。

从价格上看，我国2009年进口的乳清粉平均价格为984.30美元/吨，在2008年已下降23.10%的情况下，再次下跌32.79%。

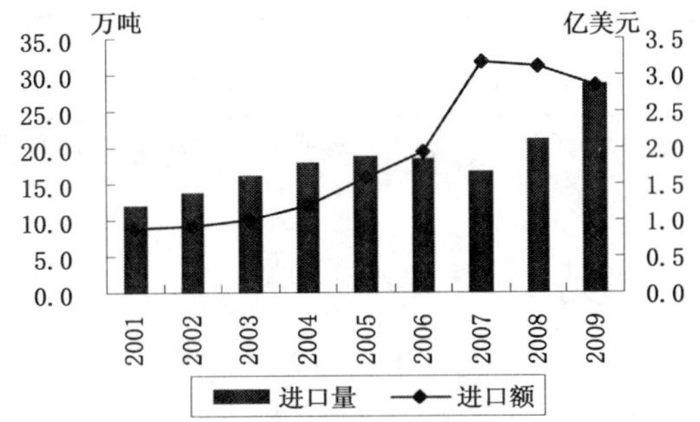

图 17-14 2001—2009年中国进口乳清粉趋势

2. 主要来自欧盟、美国 2009年，我国进口乳清粉的主要来源国（或地区）仍然为欧盟、美国，而且份额有所提高。两地进口数量占我国乳清粉进口总量的89.4%，增加2.10个百分点。另外，来自阿根廷的产品增加，取代新西兰成为我国乳清粉进口的第5大来源国。

价格方面，除了来自西班牙、日本的乳清粉价格增长外，其他连续两年进口的国家，价格都出现下降。由于欧盟、阿根廷产乳清粉品质较高，因此价格上也高于其他地区。前5位的国家（或地区）中，美国产乳清价格仍然最低，也是乳清粉最大的进口来源国；阿根廷产乳清粉价格最高，是美国产乳清粉价格的2.6倍(图17-15、表17-10)。

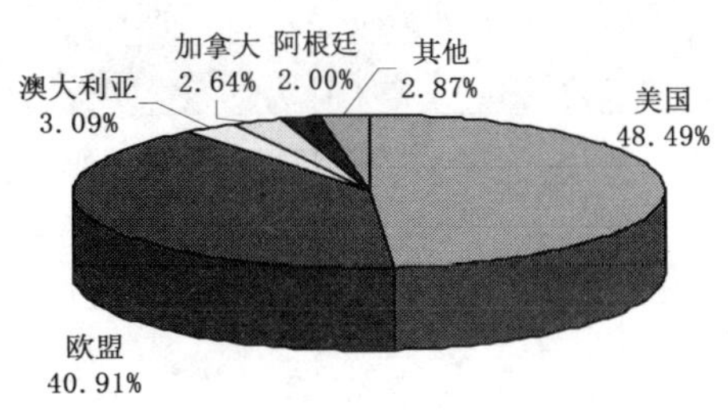

图 17-15 2009年我国乳清粉主要进口来源国

3. 拥有港口的省份进口较多 2009年，我国进口乳清粉的省份主要集中在天津、上海、广东、辽宁、山东，前5个地区的乳清粉合计进口数量19.73万吨，占全国乳清粉进口总量的68.34%，前5个地区全部是港口所在省份。前5个地区中进口量全部出现增长，辽宁进口量翻了一番还多。价格上，从广东进口的乳清粉价格最低，山东进口的价格最高，连续两年进口的省份中，只有湖南进口的乳清粉价格增长，其他均下降（图17-16、表17-11）。

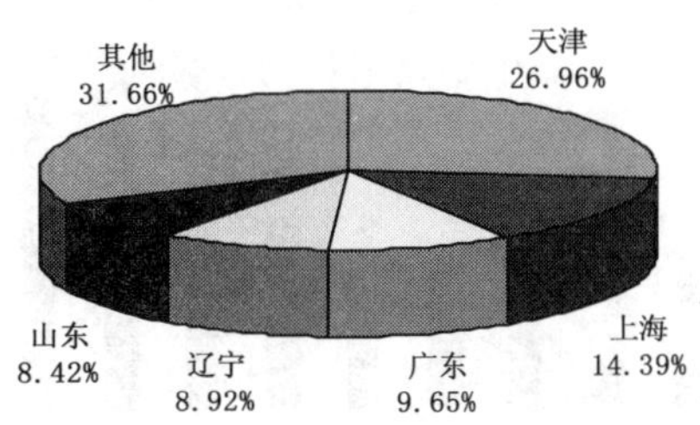

图 17-16 2009年我国进口乳清粉的主要地区

表 17-10 2009年我国乳清粉主要进口来源国进口数值及价格

	进口量	同比增长	进口额	同比增长	平均价格	同比增长
	万吨	%	百万美元	%	美元/吨	%
合 计	28.88	35.48	284.22	-8.94	984.30	-32.79
美 国	14.00	54.79	80.12	-0.64	572.19	-35.81
欧 盟	11.81	23.43	168.52	-5.98	1 426.59	-23.83
澳大利亚	0.89	3.75	8.10	-40.83	907.23	-42.97
加拿大	0.76	86.15	5.53	43.24	726.42	-23.05
阿根廷	0.58	104.69	8.51	40.64	1 475.69	-31.29

表 17-11　2009 年我国进口乳清粉的主要地区的进口数值及价格

	进口量	同比增长	进口额	同比增长	平均价格	同比增长
	万吨	%	百万美元	%	美元/吨	%
合计	**28.88**	**35.48**	**284.22**	**-8.94**	**984.30**	**-32.79**
天津	7.78	27.52	89.81	-13.81	1 153.72	-32.41
上海	4.16	21.68	36.27	-17.46	872.92	-32.16
广东	2.79	75.54	23.01	27.11	825.65	-27.59
辽宁	2.57	134.88	28.94	94.06	1 124.24	-17.38
山东	2.43	5.82	31.98	-29.24	1 315.09	-33.14

（中国奶业年鉴编辑部　孙兰欣）

我国奶酪进口情况

1. 进口量再次大增，价格大幅降低　2009 年，我国奶酪进口再次大幅增长，增幅达 22.10%，进口量 1.70 万吨，但进口金额降至 6966 万美元，下降 5.64%。奶酪进口价格同比下降 22.72%，降至 4103.25 美元/吨（图 17-17、表 17-12）。

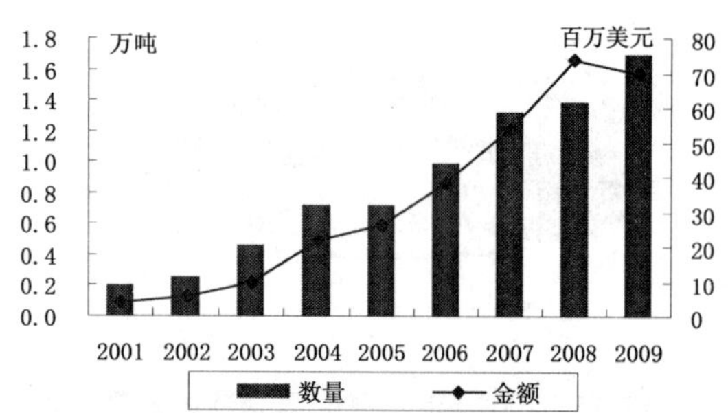

图 17-17　2001—2009 年干酪的进口情况

2. 来源国　2009 年，中国进口干酪主要的来源国仍然是新西兰和澳大利亚，而且两国产品进口都大幅增加，因此两国总份额有很大提高，占干酪进口总量的 77.89%，提高了 8.38 个百分点。美国、欧盟产奶酪进口都出现下降（图 17-18）。

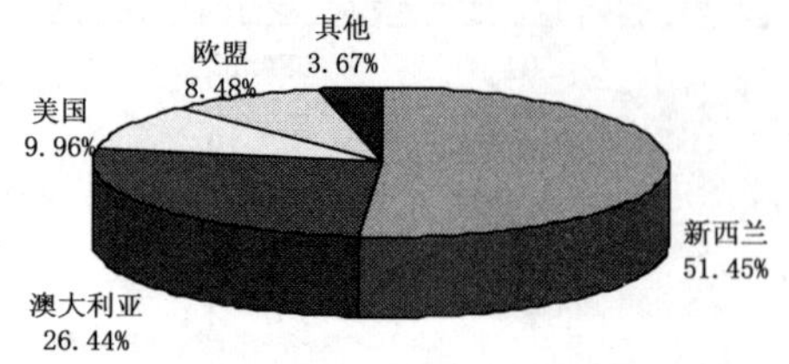

图 17-18　2009 年我国进口干酪的主要来源国

2009 年，进口干酪的平均单价大幅降低，前 4 位国家或地区价格全部下降，除欧盟奶酪价格降幅在 6.97% 外，其他降幅都在 20%左右。欧盟产奶酪价格最高，为 7854.28 美元/吨（表 17-12）。

3. 收货地区　我国进口奶酪的地区主要是沿海发达地区和发达城市，主要因为这些地区居民文化水平、收入水平高，奶酪消费大，另外，奶酪的进口还与国内企业生产再制干酪有很大关系，比如，光明是我国再制干酪产量最大的公司，其所在地上海进口量也最大，已经连续四年居首位。与上年相比，2009 年中国进口干酪的前五位收货地区没有变化，只是天津、福建在排名上调换了位置，共进口干酪 1.55 万吨，占全国干酪进口总量的 91.50%。

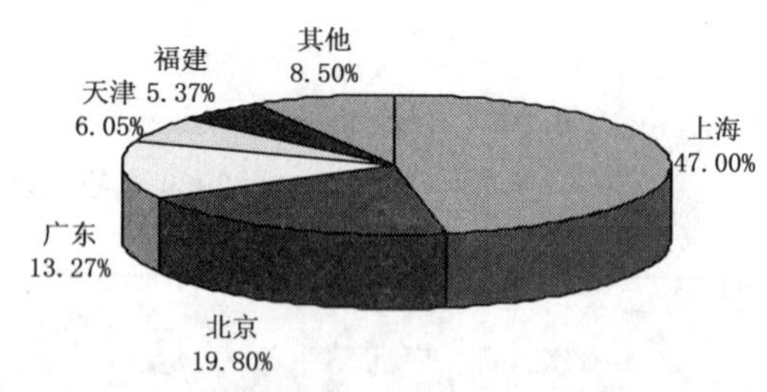

图 17-19　2009 年我国进口干酪主要收货地区

从价格上看，各地进口干酪的价格与 2008 年相比都出现下降，降幅都超过 10%，广东进口奶酪价格最高，福建最低（表 17-13）。

表 17-12　2009 年我国进口干酪的主要来源国情况

	进口量	增长率	进口额	增长率	平均单价	增长率
	吨	%	万美元	%	美元/吨	%
合计	**16 976.78**	**22.10**	**6 966.00**	**-5.64**	**4 103.25**	**-22.72**
新西兰	8 734.60	40.14	3 134.38	7.85	3 588.47	-23.04
澳大利亚	4 488.92	30.81	1 621.79	-1.54	3 612.88	-24.73
美国	1 691.00	-15.37	769.64	-31.20	4 551.38	-18.71
欧盟	1 439.05	-6.46	1 130.27	-12.98	7 854.28	-6.97

表 17-13　2009 年我国进口干酪的主要收货地区情况

	进口量	增长率	进口额	增长率	平均单价	增长率
	吨	%	万美元	%	美元/吨	%
合计	**16 976.78**	**22.10**	**6 966.00**	**-5.64**	**4 103.25**	**-22.72**
上海	7 979.03	40.34	3 418.71	4.73	4 284.62	-25.38
北京	3 361.83	36.34	1 314.40	2.78	3 909.79	-24.62
广东	2 253.45	-4.88	995.43	-17.97	4 417.35	-13.76
天津	1 027.03	38.16	353.38	-10.08	3 440.79	-34.91
福建	912.26	-42.91	301.31	-57.38	3 302.89	-25.34

（中国奶业年鉴编辑部　孙兰欣）

我国奶油进口情况

1. 进口量大幅增加，价格大幅下降　2009 年我国奶油进口量 2.84 万吨，增加 1.10 倍，进口额 6566.50 万美元，同比增长 11.21%，平均价格为 2308.60 美元/吨，同比下降 47.01%，跌幅近半（图 17-20、表 17-14）。

1995 年以来，我国奶油进口经历过几次突然增长：1999 年进口量增加了 5.75 倍；2002 年增加了 2.5 倍；2003 年增加了 1.2 倍；2009 年增加 1.1 倍。

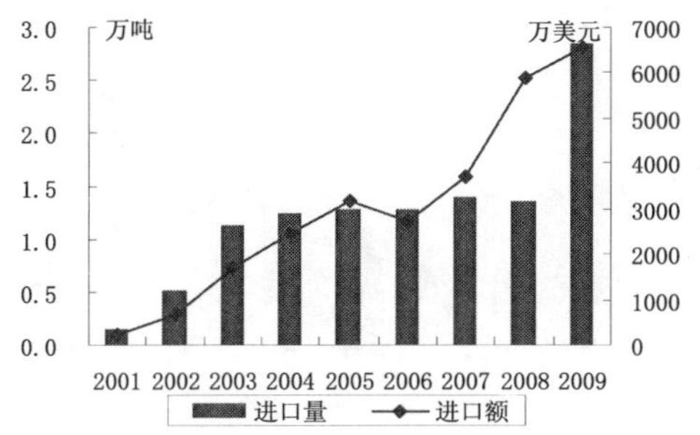

图 17-20　2001—2009 年中国进口奶油情况

2. 来源国家或地区　新西兰仍是我国进口奶油的最主要来源国，2009 年进口数量占我国奶油进口总量的 85.78%，提高了 5.23 个百分点，为 2.44 万吨，增长了 1.23 倍。澳大利亚产奶油进口量也翻了一番多。从价格上来看，前 4 位国家或地区中，价格降幅都超过 10%，新西兰奶油价格降幅最大，美国产奶油降幅最小；欧盟产奶油价格最高，新西兰产奶油价格最低（图 17-20、表 17-14）。

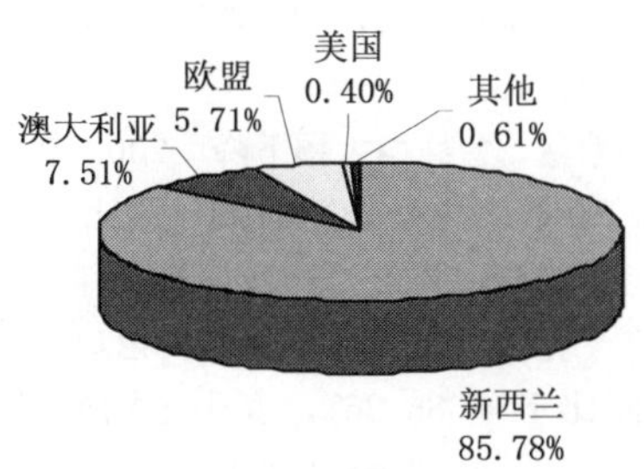

图 17-21　2009 年中国进口奶油的主要来源国

3. 进货地区 2009 年，我国进口奶油的省份主要集中在上海、广东两地，共进口 1.82 万吨，占全国进口总量的 64.07%，尤其是上海，进口量接近全国进口总量的一半。前五省份进口都大幅增加，其中，江苏增幅最高，增加超过 39 倍!进口大幅增加与奶油价格大幅下降有很大关系，前五位省份进口的奶油价格降幅都超过 40%，天津、江苏降幅还超过了 50%（图 17-22、表 17-15）。

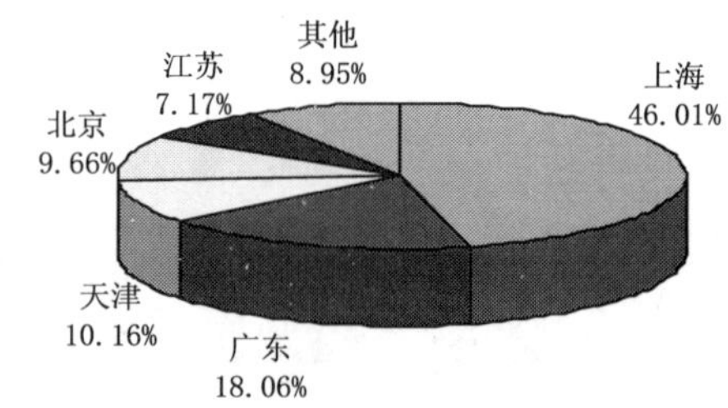

图 17-22 2009 年我国进口奶油的主要收货地区

表 17-14 2009 年我国进口奶油的主要来源国情况

	进口量	增长率	进口额	增长率	平均单价	增长率
	吨	%	万美元	%	美元/吨	%
合计	**28 443.69**	**109.86**	**6 566.50**	11.21	**2 308.60**	**-47.01**
新西兰	24 398.18	123.47	5 319.90	14.62	2 180.45	-48.71
澳大利亚	2 135.37	108.57	496.12	26.32	2 323.34	-39.44
欧盟	1 622.77	21.15	659.32	-12.96	4 062.94	-28.15
美国	112.47	-31.94	40.32	-41.93	3 585.02	-14.69

表 17-15 2009 年我国进口奶油的主要收货地区情况

	进口量	增长率	进口额	增长率	平均单价	增长率
	吨	%	万美元	%	美元/吨	%
合计	**28 443.69**	**109.86**	**6 566.50**	11.21	**2 308.60**	**-47.01**
上海	13 086.58	153.35	3 052.94	39.78	2 332.88	-44.83
广东	5 135.55	44.16	1 180.93	-21.76	2 299.52	-45.72
天津	2 889.66	76.23	620.16	-18.82	2 146.13	-53.94
北京	2 746.34	128.70	623.07	15.06	2 268.73	-49.69
江苏	2 038.71	3930.75	388.78	1646.79	1 907.01	-56.66

（中国奶业年鉴编辑部 孙兰欣）

我国奶粉出口情况

2009 年，受三聚氰胺事件“余震”的影响，我国乳制品出口全面大幅下滑，而最先爆出问题的奶粉在国产乳制品中下降比例最高（出口下降比例最高的是乳清，但大部分非国产）。

1. 出口数量、金额均大幅下降 2009 年，我国奶粉出口不足 1 万吨，只有 9737.53 吨，同比下降 84.73%，大部分为全脂奶粉，9737.28 吨，同比下降 84.39%，脱脂奶粉 250 千克，同比下降 99.98%；出口金额 3085.97 万美元，同比下降 86.96%，其中全脂奶粉出口额为 3085.89 万美元，同比下降 86.62%，脱脂奶粉 843 美元，同比下降 99.99%（图 17-23）。

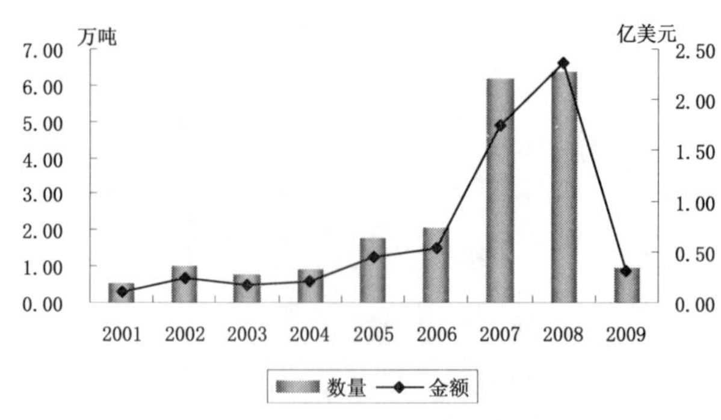

图 17-23 我国奶粉出口数量、金额

2. 出口目的地国家继续减少 2009年，因三聚氰胺事件、国际市场奶粉价格下跌，许多国家停止进口中国奶粉，有些国家甚至禁止进口中国奶粉，因此我国奶粉出口目的地国家继续减少，只有17个国家或地区，比上年减少了40个。2007年成为中国奶粉客户的众多非洲国家，在2009年只剩下了尼日利亚一个，好不容易得到的市场丧失殆尽（图17-24）。

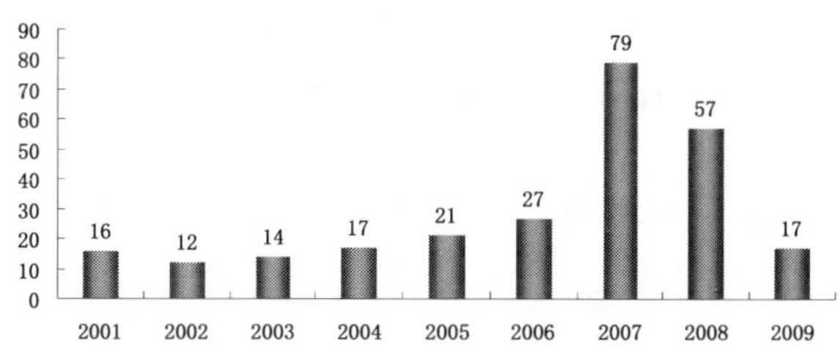

图 17-24 我国奶粉出口目的地国家数量

3. 出口国家结构发生重大变化 我国港澳台地区、东南亚、西亚地区是我国奶粉出口的传统目的地，但发生三聚氰胺事件后，2009年我国港澳台、西亚只进口了极少量，占全部出口量的比重都不到1%，东南亚进口量较大，排第三位，占17.06%；非洲国家虽然只有尼日利亚和吉布提（2009年新增目的地国家）进口我国奶粉，但由于尼日利亚进口量较大，因此占的比重还是很大的，占26.46%，排第二位；委内瑞拉仍然排第一位，占53.92%，超过一半，不过应该是执行2008年的合同，因为该国在一月份进口后，以后月份都没有进口；西亚、南亚分别只有阿联酋和巴基斯坦进口了中国奶粉，占的比例都不大（表17-16）。

2009年我国奶粉出口到委内瑞拉5250.00吨，出口金额1801.79万美元，同比分别下降85.22%和86.31%；港澳台地区只有78.73吨，同比下降99.26%，出口金额24.71万美元，同比下降99.40%；东南亚1660.95吨，同比下降76.12%，金额513.80万美元，同比下降78.92%；非洲2577.00吨，同比下降60.92%，金额684.52万美元，同比下降71.39%；西亚只有46.18吨，同比下降98.26%，金额为25.91万美元，同比下降97.49%；南亚81.85吨，同比下降85.52%，金额19.86万美元，同比下降89.73%（表17-17）。

表 17-16 我国奶粉出口国家结构

单位：%

	2006	2007	2008	2009
委内瑞拉			55.71	53.92
我国港澳台	66.59	31.51	16.66	0.81
东南亚	22.41	28.12	10.91	17.06
非洲	0.83	11.30	10.34	26.46
西亚	7.59	17.69	4.17	0.47
南亚	0.61	9.14	0.89	0.84
其他	1.97	2.24	1.32	0.44

表 17-17 我国奶粉出口情况

单位：吨、万美元

	2008		2009		同比（%）	
	数量	金额	数量	金额	数量	金额
合 计	**63 770.99**	**23 669.26**	**9 737.53**	**3 085.97**	**-84.73**	**-86.96**
委内瑞拉	35 530.00	13 163.28	5 250.00	1 801.79	-85.22	-86.31
我国港澳台	10 624.06	4 130.02	78.73	24.71	-99.26	-99.40
东南亚	6 956.45	2 437.93	1 660.95	513.80	-76.12	-78.92
非洲	6 593.72	2 392.18	2 577.00	684.52	-60.92	-71.39
西亚	2 657.18	1 030.41	46.18	25.91	-98.26	-97.49
南亚	565.35	193.46	81.85	19.86	-85.52	-89.73
其他	844.23	321.98	42.83	15.39		

4. 从出口货源地来看，前4位仍然是黑龙江、内蒙古、云南、山东 不过，占全国的比重有些变化，黑龙江虽然仍排第一位，但比例下降为44.44%；内蒙古比例提高到29.93%，上升到第二位。相对于其他地区，东南

亚市场恢复较好，尤其是缅甸，因此，云南占全国出口的比例大幅上升，为15.77%；山东下降到第4位，只占5.69%（图17-25）。

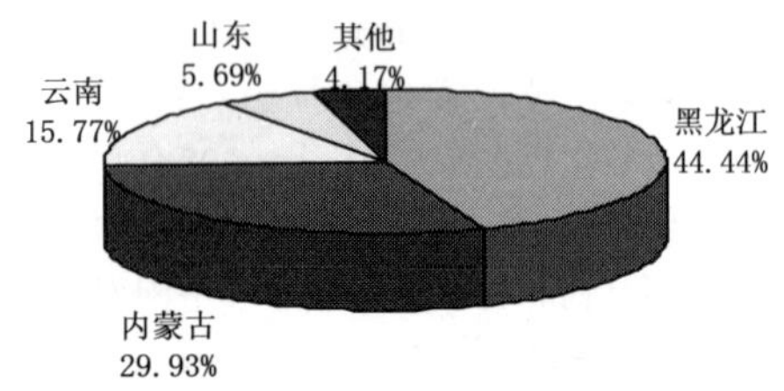

图 17-25　我国奶粉出口货源地情况

5.进口价格一路下滑，年底才开始回升，出口价格反复较多　2009年，奶粉进口价格一路下滑，到5月份后开始平稳运行，11月、12月又开始回升。而出口价格反复相对较大，主要原因在于货源地不同，南北方成本差异大，7、8两月主要是云南省出口到缅甸，出口市场也相对稳定，因此价格高（图17-26）。

总体上看，三聚氰胺事件对我国奶粉的出口影响很大。除1月份为执行前期合同出口量较大外，剩余月份出口量很少，有10个月份出口量不到500吨。出口目的地国家中，只有尼日利亚和缅甸相对稳定，缅甸12个月份都有进口，尼日利亚有9个月份进口，委内瑞拉执行完前期合同后再也没有进口，其他国家只能算是零星进口。

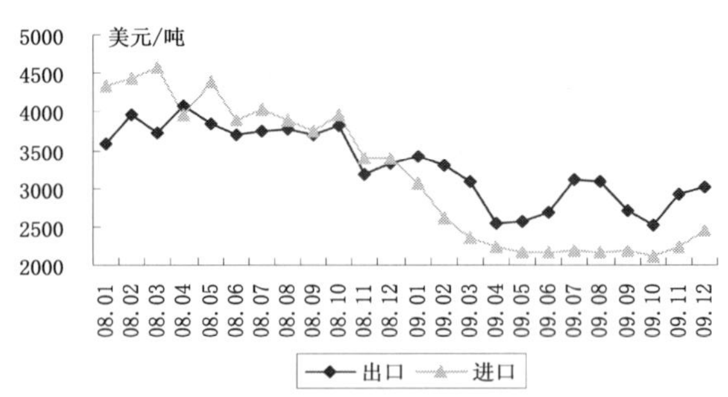

图 17-26　2007—2008年我国奶粉进出口月度平均价格

综合全年来看，进出口价格都出现了下跌，进口价格下跌的幅度大于出口，并重新获得优势（图17-27）。

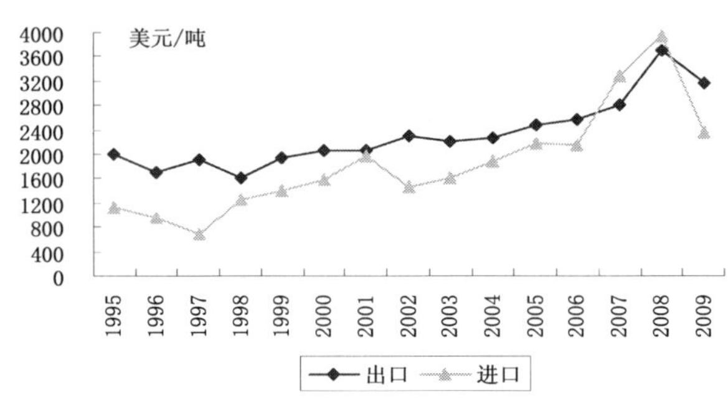

图 17-27　1995—2008年我国奶粉进出口年度平均价格

（中国奶业年鉴编辑部　孙兰欣）

我国鲜奶出口情况

1.出口仍未恢复　2009年，我国鲜奶出口在三聚氰胺事件后仍未完全恢复正常，每月出口量不到2000吨。由于2008年受该事件影响的只是第四季度，因此，2009年出口下降幅度较大，下降47.88%，接近一半，出口量为2万吨，不及最高年份2007年的一半；同时，由于总体均价下跌，出口金额降幅更大，为54.90%，只有1334.25万美元（图17-28、表17-18）。

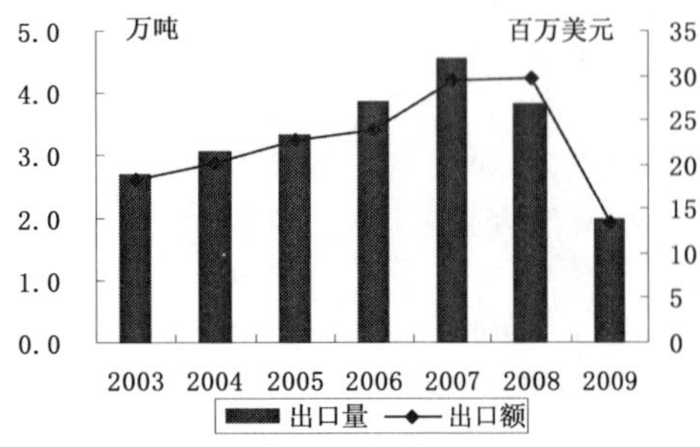

图 17-28　2003—2009年我国鲜奶出口情况

2.目的国（地区）只有3个　受三聚氰胺事件影响，2009年，我国鲜奶出口目的国（地区）萎缩至3个，其中两个还是我国的香港和澳门特别行政区！而在出口量最大的2007年，目的国（地区）有19个！中国产乳制品获得国际认可仍需要很长时间。

由于目的地大大减少，出口到我国香港特别行政区的鲜奶占总出口量的份额也大大增加，为99.17%。而法国从2008年开始成为我国鲜奶出口的目的国之一，但数量非常少，2008年只有3千克，当年12月份出口，2009年378千克，9个月份有出口，每个月几十千克，估计为游客零散带到法国（图17-29）。

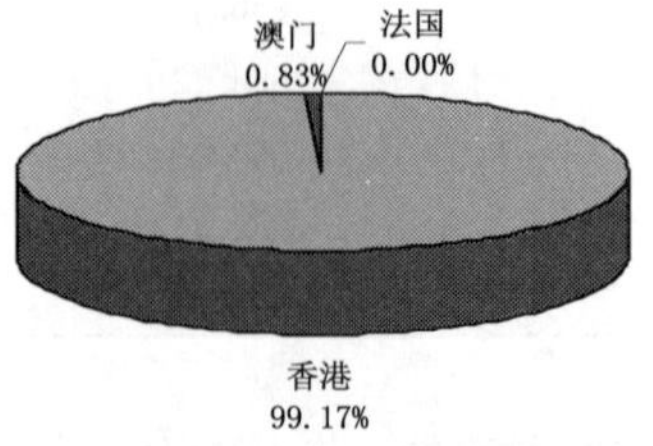

图 17-29　2009年中国出口鲜奶的主要目的国/地区

从价格上看，中国出口的鲜奶平均价格为 666.12 美元/吨，同比下降 13.48%，增幅加大。出口到法国的鲜奶价格最高，出口到我国香港特别行政区的鲜奶价格最低，最高价接近最低价的 3 倍（表 17-18）。

3. 发货地区也只有 3 个　2009 年，鲜奶出口发货地区也减少到 3 个，分别是广东、山东、内蒙古。尽管出口仍未完全恢复正常，但广东、山东出口都出现增长，内蒙古产品出口大幅萎缩，这跟蒙牛、伊利等出口大户液态奶涉三聚氰胺事件有很大关系。

广东主要以原奶供应港澳地区，需求稳定，占的份额也最大，占总出口量 79.52%，而内蒙古连续两年第一的位置也重新让给广东。

价格上，山东产鲜奶出口价格最低，下降了 21.84%；内蒙古出口产品以高端奶为主，价格最高，达到 2155.18 美元/吨，增加 1.6 倍；广东价格也有小幅增长（图 17-30、表 17-19）。

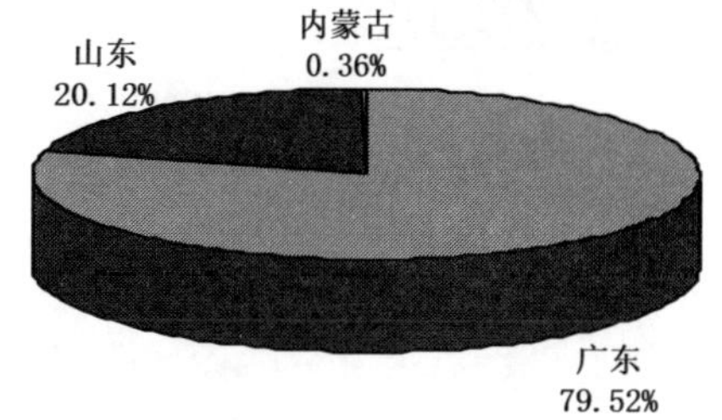

图 17-30　2009 年中国出口鲜奶的主要发货地区

表 17-18　2009 年中国出口鲜奶的主要目的国情况

	出口量	增长率	出口额	增长率	平均单价	增长率
	吨	%	万美元	%	美元/吨	%
合　计	**20030.12**	**-47.88**	**1334.25**	**-54.90**	**666.12**	**-13.48**
中国香港	19864.36	-29.34	1321.44	-34.99	665.23	-7.99
中国澳门	165.38	-91.11	12.74	-91.84	770.24	-8.22
法　国	0.38	12500.00	0.07	14660.00	1952.38	17.14

表 17-19　2009 年中国出口鲜奶的主要发货地区情况

	出口量	增长率	出口额	增长率	平均单价	增长率
	吨	%	万美元	%	美元/吨	%
合　计	**20030.12**	**-47.88**	**1334.25**	**-54.90**	**666.12**	**-13.48**
广　东	15928.78	9.97	1073.64	17.85	674.03	7.17
山　东	4029.52	13.38	245.13	-11.38	608.35	-21.84
内蒙古	71.82	-99.62	15.48	-99.03	2155.18	157.04

（中国奶业年鉴编辑部　孙兰欣）

各地奶业

北京市

【奶类生产】本地区2009年奶牛存栏15.81万头，比上年减少6.51%，全部为荷斯坦牛，主要分布在延庆、大兴等8个区县，其奶牛存栏数占总存栏数的97.6%。奶畜存栏平稳发展。

2009年奶类总产量67.40万吨，比上年同期增长1.29%，奶类总产量中牛奶67.39万吨，比上年同期增长1.51%。

2009年全年的平均奶价为2.75元/千克，同比下降8%，春夏秋冬季奶价分别是2.71元/千克、2.64元/千克、2.68元/千克、2.75元/千克，比上年同期分别降低0.45元/千克、0.36元/千克、0.29元/千克、0.25元/千克。

北京三元在北京地区奶源全年价格2.87元/千克，同比下降0.29元/千克；海拉尔1.71元/千克，同比降低0.56元/千克；迁安2.70元/千克，同比下降0.38元/千克。原料奶收购中海拉尔子公司，保护价为最低1.60元/千克。其他地区无地方保护价。

【乳品加工】2009年本地共有乳品加工企业11个，日处理鲜奶的能力总计达到1057吨。

乳品企业总销售额为27.9亿元；主要企业的销售额和利税：三元北京地区20.22亿元，利税9129万元。

本地2009巴氏消毒奶、UHT奶、奶粉、酸奶的产量分别为55042吨、196603吨、17180吨、100850吨，同比增长6%、114%、72%、139%。主要生产企业各产品的生产情况：北京地区生产产品较多元化，产量占55%，主要包括低温、超高温奶粉及其他乳制品；外埠公司主要生产超高温奶及奶粉。

本地区2009年奶制品无出口。

2009年新增河北分公司，主要生产超高温及奶粉，总生产量占外埠地区总产量的53%，这也是2009年产量上升的原因之一。

【市场与消费】本地区2009年城镇居民人均奶制品（折合成原料奶）消费量38.96千克/人，其中鲜乳品23.22千克/人，奶粉0.54千克/人，酸奶8.64千克/人。本地区2009年农村居民鲜奶购买量7.36千克/人，奶及奶制品消费量10.50千克/人。

【奶源基地建设】2009年，本地区奶牛存栏1～5头的有1378个场（户）、6～20头的有1036个场（户）、21～100头的有720个场（户）、101～200头的有119个场（户）、201～500头的有88个场（户）、501～1000头的有44个场（户）、1000头以上36个场（户）。

奶牛养殖小区207个，奶牛存栏54643头；其中新建小区21个，奶牛存栏5707头。

2009年本地区机械化挤奶达到100%，分散饲养集中机械挤奶的奶站39个，辐射到3134个农户34804头奶牛。

2009年共有奶站45个，其中企业自建的6个，合作社建设39个。

奶站清理整顿的情况：从2007年63个奶站，通过2008—2009年市农业局与区县动监所共同审查对符合条件奶站签发三证，目前已核发奶站45个，其中企业自建6个，包括三元，蒙牛，伊利、光明。

2009年共改良各种牛群10.87万头，使用冷冻精液23万剂，共生产冷冻精液380万剂；共进口奶牛（种公牛）25头、胚胎200枚、冷冻精液24150剂。

【疫病防治情况】按照北京的规定每年由区县动监局和三元集团兽医总站对所辖牛群进行全检全免的两病（结核、布病）对病畜扑杀的政策，2009年未发现重大疫情。

人工牧草种植面积约5万公顷，其中苜蓿草约1万公顷；专用青贮玉米种植面积2.6万公顷，有青贮窖共8450万立方米。

奶牛配合饲料的生产企业27个，年产奶牛配合饲料63.2万吨，其中主要生产企业生产情况：北京较大奶牛饲料加工企业为三元绿荷与三元禾丰饲料厂。以生产混合料精料、预混料为主。少量浓缩料，其他饲料厂以生产预混料为主，农民养牛很少用自己的饲料，均以著名饲料企业订购为主。

2008年三聚氰胺事件后，北京市政府、区县政府高度重视，相应出台政府与地方多项扶持政策，将已建成小区扩大鼓励散养户入区和新建小区的建立，以保证原料奶安全，在京的大乳品企业则以奶源为理由促进规模场及小区改造设施设备建设。

【重要建设项目】本地区2009年区内企业自建项目2个。

(1)首农集团年产35万吨级饲料加工厂，已获批，正在施工建设中。

(2)奶牛场搬迁项目，随城市发展及环保要求政府要求畜牧饲养企业搬出六环路，面临多个牛场搬迁，随着北京城南计划的实施，耕地减少与饲料地矛盾显现，大兴区已与辽宁阜新地区合作解决青粗饲料的供应试点。

【奶业法规和条例建设】各区县针对奶业优势区域布局，北京作为首都，首先实现奶业产业现代化，通过奶牛集成技术和示范带动促进从原奶质量管理，奶牛疾病防治，奶牛繁殖、饲料结构及饲养方式的改变，加强有效的宏观调控，借助首都科研及消费市场的优势，加快发展，一些区县也根据地域特点制定相应的规程及管理办法，如延庆县制定了“延庆县奶牛标准化养殖小区技术管理规程等推动了规模化管理的力度。

【支持政策】市政府及区县政府为了稳定首都乳制品市场，对奶牛养殖业制定了一系列优惠政策。

优惠贷款：对扩容小区养殖场按照规模实现补贴政策。

土地优惠：小区占用非农业用地优惠政策。

税收优惠：对养殖户免征农业税政策。

良种支持：对精液良种补贴及后备牛补贴政策。

政策保险：部分区县实现奶牛保险。

【奶农协会建设】奶农协会共 7 个，包含农户 4700 个，存栏奶牛 9.3 万头；奶农合作社共 6 个，包含农户 2173 个，存栏奶牛 64817 头。

合作组织是个好的形式，但存在资金及人员等诸多问题，由于北京是个开放城市，乳品企业争抢奶源和压级压价仍是很难解决的问题。

【质量管理】原料奶在验收时，检测分必检和抽检两部分，对含乳成分、抗生素、三聚氰胺等项目是每车来奶必检，对体细胞、细菌总数、农药残留、兽药残留等项目进行抽检，包括给市乳品督导站、国家食品安全检测中心、质量技术监督局等检测部门抽样送检；对质量控制的管理办法是实行优质优价的管理办法，对不合格的原料奶进行拒收处理，并有奶源管理方面的人员或和质量管理人员对牛场进行问题追踪，对牛场进行整顿和改进，提高和保证原料奶质量。

对乳制品的市场监督，可分为外部监督和自己内部监督，外部监督主要有市和区的质量技术监督局、国家食品安全检测中心、市乳品督导站等对生产厂和市场的随机取样进行常规检测和专项项目检测，对学生奶还有农业部乳品质量监督检验测试中心进行产品专项抽检，在 2009 年上述各机构对北京地区的生产厂共进行了 93 次的随机抽样，涵盖所有液态、固态、常温、低温产品。内部监督是公司质量部对各厂生产的产品成品进行市场抽样监督和生产厂成品库抽样监督，对产品的质量内控标准的执行进行质量跟踪，内控质量标准要严于企业或国家标准，确保到市场上的产品合格。但有的检测项目涉及检测费用成本偏高的问题，在推广上存在着压力。

【奶业科技】

2009 年北京市承担“十一五”国家科技支撑计划重大项目，执行单位：北京三元食品股份有限公司，完成人：陈历俊

项目编号	项目名称	研究进展	应用情况
（2009BADB9B06）	乳制品质量安全控制技术研究与产业化示范	取得阶段性成果	部分成果已应用
（2006BAD04A13）	北方大城市郊区牛场无害化处理系统建立与环保高效型奶业集约化生产技术研究与开发	取得阶段性成果	部分成果已应用
（2006BAD04A06）	“新型乳制品研制及其产业化开发”的子课题“原干酪加工技术研究与产业化开发、长货架期的巴氏液态奶开发与产业化”	取得阶段性成果	部分成果已应用
京经信委发（2009）31 号（2009）合同 055 号	乳品质量安全体系的建立与应用	取得阶段性成果	部分成果已应用

【学生奶计划】北京三元食品股份有限公司认定为中国学生饮用奶定点生产企业，使用中国学生饮用奶标志，全国统一编号为：SMC110601，自 2006 年 11 月 23 日起，有限期 3 年。供应数量：23000 盒/天；供应品种：原味、草莓、巧克力、热带水果、麦香；供应价格：1.50 元/盒；饮奶人数：20000 人。

（北京市奶业协会　经宝临
北京三元食品股份有限公司　陈历俊）

天津市

【奶类生产】2009 年，奶牛存栏 15.80 万头，比上年增长 5.12%，主要是荷斯坦奶牛，其他只有 160 头娟姗牛，成母牛存栏 9.9 万头。主要分布在武清、北辰、静海、宁河、宝坻、蓟县、大港、西青、东丽、汉沽等区（县），奶牛年平均单产 6552 千克，比上年同期增长 3.0%。

天津养殖理念已由过去的数量增长粗放型养殖转向了质量效益精细型养殖；二是奶业管理部门加强引导，大部分奶牛养殖小区（场）转变发展观念，淘汰低产牛；三是三鹿奶粉事件发生后，大批散养户退出养殖，规模化游轮较大提高，5 头以下小规模户已没有。

2009 年牛奶总产量 68.69 万吨，比上年减少 2.05%，其中牛奶产量 68.29 万吨，比上年减少 2.10%。奶牛养

殖业产值16.63亿元。原料奶收购价格：奶农交奶价格平均2.4元/千克，乳品加工企业收购价格平均2.8元/千克。

【乳品加工】 天津市共有乳品加工企业9个，日处理鲜奶能力达到2600吨，实际年处理鲜奶总量41.53万吨。乳品企业总销售额为13.4亿元。

【产品结构】 巴氏消毒奶、UHT奶、奶粉、酸奶的产量分别为11848吨、208054.03吨、402吨、37221.48吨。

主导产品仍然是UHT百利包、利乐包、利乐枕，其次是巴氏杀菌奶、酸奶和奶粉。

【市场与消费】 本地区2009年城镇居民人均奶制品（折合成原料奶）消费量28.44千克/人，各种乳制品消费量：鲜乳品21.92千克/人，奶粉0.21千克/人，酸奶2.81千克/人。本地区2009年农村居民鲜奶购买量4.78千克/人，奶及奶制品消费量5.70千克/人。

【奶源基地建设】 2009年，奶牛存栏6～20头的有501户、21～100头的有1114个场（户）、101～200头的有28个场(户)、201～500头的有29场户、501～1000头的有67个场、1000头以上的有18场。

机械化挤奶率达到100%。

天津奶源基地建设一直向着高标准、规模化养殖方向发展。

奶牛养殖方式主要有三种模式。一是规模化牛场(牧场)养殖模式，这种模式以嘉立荷牧业有限公司为代表，奶牛单产水平高，嘉立荷平均单产达到了9吨，生鲜乳品质高、质量安全、稳定。牧场养殖普遍应用现代化养殖集成技术，全部实现了机械化挤奶，大多数都参与了DHI测定，推行了TMR饲喂技术，保温水槽技术和粪污无害化处理技术。全市共有59个牧场，存栏奶牛4.4万头，其中成母牛2.5万头。二是奶牛养殖小区养殖模式，这种模式主要是将奶农集中在小区内，虽然是集中饲养，但仍采用“分户制”，即每户奶农在小区内拥有独立牛舍，负责管理自己名下的奶牛。由于还属于集中分散养，再加上小区经营者大部分以赢利为目的，先进的养殖技术和现代化设施设备使用推广效果不明显，奶牛平均单产相对较低，仅6.2吨。天津共有养殖小区98个，养殖农户1698个，存栏奶牛11.02万头，其中成母牛7.3万头。三是少部分散养模式，这种模式已暴露出小而散、生产力低，养殖环境脏、乱、差，很难开展科学有效组织管理，无法普及现代养殖技术，奶牛单产水平低，生鲜乳质量无法保证，已不适应大规模的生产和巨大的市场需求，正在逐渐被淘汰。

为了贯彻落实国家《奶业整顿和振兴规划纲要》精神和要求，加快推进奶牛规模化、标准化发展水平，2009年，制定了《天津市奶业产业化发展方案》。《方案》总体思路是全面提升现有牧场的整体水平，用3～5年的时间，对奶牛养殖小区、散养奶牛进行牧场化改造。养殖方式逐步实现牧场化。牧场通过企业化管理、市场化运作，实现与乳品加工企业紧密联结，使奶牛养殖增强抵御市场风险能力、自立能力。

【重要建设项目】

（1）2009年投资9000万元建成了嘉立荷现代示范牛场。

（2）投资1500万元建成了梦得集团有限公司现代奶牛示范园区。

（3）武清区财政投入580万元，改造提升了10个奶牛养殖小区。

【奶业现代信息化管理】

2009年3月份，天津市奶业信息平台正式建成使用，通过“平台网站”这一载体，将全市15.8万头奶牛、59个牧场，98个奶牛养殖小区、市属乳品加工企业全部纳入平台监测范围，建立了奶牛生产形势分析报告制度，每月定期发布全市奶业生产形式分析报告，指导奶农生产，同时实现了从奶源到成品奶的全程质量安全可追溯。

奶牛养殖大区武清区也投入680万元，由南京丰顿公司设计建立了奶牛信息平台和生鲜乳质量安全视频监管系统。全区52个奶牛小区、养殖场全部安装管理软件，实行牛群数字化管理，48个奶牛小区、养殖场生鲜牛奶质量安全监管全部实现实时在线、可视化监控。3个牧场利用阿菲金、阿波罗智能化挤奶设备管理奶牛生产。

【质量管理】 生鲜乳收购站标准化规范化建设和生鲜乳收购站监督管理情况：

（1）生鲜乳收购站规范化、标准化管理逐步提升。一是许可证发放取得圆满成果。2009年底，共核发生鲜乳收购许可证157个，发放准运证184个，生鲜乳收购站全部实现了持证收奶。流动收奶点和不法生鲜乳收购站已全部被取缔。二是强化各项制度建立，规范生鲜乳收购站经营行为。按照《条例》规定，规范了生鲜乳收购记录、检测记录、销售等台账记录，建立养殖档案，建立卫生管理和质量安全保障制度，建立饲料兽药供应、生鲜乳收购、销售等台账制度，建立饲料、兽药供应、投入品记录和动物疫病治疗记录，制定了无公害牛奶生产基地操作规程和产品质量标准、机械化挤奶操作过程、奶罐、运输罐清洗操作过程、奶站生鲜牛奶收购标准等各项规章管理制度。三是加强规范生鲜乳收购站基础设施建设与管理。为确保生鲜乳质量安全，从基础设施、机械设备、质量检测水平、人员要求和操作规范等方面花大力气、下大工夫进行推进，生鲜乳收购站标准化建设与管理取得了明显的成效。

（2）生鲜乳收购站得到有效监管。一是执行了驻场（站）质量监管员制度。二是建立定期监督检查制度。市畜牧兽医局不定期对生鲜乳收购站开展监督检查；市奶业办公室协同市动物卫生监督所每月开展一次监督抽查工作；区县动物卫生监督所巡回开展监测工作的三级监测制度。三是制订生鲜乳质量安全监测计划，全面开展生鲜乳质量安全监测。

（天津市奶业办公室 赵祥增 李亚东 罗 杰）

河北省

【奶类生产】本地区2009年奶牛存栏167.40万头，比上年增长16.87%。主要分布的地区（地级市）是唐山、石家庄、张家口、保定四个奶业优势区域，其奶牛存栏数占总存栏数的80%，主要分布的县（县级市）是丰润、滦南、行唐、栾城、张北、正定、宁晋等51个县，其奶牛存栏数占总存栏数的85%。

本地区2009年奶类总产量461.03万吨，比上年同期减少10.54%，其中牛奶451.5万吨，比上年减少10.51%。

牛奶产量下降的原因：大量乳品加工企业停产，养殖成本上升，奶农采取加快劣质牛淘汰的速度，牛奶总产量下降。

2009年河北省原料奶收购价格在2.90～3.40元/千克。

本地区原料奶收购中无地方保护价。

【乳品加工】2009年本地共有乳品加工企业64个，日处理鲜奶的能力总计达到12400吨，其中外资2个、合资企业5个、地方自建企业57个。

乳品企业总销售额为117.88亿元；主要企业的销售额和利税：君乐宝销售收入11.02亿元、小洋人销售收入5.46亿元、河北新希望天香销售收入20046万元、长城乳业销售收入2809万元、乡瑶乳业销售收入6305万元、滏阳乳业销售收入2180万元。

当年新建项目1个、扩建项目1个，日处理鲜奶能力分别为750吨、200吨。

后三聚氰胺时代，河北乳品加工两极分化。蒙牛、伊利两大巨头借机迅速抢占河北乳品市场，成就河北奶业霸主地位；君乐宝独扛河北奶业大旗，不断扩张成长；长城、滏阳、乡瑶、小洋人等区域品牌，特色产品区域经营，也是有声有色；其他大部分乳品企业或是代加工寻找新的生存方式，或是停产。

【市场与消费】本地区2009年城镇居民人均奶制品（折合成原料奶）消费量30.22千克/人，其中鲜乳品17.91千克/人，奶粉0.54千克/人，酸奶7.26千克/人。本地区2009年农村居民鲜奶购买量2.09千克/人，奶及奶制品消费量3.24千克/人。

各级质检部门对全省主要乳品企业实行批批检测，保证流通到市场的每一包产品都是合格的，保证了河北乳制品的安全营养。

奶业环境规范，乳品消费恢复，消费行为越来越理性。在产品品种上，酸奶消费增长较快，农村以奶粉和乳饮料为主。

【奶源基地建设】2009年，本地区奶牛存栏1～4头的有87698个场（户）、5～9头的有13501个场（户）、10～19头的有9211个场（户）、20～49头的有3329个场（户）、50～99头的有1005个场（户）、100～199头的有422个场（户）、200～499头的有593个场（户）、500～999头的有709个场（户）、1000头以上193个场（户）；奶牛养殖小区1456个，奶牛存栏114万头。

2009年本地区机械化挤奶达到100%。

2009年共有奶站1893个。

奶站清理整顿的情况：奶站全部达到“五有一符合”标准，均发放了生鲜乳收购许可证，达标奶站全部由乳品企业监督管理。

【品种改良情况】2009年共改良各种牛群103.2万头，使用冷冻精液237.4万剂，胚胎移植7140枚；共生产冷冻精液22万剂；共进口奶牛8347头、冷冻精液1万剂。

【疫病防治情况】河北省认真学习贯彻《重大动物疫情应急条例》，稳步推进兽医体制改革，构建起了省、市、县、乡（镇）、村五级防疫体系，建了基层动物防疫监督分站。与此同时，认真实行“以春秋集中免疫为主，常年查漏补针为辅”的防疫制度，对禽流感、口蹄疫、结核、布病等实施强制免疫，从而有效防止了重大疫病的发生、流行，保障了奶业的持续稳定发展。

人工牧草种植面积200万公顷，其中苜蓿草27万公顷；专用青贮玉米种植面积48万公顷，有青贮窖25万个，共2300万立方米；奶牛配合饲料的生产企业263个，年产奶牛配合饲料15万吨，其中主要生产企业生产情况河北凯特饲料公司年产3万吨，廊坊普瑞纳公司年产10万吨。

河北奶源基地建设向集约化、标准化、规模化方向发展，奶牛饲养小区数量增多，规模扩大，管理规范，其原因：一是奶农逐渐认识到规模饲养方能提高效益，二是社会化服务体系日趋完善，三是乳品企业重视产品质量，在技术及奶源上下功夫，增加投入；四是政府在资金上给予大力支持，鼓励小区建设的标准化、规范化。

【支持政策】河北省人民政府关于贯彻落实《奶业整顿和振兴规划纲要》的实施意见（冀政〔2009〕42号）。

【奶农协会建设】奶农协会共49个。

各级奶业合作组织积极开展工作，发挥桥梁和纽带作用，帮助奶农搞好饲养管理、繁殖育种、防疫灭病等工作，积极开展技术交流和饲养技术培训工作，促进了奶业的发展。主要问题是经费不足，利益联结机制还不完善，协会组织还不够规范等。

【质量管理】各级政府和乳品企业都加大了对原料奶质量的控制，各部门加强了对奶牛养殖小区和乳品加工企业的检查检测力度，取消流动奶站，从奶源监控到产品出厂批批检测，各乳品加工企业实行托管经营奶站养殖小区，配备先进的检测设备，不合格的牛奶拒收，合格的牛奶还要根据脂肪、蛋白、干物质、微生物等主要指标定级，做到优质优价。对于不合格的牛奶要分析原因，属于掺杂使假者，严厉处罚；企业帮助奶农找原因，加以改进。

各级质监、食品监督局、工商局等部门定期、不定期对乳制品生产企业进行抽检，对于检验不合格的进行处罚，并限期整改，如果整改不合格的停产。

（河北省奶业协会　李贺峰）

石家庄市

【奶类生产】2009年奶牛存栏37.93万头，全部为荷斯坦牛，主要分布的县（县级市）是行唐、栾城、藁城，其奶牛存栏数占总存栏数的39.1%。

奶山羊存栏4.34万只，主要分布的县（县级市）是行唐，其奶山羊存栏数占总存栏数的100%。

2009年底全市奶牛规模化养殖比例达到100%。强化散养入区、挤奶进厅、制度建设、站企挂钩、电子监控、抽查监测等六个方面的重点措施，对奶源质量实行了全方位监控。奶牛全部实行了入区饲养，奶站全部实现了规范化管理。

2009年奶类总产量107.7万吨，比上年同期增长2.16%，其中商品奶类（企业收购）93.22万吨。奶类总产量中牛奶106.7万吨，羊奶1万吨。

本地区收奶量比上年略显下降，受全球经济危机的影响，乳品价格下跌，领军企业三元的收购量小。

2009年全年的平均奶价为2.63元/千克，同比增加19.55%，春夏秋冬季奶价分别是2.7元/千克、2.57元/千克、2.52元/千克、2.7元/千克，比上年同期增加-0.1元/千克、0.07元/千克、0.92元/千克、0.9元/千克。

1～6月份价格在2.5～2.8元/千克之间，下半年价格在2.5～2.83元/千克之间，最高价为3.2元/千克。

2009年石家庄市成立生鲜乳价格协调委员会，启动了生鲜乳价格协调机制并召开了两次价格协调会，根据生鲜乳生产成本和季节变化及时调整生鲜乳参考价格。

【乳品加工】2009年本地共有乳品加工企业17个，日处理鲜奶的能力总计达到4600吨，其中外资1个、合资企业1个、地方自建企业15个。

乳品企业总销售额为19.44亿元；主要企业的销售额和利税：君乐宝乳业有限公司销售额为11.02亿元，利税1.2亿元；三元乳品（河北）有限公司销售额为5.39亿元，利税-1.24亿元。

当年新建项目1个，日处理鲜奶能力为750吨。

本地2009年巴氏消毒奶、UHT奶、奶粉、酸奶的产量分别为3650吨、134327.1吨、5814.4吨、161307.7吨。

主要生产企业各产品的生产情况：君乐宝乳业有限公司主要以酸奶为主，处理能力为1300吨/日，实际处理能力为700吨/日；河北三元乳业有限公司日处理能力为600吨/日，实际241.88吨/日；新世达公司生产巴氏消毒奶日加工能力为60吨，实际加工10吨/日。

随着奶业整顿的深入和国外奶粉价格上涨，国内乳品消费市场的回升，各乳品生产企业已经走出低谷，生产形势明显好转，奶源由相对过剩变为相对不足，原三鹿集团的下属公司现都给君乐宝乳业有限公司代加工，到年末出现奶源紧张的局面。

【市场与消费】本地区2009年城镇居民人均奶制品（折合成原料奶）消费量44.25千克/人，其中鲜乳品27.51千克/人，奶粉0.26千克/人，酸奶13.62千克/人。

【奶源基地建设】2009年，本地区奶牛存栏1～5头的有3728个场（户）、6～20头的有11120个场（户）、21～100头的有2502个场（户）、101～200头的有132个场（户）、201～500头的有94个场（户）、501～1000头的有92个场（户）、1000头以上13个场（户）。

奶牛养殖小区387个，奶牛存栏37.93万头；其中新建小区187个，奶牛存栏9.3385万头。

2009年本地区机械化挤奶达到100%。

2009年共有奶站387个，其中企业自建的3个，合作社建设97个，其他287个。奶站平均日收奶7吨。

奶站清理整顿的情况：（1）全力推进奶站和奶牛养殖小区一体化建设，实现了“散养入区，挤奶进厅”工作目标；（2）强化了奶站整治，规范生鲜乳收购秩序，从源头上保障了乳品质量；（3）大力推进乳企经营管理奶站，实现封闭式运行；（4）加大对乳企协调力度，推动各项工作的开展；（5）大力推广安装电子监控设备，下发了《石家庄市生鲜乳收购站电子监控设备管理技术规范》，奶站全部安装了电子监控设备，辛集市还实现了畜牧部门与奶站的电子监控联网。

2009年共改良各种牛群25万头，使用冷冻精液56万剂，胚胎移植500枚。

2009年，对全市奶牛组织开展了春秋两季口蹄疫、布病集中强制免疫行动，共免疫奶牛80万头（次），对37.93万头奶牛进行了布病、结核病监测，全部为阴性。387个奶牛养殖小区全部建立了兽医室，配备了场方兽医，建立健全了畜禽养殖户档案，严格执行程序化免疫、报检、定期消毒、无害化处理、兽药休药期管理等制度。

【重要建设项目】2009年区内企业自建项目1个。

石家庄永盛乳业有限公司，项目规模：日处理生鲜乳750吨，投资额18000万元，启动时间为2008年5月，预计完工时间为2010年4月。

良种支持：国家奶牛良种补贴项目，对国家冻精每支补助15元；河北省奶牛胚胎移植补助项目，移植准胎一例，补助3000元，市财政配套补助1000元。

【奶农协会建设】2009年奶农协会共17个；其他经济合作组织共239个。

合作组织存在的问题：（1）发展分布不平衡，个别县还是空白；（2）服务设施还有待完善；（3）各类合作组织沟通联系较少；（4）合作领域需进一步拓宽，组织规模较小。

合作组织发挥的作用：发挥典型带动示范作用，保障畜产品质量安全，统一投入品管理，统一防疫治疗，打破了管理者的角色，注重扮演服务者的角色，有效地降低成本，增加农民收入，进一步促进农村经济发展。

检测牛奶中项目主要有三聚氰胺、β-内酰胺酶、硫氰酸钠、皮革水解蛋白等项目。

（石家庄市畜牧水产局　桂蕴云　慧　卿　刘亚男）

唐山市

【奶类生产】2009 年奶牛存栏 47.03 万头，主要分布在丰润、丰南、滦县、滦南等 4 个县，其奶牛存栏数占总存栏数的 75%。

2009 年唐山市奶业呈恢复性发展，奶牛存栏 47.03 万头，同比增长 2.8%。奶牛年平均单产为 5.0 吨。综合分析唐山市奶牛养殖业发展情况，一是规模化发展迅速，散养户减少，低产奶牛被淘汰。二是国家及省奶牛项目补贴的落实，稳定了奶农生产积极性。三是市场需求的不断加大，提高生鲜乳收购价格，奶农收益良好。四是中央及省市财政对奶业的扶持，提高了全市规模化养殖程度，规模化养殖比例达到 80%以上。五是奶站整治工作得到全力推进，奶业生产秩序良好。六是行业协会的重大作用，协调了奶牛养殖户和加工企业之间的产业链条关系；七是龙头企业的带动作用。唐山市现在已经建成投产和正在建设的较大规模乳品企业有 14 家，总资产 36.32 亿元，其中固定资产 25.6 亿元，日处理鲜奶能力 4300 吨，创利税近 3 亿元。在企业不断发展壮大的同时，也拉动、稳定了鲜奶的价格，确保奶农收益，促进奶农的养殖积极性。

2009 年奶类总产量 174.71 万吨，比上年同期增长 5.39%，其中牛奶 167.73 万吨，羊奶 6.89 万吨，分别比上年同期增长了 4.2%和 13.9%。

【乳品加工】2009 年本地共有乳品加工企业 15 个，日处理鲜奶的能力总计达到 4300 吨，其中外资 1 个、合资企业 6 个、地方自建企业 8 个。

【奶源基地建设】2009 年奶牛存栏 1～50 头的有 29862 个场（户），50～100 头的有 191 个场（户）、101～500 头的有 92 个场（户）、500～1000 头的有 75 个场（户）、1000 头以上 50 个场（户）。奶牛养殖小区 352 个，奶牛存栏 21.03 头；其中新建小区 119 个。

本地区机械化挤奶达到 100%。

【重要建设项目】引进的外资项目 1 个、引进区外项目 1 个。

（1）滦县伊利乳业项目，日处理鲜奶 800 吨，投资 1.5 亿元，2008 年启动，2009 年底完工。

（2）汉沽恒天然牧场项目，设计奶牛存栏 8000 头，目前已存栏 1500 头。

【支持政策】《关于对新（改）、扩建 300 头以上奶牛场（小区）补贴办法》、《奶牛良种补贴办法》、《唐山市奶牛养殖场（小区）建设补贴办法》。

【奶农协会建设】奶农协会共 130 个，包含农户 5180 个。

2009 年是唐山市奶业发展最困难的一年。市委、市政府要求市县各级畜牧部门认真贯彻、落实国务院《乳品质量安全监督管理条例》和国家发改委、农业部、质监总局等 13 部委制定的《奶业整顿和振兴规划纲要》以及《河北省人民政府关于大力整顿奶业秩序促进奶业健康发展的意见》，积极推进“奶牛规模养殖、奶站整治和乳品加工企业经营奶站”三项重点工作，充分分析当前市场环境，正确把握奶业发展形势，在挑战中抢抓机遇，在创新中寻求突破，在改革中谋求发展，以此提振奶业经济，促进农民增收。2009 年唐山奶业完成了从传统散养向规模化、标准化养殖的产业结构，奶牛规模化养殖比例达到 80%以上。

为促进奶业发展，唐山市着重做了以下七个方面的工作。

（1）合理规划，为散养奶牛入区养殖提供保证。县（市）土地管理部门在制定新一轮土地利用规划时，合理安排畜牧养殖用地，解决奶牛场（小区）建设用地难的问题。

（2）落实队伍，全力推进奶业“三项重点工作”。年初，市畜牧水产局成立了“三项重点工作”领导小组，将职责明确到人，专门抽调精干人员成立了“奶业整治办公室”，负责三项重点工作的推进、巡回检查、信息反馈等具体工作。

（3）加强宣传，努力打造良好的工作氛围。

（4）扶持奶业发展坚持重点加强五方面建设：一是质量检测体系建设。唐山市投入 800 万元，为畜水产品监测中心配备了先进的检测设备，实现了奶制品批批检测。二是奶牛养殖小区建设。实行标准化生产，积极引导奶农进入园区，推广科学饲喂模式，实行统一经营、统一管理、统一销售、统一结算，在提高产量的同时，从源头上杜绝质量问题。三是挤奶平台建设。积极扶持标准化机械挤奶厅建设，对奶厅推行市场准入制度，生鲜奶收购必须进行严格审批、监管备案。四是疫病防治体系建设。五是龙头企业建设。按照培育新兴的、壮大原有的、引进外来的原则，集中精力和资金扶持龙头企业发展。

（5）政策引导，加快规模养殖场（小区）建设步伐。一方面，加大财政资金的扶持力度。在省政府鼓励规模养殖场建设的补贴办法的基础上，近期唐山市也出台了相应补贴办法，通过省市县三级财政补贴，使新建规模场每头奶牛补贴达到 700 元，扩建的达到 600 元。利用优惠的政策，加快建设一批存栏规模在300头以上的奶牛养殖场(小区)。另外，迁安、丰润、滦南、滦县等县（市）区还在奶牛场建设、奶厅（站）建设、奶厅设备购置、TMR以及打捆机等设备的购置上均采取了政府补贴的方式，从而全面推进奶业“三项重点工作”。

（6）杠杆拉动，发挥市场调节作用。协调各乳品企业逐步降低对村内托管奶站的收购价格，提高对规模养殖场(小区)奶站的收购价格，通过市场调节，让散养户认识到不入区就没有效益。尽快推进奶牛养殖“出村入区”步伐。为稳定奶农利益，制定并下发了《唐山市生鲜乳价格协调工作实施方案》,市生鲜乳价格协调工作委员会召开专门会议，依据对12个奶牛场（小区）的生鲜乳生产成本调查结果，协商制定了唐山市2009年上半年、下半年全年生鲜乳收购指导价格，供交易时参考。

（7）加强监督，完善各项制度，确保乳品质量。目前唐山市辖区内490个生鲜奶收购站全部签订质量承诺书，实行诚信经营，自觉接受主管部门和社会的监督。

（唐山市畜牧水产局　李　萍）

山西省

【奶类生产】2009年，全省奶牛存栏27.44万头，比上年减少12.68%,全部为荷斯坦牛；主要分布于朔州、大同、忻州、晋中、太原等5市，其奶牛存栏数占总存栏数的86.23%；主要分布的县（县级市）是山阴县、应县、朔州市朔城区、大同市南郊区、忻州市忻府区、祁县、阳高县、晋中市榆次区、怀仁县、平遥县、定襄县、阳曲县、清徐县、太谷县、洪洞县、太原市小店区和晋源区、右玉县等18个县（区）。

2009年全省奶山羊存栏14.36万只，主要品种为洪洞奶山羊，是莎能公羊及少部分吐根堡公羊与当地山羊杂交育成的地方品种。奶山羊主要分布于临汾、运城、晋中、大同和吕梁等5市，其奶山羊存栏数占总存栏数的96.93%；主要分布的县（县级市）是洪洞县、万荣县、平遥县、临汾市尧都区、河津县、广灵县、浮山县、祁县、孝义市、霍州市、稷山县、古县等12个县（市、区),其奶山羊存栏数占总存栏数的79.51%，其中洪洞县和平遥县分别存栏6.07万只、2.04万只，分别占全省总量的42.27%和14.21%。

奶牛存栏下降的主要原因是受三聚氰胺奶粉事件的影响，居民对乳品质量产生质疑，饮奶意愿下降，乳品销售市场疲软，企业乳制品积压，生鲜乳收购出现困难，继而奶牛养殖效益显著下滑，奶牛养殖者养牛的积极性受挫，淘汰或出售奶牛的比率增加。随着《乳品质量安全监督管理条例》的进一步贯彻实施，乳品质量安全水平不断提高，乳制品销售市场逐步好转，到2009年第四季度，奶牛养殖生产和生鲜乳收购价格已基本恢复到2008年度的年平均水平，进入平稳发展阶段。

2009年全省奶山羊存栏总量比2008年减少12.49%，其原因是原料奶销售出现困难，农民养羊的积极性受到影响。

2009年全省奶类总产量达到74.08万吨，比上年增长5.80%，其中牛奶72.50万吨，羊奶1.38万吨，分别比上年增长6.34%和-44.3%。

牛奶产量略增的主要原因，一是奶牛养殖仍是部分农村地区农民增加收入的重要渠道之一，在饲料价格较高、生鲜乳价格偏低的情况下，奶农以淘汰低产牛、少养后备牛、减少支出、保留良种的方式进行维持过渡饲养，因而出现奶牛存栏略降而牛奶产量略增的现象。二是各级政府在奶牛良种、饲草料种植、青贮窖建设、奶牛保险、贷款支持等方面给予较大的政策扶持，支持奶农夯实发展奶业的基础，促进奶业平稳发展。三是奶牛养殖科学技术逐步在基层得以推广运用。近几年，通过畜牧技术推广部门、协会组织、生鲜乳收购企业等举办的技术培训，奶牛养殖场（户）的科技应用程度有所提高，如全株玉米青贮、TMR全混日粮的推广运用等。

原料奶收购价格：2009年全省年平均奶价为2.16元/千克，同比增加－11.84%，春夏秋冬四季的奶价分别是2.216元/千克、2.086元/千克、2.166元/千克、2.430元/千克，分别比2008年同期增加－0.20元/千克、－0.41元/千克、－0.30元/千克、0.01元/千克。

【乳品加工】2009年，全省有乳品加工企业63个，日处理鲜奶能力达到3408吨，实际日处理量2280吨。其中合资企业6个、地方民营企业57个。

2009年全省巴氏消毒奶、UHT奶、奶粉、酸奶的产量分别为24.73万吨、26.84万吨、3.46万吨、7.67万吨，同比增长－19.94%、8.93%、16.12%、0.1%。

2009年全省乳制品种类包括巴氏消毒奶、UHT奶、奶粉和酸奶，由于受乳制品销售市场疲软的影响，保质期较短的乳制品的产量有所下降，如巴氏消毒奶，而保质期较长的奶粉的增幅较大，达到16.12%。山西古城乳业集团公司主要生产UHT奶、系列奶粉、乳酸饮料奶等产品；山西雅士利(应县)集团公司主要生产系列奶粉；其他大型乳制品加工企业主要生产UHT奶和乳酸饮料奶；中小型乳制品加工企业主要生产巴氏消毒奶，部分企业还生产酸奶和乳酸饮料奶。

【市场与消费】2009年，城镇居民人均奶制品（折合成原料奶）消费量36.65千克/人，其中鲜乳品24.75千克/人，奶粉0.41千克/人，酸奶5.98千克/人。农村居民鲜奶购买量3.49千克/人，奶及奶制品消费量5.36千克/人。

三聚氰胺奶粉事件发生后，消费者对国产乳制品的质量产生质疑，信任感减弱，消费意愿下降，购买力降低。随着全省上下《乳品质量安全监督管理条例》的全面贯彻实施，乳制品质量安全水平不断提高，居民消费意愿逐步增强，消费市场逐渐恢复。由于消费者对乳制品营养价值及乳制品质量安全的认识程度不断提高，各类人群根据自身的经济条件和消费习惯选用适合自身消费的乳制品品种。多数消费者主要饮用价格较低的巴氏消毒奶和携带方便易于保存的UHT奶，多数幼龄儿童喜欢消费乳酸饮料，而老年人，特别是知识型老年人，多喜欢饮用酸奶。

【奶源基地建设】2009年本地区奶牛存栏1～5头的有50606个场（户）、6～20头的有13813个场（户）、21～100头的有1227个场（户）、101～200头的有158个场（户）、201～500头的有103个场（户）、501～1000头的有33个场（户）、1000头以上11个场（户）。

2009年全省机械化挤奶达到75%，分散饲养集中机械挤奶的奶站180个，辐射农户2万余个，涉及奶牛10万余头。

2009年全省共有生鲜乳收购站653个，其中乳制品生产企业开办奶站49个、规模养殖场（小区）开办奶站232个、奶农专业合作社开办奶站264个、个体私营投资开办奶站108个，分别占收购站总数的7.5%、35.5%、40.4%和16.5%。机械化奶站平均日收奶1572吨。

全省检查生鲜乳收购站653个，运输车563台(次)，出动执法人员3938人次，查处问题41起，涉及金额5.36万元，责令整改154起，立案查处5起，取缔吊销生鲜乳收购站97个、运输车75辆，整治开展县（所有养殖奶牛县）84个，占全省总县（市、区）的77%，监测场所331个，出动1525人次，抽样3667个，其中合格3667个，合格率100%。

全省核发生鲜乳收购许可证471个，占收购站总数的72.1%。发证奶站的基础设施、卫生条件、机械设备、检测条件、操作规范等条件明显改善，多数建立了质量管理制度，生鲜乳留样制度、运输交接制度、台账制度、卫生管理制度、质量安全保障制度、生鲜乳收购站管理制度、质量溯源制度等一系列可操作性强的生鲜乳质量安全规章制度，生鲜乳收购、销售和检测记录初步规范，管理水平明显提高。

【品种改良情况】2009年全省共改良奶牛19.54万头，使用冷冻精液43万剂。

【疫病防治情况】2009年各级奶业主管部门按照《山西省重大动物疫病应急预案》规定要求，坚持“加强领导，密切配合，依靠科学，依法防控，群防群控，果断处置”的方针，进一步健全重大疫情预警、预报网络，加强集中监测、动态监测和疫情应急监测工作，重大动物疫病防控取得明显成效，有效地预防或控制了动物疫病的流行或蔓延。奶牛养殖场（户）认真落实防疫措施，应免免疫密度达到99%以上。同时，奶牛养殖场还重视布氏杆菌病、结核病等疫病的监测和扑灭工作，使“两病”得到有效净化。

饲草饲料情况：人工牧草种植面积达到58.71万公顷，其中苜蓿面积6万公顷，专用青贮玉米面积4万公顷，现有青贮窖7800个，容积约1260万立方米；粗饲料利用总量1025.40万吨：其中青干草132.54万吨，青贮203.83万吨，氨化秸秆1.25万吨，农作物秸秆583.58万吨，秸秆草粉颗粒料27.24万吨。

2009年山西省继续贯彻落实省政府晋政发[2008]17号《关于促进奶业持续健康发展的意见》和省农业厅《山西省规模健康养殖计划实施意见》精神，把标准化养殖小区建设作为现代畜牧业生产的基础工程，积极推广以标准化养殖小区建设为重点的规模养殖，进一步提高了全省畜牧业生产的科技含量和畜产品生产水平，有力地推动了全省畜牧业平稳健康发展。在奶牛养殖方面，各地大力推行奶牛养殖场（小区）建设，散养户进小区现象明显增多，为推行集中挤奶和保障生鲜乳质量安全创造了条件。如雁门关生态畜牧区建设的215个奶牛养殖小区中，86%的养殖小区基本达标，生产运行正常；75%的养殖小区已经产生了很好的效益。据测算，入住小区的养殖户比未入住小区的养殖户，年户均多增收1.5万元。同时，许多规模化奶牛场开始推广TMR全混日粮、全株玉米青贮、奶牛阶段饲养法等先进技术，标准化管理水平明显提高。

【支持政策】组建生鲜乳生产收购监管机构：2009年省政府办公厅下发晋政发[2009]140号《关于印发山西省农业厅主要职责内设机构和人员编制规定的通知》，批准在省农业厅成立“农产品质量安全监督管理局”和“饲料奶站管理办公室”。“饲料奶站管理办公室”的职能是“拟定全省饲料业、奶站发展的政策、规划、计划并组织实施；负责奶畜饲养以及生鲜乳生产环节、收购环节的监督管理；负责饲料生产经营的监督管理；指导相关行业协会的工作”。

生鲜乳收购站建设扶持政策：2009年省政府第29次常务会议决定对新建的生鲜乳收购站给予每站10万元的资金补助。对此，省农业部门制定了《山西省生鲜乳收购站建设实施方案》，省财政投资3950万元，对符合建站条件的395个生鲜乳收购站进行了扶持，为生鲜乳收购站实现标准化规范化管理奠定了基础。

奶业机械购置补贴扶持政策：2009年国家安排山西省生鲜乳收购站奶业机械购置补贴资金7500万元。截止7月15日，全省购置挤奶机、贮奶罐、冷藏罐共245套（个），其中挤奶机、贮奶罐、冷藏罐分别为155套、14个和76个，使用国补资金1213.75万元，分别为986.55万元、44.70万元和182.50万元。

贷款扶持政策：截至2009年11月末，全省农村信用社奶业贷款余额10.70亿元，当年累放6.77亿元，其中：支持奶牛养殖户3.44万户，贷款余额6.93亿元；奶牛合作社66个，贷款余额2288万元；奶业企业81户，贷款余额3.01亿元。

政策性保险扶持政策：2009年全省在2008年承保奶牛12.23万头、收入保费3358.64万元、支付赔款

120.5万元的基础上，2009年承保奶牛3.23万头，收入保费902.6万元，支付赔款2187.26万元。通过政策性奶牛保险的实施，提高了奶农的风险防范意识，减少了受灾农户的风险损失，提高了奶农生产的积极性，减轻了政府的压力。

【质量管理】2009年全省省级农业系统完成抽检生鲜乳499批，其中检测生鲜乳收购环节346批，生鲜乳运输环节153批。检测项目为三聚氰胺499批，合格率100%；硫氰酸钠50批，合格率90%；水解蛋白50批，合格率100%；温度499批，合格率99%。其中第三次抽检164批，合格率100%。生鲜乳质量安全明显改善。

专项整治后，奶牛养殖场（小区）执行饲料、兽药使用规定的意识显著增强，经药物治疗的奶牛做到了另行手工挤奶，弃奶饲喂犊牛。生鲜乳收购站积极推行“分户留样、责任追溯”制度，严把质量关，管理水平明显提升。乳制品生产企业全部派员进驻奶站，共同监督保障生鲜乳质量安全。

（山西省奶业协会　王印魁）

太原市

【奶类生产】2009年奶牛存栏2.66万头，全部为荷斯坦牛。主要分布在小店区和晋源区2个区和阳曲县、清徐县2个县，其奶牛存栏数占总存栏数的94%。

2009年奶牛存栏比2008年减少0.09万头，主要原因：投入大，风险大，竞争大，回报少，奶农养牛积极性不高。

本地区2009年奶类总产量9.74万吨，比上年同期增长0.01%，其中商品奶类（企业收购）3.25万吨，同比减少64.52%。奶类产量全部为牛奶。

由于原材料普遍上涨，牛奶价格偏低，本地产品竞争力不强，资金有限，饲养管理跟不上，导致产奶量不高。

本地区2009年全年的平均奶价为2.82元/千克，同比增加17.67%，春夏秋冬季奶价分别是2.88元/千克、2.32元/千克、2.60元/千克、3.03元/千克，比上年同期增加0.28元/千克、0.11元/千克、0.32元/千克、0.23元/千克。小店区2.6元/千克，与2008年持平；晋源区2.8元/千克，比2008年2.85元/千克略低0.05元/千克；清徐县3.03元/千克，比2008年2.32元/千克提高0.71元/千克；阳曲县2.88元/千克，比2008年2.1元/千克提高0.78元/千克。

本地区原料奶收购中无地方保护价。

【乳品加工】2009年本地共有乳品加工企业6个，日处理鲜奶的能力总计达到218吨，均为地方自建企业。

本地2009年巴氏消毒奶、UHT奶、酸奶的产量分别为4.5万吨、4.2万吨、0.8万吨，同比增长2.2%、1.9%、27.5%。主要生产企业各产品的生产情况：山西维尔生物公司生产巴氏消毒奶、UHT牛奶各2万吨/年、酸奶0.4万吨/年；瑞美乳业公司生产巴氏消毒牛奶1万吨/年、UHT牛奶1.2万吨/年、酸奶0.2万吨/年；永昌乳业加工巴氏消毒牛奶1万吨/年、UHT牛奶1万吨/年、酸奶0.2万吨/年；金源乳品厂加工巴氏奶0.5万吨/年。

2009年乳品加工企业比2008年减少2个。原因是企业规模小，资金不足，竞争力不强，亏损严重，无法继续经营，被迫停业取缔。

【市场与消费】本地区2009年城镇居民人均奶制品（折合成原料奶）消费量35.04千克/人，其中鲜乳品22.52千克/人，奶粉0.33千克/人，酸奶8.65千克/人。

2009年全年共抽检乳制品样品48批次，所有指标全部合格。

2009年消费者对乳制品的消费量低于2008年。原因是受金融危机影响，使消费者经济状况欠佳，对乳制品的消费量减少。

【奶源基地建设】

规模化情况：2009年本地区奶牛存栏1～5头的有666个场（户）、6～20头的有5448个场（户）、21～100头的有74个场（户）、101～200头的有20个场（户）、201～500头的有24个场（户）、501～1000头的有4个场（户）、1000头以上3个场（户）。

奶牛养殖小区46个，奶牛存栏1.55万头。

本地区机械化挤奶达到80%，分散饲养集中机械挤奶的奶站41个，辐射到293个农户1.42万头奶牛。

2009年共有奶站41个，其中企业自建的29个，合作社建设11个，其他1个。奶站平均日收奶88.9吨。

在奶站清理整顿中制定了“太原市2009年生鲜乳专项整治行动实施方案”。2009年省厅对全市新建奶站给予390万元（10万元/站）的补助，太原市政府也拿出117万元（3万元/站）对全市新建奶站进行补助。

全市共新建奶站39个，完成建设的33个，还有6个正在建设当中。太原市发证奶站41个，从采样及实际检查情况看各奶站基本符合生产规范要求，全市未出现一例违法、违规行为。

2009年共改良各种牛群12656头，使用冷冻精液21848支。

2009年全市检疫奶牛8531头，无阳性。

人工牧草种植面积3570公顷，其中苜蓿草1083公顷；专用青贮玉米种植面积850公顷，有青贮窖30个，共3万立方米。

奶牛配合饲料的生产企业11个，年产奶牛配合饲料28537吨，其中主要生产企业生产情况农标普瑞纳山西公司生产能力12吨/小时、年产5742吨；山西汇福公司生产能力30吨/小时、年产500吨；山西正大20吨/小时、年产3222吨；山西时创生产能力10吨/小时、年产2000吨；太原易大3吨/小时、年产8400吨。由于外地企业拒收散户及小奶牛场的牛奶，因而这些散户及小奶牛场的奶牛纷纷进入奶牛养殖园区，因而加速了养殖园区建设的步伐，保证了原料奶的卫生质量。

一些奶牛养殖园区由于条件达不到要求被取缔，而以奶牛养殖场饲养奶牛，因而2009年奶牛养殖园区数量比2008年减少了许多。

【重要建设项目】本地区2009年建设的奶业区内企业自建项目1个。

项目名称：山西九牛公司，项目规模4000头，投资额300万元，2009年启动，预计2010年完工。

【支持政策】

良种支持：太原市政府每年拿出10万元用于引进优良冻精，进行良种改良。

其他政策：2009年山西省农业厅对全市新建奶站给予390万元（10万元/站）的补助，太原市政府也拿出117万元（3万元/站）对全市新建奶站进行补助。

【奶农协会建设】奶农协会共2个，包含农户252个，存栏奶牛8820头；奶农合作社共12个，包含农户145个，存栏奶牛4000头。

合作组织运营良好，起到政府与奶农桥梁作用，协调解决奶农生产中出现的问题。存在问题：资金短缺，技术人员不足，技术水平不高，管理不规范。农户不集中，难以管理。

【质量管理】原料奶抽检840份，质量合格率100%。所有奶站配备了驻站质监员，并定时抽检。超市、零售网点100%纳入监管范围，2009年未发现不合格乳制品。

（太原市乳品监察管理站　雷秀敏　侯乐鸥
王学文　严晓春　陈新慧）

内蒙古自治区

【奶类生产】2009年全区奶牛存栏为227.25万头，与上年比下降7.47%；全区荷斯坦牛比例已超过70%，三河牛和西门塔尔牛比例达28%，能繁母牛约占存栏牛的65.8%，牛群结构有所改善。全区饲养20头以上规模的养殖达55.34万头，占全部饲养头数的24.35%，饲养规模在50头以上的养殖达50.43万头，占全部饲养头数的22.19%。也就是说，规模化养殖比例大幅提高。在区域化布局方面，奶牛头数超万头的旗、县、区有63个，鲜奶产量超万吨的旗、县、区有74个。

鲜奶产量达934.05万吨，与上年比增长1.39%，其中牛奶产量903.10万吨，比上年减少1%。生鲜乳收购价格，淡季散户2.5元/千克、小区2.7元/千克、规模化牛场3.2～3.5元/千克。这个价格在全国基本处于中等偏上水平，比黑龙江省高出0.2～0.3元/千克。内蒙古自治区呼伦贝尔的奶价在当地政府的协调下，基本恢复到1.6～2.0元/千克。

【乳品加工】2009年全区乳制品总产量为379.5万吨，占全国总产量的19.6%。其中，液态奶348.5万吨，奶粉24.6万吨；全区规模以上（500万元）乳品加工企业有74家，乳品加工企业增加值为87.57亿元，全区年加工鲜奶能力为900万吨。从蒙牛、伊利两大企业的运转情况看，日收鲜奶已恢复到8000吨左右，恢复到事件前的85%左右；从销售市场看，基本恢复到事件前的水平。蒙牛、伊利两大企业2009年营业收入分别达到257.1亿元和242.08亿元。两大企业经营利润分别达到11.16亿和6.48亿元。

全区国家级农业产业化龙头企业有3家，自治区级产业化龙头企业有10家，其中加工能力10万吨以上的旗、县、区为9个，规模以上乳品企业加工鲜奶656万吨，占全区鲜奶产量的72%，是“九五”期末的36倍。

2009年内蒙古自治区奶业在十分困难的情况下，仍保持了平稳发展的势头。

（1）规模化养殖滞后，不能与乳品企业匹配。内蒙古自治区蒙牛、伊利两大乳品企业，是中国乳业第一军团的领军企业。其加工能力、生产规模、设备工艺、自动化程度均属国际一流。但内蒙古自治区的奶牛养殖业，散户养殖占75%，是个最大的制约因素，与强大的、现代化的乳品加工业形成了巨大的反差。

（2）良种化程度低、单产水平低、养殖方式落后。良种化程度只有70%，奶牛单产只有4.5吨左右，是发达国家的一半。由于散户养殖占75%，饲养方式粗放、环境脏乱、人畜混居状况仍有存在。

（3）利益联结机制仍有待解决。

（4）加工能力严重过剩，原料奶严重短缺。据统计近两年新增加工企业70多家，全区新增乳品加工能力100多万吨。加之奶牛头数减少，奶牛健康等原因，目前原料奶严重短缺。

【市场消费】本地区2009年城镇居民人均奶制品（折合成原料奶）消费量28.44千克/人，其中鲜乳品18.29千克/人，奶粉0.36千克/人，酸奶3.13千克/人。本地区2009年农村居民鲜奶购买量2.66千克/人，奶及奶制品消费量6.54千克/人。

【质量管理】生鲜乳收购站的管理步入依法规范轨道。内蒙古自治区人民政府专题召开会议并形成会议纪要[2009]55号《研究促进内蒙古自治区奶业持续健康发展有关事宜》发到全区各地，进一步巩固提高全区生鲜乳收购站清理整顿工作，加快全区生鲜乳收购站经营主体合法化改造进程，各盟市结合当地实际纷纷出台文件一并《内蒙古自治区人民政府办公厅关于进一步加快生鲜乳收购站经营主体合法化改造的通知》转发给各旗县区人民政府，并根据奶站清理整顿工作进展情况，针对性地提出一系列要求，归纳为以下六点。

（1）加强组织领导，做好相关部门的分工协作。由监管企业负责认定后向畜牧兽医管理部门提出申请，畜牧兽医部门审核后及时发放生鲜乳收购许可证。

（2）自治区专门制定相关标准。由内蒙古自治区农牧业厅组织专家编制的《内蒙古自治区生鲜乳收购站管理标准》、《内蒙古自治区生鲜乳收购站硬件建设标准》、《内蒙古自治区生鲜乳收购站挤奶操作标准》印发到每一个奶站、乳品收购企业，并严格按照生鲜乳收购站三个达标标准，加快对生鲜乳收购站的标准化、规范化改造和整改步伐。

（3）继续加强对生鲜乳运输车辆的监督管理。积极探索现代物流管理模式和办法，伊利、蒙牛开始实行电子化管理。

（4）加快推进奶牛标准化规模养殖基地建设进程。各盟市根据《内蒙古自治区生鲜乳收购站硬件建设标准》及各地《奶牛标准化规模养殖场（小区）建设规划纲要》，明确建设目标、任务和要求，落实配套资金，全面提升奶业基地建设水平。

（5）加强督促检查，确保奶站清理整顿改造工作落实到位。对全区4116个奶站进行整顿，目前整合后的生鲜乳收购站有2610个。自治区编制了生鲜乳收购站管理软件，已经实现了自治区、盟市、旗县三级联网，实现了生鲜乳收购站管理数字化。

（6）内蒙古自治区有草场8666.7万公顷，玉米播种面积180.6万公顷，青饲料播种面积72.2万公顷，充足的饲料资源，为内蒙古自治区乳业发展奠定了坚实的基础。蒙牛、伊利等乳品加工企业的发展壮大，为自治区乳业的健康发展提供强有力的技术和物质保障。

（内蒙古奶业协会　那达木德　陈巴特尔）

呼和浩特市

【奶类生产】本地区2009年奶牛存栏70.01万头，全部为荷斯坦牛；主要分布的县（县级市）是土左旗、赛罕区、和林县、托县，其奶牛存栏数占总存栏数的90%。

2009年奶类总产量305.39万吨，比上年同期增长0.7%，奶类总产量中牛奶305.29万吨，羊奶918吨，分别比上年增长0.9%、-29.6%。

本地区2009年全年的平均奶价为2.4元/千克，同比增加-4%，春夏秋冬季奶价分别是2.4元/千克、2.4元/千克、2.4元/千克、2.4元/千克，比上年同期增加-7%、-4%、0%、-4%。

本地区原料奶收购中无地方保护价。

【奶源基地建设】2009年，本地区奶牛存栏1～5头的有38234个场（户）、6～20头的有40440个场（户）、21～100头的有1721个场（户）、101～200头的有64个场（户）、201～500头的有75个场（户）、501～1000头的有38个场（户）、1000头以上61个场（户）。

奶牛养殖小区238个，奶牛存栏233551头；其中新建小区47个，奶牛存栏19800头。

2009年本地区机械化挤奶达到100%。

2009年共有奶站920个，其中企业自建的21个，合作社建设745个，其他养殖场154个。

奶站清理整顿的情况：到2009年底共清理整顿445个奶站，原来1365个，现存920个。

2009年共改良各种牛群42.7万头，使用冷冻精液85.4万剂。

呼和浩特市2009年度奶牛重大动物疫病防控免疫率100%，机体检测合格率100%。

人工牧草种植面积5万公顷，其中苜蓿草3.33万公顷；专用青贮玉米种植面积9.6万公顷，共产27亿千克。

呼和浩特市奶源基地正处于由分散饲养向标准化、规模化、一体化发展的转型期。

【支持政策】当年地方政府出台了《中共呼和浩特市委员会呼和浩特市人民政府关于建设优质奶源基地的决定》（呼党发[2009]14号）。

【学生奶计划】呼和浩特的伊利、蒙牛和奈伦三大知名品牌被国家指定为第一批学生饮用奶计划定点生产企业。目前，在呼和浩特全市9个旗县区全部开展了学生饮用奶工作，已开展学校122所，每日坚持饮奶学生6.2万余人；伊利向全国30多个城市日供应80多万份学生饮用奶；蒙牛已在全国20多省，70多个城市和地区2000多所学校近160多万名学生供应学生饮用奶；暨呼和浩特每天在向全国的孩子们提供约240多万份学生饮用奶。

【大事记】

6月1～2日　2009全球奶农联盟呼和浩特论坛成功举行。来自美国、加拿大、巴西、澳大利亚、新西兰、荷兰、英格兰等国家和地区的30多位全球奶农联盟（GDF）代表参加了会议。本次论坛由全球奶农联盟（GDF）、呼和浩特市奶业协会、内蒙古奶联科技有限公司、东石公司共同举办。论坛主题是“资源共享、合作互赢”。会议由呼和浩特市奶业协会巴根那秘书长主持，全球奶农联盟（GDF）主席普林斯（Prins）、内蒙古奶联科技有限公司董事总经理李正洪、东石公司全球总协调人约翰汉德克（John Hendrisk）分别代表举办方致辞。

（呼和浩特市奶业协会　巴根那　孙彩霞）

包头市

【奶类生产】本地区2009年奶牛存栏35.85万头，均为荷斯坦牛；主要分布的县（县级市）是土右旗、九原区、达茂旗、固阳县、东河区，其奶牛存栏数占总存栏数的90%。

2009年与2008年相比，奶牛存栏量减少，主要是淘汰低产牛。

本地区2009年奶类总产量143.9万吨，比2008年减少2.1万吨。

2009年包头市奶类生产量与2008年相比下降2.1

万吨，主要是奶牛数量减少所致。

本地区2009年全年的平均奶价为2.8元/千克，春夏秋冬季奶价分别是2.8元/千克、2.6元/千克、2.8元/千克、2.8元/千克，比上年同期增加0元/千克、-0.2元/千克、0.2元/千克、0.2元/千克。

奶源集中地区牛奶收购价格与2008年基本持平。

包头市原料奶收购没有地方保护价。

【乳品加工】2009年本地共有乳品加工企业5个，日处理鲜奶的能力总计达到2000吨，地方自建企业5个。

乳品企业总销售额为17.68亿元；主要企业的销售额和利税：其中包头伊利销售额2.13亿元，利润2185万元。蒙牛乳业销售额2.59亿元，利润5236万元。

本地2009液态奶产量为34万吨。

【奶源基地建设】2009年本地区奶牛存栏6～20头的有124个场(户)、21～100头的有86个场(户)、101～200头的有43个场(户)、201～500头的有63个场(户)、501～1000头的有19个场(户)、1000头以上8个场(户)。

2009年本地区机械化挤奶达到100%。

2009年共有奶站206个，其中企业自建的38个，合作社建设43个，其他125个。奶站平均日收奶5.2吨。

饲草饲料情况：人工牧草种植面积3.51万公顷，其中苜蓿草2.36万公顷；专用青贮玉米种植面积36450公顷，有青贮窖563个，共32万立方米。

奶牛配合饲料的生产企业26个，年产奶牛配合饲料22万吨。

【重要建设项目】本地区2009年引进区外项目33个。33个奶牛规模化养殖场（小区）建设项目，总投资1650万元，2009年10月启动，预计2010年10月完成。

【质量管理】2009年对全市生鲜乳收购站和鲜乳运输车辆进行了随机检查，共抽检生鲜乳样品270个，检测合格率达100%。

据当地质检部门抽检，包头市5个乳品加工企业生产的乳制品及各大超市销售的乳制品均符合国家标准。

（包头市农牧业局　索茂芳）

呼伦贝尔市

【奶类生产】本地区2009年奶牛存栏60.1万头，其中荷斯坦牛38.1万头，三河牛10.7万头，主要分布的地区是呼伦贝尔市，主要分布的县（县级市）是扎兰屯市、阿荣旗、牙克石、海拉尔区、额尔古纳市、鄂温克旗、陈旗，其奶牛存栏数占总存栏数的84.5%。

本地区2009年奶类总产量131万吨，比上年同期增长-1.5%，其中商品奶类（企业收购）80万吨，同比增长9.5%。

受三聚氰胺事件和经济危机双重影响，2009年呼伦贝尔市奶价波动较大，部分地区发生倒奶、卖牛等事件，因奶价持续低迷，奶户一方面降低奶牛生产成本，造成奶产量下降；另一方面大幅度淘汰低产、老龄奶牛，造成奶类产量的下降。

本地区2009年全年的平均奶价为1.8元/千克，同比减少35.7%，春夏秋冬季奶价分别是1.5元/千克、1.7元/千克、1.8元/千克、2.3元/千克，比上年同期增加-50%、-41.4%、-40%、15%。

受三聚氰胺事件的影响，2009年春季奶价大幅跌落，到2009年7月份开始缓慢回升，到2009年10月份后，奶价逐渐恢复正常。

本地区原料奶收购中有地方保护价，为1.60元/千克。

【乳品加工】2009年本地共有乳品加工企业25个，日处理鲜奶的能力总计达到5950吨，其中外资1个、地方自建企业24个。

主要企业的销售额和利税：呼伦贝尔雀巢公司：销售收入2.57亿元，利润-1706万元；扎兰屯市伊利乳业有限责任公司：销售收入1.49亿元，利润526.98万元；呼伦贝尔三元乳业有限责任公司：销售收入7658万元，利润-1698万元。

【奶源基地建设】2009年，本地区奶牛存栏1～5头的有11.09万个场(户)、6～20头的有2600个场(户)、21～100头的有3800个场（户）、101～200头的有108个场（户）、201～500头的有12个场（户）、501～1000头的有9个场（户）、1000头以上2个场（户）。

奶牛养殖小区248个，其中新建小区115个。

2009年本地区机械化挤奶达到55%，分散饲养集中机械挤奶的奶站177个，辐射到5.3万个农户31.1万头奶牛。

2009年共有奶站337个，其中企业自建的171个，合作社建设151个，其他15个。奶站平均日收奶1800吨。

人工牧草种植面积3.9万公顷，专用青贮玉米种植面积12.7万公顷。

【奶业法规和条例建设】呼伦贝尔市政府制定了《呼伦贝尔市生鲜乳收购管理实施方案》。

主要内容：以各旗市区为单位，到2009年6月15日前完成本辖区内生鲜乳收购的分区划片管理；到2009年7月15日前完成生鲜乳收购许可证和生鲜乳准运证的发放；到2009年12月底，全面禁止手工挤奶，实现以机械化挤奶厅为主，牧区手推式挤奶器挤奶为辅的生鲜乳生产方式。

（内蒙古呼伦贝尔市农牧业局　李剑军）

乌兰察布市

【奶类生产】2009年奶牛存栏36万头，全部是荷斯坦奶牛；主要分布在凉城、前旗、中旗等3个县，其奶牛存栏数占总存栏数的41.5%。

2009年，奶牛数量没有增长，原因是受三鹿事件的影响，牛奶销售困难。

本地区2009年奶类总产量92万吨，比上年同期减少8%，商品奶类（企业收购）63.8万吨；奶类产量全部是牛奶，比上年收购减少5.3%。

经过选择优秀高产奶牛，淘汰低产奶牛，奶牛的个体产量不断提高，由2008年平均5.2吨提高到2009年5.45吨左右，奶牛存栏数量减少2万头。

原料奶收购价格：春、夏、秋季：（1）牧场养殖：饲养数量在100头以上，占奶牛饲养量的25%，直接交售给龙头企业收购价3.5～3.8元/千克，与2008年收购价格相同；（2）园区养殖：占奶牛饲养量的63%，收购鲜奶价格2.2～2.4元/千克，与2008年的价格相同；(3)散户养殖：占奶牛饲养量的12%，鲜奶无法出售，靠饲喂犊牛和加工奶食处理。

冬季，牛奶的收购价格提高到2.3～2.6元/千克。

原料奶收购中无地方保护价。

【乳品加工】2009年本地共有乳品加工企业4个，日处理鲜奶的能力总计达到1160吨，合资企业1个、地方自建企业3个。

乳品企业总销售额为9.02亿元；主要企业的销售额和利税：伊利乌兰察布乳品厂的销售额为6.90亿元，利润342万元；草原牛妈妈乳业公司销售额1.18亿元，利润226.8万元；圣元乳业公司销售额9461万元，利润-711万元。

本地2009年巴氏消毒奶、奶粉、酸奶的产量分别为26.34万吨、1.48万吨、5300吨，同比增长17%、1.8%、-3.7%。主要生产企业各产品的生产情况：伊利厂的主要产品为消毒奶，日处理鲜奶能力700吨，实际300～500吨；草原牛妈妈乳业的主要产品为巴氏消毒奶，日处理鲜奶能力150吨，实际日加工70～100吨；蒙帝乳业日生产能力100吨，实际80吨。

2009年乳制产品的生产，液态奶以巴氏消毒奶为主。雪糕系列产品的品种增加。生产企业销售额、利润和税金比2008年有所增加。

当地质检部门进行定期和不定期抽检，其结果98.9%合格。居民人均奶制品消费有所增加。

【奶源基地建设】2009年，本地区奶牛存栏1～5头的有14760个场（户）、6～20头的有12790个场（户）、21～100头的有1270个场（户）、101～200头的有10个场（户）、201～500头的有5个场（户）、501～1000头的有2个场（户）、1000头以上2个场（户）。

奶牛养殖小区131个，奶牛存栏14.6万头。

本地区机械化挤奶达到85.6%，分散饲养集中机械挤奶的奶站131个，辐射到3.1万个农户20.4万头奶牛。

2009年共改良各种牛群21万头，使用冷冻精液33万剂。

市农牧业局认真组织防疫员，一年注射两次“W”病疫苗、一次炭疽疫苗，疫病防治工作良好，无重大疫病和传染病的发生。

人工牧草种植面积13.6万公顷，其中苜蓿草4.25万公顷；专用青贮玉米种植面积8.79万公顷，有青贮窖8.72万个，共860万立方米。

奶牛配合饲料的生产企业20个，年产奶牛配合饲料46.9万吨，其中主要生产企业生产情况：乌兰察布市宏泰饲料公司年生产饲料1.56万吨，销售收入3260万元；兴牧饲料厂年生产饲料1万吨，销售收入1780万元；科星饲料厂年生产饲料1000吨，销售收入1780万元。

奶源基地建设情况：（1）奶牛养殖户的数量减少，户养殖头数增加，由副业变成专业养殖；（2）小区养殖成本高，城郊周边农户分散饲养集中挤奶，成本低效益高，成为发展方向；（3）大规模牧场养殖，鲜奶质量好收购价高，效益高，成为发展奶源基地的方向。

【奶农协会建设】没有奶农协会，或者说奶农协会无法有效运行。市政府成立一个奶业协会，组织具有实践经验的畜牧科技人员共20人，为养殖户进行科技服务，以提高农牧民的饲养管理技术。

【质量管理】乌兰察布市乳品企业收购原料奶的质量标准较国家标准偏高，且随着企业销售和鲜奶的供应情况而有所变化。干物质含量在11.9%以上，蛋白质在2.95%以上，脂肪在3.3%以上。

市场监督情况良好，无伪劣或过期乳制品进入市场。

（内蒙古乌兰察布市家畜改良工作站　魏润元）

辽宁省

【奶业生产】本地区2009年奶牛存栏28.88万头，以荷斯坦牛为主，也有部分娟姗牛和改良牛；主要分布在沈阳、大连、阜新三个地区，其奶牛存栏数占总存栏数的70%，主要分布的县（县级市）是阜新县、彰武县、沈阳新城子区和大连金州区。

奶山羊存栏6万只，主要分布在大连的瓦房店市和庄河市，其奶山羊存栏数占总存栏数的80%。

奶牛存栏比上年下降1.31%。但规模化、规范化饲养改进，集约化生产速度加快，随着品种改良进程的加快，淘汰率增大。

本地区2009年奶类总产量115.64万吨，比上年同期增长7.81%，其中牛奶110万吨，比上年增长8.7%。

【市场与消费】本地区2009年城镇居民人均奶制品（折合成原料奶）消费量30.31千克/人，其中鲜乳品18.07千克/人，奶粉0.38千克/人，酸奶7.48千克/人。本地区2009年农村居民鲜奶购买量2.19千克/人，奶及奶制品消费量3.19千克/人。

【奶源基地建设】2009年本地区奶牛存栏1～5头

的有5000个场（户）、6～20头的有700个场（户）、21～100头的有380个场（户）、101～200头的有300个场（户）、201～500头的有200个场（户）、501～1000头的有150个场（户）、1000头以上75个场（户）。

2009年本地区机械化挤奶达到90%，分散饲养集中机械挤奶的奶站374个。

2009年共有奶站374个，其中企业自建的35个，合作社建设279个，其他60个。奶站平均日收奶3吨。

奶站已清理整顿完毕，逐步走向规范。

【奶业法规和条例建设】本地区当年出台的有《辽宁省种畜种禽管理办法》、《标准化高效小区认定办法》、《辽宁省奶站管理办法》等。

【支持政策】《辽宁省2008—2010年畜禽标准化养殖小区建设项目及财政扶持资金管理办法》，对小区建设提供良种支持、土地优惠等，在建设资金方面提供配套资金补贴。

【奶农协会建设】奶农协会共32个，存栏奶牛2万头；奶农合作社共279个，包含农户2500个，存栏奶牛8.5万头。

【质量管理】在原料奶质量抽检和质量控制过程中监管程序及条例不断完善，质量监督正常，无质量纠纷发生。

【学生奶计划】学生奶定点企业有辉山乳业和丹东升泰乳业两家；主要供应花色奶和酸奶；日供应已达10万份；除了加强牛奶日宣传和饮奶健康宣传外，组织学生开展相关书画大赛和包装环保大赛。

（辽宁省奶业协会　刘兴久　田素琴）

大连市

【奶类生产】2009年奶牛存栏3.3万头，全部是荷斯坦牛，主要分布在金州区、旅顺口区、普兰店市、瓦房店市，其奶牛存栏数占总存栏数的100%。

奶山羊存栏5.85万只，主要是莎能奶山羊，主要分布在金州区、普兰店市、瓦房店市，其奶山羊存栏数占总存栏数的100%。

2009年奶类总产量16.3万吨，比上年同期增长8%，其中商品奶类（企业收购）13.5万吨，同比增长24.4%。奶类总产量中牛奶15.3万吨，羊奶1万吨。

原料奶收购价格：2009年全年的平均奶价为3元/千克，春夏秋冬季奶价分别是3元/千克、2.9元/千克、3.1元/千克、3.1元/千克。大连三寰乳业有限公司、大连心乐乳业有限公司在金州区、旅顺口区的一级原料奶收购价格全年平均为3.0～3.1元/千克。

【乳品加工】2009年本地共有乳品加工企业3个，日处理鲜奶的能力总计达到280吨，均为地方自建企业。

乳品企业总销售额为12621万元，利税1853万元。

【产品结构】本地2009巴氏消毒奶、UHT奶、酸奶的产量分别为9597吨、13618吨、2577吨。

【市场与消费】本地区2009年城镇居民人均奶制品（折合成原料奶）消费量39.86千克/人，其中鲜乳品27.88千克/人，奶粉0.48千克/人，酸奶6.16千克/人。

【奶源基地建设】2009年本地区奶牛存栏6～20头的有570个场（户）、21～100头的有80个场（户）、101～200头的有16个场（户）、201～500头的有7个场（户）、501～1000头的有2个场（户）、1000头以上4个场（户）。

2009年本地区机械化挤奶达到85%。

2009年共有奶站27个，其中企业自建的3个，合作社建设5个，其他19个。奶站平均日收奶162吨。

2009年共改良各种牛群21345头，使用冷冻精液64350剂。

饲草饲料情况：专用青贮玉米种植面积180公顷，有青贮窖105个，共15万立方米。

奶牛配合饲料的生产企业1个，年产奶牛配合饲料3.8万吨，主要生产企业为禾丰饲料（大连）公司。

【奶农协会建设】奶农协会共2个，包含农户185个，存栏奶牛2100头；奶农合作社共3个，包含农户247个，存栏奶牛1159头。

【质量管理】全市原料奶抽检750批次，各项指标均在可控标准以内。

（大连市奶业生产管理站　范颖　魏成凤）

吉林省

【奶类生产】2009年奶牛存栏19.26万头，比上年增长26.63%，主要分布的地区（地级市）是长春、吉林、四平、白城、松原，其奶牛存栏数占总存栏数的83%，主要分布的县（县级市）是洮南市、洮北区、镇赉、通榆、长岭、前郭、德惠、榆树、农安、九台、双阳、公主岭、双辽、梨树、东丰、东辽。

奶山羊存栏7.8万只，主要品种为延边奶山羊、萨能奶山羊及其杂交品种，存栏数量为6.4万只，主要分布的地区（地级市）是吉林、辽源、通化、白山、延边、松原等地，其奶山羊存栏数占总存栏数的90.2%，主要分布的县（县级市）是丰满区、东丰、东辽、通化县、临江、长白、敦化、安图、大安等县，其奶山羊存栏数占总存栏数的46.3%。

2009年全省奶牛存栏数比2008年增加的主要原因：一是科学谋划，合理布局，制定并实施了《吉林省畜牧业管理局关于贯彻〈奶业整顿和振兴规划纲要〉的实施方案》，制定了促进奶业发展的各项措施和目标；二是加大了奶业扶持政策，省政府专门制定并印发了《吉林省人民政府关于实施奶业补助加快恢复奶业健康发展的意见》（吉政发〔2008〕37号）。三是规范了奶站建设，制定《吉林省生鲜乳收购站建设暂行标准》。

2009年奶类总产量44.50万吨，比上年同期增长

11.98%。

奶类增加的主要原因是国家和各级政府的政策支持，奶农对发展奶业的认识普遍增强，养殖奶牛的积极性普遍提高，奶牛存栏量总体增加，科学技术不断普及，品种的良种化不断提高，淘汰劣质奶牛，单产平均水平提高，奶牛疾病发病率下降，效益明显增加。

原料奶收购价格：2009 年全年的平均奶价为 2.36 元/千克，同比增加 1.1%，春夏秋冬季奶价分别是 1.8 元/千克、2.0 元/千克、2.2 元/千克、2.3 元/千克，比上年同期降低 0.3 元/千克、增加 0.1 元/千克、0.1 元/千克、0.2 元/千克。

长春、吉林、四平、白城、松原 5 个地区的价格为 2.3 元/千克、2.25 元/千克、2.25 元/千克、2.4 元/千克、2.4 元/千克，与上年相比增加了 0.3 元/千克、0.3 元/千克、0.25 元/千克、0.4 元/千克、0.4 元/千克。

【乳品加工】2009 年本地共有乳品加工企业 9 个，日处理鲜奶的能力总计达到 1800 吨，其中外资 1 个、合资企业 2 个、地方自建企业 6 个。

乳品企业总销售额为 86.49 亿元；主要企业的销售额和利税：吉林省广泽乳业公司销售额 1 亿元，吉林省金财乳业公司销售额 3953.1 万元，吉林省新高乳业公司销售额 5810.04 万元，吉林农大乳品厂销售额 2.4 万元，吉林市春光乳业公司销售额 4112 万元，白城市阿宝乳品厂销售额 60 万元。

本地 2009 年巴氏消毒奶、UHT 奶、奶粉、酸奶的产量分别为 5000 吨、5000 吨、1380 吨、50000 吨，与 2008 年持平。

【市场与消费】本地区 2009 年城镇居民人均奶制品（折合成原料奶）消费量 20.81 千克/人，其中鲜乳品 11.07 千克/人，奶粉 0.46 千克/人，酸奶 4.30 千克/人。本地区 2009 年农村居民鲜奶购买量 1.49 千克/人，奶及奶制品消费量 2.49 千克/人。

【奶源基地建设】2009 年奶牛存栏 1～5 头的有 15511 个场（户）、6～20 头的有 9562 个场（户）、21～100 头的有 3604 个场（户）、101～200 头的有 186 个场（户）、201～500 头的有 137 个场（户）、501～1000 头的有 25 个场（户）、1000 头以上 9 个场（户）。

奶牛养殖小区 265 个，奶牛存栏 7.98 万头；其中新建小区 31 个，奶牛存栏 1.43 万头。

2009 年本地区机械化挤奶达到 85%，分散饲养集中机械挤奶的奶站 240 个，辐射到 1.5 万个农户，12 万头奶牛。

2009 年共有奶站 302 个，其中企业自建的 83 个，合作社建设 211 个，其他 8 个。奶站平均日收奶 1400 吨。

奶站清理整顿的情况：吉林省全面贯彻落实《乳品质量安全监督管理条例》和国家《奶业整顿和振兴纲要》精神，加大对生鲜乳收购站清理整顿力度，加强了奶站的监管力度。一是生鲜乳收购站得到了进一步清理整顿。二是生鲜乳收购站许可证制度全面实施。三是个体收购站和流动收奶点整治成效显著。四是机械化挤奶程度有所提高。五是生鲜乳收购站规范化标准化建设大幅度提升。

2009 年共改良各种牛群 3.6 万头，使用冷冻精液 33 万剂。

吉林省建有稳定的动物防疫体系，省、市、县设有动物卫生监督所、动物疫病预防控制中心，县、乡、村三级动物防疫网络设有防疫协助员，对奶牛进行口蹄疫、布氏杆菌病、结核病等疫病加强了防控，对检出的阳性牛采取扑杀政策，财政予以补贴。

饲草饲料情况：人工牧草种植面积 49.3 万公顷，其中苜蓿草 18.6 万公顷；专用青贮玉米种植面积 20.4 万公顷，有青贮窖 33.2 万个，共 781.3 万立方米。

奶牛配合饲料的生产企业 471 个，年产奶牛配合饲料 75 万吨。

全省奶业的发展呈现以下四个特点：一是饲养总量扩张迅速。截止 2009 年末，全省奶牛饲养量将达到 35 万头以上，二是奶牛质量逐步提高。产奶奶牛平均产奶量达到 4.4 吨，奶类总产量达到 87.8 万吨，三是规模饲养比重不断加大。全省共有奶牛养殖场（小区）265 个，饲养 200 头奶牛以上的养殖场（小区）169 个，四是区域化发展趋势明显。奶牛饲养主要集中在吉林省的西部和中部地区。原因所在是政府政策支持的多，奶农认识程度提高。

【支持政策】

（1）吉林省畜牧业管理局关于贯彻《奶业整顿和振兴规划纲要》的实施方案。

主要内容：明确了今后一个时期内全省奶业发展的阶段性目标和工作方针，明确了奶业发展的各项工作任务和责任，制定了促进奶业发展的各项措施，加大对生鲜乳收购站清理整顿力度，加强了奶站的监管力度。

（2）《吉林省人民政府关于实施奶业补助加快恢复奶业健康发展的意见》。

主要内容：对符合标准的新建奶站实施补助的政策，积极鼓励和扶持乳品加工企业、奶牛养殖场、奶农合作社兴建标准化生鲜乳收购站。

对存栏产奶奶牛每头一次性补助 200 元。

对从国外、省外新购进的奶牛（包括省外规模迁移到吉林省饲养的奶牛）每头一次性补助 1000 元。

对符合规划和标准的新建榨奶站给予补助 20 万元。

对奶牛布病、结核病检疫监测，检出的染疫病牛全部扑杀并作无害化处理，经费由省财政负担 60%。

（3）吉林省生鲜乳收购站建设暂行标准。

主要内容：结合吉林省实际情况，根据《乳品质量安全监督管理条例》、《奶业整顿和振兴规划纲要》的要求，参照《生鲜乳收购站标准化管理技术规范》和《奶牛标准化规模养殖生产技术规范》，制定了标准。

【奶农协会建设】奶农协会共11个，包含农户3943个，存栏奶牛39012头；奶农合作社共261个，包含农户6578个，存栏奶牛48046头。

吉林省为了扶持奶业，在发展合作经济组织上出台了很多优惠政策，从农业、工商、环保、卫生等相关部门登记上给予大力支持，鼓励奶农发展合作社，在科技立项上优先于农民专业合作社，农民的积极性特别高。一是与政府的政策对接，设专人整理各种信息，有利把握有关政策；二是与龙头企业对接，与大公司洽谈，争取享受饲料最低的优惠价格和更高奶价；三是与技术部门对接，与各大专院校建立合作，聘请专家、教授举办各类培训班，使农户不但懂得饲养技术，还及时了解奶牛产业的发展方向；四是与金融部门对接，与信用社沟通，利用户联保的形式为农民解决贷款资金，还利用合作社向政府部门申请借款，解决奶牛小区缺少资金问题。

【质量管理】吉林省加强了乳品质量安全监管，加大科技宣传，积极推进奶牛标准化养殖，加强养殖档案管理，要求养殖场（小区）要建立养殖档案，详细记录饲料、兽药采购及使用、疫病诊疗、消毒等，严禁使用违禁兽药、饲料及其添加剂，严格兽药休药期制度。加强奶站监管，严格奶站标准，认真执行生鲜乳收购站持证收奶制度，全省共对302个达标的奶站发放了生鲜乳收购许可证。强化了生鲜乳质量检测。每个季度对奶站、生鲜乳运输车的生鲜乳进行抽样检测一次，主要检测三聚氰胺和抗生素。

（吉林省畜牧总站　付殿国　王英明）

黑龙江省

【奶类生产】本地区2009年奶牛存栏196.97万头，比上年增长40.60%，全部为荷斯坦牛；主要分布的地区（地级市）是哈尔滨市、大庆市、绥化市、齐齐哈尔市，其奶牛存栏数占总存栏数的75.7%，主要分布的县（县级市）是双城市、杜蒙县、安达市、肇东市、富裕县、林甸县、甘南县、青冈县、龙江县、海伦县，其奶牛存栏数占总存栏数的60%。

黑龙江省受到国际金融危机、国内奶业危机和国外大包装奶粉大举进入等影响，奶牛饲养效益下滑。

本地区2009年奶类总产量534.69万吨，比上年同期增长4.26%，其中牛奶528.70万吨，比上年增长4.00%。

奶类总产量增长缓慢原因是受奶牛效益下滑的影响，奶农对奶牛生产饲养投入不足，造成奶产量增长缓慢。

本地区2009年全年的平均奶价为2.41元/千克，同比减少15.1%，春夏秋冬季奶价分别是2.21元/千克、2.02元/千克、1.99元/千克、2.26元/千克，比上年同期降低0.38元/千克、0.53元/千克、0.42元/千克、0.17元/千克。

双城市奶价2.10元/千克，较上年降低0.30元/千克；杜蒙县奶价2.40元，较上年降低0.01元/千克；安达市奶价2.35元/千克，较上年降低0.01元/千克；富裕县奶价2.20元/千克；较上年降低0.15元/千克；肇东市奶价2.38元/千克，较上年降低0.20元/千克；林甸县奶价2.20元/千克，较上年降低0.10元/千克；甘南县奶价2.20元/千克，较上年降低0.15元/千克；泰来县奶价2.20元/千克，较上年降低0.25元/千克。

本地区原料奶收购中无地方保护价。

【乳品加工】2009年本地共有乳品加工企业103个，日处理鲜奶的能力总计达到19301吨，其中外资2个、合资企业1个、地方自建企业100个。

当年新建项目2个、扩建项目1个。

【市场与消费】本地区2009年城镇居民人均奶制品（折合成原料奶）消费量20.09千克/人，其中鲜乳品12.29千克/人，奶粉0.41千克/人，酸奶2.22千克/人。本地区2009年农村居民鲜奶购买量1.71千克/人，奶及奶制品消费量2.92千克/人。

当地质检部门抽检情况：经国家和省质监部门对黑龙江省奶粉和液态奶生产企业进行产品抽查和检查，全部合格。

【奶源基地建设】2009年本地区奶牛存栏1～4头的有192442个场（户）、5～19头的有125558个场（户）、20～99头的有11923个场（户）、100～199头的有688个场（户）、201～499头的有197个场（户）、500～999头的有62个场（户）、1000头以上27个场（户）。

奶牛养殖小区939个，奶牛存栏43.3万头；其中新建小区89个，奶牛存栏10万头。

2009年本地区机械化挤奶达到76.3%。

2009年共有奶站3221个，其中企业自建的2188个，合作社建设639个，其他394个。

奶站清理整顿的情况：按照农业部的部署，黑龙江省畜牧兽医局对省内所有生鲜乳收购站进行了清理整顿，全部取缔了流动收奶点，向奶站核发了生鲜乳收购许可证。生鲜乳收购站标准化规范化建设正在积极推进中。

饲草饲料情况：专用青贮玉米种植面积24.2万公顷，有青贮窖11万个，共1888.24万立方米。

目前全省饲养泌乳母牛5头以上的奶牛户有13.94万个，奶牛小区增加到939个。政府扶持和引导广大农户改变兼营兼业习惯，逐步向专业化饲养方向转变，重点发展专业养殖大户、规模化牧场和规范化小区，特别是对股份制牧场和规范化小区建设予以扶持，在用地、规划、技术、信息和销售等方面搞好指导和服务，提高了黑龙江省畜牧业规模化、专业化和标准化水平，支撑龙头企业发展。同时，加强对各类专业化小区的建设指导和运行管理，全面推行“统一规划建设，统一饲养品种，统一技术标准，统一生产管理和统一环境治理”模式，加强环境治理，强化疫情监控，提高规范化管理水平。

【重要建设项目】

本地区2009年区内企业自建项目3个。

(1)飞鹤（甘南）二期项目，日处理鲜奶300吨，投资额2.2亿元。

(2)飞鹤乳业日处理300吨液奶项目，日处理鲜奶300吨，投资额3000万元。

(3)飞鹤龙江二期项目，日处理鲜奶1000吨，投资额6.9亿元。

【奶农协会建设】共有奶农经济合作组织399个，会员共计399个。

目前，黑龙江省奶业经济合作组织建设目前还处于起步阶段，存在着奶业合作组织数量少、规模小，覆盖面不广、管理机制不健全、组织管理体制不顺畅、政策扶植力度不大等问题，就黑龙江省的现状而言，奶业合作组织的发展壮大任重道远。建议：各地政府应积极探索奶牛专业合作组织培育发展途径，努力营造有利于合作组织健康发展的环境；发挥优秀奶农合作组织的典型示范作用，通过观摩的经验交流，提高奶农成立和加入奶业合作组织的积极性；已有专业合作经济组织有待规范，进一步强化民办、民管、民受益的思想，健全各项管理制度。

【奶业科技】见表18-1。

表 18-1　2009年黑龙江省通过省部级鉴定和当年执行的省部级奶业科研项目

项目名称	执行单位	完成人	获奖情况
奶牛瘤胃营养调控技术的研究与开发	东北农业大学	单安山等	获2009年省科技进步二等奖
黑龙江省畜禽重要疫病预测预报	黑龙江省兽医卫生防疫站	虞塞明等	获2009年省科技进步二等奖
饲草饲料种质资源利用的研究	黑龙江省八一农垦大学	杨焕民等	获2009年省科技进步三等奖
快速扩繁优质高产奶牛核心群技术	黑龙江省畜牧研究所	王洪宝等	获2009年省科技进步三等奖
北方寒地农区牧草与饲料作物产业化技术研究	东北农业大学	崔国文等	获2009年省科技进步三等奖

【学生奶计划】为做好学生饮用奶计划相关工作，黑龙江省早在2001年便成立了“黑龙江省中小学生豆奶饮用奶和营养餐计划协调领导小组”，负责全省学生饮用奶计划的组织、协调、规划和指导工作。领导小组由黑龙江省政府有关领导任组长，成员由教育厅、财政厅、卫生厅、物价局、质量技术监督局、畜牧兽医局等单位组成；领导小组下设办公室，设在省教育厅，负责综合协调及组织实施工作。按照部门分工，黑龙江省畜牧兽医局主要负责对国家学生饮用奶办公室的业务联系，组织相关部门做好立项、奶源基地建设及奶源保障等工作。截至到目前，全省2家企业获得学生饮用奶定点生产企业资格，即黑龙江完达山哈尔滨乳品有限公司和黑龙江龙丹乳业科技股份有限公司；开展学生饮用奶工作的学校仅有69所，全省日配送学生奶5万份，配送额仅占在校中小学生总额的1.4%，低于全国平均水平，和黑龙江省奶业大省的地位极不相称，在黑龙江省推进“学生饮用奶计划”具有很大潜力。

【大事记】1月13日　2009年度全国生鲜乳质量安全监测工作培训班在哈尔滨市举办，由农业部奶业管理办公室和农业部奶及奶制品质量监督检验测试中心主办、黑龙江省兽药饲料监察所承办。来自全国30个省（自治区、直辖市）的33家质检机构领导及检验人员共计104人参加了此次培训。

5月11～18日　中国奶业协会和黑龙江省奶业协会共同进行了全省规模化奶牛场调研。对全省24家200头以上的规模化牧场进行实地走访，通过问卷调查、座谈、现场参观等方式，了解到全省规模化奶牛场发展现状。

7月26日　飞鹤乳业克东工业园区液态奶扩建项目举行开工仪式，项目总投资额6000万元，生产规模为日处理鲜奶300吨，计划2010年1月投产。

9月16日　中国奶业协会理事长刘成果来黑龙江省考察奶业发展情况。

（黑龙江省奶业协会　阿晓辉）

哈尔滨市

【奶类生产】2009年奶牛存栏46.5万头，全部为荷斯坦牛；分布在哈尔滨市郊区，其奶牛存栏数占总存栏数的28%，分布在双城、尚志、五常，其奶牛存栏数占总存栏数的71%。

2009年全市奶牛存栏46.5万头，比2008年增长0.2%。受外部经济环境、饲料和人工成本上涨等原因，奶牛生产发展速度放缓甚至将出现倒退，奶农效益处于亏损状态。奶牛存栏有下降趋势。

2009年奶类总产量138.9万吨，比上年同期增长0.9%，其中商品奶类（企业收购）90万吨。

原料奶收购价格：2009年全年的平均奶价为2.25元/千克，同比减少10%，春夏秋冬季奶价分别是2.1元/千克、2.1元/千克、2.3元/千克、2.4元/千克，比上年同期减少0.6元/千克、0.5元/千克、0.4元/千克、0元/千克。

2009年散户平均收购价每千克2.25元，个别地区散户收购价达到 2.8 元，奶牛小区价格在 2.8～3.1 元之间，规模场在 3～3.5 元之间。散户收奶价格较去年平均下降 10%，规模场价格与上年基本持平。

【乳品加工】2009 年本地共有乳品加工企业 16 个，日处理鲜奶的能力总计达到 5600 吨，其中外资 1 个、合资企业 1 个、地方自建企业 14 个。

当年新建项目 1 个，日处理鲜奶能力为 300 吨。

【市场与消费】本地区 2009 年城镇居民人均奶制品（折合成原料奶）消费量 26.42 千克/人，其中鲜乳品 15.71 千克/人，奶粉 0.76 千克/人，酸奶 4.20 千克/人。

【奶源基地建设】2009 年奶牛存栏 1～5 头的有 18415 个场（户）、6～20 头的有 25374 个场（户）、21～100 头的有 2924 个场（户）、101～200 头的有 92 个场（户）、201～500 头的有 56 个场（户）、501～1000 头的有 15 个场（户）、1000 头以上 10 个场（户）。

奶牛养殖小区 129 个，奶牛存栏 52094 头。

2009 年本地区机械化挤奶达到 65%，分散饲养集中机械挤奶的奶站 214 个，辐射到 1.8 万个农户 25 万头奶牛。

2009 年共有奶站 329 个，奶站平均日收奶 2500 吨。

2009 年共改良各种牛群 25.06 万头，使用冷冻精液 50.12 万剂。

饲草饲料情况：人工牧草种植面积 2000 公顷，其中苜蓿草 1000 公顷；专用青贮玉米种植面积 3.64 万公顷，有青贮窖 2500 个，共 30 万立方米；奶牛配合饲料的生产企业 140 个，年产奶牛配合饲料 40 万吨。

【支持政策】优惠贷款：国家奶牛标准化规模养殖场建设项目，市级 3 牛场获得 150 万扶持资金。

【奶农协会建设】奶农协会共 34 个，包含农户 1823 个，存栏 11081 头奶牛。

（哈尔滨市畜牧兽医局　孙桂霞）

大庆市

【奶类生产】2009 年大庆市奶业紧紧围绕省里千万吨奶工程规划战略部署，大力加快安全优质奶业基地建设。奶牛存栏 43 万头，同比增长 16.8%。

2009 年奶牛单产平均达到 5.85 吨，鲜奶产量达到 132.7 万吨，同比增长 16.5%。围绕奶业发展，主要抓了以下 7 个方面的工作。

（1）积极开展免疫注射。为保护奶业健康发展，不断加大防疫工作力度，积极创新工作方法，采取划定防疫责任区和区域联防联动的方式，全市划分了 231 个防疫责任区，集中时间、集中力量开展免疫注射工作，保证了全市奶牛重大动物疫病免疫密度达到了 100%，常规动物疫病免疫密度达到了 95%以上，确保了全市疫情稳定。同时，从改善基层防疫员的工作环境和服务手段入手，高标准完善了 100 个村级服务室，加强了房屋和冷链系统等基础设施建设。

（2）加大新品种新技术引进推广。奶牛继续加大建档和选种选配力度，累计完成建档 39 万头，全年共发放国家良补冻精 40 万剂。扩大 DHI 参测面。为了更好地发挥市奶牛生产性能测定中心的服务功能，使更多养殖户受益，我们又进一步扩大了 DHI 测定技术推广面，参测规模牛场、小区和大户达到了 30 个，参测奶牛 6500 头，增产鲜奶 1750 吨，直接促进农民增收 440 万元。

（3）改良中低产奶牛。依托全市 5 个弗莱维赫乳肉兼用牛品种改良示范点，积极推广使用弗莱维赫品种冻精改良中低产奶牛，使其既能产奶又能产肉。为了把这项工作做好，市家畜良种繁育中心依托奶牛档案数据库，建立了弗莱维赫品种牛的繁育改良档案。全年共补贴发放弗莱维赫冻精 3 万剂，改良中低产奶牛 1.5 万头。目前，全市弗莱维赫改良后代已达到 4000 多头。

（4）稳定鲜奶市场。为了保护奶业发展成果，摆脱“三鹿”事件带来的不利影响，市政府召开了全市推进乳业发展座谈会，成立了生鲜乳价格协调委员会。辖区内乳品加工企业按照会议要求，配备了必要的检测检验设备，对所属的奶站全部派驻了质量监管人员，严把生鲜乳收购关。进入三季度以后，全市鲜奶日产量不断增加，销售价格普遍上涨，生鲜奶购销市场运行平稳，没有出现较大波动。

（5）大力发展规模经营。把发展规模经营作为提高奶牛标准化生产水平的前提和基础，全市上下通过鼓励引导、政策扶持，加快了各类规模化养殖小区建设步伐。其中，仅林甸县今年就新建奶牛养殖小区 10 个，建标准化牛舍 56 栋，占地面积 33.6 万平方米，可容纳奶牛 1.1 万头。到年底，全市奶牛标准化规模养殖小区（场）已达到 56 个。

（6）推广普及养殖新技术。依托八一农大，采取专家讲座、现场指导等办法，从普及科学饲养管理规程入手，推广应用了一批科学饲养管理技术。特别是针对奶业发展出现波动的实际，中国奶协、黑龙江省奶协在大庆市举办了奶牛饲养管理技术培训班，对奶牛标准化养殖技术、TMR 机械使用技术等进行了指导和培训。全年共举办各种养殖技术培训班 102 期，培训人数 4.6 万人次，发放各种技术资料 1.5 万余册，有效提高了养殖户科学饲养管理水平。

（7）提高奶站机械化水平。争取国家补贴资金 94 万元，市政府补贴资金 50 万元，扶持了 21 个奶站的机械化改造。2009 年全市新建改建机械化奶站 176 个，机械化奶站达到了 617 个，占固定奶站的 94%，其中有 352 个已发放许可证。

（大庆市畜牧兽医水产局　于忠诚）

绥化市

【奶类生产】本地区2009年奶牛存栏44.9万头，其中荷斯坦牛40万头，改良牛4.9万头；主要分布的县（县级市）是安达、肇东、青冈、海伦和北林，其奶牛存栏数占总存栏数的97%。

2009年在全国奶牛生产下滑期间，绥化市顶住压力，保持稳中有升发展形势。原因：一是奶牛养殖历史悠久，奶牛业是绥化市市域经济和确保农民增收的支柱产业。二是龙头企业拉动力度大，全市拥有乳品企业18家，日处理鲜奶能力达到2400吨，年加工处理鲜奶能力达到90多万吨，生产乳制产品达到200多个品种，全市乳品加工企业年可创产值在10亿元以上。三是畜牧生产标准化水平稳步提高。繁育改良优质化，防疫灭病秩序化，草原饲料充足化，畜牧服务全面化。四是严格抓好畜产品质量安全。五是建立健全生鲜乳价格协调机制，保证奶户利益。六是及时兑现奶源基地优惠政策奖励机制。这些使得奶牛养殖在安达保持了稳中有升的发展形势。

本地区2009年奶类总产量103.8万吨，比上年同期增长16.3%。牛奶总产量中牛奶102.7万吨，比上年增长16.1%。

2009年1～2月份，奶价平均为2.5元/千克；3月份下降为2.35元/千克；4月份为2.3元/千克；5～9月份为2.2元/千克；10月份开始回升为2.4元/千克；11月份2.5元/千克；12月份2.65元/千克。

本地区2009年全年的平均奶价为2.35元/千克，同比增加-6%，春夏秋冬季奶价分别是2.45元/千克、2.2元/千克、2.3元/千克、2.55元/千克，比上年同期增加-0.15元/千克、-0.3元/千克、-0.2元/千克、0.05元/千克。

安达、肇东两市奶源相对集中，价格具有区域代表性，平均价格为2.38元/千克，与上年相比下降6.2%.

【乳品加工】2009年本地共有乳品加工企业18个，日处理鲜奶的能力总计达到2400吨，其中外资3个、合资企业9个、地方自建企业6个。

当年扩建项目1个，日处理鲜奶能力1300吨。

2009年乳品加工生产平稳并有所提升，一是加大了奶源市场规范打击力度，保证生鲜乳质量安全；二是实行了鲜奶价格协调机制，消费者从国外品牌又转到了国内品牌，从而拉动了国内乳业的发展。

【奶源基地建设】2009年，本地区奶牛存栏、6～20头的有14469个场（户）、21～100头的有753个场（户）、奶牛养殖小区82个，奶牛存栏65428头。

2009年共有奶站642个，其中企业自建的346个，合作社建设87个，其他209个。奶站平均日收奶1418.9吨。

按照国家和省加强奶站整顿的要求，集中时间，集中人力，对全市642个奶站进行了彻底检查和清理，摸清了底数，明确了奶站的经营主体，关闭了48个不合格奶站，对31个奶站提出整改措施，对经营主体合格的642个奶站全部核发了生鲜乳收购许可证，消除了散收散榨、掺杂使假行为，保持了鲜奶市场稳定，杜绝了生鲜乳质量安全事件发生。

2009年共改良各种牛群40万头，使用冷冻精液78.6万剂。

【疫病防治情况】一是加强动物疫病防控组织领导。年初以来，市委、市政府对动物疫病防控工作高度重视，把防治牲畜口蹄疫、高致病性禽流感和高致病性蓝耳病作为一项政治任务来抓，市政府和市畜牧兽医局制定下发了《绥化市2009年动物防疫工作要点》、《绥化市2009年春防工作方案》、《绥化市畜牧兽医局流行病学调查方案》、《绥化市重大动物疫病区域督导责任制》、《2009年绥化市动物疫病监测工作计划》，完善了市重大动物疫情应急预案，指挥部下发了学习新法通知。全市各县（市、区）也高度重视防疫工作，政府主要领导亲自挂帅，亲自部署，使动物防疫工作得到组织保障。肇东市提出了“防疫重于发展”的工作思路，庆安县乡镇动物防疫工作由乡镇长亲自抓，年末由县畜牧兽医局和县实绩考核办统一进行考核，实行末位淘汰制，青冈县政府提出了“发展畜牧，防疫先行”的口号，每年发的第一个文件就是动物防疫工作，2009年又把动物防疫工作单独列为政府年末考核奖励行列中。二是增加资金投入，保证防疫工作开展。针对2009年防疫情形势严峻的问题，早布置、早动手、早落实，在年前及时下发了春防工作方案，进行部署，积极落实防疫资金和应急资金，及时向省站重新上报了全年所需的疫苗数量，搞好疫苗、物资储备。据统计，一年来全市在省站共取回口蹄疫1540.1万毫升，禽流感疫苗2828.5万毫升，保证了按时购苗、按时免疫注射。各县（市、区）在增加资金投入的同时，妥善解决了防疫员工资问题，调动了防疫人员工作积极性。三是培训防疫人员。各地每年都对村级动物防疫员统一组织业务培训，有的还聘请了省市专家授课，进行考试考核，做到持证上岗。全市共举办各类培训班50多次，培训人数达1万多人次。同时充分利用电视、广播、拉过街条幅、采取讲座、问答等形式对《动物防疫法》进行广泛宣传。全市共发放宣传单近6万份，出动宣传车100多台次。四是搞好疫情监测。按照省里的要求，我们组织人员分别深入到安达、肇东、兰西、明水四个市县，对6个规模养畜禽场、2个活禽交易市场、2个生猪屠宰场、3个行政村散养户进行采血抽样监测，共采集血样1704头份，送交省里，对A型口蹄疫疫情进行监测，免疫效果均达到要求。在6月10日我们组成由10县（市、区）疾病控制中心主任参加的联合检查组深入到各县（市、区），利用半个月时间，对全市疫病防控、检验化验、疫病监测等进行了联合大检查，通过检查促进了疫病防控标准化建设，提高了基层的疫病检验、检测能力。由于措施到位，2009年全市畜禽免疫密度高、效果好，没有重大动物疫情发生，确保了畜牧业生产安全。

人工牧草种植面积33288公顷，其中苜蓿草326公顷；专用青贮玉米种植面积32862公顷，有青贮窖38260个，共28万立方米。

针对4、5月份奶业比较严峻的生产形势，组成专门调查组，深入基层进行调查研究，形成了奶牛生产的调查报告，上报省畜牧兽医局和市委市政府，引起领导高度重视，省局进行了转发，市政府形成了《关于稳定当前奶牛生产的意见》文件下发各地。为了进一步加快推进奶业生产，市委、市政府于9月8日召开了全市奶牛战略工程建设肇东现场推进会议，结合本地情况，明确责任，落实任务，进一步强化推进措施，加快了奶源基地建设的快速推进。安达市坚持“畜牧立市”战略不动摇，制定规划兴建76个奶牛小区，拿出350万元奖励对畜牧业做出突出贡献的集体和个人。肇东市提出了“一奶三肉”的发展战略，2009年已建成奶牛小区101个。由于全市上下全力推进，使奶源基地建设取得了明显成效。全年新增奶牛6.7万头，新建养奶牛小区13个，新发展200头以上标准化奶牛养殖场15个，新发展150头以上奶牛养殖场32个。

【重要建设项目】本地区2009年建设的奶业项目为：安达市农产品质量安全检验检测站建设项目：总投资400万元，其中国家投资270万元，省财政配套130万元，建设期限：2009年8月至2010年9月，目标是建成以畜产品质量安全检验检测为主，农产品及加工品、水产品质量安全检验检测为辅的检验检测站。根据国家现行标准开展检验检测工作，实现食物安全的全过程监管，确保农产品质量安全。

【奶业法规和条例建设】绥化市人民政府制定下发了《绥化市人民政府关于稳定当前奶业生产的意见》。

【支持政策】优惠贷款：奶牛养殖贷款贴息政策，按央行利率的7%贴息。

【奶农协会建设】奶牛合作组织共90个，包含农户3890个，存栏奶牛80523头。

奶业协会是农民自愿、互助互利、整章建制的基础上，本着民办、民管、民受益的原则，建立的民间组织，在饲料购买、鲜奶销售、疫病防治能够做到统一，更利于奶牛业的发展和养殖户的利益。由于协会成员全是养殖户，同时也受到各个方面的制约，如鲜奶价格，饲料价格，以后的协会发展要吸收奶业发展的各个层次的成员，协调乳品企业、大户、奶牛养殖户的利益关系。

【质量管理】从乳品生产企业、经营市场和养殖户三个环节入手，进行全方位监控，按时按量完成生鲜乳和畜产品质量抽检工作，2009年共完成生鲜乳和畜产品抽样任务245个和60个，送检合格率达100%，实现了畜产品安全的有效监控。

乳品企业由市技术质量监督局负责，实行派驻人员24小时监管，严格产品检测和留样制度，确保企业生产安全。全市的原奶质量安全监管由畜牧局专职负责，明确奶牛养殖者、奶站、乳品加工企业为原奶质量安全第一责任人，建立健全了奶站的各项管理制度，将奶站管理纳入规范化管理阶段；明确了奶站的监管责任制，要求各乳品企业采取人驻站、人盯站、人盯车、奶罐用铅封等多种形式，层层把关，保证原奶的质量安全，做到每个奶站都有企业人员管理或监督管理。

（黑龙江省绥化市畜牧兽医局　翟振双　裴立峰）

上海市

【奶类生产】2009年奶牛存栏6.4万头，比上年增加6.9%，其中成乳牛3.0万头，全部为荷斯坦牛；主要分布在南汇、奉贤、金山三区和崇明县，其奶牛存栏数占总存栏数的36.4%。光明食品集团（奶牛场分别位于崇明、金山、奉贤与江苏大丰县上海农场内），奶牛存栏数占总存栏数的50%。

2009年存栏奶牛比2008年59839头增加了4151头，增加的主要原因是光明食品集团在江苏大丰县上海农场内发展了一些奶牛（以上数量包括上海市内及上海掌控经营权、奶源纳入上海，在异地养殖的奶牛）。

本地区2009年奶类总产量23.29万吨，比上年同期持平。

原料奶收购价格：上海原料奶价格实行按质论价，具体情况如表18-2。

其他指标：

（1）牛奶抗生素残留量检测为阴性的判为“合格奶”；若为阳性，判为“不合格奶”。

（2）牛奶黄曲霉毒素M1残留量≥0.5毫克/千克的，判为“不合格奶”。

（3）牛奶亚硝酸盐含量>0.2毫克/千克的，判为“不合格奶”。

季节性浮动价：1～4月份下浮0.12元/千克；7～10月份上浮0.15元/千克

【乳品加工】2009年本地共有乳品加工企业14个，日处理鲜奶的能力总计达到2340吨，其中外资2个、合资企业6个、地方自建企业6个。

乳品企业总销售额为104.21亿元；主要企业的销售额和利税：光明乳业销售额74.92亿元，利税1.90亿元；多美滋销售额36.48亿元；惠氏销售额3.48亿元，利税8307万元。

当年新建项目1个、扩建项目4个，日处理鲜奶能力分别为35吨、1648吨。

表 18-2 2009 年上海市原料奶按质论价体系

基准价价格计算				
2009 年 1 月 1 日按物价局平均每千克 3.38 元标准价测算：7 月 1 日起按 3.30 元计 计算方法：脂肪含量×脂肪单价+蛋白含量×蛋白单价=每千克生奶价格				
1%脂肪单价（元）	1%蛋白单价（元）	标准价（元）	脂肪比例	蛋白比例
0.545～0.532	0.573～0.559	3.38～3.30	50%	50%
细菌数计价标准				
细菌数范围	每千克奖（元）	每千克扣（元）		
<10 万/毫升	1 月 1 日起奖 0.08；7 月 1 日起奖 0.04			
10 万～40 万/毫升	不奖不扣			
40 万～200 万/毫升		扣 0.04		
体细胞数计价标准				
体细胞数范围	每千克奖（元）	每千克扣（元）		
≤50 万/毫升	奖 0.05			
50 万～75 万/毫升	不奖不扣			
>75 万/毫升		1 月 1 日起扣 0.01；9 月 1 日起扣 0.05		
冰点				
-0.500～-0.504	扣 0.04			
-0.505～-0.507	扣 0.02			
-0.508～-0.549	不奖不扣			
≥-0.499	可以拒收			
≤-0.550	可以拒收			

【产品结构】本地 2009 年巴氏消毒奶、UHT 奶、奶粉、酸奶的产量分别为 16.15 万吨、2.05 万吨、3.54 万吨、20.78 万吨，同比增长 39%、-91%、-10.1%、-10.5%。

【市场与消费】本地区 2009 年城镇居民人均奶制品（折合成原料奶）消费量 36.27 千克/人，其中鲜乳品 23.55 千克/人，奶粉 0.28 千克/人，酸奶 6.36 千克/人。本地区 2009 年农村居民鲜奶购买量 5.40 千克/人，奶及奶制品消费量 7.02 千克/人。

【奶源基地建设】2009 年，本地区奶牛存栏 21～100 头的有 4 个场（户）、101～200 头的有 32 个场（户）、201～500 头的有 57 个场（户）、501～1000 头的有 18 个场（户）、1000 头以上 12 个场（户）。

奶牛养殖小区 1 个，奶牛存栏 300 头。

机械化挤奶：上海全部为规模牧场，没有分散养殖集中挤奶的奶站，2009 年本地区机械化挤奶达到 100%。

【品种改良情况】2009 年本地使用冷冻精液 4 万剂；共生产冷冻精液 360 万剂，大部分销往外地；共进口奶牛胚胎 200 枚。

【疫病防治情况】结核病、布氏杆菌病、炭疽等病按规定定期检疫，预防接种及依法处理。

饲草饲料情况：专用青贮玉米种植面积 3800 公顷，有青贮窖 150 个，共 17 万立方米。

奶牛配合饲料的生产企业 6 个，年产奶牛配合饲料 12 万吨，主要生产企业有上海鼎牛饲料有限公司、上海光明荷斯坦牧业公司、上海爱农饲料公司、上海延华生物科技有限公司。

【重要建设项目】

2009 年主要项目情况：

（1）上海牛奶集团（大丰）海丰奶牛场有限公司（1 期）1 万头，项目规模养殖奶牛，投资额 3.5 亿元，启动时间 2008 年 3 月，预计完工时间 2009 年 6 月。

（2）上海长江二奶牛场改造，项目规模 2000 头，投资额 1 亿元，启动时间 2009 年 1 月，预计完工时间 2010 年 8 月。

（3）牛奶集团 TMR 项目，项目规模 3 万头，投资额 4000 万，启动时间 2009 年 10 月，预计完工时间 2011 年。

（4）标准牧场改造，项目规模 2 个场 3000 头，投资额 2000 万，启动时间 2009 年 1 月，预计完工时间 2009 年 12 月。

（5）新建：发酵 TMR，项目规模 100 吨，投资额 100 万元，启动时间 2008 年 9 月，预计完工时间 2009 年 12 月。

【支持政策】

良种支持：（1）对 DHI 的补贴；（2）对上海的每头可繁母牛补贴冷冻精液 30 元。

其他政策：（1）后备牛每头补贴 700 元；（2）对奶牛生产实行保险补贴；（3）对奶牛场的电费等实行补贴。

【奶农协会建设】奶农协会共 1 个（宝山）；奶农合作社共 5 个。

合作组织建立后进行饲料团购可降低成本。问题是贷款和融资有困难，希望给予政策扶持。

【质量管理】2009 年上海的原料奶继续执行第三方检测、按多项质量指标综合计算收购价的办法。2009 年 1 月 1 日起每千克平均基准价 3.38 元，7 月 1 日起按 3.30 元计价（详见表 18-2）。由于实际收奶时，乳脂率（3.47%）、乳蛋白质（3.11%），大多数超过国家标准；其他安全指标、卫生指标达标比例也比上年提高，奖励价多于罚扣款数额，所以实际平均收奶价高于基准价。

根据本地的气候与养殖成本，以及牛奶市场的供求情况，上海牛奶收购同时实际季节性浮动价，按上海市物价局规定，2009 年 1～4 月份，牛奶收购下浮 0.12 元/千克，7～10 月份上浮 0.15 元/千克，5～6 月和 11～12 月份实行基准价。

【奶业科技】见表 18-3

表 18-3 2009 年上海市奶业科技项目进展

项目名称	执行单位	完成人	研究进展	应用情况
中央财政现代农业生产发展资金	光明食品集团	张克春	2009 年开始执行	6469.3 万元已到位，执行中
上海星火富民科技工程"十一五"国家科技支撑项目子课题	庆华生态奶牛场	朱庆华	项目已完成	生产中已应用（两个实验室）
南方城市现代奶业生产技术集成及产业化示范	上海牛奶集团	上海奶牛研究所	执行中	60 万
公益性农业科研专项经费		上海奶牛研究所	执行中	10 万

【大事记】

1 月 《长三角奶业》杂志创刊。原由上海奶业行业协会主办的《乳业科学与技术》实用技术版杂志，自 2009 年 1 月起更名为《长三角奶业》；并由上海、江苏、浙江奶协（2010 年 1 月又增补安徽省奶业协会）共同主办。这是国内省市奶协之间合作联办的第一本业内跨区域的会刊。

8 月 第三届长三角奶业论坛举行。在苏浙沪奶协的共同筹划下，"第三届长三角奶牛技术与管理论坛暨产品展示会"在南京成功举行。该论坛首届 2007 年在杭州，第二届 2008 年在上海举行。论坛对推动泛长三角地区奶业的健康发展，促进奶牛新技术的应用和交流，加强经济合作等方面发挥了积极的作用。

11 月 10 日 上海建成国内规模最大的 DHI 测试中心。由"国家发改委项目"购置的 CombiFossFT+200 牛奶综合分析仪正式交付使用。上海奶牛育种中心有限公司的 DHI 测试线由此增至三条。可同时测定牛奶中含脂率、蛋白率、乳糖、体细胞数、尿素氮等指标。日测试样品可达 3000 个，2009 年共测试样品 42 万个，当年新增合作牧场 19 个。成为测试样品数和服务牧场数国内排名第一的 DHI 测试中心。

（上海市奶业行业协会 董德宽 季爱华）

江苏省

【奶类生产】本地区 2009 年奶牛存栏 18.90 万头，比上年增长 12.58%，同时，受土地、劳动力成本、环保压力加大等因素影响，苏南地区奶牛向苏中苏北地区转移步伐加快。2009 年末，无锡、苏州两市奶牛存栏同比分别减少 0.86 万头、0.36 万头，降幅分别为 47.6%和 13.3%，而徐州、宿迁两市奶牛存栏同比增加 0.56 万头、0.53 万头，增幅分别为 9.6%和 43.7%。

2009 年奶类总产量 55.4 万吨，同比下降 9.25%，全部为牛奶。牛奶产量有所下降，奶牛单产水平稳步提高。成年母牛平均单产 6151 千克，同比增长 1.5%。46 个规模奶牛场（奶牛小区）中，奶牛单产达到 7000 千克以上的高产奶牛场（小区）为 11 个，占 24%，奶牛单产在 7000～6000 千克的奶牛场(小区)为 16 个，占 35%，奶牛单产在 5999～5000 千克的奶牛场(小区)为 12 个，占 26%，奶牛单产在 5000 千克以下的奶牛场（小区）7 个，占 15%。

生鲜牛奶收购价上涨，奶牛养殖效益受到饲料涨价挤压。江苏省 2009 年度生鲜牛奶平均收购价格为 2.89 元/千克，比 2008 年度上涨 0.04 元/千克，涨幅 1.4%。从季节来看，春、夏、秋季全省平均奶价分别为 2.83 元/千克、2.90 元/千克、2.95 元/千克。从地区来看，苏南地区为 2.92 元/千克，苏中地区为 2.88 元/千克，苏北地区为 2.80 元/千克。

【乳品加工】乳品加工企业积极进行改扩建项目，乳品加工能力及奶牛养殖水平提高。2009 年，维维集团投资 4200 万元，新增花生牛奶复合蛋白饮料线，生产能力达 500 吨/日。南京卫岗乳业有限公司投资 351 万元，新购新鲜杯机、壶奶灌装机、袋奶机、单杯机等。南通红梅乳业有限公司投资 835 万元，新建溧阳竹箦牧场。江阴市美天奶业有限公司投资 15.3 万元，购置直冷式贮奶罐。

江苏省奶业以鲜奶(巴氏杀菌奶)和酸奶等冷链产品为主，以送奶入户和奶点为主要销售渠道，呈现出鲜明的城市型乳业特征。乳品加工企业与奶源基地联系紧密，品牌知名度和社会信誉度较高。全省现有 60 多家中等规模以上的乳品加工企业，拥有以南京卫岗、维维、徐州绿健、常州红梅、苏州创元双喜等为代表的一批龙头企业和知名品牌，产业质态良好。

（1）乳品加工总量持平略增，多数乳制品保持增长。据对全省 22 家大型乳品企业的生产统计，2009 年乳品总产量达 102.3 万吨，比 2008 年上升 8.0%。各类乳品的生产情况如表 18-4：

表 18-4 2009 年江苏省各类乳品生产情况

产品类别	2009 年产量（吨）	同比（%）
巴氏奶	240179.2	4.6
灭菌奶（UHT 奶）	245192.5	4.1
酸奶	193500.3	9.4
强化营养奶	6297.3	-16.9
果味奶	1596.11	23.3
含乳饮料	332429.2	4.4
奶粉	1632	-89.2
其他乳品类	1948.7	147.1
合计	1022775.3	8.0

统计表明，2009年江苏省多数种类乳品生产加工保持增长。一是巴氏奶生产扭降为升，比2008年增加4.6%；二是灭菌奶稳步增长，较2008年增长4.1%；三是酸奶产量快速增长，增幅为9.4%；四是含乳饮料生产继续保持增长，增幅为9.4%；五是奶粉产量急剧下降，较2008年下降89.2%，主要是因为2008年受“三鹿奶粉事件”影响，乳制品消费受阻，部分乳品企业被迫加工奶粉，奶粉生产量较常年有较大幅度增加，2009年逐步恢复到常年产量。在各类乳制品中，巴氏奶、灭菌奶、酸奶、含乳饮料分别占乳品总产量的23.5%、24.0%、18.9%、32.5%，合计占全省乳品总产量的98.9%。

2009年度乳品年产量超过万吨的乳品企业达3个，占13.6%，其中乳品年产量超过10万吨的乳品企业为2个（南京卫岗、维维集团），占9.1%；5000～10000吨的企业有1个，占4.6%；低于5000吨的企业为18个，占81.8%。与奶业大省相比，江苏省中小型乳品企业占大多数，需要发挥自身优势，扩大市场份额特别是要抢占本地市场，做大做强，增强抗风险能力。

（2）乳品总产值与销售额同步增长，加工企业总体效益有所回升。据对22家乳品企业的生产统计，2009年乳品企业加工总产值为620575.1万元，同比增长3.7%；乳品销售额达606786.2万元，同比增长3.5%；税额15614.9万元，同比增长1.7%；盈利31827.8万元，同比增长6.6%。乳品加工企业中盈利的有18个，占81.8%，亏损的有4个，占18.2%。有6家企业的盈利额较2008年有所降低。2009年乳品企业生产经营情况如表18-5：

表18-5　2009年江苏省乳品企业经营情况

类别	2009年	与2008年相比（%）
加工总产值（万元）	620575.1	3.7
乳品销售额（万元）	606786.2	3.5
税额（万元）	15614.9	1.7
盈利（万元）	31827.8	6.6

【市场与消费】本地区2009年城镇居民人均奶制品（折合成原料奶）消费量24.00千克/人，其中鲜乳品16.58千克/人，奶粉0.31千克/人，酸奶2.92千克/人。本地区2009年农村居民鲜奶购买量3.38千克/人，奶及奶制品消费量5.86千克/人。

【奶源基地建设】规模养殖加快发展，奶牛养殖逐渐向大中型规模场集聚。2009年末，全省存栏20头以上的规模奶牛场1215个，存栏奶牛18万头，占全省总量的95%，同比增加14个百分点。其中，100头以上的奶牛场291个，存栏14.7万头，占全省总量的78%，同比增加17个百分点。区域优势逐步形成，奶业生产已形成江南奶业经济带和徐连奶业经济带为主向苏中腹地辐射的“两头带中间”生产格局，2009年江南、徐连奶业经济带奶牛存栏量分别占全省总量的30%、36%。徐州奶牛存栏超过6万头，南京、苏州2万头以上，全省奶牛存栏超过2000头以上的县（市、区）22个，5000头以上的县10个。全省有68家奶业养殖企业（场）获得“江苏省生态健康养殖示范基地”称号。

【支持政策】采取综合措施，促进江苏省奶业健康发展。

（1）推行生态健康养殖，提升标准化水平。

（2）强化质量安全监管，提高生鲜乳质量水平。

（3）建立生鲜乳价格协调机制，切实维护奶农利益。确定全省生鲜牛奶交易参考价格，并于2009年8月第一次公布了2.95元/千克的全省生鲜牛奶交易参考价格。引导乳品加工企业与农户签订购销合同，并督促企业按合同价格收购生鲜乳，稳定生鲜乳购销关系，保障了奶牛养殖户的合法权益。

（4）加强技术培训和指导，提高奶牛养殖效益。

（5）加大政策扶持力度，促进奶业健康发展。结合省里实际出台了一系列扶持政策，一是奶牛标准化规模场建设项目补贴。组织全省13个奶牛规模场实施2009年国家奶牛标准化规模场建设项目，中央投资1300万元。二是奶牛良种补贴。争取中央财政补贴资金360万元，对全省12万头奶牛实施奶牛良种补贴项目。三是挤奶机械补贴。2009年，全省共补贴购买挤奶机械79套（台），每套补贴6万元，共补贴474万元。四是各类省级项目补贴。五是奶牛政策性保险。每头保费240元，农户承担40%，其余由各级财政负担，其中省级财政对苏南、苏中、苏北承担比例分别为20%、30%、50%。2009年，全省共投保奶牛2.1万头，投保资金总额504万元，其中省级下达补贴资金148万元。

为了解2009年度全省奶业发展情况，省奶业协会发出“关于开展2009年度奶业行业统计工作的通知”（苏奶协[2010]1号）后，各会员单位及各位理事给予了高度重视，积极填报数据，并及时报送到协会秘书处。协会秘书处根据各地上报的2009年度奶业生产经营情况统计表认真进行了汇总统计与简要分析。

（江苏省奶业协会　华　棣）

南京市

【奶类生产】本地区2009年奶牛存栏2.62万头，全部为荷斯坦牛；主要分布在江宁区，其奶牛存栏数占总存栏数的57.23%。

本地区2009年水牛存栏3.23万头，其中能繁母牛1.24万头；没有奶水牛。

2009年奶牛存栏略有下降，主要原因为城市化进程的加快和新农村建设的逐步推进，部分奶牛养殖场（户）搬迁或转产，同时散户养殖效益低，逐渐退出养殖环节，规模养殖比例提升。

本地区2009年奶类总产量9.34万吨，比上年同期增长 3.44%，全部为牛奶。

卫岗企业推行 DHI 性能测定，牧场单产水平提高，原料奶供应量提高。

本地区 2009 年全年的平均奶价为 2.68 元/千克，同比增加 7.2%，春夏秋冬季奶价分别是 2.65 元/千克、2.60 元/千克、2.7 元/千克、2.75 元/千克。

江宁区原料奶收购价为 2.75 元/千克，较去年增加 10%。

原料奶收购中有基础价，2.8 元/千克。

【乳品加工】 2009 年本地共有乳品加工企业 4 个，日处理鲜奶的能力总计达到 1300 吨，其中地方自建企业 3 个。

乳品企业总销售额为 13.66 亿元；主要企业的销售额和利税：卫岗乳业集团销售额 13.02 亿元，利税 3700 万。

当年扩建项目 1 个，日处理鲜奶能力为 13 吨。

本地 2009 年巴氏消毒奶、UHT 奶、酸奶的产量分别为 10.47 万吨、2.84 万吨、5.08 万吨。

南京卫岗乳业 2009 年销售额达 9 个亿，利润达 2000 多万，市场份额增加，扩大生产，提高生产工艺。

【市场与消费】 本地区 2009 年城镇居民人均奶制品（折合成原料奶）消费量 34.86 千克/人，其中鲜乳品 25.79 千克/人，奶粉 0.47 千克/人，酸奶 3.78 千克/人。

当地质检部门定期抽检市场销售的乳制品，年检合格率达到 100%。

【奶源基地建设】 2009 年本地区奶牛存栏 1～5 头的有 328 个场（户）、6～20 头的有 245 个场（户）、21～100 头的有 209 个场(户)、101～200 头的有 13 个场(户)、201～500 头的有 19 个场（户）、501～1000 头的有 4 个场（户）、1000 头以上 3 个场（户）；奶牛养殖小区 56 个，奶牛存栏 1.5 万头；其中新建小区 4 个，奶牛存栏 1200 头。

2009 年本地区机械化挤奶达到 61%。

2009 年共有奶站 28 个，其中企业自建的 2 个，合作社建设 2 个，其他 24 个。奶站平均日收奶 98 吨。

奶站清理整顿的情况：2008 年南京有 41 家奶站，根据“六个有”原则（有合法的资质；有符合环保和卫生要求的收购场所；有与收购量相应的冷却、冷藏、保险设备；有与检测项目相适应的仪器设备；有合格的培训和健康证明；有卫生管理和质量安全保障制度）进行清理整顿，调整为 28 家，全部持证经营。

2009 年共改良各种牛群 1.54 万头，使用冷冻精液 4.22 万剂。

人工牧草种植面积 2050 公顷；有青贮窖 70 个，共 1.75 万立方米。

由于 DHI 和奶牛冻精良补计划的推行，奶源基地生产水平有了明显的提升，2009 年平均奶牛单产超过 7 吨，其中有 2 个牧场奶牛单产水平达到 8 吨。

【重要建设项目】

2009 年区内企业自建项目 1 个。卫岗乳品技改项目（换设备、环标等），投资额 1000 万元，2009 年底完工。

【支持政策】 地方政府下发：《关于开展 2009 年奶牛标准化规模养殖场（小区）项目前期工作的通知》、关于下达 2009 年标准示范奶站建设补助资金的通知(宁财农〔2009〕011 号宁农政字〔2009〕323 号）、《关于选订 2008 年奶牛良种补贴项目冷冻精液的通知》(苏牧总[2008]16 号)。

良种支持：奶牛良种补贴（冻精）。

政策保险：奶牛保险。

其他政策：奶牛规模养殖场建设；奶站标准站与示范站建设；生鲜乳视频监控系统建设。

【奶农协会建设】 奶农协会共 1 个，包含农户 110 个，存栏奶牛 1500 头；奶农合作社共 10 个，包含农户 426 个，存栏奶牛 3200 头。

合作组织的作用：促进集中饲养，一定程度上提高了奶牛规模养殖比例。

存在的问题：结构松散，没有经济利益捆绑，凝聚力不强。

【质量管理】 抽样检测原料奶样品 345 个批次（检查指标三聚氰胺、淀粉、温度），合格率 100%。

【学生奶计划】 学生奶定点生产企业：南京卫岗乳业有限公司、金阳光乳业有限公司和南京光明乳业有限公司。全市学生饮用奶月均供应量 177.95 万份，推广学校 266 所，南京市学生奶入校率达到 76%，城区达到 96%，学校平均饮奶率达到 35%，最高为 100%。

作为创新点，南京市利用视频监控网络技术，在全省率先开展生鲜乳质量全程视频监管体系建设，使一滴奶从奶牛分泌开始，到奶站储存，到冷链的运输，到进入加工厂生产的每个流程清晰可见，并可实现全程视频资料的调取回放功能。目前，卫岗乳品加工厂监控及运输车辆，卫岗乳品集团的视频监控中心也已经开始运作，对协议收购的 12 家重点奶站和运输车辆 GPS 定位预警基本到位已纳入实时监控，江宁孟北、江南、六合恩典三家奶牛场、奶站监控系统已全部安装到位，全系统处于试运行阶段。

（南京市农业委员会畜牧处　谷成标）

浙江省

【奶类生产】 本地区 2009 年奶牛存栏 6.09 万头，同比下降 6.04%；主要分布在金华、杭州、宁波，其奶牛存栏数占总存栏数的 74.6%，其中尤以金华最多，占 47.8%。

受“三鹿奶粉事件”及金融危机的双重影响，2009 年一季度开始奶牛存栏下降，6 月份由于鲜奶收购价格的提高，养殖效益有所好转。到三季度，奶牛生产快速下滑势头才得到遏止。

本地区 2009 年奶类总产量 19.93 万吨，比上年同期下降 11.46%，全部为牛奶。

奶牛存栏下降是奶产量下降的主要原因。

【乳品加工】浙江液态奶生产以巴氏奶和酸奶为主，2009 年，液态奶产量 28.96 万吨，同比增长 36.94%；干乳制品 5.30 万吨，同比增长 31.29%，其中大约 3 万吨为炼乳，浙江炼乳产量位居全国第一位。

【市场与消费】本地区 2009 年城镇居民人均奶制品（折合成原料奶）消费量 19.31 千克/人，其中鲜乳品 10.89 千克/人，奶粉 0.42 千克/人，酸奶 2.84 千克/人。本地区 2009 年农村居民鲜奶购买量 2.13 千克/人，奶及奶制品消费量 5.58 千克/人。

【奶源基地建设】2009 年，中央继续安排预算内投资，用于支持生猪、奶牛标准化规模养殖场(小区)建设。根据农业部和浙江省发改委的批复，该省共有 5 个奶牛标准化规模养殖场（小区）建设项目获准投资建设，项目总投资 959 万元，其中中央投资 500 万元。

5 个项目共改扩建各类牛舍 6707 立方米，附属用房 2650 平方米；牛粪堆放场 1000 平方米；建运动场 16800 平方米；购置生产等设备 42 台（套、批）；同时配套建设水、电、路、绿化等附属工程。项目建成后年存栏奶牛 4495 头(其中新增加存栏奶牛 700 头)，年产原料奶 19463 吨。

上述项目的建设，有利于提高奶牛标准化规模养殖水平，转变增长方式，促进奶牛生产稳定发展。

【奶站建设与管理】2009 年，该省按照国务院《乳品质量安全监督管理条例》规定，以深化生鲜乳收购站建设与整顿为主要抓手，通过落实监管责任制度、完善台账记录，组织开展宣传培训，并加大了政策扶持与督查工作力度等，全面完成了生鲜乳收购站规范化建设与生鲜乳收购许可证核发工作。截至 2009 年 12 月 31 日，全省已取得生鲜乳收购许可证的单位有 132 家，完成率 100%，其中奶牛专业合作社申办 38 家，奶畜养殖场申办 37 家，乳品加工企业申办 57 家；取缔不符合条件的奶站 10 家，其中对散养户收购的取缔奶站 7 家，奶畜养殖场关停并转而取缔的 3 家。实现了生鲜乳收购站检查率达到 100%，生鲜乳质量安全违规单位查处率达到 100%，生鲜乳中三聚氰胺检测合格率 100%的生鲜乳专项整治目标，生鲜乳价格逐步回升。据 2009 年 12 月份统计监测显示，平均销售价格 3.16 元/千克，价格比上年同期提高近 10%。

（中国奶业年鉴编辑部根据有关资料整理）

安徽省

【奶类生产】2009 年奶牛存栏 6.83 万头，全部为荷斯坦牛；主要分布的地区（地级市）是合肥市、马鞍山市、淮南市等，其奶牛存栏数占总存栏数的 52.30%，主要分布的县（县级市）是长丰、肥东、当涂县、谯城区、大通区，其奶牛存栏数占总存栏数的 49.81%。

奶牛存栏同比增长 9.91%。原因主要有两个方面：一是国家奶牛良种补贴政策支持和安徽省实施奶牛跨越式发展计划，招商引牛补贴政策以及地方政府配套政策的支持。二是乳品加工企业的拉动作用。

本地区 2009 年奶类总产量 20.1 万吨，比上年同期增长 11.06%，全部为牛奶，增加的主要原因是奶牛数量的增加。

原料奶收购价格：本地区 2009 年全年的平均奶价为 2.8 元/千克，同比增加 12.0%，春夏秋冬季奶价分别是 3.0 元/千克、3.0 元/千克、2.6 元/千克、2.7 元/千克，比上年同期增加 0.3 元/千克、0.3 元/千克、0.2 元/千克、0.25 元/千克。

合肥、马鞍山市由于伊利和蒙牛两大乳品加工企业对原料奶的需求量大，周边奶源地规模奶牛场的原料奶售价相对较高，如合肥、六安、蚌埠、马鞍山、淮南等市的规模奶牛场原料奶售价在 3.0～3.2 元/千克，较 2008 年增长 0.3～0.5 元/千克。

本地区原料奶收购中没有地方保护价。

【乳品加工】2009 年本地共有乳品加工企业 32 个，日处理鲜奶的能力总计达到 2700 吨。

当年新建项目 1 个，日处理鲜奶能力为 300 吨。

【市场与消费】本地区 2009 年城镇居民人均奶制品（折合成原料奶）消费量 28.66 千克/人，其中鲜乳品 11.33 千克/人，奶粉 1.05 千克/人，酸奶 8.35 千克/人。本地区 2009 年农村居民鲜奶购买量 0.29 千克/人，奶及奶制品消费量 1.39 千克/人。

【奶源基地建设】

2009 年本地区奶牛存栏 1～19 头的有 2489 个场（户）、20～49 头的有 143 个场（户）、50～99 头的有 57 个场（户）、100～199 头的有 65 个场（户）、200～499 头的有 55 个场(户)、500～999 头的有 12 个场(户)、1000 头以上 11 个场（户）。

奶牛养殖小区 17 个，奶牛存栏 6809 头；其中新建小区 6 个，奶牛存栏 2757 头。

2009 年本地区机械化挤奶达到 100%。

2009 年共有奶站 40 个，其中企业自建的 29 个，合作社建设 11 个。奶站平均日收奶 102 吨。

2009 年共改良各种牛群 1.1 万头，使用冷冻精液 6.5 万剂，胚胎移植 110 枚；共生产胚胎 137 枚、冷冻精液 60 万剂；共进口奶牛 2247 头。

【疫病防治情况】平时加强奶牛疫病的检测与防控，定期注射“布病、结核、口蹄疫”等疫苗，定期对牛群进行检测化验。奶牛普通病多见于乳房炎、肢蹄病等。

人工牧草种植面积 65825 公顷，其中苜蓿草 6667 公顷；专用青贮玉米种植面积 8800 公顷，有青贮窖 4621 个，共 69.44 万立方米。

安徽省奶牛养殖场户按照相关要求和标准，规范了养殖行为。有些奶牛散养户由于所产生鲜奶相关指标达不到乳品企业的收购标准，交售困难，逐步退出奶牛养殖行业，有些散养户则选择进场入区，将奶牛迁入规模场或奶牛小区，实行统一饲养管理，统一销售生鲜奶，奶源基地标准化、规模化程度得到很大提高。目前，安徽省 100 头以上规模奶牛场 143 个，占总饲养场（户）数的 5.05%，存栏奶牛数为 68154 头，占全省奶牛存栏总数 8.83 万头的 78.56%。

【重要建设项目】本地区 2009 年建设的奶业项目：引进区外项目 3 个；区内企业自建项目 52 个。主要项目情况：

项目名称	项目规模	投资额	启动时间	预计完工时间
现代牧业（肥东）公司	2 万头奶牛场(一期)	6.5 亿元	2009 年 3 月建设	11 月竣工
利辛县魁兴奶场	1500 头奶牛场	3000 万元	2009 年 2 月	2009 年 6 月
蚌埠和平奶牛场扩建	4000 头奶牛场	3000 万元	2009 年 3 月	2009 年 5 月
巢湖超飞乳业公司扩建	3000 头奶牛场	2000 万元	2009 年 1 月	2009 年 6 月
长丰县百氏情缘牧业科技有限公司乳品加工厂	6000 头奶牛场	2.5 亿元	2009 年 1 月	2010 年 12 月

【支持政策】2007 年 6 月 29 日安徽省政府办公厅《关于加快奶牛业发展的意见》对从省外、国外购买、迁入的荷斯坦奶牛给予补贴、对新建存栏能力 150 头、300 头，新建扩建存栏能力 500 以上的规模奶牛场给予补贴。合肥市、淮南市政府随之出台 1：1 配套扶持政策，支持奶牛业的发展。

投资倾斜政策：

优惠贷款：低息或政府贴息。

土地优惠：奶牛养殖用地享受农业用地政策。

税收优惠：奶牛养殖无税收、新建乳品加工厂 3 年免税、4～6 年半税。

良种支持：每头能繁奶母牛补贴冻精精液 30 元，省政府采购良种奶牛性控冻精 2200 剂，发放到 13 个饲养管理水平较高的规模奶牛场进行推广示范，推进安徽省奶牛良种繁育工程的发展。

政策保险：省政府出台奶牛保险政策。

其他政策：省级财政专项对奶牛标准化规模小区（奶牛场）给予一定补贴。奶牛布病、结核、口蹄疫、流行热等疫苗免费免疫、扑杀补助等政策。

（安徽省奶业协会　李赛明）

福建省

【奶类生产】2009 年奶牛存栏 4.96 万头，比上年增长 5.75%，全部为荷斯坦，主要分布在南平市、莆田市、福州市、泉州市等 4 个地区，其奶牛存栏数占总存栏数 93.04%，主要分布在延平区、建瓯市、建阳市、南安市、福清市、涵江区、长乐市、顺昌县、浦城县、晋江市、闽侯县、仓山区、邵武市、仙游县等 14 个县。

2009 年水牛存栏 20.34 万头，其中能繁母牛 8.69 万头；由摩拉水牛和尼里拉菲水牛改良的奶水牛 0.87 万头，其中挤奶水牛 0.52 万头；主要分布在漳州、泉州、龙岩等 3 个地区，其改良奶水牛存栏数占水牛总存栏数 4.28%；主要分布在芗城区、龙文区、长泰县、华安县、龙海市、南靖县、晋江市、平和县、上杭县、漳浦县、云霄县等 11 个县，其改良奶水牛存栏数占水牛总存栏数的 4.05%。

奶山羊存栏 1.04 万只，主要品种为萨能奶山羊、关中奶山羊、崂山奶山羊，主要分布在莆田市、漳州市、泉州市、三明市等 4 个设区市，其奶山羊存栏占总存栏数的 99%，主要分布的地区是城厢区、涵江区、荔城区、秀屿区、芗城区、龙文区、晋江市、石狮市、泰宁县等 9 个县，其奶山羊存栏数占总存栏数的 94%。

本地区 2009 年奶类总产量 15.56 万吨，比上年同期增长 4.63%，其中牛奶 15.20 万吨，比上年增长 4.89%。

原料奶收购价格：福建长富乳业集团股份有限公司原料奶收购价为 3～3.18 元/千克，与上年同期上涨 0.33 元/千克；福建大乘乳业股份有限公司牛奶收购价均为 3.20 元/千克，比上年同期上涨 0.45 元/千克；福建澳牛天凌乳业有限公司牛奶收购价均为 3.03 元/千克，比上年同期上涨 0.38 元/千克。

【乳品加工】2009 年本地共有乳品加工企业 12 个，日处理鲜奶的能力总计达到 1117 吨，其中合资企业 2 个、地方自建企业 10 个。

福建加工企业抓住发展契机，加强宣传，明确定位，抢占福建鲜乳市场，提高市场占有率，同时，加强与奶牛养殖场合作，建立共赢机制，扩大优质奶源供应。据了解，长富集团每天乳品销售量由三聚氰胺事件时不到 50 吨，增加到 125 吨，其中鲜乳的销售量由 38 吨，增加到 95 吨，鲜乳订户从 20 万户增加到 40 万户。全省生鲜乳收购价也从 2.74 元/千克，上升到现在的 3.06 元/千克，实现了互利双赢。

【市场消费】本地区 2009 年城镇居民人均奶制品（折合成原料奶）消费量 20.30 千克/人，其中鲜乳品

13.35 千克/人，奶粉 0.38 千克/人，酸奶 2.79 千克/人。本地区 2009 年农村居民鲜奶购买量 1.20 千克/人，奶及奶制品消费量 4.37 千克/人。

【奶源基地建设】 2009 年本地区奶牛存栏 1～5 头的有 2546 个场（户）、6～20 头的有 892 个场（户）、21～100 头的有 58 个场（户）、101～200 头的有 2 个场（户）、201～500 头的有 7 个场（户）、501～1000 头的有 12 个场（户）、1000 头以上 13 个场（户）。

本地区机械化挤奶达到 60%。

奶站建设与管理：2009 年共有奶站 36 个，其中企业自建的 7 个，合作社建设 1 个，其他 28 个。

奶站清理整顿情况：根据《农业部关于开展 2009 年生鲜乳质量安全监测工作的通知》(农牧发[2009]1 号)精神，积极开展专项整治：一是制定整治方案。制定并印发《2009 年福建省生鲜乳质量安全监测工作方案》、《2009 年福建省生鲜乳专项整治行动实施方案》、《福建省生鲜乳收购站（奶站）专项整治考核验收方案》。二是加强奶站监管。转发了《农业部办公厅关于加强β-内酰胺酶等非食用物质监管的通知》，印发了《生鲜乳收购站标准化技术规范》和生鲜乳收购许可证、准运证、交接单等，根据《关于加强生鲜乳收购站管理的通知》精神，开展全省生鲜乳收购站检查。各级畜牧兽医部门紧紧围绕生鲜乳收购站建设和规范管理的重点、难点环节，强化管理，督促做好生鲜乳收购许可证的办证工作，强化奶站管理。三是加强质量监测。组织完成全省预定的三次生鲜乳专项监测任务。四是加强督查指导。根据《福建省农业厅深入开展奶站专项整治工作方案》，组织三个督查组到福州、南平、宁德市等地奶站专项整治督查指导，并对有关奶站存在的问题提出具体整改意见。五是加强培训提高。为加强生鲜乳收购站建设与管理，推进生鲜乳收购站标准化、规范化建设，促进奶业振兴发展，举办全省生鲜乳收购站建设与管理培训班。

2009 年共改良各种牛群 4.6 万头，使用冷冻精液 9.2 万多剂。

【疫病防治情况】 认真贯彻“预防为主，防重于治”的方针，做好疫病预防控制的强制免疫工作，口蹄疫重点开展春秋两季免疫工作，免疫密度达 100%。定期开展奶牛两病的监测工作，对阳性率进行无害化处理，部分场还开展乳房炎检测工作。

受饲料原料上涨、劳动力成本提高等因素影响，原料奶成本上涨，奶牛养殖利润越来越少，有的甚至出现亏本，奶牛饲养量呈下降趋势，散户数量减少。

【支持政策】 2009 年国家安排福建奶牛良种补贴 4.6 万头，补贴资金 128 万元，其中奶水牛良种补贴 1 万头，荷斯坦能繁母牛良种补贴 3.6 万头，该政策实施惠及面广，共涉及 8 个设区市、23 个项目县和 30 个项目带动县，社会经济效益十分明显，并将有效提高奶牛良种率，提高奶牛单产水平。为了保障奶牛良种补贴政策的顺利实施，向省财政厅积极争取 50 万元设备购置配套经费，并及时完成招标采购，将液氮罐等配套设备下发到各设区市；国家发改委和农业部安排福建 6 个奶牛标准化规模养殖场建设项目，中央投资计划已经下达。这些项目的实施，将有力地推动福建畜禽标准化生产，促进规模化养殖，提升畜牧业生产水平。

【质量管理】 福建长富乳业集团股份有限公司、福建大乘乳业股份有限公司、福建澳牛天凌乳业有限公司内部都设立质检部门，对基地牧场收购的牛奶开展细菌数、常规质量和抗生素残留检测，确保收购牛奶的质量。

【学生奶计划】 根据福建长富乳品有限公司关于申办《学生饮用奶定点生产企业申请表》，依照国务院办公厅《关于保留部分非行政许可审批项目的通知》(国办发[2004]62 号)、国家学生饮用奶计划部际协调小组办公室《关于加强国家“学生饮用奶计划”工作的通知》(学奶办[2005]第 6 号）精神，组织省教育厅、技术监督局相关人员及专家前往该公司实地开展学生饮用奶定点生产企业资格认定工作。

（福建省畜牧总站　陈玉明　任播杨）

江西省

【奶类生产】 2009 年奶牛存栏 4.00 万头，比上年减少 7.70%，全部为荷斯坦牛，主要分布在南昌、赣州、吉安、萍乡、抚州 5 个地区，其奶牛存栏数占总存栏数的 80%；主要分布在于都县、青云谱区、英雄开发区、新建县、南昌县、芦溪县、吉州区、东乡县等县（区），其奶牛存栏数占总存栏数的 90.6%。

2009 年奶类总产量（牛奶）11.20 万吨，比 2008 年同期增长 0.10%。

【乳品加工】 2009 年江西省乳制品加工取得较快发展，全省获得乳制品生产许可证的企业有江西阳光乳业集团有限公司、江西英雄乳业股份有限公司、江西牛牛乳业有限责任公司、江西维雀乳业有限公司、于都高山青草奶业有限公司等 20 个，其中合资企业 13 个、地方自建企业 7 个。目前在生产的乳制品企业有 10 家，年加工鲜奶能力 20 万吨。

【市场与消费】 本地区 2009 年城镇居民人均奶制品（折合成原料奶）消费量 24.00 千克/人，其中鲜乳品 16.46 千克/人，奶粉 0.46 千克/人，酸奶 2.22 千克/人。本地区 2009 年农村居民鲜奶购买量 0.68 千克/人，奶及奶制品消费量 6.61 千克/人。

【奶源基地建设】 2009 年奶牛存栏 1～5 头的有 147 个场（户）、6～20 头的有 416 个场（户）、21～100 头的有 296 个场（户）、101～200 头的有 10 个场（户）、201～500 头的有 6 个场（户）、501～1000 头的有 1 个场（户）、1000 头以上 2 个场（户）。

奶牛养殖小区 36 个，奶牛存栏 4686 头。

2009 年奶牛规模养殖场机械化挤奶达 100%。

【品种改良情况】到 2009 年底，全省种公牛站存栏种公牛 39 头，其中奶牛 14 头，年生产冻精数量达 45 万支，改良牛数量达到 28 万头次。从国家开始实施奶牛冻精良补政策以来，江西有 50%良补冷配精液来自江西省种公牛站，50%来自外省市（北京奶牛育种中心、四川省家畜改良站等）的良补公牛。2009 年全省奶牛良种补贴数量达到 3.7 万头，其中荷斯坦能繁母牛补贴数量为 2.7 万头，德系西门塔尔能繁母牛补贴数量为 1.0 万头。良补政策的实施，进一步加快了江西奶牛良种推广应用步伐。

【疫病防治情况】奶牛的主要疾病为口蹄疫及乳房炎、子宫内膜炎、肢蹄病、消化道疾病等，在防治上采取免疫接种（如口蹄疫）、消毒及加强饲养管理等，常用的消毒剂主要是碘制剂、氯制剂如菌毒灭、巴氏消毒液、碘伏等，常用的药物主要有青链霉素、安乃近、氨基比林、安痛定等。

人工种草面积达 16 万公顷，青贮饲料种植面积 0.33 万公顷，品种主要为桂牧一号象草、青贮玉米、黑麦草等，建有青贮、氨化池达 10 万立方米，年青贮、氨化饲料 4 万吨左右。规模化养殖场利用微贮加工工艺处理青粗饲料得到推广应用，而存栏 50 头以下的奶牛养殖户对青饲料还较少采取青贮加工利用。

粪污处理情况。粪污处理主要推行固液分离和雨污分离工艺。其中固体粪便采取集中堆积发酵处理后还田利用或出售另作他用，如将牛粪晒干后出售给蘑菇种植户作基肥使用（有长期收购点），干粪价格为 400～600 元/吨。但多数养殖场户的污水未经处理直接排放。

2009 年全省各地切实加大了奶业相关法律法规和技术规范的培训力度，多次组织奶站负责人和奶业主产市县畜牧主管部门，通过召开会议或举办培训班和讲座的形式，及时传达党中央、国务院和农业部的有关奶业发展精神，学习《乳品质量安全监督管理条例》和农业部《生鲜乳收购管理办法》、《生鲜乳收购站标准化管理技术规范》等法律法规。同时，充分利用报纸、电台、电视台等各种媒体，广泛开展宣传，增强广大养殖户、生鲜乳收购站的法律意识和保障生鲜乳安全的自觉性，认真履行责任和义务，结合实际，修订了《江西省奶牛饲养管理规程》，印制了 2000 份，及时发到奶业生产重点市、县（区）奶牛养殖场、养殖小区，保证每场一册。全省共举办培训班 36 次，培训人员 1160 人次，利用媒体宣传 45 次，发放宣传材料 5480 份。

2009 年江西针对标准化养殖场建设，专门成立了技术专家组，由科研院校、技术管理和研究单位的专家组成，负责标准化建设的技术培训、推广和指导服务。组织编写了“畜禽养殖场污染综合防治技术”教程，制定了培训计划，分期分批对全省各设区市畜牧管理部门和重点养殖场开展技术培训，主要培训畜禽养殖、粪污无害化处理和相关法律法规。同时要求各市对县级开展轮流培训，提高全省的奶牛标准化建设水平。

江西奶业协会充分发挥行业指导服务作用，积极参与组织开展技术培训活动，并组织编写“江西奶业”3 期共 600 份，下发到协会会员和奶牛养殖场户。

【标准化规模养殖】在国家、省有关监督管理部门的共同努力下，围绕奶产品安全，对奶牛场的管理更加规范，并加大了大中型奶牛场标准化项目支持和培训力度。目前江西奶牛养殖发生了根本转变。一是由散养向规模化养殖转变。二是由粗放养殖向标准化养殖转变。

推进奶牛标准化规模养殖的主要做法是：一是积极动员，把奶牛标准化养殖作为清洁生产行动重要内容。以县（市、区）和乡镇为单位，科学划定畜禽禁养区、限养区和可养区。制定规划和布局，用法律手段，依法治理。对新建、改(扩)建奶牛养殖场，要求按照环境保护和畜牧兽医管理有关法律、法规的规定，进行环境影响评价。养殖场必须按有关要求向所在地的环保部门进行排污申报登记，必须向兽医主管部门申请防疫条件合格证，执行排污许可和动物防疫条件审核制度。二是加大投入，把生态养殖作为奶牛标准化养殖的重要内容。在大中型沼气工程、标准化建设等项目安排中突出生态养殖理念，特别注重种养结合、生态养殖，把实现粪污减量化、无害化、资源化作为项目建设目标和项目验收的条件。2009 年国家安排 500 万资金，用于奶牛标准化规模养殖场建设，江西安排了 8 个奶牛场实施标准化改造项目。三是加强宣传，把国家支持奶牛发展各项政策落到实处。认真落实国家奶牛良种补贴、农机补贴政策，加强生鲜乳收购的监管，稳定奶牛养殖综合效益，提高奶农养殖积极性，保持奶牛养殖数量逐步增长。四是加强引导，把龙头企业作为推进标准化养殖场建设的重要力量。当前，“公司+基地+农户”、“公司+合作社+农户”的发展模式日益成熟，围绕“一个企业，一个品牌、一个品种、一套技术规程”，建设了一批奶牛养殖基地，龙头企业已成为标准化生产技术推广应用和标准化养殖场建设的重要力量。

江西在推进奶牛标准化规模养殖方面还存在一些突出问题：一是粪污处理设施落后，粪污处理不完善；二是规模养殖场多处在交通便利的城市周边，随着我国大力推进城镇化建设，要面临着搬迁重建，势必造成资金、土地审批等方面的困难；三是生产方式落后，推行集中机械挤奶难度较大。当前，奶牛养殖方式大多为 10～50 头的小规模分散饲养，奶牛养殖小区只有 36 个，而且管理比较粗放，TMR 技术推广面很小。

（江西省畜牧技术推广站　吴志坚　宁　财）

南昌市

【奶类生产】 2009年全市奶牛存栏1.52万头，均为荷斯坦奶牛，比上年同期减少7.3%。主要分布在昌北经济开发区、青云谱区、新建县和南昌县，其奶牛存栏数占总存栏数的94.2%。奶牛减少的主要原因：牛奶收购价格偏低，料奶比价为1∶1.2，低于合理的比价1∶1.3～1.5；奶牛淘汰率略高；“三聚氰胺事件”的后续影响等。

2009年全市牛奶总产量4.65万吨，比上年同期增长14.0%，其中商品奶（企业收购）4.40万吨。牛奶生产的变化情况及其原因：奶牛存栏数虽有所下降，但生产牛单产水平与上年同期相比有较大的提高，奶农更加重视奶牛的科学喂养。

全市2009年全年的平均奶价为3.00元/千克，同比减少3.2%，春夏秋冬季奶价分别是每千克2.96元、3.08元、2.98元、3.00元。比上年同期分别减少0.05元、0.06元、0.18元、0.05元。江西阳光乳业集团有限公司全年平均为2.98元/千克，比上年同期减少3.6%；江西英雄乳业股份有限公司全年平均为3.02元，比上年同期减少2.9%。

【乳品加工】 2009年全市共有乳品加工企业3个，日处理鲜奶的能力总计达到330吨（单班），其中合资企业2个，地方自建企业1个。

乳品企业总销售额为5.06亿元；主要企业的销售额：江西阳光乳业集团有限公司为4.16亿元，江西英雄乳业股份有限公司为2937万元，江西维雀乳业有限公司为6060万元。

【产品结构】 全市2009年巴氏消毒奶、奶粉、酸奶的产量分别为36009吨、952吨、39735吨，同比增长13.13%、-45.75%、22.31%。主要生产企业江西阳光乳业集团有限公司共生产液态奶9.73万吨；江西英雄乳业股份有限公司共生产液态奶125吨，奶粉952吨；江西维雀乳业有限公司共生产液态奶2.60万吨。

乳制品加工业情况变化及其原因：酸奶加工量增长最大，其次是巴氏奶，奶粉产量减少较大。2009年初上海光明乳业从江西光明英雄乳业股份有限公司中完全退出，新组建的江西英雄乳业股份有限公司试产全年基本上没有生产液态奶，仅生产奶粉。

【市场与消费】 本地区2009年城镇居民人均奶制品（折合成原料奶）消费量36.52千克/人，其中鲜乳品28.45千克/人，奶粉0.71千克/人，酸奶2.35千克/人。

本市乳品加工企业生产的各种乳制品经质检部门抽检未发现任何质量问题。

【奶源基地建设】 2009年本市奶牛存栏1～5头的有38个场（户），6～20头的有271个场（户），21～100头的有135个场（户），101～200头的有7个场（户），201～500头的有6个场（户），501～1000头的有1个场（户），1000头以上有1个场（户）。奶牛养殖小区12个，奶牛存栏8215头。

2009年本市机械化挤奶达到55%。

2009年共有奶站8个，其中企业自建的4个，合作社建设3个，其他1个。奶站平均日收奶16吨。

【品种改良情况】 2009年共改良荷斯坦牛群1万头，使用冷冻精液3.5万剂。

【疫病防治情况】 坚持春秋两季重点防疫，重点是做好奶牛结核、布病和流行热病检疫和防疫工作，实行季防互补；查漏补针，防检结合。2009年未发生重大疫情。

饲草饲料情况：人工牧草种植面积720公顷，其中专用青贮玉米种植面积290公顷，其他种植黑麦草、甘蓝、甘薯等饲料作物；利用鄱阳湖部分天然草地进行人工打草，全年为奶牛提供新鲜湖草约1万吨。全市奶牛用青贮窖356个，共1.1万立方米；奶牛配合饲料的生产企业15个，年产奶牛配合饲料4万吨。专业化奶牛配合饲料1.2万吨，另外还有大约14个饲料生产企业接单生产奶牛配合饲料。

【支持政策】 落实了国家建立奶牛政策性保险制度，每头参保奶牛保险金额为2000元，保险费率按6%计算，即每头奶牛的保险费为120元，中央、省级财政补贴60%，养殖户仅需负担40%。市财政继续按《南昌市奶业发展贴息及补助资金管理办法》对本市奶农外购奶牛给予贴息和购置牛场设备予以扶持，对市级龙头企业包括奶业企业继续进行贷款贴息和技术支持，在信贷、税收、土地、用电、打造产品品牌等方面给予优先、减免、奖励等优惠政策。

【奶农协会建设】 奶农协会1个，包含奶牛场（户）254户，存栏奶牛7820头；奶农合作社共8个，包含农户198个，存栏奶牛4360头。

【质量管理】 各企业依据国家生鲜牛奶质量标准，制定了高于国家标准的企业标准，各收奶站、奶牛小区配备了必要的设备进行检验，到工厂后还要取样再检验。不合格的牛奶拒收，合格的牛奶还要根据脂肪、蛋白质、干物质、微生物等主要指标定级，做到优质优价。

质监局、食品监督局、工商局等部门定期、不定期对乳制品生产企业进行抽检，对于检验不合格的进行处罚，并限期整改。

【学生奶计划】 南昌市有2家国家“学生饮用奶计划”定点生产企业，即江西阳光乳业集团有限公司和江西英雄乳业股份有限公司。另外，杭州娃哈哈集团有限公司经审定，将符合国家标准的娃哈哈学生饮用奶在南昌销售。在监管方面，由市政府农办、市工商局、质监局、卫生局、农业局、物价局、财政局、市实施学生饮用奶计划领导小组办公室依据国家和省、市“学生饮用奶计划暂行管理办法”进行监管。

（南昌市奶业管理办公室　赵建成　陶春文）

山东省

【奶类生产】本地区2009年奶牛存栏83.82万头，比上年增长3.17%，绝大部分为荷斯坦牛，另有30头娟姗牛；主要分布的地区（地级市）是济南、青岛、泰安、烟台、威海、淄博、德州、潍坊、东营等，其奶牛存栏数占总存栏数的70%。主要分布的县（县级市）是文登市、历城区、邹平县、荣成市、临朐县、莱阳市、泰山区、广饶县、高青县、长清区等，其奶牛存栏数占总存栏数的83.2%。

奶山羊存栏193.1万只，主要品种为崂山奶山羊，存栏量约占全省奶山羊存栏总数的80%，在全省分布较为广泛；其次是文登奶山羊，这是山东改革开放以来第一个国家正式审定的畜禽新品种，存栏量占全省20%。主要集中在胶东半岛及鲁中地区，2009年全省存栏量和鲜奶产量的90%均在此地区，其中青岛市存栏70万只，烟台市27万只，威海市31万只，潍坊市43万只，其奶山羊存栏数占总存栏数的8.7%，主要分布的县（县级市）是文登、乳山、青岛崂山区、福山、牟平、临朐、五莲等，其奶山羊存栏数占总存栏数的24.6%。

2009年山东奶畜存栏稳中有升，主要原因是在党和政府的领导下，通过实施现代奶业、标准化饲养场建设、奶牛良种补贴和技术推广项目，加快奶牛遗传改良计划实施，大力推广奶牛良种登记、TMR饲喂、DHI测定、分阶段饲喂和信息化管理等先进技术，提高奶牛生产水平。

本地区2009年奶类总产量258.15万吨，比上年同期增长1.26%，其中牛奶236.28万吨，比上年增长2.5%，其余为羊奶。

本地区2009年全年的平均奶价为2.35元/千克，春夏秋冬季奶价分别是2.28元/千克、2.15元/千克、2.38元/千克、2.77元/千克。

【乳品加工】2009年本地共有乳品加工企业180多个，日处理鲜奶的能力总计达到2.1万吨，实际日处理量9175吨。其中外资2个、合资企业5个、地方自建企业80个。

乳品企业总销售额为101.02亿元；其中，青岛雀巢有限公司销售额达10.62亿元，纳税92907万元。

【产品结构】本地2009年巴氏消毒奶、UHT奶、奶粉、酸奶的产量分别为126.35万吨、132.47万吨、26.03万吨、114.98万吨。同比增长5%、37.6%、7.9%、1.3%。

出口情况：本地区2009年青岛雀巢有限公司出口奶产品1.95万吨。

从全年生产情况来看，城乡居民对巴氏消毒奶、酸奶消费量较以前增多，对超高温灭菌奶需求量较以前大幅度下降，对奶酪需求呈增长趋势。

【市场与消费】本地区2009年城镇居民人均奶制品（折合成原料奶）消费量31.35千克/人，其中鲜乳品23.06千克/人，奶粉0.29千克/人，酸奶4.15千克/人。本地区2009年农村居民鲜奶购买量3.97千克/人，奶及奶制品消费量6.12千克/人。

当地质检部门抽检情况合格率98.79%。

【奶源基地建设】2009年本地区奶牛存栏1～5头的有8649个场（户）、6～20头的有3285个场（户）、21～100头的有1257个场（户）、101～200头的有246个场（户）、201～500头的有696个场（户）、501～1000头的有114个场（户）、1000头以上20个场（户）。

奶牛养殖小区1000多个，奶牛存栏34万头。

本地区机械化挤奶达到58%，分散饲养集中机械挤奶的奶站435个，辐射到3000多个农户56万头奶牛。

奶站建设与管理：2009年共有奶站847个，其中企业自建的119，合作社建设651个，其他77个。奶站平均日收奶1078吨。

奶站清理整顿的情况：按照“建设一批、提高一批、淘汰一批”的原则，积极实施奶站清理整顿，规范生鲜乳收购管理。到2009年底，奶站数量由清理整顿前的1240个，合并调整到847个，奶站类型结构进一步优化，主体合格、条件规范的奶站比例稳步上升，自行关闭奶站306个，136个不符合发展规划要求、条件不达标的个体私营投资奶站、流动收奶点被依法取缔。

2009年共改良各种牛群53万头，使用冷冻精液106万剂。

加强奶牛疫病的防控，尤其是奶牛布病、结核病等人畜共患病的防控工作。

人工牧草种植面积21万公顷，其中苜蓿草14.7万公顷；专用青贮玉米种植面积30万公顷，有青贮窖27.7万个，共2500万立方米。奶牛配合饲料的生产企业563个，年产奶牛配合饲料13万吨。

2009年奶牛规模化标准化生产进入快车道，全省有1.8万头散养奶牛进入102个养殖场区；有300多处奶牛规模化养殖场区实施了标准化改造，挤奶厅挤奶占奶站总数的比重58%，挤奶量达到71%；泰安、东营等地奶牛数字化生产和质量在线监督检测取得突破，技术装备水平提高和生产经营规范化程度提升，加快了奶业调整升级进程。

【重要建设项目】2009年共投资9000万元，在20个奶牛生产大县实施了现代奶业项目，对109个奶牛饲养场进行了标准化饲养场改造，同时重点推广了奶牛良种登记、TMR饲喂技术、发情计步器、在线监测、精准管理等现代奶业生产技术，取得了显著效果。国家计委和农业部投资3800万元，扶持了64个奶牛规模饲养（区）进行标准化生产改造。同时，还加大了对奶站机械、青贮机械购置补贴力度。部分县市开展奶牛保险试点。

【奶业法规和条例建设】各级政府对奶业重视程度提高，扶持政策增多。在法规上，国家相继出台了《乳品质量安全监督管理条例》、《奶业整顿和振兴规划纲要》、《生鲜乳生产技术规程》、《生鲜乳收购站标准化管理技术规范》、《山东省生鲜乳收购站发展布局规划》、《山东省荷斯坦奶牛良种登记技术规范》。

《青年公牛后裔测定规程》扶持政策进一步完善，主要包括良种补贴、后备牛补贴、标准化饲养场改造、奶站机械补贴、奶牛防疫等，基本涵盖了奶牛生产的各个环节。国家财政扶持的10个现代奶业生产项目县，国家和省扶持资金近亿元，其中国家财政扶持近6000万元。

【支持政策】山东平阴出台三大优惠政策加快奶源基地建设：一是筹资1000万元重点扶持奶源基地建设，对统一规划的奶牛小区，连续三年每年每亩（667平方米）补贴500元；对新购进奶牛，按先后次序每头给予300元到1000元补贴；筹资1000万元，建立奶牛贷款担保风险基金。二是鼓励机关事业单位职工带资离岗发展奶牛养殖，吸入有实力的公司投资奶牛养殖。目前，已有6家客商在平阴发展奶牛养殖。三是出资20万元作为奖励基金。

【质量管理】

（1）加强法规宣传培训，营造良好执法氛围。

（2）加强奶畜养殖管理，规范生鲜乳生产。

（3）加强奶站监督管理，规范生鲜乳收购经营。

（4）加强鲜乳运输监管，规范鲜乳交接行为。

（5）加强机构队伍建设，完善执法监管条件。

【奶业科技】主要科研项目：

项目名称	执行单位	完成人	研究进展	应用情况
生鲜乳生产技术规程推广	山东省畜牧总站	曲绪仙	结题	良好
生态高效奶牛生产重大应用技术创新与集成应用	山东农业大学	王中华	研究中	良好
现代奶业生产配套技术推广	山东省畜牧总站	曲绪仙	结题	良好

（山东省奶业协会　张思聪）

济南市

【奶类生产】2009年奶牛存栏14.03万头，同比增长8.7%，全部为荷斯坦牛，主要分布的县（县级市）是章丘市、历城区、长清区、平阴县、济阳县，其奶牛存栏数占总存栏数的85%。

2009年奶牛存栏增长速度加快，主要原因是各级政府对奶业的扶持力度加大，奶制品销售恢复性增长，奶农饲养奶牛的积极性开始提高。

本地区2009年奶类总产量37.37万吨，比上年同期增长15.8%。主要原因是随着奶牛养殖标准化、规模化、科学化水平的提高，奶牛的单产水平也不断提高。

【乳品加工】2009年本地共有乳品加工企业5个，日处理鲜奶的能力总计达到2000吨。

当年新建项目1个、扩建项目1个，日处理鲜奶能力分别为20吨、10吨。

【市场与消费】本地区2009年城镇居民人均奶制品（折合成原料奶）消费量32.14千克/人，其中鲜乳品21.93千克/人，奶粉0.50千克/人，酸奶5.10千克/人。

【奶源基地建设】2009年木地区奶牛存栏1～5头的有4085个场（户）、21～100头的有2553个场（户）、101～200头的有148个场（户）、201～500头的有45个场（户）、501～1000头的有10个场（户）、1000头以上8个场（户）。

奶牛养殖小区128个，奶牛存栏9.86万头；其中新建小区8个，奶牛存栏3200头。

2009年本地区机械化挤奶达到100%，分散饲养集中机械挤奶的奶站72个，辐射到4900个农户4.86万头奶牛。

2009年共有奶站121个，其中企业自建的27个奶农合作社共72个，包含农户4900个，存栏奶牛48600头。合作社建设68个，其他26个。奶站平均日收奶679吨。

奶站清理整顿的情况：截至2009年底，全市共取缔流动收购站36个，新建标准化奶站11个，全市121处奶站全部实现机械化挤奶，全部实现持证经营，全部纳入依法管理轨道。

2009年共改良各种牛群7.52万头，使用冷冻精液15.04万剂。

常规防疫、检疫和强制免疫相结合，免疫率达100%，无重大疫病发生。

饲草饲料情况：人工牧草种植面积1200公顷，其中苜蓿草1000公顷。

奶牛配合饲料的生产企业5个，年产奶牛配合饲料10000吨。

【奶农协会建设】奶农合作社共72个，包含农户4900个，存栏奶牛4.86万头。

（济南市畜牧兽医局　吕洪义）

青岛市

【奶类生产】本地区2009年奶牛存栏14.06万头，全部为荷斯坦牛，主要分布在莱西市，其奶牛存栏数占总存栏数的60%。

2009年奶类总产量48.75万吨，比上年同期下降10.98%，其中商品奶类（企业收购）32万吨，同比增长0.68%。奶类总产量中牛奶44.16万吨，羊奶4.59万吨。

2009年全年的平均奶价为2.70元/千克，同比增加0.02%。

本地区原料奶收购中没有地方保护价。

【乳品加工】2009年本地共有乳品加工企业15个，日处理鲜奶的能力总计达到1100吨，其中外资1个、地方自建企业 14 个。

乳品企业总销售额为 12 亿元；主要企业的销售额和利税：青岛雀巢公司 2009 年销售额 10.62 亿元，纳税 9290 万元。

【产品结构】本地 2009 年巴氏消毒奶、UHT 奶、奶粉、酸奶的产量分别为 3.8 万吨、10 万吨、1600 吨、2.2 万吨，同比增长 2.7%、-9%、1.06%、-4.3%。

【市场与消费】本地区 2009 年城镇居民人均奶制品（折合成原料奶）消费量 39.58 千克/人，其中鲜乳品 24.89 千克/人，奶粉 0.44 千克/人，酸奶 7.88 千克/人。

【奶源基地建设】2009 年本地区奶牛存栏 1～5 头的有 856 个场（户）、6～20 头的有 1106 个场（户）、21～100 头的有 576 个场（户）、101～200 头的有 54 个场（户）、201～500 头的有 35 个场（户）、501～1000 头的有 2 个场（户）、1000 头以上 2 个场（户）。

奶牛养殖小区 330 个，奶牛存栏 3.5 万头；其中新建小区 5 个，奶牛存栏 3500 头。

2009 年本地区机械化挤奶达到 95%，分散饲养集中机械挤奶的奶站 60 个，辐射到 903 个农户 1.7 万头奶牛。

2009 年共有奶站 24 个，其中企业自建的 8 个，合作社建设 12 个，其他 4 个。奶站平均日收奶 80 吨。

奶站清理整顿情况：2009 年经青岛市畜牧主管部门普查，注销了 4 个不合格奶站。

2009 年共改良各种牛群 2 万头，使用冷冻精液 4 万剂；共进口胚胎 1000 枚。

饲草饲料情况：人工牧草种植面积 1.7 万公顷，其中苜蓿草 5800 公顷；专用青贮玉米种植面积 5400 公顷，有青贮窖 4700 个，共 180 万立方米。

奶牛配合饲料的生产企业 2 个，年产奶牛配合饲料 1.1 万吨。

【支持政策】

（1）2009 年青岛市采购的优质良种奶牛冻精共 18.4 万支，财政补贴金额为 276 万元。

（2）2009 年青岛市全面实施奶牛良种补贴改良后的自繁荷斯坦后备母牛（1～16 月龄，以下简称后备母牛）每头按 500 元给予一次性补贴，全年享受补贴的后备牛 23320 头，青岛市财政补贴 839.74 万元，地方财政补贴 326.26 万元，合计 1166 万元。

（3）2009 年青岛市规模奶牛场和奶牛养殖小区得到的挤奶设备补贴共 80 万元。

（4）2009 年青岛市继续鼓励奶牛养殖户（场）进行奶牛保险，参保奶牛 3401 头，市财政补贴 25.55 万元，地方财政补贴 11.23 万元，奶牛养殖户出资 24.49 万元。

（5）青岛市各区、市 2009 年获得扶持奶牛标准化规模养殖小区（场）11 个，其中莱西 6 个、即墨 3 个、胶州 2 个，享受扶持资金 550 万元。

（6）2008 年 11 月 23 日，《即墨市畜牧业发展资金贴息管理办法》（即政办发【2008】52 号）文件正式印发。即墨市畜牧业贷款贴息助民增收工程随即启动，就是在即墨农村合作银行对现代畜牧业贷款给予利率优惠 10%的基础上，市政府出资 600 万元对全市发展畜禽标准化规模养殖场贷款进行贴息（贴息 80%），破解农民增收资金难的问题。

（7）2009 年 3 月 12 日青牧办发〔2009〕37 号文件在青岛进行统一采购的检测生鲜牛乳中三聚氰胺所需仪器设备——高效液相色谱仪已经到位，并开展高效液相色谱仪安装及培训工作。

【奶农协会建设】奶农协会共 5 个，包含农户 4200 个，存栏奶牛 5.5 万头。

【质量管理】2009 年青岛市畜牧主管部门和市奶业协会下大力气抓奶源质量，拉网式检查各收奶站，对不符合要求的收奶站限期进行整顿或撤销。

要求合格收奶站进一步提高检测水平。现各收奶站都配备了检测设备，对不合格的鲜奶不予收购。有效地保证了鲜奶质量。

【奶业科技】见表 18-6。

表 18-6 2009 年青岛市奶业科技项目进展

项目名称	执行单位	研究进展
泌乳盛期奶牛夏季健康养殖关键技术研究及示范	莱西市科技局立项、莱西市奶牛良种场承担完成	获莱西市科技进步一等奖

（青岛市奶业协会 宗绪贵）

河南省

【奶类生产】本地区 2009 年奶牛存栏 50.50 万头，比上年减少 12.64%，全部为荷斯坦，主要分布在郑州、洛阳、商丘、焦作、新乡、平顶山、南阳等 7 个地区，偃师市、虞城、孟津、中牟、原阳、沈丘等 21 个县，其奶牛存栏数占总存栏数的 70%。

2009 年水牛存栏 50.5 万头，其中能繁母牛 19.9 万头，由摩拉水牛和尼里拉菲水牛改良的奶水牛 5 万头，其中挤奶水牛 1.5 万头；主要分布在信阳市、南阳市等两个地区，光山、固始、息县、商城、罗山等 7 个县，其改良奶水牛存栏数占水牛总存栏数的 21%。

奶山羊存栏 5 万只，主要品种为莎能奶山羊，主要分布在郑州、开封、洛阳、南阳、焦作等 4 个地区，偃师、荥阳、孟津等 10 个县，其奶山羊存栏数占总存栏数的 80%。

本地区 2009 年奶类总产量 301.28 万吨，比上年同期增长 0.89%，其中牛奶 281.89 万吨，比上年增长 1.00%。

原料奶收购价格：全省牛奶的价格呈现稳中有升的势头，原料奶收购中没有地方保护价，春夏秋冬季奶价分别是 3.0 元/千克、3.15 元/千克、3.1 元/千克、3.0 元/千克，比上年同期增加 0.10 元/千克、0.07 元/千克、0.6 元/千克、0.4 元/千克。

【乳品加工】2009 年本地共有乳品加工企业 102 个，日处理鲜奶的能力总计达到 1.1 万吨，其中合资企业 6 个、地方自建企业 96 个。

乳品企业总销售额为 70 亿元；主要企业的销售额和利税：河南三鹿花花牛乳业有限公司 3 亿元和 1215 万元、蒙牛乳业（焦作）有限公司 10 亿元和 1000 万元、洛阳巨尔乳业有限公司 1.5 亿元和 800 万元、平顶山伊利公司 20 亿元和 1100 万元、

当年新建项目 2 个、扩建项目 2 个，日处理鲜奶能力分别为 1800 吨、25 吨。

本地 2009 年巴氏奶、UHT 奶、奶粉、酸奶的产量分别为 25 万吨、150 万吨、2 万吨、125 万吨。主要生产企业各产品的生产情况：洛阳巨尔乳业有限公司巴氏奶 9000 吨、UHT 奶 1.4 万吨、酸牛奶 9590 吨；蒙牛乳业（焦作）有限公司 UHT 奶 14 万吨、酸牛奶 4600 吨；河南三鹿花花牛乳业有限公司巴氏奶 3667 吨、UHT 奶 4.05 万吨、酸牛奶 1.61 万吨；平顶山伊利公司酸牛奶 1 万吨。

乳制品加工业产品数量增加，从产品结构来看变化不大。

【市场与消费】本地区 2009 年城镇居民人均奶制品（折合成原料奶）消费量 20.96 千克/人，其中鲜乳品 12.39 千克/人，奶粉 0.32 千克/人，酸奶 3.91 千克/人。本地区 2009 年农村居民鲜奶购买量 0.49 千克/人，奶及奶制品消费量 2.15 千克/人。

当地质检部门抽检情况：配合国家奶业整顿重点抽检三聚氰胺的含量，使得三聚氰胺事件的影响减弱，消费者信心恢复快。

【奶源基地建设】2009 年本地区奶牛存栏 1～5 头的有 100 个场（户）、6～20 头的有 13500 个场（户）、21～100 头的有 6000 个场（户）、101～200 头的有 400 个场（户）、201～500 头的有 75 个场（户）、501～1000 头的有 50 个场（户）、1000 头以上 12 个场（户）。

奶牛养殖小区 1100 个，奶牛存栏 65 万头；其中新建小区 60 个，奶牛存栏 9500 头。

本地区机械化挤奶达到 1100 个，分散饲养集中机械挤奶的奶站 10 个，辐射到 1000 个农户 2500 头奶牛。

2009 年共改良各种牛群 62.5 万头，使用冷冻精液 150 万剂；共生产冷冻精液 210 万剂。

【疫病防治情况】在加强重大疫病防治的同时，注重口蹄疫、结核病和布病的防治及净化，奶牛的疫病防治列入政府部门的目标管理，年终考核，促进了奶牛的疫病防治，牛群的健康水平进一步提高。

饲草饲料情况：人工牧草种植面积 6 万公顷，其中苜蓿草 1 万公顷；专用青贮玉米种植面积 5 万公顷，有青贮窖 2150 个，共 33.25 万立方米。

奶牛配合饲料的生产企业 70 个，年产奶牛配合饲料 8.55 万吨，其中主要生产企业生产情况：河南中荷奶业科技服务有限公司年生产销售 6500 吨；郑州牛羊专用饲料厂 3700 吨；开封、洛阳正大饲料有限公司 1.58 万吨。

黄河滩区奶业示范带建设规模进一步扩大，区域进一步扩大，规模牛场发展快，生产水平进一步提升。

【重要建设项目】

本地区当年引进区外项目 1 个；区内企业自建项目 2 个。

项目名称	项目规模	投资额	启动时间	预计完工时间
新乡三元乳业有限公司	2 万吨	3.8 亿元	2009	2010.6
佳源乳业有限公司扩建	5 万吨	1.5 亿元	2009	2010.6
延津县津都奶牛场	2000 头	1 亿元	2009.1	2010.3

【支持政策】

豫政办（2009）96 号河南省人民政府办公厅关于进一步加快黄河滩区奶业发展的意见。

国债资金：对存栏奶牛每头补贴 500 元，对新建和扩建 300 头以上的奶牛小区给以 30 万元的补贴。对加工企业的当年贷款给以贴息。

良种支持：扩大良种补贴，每头母牛冻精补贴 30 元。

【奶农协会建设】奶农协会共 15 个，包含农户 7500 个，存栏奶牛 21 万头；奶农合作社共 562 个，包含农户 6500 个，存栏奶牛 15 万头；其他经济合作组织共 110 个，包含农户 2300 个，存栏奶牛 55.5 万头。

奶业合作组织发展较快，对奶业发展起到了良好的促进作用。

【质量管理】政府主管部门在奶站设有奶站管理员，负责奶站管理及监管、进行原料奶质量检测等工作。政府需要推进“第三方”质量监督机制的建设。

乳制品市场监督情况：配合农业部乳品质量专项治理整顿，河南乳制品质量抽检合格率为 100%。

【学生奶计划】河南省认定 3 家学生奶定点生产企业，日供奶 35 万份，3 个品种，主要是学生奶机构、教育部门、学校、质量监督管理部门联合监管。

（河南省奶业协会　宋洛文）

郑州市

【奶类生产】本地区2009年奶牛存栏9.12万头，全部为荷斯坦奶牛，主要分布在中牟县、荥阳市、新郑市、金水区、惠济区5个县（市、区），其奶牛存栏数占总存栏数的84.89%。

全市奶牛存栏比2008年的8.75万头，增长4.23%。奶牛存栏增长的原因：一是积极贯彻国务院振兴奶业的政策，采取措施，帮助奶业生产者树立战胜困难的信心，稳定奶业形势；二是郑州市沿黄现代畜牧业规划实施，确定奶业示范园区建设项目2个，新建奶牛小区项目11个，奶牛小区升级改造项目20个，项目总投资8580万元，其中市财政补助资金800万元；三是2009年9月份后生鲜乳收购价格逐月上涨，奶牛养殖者恢复了信心。

本地区2009年奶类总产量46.75万吨，增长10.9%，其中牛奶40.67万吨，羊奶6.08万吨，牛奶增长13.67%，羊奶下降4.3%；商品奶类（企业收购）45万吨。

郑州在原料奶收购中没有地方保护价，春夏秋冬季奶价分别是2.3元/千克、2.5元/千克、2.5元/千克、2.8元/千克，分别比2008年同期下降0.6元/千克、下降0.5元/千克、下降0.3元/千克、增加0.5元/千克。

【乳品加工】2009年本地共有乳品加工企业8个，日处理鲜奶的能力总计达到1400吨，其中合资企业1个、地方自建企业7个。

乳品企业总销售额为4.59亿元；其中河南花花牛乳业有限公司销售额2.49亿元，郑州光明山盟乳业有限公司销售额6900万元，郑州妙可乳业有限公司销售额5000万元。

本地2009年巴氏消毒奶、UHT奶、奶粉、酸奶的产量分别为8000吨、3.2万吨、5500吨、3万吨。

【市场与消费】本地区2009年城镇居民人均奶制品（折合成原料奶）消费量24.57千克/人，其中鲜乳品17.18千克/人，奶粉0.20千克/人，酸奶4.79千克/人。

【奶源基地建设】2009年奶牛存栏1～5头的有300个场（户）、6～20头的有9500个场（户）、21～100头的有220个场（户）、101～200头的有15个场（户）、201～500头的有27个场（户）、501～1000头的有48个场（户）、1000头以上17个场（户）。

本地区机械化挤奶达到95%。

2009年共改良各种牛群2.45万头，使用冷冻精液4万剂。

饲草饲料：人工牧草种植面积4800公顷，其中苜蓿草4500公顷；专用青贮玉米种植面积300公顷，有青贮窖1万个，共290万立方米。

【支持政策】市财政每年安排100万元奶牛良种工程经费。

其他政策：（1）奶牛小区标准化建设：市财政每年安排300万元奶牛小区补助资金。其中，200万元用于水电路等基础设施补助，100万元用于综合技术服务站（含奶牛生产性能测定及防疫设施）补助；（2）奶农合作组织建设：市财政每年安排20万元，用于奶农合作社和各级奶业协会补助；（3）黄河滩区绿色奶业示范带：沿黄规划区，新建500头奶牛场（小区）补贴40万元，示范园区补贴60万元，原有奶牛小区升级改造补贴10～20万元。

【奶农协会建设】奶农协会共15个，包含农户1600个，存栏奶牛7万头；奶农合作社共30个，包含农户500个，存栏奶牛2.5万头。

（郑州市畜牧局　王选顺）

湖北省

【奶类生产】本地区2009年奶牛存栏5.37万头，比上年增加2.46%，全部为荷斯坦牛，主要分布在黄冈、武汉、咸宁、宜昌，其奶牛存栏数占总存栏数的80%。

水牛存栏情况，本地区2009年水牛存栏114万头，其中能繁母牛50万头。

本地区2009年奶类总产量28.30万吨，比上年同期下降14.7%，其中牛奶15.51万吨，与上年持平。

本地区2009年全年的平均奶价为3.23元/千克。

【乳品加工】2009年本地共有乳品加工企业18个，日处理鲜奶的能力总计达到2000吨。

【市场与消费】本地区2009年城镇居民人均奶制品（折合成原料奶）消费量16.90千克/人，其中鲜乳品10.21千克/人，奶粉0.45千克/人，酸奶2.21千克/人。本地区2009年农村居民鲜奶购买量0.14千克/人，奶及奶制品消费量1.11千克/人。

【奶源基地建设】2009年本地区奶牛存栏1～5头的有8756个场（户）、6～20头的有124个场（户）、21～100头的有135个场（户）、101～200头的有12个场（户）、201～500头的有17个场（户）、501～1000头的有22个场（户）、1000头以上12个场（户）。

2009年共有奶站42个，其中企业自建的12个，合作社建设7个，其他23个。奶站平均日收奶385吨。

奶站清理整顿情况：（1）对全省收购站进行合理布局与调整，关闭或取缔不合格奶站。（2）按照属地管理原则，明确市、县两级畜牧兽医行政主管部门在建设管理中的职责。（3）规范发证。

人工牧草种植面积33.4万公顷。

【奶业法规和条例建设】本地区当年出台了《湖北省奶业发展纲要实施办法》。

【质量管理】湖北省药检所对全省生鲜乳收购站不定期开展抽样检测，未发现非法添加物。

（湖北省畜牧兽医局草业管理处　吴晓萍）

湖南省

【**奶类生产**】本地区2009年奶牛存栏2.60万头，比上年增长4.19%，主要分布的地区（地级市）是邵阳市，其奶牛存栏数占总存栏数的51.6%，主要分布在城步县，其奶牛存栏数占总存栏数的50.9%。

本地区2009年水牛存栏82.87万头，其中能繁母牛47.01万头；由摩拉水牛和尼里拉菲水牛改良的奶水牛66头，其中挤奶水牛52头；主要分布的地区（地级市）是湘潭市，其改良奶水牛存栏数占水牛总存栏数的100%；主要分布在韶山市，其改良奶水牛存栏数占水牛总存栏数的100%；

奶山羊存栏0.3万只，全部为黑山羊，主要分布在娄底市，其奶山羊存栏数占总存栏数的100%，主要分布在冷水江市，其奶山羊存栏数占总存栏数的100%。

常德、长沙、郴州奶畜存栏较为稳定，原因是奶牛饲养技术逐渐成熟、养殖效益明显，产品销售顺畅。邵阳、怀化、株洲、湘潭、娄底奶畜存栏减少，原因是饲料价格上涨和饲养管理成本增加；企业不能及时将奶款支付给奶农；其他产业取代奶业，如延季蔬菜等；正常淘汰。

本地区2009年奶类总产量7.67万吨，比上年减少49.55%。

本地区2009年全年的平均奶价为3.3元/千克。邵阳2.6元/千克，比上年2.2元/千克增加0.4元/千克，其他地市的奶价都略有提高。

本地区原料奶收购有地方保护价：邵阳2.6元/千克、常德3元/千克、岳阳3.5元/千克。

【**乳品加工**】2009年本地共有乳品加工企业17个，日处理鲜奶的能力总计达到1386吨，其中合资企业1个、地方自建企业16个。

主要乳品企业的销售额和利税：湖南亚华乳业有限公司销售额40455万元、利税1866万元；湖南亚华乳业控股有限公司销售额36722万元、利税-9630万元；湖南南山食品有限公司销售额32800万元、利税2230万元；湖南阳光乳业有限股份公司销售额10794万元、利税1750万元。

当年新建项目1个、扩建项目5个，日处理鲜奶能力分别为10吨、970吨。

本地2009年巴氏消毒奶、UHT奶、奶粉、酸奶的产量分别为10842.11吨、67526.8吨、28159.95吨、26727.26吨（掺乳饮料25683.82吨）。

主要生产企业各产品的生产情况：湖南亚华乳业有限公司生产奶粉8796.81吨、液态奶7749.85吨、掺乳饮料5752.22吨，主要品牌是南山、宾佳乐；湖南南山食品有限公司只生产奶粉6550吨，主要品牌是南仔；湖南亚华乳业控股有限公司只生产奶粉5613.14吨，主要品牌是南山；澳优乳品（湖南）有限公司进口奶粉分装，生产澳优牌奶粉7200吨；长沙旺旺食品有限公司和湖南大旺食品公司长沙分公司生产旺仔牌（还原）液态奶55235.5吨。湖南阳光乳业股份有限公司生产金健牌液态奶27210吨；湖南光明乳业有限公司生产派派牌液态奶6329吨；邵阳市智尔康乳业有限公司生产液态奶5200吨。

【**市场与消费**】本地区2009年城镇居民人均奶制品（折合成原料奶）消费量14.19千克/人，其中鲜乳品5.31千克/人，奶粉0.63千克/人，酸奶1.94千克/人。本地区2009年农村居民鲜奶购买量0.13千克/人，奶及奶制品消费量0.75千克/人。

当地质检部门抽检情况：各地市质量技术监督部门对奶站的鲜奶抽样检查，全年合格率100%。

乳品市场增大，消费增加，主要原因：一是奶产品质量安全不断提高；二是人们生活水平不断提高。学生奶在农村的推广较慢，主要原因：学生奶推进农村学校时，要同农民减负挂钩。

【**奶源基地建设**】2009年奶牛存栏1～5头的有1137个场（户）、6～20头的有852个场（户）、21～100头的有118个场（户）、101～200头的有14个场（户）、201～500头的有14个场(户)、1000头以上4个场(户)。

奶牛养殖小区5个，奶牛存栏1144头。

2009年本地区机械化挤奶达到40%。

2009年共有奶站17个，奶站平均日收奶12.46吨。

奶站清理整顿的情况：(1)严格按商品奶生产收购操作规程办理。(2)整章建制。(3)向收购站派驻质监员，对奶站的收奶设施设备定期检测和维修。(4)密切注视奶农产量质量异动情况，并查明原因。(5)对散户的送奶工具核发许可证，并定期检测。(6)由省（地、市）质监中心每月抽样检测一次。

2009年共改良各种牛群225959头，使用冷冻精液312256剂，胚胎移植500枚；共生产胚胎500枚、冷冻精液532749剂；共进口冷冻精液1976剂。

【**疫病防治情况**】严格按照奶牛饲养管理要求，采取科学的免疫程序，对烈性传染病每年进行2次疫苗注射，常规性疾病由奶站技术员上门诊治。多次随机抽检，未发现重大疫病疫情。

饲草饲料情况：人工牧草种植面积23439公顷，其中苜蓿草305.7公顷；专用青贮玉米种植面积7112.3公顷，有青贮窖725个，共16.72万立方米。

奶牛配合饲料的生产企业1个，年产奶牛配合饲料4万吨。

奶源基地建设情况变化不大，缺乏主管部门的重视、扶持和引导。

【**重要建设项目**】本地区2009年区内企业自建项目6个。

(1)亚华乳业，项目规模：5万吨/年配方奶粉干混灌装项目，投资额1.68亿元，2009年启动，2010预计完工。

(2)阳光乳业，项目规模：巴斯奶八联杯卷膜生产线，投资额30万元，2009年启动。

(3)阳光乳业，项目规模：大瓶装常温奶生产线，投资额120万元，2009年启动。

(4)阳光乳业，项目规模：利乐砖生产线，投资额280万元，2009年启动。

(5)怀化市，项目规模：2万吨乳制品扩建工程，日处理50吨，投资额2998.32万元，2009年启动，未完工。

(6)邵阳市，项目规模：新增处理能力20吨/日，投资额3000万元，2009年启动。

【奶业法规和条例建设】县人大2005年7月26日发布《湖南省城步苗族自治县奶业发展条例》。主要内容：采取优惠措施，扶持和促进奶业快速有序和持续发展。

【支持政策】《湖南省城步苗族自治县人民政府关于兴奶的意见》。

投资倾斜政策：

优惠贷款：（邵阳、常德）贴息贷款。

良种支持：邵阳：一年一次性收费，配种费30元；怀化：免税收，冻精优价提供；其他地市：冻精补贴。

政策保险：邵阳，常德：奶牛保险。

其他政策：邵阳：每千克合格商品奶补0.1元。

【奶农协会建设】奶农协会共4个，包含农户889个，存栏奶牛12480头。

【质量管理】按照国家生鲜乳收购管理条例，企业自检、当地质检机构和畜牧部门经常检查抽检，检查结果合格率为100%。

乳制品市场监督由各地市工商和质量技术监督部门负责，全年未检查出质量安全问题。

【学生奶计划】

定点企业：湖南阳光乳业；供应数量：30万份/天；品种：酸奶、巴氏奶；价格：1.2～1.5元/份；饮奶人数：30万；监管措施：专门生产、定向供应、专人跟踪监管。

阳光乳业第二牧场是全国学生奶源升级示范基地。

（湖南省奶业协会　伍佰鑫）

广东省

【奶类生产】本地区2009年奶牛存栏5.59万头，比上年增长0.87%，其中荷斯坦牛5.16万头，娟姗牛0.266万头，主要分布的地区（地级市）是广州、惠州，其奶牛存栏数占总存栏数的49.59%，主要分布的县（县级市）是光明新区、博罗县，其奶牛存栏数占总存栏数的27.04%。

本地区2009年水牛存栏110.7万头，其中能繁母牛40.5万头；主要分布的地区（地级市）是揭阳市、佛山市。奶山羊存栏2.22万只。

本地区2009年奶类总产量14.37万吨，比上年同期增长8.25%，奶类总产量中牛奶14.03万吨，比上年增长8.27。

多年来广东省大力发展规模化养殖，努力推进机械化和标准化建设进程。乳品企业和奶牛养殖场形成订单农业，对原料奶的各项要求都高于国家标准。

本地区2009年全年的平均奶价为3.83元/千克，同比增加9.42%。

原料奶的收购价在3.83元/千克上下10%浮动，奶源集中区最高达到3.9～4.0元/千克。

本地区原料奶收购中无地方保护价。

【乳品加工】2009年本地共有乳品加工企业30多个。

【市场与消费】本地区2009年城镇居民人均奶制品（折合成原料奶）消费量18.22千克/人，其中鲜乳品8.21千克/人，奶粉0.78千克/人，酸奶2.06千克/人。本地区2009年农村居民鲜奶购买量0.13千克/人，奶及奶制品消费量0.54千克/人。

【奶源基地建设】2009年，本地区奶牛存栏1～19头的有415个场（户）、20～99头的有100个场（户）、100～199头的有41个场（户）、200～499头的有29个场（户）、500～999头的有10个场（户）、1000头以上16个场（户）。

奶牛养殖小区8个，奶牛存栏2906头。

2009年本地区机械化挤奶达到100%。

2009年共有奶站44个，其中企业自建的37个，其他7个。广东没有所谓的奶站，此处指的是畜牧兽医部门发了证的生鲜乳收购站，其中企业自建包括乳品企业自建、民营企业和股份制企业，其他包括集体、个体。

奶源基地建设情况分为三方面，一是在珠三角经济发达地区由于土地使用紧张，当地鼓励奶牛养殖户搬迁，导致奶牛数量减少、产奶量减少，一些农户卖掉奶牛；二是，乳品企业奶源基地建设，为了逐步完成《纲要》中提出的“2011年10月底前，乳制品生产完成良好生产规范改造，基地自产生鲜乳与加工能力的比例达70%以上”的要求，乳品企业都在加大自身奶源基地建设；三是，广东省的奶牛群体基数小，奶牛总头数还不到全国的5%，因此加大奶牛群体数量的一个可行办法是在广东省奶牛养殖场的基础上改扩建规模，加强管理水平，提高产奶量。

【支持政策】良种支持：《2009年广东省奶牛良种补贴项目实施方案》。

【学生奶计划】广东省学生饮用奶定点企业主要是广东燕塘乳业有限公司、广州风行牛奶有限公司和深圳市晨光乳业有限公司，2009年共供应学生奶325220包（盒）/天，其中纯牛奶212940包（盒），调味奶112280包（盒）；共供应学校2520所，其中小学2018所，中学502所。广东省积极响应由农业部和教育部举办的第二届“牛奶与健康”全国绘画与作文比赛，共收集作品149份，选送国家100份参赛。此外，三个定点企业也积极开展各种趣味活动，大力宣传科学饮奶知识，积极推进学生饮用奶计划的开展。广东燕塘乳业有限公司还于寒暑假期间向广大学生推广“营养不放假”活动，宣传坚持饮奶的重要性，共有50家学校，3000多名学生参与了该活动；广州风行牛奶有限公司通过组织学生参观奶牛场、生产车间，了解牛奶的生产过程，深入浅出地介绍了乳制品消费和科学饮奶知识，现场解答参观者提出的问题，让学校方面更直观地了解学生奶的生产流程；深圳市晨光乳业有限公司配合利乐公司开展“学生体质升级计划”活动，通过各种趣味性活动让学生了解学生奶饮用小常识。

（广东省奶业协会　陈三友）

广州市

【奶业生产】2009年末，广州市奶牛殖场（户）共133家，其中荷斯坦花奶牛场(户)59家，奶水牛74家；奶牛存栏1.91万头，比上年增长0.52%，其中荷斯坦奶牛（含娟姗奶牛及娟姗杂交奶牛）1.73万头，奶水牛0.19万头；全年生鲜牛奶总产量5.29万吨，比上年增长0.10%，其中奶水牛牛奶0.25万吨、荷斯坦奶牛奶5.04万吨，生鲜牛奶生产总值2.12亿元；液态奶乳品加工总产量17.19万吨，比上年增长34.5%，其中乳酸奶饮料2.35万吨，常温奶（UHT）、巴氏鲜奶、酸牛奶14.79万吨，乳品加工生产总值13.76亿元（不含奶粉和益生菌乳饮品）；本地产生鲜牛奶自供率占乳品加工总量的30.8%，比上年下降了6.92%，奶源不足部分，靠从邻省福建省南平市部分调入和使用还原奶弥补解决；日均上市牛奶（乳酸饮料除外）203.39万瓶（份），比上年增长50.3%；学生饮用奶全年生产供应量1.07万吨，比上年增长9.2%，年销售总额8025万元；全年生鲜牛奶收购均价3.95元/千克。

2009年广州市各区、县级市奶牛存栏与生产情况

区、县市名称	年末存栏(头)	与上年对比增或减%	牛奶产量(吨)	与上年对比增或减%
天河	3307	0.11	11155	16.5
白云	1320	-0.35	3660	-93.3
番禺	2360	5.3	3806	-10.9
花都	4032	12.5	10377	12
南沙	2553	4.55	7220	25.6
萝岗	531	9	1421	78.3
增城	2980	80.61	7696	-26.2
从化	2885	17.8	7610	33.7
合计	19968	4.76	52945	0.091

备注说明：此统计表数字已包含奶水牛及其所产牛奶。

【市场与消费】本地区2009年城镇居民人均奶制品（折合成原料奶）消费量28.62千克/人，各种乳制品消费量：鲜乳品15.19千克/人，奶粉0.89千克/人，酸奶3.42千克/人。

2008年9月发生的三聚氰胺奶粉污染事件对广州地区奶业影响较为轻微，奶农未出现倒奶和杀牛现象，奶源售价稳定。奶农的养殖效益因受饲料价格上涨因素影响而有所下降，亏损经营的农户占10%。本地乳品加工企业，因后三聚氰胺事件时期大品牌企业恶性竞争行为有所收敛，赢得了较温和宽松的市场环境，生产总量和市场份额均创历史最好水平，广东燕塘乳业首次突破5亿元销售大关，广州光明乳业和广州维记牛奶食品有限公司的销售额突破3亿元。

自2009年6月1日起，《中华人民共和国食品安全法》正式实施，广州市奶业管理办公室在分别前往各区、县级市向奶农、乳品企业做好对《食品安全法》的贯彻宣传工作外，还加强了对奶源质量的监管，经6批次对全市奶牛场生鲜牛奶的抽样检测，合格率为100%。5月中旬，花都区、从化市部分奶牛场暴发了奶牛流行热，总感染牛只300多头，死亡牛只50余头，涉及场（户）20余家。

年初，全市最大生产规模的奶牛场华美珠村奶牛场（国有），对天泉湖奶牛场(民营)以3500万元实行全盘并购。天泉湖奶牛场的前身是广州凤凰牧场(国有)，于2004年从天河区龙洞迁至增城市的仙村镇作异地饲养，2006年陈赐来以600万接手购得转为民营奶牛场经营。天泉湖牧场移交给华美珠村奶牛场接手时的奶牛存栏规摸950头，比2004年搬入时的1600多头减少了650多头。

2009年10月，广美香满楼畜牧有限公司从2008年下半年就开始投入，总投资额达4650万元的旧厂房与生产线设备改造工程竣工交付使用。此改造工程项目，使该公司的鲜奶日加工生产能力由100吨增至200吨，当年生产总量因此实现了80%的增长，产品市场销售总额也随之增长了68%。

年初，原隶属海珠区水利委员会(国有企业)后转为个人承包的广州市金鼎乳品加工厂，因卷入三聚氰胺毒奶粉事件并缺乏奶粉生产的必要设备，其奶粉生产许可证、卫生合格证和工商营业执照等被政府主管部门吊销，关门停产几个月后，随之进入了破产申请程序。该厂是广东省内唯一一家因三聚氰胺事件而倒闭的乳品企业。

【学生奶计划】学生饮用奶售价，按广州市物价局2008年新核准的每盒200毫升装1.50元售价执行，学生及家长对每盒提价0.20元的售价反应平静，未引起过多议论，市场销量反而增长了9.2%。其中广州风行牛奶公司生产供应0.69万吨，广东燕塘乳业生产供应0.38万吨。

2009年，全市1.1265万头黑白花奶牛获得国家农业部优良奶牛冷冻精液共2.2530万支的补贴，补贴款总额32.1650万元；广州市政府对此项目作出同步配套补贴，补贴款总额30万元。

（广州市奶业管理办公室　王丁棉）

深圳市

【奶类生产】本地区2009年奶牛存栏1.8万头，全部为荷斯坦牛，主要分布的地区是龙岗区、光明新区，其奶牛存栏数占总存栏数的100%。

2009年市政府出台奶源地建设规划，晨光乳业在惠州新建两个现代化牧场，时代乳业公司在龙岗建设一个示范牧场，增加奶牛1400头，稳定了奶源，生鲜奶供应有一定的改进和提高，奶牛饲养业开始增加，饲料基地建设也有了很大的改善。奶牛存栏成奶牛增加8%.

本地区2009年奶类总产量10.8万吨，比上年同期增长13%，其中商品奶类（企业收购）9.8万吨，同比增长10%。

本市奶类生产基本稳定，在牧场整改中逐场逐牛群产奶卫生环境，挤奶设备消毒，制冷能力等全过程监督，不达标不准出场，使奶类的生鲜奶质量基本稳定。三聚氰胺事件后，对生鲜牛奶的重视程度有所提高，本市奶类生产量也有了10%以上的增加。

原料奶收购价格：本地区2009年全年的平均奶价为3.62元/千克，同比增加15%，春夏秋冬季奶价分别是3.24元/千克、3.16元/千克、3.3元/千克、4.2元/千克，比上年同期增加-0.26元/千克、-0.34元/千克、0.5元/千克、0.56元/千克。

晨光乳业公司4.2元/千克，同比增加0.3元/千克。时代乳业公司3.6元/千克，同比增加0.2元/千克。

【乳品加工】2009年本地共有乳品加工企业7个，日处理鲜奶的能力总计达到1080吨，其中外资企业1个、合资企业4个、地方自建企业2个。

乳品企业总销售额为16亿元；主要企业的销售额和利税：晨光乳业公司，总收入9亿元，固定资产4亿元，利税总额6000万元。生鲜收购量400吨/日，生奶年均收购价4.2元/千克，日处理鲜奶能力500吨/日。

【产品结构】本地2009年巴氏消毒奶、UHT奶、酸奶的产量分别为3.46万吨、2.88万吨、4.5万吨，同比增长-18%、-16%、56%。主要生产企业各产品的生产情况：奶业整改在驻厂工作队24小时监督，不合格的原奶不准入场，不合格的产品不准出厂，全方位进行跟踪检测，每个生产过程，每批产品在受控状态下进行生产，协会加强自律，配合工作队对企业依法管理，严格食品添加剂使用，进行食品危害分析，确定关键控制点，逐批核实台账和产品质量检验结果，本市生产企业的产品巴氏杀菌奶、酸牛奶、灭菌奶基本合格。

本地区2009年奶制品出口我国香港奶6000吨，已经出口30年，平均每日20吨，直接用奶槽车供给香港牛奶公司。

本市乳制品加工企业经整顿改造，生产包装设施要求要达到GMP标准，进行超精灌装工艺，基本接近ISO9001：2008。HACCP质量管理体系和食品安全体系，经国家、省、市三级工作组检查验收。中国奶业协会理事长刘成果，副理事长兼秘书长魏克佳亲临晨光乳业视察检验，使奶业整顿工作顺利进行。

【市场与消费】本地区2009年城镇居民人均奶制品（折合成原料奶）消费量25.12千克/人，其中鲜乳品10.23千克/人，奶粉1.06千克/人，酸奶2.67千克/人。

当地质检部门抽检情况：2009年在三聚氰胺事件影响关键时期，本市对乳制品质量进行监督，抽检工作队定期对全部乳制品进行抽检，不合格产品停止销售，已销售的要及时召回，待产品抽样检测合格后方可出厂销售，奶业协会配合质检部门定期把检测结果向社会公示，发动广大消费者进行监督。

2009年全市巴氏杀菌奶（本地奶）没受三聚氰胺事件影响，反而有不同程度的提高。受影响最大的是婴幼儿分段配方奶粉，市场销售下降，反而进口婴幼儿分段奶粉供不应求，售价也大幅度提高，原进价160元/罐，现在提价为260～300元/罐，三聚氰胺的影响还没有消除。

【奶源基地建设】2009年，本地区奶牛存栏21～100头的有22个场(户)、101～200头的有18个场(户)、201～500头的有16个场（户）、501～1000头的有2个场（户）、1000头以上1个场（户）。

2009年本地区机械化挤奶达到100%。

奶站建设与管理：2009年共有企业自建奶站9个。

深圳市奶站为企业自建，公司加牧场的模式，其中晨光乳业4个，时代乳业2个，多牧多、卡士、喜之康各1个。

【疫病防治情况】奶牛结核病每年进行检疫，口蹄疫的防治，疫苗的接种，乳房炎的防治，防疫站定期到各牧场进行检测并防治，2009年本市没有重大疫情发生。

饲草饲料情况：人工牧草种植面积3000公顷；专用青贮玉米种植面积3000公顷，有青贮窖86个，共4000立方米。

奶牛配合饲料的生产企业12个，年产奶牛配合饲料9000吨，其中主要生产企业生产情况：饲料生产企业一般为猪、鸡、鸭待混合饲料厂，大部分在市外，多属于畜牧系统，奶业协会召开有关会议，请企业参加。

2009年本市区外，惠州高有多牧多奶源基地建设，各区、镇结合，甜玉米种植计划的落实，建设奶牛基地。晨光乳业公司在博罗新建2个现代化奶源牧场，时代乳业在龙岗区建设现代化示范奶源牧场。

【支持政策】2009 年深圳市奶牛良种补贴项目实施方案，2009 深圳市奶牛基地示范牧场扶植政策。

【质量管理】2009 年在原料奶各驻厂工作队的监督管理下，原奶进厂经工作队抽检，质量合格后方可进厂，不合格不准进厂，市质检局设立原料专检项目，把好原奶进厂关。

深圳市设市场监督管理局直接监控市场产品质量，加大执法力度，贯彻《食品安全法》，工商和质量管理合署办公，统一执法规范，使商品在流通环节均有监管规范，改变了产品市场无序状态，问题得到及时处理。

【学生奶计划】晨光乳业公司是深圳市唯一取得学生奶定点生产企业，目前全市学生奶是自愿、自助、不强调统一集中的一种供奶模式。2009 年供应学生奶 1145 吨，主要供给中小学、幼儿园，价格要求低于市场价格，无政府补贴，企业基本在亏损状态下供奶，自上海市提出不增加学生负担情况下，发展前景不理想。

（深圳市奶业协会　赵庆政）

广西壮族自治区

【奶类生产】2009 年奶牛存栏 2.31 万头，比上年减少 54.36%，主要分布在南宁、钦州、柳州、桂林、来宾、玉林、北海等 7 个地级市，其奶牛存栏数占总存栏数的 95.28%。

本地区 2009 年水牛存栏 438 万头，其中能繁母牛 221 万头，由摩拉水牛和尼里拉菲水牛改良的奶水牛 4.39 万头，其中挤奶水牛 1.37 万头；主要分布在钦州市的灵山、蒲北 2 个县，其改良奶水牛存栏数占全广西奶水牛总存栏数的 56.23%。

奶山羊存栏 0.15 万只，全部为莎能奶山羊，主要分布在北海、玉林两个地级市的郊区。

2009 年奶类总产量 8.07 万吨，比 2008 年增长 7.57%。

原料奶收购价格：荷斯坦鲜牛奶收购价为每千克 3.2～3.6 元；新鲜水牛奶收购价为每千克 5.8～6.8 元。

原料奶收购中无地方保护价。春夏秋冬季奶价都一样，与 2008 年同期新鲜水牛奶提高 0.3 元/千克。

【乳品加工】2009 年本地共有乳品加工企业 22 个，日处理鲜奶的能力总计达到 675 吨，全部为地方自建企业。

乳品企业总销售额为 8.63 亿元。

当年新建项目 1 个、扩建项目 1 个，日处理鲜奶能力分别为 30 吨、20 吨。

本地 2009 年巴氏消毒奶、UHT 奶、酸奶的产量分别为 37861 吨、48630 吨、36838 吨，比 2008 年增长 3.61%、8.72%、5.81%。

乳制品加工业情况：2009 年广西乳制品加工的企业有 22 个，比 2008 年的 24 个少 2 个，实际日加工奶的能力由 2008 年的 449 吨上升到 2009 年的 479 吨。发生这些变化的主要原因是中央政府进一步规范奶业管理；当地政府重视，出台相关政策扶持乳品加工企业的发展；加大宣传，提高群众对牛奶业的认识，正确引导好群众对牛奶的消费；实力强的企业得到加强，弱的企业逐步被淘汰。

【市场与消费】本地区 2009 年城镇居民人均奶制品（折合成原料奶）消费量 16.87 千克/人，其中鲜乳品 10.44 千克/人，奶粉 0.42 千克/人，酸奶 1.00 千克/人。本地区 2009 年农村居民鲜奶购买量 0.03 千克/人，奶及奶制品消费量 0.26 千克/人。

当地质检部门抽检情况：符合有关规定的卫生标准要求。

【奶源基地建设】2009 年，本地区奶牛存栏 1～5 头的有 13962 个场（户）、6～20 头的有 497 个场（户）、21～100 头的有 114 个场（户）、101～200 头的有 9 个场（户）、201～500 头的有 16 个场（户）、501～1000 头的有 22 个场（户）、1000 头以上 6 个场（户）。

奶牛养殖小区 80 个。

本地区机械化挤奶达到 50%。

2009 年共改良各种牛群 43 万头，使用冷冻精液 68.8 万剂（支）。

【疫病防治情况】主要是严格遵守疾病防治程序和饲养管理规程，防治结核病、乳房炎、生殖疾病等。

饲草饲料情况：人工牧草种植面积 7000 公顷，其中专用青贮玉米种植面积 2000 公顷。

因为养奶牛少，养殖场都是自己配料，所以没有生产奶牛饲料的企业。

奶牛养殖小区数量比 2008 年多 10 个，饲养规模也扩大了，主要原因是政府重视，出台有关政策，正确引导规模养殖的结果。

【质量管理】原料奶质量和质量控制情况：有收奶站的县（市、区）都派驻监督员，负责对原料奶质量的监管，2009 年所有原料奶质量都合格。

2009 年对广西生产的乳制品进行不定期抽检，所检乳制品均合格。

（广西壮族自治区畜牧总站　唐善生）

海南省

【奶类生产】2009 年奶牛存栏 0.14 万头，比上年降低 32.15%，全部为荷斯坦牛。

本地区 2009 年水牛存栏 54.46 万头，其中能繁母牛 23.16 万头；由摩拉水牛和尼里拉菲水牛改良的奶水牛 4000 头，其中挤奶水牛 120 头；主要分布的地区是儋州市，其改良奶水牛存栏数占水牛总存栏数的 53%；主要分布的县是澄迈、定安两县，其改良奶水牛存栏数占水牛总存栏数的47%。

2009年奶类总产量0.36万吨，比上年同期减少23.83%。

原料奶收购价格：2009年全年的平均奶价为3.5元/千克，同比增加11.11%，春夏秋冬季奶价均为3.5元/千克，比上年同期增加0.35元/千克。

【乳品加工】2009年本地共有乳品加工企业2个，日处理鲜奶的能力总计达到70吨，其中外资1个、地方自建企业1个。

乳品企业总销售额为2930.8万元；主要企业的销售额和利税：海南艾森乳业有限公司2546.8万元，利税419.78万元；海南新海乳业有限公司384万元，利税-58.72万元。

本地2009年巴氏消毒奶、酸奶的产量分别为2310吨、1440吨，同比减少48.14%、60.19%。巴氏消毒奶、酸奶产量大幅减产的原因：2009年海南艾森、海南新海乳业两家公司奶牛场调整奶牛品种，用新鲜奶培育后备奶牛犊有直接的关系。

【市场与消费】本地区2009年城镇居民人均奶制品（折合成原料奶）消费量14.46千克/人，其中鲜乳品3.24千克/人，奶粉1.19千克/人，酸奶1.14千克/人。本地区2009年农村居民鲜奶购买量0.03千克/人，奶及奶制品消费量0.21千克/人。

【奶源基地建设】2009年奶牛存栏1～5头的有13个场（户）、6～20头的有5个场（户）、201～500头的有1个场（户）、501～1000头的有1个场（户）。

奶牛养殖小区2个，奶牛存栏1222头；其中新建小区1个，奶牛存栏45头。

2009年本地区机械化挤奶达到95%。

2009年共有奶站2个，均为企业自建。奶站平均日收奶12～13吨。

奶站清理整顿情况：均已通过了整改，核发了生鲜乳收购许可证。

2009年共改良各种牛群875头，使用冷冻精液1365剂。

饲草饲料情况：人工牧草种植面积52公顷，专用青贮玉米种植面积28公顷，有青贮窖10个，共4536立方米。

【质量管理】原料奶质量未出现过重大安全隐患及事故，质量主要由企业自行把关，国家与地方质检部门不定期抽查监督。

【学生奶计划】省内没有定点生产企业，配送企业为海南深光配送服务公司，现日配送学生奶7万～8万盒，有严格的监管措施，不定期开展学生奶宣传促销活动。

（海南省畜牧兽医局　张一心）

重庆市

【奶类生产】2009年奶牛存栏1.72万头，比上年减少11.40%，主要分布的县（县级市）是渝北区、江北区、万州区、北碚区、沙坪坝区、南岸区、巴南区、长寿区、荣昌县、铜梁县，其奶牛存栏数占总存栏数的80.9%。

本地区2009年水牛存栏37.92万头，其中能繁母牛19.28万头；主要分布的县（县级市）是渝北区、永川区、长寿区、黔江区、彭水县、石柱县、丰都县、酉阳县、垫江县、武隆县、綦江县、潼南县、忠县，其改良奶水牛存栏数占水牛总存栏数的15.5%。

本地区2009年奶类总产量7.94万吨，比上年同期增长2.03%，全部为牛奶。

（1）政策支持、政府引导，奶牛发展势头强劲。全市整合各种资金2000余万元投入奶牛养殖和乳品加工。规模场由2008年的22个增加到2009年的33个，2009年底正在建设的规模场有9个。

（2）奶价提高，养牛效益增长。奶源紧缺，养殖成本增加，全年原料奶收购均价由2008年的2.7元/千克，提高到2.87元/千克。扣除饲料涨价因素，每头成年母牛收益增加500元。

（3）奶牛养殖数量、养殖规模滞后于乳品加工的发展。规模大、产品多样化的加工企业在竞争中不断发展壮大，加工能力不断扩大，市场份额不断增加，如天友乳业公司，日加工能力达到1000吨，年产值上10亿。新兴企业光大乳品集团也正在发展壮大，成为重庆地产乳业的新龙头企业。全市乳品日加工能力达到1230吨。加工企业的奶源缺口很大，制约了重庆乳品加工发展和产品质量的提升。

（4）牛源紧缺成制约奶牛发展的瓶颈。

本地区2009年平均奶价为2.87元/千克，同比增加5.9%，春夏秋冬季奶价分别是2.84元/千克、2.80元/千克、2.90元/千克、2.95元/千克，比上年同期增加0.28元/千克、0.03元/千克、0.05元/千克、0.28元/千克。

奶源集中的典型地区，以规模养殖场为主，规模养殖场原料奶收购价比散养户单价高0.15元/千克，平均单价为3.02元/千克，较2008年平均单价提高了0.18元。

本地区原料奶收购中无地方保护价。

【乳品加工】2009年本地共有乳品加工企业6个，日处理鲜奶的能力总计达到1230吨，全部为地方自建企业。

乳品企业总销售额为117900万元；主要企业的销售额和利税：销售额112100万元，利税8002万元。

当年扩建项目3个，扩建项目日处理鲜奶能力为152.5吨，新增处理能力102.5吨。

本地2009年巴氏消毒奶、UHT奶、奶粉、酸奶、奶饮料的产量分别为47799吨、49027吨、133.7吨、36843吨、76103吨，同比增长2.3%、-16.6%、-46.9%、39.4%。主要生产企业各产品的生产情况：主要生产企业以消毒牛奶、灭菌奶、酸牛奶为主打产品，以奶饮料为盈利点，以酸奶、巴氏消毒奶为地方产品与国内品牌产品竞争的着力点，以填补市外消毒奶无法进入重庆市场的空缺，做地方特色产品。

【市场与消费】本地区2009年城镇居民人均奶制品（折合成原料奶）消费量27.16千克/人，其中鲜乳品17.36千克/人，奶粉0.57千克/人，酸奶4.21千克/人。本地区2009年农村居民鲜奶购买量0.51千克/人，奶及奶制品消费量1.23千克/人。

【奶源基地建设】2009年，本地区奶牛存栏1～5头的有2468个场（户）、6～20头的有983个场（户）、21～100头的有89个场（户）、101～200头的有10个场（户）、201～500头的有3个场（户）、501～1000头的有3个场（户）、1000头以上2个场（户）。奶牛养殖小区8个，奶牛存栏1534头。

2009年本地区机械化挤奶达到47.1%。

2009年共有奶站23个，其中企业自建的21个，规模养殖场建设2个。奶站平均日收奶224.2吨。

全市有23个收奶站（点），生产规模较大的重庆天友乳业公司在11个区县19个重点乡镇投资建设了收奶站，其他乳品企业由于生产量相对偏低，以点带站集中收奶。天友的19个收奶站全部由乳品企业自己建设、自行经营，收奶站人员全部是乳品企业的职工，避免了中间经销商可能存在的违法经营，确保了牛奶质量和奶农的利益。对生鲜奶收购全过程进行驻站督查。进一步建立健全管理制度，制定了《重庆市生鲜乳收购站建设规则》、《重庆市生鲜乳收购站管理办法（试行）》。

【品种改良情况】2009年使用国家奶牛良种补贴冻精3.4万剂，奶牛性控冻精300剂，改良了1.8万头母牛。

【疫病防治情况】各级畜牧、兽医部门高度重视奶牛疫病的预防，防重于治，建立了完善的防、免疫体系，区、县、乡镇兽医分片包干，责任到户、到场，逐一落实和执行疫病的防治工作。在春秋两季实施口蹄疫的集中免疫，长年补免；每年春季注射牛出败和牛炭疽疫苗；每年进行结核病的检测和布病血液抗体监测。建立了奶牛引进申报、审批、引进后隔离制度，严格执行农业部的禁引令和引牛审批手续。奶牛场和奶牛小区奶牛养殖场有严格的防疫程序和消毒程序，设置消毒池、消毒室，夏秋季节对牛舍及其周围进行消毒药品喷洒消毒，奶牛场遵守用药原则，各种消毒药交替使用。建立健全了动物疫病控制、防疫监督、疫病监测和防疫屏障体系，防止了奶牛严重传染病的发生。

饲草饲料情况：人工牧草种植面积28.23万公顷，其中苜蓿草0.89万公顷；专用青贮玉米种植面积18.85万公顷，有青贮窖623个，共2800立方米。

全市有畜禽饲料生产厂家300余家，生产猪、禽、牛饲料，包括生产奶牛饲料，年产奶牛配合饲料4252吨。

全市有奶源基地22个，采取政府规划，在发展的重点区县、奶牛适养区域以镇或村为范围建立奶源基地。政府引导、协调，企业支持、设计，业主出资出力，协同建设奶牛养殖基地，企业、养殖者共同发展，实现双赢。

【重要建设项目】本地区2009年区内企业自建项目9个。

项目名称	项目规模	投资额（万元）	启动时间	完工时间
潼南县琦鑫千牛奶牛场	300头	520	2009年2月	2009年10月
重庆渝宇农业开发公司	300头	565	2009年3月	2009年12月
垫江县农福生态奶牛养殖场	200头	380	2009年1月	2009年11月
涪陵天旺奶牛养殖小区	200头	350	2008年11月	2009年9月
唐顺会奶牛场	100头	180	2009年5月	2009年12月
重庆百润乳制品有限公司奶牛场	200头	396	2008年9月	2009年10月
光大集团乳加工厂二期工程	10万吨/年	11000	2008年11月	2009年10月
天友乳业公司新鲜杯技改扩能项目	1.5万吨/年	250	2009年2月	2009年7月
康馨乳业无菌灌装生产线	1.2万吨/年	265	2009年3月	2009年8月

【支持政策】

优惠贷款：市财政对奶牛养殖贴息600万元；乳品加工龙头企业对奶源基地养殖场、户给予购牛担保和购牛贷款30%贴息，按1头牛3000～5000元贷款利息的30%贴息。

土地优惠：各级政府对在规划区域、奶牛适养区建牛场、建小区用地视为农业用地，简化手续，优先审批。有的区、县政府优惠政策招商引资，对新建奶牛场、小区实施三通一平：路通、水通、电通、地基平整。

税收优惠：奶牛养殖免交一切税费。乳品加工企业享受西部地区税收优惠政策，企业所得税减半。

良种支持：国家奶牛良种补贴项目资金51万元，采购冻精 3.4 万支。市农业发展资金 20 万元，采购国外性控冻精 650 支。

政策保险：每头奶牛保险费 300 元，市财政出资 210 元，乳品加工龙头企业出资 45 元，奶牛场、户出资 45 元。

其他政策：市级农业发展资金每年不低于 800 万元，主要用于奶牛良种繁育体系建设、标准化规模养殖和奶站建设。

区、县地方政府财政资金免费为奶牛户安装降温设施和青贮设施补贴。地方政府和加工龙头企业鼓励发展，对新建规模场、奶牛养殖小区购牛奖励；免费为新建规模场、小区安装挤奶设备。奶牛场、户购买挤奶机享受30%国家农业机械补贴资金补贴；收奶站购买储奶罐享受30%国家农业机械补贴资金补贴。

【奶农协会建设】奶农协会共 3 个，包含农户 510 个，存栏奶牛 3021 头。

【质量管理】全市开展了生鲜乳的专项整治行动。开展了为期 30 余天的原料奶质量安全大检查，共完成了 179 个批次生鲜乳样品抽检工作，抽检结果全部合格。

【奶业科技】2009 年重庆市奶业科技项目进展：

项目名称	执行单位	完成人	研究进展	应用情况
高产奶牛良种繁育与健康养殖关键技术研究与示范	重庆市光大畜牧有限公司、重庆天友乳业公司、重庆金宏畜牧公司、重庆畜牧技术推广总站	项目执行单位管理人员、技术人员	2009 年 3 月启动，2009 年底已通过项目中期验收	组建了奶牛生产性能测定（DHI）实验室，组建重庆市高产奶牛核心群，以通过个体奶牛生产性能测定，以测定数据为基础，综合分析牛群情况，指导奶牛养殖与管理。开展了良种奶牛抗热应激能力的相关性研究。制定奶牛选配方案，使用性控精液等技术加速核心群扩繁和群体遗传改良。
湿热地区奶牛健康养殖产业化科技示范基地建设	重庆光大畜牧有限公司、重庆畜牧技术推广总站、重庆天友乳业公司、重庆金宏畜牧公司	项目执行单位牛场管理人员、技术人员	2009 年 5 月项目启动，2009 年底通过项目中期检查，2010 年结题	按照奶牛产业化发展格局，选择了光大畜牧业发展有限公司江北区鱼嘴奶牛场、金宏畜牧发展有限公司和北碚区的天友牧业有限公司奶牛场作为项目科技示范基地，在基地内实施集成、组装和示范推广已有的成熟技术及本项目的研究成果，建立重庆市良种母牛核心群，应用高效繁育技术、奶牛规范化饲养技术、养殖环境控制技术、疫病监控技术和粪污处理技术等一系列产业化技术，建立了具有循环经济特点的生态型奶牛产业化科技示范基地。

【学生奶计划】学生饮用奶计划配合推进“健康重庆”的实施，打造“健康校园”。2009 年推广学生奶学校达 562 所，日供学生饮用奶 21.64 万份，分别比 2008 年增长 87%、334%。覆盖荣昌县、万州区、沙坪坝区、南岸区、江北区、南岸区、九龙坡区、巴南区等区县。绝大部分区县由区县财政出资，学生自愿，免费饮奶。“重庆市天友乳业股份有限公司”和“重庆光大集团有限公司”两家生产企业为重庆市学生饮用奶计划定点生产企业。学生奶品种有纯牛奶；草莓味、核桃味调味奶。生产企业严格按照我国《“学生饮用奶计划”暂行管理办法》的规定和要求提供合格的学生饮用奶。

【大事记】2 月 13 日　中共中央政治局常委、全国政协主席贾庆林莅临重庆光大集团视察指导工作，重庆市委书记薄熙来，市长王鸿举等有关市领导陪同视察了光大集团位于江北区鱼嘴镇的生产基地，先后参观了光大集团主牧场、梦工场乳制品生产厂和旅游公司及在建项目。

10 月　重庆光大集团十万吨优质乳品加工基地建成投产。占地 7.33 公顷，年产能达 10 万吨的光大集团梦工厂乳品分厂新厂建成投产。

10 月 1 日　重庆天友乳业有限公司荣获“60 年影响重庆经济 60 企业”称号。

10 月　重庆光大集团自有牧场通过欧盟良好农业规范（GAP）一级认证。成为重庆首家奶业行业通过 GAP 认证的企业。

11 月 28 日　重庆天友乳业荣获“中国十大乳业质量品牌”称号。

12 月　重庆天友乳业获得危害分析与关键控制点（HACCP）体系认证证书，使天友乳业公司乳制品生产更加规范，产品质量控制更加严格。

（重庆市畜牧技术推广总站　凌虹）

四川省

【奶业生产】本地区 2009 年奶牛存栏 19.69 万头，比上年增长 5%，主要是荷斯坦及其改良牛，其他有西门塔尔牛、三河牛、草原红牛、新疆褐、娟姗牛；主要分布在成都、眉山、绵阳、雅安、南充、达州、凉山、德阳、巴中、西昌、广元等 11 个地区，洪雅、顺庆、涪城、崇州、邛崃、新都、郫县、彭州、双流、东坡、雨城、汉源、中江、宣汉、西充等 15 个县，其奶牛存栏数占总存栏数的 52%。

本地区 2009 年水牛存栏 255.78 万头，其中能繁母牛 115.88 万头，由摩拉水牛和尼里拉菲水牛改良的奶水牛 8.9 万头，其中挤奶水牛 1.31 万头；主要分布在凉山、广元、宜宾、泸州、绵阳、乐山、资阳、巴中等8地区，安岳、犍为、合江、古蔺、宜宾、阆中、巴州、达川、大竹、通江、剑阁、德昌、西昌等47个县，其改良奶水牛存栏数占水牛总存栏数的3.9%。

奶山羊存栏1.77万只，主要品种为萨能、土根堡、大耳羊，主要分布在雅安、资阳、绵阳、成都等4个地区，雨城、简阳、大邑、北川、平武、乐至等7个县，其奶山羊存栏数占总存栏数的32%。

牦牛存栏数473万头，主要品种是九龙牦牛，主要分布在甘孜、阿坝、凉山等3个地区，红原、阿坝、若尔盖、九龙、马尔康、壤塘、松潘等7个县，其牦牛存栏数占总存栏数的48%。

2009年中国乳业市场进入全面复苏期，曾经亏损的几大乳品企业，利润开始呈现正增长，由于需求突然放大，而奶源缺口达30%，各大乳业企业重新加紧了对奶源的争夺。由于蒙牛、伊利参与争夺四川鲜奶收购市场，四川奶畜存栏量较上年有所增加。

本地区2009年奶类总产量68.66万吨，比上年同期增长3.07%，商品奶类（企业收购）48万吨；其中牛奶68.17万吨（含水牛奶、牦牛奶），比上年增长3.17%，羊奶0.49万吨。

2009年四川省奶牛存栏总数增加，成乳牛增加，所有奶业企业重视奶源基地建设，同时政府和行业协会也在奶牛养殖方面给予了大力支持，进一步提高单产水平，所以产奶量上升。

原料奶收购价格：成都、绵阳、南充、眉山、自贡、凉山的牛奶收购价3.10～3.50元/千克，奶价同期增加29%。

原料奶收购中地方保护价为2.70元/千克。春夏秋冬季奶价分别是2.7～3.0元/千克、2.8～3.1元/千克、2.8～3.2元/千克、2.8～3.5元/千克，比上年同期增加1元/千克、0.8元/千克、1.2元/千克、1.2元/千克。

【乳品加工】2009年本地共有乳品加工企业57个，日处理鲜奶的能力总计达到5900吨，其中外资3个、合资企业5个、地方自建企业49个。

乳品企业总销售额为186500万元；主要企业的销售额和利税：四川菊乐食品有限公司销售收入36000万元；西部牦牛产业集团公司15700万元；四川华西乳业有限公司、四川新阳平乳业有限公司37000万元；四川绵阳雪宝乳业有限公司1500万元。

当年新建项目2个、扩建项目3个，日处理鲜奶能力分别为365吨、590吨。

本地2009年巴氏消毒奶、UHT奶、奶粉、酸奶的产量分别为120000吨、210000吨、22000吨、73000吨，同比增长18.2%、5.0%、10.0%、44.3%。

由于雪宝、菊乐、奶奇乐三家企业新建、扩建乳品加工生产线，2009年本省乳品加工总产量增加。从乳制品分类上来看，巴氏奶、奶粉、UHT奶的增长较快。

【市场与消费】本地区2009年城镇居民人均奶制品（折合成原料奶）消费量26.48千克/人，其中鲜乳品16.38千克/人，奶粉0.62千克/人，酸奶3.37千克/人。本地区2009年农村居民鲜奶购买量1.29千克/人，奶及奶制品消费量2.69千克/人。

四川所有乳制品企业每批次产品抽检均合格。

城镇居民人均奶制品消费量略有增长，农村居民人均奶制品消费量增长变慢，主要原因是经济持续增长态势总体不变，居民乳制品消费欲望上升。

【奶源基地建设】本地区2009年奶牛存栏1～5头的有45000个场（户）、6～20头的有7200个场（户）、21～100头的有740个场（户）、101～200头的有65个场（户）、201～500头的有41个场（户）、501～1000头的有36个场（户）、1000头以上8个场（户）。

奶牛养殖小区806个，奶牛存栏68635头；其中新建小区5个，奶牛存栏6715头。

本地区机械化挤奶达到43%。

2009年共改良各种牛群45万头，使用冷冻精液125万剂，胚胎移植196枚；共生产胚胎193枚、冷冻精液79万剂；共进口奶牛2300头、胚胎156枚、冷冻精液9200剂。

【疫病防治情况】开展了无规定疫病区建设，进行了常规的防疫和检疫，开展了结核病、布氏杆菌病的防检疫工作。

人工牧草种植面积17900公顷，其中苜蓿草4300公顷；专用青贮玉米种植面积3200公顷，有青贮窖3600个，共124100立方米。

奶牛配合饲料的生产企业6个，年产奶牛配合饲料45000吨。

新希望，蒙牛的奶源基地大量增加奶牛数量。

【重要建设项目】

本地区当年区内企业自建项目3个。

项目名称	项目规模 吨/日	投资额 万元	启动 时间	预计完工 时间
蒙牛眉山液态奶项目	300	32000	2009年	2011年
奶奇乐制冷系统扩建	40	20	2009年	2010年
成都伊利液奶技术改造	240	3800	2009年	2010年

【奶业法规和条例建设】奶牛场建设四川省质量技术监督局批准发布。

【质量管理】乳品加工企业加强对原料奶进行控制，对原料奶进行常规检测及三聚氰胺专项检测。

【学生奶计划】2009年，本地区学生饮用奶定点生产企业有三家：新希望华西、阳坪和菊乐公司，现每日供应970份，价格190毫升装1.60元。由四川省农业厅、四川省奶业协会牵头的四川省学生饮用奶领导小组办公室不定期督促监管质量，定点企业有学生饮用奶专用生产线，质量专管配送冷链体系，学校专门管理发放。牛奶日省奶业协会组织学生饮用奶宣传活动。

（四川省农业厅农场管理局　马继良）

成都市

【奶类生产】2009年奶牛存栏2.72万头，其中荷斯坦牛2.53万头，西门塔尔牛0.19万头；主要分布的县（县级市）是郫县、新都区、彭州市、崇州市、邛崃市、金堂县、双流县等7个地区，其奶牛存栏数占总存栏数的87.05%。

2009年水牛存栏2.087万头，其中能繁母牛0.79万头，没有奶水牛。

成都市奶畜主要以荷斯坦奶牛为主，仅有少量的西门塔尔杂交牛。2009年奶牛的存栏数比2008年减少3503头，减少11.40%。2009年成乳牛存栏19967头，较2008年的22762头减少2795头，减少12.28%。主要原因有两方面：一方面是2009年奶价偏低，而饲料、人工等费用上涨，导致奶农淘汰了一部分低产奶牛；另一方面是政府对检疫出的阳性布病和结核病的奶牛进行强制扑杀。

2009年奶类总产量12.20万吨，比上年同期增长2.69%，

本地区原料奶收购价格没有地方保护价，2009年全年平均奶价为3.15元/千克，同比增加5.0%，春夏秋冬季奶价分别是3.05元/千克、3.15元/千克、3.2元/千克、3.25元/千克，比上年同期增加0.2元/千克、0.3元/千克、0.25元/千克、0.1元/千克。

金堂县的奶牛养殖户的鲜奶主要交金蒙乳业有限公司，均价为3.2元/千克，，比2008年上涨0.20元/千克；邛崃市的奶牛养殖户的鲜奶主要交邛崃伊利乳业有限公司，均价为3.15元/千克，比2008年上涨0.15元/千克；新都区、郫县、双流县的奶牛养殖户的鲜奶主要交四川新希望乳业有限公司和四川菊乐食品有限公司，均价为3.10元/千克，比2008年上涨0.15元/千克；其他地区的鲜奶主要交成都光明乳业有限公司，均价为3.25元/千克，比2008年上涨0.25元/千克。

【乳品加工】2009年本地共有乳品加工企业7个，日处理鲜奶的能力总计达到1550吨，其中外资1个、合资企业3个、地方自建企业3个。

乳品企业总销售额为17.88亿元；主要企业的销售额和利税：四川新希望华西分公司的销售额和利税为31965.6万元和1105.39万元；四川菊乐食品有限公司销售额和利税为53377.0万元和4400万元；四川奶奇乐乳业有限公司销售额和利税为7302万元和483.0万元；成都金蒙乳业公司销售额和利税为17990万元和-635万元；成都光明乳业有限公司销售额和利税为10820.76万元和-488.52万元；成都伊利乳业公司销售额和利税为5.61亿元和6673.5万元；成都沙河置业有限公司乳品公司销售额和利税为1305.0万元和-255.0万元。销售额包括外销。

当年新建项目1个、扩建项目4个，日处理鲜奶能力分别为65吨、435吨。

【产品结构】2009年巴氏奶、UHT奶、酸奶的产量分别为17044.72吨、111822.58吨、467650.45吨，同比分别增长-37.34%、97.73%、-45.95%。含乳饮料产量为71387.18吨；冰激凌产量为59383.08吨。

主要生产企业各产品的生产情况：①四川新希望华西分公司总产量27843.79吨，其中液体乳26596.27吨（巴氏奶11052.42吨、UHT奶1816.3吨、酸牛奶13727.55吨）；含乳饮料1247.52吨；收购原料奶19313.38吨，日处理量77.34吨。②成都菊乐食品公司总产量104047.1吨，其中液体乳43616.69吨（巴氏奶778.7吨、UHT奶41505.57吨、酸牛奶1335.22吨）；含乳饮料60430.41吨；收购原料奶64928.0吨，日处理量200吨。③伊利乳业邛崃分公司总产量113470.58吨，其中液体乳73003.5吨（UHT奶63962.71吨、酸牛奶9040.79吨），冰激凌40467.08吨；收购原料奶16589.63吨，日处理量46吨。④成都金蒙乳业有限公司总产量32488.0吨，其中液体乳13564.0吨（UHT奶733吨、酸牛奶11831吨）；乳冰激凌18916.08吨；收购原料奶13035.0吨，日处理35.7吨。⑤成都光明乳业有限公司总产量15988.74吨，其中液体乳8929.49吨（巴氏奶213.6吨、酸牛奶8715.89吨）；含乳饮料7059.251吨；收购原料奶7575.0吨，日处理量100吨。⑥四川奶奇乐乳业有限公司总产量10400.0吨，其中液体乳10000.0吨（巴氏奶5000.0吨、UHT奶2000.0吨、酸牛奶3000.0吨）；含乳饮料400.0吨；收购原料奶9000.0吨；日处理量20吨。⑦成都沙河乳品有限公司总产量3055.0吨，其中UHT奶805.0吨；含乳饮料2250.0吨；收购生奶1845.0吨；日处理量23吨。

2009年成都市乳品加工总产量达307288.01吨，比上年增加56407.08吨，增长22.48%。从乳制品的分类看，乳冰激凌产量2009年比2008年增加15252.9吨，增长34.56%；灭菌奶产量由2008年的56554.54吨上升到111822.58吨，增加55268.04吨，增幅达97.73%。UHT奶和冰激凌产量增加的主要原因是邛崃伊利乳业公司新增了冰激凌和UHT奶生产线所致。而酸奶和巴氏奶的产量则分别比2008年减少40508.45吨、10155.95吨。

【市场与消费】本地区2009年城镇居民人均奶制品（折合成原料奶）消费量37.68千克/人，其中鲜乳品27.37千克/人，奶粉0.77千克/人，酸奶3.61千克/人。

市场与消费的变化情况：2009年2月份乳品市场消费开始呈现缓慢上升趋势，奶粉、液态奶消费比2009年9～12月增加35%左右，到9月底已基本恢复到正常水平，消费总量明显比上年同期增加大约90%左右。消费品种：城市居民对巴氏奶、酸奶、冰激凌的消费比重要大些，农村及城镇的居民对UHT奶、乳饮料类、奶粉的消费比重要偏大些。

【奶源基地建设】2009年奶牛存栏1～5头的有1008个场（户）、6～20头的有1036个场（户）、21～100头的有238个场（户）、101～200头的有12个场（户）、201～500头的有15个场（户）、501～1000头的有3个

场（户）。

奶牛养殖小区 12 个，奶牛存栏 2146 头。

2009 年本地区机械化挤奶达到 70.0%，分散饲养集中机械挤奶的奶站 1 个，辐射到 5 个农户 493 头奶牛。

2009 年共有奶站 28（有许可证）个，其中企业自建的 18 个，合作社建设 5 个，其他 5 个（私营 2 个、养殖场 3 个）。奶站平均日收奶 269.8 吨。

从 2008 年 9 月起对全市所有的收奶站进行清理整顿，规范收奶站软硬件设施，制定了《成都市收奶站标准化建设》方案，出台了《成都市生鲜牛奶管理办法》。取缔无证的收奶站 7 个，2009 年全市共建标准化收奶站 28 个，全部办理了收奶许可证。

2009 年共改良各种牛群 2.9 万头，使用冷冻精液 4.6 万剂。

【疫病防治情况】主要抓奶牛口蹄疫的强制预防接种（每年每头牛 3 次）和奶牛布病、结核病的监测（每年 1 次）工作，2009 年度全市奶牛牛口蹄疫免疫密度达 100%；对所有的能繁奶牛进行了布病、结核病的监测，对检测出的阳性牛强行扑杀，每扑杀一头奶牛政府补助 3000 元（市级和县级各承担 50%）；同时开展奶农及规模养殖场技术培训，大力推广奶牛乳房炎、繁殖疾病等防治技术。

饲草饲料情况：人工牧草种植面积 6466.7 公顷，其中苜蓿草 698.3 公顷；专用青贮玉米种植面积 1289.7 公顷，有青贮窖 968 个。

奶牛配合饲料的生产企业 7 个，年产奶牛配合饲料 40178.26 吨，其中主要生产企业生产情况：成都同乐饲料科技有限公司 12396.0 吨、农标普瑞纳（成都）饲料有限公司 16782 吨、希杰（成都）饲料科技有限公司 5073.0 吨、成都西源奶业有限公司 4132.0 吨、成都茂发饲料厂 1350.0 吨、成都威来特科技有限公司 300.0 吨、成都龙庆饲料实业有限公司 145.26 吨。

成都市共有一线奶源基地 2 个：金堂、邛崃；二线奶源基地 5 个：郫县、新都、崇州、彭州、双流，共 7 个存栏奶牛 23699 头，占全市奶牛总存栏数的 87.06%，其中成乳牛 16216 头；奶源基地奶产量达 106863 吨，占全市牛奶总产量的 87.54%，平均单产为 6590 千克/头。

【奶业法规和条例建设】

（1）《无公害畜产品生鲜牛乳》四川省技术监督局 2008 年 12 月 26 日发布，2009 年 1 月 1 日起实施。

（2）《四川省收奶站管理规范》四川省技术监督局 2008 年 12 月 29 日发布，2009 年 1 月 1 日起实施。

【支持政策】

良种支持：2009 年成都市继续实施国家奶牛良种工程项目，按照每头能繁母牛年繁殖 1 胎，每胎配种使用 2 头份精液测算，由四川省畜禽改良总站统一招标采购（每剂国家补助 15 元）的优质冻精。2009 年度共推广北京奶牛育种中心、上海奶牛育种中心、四川省种牛繁育中心的优质冻精 4.6 万剂，配种奶牛 2.09 万头。

政策保险：参保范围及承保机构：对 1 周岁以上 10 周岁以下且有正常产奶能力，按照国家免疫接种免疫，并佩戴免疫标志，单户存栏 5 头以上的奶牛实施政策性保险，确定了中国人民财产保险股份有限公司、中华联合财产保险股份有限公司及法国安盟保险公司为承保机构。保险责任：（1）保险奶牛疫病：口蹄疫、布鲁氏菌病、牛结核病、牛焦虫病、炭疽、伪狂犬病、副结核病、牛传染性鼻气管炎、牛出血性败血病、日本血吸虫病。（2）自然灾害：暴雨、洪水、风灾、冰雹、雷电击、地震、冻灾。（3）意外事故：泥石流、山体滑坡、火灾、爆炸、建筑物倒塌、空中运行物体坠落。保险金额 5000 元/头，保费 250 元/头，费率 5%，保费分摊比例：中央财政补贴 30%、省财政补贴 11%、市（区）县两级补贴 9.5%，投保人自筹保费 40%（即 100 元/头）。保险期限：12 个月。2009 年成都市参保奶牛 5000 余头。

其他政策：邛崃市政府对辖区内的奶牛养殖户将所生产的鲜奶交成都伊利乳业有限公司收购的，每 1 千克合格鲜奶政府补助 0.2 元。

【重要建设项目】

本地区 2009 年重要建设项目：

项目名称	项目规模	投资额	启动时间	预计完工时间
加拿大爱德牧业邛崃牧场扩建	存栏 1000 头	1100 万元	2009.8	2010.12
伊利牧业邛崃宝林金鸡牧场新建	存栏 1800 头	8000 万元	2009.1	2010.6
伊利牧业邛崃固驿杨坝牧场新建	存栏 1200 头	4000 万元	2009.1	2010.10
菊乐公司温江乳品厂扩建	日处理能力 500 吨	20000 万元	2008.9	2009.12
成都伊利液态奶技改	日处理能力 240 吨	3800 万元	2009.1	2009.12
光明乳业利乐、爱空包生产线	日处理能力 65 吨	600 万元	2009.1	2009.12

【奶农协会建设】奶农协会共 2 个，包含农户 42 个，存栏奶牛 816 头；奶农合作社共 10 个，包含农户 297 个，存栏奶牛 6945 头；其他经济合作组织共 4 个，包含农户 477 个，存栏奶牛 14021 头。

2009 年度，成都市共有奶业协会、奶农合作社 16 个，基层奶农（业）协会、合作社由于行业不景气，艰难地支撑着，大多数奶农（业）协会、合作社的运转情况不好，基本的会费都无法收取，在资金紧缺和人力资源贫乏的情况下，合作组织很难提供充分的信息服务。

【质量管理】2009 年全市各级农牧部门出动 1650 人次，检查奶牛养殖场（小区）896 个，查看奶牛场的投入品和药品使用记录，抽取56个奶牛饲料样品送四川省畜产品质量检测中心测定，未检出三聚氰胺；清理整顿了35个收奶站，全市有28个收奶站获得收奶许可证，全年分3次对28个收奶站进行全覆盖监督抽样32个，对7家乳品加工企业的25个奶罐车原料乳进行监督抽样25个，经过四川省畜产品质量检测中心检测，检测均未检出三聚氰胺；2009年的1月、5月、6月对奶牛养殖场（小区）、收奶站、乳品加工、超市进行随机抽原料奶和乳制品167个样品，送四川省药监局检测中心检测抗生素、药残，原料奶检出抗生素奶 2 个样品，检出率1.19%。由成都市食安办牵头，组织质检、农牧、工商、卫生等部门就《关于坚决彻底销毁2008年问题奶粉的紧急通知》精神，2009年对辖区内的所有使用奶粉的乳品加工企业进行清理整顿，所有的乳品加工企业与政府签订了《乳品质量安全承诺书》。

【奶业科技】见18-7。

表 18-7　2009年成都市奶业科技项目进展

项目名称	执行单位	完成人员	研究进展
金堂县奶业生产技术集成与推广示范	成都西源奶业发展有限责任公司、四川畜牧科学研究院、成都金蒙乳业有限公司	李泽元、梁小玉、凌建中、邓继辉、付茂忠	获成都市科技进步三等奖和金堂县人民政府一等奖

【学生奶计划】成都市学生饮用奶定点生产企业有2家：四川新希望乳业有限公司和成都菊乐食品有限公司，属于国家认定的定点生产企业，2009年成都地区供应学生饮用奶999.2万盒，品种有200毫升利乐包的纯奶及草莓、巧克力、麦香、香橙、哈密瓜等口味奶，成都市物价局定价为1.45元/盒。此外，成都市对有困难的低保学生实行免费饮奶，市政府在价格调控基金中按照1.0元/盒补助给企业，由企业承担0.3元/盒（每盒生产成本由成都市物价局核定为1.3元）。2009年全市有低保学生18650人，每人每年按8个月、每月22天计算，免费供应学生饮用奶328.24万盒。

监管措施：市政府成立了专门的学生饮用奶领导小组办公室，并落实专人负责学生饮用奶工作，学生奶生产企业也有专人负责学生奶饮用推广工作。由市技监局、物价局、教育局、市农委等部门定期对两家学生饮用奶生产企业及产品进行抽查。

（成都市动物防疫监督总站　王春秀）

贵州省

【奶类生产】本地区2009年奶牛存栏9.70万头，比上年减少 9.32%，主要分布的地区（地级市）是贵阳市、遵义市、黔南州，其奶牛存栏数占总存栏数的95.75%，主要分布的县（县级市）是花溪、乌当区、开阳县、息烽县、修文县、清镇市、红花岗区、独山县，其奶牛存栏数占总存栏数的94.08%。

2009 年奶类总产量 4.49 万吨，比上年同期增长5.03%。

2009年全年的平均奶价为3～3.45元/千克，同比增加15%～30%。

奶源集中的贵阳市、遵义市、黔南州原料奶价格均比上年同期增加。在原料奶收购中无地方保护价。

【乳品加工】2009年本地共有乳品加工企业10个，日处理鲜奶的能力总计达到500吨，全为自建企业。乳品企业总销售额为3.3亿元；主要企业的销售额：3.27亿元、利税：278.2万元。

【产品结构】本地2009年巴氏消毒奶、UHT奶、酸奶的产量分别为18531吨、10789吨、10547吨，同比增长-18.62%、3.25%、-2.96%。主要生产企业各产品的生产情况：三联乳业巴氏消毒奶、UHT 奶、酸奶的产量分别为2411吨、18381吨、5785吨。

【市场消费】本地区 2009 年城镇居民人均奶制品（折合成原料奶）消费量 15.40 千克/人，其中鲜乳品11.22千克/人，奶粉0.24千克/人，酸奶1.34千克/人。本地区2009年农村居民鲜奶购买量0.12千克/人，奶及奶制品消费量0.35千克/人。

【奶源基地建设】2009 年，本地区奶牛存栏 1～5头的有926个场（户）、6～20头的有425个场（户）、21～100头的有29个场（户）、101～200头的有3个场（户）、201～500头的有6个场（户）、501～1000头的有3个场（户）、1000头以上1个场（户）。

2009年全省生鲜乳收购站有20个，主要分布在贵阳、遵义、黔南、黔东南等5个地区10个县，其中贵阳市13个，占全省65%，其余分布在黔南、遵义、黔东南、和安顺地区，黔西南、铜仁、毕节和六盘水地区无奶站。20个奶站中乳品生产企业开办5个，占比25%，养殖场开办6个，占比30%，奶农专业合作社开办6个，占比30%，个体私营投资3个，占比15%，无流动收奶点；有16个采取集中机械挤奶站、4个人工挤奶站。

奶站清理整顿情况：认真贯彻落实《乳品质量安全监督管理条例》，加强对奶牛养殖小区、养殖基地、奶站的卫生状况、挤（收）奶程序、投入品的使用情况、动物防疫情况、储藏设备等进行监督检查，全面完成《奶业整顿和振兴规划纲要》规定的生鲜乳收购站整治目标，推进全省生鲜乳收购站规范化建设和标准化管理工作。全省共检查生鲜乳收购站25个，检查生鲜乳运输车全省共检查生鲜乳收购站25个，检查生鲜乳运输车24辆，出动执法人员1671次。经督查，贵阳市对5家不符合许可证条件的收购站予以取缔，并督促1家乳品生产企业办理生鲜乳收购许可证；全省查处问题52起，对发现的问题，责令当事人进行限期整改落实，确保没有出现生鲜乳质量安全事件。组织开展生鲜乳产品抽样检验和养殖场饲料质量安全检查工作，共抽取生鲜乳样品405批，运输车辆10批，抽查乳品生产企业4家，经过检测，均不含三聚氰胺，未发现使用违禁药品及添加剂，合格率100%。

【品种改良情况】2009年共改良各种牛群52.49万头，共生产冷冻精液42.3万支；共引进奶牛3867头。

【疫病防治情况】2009年，全省共采购各类疫苗4.828亿毫升（头份），免疫各类畜禽3.96亿头(只)，免疫密度均达到应免数的100%。牛、猪、羊和家禽死亡率均控制在国家规定的标准以内。

饲草饲料情况：人工牧草种植面积1.87公顷，饲料青贮299.7万吨，秸秆氨化70.3万吨。

（贵州省畜牧局　廖正录　邓晓静）

云南省

【乳品加工】本地区2009年荷斯坦奶牛存栏14.13万头，比上年减少29.06%。主要分布于大理、昆明地区，两地区荷斯坦奶牛存栏占全省存栏的91.2%，其余分布在个旧、玉龙、麒麟、楚雄等地；全省正在挤奶的奶水牛存栏达7698头，主要分布于大理、保山和德宏；奶山羊存栏358878只，主要分布于石林、陆良；迪庆州牦牛（包括犏牛）存栏45560头。

2009年全省奶生产量为105.93万吨，比上年增长8.85%，其中牛奶48.38万吨，比上年增长8.29%。奶牛养殖业产值为12个亿，占畜牧业产值的2.4%。全省奶农户总数为4.97万户，平均户养奶牛4头，全省100头以上的奶牛养殖小区和规模化养殖场90个，奶水牛50头以上的有50个。

【乳品加工】2009年全省共有34家以荷斯坦原料奶为主的乳品企业，日加工能力为4000多吨。全省牛奶日收购量达到920吨。有3家羊奶乳饼加工企业，4家水牛奶加工企业。

【市场与消费】本地区2009年城镇居民人均奶制品（折合成原料奶）消费量9.81千克/人，其中鲜乳品7.04千克/人，奶粉0.18千克/人，酸奶0.72千克/人。本地区2009年农村居民鲜奶购买量0.15千克/人，奶及奶制品消费量0.40千克/人。

【奶源基地建设】本地区奶牛存栏1～5头的有46144个场（户），6～20头的有3285个场（户）、21～100头的有235个场(户)、101～200头的有17个场(户)、201～500头的有19个场（户）、501～1000头的有11个场（户）、1000头以上的有7个场（户）。

2008年国家投资1000万元共补助18个小区(场)，2009年国家投资1500万元共补助27个小区(场)，2010年国家投资1200万元共补助17个小区(场)，三年国家投资3700万元共补助62个小区（场），还有23个没有安排。其中：存栏200～499头的有54个，已安排45个，9个待安排；存栏500～999头的有17个，已安排11个，6个待安排；存栏1000头以上的有14个，已安排6个，8个待安排。

奶牛养殖小区和规模化养殖场总存栏35827头，产奶95198吨，分别占全省总量的20%、17.8%。

目前共有奶站272个，其中乳制品企业自建112个，规模养殖场自建25个，养殖小区建设43个，个体私营投资建设92个。奶站中实行机械挤奶的有75个，占272个奶站的27.57%。上述奶站和流动收奶点日收奶量1069吨，辐射奶农75113户，其中机械挤奶日收奶量为231.2吨，占总收奶量的21.63%。

昆明片区：奶价基本保持在2.2～2.6元/千克，规模户的奶价4月份基本在2.5元/千克，奶牛养殖散户的奶价在2.3～2.6元/千克，平均价在2.45元/千克左右。

大理片区：大理片区有奶牛129518头，占全省存栏的72.3%。当前存在着以下问题：

一是饲料价格高，奶价不稳定，养殖效益差，奶牛养殖户有所减少，规模养殖场全面萎缩。

二是科技含量低，饲养管理水平低，奶牛单产低：牛群质量差异大，奶产量范围从2500～8000千克不等，但平均单产仅达4000千克；牛群结构不合理，产奶牛仅占56%，非生产成本投入大；饲料营养水平低，奶牛生产性能表现差，产出效益低。

三是生鲜乳质量安全监管难度大：分散户养，手工挤奶，统一收购经营模式随着乳企竞争和奶价不稳定的刺激，生鲜乳质量安全风险增大。

四是养殖环境必须与洱海流域环境治理相协调。奶牛养殖受限制。

综上所述：昆明地区规模户与散户的情况，在奶价差不多的情况下，规模户的养殖成本较高，每头奶牛的收入不及散户，养殖风险还相对较大，但就目前的情况来说，昆明地区奶牛养殖户还基本能维持，不太可能出现大量清栏的情况，对奶牛市场的影响不大；大理片区的奶牛规模养殖的群体数量不大，基本以散户为主，奶牛奶产量较低的农户养殖效益低，有放弃养奶牛情况存在。产量到一定水平的农户即散户还可以继续维持。

【支持政策】根据《农业部办公厅财政部办公厅关于印发2009年畜牧良种补贴项目实施指导意见的通知》（农办财〔2009〕105号）、财政部农业部《奶牛良种补贴资金管理暂行办法》（财农〔2007〕164号）、《云南省奶牛良种补贴资金管理实施细则(试行)》(云财农〔2007〕249号）的有关规定，2009年奶（肉、水）牛良种补贴项目在全省33个县实施，其中荷斯坦奶牛补贴项目县11个、奶水牛补贴项目县15个、肉牛补贴项目县8个。共安排牛良种补贴资金645万元，其中荷斯坦奶牛补贴资金345万元、荷斯坦奶牛补贴11.5万头；奶水牛补贴资金 180 万元、奶水牛补贴 9 万头；肉牛补贴资金 120 万元、肉牛补贴 12 万头。

2009 年奶牛良种补贴项目实施完成情况：奶牛良种补贴项目带动全省奶牛改良，奶牛良种覆盖率提高到 95%以上，全省奶牛平均单产水平提高约 3%，增幅 100 千克,雪兰公司的高产奶牛单产接近国内先进水平。2009 年,云南省奶牛良种补贴项目使用奶牛冻精 18.63 万支，改良奶牛 10.28 万头，产犊 8.7 万头；使用奶水牛冻精 12.4 万支，改良奶水牛 6.25 万头，产犊 2.6 万头。在面临百年一遇的干旱情况下，云南省奶牛良种补贴工作仍然取得较好成绩：2010 年 1 季度，全省项目县奶牛改良 27895 头、奶水牛改良 21386 头、肉牛改良 28510 头，分别完成了任务总数的 24.7%、24.4%、23.75%。

（云南省家畜改良工作站　刘红文）

昆明市

【奶类生产】2009 年奶牛存栏 3.302 万头，其中荷斯坦牛 0.3547 万头，改良牛 2.9473 万头；主要分布的地区（地级市）是昆明市，主要分布的县（县级市）是官渡、西山、呈贡、晋宁、宜良、嵩明、石林、安宁、寻甸。

2009 年水牛存栏 19.12 万头，其中能繁母牛 5.646 万头；由摩拉水牛和尼里拉菲水牛改良的奶水牛 527 头，其中挤奶水牛 82 头；主要分布的地区（地级市）是昆明市，其改良奶水牛存栏数占水牛总存栏数的 0.93%；主要分布的县（县级市）是寻甸县，其改良奶水牛存栏数占水牛总存栏数的 0.93%；

昆明地区 2009 年奶牛存栏比 2008 年有所减少，主要是因市政规划和昆明城市化加快的影响，滇池流域核心区 2920 平方公里范围内实行禁种、禁养，昆明市经开区、官渡区、呈贡县奶牛合作社（养殖场）于 2009 年 12 月 30 日前已全部迁出，晋宁县部分奶牛合作社已迁出入滇河道。由于政策到位，各级职能部门措施得力，昆明奶牛养殖业搬迁、重新洗牌后，奶牛存栏只受到一定影响。

2009 年奶类总产量 10.82 万吨，其中商品奶类（企业收购）11.49 万吨，奶类总产量中牛奶 9.77 万吨，羊奶 1.05 万吨，水牛奶 10.95 吨。

2009 年昆明各乳品加工企业产品销售情况大好，奶源紧缺，奶源争夺大战在昆明乃至周边地区（如红河、玉溪）展开，一度出现手工散奶收购价高过机器奶的怪现象，牛奶终端产品供不应求，自 2009 年 3 月，乳制品全部或部分进行了多次提价，涨幅在 0.2～1.5 元/千克不等。雪兰 500 毫升袋装纯牛奶由原价 2.6 元/袋涨到 3 元/袋，雪兰 1 升盒装纯牛奶由原价 6 元/盒涨到 7 元/盒,雪兰 150 毫升×6 盒装纯酸奶由原价 7 元/板涨到 8.5 元/板，其余 250 毫升装甜牛奶、红枣奶、玉米奶等涨幅在 0.5 元。前进乳业公司也有纯牛奶等 3 个产品提价，涨了 0.2 元。海子的 200 毫升巧克力奶从 1.5 元涨到 1.8 元，500 毫升海子全脂灭菌奶从 2.5 元涨到 2.8 元；七彩云牛袋装 220 毫升常温牛奶从 1 元涨到 1.2 元。单价与上年同期相比，牛奶终端产品上涨幅度是 10%。新增昆明地区以外 20 吨原料奶，主要由昆明雪兰牛奶有限责任公司从红河、玉溪等地收购。牛奶单价 2008 年 3 月份每吨 2100 元，2009 年 3 月 31 日止每吨 2600 元，同期相比每吨上涨 500 元。上涨幅度 23.8%。兑现到养牛户是每吨 2400 元。综上原因，有效地刺激奶牛养殖行业加强管理，出现了奶牛存栏降低、单产、总产上升的良好局面。昆明石林县和宜良县有一定数量山羊用于挤奶做“乳饼”,但基本属家庭式手工加工,统计部门未做统计。

2009 年全年的平均奶价为 2.45 元/千克，同比增加 22.5%。

【乳品加工】2009 年本地共有乳品加工企业 6 个，日处理鲜奶的能力总计达到 750 吨,其中合资企业 3 个、地方自建企业 3 个。

乳品企业总销售额为 5.48 亿元;主要企业的销售额和利税：昆明雪兰牛奶有限责任公司：销售额 33621 万元利税 2447 万元；昆明前进乳业有限公司：销售额 3522.7 万元、利税-47.6 万元；昆明市海子乳业有限公司：销售额 7100 万元、利税 83 万元；昆明七彩云乳业股份有限公司：销售额 4970 万元、利税 125 万元；昆明市宜良李子园牛奶食品有限公司：销售额 4511 万元、利税 81 万元；昆明市宜良乳制品总厂：销售额 1120 万元、利税 10 万元。

当年新建项目 1 个、扩建项目 2 个，日处理鲜奶能力分别为 20 吨、95 吨。

【产品结构】本地 2009 年巴氏消毒奶、UHT 奶、奶粉、酸奶的产量分别为 24963 吨、34246 吨、1310 吨、17157 吨。

主要生产企业各产品的生产情况：昆明雪兰牛奶有限责任公司：巴氏消毒奶 10876 吨、UHT 奶 27518 吨、酸奶 9752 吨;昆明前进乳业有限公司:巴氏消毒奶 3400 吨、UHT 奶 500 吨、奶粉 680 吨、酸奶 775 吨；昆明市海子乳业有限公司：巴氏消毒奶 6750 吨、UHT 奶 2920 吨、奶粉 30 吨、酸奶 4380 吨；昆明七彩云乳业股份有限公司:巴氏消毒奶 4117 吨、UHT 奶 3148 吨、酸奶 3162 吨；昆明市宜良李子园牛奶食品有限公司：巴氏消毒奶 10876 吨、UHT 奶 27518 吨、酸奶 9752 吨；昆明市宜良乳制品总厂：奶粉 600 吨。

受全国终端产品涨价的影响，加之昆明奶牛养殖基地的搬迁转移，奶牛存栏数的减少，产品供不应求，奶源争夺大战加剧，终端产品价格上涨，原料奶价格上涨，乳品企业和奶牛养殖出现双赢局面。

【市场与消费】本地区 2009 年城镇居民人均奶制品（折合成原料奶）消费量 12.63 千克/人，其中鲜乳品

9.84千克/人，奶粉0.17千克/人，酸奶1.09千克/人。

【奶源基地建设】2009年，本地区奶牛存栏101～200头的有1个场（户）、201～500头的有8个场（户）、501～1000头的有24个场(户)、1000头以上9个场(户)。

奶牛养殖小区42个。其中新建小区12个，奶牛存栏10500头。

2009年本地区机械化挤奶达到80%，分散饲养集中机械挤奶的奶站42个，辐射到2200个农户。

2009年共有奶站16个，全部为合作社建设。

奶牛配合饲料的生产企业4个，分别为：云南农业大学金田园奶牛配合饲料、普瑞纳奶牛配合饲料、新希望奶牛配合饲料、晋宁县奶业合作社奶牛配合饲料。

由于农村奶牛合作社与加工企业密切挂钩，产品销售渠道畅通，合作社奶价比散奶高，加之合作社可以提高奶户的组织化程度，有效抵御市场风险。形成紧密型利益关系，共同应对奶业市场出现的风险，因此各地都在加快合作社为主的基地建设。昆明机械化挤奶程度进一步提高。

【质量管理】奶牛合作社都是机械挤奶，各乳品厂皆制定了按质论价方案，因此合作社的原料奶基本都达到国标的水平。散户都是手工挤奶，质量无法保证。昆明成立了DHI检测中心，除对所有规模基地进行DHI服务外，还不定期对所有乳品加工企业原料奶进行检测。并指导乳品企业和各奶牛养殖基地进行优质原奶及产品生产。

乳制品市场监督情况：主要由乳品加工企业每批次自检，市级质检局抽检监督。

目前昆明乳制品质量由于有稳定优质的奶源做后盾，加之乳品企业生产规范，质检监督有力，乳制品质量稳定，乳制品销售供不应求。

【学生奶计划】昆明市学生奶定点企业只有雪兰公司一家，生产六种口味的利乐包学生奶，目前全市除石林、寻甸两县学校无学生奶供应外，全市每天供应230所中小学校及幼儿园学生奶，每份规格200毫升，单价1.50元。2009年全年共供应学生奶1560万份。

（昆明市农业局　昆明市奶业协会　徐松）

西藏自治区

【奶类生产】本地区2009年奶牛存栏38.95万头，比上年增加7.91%；主要分布的地区（地级市）是拉萨、山南、日喀则，其奶牛存栏数占总存栏数的0.58%，主要分布的县（县级市）是城关区、乃东、隆子、贡嘎。

牦牛存栏数489.5万头，主要分布的地区（地级市）是拉萨市、那曲、昌都，主要分布的县（县级市）是当雄、林周、墨竹工卡、那曲、聂荣、巴青、安多、比如、昌都、江达、芒康。

近年，随着自治区牲畜良种补贴政策的实施及畜禽良种项目的开展，奶畜的数量逐年增加。

【奶类产量】本地区2009年奶类总产量29.43万吨，比上年同期下降0.3%，奶类总产量中牛奶23万吨。

2009年干旱导致全区部分地区天然草场返青晚，牧草生长缓慢，牧草产量降低，导致牲畜生产性能有所下降。

牦牛奶价格相对黄牛奶高出一倍多，牦牛奶价格与上年同期相比基本持平。

牦牛奶年平均价格18～20元/千克。黄牛奶价格平均4～8元/千克。

本地区原料奶收购中无地方保护价。

【市场与消费】本地区2009年城镇居民人均奶制品（折合成原料奶）消费量35.62千克/人，其中鲜乳品4.12千克/人，奶粉1.44千克/人，酸奶4.92千克/人。本地区2009年农村居民鲜奶购买量0.03千克/人，奶及奶制品消费量30.66千克/人。

【奶源基地建设】2009年，本地区奶牛存栏1～5头的有28600个场（户）、6～20头的有4230个场（户）、21～100头的有430个场（户）、101～200头的有6个场（户）。

奶牛养殖小区7个，奶牛存栏1320头。

2009年共改良各种牛群5万头，使用冷冻精液10万剂。

人工牧草种植面积7万公顷，其中苜蓿草3.2万公顷；专用青贮玉米种植面积2700公顷。

奶牛配合饲料的生产企业1个。

（西藏自治区农牧厅　曹仲华）

陕西省

【奶类生产】本地区2009年奶牛存栏43.46万头，比上年增长6.85%，主要分布的地区（地级市）为西安、咸阳、宝鸡和渭南四市，其奶牛存栏数占总存栏数的91.8%，主要分布的县（县级市）是临潼区、泾阳县、陇县、乾县、武功县、千阳县、临渭区、岐山县、合阳县、凤翔县、富平县、陈仓区等15个县，其奶牛存栏数占总存栏数的64.5%。

本地区2009年水牛存栏1.8138万头，其中能繁母牛0.7028万头；主要分布的地区（地级市）是汉中市；主要分布的县（县级市）是汉台区、城固县、洋县、西乡县、勉县、宁强县、镇巴县。

奶山羊存栏175.0024万只，同比增长24.3%，主要品种是关中奶山羊，主要分布的地区（地级市）是西安、宝鸡、咸阳、渭南，其奶山羊存栏数占总存栏数的83.26%，主要分布的县（县级市）是临潼区、凤翔县、蓝田县、岐山县、陇县、麟游县、千阳县、三原县、泾阳县、永寿县、淳化县、蒲城县、富平县等14个县，其奶山羊存栏数占总存栏数的71.6%。

奶畜增长的原因：陕西省各级政府加大了对奶站、生乳生产的监管力度，生乳质量有了明显提高，卫生部门、食品监督部门也相应加大了乳品生产、销售的监管力度，广大群众逐渐恢复了喝奶的信心；同时2009年9月陕西省开始推广学生奶计划，因而拉动了奶业的发展。2009年各级政府鼓励发展规模化、标准化奶牛养殖，继续实施奶牛良种补贴，规模化养殖有了较快发展。2009年9月开始在中小学生中全面实施蛋奶工程，有力地拉动了奶业的发展。生奶收购价、销售价均稳中有升，奶农从养牛中得到了收益，直接促进了奶类生产的发展。

2009年奶类总产量185.83万吨，比上年同期增长1.94%，其中牛奶149.20万吨，比上年增长0.12%。

奶类产量的增加，首先说明奶牛良种补贴项目见效，提高了单产，增加了总产量。标准化、规模化养殖、DHI技术在规模牛场中的推广明显发挥出效益，提高了生奶质量和产量，至2009年底全省单产平均5200多千克，比上年提高6%。

由于南方和东南亚一带喜好喝羊奶，促进了陕西奶山羊业的发展。

2009年全年的平均奶价为2.49元/千克，同比增加3.8%，春夏秋冬季奶价分别是2.55元/千克、2.44元/千克、2.45元/千克、2.47元/千克，比上年同期增加0.02元/千克、0.02元/千克、0.02元/千克、0.06元/千克。

【乳品加工】2009年本地共有乳品加工企业104个，日处理鲜奶的能力总计达到8230吨。乳品企业总产值为132.8亿元。

【奶源基地建设】2009年本地区奶牛存栏1～5头的有124993个场（户）、6～20头的有13960个场（户）、21～100头的有2469个场（户）、101～200头的有165个场（户）、201～500头的有325个场（户）、501～1000头的有51个场（户）、1000头以上19个场（户）。

奶牛养殖小区713个，奶牛存栏17.68万头；其中新建小区147个，奶牛存栏3.52万头。

2009年本地区机械化挤奶达到68.2%，分散饲养集中机械挤奶的奶站765个，辐射到4.1万个农户17.68万头奶牛。

全省各地市按照中央及省上文件精神，对所有挤奶站都进行了登记、审核，合格的发证，不合格的取缔。至2009年底全省共审核发证的奶站765个。辐射包括了4万多农户的17万多头牛。

2009年使用良种奶牛冷冻精液80多万剂，共进口奶牛2000头。

【疫病防治情况】对口蹄疫等传染性疾病的免疫、防疫率98%以上。

饲草饲料情况：人工牧草种植面积84万公顷，其中苜蓿草71万公顷。

生产奶牛配合饲料的生产企业450多个，年产奶牛配合饲料（全价料、浓缩料、添加剂预混料）34.18万吨，其中陕西省华秦农牧科技有限公司2009年生产奶牛配合料、浓缩料、添加剂预混料6799吨；陕西大农饲料科技有限公司生产奶牛配合料、浓缩料共计46545吨；陕西正大公司生产奶牛配合饲料11486吨。

由分散饲养分散人工挤奶逐渐向分散饲养、集中挤奶过渡，机械化挤奶达到68.2%。

2009年陕西省政府出台了《奶业整顿和振兴实施意见》，对陕西省发展规模化、标准化奶牛场、奶牛小区起促进作用。铜川市政府发文明确了补贴范围和内容，凡符合铜川市新增良种后备母牛和高产奶牛质量标准的高产奶牛的养殖户，每头成年牛补助1000元；符合质量标准的良种后备奶牛，每头补助500元。对存栏50头以上的规模养殖场（户），符合质量标准的成年牛每头补贴800元；符合质量标准的良种后备奶牛，每头补贴400元。

【市场与消费】本地区2009年城镇居民人均奶制品（折合成原料奶）消费量30.12千克/人，其中鲜乳品17.95千克/人，奶粉0.71千克/人，酸奶4.77千克/人。本地区2009年农村居民鲜奶购买量1.20千克/人，奶及奶制品消费量3.94千克/人。

【重要建设项目】本地区2009年建设的奶业项目：

（1）陕西省高产奶牛示范创建工程。2009年5月6日，被列入陕西省农民增收七大工程重要组成部分的陕西省高产奶牛示范创建工程在西安启动。

该工程包括三个项目：一是计划用4年时间引进澳大利亚高产荷斯坦奶牛5万头，在关中地区30个奶牛基地县建设50个千头奶牛示范场，用8年的时间将乳品产量的位次由现在的第七位提升到第三位。二是建设陕西省奶牛中心，通过建设存栏3000头育种核心群的大型牛场，解决奶牛良种选育繁殖和饲养管理技术的研发推广。这个中心将成为全省奶牛良种繁育中心、技术研发、推广中心和奶农培训中心。三是把千阳县建设成为奶牛养殖小区示范县，按照统一设计、统一标准、统一建设、统一管理的模式，建设32个标准化小区、3个千头奶牛场，原料奶将实行管道化。

2009年是工程实施的第一年，省财政拿出5000万元支持良种引进和示范县建设。

(2)陕西省奶牛生产性能测定中心建设项目。该项目由农业部投资建设，经全国畜牧总站和中国奶协认定为全国18个奶牛生产性能测定中心之一，于2009年2月正式建成运行。至2009年底全省共有93个规模牛场(小区）参加DHI测定工作，其中牛场37家，共测定奶样66592头份，上传系谱记录17702头，上传DHI测定结果55624头份。此项工作对提高牛群品质，改善饲养管理和提高牛奶产量起积极作用。

【支持政策】《陕西省人民政府办公厅转发省发展改革委等部门奶业整顿和振兴实施意见》（陕政办发

[2009]20 号）。各级农业部门配合工商部门指导监督生鲜乳购销双方遵照执行。全面开展生鲜乳质量第三方检测体系，坚持以质论价、优质优价，鼓励奶农通过生产优质生鲜乳获取更多收益。

【奶农协会建设】全省共有奶牛合作社（奶农协会）281 个，存栏奶牛 119301 头。

在工商管理部门注册，建立奶农合作社，实行统一供种、统一防疫、统一饲料供应、生奶统一销售的运行模式。问题是管理比较松散，和企业对话能力不强，技术含量较低。缺乏有力的技术支撑。

【质量管理】一般由乳品企业自检，质监部门抽检。

【学生奶计划】陕西省食品药品监督管理局确定了 8 家蛋奶工程奶产品供应定点企业，分别是：西安银桥生物科技有限责任公司、西安伊利泰普克饮品有限公司、西安东方乳业有限公司、蒙牛乳业（宝鸡）有限公司、陕西和氏乳品有限公司、宝鸡人人高乳业有限公司、光明乳业（泾阳）有限公司、大荔县龙首山矿泉水业有限责任公司。

从 2009 年 9 月 1 日开学起，陕西各地陆续开始实施“蛋奶工程”，让寄宿生每天能喝一袋奶吃一个鸡蛋，吃上营养餐。为确保中小学生喝上放心奶，陕西省要求各市、县、区在公布的企业名单中通过招标确定中标企业，相关企业应确保蛋奶等食品按照品种、质量、数量、时限等要求，及时、安全配送。

陕西实施“蛋奶工程”所需资金按照“财政补助为主、家长适当负担”的办法解决，财政补助资金由省、市、县三级共同负担。省级财政补助资金以家庭经济困难学生所需经费总额的 30%核拨到县；市、县级财政与学生家长分担比例和标准，由各设区市根据实际情况确定。

陕西省“蛋奶工程”已覆盖全省 1847453 名学生，工程覆盖人数占全省义务段学生总数的 38.6%，占义务教育段农村寄宿学生总数的 100%，还将进一步扩大覆盖范围。

（陕西省畜牧技术推广总站　　邱昌功）

甘肃省

【奶类生产】本地区 2009 年奶牛存栏 13.98 万头，比上年增长 10.01%；主要分布在酒泉、兰州、张掖、临夏、定西等 5 个市（州），肃州、甘州、七里河、红古临夏、临洮等 15 个县（区），其奶牛存栏数占总存栏数的 90%。

牦牛存栏数 124.66 万头，绝大多数为藏系牦牛、天祝白牦牛 6.53 万头，主要分布在甘南、张掖和武威等 3 个地区，玛曲、夏河、碌曲、卓尼、天祝和肃南等 10 个县，其牦牛存栏数占总存栏数的 95%。

奶山羊存栏 9.57 万只，主要品种为关中奶山羊、萨能奶山羊和地方奶山羊，主要分布在庆阳、平凉、天水、定西市等 4 个地区，环县、合水、宁县、正宁、麦积等 20 个县，其奶山羊存栏数占总存栏数的 95%。

受三聚氰胺奶粉事件影响，2009 年鲜奶收购价格下跌，乳品企业产品积压，奶羊存栏略有上升，牦牛存栏基本持平。

本地区 2009 年奶类总产量 37.66 万吨，比上年同期增长 8.55%。

2009 年省农牧厅和奶牛主产区农牧部门对乳品企业及奶站给予了高度关注，要求各地采取综合措施，最大限度地减少奶农倒奶，坚决防止宰杀高产奶牛现象发生，督促乳品企业履行生鲜乳购销合同，保障奶农合法权益。积极支持乳品企业开拓销售市场，对推行合同收奶，积极研发新产品，公平竞争，讲求诚信，维护市场正常秩序的乳品企业给予奖励。并明确提出要求加强奶牛生产管理，通过财政补贴方式，逐步淘汰泌乳期产量低于 4000 千克的劣质、低产、高龄奶牛，奶牛养殖大县要推行准入饲养制度，加强质量安全控制，从源头上规范生鲜乳生产。

原料奶收购价格：兰州市原料奶收购价为 2.2～3.2 元/千克，酒泉市为 2.6 元/千克，与 2008 年相比略有回升。

【乳品加工】2009 年本地共有乳品加工企业 38 个，实际上规模的 13 个。日处理鲜奶的能力总计达到 1000 吨，其中合资企业 1 个、地方自建企业 37 个。

乳品企业总销售额为 10.76 亿元；主要企业的销售额和利税：兰州庄园乳业销售收入 17636 万元，利税 2423 万元；酒泉乐为尔乳业有限责任公司销售收入 3800 万元，利税 410 万元；酒泉好牛乳业销售收入 3920 万元，利润 120 万元。

当年新建项目 1 个，日处理鲜奶能力为 100 吨。

本地 2009 年巴氏消毒奶、UHT 奶、奶粉、酸奶的产量分别为 40000 吨、90000 吨、6885 吨、3000 吨，同比增长 33.3%、12.5%、-53.55%、-85.71%。主要生产企业各产品的生产情况：兰州庄园乳业全脂奶粉 3000 吨、巴氏杀菌乳 3000 吨、灭菌乳 30000 吨、酸牛乳 2500 吨；酒泉好牛乳业全脂奶粉 1995 吨、婴幼儿奶粉 1890 吨、灭菌纯牛乳 6500 吨、纯酸牛乳 500 吨。

乳制品加工业情况：2009 年巴氏消毒奶、UHT 奶成增长趋势。而奶粉和酸奶是负增长。其原因是奶粉积压，销售不畅，又受国际金融危机的影响。

【市场与消费】本地区 2009 年城镇居民人均奶制品（折合成原料奶）消费量 28.61 千克/人，其中鲜乳品 20.72 千克/人，奶粉 0.32 千克/人，酸奶 4.19 千克/人。本地区 2009 年农村居民鲜奶购买量 1.27 千克/人，奶及奶制品消费量 2.24 千克/人。

甘肃省农牧厅负责原料奶检测，甘肃省质检局负责成品奶（乳制品）检测。

奶制品市场是多样和丰富的，尽管UHT奶在市场份额较大，但人们在选择上还是趋向巴氏消毒奶和高端奶，人们更加喜爱刚从乳牛体内挤出的新鲜奶，即便是价格高都愿意买。

【奶源基地建设】2009年，本地区奶牛存栏1～5头的有15000个场（户）、6～20头的有5000个场（户）、21～100头的有350个场（户）、101～200头的有25个场（户）、201～500头的有15个场（户）、501～1000头的有12个场（户）、1000头以上13个场（户）。

奶牛养殖小区10个，奶牛存栏8450头。

本地区机械化挤奶达到50%，分散饲养集中机械挤奶的奶站30个，辐射到6000个农户5万头奶牛。

【品种改良情况】2009年共完成黄牛冻配改良54万头，生产冷冻精液80万支，销售70万支。

【疫病防治情况】开展了无规定疫病区建设，进行了常规的防疫和检疫，开展了结核和布病的预防检疫工作。

饲草饲料情况：人工牧草种植面积118.83万公顷，其中苜蓿草59.12万公顷；专用青贮玉米种植面积50万公顷。

奶牛配合饲料的生产企业200个，年产奶牛配合饲料6万吨。

奶源基地建设情况：奶源基地在重组建设中变化，总趋势是随着标准化规模养殖的发展，小农户奶农在逐步减少，规模化的集中养殖小区趋向增加。兰州庄园乳业产品市场的不断扩大和市场份额的提升，奶源基地在重组中建设并扩大。而酒泉好牛乳业蒙受“三鹿奶粉事件”的影响，奶源基地和产品市场受挫严重，复苏缓慢。雪顿乳业、花庄伊利乳业的奶源基地建设也在趋向扩大。

【支持政策】2009年下半年，甘肃农牧部门在奶业大县新建奶牛养殖小区20个，建设奶源基地、对散养户入驻小区奶牛达500头以上、实行集中管道式挤奶的企业，每个补助25万元。对符合全省奶站规划布局和已核发《生鲜乳收购许可证》的30个标准化奶站，每个奶站补贴10万元以内。重点扶持20个奶牛标准化生产场（小区），每场（小区）一次性奖励10万元。

其他政策：稳定奶业发展，保护奶农利益。《甘肃省人民政府办公厅关于促进当前我省奶业平稳健康发展的通知》（甘政办发［2009］93号）在加大奶牛标准化饲养管理技术推广力度等六个方面加强了重点扶持。

【奶农协会建设】奶农协会共8个，包含农户374个，存栏奶牛2058头。奶农合作组织建设在起步阶段，缺乏政府部门的支持，运行缓慢。

【质量管理】由甘肃省农牧厅农产品检测中心负责。主要是对全省134个收奶站的原料奶进行质量检测。

乳制品市场监督情况：由省质检局负责，主要是对全省38个乳品企业的乳制品进行质量监督和检测。

（甘肃省奶业协会　孟宪政　沈启云）

青海省

【奶类生产】2009年奶牛存栏28.19万头，比上年增长29.18%，主要分布的地区（地级市）是西宁市、海东，其奶牛存栏数占总存栏数的79.76%，主要分布的县（县级市）是海南、海北、黄南、海西，其奶牛存栏数占总存栏数的20.24%。

牦牛存栏数411.48万头，主要品种为大通牦牛，主要分布的地区（地级市）是西宁市、海东，其牦牛存栏数占总存栏数的3.21%，主要分布的县（县级市）是海南、海北、黄南、玉树、果洛、海西，其奶牛存栏数占总存栏数的96.79%。

奶畜存栏的变化情况：一是奶牛饲养量随市场的波动而起伏，3～5年为一个周期饲养量可有2000～3000头增减变化；二是省内各县及省外采购量较大，每年有1000头奶牛被出售；三是受乳品企业的制约性较大。

2009年奶类总产量25.35万吨，比上年同期减少6.91%。

奶类生产变化的原因：一是奶牛饲养量随市场的波动起伏较大；二是奶牛饲料价格上涨幅度大；三是原料奶收购价格低。四是乳品加工企业生产的产品单一。

本地区2009年全年的平均奶价为1.9～2.7元/千克，春夏秋冬季奶价分别是2.1元/千克、2.5元/千克、2.5元/千克、2.7元/千克，比上年同期增加0.05元/千克、0.7元/千克、0.7元/千克、0.35元/千克。其中奶源集中的几个典型地区的价格与上年相比每千克增加0.2～0.4元。

本地区原料奶收购中无地方保护价。

【乳品加工】2009年本地共有乳品加工企业23个，日处理鲜奶的能力总计达到52500吨。

乳品企业总销售额为16969万元；主要企业的销售额（包括外销）和利税：青海天露乳业有限责任公司销售额5500万元、利税219万元；青海小西牛生物乳业有限公司销售额8317万元、利税979万元；青海西宁城北好朋友乳品饮料厂销售额2732万元、利税437.1万元；青海民和湟乳乳制品有限责任公司1420万元、利税129万元。

当年新建项目2个、扩建项目4个，日处理鲜奶能力分别为80吨、175吨。

【产品结构】本地2009年巴氏消毒奶、UHT奶、奶粉、酸奶的产量分别为4787吨、5389吨、1700吨、13795吨，同比增长-46.81%、-17.09%、-5.56%、392.68%。

主要生产企业各产品的生产情况：青海天露乳业有限责任公司生产全脂奶粉500吨、液态奶7700吨；青海小西牛生物乳业有限公司生产液态奶10796吨、乳饮料1640吨；青海西宁城北好朋友乳品饮料厂生产液态乳5475吨；青海民和湟乳乳制品有限责任公司全脂奶粉1000吨、脱脂奶粉200吨。

【市场与消费】本地区2009年城镇居民人均奶制品（折合成原料奶）消费量32.43千克/人，其中鲜乳品22.77千克/人，奶粉0.08千克/人，酸奶6.75千克/人。本地区2009年农村居民鲜奶购买量1.60千克/人，奶及奶制品消费量19.00千克/人。

当地质检部门抽检情况：每年定期或不定期地对乳品加工企业和生鲜乳收购站的原料奶进行抽检。

【奶源基地建设】2009年本地区奶牛存栏1～5头的有97932个场（户）、6～20头的有61681个场（户）、21～100头的有33个场（户）、101～200头的有10个场（户）、201～500头的有10个场（户）、1000头以上1个场（户）。

奶牛养殖小区8个，奶牛存栏2545头。

2009年本地区机械化挤奶达到30%，分散饲养集中机械挤奶的奶站17个。

2009年共有奶站73个，其中企业自建的51个，合作社建设11个，其他11个。奶站平均日收奶90.07吨。

奶站清理整顿的情况：原来的99家生鲜乳收购站(点)经过整治，26家生鲜乳收购站达不到条件已取缔。保留了73家生鲜乳收购站(点)，对73家生鲜乳收购站发放生鲜乳收购许可证。发证率100%，并全部纳入监管范围内。

2009年共改良各种牛群10万头，使用冷冻精液24.2万剂，胚胎移植75枚；共生产冷冻精液22万剂。

【疫病防治情况】一是每年春秋两季注射牛口蹄疫苗；二是每年开展布病和结核病的检测工作；三是奶牛常见病的防治。

饲草饲料情况：人工牧草种植面积10.84万公顷，其中苜蓿草2.64万公顷；专用青贮玉米种植面积9.03万公顷，有青贮窖326个，共2.6万立方米。

奶牛配合饲料的生产企业6个，年产奶牛配合饲料2.3万吨，其中主要生产企业生产情况：青海江河源农牧科技发展有限公司年生产奶牛混合料7000吨；青海互帮农业公司年生产奶牛混合料300吨；湟乳乳制品公司年生产奶牛专用配合饲料7000吨；河谷乳制品公司年生产奶牛专用配合饲料5000吨。

奶源基地建设情况：2009年投资520万元改建养殖小区一处，修建标准化牛舍7栋，3600平方米；运动场4900平方米；双列式挤奶厅1处，220平方米。青贮窖5处，3500平方米。存栏奶牛360头。

【重要建设项目】

(1)马聚垣奶牛养殖小区改建项目，投资额520万元，启动时间2009年4月，预计2011年12月完工。

(2)湟乳乳制品公司改扩建项目，投资额930万元，启动时间2009年7月，预计2010年7月完工。

(3)青海牧野农畜产业发展有限责任公司，投资额700万元，启动时间2010年3月，预计2011年2月完工。

(4)青海春源畜牧责任有限公司，投资额270万元，启动时间2010年3月，预计2011年2月完工。

(5)青海互邦农业开发有限公司，投资额270万元，启动时间2010年3月，预计2011年2月完工。

(6)青海天源畜牧科技开发有限公司，投资额816.3万元，启动时间2010年3月，预计2011年2月完工。

(7)乐都碾伯镇东门巷奶牛养殖小区，投资额200.44万元，启动时间2010年3月，预计2011年2月完工。

(8)互助县兴盛奶牛养殖专业合作社，投资额182.5万元，启动时间2010年3月，预计2011年2月完工。

(9)大通县友谊畜牧养殖专业合作社，投资额354.57万元，启动时间2010年3月，预计2011年2月完工。

(10)小西牛年产2.5万吨活性乳酸菌发酵乳，投资额1000万元，启动时间2009年4月，预计2010年3月完工。

(11)青海天露乳业学生饮用奶加工项目，投资额1370万元，启动时间2009年4月，预计2010年12月完工。

(12)青海西宁城北区好朋友乳品饮料厂，投资额200万元，启动时间2009年4月，预计2010年12月完工。

【支持政策】

税收优惠：对养殖户免税。

良种支持：实施国家奶牛良种补贴项目。

政策保险：实施国家奶牛良种保险项目。

【奶农协会建设】奶农协会共20个，包含农户6000个，存栏奶牛12530头；奶农合作社共3个，包含农户605个，存栏奶牛4500头。

合作组织运行的情况：民和奶协积极宣传、贯彻党和国家关于发展畜牧业、奶业的方针政策，按照协会章程规定的职能，充分发挥协调、服务和管理作用，成为联系奶业生产企业、科技人员、广大奶农和消费者的桥梁和纽带，成为促进社会稳定和进步的重要力量，为推动全县奶业健康发展做出了积极贡献。存在的问题：一是政府对协会的扶持力度不够，奶牛产业化程度低。二是部分会员文化素质低，饲养管理能力有限，从而影响了奶牛业的进一步提升和向规模化养殖发展。三是社会化服务体系不健全。主要包括饲料供应、疫病防治、饲养保险、科学配种、集中挤奶、质量检测、鲜奶收购等方面。

（青海省奶业协会　张惠萍）

宁夏回族自治区

【奶类生产】2009年奶牛存栏27.20万头，比上年增长0.42%，全部为荷斯坦牛，主要分布于银川市、吴忠市两市，奶牛存栏数占全自治区总存栏数的88%，主要分布的县（县级市）是银川市兴庆区、金凤区、西夏区、灵武市、永宁县、贺兰县、吴忠市利通区、青铜峡市、中卫市、中宁县、石嘴山市惠农区11个县（区），奶牛存栏数占全区总存栏数的94%。

2009年奶类总产量81.14万吨，比上年减少9.06%，其中商品奶类（企业收购）81.14万吨。

原料奶收购价格：2009年全年的平均奶价为2.4元/千克，春夏秋冬季奶价分别是2.4元/千克、2.1元/千克、2.4元/千克、2.8元/千克。

【乳品加工】2009年本地共有乳品加工企业24个，日处理鲜奶的能力总计达到3190吨。

乳品企业总销售额为11.15亿元；主要企业的销售额和利税：宁夏夏进乳业集团股份有限公司销售额3.44亿元，利税5409万元；银川维维北塔乳业股份有限公司销售额1.03亿元，利税210万元；宁夏北方乳业有限公司销售额5500万元，利税350万元；银川市金河乳业有限公司销售额1920万元，利税6.1万元。

【重要建设项目】当年新建项目3个、扩建项目6个。

（1）银川市金河乳业有限公司浓缩牛乳蛋白粉项目（新建），投资额30926万元，主要产品40吨/日浓缩牛乳蛋白粉。

（2）宁夏雪泉乳业有限公司年产1万吨生产线（新建），投资额818万元，主要产品25吨/日液态奶。

（3）宁夏亿美生物科技有限公司药用乳糖生产线（新建），投资额3000万元，主要产品300吨/日药用乳糖。

（4）银川维维北塔乳业股份有限公司婴儿配方奶粉项目，投资额500万元，主要产品220吨/日奶粉。

（5）银川市金河乳业有限公司年产1200吨奶酪项目，投资额3442万元，主要产品300吨/日奶酪。

（6）宁夏红果乳业有限公司20吨/日奶酪生产线，投资额3600万元，主要产品100吨/日奶酪。

（7）宁夏吴忠佳佳乳业有限公司液态奶项目，投资额80万元，主要产品40吨/日液态奶。

（8）宁夏北方乳业有限公司玻璃瓶装牛奶加工生产线，投资额1500万元，主要产品150吨/日液态奶。

（9）青铜峡市众乐乳业有限公司生鲜乳预处理系统技改建设项目，投资额379万元，主要产品180吨/日全脂乳粉。

本地2009年巴氏消毒奶、UHT奶、奶粉、酸奶的产量分别为1840吨、70267吨、42105吨、4521吨，主要生产企业各产品的生产情况：宁夏夏进乳业集团股份有限公司UHT奶55967吨；银川维维北塔乳业股份有限公司巴氏消毒奶900吨，UHT奶7300吨，奶粉4300吨；宁夏北方乳业有限公司巴氏消毒奶600吨，UHT奶7000吨；银川市金河乳业有限公司巴氏消毒奶300吨，酸奶4200吨。

【市场与消费】本地区2009年城镇居民人均奶制品（折合成原料奶）消费量32.05千克/人，其中鲜乳品23.67千克/人，奶粉0.22千克/人，酸奶4.80千克/人。本地区2009年农村居民鲜奶购买量1.18千克/人，乳及乳制品消费量4.98千克/人。

【奶源基地建设】2009年，本地区奶牛存栏10头以下的有21332个场（户）、11～20头的有5982个场（户）、21～100头的有1877个场（户）、101～200头的有74个场（户）、201～500头的有78个场（户）、501～1000头的有24个场（户）、1000头以上14个场（户）；奶牛养殖小区215个，奶牛存栏107417头。

2009年共有奶站489个，其中集中机械挤奶站326个，占全区的66.7%。企业自建的191，合作社建设188个，奶畜养殖场开办110个。奶站平均日收奶2082.53吨。机械挤奶站日收购鲜奶1481.67吨，占全区的71.1%。

2009年认真组织实施奶牛良种补贴项目，引进国内外优质奶牛冻精41.8万支。其中，引进国外验证公牛冻精4万支，共冷配改良荷斯坦奶牛20万头。培训年检奶牛人工授精员346名，计算编制了《2009奶牛宁夏奶牛良种补贴公牛和往年与配公牛亲缘系数表》，补充修订了《全国重点种公牛站种公牛血缘关系图》，印制了《2009年宁夏奶牛良种补贴种公牛名录》，统一发放到所有奶牛冷配改良点和规模奶牛场（园区），采购奶牛专用耳标和“宁夏奶牛谱系卡片10万套，完成后备母牛建档立卡10万头。

2009年奶牛防疫主要进行了O型、A型、Asia1型口蹄疫疫苗的免疫，免疫密度达到100%。

饲草饲料情况：人工牧草种植面积40万公顷，其中苜蓿草36.8万公顷；专用青贮玉米种植面积2万公顷，有青贮窖400万立方米；2009年制作青贮饲料226万吨。

【奶业法规和条例建设】一是制定了《宁夏奶站发展规划》（2008—2012）明确了今后全区奶站建设的主要目标，主要建设内容及措施。二是自治区人民政府下发了《自治区人民政府办公厅关于促进奶业持续健康发展的通知》，采取12个项措施，全面推进全区奶业持续健康发展。

【支持政策】2009年自治区以提高奶牛生产性能，优化饲料供应模式，促进新技术推广为重点，制定支撑奶产业发展的政策。一是引进推广国外验证公牛冻精每支补助30元。二是支持规模化、标准化奶牛场（园区）建设，符合建设标准的每个补助10万元。三是对参加奶牛生产性能测定的奶牛场每头给予50元的测定费补助。四是支持饲草配送中心建设，对达到建设标准和要求的饲草配送中心给予以奖代补资金15万元。五是将挤奶机械纳入农机具购置补贴。

（宁夏畜牧工作站　邵怀峰　封　元）

新疆维吾尔自治区

【奶类生产】本地区2009年奶牛存栏170.40万头，比上年减少16.86%，主要分布的地区（地级市）是伊犁州、阿勒泰、喀什、昌吉，其奶牛存栏数占总存栏数的70%。

奶山羊存栏9.71万只，为新疆山羊和萨能奶山羊，主要分布的地区是喀什、塔城地区、伊犁。

牦牛存栏数20.5万头，主要品种新疆牦牛8.3万头，主要分布在克孜勒苏柯尔克孜自治州。

本地区2009年奶类总产量125.15万吨，比上年同期减少12.06%，奶类总产量中牛奶120.88万吨，比上年减少12.00%，羊奶3万吨，牦牛奶0.49万吨。

本地区2009年全年的平均奶价为2.37元/千克，春夏秋冬季奶价分别是2.24元/千克、2.23元/千克、2.35元/千克、2.58元/千克，比上年同期增加0.2元/千克、0.4元/千克、0.4元/千克、0.3元/千克。

（1）喀什市2009年上半年牛奶零售价格3元/千克，下半年，在自治区发展奶业意见的推动下，牛奶价格平稳有升，随着产奶高峰的到来，其价格提高至3.4元/千克。较上半年上涨了0.4元/千克，与上年同期相比上涨了0.5元/千克。

（2）乌鲁木齐市2009年平均奶价为2.5～2.8元/千克，同比增加13%。

（3）昌吉州作为全疆奶源集中区域，2009年原料奶收购价格较2008年同期增幅平均为0.6元/千克，奶价同比增加46.67%，增幅较大。

本地区原料奶收购中无地方保护价。

【乳品加工】2009年本地共有乳品加工企业52个，日处理鲜奶的能力总计达到6194吨，其中合资企业10个、地方自建企业42个。

乳品企业总销售额为220275.7万元；主要企业的销售额和利税：麦趣尔乳业销售额20729.31万元，利税1164.02万元；西域春乳业销售额21700万元，利税98.96万元；维维天山雪销售额7580.72万元，利税247.92万元；娃哈哈乳业销售额19690.57万元，利税637万元；瑞源销售额600万元，利税400万元；瑞源乳业销售额6000万元，利税400万元，焉耆三宇销售额4718万元，利税19.5万元。

当年新建项目2个、扩建项目4个，日处理鲜奶能力分别为200吨、380吨。

本地2009年巴氏消毒奶、UHT奶、奶粉、酸奶的产量分别为144797吨、108396吨、50726吨、57190吨，同比增长21.5%、12.65%、-0.67%、10.81%。主要生产企业各产品的生产情况：新疆维维天山雪乳业有限公司年生产巴氏乳186吨，灭菌乳11214吨，全脂乳粉2159吨，酸牛乳2255吨；新疆西域春乳业有限公司年生产巴氏乳7619吨，灭菌乳13193吨，酸牛乳17902吨；新疆麦趣尔集团有限公司年生产灭菌乳21401吨，酸牛乳1320吨；新疆昌吉娃哈哈乳业有限公司年生产全脂乳粉2963吨，含乳饮料6吨。

【市场与消费】本地区2009年城镇居民人均奶制品（折合成原料奶）消费量30.48千克/人，其中鲜乳品24.19千克/人，奶粉0.21千克/人，酸奶3.15千克/人。本地区2009年农村居民鲜奶购买量1.79千克/人，奶及奶制品消费量6.07千克/人。

当地质检部门2009年抽检原料奶、乳制品没有出现质量问题。

【奶源基地建设】

2009年本地区奶牛存栏1～5头的有449087个场（户）、6～20头的有50505个场（户）、21～100头的有9225个场（户）、101～200头的有1074个场（户）、201～500头的有167个场（户）、501～1000头的有44个场（户）、1000头以上21个场（户）。

奶牛养殖小区358个，奶牛存栏134207头；其中新建小区44个，奶牛存栏11312头。

2009年本地区机械化挤奶达到50%，分散饲养集中机械挤奶的奶站189个，辐射到10644个农户66866头奶牛。

2009年共有奶站482个，其中企业自建的175个，合作社建设89个，其他218个。奶站平均日收奶1161.8吨。

奶站清理整顿情况：截止2010年3月，全区现有生鲜乳收购站454个（其中新建205个），累计取缔奶站220个，自行关闭奶站319个。在454个生鲜乳收购站中，符合三类奶站建设主体的有392个，乳制品生产企业开办的奶站147个，占总数的32.4%，奶畜养殖场开办的奶站117个，占总数的25.8%，奶农合作社开办的奶站128个，占总数的28.2%；另外，奶牛养殖小区建设的奶站21个，个体私营投资奶站22个，流动奶站19个，共62个，占总数的13.7%；集中机械挤奶站270个，占奶站总数的59.5%；已发证的奶站367个，发证率占奶站总数的81%。全区共有15个地州（市）56个县（市）开展生鲜乳收购站清理整顿工作，目前已有8个地、州（市）完成生鲜乳收购站清理整顿和“两证”发放工作。

2009年共改良各种牛群114.68头，使用冷冻精液174.76万剂，胚胎移植602枚；共生产冷冻精液310万剂；共进口奶牛2200头、冷冻精液1.34万剂。

2009年自治区对各地州（市）重大动物疫病防控工作做出了具体安排部署，提出了明确要求。各地州畜牧兽医部门采取积极有效的措施，克服动物防疫经费困难和防疫人员短缺的严峻局面，把防控重大动物疫病作为工作重心，全力以赴抓好防疫、检疫、监督等各项工作，确保了全区没有发生重大动物疫情，为畜牧业持续健康发展做出了积极贡献。

人工牧草种植面积15423万公顷，其中苜蓿草7436.7万公顷；专用青贮玉米种植面积5731.04万公顷，有青贮窖224451个，共7943681立方米。

奶牛配合饲料的生产企业17个，年产奶牛配合饲料162745吨，其中主要生产企业生产情况：新疆呼图壁种牛场有限公司年产奶牛配合饲料20346吨；新宏基饲料公司年产奶牛配合饲料20吨；农标普瑞纳饲料公司年产奶牛配合饲料5544吨；新疆三旺饲料公司年产奶牛配合饲料1501

吨；新疆泰昆集团有限责任公司年产奶牛配合饲料 1200 吨；新疆昌鼎工贸有限责任公司年产奶牛配合饲料 900 吨。

新疆奶源基地共有 106 家，牛群整体品质优良产量高，但是在基础设施、质量检验、贮存等方面仍需要改造、扩建。

【重要建设项目】

（1）2008 年起新疆财政每年安排 2000 万元专项资金用于扶持奶业发展，2009 年将其中 550 万元用于补助生鲜乳收购站基础建设，在全疆重点扶持建设 110 个奶站，结合生鲜乳收购站机械设备购置补贴政策，每个站补助 5 万元，用于购买生鲜乳收购站机械设备；2009 年自治区财政安排 1000 万元奶牛标准化养殖小区建设补助资金，在自治区奶牛养殖重点地区的养殖小区，新建了 30 个标准化的集中挤奶大厅。

（2）奶牛养殖配套草料地建设。2009 年，自治区 20 万公顷高新节水示范工程中专门安排了 6.67 万公顷用于支持奶业生产区规模养殖场（小区）优质青贮饲料地高新节水改造。

【奶业法规和条例建设】自治区人民政府下发的《关于稳定奶业发展的意见》（新政发[2009]27 号）文件。

【支持政策】

（1）原料奶收购贷款贴息。为进一步缓解乳品企业资金周转压力，2009 年自治区财政安排 1000 万元财政资金，用于乳品企业原料奶收购贷款贴息，贷款贴息为一年，其中：对南疆三地州乳品企业原料奶收购贷款资金实行全额贴息，对乌鲁木齐市、昌吉州、克拉玛依市、石河子市等地（州、市）按 25%贴息，其他地州按 50%贴息，不足部分由各地财政承担。

（2）奶粉储备补贴。2009 年自治区财政安排 500 万元奶粉储备专项补助资金，将区内主要乳品企业扩大生产规模、新增奶粉作为自治区储备，储备规模 5000 吨，按 1000 元/吨进行储备补助，储备时限为半年。

（3）乳制品外销储运补贴。鼓励乳品企业加大区外市场开拓力度，2009 年自治区财政安排 700 万元专项资金，对区内乳品企业到区外开拓市场给予储运补贴，鲜乳制品补贴 100 元/吨、奶粉补贴 200 元/吨，补贴时限为一年。

（4）学生饮用奶补贴。2009 年，自治区财政安排 5810 万元资金，对全区地州所在市和条件具备的县市（22 个）城镇义务教育阶段在校中小学生饮用学生奶，按每人每天 1 袋、每袋补助 1 元标准进行补贴。其中，南疆三地州由自治区财政按 1 元/袋标准补贴；乌鲁木齐市、克拉玛依市、石河子市由当地财政按 1 元/袋标准自行补贴；其他地区（州、市）由自治区财政按 0.7 元/袋标准补贴，当地财政按 0.3 元/袋补贴。

（5）奶站机械补贴。110 个奶站，每个奶站补贴 5 万元，共补贴 550 万元。

（6）奶牛良种补贴。对享受奶牛良种补贴改良后的优质后备母牛给予一次性补贴，每头补助 500 元。

（7）养殖业保险保费补贴政策。对于补贴险种，在补贴地区地方财政部门补贴 30%的保费后，财政部再补贴 30%的保费，其余保费由农户承担。

（8）奶牛养殖农户信贷支持。金融机构对奶牛养殖农户、奶农合作社等给予了信贷支持，开发适应奶业发展需要的金融产品。

（9）第三方检测政策补贴。2008—2009 年补贴 600 万，每年补贴 300 万用于第三方检测。

（10）优质种公牛冷冻精液补助政策：1 头牛补助 2 支冷冻精液。荷斯坦奶牛冷冻精液 15 元/支，其他牛冷冻精液 10 元/支，肉牛冷冻精液 5 元/支。

（11）2009 年，昌吉州木垒县积极与各大乳品企业联系，安排财政补贴 20 万元，采取“政府补贴、企业升价、奶站降低利润、奶农提高质量”的方法，有效应对奶业发展困境；阜康市为鼓励挤奶厅建设，除享受国家农机补贴政策外，再给每个挤奶厅补助 10 万元；昌吉市采取“四方联动”措施（企业让利亏本经营、奶站让利保本经营、政府补助扶持奶业发展、奶农科学饲养降低成本），安排以奖代补资金 150 万元，奖励企业提高奶价，稳定奶业发展。

【奶农协会建设】奶农协会共 21 个，包含农户 4706 个，存栏奶牛 45264 头；奶农合作社共 81 个，包含农户 1913 个，存栏奶牛 19473 头；其他经济合作组织共 21 个，包含农户 210 个，存栏奶牛 2050 头。

【质量管理】2009 年自治区畜牧厅组织相关部门人员，开展了三次区域性生鲜乳质量抽样检测活动，出动检查抽样人员 137 人次，共检查规模养殖场 14 个，生鲜乳收购站 93 个，农户 337 户，抽取样品 1049 个，并对 689 个样品的三聚氰胺、水解蛋白、重金属、抗生素等指标情况进行了安全检查。

乳制品市场监督情况主要由质检部门完成，采取定期不定期的方式抽检商品奶，生产的每个批次的商品都由乳品企业送样、质检部门抽样来监督乳品企业的生产情况。

【学生奶计划】2009 年 3 月，自治区人民政府出台《关于稳定奶业发展的意见》，全面推进学生饮用奶计划，自治区财政安排 5810 万元资金，对 22 个县市在校中小学生饮用奶生奶，每人每天 1 袋，每袋补助 1 元标准进行补贴。其中，南疆三地州由自治区财政按 1 元/袋标准补贴；乌鲁木齐、克拉玛依、石河子由当地政府按 1 元/袋标准自行补贴；其他地州由自治区财政按 0.7 元/袋标准补贴，当地财政按 0.3 元/袋补贴。通过开展“学生饮用奶计划”工作，对生鲜乳的收购量和企业生产量起到一定的稳定作用，保障了企业和奶农的利益。

【奶业科技】《喀什地区奶牛性控冻精技术示范推广项目》2008 年在自治区农办立项实施，2009 年正式实施，项目执行单位为：喀什地区畜牧技术推广中心站，项目总投资 15 万元，购置了 1000 剂性控冻精，分别在喀什市、疏勒县、疏附县、伽师县、岳普湖县的 14 个冷配点开展试点，已配种母牛 338 头，受胎率达到 77.5%～88%，母犊率大于 90%。主要完成人员是：姜锋韬、胡小明、牛志涛、色依提等。

（新疆维吾尔自治区奶业办公室　孙新华）

乌鲁木齐市

【奶业生产】本地区 2009 年奶牛存栏 2.635 万头，其中荷斯坦牛 2.6 万头，新疆褐牛 0.035 万头。其奶牛存栏数占总存栏数的 30%，主要分布在天山区、沙区，其奶牛存栏数占总存栏数的 90%。

2008 年前奶牛存栏量达到 4 万余头，由于奶牛养殖企业的资金短缺变卖奶牛、三鹿事件影响、原材料人工上涨和奶站的清理整顿、散养奶牛急剧下降等原因所致。

本地区 2009 年奶类总产量 3.96 万吨，比上年同期增长-12%，其中商品奶类（企业收购）3.96 万吨，同比增长-12%。全部为牛奶。

本地区 2009 年全年的平均奶价为 2.5～2.8 元/千克，同比增加 13%，春夏秋冬季奶价分别是 2.6 元/千克、2.3 元/千克、2.5 元/千克、2.8 元/千克。规模牛场的价格相对稳定，散养价格季节变化大。

本地区原料奶收购中无地方保护价。

【乳品加工】2009 年本地共有乳品加工自建企业 4 个，日处理鲜奶的能力总计达到 420 吨。

当年扩建项目 1 个，日处理鲜奶能力为 200 吨。

【市场与消费】本地区 2009 年城镇居民人均奶制品（折合成原料奶）消费量 28.56 千克/人，其中鲜乳品 22.68 千克/人，奶粉 0.12 千克/人，酸奶 3.51 千克/人。

【奶源基地建设】2009 年，本地区奶牛存栏 1～5 头的有 2300 个场（户）、6～20 头的有 1100 个场（户）、21～100 头的有 50 个场（户）、101～200 头的有 4 个场（户）、201～500 头的有 4 个场（户）、501～1000 头的有 3 个场（户）。

奶牛养殖小区 1 个，奶牛存栏 120 头；其中新建小区 2 个，奶牛存栏 500 头。

2009 年本地区机械化挤奶达到 100%，分散饲养集中机械挤奶的奶站 9 个，辐射到 800 个农户 6000 头奶牛。

2009 年共有奶站 16 个，其中企业自建的 3 个，合作社建设 7 个，其他 6 个。奶站平均日收奶 4 吨。

2009 年，全面开展奶站清理整顿工作，关闭不符合要求奶站 17 个，新建标准化奶站 10 个，为集中机械化挤奶厅。

2009 年共改良各种牛群 10000 头，使用冷冻精液 2.6 万剂。

【疫病防治情况】规模牛场每年 2 次、散养奶牛每年 1 次“两病”检疫，阳性牛扑杀后按户或场发《奶牛健康证》；口蹄疫每 4 个月防疫 1 次，并进行动态免疫抗体监测。

奶源向集中饲养和小区推进，散养退出奶源的主力地位。

【支持政策】

（1）为了拉动奶业经济发展，按照自治区的总体部署乌鲁木齐市推广学生饮用奶计划全面实施。惠及全市 28 万名九年制义务教育阶段中小学生。政府补贴资金 5460 万元/年。

（2）乌鲁木齐市将奶牛标准化、规模化养殖小区建设、生鲜乳收购站建设纳入设施农业建设计划，2009 年共新建奶牛养殖小区 4 个，新建标准化奶站（配套机械化挤奶厅）10 个。政府补贴资金共计 160 万元。

良种支持：国家奶牛良种补贴政策。

【奶农协会建设】奶农合作社共 4 个，包含农户 360 个，存栏奶牛 1000 头。

奶农经济合作组织是近年来一项新兴的事物，一方面是国家政策引导，另一方面是相关法律法规要求。虽然奶农的积极性很高，但真正能够全面发挥作用不多，主要问题是管理不够规范，与农民的经济利益联结机制还没有真正建立起来，导致合作组织的引导和带动作用不明显。

【质量管理】乌鲁木齐市已建立市、区县、主要农产品批发市场、生产企业、原料奶收购站三级检测网络，对各站点实行定期检测，市级检测机构进行不定期抽检。目前，原料奶质量状况比较稳定。

【学生奶计划】学生奶定点企业由自治区认定的有 14 家，全市通过公开招标确定 9 家负责学生奶供应工作。全市日供应量 56 吨，产品为纯牛奶，分三种包装和价格：百利包：1.22 元/袋，利乐枕 1.47 元/袋，利乐砖 1.67 元/袋。学生奶按照区县和各部门职能进行划分，各负其责，做好安全监管。

2009 年 5 月乌鲁木齐市开始推广学生饮用奶计划试点工作，为自治区全面实施提供政策依据。2009 年 9 月 1 日全面实施，全市 392 所九年制义务教育阶段中小学、近 28 万名中小学生参与。市、区县财政补贴资金约 5500 万元/年。

［乌鲁木齐市农牧局（兽医局）］

奶业大事记

2009 年度奶业大事记

1 月

6 日 中国新闻网报道 农业部组织对北京、河北、内蒙古、黑龙江、山东、河南等 6 个奶牛主产省份生鲜乳三聚氰胺监测，共抽检 660 个奶站的 660 批次生鲜乳样品，合格率为 100%。

8 日 中国新闻网报道 卫生部部长陈竺指出，全国累计免费筛查问题奶粉婴幼儿 2243 万人，累计报告患儿近 29.6 万人，其中接受住院的约 5.2 万多人，已有 5.1 万患儿痊愈出院。

8 日 广州日报报道 7 日，深圳特区福龙检查站查获一批走私日本产明治牌奶粉 343 箱，案值 39 万元。

10 日 新华网报道 三鹿集团在石家庄市政府帮助下兑现承诺，已于 8 日启动对经销商的第二期还款计划，总筹款约 5 亿，至今经销商债务已获 60%清偿。

11～15 日 农业部畜牧业司派出 5 个工作组赴河北、河南、山东、黑龙江、内蒙古等 5 省、自治区，就生鲜乳收购站清理整顿、挤奶机械补贴落实情况、打击生鲜乳中违法添加非食用物质专项整治和当前奶业、生猪、蛋鸡生产等情况进行调研和工作督导。

15 日 中国农业信息网报道 13～14 日，农业部畜牧业司在哈尔滨举办了全国生鲜乳质量安全监测工作培训班，全面部署 2009 年全国生鲜乳质量安全监督监测工作，培训相关法律法规和生鲜乳质量安全检验方法及标准。来自全国 30 个省、自治区、直辖市的 33 个质检机构共 100 多名管理和技术人员参加了培训。

15 日 新华网报道 11 日，由中国经济报刊协会、中国国际品牌学会等单位联合主办的“第五届中国品牌影响力高峰论坛”在人民大会堂举行。伊利摘得“2008 中国十大影响力品牌”、“2008 消费者信赖首选品牌”和“2008 中国行业十大影响力品牌”三项奖。

20 日 新浪财经报道 16 日，由荷兰帝思曼(中国)公司推动，国家卫生部、发改委及国家食品质量监督检验中心指导的“2009 国际乳品安全论坛”在京开幕。

22 日 北京商报报道 21 日，北京三元食品股份有限公司董事会审议通过关于向银行贷款的议案，授信总额达 2.1 亿元。

22 日 三鹿系列刑事案件在河北省石家庄市中级人民法院一审宣判。

2 月

1 日 新华社发布《中共中央国务院关于 2009 年促进农业稳定发展农民持续增收的若干意见》，奶牛养殖业及相关行业利好。

3 日 辽宁日报报道 2 日，辽宁本溪满族自治县政府与辉山乳业正式签订良种繁育产业集群项目。辉山乳业投资 12 亿元，在本溪县扩建集 2.8 万头优质奶牛繁育、年产 15 万吨液态奶深加工及年产万吨婴幼儿配方乳粉加工、年产 30 万吨生物菌肥及沼气发电为一体的综合乳业集群项目。

6 日 新希望发布公告称，公司全资子公司新希望乳业控股有限公司以 6450 万元受让昆明雪兰牛奶有限责任公司的 42.9%国有股权和“雪兰”商标。

12 日 新华网报道 石家庄市中级人民法院发出民事裁定书，正式宣布石家庄市三鹿集团股份有限公司破产。

13 日 中共中央政治局常委、全国政协主席贾庆林在中共中央政治局委员、重庆市委书记薄熙来、市长王鸿举等有关市领导陪同下，莅临重庆光大（集团）有限公司视察指导工作。

13 日 中国乳制品工业协会理事长会议暨 2009 年行业协会联席会议在黑龙江哈尔滨市召开，协会领导和参会代表共同分析交流行业形势，并对行业发展、企业经营发表各自意见和建议。

20 日 农民日报报道 17 日，农业部 2009 年饲料质量安全工作会议暨饲料质量安全执法年启动仪式在福建厦门举行。农业部决定以《饲料和饲料添加剂管理条例》颁布施行 10 周年为契机，开展以“保障饲料安全，推进健康养殖”为主题的饲料质量安全执法年行动。

22 日 世界“克隆牛之父”杨向中博士追思会在中国农业大学召开。

28 日 新华网报道 全国人大常委会表决通过《食品安全法》。该法于 2009 年 6 月 1 日起施行，现行《食品卫生法》同时废止。根据新法规：任何食品添加剂目录外的都将不能用、任何食品都不能免检、权益受损消费者可要求 10 倍赔偿。

3 月

4 日 新华网报道 石家庄三鹿集团股份有限公司破产首次拍卖会在石家庄市中级人民法院审判庭举行。北京三元集团有限责任公司与河北三元食品有限公司组成的联合竞拍体以 61650 万元人民币的价格竞拍成功。

6 日 河北三元、三元集团与石家庄三鹿集团股份有限公司管理人在石家庄市签署《资产转让协议》。河北三元、三元集团受让三鹿集团的土地使用权、房屋建筑物、机器设备等可持续经营的有效资产，以及三鹿集团持有的新乡市林鹤乳业有限公司 98.8%的投资权益。

12 日 中国奶业协会在北京召开部分乳品企业、地方奶业协会工作座谈会。伊利、蒙牛、光明、三元、完达山、卫岗、银桥、新希望、雀巢、飞鹤等 10 个乳品企业和内蒙古、黑龙江、北京、河北、辽宁等 5 个省市奶业协会的负责同志应邀出席会议。中国奶业协会刘成果理事长发表重要讲话。

12 日 河南焦作多尔克司示范乳业有限公司与加拿大 IND 集团举行中加奶牛繁育中心揭牌暨奶牛合作签字仪式。副市长王荣新、加拿大农业部国际发展司亚洲处处长周建强出席签字仪式。

16 日 国务院在山东淄博市召开全国春季农业生产工作会议。中共中央政治局委员、国务院副总理回良玉参观了山东得益乳业有限公司，强调指出，要倡导发展巴氏奶，要重视巴氏奶宣传。

22 日 财经网报道 16～20 日，国际食品添加剂法典委员会第 41 届会议在上海举行。本次会议共审议 20 种食品添加剂的新标准或修订标准，以及 111 种香料的新标准。

27 日 由中国奶业协会、全国畜牧总站共同主办、河南省奶牛生产性能测定中心承办的“全国奶牛生产性能测定补贴项目交流与技术培训班”在郑州举办。中国奶业协会常务副理事长兼秘书长魏克佳、中国奶业协会副理事长张沅、河南省畜牧局副局长冯卫民、全国畜牧总站奶业与畜产品加工处处长刘海良、中国奶业协会副秘书长公维嘉等出席开班仪式，来自全国 17 个项目省、自治区、直辖市的测定单位代表以及部分畜牧主管部门的同志参加此次培训。

30 日 新奶业周刊报道 由北京中博农畜牧科技有限公司规划设计的飞鹤克东 1.8 万头生态奶牛场专家论证会在北京九华山庄国际会议中心举行，将采用恒温牛舍的高新科技建设，单栋牛舍存栏将达 2160 头。参加论证会的专家包括河北福成奶牛场场长张学，原澳亚万头示范牧场总经理阿里斯迪尔，现澳亚万头示范牧场总经理杨库，原澳亚万头示范牧场总设计师巴尼，原澳亚万头牧场务总监梁慧君。《荷斯坦》杂志主编豆明作为特邀嘉宾也参加了论证会。

30 日 总投资 40 亿元的辉山乳业良种奶牛繁育及乳品加工产业集群项目举行奠基仪式。分二期建设，一期投资 25 亿元，建设 20 个现代化奶牛养殖场，奶牛存栏 5.6 万头；二期建设年产 8 万吨牛初乳婴幼儿配方奶粉的乳品加工厂。

4 月

10 日 南方日报报道 9 日，北京三元集团以 4900 万元竞得三鹿第三批公开拍卖的破产财产——三鹿集团所持有三鹿(山东)乳业有限公司 95%的股权。而另一项原本也将被拍卖的唐山三鹿乳业有限公司 70%的股权，则被宣布临时撤拍。

22 日 国务院总理温家宝主持召开国务院常务会议，要求在畜牧业方面中央安排 30 亿元建设投资，支持生猪和奶牛标准化规模养殖小区建设。扩大奶粉收储规模，将原料奶收购贷款贴息政策延长至 2009 年 12 月底。

28 日 由农业部组织召开的全国生鲜乳收购站建设和管理现场会在石家庄召开，农业部首席兽医师于康震、农业部畜牧业司副司长陈伟生以及来自中宣部、工信部等国家九部委的有关负责人，全国各省、自治区、直辖市畜牧主管部门分管奶业的副厅（局）长，河北、山西等10省(自治区)奶牛生产大县畜牧局局长共160余人，分别参观了栾城县石家庄国富盛邦有限公司生鲜乳收购站、元氏县恒达牧业有限公司生鲜乳收购站。

5月

5日 由中国农业科学院北京畜牧兽医研究所主办的第一届“奶牛营养与牛奶质量”国际研讨会在北京召开。中国奶业协会刘成果理事长，农业部奶业管理办公室马莹副主任，科技部国际合作司美大处王强处长，中国农业科学院国际合作局贡锡锋副局长、中国农业科学院北京畜牧兽医研究所时建忠所长出席开幕式并致辞。中国工程院张子仪院士、联合国粮食农业组织Peter Hoejskov先生和新西兰驻华使馆农业参赞 Steve Ainsworth 等出席开幕式。

6日 新华网报道 卫生部、农业部、工商总局、质检总局、工业和信息化部、国家食药监局联合发出公告，严禁在乳品标签、标识和广告中宣传“无抗奶”等不科学、不符合实际的内容。

8日 每日经济新闻报道 三鹿集团破产财产在石家庄市中级人民法院进行第6次拍卖。唐山恒天然三鹿牧场15%的股权以1600万元被买家拍走，该买家同时还以4150万元购得唐山市康圣乳业有限公司70%的股权。

14日 三元股份发布公告称，公司于13日接到实际控制人三元集团通知，根据北京市国有资产监督管理委员会京国资[2009]93号文，对三元集团、华都集团、大发公司实施重组，更名为北京首都农业集团有限公司。新集团于16日正式挂牌。

25日 新华网报道 上海世博局正式宣布，内蒙古伊利集团正式成为2010年上海世博会唯一乳制品赞助商。伊利集团董事长潘刚同时宣布，伊利正式启动针对世博推出的“世博标准工程”。

27日 三元股份收到中华人民共和国商务部《商务部关于原则同意北京三元食品股份有限公司定向发行股票的批复》(商资批[2009]152 号)，公司非公开发行股票事宜已获商务部原则同意。

30日 中国奶业协会2009年会暨第七届中国国际奶业展览会及高层论坛在杭州召开，本次年会主题为“树立消费信心，振兴民族奶业”。农业部副部长高鸿宾出席大会并做重要讲话。中国奶业协会理事长刘成果作主题报告，中国奶业协会常务副理事长兼秘书长魏克佳作工作报告。

6月

1日 “2009全球奶农联盟呼和浩特论坛”举行。来自美国、加拿大、巴西、澳大利亚、新西兰、荷兰、英格兰等30多位全球奶农联盟（GDF）代表参加了会议。论坛主题是“资源共享、合作互赢”。

5日 新浪财经报道 中国金汇矿业公布以代价约 1亿纽币（相当约4.8亿港元），收购新西兰产销乳脂固体业务目标公司20%权益，并以1元购入认购目标公司余下权益的权利，行使有关权利代价为4亿纽币。

9日 农业部畜牧业司在北京召开全国生鲜乳收购站大检查汇报会，10个检查组共30余人参加了汇报会，会议由农业部奶业管理办公室王俊勋主任主持，畜牧业司王智才司长出席会议并作总结讲话。

10日 由中国食品科学技术学会主办，养乐多、丹尼斯克、蒙牛等国内外领军企业共同支持的“第四届乳酸菌与健康国际研讨会暨中国食品科学技术学会乳酸菌分会年会”在青岛召开。会议邀请荷兰、日本等国及国内知名科学家、企业家、行业管理部门的领导，会同产、学、研各界近120名代表，对乳酸菌产业发展趋势、肠道健康研究进展、新产品、新资源的开发与应用、《食品安全法》与标准体系等问题进行了探讨。

18日 三元股份发布公告称，公司拟投资6.8亿元建设日处理鲜奶1200吨工业园，同时，公司还拟在上海市注册成立控股子公司上海三元乳业有限责任公司。

18日 总投资10亿元的镇赉飞鹤乳业一期工程竣工投产暨万头奶牛养殖场建设、2万公顷草场改良、10万吨饲料加工项目开工剪彩仪式在镇赉县工业集中区举行。

18日 中国食品科技网报道 9日，蒙牛乳业公司生产的29.6吨特仑苏乳品经内蒙古检验检疫局严格检验再次出口香港。

23日 农业部网站报道 农业部在山东济南市召开部分省、自治区、直辖市口蹄疫防控工作座谈会。农业部高鸿宾副部长、山东省省长助理陈光出席会议。

23日 由中国奶业协会和全国畜牧总站主办，新疆维吾尔自治区畜牧厅、新疆奶业管理办公室协办的第四次全国奶牛生产性能测定技术培训班在乌鲁木齐市举办。

26 日 由光明集团筹建的海丰生态奶牛养殖示范基地一期工程基本完成，首批6000头奶牛从澳大利亚运抵江苏大丰基地，占地0.33万公顷。

27 日 由武汉开隆高新农业发展有限公司与日本大分市九州乳业株式会社联合投资1.3亿元组建的武汉九州乳业有限公司正式动工开建，该项目集乳产品加工、产品展销、科普教育、生态观光、会议商务、休闲娱乐为一体。

29 日 三鹿集团第一大股东石家庄乳业有限公司向北京市第二中级人民法院申请安力嘉乳品（北京）有限公司破产。

7月

7 日 中粮集团宣布，投资61亿港元收购蒙牛公司20%的股权，成为蒙牛的第一大股东。中粮集团与厚朴投资共同组建了一家新的公司，分别向蒙牛认购新股，中粮集团持股70%。

8 日 总投资约6亿元的利乐包装（呼和浩特）有限公司正式投入运营。

10 日 食品商务网报道 伊利集团投资5亿元的金山奶粉生产基地日前投入生产。该基地可日处理鲜牛奶1200吨，年产配方奶粉6万吨，主要生产高档配方奶粉。

10 日 伊利集团与天津正式签约，在滨海新区建设奶粉企业。一期总投资预计近3亿元，投产后年销售收入预计可达20亿元左右。

11 日 由全国畜牧总站举办的全国第一期奶牛标准化规模养殖技术师资培训班在呼和浩特市开班，该培训班受国家农业部畜牧司、奶业管理办公室委托举办。

15 日 商务部发布公告，宣布自2009年8月1日起，对鲜奶、奶粉和乳清产品实施自动进口许可管理，同时将上述品种纳入实行进口报告管理的大宗农产品目录。

17 日 工信部、财政部及商务部正式下发奶粉收储相关文件，5万吨奶粉收储正式启动收购依然以贴息形式进行。

17 日 “2009乳业发展国际论坛会”在内蒙古呼和浩特市举行。此次论坛由呼市人民政府和中国人民大学农业与农村发展学院共同主办，呼和浩特市农牧业局、奶业协会和内蒙古奶联科技有限公司承办。

18 日 由中国食品科技学会举办的以“乳清蛋白及其应用”为主题的“2009乳清蛋白应用国际论坛”召开。

18 日 总投资1.95亿元的万吨高档乳制品深加工项目在黑龙江省牡丹江市正式奠基，同时也标志着黑龙江红星集团食品有限公司成立。

19 日 位于安徽省肥东县白龙镇的马鞍山现代牧业，从南京隔离场运回第一批奶牛，正式投产运行。该项目2月20日在安徽肥东县白龙镇长王村开工建设，总投资6.5亿元，建设规模为2万头奶牛养殖示范场。

23 日 由国家质检总局和德国食品、农业和消费者保护部联合主办，中国检验检疫科学研究院承办的中德乳制品质量控制与安全论坛在北京召开。中国检验检疫科学研究院院长李怀林主持开幕式，国家质检总局副局长魏传忠，德国食品、农业与消费者保护部副部长戈尔德•米勒博士出席论坛并致辞。论坛以“好品质、好牛奶、好生活”为主题。

23 日 国家认证认可监督管理委员会、工业和信息化部与黑龙江省人民政府在哈尔滨市共同签署备忘录，在黑龙江省开展以乳制品生产企业为主要对象的良好生产规范（GMP）、危害分析与关键控制点（HACCP）体系认证试点示范工作。

24 日 工信部消费品工业司在黑龙江省哈尔滨市召开部分乳制品企业座谈会，张莉司长主持，国家质检总局、国家认监委有关部门领导，黑龙江省工业和信息化委员会领导，黑龙江完达山乳业等6家黑龙江省重点乳制品生产企业负责人出席会议。

26 日 黑龙江飞鹤乳业液态奶建设项目在黑龙江省克东县开工建设。项目总投资6000万元，设计日处理鲜奶300吨，计划2010年投产。

27 日 财政部下发通知，再次延长原料奶收购贷款中央财政贴息政策实施期限至2009年12月底。贴息率仍按3.105%执行。该通知源于2009年3月18日财政部发布通知，延长原料奶收购贷款中央财政贴息政策期限至2009年3月底。自2008年10月1日至2009年3月31日，借款人新增的用于原料奶收购的贷款，按贴息期内实际贷款期限据实贴息；延长期贴息率仍按“财金[2008]107号”通知规定的3.105%执行；2009年4月30日前，符合贴息条件的乳制品企业凭经办银行确认的结息凭证，借款合同等材料向所在地财政部门申请贴息。

27 日 中粮集团及厚朴投资完成对蒙牛乳业公司股

新股的认购。同时，根据《认购协议》协定，蒙牛乳业董事会建议取消《公司章程》中董事人数10人的上限，并建议委任由中粮集团和厚朴投资所提名的宁高宁、于旭波、马建平及方风雷等四人为公司非执行董事。四人中，宁高宁为中粮集团董事长，于旭波为中粮集团总裁，马建平为中粮集团战略部总监，方风雷为厚朴投资董事长。与此同时，蒙牛乳业表示，孙玉斌已辞任公司及内蒙古蒙牛乳业（集团）股份有限公司（内蒙蒙牛）执行董事一职。其余四名由蒙牛乳业高管所担任的执行董事席位保持不变。

8 月

3 日 南方农村报报道 农业部日前出台《饲料添加剂安全使用规范》，详细规定《饲料添加剂品种目录（2008）》中氨基酸、维生素、微量元素和常量元素的部分品种。《规范》强调，各品种“在配合饲料或全混合日粮中的最高限量”为强制性指标，饲料企业和养殖单位应严格遵照执行。

11 日 由江苏省奶业协会、上海奶业行业协会和浙江省奶牛业协会联合主办的“第三届长三角奶牛技术与管理论坛”，11～12日在南京召开。会议主题是：“饲养健康奶牛、生产安全牛奶”。

13 日 财经网报道 飞鹤乳业与投资人沈南鹏创办的红杉资本签订一份融资合作协议，引入后者6300万美元投资。美国东部时间12日上午8时，飞鹤乳业向美国证监会提交公告披露，公司将以30美元/股的价格，向红杉资本定向增发 210 万普通股，占现有总股本的12.12%。根据双方达成的认购协议，飞鹤乳业承诺，在执行本次交易约三年之内，公司将不再以低于每股 30 美元的价格发售股票。

13 日 新奶业周刊报道 中瑞奶业中心13日宣布，推出新一期工作计划。农业部畜牧业司、北京首都农业集团（原北京农场局）及瑞典利乐拉伐集团签署了合作备忘录。中心将于2009年年底推出“规模化牧场高级培训”，计划在3～5年内为中国培养50名专业型大牧场管理人才，同时，推出面向集约化个人牧场技术人员的相关课程，计划在三年内培训300～500人。中心还将向国内引进先进的牧场管理设备“牛群导航仪”。

19 日 新华网报道 18 日，飞鹤成为目前唯一一家在纽交所主板上市的乳业公司。

20 日 新奶业周刊报道 国家奶牛产业体系金钥匙工程暨中国奶业协会“中国奶农培训计划”宁夏回族自治区培训班举办，由国家奶业产业技术体系、中国奶业协会、宁夏回族自治区畜牧厅、宁夏大学、宁夏银川奶牛胚胎移植实验站主办。中国奶业协会魏克佳秘书长、宁夏回族自治区农牧厅赵永彪厅长、体系首席科学家李胜利为培训班开幕致辞。来自宁夏回族自治区畜牧厅、奶牛养殖场负责人及技术人员300余人参加此次培训。

24 日 新奶业周刊报道 21～23 日，中国乳制品工业协会第十五次年会暨第九次乳品技术精品展示会在南京召开。美国、新西兰、澳大利亚、丹麦等国驻华使节致辞，工信部消费品工业司司长张莉、产业政策司副司长许科敏、科技司副司长沙南生参加会议并讲话，南京市副市长陈维健致欢迎辞，中国乳制品工业协会理事长宋昆冈作大会主题报告。会议主题为“自律•和谐•科学发展”。全国乳制品行业的600多名代表参加会议。

27 日 国家质检总局公布《乳制品生产企业监督检查规定》征求意见稿，将重点关注“早产奶”、“复原奶”。

29 日 新华网报道 28 日，蒙牛乳业宣布牛根生辞去内蒙古蒙牛乳业（集团）股份有限公司董事长一职，该职务由中粮集团总裁于旭波接任。但牛根生仍担任内蒙古蒙牛董事一职，同时转任蒙牛乳业董事会主席。

31 日 新奶业周刊报道 四方国际集团与河北定州市市政府在北京钓鱼台举行畜牧设备控制软件研发中心项目签约仪式。该项目位于定州唐河工业园区，是四方畜牧与荷兰 JOZ 公司、美国 US 公司合资组建，专业从事畜牧行业软件控制系统开发的研发、检测、生产机构。保定市副市长李国英，定州市人民政府市长张浩，四方董事长胡朝阳等出席签约仪式。

9 月

2 日 人民日报报道 国家工商总局发布《食品广告监管制度》，对食品广告监管职责作出明确规定。

3 日 农业部畜牧业司、农业部奶业管理办公室和全国畜牧总站于吉林长春举办全国畜牧良种补贴项目管理与技术培训班。良种补贴项目省级畜牧兽医部门的相关负责同志、部分种公牛站站长及技术人员计150余人参加了培训班。

8 日 人民网报道 完达山乳业以 2.6 亿元收购圣元乳业在宝泉岭的工厂及奶牛场。

10 日 上海畜牧兽医网报道 日前上海牛奶集团在杭锦旗投资建设0.67万公顷有机牧草种植加工项目区，与该旗现代有机农牧业综合开发有限责任公司签订合作意向书。

12 日 国内首家牛文化博物馆西安经文牛文化陶瓷博物馆 12 日正式开馆。博物馆位于西安市经济技术开发区，占地 0.67 公顷，建筑面积 4000 余平方米，陈列面积 3200 余平方米，共藏有 1000 多件不同时代、材质各异、造型优美的牛藏品和 4000 余件陶瓷艺术珍品。

16 日 2009 年全国奶牛良种补贴项目正式启动，中央财政补贴资金达 2.6 亿元。

17 日 光明乳业德州有限公司二期工程投产，总投资 1.2 亿元。

18 日 江苏荷斯坦农业发展有限公司在东海投资 3.5 亿元的万头奶牛养殖项目签约。项目分两期建设，一期投资 1.5 亿元，饲养奶牛 5000 头，到 2010 年 6 月份将完成总投资 3.5 亿元，发展 10000 头荷斯坦奶牛。

20 日 广东雅士利宣布，凯雷投资集团、上海复星高科技（集团）有限公司已经向雅士利注资，分别占有雅士利 17.3%和 6%股份，成为战略股东。

23 日 “2009 中国国际食品安全与质量控制会议暨检测仪器设备展览会”在北京召开。100 多位国内外食品安全领域的专家、学者出席本次大会，并围绕食品安全这一主题展开讨论。本次会议由国家质量监督检验检疫总局主办，国务院法制办、世界卫生组织、欧盟、美国食品药品管理局等国内外相关政府机构、组织、大专院校代表参会。

28 日 网易财经报道 25 日，荷兰银行诉太子奶 1.5 亿贷款逾期未还案，在上海市高级人民法院正式开庭审理。

30 日 新浪财经报道 达能和娃哈哈集团宣布，双方已于当日达成友好和解方案，达能同意将其在各家达娃合资公司中的 51%的股权出售给中方合资伙伴。

10 月

8 日 凤凰网财经报道 澳优乳业在香港交易所首日挂牌，公司此次招股总数 3 亿股，最终以 4 港元定价，集资规模 12 亿港元，公司集资净额 7.656 亿港元。

9 日 蒙牛乳业（眉山）公司落成投产，洪雅现代牧场也于同日竣工。省委副书记、省长蒋巨峰出席上述竣工投产仪式，并会见中粮集团总裁兼蒙牛集团董事长于旭波一行。蒙牛乳业（眉山）一期项目总投资 3 亿元。

13 日 第一食品网报道 11 日，中华人民共和国第十一届运动会专用奶启动仪式在济南举行，得益乳业为全运会打造的新品“有机奶”及“鲜境牧场奶”首次亮相并正式上市。

15 日 新奶业周刊报道 “中国奶业振兴态势分析会”在北京召开。大会由中国人民政治协商会议全国委员会和中国奶业协会共同主办。大会主题是贯彻落实奶业振兴规划纲要，推进奶业转型升级。全国政协副主席王志珍，中国奶业协会理事长刘成果，国家发改委副主任穆虹，工业和信息化部副部长苗圩，农业部副部长高鸿宾，卫生部副部长陈啸宏，国家质检总局副局长蒲长城，国家食品药品监督管理局副局长边振甲，中国奶业协会常务副理事长兼秘书长魏克佳等领导出席会议。全国政协委员，行业协会，知名专家，企业家和奶农代表近 200 余人出席会议。全国政协汇集意见，形成政策建议上报国务院。

16 日 “承德三元晓雅乳业奶牛良种示范场”举行竣工投产剪彩庆典，该项目为京承合作重点项目。

18 日 杭州贝因美集团旗下的呼伦贝尔美丽健乳业集团在内蒙古鄂温克旗举行挂牌庆典仪式。

19 日 新华网报道 15 日，河北省藁城市人民政府与北京首都农业集团有限公司签署关于合作建设有机富硒奶源生产示范基地的框架协议。该项目具体建设由三元种业承担。

21 日 新疆生产建设兵团农十二师天润乳业生物制品有限公司投资 7440 万元人民币、占地 10 万平方米、年产 10 万吨鲜奶加工项目正式投产。

22 日 新华网报道 我国已完成乳品安全标准（征求意见稿），并于 10 月 21 日至 11 月 22 日面向社会公开征求意见。

25 日 中共中央政治局委员、中央书记处书记、中央组织部部长李源潮，在内蒙古自治区党委书记储波、自治区党委副书记任亚平、呼和浩特市委书记韩志然等的陪同下，到蒙牛乳业集团总部视察，中国蒙牛董事会主席牛根生、蒙牛乳业集团总裁杨文俊向视察团讲解了蒙牛目前的经营状况。

11 月

2 日 新华网报道 由科技部和加拿大农业与农业食品部联合举办的“中加奶牛、肉牛和食品加工与安全研讨会”在陕西咸阳市杨凌国际会展中心举行。参会代表由加拿大和中国的70余名科学家、企业家和政府官员组成。加拿大农业与农业食品部副部长马克福汀、中国科技部副部长张来武、陕西省副省长姚引良出席研讨会。

3 日 天津武清开发区管委会与伊利在开发区总公司举行伊利酸奶、奶酪华北生产基地项目投资协议签约仪式。项目总投资2亿元，占地15.3公顷。

4 日 网易财经报道 三元食品股份有限公司宣布，其母公司首都农业集团已经与河北国信资产运营有限公司签署协议，购买后者所持唐山三鹿等资产。至此，除君乐宝股份外，三鹿全部资产已悉数由三元接手。

4 日 中国奶业协会在陕西省畜牧技术推广总站举办全国第一次奶牛生产性能测定（DHI）实验室技术人员培训会。中国奶业协会副秘书长公维嘉、全国畜牧总站奶业处处长刘海良、陕西省畜牧技术推广总站站长郭庆宏出席了开幕式。全国18个奶牛生产性能测定实验室的30多名相关技术人员参加了培训。

9日 人民网报道 8日，成都菊乐乳业收购美国独资企业——四川奶奇乐乳业67%的股份，成为其控股股东，新公司一、二把手均由菊乐乳业的人担当。

9日 第5期全国奶牛标准化规范养殖师资培训班在乌鲁木齐市开班，新疆维吾尔自治区34个奶牛养殖大县和生产建设兵团6个师的畜牧局局长、畜牧工作站负责奶业技术工作的技术人员，部分地州市畜牧局局长、畜牧工作站和家畜改良工作站负责奶业技术工作的技术人员参加了培训。农业部奶业管理办公室邓荣臻副主任、国家“十五”、“十一五”奶业重大科技专项专家组组长张沅教授等专家为培训班作专题讲座。培训班于11日结束。

10 日 新奶业周刊报道 由加拿大亚达基因公司与艾格威畜牧技术服务有限公司投资建立的亚达—艾格威种公牛站，在河北省遵化市正式开业投入生产。农业部畜牧业司司长王智才，奶业管理办公室主任王俊勋，河北省政府副秘书长曹振国，遵化市副市长王久宗以及有关领导出席开业典礼。

11 日 三农在线报道 北京大北农集团牛羊饲料研究院成立暨宁夏大北农科技实业有限公司年产60万吨牛羊饲料科研生产基地，近日在宁夏贺兰德胜工业园区竣工投产。该项目总投资9000万元，分为两期建设，计划2012年整体竣工。

17 日 网易财经报道 三元食品股份有限公司宣布，已经通过非公开发行股票的形式，向母公司首都农业集团及北京企业（食品）有限公司，募集资金10亿元用于收购、整合三鹿资产及全国扩张战略。

19 日 2009年全国生鲜乳质量安全监测培训班在合肥举办。农业部奶业管理办公室王俊勋主任出席培训班开幕式并讲话。全国各质检机构负责人，北京、天津、上海、河北等14省、直辖市和新疆生产建设兵团、黑龙江农垦总局奶业主管处长100余人参加了培训班。

20 日 中国农业信息网报道 现代农业生产发展资金奶牛产业项目近日落户山东高青县。2009年奶牛产业项目总投资950万元，其中，中央支持资金210万元，省、市支持资金100万元，项目承建单位自筹资金640万元。项目主要建设内容包括奶牛饲养场基础设施改造与扩建、仪器设备配套、技术推广与无害化处理设施建设三大部分。于2010年8月全面完成。

25 日 新奶业周刊报道 以COFA公司总裁马蒂亚为团长的4位意大利专家在云南腾冲、大理举办了奶水牛遗传育种和奶酪加工技术的专题讲座和现场操作演示。腾冲、大理两地共有120多人参加此次培训活动，腾冲县畜牧局局长罗斌、副局长屈在久、大理州农业局局长王兆伟、畜牧局局长左新、大理州家畜繁育指导站站长赵家明分别主持培训班并在开班式上致辞。云南省家畜改良工作站副站长赵开典、省奶业协会秘书长黄艾祥、中地种业集团高工王兵参加了培训活动。

30 日 上海奶牛育种中心有限公司迁建项目正式开工。新地点位于上海世纪森林西侧（原燎原奶牛场旧址）。本迁建项目占地近6.67公顷，计划建设11200平方米建筑，包括生产用房、公牛舍、环保设施等，计划投资3000多万元（包括购置部分土地），设计存栏200头成年公牛，年产牛冻精400多万支。

12 月

2日 第七次“《中国奶业年鉴》全国特邀编辑座谈会”在云南腾冲县召开。中国奶协理事长刘成果、云南省农业厅巡视员李冀、云南省家畜改良工作站站长袁跃云、中国农业出版社副总编辑王本利等领导和《中国奶业年鉴》全国特邀编辑，及部分省、市以及省会城市和计划单列市的奶业主管部门、奶业协会领导等60多人参加了会议。会议由《中国奶业年鉴》编辑部主任豆明主持。

5 日 新华网报道 北京大兴区人民政府与首都农业集团签署两项战略合作协议，其中子公司三元食品将投资6.8亿元在大兴区瀛海镇投资兴建日处理鲜奶能力为1200吨的乳品工业园。

8日 新奶业周刊报道 中国奶业协会受农业部奶业管理办公室委托，组织召开重点乳品企业及奶业协会座谈会。中国奶业协会理事长刘成果、农业部奶业管理办公室主任王俊勋和蒙牛、伊利、光明、完达山、佳宝、三元、飞鹤、银桥、君乐宝、雀巢等重点企业负责人以及北京、上海、河北、内蒙古、黑龙江、辽宁等奶业协会负责人出席会议并参加讨论。中国奶业协会常务副理事长兼秘书长魏克佳主持会议。会议通过座谈交流，分析当前奶业形势，提出政策建议，进一步做好2010年奶业管理工作安排。

14日 皇氏乳业发布招股意向书，计划公开发行2700万股A股，发行后总股本为1.07亿股，并将在深交所中小板上市。本次募集资金拟投向液态奶深加工4.5万吨产能扩大、来宾年产2万吨液态奶加工、奶牛养殖示范推广、营销网络建设、研发中心扩建五个项目，投资总额为2.5亿元。10月14日，证监会发审委公布2009年第103次会议结果，广西皇氏甲天下乳业首发申请成功过会。

16日 中新网报道 15日，全国冷冻饮品标准化技术委员会成立大会暨第一次年会在内蒙古伊利集团如期举行。会议同期宣布：作为常设机构的标委会秘书处将正式落户伊利。这是我国冷饮业首次成立专门化的标准制定机构。国家标准化管理委员会、中国标准化研究院、内蒙古自治区政府相关领导出席了此次大会，伊利、蒙牛、祐康、天冰等知名企业也悉数到场。

16日 新奶业周刊报道 “2009国家奶牛产业技术体系工作总结会暨体系‘金钥匙工程’北京•天津培训班”16～18日在北京召开。中国奶业协会理事长刘成果、中国奶业协会常务副理事长兼秘书长魏克佳、农业部奶业管理办公室主任王俊勋、农业部畜牧业司行业发展处处长张智山，农业部全国畜牧总站奶业与畜产品加工处处长刘海良，中国农业大学副校长孙其信、教授冯仰廉出席开幕式。本次会议由农业部奶业管理办公室、国家奶牛产业技术体系、北京市农业局、天津市奶办主办，北京三元综合试验站、北京延庆综合试验站、天津武清综合试验站、天津北辰综合试验站承办。

18日 三元乳业在山东潍坊市召开新闻发布会并宣布，上海三元乳业有限公司山东分公司正式成立。

18日 广泽集团万头奶牛生态示范园项目正式投入运营，第一批3000头优质澳洲奶牛离开天津港隔离场，抵达广泽万头奶牛生态示范园。该项目总投资3.2亿元人民币，占地109万平方米。

20日 乳品行业峰会在博鳌召开，中国奶业协会、家乐福、沃尔玛、利乐等近2000位行业领袖和产业链巨头参与此次盛会，深入探讨了2009年乳品行业的调研结果以及乳业未来发展趋势。

26日 网易财经报道 25日，伊利集团宣布于天津武清区兴建酸奶、奶酪生产基地，日产200吨酸奶及20吨奶酪项目，总投资3.82亿元，投资回收期5年，预计建设期16个月。

31日 中国政府网报道 29日，农业部在京召开全国畜牧兽医工作会议，总结畜牧兽医发展成就和经验，研究部署2010年畜牧兽医工作重点。农业部部长韩长赋、副部长高鸿宾出席会议并讲话。

31日 上海市商务委员会同意光明乳业的第二大股东上实食品控股有限公司将其在该公司拥有的30.176%(计3.14亿股)股权连同相应的权利和义务转让给光明食品有限公司。上述股权转让后，公司将由原来的外商投资股份制公司变更为内资股份制公司。

2009年度农业部奶业管理办公室大事记

1月

5日 下发《农业部办公厅关于开展2009年生鲜乳收购站机械设备购置补贴工作的通知》(农办牧[2009]4号)，指导各地做好生鲜乳收购站机械设备补贴工作，提高挤奶机械化水平。

8日 下发《农业部关于开展2009年生鲜乳质量安全监测工作的通知》(农牧发[2009]1号)，依法加强生鲜乳质量安全监管。

19日 组织召开乳品企业奶源基地建设和奶站管理座谈会，交流乳品企业在奶源基地建设及奶站管理方面的经验和做法，研究讨论乳品企业在奶业整顿和振兴中的作用和应采取的措施。

2 月

11 日　畜牧业司奶办有关同志会见了恒天然商贸（上海）有限公司总经理和恒天然（中国）政府关系顾问，就国际奶粉市场形势、当前奶业发展情况等议题交换了意见。

13 日　参加卫生部监督局召开的乳制品不规范使用添加剂有关问题专家研讨会。

18 日　印发《农业部办公厅关于加强β-内酰胺酶等非食用物质监管的通知》，要求各级畜牧（奶业）管理部门依法加强生鲜乳质量安全监管，严厉打击生鲜乳中添加β-内酰胺酶等非食用物质的非法行为并指导各地加强对生鲜乳生产、收购的监测，维护奶业稳定生产。

23 日　召集 13 个奶牛主产省畜牧（奶业）主管部门有关人员，专题部署生鲜乳质量安全专项整治工作，研究打击生鲜乳中添加β-内酰胺酶等非食用物质的具体措施。

2～3 月　组织开展了 2009 年全国第一次生鲜乳质量安全监测，对北京等 29 个省、自治区、直辖市 2259 个生鲜乳收购站和 1114 台运输车 3373 批次生鲜乳样品的抽检结果显示，三聚氰胺含量全部符合临时管理限量值规定，合格率为 100%。

3 月

3 日　在北京组织对 19 家质检机构的技术人员进行生鲜乳中β-内酰胺酶检测方法的培训。

10～25 日　派出 6 个督导组分赴河北、山西、辽宁、江苏、安徽、山东、河南、湖北、湖南、重庆、陕西、宁夏 12 个省、自治区、直辖市开展了生鲜乳质量安全专项整治督导检查。

23 日　印发《生鲜乳收购站标准化管理技术规范》，指导各级畜牧兽医部门全面推进生鲜乳收购站标准化管理，严格执行生鲜乳收购准入制度。

31 日　农业部会同工信部等部门召开生鲜乳第三方检测制度研讨会，研究通过建立生鲜乳第三方检测制度。

28～29 日　在河北省石家庄市召开了全国生鲜乳收购站建设与管理现场会，进一步贯彻落实《奶业整顿和振兴规划纲要》，推进全国生鲜乳收购站规范化建设和标准化管理。

5 月

11 日　组织召开部分企业乳制品市场形势座谈会，了解当前我国乳制品市场销售和恢复状况，研究和制定对策。

5～6 月　组织开展全国生鲜乳收购站大检查，督促各地落实石家庄现场会精神，加快清理整顿工作进度。

6 月

9 日　在北京召开全国生鲜乳收购站大检查汇报会。

24 日　在北京召开全国第二次生鲜乳质量安全监测结果分析汇总会，对上半年生鲜乳质量安全监测情况进行总结，分析存在的问题，安排部署下一步工作。

7 月

7 日　派出 4 个督导组对山西、内蒙古、天津、山东、河北、黑龙江、广西、贵州等 8 个省、自治区、直辖市的奶牛良种补贴项目进行专项督查。

13 日　派出 5 个质检机构对内蒙古、辽宁、黑龙江、宁夏、山东 5 省、自治区实施生鲜乳质量安全飞行抽检，重点检测β-内酰胺酶、三聚氰胺、淀粉等违禁添加物质。

21 日　组织召开重点乳制品企业和部分省奶业协会负责人座谈会，交流讨论当前主要乳制品市场销售及恢复情况，总结上半年奶业发展形势并对下半年进行预测。

28 日　首次公布畜牧系统牛奶中三聚氰胺检测能力比对考核结果，全国共有 34 家质检机构参加了考核，33 家考核合格，1 家经补考合格。

7～9 月　组织在全国开展奶牛标准化规模养殖技术师资培训，按照《奶业整顿和振兴规划纲要》有关要求，进一步加强奶牛养殖技术培训与推广，加快推动奶牛养殖规模化、标准化发展水平，促进我国奶业向整体优化、提高素质方向转变。

8 月

13 日　王智才司长代表农业部畜牧业司与瑞典驻华大使馆、北京首都农业集团及瑞典利乐拉伐集团签署合作备忘录，实施规模化牧场高级培训计划。

9月

1日 公布2009年第二次生鲜乳质量安全飞行抽检结果，通报检出β-内酰胺酶生鲜乳收购站名单。

3日 下发《关于加强重点地区生鲜乳质量安全监管工作的通知》，要求有关省市针对农业部飞行抽检结果，强化生鲜乳质量安全日常监管，加大重点地区隐患排查力度，严厉查处违禁添加行为，确保生鲜乳质量安全。

5～12 日 对北京、天津、河北、内蒙古、河南 5 省、自治区、直辖市开展 2009 年第三次生鲜乳质量安全飞行抽检。

下旬 第三次生鲜乳质量安全飞行抽检结果显示，三聚氰胺含量全部符合临时管理限量值规定。

10月

13 日 派出督导组赴宁夏回族自治区，就互联网报道“宁夏出现黑奶站”一事进行调查，并指导地方依法严肃治理生鲜乳收购站市场秩序。

15 日 由全国政协人口环境资源委员会联合发展改革委、农业部等多个部委在京举行“中国奶业振兴态势分析会”。

中下旬 组织开展全国生鲜乳收购站清理整顿工作督查，围绕生鲜乳收购许可证核发、生鲜乳收购站标准化管理和日常监管等内容在全国 12 个省、自治区、直辖市开展督查工作。

10月末 印发《关于加快推进生鲜乳收购站清理整顿工作的通知》，要求各地加快生鲜乳收购站清理整顿工作，加强生鲜乳收购站标准化管理，维护生鲜乳正常收购秩序，保证生鲜乳收购站清理整顿目标按时完成。

11月

3～13 日 组织开展的全国生鲜乳收购站清理整顿工作督查活动圆满结束。此次督查围绕生鲜乳收购许可证核发、生鲜乳收购站标准化管理和日常监管等内容在全国 12 个省、自治区、直辖市开展，其他省份按照部署进行了全面自查与总结。

19～20 日 在安徽省合肥市组织召开“全国生鲜乳质量安全监测培训班暨部分省奶业主管处长座谈会”。王俊勋主任参会并讲话。

12月

4 日 针对一些地区乳企争抢奶源的现象重新抬头，个别被取缔关停的非法奶站出现反弹等情况，农业部紧急发电（农明字[2009]131 号）要求各地进一步加强生鲜乳收购站监督管理，巩固生鲜乳收购站清理整顿工作阶段性成果，保障人民群众饮奶安全。

8 日 与中国奶业协会在京召开了重点乳品企业和部分奶业协会座谈会。分析当前奶业发展形势和问题，研究促进奶业发展的对策和措施。王俊勋主任参会并讲话。

12 日 “生鲜乳质量安全研讨会暨 2010 年生鲜乳飞行抽检培训会”在京举行，会议就国内外生鲜乳第三方检测制度和生鲜乳质量安全监测体系进行了交流讨论，对生鲜乳质量安全和飞行抽检工作进行了专题研究。

22 日 “重点奶业机械企业座谈会”在京召开，会议就奶业机械购置补贴政策、奶业发展形势、奶业机械企业生产销售及执行补贴项目中存在的问题等内容进行了深入交流和讨论。王俊勋主任出席并讲话。

2009 年中国奶业协会大事记

1月

10～11 日 农业部农业机械试验鉴定总站在上海召开挤奶机械和贮奶（冷藏）罐选型鉴定质量分析会暨中国奶协养殖工程与机械专业委员会一届二次会议。

19 日 中国奶业协会在京召开乳品企业奶源基地建设和奶站管理座谈会。伊利、蒙牛、三元、光明、雀巢、完达山、银桥、飞鹤等大型乳品企业和部分省区奶业协会负责人参加座谈会。中国奶业协会刘成果理事长、农业部畜牧业司王智才司长、陈伟生副司长等出席座谈会。会议由中国奶协常务副理事长兼秘书长魏克佳主持。

2月

15 日 中国奶业发展史课题研讨会在广州市召开，编写奶业发展史的母课题及子课题主要负责人共 22 人参加。会议由中国奶业协会常务副理事长兼秘书长魏克佳主持，中国奶业协会副理事长许世卫介绍了整个发展史编写历程情况。该课题已在农业部软科学委员会立项。

3 月

12 日 中国奶业协会召开乳制品企业行业自律座谈会。伊利、蒙牛、光明、三元、完达山、卫岗、银桥、新希望、雀巢、飞鹤等 10 个乳品企业和内蒙古、黑龙江、北京、河北、辽宁等 5 个省、自治区、直辖市奶业协会的负责人应邀出席会议。

20 日 中国奶农培训计划第十一期培训班暨奶农学校奶农养殖技术培训班在大庆市举办。

27 日 全国奶牛生产性能测定补贴项目交流与技术培训班在河南举办。由中国奶业协会、全国畜牧总站共同主办，河南省奶牛生产性能测定中心承办。中国奶业协会常务副理事长兼秘书长魏克佳、中国奶业协会副理事长张沅、河南省畜牧局副局长冯卫民、全国畜牧总站奶业与畜产品加工处处长刘海良、中国奶业协会副秘书长公维嘉等出席开班仪式，全国 17 个项目省、自治区、直辖市的测定单位代表以及部分项目省、自治区、直辖市畜牧主管部门的同志参加此次培训活动。

4 月

23 日 中国奶业发展史第二次专题会议在北京召开。会议由中国奶业协会常务副理事长兼秘书长魏克佳主持，发展史母课题及各子课题负责人及有关人员参加了会议。刘成果理事长做了“写好中国奶业发展史是我们的责任”的重要讲话，就撰写奶业发展史时代背景、重要意义、标准和要求及结构设计等内容进行了阐述。

5 月

30 日 中国奶业协会 2009 年会在杭州召开。同期举办第七届中国国际奶业展览会暨高层论坛，开展乳制品市场促销活动。本次会议主题是“树立消费信心 振兴民族奶业”。农业部副部长高鸿宾出席大会并做重要讲话，刘成果理事长作了“增强信心，共克时艰，振兴民族奶业”的主题报告。会议 6 月 1 日结束。

6 月

10 日 中国奶业发展史专题会议召开。中国奶业发展史课题组在北京圆山大酒店组织召开。会议由中国奶协常务副理事长兼秘书长魏克佳主持，各母课题及子课题负责人出席会议。中国奶业协会刘成果理事长在总结中强调，各子课题组的负责人要有紧迫感和责任感，保证按计划完成编写任务。

16 日 海峡两岸奶业研讨会在台北市召开。会议由两岸奶业行业协会共同主办，以中国奶协常务副理事长兼秘书长魏克佳为团长的奶业代表团一行 16 人参加了研讨会，并参加了两岸奶业协会举办的经贸洽谈会，了解奶业管理部门的工作职能和农业合作组织的运作模式。

23～25 日 第四次全国奶牛生产性能测定技术培训班在新疆乌鲁木齐市举办。中国奶业协会理事长刘成果、农业部奶业管理办公室主任王俊勋、新疆维吾尔自治区畜牧厅厅长胡拜都拉•哈赛因出席培训班并讲话，开班仪式由全国畜牧总站副站长郑友民主持。全国 18 个省、自治区、直辖市的奶牛生产性能测定中心技术管理人员和畜牧行政主管部门负责人，新疆生产建设兵团部分奶牛场负责人和技术员，以及新闻媒体记者等 230 多人参加了此次培训班。

7 月

17 日 新西兰驻华大使拜会中国奶业协会。新西兰驻华大使伍开文先生在新西兰驻华农业参赞安胜牧的陪同下拜会了中国奶业协会。中国奶业协会常务副理事长兼秘书长魏克佳接见了来访的新西兰贵宾，陪同接待的有中国奶业协会办公室副主任李栋、中国奶业协会信息网经理邵明君、中国奶牛杂志副主编杨秀文。新西兰大使介绍了新西兰奶业发展的情况，伍开文先生表示新西兰政府对奶业十分重视，中新两国乳制品贸易与合作已有一定的基础。

9 日 “中国奶农培训计划”第十四期奶农培训班在沈阳开班。辽宁省奶牛养殖重点地区的奶牛养殖户（场）、奶业相关企事业单位 200 多人参加了培训班。中国奶业协会常务副理事长兼秘书长魏克佳、辽宁省奶业协会理事长林仁堂、辽宁省奶业协会秘书长卢戈川、辽宁省畜牧局总畜牧师李铭兴、鞍山市畜牧局局长李殿英等领导出席开班仪式并讲话。

21 日 乳制品市场形势座谈会在京召开。伊利、蒙牛等 12 家乳品企业和北京、上海、河北、内蒙古、黑龙江、辽宁、宁夏等 7 省、自治区、直辖市奶业协会的负责人应邀参加会议。农业部奶业管理办公室王俊勋主任、马莹副主任、邓荣臻副主任出席座谈会。会议由中国奶业协会常务副理事长兼秘书长魏克佳主持。

8 月

27 日 全国重点乳品加工企业信息监测会议在天津市召开。农业部畜牧业司、中国奶业协会、天津市奶业办公室、地方奶业协会的领导以及乳品加工企业信息监测代表共 30 多人参会。中国奶业协会常务副理事长兼秘书长魏克佳主持会议并做重要讲话，天津市奶业协会秘书长刘壮致开幕词，农业部畜牧业司辛国昌处长发表讲话，中国奶业协会副秘书长公维嘉就 2008—2009 年度监测工作做了总结性报告。

9 月

1～2 日 中国奶业振兴调研活动在北京开展，全国政协人口资源环境委员会联合中国奶业协会进行了奶业振兴调研活动。调研组由全国政协人口资源环境委员会副主任、解放军原副总参谋长张黎担任组长，中国奶业协会理事长、全国政协人口资源环境委员会原副主任刘成果担任副组长。调研组一行 21 人先后走访了三元食品第一乳品加工厂、三元绿荷第一牧场和蒙牛北京通州加工厂，并召开座谈会听取企业的工作汇报。

10 月

15～16 日 中国奶业振兴态势分析会在京召开。大会主题是“贯彻落实奶业振兴规划纲要，推进奶业转型升级”。国家发改委、工信部、农业部、卫生部、国家质检总局、国家食品药品监督管理局等国务院奶业相关部门领导，业界全国政协委员、行业协会代表、知名专家学者、企业家和奶农代表 300 余人出席了会议。

19～20 日 中国奶农培训计划第十八期培训班在四川成都举办。培训班由四川省奶业协会协力，《中国奶牛》编辑部承办，利乐公司和北京四方畜牧科技发展有限公司支持。开班仪式由四川省农业厅农场管理局副局长雷茂民主持，中国奶协理事长刘成果、中国奶业协会常务副理事长兼秘书长魏克佳、国家奶牛产业技术体系首席科学家李胜利、四川省农业厅农垦局局长兼四川省奶业协会理事长马继良在开班仪式上致辞。参加培训的学员主要是四川当地各大中型奶牛场负责人和技术人员。

11 月

3～4 日 全国奶牛生产性能测定实验室技术培训班在陕西召开。培训班由中国奶业协会和全国畜牧总站共同主办，专程聘请加拿大 VALACTA DHI 实验室主任 Brian Corrigan 先生和丹麦 FOSS 公司的中国公司技术总监丁仁杰先生，针对国内奶牛生产性能测定实验室技术水平进行了培训，同时对国外成功经验和先进技术进行详细介绍和示范操作。北京、天津、上海、河南、山东、黑龙江等 16 个项目区的 35 名学员参加了培训。全国畜牧总站奶业与畜产品加工处刘海良处长、中国奶业协会公维嘉副秘书长、陕西省畜牧技术推广总站郭庆宏站长、童建军副站长参加开幕式，会议由刘海良处长主持。

7～8 日 中国奶业发展史第四次专题会议在北京召开。研究讨论各课题组已经撰写完成的内容，并就撰写过程中遇到的问题进行交流，提出解决建议。会议由中国奶业协会常务副理事长兼秘书长魏克佳主持，各母课题及子课题负责人出席会议。

12 月

8 日 中国奶业协会召开重点副理事长、常务理事单位座谈会。蒙牛、伊利、光明、完达山等 10 家企业和北京、上海、河北等 6 个省、自治区、直辖市奶业协会会员单位领导应邀参加会议。中国奶业协会刘成果理事长，徐定人、许世卫副理事长，农业部奶业管理办公室领导同志出席会议。会议由中国奶业协会常务副理事长兼秘书长魏克佳主持。刘成果理事长作了会议总结。

8 日 重点乳品企业及奶业协会座谈会在京召开。蒙牛、伊利等 10 家乳品加工企业和北京、上海、河北、内蒙古、黑龙江、辽宁等 6 个省、自治区、直辖市奶业协会的负责同志应邀参加会议。中国奶业协会刘成果理事长，徐定人、许世卫副理事长，农业部奶业管理办公室王俊勋主任、王锋副主任、马莹副主任等领导出席座谈会。会议由中国奶业协会常务副理事长兼秘书长魏克佳主持。中国奶业协会刘成果理事长作总结讲话。

22 日 重点奶业机械企业座谈会在北京召开。21 家奶机企业的 50 余名代表应邀参加，中国奶业协会刘成果理事长、农业部奶业管理办公室王俊勋主任、邓荣臻副主任、农业部农业机械试验鉴定总站刘敏站长、李伟处长出席座谈会。会议由中国奶业协会常务副理事长兼秘书长魏克佳主持。王俊勋主任介绍了我国奶业发展规划、目标和有关政策措施。刘敏站长就企业政策的有关问题进行了集中解答。刘成果理事长作总结讲话。

23 日 “中国奶农培训计划”第二十期培训班在广州举办。该班由中国奶业协会主办，广东省奶业协会承办，利乐公司、广州迈高（科技）有限公司、中牧实业股份有限公司、奥耐尔饲料有限责任公司、北京东石联合贸易有限公司、《中国奶牛》杂志联合协办。广东和海南两省的奶牛养殖企业及相关行业的学员参加了培训。

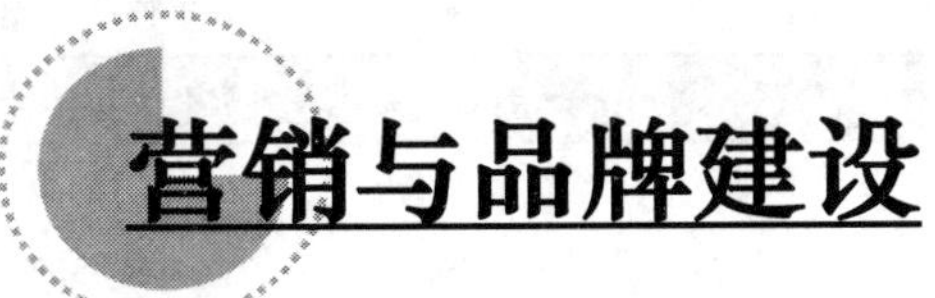

营销与品牌建设

2009 年在商标管理案件中认定的乳品行业驰名商标

商标	注册人/所有人	类别及使用商品/服务
三元 SANYUAN 及图	北京三元食品股份有限公司	第 29 类：消毒牛奶、酸牛奶

认定机构：国家工商总局商标局。

2009《中国 500 最具价值品牌》排行榜中主营或兼营奶业品牌

品牌名称	排名	品牌拥有机构	品牌价值（亿元）	主营行业
伊利	41	内蒙古伊利实业集团股份有限公司	205.45	食品、饮料
新希望	62	四川新希望集团有限公司	107.90	饲料
超大	84	福州超大现代农业发展有限公司	80.73	农业
娃哈哈	157	杭州娃哈哈集团有限公司	52.10	食品、饮料
雅士利	211	广东雅士利集团有限公司	40.10	食品、饮料
汇源	265	北京汇源饮料食品集团有限公司	31.26	食品、饮料
完达山	234	黑龙江省完达山乳业股份有限公司	35.02	食品、饮料
三元	184	北京首都农业集团有限公司	44.82	食品、饮料
光明	362	光明乳业股份有限公司	19.13	食品、饮料
维维	396	维维食品饮料股份有限公司	15.67	食品、饮料
摇篮	425	黑龙江摇篮乳业股份有限公司	14.16	食品、饮料
圣元	483	青岛圣元乳业股份有限公司	9.94	食品、饮料
旺旺	478	旺旺集团有限公司	10.18	食品、饮料

注：世界品牌实验室独家编制；发布时间为 2009 年 6 月 16 日。

2009 年中国企业 500 强中的乳业企业

单位：万元

排名	去年排名	企业名称	地区	销售收入	乳业收入
117	95	光明食品(集团)有限公司	上 海	4822230	
131	186	四川新希望集团有限公司	四 川	4469679	123867
241	225	内蒙古蒙牛乳业（集团）股份有限公司	内蒙古	2379661	2386498
257	248	内蒙古伊利实业集团股份有限公司	内蒙古	2165895	2099533
482	437	维维集团股份有限公司	江 苏	1096263	95279

注：由中国企业联合会和中国企业家协会评选；公布时间 2009 年 9 月 5 日；销售收入为 2008 年销售收入。

2009年中国制造业500强中的乳业企业

单位：万元

排名	去年排名	企业名称	地区	销售收入	乳业收入
52	41	光明食品(集团)有限公司	上　海	4822230	
62	96	四川新希望集团有限公司	四　川	4469679	123867
127	119	内蒙古蒙牛乳业（集团）股份有限公司	内蒙古	2379661	2386498
135	132	内蒙古伊利实业集团股份有限公司	内蒙古	2165895	2099533
281	253	维维集团股份有限公司	江　苏	1096263	95279

注：由中国企业联合会和中国企业家协会评选；公布时间2009年9月5日；销售收入为2008年销售收入。

2009年获得中国有机食品认证的乳制品（一）

企业名称	获证产品	证书号	颁证机构
达茂联合旗养牛服务中心	牛/鲜牛奶	CHC-NMG-ZS2009025	五岳华夏
内蒙古昌原农牧科技公司	奶牛精补料	02809010051R0S	中安质环
黑龙江兴安岭乳业	奶牛、青贮玉米、婴儿配方奶粉、较大婴儿配方奶粉	00709010040R1S	广东中鉴认证
泰山安康生态乳业	青贮玉米、甜高粱、紫花苜蓿、奶牛、巴氏奶	00209010013R0M	方圆认证
伊犁中洲伊源生物公司	全脂牛乳粉、脱脂牛乳粉和酸牛乳	CQM09010009R0M	方圆认证
宽城佳禾畜牧	牛奶、奶牛(原奶)	106090F0265R0M	五洲恒通
丰宁银河生态农业公司	奶牛、牛奶（原奶）	106090F0401R1M	五洲恒通
承德天添乳业	奶牛、牛奶	106090F0234R0M	五洲恒通
丰宁三缘牧业	奶牛、牛奶（原奶）	106090F0013R0M	五洲恒通
丰宁三缘牧业	奶牛、牛奶（原奶）	106090F0567R1M	五洲恒通
山东银香伟业	纯牛奶、犊牛肉、全株玉米（不外销）、黑麦草（不外销）、紫花苜蓿（不外销）、动物多肽、肽乳、奶牛（不外销）、牛犊（不外销）、植物多肽	106090F0442R4L	五洲恒通
承德亿星乳业	奶牛、牛奶(原奶)	106090F0201R0S	五洲恒通
中兴农牧	奶牛、牛奶（原奶）	106090F0024R1M	五洲恒通
山西五台山奶牛养殖公司	奶牛、牛奶（原奶）	106090F0068R0M	五洲恒通
内蒙古北疆三和生物公司	奶牛、牛奶	106090F0102R0M	五洲恒通
邹城市犇奔养殖公司	生鲜牛乳（原奶）	106090F0464R0S	五洲恒通
邹城市牧兴奶牛合作社	奶牛	106090F0754R0S	五洲恒通
福成五丰燕郊奶牛养殖公司	奶牛（生鲜乳）	CQC-OP-502001-0208	中国质量认证
福成五丰燕郊乳制品分公司	纯牛奶	CQC-OP-503001-0209	中国质量认证
福成五丰燕郊奶牛养殖公司	全株玉米	CQC-OP-501001-0459	中国质量认证
石家庄市恒达牧业	玉米/玉米青贮/大麦青贮	CQC-CP-501001-0474	中国质量认证
石家庄市恒达牧业	奶牛（生鲜乳）	CQC-OP-502001-0475	中国质量认证
哈尔滨惠佳贝	奶牛（生鲜乳）	CQC-CP-502001-0464	中国质量认证
哈尔滨惠佳贝	婴儿配方奶粉	CQC-CP-503001-0465	中国质量认证
北京兴利鹏奶牛养殖中心	青贮玉米/苜蓿/羊草	CQC-OP-501001-0241	中国质量认证

（续）

企业名称	获证产品	证书号	颁证机构
北京兴利鹏奶牛养殖中心	奶牛（生鲜乳）	CQC-OP-50201-0244	中国质量认证
北京归原生态农业公司	纯酸牛奶/酸牛奶/牛奶/低脂牛奶/全脂酸牛奶/低脂酸牛奶	CQC-OP-503001-0245	中国质量认证
芬兰维利奥	牛奶	COFCC-R-0609-0133	中绿华夏
芬兰维利奥	芬兰含盐奶油、芬兰无盐奶油、全脂奶粉、脱盐乳清粉（低盐甜乳清粉，Demi40, Demi50, Demi70, Demi90）、脱脂奶粉、工业大黄油、工业发酵大黄油、无乳糖脱脂奶粉、低乳糖脱脂奶粉	COFCC-R-0609-0134	中绿华夏
澳优乳品	婴儿配方奶粉、较大婴儿配方奶粉、幼儿配方奶粉	COFCC-R-0908-0160	中绿华夏
得益乳业	产奶牛、干奶牛、育成牛、犊牛、原料奶	OF-3104-937-1062	南京国环
得益乳业	鲜牛奶、酸牛奶	OP-2907-937-1062	南京国环
伊利集团	奶牛、生鲜奶	OF-3104-915-558	南京国环
伊利集团	有机奶	OP-2907-915-558	南京国环
伊利集团	全脂奶粉、脱脂奶粉、婴儿奶粉、较大婴儿奶粉、幼儿奶粉	OP-2907-915-558	南京国环
伊利集团	犊牛精补料、育成奶牛精补料、围产奶牛精补料、干乳奶牛精补料	OP-3108-915-558	南京国环

注：有些证书包含与奶业无关的认证产品，在此不一一列出。

2009年获得中国有机食品认证的乳制品（二）

企业名称	获证产品	证书号	颁证机构	基地
蒙牛乳业	生鲜牛乳	15/0901339R00	杭州万泰	长岭县绿源奶牛合作社、科左中旗富达奶牛场、长春晨光牧业、沈阳金秋实牧业
蒙牛乳业	生鲜牛乳	15/0901499R00	杭州万泰	鞍山顺鑫畜牧业公司、吉林农大养殖场、通辽金山种业养殖场、通辽三顺乳泉养殖场
蒙牛乳业	生鲜牛乳、苜蓿、饲料玉米、小麦、青贮玉米	15/0901308R10	杭州万泰	陕西建兴奶牛繁育公司奶牛场和先锋村种植基地
盘锦金昌畜牧	生鲜牛乳	15/0901345R00	杭州万泰	金昌奶牛养殖基地
大连盛大牧业	生鲜牛乳	15/0901356R00	杭州万泰	盛大牧场
大连裕源牧业		15/0901390R00	杭州万泰	裕源牧业奶牛养殖基地
河南佳源乳业	灭菌乳	15/0901588R00	杭州万泰	佳源养殖公司
江苏春晖乳业	牛奶(娟珊纯优牛奶)	15/0901297R10	杭州万泰	雪堰雅浦基地、武进区基地
河北三元	全脂灭菌纯牛乳	15/0901442R00	杭州万泰	

奶业资本市场

乳业上市公司

表 21-1 2009 年主营乳业的上市公司

单位：亿元

公司名称	上市地点	销售额	净利润
中国蒙牛乳业有限公司	中国香港	257.10	11.16
内蒙古伊利实业集团股份有限公司	上　海	243.24	6.65
光明乳业股份有限公司	上　海	79.43	1.22
北京三元食品股份有限公司	上　海	23.80	-1.36
青岛圣元乳业有限公司	美　国	19.27	-3.49
黑龙江飞鹤乳业有限公司	美　国	18.51	1.34
中国乳业集团（西安银桥）	新加坡	17.53	0.41
澳优乳业股份有限公司	中国香港	6.24	0.71
黑龙江兴安岭乳业有限公司	美　国	3.06	0.29
广西皇氏甲天下乳业股份有限公司	深　圳	3.05	0.46

注：数据来自企业的年报；1$=6.83RMB，1S$=4.893RMB，下同。

表 21-2 2009 年兼营乳业的上市公司

单位：亿元

公司名称	上市地点	乳品销售额
四川新希望农业股份有限公司	深圳	13.86
徐州维维食品饮料股份有限公司	上海	8.36
哈尔滨工大高新技术产业开发股份有限公司（黑乳集团）	上海	未公布
新疆塔里木农业综合开发股份有限公司	上海	1.14
河北福成五丰食品股份有限公司	上海	0.37
湖南金健米业股份有限公司	上海	0.34

表 21-3 2009 年海外上市公司

单位：亿元

公司名称	上市地点	销售额	净利润
中国蒙牛乳业有限公司	中国香港	257.10	11.16
青岛圣元乳业有限公司	美　国	19.27	-3.49
黑龙江飞鹤乳业有限公司	美　国	18.51	1.34
中国乳业集团（西安银桥）	新加坡	17.53	0.41
澳优乳业股份有限公司	中国香港	6.24	0.71
黑龙江兴安岭乳业有限公司	美　国	3.06	0.29

全国乳业企业新建、扩建项目

表 21-4　各地乳品企业 2009 年新建项目

单位：万元；吨/日

省份	项目名称	投资	日处理	主要产品
天津	伊利奶粉分装项目	30 000	123.3	奶粉
河北	永盛乳业高档酸奶项目	18 000	750	酸奶
黑龙江	大庆乳品厂制粉车间建设	3 764	300	奶粉
	金天然鲜奶加工项目	14 000	300	全脂奶粉、全脂加糖奶粉
山东	山东省农业科学院奶酪加工车间	30	10	奶酪
	山东省农业科学院玻璃瓶装产品	60	10	巴氏奶、酸奶
河南	新乡原阳三元乳业	15 000	500	UHT 奶、酸奶、饮料
湖南	阳光大瓶装常温奶生产线	120	20	风味乳饮料
四川	蒙牛眉山液态奶项目	32 000	300	纯牛奶、酸酸乳、早餐奶
	成都光明		65	纯牛奶、酸奶
云南	前进婴幼儿奶粉自动包装机	35	20	婴幼儿配方奶粉
	龙腾生物乳业奶粉生产线	2 500	120	淡奶粉
	来思尔 UHT 奶利乐枕生产线	452	16	利乐装系列产品
宁夏	亿美酪蛋白磷酸钠喷粉塔	3 000	200	酪蛋白磷酸钠
	金河浓缩牛乳蛋白粉项目	30 926	40	牛乳蛋白粉、奶油、奶牛饲料营养粉

数据来源：各地奶业协会

表 21-5　各地乳品企业 2009 年扩建项目

单位：万元；吨/日

省份	项目名称	投资	原处理能力	新增处理能力	主要产品
河北	长城乳业加工厂搬迁	3 000	100	200	液态奶、乳饮料、奶粉
山西	田仁乳业二期工程	7 400	200	400	奶粉、酸奶
	阳曲瑞美乳业公司	300	4		巴氏奶、酸奶
吉林	广泽 30 万吨加工项目	59 000	200	800	酸奶
	金财 5 万吨加工项目	5 000	100	120	酸奶
	新高 10 万吨加工项目	1.2	200		酸奶
黑龙江	贝因美二期工程	40 000	300	200	配方奶粉
上海	花冠奶粉车间生产线	200	10	15	婴幼儿奶粉(袋装)
	光明片装奶酪生产	200	8	4	片装奶酪
	光明（奶酪黄油）玛索碎	500	2	10	玛索碎系列
江苏	卫岗乳品技改	1 000	12	1	酸奶
	云兰奶业液态奶生产线	1 500	20	30	巴氏奶、酸奶、UHT 奶
	练湖乳品车间及设备	1 000	15	60	巴氏奶、酸奶、乳饮料
	马洲乳业巴氏奶技改	40	48	54	巴氏奶
	太子乳业新建生产厂房	450	30	100	学生奶
	太子乳业添新加工设备	350	30	100	
江西	阳光乳业升级改造项目	11 139	300	200	液态奶
山东	瑞旺食品炼乳生产线	1 000	80	0	甜炼乳
	天甫牧业乳品加工	800	20	20	液体奶
河南	平顶山伊利酸奶生产线	10 000	300	200	酸奶
湖南	亚华奶粉干混灌装项目	16 800	55	80	婴儿、成人配方奶粉

（续）

省份	项目名称	投资	原处理能力	新增处理能力	主要产品
重庆	阳光乳业八联杯卷膜线	30		20	巴氏奶
	天友新鲜杯技改扩能	250	20	20.5	巴氏奶
	光大乳业二期工程	11 000	20	60	
四川	康馨无菌灌装生产线	265	10	22	UHT 奶
	奶奇乐制冷系统扩建	20	50	40	酸奶、纯奶
	菊乐温江乳品厂扩建	20 000	300	500	纯牛奶、乳饮料、酸奶
	成都伊利液奶技术改造	3 802	240		优酸乳
云南	前进乳业液体包装机	30	20	60	液态奶
	前进乳业奶粉线技改	145	15	35	奶粉
	来思尔酸奶玻璃瓶生产线	180	1.5	2	瓶装酸奶
	银河乳业奶酪加工车间	800	120	50	奶酪
甘肃	庄园乳业百利包生产线	2 500	100		纯牛奶、果料奶
青海	天露学生奶加工项目	1 370	50	67	UHT 奶、酸奶
宁夏	民和乳制品加工	930	70	40	奶粉、乳饮料
	小西牛乳业酸奶项目	100	40	40	酸奶
	好朋友乳品饮料厂	200	15	30	酸奶
	亿美药用乳糖生产线	3 000	200	300	药用乳糖
	维维北塔乳业婴儿奶粉	500	200	20	婴儿配方奶粉
	金河奶酪项目	3 442	100	200	新鲜奶酪
	北方乳业玻璃瓶装产品	1 500	100	50	巴氏奶、酸奶
	黄河乳业婴儿奶粉项目	3 200	50	150	婴儿配方奶粉

数据来源：各地奶业协会

奶业行业人物

年度人物

2009 年度十大华人经济领袖 2009 年度亚太杰出商业领袖

潘 刚

伊利集团董事长，男，1970 年出生于内蒙古，1992 年 7 月从内蒙古农业大学毕业后进入伊利集团，中共党员，中欧工商管理学院 EMBA。2002 年 7 月任伊利集团总裁兼液态奶事业部总经理，时为中国 520 家重点工业企业最年轻的总裁；2005 年 6 月股东大会上，得到流通股代表的全票支持，当选为董事，进而全票当选为伊利集团董事长并连任至今。

中国乳业现代化发展奠基人之一，最早在中国乳品行业提出“科技创新本土化”理念，并长期致力于改善中国人的乳制品饮用习惯，被誉为中国“液态奶第一人”。

2004 年底，接连发生的“独董风波”与“高管事件”给伊利集团带来了前所未有的困难和挑战。2005 年，年仅 35 岁的潘刚临危受命，就任伊利总裁，被寄以率领公司化危为机的厚望。就任后，潘刚展示了其卓越的经营领导能力，以其特有的稳健缜密风格，全面推行精确管理，加大资源整合力度，强化信息披露透明制度，高度重视赢利能力，主动承担社会责任，迅速增强了公司员工、投资者与舆论的向心力；率领伊利集团在 2005 年第一季度、第二季度和第三季度连续创造了中国乳业历史最佳经营业绩，前三季度销售收入已经超越 2004 年全年水平，赢利能力大幅提升，同时使得伊利“牛奶专家”的形象更加突出；而其主持通过的一揽子十多亿元的投资计划更是令业内外惊叹不已，被形象地称为“将会释放核弹一般的产销能量”。

从 2005 到 2007 年，伊利集团仅用两年时间，就完成了国内乳品企业主营产品收入第一个从“百亿级”到“两百亿级”的跨越，以持续的领先优势稳居中国乳业的龙头地位，引领着整个中国乳业的可持续发展。

2008 年“乳业风波”爆发，整个中国乳业面临着严峻的信任危机，在整个乳品行业陷入发展困境的灰暗背景下，潘刚敏锐决断，率领全体伊利人团结一致，凭借稳妥的应对、实干的态度，赢得消费者的信赖。2009 年，伊利在引领全行业快速走出行业风暴之后，大赢收官，继续走在行业前列。伊利集团的品牌价值至 2010 年逼近 300 亿，以绝对优势第 7 次蝉联乳品行业第一。

因其卓越的领袖才能和独特的个人魅力，潘刚得到了广大消费者的高度肯定和认可。2003 年当选内蒙古“十大杰出青年”，2004 年获得中国“五四”青年奖章，2005 年，潘刚当选 CCTV 中国经济年度人物达沃斯世界经济论坛“全球青年领袖(The Young Global Leader)”，另外，还先后当选“2005 年度中国十大优秀品牌领袖”、“2005 年度中国十大营销人物”、“2009 年度十大华人经济领袖”、“2009 年度亚太杰出商业领袖”。

2007—2009 年度上海市劳动模范

郭本恒

2010 年 4 月，在上海市劳动模范，先进工作者表彰暨纪念“五一”国际劳动节大会上，光明乳业郭本恒作为对中国乳业有突出贡献，在中国乳业有卓越的地位和声誉的企业家，上海市先进模范典型，荣膺 2007—2009 年度上海市劳动模范称号。此称号是上海市政府为树立榜样，弘扬正气而进行的每三年评选一次的对市先进典型的嘉奖和肯定，尤其受到上海市政府的高度重视。

郭本恒，高级工程师，食品学博士、教授。男，1963 年 8 月 16 日 出生于吉林，毕业于东北农业大学食品系，于 1996 年加盟光明乳业。曾获全国星火计划带头人标兵、上海市青年星火带头人标兵、上海科技创业领军人物、上海市科技精英提名奖、中国乳品十大科技人物、2007 年度上海市十大青年经济人物、改革开放 30 年中国乳业突出贡献人物等荣誉称号。

2007 年郭本恒担任光明股份有限公司 CEO，有股东说：“感觉在竞争激烈的市场上出现了一匹北方的狼”。他在光明乳业的 11 年间，最初担任新产品开发部经理，其后出任生产技术总监、技术中心总经理、技术管理委员会主任， 2006 年 8 月升任公司 COO，2007 年出任光明乳业股份有限公司总裁，兼任上海市食品学会副理事长，中国畜产品加工学会副理事长，中国食品技术学会理事，同时兼任江南大学、上海海洋大学教授和博士生导师，博士后流动站站长等。

在郭本恒总裁的带领下，光明乳业2007年1月，被国家商务部评为06年度中国最具市场竞争力品牌。同年9月，被卫生部、农业部、公安部、国家工商总局、国家食品药品监督管理局等联合授予“中国食品安全十强企业”称号，是中国液态奶企业中唯一获得此称号的企业。2007年10月通过上海市质量金奖评审组的复评，再次荣获“上海市质量金奖”。2009年光明乳业在整体增长方面，已全面实现从恢复到增长；在品类方面，坚持做强新鲜，突破常温，出击奶粉的战略方针。2010年是光明“冲刺百亿、实现腾飞”的关键之年，过去三年郭本恒带领光明跨越“复苏—成长—腾飞”三阶段，以千分标准为利器，不断深化“奶源革命”、“工厂革命”以及“管理革命”，坚持以科技为核心竞争力，坚持“用良心造好奶”，坚持为达成2010年登顶百亿的市场目标，为推进下一个三年战略、实现远景目标奠定扎实的根基。

专　　家

刘元明

高级工程师，男，1948年8月5日出生于四川省乐山市，中专文化，机械制造专业，中国制冷学会四川省专业委员，国内液氮生物容器资深专家。现任乐山市东亚机电工贸有限公司法人、总经理，东亚牌液氮容器的创始人。人生格言：“干到老，学到老”。

对奶业发展主要贡献：20世纪70年代中期开始，在四川某国有大型企业开始从事液氮生物容器的产品设计、制造工艺和企业管理工作。对液氮容器情有独钟，尤其对高真空多层绝热结构很有研究，在产品绝热结构和制造工艺上均有独到之处，并在全国性刊物《低温工程》、《中国奶业》和《四川制冷》上发表论文，获得好评，在国内同行中有很高的知名度。特别是针对良种公牛精液氮冷冻贮藏的特点，亲自设计了一系列液氮生物容器及相关配套产品，满足良种公牛精液和胚胎的低温保存需要，并荣获国家优质奖，为我国初期推广应用先进的液氮冷配技术所使用的液氮生物容器从完全依赖进口到逐渐国产化作出了贡献，同时，积极参与和承办全国奶牛繁殖技术研讨活动。

20世纪90年代中期，紧跟改革开放的潮流，创办乐山市东亚机电工贸有限公司。自主研发和批量生产东亚牌系列液氮容器，特别是成功研发的YDX系列吸附式液氮容器，技术独特，性能指标达到甚至超过国际先进水平，打破了国外对该产品的垄断。该产品特别适用于运输携带转运生物样本，尤其适合航空运输及养牛配种员使用。目前，东亚牌系列液氮容器已成为国内市场的主导产品，被国家动植物基因库、重点医疗卫生单位、高等院校、生物药厂、军事科研单位等广泛采用，并出口东南亚、南美、中东等国家和地区，深受广大用户的欢迎和高度评价。同时，积极同国内名牌大学合作，参与国防产品的研制。是国内某种特殊产品的唯一定点生产企业，为中国奶业和国防工业的发展作出了应有的贡献。

朱玉林

高级畜牧师，男，汉族，1964年11月出生于江苏省吴江市，1986年毕业于北京农业大学畜牧系，1990年获得动物繁殖专业硕士。现任北京奶牛中心主任助理，兼任国家奶牛胚胎工程技术研究中心常务副主任。

主要工作经历：1990年3月至2000年10月在北京奶牛中心工作，任北京奶牛中心繁殖研究室主任，从事奶牛繁殖的科研和管理工作；2000年10月至2005年10月在全国畜牧兽医总站北京德佳牧业科技发展中心和全国畜禽牧草保护利用中心工作，任技术总监和检测室主任；2005年11月后一直在北京奶牛中心工作。

对奶业发展的主要贡献：参加工作以来，参加了国家“八五”攻关课题《应用MOET技术选育高产荷斯坦奶牛的研究》和北京市重点课题《奶牛产后监控的研究》等项目的科研工作；“九五”期间，担任国家重点科技攻关项目《应用胚胎生物技术建立高产奶牛繁育体系和生产体系》、农业部“948”项目《活体采卵体外受精胚胎生产技术》等项目的现场主持人，并于1998年在新西兰农牧研究所从事“活体采卵体外受精胚胎生产技术”的研究，率先将该技术引进国内，进行“消化、吸收与改进”，并开展推广应用；“十五”期间，参加农业部《万枚高产奶牛胚胎富民工程》项目的组织实施，在奶牛养殖场（户）推广应用胚胎生物技术，被聘请为农业部项目专家；“十一五”期间，参加科技部国家科技支撑计划课题《奶牛良种扩繁关键技术研究及产业化开发》、《幼畜超排技术产业化与应用》和北京市重大科技项目《奶牛良种产业化升级技术研究与应用》等项目或课题的科研工作，并主持科技部子课题2项、北京市重大课题1项。从事胚胎生物工程技术研究和推广20多年来，获得专利2项，并获得过多项奖励，其中《应用胚胎生物技术建立高产奶牛繁育体系和生产体系》获得北京市科学技术二等奖；在《中国奶牛》、《草食家畜》等科技杂志发表论文20余篇，出版《牛羊胚胎移植图片教材》专著一本。

李进恒

高级农艺师，男，汉族，1956年7月出生于河北高邑，1982年毕业于河北农业大学农学系，现任河北省畜牧兽医局调研员。

主要工作经历： 1987年3月任河北省农垦公司农业室（原局生产处）副主任；1994年1月到河北省国有御道口牧场挂职，任副场长；1995年5月任河北省农垦局科教处副处长；2000年6月任河北省农垦局农业处处长。2004年1月任河北省畜牧局畜牧与草原处处长，2005年5月转任调研员。

对奶业发展主要贡献：三鹿事件发生以来，自己以奶业整顿为契机，埋头苦干，扎实工作，创新工作思路，改进工作方法，为建立和完善保障生鲜乳质量安全和保持河北奶业持续健康发展的长效机制而努力工作，奶业整顿工作取得重要成果。到2009年底，全省50头以上的奶牛规模化养殖比例由三鹿事件时的不到40%猛增到83.6%，2010年底将实现所有散户全部进区饲养，彻底消灭散养奶牛，使全省奶牛规模化养殖率达到100%。全省三鹿事件发生时已有的3529个生鲜乳收购站到2009年底已全部整治完毕，其中，取缔2259个，经整治合格1270个，加上新建的623个，全省现有1893个合格生鲜乳收购站均已核发了《生鲜乳收购许可证》，并全部由蒙牛、伊利、三元、君乐宝等乳品加工企业经营管理，实现了产销对接。

工作以来，多次被评为先进工作者、优秀公务员和优秀共产党员；在省以上刊物发表论文8篇，其中发表于《经济论坛》的《论河北省低平原农业的发展》一文被收入《中国农业发展文库》；获省部级科技进步奖励5项，其中主持完成的《高寒地区奶牛塑膜暖棚高产饲养技术研究与推广》课题获农业部丰收计划二等奖。

李国昇

推广研究员，男，1942年2月21日出生于山东省济南市。1967年大学毕业后参加工作，先后在乡、县畜牧部门、政府机关、畜牧大型企业做技术员和管理工作。曾担任山东滕州市羊庄镇畜牧站长、济南市历城县计划委员会主任、中牧济南浓缩饲料厂厂长。1990年调入济南牧工商总公司任副总经理（后改为济南农工商集团公司），曾任济南农工商集团副总经理（现山东佳宝集团有限公司），山东省畜牧兽医协会奶业分会副会长。现受聘于山东农业科学院奶牛研究中心、山东奥克斯生物技术有限公司做DHI的应用推广工作。

在济南农工商集团公司主要分管奶牛场、奶源基地建设和科技项目管理工作。工作中，始终把加强科技放在重要位置，注重员工技术培训提高从业水平，制定并不断完善奶牛场经济技术考核标准和奖励制度，充分调动员工积极性，奶牛单产由1991年的5112千克增长到2006年的7866千克。1998年率先在山东创建了以奶牛集中小区为主要形式的奶源基地建设模式，建成标准化小区41个，奶源基地奶牛存养量达到10万头以上。既保证和稳定了佳宝公司奶源供给，又带一方农民养牛致富。

1998年主动申请加入中国—加拿大综合奶牛育种项目，成为其计划外的一个项目工作点。为利用DHI测定发展现代奶业，1999年企业投资100余万元购置进口设备，开创性地在山东开展DHI测定工作。期间有6位加拿大专家来山东进行技术讲座和现场技术服务。还有6名技术员到加拿大接受技术培训学习。项目期间培训奶农达到2600多人次，促进了山东奶业现代化进程。

2002—2006年，先后承担省部级、市级科研项目19项，科研经费达到1200多万元。作为第一主持人承担的“十五”国家重大科技专项《华北农区（山东）奶业现代化生产技术集成与产业化示范》、《高产奶牛核心群及高产示范基地建设》获济南市科技进步二等奖。

李艳华

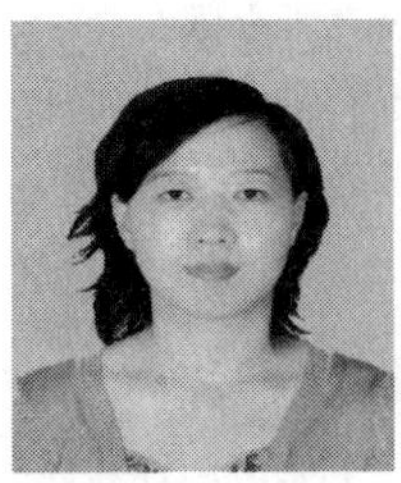

畜牧师，女，1976年4月出生于山东省莱芜市，中共党员。2005年7月毕业于中国农业大学动物遗传育种专业，获农学硕士学位。现任北京奶牛中心实验室副主任，ISO9001:2008标准内审员，国家学生奶奶源升级计划专家，全国良好农业规范（GAP）认证奶牛专业检查员。

对奶业发展主要贡献：主要从事奶牛的分子遗传与繁育工作，近年来，一直致力于奶牛遗传缺陷基因检测技术的研发和推广工作，2005—2007年，在北京市科技计划项目“优秀种公牛隐性有害基因分子检测技术的研究”的研发中，利用分子生物学的基因检测技术，通过对特异性PCR引物的设计、筛选和优化，分别建立了奶牛隐性有害基因CVM（牛脊椎畸形综合症）和BLAD（牛遗传性白血病）的分子检测方法，组建了我国奶牛有害基因检测的分子诊断平台，实现了与国际接轨，填补了国内空白，为我国种牛的选择提供了分子选育基础，同时，获得了两项国家发明专利：分别为“一种检测牛 CVM 有害基因的方法”（ZL200610150317.9）和“一种筛选 CD18 基因正常的优良种牛的方法及其专用引物”（ZL200610144259.9），这 2 项专利为奶牛 CVM、BLAD 有害基因的基因分型和分子筛选提供了新的方法和思路，为我国奶牛的分子诊断提供了可靠的技术支撑。该成果已经应用于奶牛生产实践，北京奶牛中心的全部种公牛均进行了遗传缺陷基因的检测，并在种公牛系谱上进行了标识，可以有效降低遗传缺陷基因在我国奶牛群中的传播，增加奶牛养殖者的经济效益。主持申报的“种牛 CVM 有害基因分子检测技术的研究与应用”课题获 2007 年度北京三元集团公司“科技进步一等奖”，并将“中国荷斯坦牛脊椎畸形综合症分子诊断技术的研究与应用”进行了成果登记（登记号：9112008Y0515）；参加的“现代奶牛 EDTM 生产技术体系建立与应用推广”课题获 2009 年度北京市农业科技推广一等奖。目前，主要参与国家科技支撑计划项目“奶牛良种扩繁技术研究及产业化开发”、国家转化资金项目“中国荷斯坦牛隐性有害基因分子检测技术的应用与示范”及北京市科技计划项目“奶牛良种产业化升级技术研究与应用”的研发攻关工作。发表论文 20 余篇，其中，SCI 3 篇，申请专利 4 项，制定行业标准 1 部。2007 年 10 月，入选北京市科技新星计划（A 类）。

汪 翔

高级畜牧师，男，1964 年 1 月出生于湖北省武汉市，1988 年 7 月毕业于东北农大畜牧系动物遗传育种专业研究生，获农学硕士学位。现任广州市奶牛研究所有限公司董事/副总经理。广东省奶业协会副秘书长、广州市奶牛协会副秘书长、中国奶协育种专业委员会委员。

主要工作经历：1988 年 9 月至 1991 年 11 月于吉林省农业科学院畜牧分院技术经济研究室工作。1991 年 11 月至 2002 年 12 月于广州市奶牛研究所工作，历任科研主管、办公室主任、《广州奶牛》杂志主编、副所长。2002 年 12 月 29 日至今，担任广州市奶牛研究所有限公司董事/副总经理。

对奶业发展主要贡献：从事奶牛良种推广及奶牛业科研工作多年，对奶牛养殖与管理具有丰富的专业知识和实践经验，2005 年和 2010 年作为华南农业大学校外导师指导培养硕士研究生两名，并多次参加和主持国家到地方各级政府下达的科研项目，如：广州市科技攻关项目“H-Y 抗体在受孕前控制奶牛性别的研究”、“奶牛场管理辅助系统的研制”、“广州市美国娟姗牛繁育基地的建立”、“娟姗牛品种资源库的建立”，农业部项目：“线性非线性模型在动物育种中的应用”、“中国荷斯坦牛耐热耐寒品系的选育”、“美国娟姗奶牛及其饲养繁育技术的引进”、“广州市娟姗牛原种场建设”项目等等。1992 年荣获农业部科技进步三等奖，近年来主要从事娟姗牛的研究和美国苜蓿草的引进工作，先后就娟姗牛的研究发表系列的研究报告，如：《美国娟姗牛在广州地区的适应性研究初报》（中国畜牧杂志，2000 年第五期）、《娟姗牛在杂交育种中的应用》（中国奶牛，2001 第 3 期）、《娟姗牛——一个对荷斯坦牛提出挑战的奶牛品种》（中国畜禽种业，2005 年 10 月）和《娟姗牛引进繁育初报》（中国奶牛发展大会论文集，2006 年 10 月）。

张开展

高级畜牧师，男，1964 年 1 月出生于陕西省兴平市，1988 年毕业于西北农林科技大学畜牧系，毕业后在农业部中国种畜进出口公司从事项目管理和种畜进出口工作，先后担任部门副经理、经理、总经理助理、副总经理，其间在中国种畜（加拿大）有限公司工作一年，并担任副经理。在中国种畜进出口公司任职期间，曾多次被评为先进个人和优秀共产党员。现任北京中地种畜有限公司常务副总经理，中国畜牧业协会常务理事、中国奶业协会常务理事。

对奶业发展的主要贡献： 22 年来，张开展一直从事种畜国际贸易工作，出国考察畜牧生产和选种达 50 多次，积累了丰富的种畜国际贸易经验，为我国畜牧业的发展进口了大量的种质资源，是我国著名的种畜国际贸易专家，在国内、国际同行中享有很高的威望。

在奶牛发展方面，2000 年 7 月，应美国谷物协会的邀请，张开展率领由中国十个种公牛站站长组成的中国奶牛业高级代表团对美国现代化奶牛业进行了深入考察，写出了“赴美养牛业考察报告”，发表在美国谷物协会出版的《饲料与饲养技术简讯》和国内相关刊物上。该报告努力寻找我国奶牛业与美国现代奶牛业的差距，建议我国走良种繁育与引进国外品种相结合的道路，为我国奶牛业的发展起到了积极的推动作用。

在奶牛进口方面，结合多年的实践经验，张开展制定出了种畜国际贸易行为规范，明确了选种程序和选种方法，确保了我国进口种牛的质量。为我国 30 多家种公牛站引进过种牛。结合我国生产实际和国际奶牛业的现状，建议我国改变引种国家和运输方式，开辟了我国采用海运方式进口奶牛的先河。张开展同志率领的进出口团队共计为我国引进种公牛超过 2000 头，奶牛超过 10 万头，奶牛冻精、胚胎超过 200 万枚（支）。

在“九五”、“十五”期间，张开展参与了国家“948”引进计划的执行，并担任该计划畜牧项目的评委，承担了种质资源的引进任务。“十一五”期间，参与执行了“国家良种工程”奶牛的引种任务。2000年，张开展同志率领的团队光荣地完成了加拿大总理赠送给朱镕基总理的国礼名称为“龙”的种公牛接运任务。

在奶牛场建设方面，他的足迹遍布大多数奶牛业发达国家，广泛吸纳他们在牛场建设上的经验，形成了“牛场建设与管理以牛为本”的经营思想，经他指导的北京中地畜牧科技有限公司、内蒙古中谷良种奶牛有限公司、辽宁宽甸良种奶牛发展有限公司、华夏畜牧（三河）有限公司等奶牛场设计理念新、投入产出高，给奶牛创造了最佳的生活环境，使奶牛的生产潜力得以充分发挥，饲养效果明显，为我国现代化牛场建设起到了示范作用。

陆兵兵

工商管理硕士　男　1969年2月出生于上海，1991年上海科技大学毕业，工学学士，2005年毕业于北京大学光华管理学院，高级工商管理硕士EMBA；现任美国爱德士生物科技有限公司亚洲区业务总监。

主要工作经历：1991—1997年，上海中西药业股份有限公司工程师，生产制药部门技术负责人；1998—2004年，德国Boehringel-Ingelheim制药（中国）公司处方药部华南大区经理，华东大区经理，全国零售经理；2004年，英国阿斯利康ASTRAZENECA制药（中国）公司零售部全国重点客户经理；2004年至今任爱德士（IDEXX）生物科技有限公司亚洲区牛奶和水质事业部总监。

对奶业发展主要贡献：在过去的几年中，大型乳品加工企业在营销方面取得的巨大成功推动了中国乳品行业的成长，蒙牛、伊利、光明等对乳制品营养价值方面的成功宣传，消费者认识到乳制品的重要性，越来越多的乳品加工商不仅把资源放在扩大生产能力上，还放在了提高乳品质量上。

自从加入美国爱德士后，与中国乳品加工业、奶牛场、政府部门和中国奶业协会进行合作，向中国介绍先进的乳品安全管理方法、理论和相关规则。协助并与乳品加工企业和奶牛场进行合作，建立先进的抗生素、三聚氰胺、解抗酶和黄曲霉毒素残留管理和质量控制系统，来保证原料奶和成品奶的质量。在陆兵兵先生的带领下，爱德士SNAP乳品快速检测试剂盒的销售网络遍及全国，其销售业务不仅向国内各科研机构、重点实验室、乳品加工制造商、奶站、牧场等提供高品质、稳定、灵敏的快速检测产品，而且还以完善的售后服务体系向这些企业和单位提供完备的技术培训指导和售后保障。2010年上海世博会期间，为保证世博园的食品安全及FDA建立的“世博食品安全实时监控综合平台”提供快速、稳定可靠的检测产品，满足世博园的乳品抗生素、三聚氰胺快速检测的需要，为世博牛奶安全提供强有力的保障。

美国爱德士的SNAP双流向酶联免疫快速检测试剂盒经美国FDA的批准，成为保证乳制品“符合其国家规定”，从而保护这些国家消费者“安全消费”的重要而可靠的检测手段。在过去的十年中，美国爱德士的SNAP已经得到一些亚洲国家和地区的法律制定者核准并承认，例如日本、韩国、中国台湾、澳大利亚等。并被证实能够有效地帮助他们的乳品加工业防止过量的抗生素进入到加工之前的原料奶中，避免消费者饮用到不安全的牛奶。在中国，双流向酶联免疫技术也获得国家认可，其黄曲霉毒素M1的检测方法已成为乳品安全国家标准中检测黄曲霉毒素M1的快速筛选方法，解决了传统方法的局限性，使检测更安全、更快速。在保护消费者喝到放心奶的同时，也保证了企业人员的安全。

洪玉厚

畜牧技师，男，1931年3月出生于山东省平原县，曾任北郊奶牛公司党委书记。

主要工作经历：1950年在久大牛奶场当工人，1958年在北郊畜牧二分场任工会主席，1962年在北郊畜牧二分场任场长，1967年在北郊畜牧二分场任党支部书记，1968年任总场党委常委，1971年任北郊奶牛公司党委书记，1992年 退休。

对奶业发展主要贡献：洪玉厚1950年进入牛奶行业，几十年在牛奶行业科研、生产实践中经历了手提式挤奶机，用挤奶机的好处：1）牛奶比较卫生，2）可减轻工人劳动强度，3）有利于奶牛的乳房、乳头发育均衡。针对易损件不能再进口了，及时成立了挤奶机科研小组，对易损件如：乳杯、乳管、挤奶器进行了研制工作，经过一段时间的努力，成功地解决了挤奶机易损件的问题。1962年在牛场改建期间，科研小组会，对半圆形挤奶台进行了分析研究。开始着手研究转盘挤奶台。经过10个多月的不懈努力，转盘挤奶台终于研制成功了。1964年转盘挤奶台投入试运转，奶牛在大棚里也实行散放饲养，大大减轻了劳动强度，经济效果有了很大提高。挤奶台投入生产后，上海、天津等地都来参观学习。前来参观的国家有100多个，其中领导人有：范文同、铁托、卡瓦瓦等。我国领导人有：李先念、叶剑英、王震等。上级领导赋予“亚洲第一转盘挤奶台”称号。1971年在北郊奶牛公司任公司党委书记期间，强调奶牛的科学饲养及机械化管理。在六个牛场分别成立了育种小组，实行选种选配。同时筹建了畜牧机械加工厂，根据各牛场条件不同因地制宜，有的牛场开始使用管道挤奶机。牛奶不接触空气自动集中到奶罐里，牛奶的卫生条件得到了保障，同时减轻了工人的体力劳动。使用管道挤奶机的牛场越来越多并销售到全国各大城市的奶牛场。为配合机械化生产，育种小组在公司技术室的领导下，实行了统一选种选配。为了加强科技力量，招收了一批畜牧专业的大学生，还对工人进行培训，建立了考核制度，工人须持证上岗。由于全体人员的共同努力，奶牛从品种、质量到产量都有了很大的提高。在1973年北郊奶牛公司被农业部评为全国先进集体。以后几年北郊奶牛公司一直保持着领先地位，上级领导又提出了口号：全国奶牛行业学北京，北京学北郊。随着北京人口的增加、人民生活的不断提高，牛奶出现供不应求的情况，北京市委提出发展农村养牛，北郊农场积极响应，公司组织人员对北郊36个自然村进行调研后，建立了集体养牛管理站，从投资、建场、进牛到派技术人员下场实行一条龙服务，对出现的问题做到及时发现及时解决，为奶农解除了后顾之忧。这项工作的开展增加了社队的经济收入，也缓解了吃奶难的问题。

侯兆江

黑龙江省奶业协会理事长，男，汉族，1942年3月出生于黑龙江省巴彦县，毕业于中共黑龙江省委党校，研究生学历。1962年12月参加工作，1980年在巴彦县政府、县委工作，历任巴彦县税务局科员；巴彦县革委会政治部、宣传组、核心办干事；革委会宣传组副组长；共青团巴彦县委书记；中共巴彦县委组织部副部长、常务部长；松花江地区工委党组成员、组织部长；中共黑龙江省委办公厅人事处处长；办公厅副主任；省委副秘书长（正厅）；黑龙江省十届人大常委；内务司法委员会副主任；民族侨务外事委员会主任，现任黑龙江省奶业协会理事长。

对奶业发展的主要贡献：侯兆江同志自担任黑龙江省奶业协会理事长以来，能够始终坚持学习奶业科技知识及相关政策法规，尊重实际，坚持科学发展观，反复强调协会工作要“内强素质，外树形象”，要“增强五个意识，树立五个形象，努力建设五型协会”。他先后30多次深入加工企业和奶牛养殖场调查研究，了解行业的需求和问题，带领协会一班人研究解决问题的办法。在此基础上先后五次向省政府主要领导提交情况报告，并得到省领导的高度重视，省长两次召开奶业发展专题会议研究协会提出的建议，多位省领导对奶协的报告做出专门批示，给予充分肯定。为了提高从业人员的综合素质，侯兆江同志组织协会一班人在全省举办奶业实用技术培训班26期，培训行业从业人员近10000人次。大规模的全员培训得到了行业及各级政府的高度称赞。在他的主持下协会还创办了龙江奶业刊物和龙江奶业信息网，在全国率先制定了生鲜乳购销合同示范文本，率先实行了生鲜乳价格协调机制，率先成立了行业联谊会，组织企业广泛深入开展了行业自律和诚信企业建设活动并取得了较好效果。他接待来信来访100多人次，召开形势分析会13次，为企业和奶农解决实际问题20多件。他组织行业签署了自律公约和哈尔滨自律宣言。在2008年三鹿奶粉事件发生后，他率领协会一班人每天都分析情况，为国家和省有关部委提供了大量行业动态信息，受到一致好评。在侯兆江同志的努力下，黑龙江省奶业协会2008年被评为黑龙江省先进行业协会，2009年被评为5A级行业协会，协会工作多次受到中国奶业协会的表扬。

郝在炎

农业技术推广研究员，男，1931年12月17日出生于北京市。1952年毕业于长春兽医大学畜牧专业，曾任北京南郊德茂牛场任技术副场长，1973年成立牛奶公司，任技术副经理。

主要工作经历：50—60年代在北京西郊牛场、成府牛场、圆明园牛场工作，担任畜牧兽医技术工作。为健全制度，加强防疫，定期检疫，净化牛群，提高产奶水平起到积极作用。1963—1973年在北京南郊德茂牛场任技术副场长工作。通过十年的不断总结高产牛的培育，使高产奶牛达到稳产、高产、健康、长寿的目的。1973—1996年在南郊牛奶公司任技术副经理。巩固提高十个国营牛场的生产管理水平，重点解决榨乳机械化问题。

对奶业发展主要贡献：郝在炎多年来从饲养奶牛的各阶段，犊牛早期断奶，公犊育肥试验，青年牛适龄配种都打破了常年的规定。成母牛的围产期管理，高产奶牛的培育，多种秸秆的加工和发酵利用都取得了良好的效果，冷冻精液推广应用，提高牛群的质量也取得很好成绩。为此曾多次受到表彰。

主要科研成果：

（1）1983年12月获农牧渔业部技术推广奖。

（2）1989年8月获“奶牛持续高产　全面丰收”奖。

（3）1992年12月获“奶牛综合配套新技术推广”国家星火奖。

（4）1996年2月获北京市“黑白花奶牛良种选育高产配套技术推广应用”一等奖。

郝在炎多年来从事奶牛饲养与管理工作，为使北京市从“吃奶难”，发展到今天奶制品的丰富市场，作出了应有的贡献。

学　　者

扎鲁达

研究员，男，蒙古族，1937年10月出生于内蒙古扎赉特旗，1960年毕业于山西农学院畜牧系，1963年在内蒙古农牧学院进修“草地生态学”和“植物分类学”，曾任内蒙古畜牧科学院副院长。1997年10月退休，受聘于内蒙古畜牧科学院、自治区养牛大型企业及伊利乳业集团。

工作期间，在中国畜牧兽医学会养牛分会、内蒙古畜牧学会、内蒙古奶牛协会、内蒙古畜产品加工学会、内蒙古自治区畜牧专业高评委、自治区科技进步奖评委等10余个社会团体兼职。现任自治区牛品种审定专业委员会副主任，内蒙古奶牛协会常务理事。

对奶业发展主要贡献：工作近50年，主要从事养牛的科研和生产技术方面的工作，承担了国家、自治区、中外合作项目13项，其中主持项目5项，取得国家级成果4项，主持自治区项目4项，取得省级科技成果4项，其他项目是主要参加者。退休后，指导企业建设养牛及大型现代化肉牛场及奶牛场3个。

在内蒙古农业杂志，FAO开发署年度论文集等发表论文4篇；在《中国畜牧业》、《内蒙古畜牧科学》、《全国养牛科学研讨会论文集》、《中国奶业协会年会报告及论文集（2005）》、《内蒙古奶业》等杂志发表有关肉牛、奶牛、牦牛等论文40余篇，译文10多篇，制定有关牛的地方标准8个，著书3部。

获得自治区科技进步三等奖2项，科技星火二等奖1项。国家星火科技三等奖1项，自治区政府科技工作一、二等奖多项。

指导和培养青年科技工作者，已成材的有4名，3位成为研究员，1位成为副研究员。其中1位为博士后，1位博士，1位硕士。

1992年被评为国家级有突出贡献专家，同年被评为享受国务院特殊津贴专家，1994年被评为全国科技星火先进工作者。

自2006年开始，组织自治区学生奶生产牛场的验收工作，已验收鉴定12个牧场，约存栏奶牛6000头，年生产鲜奶2.57万吨。

2010年主持自治区科技厅软科学研究课题“内蒙古奶业质量安全长效机制战略措施的研究”。

刘玉满

研究员，男，1955年11月出生于辽宁省义县。1982年毕业于沈阳农业大学畜牧专业，获学士学位。现任中国社会科学院农村发展研究所研究员、畜牧业经济研究中心主任；中国林牧渔业经济学会副会长兼畜牧业经济专业委员会理事长。2009年加入国家奶牛产业技术体系，受聘为奶业经济研究岗位专家，任国家奶牛产业技术体系奶业经济研究室主任。

主要工作经历：1982年至今供职于中国社会科学院农村发展研究所，先后任研究实习员、助理研究员、副研究员，1999年9月晋升为研究员。1993年至2000年先后任农村发展研究所科研组织处副处长、处长。1986—1987年间在菲律宾谢维尔大学东南亚农村社会干部领导学院进修半年；1987—1988年间在澳大利亚阿得莱德大学经济系研修一年；2000—2001年间在美国加利福尼亚大学戴维斯分校农经系作为高访学者一年。

对奶业发展主要贡献：自加入体系以来，带领团队成员先后深入河北、北京、黑龙江、内蒙古、辽宁、山东、河南、甘肃、新疆等开展调研，走访了奶农、奶站、乳企以及相关政府部门，撰写了一批具有重要参考价值的调查报告和研究报告。这些报告现已编辑成《中国奶业经济研究报告-2009》，并于2010年6月由中国农业出版社出版发行。

许常亮

研究员，男，汉族，1942年11月出生于河北定兴，毕业于唐山矿院，现任河北省奶业协会副理事长。

对奶业发展主要贡献：在探讨奶业饲养模式方面，坚持与时俱进的原则。20世纪80年代，总结提出了“鲜奶要集中，奶牛要分散”、“公司+基地+农户”的管理模式，着重强调了龙头企业要在“城乡一体化上做文章”、“为奶农服务上下功夫”、“在广泛联合上找出路”，“奶牛下乡，鲜奶进城”的发展思路受到国家体改委的通报表彰；90年代，随着农村小康建设的全面推进，顺势总结提出了“四统一分一集中”的奶牛小区管理模式，这方面的典型经验得到了政府主管部门、龙头企业以及广大奶农的认可；进入新世纪，随着产业升级，总结提出了以强化产权、经营权控制力为主旨的“奶牛公寓”、“托牛所”、“合作制”、“租赁制”等多种类型的管理模式，不仅适应了当时的发展水平，而且对于不断提升规模化水平起到了积极的促进作用。

在探讨发展战略规划方面，坚持积极可行的原则。

任何时候都要注重维护奶农的合法权益。撰写了“当前乳业发展中有待探讨的八个问题”,在行业年会上发言后受到大会好评，并呈报国家发改委、工信部，供国家制订乳业产业政策做参考。

在探讨规治市场秩序、乳品安全等方面，先后撰文“解决食品安全问题应着眼于政治”、“市场抓规则、企农抓制度，是乳业走上健康发展的治本之策”等全国性大会发言材料，受到大会好评。

2008年6月在深入调研的基础上，撰写了有的乳品企业“伤害奶农合法权益，反映强烈”的调研报告，受到省政府相关部门的重视，引起相关企业高管层的注意；2008年9月深入重点市调研，撰写了“省内四个奶业大市的调研报告”，得到省长、副省长、副秘书长等领导同志“所提建议很有参考价值”的肯定性批示，批转政府相关厅局阅研，为协会购买政府服务项目提供了重要依据。

自80年代从事政策研究工作以来，侧重对奶业发展做了一系列专题研究。撰写调研报告、总结典型经济、起草政策建议以及专题报告、大会发言、论文等达200余篇。

杨连玉

教授，博士，男，汉族，1965年10月出生于吉林省，1986年毕业于解放军军需大学，现任吉林农业大学动物科学技术学院教授。动物营养与饲料科学专业硕士研究生导师，吉林省饲料工业协会常务理事，吉林省新农村“12316”热线畜牧专家。曾公派留学日本，从事反刍动物营养研究。

对奶业发展的主要贡献：在奶牛产业的人才培养方面，十几年来主讲动物科学专业本科《动物营养学》及《反刍动物营养与饲料》,培养的部分本科及硕士研究生直接从事奶牛配合饲料生产及奶牛生产实践，直接服务于奶牛产业。

在奶牛产业科学研究方面，对反刍动物日粮蛋白源结构与其消化生理及生产性能的关系、天然植物及其提取物的反刍动物饲料添加剂利用等有深入认识。近年来承担国家及省部级关于奶牛饲料资源配置及粗饲料生产技术研究等科研项目4项，为提升奶牛产业的科技水平做出了一定的贡献。

积极服务于奶牛产业。自2006年以来，作为东北最大的奶牛配合生产企业—长春博瑞牧业有限公司的技术顾问，提出了奶牛配合饲料阶段性利用策略，开发了奶牛围产前期、围产后期等具有增进奶牛健康和增乳作用的特征性配合饲料，使该企业奶牛配合饲料产品在同行业中发挥了领军作用。并随同行业管理部门深入奶牛生产企业及农户，讲授奶牛生产技术；3年来，作为吉林省“12316”新农村热线畜牧专家，及时解答包括奶农提出的关于饲养技术等方面的问题，传授奶牛饲料资源配置及有效利用和奶牛健康养殖新观念。

根据目前奶牛饲料资源现状，提出了玉米干草的概念，并组织农业工程技术专家学者承担国家科技部课题，研制玉米青秸秆撕碎机及反刍动物人工瘤胃发酵系统，申请专利3项，为解决奶牛优质粗饲料和奶牛产业的健康发展提供支撑条件。

在奶牛及肉牛营养与饲料科学领域，参与和主持完成国家及省部级科研课题10余项，有4项分获吉林省科技进步二、三等奖。共发表学术论文60余篇，其中作为第一作者及通讯作者的国家核心期刊以上学术论文30余篇、SCI论文2篇；编撰出版奶牛生产技术书籍2部。

张永根

教授，博士生导师，男，汉族，1962年1月3日出生于黑龙江省齐齐哈尔市，1984年毕业于东北农业大学畜牧系，同年留校任教。1986—1990年在东北农业大学动物科技学院攻读反刍动物营养学在职硕士研究生，并获得农学硕士学位，1996年被评为副教授，硕士研究生导师，2001年获得东北农业大学反刍动物营养学博士学位，毕业后获得国家留学基金赴加拿大作访问学者一年。2003年晋升教授，2004年被评为博士生导师，2006年被评为东北农业大学动物营养与饲料学科反刍动物营养学方向首席专家和A类特聘教授，2008年被黑龙江省教育厅遴选为龙江学者特聘教授。

对奶业发展的主要贡献：张永根教授长期从事奶牛生产和反刍动物营养的教学、科研和饲料资源开发和利用工作。先后承担了本科生《养牛学》、硕士生的《现代养牛学》和博士生《反刍动物营养专题》等课程的教学，主编和参与编写教材及科普读物5部，担任全国统编教材《养牛学》副主编，在中央电视台第七套节目编写并播讲《养牛生产》系列技术讲座。近5年来共承担国家及省部级科研项目6项，即：主持黑龙江省科技厅2003年攻关课题两项，分别是“植物性犊牛代乳料的研制与产品开发”和“工厂化奶源基地建设与示范”，主持黑龙江省教育厅2004年度归国留学人员基金项目“商品化青贮生产关键技术研究”，参加2006年“十一五”国家重大科技专项“东北农区奶业现代化技术集成与产业化示范”，并担任“PDA在奶牛良种登记和个体选配上的应用”子课题主持人。主持并完成教育部2004年归国留学人员基金项目“瘤胃细菌素对瘤胃微生物代谢的影响及作用机理研究”，于2005年3月完成黑龙江省博士后基金项目“常用栽培牧草对奶牛的营养价值及消化率测定方法的研究”。2007年承担农业部“现代奶牛产业技术体系建设”课题，

2009年承担国家农业公益项目“畜禽饲料营养价值评定和饲养标准”。先后获得黑龙江省科技进步奖4项，其中一等奖2项，三等奖2项，2001年荣获黑龙江省政府颁发的先进科技工作者奖励证书。迄今为止，共发表学术论文92篇，其中在英文杂志上发表论文6篇，其中4篇被SCI收录。培养硕士研究生19名，博士研究生5名。现担任国家农业部奶牛产业体系岗位科学家、农业部奶牛良种补贴项目专家，农业部《中国牛资源志》编委。中国奶业协会理事，中国畜牧兽医学会养牛学分会常务理事，黑龙江省畜牧兽医学会常务理事，《黑龙江畜牧兽医杂志》编委，《东北农业大学学报》、《动物营养学报》和《中国农业科学》特邀审稿人。

郑昌乐

教授，男，汉族，1929 年 8 月出生于吉林省四平市。1949 年 3 月参加工作，1977 年 8 月加入中国共产党。1956 年东北农学院兽医专业毕业，同年留校任教，长期在教学、科研、生产第一线工作。历任助教、讲师、副教授、教授等职。1974 年 5 月至 1978 年 10 月参加中国援埃塞俄比亚兽医技术组任巴哈达尔组长。社会活动担任过中国畜牧兽医学会理事、名誉理事、中国畜牧兽医学会兽医产科学分会理事长、名誉理事长、黑龙江省畜牧兽医学会副秘书长等职。

奶业发展主要贡献：发表有关奶牛繁殖疾病的论文 20 余篇，主要有：《药物治疗奶牛不孕症试验》（《辽宁畜牧兽医》1983 年第二期）、《奶牛疾病性不孕症防治研究》（《中国奶牛》1989 年二期）、《奶牛胎衣不下调查与综合防治的研究》（《中国奶牛》1989 年第三期）、《卵巢囊肿奶牛外周血浆中促黄体素、孕酮、睾酮的研究》（《黑龙江畜牧兽医》1990 年第五期）、《改革毕业生产实习，建立“三结合”基地的试验》（《黑龙江高教研究》1994 年第一期）等。著作有《奶牛不孕症》（中国农业出版社 1989 年 5 月出版）、《母牛疾病防治》（东北林业大学出版社 1994 年出版）、参编全国统编教材《兽医产科学（第二版）》（中国农业出版社 1990 年出版）以副主编参与国家科学技术著作出版基金资助出版《兽医产科学》（中国农业出版社 2001 年出版）等。在科研首次应用氦氖激光治疗奶牛卵巢功能不全的疗效观察，参加“氦氖激光治疗奶牛疾病性不育的研究”、“海伦农业现代化综合实验区”，分别获黑龙江省政府科技进步三等奖、“影响牛、羊子宫复旧因素的研究”获省教育委员会二等奖、在奶牛场“采取生产指标责任制改革毕业生产实习的试验”获 1989 年黑龙江省普通高等学校优秀教学成果一等奖。几十年来重点研究奶牛不孕症及奶牛围产期疾病在奶牛业取得了显著经济效益。光明日报、黑龙江日报、哈尔滨新晚报等均有报道。曾多次赴北京市奶牛中心及天津市畜牧兽医学会、沈阳市、大连市、黑龙江省等举办的奶牛疾病培训班讲课及现场指导奶牛场防治奶牛不孕症的措施。是我国奶牛不孕症专家、硕士研究生导师、国家特殊津贴获得者。1995 年 12 月于东北农业大学离休。

郗伟斌

博士，男，1971 年出生于河南新乡，现任沈阳农业大学畜牧兽医学院副教授，硕士生导师，主讲动物科学专业本科生的“养牛学”及研究生的“反刍动物营养学专题”和“养牛学专题”；主要研究方向为反刍动物营养及奶牛、肉牛饲养技术，主要包括反刍动物氮素营养及奶牛氨基酸平衡，植物次生物作为反刍动物瘤胃调控剂及保健剂的开发及瘤胃发酵代谢调控技术。

对奶业发展主要贡献：先后主持参加国家、省部级课题 12 项，其中两项先后获得省、部级奖励，包括 1999 年农业部农牧渔业丰收奖二等奖（证书编号为 1999036-11）和 2005 年辽宁省政府科技进步二等奖（证书编号为 2005J-2-02-1-02）。现主持科技部的“高产奶牛快速扩繁及优质高效关键饲养技术研究”和农业部公益性行业项目“围产期奶牛关键饲养技术研究与新型非蛋白氮的开发”，作为主要参加人参加农业部“现代奶牛产业化技术体系建设”的课题研究。

先后在动物营养学报等核心期刊发表论文 21 篇，主编著作 2 部，副主编著作 3 部，参与编写国家面向 21 世纪课程教材《养牛学》并副主编配套实验课程教材《畜禽生产学实验教程》，参与翻译科学出版社的《乳品科学百科全书》。

2002 年获国家留学基金奖学金到澳大利亚阿德莱德大学访问研究，2003 年学成按期归来，主要从事瘤胃微生态及奶牛饲养技术方面的研究。2005 年入选辽宁省“百千万人才工程”千人层次，中国畜牧兽医学会养牛学分会理事，辽宁省乳业协会专家组成员。

曾庆孝

教授，男，1946 年 1 月出生于广东潮州，毕业于华南理工大学，现任华南理工大学教授。

对奶业发展主要贡献：1983 年以来，长期在高校从事“乳制品生产工艺学”，“食品工厂设计”，“食品加工与保藏原理”等课程的教学工作；“食品加工与保藏原理”课程获国家精品课程称号；

2008年获广东省教学名师奖。1987年在新西兰梅西大学食品系进修期间，从事乳清蛋白流变学的研究，从此主攻乳蛋白、大豆蛋白等高分子物质的功能特性研究，发表了30多篇相关论文。2001—2004年受任“广州市学生饮用奶定点生产企业资质认定评审小组”组长，配合国家与广州市开展学生饮用奶定点生产企业资质认定工作、学生奶的宣传与推广工作，每年都亲自参加牛奶日的科普宣传与咨询活动。多次主编科普宣传小册子《食品安全与健康》（3万册以上），宣传饮奶与健康知识。经常参加乳品生产企业的产业发展、技术开发与产品市场推广等工作。从2002年始，为了推动益生菌、益生元产业的发展，促进学术交流，身为广东省食品学会理事长，每年都在广东主持召开“益生菌、益生元与健康”全国学术研讨会，2005年第四届和2006年第五届“益生菌、益生元与健康”国际研讨会吸引大批国外学者和专家，在国内外有较大的影响和作用。2006年当选中国食品科学技术学会乳酸菌专业委员会副理事长。

编著出版15本（其中主编7本，副主编1本，参编7本），其中主编：《食品安全基础知识》，中国商业出版社，2008年；《食品加工与保藏原理》（第二版），化学工业出版社，2007年（2005年第一版）；《GMP与现代食品工厂设计》，化学工业出版社，2006年；《食品生产的危害分析和关键控制点（HACCP）原理和应用》（第二版），华南理工大学出版社，2001年（2000年第一版）；《食品科学与技术进展》，华南理工大学出版社，1997年；副主编，《食品工艺学》，中国轻工业出版社，2007年。

主持省（市）级以上科研项目16项。获得省级以上科技成果鉴定7项；授权发明专利4项；主持的项目获得省部科技进步奖项目3项。

在国内外学术核心刊物上发表学术论文200多篇，其中收录入三大索引论文17篇。

企业家

马光辉

经济师，男，1962年10月出生于陕西省，毕业于中国科学院研究生学院，硕士学位，现任新疆呼图壁种牛场场长。

主要工作经历：1988年7月至1998年10月任呼图壁种牛场东泉棉纺厂厂长，1998年12月至2004年2月任新疆物华股份有限公司副总经理，2004年2月至2010年9月任呼图壁种牛场场长兼党委副书记。

对奶业发展主要贡献：该同志任场长后建成了国内一流的奶牛养殖示范场，奶牛由2千头增加到1万头，每年向农民供种牛3000头，奶牛年均单产9230千克，有225头过万千克，单产居国内前列。组织培育的西门塔尔牛新品种，获国家科技进步二等奖。组织研究推广的奶牛胚胎移植技术成果获国家科技进步三等奖。年产高产奶牛胚胎2万枚，在全国各地移植受体牛75000头次，改良了奶牛品种，组织扩建的西域春乳业公司年产规模达到20万吨，年销量达5万多吨，销量居新疆同行业首位，带动2万农民养牛致富。

王亚庆

副总经理，男，1961年7月出生于北京房山县，畜牧兽医中专、企业管理本科学历，具有二级技师资格。自1978年12月参加工作以来，历任北京市农场局长阳农场杨庄子牛场兽医、配种员、技术员、副场长、场长，曾任北京三元绿荷奶牛养殖中心长阳分公司总经理，现任北京首都农业集团三元绿荷奶牛养殖中心副总经理，兼任南区管理部部长，2009年当选为北京市有突出贡献高技能人才。

主要工作经历： 1978年12月至1993年6月在北京长阳农场杨庄子牛场先后但任兽医、配种员、技术员工作，1994年6月至1998年10月任该场副场长，1998年10月至2010年7月任场长；2001年7月至2005年12月任北京三元绿荷奶牛养殖中心长阳分公司经理，2006年1月至2008年4月任三元绿荷二分公司书记兼副经理，2008年4月至2009年12月任三元绿荷南区管理部部长，2010年任三元绿荷奶牛养殖中心副总经理兼南区管理部部长。

对奶业发展主要贡献：王亚庆同志自1978年参加工作30多年以来，一直从事奶牛养殖工作，兢兢业业，虚心好学，努力创新，对新技术、新工艺、新理念有较强的接受能力，具有强烈的责任感和使命感。

1994—2001年任场长期间，主动引进集中挤奶的台式挤奶机械设备，采用散栏饲养新工艺，尝试并使用“两次药浴，纸巾干擦”新的挤奶工艺，依托“中加项目”，积极开展DHI性能测定与分析工作，2000年奶牛头年单产实现8.1吨。

2006年任二分公司的书记兼生产副经理，所属九个牛场，牛群规模全群为10100头，其中成母牛为4700头。这期间他带领本公司的技术人员和骨干员工一道，不断吸纳国内外先进的奶牛饲养理念、技术和工艺，创新性的改革传统工艺，率先在传统牛场成功使用TMR制作新工艺，并制定出TMR制作标准，积极推广奶牛分群管理，注重围产期管理及产后监控技术，应用和推广牛场管理软件、体况评分、后备牛发育评定软件指导生产。2007 年所属九个牛场头年单产达到了 9.42 吨，其中一个牛场突破 10 吨。

2009 年任三元绿荷副总经理兼南区管理部部长，分管十六个奶牛场，牛群规模 22800 头，其中成母牛 12000 头。他积极推广成功的经验和技术，严细管理，注重实效，抓住关键环节，并不断凝练形成涵盖奶牛饲料与营养、饲养技术与工艺、奶牛繁殖、奶牛卫生保健、牛奶质量控制、奶牛资料体系等一系列关奶牛生产关键点的《生产技术标准》，并积极在所属牛场推广应用，使牛群健康、繁殖状况、生产性能得到保障，生产水平得以发挥，2009 年成母牛头年单产达到 9.99 吨。其中有 11 个牛场突破 10 吨，同时牛奶质量也不断提高，牛奶体细胞数到达 30 万/毫升以下，细菌数 10 万以下，乳脂率 3.8%，乳蛋白率 3.1%以上。

王亚庆也积极参加科研项目工作，2003—2004 年在三元绿荷企业标准化体系建设中负责技术标准的起草和制定工作，该标准通过标准化良好行为 AAAA 认证；2001—2005 年在中国—以色列示范牛场项目“中以奶业合作项目”作为中方参加人员之一、“十五”国家重大科技专项课题(北方大城市郊区奶业现代化生产技术集成与产业化示范)与“十一五”国家科技支撑计划农业领域课题（北方大城市郊区牛场无害化处理系统建立与环保高效型奶业集约化生产技术研究与开发）项目的参与人员之一； 2009—2010 年参与的《现代奶牛 EDTM 生产技术体系建立与应用推广》项目分别获得北京市《北京市农业技术推广》一等奖、北京市国资委 “第二十四届企业管理现代化创新成果”一等奖、“全国第十六届企业管理现代化创新成果” 二等奖。

关　鸣

高级经济师，女，现任北京东方联鸣科技发展有限公司总经理。

主要工作经历：1987—1990 年，关鸣女士曾任国务院发展研究中心处长。1990—1994 任北京联合生物技术发展有限公司（香港独资企业）总经理，其间关鸣女士领导该企业连续三年获得北京市优秀外商独资企业。1994—1999 年任北京佳纬生物技术有限公司（合资企业）总经理期间，用三年即收回投资，其企业商标被评为北京市饲料行业著名商标，企业被评为先进技术型企业。2000 年至今任北京东方联鸣科技发展有限公司总经理。关鸣总经理经营管理饲料公司 19 年，她是具有企业发展战略思想、市场开拓能力和既懂技术又擅长经营管理的优秀企业家。

关鸣总经理还历任中国女企业家协会理事、中国中兽医学会常务理事、华北中兽医学会理事；中国畜牧兽医学会动物微生态学会专业委员会委员、中国华侨科技创业者协会理事；中国畜牧兽医学会高级会员；中国林牧渔业经济学会饲料经济专业委员会理事；中国食品工业协会燕麦产业工作委员会副会长；黑龙江奶业协会副理事长。

对奶业发展主要贡献：北京东方联鸣科技发展有限公司自 2000 年成立后，关鸣总经理本着“热爱生命，健康发展”的宗旨，依托“新观念、新工艺、新技术”，带领东方联鸣团队，致力于中国的反刍动物养殖业，全力打造奶牛、肉牛、肉羊等反刍养殖行业的集成技术、产品服务平台。

十年来，关鸣总经理多次出国考察，引进整合了国际相关行业的优秀产品和先进技术资源，先后与荷兰、美国、西班牙、马来西亚、意大利、德国、新西兰和法国等八个国家的相关公司建立起稳固的合作关系，交流引进，形成国际化网络平台；与此同时，东方联鸣公司与国内反刍动物营养、繁殖育种、疾病防治、牧场防疫、牧场管理等各方面的业内专家全方位合作，形成专业化网络平台；十年的运营同时造就了一支具有丰富经验的专业化服务团队，搭建了与规模牧场多方位合作的网络平台，为奶牛养殖管理一体化提供系列产品及综合解决方案。

在引进应用养殖技术和高科技产品的同时，也从中国奶牛养殖的角度提出了新的观念并就中国奶牛养殖情况做了研究，其中出版了《奶牛健康养殖和饲养管理》，并对微生态制剂康贝、过瘤胃脂肪和兽用 B 超等产品都做了应用研究，发表了相关论文。十年间，在关鸣总经理的领导下，东方联鸣公司在科研和应用方面也列入了国家相关项目，获得了相应荣誉：2001 年获得丰台区“科技进步一等奖”；2002 年列入国家级“重大新产品计划”；2005 年列入国家级“星火计划”项目；2006 年列入北京市科委“企业创新应用自主知识产权高新技术产品与技术标准试点”项目；2007 年承担 “十一五” 国家科技支撑计划中奶业发展重大关键技术研究与示范项目；2007 年承担公益性行业（农业）科研专项经费子课题；

在关鸣总经理的领导下，东方联鸣公司于 2004 年在国内首次提出“奶牛养殖标准化”导入体系，迄今为止已在全国 11 个省、直辖市、自治区的 23 个场进行了 34 场/年/次的奶牛场养殖标准化导入建设。引导奶牛场进行标准化、规范化、现代化的奶牛养殖，改善了牛场的经济效益，也获得了政府和业内专家的认可。2007 年 6 月北京市科委将公司的“奶牛养殖标准化体系导入”列入北京市技术转移平台项目，2008 年列为国家奶牛产业技术体系合作伙伴，2009 年获得中国技术市场金桥奖二等奖。

吴一奕

重庆光大集团总裁，女，1973年11月出生于上海，1999年到重庆。她于2007年创立重庆光大（集团）有限公司，以“绿色农业”为核心、“白色产业”为支撑，坚持“发展农业，构建和谐”的企业理念，现已将光大集团发展成为一家集畜牧业、乳品加工业、环保产业、现代化观光农业为一体的民营高新技术企业。

对奶业发展主要贡献：

（1）经济效益显著——引领现代牧场、发展生态农业。投资4.2亿，历时三年，吴一奕在江北区鱼嘴镇双溪村打造出一座现代化牧场小镇——光大•奶牛梦工场。旗下拥有鱼嘴牧场、主牧场、玉峰山牧场三大核心牧场和一个乳制品加工基地，并配套建设了动感新奇的奶牛科技馆、果香弥漫的生态葡萄园、淳朴温馨的主题乡村酒店、寓教于乐的青少年科普教育基地。

（2）带动性强——探索社会主义新农村建设道路。吴一奕在双溪村探索出“公司化农村”的经营模式，实现了土地集约经营，使双溪村有了巨大的变化，为当地开展城乡统筹发展工作起到示范和推动作用。

（3）社会效益明显——投身慈善事业、构建和谐社会。吴一奕在企业发展的同时，积极回馈社会。为支援库区农村经济建设，她常年向重庆开县、长寿、黔江、奉节、巫溪、酉阳、彭水、武隆等地贫困户赠送犊牛，截至目前已达500多头；为促进库区青少年的健康成长，她向重庆黔江、奉节、巫溪、酉阳、彭水、武隆等地山区学生赠奶累计达80万袋；关爱弱势群体，她联合重庆市助残中心和肢残协会发起“光大•雨露行动”，先后捐赠牛奶价值100万元。在2008年的“5.12汶川大地震”中，她发动公司捐赠牛奶20万元的同时，向灾区捐款12万元。2010年青海玉树地震，她再次慷慨解囊捐款10万元。

为促进重庆市国家学生饮用奶计划重新启动和顺利实施，吴一奕配合政府率先在重庆市江北区、九龙坡区、巴南区、南岸区启动了配送学生奶计划，确保学生们每天都能喝上营养鲜纯的牛奶。

（4）影响力彰显——公司及个人屡获殊荣，中央和地方各级领导先后光临光大奶牛梦工场视察和指导工作。2006年4月23日，国务院总理温家宝亲临光大科技园视察工作，为科技园题词：“我有一个梦，让每个中国人，首先是孩子，每天能喝上一斤奶。”全国政协主席贾庆林、国务院副总理回良玉、重庆市市委书记薄熙来、重庆市市长黄奇帆等也曾先后到光大科技园鱼嘴基地视察工作，对光大集团的发展予以了高度评价和充分肯定。

在吴一奕的带领下，光大集团相继获得国家级农业产业化重点龙头企业、全国科普惠农兴村先进单位、全国服务新农村建设百佳乡镇（民营）企业、重庆市农业标准化工作先进单位、重庆食品安全诚信示范企业、重庆市为国建功立业明星企业等荣誉。她本人光荣地当选为重庆市人大代表，并荣获了2008年重庆十大新锐渝商、全国“双学双比”女能手、重庆第六届“巾帼建功”优秀女企业家、影响重庆改革开放30年•重庆食品经济影响力十大人物、重庆市优秀民营经济女企业家等称号。

杨云乐

总经理，男，汉族，1965年出生于河北栾城，中共党员，政协栾城县第八届委员，第九届、第十届常务委员，医药工程师。现任河北国富奶业有限公司总经理。

对奶业发展主要贡献：

（1）心系奶农，投资农业。杨云乐于2000年6月建成石家庄国富盛邦奶业有限公司，建成我国首家规范化“托牛所”——栾城县北高奶牛养殖小区。使养殖户从分散养殖走向了规模养殖，解决了养殖户售奶难、企业收购成本高、牛奶质量难以控制等问题，维护了奶农利益，为当地奶业实现长足发展夯实了基础。

（2）创新机制，农企双赢。杨云乐在公司成立之初就确定了服务农业、富裕农民的发展方向。为提升奶质，增加奶农收入，增强奶农抗风险能力，实现公司高效运转，创造性地将工业管理理念引入农业项目，健全内设机构，完善规章制度，细化工作标准，严格奖惩和竞争程序，推行了“工效挂钩”、“联效计酬”工作法。组织奶农注册成立了奶业协会，经民主选举当选为奶业协会会长、理事，负责公司服务事宜并监督服务质量，同时为养牛户提供高标准的挤奶大厅、挤奶设备，完善了供水、用电、通讯等设施。从奶农利益出发，集中开展防病、供料、配种、贷款、入保、挤奶、管理、规划“八统一”服务，大大降低了养殖户的资金投入和养殖风险，提高了奶牛的饲养管理水平，使奶农收入显著增加。

（3）广泛认可，影响扩大。杨云乐制定了科学完善的管理机制，公司影响面迅速扩大。中央电视台以及新华网、农民报、河北日报、河北经济日报、河北科技报、石家庄日报等新闻媒体纷纷报道了他的先进事迹。全国各地每年来公司考察学习参观的达8000多人次。国务院副总理回良玉和原农业部副部长、现中国奶协理事长刘成果亲笔题词予以鼓励，国家农业部、国家环保总局以及国务院政策办公室领导对公司取得的成绩给予充分肯定。公司先后被评为“全国奶牛标准化饲养示范区”、“河北省优秀私营企业”、“河北省重合同、守信用优良企业”、

“河北省奶牛标准化饲养示范区”、河北省及石家庄市“农业产业化先进企业”、“河北绿色无公害畜产品产地”、“河北农业大学教学科研基地”、国家科技部“十五”攻关重大课题专项“华北农区奶业现代化生产技术集成与示范基地”。奶业协会被评为“河北省优秀社会团体”、“石家庄市先进农民专业合作组织”等荣誉称号，成为我国奶牛养殖业标准化示范典型。

（4）勇于进取，做强做大。几年来，杨云乐怀着对农民的深厚感情，勇于探索实践，不断开拓进取，目前已发展到固定资产3000万元，奶牛存栏5000余头，管理人员52名，饲养人员420名，在石家庄、唐山、保定等地区建成示范“托牛所”15个。2006年生产鲜牛奶18200吨，实现销售收入1.85亿元。种养户收益1.1亿元，年消化玉米秸秆4000余公顷，带动周边1.3万农民增收致富。

近年来，先后荣获“全国劳动模范”、“石家庄市专业技术拔尖人才”、“石家庄市有突出贡献中青年专家”及一项国家、三项省级科技进步奖等20多项荣誉称号。

宋顺年

完达山乳业董事长，男，汉族，1963年生，硕士，高级经济师。

主要工作经历：1978年参加工作，历任黑龙江省七星农场干事、一分场党委副书记、建三江分局组织部副科长、科长、副部长，黑龙江省七星农场党委副书记、书记、场长，北大荒农业股份有限公司七星分公司总经理、黑龙江北大荒农业股份有限公司董事、党委副书记。现任黑龙江省完达山乳业股份有限公司董事长、党委书记，2010年当选为中国乳制品工业协会副理事长。

对奶业发展的主要贡献：

（1）牢记企业使命，坚持诚信经营，不断强化品质管理。始终坚持“奉献绿色食品，关爱大众健康”的经营定位，着力提升“天然绿世界，品质完达山”的企业形象。在通过了ISO9001质量管理体系、HACCP食品安全管理体系、ISO14001环境管理体系、OHSAS18000职业健康安全体系认证的基础上，在国内率先实施了诚信体系认证工作。引进GMP乳制品企业良好生产规范，导入“5S”现场管理等国际先进的管理方法，制定了高于国标的内控标准，保证了产品品质始终如一。从原奶收购、存储、预处理到均质、灭菌、灌装，都有严格的监测手段和专职的品控员，产品可追溯，质量可跟踪，内部模拟买卖，构建了无盲点的管控体系，企业被国家质检总局评为“全国质量管理先进企业”。目前，完达山乳业已有23个产品获得了国家绿色食品A级认证。成为全国乳品行业绿色食品品种最多、产销量最大的领先企业。

（2）变革营销模式，加大市场营销力度，突破发展瓶颈。加快系列新品上市步伐，高端定位产品，采取差异化营销策略，创新实施了协助批发营销管控模式，培育高端消费群体，打造强势营销态势，提升品牌价值。新模式建立推行后，实现了广告宣传、营销人员和各级门店的有效联动；加强了市场监管，业绩考核制度更趋完善，在国际国内建立联盟，做大贸易平台，促进了公司业绩快速增长。

（3）提升研发水平，做好科技支撑工作，提高企业竞争力。加快新品研发和上市速度，加快了完达山乳制品品种向着高毛利、多元化、差异化方向发展进程。实施粉类营销公司库存和终端管理销售信息化，并及时启动费用管理模块、物流分仓管理系统、员工、经销商、消费者信息交流三大平台，提高30%的工作效率。

（4）推行精益管理，加强企业内部控制，提高运营效率。对公司原有的流程进行梳理、优化，建立健全管理制度，让流程、制度、管理和执行各环节得到高效统一，合理筹划费用投入方向，及时进行跟踪分析和监督管理，保证费用投入产生效益最大化。充分利用信息化管理系统提供的管理数据，有效的管理经销商的库存和产品出入库状况，控制窜货，掌控终端。完善市场费用结算办法，加大市场考核监控力度，提高市场运营效率。

（5）坚持诚信惠民，做好奶量扩收，推动城乡一体化。抓好自有奶区的稳定和扩收工作，合理确定底价机制，不压质压价、不克扣刁难奶户。加强对新增奶源的质量控制、进行奶源普查，保证原料进厂100%合格。目前，完达山奶源基地现拥有40万公顷草原牧场、50余万头良种奶牛、136个奶牛标准化饲养小区、900多个奶站。仅在黑龙江省内就辐射垦区57个农场、27多个市县区。单就辐射带动省内的虎林、密山、大庆等27个市县奶牛养殖计算，每年可为地方农村养牛户兑现奶资近3亿多元。有力拉动了产业发展，为推动城乡一体化进程作出了突出贡献。

张家淇

利拉伐公司中国区总经理，男，1970年3月出生于北京，毕业于内蒙古大学，毕业后，就职于中国化工建设总公司，伦敦出口公司，并在全球领先的农药公司瑞士先正达工作长达11年，历任市场、销售及业务发展总监。在职期间，在美国Babson大学，法国INSEAD和美国普渡大学（二年）接受了各种专业的学习和深造。2007年5月被任命为瑞典利拉伐公司中国区总经理至今。

加入利拉伐后，在瑞典接待了时任河北省省长郭庚茂率领的河北省经贸考察团对利拉伐瑞典总部的访问，并随中国奶业协会出访了以色列、奥地利等奶业发达国家。在2008年，利拉伐又积极会同国际乳业联盟（IDF）在英国爱丁城堡召开了第一届环保可持续发展大会，邀请了中国的相关专家出席此次大会，又一次站在了行业的最前沿。

2010年出席了四川绵阳利拉伐援建永丰现代化牧场的竣工交接仪式。捐赠出的VMS全自动机器人挤奶系统，让这个因天灾而不幸的地区，真正意义上实现了全自动化牧场的跨越性改变。在2010年，利拉伐全力投身参与德国国际畜牧技术与管理展览会（Euro Tier），展示革命性的利拉伐全自动机器人转台挤奶系统（AMR™）。旨在加快智能化牧场的发展，促进从挤奶管理到全球牧场盈利管理的转变，实现牛奶质量及牧场利润的提升，让全世界更多的奶农从全自动挤奶中获益。

姜广飞

总经理，男，1970年7月出生于吉林省，1994年毕业于吉林建筑工程学院，现任吉林省犇鑫牧业有限公司总经理。

对奶业发展主要贡献：犇鑫牧业公司占地面积12万平方米，建筑面积2万平方米。主要经营项目有奶牛养殖基地、牛奶回收、养殖技术服务，现已形成了以牧业为主、多元发展的农业产业化体系。公司奶牛养殖基地现有荷斯坦奶牛2800头，可繁母牛1680头，育成牛560头，犊牛560头。经过几年的发展壮大，目前公司总资产已达2900万元，在大力发展奶牛养殖业的同时，积极带动周边农户从事奶牛业生产，通过奶站与周边农户建立了紧密的联系，并为其提供无偿技术服务。真正意义上实现了公司+农户的双赢运行机制。不仅保证了市场鲜奶质量，而且能够带动饲料、奶制品加工、保鲜、包装、贮运等行业的发展，为公主岭市乃至吉林省的奶牛发展起到了典型带动作用，辐射强度越来越大。先后被吉林省人民政府授予“吉林省农业产业科技示范园”、“吉林省农业科学院的科研基地”、“吉林农业大学教学实习基地”。每年都多次接待省内外参观考察，特别是公主岭市政府近几年来抓牧业小区建设，把犇鑫牧业作为样板在全市推广，带动了全市奶业的发展。企业周边新建奶牛饲养场3处，饲养奶牛600头，并且都建起了鲜奶收购站，全市饲养奶牛达1.2万头。其中饲养5头以上的258户，存栏奶牛6000头，全市现有牧业小区10户，饲养奶牛8000头，日产奶量40多吨，正在筹建奶牛小区5个。企业的技术人员无偿为附近养殖户指导奶牛饲养，回收牛奶，共同发展。鲜奶主要销售给蒙牛、辉山、广泽等企业，由于鲜奶质量好，受欢迎，效益很可观。经过多年来的摸索和努力，企业的经济效益越来越好，而且带动了全市奶业的稳步发展。2008年被吉林省政府评为科技推广示范园区。目前为止公司固定资产已达2900万元，流动资金100万元，年总产值已达3000多万元，实现利税300多万元。公司年消耗秸秆3000多吨，使周边300多公顷耕地秸秆过腹还田，农户从秸秆中获得收益，年效益30多万元。同时，该公司年产优质有机粪肥4900余吨，加上农户养牛所产牛粪，经过发酵腐熟后作为有机肥料，不仅减少了化肥用量，还降低了粮食生产成本。公司直接安排80多名农村剩余劳动力，周边农户利用公司提供的优质母牛繁育牛犊从事奶业生产和良种奶牛繁育，间接安置了大量农村剩余劳动力，促进农村的繁荣和社会稳定。

胡朝阳

董事长，男，汉族，1968年11月生于河北定州，河北职业技术学院机械设计专业毕业，后参加清华大学EMBA学习并顺利毕业。现任北京四方畜牧科技（集团）有限责任公司董事长。

主要工作经历：2002年11月从河北定州法院辞职创办北京华翔顺通机电有限公司，以经营消防器材为主。2004月11月创办了北京四方顺通畜牧科技发展有限公司，以生态牧场的建造和施工为主营业务。2006年10月又成立北京四方诚信畜牧科技有限公司，将业务扩展到生态牧场的规划、设计和管理培训方面，完成现代化生态牧场一体化建设专家的打造，并逐步成为中国畜牧行业的领导者，引领中国畜牧业的快速发展。2009年4月创办定州四方诚信畜牧科技有限公司，斥巨资在河北定州建设亚洲最大的现代化生态牧场设备生产研发基地，按照国内最高的建设和管理标准，进行生态牧场设备的精益生产，自此北京四方畜牧科技（集团）有限责任公司形成，完成了产业链的打通，以一体化生态牧场的设计、装备制造、建筑安装、管理培训为主营业务，年销售额3.78亿，市场占有率超过50%，是国内奶牛牧场建设领域的领军企业，拥有技术专利30多项，与中国农业大学、中国农业科学院、荷兰JOZ、美国US集团、以色列、德国、意大利等国家的先进农业技术公司达成了良好的合作关系。集团员工现有博士2人，硕士15人，本科生83人，大专生126人，中专生58人，大中专以上学历的人员占公司总人数的80.2%。公司在短短的几年内承建100多座大型奶牛养殖场，遍布全国。

对奶业发展的贡献：胡朝阳一向注重技术创新，为了更好地了解国外牧场方面的先进技术，胡朝阳先后多次赴美国、加拿大、荷兰、英国、法国、德国、丹麦等发达国家学习、参观、考察奶牛养殖工艺、牛舍建造及粪污处理设施设备。以为奶牛建造出干净、舒适的生活环境为己任，在国内率先倡导生态、环保、低碳化饲养，先后撰写《奶牛场清粪工艺及相关设备概述》、《奶牛场污粪利用新途径探讨》、《现代化奶牛场污粪处理工艺探讨》、《新式污粪处理一体化方案探讨》、《规模化奶牛场新能源的开发与利用》、《规模化奶牛场建造工艺和粪污处理设施》等技术文章在国内重要的刊物上发表。其中《奶牛场清粪工艺及相关设备概述》荣获中国奶业协会2007年会优秀论文一等奖，《现代化奶牛场污粪处理工艺探讨》荣获中国2008年经济社会发展优秀成果一等奖。《奶牛场粪污处理"一体化"解决方案》一文被评为中国奶业协会2009年优秀论文奖。

席　刚

公司总裁，男，1971年8月出生，工商管理硕士。现任新希望乳业控股有限公司总裁。

主要工作经历：席刚毕业于西南财经大学税务系，后又进入四川大学工商管理学院攻读工商管理（MBA）硕士，获得硕士学位。曾任希望集团总部人事秘书、招聘处处长；希望集团河北省深州公司总助兼行政部经理；东方希望集团（达川）四川美好食品有限公司总经理；东方希望集团成都美好食品有限公司总经理（前半年兼任四川美好食品公司总经理）；北京大禹伟业公司深圳公司总经理；北京大禹伟业公司广州公司总经理；新希望集团昆明雪兰牛奶有限责任公司及云南新希望邓川蝶泉乳业有限公司总经理；新希望乳业控股有限公司副总裁等职。

对奶业发展主要贡献：席刚先生先后服务于国内两家大型优秀企业，既有从基层到高层的工作历程又有从甲方（实业型）企业到乙方（服务型）企业的实际转换；多次参与企业的发展研讨和项目论证，对中、大型企业系统管理、统筹、规划、跨行业投资较为熟悉；尤其对合资公司经营、企业品牌规划和传播、新产品推广、人力资源管理有一定的实践经验积累。

黄　宣

董事长，男，汉族，1969年5月28日出生于广东潮州，中国共产党党员，毕业于中国科学技术大学管理科学与工程专业，研究生学历，经济师。现任广东燕塘乳业有限公司董事长兼总经理。

主要工作经历及对奶业发展的主要贡献：自1990年7月至1993年4月，于广东国营燕塘橡胶厂任营销经理；1993年5月至1997年12月，于广东省燕塘企业总公司期货投资部任总经理；1998年1月至2000年12月，于广东四明燕塘乳业有限公司任董事副总经理；2001年1月至2001年9月，于广东省燕塘企业总公司总经理办公室任主任；2001年9月至2002年12月，于广东国营燕塘牛奶公司任党总支书记、总经理；2003年1月至2009年3月，于广东燕塘乳业有限公司任副董事长、总经理；现任广东燕塘乳业有限公司董事长、总经理；中国奶业协会副理事长，中国乳制品工业协会常务理事，广东省食品行业协会副会长。

2000年被广东省总工会评为"外商投资企业优秀总经理"，2002年被中国奶业协会评为"优秀工作者"，2006年被评为"2005年度广东省食品行业优秀企业家"，20年的风雨历程，从基层踏实进取不断向前，思维活跃，具有丰富的企业管理经验和勇于开拓进取的创新意识，致力打造一支和谐创新、富有激情的团队，强调勤学互助精神，注重培养团队的整体协作能力。成功引领燕塘乳业顺利度过了2008年的乳业危机，逆势发展，取得了经营发展的新辉煌。

奶业知名企业

全国主要乳品加工和加工服务企业

2009年全国主要乳品加工企业

公司名称	品牌	处理能力（吨/日）	销售额（亿元）	主要产品
内蒙古蒙牛乳业（集团）股份有限公司	蒙牛	15 800	257.10	纯牛奶、酸奶、冰激凌、乳饮料、奶粉、婴幼儿奶粉等
内蒙古伊利实业集团股份有限公司	伊利	14 500	243.24	纯牛奶、酸奶、冰激凌、乳饮料、奶粉、婴幼儿奶粉等
光明乳业股份有限公司	光明	6 500	79.43	纯牛奶、酸奶、乳饮料、奶粉、婴幼儿奶粉、奶酪等
完达山乳业股份有限公司	完达山	4 000	33.57	纯牛奶、酸奶、乳饮料、奶粉、婴幼儿奶粉等
北京三元食品股份有限公司	三元	3 800	23.80	纯牛奶、酸奶、乳饮料、奶粉、婴幼儿奶粉、奶酪等
济南佳宝乳业有限公司	佳宝	1 300	18.12	液态奶、酸奶、乳饮料
西安银桥生物科技股份有限公司	银桥、秦俑	1 300	17.53	纯牛奶、酸奶、乳饮料、奶粉等
黑龙江飞鹤乳业有限公司	飞鹤	2 200	18.51	纯牛奶、奶粉、婴幼儿奶粉等
新希望乳业控股有限公司	新希望、华西等	2 000	13.86	纯牛奶、酸奶、乳饮料、奶粉、婴幼儿奶粉等
南京卫岗乳业有限公司	卫岗	1 000	13.02	纯牛奶、酸奶、乳饮料等
北京双娃乳业有限公司	双娃	700		工业奶粉、无水奶油等
深圳市晨光乳业有限公司	晨光	500	9.00	纯牛奶、酸奶、乳饮料
湖南长沙亚华乳业有限公司	南山	600	8.71	奶粉、婴幼儿奶粉、液态奶
维维集团	维维、天山雪	1 200	8.36	纯牛奶、酸奶、乳饮料、淡奶粉
施恩（广州）婴幼儿营养品有限公司	施恩		8.00	婴幼儿奶粉
小洋人生物乳业集团有限公司	小洋人		5.46	乳饮料
黑龙江贝因美乳业有限公司	贝因美	400	5.43	婴幼儿奶粉、米粉
成都菊乐食品有限公司	菊乐	500	5.34	纯牛奶、酸奶、乳饮料
广东燕塘乳业有限公司	燕塘	300	5.10	纯牛奶、酸奶、乳饮料
福建长富乳业集团股份有限公司	长富	800	4.60	纯牛奶、酸奶、乳饮料
江西阳光乳业有限公司	天天阳光	130	4.16	纯牛奶、酸奶、调味奶、乳饮料
新华百货夏进乳业股份有限公司	夏进	368	3.44	液态奶、酸奶、含乳饮料
天津梦得奶制品有限公司	梦思得露	332	3.36	液态奶、酸奶
山西古城乳业集团有限公司	古城	1 000	3.20	奶粉、纯牛奶、酸奶、乳饮料
惠尔康庆新乳业有限公司	惠尔康	160	3.17	灭菌乳、乳饮料
天津海河乳业有限公司	海河	480	3.08	纯牛奶、酸奶、乳饮料
石家庄明旺乳业有限公司	旺仔	120	3.00	灭菌调味乳、甜炼乳
河南三色鸽乳业有限公司	三色鸽	100	2.00	纯牛奶、酸奶、乳饮料
广州风行牛奶公司	风行	150	1.10	巴氏奶、酸奶、UHT 奶、乳饮料

2009 年全国主要乳品加工服务企业

企业名称	行业	总部	主要产品（服务）
上海远安流体设备公司	乳品机械	上海	卫生蝶阀、卫生活接头、卫生泵、卫生钢管、截止换向阀、弯头三通、卡箍、大小头、快装接头、视镜、安全阀等产品
上海普利盛轻工	乳品机械	上海	灌装设备
建技机械有限公司	乳品机械	中国香港	灌装设备
上海南华换热器制造公司	乳品机械	上海	换热器
上海东华高压均质机厂	乳品机械	上海	均质机
纷美包装有限公司	包装	北京	无菌纸包装、灌装设备
平湖比例包装材料公司	包装	浙江	无菌塑料袋
大连荣华彩印包装公司	包装	辽宁	无菌塑料袋
杭州中亚机械有限公司	包装	浙江	无菌塑料袋
爱普香料集团股份公司	乳品添加剂	上海	香精
一统豪蓓特	乳品添加剂	江苏	乳品配料
石家庄市兄弟伊兰食品配料有限公司	乳品添加剂	河北	稳定剂、香精、甜味剂
杭州浙大优创科技公司	检测设备	浙江	分析仪

乳品加工企业发展经验

伊利实业集团现状

内蒙古伊利实业集团股份有限公司

（一）企业简介

内蒙古伊利实业集团股份有限公司是一家极具创新精神和社会责任感的乳品企业，是唯一一家同时符合奥运及世博标准、先后为奥运会及世博会提供乳制品的中国企业。

伊利集团由液态奶、冷饮、奶粉、酸奶和原奶五大事业部组成，所属企业 130 多个，旗下拥有雪糕、冰淇淋、奶粉、奶茶粉、无菌奶、酸奶、奶酪等 1000 多个产品品种。在近 50 年的发展过程中， 伊利始终致力于生产 100%安全、100%健康的乳制品。

最新的权威机构调查数据表明，奥运企业伊利集团的品牌价值由2008年的201.35亿升至2009年的205.45亿，稳步上升 4.1 亿元，以绝对优势第 6 次蝉联乳品行业首位。这意味着伊利在经济影响力、技术影响力、文化影响力、社会影响力等方面全面展示了行业领导者的绝对优势。

伊利承诺成为一名负责任的企业公民。在近 50 年的发展中，伊利始终将承担社会责任作为立身之本，秉承“厚度优于速度、行业繁荣胜于个体辉煌、社会价值大于商业财富”的发展观，以自身的良好经营、与环境的和谐共处、与社会的多方共赢带动了企业公民理念在中国商界的普及。

在 2008 年 5 月 12 日四川汶川大地震发生后，伊利通过各种渠道向灾区捐款捐物 1300 万元，并积极参与灾后重建工作。伊利一直持续的“健康中国”计划，长期致力于推动“社区、青少年、环境”三大核心目标的健康发展，实现健康文化与健康生活的和谐共融。

（二）各事业部介绍

1. 液态奶事业部 液态奶事业部是伊利集团下属最大的产品事业部之一，旗下伊利超高温灭菌奶产销量连续多年在全国遥遥领先。液态奶事业部多次荣获国家级表彰和奖励，创造了乳品行业内多项第一。液态奶事业部开创了中国全新的“液态奶时代”，是国内乳品行业快速发展的发动机，为国民健康和行业的良性发展做出了巨大贡献。

自2006年以来，液态奶事业部持续推进产品结构升级，不断完善产品结构和品类，目前拥有伊利金典奶、营养舒化奶、纯牛奶、功能奶、花色奶、早餐奶、儿童奶、乳饮料等8大系列100多个品种的产品，始终致力于达成伊利“不断创新，追求人类健康生活”的发展使命。

2. 冷饮事业部 冷饮事业部始建于1993年7月，是伊利集团最具优势的产品事业部之一，主要生产冰淇淋、雪糕系列产品 。截至2009年，已经连续17年实现产销量居全国同行业第一。

为满足不断扩大的市场需求，伊利集团冷饮事业部先后在上海、天津、吉林、新疆、武汉、东莞、成都建立生产基地，并以新疆乌鲁木齐、天津康业、湖北黄冈、四川邛崃、广东佛山五大基地为核心，形成了遍布全国的网络化生产体系及完善的终端渠道。

3. 奶粉事业部 奶粉事业部是伊利集团下属最具实力的产品事业部之一。国际一流的生产设备和雄厚的技术力量，造就了伊利奶粉强大而蓬勃的发展态势。奶粉事业部长期致力于婴幼儿及成人营养奶粉的研制，形成了以乳都呼和浩特为中心，遍布内蒙古、黑龙江、新疆三大黄金奶源基地的生产基地网络，充分保证了每一袋奶粉都源自伊利的优质牛奶。

目前，奶粉事业部已凭借先进的技术、可靠的质量、更具优势的销售渠道在中国乳业脱颖而出，不仅拥有全球最大的配方奶粉样板工厂，更以良好的经营业绩全面领跑中国奶粉市场，伊利奶粉、奶茶粉产销量自 2005 年起跃居全国第一位，目前每六个宝宝中就有一个在吃伊利婴幼儿奶粉！

4. 酸奶事业部 酸奶事业部成立于 2005 年 7 月，是伊利乳业麾下最年轻、最具活力的成员，以生产酸牛奶、巴氏杀菌奶、乳酸菌饮料、奶酪为主，产品包括 15 个系列 90 多个品种。

自 2006 年“织网计划”实施以来，酸奶事业部仅用了一年的时间就完成了其他乳品企业三年才能完成的全国性市场布局，为伊利酸奶未来 5～10 年的发展奠定了产能基础。

伊利酸牛奶应用全球最先进的生产工艺，由 100%的优质牛奶发酵而成，是伊利家族中年轻而富有朝气的产品品类，在国内酸奶市场率先树立了中、高端的品牌形象。其中，伊利“大果粒”、“优品嘉人”、“畅轻”三大子品牌更是深受广大消费者的喜爱。

5. 原奶事业部 原奶事业部是伊利集团下属五大事业部之一，肩负着为上述四个产品事业部各生产企业提供优质原料奶的重任。为了保证提供优质的鲜乳原料，原奶事业部现有西北区域、东北区域、中南区域三个原奶管理中心，并根据事业部发展的需要先后成立了畜牧发展有限公司、伊利奶业发展有限责任公司、内蒙古牧泉元兴饲料有限责任公司、杜尔伯特伊利饲料有限责任公司等四个伊利集团全资及控股子公司。

伊利奶源基地遍布全国各地，是唯一一家同时拥有新疆天山、内蒙古呼伦贝尔和锡林郭勒三大黄金奶源基地的乳品企业，实现了真正意义上的“横跨东西、纵横南北”的战略布局。

（三）历史沿革

多年以来，伊利集团始终以强劲的实力领跑中国乳业，并以极其稳健的增长态势成为持续发展的行业代表。作为行业领军者，伊利以振兴中国乳业为己任，在率先完成产业升级之后，正致力于推动乳业发展从“又快又好”向“又好又快”转型。

伊利集团的前身系呼市回民奶食品总厂，最早系从呼市国营红旗奶牛场发展而来，一共拥有将近 50 年的发展历史。20 世纪 50 年代初，全国掀起了农业合作化运动，内蒙古呼和浩特回民区选择奶牛品种好、规模较大的 7 户奶牛户组成养牛合作小组，经过两年小型合作化实验取得成功。1958 年，已拥有 95 户养牛专业户的合作组改名为“呼市回民区合作奶牛场”，它就是伊利的前身。

1993 年 3 月，在对呼市回民奶食品总厂进行股份制改造的基础上，以定向募集方式成立了“内蒙古伊利实业股份有限公司”， 并于 1993 年 6 月 14 日在呼市工商行政管理局登记注册。从此，历史开始进入了一个新纪元！由此，伊利成为呼市首批推行企业股份制改组的国有企业之一，同时也是我国第一家乳制品股份制改造公司。机制的变革，使伊利从此步入了发展的快车道。

1996 年 3 月，伊利股票上市运作成功，共融资 9690 万元；1997、1998 年两次配股又融资 4.2 亿元。2002 年伊利再次发行新股 5000 万股，融资 8.2 亿元，成为当年最具投资价值的股票之一。此后，伊利集团不断完善和规范公司规章制度，提高公司治理水平，保证公司价值和长期经营业绩的提高，注重平衡股东权利、董事会责任和利益相关者三个方面作用。

1999 年，伊利集团在现任董事长潘刚的带领下成立中国乳业第一个液态奶事业部，遂拉开了中国乳业的“液态奶时代”，中国乳业从此进入快速发展的“黄金十年”。

2005 年度，伊利集团主营业务收入突破 100 亿元大关，达到 121.75 亿元，较上一年度强劲增长 39.38%，中国乳业由此诞生了第一家百亿量级的乳品企业，正式开始了对国际乳业巨头的追赶及超越。

2005 年底，伊利集团正式宣布牵手北京奥运，成为唯一一家符合奥运标准、为奥运会提供乳制品的企业。这是中国乳品企业第一次在与全球乳业巨头的同台竞争中完胜，也代表中国乳业由此正式走上国际舞台。

2007 年全年，伊利主营业务收入逼近 200 亿元大关，较上年同期稳健增长 17.56%，其中净利润较上年增长 27. 46%。从 2005 到 2007 年，伊利主营业务收入在 3

年间增加近 100 亿，书写了中国乳业规范发展的样本和纪录。

在 2008 年成功服务北京奥运的基础上，伊利集团于 2009 年 5 月 25 日正式宣布：成为唯一一家符合世博标准、为 2010 年上海世博会提供乳制品的企业，成为唯一一家先后服务于奥运和世博的中国乳品公司，刷新了世界乳业的历史。

（四）产品获奖情况

2007 年，在第八届中国国际食品和饮料展览会上，“伊利金典有机奶”和“CBP 高钙奶粉”在参展的全球 62 个国家和海外地区的 1097 家中外企业中荣获了“创新产品奖”大奖，伊利集团也因此成为此次展会上唯一两个产品获奖的企业。

2007 年和 2008 年伊利营养舒化奶屡次斩获国际奖项。先是在 2007 年于荷兰举办的首届全球乳业大会上获得了“最佳创新液态奶产品高度推荐奖”，成为首次获得国际大奖的中国乳品；再是于 2008 年第 14 届世界食品科技大会上成功斩获“科技创新奖”，成为唯一一款在“全球乳业大会”和“世界食品科技大会”上同时折桂的中国乳制产品，伊利营养舒化奶可谓名副其实的“双冠王”。

2009 年，在第十届中国国际食品与饮料展览会（SIAL China 2009）上，“伊利 QQ 星儿童成长牛奶”因为其专为儿童成长所设计的独特配方以及三重保护系统，获得与会专家团的一致认可，夺得“创新产品”大奖。SIAL 专家团成员对全球乳制品配方的比对和评选后认定“伊利 QQ 星儿童成长牛奶”的独特配方具有全球唯一性且具有创造性。

光明乳业用良心造好奶 追求卓越永不止息

光明乳业股份有限公司

（一）历史悠久　乳业长跑领军者

有 50 多年历史的光明乳业股份有限公司是股份制上市公司，主要从事乳和乳制品的开发、生产和销售，奶牛和公牛的饲养、培育，物流配送，营养保健食品的开发、生产和销售。公司拥有世界一流的乳品研发中心、乳品加工设备以及先进的乳品加工工艺，形成了保鲜奶、酸奶、超高温灭菌奶、奶粉、黄油干酪、果汁饮料等系列产品，是目前国内最大规模的乳制品生产、销售企业之一，在行业中一直保持领先地位。

2000 年，“光明”系列产品获第 27 届中国奥运代表团唯一指定乳制品称号；2001 年，入围“中国最受尊敬企业 50 强”；被中国食品工业协会评为 1981—2001 年 20 年间中国 20 大杰出企业之一。“光明”品牌被中国食品工业协会评为 1981—2001 年 20 年间中国 20 大著名品牌之一。2002 年在上海 100 强企业列第 39 位；中国 500 强企业列 301 位。被《财富》杂志评为“中国最受赞赏的外商投资企业”以及“社会责任感最强的公司”。光明液态奶被国家质量监督总局认定为中国名牌产品。成为国家级农业产业化重点龙头企业。连续入围由中国企业联合会、中国企业家协会组织评选的“中国 500 强企业”。2003 年 9 月，在中国企业联合会和中国企业家协会的中国 500 强企业（2002 年度）评比中列第 281 位，中国社会科学院和中国经营报的 2003 中国股市“最具竞争优势的百家企业”中列第 10 位。2004 年，在著名媒体《财富中国》发布的《2004 年中国证券市场领导力报告》中，光明乳业入选“2004 年全国最具领导力的 20 家上市公司”；2005 年，“光明牌液态奶”被国家质量监督检验检疫总局评为“中国名牌产品”；同年 12 月，光明乳业连续第二年被商务部国际贸易经济合作研究院评定为全国诚信等级 AAA1 企业；2006 年，在中国社会科学院和中国经营报组织的竞争力年会上获得“卓越自主创新新产品”称号；2007 年 1 月，被国家商务部评为 2006 年度中国最具市场竞争力品牌。同年 9 月，被卫生部、农业部、公安部、国家工商总局、国家食品药品监督管理局等联合授予“中国食品安全十强企业”称号，是中国液态奶企业中唯一获得此称号的企业。2007 年 10 月通过上海市质量金奖评审组的复评，再次荣获“上海市质量金奖”。2009 年，荣获“信心 2009—快乐竞争力公司 TOP20”，常温事业部荣获“信心 2009—公司快乐竞争力调查”——“信心团队”单项奖；2009 年 9 月，在“2009 中外科技百强高峰论坛暨科技杰出贡献奖颁奖典礼”荣获“辉煌 60 年——科技制造中国”杰出贡献奖；2009 年 10 月被《中国妇女》杂志社评为“中国女性消费者喜爱/信任品牌”。2010 年 4 月荣获由商务部研究院信用评级认证中心颁发的“中国十大诚信品牌”称号。2010 年 6 月，荣获由新华网和中国保护消费者基金会打假工作委员会共同颁发的“2010 全国食品质量消费者放心品牌”称号。2010 年喜获行业唯一“乳业生物技术国家重点实验室”认证。同时，光明莱特牛博客推广项目折桂“金投奖—数字营销奖”。

（二）奶源升级　“牧场千分”渐入佳境

“好心才能做好奶”是光明乳业总裁郭本恒常常挂

在嘴边的一句话。他在业内首度提出“共建和谐乳业链”倡议，提倡以确保奶源质量为根本。2008年光明加快推进“奶源革命”，提前3个月完成了百分百拒收散奶的奶源管理计划，加速推行奶牛集中饲养、规模饲养、科学饲养，扩大了奶牛“身份证”管理的范围。2008年做到100%拒收散奶。光明能够在短时间内做到全部拒收散奶，源于5年前就已开始实施的“奶源革命”，它的核心是企业首先有正确的价值观、经营观，并通过科学管理来打造更多的安心牧场，从源头保障消费者喝到的是安心奶。

2008年9月“100%拒收散奶”只是光明“奶源革命”的阶段性战役，2009年新推的“牧场千分”标准则是“奶源革命”的深化和牧场质量管理的升级。2009年在自有牧场广泛推行“牧场千分”标准。同年开始业内首家在全国所有下属工厂推行“工厂千分”标准。“牧场千分”标准把全方位牧场管理标准细化为350条，合计1000分，800分为及格线，其主要内容包括：牛只防病治病和防疫，饲料和饲养管理，日常生产经营，环境卫生，以及包括ISO9001、国家良好农业操作规范（GAP）等标准认证的质量管理体系。

光明“牧场千分”标准将率先在公司的自有牧场施行，时机成熟时就会扩展到合作牧场，再推进到承包租赁的养殖小区。光明承诺产品100%无抗生素残留检出、承诺100%拒收散奶，就是在销售旺季也同样坚决兑现。郭本恒总裁一直坚持“保障乳品安全最关键的是要杜绝‘面子工程’。光明不设示范牧场，我们低头做的是所有的牧场执行统一的标准，牧场之间的硬件环境也许有些差异，但管理标准绝不能有差异。”

（三）持续改进 深化管理追求卓越

2010年5月中下旬，光明乳品八厂率先开始运营WCM世界级制造系统。所谓WCM，是以TPM(全员生产保全管理)为基础，融合供应链管理、全面质量管理、战略成本管理、6σ（六西格玛）、精益生产等管理要素，汇聚而成的一套系统实用、富有成效的先进管理技术集成，其目的就是帮助企业打造“世界级制造商。”这正是光明在全球化背景下的定位。光明乳业总裁郭本恒认为，“当前光明不一定要做规模最大的，但一定要做最优秀的！”如今上马WCM只是水到渠成之举。光明又成功地完成了收奶系统信息化工程的改进和升级。这不仅在国内独此一家，在全球也应该是创新之举，选择光明乳品八厂作为WCM应用的开路先锋，也正是基于其在自动化、信息化方面的成功积淀。

从质量管理上，企业可分为四个等级：最低级是检验型企业，靠检验保证质量；第二级是过程控制型企业，靠过程的管理跟踪来保证质量；第三级是体系保证型企业，靠健全的体系、科学的系统来保证质量；第四级是完美型企业，质量已经渗透到企业的灵魂中，无处不在。据了解，目前欧洲国家基本上都是在二级到三级之间，多数是三级，个别有二级。光明乳业2001年做到了二级型企业，实现过程控制，现在已达到三级型体系保证型企业，并将继续向四级完美型企业目标努力迈进。

2009年初，郭本恒总裁郑重提出光明的质量宣言——“质量是公司的法律”。国家生奶收购标准相对较低，光明都是采用欧盟标准制定出自己的企业标准。早在2006年光明就开始在全国所有下属工厂推行同属全球首创的“工厂千分”标准，主要包括五部分内容：涵盖ISO9001、HACCP（风险分析和关键控制点）、GMP（企业良好生产规范）等标准认证的质量管理体系、重重设卡的环境卫生体系、从生奶到包装的产品控制体系、严格按照技术文本操作的工艺控制体系和从观念到技能的员工管理体系。在郭本恒的带领下，光明建立起更为严格的质量体系设置。在整个质量管理链条上，光明除了对奶源严格管控，加工方面也控制好质量管理的每一个环节。在与供应商合作方面采取了很多措施：大量压缩供应商的数量；进行供应商的评估，完全按照跟公司铁定的质量标准进行评估，不合格的完全砍掉；与国际接轨，与世界500强企业合作，违规操作的可能性较小，从而保证了质量。

（四）首度倡议 联手共建“中国和谐乳业链”

在2009年乳业恢复之年，光明乳业总裁郭本恒首次提出共建“中国和谐乳业链”的重要倡议。乳业链基本可分为上中下游三段，上游是奶源建设，中游是加工营销，下游是售后服务。提出共建“中国和谐乳业链”，是因为目前中国乳业的整体现状可以说是中间强、两头弱，这种“不和谐”不仅给乳品企业、奶农、消费者、投资者的权益都造成不同程度的损害，而且后患重重。为此，郭本恒带领光明乳业特向全国1000余家兄弟企业发出倡议，呼吁以责任当头，共同建造“中国和谐乳业链”。

（五）科技领先　密谋“高科技金字塔”

2010年，光明承建的乳业生物技术国家重点实验室通过科技部专家组评审认证。光明自1999年确立“科技领先”发展战略之际，就成立了亚洲规模最大、实力最强的乳业技术中心；2002年即跻身320家国家级技术中心，2004年成功进入前50位。

光明的目标是，“高科技金字塔”要成为光明“科技领先”战略乃至中国乳业自主创新的标志性建筑。光明已经拥有业内领先的上海乳业生物技术工程研究中心，2010年已经向科技部正式提交申请升级为“国家级工程技术研究中心”。

光明现已拥有18项发明专利授权，其中包括1项美国发明专利和1项欧盟发明专利；芦荟酸奶、“AB100”益生菌优酪乳、益菌奶、益生菌酸牛奶、舒平牛奶和贝爱康牛奶6个手握“健”字号证书的产品组成了光明“六健客”阵容。

2010年上半年光明又有2项发明专利获得国家授权，同时还有10余项发明专利已在审批过程中。

（六）首次并购 落子海外开创新奶源

2010 年光明乳业首次海外并购成功，认购新西兰 Synlaik Milk 公司 51%新增股份，开拓海外的奶源，注入光明新的血液，这对于“复苏—成长—腾飞”三步曲战略的光明而言，是布局海外的一枚重要棋子。光明可以凭借此次并购来共享新西兰在乳业科技、质量标准等方面积累的先进经验。光明多年来一直坚持企业标准高于国家标准并与国际标准接轨，落子海外将会进一步强化光明全线产品的竞争优势。此外，光明和 Synlait Milk 原股东已另外达成协议，光明认可 Synlait Milk 在本次交易完成之后 5 年内上市的计划；并且光明有权在其上市发售新股时认购一定量的股份，以维持 51%的控股比例。这意味着光明可以借此搭建自己的海外融资平台，对于公司未来发展具有深远的战略意义。新西兰乳制品良好的国际声誉和消费者认知，不仅可为光明进入高端婴儿奶粉市场提供了良好的市场切入点和生产基地，也为公司寻求新利润增长点提供了一个理想的产业平台，有助于强化其婴幼儿奶粉的竞争优势，同时进一步提升整体赢利水平。

光明品牌已经走过了 50 多年的发展历程。为消费者提供安全、新鲜、营养、健康的乳制品是全体光明人一直以来的责任和追求。高速发展中的光明凭借在科技、奶源、物流方面的既有优势，将进一步深化“奶源革命”、“管理革命”，继续以“科技战略”为核心，在进一步挖潜打造自身综合竞争力的基础上，继续坚守“诚信正直、热忱宽容”的核心价值观，真正“用良心造好奶”，持续不断的追求卓越，为光明新三年战略和实现远景目标开启新的篇章。

三元食品坚持——“诚信、责任、稳健、创新”架构企业永续发展体系

北京三元食品股份有限公司

三元另解，“元”为始、开端的意思，农历正月初一这一天为年、季、月之始，故称“三元”。“三元”又是解元、会元、状元的合称。三元，在道教教义中原指宇宙生成的本原和道教经典产生的源流，隋唐以后又衍化为道教神仙和道教主要节日的名称，延续至今。自此可以洞见三元创始者的智慧高度。

三元的确是这样一个企业，生长于百废待兴的中华人民共和国成立之初，受命于中国乳业危难之际；它秉承责任与诚信的大企精神，引领中国乳业健康规范前行；它以“源自于社会，服务社会”的胸怀感恩社会，回馈亿万民众。

近年来，三元以完整的乳品产业链为依托，以诚信管理体系建设、践行企业公民责任、谋略布局以及科技研发为重点，企业上下全民动员，建设一套符合三元企业发展轨迹、行之有效的管理体系，走出了一条令同行乃至行业称颂的特色之路。

（一）诚信为始

诚信，是企业赢得尊重与信任的基石。诚信，才能让企业长足发展。三元扎根于北京的 60 多年，以诚信立足、立名，建立广泛口碑与深远影响，从产品到服务，从售前到售后，乃至相关的每一个环节，三元视诚信为企业命脉。

三元狠抓诚信道德观建设。把诚信管理体系建设作为企业工作的重中之重，加强员工的思想认识，采取各种形式，有针对性地向广大员工宣传普及诚信文化教育，为诚信体系的贯彻实施营造良好的舆论氛围和社会环境，组织学习和讨论，弘扬诚信传统美德，增强员工的法制意识、责任意识、质量诚信意识，使每位员工都树立正确的诚信道德观。

除意识形态方面灌输诚信概念以外，三元还通过完善现有的五项制度进一步加强诚信管理体系建设。一是加强原、辅料查验制度。引入供应商二方审核制度，结合三元企业的自身情况，制定出一套完善的供应商审核标准，为原、辅料供应商进行星级评定，通过评定的供应商才能供货；二是完善生产过程质量安全控制制度，三元多年来一直采用产品可追溯安全防范系统，严格按照工艺流程、操作规范、产品标准等组织生产加工，今后要进一步加强中间环节的控制，降低对事后检验的依赖；三是进一步规范产品进出库管理制度，实行库房信息时时动态更新，三元采用 ERP 货物分销软件系统，从客户的订货，车辆的配货，产品的出入库全部在计算机系统内完成，同时运用计算机网络管理各库区货物的新鲜度。四是完善产品出厂检验记录和食品召回制度，三元的产品原始检验数据和检验报告记录都会保存，以便于问题排查；五是加强产品安全自查自纠制度。

众所周知，奶源是乳品企业的生命线，三元对原料奶的要求更是严格，每一滴原料奶都要经过至少 28 项指标的检验，包括初检和复检两关，还引入了第三方检测机构，并推出了以国际标准相接轨，以蛋白、脂肪含量定价为标准的收购标准。同时增加了感官指标，冰点及卫生指标等检测项目，并增加了更为严格的，对抗生素和体细胞的要求，真正做到了与国外优质原料奶的质量标准相同步，给广大消费者生产

出安全的乳品。

（二）责任领先

作为中国乳品行业的中流砥柱，三元始终积极履行企业公民责任，积极参与社会公益事业，为缓解公共危机尽心尽力。

目前，我国尚属于贫奶国，不论城市还是农村地区的人均乳品消费量都远远低于国际标准。特别是广大农村地区，年人均饮奶量仅为 3.4 千克。因此，向农村居民特别是农村儿童普及营养知识、提高人均乳品消费量是改善居民膳食结构、提高人民健康水平的根本途径，这就是三元此次作为绿叶行动的发起人的目的之一，在“2009 儿童食品（北京）高峰论坛”开幕仪式上，三元食品联合北京妇女儿童发展基金会共同发起了关爱儿童少年安全健康成长的公益性项目——绿叶行动，并带头签署了“绿叶行动北京宣言”，表示愿意和全社会一道努力打造儿童食品质量安全良性发展环境，共同推进儿童食品产业进步，并特地向由市妇会选出的北京郊区县中品学兼优的 8 名小学生免费赠送一年的三元产品——三元爱心牛奶卡。

三元从事公益事业，一直都是以“大爱”为核心，帮助那些真正需要帮助的人群。从不做表面功，而是将公益视作践行企业公民责任的常态系统。在每年的“世界牛奶日”和“全国乳品营养周”期间，三元通过举行“送牛奶与营养知识下乡”活动，利用现场品尝、互动、专家讲座等形式，向学生们全面系统介绍乳品营养知识，让更多中小学生了解更多的乳品知识，树立科学的消费理念，合理选购；让老师和家长更加重视学生的食品安全及营养，全面提高学生的身体素质。此外，三元坚持向离退休老红军送奶，几十年来，风雨无阻。

除了对外践行企业公民责任外，三元还非常重视对内部职工关怀。作为历史悠久的国企，在职、离退休工人数量众多，有部分职工家庭困难但仍然坚守在工作一线，三元工会本着“进困难职工门、知困难职工情、解困难职工难、暖困难职工心”的宗旨，对各部门上报的困难职工进行认真调查摸底，在此基础上，全面启动送温暖工程，彻底解决职工的后顾之忧，促进企业和谐发展。

（三）稳健求变

2009 年，对于稳步发展的三元来说，具有不同寻常的意义，河北三元顺利投产，大兴工业园区破土动工，山东三元成立……等一系列的举措，证明了三元已步入全新的时代。

河北三元车间正式投产之时，便如同一个承前启后的分水岭，它的正常生产运营，不仅顺利解决了乳品危机事件对整个行业以及企业的影响，同时标志着中国奶制品市场质量的整体提升。

6 月 18 日，三元发布公告，将在北京市大兴区投资兴建日处理鲜奶能力为 1200 吨的工业园，投资总金额约 6.8 亿元人民币。新的工业园建成后，日处理鲜奶能力将由原来的 862 吨提升到 1200 吨，建成投产后公司的规模将是现在规模的 1.39 倍。

同年 12 月 18 日，上海三元乳业有限公司及其山东分公司正式成立、山东三元公司投产运营。该基地将被建成山东最大奶源基地，全部采用现代化乳品加工技术，年生产鲜奶能力达 15 万吨。

过去，三元的战略布局一直集中在北京，并向周边省市扩大。在河北、山东，三元顺利投产后，新的战略布局已具雏形：目前，三元以北京为中心，河北、山东为两翼，稳固北京及周边地区，辐射河北、山东所辖城市以及周边各省，并且积极向全国市场迈进。

（四）创新突胜

创新是人类发展进程中的动力，是直接推动生产力发展的重要因素，是社会发展的必要条件。而对于企业来说，只有插上“创新”的翅膀，才能在激烈的行业竞争中飞得更高、更远。因此，一个企业要不断发展壮大，科技研发是其中不可或缺的一个环节，这需要众多高素质的研发人员和高科技的研究装备为其保障。

北京三元食品股份有限公司技术中心就是集技术创新、新品开发、标准制定、质量保障、信息服务、技术培训、项目示范、成果推广等综合功能，为企业创新提供良策的部门。目前，该中心拥有技术人员 105 名，其中博士 4 人、硕士 33 人，科研攻关能力在国内同行业处于领先水平。除软件以外，三元的现代化科研大楼内设有中试车间、中国实验室国家认可委员会认证的实验室等，拥有液质联用仪、气相色谱、进口实验型发酵罐、实验型超高温杀菌机等多种先进仪器和检测设备，为新品、检测及课题研究工作提供了有力的硬件支撑。

经过多年的发展，在创新能力提升的同时，三元也培养了大批专家型人才。凭借强大的创新能力，三元多次完成国家各级部门的科研任务，科研成果达到国内领先、国际先进水平。目前，三元在国内外公开刊物上发表论文 80 余篇，其中 SCI（科学引文索引，是世界著名的三大科技文献检索系统，是国际公认的进行科学统计与科学评价的主要检索工具）2 篇，正式出版书籍 12 部。近几年，技术中心共承担国家级科研课题 12 项，北京市重大科研项目 12 项，为市场开拓和公司发展提供了强有力的产品及技术保障。

此外，三元潜心研究中国人的饮食结构及习惯，结合三元本身特有优势，开发新产品。三元加快产品结构调整，研发高端技术，近年来推出了一批具有高科技内涵的产品：“三元品质牛奶”、“三元特需液态奶”、“三元 ESL 极致鲜乳”等，引领了中国乳品的发展趋势，获得了众多消费者喜爱，市场占有率大幅度提升。

“诚信、责任、稳健、创新” 构成了三元的四大特质，犹如一部汽车的四个轮子，为三元不断前行开辟漫漫征途，亦促成三元源源不断焕发着生机和活力。三元，必将继续由一个巅峰迈向另一个巅峰。让我们拭目以待吧。

完达山乳业扎实进取　不断发展

完达山乳业股份有限公司

完达山乳业股份有限公司系北大荒集团控股公司（其中北大荒集团持股 66%），现拥有资产总额 26 亿元，下辖 20 余家分、子公司，员工近 20000 名。年加工鲜奶能力 100 余万吨，可生产奶粉、液态奶、饮料、豆制品、米麦制品及保健食品等各系列近 200 个品种，销售网络遍及全国，其中原料粉远销东南亚和非洲。

2009 年，**完达山的品牌价值从三聚氰胺奶粉事件前的 22.39 亿元跃升为 51.83 亿元**，在中国最具价值品牌 500 强中“完达山”位列 171 位，提高了 155 位。

完达山乳业的奶源基地主要分布在北纬 45 度，是世界上仅存的三大黑土带之一，这里土质肥沃、草质肥美，非常适合奶牛的生长和泌乳，是世界公认的优质奶源带，拥有兴凯湖、洪河、挠力河 3 个国家级自然保护区，还有 8 个国家级生态示范区、10 个绿色食品生产基地，辐射黑龙江省 20 余个市县区、近 60 个农场。在这一优质奶源带上，有完达山 600 万亩（40 万公顷）天然草原牧场，50 万头良种奶牛，优良的生态环境成为生产优质原料奶的自然资源基础。

在奶源管理上，完达山乳业直接与奶农签订牛奶收购合同，实行“小区管理、分户饲养、机械榨乳、冷链运输”的管理模式，把奶站作为乳品生产的第一车间，牛体清洁、机械榨乳等工作在奶站工作人员的监督下进行，切实做到每个环节都是可控制的。

完达山奶站配有简易的检测设备，对原料奶一直坚持“每日取样，每日检测，每日送检”。在奶站现场检测原奶的密度、酸度、温度、碱试验和酒精阳性乳；原奶运到工厂后检测脂肪、蛋白质、抗生素、掺杂使假等 36 项指标，并增加了三聚氰胺的检测；如果原料奶出现不符合标准的现象，可通过奶样进行追溯，找到源头，通过有关部门按相关规定进行处罚；对有争议的奶样，工厂和奶农一起到国家指定的第三方有资质的检验机构进行复检判定。完达山中心检验室每年还对奶源进行两次全面普查，普查鲜奶质量。

完达山的奶源管理模式及其建立的“奶源质量追溯制度”从源头上保证了原料奶的质量，而完达山在收购原奶时采取的“双项计价、优质优价”的计价方法，则既增加了奶农收入，又增强奶农“养好牛、送好奶”的质量意识。

在生产管理上，完达山从原料验收到成品出厂有一整套完善的管理制度，制定的质量与食品安全标准多达 1155 项 100 多万字，堪称吉尼斯世界纪录。完达山对每个岗位均制订了详细的岗位操作规程，对操作要求精细化，实施岗位三级管理。为了在产品质量管理上与国际接轨，完达山乳业实施并通过了 ISO9001 质量管理体系认证，HACCP（危害分析及关键控制点—乳制品生产企业要求））食品安全管理体系认证，引进 GMP 乳制品企业良好生产规范，导入“5S”现场管理等国际先进的管理方法，实行严格的可追溯体系。通过实施食品安全管理体系，保证产品的营养和安全，做到有效预防食品安全危害的发生。公司还实施了以质量为核心的全员参与的“三全管理法”，促进了公司整体管理水平的不断提高。

在设备上，完达山融合了同行业最前沿的生产技术，先后从丹麦、德国、瑞士、西班牙、澳大利亚等国引进了先进的技术与设备，生产线全部采用中央控制系统，电脑操作，新近投资兴建的阳光乳业公司包装设备采用澳昆智能全自动机器装箱、码垛系统，机器人系统可完成自动开箱、称重、筛包、装箱、喷箱、封箱等一系列操作；仓储设备引进德国德马泰克全自动智能仓储系统，可有效控制产品出入库的时间、数量、品种等，完达山在设备上真正实现了自动化加工生产，包括自动配料、自动清洗等，全程监控，自动化程度在国内最高，在国际也处于领先水平。粉类进入国内一流水平，液奶缩小了和国际的差距，达到国内领先。

在检测上，完达山投资数千万元建立了现代化乳品检测中心和各分、子公司检验室，并通过了国家实验室认证认可。公司现有工艺技术人员具有大专以上学历的占 93%。公司专业检测队伍具有专科以上学历的占 95%，全部通过了国家质量技术监督局的考核，并获得高、中级乳品检验员资格职业证书。在产品标准方面，完达山制定了优于国家标准的企业内部标准，原料及产品均实施“三级检测”制度，在加工环节上，采取“原辅料—半成品—成品”检验制度，在加工过程中，每隔半小时就要对工序上的产品做一次抽检，做到不合格品绝不允许流入下一道工序。在产品发往市场前，采取“分厂—分公司—中心化验室”三级检验制度，不合格的产品绝对不出厂，在成品进入物流库后，还要检验，流入市场前，中心实验室还要对 100 余项食品安全指标、营养指标等进行周密的检测，合格的产品才可以进入市场。

完达山产品问世近半个世纪以来，经国家质量技术监督局历年、历次抽检，合格率始终 100%。

完达山还建立了完善的记录和标识与可追溯性程序，生产过程中的每个工序都进行详细的记录，为产品的可追溯性提供了保障，每一批产品都可以对所使用的原料奶产地、使用的原材料、使用量、原辅料供应商、生产时间、生产过程工艺参数、生产班次、班上作业人员、成品检验人员、放行人员、每批产品物流存储地点、物流发货去向进行追溯，从而实现对产品质量与食品安全的全过程监控和全方位追踪问效。

在产品研发方面，完达山始终瞄准世界乳品的前沿技术和智力资源，与美国联合研发的安力聪、自主研发的元乳系列配方奶粉、珍益及黑沃牧场、原生带·净纯奶等多项高科技、高附加值产品投放市场后受到消费者的欢迎，有数十种产品被评为高新技术产品。完达山与国外多家研发机构共同构建国际化虚拟研发体系，与国内10余所高等院校联合组成科研开发实体，形成产品“研发一代，上市一代，储备一代，构思一代”的良性循环，不断推出新产品，完达山每年都有几十项新产品投放市场。

多年来，完达山还承担了多项国家重点科技项目、省市级重点攻关项目。其中2002年承担“十五”国家重大科技专项“东北农区奶业现代化生产技术集成与产业化示范”，共鉴定科技成果43项，获得专利3项、申请专利13项、新型乳制品8种。2006年承担“十一五”国家重大科技专项“东北农区奶业集约化生产技术集成及产业化示范”，通过项目的开展，加强了产学研的密切合作，研发科技创新能力得到显著提高，提升了企业人才的竞争力，促进了高科技产品的市场竞争力，为企业的长足发展注入了生机和活力。

在人才管理方面，完达山十分重视人才的培养、引进与储备工作，每年都会招收优秀的应届大学生数百名，已备公司永续发展之需，这些毕业生分布在公司的各个岗位，也使员工队伍逐步向年轻化、知识化过渡。另外，对于公司发展至关重要的专业性管理人才，完达山还通过各种方式积极引进，目前，已引进重要岗位专业性的管理人才数十名，随着完达山的进一步发展壮大，人才引进力度也将不断加大。

在营销方面，完达山乳业建立了覆盖全国的完善、快捷的市场销售网络和物流配送系统，销售网络遍布全国。完达山还加大对终端活化的关注度与终端资源的掌控力，通过销售管理系统对终端情况进行精细化管理，并自建渠道，在各大中城市发展完达山“世纪贝贝”孕婴店加盟业务。

在品牌建设上，加大了媒体宣传。广告覆盖了全国81%的电视观众，地方电视台重点对黑龙江、吉林、辽宁、河南、河北、山东等省份加大了宣传力度。同时，连续六年进行“滴滴好牛奶　浓浓黑土情”大型全国巡回路演，也有效地提升了完达山品牌知名度。

2009年，完达山乳业抓住中国乳业走向复苏的发展机遇期和行业整合的有利时机，先后投资十几亿元，实现低成本扩张。新建烟台完达山日产300吨液态奶厂和日产800吨完达山阳光乳业公司，控股原三鹿核心企业河北贝兰德乳业公司，实现了核心企业挺进中原的战略布局。收购圣元宝泉岭乳业资产，把圣元年产2万吨配方粉企业收入麾下。同时，完达山投资建设的兴凯年产2万吨配方奶粉项目和双城年产3万吨成品粉包装生产线项目已建成投产，具有国际水准的松北万头奶牛牧场也在建设中。这使2009年成为完达山乳业有史以来投资最多、建设项目最快、运行质量最好、新增生产能力最大的一年，至此，完达山乳业已基本完成了奶粉、液体奶在全国的生产布局，为跻身中国乳业第一梯队及下一步的健康、持续发展奠定了坚实基础。

企业获得的主要荣誉

序号	证书名称	颁发单位	颁发时间
1	农业产业化国家重点龙头企业	农业部、发改委等	2007.4.
2	农业产业化国家重点龙头企业(2009.1-12)	农业部、发改委等	2008年5月
3	2009年度中国食品安全年会食品安全示范单位	中国食品安全年会组委会	2009.11.21
4	产品质量免检证书	国家质量监督检验检疫总局	2009.12

诚信为本　厚德载物——西安银桥乳业集团的诚信文化

西安银桥有限公司

从银桥集团30多年来的发展和经营实践来看，诚信是企业文化的核心和灵魂，是最宝贵的精神财富。

（一）诚信是银桥企业文化的核心和灵魂

欲发展企业，先建立信誉；欲做大企业，先做好信誉；欲做强企业，必牢守信誉。银桥乳业集团1978年底建厂，与我国改革开放同步发展，从当初的小手工炼乳作坊发展成为今天西北地区产销量最大的乳制品专业化生产企业、农业产业化国家重点龙头企业，并跨入了中国乳品十强企业前列。2009年面对全球金融危机和行业信任危机的双重影响，银桥集团克难攻坚、逆势而上，各项经济指标均实现了两位数的增长，为“保增长、保民生、保稳定”做出了应有的贡献。

银桥是一座桥，是一座为广大消费者提供营养乳制品的健康之桥；是一座带领千家万户奶农增收的致富之桥；是一座全面建设小康社会的和谐之桥。这三句话就是银桥的核心价值观，是银桥的经营信条和存在意义，它是一个庄严的承诺：诚信对待奶农、诚信对待消费者、诚信回馈社会。

银桥把诚信渗透并凝结于企业理念之中，贯穿从奶源到产品定位到采购到生产到销售到服务的产业链全过程，成为企业的行为方式和员工的自觉行动，形成了一切以诚信为前提，一切以企业社会责任为前提，一切以消费者的健康为前提的企业核心价值观。

（二）诚信对待消费者，致力于为消费者提供安全、放心、营养的乳制品

银桥有一句名言：奶品就是人品。在我们看来，“不讲诚信，不抓质量，抓任何事情都是白费力气，因为你欺骗消费者一次，但消费者会记住你一辈子。任何一次小小的失误都将使企业失去一大批消费者，并有可能导致灭顶之灾。”

银桥的质量观可以用这样一个公式来表示：100-1=0，即100件产品里面如果有一件未能达到技术要求或质量标准，那么，产品的质量是0了。正是靠着这种一丝不苟的精神，银桥30多年来始终坚持“以质量求发展，靠诚信铸品牌”的理念，牢记“奶品就是人品，质量就是生命”的承诺，用良心奶和放心奶赢得了广大消费者的信赖和尊重，用诚信、责任和品质为广大消费者的优质生活架起了一座健康之桥。

为了更好与消费者沟通，银桥还专门设立企业生产基地开放日，每月固定一天邀请消费者到企业参观，并在参观的同时留下他们真诚的建议；每年的“3·15”消费者权益保护日，公司都安排技术人员走上街头为消费者讲解产品生产、检验、出厂的全过程。为了确保产品质量，为消费者提供健康安全的乳制品，银桥实行“三硬”质量关，即“硬在人、硬在源、硬在法”。硬在人是指我们坚持不懈地对员工进行安全意识和质量意识教育，警钟长鸣，在员工的内心深处树起防范和杜绝“问题产品”的铜墙铁壁；硬在源是指我们狠抓奶源基地建设，瞄准原奶收储、运输、入库、上生产线等关键环节，配备专门的计量员和检验员，签订“以质量标准为主要内容”的经济责任书，全程监控，严防死守，确保万无一失；硬在法是指我们建立和完善了一套严格的质量管理制度体系，成立了以总经理为首的质量保证委员会和以主管副经理为首的质量管理委员会，实行质量一票否决制，重奖严罚，靠制度的权威保证质量。

2009年12月19日，由中央宣传部和中央文明办等7部委共同举办的“百家食品企业践行道德承诺”活动走进银桥集团时，银桥向全社会郑重承诺：“凝聚道德力量，铸就诚信品牌”。当前，我们银桥集团的4000多名员工正在把这个承诺落到实处，牢记责任、信守承诺，用实际行动向广大消费者奉献更多优质、安全、放心的乳制品。

（三）诚信对待奶农，千方百计带领农户增收致富

奶农是银桥的供应商，是银桥产业链的前端。30多年来，作为乳品企业，银桥在与奶农的交往中，自觉恪守承诺，以诚相待，认真履行所应承担的义务和责任，创造一个和谐有序的合作环境，实现了双方“共赢”，“十五”以来，银桥就为奶农支付收购费20多亿元，带动了20多万户农民脱贫致富。

银桥成立之初，就抱定了这样的宗旨：“兴企富民、共奔小康”，通过“兴办一个企业，带动多种产业，发展农村经济，富裕千万群众”这四句话的发展理念表达出银桥带动农民致富，实现共同富裕的根本追求。30年来，我们一时一刻也没有忘记这个宗旨，为小康社会的建设贡献了自己的一份力量。

多年来的发展使我们认识到：“银桥最大的资本是脚下这方充满生机与活力的土地；银桥最大的资源是是周边20多万勤劳善良的乡亲。对银桥来说，科学发展就是和乡亲们一道共同发展，和区域经济同步又好又快发展。”这就是银桥的科学发展观。对银桥而言“兴厂是我们的职责，富民是我们的责任，这两样任何一样做不好，对我们来说都是失职。”

（四）诚信回报社会，积极参与公益活动，履行社会责任

“人无信不立，政无信不威，商无信不富”，市场经济是建立在契约基础上的诚信经济，作为市场经济主体，企业是践行诚信的主体，是社会诚信建设的中流砥柱。企业在从事生产经营活动中要依照国家法律规定和商业道德，规范自己的生产经营行为，维护国家和消费者的合法权益，诚信经营，依法纳税，积极履行社会责任，这样企业的发展才能长远，健康。

银桥坚守诚信原则，不仅表现在严把产品质量观、带动奶农致富、重合同守信用等方面，还体现在守法经营，照章纳税以及积极参与社会公益活动，积极承担社会责任等方面。无论是1998年长江流域特大洪涝灾害，还是2003年陕西渭河流域洪涝灾害；无论是2003年抗击“非典”最前线，还是2005年救助河南贫困“五胞胎”；无论是2008年“5.12”四川地震，还是2010年的青海玉树地震，银桥总是第一时间启动社会责任应急预案，积极捐款捐物，奉献爱心，以自己的实际行动自觉承担着一个企业公民应尽的责任和义务。多年来，银桥累计向慈善事业和多项公益活动捐赠超过1亿元。

“做放心奶、做良心奶、卖信誉奶、卖责任奶”是银桥乳业30年如一日始终坚守的信念，也是银桥乳业生存发展的根本。

人们常说：一杯牛奶强壮一个民族，而一杯好奶的背后是高品质，高品质的背后是诚信和责任。银桥集团将时刻牢记“品质高于一切，责任重于泰山”的信念，始终坚持以强壮国人健康为己任，以富裕千万百姓为目标，以构建和谐社会为理想，脚踏实地，向着百年银桥，百亿收入的目标不懈攀登。

飞鹤乳业48载演绎“一贯好奶粉”的经典

黑龙江飞鹤乳业

黑龙江飞鹤乳业，从“鹤城”齐齐哈尔起飞，拥有48年乳品专业制造经验。

飞鹤乳业成立于1962年，前身是黑龙江农垦总局下属的赵光农场乳品厂。1984年，“飞鹤”商标在国家工商局注册。1998年，飞鹤乳业董事长冷友斌率领员工，乘国有企业改革东风，共同出资购买部分国有股份，成立了黑龙江省飞鹤乳业有限公司。2001年，飞鹤乳业从省农垦总局分离后收购克东县乳品厂，以240万元资本再度起步，当年实现销售收入3000万元。经过9年艰苦奋斗，现有资产25亿元，12家子公司，3个国际标准化大型生态牧场，拥有生产员工3280人，销售人员18000余人，在全国省会级城市设有26个销售分公司，80000多个销售网点。可生产乳制品、豆制品、米麦制品、核桃制品、婴童水、保健休闲食品等六大系列100余个品种。

随着飞鹤乳业几十年的发展，目前已成为乳粉行业内连续多年保持增长速度最快的企业，是国家农业产业化重点龙头企业、黑龙江非公有制纳税50强企业。“飞鹤”也成为全国十大奶粉品牌之一，中国驰名商标、中国名牌。

飞鹤乳业跨越式成功发展的背后，来自于企业孜孜不倦的追求与经营。

（一）资本运作，快速做大做强

美国东部时间2009年6月，飞鹤乳业(NYSE:ADY)登陆以“监管严、门槛高”著称的纽交所主板上市，至此，飞鹤成为中国乳品企业第一家，也是目前唯一一家在纽交所主板上市的企业。

为实现这一目标，飞鹤乳业历时6年：2000年11月，飞鹤乳业研究确立“借船出海”的融资扩股策略，谋划赴美国上市。当时，这种境外融资方式在我国乳品行业尚属首例。经历两年多的努力，2003年5月，飞鹤乳业在美国纳斯达克成功上市，成为在美上市的第一家中国乳品企业；2005年4月，又成功登陆美国纽约证券交易所中小板；6年后，飞鹤乳业完成华丽转身，实现资本三级跳，正式进入美国纳斯达克成功挂牌上市。

上市后，飞鹤乳业将在资本市场6次融资获得的1.65亿美元资金全部投入国内工厂建设中：先后收购了拜泉乳品厂、荷兰纽迪西亚乳品公司在华工厂，建设克东、甘南、龙江多条配方奶粉生产线以及三个万头欧美示范牧场，企业规模迅速扩大。借助国际资本力量，飞鹤乳业深耕奶源建设，致力于打造中国最大的乳业生态圈，未来5年，飞鹤乳业计划共建成10个规模化的原生态牧场。

成功的资本国际化运作换来了飞鹤以每年创造7个原始飞鹤的速度向前发展的新业绩；而更重要的是，飞鹤企业本身与国际资本市场对接，公司治理规范化，从传统民营企业步入到现代企业制度建设发展轨道。

（二）全程把控，缔造行业唯一全产业链

2008年，震惊全国的三聚氰胺事件给中国乳品行业致命一击，全国22家婴幼儿乳粉企业均被检出含三聚氰胺，然而，就在一片谴责与质疑声中，黑龙江飞鹤乳业凭借其优质的奶源、严格的质检体系、过硬的产品质量经受住了严峻的考验，成为全国为数不多的几家不含三聚氰胺的乳业。此后，飞鹤产品受到了国家权威检测部门的权威认可和广大消费者的热烈追捧，2008年10月，飞鹤产品全国各地销售市场供不应求，最高销量与2007年同比增长600%。

48年来，飞鹤乳业从未发生过乳品安全事故，独善其身的背后源于其全产业链的打造。飞鹤乳业整合全球最优质的自然资源、技术资源和专家资源，从源头到终端各环节的合作伙伴均为世界顶级供应商，形成了一条技术领先、营养全面、有机健康的乳品全产业链。从前端的饲料种植，奶牛喂养，到中期的产品生产，品质监控，再到后期的消费者服务，飞鹤全产业链真正确保了最新鲜的奶源、最优质的原料、最先进的工艺、最专业的服务，以首屈一指的实力造就了飞鹤奶粉卓尔不群的品质，进一步演绎了“一贯好奶粉”的经典与创新。

在全国乳业巨头们忙于产品“营销大战”时，飞鹤乳业把关注重点放在产业链最上游——奶源基地建设上。从2007年始，在国际最佳奶牛饲养带，北纬47度齐齐哈尔周边，利用黑土地、天然弱碱性苏打水、有机饲料等得天独厚的自然资源，建设万头规模的原生态牧场。牧场建设上，不但凭借得天独厚的自然环境自种有机牧草，确保奶牛吃到营养丰富的有机大餐，而且完全与国际接轨，管理上采用美国和欧洲的管理模式，从乌拉圭、澳大利亚进口纯种荷斯坦奶牛，从美国资源育种公司引进冻精和胚胎，从利拉伐和韦斯法利亚公司进口挤奶设备……自建牧场不仅使奶源达到国际化水准，并且充分发挥了示范效应，带动农户科学养殖。

产品研发方面，飞鹤乳业始终依靠科技创新拓展空间。2001年起步之始，飞鹤乳业就以较高科技含量的产品占领市场。后来，相继开发出CPP系列婴幼儿奶粉、核桃粉、低体重婴儿奶粉等。2007年，飞鹤乳业制定了新的研发方针，坚持“自主创新、重点跨越、支撑发展、引领行业潮流”的研发方针和“人无我有、人有我变、人变我升、人升我精”的研发目标，以专家级配方、专家级营养、专家级服务高端技术路线，满足中高档孕婴人群的需求。2009年，飞鹤投入奶酪的研发、婴儿水标准的制定，为未来多元化发展打下基础。2010年，在中国妈妈宝宝营养研究中心的科研支持下，飞鹤整合全球顶级供应商资源，推出了高端新品星飞帆，根据中国宝宝身体结构研制、富含“五星优护”配方的星飞帆，一上市，就得到了行业人士和消费者的好评与热捧，打响了国产高端婴幼儿配方奶粉的第一炮。

诚信经营、质量至上，是飞鹤乳业一贯的核心价值观。在原料采购上，飞鹤乳业坚持与信用度高的供应商合作，生产上遵循“不合格原料坚决不投产、不合格产品坚决不出厂“的原则，确保产品出厂合格率100%。2003年11月，飞鹤乳业通过了ISO9001国际质量管理体系和HACCP国际食品卫生安全体系双向认证，2006年完成三位一体的整合（ISO9001、ISO14000、ISO22000），标志着飞鹤乳业已经建立了一整套完善、规范的产品质量保证体系。

依托于全产业链打造，飞鹤将最专业贴心的服务延伸到消费者身边，全程关爱中国母婴健康，特别设立了关爱热线400-710-2768，以专业力量对妈妈育儿烦恼进行一对一解答，并提供网上查询、快捷定购服务。另外，飞鹤特别邀请营养、产科、新生儿科、儿童保健科医务专家及早教专家，组成营养权威专家联盟，开设科学大讲堂，普及科学育儿理念，为中国母婴全程护航。

从乳品生产源头到销售末端、甚至是育儿服务最终端，飞鹤乳业缔造的这一有机链条，原生态绿色系统，目前已成为中国婴幼儿配方奶粉领域唯一完整的全产业链。

（三）诚信为本，专注于爱心公益行动

48年来，飞鹤不但凭借“一贯好奶粉”的良心品质，赢得了消费者的青睐与信任；也秉承“取之于社会，服务于社会”的优秀企业品质，以博爱的胸怀为需要帮助的中国母婴展开庇护的双翼，致力于爱心公益事业中，践行企业社会责任。

在强烈的公益使命感驱动下，飞鹤多年来不断加大对妇女儿童公益事业的投入力度。在社会灾难面前，飞鹤第一时间挺身而出：汶川地震，飞鹤乳业第一时间组织救援队，成为第一家自行组织运输并成功将所捐赠食品及时送达灾民手中的乳品企业；广西干旱，飞鹤乳业又在广西省红十字会的协助下，为缺水家庭赠送婴童水；玉树地震，飞鹤再行善举，为失去亲人的孩子送上爱心奶粉……

2006年8月，飞鹤乳业出资300万成立了黑龙江省首家企业出资设立的非公募基金会——飞鹤乳业助学基金会，资助农村中小学生千余名；飞鹤乳业还向抚养病残孤儿的“天使妈妈”慈善团队伸出援助之手；飞鹤乳业也在全国范围内援助多胞胎贫困家庭；为帮助曾经在奶粉事故中受害的家庭，飞鹤乳业还与社会知名人士联合成立了中国奶粉爱心诚信基金，首批救助6个受害家庭……飞鹤乳业的爱心播撒在社会的方方面面，2010年，飞鹤乳业出资，联合中国早教网进行大型公益项目——全国婴幼儿营养与喂养干预，发现并解决中国婴幼儿喂养现状，为中国母婴全程护航。

新希望乳业——打造世界级农牧企业

新希望乳业控股有限公司

新希望乳业控股有限公司是刘永好先生领军的新希望集团旗下的集团化乳品企业，目前公司已在全国8个省市投资控股了11家乳品企业，形成了分布于西南、华东、华北等地的市场布局乳企联合体。在新希望乳业旗下的企业中，有4家为农业部认定的“国家农业产业化重点龙头企业”，其余为省级农业产业化龙头企业。新希望乳业控股公司是中国奶业协会副理事长单位、中国乳制品工业协会副理事长单位、中国西部乳业发展协作会会长单位。

新希望乳业自成立伊始，便开始投入巨资积极建立自己的奶源基地，目前在全国拥有 11 个奶源基地，10个直属牛场，年收奶量近40万吨，通过自有牧场，形成了“公司+牛场+农户”的经营模式，解决了“分散养殖，集中收购”这种传统模式所引发的乳企与分散奶农之间的松散关系，强化了奶产品在收集过程中的控制与监管力度。通过对奶牛育种、饲养、牧场、产品加工、冷链储运等优势资源，实现了从牧场到餐桌全程乳品质量监管及可追溯模式的质量反向追踪，通过五重健康安全保障，率先建立了乳业黄金产业链，有效地确保产品质量。实现乳业从单纯的数量扩张向整体结构优化转变，全面提高产业素质和核心竞争力。

同时，新希望乳业建立起完善的质量管控体系，长期坚持在企业内部开展全员质量管理工作，让“质量是企业的生命”、“质量就是信誉”的理念深入人心，严格执行质量考核制度，做到以制度管人，人人关心质量。新希望乳业承诺一贯地坚持以产品质量和安全为企业生存发展的基础，为消费者提供更多“安全、健康、营养”的新鲜放心产品。

正是基于完善的产业链建设和严格的质量管控体系，2008年9月份爆发的三聚氰胺事件中，新希望乳业体系产品全部检验合格，成为行业、经销商和消费者心中的红榜产品。2008年以来，新希望乳业在致力基础建设的同时，大力推进品牌升级，确立“打造中国鲜奶第一品牌”的品牌战略，市场战略布局走向全国，力推鲜奶产品，着力鲜奶教育，保护广大消费者的健康鲜奶消费权益。在三聚氰胺爆发后的乳业低迷之际，为困境中的中国乳品行业注入强心剂，以优质产品和优异业绩证明了国产品质，为恢复行业信心作出积极的努力。

目前，新希望乳业旗下的四川华西、阳坪乳业、昆明雪兰乳业、云南蝶泉乳业、青岛琴牌乳业、杭州双峰乳业、安徽白帝乳业、河北天香乳业、重庆天友等品牌已是当地消费者的首选品牌，成为区域市场的领导者。

新希望集团董事长刘永好先生是中国知名的民营企业家，以他为领军人物的集团董事会提出了“打造世界级农牧企业”的战略目标。围绕这一重要的集团发展战略，新希望乳业以自己的高成长性和极具有生命力的品牌价值，正努力争取成为具有强大市场竞争力和可持续发展能力的优势企业群。

优质奶源 黄金品质——双娃乳业

北京双娃乳业有限公司

北京双娃乳业有限公司成立于1998年，是洛娃集团控股子公司，是集饲草饲料种植加工、奶牛养殖繁育、畜牧业服务、技术研发、乳品加工、销售于一体的乳业产业化龙头企业，是中国最大的乳品原料生产商之一，是北京市、内蒙古农业产业化重点龙头企业、高新技术企业。

双娃乳业针对未来乳业行业牧场、饲料、奶牛等基础资源竞争日趋激烈的趋势，从产业根基做起，抓住乳业产业的基础资源，以产品为核心，形成了完整的产业链，已发展成为集饲草饲料种植加工、奶牛养殖繁育、畜牧业服务、技术研发、乳品加工、销售六大业务体系于一体的乳业产业化龙头企业。在内蒙古、河北、黑龙江建有200万亩饲草饲料基地、4个饲料厂、6个良种荷斯坦奶牛基地，6个乳品厂，形成了“公司+基地+农户”的产业化模式，建立了原料奶基地，通过服务机制、契约机制等方式，实现了企业与农户的利益对接，发挥了龙头企业带动作用，促进乳业产业化进程，成为建设社会主义新农村的楷模。

（一）来自黄金奶牛带的奶质保证

双娃乳业饲料基地和奶牛养殖基地位于北纬45度，世界公认优质奶牛带。双娃乳业在位于这一国际公认优质奶牛带的黑龙江、内蒙古、河北等地建立了万亩的饲草饲料基地和优质荷斯坦奶牛养殖基地。以双娃乳业阿荣旗三号店草场为例，该草场位于大兴安岭西麓，土壤有机质含量高，水质纯净，无污染，牧草品种主要有羊草、苜蓿草、大针茅等，非常适于奶牛采食。草场上金银花、柴胡等中草药又进一步保证了奶牛的健康。春夏之际，双娃乳业的一群群花斑奶牛徜徉在三号店草场，采食着丰盈、可口的牧草，草原上都戏称奶牛“吃的是中草药，喝的是矿泉水，拉的是六味地黄丸”。按照洛娃集团的战略部署，双娃乳业已在内蒙古呼伦贝尔地区形成了春夏放牧、秋冬圈养相结合的生态牧业，并通过轮牧方式避免过度放牧，保护草场，实现了畜牧业的可持续发展。

自然资源上的优势为双娃奶粉产品提供了纯天然的品质保证，在奶牛选择上，双娃乳业把关更为严格。双娃坚信最好的牛才能产最好的奶，双娃牧场的奶牛源自澳大利亚和新西兰的世界优良纯种荷斯坦奶牛。经过精心挑选、培育繁殖、改良，确定谱系明晰，年产奶量高达7～10吨的奶牛才得以进入双娃牧场。双娃乳业还与农业科学院等多家科研院所合作研制开发了高产奶牛各个生长阶段所需的精饲料，保证了优质高产奶牛营养均衡、高产健康。

（二）先进设备及高质量标准创优质安全奶

双娃乳业建立了包括奶牛养殖繁育、饲草饲料种植加工、畜牧业服务、乳品生产加工在内的完整产业链，从而兼顾经济、社会、生态三者效益，建立了“规模饲养、集中挤奶、统一服务”的现代化加工、生产模式，从根本上建立健全了质量检测体系，确保鲜奶及乳品优质、安全、绿色。

双娃乳业制定高于国家标准的企业标准，并率先通过了ISO9001国际质量体系认证及HACCP认证，严格、规范化管理确保各个生产环节有效控制产品质量。在奶牛饲养方面，实行统一编号、统一标准，科学管理，并首批荣获了GAP认证（国家良好农业规范认证示范牧场）。

在乳品生产方面，双娃奶牛养殖基地采用国内先进的、挤奶头数量最多的中置式挤奶台挤奶，饲喂采用世界先进的TMR自动混合搅拌车，产奶量大幅提高，牛只体质健康，优质奶率达到100%。双娃奶粉生产线采用全套自动收奶系统及先进的电脑控制系统，天然纯牛奶经先进的工艺设备，高温浓缩、喷雾干燥处理制成的奶粉，乳香纯正。实现了生产设备的节能、环保、卫生安全及自动化控制。

（三）过硬的产品质量树立良好口碑

双娃乳业坚持质量第一，客户至上。抓住市场需求量大的工业奶粉这一上游产品做精做强，现已成为国内最大的乳品原料生产厂商之一。开发了全脂淡奶粉、脱脂奶粉、无水黄油等乳制品以及各类犊牛、育成牛、成乳牛浓缩料、预混料、全价料等奶牛饲料产品，多项产品列为“北京市重大科技成果推广项目”、“国家火炬计划”等。在全国各地及东南亚、中东、非洲等国家和地区建立了销售网络，如今，双娃乳业已成为国内外众多知名企业的重要乳品供应商。

（四）以“公司+基地+农户”模式实现多赢

双娃乳业建立了以龙头企业带动下的农业产业化体系，通过采用“公司+基地+农户”的生产模式，在包括奶牛养殖繁育、饲草饲料种植加工、畜牧业服务、乳品生产加工在内的完整产业链中，建立了饲草饲料基地、饲草加工厂、示范养牛基地、挤奶站、奶粉生产厂等，为牧户提供了完善的配套服务，构建了企业和农民的利益共同体，提高了农牧民养牛的积极性，改变了农民的生产生活方式，更新了农民的观念，提高了农民素质。同时也拉动了周边农牧民饲草种植和加工、兽医、兽药等相关产业的发展，创造了大量的工作岗位，直接和间接实现万余人就业。对于实现少数民族地区共同繁荣、西部地区开发建设及稳定具有重要意义。

双娃乳业还通过改进饲养方式、应用先进技术、改良牧草等多种方式，实现了奶牛养殖由粗放型到集约型的转变，不仅增加了农牧民收入、提高了生产力，同时也有利于提高植被覆盖率、防止水土流失、遏制沙尘的形成，对保护自然生态环境，减少污染，促进资源的可持续利用具有重要的示范意义。

今后，双娃乳业将继续发挥自身作为农牧业产业化龙头企业的带动作用，坚持以市场为导向，以农牧户产业化经营为基础，以当地资源为依托，充分发挥自身资金、技术、人才、市场、管理和规模等方面的优势，促进农牧业产业化的发展，提高农牧民收入，实现经济效益、社会效益和生态效益的多赢。

传承经典行业领先　创新当代超越未来

——八喜20年回顾

北京艾莱发喜食品有限公司

20年前，八喜进入了中国；20年后，八喜从小到大、从弱变强！

1.诞生　1990年，美籍华人邱震先生以赤子之心决定回国投资，准备将源自美国旧金山的BUD’S冰淇淋（中文商标为“八喜”）带到中国。但当时国内食品行业对外合资尚未完全放开，在时任北京市市委书记李锡铭、时任北京市副市长吴仪的关怀下，八喜顺利诞生。

由邱震先生所代表的美国“中国第一商业公司”与北京市农工商联合总公司、北京市东北旺农工商公司共同出资成立了“北京发喜冰淇淋有限公司”。次年，八喜冰淇淋工厂在北京东北旺地区落成，并且建成当时国内少有的现代化冰淇淋生产线，采用了源于1932年的BUD’S冰淇淋的技术和传统配方进行生产，以新鲜牛奶和奶油作为生产冰淇淋的主要原料，其他原辅料和包装全部依靠进口，从此开创了国内生产“真正不加水冰淇淋”的先河。终于在1991年，第一杯八喜冰淇淋的销售，结束了当时中国高档新鲜牛奶冰淇淋只能进口的历史。

2.磨炼　新生的八喜开始面对中国市场并不乐观。消费者习惯了1毛5一根的冰棍，当时最贵的冰淇淋定价也就在一到两元之间，而八喜的定价是4元一杯，而在当时4块钱就可以吃一顿饭。八喜是完全按照国际冰淇淋标准进行生产，以新鲜的牛奶和奶油作为主要原料，并按1.5：1的比例进行配料，一杯八喜冰淇淋需要3到4杯牛奶才能生产出来，这样的定价其实并不荒唐。但是要消费者在买一盒八喜冰淇淋和吃一顿饭之间做选择的时候，答案无疑是明显的，这注定了八喜在未来相当长的时间有一段艰难的路要走。1992年，八喜终于迎来了第一批涉外酒店客户，并开始在高档商场进行直营销售。

3. 携手 艰难所要考验的是人的忍耐力，是在连年亏损的巨大压力下企业如何生存。进入1992年，八喜依托高品质产品与刚进入中国的肯德基正式结为合作伙伴。从仅为八家肯德基门店供应冰淇淋原浆，到伴随着合作伙伴的发展，该项目构成了八喜销售收入的重要来源，之后又先后与必胜客、DQ、宜家等国际客户携手，真诚、信任、双赢，是八喜与合作伙伴之间的默契和承诺。

4. 危机 1996 年以来，中国冰淇淋市场的快速成长引发了激烈的市场竞争，国际竞争对手不断对八喜施压，国内品牌以价格和渠道上的优势持续扩张，高端市场的冰淇淋店也陆续开张，八喜的生存空间进一步被压缩。

在 1997 年，荷兰联合道迈克零售（欧洲）有限公司收购美国“中国第一商业公司”所持有的“北京发喜食品有限公司”股份。公司正式更名为现在的名称——北京艾莱发喜食品有限公司，同时将美国著名的 31 种冰淇淋品牌引进到合资公司，从技术、工艺、产品配方等各方面给予了更强劲的支持，但八喜的市场形势依然严峻。为了生存，八喜于 1998 年开始拓展上海和其他一些重点城市，但市场开拓初期的艰难和所产生的高额费用支出，使公司的经营更加举步维艰。

5. 跨越 2001 年 3 月，荷兰联合道迈克零售（欧洲）有限公司不堪市场寂寞黯然退出，而香港京泰农工商有限公司收购其股份成为合资公司重要的股东，八喜正式成为北京首农集团（原北京三元集团）的控股品牌。面对存亡困境，在董事会的大力支持下，八喜上下坚定信心，对产品品质的要求丝毫没有降低，同时苦练内功，完善现代销售管理制度，加强对市场的研究和开拓，在对产品、渠道等方面做出优化调整后，终于在 2002 年开始实现微薄盈利。在残酷的市场竞争洗礼下，八喜经历了 12 年的亏损，在八喜人付出了巨大的心血后，终于完成了这段极为艰辛的跨越。

6. 征程 为了满足进一步发展的需要，八喜于2003年投资5000万元在北京市顺义区金马工业区建成了占地 65 亩（约 4.33 公顷）的新工厂，扩大生产规模，引进了国际上最先进的冰淇淋生产线。从 2005 年开始，八喜冰淇淋抓住市场机遇，进入快速成长期，并成功抵御金融危机的影响，公司销售收入由 2004 年的 6800 万元发展到 2009 年的 3.1 亿元，每年保持35%以上的成长率，而同期的行业成长率仅为 8%。在2008 年乳制品风波背景下，八喜依托优良的产品品质成为星巴克牛奶供应商。时至今日，20 年的厚积薄发，使得八喜成为中国中高端冰淇淋市场的标志性品牌。

7. 传承 回首八喜走过的这 20 年，成长是艰辛的，八喜之所以能够发展到今天，最重要的一个原因，是八喜 20 年对品质的坚持。

多年来，八喜面对各种困难，但历任决策层始终坚信一点：做食品的人所从事的是一个良心行业，品质是一种坚守，一种责任，是对顾客庄严的承诺！因此八喜即使亏损也始终按照国际化标准进行原料的采购和生产，同时严把质量控制关，在国内冷饮行业首批通过绿色食品认证，建立了 ISO9001、HACCP、ISO14001 体系并获得了由 SGS 认证机构颁发的体系认证证书 。

2010 年 10 月 15 日下午，北京中山音乐堂内洋溢着热烈喜庆的气氛。“传承•创新——八喜中国 20 年庆典暨专场交响音乐会”开始。来自社会各界嘉宾 600 余人济济一堂，庆祝“八喜”冰淇淋进入中国 20 年。荣幸地邀请到中国奶业协会理事长刘成果，中国奶业协会秘书长魏克佳参加八喜中国 20 年庆典，并在庆典前与北京首农集团张福平董事长和薛刚总经理亲切交谈。北京首农集团党委书记、董事长张福平先生为韩至诚女士、李元海先生、高丽营镇镇政府、百胜集团颁奖，他们分别获得创始人特别纪念奖、八喜中国20年董事纪念奖、八喜中国20年特别纪念奖、八喜中国 20 合作伙伴纪念奖。北京首农集团总经理、公司董事长薛刚在庆典上做了热情洋溢的祝词。对“八喜”取得的成绩给予肯定，对“八喜”的明天寄予深切厚望。郭维健总经理作为一名自“八喜”筹备开始就为之付出，把人生最华丽的岁月都奉献给八喜的老员工在庆典上致辞，蕴含着一位总经理对“八喜”的深情期盼，也是一名“八喜”老员工的真挚感情流露。庆典由翟亚非书记主持。刘成果先生、邢春华先生、包宗业先生、张福平先生、薛刚先生、郭维健先生、翟亚非先生共同为“八喜中国 20 年”充满祝福的生日蛋糕切下第一刀。

8. 未来 八喜依赖品牌而生存，品牌的维护和创新是八喜成长的最大动力。伴随着公司规模的进一步扩大，在集团和董事会的支持下，可动用的市场资源大幅递增，八喜的未来一片光明！

重庆光大集团——中国乳业梦想的起点

重庆光大集团

“我有一个梦，让每个中国人，首先是孩子，每天能喝上一斤奶。”这是国务院总理温家宝2006年4月23日在考察重庆光大奶牛科技园时题写的深情留言，它寄予了温总理对中国奶业发展的殷切希望。从此，实现温总理的梦想便成为光大不懈追求的目标。

重庆光大（集团）有限公司成立于2007年。集团立足于产投结合、多元发展的新型经营模式，以“科技为根，打造现代产业；资源为本，营造绿色家园”为经营宗旨，围绕“生态农业为主营业务的相关多元化”的企业定位，旗下各子公司坚持经营相对独立，资源相互融合，从而构成有机结合的整体，为集团发展成为集畜牧业、乳品加工业、观光农业、环保产业等为一体的综合型现代生态农业企业奠定了夯实的基础。目前，集团已在重庆江北区鱼嘴镇双溪村打造出一座现代牧场小镇，旗下拥有鱼嘴牧场、主牧场、玉峰山牧场、巴南牧场（在建）四大核心牧场和一个乳制品加工基地。

1.自建牧场现代管理　助推奶业产业一体化　光大集团现自建有西南地区最大的生态牧场，现有饲养规模奶牛5000余头，并预计三到五年时间内可突破10000头（年内将投产的巴南牧场养殖规模达到5000头）。在现代牧场管理上，集团在西南地区率先引进了世界先进的德国韦斯伐里亚转盘式挤奶机、自动清洗贮奶罐、TMR自动喂料车、中央循环供热系统、智能监控系统、自动饮水器等一系列设备，使牧场的硬件设施达到了国内领先水平。牧场管理不断汲取国际领先的经验和技术，依托EDTN奶牛饲养管理技术和MOET核心群育种技术，应用网络数字化技术，设立DHI奶牛生产性能测试研究中心，全程监控奶牛生长、生活、生产状况，在营养、防疫、育种等方面及时给出适合每头奶牛的个体解决方案。集团在重庆乃至西南地区开创了规模化、集约化、现代化的牧场经营模式，成为长江中上游的畜牧业标杆型企业。2009年10月，集团牧业分公司荣获国家认证部门颁发的奶牛良好农业规范（GAP一级）认证证书。

在提升和保障乳品品质方面，光大以高品质的巴氏奶作为主要目标产品。在保持巴氏灭菌奶的优势基础上，通过引进高端奶牛品质来进一步提高牛奶的营养价值。为让重庆人喝上具有国际健康标准的自产牧场奶，光大始终以两个“没有”的标准来打造自己的产品。一是以前没有在重庆市场上出现过的优质奶牛品种；二是产品必须严格按照重庆过去所没有的标准来饲养和管理。光大在西南地区首次大量引进了世界著名奶牛品种——娟姗牛，这种目前世界上乳脂率最高、体型最小的奶牛品种，其奶质特别天然、纯正，各项理化指标、安全指标、卫生指标均处国内领先地位。另外，为了保障每一盒“奶牛梦工场”的产品都是100%牧场自产奶，集团斥资1亿建立了年加工量在10万吨以上的现代化乳品加工厂，确保产品在生产线上得到专业的技术团队支持，并受控于严格的质量监控体系，从而将全球顶级的现代乳品生产流程严格执行下去。

2.生态农业辐射周边　促进城乡统筹和谐发展　光大集团十分重视企业经济效益、社会效益和生态效益的有机结合，致力于推动发展生态环保的循环经济，变废为宝，从而实现农业产业的可持续发展。

在无公害循环经济方面，光大牧场都建有大型有机肥生产基地、沼气处理站和订单饲草基地。有机肥生产基地和沼气处理站将奶牛饲养过程中产生的粪污废水变废为宝，生产为有机肥和沼气；生产出来的有机肥为牧场中的生态果园和牧草、玉米等农作物的种植提供肥力；沼液则通过灌溉管道被牵引至可以达到自流的高程，灌溉周边农田；而沼气被输送到周边的农户家里，成为清洁能源，极大地改善了村民以往的生活方式；牧草、玉米等农作物又用于饲养奶牛，最终达到了污染物的零排放和有机物的循环利用，成功打造出一条具有光大特色的“无公害循环经济产业链”。另外，1400立方米沼气发电站即将投入使用，届时年处理奶牛粪将达到1.2万吨、废水1.0万吨，年产沼气不低于50万立方米，建设成为集中型气、热、电肥联产技术集成与示范沼气工程。

在大力发展区域生态观光农业上，光大在发展过程中始终以创意和文化规划每一个项目，将生产资源与旅游资源有机融合，发展以奶牛文化为主题的特色观光农业。通过产业带动和文化驱动，延伸牧场产业链。这样不仅整合了区域资源，也带动了当地农业区域经济的结构调整。集团在牧场小镇配套建设了动感新奇的奶牛科技馆、果香弥漫的生态葡萄园、淳朴温馨的主题乡村酒店、寓教于乐的青少年科普教育基地。

而在区域经济带动方面，光大一直以推动当地“建设社会主义新农村”建设为己任，积极开展城乡统筹发展的试点工作。通过实施土地流转、农民变市民等工程，开展为农民提供品种改良、普及科学饲养、增加就业岗位、免费技术培训、一对一扶持特困户等多项措施，切实带动了区域农业经济结构调整和农业可持续性发展。

3. 领导关怀各界关注 推动行业社会影响力 重庆光大的高速发展更离不开中央和地方各级领导的关心和支持，国务院总理温家宝、全国政协主席贾庆林、国务院副总理回良玉、重庆市市委书记薄熙来、重庆市市长黄奇帆等相关领导曾先后莅临光大科技园视察和指导工作，并给予高度评价和充分肯定。与此同时，社会各界也对光大集团投来赞赏的目光，集团先后荣获农业产业化国家重点龙头企业、全国科普惠农兴村先进单位、全国服务新农村建设百佳乡镇（民营）企业、重庆市农业标准化工作先进单位、重庆十佳商业模式、重庆市为国建功立业明星企业、重庆食品安全诚信示范企业等称号。旗下乳品品牌奶牛梦工场，更是获得了包括新中国成立60年推动重庆食品行业发展十大功勋品牌、最受消费者信赖品牌等诸多殊荣。

2007年，借温总理在光大集团“许下梦想”为契机，中国奶业协会和中国农业电影电视中心联合摄制了大型特别节目《圆梦在行动》。摄制组深入我国各大省市，就包括光大集团在内的全国各大知名乳企进行了实地采访和拍摄。拍摄范围包括养殖场、奶站、商场超市等，而受访人员则包括乳品企业负责人、科研人员、奶农和普通消费者各方面，内容涉及生产、加工、消费等各个环节。节目一经播出，便引起了全国奶业行业的强烈反响，更受到了广大消费者的一致好评，各大乳企通过观看节目互相取长补短，通透眼界。而消费者则通过观看节目，了解到更多的行业知识，从而对牛奶有了更深刻的认识，这是中国乳业的幸运，这更是重庆光大的莫大荣幸。

4. 尾声 圆梦的历程任重而道远。如今的光大正站在梦想的起点，力争以现代化的管理手段为基础，以高端的农牧业及食品专业技术为保证，通过完善的市场营销网络和优质的服务体系，立足重庆，放眼全国，走向世界，为将集团建设成为中国最有影响力的生态农业示范企业而奋斗！

河南三色鸽乳业——打造绿色食品品牌

河南三色鸽乳业有限公司　　杨立利　范卫峰

河南三色鸽乳业有限公司始终把“做让大众放心的产品”作为质量方针，把“食品安全”作为重中之重，高起点、高标准，紧紧围绕“绿色食品”标准的要求做好质量管理工作，保证让广大消费者喝上放心奶、营养奶、绿色奶。

1. 加强奶源基地建设，把好原料奶产品质量关 奶源基地是乳业生产的第一车间，三色鸽乳业在一期项目建设的同时就已经同步进行奶源基地的投资和建设。在2006年底就已经实现原料奶全部来自公司自建的奶牛小区。通过“公司+基地+农户”等多元化的奶牛产业运行机制，走机械化、规模化、标准化的发展道路，公司先后在南阳市的宛城区、卧龙区、镇平县、唐河县、社旗县等地建设了30个奶牛小区和现代化挤奶站，其中标准化奶牛养殖小区5个。奶牛总量10000多头，带动奶牛养殖户1400多个。于2008年通过了中国绿色食品发展中心的纯牛奶绿色食品认证。

在当前农业实行集约化经营的时代，绿色原料奶的生产决非简单的回归大自然，而应是需要科技导入，采取综合配套措施，杜绝污染，进行全程控制与管理，从而实现原料奶的安全生产、科学管理、冷链运输和贮藏保鲜的一项系统工程。三色鸽乳业在原料奶的管理上采取了如下措施。

（1）建立规范的绿色饲料原料基地，杜绝违禁添加剂使用。首先，公司在奶牛小区周边，采用“公司+基地+农户”的形式，建立绿色饲料原料生产基地。按照绿色食品生产要求，2008年饲料原料基地通过了绿色食品环境监测和评价，主要饲料原料小麦、大豆、青贮玉米等都要求严格按照绿色食品生产技术规范生产，杜绝滥用农药、化肥和植物生长调节剂，确保饲草饲料无残毒。在饲喂前无论是对发酵秸秆、青贮饲料，还是配制的配方饲料，都要统一化验，保证饲料中的农药残留等有毒有害物质符合绿色食品标准要求。其次，严格按照农业部颁布的《饲料和饲料添加剂管理条例》、《允许使用的饲料添加剂品种目录》、《食品动物禁用的兽药及其他化合物清单》等规定和绿色食品生产要求，选择允许使用的饲料添加剂和兽药，严禁使用违禁饲料添加剂和动物性饲料，并且积极开发利用微生物制剂、低聚糖酶制剂、中草药等绿色食品饲料添加剂。

（2）搞好棚舍卫生，改善饲养环境。饲养场选择在地势高燥、环境安静、空气清新、无“三废”污染的场所。棚舍建设做到按照国家相关标准设计施工，采取发展生态农业的办法，实行厩肥还田、沼气利用、农牧结合、果牧结合等无害化处理的方式，实现生产废弃物变废为宝，综合利用。

（3）加强疾病防控，减少兽药残留。在奶牛养殖小区认真贯彻"预防为主，综合防治"的方针，按照绿色食品养殖环节要求，进行全方位、程序化免疫接种，搞好消毒、驱虫等工作，避免或减少发病用药。养殖过程，不滥用药物，严格遵守停药期规定，使兽药残留量控制在绿色食品要求的安全残留量之下。

（4）严格按照工序进行生产，认真把好原料奶产品质量关。为解决农村奶牛生产规模小、劳动生产率低、科技含量低、生产成本偏高、原料奶质量较差的问题，公司在奶牛养殖比较集中的地方建立了标准化的挤奶站，统一使用由公司采购的瑞典利拉伐和韦斯伐利亚的全自动仿生挤奶机，配备直冷罐，牛奶挤出后马上冷却至 4℃左右，由专用运奶车运送到生产车间。全部实现挤奶机械化、运输封闭化。原料奶经奶罐车运回公司后也要进行检测，通过感官检验、酒精试验和掺碱试验，经过打奶、顶料、发酵、成分分析、微生物检验等程序，各项指标全部合格，原料奶方可投入生产。

2. 建立全程质量控制体系，实施全方位质量监控 为了有效实施全程质量管理体系，三色鸽乳业建成了 GMP 标准化厂房，选购具有国内先进水平的生产加工设备和检验检测仪器，从硬件上为产品质量提供可靠保障；按照 ISO900/HACCP 质量管理体系平台和绿色食品加工规范要求，制定出了相关技术标准、质量标准和工作标准，并完善和规范了岗位职责，严格操作规程和各项管理制度及生产中的关键点控制，落实到岗位上的每个员工；推行“6S”管理，在产品质量控制方面，每月定期召开质量分析会并形成当月质量报告；成立质量管理小组共同探讨质量形成的关键环节和容易出现问题的工序及解决办法；引进具有国内先进水平的适时自动监控系统，对关键设备的运行参数、生产全过程、车间的出入口等进行 24 小时自动监控，确保及时发现可能出现的质量安全隐患。

3. 诚信是企业生存和发展的生命线 讲诚信是一切社会道德的基础和根本，结合三色鸽乳业几年来的发展实践来看，诚信无时无处不在，保证产品质量是诚信的第一要务；讲诚信是国家对企业的基本要求；投资人利益至上是企业诚信的核心；诚信是企业与员工之间的纽带和桥梁；诚信在企业合作方之间起到决定性的作用；和谐社会，诚信永远。

经过多年的发展，三色鸽乳业先后荣获了“标准化良好行为企业 3A 级认证”、“无公害农产品认证”、“绿色食品认证”、“河南省农业产业化优秀龙头企业”等诸多荣誉。

广东燕塘乳业——企业发展经验

广东燕塘乳业有限公司

广东燕塘乳业有限公司成立于 1956 年，是国家级农业产业化重点龙头企业。旗下包括湛江燕塘乳业有限公司和汕头市燕塘乳业有限公司。注册资金 9218 万元，总资产 2.84 亿元，年产销液态奶 10 万吨，年销售收入近 6 亿元。公司占地面积 1.3 万平方米，拥有 30 多条世界先进水平的乳品生产线，日处理鲜奶能力 300 吨，产品种类多达 66 种，是集牧场、研发、加工、销售于一体的乳制品生产企业。

“市场导向、科技领先、质量第一、顾客至上”是燕塘乳业的经营理念。以产品质量为企业生存之源，以满足消费者需求为企业发展之本，秉承以“鲜”引领乳制品消费方向的传统，努力为广大群众提供“新鲜、安全、营养、健康”的可口食品，成就了燕塘乳业辉煌的今天。

（一）优质牧场是乳品企业经营发展的基础 优质的奶源是保证乳制品企业健康发展的基础，燕塘乳业自成立以来始终秉承着“用心传递新鲜，品质成就未来”的经营方针，重视牧场建设，经过不断努力，现已拥有十余个圈养式奶源基地，超过 20000 头良种奶牛，多家示范性全机械化挤奶式牧场。所有圈养基地均采用先进的饲养方式，从欧美进口牧草，合理搭配，科学饲喂；不断改善饲养环境，所有区域均相互隔离，有效避免交叉感染，牛舍及周边区域定期进行消毒，保证牧场整洁。

（二）先进设备是乳品企业经营发展的前提 不断提高技术生产力是乳制品行业经营发展的保障。1988—2002 年，燕塘乳业秉承“以质量求生存，以产品促发展”的发展方针，先后投入 1.8 亿元进行技术改造。从美国 IP、意大利 IPI、德国 SIG 康美包、瑞典利乐等公司引进生产及消毒设备，使企业的生产规模达到年产 10 万吨，生产的产品类型涵盖了瓶装奶、杯装奶、屋型奶、袋装奶、UHT 奶等五大类别 66 个品种。自 2006 年以来，燕塘乳业进入了快速发展的新阶段。“开源节流，深度挖潜”已成为了燕塘乳业提高生产能力的必要举措。第三期技改的顺利完成有效地缓解了企业生产压力，为经营发展打下了坚实基础。

（三）严格检验是乳品企业经营发展的保障 从 2003 年开始，燕塘乳业便建立起了华南地区唯一一家“乳品科技创新中心”，斥资 1000 余万元，从国外引进了紫外液相色谱仪、红外线综合测定仪、微生物快速检测仪、体细胞检测仪等一系列尖端检测仪器，对所有牧场每一头奶牛的健康情况及每一批次的产品从配方控制，原料投放开始直至生产，存储实行全程监测，保证了10余年来省市卫生监督部门100%的产品抽检合格率。产品的质量得到了保障，使燕塘乳业具备了较强的抗风险能力。

（四）确保运输链条顺畅无阻，成功实现“立足广东、涉及华南”的战略布局 在五十四年的发展历程中，燕塘乳业建立起了完善的配送体系，以遍布全省近1000家经销商，超过800个大中型商场，近1000余所学校，逾6000名送奶员的庞大配送体系，确保在广东地区的消费者每天都可以喝上“新鲜、安全、营养、健康”的新鲜乳制品。

（五）不断完善市场开拓，持续精耕细作，认真做好品牌建设工作，成功建立大营销网络 把握市场是企业经营发展的关键，燕塘乳业自成立以来不断通过总结运营经验，加大对市场的投入力度，坚持以销售为龙头，始终贯彻“重点市场重点开拓”的营销策略，通过对市场的精耕细作，对渠道的优化整合，巩固原有市场，开拓新的区域。令燕塘牛奶在广东真正意义上走入了千家万户。

为了更好地在发展过程中做好市场开拓工作，切实提高企业综合盈利能力，燕塘乳业始终坚持着“两条腿走路”的发展方针，通过“一控一扶”转变销售重点，深化产品结构调整，主推赢利能力强的产品，进一步提高市场占有率，并对赢利能力相对较弱的产品保持适度控制。

通过吸取各种时期品牌宣传的成功经验，燕塘乳业逐步加大市场投入及品牌宣传力度，通过赞助活动、小区订奶宣传、电视广告，消防公益广告，候车亭广告，公交车车身广告，以及地铁广告等相关平台成功建立了一个从空中到地面，立体的、全方位的市场宣传模式。同时应消费者的各种需要，先后推出了 “用心传递新鲜”、“放心奶齐齐饮”和“燕塘牛奶，真的爱你”等品牌诉求，进一步拉近品牌与消费者间的距离，成功营造出“放心，亲情”的品牌形象。

（六）积极扶持东西两翼的经营建设，设计“覆盖华南”的宏伟蓝图 为充分贯彻 “做大做强燕塘乳业”的经营目标，实现“立足广东，覆盖华南”的战略发展，燕塘乳业分别在湛江和汕头成功建立了两大生产基地。2007年6月5日湛江燕塘乳业的投产运营以及2009年3月25日汕头燕塘乳业的投产运营，标志着2003年燕塘乳业提出的“两翼齐飞”战略构想正式完成，为燕塘乳业今后的稳步发展奠定了坚实基础。

随着东西两翼生产基地发展速度的逐步加快，乳业公司通过制定“构建东西两翼生产基地，覆盖华南乳品市场”的宏伟战略蓝图，像对待大客户一样，从营销、生产等方面对两个子公司进行全力扶持，成功帮助其走上了健康发展的新道路。

燕塘乳业在“十一五”时期投入大量的人力物力对粤西生产基地进行了技术改进。经过 11 个月的不懈努力，湛江燕塘乳业的硬件配置现已升级完毕，技改完成后的粤西生产基地整体产能提高了 70%，单日产量可达50吨以上，为企业的快速发展提供了有力保障。

广州风行牛奶——牛在身边　奶更新鲜　更安全

广州风行牛奶有限公司

广州风行牛奶有限公司（原广州市牛奶公司）始建于1952年7月，隶属于广州风行发展集团有限公司，是一家集奶牛饲养、乳品加工及销售为一体的国有企业。公司总部位于天河区沙太南路，注册资本为2503万元。

一直以来，公司坚持牧工一体化的经营模式，以技术为基础、以质量为核心、以市场为向导、以现代管理为手段、创新经营、稳健发展。公司现有一个乳品加工厂，三个现代化牧场（华美牧场、珠江牧场及增城牧场），一家中港合资公司，及120家牛奶连锁专卖店，共有员工740人，土地资源近1700亩，全资拥有奶牛超5000头，是广东省内全资拥有奶牛最多的乳品企业，学生饮用奶定点生产企业及华南地区规模最大的乳品企业。

公司注重新技术的利用与推广，大力推进加工与养殖技术、规模升级改造。公司已通过ISO9001及HACCP认证，乳品加工设备生产能力为150吨/日，奶制品有巴氏奶、超高温灭菌奶、酸牛奶、炼奶及甜品等，注册商标为“风行牌”，主要供应省内市场。公司牧场奶牛年平均单产达6吨，是华南地区最高单产水平。牧场生产的鲜奶远销香港市场，是国内首家出口鲜奶至香港的企业。

多年来，公司致力于向广东省内及周边市场供应新鲜、安全的生鲜奶及奶制品，并得到了广大消费者的认可。公司先后被推评为“中国500家最大食品加工企业”、“全国食品安全示范单位”、“广东省先进集体”、“广东省消费者诚信单位”、“广州市先进单位”、“广州市重合同守信用单位”等荣誉称号。产品荣获“广州市名牌产品”、“广州市名优农产品”、“广东省优秀新产品”、“广东省名牌产品”以及中国绿色食品等多个称号。

（一）优质的奶源

1.高标准打造好品质 牧场自1985年起采用欧盟鲜奶检测标准，1989年起开始检测抗残指标，是国内鲜奶检测标准要求最高、最早检测抗残指标的牧场。

2.科技兴业，标准化饲养 公司始终坚持科技生产，精细化管理，坚持“高投入、高产出、高效益”的牧业发展道路。在不断改进传统的饲养管理模式上，积极将最新的科技研究成果应用的生产：采用分群饲养、TMR饲喂的饲养工艺，实行全自动脱杯的挤奶技术；通过与国内外奶牛专家技术交流，不断做好防暑降温，从而提高奶牛舒适度、有效减少应激；通过加强牧场建章立制，规范操作，不断完善奶牛饲养标准化、规范化，牧场经营已经突破行业及体制常规——南方不能养好奶牛、国有企业养牛效益不如个体户的魔咒，如今牧场实现了产量最高（成母牛年单产达 7.2 吨）、质量最好（乳脂率3.6%，乳蛋白3.1%，生鲜奶杂菌数1万个/毫升，牛奶的体细胞数23万个/毫升）、售价最高（5400港币/吨）。

（二）奶牛科研与技术进步

珠江牛奶公司认真抓好奶牛疾病的预防工作。大胆摸索及完善干奶牛乳房炎预防措施，结合乳房炎疫苗的使用，对隐性乳房炎（体细胞数高）牛只进行相对集中预防与治疗、对个别顽固性与反复性的乳房炎牛只坚决实施淘汰处理。沙池睡床的建造及卫生管理工作的落实，使成母牛乳房炎日发病率控制在较低水平，牛奶体细胞数能控制在40万个/毫升以下，2009年因乳房炎及肢蹄病进行淘汰的奶牛有45头，比上年同期的33头虽然增加了12头，但仍能维持在较好的控制范围。由于犊牛采用新栏舍饲养，并对饲养作适当调整，今年犊牛的成活率有了较大的改观（超过95%），犊牛的体重达标率也超过95%。

华美牛奶公司于2009年3月顺利地完成标准化良好企业行为的专家评审，并获得3A级认证。4月完成收奶站建设的审核，领到生鲜乳收购许可证及生鲜乳准运证，为牛奶的安全运输提供了保证。该公司加强围产期牛只管理，对进入围产期阶段的牛只进行全程监控，并增大了对产房的投入，改造产房，增设产栏，保证了奶牛的健康及稳定奶产。

华美牛奶公司增城奶牛分场从3月份开始实行TMR机械化饲养作业，提高奶牛采食量，提高奶牛整体素质，改善牛奶质量。牛群整体被毛光亮，膘度适宜，牛奶优质，乳脂在3.65%以上，乳蛋白在3.1%以上。11月初，完成对牛奶速冷系统的技术改造。牛奶经过速冷系统到奶缸时的温度为6℃，在40分钟内可降到4℃的保存温度，有效改善了牛奶的风味。

2009年12月18日，中国绿色食品协会组织专家组，对风行牛奶公司承担的绿色农业科学研究与示范项目《湿热地区奶牛健康规模养殖技术研究与示范》进行了验收，专家组听取课题组汇报后，经过认真讨论，认为本项目完成了课题任务书规定的各项经济指标，一致同意通过验收。

扩大饲养规模，优化牧工配比。公司的三个现代化牧场共饲养奶牛5296头，年产鲜奶约18000吨，加工厂生产所需鲜奶的60%由自有牧场供应。

（三）新鲜的产品

1. 采用先进管理方法，提升产品质量 为进一步提高产品质量，公司率先通过质量管理体系认证（ISO9001：2000标准）和HACCP体系认证（国际食品安全管理体系），产品的生产过程、环境设施、人员卫生等均达到SSOP（卫生标准操作规范）和GMP（良好生产规范）要求，整个生产过程都处于受控状态之中，保证了产品质量安全。

2. 坚持产品差异化战略，大力发展巴氏产品 公司乳品加工设备生产能力为150吨/日，生产的产品有巴氏奶、超高温灭菌奶、酸牛奶、炼奶、乳饮料及甜品等六类共78包装规格，注册商标为“风行牌”，主要供应省内市场。根据广东地区居民饮食消费习惯、行业消费趋势及地域优势，确定以鲜为主的营销战略，大力发展巴氏产品。

3. 加强质量监控管理 三聚氰胺事件后，公司积极、认真贯彻落实政府相关规定，在加强管理，严格监控含蛋白饲料、原料、产品的三聚氰胺指标的同时，及时购置高效液相色谱仪，并配备专人负责三聚氰胺检验工作。2009年，公司获得三聚氰胺自行检验资质，是广州市内唯一一家具有三聚氰胺自行检验资质的液态乳生产企业。

（四）周到服务

创新营销模式，发展风行牛奶专卖店。2008年，公司完善销售渠道建设，开拓“牛奶专卖店”渠道，在广州市区主要路段、商业区、大型社区布点，改变以往只能到超市购买新鲜牛奶的局面，只要出门就能买到新鲜的牛奶。目前公司已经在农林下路、中山四路等人群密集的区域组建了150家风行牛奶专卖店。未来3年内，公司发展目标是建设500家专卖店，将新鲜的产品，便捷周到的服务不断延伸到终端，真正做到“风行牛奶专卖店，总有一间在您身边”。为了配合该渠道发展，公司将在3年内投入1000万元购置冷链运输车辆。

（五）追求卓越

牧工一体化的发展模式，完整的产业链（奶源—加工—配送—专卖店）及有效的全程质量监控体系保障了风行乳制品质量安全。近两年，公司品牌的认知度和美誉度进一步提升。2008年起，公司计划投资近3亿元，用5年时间，进行统筹规划及技术升级改造，全面提升公司的综合竞争力。建设完成后，公司乳品加工年产能将达60000吨，全资拥有奶牛10000头，公司将建成珠三角地区的强势品牌。

全国主要奶牛养殖和养殖服务企业

2009 年全国主要奶牛养殖企业

单位名称	牧场数	总存栏	成乳牛	牛奶产量	成乳牛单产
	个	万头	万头	万吨	吨/年
马鞍山现代牧业有限公司	10	8.30	2.20	17.60	8.0
北京三元绿荷奶牛养殖中心	27	4.00	2.00	20.00	10.0
沈阳辉山乳业有限责任公司	30	4.00	2.00	16.00	8.0
上海牛奶集团	21	3.00	2.00		7.8
北京双娃乳业有限公司	8	2.31	1.35	9.45	7.0
上海光明荷斯坦牧业有限公司	10	2.00	1.20		8.0
天津嘉立荷牧业有限公司	16	1.60	1.00		9.5
济南佳宝乳业有限公司	3	1.21	0.67	5.76	8.6
飞鹤原生态牧业股份有限公司	3	1.40	0.30	2.64	8.8
河北福成五丰奶牛场	2	0.81	0.35	2.84	8.1
吉林省乳业集团广泽有限公司	6	0.80	0.36	2.34	6.5
内蒙古奶联科技有限公司	7	0.70	0.42	2.94	7.0
宁夏农垦贺兰山奶业有限公司	5	0.44	0.25	1.99	8.6
北京中地种畜有限公司	2	0.31	0.22	1.91	8.8
重庆光大(集团)有限公司	3	0.50			7.0

2009 年全国主要奶牛养殖服务企业

企业名称	行业	中国总部	主要产品（服务）
北京奶牛中心	育种	北京	冻精、胚胎
内蒙古蒙牛繁育生物技术股份有限公司	育种	呼和浩特	冻精、性控冻精
上海光明荷斯坦牧业有限公司	育种	上海	冻精、饲料等
北京中博农畜牧科技有限公司	牧场设计建设	北京	畜牧场规划，设计，建设；畜牧场的设计咨询及可行性研究；现有畜牧场的整体改造；畜牧场配套设备销售；畜牧场配套设备销售；畜牧养殖工艺咨询、培训
北京四方畜牧科技发展有限公司	牧场设计建设	北京	牧场配套养殖设备、畜舍智能化清粪设备、粪污输送与处理设备、沼气发电设备；畜牧场规划、设计、建设。
北京京鹏环宇畜牧科技有限公司	牧场设计建设	北京	主要从事畜牧工程技术研发、设备制造、畜牧场配套设备销售；畜牧养殖工艺咨询、培训的专业公司。
北京东石联合贸易有限公司	牧场设计建设	北京	牧场设计
北京修刚畜牧科技有限公司	牧场设计建设	北京	养殖设备的配套生产；畜牧场规划、设计、建设。
黑龙江农垦畜牧工程技术装备有限公司	挤奶机	哈尔滨	主要从事挤奶设备和饲料搅拌设备的生产销售
广州万日乳业机械有限公司	挤奶机	广州	各种型号的挤奶设备，牛奶冷冻、贮存、灭菌设备及奶牛电脑自动管理系统。
上海双益农牧设备有限公司	挤奶机	上海	各种类型的挤奶系统设备、制冷奶罐、牛场用品、TMR 饲料搅拌车

奶牛养殖和养殖服务企业发展经验

北京三元绿荷不断改革创新 保持技术领先优势 全力打造现代化养牛示范基地和优质原料基地

北京三元绿荷奶牛养殖中心

北京三元绿荷奶牛中心隶属于北京首都农业集团有限责任公司（原北京市国营农场管理局），成立于 2001 年 7 月，由原隶属于各国营农场的 33 个大型奶牛场及相关企业，经资产整合重组后新成立的大型专业化企业，是全国较大的纯种荷斯坦奶牛饲养基地和优质原料奶供应基地，是中国奶协会员单位。养殖中心现有 26 个大型牛场，拥有质检、疫病防治实验室和奶牛饲料公司及奶牛服务公司及等组织单位，主要分布在北京周边六个区县及天津宝坻区，总资产 12 亿元，土地 1333 余公顷，员工 2200 余人；奶牛总存栏 4.2 万头，其中成母牛 2.2 万头；年产优质原料奶 2.2 亿千克，年出售优质奶牛 3000 头。

多年来，中心所属牛场在改革传统奶牛饲养工艺的基础上，不断改革与创新，吸收引进国外先进的奶牛饲养技术，提升奶牛饲养的科技含量，牛奶产量和质量始终处于全国先进水平。2010 年成母牛头年单产达到 10200 千克，有 18 个牛场头年产达到 10 吨以上，牛奶乳脂率 3.8%以上，乳蛋白 3.2%以上，微生物指标达 6 万/毫升以下，SCC 控制在 25/毫升万以下。其中中以示范牛场头年单产将超过 11600 千克，创国内奶牛历史之最。重组后的三元绿荷近十年的发展历程，见证了成母牛生产水平从 7 吨徘徊不前，到历史性突破 8 吨；从奋力跨越 9 吨，到实现 10 吨的梦想，三元绿荷无论从管理，还是技术上都在不断改革与创新。总结其经验，可以概括为以下几方面：

（一）实施“五项统一”，调整与优化企业组织管理体系及运行机制

（1）明确“五项统一”的内涵。中心成立以来，大胆改革传统管理模式，明确实施“五项统一”，即：以中心为操作平台，实行一级法人实体；统一财务核算、统一分配制度、统一供销制度、统一用工制度、统一生产技术管理。

（2）优化管理流程，压缩管理层级，实行扁平式管理。按企业发展需求，对组织管理结构进行了的逐步调整和优化，将分公司合并，由 7 个变为 4 个，直至最终取消分公司建制；由过去“集中决策，统一经营，分级管理，层层考核”的企业管理与组织体系，优化为中心对牛场的“直接管理、直接考核”，并对职能部室设置及其职能进行了精简与调整。

（3）采取有效措施，增强统一管理力度，确保统一管理效果。在生产方面：大宗饲料不折不扣的执行饲料厂家、产地集中采购的方案，并按大生产、大循环的要求，初步建立以生产为龙头，集生产、供应、销售、质检、服务为一体的工作运行机制；在工资分配和考核方面：统一了分配与工资发放制度，统一了对各层次的管理技术人员的考核等；在财务管理方面：使用“ERP”管理系统，通过远程控制，实行统一报账，统一核算管理模式；在办公管理方面：搭建了“OA 网络智能办公管理平台”及时传输、处理、审批各种文件，等等诸如此类的措施使中心组织结构及运行机制更加优化与完善，统一管理措施逐步到位，一体化工作联运机制和工作模式初步确立，企业的统一管理能力、整体协调能力、基层单位的执行能力大大增强，管理效果显著。

（二）“做大、做强、做精”奶业，管理理念由“数量规模型”转变为“质量效益型”，实现质的升华

在管理理念上，中心成立之初及以后的几年里，为迅速提升整体管理效果和社会影响力，基本是推行了一套“依靠增加投入，扩大产业规模，提高单产水平，增加经济总量”的“数量规模型”工作思路，并通过实施，基本达到了目标要求，显现了这一阶段性目标制定的实际意义和塑造品牌战略作用；2008 年以来，中心经过多年的积淀，管理理念得到质的升华，由“数量规模型”转变为“质量效益型”，全面贯彻“健康养殖，精细管理，节本增效”的管理理念，在突出以高效为目标，精细节本为手段的同时，更加注重奶牛的健康，并将其作为不可动摇的根本原则，系统地调整和优化“高产、优质、高效”与奶牛健康的并存关系，配套完善各种制度和机制建设，对企业的经济增长方式及时进行有效的理性调节，初步达到了“高产、高效、健康”的有效统一，进而使企业呈现健康可持续发展的势态。在奶业市场风云突变的形势下，企业牛群健康、生产水平和经济效益逐步提高，并创历史最佳业绩。

（三）按照“现代奶业”的运作模式，在奶牛技术管理领域开展了一系列具有标志与开创性的工作，保持了三元绿荷奶业技术管理的领先优势

（1）标准化管理模式的确立，为企业可持续发展奠定坚实的基础。从2003年开始，中心开始制订并推行标准化管理，根据国家、地方和行业相关标准，结合三元绿荷奶牛生产中对技术、管理及岗位工作等各方面的实际情况，制订了三元绿荷企业标准化---工作标准、管理标准和技术标准，涉及204项内容。其中技术标准覆盖了饲养管理、生产工艺、奶牛繁育、卫生保健、牛奶质量控制和记录体系等各环节，主要内容包括饲养管理标准体系、产品质量标准体系、良种选育标准体系、奶牛生产保障体系等四大体系，三元绿荷是全国首家获得标准化认证的奶牛养殖企业。七年来通过企业标准化的实施及不断修订、补充与完善，标准化管理已成为中心管理模式固化形式与标志性内容。对全面提升企业的生产管理水平，建立现代企业制度打下了坚实的基础。三元绿荷之所以在“三鹿奶粉事件”的危机中成为中国奶业的中流砥柱，主要得益于企业建立了科学的工作标准和严密的工作体系。这一体系的建立，使中心在复杂环境下，成为为数不多的可以信赖原料奶供应商。同时，中心作为2008年北京奥运鲜奶供应商，以良好的产品品质，为我国赢得了荣誉。事实证明：只有建立企业标准体系，用标准规范企业的生产经营行为，才能保证生鲜牛乳的产量和质量稳步提高，才能使奶牛养殖业健康可持续发展。

（2）吸纳国内外新技术、新工艺、新理念，建立以“EDTM”为代表的现代奶牛生产技术体系，保持技术管理的领先优势。三元绿荷不断总结归纳过去经验，吸收移植国外先进技术和理念，研究、集成了奶牛环境控制-E（Environment）、奶牛生产数字化系统-D（Data）、全混合日粮饲养技术-T（Total Mixed Ration）、奶牛生产标准化管理体系-M(Management)等各项运用于奶牛生产全过程的关键技术，从而形成并创建了以“EDTM”为核心的三元绿荷独有的、先进的、科学的现代奶牛生产技术体系。该体系建立，具有历史性的标志意义，是世界先进技术与我中心实际有机结合的典范，是对传统奶牛养殖技术的扬弃与创新，是我们在奶牛养殖领域中综合竞争力的核心体现，也是中心多年来取得一系列成果的最显著的标志，为中心奶牛养殖业生产水平保持在全面领先，并迅速接近世界先进水平提供了关键技术保障。同时该体系集成凝炼了优质高产奶牛饲养技术理论，对加快我国现代化奶业进程，保持健康可持续发展，创造了可供借鉴的发展模式。

（3）充分利用奶业国际合作项目的优势和条件，加强技术交流和人才培训，确保三元绿荷奶牛养殖技术理念的更新及优势。三元绿荷自2002年起已先后举办“中国--以色列奶牛新技术培训班”共八期，每年都选派年轻干部、技术骨干及场长到奶牛养殖发达国进行考察、进修、深造，同时还积极参加国内各公司举办的奶牛技术培训班，开阔了视野，转变老旧观念，积极尝试新技术，从而保持三元绿荷奶牛养殖技术长盛不衰。

（四）丰厚的成果，彰显三元绿荷品牌的知名度

多年来，三元绿荷通过不断努力，企业获得和通过多项荣誉与认证。2002年在中国奶业协会第四次会员代表大会上被评为中国奶业优秀企业；2003年企业的标准化工作取得北京市质量技术监督局验收，获“标准体系确认合格证书”和“北京市农业标准化先进单位”称号，2005年初通过了国家标准化管理委员会“标准化良好行为”确认，获得国家AAAA级“标准化良好行为试点企业”称号，是当时全国唯一的AAAA级“标准化良好行为”农业企业，同时被评为“全国农业标准化示范区建设先进单位”；2005年通过中国绿色食品发展中心认证，获得绿色食品A级证书；2006年中心又通过了“全国首批良好农业规范（简称GAP）”一级认证。标准化工作、绿色食品和良好农业规范三项同时认证，在国内尚属首家。2006年被国家确定为全国牛奶生产强区，2007年我中心又被国家农业部确定为“全国农垦现代化农业示范区”；2009年《现代化奶牛EDTM生产技术体系的建立与应用》分别获得北京、全国企业管理创新一等奖和二等奖，同时还获得北京市农业推广一等奖。

除此之外，还积极参加国家和北京市的课题研究，参与《“十五”国家重大科技专项》---北方大城市郊区奶业现代化生产技术集成与产业化示范项目和《“十一五”国家科技支撑计划农业领域课题实施》---北方大城市郊区牛场无害化处理系统建立与环保高效型奶业集约化生产技术研究与开发项目，有多项技术研究成果获得各级的表彰和推广。

发挥种源优势　依托科技创新　加速奶牛良种化进程

北京奶牛中心

北京奶牛中心隶属首都农业集团北京三元种业科技股份有限公司，是全国最大的奶牛冻精、胚胎生产和销售企业，是集奶牛良种生产、科学研究、示范推广以及科技服务为一体的高科技奶牛良种繁育中心。北京奶牛中心现存栏优秀种公牛185头，年产优质冻精480万剂，推广奶牛优质组合胚胎1万枚，在全国31个省、自治区、直辖市得到推广应用，长期致力于中国奶牛遗传素质的整体提高，促进实现奶业“良种、高效、健康”的可持续发展，为加速我国奶牛的良种化进程作出了突出贡献。

1. 发挥种源优势、建立自主种公牛培育体系 我国缺乏完整的奶牛良种自主培育体系，致使奶牛改良所需的种公牛长期以来主要依赖进口，奶牛业发展难以摆脱对国外良种的依赖。这种状况与我国世界第三奶业大国的地位极不相称，已经成为我国奶业进一步发展的制约瓶颈。

北京奶牛中心以优化中国奶牛的遗传素质为己任，长期坚持自主培育和引进并重的优秀种公牛育种理念。中心依靠首都农业集团的强大种源优势，初步建立了具有自主知识产权的种公牛培育体系。目前，首农集团公司全群存栏奶牛 4.0 万头，其中成母牛 2 万头，参加 DHI 测定 2 万头，占北京市 4 万头 DHI 测定牛的 50%。头年单产实现 9976 千克，原料奶乳脂率 3.5%以上，乳蛋白率 3.0%以上，牛奶体细胞数（TSCC）27.7 万个/毫升，总细菌数（TBC）10 万个/毫升以下。头年单产超 10 吨的奶牛场 15 个，覆盖牛群 10 000 头（成母牛）。首农集团公司奶牛群体遗传水平已经达到奶业发达国家水平，这种群体规模的优秀种质资源在我们国家是独一无二的，为中心建立优秀种公牛自主培育体系提供了充足的种源优势。在自主优秀种公牛培育方面，所有后备公牛父本均来源于世界奶牛著名家系，母本来源于首农集团种子母牛场核心群。核心群母牛的选择标准是：从首农集团所有参加 DHI 测定的母牛群体中选留顶尖 1%；平均产奶量 13000 千克以上，乳脂率 3.80%以上，乳蛋白率 3.2%以上，体细胞数低于 35 万/毫升，产奶量预期传递力（PTAM）大于 1000，体型外貌优秀。后备公牛选育执行严格的选择标准，并辅以分子选育技术进行筛选，每年可以选择和培育出优秀后备公牛 100 头以上，中心已经成为全国最大的奶牛良种自主培育和示范基地，为促进我国奶牛良种化进程和奶业健康快速发展起到了龙头带头作用。

同时，中心依托承担的多项国家及部市级科研项目，已经建立了完善的奶牛生产性能测定、体型线性评定、后备种公牛选育、后裔测定以及胚胎生物工程技术和多项分子生物技术在内的自主培育体系，引领我国奶牛育种技术和行业的发展方向。北京奶牛中心作为国内首家使用动物模型 BLUP 法进行种公牛遗传评估的育种机构，长期坚持种公牛后裔测定与遗传评定，以公牛概要的形式公开发布。稳定规范的数据来源，综合全面的评定体系，可靠科学的评定方法，显著提升了北京奶牛中心种公牛的遗传选育水平，多年来中心种公牛的遗传素质始终保持全国领先地位，先后培育出 16747 号、13477 号、340 号、94108 号、11101916 号等一批全国驰名的优秀种公牛，在加速我国奶牛良种化进程中取得了突出成效。

2. 依托科技创新、带领行业科技发展 北京奶牛中心是国家高科技产业化示范基地，以奶牛良种等资源优势和技术优势为支撑，充分利用多年来与大学、科研院校等单位的长期合作基础，针对我国奶牛繁育行业发展的关键共性技术进行创新研究和产业化开发。多年来，参与或主持国家高技术研究发展计划（863）、国家“十一五”科技支撑计划、科技部奶牛种质资源创新与新品种培育技术研究项目等多项国家和部市奶牛繁育课题，并承担了“国家奶牛胚胎工程技术研究中心”的组建任务，在高效冻精生产与高产种公牛培育技术、高效超排与连续超排技术、性控胚胎生产技术、活体采卵体外受精技术、现代遗传评估方法、奶牛分子育种及奶牛缺陷基因检测等领域取得了大量科研成果，共获得国家、部市级奖励 40 余项。

中心紧跟国际奶牛繁殖育种的发展趋势，坚持科技创新，把创新的实力转化为对行业的推动力和市场竞争力。目前，中心正与合作单位联合开展基因组选择育种、犊牛超排体外胚胎生产等技术在内的多项现代奶牛繁育生物技术研究，集中国内奶牛繁育方面的高素质技术人才和中心所具有的一流科研及设备条件，发挥奶牛良种资源优势，开展创新技术研究和开发，在高新繁育技术研究与探索上始终保持国内领先水平，引领行业科技发展。

3. 整合资源与科技优势、加速奶牛良种化进程 世界奶业发展的历史经验证明，奶牛良种化水平的稳步提高，奶牛良种繁育体系的完善配套，是行业实现质量型健康持续发展的重要基础。北京奶牛中心通过开展奶牛核心群的建设和优秀种公牛的自主培育，提升了种公牛的种用价值和优质冻精的产量，并通过大力推广优质奶牛冷冻精液和优秀奶牛组合胚胎，不断提高奶牛人工授精技术效率和胚胎移植产业化程度，极大地加速了我国奶牛良种化进程，为提升我国奶牛群体的遗传水平提供了强大的种源支撑。近 8 年来，北京奶牛中心共选育优秀种公牛 483 头，累计推广优质冻精 2300 万剂，获得改良后代母牛 550 万头，为提高我国奶牛的良种化水平做出了重要贡献。

4. 企业曾获得荣誉 2001 年：《中国荷斯坦奶牛 MOET 育种体系的建立与实施》获国家科技进步二等奖；2004 年：《应用胚胎生物技术建立高产奶牛繁育体系和生产体系》获北京市科技二等奖；2006 年：《应用体细胞克隆技术生产和拯救优质种牛》获北京市科技一等奖、《高产优质奶牛胚胎工厂化生产和移植技术》获北京市科技二等奖、《荷斯坦奶牛良种繁育体系建立与应用推广》获北京市农业科技成果推广二等奖；2007 年：《奶牛 DHI 体系的建立与推广》获北京市农业科技成果推广三等奖；2009 年：《现代奶牛 EDTM 生产技术体系建立于应用》获北京市农业科技成果推广一等奖；2010 年：《牛冷冻精液及配套技术示范推广》获北京市农业科技成果推广一等奖。

北京奶牛中心将不断致力于加速中国奶牛的良种化进程，打造奶牛育种第一品牌，发挥现有奶牛良种资源优势，坚持依托科技创新，充分发挥全国奶牛育种龙头企业的作用，加大科技投入和研发力度，整合资源与科技优势，辐射和带动全国奶牛业的发展，为促进农业产业结构调整和农民增收致富提供良种和技术支持。我们愿与全国奶业同仁携手，在改革中发展，在发展中创新，为中国奶业的健康科学发展、共创中国奶业的新辉煌做出贡献。

光明荷斯坦——专业　高效　可信赖

上海光明荷斯坦牧业有限公司

荷斯坦（HOLSTAN）（上海光明荷斯坦牧业有限公司）是专门从事现代牧业领域产品研究、开发、生产及销售的综合性服务公司，是目前国内最大的牧业服务解决方案的供应商。其前身可追溯到光明乳业创立，业务范围遍布全国。

荷斯坦聚焦奶牛场服务，产品和技术涵盖牧场规划、建设、管理等领域，提供多种产品和系统解决方案，包括：奶牛育种、饲料、兽药器械、牧场设备、奶源服务、牧场管理等的解决方案。

荷斯坦致力服务全国快速增长的牧业市场，努力推进奶牛业的规模化、标准化、优质化和产业化，全面提升牛奶质量、牧场效益和竞争力，积极开拓奶业产业链各个环节相互促进、共同发展之路，为我国奶业的整体素质和效益提高做出自己的贡献。

1. 管理架构：存在，有无限可能　随着奶牛产业链的发展，在建成金山种奶牛场等亚洲一流的牧场群的同时，荷斯坦也完成了由一个单纯的牧场经营者向综合性牧业服务公司转变的过程。结合自身强大的整合力、突破力和牧场经营管理宝贵经验，形成了现在三大服务事业部（奶源服务、牧场管理、牧业产品）和技术开发中心的布局。

2. 科研创新：厚积薄发，创造独特的产品方案　荷斯坦一直坚持走引进吸收与自主开发并重的技术创新道路。

多年来，荷斯坦一直与中国农业科学院、中国农业大学、上海农业科学院、上海交通大学、上海复旦大学等机构保持着紧密的联系，并通过参与加拿大、美国、以色列、荷兰、比利时、瑞典、法国、德国、日本、韩国等国际项目，完成了引进、消化、吸收的国产化阶段，也建成了一支高效率、高素质的产品研发队伍。自此，荷斯坦进入了自主开发能力的建设阶段并取得了可观的成绩。近年来，由荷斯坦自主研发的专利产品有6项。先后承担科技部、农业部和上海市科技攻关项目达30多项。

光明乳业承担的国家级科研项目

序号	项目名称	技术领域	项目类型	起止日期（年.月）
1	奶业重大关键技术研究与产业化技术集成示范——南方大城市郊区奶业现代化生产技术集成与产业化示范	奶牛与乳品	新技术国家“十一五”科技攻关项目	2002.6至2005.12
2	《奶业发展重大关键技术研究与示范》项目《南方大城市郊区牛奶环境控制技术及奶牛应激综合防控技术研究与产业化示范》课题	奶牛与乳品	新技术“十一五”国家科学技术支撑计划	2006.1至2010.12
3	奶牛种质资源创新及其新品种培育技术研究	奶牛	“十一五”国家科技支撑计划	2006.1至2010.12
4	奶牛育种扩繁技术研究及产业化开发	奶牛	“十一五”国家科技支撑计划	2006.1至2010.12
5	奶牛高效饲养关键技术研究与开发	乳业	“十一五”国家科技支撑计划	2006.1至2010.12

3. 质量管理：生命，永恒的执著　质量是荷斯坦的生命。根植于心的质量意识和严格的管理制度，为荷斯坦赢得了所有客户长期的信任。

荷斯坦对产品质量的严谨态度和精益求精的精神，从一开始就融入企业的血液之中。公司建立了完善的质量保证体系和质量评估体系，从产品规划到服务项目；从每一种原料进库到每一批“产品”出厂，几乎每一道工艺都处于缜密的监控之下。4个专业的（育种、饲料、奶源、兽医药）质量控制中心拥有多台世界先进实验设备，检测手段已实现了现代化和数字化。

1995年，荷斯坦育种和饲料产品在中国奶牛行业中率先通过了ISO9001质量体系认证。2001年首批成为上海市饲料行业首批“重食品安全，守行业食用”承诺单位。2007年通过HACCP食品安全管理体系认证和无公害产品生产基地认证。2008年3月又获得“国家良好农业示范”资格认证。

4. 产品系列：提供全方位的解决方案 多年来，荷斯坦始终走在牧业发展的前沿，为全国奶牛养殖户提供高性价比的创新性解决方案，灵活多样、低成本高效率。拥有包括牧场管理、奶源服务、牧业产品服务等多个系统平台，能够根据客户的需求提供丰富的产品、技术、服务、组合方案或直接承包等多种业务。我们的产品分为育种、饲料、牧场设备、易耗品、奶源服务、有机肥等，通过这些产品技术性集成、优化，实现全方位的解决方案。

（1）育种产品。上海奶牛育种中心于1974年成立，当时名称为“上海市种公牛站”，并迅速成为中国数一数二的育种企业。2003年新建了国内最先进的育种大楼，公牛总饲养规模达到200多头，近80%的公牛都引自北美，产奶量高，乳成分高，体型大，抗病力强。

1995—1998年在《中国—欧盟奶业和食品加工技术与商务合作项目》招标中，上海奶牛育种中心二次成为“奶牛冷冻精液和人工授精设备”的唯一中标者。

2002年第17次全国青年公牛联合后裔测定中，上海奶牛育种中心公牛囊括产奶量育种值和乳脂率育种值前六名。

此外，荷斯坦（HOLSTAN）在陕西、内蒙古还拥有两家大型育种公司形成目前国内最大的荷斯坦奶牛育种企业，总存栏公牛达300头，并建立了全国最大的DHI育种体系。在2005、2006、2007年农业部良种奶牛补贴项目中，从40多家育种公司的角逐中脱颖而出，三次所获得份额均列第一。

（2）饲料产品。自开发使用以来，荷斯坦牌饲料产品不断进行了技术改进，技术含量不断提升，并一直保持着良好的销售势头，被誉为中国料坛的“常青树”。

拥有的专利产品：3131 犊牛前期颗粒料（中国 ZL200410099299.7）、3132 犊牛前期颗粒料（中国 ZL200410099298.2）、8111 系列干奶牛预混料（中国：ZL02111514.1）、8112系列奶牛抗热应激预混料（中国：ZL200410099300.6）。

多年来，荷斯坦营养专家不断深入研究和开发各类奶牛专用饲料，针对每一种饲料的不同来源，不同存放时间、不同批次原料进行饲料成分测定，以确定每一种饲料消化能、代谢能、粗蛋白、矿物质（钙、磷为主）及维生素的含量等营养成分，再结合奶牛具体生产水平、健康状况和生理阶段以及季节等因素，按饲养标准配合出符合不同种群奶牛营养需求的科学饲料。

荷斯坦饲料的最终目的就是要保证提供每头奶牛在每个24小时内所采食的饲料量，按其比例和数量，可以适当地满足奶牛营养需求总量。

奶牛是反刍大家畜，在生理上不但有4个胃，而且其消化道也比其他动物要复杂得多。荷斯坦不仅建立了近千万的饲料配方库，以最优的组合生产了包括精料补充料、预混料、浓缩料等荷斯坦奶牛专用饲料产品。为了满足生产的需要，荷斯坦饲料中添加的维生素及微量元素指标均高于NRC饲养标准，可以保证在奶牛疾病感染、转群、应激等外界环境改变的情况下，尽最大可能满足奶牛的营养需要。与此同时，荷斯坦奶牛饲料还非常注重适口性、霉变等问题。考虑到经济问题，荷斯坦还会根据客户当地资源、选取适用而价格低廉的原料，为客户量身订制产品。

荷斯坦奶牛饲料产品：通用型奶牛复合预混料、功能型奶牛复合预混料、浓缩料等。

（3）牧场设备。随着农业产业结构的调整，我国奶牛业快速发展，新工艺、新设备在新建牛场、旧址改造、老场搬迁中对牧场的设计水平有了更高的要求。而荷斯坦也正是经历了这样的过程，所以积累了相当多奶牛场设计和施工方面的经验，在技术组装、集成、配套形成完整的技术体系方面几乎达到世界发达国家的水准。

通过与日本ORION、以色列AFIKIM等国外顶级设备公司携手，推出“全方位牧场建设方案”的服务项目，弥补了国内该项服务的空白。迄今为止，已经成功地在全国近百家牧场设计建成了适合自己的现代化牧场。

（4）牧场易耗品。经过细分牧场事务，荷斯坦将牧场易耗品纳入新的项目，并对其进行深度开发与组合，以帮助牧场提高综合赢利能力。该项目囊括近千种产品，包括奶牛专用兽医用药、器械及挤奶机易耗品。专家服务，提供最经济配备方案等人性化服务使该产品一推出，即受到客户好评。

（5）有机肥产品。荷斯坦十分重视奶牛场生态环境保护工作，大力发展循环经济模式。逐步实现由“高投入、低利用、高排放”向“低投入、高利用、低排放”转变；由单一强调生产效益向兼顾生态经济的协调发展转变；由常规生产方式向物质循环和能量转换的生态奶业技术体系转变；由注重生产管理向生产、资源保护和奶农利益等全方位管理转变。

新落成奶牛场均配有一定比例的耕地，既可以保证奶牛饲草饲料、特别是青贮饲料和牧草的供应，发挥奶牛的遗传潜力，通过对牛粪便的有机化处理又可以合理利用奶牛粪便还田，形成“土地—种植业—奶牛养殖业”三位一体，动物、植物、微生物三者平衡的农业生态系统，走“粮食多—饲料多—奶牛多—肥料多—粮食多”的良性循环发展之路。

为提高对牛粪便处理和资源化利用技术，荷斯坦不惜投资6千多万元建成有机肥生产厂。该厂生产的“葩沃福”有机肥不仅是绝对无污染、无公害的有机肥料，而且是菌肥共显的环保型有机肥料。

该有机肥料含有大量有益的功能微生物及其特效代

谢产物，能够刺激和促进作物生长、增加产量、提高作物品质适合各种农作物与经济作物。对农村建设资源节约型和环境友好型社会具有重要作用。

（6）地区服务。秉持“创新、质量与服务”的原则，荷斯坦积极扩展服务空间。积极为当地奶农提供奶牛养殖专业技术与产品（冻精、饲料、设备及易耗品）服务。

荷斯坦技术专家经常深入奶牛场、养殖小区，以提高奶源效益为宗旨，引导和培训奶农科学饲喂，规范操作，并通过更多、更有效的系列解决方案，帮助奶农创造更多价值。周到、热情、全面规范的服务赢得了光明乳业以及当地奶农的高度信任。

（7）牧场管理。荷斯坦自主经营 10 多个牧场，2 万多头奶牛。其中典型的是上海光明荷斯坦金山种奶牛场（以下简称种场），它占地面积 34 公顷，养殖规模达 6000 头，人均饲养奶牛 70 头，成乳牛年单产达 10 吨，是亚洲生产效率最高、规模最大的种奶牛场。

种场立足高起点、高标准，汇集国内外奶牛业最新工艺技术，体现国内外养牛水准和上海大都市风格，它既是一个效率优先、经济实用的牧场，以“优质、高产、高效”为目标，又是一个管理先进、设备先进、工艺先进、技术先进的现代化奶牛基地。种场的建设符合国家级大型现代化奶牛生产技术示范基地要求，不仅增加了当地就业机会，还带动该地区农业发展，具有较好的经济效益和社会效益。

种场不仅设计理念新颖、布局安排合理、工艺流程科学、防疫制度规范、生产管理标准、畜粪生态还田，自主创新的智能化牧场管理信息系统，利用计算机管理软件实行精细管理，实现高产、高效的目标；种场安装国际先进的全自动大型并列式挤奶台，实现高效、引进先进 TMR 饲喂机械，全群奶牛实行机械饲喂；机械吸粪清粪牛粪集中堆放，固液分离，分级发酵，节能环保。

5. 技术服务：传播进步，走向和谐 荷斯坦的服务始终贯穿于“产品”的整个生命周期。由荷斯坦技术专家组成的强大营销服务网络，为客户提供个性化的服务。在全国荷斯坦品牌经销商和示范牧场总计达到 800 多家，南至三亚，北至漠河，东至佳木斯，西至喀什，形成了分布最广的营销与售后服务网络。

秉承“客户至上，为客户提供全面的解决方案”的理念，针对我国奶牛良种覆盖率和单产水平低，养殖方式较为落后的情况，通过多种形式在畜牧业内广泛宣传和大力推广科学饲养技术，每年近 60 场技术服务和培训，主要包括：良种繁育、科学饲养、疫病防治等。累计参加人数达 30 万人次，通过卫星远程教育培训覆盖全国边远地区。不仅培养了奶农科学养殖习惯，增强奶农自我发展能力。还帮助奶牛养殖小区和基层畜牧、兽医人员提高业务素质和服务水平，积极引导当地奶业走科学发展之路。

作为奶牛行业客户最满意的品牌，荷斯坦先后在全国奶类项目、农业部良种补贴等国内项目中屡屡获胜。2008 年 4 月份荷斯坦又荣幸成为在上海举办的“第三届中国奶业发展大会”指定参观单位。

6. 人力储备：战略规划，决胜未来 人才是公司长远发展的根本，人力资源是支撑公司稳定增长的关键。荷斯坦非常重视员工发展，建立了完整的基于培养、考核和激励的员工综合发展体系。

荷斯坦新建的现代化牧场均是一流奶牛技术与管理人员的摇篮。公司为所有员工提供了包括专家、技能师、后备专家、后备干部、管理层等在内的多元化发展道路，在培养高级管理人才、专业技术人才的同时，大力加强高技能人才队伍建设。2009 年，荷斯坦拥有各类技术专家近百名。与此同时，荷斯坦还营造了一套包括大学生人才库、实习生计划、职工外读培训、人才后备力量建设等人才开发措施。其中，大学生人才库项目是荷斯坦聘用员工的新途径。它可以提早让大学生接触公司，通过参与各专业部门的工作，实现招聘工作的“过程了解，双向选择”。

7. 企业文化：艰苦奋斗，务实高效 企业文化是保持企业基业常青的根本。荷斯坦在实施企业调整、变革的同时，适时地对企业文化进行了梳理，在继承和创新的基础上，提炼出以“务实高效；艰苦奋斗；忠诚合作；成就自我”为核心价值观的朴实文化。

荷斯坦的企业文化源于历史的积淀，现实的努力，以及对未来的追求。作为中国最大的服务于奶牛业的企业之一，荷斯坦成功实现了引进技术与自我发展相结合的模式；在自身滚动发展的同时，带动了一大批相关产业的发展进步。

随着市场竞争的日益加剧，荷斯坦在秉承优良传统的同时，不断地挑战自我，打破不适合发展的各种制约，勇敢地变革创新、与时俱进，在激烈的市场竞争中发展、突破，获得了持久的生命力。

面对飞速变化的市场环境，荷斯坦积极进行调整转型和变革，正在实现由“产品导向”到“市场导向”的转变，并制定了清晰的中长期发展战略。未来五年，荷斯坦将推出覆盖不同细分市场的近 10 款服务项目。

8. 企业公民：守法，负责 在向社会提供一流产品的同时，荷斯坦承诺以科学技术为依托，尽最大的努力减少产品及服务中所造成的环境影响。荷斯坦旗下金山种奶牛场在国内奶牛行业中率先取得无公害产品生产基地的认证。与此同时，在发展进程中，荷斯坦始终本着回报社会、造福社会的理念广泛地参与中国奶牛业科技进步的事业中。多年来，荷斯坦在全国累计召开各类技术培训会 500 多场，受益人次达 30 万，内容涉及育种、奶牛营养、常见疾病、牧场防疫等。

作为中国奶牛养殖行业的领头企业，荷斯坦正传承和弘扬“专业、高效、可信赖”的企业精神，锲而不舍地向着奶业的可持续发展方向前进！

引良种　育良种　中地种业一直追求的目标

北京中地种畜有限公司

农业产业化国家重点龙头企业北京中地种畜有限公司是以种畜进出口贸易为先导，种畜繁育推广为目标的现代化畜牧企业，是中国畜牧业协会副会长单位、中国奶业协会常务理事单位，中国检验检疫协会动植物工作委员会副主任单位。

公司是种畜（种牛、种猪、种羊、种马、种禽、种用经济动物及其遗传物质）、优质牧草、畜牧器械等进出口的专业化公司，曾经开辟了我国采用海运方式进口奶牛的先河。公司在北京、天津、南京、北海拥有四个种畜进口隔离场，在北京、内蒙古、辽宁拥有三个大型现代化奶牛繁育场，存栏奶牛近万头。

（一）进口优质奶牛为己任

进出口业务是公司的主营业务之一，公司自成立以来，为我国广大畜牧企业从欧美、澳大利亚、新西兰等国进口种畜超过 100 000 头（只），进口种畜胚胎、冻精超过 1 000 000 枚（支），进口优质苜蓿干草 100 000 多吨，为我国畜禽品种改良事业、畜牧业的发展做出了积极贡献。

公司在奶牛进口方面具有以下四个方面的优势：

1. 贸易团队　种畜进出口贸易团队具有二十多年从业资历，经验丰富，这支队伍能够非常专业地完成从进口贸易洽谈、合同签订、进口批复手续办理、报检报关提货、组织和指导国外选牛、海运、隔离场饲养管理和国内运输、直到将进口种畜安全运至目的地全过程工作。

2. 符合国家要求的隔离检疫场　公司拥有经国家质检总局批准建立的三个每批次容量超过 3000 头牛的标准进口奶牛隔离场（分别位于天津、北京、北海），可以根据客户的要求有计划地安排隔离场。

3. 专业选牛团队　公司有一支多年从事奶牛饲养管理、熟悉国外奶牛现状、选牛经验丰富的专业技术团队，这支团队拥有畜牧专业背景，工作认真负责、精益求精、一丝不苟，严格执行公司的选牛标准和选牛操作规程，确保了进口奶牛的质量，使公司在国外选种环节彰显专业实力。

4. 技术服务　公司拥有一支由高级畜牧师和高级兽医师组成的奶牛饲养管理队伍，能够完成进口奶牛在隔离检疫期间的饲养管理任务。在隔离检疫期间，按照国家检疫部门的要求做好各项工作，科学管理、精心饲养、严格防疫、保证了到岸的优质奶牛在隔离检疫期间营养充足，发育健康。种牛到达客户牛场前后，公司将派专家到现场指导，集中授课，对客户进行培训，提供全方位的服务。

北京中地种畜有限公司将继续发挥农业产业化国家重点龙头企业的作用，把种畜进出口工作当作我们的事业，努力为我国奶牛的改良工作进口更好的奶牛。

（二）繁育、推广优质奶牛为责任

种奶牛繁育推广是北京中地种畜有限公司的责任，作为专业从事种奶牛、优质原料奶生产的现代化畜牧企业，在做好进出口贸易的同时，也在积极发展奶牛养殖事业。目前公司拥有三家纯种奶牛繁育企业：内蒙古中谷良种奶牛有限公司、宽甸良种奶牛发展有限公司、北京中地畜牧科技有限公司，现存栏从澳大利亚、新西兰进口的高产纯种荷斯坦奶牛近万头。

公司旗下的三个纯种荷斯坦牛繁育基地，均严格按照牛场建设要求进行合理规划布局，符合奶牛生产、防疫、排污及环保要求。建有严格的卫生防疫制度，配备培训合格的专业技术人员。公司饲养的纯种荷斯坦奶牛拥有优秀的遗传潜质，乳房结构好、遗传性能强、肢蹄强健、耐粗饲、适应性广、产奶量高，公司建立有严谨的纯种繁育体系，人工授精所用公牛精液均来自德国和美国验证公牛。采用科学的饲养管理方式、先进的挤奶管理系统，建立了规范的疾病监控体系，为市场生产出优质安全的纯鲜牛奶，提供高质量的纯种荷斯坦奶牛。

三家奶牛企业均运用 TMR 技术，可根据不同群别奶牛的营养需要，精心设计饲料配方，将奶牛的饲草饲料全部通过 TMR 搅拌机械充分混合，分群饲喂，保证奶牛采食到营养均衡的日粮，避免奶牛挑食的同时增加了奶牛的干物质采食量，减少了奶牛疾病的发生，提高了饲料利用效率，增加了产奶量，降低了管理成本。公司应用以色列、美国等奶牛软件管理系统，对牛群及挤奶过程进行在线管理，实现了对奶牛生长发育、奶牛产量和繁殖力表现评估的日常管理；实现了奶牛发情鉴定、适时配种、系谱追踪及冻精选择等牛群繁殖的替代管理；实现了奶牛疾病发现、兽医诊断登记和治疗跟踪的日常监测牛群健康管理；实现了饲料生产计划、饲料准备和储存、配方和营养策略、掌控饲料来源的营养管理；实现了牧场表现专业评估、牧场经济效益评估、牧场发展及计划评估的经营管理；为公司牛群管理提供了最先进和最专业化的信息管理平台。

近几年来，公司先后向内蒙古、河南、甘肃、黑龙江、辽宁许多规模化牧场提供优质后备牛超过 1000 头，这些奶牛良好的生产性能为客户赢得了非常好的经济效益，随着公司的发展，今后可向社会提供的后备牛数量在快速增加，预计每年可以达到 1500 头以上。

公司经过多年发展经营，积累了丰富的行业发展经验，形成了企业的核心竞争力。展望未来，公司将充分发挥自身在团队、技术、品种、区域、成本等方面的优势，充分利用国家对畜牧业的扶持政策，抓住机遇，借助资本市场的力量继续发展壮大公司两大支柱产业——种奶牛繁育及进出口贸易业务。扩大产业规模，增加市场占有率，提高经济效益，将中地种畜做强做大，以生产优质安全的畜产品为己任，努力成为国内从事引种、种奶牛繁育和科学饲养的旗舰企业，为社会提供更多优质安全的种畜产品，为我国畜牧业的发展做出新的更大的贡献，成为拥有一流品牌、一流服务、一流信誉、一流管理的大型农畜产品龙头企业。

北京中博农引进国际先进技术　设计建设现代牧场

北京中博农畜牧科技有限公司

北京中博农畜牧科技有限公司总部位于北京市中关村科技园区，是专业从事牧场规划、设计、建造和管理、咨询、培训“一体化服务”的高新技术企业；也是国内最早从事畜牧工程设计的企业之一。公司的养殖设备生产基地位于小汤山。集科研开发、加工制造、设计安装、售后服务、咨询培训于一体；监督每个环节，完善每个细节，结合具体的环境条件为客户提供最优化的牧场解决方案。

“营造舒适养殖环境，保障畜禽健康高产”是中博农在进行现代化养殖规划、设计时要达到的目标，在这个领域，我们执着求索、积极交流；崇尚高科技、追求新理念，以精诚高效的专业团队始终引领行业前进方向。以低调稳健、诚实守信的行事风格赢得客户的长期信赖和良好口碑。至今，我们公司已经在黑龙江、内蒙古、山东、宁夏、新疆、江西、四川、安徽、天津、贵阳等全国20多个省份，规划、设计、建造了近100座适宜当地环境的规模化牧场。

以发展创新作灵魂、科技推广为使命，推行生态养殖、倡导循环经济，促进国内畜牧业由传统型向集约化、规模化、标准化、现代化转变。

在过去的一年，中博农经历了中国奶业市场的回暖、阵痛、再回暖的起伏跌宕。整个畜牧业乃至整个中国，都随着这样的起伏，揪心不已。特别是中国的老百姓，对国产乳制品刚恢复的一点信心，又备受打击。放心奶的问题，已然成了中国奶业的一个伤疤。

要想保证中国乳制品的安全，奶源建设成了重中之重。中博农人对此深有体会，在考察过欧美等发达国家的多个牧场后，发现在畜牧业，特别是规模化牧场方面国内外的差距。中博农人从此定下了学习并赶超欧美国际牧场的决心。这不仅仅是一种企业责任，更是一种社会责任，民族责任。

为什么欧美的乳制品相对安全？除了平时的检验检疫严格，更重要的就是奶源安全。我们到底和这些发达国家的牧场，差距在什么地方？就是差在先进的技术设备和管理理念上，更是差在发展观念上。

技术落后不可怕，我们可以学习；设备落后不可怕，我们可以更新；但是观念落后就很可怕了。目前国内规模化牧场很少，总存栏牛数的大部分仍是以散户养殖表现出来。与此同时，很多牧场的标准化和规模化并不充分，在理念上仍然心存疑虑，对牧场建设发展的国际大趋势认识不清。我们必须转变观念，从传统型走向现代型。将目光投向规模化牧场的建设与规划，在这里寻找新的出路。规模化牧场，更具备实力和能力，更有提供安全奶源的资格。当然，关于规模化牧场的争论，在国内一直是个热点。但是毋庸置疑的是，规模化牧场的主导力量，在近几年已经可见一斑了。

从专供蒙牛特仑苏原奶的澳亚万头牧场开始，中国的规模化牧场建设之门已经正式开启了。作为澳亚牧场的建设者，中博农深切的感受到自身担负的社会责任。因为规模化牧场建设，在国内尚属新鲜事物，整个行业都缺少规模化牧场的规划与建设经验。中博农作为首批接触规模化牧场建设的企业，有责任有义务，引进并学习国外先进的技术理念，为规模化牧场在中国的推广与建设做出应有的贡献。

自从2002年成立至今，特别是在建设完成号称″亚洲第一牧场″的蒙牛乳业澳亚万头示范牧场后，中博农完成了一次华丽转身，将更多的精力和财力放到了技术引进和自主创新上面。更加注重自主品牌，更加关注规模化牧场在国内的推广和建设。

三聚氰胺事件后，规模化牧场的发展进入了快车道。更多的乳企和厂家，开始关注奶源的安全问题。一些有实力的企业也纷纷建设自己的奶源基地，希望得到一个绿色奶源。中博农就是本着“打造中国乳制品绿色奶源基地，为源头奶的安全贡献自己的力量”这个目标而奋斗的。

作为专业的农业工程公司，中博农一直致力于牧场建设领域的探索，至今已累计完成牧场设计施工数百座，全程见证了中国牧场建设的发展史，其中，2005—2006年建设了号称“亚洲第一牧场”的蒙牛乳业澳亚万头示范牧场，该牧场是散栏饲养工艺的典范，可称为中国牧场建设的里程碑，无论是牧场的管理效率还是生产指标，都堪称国内的标杆。2007年，中博农为飞鹤乳业完成克东、甘南两个万头牧场，泌乳舍单体长204米，跨度36米，单舍饲养泌乳牛800头，开创了国内大跨度、高密度饲养模式的先河。这数个案例可算是把传统的散栏工艺优点发挥到了极致。2009年，经过近一年的考察论证，中博农终于把“恒温牛舍”概念成功引入中国，目前，中博农为飞鹤乳业建设的克东18000头原生态牧场，全部采用了“恒温”牛舍的建设理念和技术，成为中国的第一个恒温牧场。

2010年，中博农与飞鹤乳业合作，参与设计施工了镇赉飞鹤原生态牧业有限公司镇赉第一牧场（30000头）。

2010年，东营澳亚现代牧场万头项目开工。

2010年，东营大地项目开工。

2010年，中博农获得了“畜牧场建设领域最具影响力品牌”称号。

每一个项目，每一个工程，中博农都用心去建设，用品质去完成。一路走来，中博农只是为了能在畜牧场规划、设计和建造技术方面引领我国集约化畜牧养殖场建设管理向国际先进水平靠拢，促进我国现代畜牧业的快速健康发展和农村产业结构合理调整，为投资者尽快受益，农民进一步增加收入和提高畜产品绿色、环保和安全做出贡献！

中博农将在继续保持原有特色的基础上，不断的自我完善提高，引进高新技术，改进不足，积极发扬艰苦奋斗，团结创新等精神，让大家看到一个更加成熟，更加进步的中博农，从而更好地为客户服务，满足客户的需求。

我们坚信公司的实力、潜力、能力，我们坚信只有努力付出才会有所得，一分耕耘一分收获。

我们始终一如既往地求知探索，奋斗拼搏，勇往直前，只为建设中国更好的畜牧场，推动中国畜牧业的蓬勃发展！

北京四方畜牧——诚实守信　追求卓越

北京四方畜牧科技有限公司　胡朝阳

北京四方畜牧科技有限公司是一家专业从事现代化畜禽养殖场规划、设计、建造及养殖设备研发、生产、制造和专业管理培训的高新企业，为客户提供从牧场规划、设计、建造到配套养殖设备、畜舍智能化清粪设备、粪污输送与处理设备、沼气发电设备、技术咨询与人员培训等“一站式”专业化服务。

公司总部位于北京市丰台科技园区，是农业部、中国奶业协会、中国农业科学院、中国农业大学的合作伙伴。公司大型现代化生产研发基地位于河北定州，是与荷兰JOZ公司、美国US公司合资组建，建成后将成为世界最大的专业从事现代化牧场养殖设备的研发、生产和制造的基地以及智能化软件研发基地。生产设备包含智能刮粪板、污粪处理设备、沼气发电设备及畜舍钢结构、复合彩钢板、牛颈枷、牛卧床、饮水槽、犊牛栏、卷帘、牛体刷等。公司在北京房山设有国际畜牧设备超市，为客户提供权威、最完善的畜牧采购咨询服务，搭建一个现代化的国际领先的畜牧平台，面向世界各地展示现代化牧场标准养殖设备。公司专业的设计规划公司拥有甲级资质，由有多年科研和实践经验的高科技人才组成，他们重技术、重研发、重科技，在每一个涉及环节上都做到精益求精、一丝不苟。工程建造公司以追求品质、注重质量为己任，为客户建造精品为首要目标。为推动中国畜牧业发展，我们将与国内外知名院校合作，创办国内一流的畜牧管理学院，该学院将在2011—2012年建成。

公司自成立以来，在胡朝阳董事长和国内外专家及全体员工共同努力下，在短短的几年内所设计、承建的大型奶牛养殖场遍布全国，如：内蒙古伊利集团伊利第一牧场（5000头泌乳牛）；蒙牛集团马鞍山蒙牛现代牧场（10000头）；嘉峪关酒钢集团宏丰万头奶牛养殖基地（10000头）；上海光明食品集团海丰4万头奶牛养殖基地项目（40000）；哈尔滨尚志蒙牛现代牧场（10000头）；河北张家口蒙牛现代牧场（30000头）；山东汶上蒙牛现代牧场（10000头）；天津农垦集团宏达奶牛场（3000头）；东海奶牛场（2000头）；沈阳辉山乳业马刚奶牛场（2000头）；沈阳辉山乳业新民奶牛场（2000头）；沈阳辉山乳业新农奶牛场（2000头）；河南灵宝宏源万头奶牛场（10000头）；大庆银螺乳业的万头奶牛牧场（10000头）；山东天甫乳业奶牛场（2000头）；山西银河乳业奶牛场（1000头）；河南中源农牧有限责任公司奶牛场扩建项目（1000头）；哈尔滨福成奶牛场（1000头）；大连和兴畜牧公司奶牛场（1000头）；常州春晖乳业溧阳千头牧场项目（1000头）等等。

在牧场设计方面，四方首先要考虑牧场建设的环境是否能够提供充足的饲草地，是否符合防疫条件，是否能够消纳牧场排出的已经处理过的牛粪和污水。在牧场内部，四方人一直追踪国内外最先进的牧场装备技术，成立了20多人的研发团队，力求为奶牛提供最先进的饲喂系统、饮水系统、睡眠系统、通风降温系统、保健系统，尤其在牧场的清粪系统和粪污处理系统方面，四方人进行了最大力度的投入，先是在2007年成为世界上最先进的牧场清粪企业荷兰JOZ公司、粪污处理企业美国USFAMER的中国独家代理商，随后通过数十人的研发队伍连续几年的努力攻关，完成了奶牛牧场清粪和粪污处理系统的国产化。与传统的人工清粪或者拖拉机清粪相比，牧场清粪的次数由每天两次提高到每小时一次，除了能够创造一个干净的牧场环境之外，还可以通过防止粪尿的发酵而减少氨氮和二氧化碳等有害气体的排放。而四方设计的牧场，所有的粪污输送都在地下，加上四方在国内独创的液压翻板系统，彻底解决了传统牧场净道、污道交叉的问题，保证了饲草料的清洁。四方的污粪处理系统通过固液筛分的方式，能够将牛粪尿中的纤维分离出来，其中长纤维可以用作牛床的垫料，短纤维可以做有机肥，液体部分除了一部分用于循环冲洗粪渠，另外一部分可以进入沼气池，发酵之后，在曝气池中继续氧化，直到其中的VOD和COD降低到国家排放标准之后，才会通过洒粪车，喷洒到周围的农田之中循环利用，实现整个养殖过程的生态化。

为了给客户提供顾问式服务，四方作为一家建设牧场的企业，高薪聘请了奶牛养殖领域著名的专家孙荣鑫、罗继宝、韩国林加盟企业，他们具有丰富的牧场建设和管理经验，曾经新手管理过多家万头牧场，是国内该领域内屈指可数的实战派专家，他们不仅仅是在养殖工艺上为客户提供设计和咨询服务，更重要的是，同时还可以为新建的奶牛养殖企业提供管理咨询和服务，保证养殖企业能够解决技术和管理难题，建立良好的运行模式，实现赢利。

为了给牧场提供最为先进的技术，董事长胡朝阳每年都带领技术人员，多次到美国、德国、荷兰、澳大利亚、以色列、日本考察国外的养殖新技术，及时引进开发，以服务国内的养殖企业。目前四方人已经获得国家专利23项，还有40多项专利技术已经申报，正在等待国家专利局的授权。

为了给养殖企业提供最优质的设备，四方人建起了占地20公顷、亚洲最大的畜牧设备生产基地，立了完善的ISO9001和ISO14001管理体系，生产现场实现了6S管理，从生产部、加工厂、车间一直到班组，都建立了完善的质量管理体系。为了提高产品的质量和加工精度，四方投入巨额资金购进了数控的加工机床，使产品的加工精度得到有效提高。四方的牛舍钢结构、颈夹、卧栏全部采用预制件整体镀锌、现场安装的生产工艺，现场完全不用焊接，只需要组装就可以了，这样不仅降低了安装的劳动强度，关键是可以使牧场的设备防锈能力大为提高，在正常使用的情况下，可以保证20年不生锈。而卧栏等管件的弯制，都采用专业的设备，做到外弧无拉伤，内弧无毛刺，确保安装以后不会使奶牛受到伤害。为了提高产品的焊接质量，公司还投资购进了超声波无损探伤设备，以检测焊口的质量。

为了真正实现牧场的生态循环，2009年四方又投入大量资金，进行了洒粪车的引进开发，该项目完成后，将可以使牧场处理完成后的粪污在周围农田内实现均匀的机械化喷洒，实现废物利用，改善土壤结构，提高饲草玉米的产量和质量。

不管是牧场的设计、装备制造还是工程安装，四方人都坚持诚实守信，质量至上，所有四方人都希望，我们建设的牧场，不光是生态、环保、低碳、健康的牧场，而且也是优质、高效的牧场。

凭借人才和技术上的优势，公司分别在上海、天津、山东、山西、河北、河南、黑龙江、辽宁、吉林、内蒙古、江苏、宁夏、青海、重庆、甘肃等地区成功地规划、设计、建造了适合当地环境气候特点的牛舍、猪舍等现代化的养殖场，受到客户的青睐。科学技术是第一生产力，公司先后自主研发新的畜牧工程设备30余种，获国家专利20余项，公司与国际知名企业荷兰JOZ公司、美国US公司共同研发，实现了粪污处理设备的国产化，填补了中国在智能化清粪领域的空白。企业建立了运行有效的产品质量保证体系，通过了ISO9001质量管理体系认证，ISO14001环境管理体系认证。

诚实守信、追求卓越、奉献完美、和谐共生是我们的经营理念；以畜为本、精益求精、质量第一、用户至上是我们的工作方针；负责、协作、学习、创新是公司的精神；目标明确、快速反应、严格标准、追求实效是公司的作风。

面对中国畜牧业的快速发展，北京四方畜牧科技有限公司愿与中外专家及投资者共同携手，以更精湛的技术、更优质的产品、更完善的服务为有志投资畜牧业的朋友，“量身”建设现代化、规模化养殖场，为我国畜牧业的发展做出贡献。

外资企业在中国

外资在华主要乳品加工和加工服务企业

2009 年全国主要外资乳品加工企业

公司名称	国别	中国总部（代表处）	销售额（亿元）	主要产品
雀巢(中国)有限公司	瑞士	北京		液态奶、奶粉、婴幼儿奶粉、炼乳
达能集团（中国）公司	法国	北京	1.30	酸乳
英特儿营养乳品有限公司	丹麦	上海	36.48	婴幼儿配方奶粉
美国雅培制药有限公司	美国	上海		婴幼儿配方奶粉
美赞臣(广州)有限公司	美国	广州	29.54	婴幼儿配方奶粉
上海惠氏营养品有限公司	美国	上海	3.59	婴幼儿配方奶粉
迈高乳业（青岛）有限公司	澳大利亚	青岛	1.13	婴幼儿配方奶粉、奶粉
保健然（天津）食品有限公司	法国	天津		奶酪

2009 年全国主要外资乳品加工服务企业

企业名称	国别	中国总部（代表处）	主要产品（服务）
基伊埃工程技术（中国）有限公司	德国	上海	加工机械
APV 中国有限公司	英国	北京	加工设备
利乐中国	瑞典	上海	包材、包装机械
康美包	美国	上海	包材
唯绿包装（上海）有限公司	美国	上海	包材、包装机械
日本纸张包装株式会社	日本	上海	包材、包装机械
爱克林（天津）有限公司	瑞典	北京	液态食品环保包装
德国海思亚公司	德国	上海	包装机械
恒天然商贸（上海）有限公司	新西兰	上海	乳品添加剂
帝斯曼（中国）有限公司	荷兰	北京	乳品添加剂
丹尼斯科（中国）有限公司	丹麦	上海	功能性配料，菌种，酶制剂，天然色素
丹麦科汉森有限公司	丹麦	北京	菌种，酶制剂，天然色素

乳品加工和加工服务企业发展经验

雀巢在中国的业务发展

雀巢（中国）有限公司

1867年的一天，一位当医生的朋友带着一个早产了一个月的婴儿找到了瑞士籍化学师亨利•雀巢先生，希望他能收留这个孩子。亨利•雀巢先生用他自己开发的牛奶麦片喂这个孩子，小生命获救了。很快，这种“神奇产品”被传播到世界各地并广受好评。雀巢公司的历史也因为这次的偶然而拉开了帷幕。

经过上百年时间的投资、扩张与并购，这家有着长远发展规划的跨国企业不断开拓着具有发展潜力的新市场：从瑞士到挪威，再从英国到澳大利亚……1984年，触觉敏锐的雀巢在广州设立办事处，开始准备进驻中国这个潜力无限的巨大市场。

（一）从双城起步

1987年，雀巢选择了在中国偏远的东北双城建立第一家奶制品合资公司，之后市场调查公司研究报告称中国人的饮茶习惯早已根深蒂固时，雀巢又在广东东莞成立生产速溶咖啡的合资公司——从扎根农村到包围城市，从培育年轻一代接纳咖啡到多品种齐头并进，雀巢在中国走出了一条不同寻常的商业发展道路。

当时的黑龙江双城还是一个令所有跨国公司望而却步的地方：道路不通，电话手摇，农民住在土方堆砌的茅草屋内，在银行开户需要等三个星期……，如此不利的商业环境为什么没有阻挡住雀巢的脚步？对雀巢来说，在中国这样大的国家销售进口奶粉看来是很难站住脚，而以双城为基地，慢慢向富裕地区推进，渐进式了解中国文化，接近中国消费者，在当时市场条件下又是最终融入中国市场的最好选择。

万事开头难。雀巢初试阶段付出了巨大的努力，不仅要从欧洲派来专家队伍向农户教授照顾奶牛和采奶的技术，保障了鲜奶的品质。重要的是建立了一套鼓励奶农积极性的牛奶采集网络和收购制度。“公司＋农户”的新型经营理念经过长期的实践，取得了巨大的经济效益和积极的社会影响。2006年，双城雀巢作为中国最大的奶制品工厂之一，鲜奶年收购量超过42万吨，并为当地经济做出了价值约12亿元人民币的贡献。之后，雀巢在青岛和呼伦贝尔的奶业基地也采用了同样的运营模式。当前，雀巢每天从近3万个小农户手里收购1千多吨鲜奶。雀巢在中国已经累计投入超过1亿元人民币用于向农民提供每日技术援助。

从20世纪90年代初期开始，随着本土乳品企业的崛起，雀巢也加速了在中国的战略布局。1990年，双城雀巢有限公司投产，1996年，青岛雀巢牛奶有限公司以及 2007 年呼伦贝尔雀巢有限公司几家工厂相继投产。2001年，雀巢上海研发中心开业；2008年10月，雀巢北京研发中心开业。可以说，近30年的中国旅程中，稳步发展与大举扩张、低调宣传及培育市场与高调参与竞争、危机经验丰富与公关紧急应对，雀巢在中国发展所遭遇的种种事件，已成为几乎所有来华企业的一种图腾式缩影。雀巢也就此逐渐融入到中国这个大国。目前，雀巢在中国大陆销售的优质产品中，99%是在本地制造，这不仅利用了中国的原材料、帮助中国节约了大量外汇，还为大中华区13000余名本地员工提供了富有竞争力的工作机会、年度交纳各种税款超过12亿元人民币。

（二）惊人凝聚力

雀巢从一个乡村作坊发展成今天领先世界的食品和饮料公司，“人的因素第一”这一理念不可或缺。只有将本土与国际人才相结合，才能最好地发挥他们的潜质和能力，在这一坚强信念的指引下，雀巢为全球不同种族的人们提供了平等的机会。

雀巢在大中华区同样致力于发展本地管理人员。目前，雀巢22家工厂中有20家由中国人管理，工厂的所有15名总工程师全部是中国人，所有工厂的31名销售经理也全部是中国人，从而加强了企业文化建设。在雀巢工作的许多员工都是在90年代初，当雀巢进入中国时就加入雀巢的。目前，他们仍在不同的岗位上担任高级管理人员，这在许多外资公司是不常见的。

雀巢在中国自 2000 年开始就启动了每批为期三年的员工培训计划（被内部称为雀巢的MBA），为具有潜力的中国管理人员提供更广阔的学习和上升空间。雀巢的一位高级经理说，相比世界众多其他知名跨国公司，雀巢员工的跳槽率极低，“因为它让员工每天都能感觉到自己和公司都在进步。”

（三）持续性赢利

雀巢用“在任何国家和城市的经营活动必须同时符合当地利益”的原则几近偏执地尽力开拓一个又一个的新市场。在中国这样一个幅员辽阔、省份众多，而且各地经济发展很不均衡，市场竞争异常复杂的商业环境中，外资企业要生存发展下去，须具有较强的抗风险能力，雀巢针对中国市场特点提出模块组合战略，强调各模块相对独立的运作于各自的市场，根据各自市场来自竞争者、顾客等方面的变化进行调整，具有了灵活、应变、抗风险性，这种完备且多元化的产业链使得雀巢在中国取得了持续的赢利性的增长。

雀巢借我国改革开放的有利时机在中国这片沃土上辛勤耕耘近30年，和中国一起分享了经验、模式、以及高质量的产品，可以说在中国市场上交出了一份堪称完美的答卷。

利乐环保之路：让可再生资源得到再生

利乐中国

2010年，伴随着环保长椅捐赠世博、“低碳 I Do”以及FSC认证包装推出等活动的开展，利乐包装100%可回收的特点得到了广大消费者的深度认知。社会各界的热情参与，充分体现了大家对利乐包装回收的关注，也充分体现了大家对利乐环保观念的认可。

从成立之初，利乐就对环保高度重视，可再生（Renewing）、减量化（Reducing）、可循环（Recycling）和负责任（Responsibly）的“4R”原则，是利乐在业务运营中始终坚持的理念。尤其在消费后利乐包装的回收领域，即可循环（Recycling）方面，利乐更是经过在中国十几年的调研和探索，创新性的提出了“两条腿走路”的回收再利用战略，即一方面帮扶无菌复合纸包装的市场化回收体系的建立，同时向各界宣传无菌复合纸包装的再生利用价值，另一方面通过推进再生利用技术的升级拉动终端回收产品价值，帮助再生利用企业建立“造血”机制。

经过多年的努力和多方的合力，无菌复合纸包装近年来在中国的回收总量大幅度提高。以利乐包装为例，2004年的回收量仅为136吨，到2009年底，回收量则提升到了44893吨，相当于44亿个250毫升的利乐包装拥有“第二次生命”。利乐欣喜地看到，经过各方的共同努力，越来越多的利乐包装重新变成了有用的资源。

再生篇

（一）源自基因的可再生性

甫一“出生”，利乐包装就被赋予了其可再生的“基因”。经过数十年的发展，目前利乐的无菌复合纸包装由75%的纸板、15% 的塑料和5%铝箔的多层材料复合而成。经过专业的加工处理，这些材料均可100%回收利用，制成丰富实用的环保产品。其中，利乐包装的主要原材料纸板本身就来自可再生资源——森林。

2007年，利乐全球80%的纸板供应商便获得了FSC产销监管链认证。利乐也承诺，到2015年，其纸板供应商将全部获得FSC产销监管链认证，到2018年，利乐全球所有包材和印刷工厂也将完成此项认证。基于这些因素，利乐在上游的原材料生产、采购阶段就已经遵循了可再生原则，以实际行动保护这片“地球绿肺”。

第一批带有FSC认证标识的纸包装产品即将面世。消费者通过选择环保包装，就能简单易行地为森林可持续发展作贡献。

（二）亿元投入推动包装循环利用

十几年来，利乐在中国一直在推进再生技术的研发和应用，不断扩大资源再生利用率，让资源“从哪里来回哪里去”，在推动消费后纸包装的回收和再生利用方面的投入从2004年至今已经超过1.5亿元。

从1998年开始，利乐中国就有了专门的环保团队负责利乐包装的循环再利用研发和推广工作。通过多年的技术支持和引导，北京、上海、广东、内蒙古、山东、黑龙江及福建等省、自治区、直辖市已出现十多家复合纸包装再生利用工厂。

再生技术对于提高再生产品的附加值、完善再生利用产业链发挥着关键的作用。从10多年前，利乐中国把国外的“彩乐板”技术推介给国内的再生利用厂商开始，至今利乐已经向中国推广和支持开发了彩乐板、塑木、水力碎浆和铝塑分离等循环利用技术。

（三）从资源回到资源

在中国，无菌复合纸包装的再生利用量逐年大幅度提高，2008年达到了28000吨。最初绝大部分的包装回收后，都采用水力碎浆技术，分离出纸浆，用于生产再生纸，剩余的铝塑筛渣则简单加工为铝塑颗粒，成为生产铝塑制品的原材料。尽管铝塑产品的用途广泛，但从市场反响和利润空间上看，仍无法与彻底分离的铝和塑料媲美。

利乐认为，就废弃物的再生利用而言，最理想的目标是从资源回到资源。例如用于包装牛奶和饮料的复合纸包装，最好能让纸板回到纸浆，铝回到铝，塑料回到塑料，这样不仅可以提高经济效益，更重要的是能够实现物尽其用和资源节约的最大化，同时推动复合纸包装回收与再生利用的产业链高效运转起来。从资源回到资源，是利乐一条很重要的环保理念，也是利乐孜孜以求的绿色实践。

只有将纸、塑、铝彻底分离，才能够实现更高的回收利用价值，真正实现“从资源回到资源”。

从 2007 年起，山东天艺塑胶有限公司联合山东聊城大学的专家，共同研发更适合中国国情的铝塑分离技术，其间利乐中国对该项目给予了全方位支持。经过两年的攻关研发和反复调试，“中国版”铝塑分离技术终于取得成功，并于 2009 年 3 月在杭州富伦生态循环科技开发有限公司正式投入工业化生产。这项技术可以从利乐包装中分离出高纯度的铝粉和塑料，不仅实现了利乐包装的资源化，也提高了再生产品的附加值。

作为国内最早开始进行消费后无菌复合纸包装的再生利用的厂商之一，杭州富伦生态循环科技开发有限公司的铝塑分离生产线，投产仅半年就已取得可观效益。

业内人士指出，铝塑分离技术对于复合纸包装回收利用产业链具有三重深远意义：首先，三种包装材料的完全分离将充分实现资源的节约和再利用；其次，更好的经济效益将促进再生资源企业的发展；最后，下游收益增长可以“反哺”上游回收环节，以经济手段拉动废弃纸包装回收量的增长。

产业篇

为了践行环保愿景，利乐在中国推广了多种无菌复合纸包装再生利用技术，并依托再生技术帮助多家从事废弃物再生利用事业的企业初步建立了可持续的经营模式。

（一）回收再利用：体系上的困局

众所周知，作为废弃物的产生环节，消费者是否对其日常生活中产生的废弃物进行分类，直接关乎后期废弃物处理的效率与效果。由于垃圾分类意识尚未在中国消费者中普遍形成，简便易行的垃圾科学分类的标准化也存在缺位，中国消费者通常把厨余垃圾和包括无菌纸包装在内的其他可回收垃圾混在一起，使得其在回收时难以被分拣，这也为后端的再处理增加了难度，甚至埋下了隐患。

再来看废弃物的回收环节，目前，活跃在城市中的拾荒者是中国垃圾分类的主力军。能卖上价钱的就要，卖不上价的就不要，是他们朴素的判断准则。而废品回收站是拾荒者的下游，在整个废弃物回收利用产业链中处于承上启下地位，对于拾荒者来说他们是风向标，对于再生加工企业来说他们则扮演着供应商的角色。回收站的收购价和出售价直接影响拾荒者的收入和再生加工企业的成本。

再生加工企业虽是整个产业链的最后环节，却最具主动性。因为在上游，可回收废弃物的种类，取决于它们的产品花样；拾荒者的劳动劲头，受制于它们的经济效益。目前以无菌复合纸包装为原料的再生制品市场并没有完全打开，还存在较大的产品升级、产能扩充的空间。如何进行技术升级，开发附加价值更高的产品成了这些再生加工企业面临的一大问题。

此外，垃圾分类回收体系的建设也需要有相关政策法规的配套。废弃物的再生加工在我国仍是新兴行业，涉足这一领域企业的共同特点是规模小、市场小，相对而言抗风险能力较弱，而有关的政策支持还有待完善。

（二）打通产业链，各方有责

秉承以可持续发展的眼光看待回收的“功效”，利乐认为，在简单的数值背后，更重要的是回收链条的可持续发展。经过多年的努力，利乐包装在中国的回收量经过了从低起点迈向飞速提升的过程。而后续的提升力量更多将依托于整个回收产业链和回收体系的良性运转。

以往的成功经验表明，废弃物再生利用产业的最佳模式是打通一条从资源回到资源的产业链。这是一个需要付出艰辛努力的过程，而单凭一家企业的力量毕竟有限。在其他领域开展回收的企业，如电子产品、汽车、家电企业等亦遇到了同样的困境。因此，要解决这一困境还需要政府、行业、社区及消费者等各方面的通力合作，只有产业链上每个环节的共同努力，废弃物的回收再利用事业才能真正实现可持续发展。

（三）利乐将继续前行

根据废弃物处理的“五化”原则，高回收率的基础是对垃圾的正确分类；而再生处理的技术和能力则可在很大程度上消化回收来的废弃物，是拉动废弃物回收的最前端。在这两方面上利乐公司都在不懈地付出努力。2009 年“绿色世博·‘椅’我为荣”牛奶饮料纸包装社区回收大行动与铝塑分离技术在富伦纸业和鑫宏鹏纸业的成功应用都不是终点，而是利乐环保之路的里程碑。利乐将继续秉承自身的环保使命，在环保之路上越走越宽。

新西兰恒天然在中国的业务发展

恒天然商贸（上海）有限公司

新西兰以出产优质的牛奶而闻名世界，而恒天然生产的牛奶更是高质、新鲜、无与伦比。如今，恒天然已经跻身世界最大的乳制品出口企业与加工企业行列，是全球十大乳品商之一，向全球140多个国家提供高品质的乳制品。

（1）作为国际市场上的乳品供应商，新西兰占有举足轻重的地位，约占全球贸易量的38%。

（2）新西兰是全球唯一一个没有政府资助和补贴的国家，其中包括乳制品出口。

（3）与其他主要乳品出产国不同，新西兰乳品业完全基于牧场放养。温暖湿润的气候适合草场生长，而冬季的气候亦相当温和，所以奶牛得以全年放养于露天草场，完全无需喂养饲料，乳品生产效率名列世界前茅。

恒天然集团注重品质、创新以及研发。公司位于新西兰的乳品研究所，是世界最为先进的乳品研究机构之一，致力于提高业界对于牧场到终用户的各个环节的乳制品知识，促进乳制品行业的健康发展。公司在全球包括新西兰、德国、墨西哥及澳洲设立了七个区域科研中心，进行相关产品研发。

恒天然在中国的业务发展已长达30余年，为中国市场的消费者提供各类营养的乳制品，我们的营养配方得到了国际权威研究成果的支持。餐饮服务部凭借专业而出色的服务团队为蓬勃发展的西餐厅、饼房和休闲餐饮行业提供餐饮解决方案。恒天然还是中国乳制品企业优质原料的主要供应商之一，产品用于生产种类繁多的乳制品，包括奶粉、奶油产品、奶酪及乳蛋白原料等。由于近期业务的快速发展，今天中国已成为恒天然全球最大的市场，年增长率达两位数。

恒天然中国总部设在上海，同时在北京和广州设有分公司；加上河北省唐山市的牧场，共有本地员工200余名。

恒天然主要业务：

1. 乳品原料

（1）进口高品质乳制品，包括：奶粉、黄油和奶酪及其他特殊乳品原料，包括：乳清蛋白、水解蛋白和牛初乳。

（2）为了迎合中国客户对乳制品的不同要求，恒天然公司备有多种常规和特殊规格乳品原料，用于食品或非食品产品的生产。

2. 牧场业务　河北省唐山市的恒天然牧场建于2007年，该牧场作为恒天然在中国的示范牧场，证明了在中国也能生产出新西兰标准的牛奶。

（1）初期从新西兰进口的3000头奶牛，目前奶牛存栏数约6000头，近半数为泌乳牛。

（2）该牧场于2007年从新西兰引进的荷斯坦奶牛，现已完成第三次产犊，进入第三轮泌乳期。此外，首批在华出生的1000多头小牛也已进入产奶期，这使得汉沽牧场在2010年初即达到了成年奶牛的产能目标。

（3）该牧场占地35公顷，采用散栏式饲养方式，奶牛被饲养在四个大型牛棚中，由一条混凝土饲料通道从中间隔开，每天挤奶3次，挤奶设备为2*40鱼骨式挤奶机。

（4）质量体系完全基于新西兰标准。该牧场的管理和监督依据恒天然最佳牧场实践系统；现场随机体细胞数检测；为每一批次的牛奶现场取样，并保留备查；牛饲料同样经过质量检测；120名训练有素的本地员工。

（5）在2009财政年度，恒天然唐山牧场产奶量达1700万吨。该牧场所生产的新西兰标准的高品质牛奶，拥有高浓度的乳脂和乳蛋白，被视为国内牧场的最佳实践。

（6）2010年恒天然计划在玉田县再投资新建两家牧场，目前项目已经进入选址的最后阶段。

3. 消费乳品

（1）在恒天然完全掌控下，安怡和安满于2009年8月重新在中国市场上市。这些产品全部从新西兰进口，在华东及华南的8个城市有售。

（2）成人高钙奶粉品牌安怡，是专为促进骨骼健康和预防骨质疏松而开发。安怡1991年诞生于亚洲，现在是预防骨质疏松症的明星品牌。这一全新配方奶粉添加微钙粒子，并辅以维生素D促进钙的有效吸收，新配方产品于2009年进入中国市场。安怡是唯一经临床验证能够减少骨质流失的牛奶饮品。安怡的使命是提高人们对骨质疏松症的认知度，通过更好的营养与锻炼来预防骨质疏松。

（3）恒天然已经在中国广州、上海、深圳推出免费的安怡骨骼健康检查。这一骨骼扫描活动旨在提高消费者对保持骨骼健康重要性的认识，从而帮助人们改善骨骼健康。

（4）安满是专为孕妇开发的营养乳品，在重新上市6个月后已在广州地区同类产品中取得领先地位。我们的产品“安满智孕宝”经临床验证可提高分娩阶段的叶酸水平。它可在怀孕期间维持孕妇正常的叶酸含量，减少婴儿神经管缺陷的风险。

（5）安满知识中心是由全球领先的科学研究机构、儿科医生和儿童发育专家组成的全球性网络。2007 年，恒天然成立了安满顾问委员会，来指导安满的研究工作。该委员会由昆士兰医学院的 Geoffrey Cleghorn 教授领导，成员包括来自约翰霍普金斯大学的著名教授 John Colombo。该委员会还帮助亚洲和中东地区的医生和护士及时了解儿童开发领域的最新科学发现。2009 年，我们专门成立了安满中国顾问委员会。

（6）我们所有的产品均采用新西兰优质奶源，并且百分百新西兰原装进口。

4. 餐饮业务

（1）餐饮业务为饼屋、餐厅、酒店和快餐店供应高品质的奶酪、奶油、牛奶、黄油等乳制品。

（2）恒天然餐饮服务部致力于在世界各地为餐饮行业提供适合当地业务情况的解决方案。我们在世界范围超过 70 个国家拥有出色的餐饮服务团队，为餐饮服务专业人员提供包括市场营销、产品创新及新产品开发等全方位支持。

（3）恒天然餐饮服务部的专业队伍包括技术顾问、烘焙师、厨师、科研人员及其他在乳品行业有丰富经验的人员。

（4）恒天然餐饮服务部拥有众多以其质量和口味而闻名的品牌，其中，著名的“安佳”和“美兰”品牌在亚洲地区已获得广泛认识和信任。

（5）恒天然中国在上海投资建立了研发中心，主要为餐饮行业的客户测试和开发新产品。

（6）在中国，平均每 10 个比萨中，就有 8 个使用的是恒天然马苏里拉奶酪，约 70%的面包产品使用的黄油是来自恒天然，而几乎所有大型面包连锁店使用的都是恒天然的黄油、奶油和奶酪。中国国际航班使用的黄油 70%也都是安佳迷你黄油。

（7）恒天然作为新西兰最大的公司更是积极参与了上海世博会新西兰馆的建设与活动，是新西兰馆零售餐饮部的独家乳制品赞助商，在餐牌上提供的食品里使用了高品质的奶酪、奶油和牛奶，供前来参观的游客品尝。

5. 恒天然：投身社区 2009 年 10 月，恒天然与中国宋庆龄基金会共同建立了“恒天然乡村母婴健康项目”，向河北省捐赠了 15 辆救护车和医疗设备。

该项目旨在农村地区建立孕产妇和婴幼儿健康中心；为孕产妇的分娩前后提供医疗设施和资源；为农村地区医护人员提供妇幼保健知识和培训。

恒天然乡村母婴健康项目为河北省 15 个项目县基层医疗保健机构开展妇幼保健工作和妇女儿童救治创造了条件，大大促进了项目县妇幼保健工作的开展，为贫困县改善医疗环境，提高医疗技术水平，提高项目县农村孕产妇住院分娩率和孕产妇、儿童的救治能力，降低孕产妇和婴儿死亡率起到至关重要作用，项目开展不到一年时间，收到良好社会效益，受到群众和社会好评。

该合作项目于 2009 年开始在河北省 15 个县进行实施，其中 11 个为国家级贫困县。根据首年的项目实施报告：资助 15 个项目县的 155 件医疗设备，累计救治 42378 人次；资助的 15 辆救护车累计行驶 119569 公里，接送患者 1671 人次，下乡督导及筛查高危孕产妇 399 次。

2010 年 7 月起，“恒天然乡村母婴健康项目”将在甘肃省实施，计划未来一年里在当地 38 个县：向 15 个妇幼保健机构捐赠 15 辆医用救护车，用于接送孕产妇住院分娩及危重孕产妇的转诊，有效提高孕妇入院分娩率；为妇幼保健机构配备 264 套医疗设备，以加强妇幼保健机构的医疗服务能力，有效提升当地妇幼健康水平；对 17000 余名医护人员进行免费培训，以提高当地的医疗技术水平，推动妇幼保健工作的开展。

6. 恒天然于 2010 年 6 月宣布设立“恒天然奖学金” 恒天然奖学金项目为期四年，计划于 2010 年 6 月至 2013 年 12 月期间，每年支出 40 万元人民币，奖励 100 名来自东北农业大学、中国农业大学、江南大学、华南理工大学、西北农林科技大学等五所高校畜牧业和食品业相关专业的家境贫寒的优秀学生。

美国爱德士生物科技业务发展情况

美国爱德士生物科技公司

美国爱德士生物科技公司是全球动物疾病控制、饮用水质安全和牛奶安全领域的行业领导者，总部设在美国缅因州，并在全球 16 个国家设有 60 余个分公司或办事处。公司全球拥有员工 4700 人，2009 年总销售额超过 10 亿美元。

爱德士生物科技公司是国际乳制品协会（IDFA），美国牛奶生产者联合会（NMPF），国际乳业联合会（IDF），美国乳腺炎理事会（NMC）和乳品实践教育准则理事会（DPC）的成员。在过去的 15 年间，销售超过 7500 万套抗生素残留试剂盒，并为全球范围的奶牛养殖户和乳品加工企业所信任。其β-内酰胺类抗生素检测试剂盒获得AOAC的认证并被美国FDA批准用于原料乳β-内酰胺类抗生素残留的检测。同时，爱德士还提供黄曲霉毒素M1、三聚氰胺等一系列牛奶安全检测产品，公司非常尊重和珍视与客户的合作关系，积极地为客户提供优质的产品和服务，同时帮助乳品加工企业从源头控制产品原料质量，进行风险管理，保证最终奶制品的安全和品质。

爱德士缅因生物制品贸易（上海）有限公司是美国爱德士生物科技公司在中国的全资子公司。其乳品事业部门生产和销售精准、快速和稳健的SNAP®系列牛奶安全检测试剂盒和设备。销售网络遍及全国，其销售业务不仅向国内各科研机构、重点实验室、乳品加工制造商、奶站、牧场等提供高品质、稳定、灵敏的快速检测产品，而且还以完善的售后服务体系向这些企业和单位提供完备的技术培训指导和售后保障。双流向酶联免疫技术也获得国家认可，其黄曲霉毒素M1的检测方法已成为乳品安全国家标准中检测黄曲霉毒素M1的快速筛选方法，解决了传统方法的局限性，使检测更安全、更快速。在保护消费者喝到放心奶的同时，也保证了企业人员的安全。

上海世博会期间，食品安全成为世博园每日接待游客工作的重中之重。为了保证食品安全，世博园内实施了“世博食品安全实时监控综合平台”。爱德士的SNAP产品被上海FDA批准通过用于检测牛奶安全的快速检测试剂盒，对牛奶等乳制品进行抗生素、三聚氰胺的检测，大大缩短了检测时间，满足了世博园的食品安全快速检测的要求，为世博牛奶安全提供强有力保障。

爱德士(IDEXX)公司为畜禽健康监控提供了创新性的诊断工具和信息技术。每天，数以百计的实验室及兽医诊所依赖爱德士公司生产的微量孔检测盒、检测软件和设备对奶牛、家禽和家畜的传染疾病做出正确的评估。

自1984年开始，作为全球性动物诊断产品的领导者，爱德士(IDEXX)与全球的兽医师和研究者共同努力，致力于生产出世界上最先进的兽医诊断产品。爱德士Herdchek诊断产品包括牛白血病、牛流产布鲁氏菌病、牛病毒性腹泻、流产衣原体病、口蹄疫、牛传染性鼻气管炎、传染性海绵状脑病检测试剂和其他家禽与家畜疾病的检测试剂等。爱德士（IDEXX）科学家们在多个学科如DNA探针、免疫测定、临床化学、微生物学、血液学、分子生物学和细胞生物学的丰富经验确保爱德士诊断产品的创新和技术领先。

公司重视产品的创新和技术投入，2008年在中国成立了乳品研发团队，为爱德士在中国的长期发展和业务的快速增长搭建了良好的技术平台，为满足客户的需求提供快速而积极的解决方案。

企业曾获得荣誉：2010年9月3日，被美国工业周刊杂志（IndustryWeek）评为全美前50名最好的生产型企业第22名。

2008年9月28日，因对美国大波特兰地区经济所做贡献，IDEXX被授Robert R. Masterton Award。

2008年5月1日，在加利福尼亚举行的全美第20届生物科技年会上，因为兽医，水和食品提供的创新科技和优质服务，IDEXX被加入2007美国生物科技名人堂。

2006—2008年，IDEXX被美国FORBES杂志连续三年评选为全美100名最好的中型规模公司之一，2008年位列第20位。

外资在华主要奶牛养殖和养殖服务企业

2009年全国主要外资奶牛养殖企业

单位名称	牧场数	总存栏	成乳牛存栏	牛奶产量	成乳牛单产
	个	头	头	吨	吨/年
爱德生物科技发展(中国）有限公司	10	10 500	1 522		9.80
飞鹤原生态牧业股份有限公司	3	14 000	2 500		7.50
华夏畜牧（三河）有限公司	1	5 100	1 080	10 950	10.00
唐山恒天然牧场有限公司	1	4 760	2 580	20 000	9.00
山东朝日绿源农业高新技术有限公司	1	1 211	626	4 695	7.50

2009年全国主要外资奶牛养殖服务企业

企业名称	国别	中国总部（代表处）	主要产品（服务）
ABS Global, Inc.	美国	北京	冷冻精液、牧场用具，牧场服务
亚达艾格威（唐山）畜牧有限公司		北京	冷冻精液、种公牛，牧场软件
德国诺丁林种畜基因产品公司	德国	北京	冷冻精液
天草农场	美国		苜蓿干草
美国牛奶产品专业营养公司	美国	北京	生产动物特殊营养产品以及人类营养产品，在中国上市的产品是乳泌宝
美国爱德士生物科技股份公司	美国	上海	动物疾病和水质微生物检测试剂及仪器，原奶抗生素残留检测试剂和仪器
加拿大太平洋遗传中心	加拿大	北京	胚胎、奶牛、肉牛冻精
CRI美国国际资源育种公司	美国	北京	冷冻精液、胚胎的生产和销售
利拉伐（上海）乳业机械有限公司	瑞典	上海	挤奶设备、牧场清洁用品、牧场配套设施及牧场管理软件、TMR
基伊埃（上海）牧业科技有限公司	德国	上海	挤奶设备、粪污处理系统、牧场清洁用品、牧场配套设施及牧场管理软件
美国博美特有限公司	美国	上海	挤奶设备、冷藏设备、牧场配套设施及牧场管理
派克伊诺斯机电设备（上海）有限公司	比利时	上海	食品（含乳制品）加工设备、冷却设备及冷却容器
斗山工程机械（中国）有限公司	韩国	北京	牧场设备
北京奥特奇生物制品有限公司	美国	北京	酵母和天然酶技术
帝斯曼（中国）有限公司	荷兰	上海	罗维素®品牌下的各种单项和复合维生素，各种规格预混料
美国辉瑞（动物保健品）有限公司	美国	上海	乳房炎、抗生素、繁殖类系列产品
拜耳（四川）动物保健有限公司	德国	成都	
德国勃林格殷格翰国际贸易（上海）有限公司	德国	上海	添加剂、抗生素等系列产品
美国礼来（亚洲）公司	美国	上海	世界上最大的动物保健品公司之一，在中国奶牛市场推广上市的产品是瘤胃素
意大利司达特国际公司	意大利	北京	TMR
德国宝牛育种中心(BVN)	德国	北京	德系西门塔尔冻精
法国库恩公司	法国	北京	TMR
美国金宝动物营养公司	美国	上海	锌
爱德康大连环保产品有限公司	德国	大连	青贮添加剂

奶牛养殖和养殖服务企业发展经验

利拉伐力推多项措施　确保原料奶安全

利拉伐（上海）乳业机械有限公司　买光照

随着乳品市场的日臻成熟和消费水平的不断提高，人们对乳品质量的要求越来越高。如何确保消费者不断提高的质量要求，除了提高乳品加工、贮藏、运输、保鲜技术，建立一个稳定、优质的奶源供应，成为乳品业发展的关键。奶源的优劣直接影响到奶品市场的发展、乳品企业的竞争能力和奶农的收入，是乳品行业普遍关心的重要问题。

1. 优质奶源需要价格保证　多年来每个乳品企业根据本地区的不同情况，都制订了自己的原奶收购标准，一般不同等级的原奶之间每千克相差只有几分钱。尤其是原奶的卫生指标虽然已开始纳入计价体系，但奖罚力度并不明显，不足以激励奶牛场和奶站加大力度提高原奶卫生指标。许多地方仍然沿用老的计价方式，根据脂肪、比重，按交奶量付款，给一些人造成可乘之机。因此，要提高原奶质量，首先要有一个奖惩鲜明（价格差较大）、更加完善的以质论价办法。

2. 完善的服务体系　中国的奶牛养殖业主要从20世纪80年代改革开放后才开始大力发展，可以说奶业算是一个新兴行业。特别是近两年由于结构调整的力度加大和比较效益的影响，政府加大了奶业政策的支持力度，促进了奶业的快速发展，不少企业和资金纷纷转向投资养奶牛。许多人根本没有饲养奶牛的知识和经验，奶牛的肢蹄病、繁殖系统疾病、乳腺炎等发病率高，单产水平低下，奶牛的遗传潜力得不到充分发挥，牛奶质量差。目前养牛户最急需的就是养奶牛的知识和经验，需要一支有理论知识和实践经验的畜牧和兽医服务队伍为他们提供咨询、服务和基本知识培训。并且在饲料、牛舍建筑、精液购买、选种选配等等方面给予咨询和服务，帮助他们养好奶牛，提高经济效益。

3. 良好的挤奶程序　建立一套正确规范的挤奶程序是保证优质牛奶生产的重要环节。许多牧场或奶站虽然也都在按挤奶程序挤奶，但许多都没有达到规范和要求，结果造成牛奶细菌含量高，乳腺疾病多，体细胞数高，奶量下降。良好的挤奶程序应当包括挤奶前的乳头洁净、干燥和有效刺激，这是生产优质牛奶的关键步骤。

4. 良好的环境管理及合理的牧场设计　目前许多牧场和小区的设计仍然没有摆脱50～60年代的传统的模式，投资不小，但在奶牛的舒适程度、粪便的处理、布局的合理性，包括青贮设施的设计等方面还存在很多问题，造成管理上的很多不便与问题，奶牛疾病增多，生产成本加大，卫生难于控制。应当注意为奶牛提供一个干净、干燥、舒适的环境，包括牛舍、运动场、草场、往返挤奶厅的道路和挤奶厅、贮奶间等所有奶牛活动和与奶接触的地方。保持奶牛乳房卫生可以有效减少临床乳腺炎的发病，提高牛奶卫生质量。干燥、舒适的环境可以提高牛群的健康水平，有助于提高牛奶产量。

5. 重视设备管理　挤奶设备是奶牛场使用最多、也是最主要的设备。它的状况好坏直接影响到牛奶卫生质量和牛群健康。因此，设备清洗必须依照设备生产商的建议，清洗时注意清洗温度、时间、洗涤剂用量、水量等要素，每个环节都应按要求做，稍有疏忽，就会使细菌指标上升。应当使用优质的专用酸、碱清洗剂，使用烧碱、硝酸等清洗会腐蚀设备表面，影响清洗效果，牛奶质量难于保证，也会缩短设备的使用寿命。

挤奶设备除了日常维护保养外，还需要专业人员定期维护保养，比如，年度预防性维护保养和设备测试，专业人员要用专业设备对设备的每个部分进行测试，诊断其工作性能与状态。及早发现问题，确保设备运转正常。

6. 重视牛奶贮存和运输环节的管理　许多牧场或小区在这一环节的管理上仍然很薄弱。牛奶不能很快降温、清洗不规范，甚至有些地方在冬季大奶罐都不予致冷，更不必说温度记录，搅拌器的开启，压缩机的工作状况等的管理。好像牛奶进了大缸就可以高枕无忧了。奶罐车和运输的时间、路途安排也没有严格的计划性。主要原因是大家只满足于不坏奶就行，里头的细菌总数多少与奶价关系不大。

牛奶在牧场冷却、贮存和运输应当程序化，规范化。

7. 重视对挤奶员的培训　牛奶的卫生质量、奶牛的乳房健康和牛奶产量都与挤奶员有直接关系。许多挤奶厅虽然墙上贴着挤奶程序和设备管理条例，但实际操作却与之相差甚远。关键是挤奶员不明白这样要求的道理，做起来就容易走样。挤奶员还应当固定，不要经常更换，一定要对他们进行培训、考核。提高挤奶员的知识水平和素质，使人、牛、机器默契配合，也是保证优质牛奶的一个重要环节。

要保证优质的奶源，每一个环节都至关重要，它像一个链条，一环扣一环，一个环节出问题，就会直接影响原料奶的质量。只要有了正确的质量意识观，有一套完善的质量管理体系和服务体系，一丝不苟地把好每一个环节，要做好也并不难，相信中国奶业的明天一定会更灿烂。

日本全药舔砖与反刍动物保健

日本全药工业株式会社北京代表处　天津全药动物保健品有限公司北京分公司

日本全药工业株式会社创建于1946年，是一家已有60年以上历史的日本老牌动物保健品企业。企业总部设在日本福岛县郡山市，占地130公顷，现有中央研究所、生命科学研究所、GMP 生产基地、物流管理中心和60公顷的实验牧场。是集研发—生产—销售于一体的动物药品和营养保健品的专业企业。GLP 的研发机构、GMP 的生产设施和覆盖日本全国的销售网络，使其长年居日本同行业之首，位世界动物药生产企业20强之一。现有职工800名，年销售额280亿日元。2001年日本全药工业公司制定了2010发展规划，其内容为：深耕日本国内市场，努力扩大海外市场，开拓生命科学新领域。日本全药工业株式会社的经营理念分为社会使命和行动方针两部分内容。

社会使命：不断丰富动物给人类带来的恩惠，不断加强动物对人类的价值，为人类社会幸福做贡献。

行动方针：抱有感恩和真诚的心；追求高度专业化的团队，追求高度优良品质的产品；尊重多彩的个性。

企业品牌：ZENOAQ

日本全药工业株式会社，经过60多年的不断努力和创新，从一个家族式作坊，发展成为具有独立研发能力和自主知识产权的世界性动物保健品企业。特别是日本全药工业株式会社在反刍动物营养保健方面的不断创新，给日本奶牛和肉牛养殖业发展做出了很大的贡献，在日本国内公认为反刍动物营养保健的专家型、领头企业。日本全药工业株式会社紧随着日本畜牧业自20世纪60年代开始发展而不断扩大。舔砖系列产品是日本全药工业株式会社的反刍动物用代表产品，自20世纪50年代开始研发，至今已有50年以上的历史，为日本奶牛业及享誉世界的日本和牛的发展做出了突出贡献，多次获得了日本农林水产省颁发的特殊贡献奖。日本全药工业以服务牧场养殖户和提高牧场养殖户的经营生产能力为目的，不断研究和开发新产品。公司具有350名以上的专业牧场技术服务和销售职员，具有一整套独自的技术服务方案和方法，紧密服务于客户。通过搜集现场信息，和客户一起研究不足，找出原因，制定方案，解决问题，与客户一同创造价值和利益。日本全药工业致力于不断提高动物价值，贡献人类社会的社会使命，资助设立了日本兽医专业协会“山楠花会”，每年定期在日本全国各地展开学术交流，使养殖户、牧场和畜牧专家、兽医专家共同携手解决当年畜牧养殖中出现的实际问题，提高畜牧业的生产和经营能力。近20年来，日本全药工业株式会社在养猪、养鸡和伴侣动物领域也有了长足的发展和贡献，与日本导盲犬协会合作的驯犬和普及项目，为推进导盲犬的普及作出了贡献。

天津全药动物保健品有限公司是日本全药工业株式会社于2001年2月在天津经济技术开发区设立的独资企业。该企业全套引进日本全药工业株式会社的牛用舔砖自动化生产线和日本 GMP 标准的生产和质量管理体系，以天津全药动物保健品公司为其供应世界市场的生产基地，将产品销往世界各地。年生产量达16000吨，生产20个以上品种，95%的产品出口供应国外市场。是亚洲最大的牛用舔砖专业生产基地，也是现今世界上唯一既可以生产牛用食盐舔砖，又可以生产牛用小苏打和牛用糖蜜舔砖的专业企业。全部产品均有其自主技术和知识产权。其食盐舔砖以配方独特、功能性强、品种齐全、质量可靠被日本、韩国市场垂爱，该产品已占据日本同类产品的80%以上市场份额，其优良的品质和显著的功效在日本得到了日本农林水产省的动物用药品生产和销售许可。天津全药还是迄今世界上唯一生产牛用小苏打舔砖的企业，给反刍动物以舔砖方式饲喂小苏打，利用效率高、减少浪费，效果显著。特别是对奶牛夏季热应激、偏食、瘤胃酸症和牛蹄保健等效果好、见效快。天津全药生产的糖蜜舔砖，是利用糖蜜固化技术生产的糖蜜舔砖具有抗热、抗潮和最大限度保存维生素和微量元素的活性的特点，是奶牛应激期名副其实的反刍动物用高能量产品，在国外被誉为“牛、羊巧克力”。糖蜜舔砖能促进断奶仔期犊牛的瘤胃和瘤胃绒毛发育、增加高产奶牛临产期和产后能量补充、缓和奶牛热应激等效果独特。该产品曾被日本政府和联合国指定为援外救灾物资，用于援助冬季寒冷国家地区的暴风雪（白灾）等对牛、羊家畜灾害期的紧急救援物资，享誉世界。

天津全药动物保健品有限公司立志为21世纪的中国畜牧业特别是养牛业的发展做出贡献。天津全药公司2002年建成投产，2005年在北京设立北京销售公司以来，一直致力于以中国奶牛业发展为核心展开活动。有鉴于中国奶牛业起步晚，发展快，形式多样，水平高低不齐等特点，公司制定了普及奶牛饲养知识和技能，培育奶牛饲养理念为核心策略，协助奶牛养殖户、牧场提高生产和经营能力为目的活动计划。与全国各方面几十家相关研究机构合作，研究探讨适合于中国发展的方式方法。每年几十次地下乡进村，到小区和牧场直接开展奶牛养殖技术讲座。普及养牛就是养瘤胃，健康的奶牛才能生产高品质牛奶，推广牛性化养牛理念，介绍奶牛舒适度决定牧场盈利状况、积极介绍和推广集约标准化奶牛养殖牧场的奶牛个体护理与保健的舔砖技术等内容。我们有信心与奶牛业广大同仁一道努力，为提高中国奶牛业又好，又快发展作出我们的贡献。

爱德牛业——励志中国奶牛良种繁育

爱德生物科技发展（中国）有限公司

由清科集团发起的“清科-中国最具投资价值企业50强（Zero2IPO- Venture 50）”评选活动已经揭晓，2010年10月21日在北京银泰中心正式授予爱德现代牛业（中国）股份有限公司为中国最具投资价值企业第41强称号。目前，清科集团评选活动已成为中国最具权威性创业投资家对企业的评选，是反映年度最具成长潜力企业的风向标。此次爱德现代牛业（中国）股份有限公司当选，说明了业界十分看好爱德的发展空间和潜力。

爱德现代牛业（中国）有限公司（以下简称“爱德中国“）是由加拿大爱德现代牛业集团有限公司于2002年2月在青岛平度市农业高新技术开发区（南村镇）设立外商独资企业，注册资本 1000 万美元，项目总投资 2500万美元，占地面积17.13公顷。随着爱德中国母公司2008年12月18日在加拿大多伦多股票交易所的成功上市，公司发展步伐明显加大，以中国市场为主的发展模式得到充分显现。为了加速爱德现代牛业（中国）有限公司本土化进程，爱德中国从2009年开始进行体制改革，2009年10月引入战略投资者上海堃鹏科技投资发展有限公司，爱德中国变更为中外合资公司。从2010年4月开始爱德中国股份制改造，先后引入战略投资者江苏永鼎投资有限公司、SAIF III Mauritius（China Investments）Limited 和 建银国际金恒投资管理（天津）有限公司，并于2010年9月6日正式被批准为爱德现代牛业（中国）股份有限公司，股改后注册资本已增加到14 799万元。成为主营产品销售过亿元，发展潜力巨大的企业。以及中国国内最大规模胚胎移植生产荷斯坦奶牛的企业。

开始引进外购中国荷斯坦奶牛，到2010年6月在三联乳业公司完成牧场建设后共引进奶牛近万头。根据双方合同规定，一期项目爱德中国租用三座牛场，奶牛总存栏量可达到10000头；爱德中国利用性控胚胎移植和性控精液冷配技术培育美加系高产牛群，用3年时间置换现有牛群，使所生产的加系、具有平均年产牛奶在8000千克以上能力高产牛群落户贵阳。根据项目投资估算，爱德中国完成项目的总投资将达到人民币3亿多元。

就爱德中国与贵阳三联乳业有限公司合作项目目的而言，一是打造三联乳业“山花牌”乳品加工企业的地方品牌，立足西南市场、放眼华南地区的需要；二是改变农民传统的经营模式，提高农户的收益；三是充分利用贵阳地区的气候优势，改变贵阳地区在国内养奶牛的落后状态，通过我们双方的合作，在最短的时间内建立适用贵州地区优质奶牛良种群体，增加优质高产奶牛的数量，减少低产奶牛的数量。大规模增加贵阳地区高产奶牛数量和优质牛奶产量，使贵阳地区成为贵州省高品质、高产奶牛最多的地区。

爱德现代牛业（中国）股份公司致力于中国荷斯坦奶牛良种繁育项目，计划在未来10年在中国打造数百个千头以上的奶源基地；实施百万头低产中国荷斯坦奶牛的改造成为优质高产奶牛群；确保年产优质高品质鲜奶500万吨；创造一个年产值达200亿元的企业宏伟目标，打造“爱德牧场、爱德奶牛、爱德原奶”的优质品牌。截至目前，爱德中国已在中国山东、辽宁、黑龙江、吉林、贵州、四川、河南、河北、湖北、安徽、内蒙古等11个省、自治区设立了20多家原料奶生产基地。爱德现代牛业（中国）股份公司的中加奶牛示范基地产业化标准模式，实施的是按照集约化、高产化和标准化要求进行奶牛无公害养殖与生产；通过定期邀请国内外专家进行奶牛饲养管理技术培训和交流，展示国际先进的奶牛饲养管理新理念和新技术，并形成示范效应，提升奶牛业饲养管理水平；使爱德地方中加奶牛示范基地成为区域性、乃至全中国最具影响力的奶牛标准化饲养、良繁及奶源生产基地。通过向中国大型乳品企业提供质优的原奶和销售高产奶牛，形成从繁育奶牛到奶牛和原奶销售等各个环节完备的产业体系，成为中国最大的优质奶牛和优质安全原料奶生产供应龙头企业。

国际合作与交流

会　议

【中外嘉宾上千人出席了在杭州召开的中国奶协第八届年会】

2009年5月30日至6月1日，中国奶协第八届年会在浙江省杭州市召开，本次年会主题为“树立消费信心，振兴民族奶业”。会议进一步贯彻落实《国务院关于促进奶业持续健康发展的意见》（国发[2007]31号）、《乳品质量安全监督管理条例》和《奶业整顿和振兴规划纲要》等文件精神，全面加强乳品质量安全，促进我国奶业又好又快健康发展。会议期间，在杭州市杭州乐园门前广场组织新希望、伊利、蒙牛、光明、三元和完达山等6家企业举办了乳制品市场促销活动，旨在恢复和重塑消费信心，宣传普及乳制品知识，促进牛奶消费和开拓乳品市场。

本届年会共有来自15个国家的151家公司参展；展出面积9000平方米。全国奶业有关行政管理部门、养殖及乳品企业、教学科研单位代表近千人参加了会议。会议期间，举行了奶业养殖工程与机械、参展商技术交流、奶业管理、奶牛养殖、乳制品市场消费与营销等专场研讨会，国内外著名专家和学者进行了现场交流，浙江省政府领导和美国、荷兰等国驻华使节出席开幕式。

会议期间举办了中国—美国奶业交流专场由美国威斯康星州农业部食品安全与监督局、美国威斯康星大学、俄勒冈州农业部、美国贝比考克国际奶牛研究所等美国知名专家组成的美国代表团到华参加中国奶协2009年年会，并于2009年5月31日在杭州举办中美奶业交流专场。专场主题演讲包括：美国乳品质量安全体系建设和中美食品安全对话机制、美国的奶牛疫病防疫体系建设、美国苜蓿与中美合作、美国的奶业发展状况等。

【第三届中国-新西兰奶业对话会】

2009年6月8～12日，农业部畜牧业司王宗礼副司长率领代表团，参加了在新西兰奥克兰举办的第三届中国-新西兰奶业对话会。代表团在新西兰期间还参观了第41届新西兰农牧业博览会FIELDAYS，考察了新西兰恒天然集团的FONTERRA乳品加工厂和奶牛养殖场，考察了一个小型奶酪加工厂，并到新西兰农林部与其政策法规司和国际交流司的官员进行了座谈交流。

本次对话会以“应对金融危机，促进奶业发展”为主题，开展了以下四方面的讨论。

一是当前全球奶业的形势。荷兰合作银行认为，当前全球乳制品需求有恢复的趋势，但速度缓慢，随着全球乳制品价格的下降，乳制品供给紧缩，世界各国政府的政策干预对乳制品的生产将起到重要作用。长期来看，奶业能够恢复到以前的水平，恢复速度主要取决于经济能否增长和信贷能否恢复到以往的水平。

二是新西兰和中国奶业的现状及发展前景。新方指出，金融危机对以乳制品出口为主的新西兰来说，国内乳制品生产受到了冲击，由于乳制品国际市场价格的下降，新西兰奶牛已经出现亏损。新方对未来乳制品价格恢复仍具信心。由于新方土地充裕，人口少，农业生产优势突出，在今后的几年中奶业生产力仍然将会有所提高，其乳品产量将保持微幅增长。新方认为，今后世界奶业生产量增长将主要来自发展中国家；双边自由贸易协定将进一步改变国际贸易的方向，并促进双边贸易的增长与发展。中方指出，中国奶业发展法规体系逐步完善，奶业产业扶持政策明确，奶业监管体系也已初步形成，奶业的生产发展潜力巨大。当前，中国奶业正处在重要的转型期，正化“危机”为“契机”，实现从原来的单纯数量扩张向整体优化结构、全面提高素质和竞争力转变，由传统奶业向现代奶业转变。尽管目前中国奶业还处于危机之中，但是作为一个关系国计民生的重要产业，中国奶业不会因为“三鹿牌婴幼儿奶粉事件”的发生而停止前进的步伐。相信通过中国各级政府和有关部门的努力，中国奶业将快速恢复并在转型中实现振兴。

三是新西兰和中国乳品质量安全监管措施和成效。新方介绍了新西兰乳品质量管理体系的“三层管理模式”：第一层是新西兰食品安全局，负责制定法规、标准、规范等制度；第二层为独立的第三方服务机构，这些机构根据食品安全局发布的标准独立开展对奶牛养殖场和乳制品生产企业产品的检测和审核；第三层为乳制品加工企业，企业是乳品质量安全第一责任人，必须按照有关标准规范制定和遵守新西兰食品安全局实施的食品安全风险管理计划，接受第三方机构的审核，才能从事乳制品生产。新西兰食品安全局每年至少组织6次全国性抽查，确保乳制品质量安全。中方介绍了“三鹿牌婴幼儿奶粉事件”后中国政府采取的多项加强乳品质量安全监控的政策措施，尤其是启动实施了全国生鲜乳质量安全监测计划，监管成效显著。中方指出，由于奶牛养殖分散、规模小，中国不能完全照搬奶业发达国家的模式，必须逐步完善符合中国奶业发展实际的乳制品质量安全监管体系。

四是下一步新西兰和中国奶业合作的前景。新西兰贸易发展局介绍了近年来针对中国市场开展的诸多推广活动及两国在奶业领域的合作情况，并对未来的奶业发展合作进行了展望。总之，中新乳品企业之间的合作关系在不断增长，双方企业在其他农业领域的合作也在不断增长。双方认为中新奶业合作前景广阔，今后应进一步加强技术培训、科学研究等方面的合作和交流，促进双方奶业发展技术和经营管理水平的提高。

本次对话会在当前全球应对金融危机的关键时期召开，对于我们进一步了解新西兰等奶业发达国家以及全球奶业形势，全面分析我国奶业发展现状、存在的问题，研究奶业发展措施具有重要的作用。

【中国乳制品工业协会 2009 年会暨第九次乳品技术精品展在南京举办】

8月21～23日，中国乳制品工业协会2009年会暨第九次乳品技术精品展示会在南京召开。出席本次会议的包括国内乳制品和相关行业的专家学者和企业家，还包括美国、新西兰、澳大利亚、丹麦等乳业国家的专家。展会期间还举办了“国际乳业市场及新科技发展趋势”主题研讨会，工信部消费品工业司司长张莉、产业政策司副司长许科敏、科技司副司长沙南生参加会议并讲话，南京市副市长陈维健致欢迎词，中国乳制品工业协会理事长宋昆岡作大会主题报告。

会议主题为“自律•和谐•科学发展”。年会期间举办了四场会议交流，在“自律、和谐、科学发展企业家辩论会”上，光明乳业总裁郭本恒、得益乳业董事长王培亮、卫岗乳业董事长蔡敬东、三元食品总经理钮立平、伊利集团执行总裁张剑秋、飞鹤乳业副总经理肖光辉、旺旺集团董事富田守、巨尔乳业董事长陈彦斌等企业家与代表交流了经验。

在“国际乳业市场及新科技发展趋势”研讨会上，恒天然中国总裁Philip Turner、澳大利亚乳品局国际部经理高飞乐（Phill Goode）等国际专家和东石公司总经理苏浩等国内专家与代表们分享了研究成果；“市场经济立交桥”分会场上，专家们与代表们分享了重振乳业消费信心、恢复市场的营销经验；“安全质量宣传大讲堂”上，专家对《食品安全法》作了解读，并就该法实施后产品结构调整的方向提出了自己的想法，与代表们交流。

本届精品展参展商有100多家，400多个标准展位，参会代表近千人。

【世界奶牛博览会在美国威斯康星州举办 中国近 200 名代表参会】

9月29日， 第43界世界奶牛博览会在美国威斯康星州举办，本届博览会吸引了世界各地的众多知名企业前来展示自己的产品，会议期间举办了奶牛选美大赛。

中国奶业全面复苏，引进科技引进技术需求十分强劲，参加此次博览会的中国代表将近200人，代表团包括国家奶牛科技产业体系考察团、荷斯坦奶农俱乐部代表团、中博农畜牧科技赴美考察团、美国环球育种考察团、德国韦斯伐里亚考察团、美国ABS考察团、美国谷物协会考察团、美国威斯康星州政府考察团等。代表团的主要成员是奶农，除参加世界奶牛博览会外，考察团专程考察美国现代化牧场，育种、挤奶、牧草、营养、保健等方面的知名跨国公司。

投资合作

表 25-1 2009 年我国奶业国际投资合作主要事件表

时间	事件	地点
6 月 5 日	中国金汇矿业公布以代价约 1 亿纽币（相当约 4.8 亿港元），收购新西兰产销乳脂固体业务目标公司 20%权益，并以 1 元购入认购目标公司余下权益的权利，行使有关权利代价为 4 亿纽币。	
6 月 27 日	武汉开隆高新农业发展有限公司与日本大分市九州乳业株式会社联合投资 1.3 亿元组建的武汉九州乳业有限公司正式动工开建，该项目集乳产品加工、产品展销、科普教育、生态观光、会议商务、休闲娱乐为一体。	武汉
7 月 8 日	总投资约 6 亿元的利乐包装（呼和浩特）有限公司正式投入运营。	呼和浩特
8 月 13 日	飞鹤乳业与投资人沈南鹏创办的红杉资本签订一份对赌融资合作协议，引入后者 6300 万美元投资。美国东部时间 12 日上午 8 时，飞鹤乳业向美国证监会提交公告披露，公司将以 30 美元/股的价格，向红杉资本定向增发 210 万普通股，占现有总股本的 12.12%。根据双方达成的认购协议，飞鹤乳业承诺，在执行本次交易约三年之内，公司将不再以低于每股 30 美元的价格发售股票。	
8 月 13 日	王智才司长代表农业部畜牧业司与瑞典驻华大使馆、北京首都农业集团及瑞典利乐拉伐集团签署合作备忘录，实施规模化牧场高级培训计划。	
9 月 20 日	广东雅士利宣布，凯雷投资集团、上海复星高科技（集团）有限公司已经向雅士利注资，分别占有雅士利 17.3%和 6%股份，成为战略股东。	
9 月 25 日	荷兰银行诉太子奶 1.5 亿贷款逾期未还案，在上海市高级人民法院正式开庭审理。	上海
9 月 30 日	达能和娃哈哈集团宣布，双方已于当日达成友好和解方案，达能同意将其在各家达娃合资公司中的 51%的股权出售给中方合资伙伴。	
11 月 8 日	成都菊乐乳业收购美国独资企业四川奶奇乐乳业 67%的股份，成为其控股股东，新公司一、二把手均由菊乐乳业派人担当。	
11 月 10	加拿大亚达基因公司与艾格威畜牧技术服务有限公司投资建立的亚达—艾格威种公牛站，在河北省遵化市正式开业投入生产。农业部畜牧业司司长王智才，奶业管理办公室主任王俊勋，河北省政府副秘书长曹振国，副市长王久宗以及遵化市有关领导出席开业典礼。	河北

交流活动

【第一届“奶牛营养与牛奶质量”国际研讨会在京召开】

5月5日 由中国农业科学院北京畜牧兽医研究所主办的第一届“奶牛营养与牛奶质量”国际研讨会在北京召开。中国奶业协会刘成果理事长，农业部奶业管理办公室马莹副主任，科技部国际合作司美大处王强处长，中国农业科学院国际合作局贡锡锋副局长、中国农业科学院北京畜牧兽医研究所时建忠所长出席开幕式并致辞。中国工程院张子仪院士、联合国粮食农业组织Peter Hoejskov先生和新西兰驻华使馆农业参赞Steve Ainsworth等出席开幕式。来自美国、加拿大、英国、联合国粮食农业组织（FAO）等国家和国际组织的32位国外专家，国内119所大专院校、52个科研院所、39个部或省级乳品质量安全检测中心、143个奶牛技术推广服务部门及140个中外乳品企业的领导、专家和科技工作者共计520余人参加了这次国际研讨会。会议 5 月 7 日结束。

【海峡两岸奶业研讨会在台北召开】

6月16日 海峡两岸奶业研讨会在台北市召开。

会议由两岸奶业行业协会共同主办，以中国奶业协会魏克佳常务副理事长兼秘书长为团长的奶业代表团一行16人参加了研讨会。并参加了两岸奶业协会举办的经贸洽谈会，了解了奶业管理部门的工作职能和农业合作组织的运作模式。

【新西兰驻华大使拜会中国奶业协会】

7月17日　新西兰驻华大使伍开文先生在新西兰驻华农业参赞安胜牧的陪同下拜会了中国奶业协会。中国奶业协会常务副理事长兼秘书长魏克佳先生接见了来访的新西兰贵宾，陪同接待有中国奶业协会办公室副主任李栋、中国奶业协会信息网经理邵明君、中国奶牛杂志副主编杨秀文。伍开文先生首先介绍了新西兰奶业发展的情况，并表示新西兰政府对奶业十分重视，中新两国乳制品贸易与合作已有一定的基础。

【中瑞奶业中心推出提升原奶品质新计划】

成立于1984年的中瑞奶业中心全称是“中国-瑞典北京奶业培训产品开发中心”，是改革开放以来建立的第一个奶业培训和产品研发机构。8月13日中瑞奶业中心宣布，推出新一期工作计划。农业部畜牧业司、北京首都农业集团（原北京农场局）及瑞典利乐拉伐集团签署了合作备忘录。中心将于2009年年底推出“规模化牧场高级培训”，计划在3～5年内为中国培养50名专业型大牧场管理人才，同时，推出面向集约化个人牧场技术人员的相关课程，计划在三年内培训300～500人。中心还将向国内引进先进的牧场管理设备“牛群导航仪”。

【意大利奶水牛专家深入云南腾冲 大理交流饲养、加工技术】

11月25日　以COFA公司总裁马蒂亚为团长的4位意大利专家在云南腾冲、大理举办了奶水牛遗传育种和奶酪加工技术的专题讲座和现场操作演示。腾冲、大理两地共有120多人参加此次培训活动，腾冲县畜牧局局长罗斌、副局长屈在久、大理州农业局局长王兆伟、畜牧局局长左新、大理州家畜繁育指导站站长赵家明分别主持培训班并在开班式上致辞。云南省家畜改良工作站副站长赵开典、省奶业协会秘书长黄艾祥、中地种业集团高工王兵参加了培训活动。

表 25-2　2009 年我国奶业主要国际交流活动事件表

时　间	事　　件	地点
1月16日	由荷兰帝思曼（中国）公司推动，我国卫生部、国家发改委及国家食品质量监督检验中心指导的“2009 国际乳品安全论坛”在京开幕。	北京
3月12日	河南焦作多尔克司示范乳业有限公司与加拿大 IND 集团举行中加奶牛繁育中心揭牌暨奶牛合作签字仪式。副市长王荣新、加拿大农业部国际发展司亚洲处处长周建强出席签字仪式。	河南
5月27日	德国农畜动物研究所 Hans-Martin Seyfert 教授访问中国农业科学院北京畜牧兽医研究所，并做报告“Milk formation and reprogramming the udder from lactation to defense”。	北京
6月1日	“2009 全球奶农联盟呼和浩特论坛”举行。来自美国、加拿大、巴西、澳大利亚、新西兰、荷兰、英格兰等 30 多位全球奶农联盟（GDF）代表参加了会议。论坛主题是“资源共享、合作互赢”。	呼和浩特
6月8～12日	农业部畜牧业司副司长王宗礼率领代表团．参加了在新西兰举办的第三届中国一新西兰奶业对话会。代表团在新西兰期间还参观了第 41 届新西兰农牧业博览会（FIELDAYS），考察了新西兰恒天然集团的 FONTERRA 乳品加工厂和奶牛养殖场，考察了一个小型奶酪加工厂，并到新西兰农林部与其政策法规司和国际交流司的官员进行了座谈交流。	新西兰
6月10日	中国食品科学技术学会主办，养乐多、丹尼斯克、蒙牛等国内外领军企业共同支持的“第四届乳酸菌与健康国际研讨会暨中国食品科学技术学会乳酸菌分会年会”在青岛召开。会议邀请荷兰、日本以及国内知名科学家、企业家、行业管理部门的领导，会同产、学、研各界近 120 名代表，对乳酸菌产业发展趋势、肠道健康研究进展、新产品和新资源的开发与应用、《食品安全法》与标准体系等问题进行了探讨。	青岛
7月7～12日	中国农业科学院北京畜牧兽医研究所卜登攀副研究员赴美国参加 2009 ADSA-CSAS-ASAS Joint Annual Meeting”学术研讨会，并开展短期访问交流。	美国

（续）

时　间	事　　件	地点
7月18日	中国食品科技学会举办的以“乳清蛋白及其应用”为主题的“2009乳清蛋白应用国际论坛”召开。	
7月23日	国家质检总局和德国食品、农业和消费者保护部联合主办，中国检验检疫科学研究院承办的中德乳制品质量控制与安全论坛在北京召开。中国检验检疫科学研究院院长李怀林主持开幕式，国家质检总局副局长魏传忠，德国食品、农业与消费者保护部副部长戈尔德·米勒博士出席论坛并致辞。论坛以“好品质、好牛奶、好生活”为主题。	北京
8月7日	在“香港明天更好基金”行政总裁邓淑德的带领下，由来自美国《新闻周刊》、《商业周刊》、《公共广播服务》、《纽约邮报》、《西雅图时报》、《堪萨斯城之星》等6家媒体的资深记者组成的美国高级记者访问团来到伊利集团实地参观考察	内蒙古呼和浩特
8月17日	澳大利亚联邦科学与工业研究组织 Chris McSweeney 研究员访问中国农业科学院北京畜牧兽医研究所，并做报告“A metagenomic approach to reduce ruminant methane emission”。	北京
8月27日	美国最大乳制品公司美国奶农合作社高层领导十余人亲临伊利集团全球样板工厂及液态奶车间参观考察。伊利集团副总裁刘春海、技术中心主任云战友博士全程陪同。	内蒙古呼和浩特
8月30日至11月28日	中国农业科学院北京畜牧兽医研究所刘开朗博士赴澳大利亚联邦科学与工业研究组织开展访问交流，学习瘤胃微生物高通量检测技术。	澳大利亚
9月4～12日	中国农业科学院北京畜牧兽医研究所周凌云助理研究员赴法国参加“International Symposium on Ruminant Physiology 2009”学术研讨会。	法国
9月10～19日	中国农业科学院北京畜牧兽医研究所卜登攀副研究员赴英国参加学术研讨会。	英国
9月19日	黑龙江省双鸭山市人事局外国专家局巧搭平台，邀请荷兰高级畜牧专家艾辛格先生，到该市开展为期5天的技术指导工作。这次是他第二次来双鸭山。艾辛格先生深入到宝清县畜牧奶牛园区进行实地走访，对奶牛产奶量低，乳脂、乳蛋白低等出现的问题现场解答、交流。同时，艾辛格先生还在市畜牧局为广大养殖业户进行专题技术讲座，对粪便无害化处理技术谏言献策。	
9月23日	“2009中国国际食品安全与质量控制会议暨检测仪器设备展览会”在北京召开。100多位国内外食品安全领域的专家、学者出席本次大会，并围绕食品安全这一主题展开讨论。本次会议由国家质量监督检验检疫总局主办，国务院法制办、世界卫生组织、欧盟、美国食品药品管理局等国内外相关政府机构、组织、大专院校代表参会。	北京
11月1～27日	美国 Ohio 州立大学 Zhontang Yu 教授访问中国农业科学院北京畜牧兽医研究所，举办学术报告“Rumen microflora”，并就在瘤胃微生物和牛奶质量控制方面开展合作研究进行了深入的讨论，达成了合作协议。	北京
11月2日	科技部和加拿大农业与农业食品部联合举办的“中加奶牛、肉牛和食品加工与安全研讨会”在陕西咸阳市杨凌国际会展中心举行。参会代表由来自加拿大和中国的70余名科学家、企业家和政府官员组成。加拿大农业与农业食品部副部长马克福汀、中国科技部副部长张来武、陕西省政府副省长姚引良出席研讨会。	陕西
12月20日	乳品行业峰会在博鳌召开，中国奶业协会、家乐福、沃尔玛、利乐等近2000位行业领袖和产业链巨头参与此次盛会，深入探讨了2009年乳品行业的调研结果以及乳业未来发展趋势。	海南

奶业统计资料

Ⅰ. 奶类产量与奶畜存栏

1-1　全国奶类产量

单位：千吨

年份	奶类	其中：牛奶	山羊奶	年份	奶类	其中：牛奶
1949	217	200	17	1990	4 751	4 157
1959	299	270	29	1991	5 243	4 646
1969	561	510	51	1992	5 639	5 031
1972	571	571		1993	5 637	4 986
1973	889	807	82	1994	6 089	5 288
1974	966	866	100	1995	6 728	5 764
1975	993	889	104	1996	7 359	6 294
1976	979	885	94	1997	6 811	6 011
1977	966	877	89	1998	7 454	6 629
1978	971	883	88	1999	8 067	7 176
1979	1 302	1 065	237	2000	9 189	8 274
1980	1 367	1 141	226	2001	11 226	10 255
1981	1 549	1 291	258	2002	14 004	12 998
1982	1 959	1 618	341	2003	18 486	17 463
1983	2 219	1 845	374	2004	23 684	22 606
1984	2 596	2 186	410	2005	28 648	27 534
1985	2 894	2 499	395	2006	33 025	31 934
1986	3 329	2 899	430	2007	36 334	35 252
1987	3 788	3 301	481	2008	37 815	35 558
1988	4 189	3 660	529	2009	37 346	35 209
1989	4 358	3 813	545			

1-2　全国奶类产量增减情况

单位：千吨

	2003	2004	2005	2007	2008	2009	2009 年比 2008 年增长	
							绝对数	%
奶类	18 486	23 684	28 648	36 334	37 815	37 346	-468	-1.24
牛奶	17 463	22 606	27 534	35 252	35 558	35 209	-349	-0.98

1-3 各地区奶类产量

单位：千吨

地 区	2004	2005	2006	2007	2008	2009
全国总计	**23 684**	**28 648**	**33 025**	**36 334**	**37 815**	**37 346**
北 京	701	642	620	622	665	674
天 津	542	634	683	672	701	687
河 北	2 769	3 486	4 170	4 977	5 153	4 610
山 西	637	738	834	835	700	741
内蒙古	5 021	6 969	8 775	9 161	9 212	9 340
辽 宁	623	788	974	1 083	1 073	1 156
吉 林	260	300	350	480	397	445
黑龙江	3 781	4 442	4 646	5 117	5 128	5 347
上 海	252	238	221	220	233	233
江 苏	569	579	598	617	611	554
浙 江	260	267	255	237	225	199
安 徽	102	110	128	181	181	201
福 建	211	198	174	167	149	156
江 西	116	125	139	113	112	112
山 东	1 887	2 210	2 386	2 422	2 549	2 581
河 南	789	1 085	1 541	2 246	2 986	3 013
湖 北	117	122	139	155	332	283
湖 南	67	69	73	77	152	77
广 东	112	119	125	130	133	144
广 西	49	54	63	70	75	81
海 南	1	1	1	1	5	4
重 庆	86	86	83	87	78	79
四 川	530	590	625	655	666	687
贵 州	36	38	41	41	43	45
云 南	283	327	387	447	973	1 059
西 藏	262	270	276	289	524	287
陕 西	1 255	1 417	1 574	1 803	1 823	1 858
甘 肃	259	317	364	352	347	377
青 海	241	250	256	265	272	253
宁 夏	469	579	647	775	892	811
新 疆	1 397	1 598	1 878	2 038	1 423	1 252

1-4　各地区牛奶产量

单位：千吨

地　区	2004	2005	2006	2007	2008	2009
全国总计	**22 606**	**27 534**	**31 934**	**35 252**	**35 558**	**35 209**
北　京	700	642	619	622	664	674
天　津	542	634	683	672	698	683
河　北	2 665	3 403	4 076	4 894	5 045	4 515
山　西	611	713	811	812	682	725
内蒙古	4 979	6 910	8 692	9 098	9 122	9 031
辽　宁	584	749	937	1 051	1 012	1 100
吉　林	253	294	345	473	397	445
黑龙江	3 745	4 402	4 603	5 084	5 084	5 287
上　海	252	238	221	220	233	233
江　苏	536	566	584	602	611	554
浙　江	260	267	255	237	225	199
安　徽	102	110	128	181	181	201
福　建	208	194	170	163	145	152
江　西	116	125	139	112	112	112
山　东	1 609	1 871	2 158	2 190	2 305	2 363
河　南	745	1 040	1 477	2 156	2 791	2 819
湖　北	117	122	139	155	155	155
湖　南	67	69	73	77	77	77
广　东	109	116	122	126	130	140
广　西	48	54	63	70	75	81
海　南	1	1	1	1	2	2
重　庆	85	86	83	87	78	79
四　川	526	586	620	650	661	682
贵　州	36	38	41	41	43	45
云　南	269	309	364	423	447	484
西　藏	203	212	216	230	230	230
陕　西	962	1 133	1 274	1 490	1 490	1 492
甘　肃	255	312	359	347	347	377
青　海	228	236	238	250	253	253
宁　夏	461	579	647	775	892	811
新　疆	1 333	1 522	1 798	1 962	1 374	1 209

1-5 36 个大中城市牛奶产量

单位：千吨

城 市	2008	2009	2009 年比 2008 年增加	
			绝对数	%
北 京	663.84	673.86	10.02	1.51
天 津	697.54	682.90	-14.64	-2.10
石家庄	1 822.97	1 067.00	-755.97	-41.47
太 原	96.40	97.40	1.00	1.04
呼和浩特	3 050.20	3 052.94	2.74	0.09
沈 阳	317.00	390.00	73.00	23.03
大 连	96.00	153.00	57.00	59.38
长 春	129.16	120.00	-9.16	-7.09
哈尔滨	1 321.52	1 380.81	59.28	4.49
上 海	232.86	232.86	0.00	0.00
南 京	90.27	93.35	3.08	3.41
杭 州	38.20	-		
宁 波	-	19.40		
合 肥	38.00	55.80	17.80	46.84
福 州	32.03	24.82	-7.21	-22.52
厦 门	0.97	1.28	0.31	32.27
南 昌	40.82	46.53	5.72	14.00
济 南	282.00	373.70	91.70	32.52
青 岛	321.70	441.62	119.92	37.28
郑 州	357.81	406.69	48.89	13.66
武 汉	117.61	51.69	-65.93	-56.05
长 沙	6.91	12.55	5.64	81.65
广 州	51.90	52.95	1.04	2.01
深 圳	16.37	34.00	17.64	107.76
南 宁	20.40	19.23	-1.17	-5.75
海 口	3.49	4.47	0.98	28.04
重 庆	77.84	79.42	1.58	2.03
成 都	139.39	125.67	-13.72	-9.84
贵 阳	28.72	35.06	6.33	22.05
昆 明	106.24	97.70	-8.53	-8.03
拉 萨	-	31.50		
西 安	475.68	498.39	22.71	4.77
兰 州	52.75	61.60	8.85	16.78
西 宁	95.39	94.59	-0.80	-0.84
银 川	416.78	410.60	-6.18	-1.48
乌鲁木齐	75.00	81.50	6.50	8.67

来源：各地奶业协会，直辖市数据来自统计局。

1-6 农垦系统牛奶产量

单位：吨

地 区	2004	2005	2006	2007	2008	2009
农垦总计	**2 102 046**	**2 454 891**	**2 716 775**	**2 913 383**	**3 208 060**	**3 446 545**
北 京	145 535	142 850	141 996	161 298	190 863	197 336
天 津	81 741	79 585	90 987	92 419	100 789	94 752
河 北	182 850	208 148	233 824	284 457	355 503	415 144
山 西	29 658	34 142	31 213	31 215	27 605	35 957
内蒙古	234 562	313 540	358 168	402 464	420 412	431 186
辽 宁	80 214	87 914	89 814	95 979	109 903	120 651
吉 林	5 663	9 843	14 667	16 196	20 284	20 342
黑龙江	681 831	825 290	936 021	977 331	1 018 264	1 152 921
上 海	102 623	105 528	104 947	114 218	124 579	111 006
江 苏	6 032	4 591	7 283	6 840	6 993	7 650
浙 江	17 352	15 882	4 950	6 686	5 140	5 105
安 徽	21 644	18 982	19 152	19 401	18 064	20 407
福 建	7 606	7 867	9 660	13 058	11 745	11 774
江 西	5 460	6 190	8 954	9 320	8 593	19 332
山 东	6 833	4 751	5 219	4 560	7 918	6 773
河 南	1 237	1 461	1 724	2 241	3 059	6 741
湖 北	54 083	55 380	64 898	67 277	74 631	35 849
湖 南	3 247	3 221	2 540	1 435	1 215	1 108
广 东	20 161	19 711	21 042	22 390	18 255	25 419
广 西	2 929	3 562	4 103	4 427	4 781	5 210
海 南				50	52	73
重 庆	950	565	756	38 993	38 770	45 311
四 川	14 934	1 561	16 582	12 157	6 934	7 344
贵 州	26 143	26 335	20 069	25 864	27 314	31 344
云 南			22	46	47	566
陕 西	6 468	6 160	4 077	4 198	4 152	3 539
甘 肃	1 069	1 070	1 587	1 651	1 649	1 356
青 海	4 767	4 767	3 113	3 151	9 400	2 527
宁 夏	38 993	50 530	58 760	70 555	88 973	87 007
新疆(兵团	181 799	258 401	323 033	247 299	328 228	384 414
新疆(农)	19 538	21 818	19 637	20 358	15 472	16 627
新疆(畜)	77 526	79 414	91 756	103 294	105 493	125 234
广 州	9 861	11 056	11 513	11 780	12 942	16 539
南 京	11 657	12 060	7 108			
昆 明	9 480	24 716		32 776	40 038	
哈尔滨	7 600	8 000	7 600	8 000		

1-7 各地区牦牛奶、水牛奶、山羊奶产量

单位：千吨

	牦牛奶		水牛奶		山羊奶	
	2008	2009	2008	2009	2008	2009
全国总计						
北　京						
天　津						
河　北						
山　西					24.68	13.69
内蒙古						
辽　宁					16.00	
吉　林						
黑龙江						
上　海						
江　苏						
浙　江						
安　徽						
福　建					3.80	
江　西						
山　东					240.20	298.00
河　南						25.05
湖　北						
湖　南						
广　东			9.45	8.75		
广　西			19.61	22.03		
海　南						
重　庆						
四　川	190.00	200.00				
贵　州						
云　南	5.08	5.00	3.72	7.00	35.64	36.68
西　藏	95.00	62.40				
陕　西					332.79	367.33
甘　肃	80.00	80.00				
青　海	98.47	124.01				
宁　夏						
新　疆						

1-8　全国奶畜年末存栏数

单位：千头、千只

年　份	乳　牛	水　牛	黄　牛	山　羊
1949		10 184	33 752	16 130
1955		12 470	53 481	34 010
1960		12 082	45 361	51 170
1970		16 431	57 151	61 410
1975	406	17 669	55 471	68 040
1980	641	18 520	52 515	80 684
1985	1 627	19 934	65 259	61 674
1990	2 691	21 690	78 503	97 205
1991	2 946	22 005	79 641	95 355
1992	2 942	22 200	82 501	97 610
1993	3 451	22 549	87 167	105 696
1994	3 843	22 913	92 396	123 083
1995	4 172	23 584	99 297	107 940
1996	4 470	21 677	80 770	123 158
1997	4 425	22 545	88 441	134 801
1998	4 265	22 665	93 322	141 683
1999	4 432	22 587	94 366	148 163
2000	4 887	22 758	96 565	157 159
2001	5 662	22 684	95 297	161 292
2002	6 875	22 724	96 445	172 759
2003	8 932	22 282	99 550	183 207
2004	11 080	22 361	101 371	195 509
2005	12 161	22 167	100 166	198 761
2006	10 689	15 047	78 916	137 680
2007	12 189	14 903	78 856	143 365
2008	12 335	/	/	152 292
2009	12 603	/	/	150 501

注：2006 年存栏数据根据农业普查结果作了调整，下同；2008 年起，国家统计局不再公布水牛和黄牛数据。

1-9　全国奶畜年末存栏数增减情况

单位：千头、千只

项　目	2004	2005	2007	2008	2009	2009 年比 2008 年增加	
						绝对数	%
牛	137 818	141 575	105 948	105 760	107 265	1 505	1.42
其中奶牛	11 080	12 161	12 189	12 335	12 603	268	2.18
羊	366 391	372 659	285 647	280 849	284 522	3 672	1.31
其中山羊	195 509	198 761	143 365	152 292	150 501	-1 791	-1.18
绵羊	170 882	173 899	142 282	128 557	134 021	5 463	4.25

1-10 各地区乳牛年末存栏数

单位：千头

地 区	2004	2005	2006	2007	2008	2009
全国总计	**11 079.57**	**12 160.85**	**10 688.91**	**12 189.11**	**12 334.90**	**12 603.26**
北 京	185.20	164.30	134.09	163.00	169.10	158.10
天 津	161.37	176.10	115.60	153.70	150.30	158.00
河 北	1 613.00	1 966.10	1 241.49	1 458.06	1 432.34	1 674.00
山 西	258.90	298.70	162.83	317.70	314.23	274.38
内蒙古	2 194.10	2 685.70	2 755.40	2 512.30	2 456.09	2 272.50
辽 宁	205.00	243.77	222.38	283.85	292.59	288.76
吉 林	130.30	145.40	133.85	148.49	152.10	192.60
黑龙江	1 410.10	1 102.00	1 261.85	1 360.59	1 400.90	1 969.70
上 海	58.10	53.30	69.14	73.44	59.80	30.00
江 苏	153.80	161.10	84.23	93.57	167.87	189.00
浙 江	79.60	80.40	55.72	52.64	64.85	60.93
安 徽	42.70	40.00	27.05	59.60	62.14	68.30
福 建	71.90	69.70	37.73	32.53	46.91	49.60
江 西	38.50	39.00	22.14	33.12	43.34	40.00
山 东	679.90	704.10	702.83	792.58	812.47	838.23
河 南	252.00	312.20	263.92	556.20	578.05	505.00
湖 北	48.00	46.90	43.53	51.06	52.39	53.68
湖 南	29.00	30.00	21.85	24.42	24.95	26.00
广 东	44.30	48.31	31.88	53.60	55.42	55.90
广 西	28.50	30.90	19.28	47.20	50.62	23.00
海 南				1.80	2.06	1.40
重 庆	23.40	24.50	13.05	14.40	19.41	17.20
四 川	169.80	188.18	168.06	176.46	187.52	196.90
贵 州	47.80	82.00	56.44	92.60	106.97	97.00
云 南	203.50	200.70	187.90	190.09	199.21	141.32
西 藏	38.30	58.00	319.55	347.21	360.94	389.50
陕 西	395.20	460.30	269.55	392.91	406.70	434.57
甘 肃	149.90	186.90	175.68	120.60	127.08	139.80
青 海	171.30	184.50	222.63	219.10	218.22	281.90
宁 夏	186.10	229.00	219.26	260.80	270.86	272.00
新 疆	2 010.00	2 148.80	1 650.00	2 105.49	2 049.48	1 704.00

1-11　36个大中城市乳牛年末存栏数

单位：千头

城　市	乳牛		其中：成乳牛	
	2008	2009	2008	2009
北　京	169.10	158.10	111.52	109.38
天　津	150.30	158.00	107.40	98.69
石家庄	347.16	379.30	218.09	266.20
太　原	27.50	26.56	18.70	18.83
呼和浩特	699.60	700.14	461.60	483.90
沈　阳	94.40	80.00	62.70	65.00
大　连	26.00	33.00	18.50	18.80
长　春	55.19	50.86	35.52	44.13
哈尔滨	462.20	465.00	325.47	299.74
上　海	59.80	30.00	32.00	29.97
南　京	26.68	26.19	16.01	19.18
杭　州	11.52			
宁　波	6.63	6.30		4.50
合　肥	16.50	25.99		14.69
福　州	8.28	6.89	6.64	4.48
厦　门	0.47	0.54	0.28	0.37
南　昌	16.40	15.22	9.80	9.49
济　南	129.10	140.30		83.60
青　岛	112.94	140.59	59.82	91.39
郑　州	87.50	91.20	55.00	59.72
武　汉	31.71	12.30	21.31	9.46
长　沙	2.24	4.06	1.41	2.61
广　州	19.36	19.19	12.07	
深　圳	6.56	18.05	4.04	8.07
南　宁	11.77	12.53	7.99	8.95
海　口	1.26	1.31	0.75	0.83
重　庆	19.41	17.20	10.7	9.5
成　都	30.73	27.22	24.54	19.97
贵　阳	10.76	10.30	8.06	7.93
昆　明	39.10	33.02	26.82	22.78
拉　萨	55.00	15.20		7.78
西　安	108.16	116.33	79.38	85.37
兰　州	18.00	24.10	8.01	15.00
西　宁	127.40	103.11	73.80	73.94
银　川	142.28	129.80	78.70	71.97
乌鲁木齐				

来源：各地奶业协会，直辖市乳牛数据来自统计局。

1-12　农垦系统乳牛年末存栏数

单位：千头

地 区	2004	2005	2006	2007	2008	2009
农垦总计	**932.4**	**1 016.3**	**1 102.7**	**669.70**	**1 197.0**	**1 270.10**
北 京	31.8	31.0	32.0	18.40	40.0	38.10
天 津	21.2	21.5	21.9	12.40	23.1	19.40
河 北	60.8	73.3	89.1	75.20	110.6	117.60
山 西	8.6	9.8	10.1	7.30	11.4	10.80
内蒙古	141.8	177.2	202.5	113.00	182.4	182.40
辽 宁	22.8	24.4	25.0	17.80	34.4	34.30
吉 林	9.4	9.7	8.2	5.20	8.9	11.90
黑龙江	260.5	303.5	322.5	182.40	329.6	374.30
上 海	23.5	23.4	26.8	16.80	30.7	35.00
江 苏	2.0	1.5	2.2	1.60	2.7	3.80
浙 江	5.0	2.9	1.7	0.90	1.6	1.50
安 徽	6.8	6.7	5.6	2.50	5.8	5.40
福 建	2.8	2.7	3.5	2.70	5.1	6.20
江 西	2.0	2.5	2.5	1.80	2.5	5.10
山 东	1.7	1.8	1.8	1.50	1.6	1.60
河 南	0.6	0.7	0.8	1.10	2.1	3.10
湖 北	15.0	16.0	18.1	12.40	21.1	9.20
湖 南	1.7	2.1	0.4	0.10	0.3	0.30
广 东	6.4	5.8	5.6	5.80	5.1	7.20
广 西	1.5	1.9	2.0	2.00	2.2	1.70
海 南		0.1	0.1			0.10
重 庆	0.2	0.2	0.5	7.80	13.5	16.10
四 川	58.9	7.5	7.2	3.20	1.5	1.60
贵 州	7.4	7.4	6.1	3.70	7.0	8.60
云 南					0.5	0.70
陕 西	1.7	2.0	1.5	1.00	1.5	1.10
甘 肃	1.1	1.3	3.1	1.30	2.6	2.80
青 海	3.5	3.5	6.0	8.60	49.5	31.70
宁 夏	12.6	15.1	18.0	15.70	25.8	26.30
新疆(兵团)	103.6	135.5	152.9	59.50	147.3	176.20
新疆(农)	15.9	18.0	15.4	18.10	13.4	14.40
新疆(畜)	86.0	88.0	98.9	62.40	105.4	116.60
广 州	3.8	3.8	3.9	3.20	5.0	5.10
南 京	3.3	3.5	2.3			
昆 明	6.3	10.0	4.5	2.70	2.8	
哈尔滨	2.2	2.0	2.0	1.60		

1-13 各地区牦牛、奶水牛年末存栏数

单位：千头

	牦牛		奶水牛	
	2008	2009	2008	2009
全国总计				
北京				
天津				
河北				
山西				
内蒙古				
辽宁				
吉林				
黑龙江				
上海				
江苏				
浙江				
安徽				
福建				
江西				
山东				
河南				
湖北				
湖南				
广东			12.37	10.38
广西			37.20	43.86
海南				
重庆				
四川	4 700.00	4 800.00		
贵州				
云南	45.30	55.07	6.00	21.58
西藏	4 971.30	4 894.87		
陕西				
甘肃	1 259.20	1 034.80		
青海	4 201.24	3 779.63		
宁夏				
新疆				

1-14　各地区牛年末存栏数

单位：千头

地　区	2004	2005	2006	2007	2008	2009
全国总计	**137 818**	**141 575**	**104 651**	**105 948**	**105 760**	**107 265**
北　京	293	244	195	231	230	221
天　津	434	444	249	272	260	274
河　北	7 955	8 269	4 589	4 750	4 490	4 291
山　西	2 122	2 186	1 139	1 109	938	906
内蒙古	5 147	5 764	5 764	6 131	6 880	6 639
辽　宁	3 291	3 447	2 815	3 322	3 251	3 540
吉　林	5 250	5 500	4 867	5 393	4 609	4 747
黑龙江	5 328	5 271	5 048	5 235	5 189	5 332
上　海	12	55	71	75	61	65
江　苏	658	646	331	333	343	339
浙　江	393	355	230	207	207	204
安　徽	4 618	4 318	1 486	1 430	1 445	1 488
福　建	1 078	1 057	641	631	708	703
江　西	3 664	3 719	2 247	2 213	2 394	2 693
山　东	9 988	9 707	6 327	5 707	5 225	4 856
河　南	14 239	14 470	10 519	10 308	10 510	10 447
湖　北	4 067	4 152	3 251	3 138	3 175	3 340
湖　南	5 836	6 065	4 057	4 077	4 159	4 400
广　东	3 950	3 723	2 292	2 216	2 309	2 331
广　西	7 397	7 356	4 038	3 968	4 218	4 480
海　南	1 470	1 430	823	781	867	927
重　庆	1 637	1 672	940	944	1 036	1 194
四　川	11 050	11 504	9 801	9 850	9 870	9 892
贵　州	7 589	7 932	4 981	5 131	5 234	5 391
云　南	7 886	8 021	7 130	7 257	7 064	7 426
西　藏	6 128	6 325	6 131	6 223	6 445	6 451
陕　西	3 009	3 090	1 607	1 660	1 660	1 690
甘　肃	3 813	4 769	3 954	4 153	4 236	4 325
青　海	3 838	4 062	4 504	4 471	4 454	4 446
宁　夏	857	982	902	966	934	921
新　疆	4 823	5 042	3 722	3 765	3 360	3 308

1-15 各地区奶山羊年末存栏数

单位：千头

地 区	2004	2005	2006	2007	2008	2009
全国总计						
北 京						
天 津						
河 北						
山 西	179.64	156.96	163.69	132.10	265.13	143.59
内蒙古						
辽 宁	60.00	50.00	50.00	60.00	50.00	
吉 林			68.10			
黑龙江		280.00				
上 海						
江 苏						
浙 江						
安 徽						
福 建	10.00	10.00	10.00		17.00	
江 西	2.00					
山 东		1 619.00	2 011.20	990.00	960.00	1 931.00
河 南	200.00	225.00	112.00	250.00	260.00	50.10
湖 北						
湖 南						
广 东						
广 西	1.10	1.20				
海 南						
重 庆						
四 川	123.00	123.00				
贵 州						
云 南	147.06	282.78	299.55	323.88	337.78	358.88
西 藏	2 700.00	2 078.23	2 170.00			
陕 西	1 801.66	1 750.33	1 757.93	1 965.09	1 407.76	1 750.02
甘 肃	59.00	106.60	107.00			
青 海		100.00	406.30			
宁 夏						
新 疆						

1-16 各地区山羊年末存栏数

单位：千头

地 区	2004	2005	2006	2007	2008	2009
全国总计	**195 509**	**198 761**	**137 680**	**143 365**	**152 292**	**150 501**
北 京	376	280	162	216	209	189
天 津	190	216	89	42	44	43
河 北	9 480	10 002	6 349	6 435	7 509	5 514
山 西	4 046	4 210	3 068	3 746	4 163	3 751
内蒙古	17 191	17 110	17 054	22 379	18 963	19 919
辽 宁	5 696	5 107	3 479	3 497	3 883	4 478
吉 林	625	650	660	914	1 301	1 879
黑龙江	4 482	4 089	2 705	2 875	3 516	3 383
上 海	554	276	109	104	226	236
江 苏	11 767	11 550	4 378	3 893	4 025	4 192
浙 江	1 312	1 054	587	540	612	432
安 徽	9 516	9 185	5 500	5 330	5 575	5 832
福 建	1 289	1 360	804	818	966	1 034
江 西	943	1 053	571	555	611	573
山 东	25 908	26 830	18 733	20 180	18 618	16 890
河 南	34 400	35 094	16 941	17 592	18 660	19 010
湖 北	3 428	3 370	2 820	3 042	3 758	4 132
湖 南	6 710	7 111	4 990	5 016	5 031	5 187
广 东	322	392	345	355	363	372
广 西	2 781	2 600	1 514	1 551	1 764	1 900
海 南	901	889	586	552	708	718
重 庆	2 855	3 035	1 218	1 213	1 295	1 423
四 川	11 343	12 762	11 914	13 763	15 143	15 736
贵 州	3 989	4 286	2 092	2 090	2 205	2 381
云 南	7 596	8 743	7 100	7 521	7 556	7 740
西 藏	6 644	6 261	6 489	982	6 455	4 944
陕 西	7 330	7 096	4 772	5 399	5 768	5 399
甘 肃	3 020	3 388	3 337	3 342	3 404	3 864
青 海	3 288	3 302	2 816	2 307	2 675	2 276
宁 夏	834	864	611	764	1 198	1 382
新 疆	6 695	6 598	5 885	6 354	6 088	5 694

1-17　各地区绵羊年末存栏数

单位：千头

地　区	2004	2005	2006	2007	2008	2009
全国总计	**170 882**	**173 899**	**146 018**	**142 282**	**128 557**	**134 021**
北　京	1 209	981	544	573	523	485
天　津	746	631	259	311	329	338
河　北	14 137	14 818	9 178	9 402	8 661	10 137
山　西	5 942	6 083	4 271	3 718	3 277	3 726
内蒙古	35 994	37 090	34 180	28 254	32 289	32 053
辽　宁	6 349	4 849	3 260	3 262	2 904	2 692
吉　林	3 476	3 651	3 583	3 658	2 765	2 350
黑龙江	7 054	7 714	5 071	5 338	4 976	5 594
上　海	66	25	6	5	13	15
江　苏	202	200	71	154	82	73
浙　江	1 255	1 170	653	579	501	683
安　徽	22	28	14	30	28	10
福　建						
江　西	131					
山　东	6 960	7 218	4 949	3 243	2 811	4 080
河　南	4 700	4 786	2 198	1 816	1 720	962
湖　北	9	7	6	6	4	0
湖　南	1	1	1	1	1	24
广　东						
广　西						
海　南						
重　庆	2	1	0	0		
四　川	3 447	3 111	4 388	3 342	2 065	1 503
贵　州	221	197	92	133	107	149
云　南	936	1 026	834	738	877	1 036
西　藏	11 511	10 722	10 863	16 089	10 324	11 801
陕　西	2 087	2 213	1 297	1 276	1 048	1 303
甘　肃	10 004	11 875	11 897	12 602	13 346	13 402
青　海	14 349	14 355	12 203	12 664	12 319	12 702
宁　夏	4 101	4 190	2 871	3 088	3 419	3 320
新　疆	35 973	36 958	33 330	31 999	24 169	25 581

1-18　各地区羊年末存栏数

单位：千头

地　区	2004	2005	2006	2007	2008	2009
全国总计	**366 391**	**372 659**	**283 698**	**285 647**	**280 849**	**284 522**
北　京	1 585	1 260	707	789	732	674
天　津	936	847	348	353	373	381
河　北	23 617	24 820	15 526	15 837	16 170	15 651
山　西	9 988	10 293	7 339	7 464	7 440	7 477
内蒙古	53 185	54 200	51 234	50 633	51 253	51 972
辽　宁	12 045	9 956	6 739	6 759	6 787	7 170
吉　林	4 100	4 300	4 242	4 573	4 066	4 229
黑龙江	11 536	11 803	7 776	8 213	8 492	8 977
上　海	619	301	115	110	239	251
江　苏	11 969	11 750	4 449	4 047	4 107	4 265
浙　江	2 567	2 224	1 239	1 119	1 114	1 116
安　徽	9 538	9 213	5 514	5 360	5 603	5 842
福　建	1 289	1 360	804	818	966	1 034
江　西	1 074	1 053	571	555	611	573
山　东	32 868	34 048	23 683	23 423	21 429	20 969
河　南	39 100	39 880	19 139	19 409	20 380	19 972
湖　北	3 436	3 377	2 826	3 049	3 762	4 132
湖　南	6 711	7 113	4 991	5 016	5 031	5 211
广　东	322	392	345	354	363	372
广　西	2 781	2 600	1 514	1 551	1 764	1 900
海　南	901	889	586	552	708	718
重　庆	2 856	3 036	1 219	1 213	1 295	1 423
四　川	14 790	15 873	16 302	17 105	17 208	17 239
贵　州	4 210	4 483	2 184	2 223	2 312	2 530
云　南	8 532	9 769	7 934	8 258	8 433	8 776
西　藏	18 156	16 983	17 352	17 071	16 779	16 745
陕　西	9 418	9 309	6 069	6 675	6 816	6 702
甘　肃	13 024	15 263	15 234	15 944	16 750	17 267
青　海	17 637	17 657	15 018	14 971	14 994	14 978
宁　夏	4 935	5 054	3 483	3 852	4 617	4 702
新　疆	42 667	43 555	39 215	38 352	30 257	31 275

Ⅱ. 奶业产业化

2-1 各地区奶牛养殖业产值

单位：亿元、%

地区	2007		2008		2009	
	产值	占牧业产值	产值	占牧业产值	产值	占牧业产值
全国	**847.36**	**5.25**	**1 015.00**	**5.97**	**1 065.00**	**5.47**
北京						
天津	19.60	16.00	20.68	24.05	16.63	19.34
河北						
山西	25.27	11.00	25.94	11.00	24.35	
内蒙古						
辽宁			28.00	5.00		
吉林	17.20	3.60	17.26	2.30	44.80	8.00
黑龙江	105.00	20.00				
上海	5.94	17.30	6.65	18.50	6.07	19.10
江苏			14.96	1.63		
浙江						
安徽	5.89	0.95				
福建						
江西	3.36	0.72	5.12	1.03	5.00	1.00
山东						
河南	61.07	4.60			80.00	8.00
湖北	3.68	0.49				
湖南					4.00	1.00
广东						
广西	3.22	0.45	3.49	0.46	3.50	0.40
海南			2.50	1.70	2.85	1.93
重庆	2.00	0.64	2.16	0.63	2.40	0.70
四川	14.75	1.20	15.69	1.30	16.79	1.40
贵州	1.35	1.00				
云南	8.70	2.40	11.75	2.40	20.00	2.50
西藏	5.93	18.70				
陕西	40.70	16.40	53.01	13.80	50.23	12.90
甘肃	10.41	7.40	10.00	6.67	11.00	6.40
青海						
宁夏	19.73	35.23	27.96	36.40	22.00	27.80
新疆						

注：本部分数据来自各地奶业协会，全国数为估计数。

2-2 各地区农民奶业收入

单位：元/人、%

地 区	2007		2008		2009	
	奶业收入	占纯收入	奶业收入	占纯收入	奶业收入	占纯收入
全 国						
北 京						
天 津	750.95	8.00	512.85	5.31	615.77	
河 北						
山 西	28.10	0.88	27.60	0.86	25.65	
内蒙古						
辽 宁			350.00	4.00		
吉 林	36.00	1.00	123.28	2.50	45.00	0.30
黑龙江						
上 海	320.00	2.70	350.00	2.30	320.00	1.80
江 苏			27.59	0.38		
浙 江						
安 徽	10.80	5.90				
福 建						
江 西	13.12	0.01	11.91	0.24		
山 东						
河 南	94.25	2.40			700.00	2.00
湖 北	10.88	0.27				
湖 南					5.00	0.20
广 东						
广 西	8.30		8.72		8.75	
海 南			4.60	0.10	3.85	0.12
重 庆	13.75	0.39	10.30	0.25	17.35	0.38
四 川	30.05	1.00	29.05	1.00	30.05	1.30
贵 州						
云 南	27.77	2.60	38.05	1.40	54.50	1.60
西 藏	261.00	9.40				
陕 西	122.80	4.60	136.30	4.30	235.60	6.80
甘 肃	50.00	2.18	47.80	1.78	52.75	1.77
青 海						
宁 夏	536.00	17.29	822.70	22.34	579.00	15.06
新 疆						

2-3 各地区奶农户数及平均规模

单位：户、头/户

地 区	2007		2008		2009	
	奶户总数	平均规模	奶户总数	平均规模	奶户总数	平均规模
全 国						
北 京						
天 津	4 141	46	3 919	46	1 757	90
河 北	450 000	6	288 985	7		
山 西	65 568	6	75 586	5	65 951	6
内蒙古			800 000	4		
辽 宁	18 132	8	14 000	18	6 805	45
吉 林	39 800	5	26 832	10	29 034	12
黑龙江						
上 海						
江 苏			5 423	35	3 703	53
浙 江			3 487	21		
安 徽	675	93				
福 建	4 306	11	3 982	11	3 530	12
江 西	3 105	8	3 164	7	899	38
山 东						
河 南	55 917	10	55 953	13		
湖 北	3 900	16	1 012	50	9 078	7
湖 南	3 000	14			2 014	11
广 东	1 060	51	2 638	26	611	89
广 西	5 438	2	9 963	2	14 626	4
海 南					10	131
重 庆	4 325	5	36 180	6	3 558	7
四 川	50 907	4	49 959	4	53 090	4
贵 州					1 383	10
云 南	9 842	16	49 718	4	63 460	3
西 藏	18 799	5	21 639			
陕 西	169 594	4	140 600	4	140 862	4
甘 肃	26 412	7	26 030	7	20 415	9
青 海						
宁 夏	33 126	10	31 990	12	23 017	14
新 疆	450 000	5			414 060	5

2-4　各地区规模奶牛场（小区）

单位：个、%、%

地　区	2007			2008		
	个数	规模化比例	机械化挤奶比	个数	规模化比例	机械化挤奶比
全　国						
北　京						
天　津	135	92.60	100.00	157	85.00	100.00
河　北	2 061	60.20	80.00	1 844	83.60	100.00
山　西	575	22.90	90.00	535	25.56	90.00
内蒙古						
辽　宁	2 112	40.00	90.00	1 805	70.00	90.00
吉　林	213	37.46	80.00	265	79.30	85.00
黑龙江	4 198					
上　海	120	100.00	100.00	123	100.00	100.00
江　苏	1 324	89.00	89.00	1 179	92.00	92.00
浙　江						
安　徽						
福　建	89	67.30	55.00	92	69.60	60.00
江　西	44	70.27	71.50	336	83.68	
山　东						
河　南	952			1 500	100.00	100.00
湖　北	66	72.35	85.00			
湖　南				29	35.60	40.00
广　东	95	70.10		56	77.17	100.00
广　西	677	69.15		664	63.33	
海　南	2	100.00	100.00	2	95.00	95.00
重　庆	25	45.40	36.00	107	39.60	47.10
四　川				890	55.00	45.00
贵　州				22	87.95	100.00
云　南	97	21.13	18.84	140	20.00	17.83
西　藏						
陕　西	693	26.30	30.00	789	59.30	68.20
甘　肃	80	23.17	10.00	70	25.10	10.00
青　海						
宁　夏	422	45.80	57.90	579	47.84	66.30
新　疆				377		61.10

III. 奶类生产水平指标

3-1 各地区奶类总产量及位次

单位：千吨

地区	2005		2006		2007		2008		2009	
	指标值	位次	指标值	位次	指标值	位次	指标值	位次	指标值	位次
全国总计	**28 648.25**		**33 024.65**		**36 333.77**		**37 814.53**		**37 346.30**	
北京	642.22	10	619.54	13	622.42	13	665.38	14	673.99	14
天津	634.14	11	682.76	10	672.14	11	701.24	11	686.90	12
河北	3 486.37	3	4 169.99	3	4 977.03	3	5 153.25	2	4 610.27	3
山西	737.54	9	834.28	9	835.11	9	700.16	12	740.75	11
内蒙古	6 968.65	1	8 774.54	1	9 160.62	1	9 212.31	1	9 340.46	1
辽宁	788.34	8	973.66	8	1 082.99	8	1 072.60	8	1 156.39	8
吉林	300.02	17	350.00	17	479.99	15	397.40	17	445.00	16
黑龙江	4 442.25	2	4 645.63	2	5 117.43	2	5 128.42	3	5 346.91	2
上海	237.63	21	220.86	21	220.42	21	232.86	21	232.86	21
江苏	578.99	13	597.63	14	616.56	14	610.50	15	554.00	15
浙江	266.69	19	254.80	20	237.11	20	225.10	22	199.30	23
安徽	110.49	26	128.06	25	180.98	22	180.98	23	201.00	22
福建	197.68	22	174.27	22	166.58	23	148.68	25	155.56	24
江西	125.21	23	138.90	23	112.77	26	111.89	27	112.00	26
山东	2 209.71	4	2 386.49	4	2 421.84	4	2 549.24	5	2 581.48	5
河南	1 085.00	7	1 540.70	7	2 245.68	5	2 986.17	4	3 012.85	4
湖北	122.22	24	138.83	24	155.13	24	331.84	19	283.05	19
湖南	69.09	28	72.75	28	76.73	28	152.09	24	76.73	29
广东	119.40	25	124.78	26	129.58	25	132.76	26	143.72	25
广西	53.65	29	62.72	29	69.60	29	75.04	29	80.72	27
海南	1.14	31	0.94	31	1.43	31	4.73	31	3.60	31
重庆	86.08	27	83.46	27	87.10	27	77.84	28	79.42	28
四川	590.31	12	625.18	12	654.97	12	666.12	13	686.59	13
贵州	37.52	30	40.88	30	40.82	30	42.75	30	44.90	30
云南	326.83	15	387.48	15	446.53	16	973.20	9	1 059.34	9
西藏	269.80	18	276.13	18	289.39	18	524.40	16	287.23	18
陕西	1 417.34	6	1 574.05	6	1 802.59	7	1 823.01	6	1 858.33	6
甘肃	316.95	16	364.29	16	352.18	17	346.93	18	376.60	17
青海	250.23	20	255.55	19	265.05	19	272.28	20	253.46	20
宁夏	578.50	14	647.34	11	774.55	10	892.20	10	811.40	10
新疆	1 598.26	5	1 878.18	5	2 038.48	6	1 423.17	7	1 251.50	7

3-2 各地区奶类人均占有量及位次

单位：千克/人

地 区	2005		2006		2007		2008		2009	
	指标值	位次	指标值	位次	指标值	位次	指标值	位次	指标值	位次
全国平均	**21.97**		**25.19**		**27.57**		**28.55**		**28.05**	
北 京	41.88	9	39.73	10	38.73	10	39.99	10	39.07	10
天 津	60.98	6	64.47	6	61.38	7	61.22	7	57.14	7
河 北	51.04	7	60.66	7	71.92	6	73.98	5	65.75	5
山 西	22.05	12	24.79	12	24.68	13	20.58	15	21.67	15
内蒙古	292.89	1	366.87	1	381.53	1	382.35	1	386.30	1
辽 宁	18.73	13	22.93	13	25.28	12	24.91	13	26.79	13
吉 林	11.08	17	12.87	16	17.60	15	14.55	16	16.26	16
黑龙江	116.64	2	121.57	2	133.84	2	134.09	4	139.76	2
上 海	13.41	14	12.29	17	12.00	17	12.43	18	12.23	18
江 苏	7.77	18	7.96	19	8.13	19	7.98	20	7.19	20
浙 江	5.46	22	5.16	21	4.72	21	4.42	22	3.87	23
安 徽	1.81	26	2.09	26	2.96	24	2.95	24	3.28	24
福 建	5.61	21	4.91	22	4.67	22	4.14	23	4.30	22
江 西	2.91	24	3.21	23	2.59	26	2.55	26	2.54	26
山 东	23.97	11	25.72	11	25.94	11	27.14	12	27.34	12
河 南	11.60	16	16.41	14	23.95	14	31.79	11	31.86	11
湖 北	2.15	25	2.43	25	2.72	25	5.82	21	4.95	21
湖 南	1.10	29	1.15	29	1.21	29	2.39	27	1.20	29
广 东	1.30	27	1.35	27	1.38	28	1.40	29	1.50	28
广 西	1.15	28	1.34	28	1.47	27	1.57	28	1.67	27
海 南	0.14	31	0.11	31	0.17	31	0.56	31	0.42	31
重 庆	3.09	23	2.98	24	3.10	23	2.75	25	2.79	25
四 川	7.21	20	7.63	20	8.04	20	8.19	19	8.41	19
贵 州	1.01	30	1.09	30	1.09	30	1.13	30	1.18	30
云 南	7.37	19	8.68	18	9.93	18	21.49	14	23.25	14
西 藏	97.69	3	98.97	4	102.44	4	183.68	2	99.56	4
陕 西	38.21	10	42.23	9	48.18	9	48.55	9	49.33	8
甘 肃	12.26	15	14.01	15	13.49	16	13.23	17	14.31	17
青 海	46.20	8	46.84	8	48.19	8	49.22	8	45.60	9
宁 夏	97.36	4	107.89	3	127.60	3	145.35	3	130.57	3
新 疆	79.83	5	92.52	5	98.36	5	67.36	6	58.35	6

3-3 各地区牛奶总产量及位次

单位：千吨

地 区	2005 指标值	2005 位次	2006 指标值	2006 位次	2007 指标值	2007 位次	2008 指标值	2008 位次	2009 指标值	2009 位次
全国总计	**27 533.73**		**31 934.08**		**35 252.44**		**35 558.23**		**35 208.75**	
北 京	641.99	10	619.34	13	622.41	13	663.84	12	673.86	13
天 津	634.14	11	682.75	10	672.14	11	697.54	10	682.90	11
河 北	3 403.46	3	4 076.19	3	4 894.37	3	5 045.12	3	4 515.00	3
山 西	712.78	9	810.55	9	811.84	9	681.78	11	725.00	10
内蒙古	6 910.48	1	8 691.63	1	9 098.40	1	9 122.35	1	9 031.00	1
辽 宁	748.76	8	936.95	8	1 050.97	8	1 012.00	8	1 100.00	8
吉 林	294.04	17	345.00	17	473.10	15	397.40	16	445.00	16
黑龙江	4 402.39	2	4 603.05	2	5 083.60	2	5 083.60	2	5 287.00	2
上 海	237.63	19	220.86	20	220.42	21	232.86	19	232.86	19
江 苏	566.20	14	583.55	14	602.42	14	610.50	14	554.00	14
浙 江	266.69	18	254.80	18	237.11	19	225.10	21	199.30	22
安 徽	110.19	26	127.96	25	180.94	22	180.94	22	201.00	21
福 建	194.17	22	170.49	22	162.74	23	144.88	24	151.97	24
江 西	125.09	23	138.75	24	112.17	26	111.89	26	112.00	26
山 东	1 870.75	4	2 158.00	4	2 189.95	4	2 305.13	5	2 362.76	5
河 南	1 040.00	7	1 476.80	6	2 156.13	5	2 791.00	4	2 818.91	4
湖 北	122.22	24	138.79	23	155.11	24	155.11	23	155.11	23
湖 南	69.09	28	72.75	28	76.73	28	76.73	28	76.73	29
广 东	116.42	25	121.66	26	126.33	25	129.58	25	140.30	25
广 西	53.54	29	62.66	29	69.52	29	75.04	29	80.72	27
海 南	1.14	31	0.94	31	1.43	31	2.36	31	1.80	31
重 庆	86.08	27	83.46	27	87.10	27	77.84	27	79.42	28
四 川	585.65	12	620.43	12	649.82	12	660.76	13	681.71	12
贵 州	37.52	30	40.88	30	40.64	30	42.67	30	44.90	30
云 南	309.10	16	363.99	15	423.47	16	446.71	15	483.75	15
西 藏	212.12	21	215.68	21	229.82	20	229.82	20	229.82	20
陕 西	1 133.39	6	1 273.65	7	1 490.22	7	1 490.22	6	1 492.00	6
甘 肃	311.87	15	359.07	16	346.93	17	346.93	17	376.60	17
青 海	236.17	20	238.00	19	249.83	18	252.76	18	253.14	18
宁 夏	578.50	13	647.34	11	774.55	10	892.20	9	811.40	9
新 疆	1 522.17	5	1 798.12	5	1 962.27	6	1 373.59	7	1 208.80	7

3-4 各地区牛奶人均占有量及位次

单位：千克/人

地区	2005		2006		2007		2008		2009	
	指标值	位次	指标值	位次	指标值	位次	指标值	位次	指标值	位次
全国平均	**21.12**		**24.36**		**26.75**		**26.84**		**26.45**	
北京	41.87	9	39.71	9	38.73	10	39.89	9	39.06	10
天津	60.98	6	64.47	6	61.38	7	60.89	7	56.81	6
河北	49.83	7	59.29	7	70.72	6	72.43	5	64.39	5
山西	21.31	11	24.09	11	23.99	12	20.04	14	21.21	14
内蒙古	290.45	1	363.41	1	378.94	1	378.62	1	373.51	1
辽宁	17.79	13	22.07	13	24.53	11	23.50	13	25.48	12
吉林	10.86	17	12.69	16	17.35	15	14.55	15	16.26	15
黑龙江	115.59	2	120.45	2	132.96	2	132.92	3	138.20	2
上海	13.41	14	12.29	17	12.00	17	12.43	17	12.23	17
江苏	7.60	18	7.77	19	7.94	20	7.98	20	7.19	20
浙江	5.46	22	5.16	21	4.72	21	4.42	21	3.87	22
安徽	1.81	26	2.09	26	2.96	24	2.95	23	3.28	23
福建	5.51	21	4.81	22	4.56	22	4.03	22	4.20	21
江西	2.91	24	3.21	23	2.58	26	2.55	26	2.54	26
山东	20.29	12	23.26	12	23.45	13	24.54	12	25.02	13
河南	11.12	16	15.73	14	23.00	14	29.71	11	29.80	11
湖北	2.15	25	2.43	25	2.72	25	2.72	25	2.71	25
湖南	1.10	29	1.15	29	1.21	29	1.20	29	1.20	29
广东	1.27	27	1.32	28	1.35	28	1.36	28	1.46	28
广西	1.15	28	1.34	27	1.47	27	1.57	27	1.67	27
海南	0.14	31	0.11	31	0.17	31	0.28	31	0.21	31
重庆	3.09	23	2.98	24	3.10	23	2.75	24	2.79	24
四川	7.15	19	7.57	20	7.98	19	8.12	19	8.35	19
贵州	1.01	30	1.09	30	1.08	30	1.13	30	1.18	30
云南	6.97	20	8.15	18	9.41	18	9.86	18	10.62	18
西藏	76.81	4	77.31	5	81.35	5	80.50	4	79.65	4
陕西	30.56	10	34.17	10	39.83	9	39.69	10	39.61	9
甘肃	12.06	15	13.81	15	13.28	16	13.23	16	14.31	16
青海	43.61	8	43.62	8	45.42	8	45.69	8	45.55	8
宁夏	97.36	3	107.89	3	127.60	3	145.35	2	130.57	3
新疆	76.03	5	88.58	4	94.68	4	65.01	6	56.36	7

3-5 各地区乳牛年末存栏数及位次

单位：千头

地 区	2005		2006		2007		2008		2009	
	指标值	位次	指标值	位次	指标值	位次	指标值	位次	指标值	位次
全国总计	12 160.85		10 688.91		12 189.11		12 334.90		12 603.26	
北 京	164.30	16	134.09	16	163.00	15	169.10	15	158.10	16
天 津	176.10	15	115.60	18	153.70	16	150.30	18	158.00	17
河 北	1 966.10	3	1 241.49	4	1 458.06	3	1 432.34	3	1 674.00	4
山 西	298.70	8	162.83	15	317.70	9	314.23	9	274.38	11
内蒙古	2 685.70	1	2 755.40	1	2 512.30	1	2 456.09	1	2 272.50	1
辽 宁	243.77	9	222.38	10	283.85	10	292.59	10	288.76	9
吉 林	145.40	18	133.85	17	148.49	17	152.10	17	192.60	14
黑龙江	1 102.00	4	1 261.85	3	1 360.59	4	1 400.90	4	1 969.70	2
上 海	53.30	23	69.14	20	73.44	21	59.80	23	30.00	27
江 苏	161.10	17	84.23	19	93.57	19	167.87	16	189.00	15
浙 江	80.40	20	55.72	22	52.64	24	64.85	21	60.93	22
安 徽	40.00	26	27.05	26	59.60	22	62.14	22	68.30	21
福 建	69.70	21	37.73	24	32.53	28	46.91	27	49.60	25
江 西	39.00	27	22.14	27	33.12	27	43.34	28	40.00	26
山 东	704.10	5	702.83	5	792.58	5	812.47	5	838.23	5
河 南	312.20	7	263.92	8	556.20	6	578.05	6	505.00	6
湖 北	46.90	25	43.53	23	51.06	25	52.39	25	53.68	24
湖 南	30.00	29	21.85	28	24.42	29	24.95	29	26.00	28
广 东	48.31	24	31.88	25	53.60	23	55.42	24	55.90	23
广 西	30.90	28	19.28	29	47.20	26	50.62	26	23.00	29
海 南					1.80	31	2.06	31	1.40	31
重 庆	24.50	30	13.05	30	14.40	30	19.41	30	17.20	30
四 川	188.18	12	168.06	14	176.46	14	187.52	14	196.90	13
贵 州	82.00	19	56.44	21	92.60	20	106.97	20	97.00	20
云 南	200.70	11	187.90	12	190.09	13	199.21	13	141.32	18
西 藏	58.00	22	319.55	6	347.21	8	360.94	8	389.50	8
陕 西	460.30	6	269.55	7	392.91	7	406.70	7	434.57	7
甘 肃	186.90	13	175.68	13	120.60	18	127.08	19	139.80	19
青 海	184.50	14	222.63	9	219.10	12	218.22	12	281.90	10
宁 夏	229.00	10	219.26	11	260.80	11	270.86	11	272.00	12
新 疆	2 148.80	2	1 650.00	2	2 105.49	2	2 049.48	2	1 704.00	3

注：2006 年数据根据农业普查结果作了调整。

3-6 各地区每万人占有乳牛数量及位次

单位：头/万人

地 区	2005		2006		2007		2008		2009	
	指标值	位次	指标值	位次	指标值	位次	指标值	位次	指标值	位次
全国平均	**93**		**82**		**92**		**93**		**95**	
北 京	107	10	86	9	101	10	102	10	92	10
天 津	169	8	109	8	140	8	131	8	131	8
河 北	288	6	181	7	211	7	206	7	239	7
山 西	89	11	48	15	94	11	92	11	80	12
内蒙古	1 129	1	1 152	1	1 046	2	1019	2	940	2
辽 宁	58	14	52	13	66	13	68	13	67	14
吉 林	54	15	49	14	54	15	56	15	70	13
黑龙江	289	5	330	6	356	6	366	6	515	4
上 海	30	18	38	17	40	18	32	18	16	21
江 苏	22	21	11	22	12	21	22	21	25	19
浙 江	16	23	11	21	10	22	13	23	12	23
安 徽	7	28	4	27	10	24	10	25	11	24
福 建	20	22	11	23	9	25	13	22	14	22
江 西	9	24	5	25	8	27	10	26	9	26
山 东	76	12	76	10	85	12	87	12	89	11
河 南	33	17	28	18	59	14	62	14	53	15
湖 北	8	26	8	24	9	26	9	27	9	25
湖 南	5	30	3	29	4	30	4	30	4	30
广 东	5	29	3	30	6	28	6	29	6	28
广 西	7	27	4	28	10	23	11	24	5	29
海 南					2	31	2	31	2	31
重 庆	9	25	5	26	5	29	7	28	6	27
四 川	23	19	21	19	22	20	23	20	24	20
贵 州	22	20	15	20	25	19	28	19	26	18
云 南	45	16	42	16	42	17	44	17	31	17
西 藏	210	7	1 145	2	1 229	1	1264	1	1350	1
陕 西	124	9	72	11	105	9	108	9	115	9
甘 肃	72	13	68	12	46	16	48	16	53	16
青 海	341	4	408	4	398	5	395	5	507	5
宁 夏	385	3	365	5	430	4	441	4	438	6
新 疆	1 073	2	813	3	1 016	3	970	3	795	3

注：2006 年数据根据农业普查结果作了调整。

3-7 各地区农民人均出售牛羊奶量

单位：千克/人

地 区	2004	2005	2006	2007	2008	2009
全国平均	**7.67**	**11.26**	**13.27**	**14.62**	**15.02**	**12.65**
北 京	17.42	27.57	26.06	22.28	32.74	31.38
天 津	8.36	10.18	8.97	11.49	12.83	16.71
河 北	10.49	29.50	33.90	34.04	30.27	18.60
山 西	14.16	16.01	26.53	34.64	37.83	26.90
内蒙古	71.47	118.07	141.93	164.22	180.54	184.07
辽 宁	0.94	11.95	15.31	25.42	14.14	5.02
吉 林	3.61	0.93	0.99	1.93	4.07	2.43
黑龙江	35.51	49.21	53.95	69.39	77.59	54.97
上 海	…	…	…	…	…	…
江 苏	3.25	2.20	3.53	3.67	1.97	…
浙 江	1.34	0.56	1.07	1.13	…	1.05
安 徽	…	…	…	0.00	…	…
福 建	0.49	0.21	0.09	0.02	0.02	0.12
江 西	2.36	0.32	0.27	1.02	0.99	
山 东	9.74	4.15	3.85	4.18	5.26	3.72
河 南	0.13	0.04	0.22	1.53	1.93	2.08
湖 北	…	…	…	0.01	…	…
湖 南	…	…	…	…	…	…
广 东	0.04	0.07	0.07	0.12	0.10	0.08
广 西	0.01	…	…	…	…	…
海 南	0.04	…	0.02	…	…	…
重 庆	…	…	…	…	0.01	…
四 川	0.85	1.40	1.32	1.29	1.94	2.92
贵 州	…	0.42	…	…	…	…
云 南	11.25	11.85	14.33	13.97	14.66	13.53
西 藏	0.27	0.62	1.17	1.18	1.18	0.75
陕 西	11.84	23.93	34.56	31.40	31.02	31.58
甘 肃	0.90	3.24	3.20	4.21	4.90	7.11
青 海	5.09	11.68	13.61	8.38	6.87	7.04
宁 夏	94.92	100.44	123.63	94.67	78.95	59.57
新 疆	15.16	24.93	19.51	26.71	31.81	25.43

3-8 全国主要地级市（地区）奶牛存栏和牛奶产量（一）

单位：千头、千吨、千克/头·年

市（地区）	全群		成乳牛		产量		单产	
	2008	2009	2008	2009	2008	2009	2008	2009
河　北								
唐山市	457.30	470.30		350.80	1 522.00	1 677.30		5 000
张家口市	397.30	351.40		242.50	1 000.00	1 119.40		4 616
石家庄市	347.16	379.30	218.09	266.20	1 035.15	1 067.00		4 008
保定市	224.60	233.70		140.22	625.89	447.00		3 188
山　西								
朔州市	161.29	155.38	91.39	78.07	370.79	370.56	4 057	4 746
大同市	62.12	67.87	44.68	47.91	122.10	141.71	2 733	2 958
晋中市	46.45	49.80	36.04	35.63	120.15	116.79	3 334	3 278
忻州市	43.24	44.97	27.49	26.28	105.73	104.83	3 846	3 989
太原市	27.53	26.56	18.74	18.83	96.39	97.40	5 143	5 173
内蒙古								
呼和浩特市	699.60	700.14	449.20	483.90	3 050.20	3 052.94		6 300
包头市	369.51	358.50	213.89	218.40	1 308.61	1 439.00	6 100	3 290
呼伦贝尔市	575.20	648.91	382.38	401.67	1 290.00	1 309.77	3 680	3 260
乌兰察布市	381.00	360.00	194.00	180.00	1 000.00	920.00	5 200	5 100
锡林郭勒盟		129.68		91.67		456.51		5 000
兴安盟		122.16		69.38		430.20		6 200
赤峰市		142.96		85.45		391.81		4 600
巴彦淖尔市		87.43		66.37		367.84		5 500
通辽市		64.60		38.24		221.80		5 800
辽　宁								
沈阳市	94.40	80.00	62.70	65.00	317.00	390.00	5 050	6 000
阜新市	55.00	60.00	39.00	48.00	214.50	249.60	5 500	5 200
大连市	29.00	30.00	22.00	20.00	138.60	110.00	6 300	5 500
铁岭市	42.00	20.00	28.00	18.00	145.00	99.00	5 200	5 500
锦州市	18.00	22.00	13.70	17.00	69.87	86.70	5 100	5 100
吉　林								
四平市	191.14	194.60	145.87	148.20	242.30	310.70	2 401	2 546
吉林市	31.04	39.54	25.95	29.06	106.21	146.67	5 200	5 000
长春市	55.19	50.86	35.52	44.13	129.16	120.00	4 600	4 500
松原市	54.07	75.15	36.58	54.61	74.59	106.00	2 039	2 500
白城市	95.14	106.60	47.81	57.90	142.21	58.90	5 940	1 138
黑龙江								
哈尔滨市	462.20	465.00	325.47	299.74	1 321.52	1 380.81	5 000	5 100
大庆市	368.77	430.00	249.13	241.00	1 135.50	1 327.00	5 700	5 850
农垦总局	329.59	373.55	193.71	199.45	1 018.26	1 146.30	5 257	5 747
齐齐哈尔市	467.47	518.29	287.27	321.34	947.99	1 083.85	3 300	3 373
绥化市	380.75	449.07	251.24	288.60	896.08	1 026.71	5 000	5 500
黑河市	61.64	67.83	36.84	39.37	117.81	133.56	3 197	3 392
佳木斯市	44.21	43.89	27.45	30.15	90.20	100.49	3 286	3 333
江　苏								
徐州市	58.87	64.50	35.32	38.70	240.27	227.57	4 081	5 880
南京市	26.68	26.19	16.01	15.71	90.27	93.35	3 383	5 942
苏州市	27.07	23.47	16.24	14.08	93.29	88.99	3 446	6 320

来源：各地奶业协会，部分地区单产为“牛奶产量/成乳牛存栏”数；部分地区未报。

3-8 全国主要地级市（地区）奶牛存栏和牛奶产量（二）

市（地区）	全群		成乳牛		产量		单产	
	2008	2009	2008	2009	2008	2009	2008	2009
无锡市	18.07	9.46	10.84	5.68	84.43	54.63	4 673	9 626
宿迁市	12.32	17.70	7.39	10.62	42.51	44.29	3 452	4 171
安徽								
合肥市	20.38	25.99	12.63	14.69	41.43	55.80	4 068	4 397
淮南市	10.47	11.22	8.18	8.76	39.15	43.79	3 739	3 904
马鞍山市	8.16	8.64	5.73	5.60	36.76	32.89	6 608	6 825
福建								
南平市	25.07	23.97	16.30	14.55	85.86	79.07	5 084	5 433
福州市	8.28	6.89	6.64	4.85	32.03	24.82	4 826	5 120
江西								
南昌市	16.40	15.22	9.80	9.49	40.82	46.53	4 600	4 900
赣州市	8.57	10.44	6.66	7.29	34.11	46.00	5 120	5 300
山东								
泰安市	173.62	190.74	126.99	126.09	438.71	478.44		
青岛市	112.94	140.59	59.82	91.39	321.70	441.62	5 260	5 280
济南市	129.10	140.30		83.60	322.80	373.70		4 470
烟台市	99.58	92.41	74.54	63.96	387.72	358.49		
潍坊市	89.80	96.81	58.70	66.93	358.87	355.20		
威海市	68.54	67.38	45.27	44.87	266.17	220.08		
滨州市	60.58	63.42	37.13	40.10	188.69	218.43		
德州市	82.50	95.54	45.40	57.57	190.83	213.04		
菏泽市	46.14	46.38	27.87	37.63	193.15	210.90		
济宁市	43.66	49.21	29.47	32.10	168.99	183.78		
淄博市	54.20	56.76	34.15	33.60	161.79	177.50		
东营市	48.87	52.46	28.93	31.18	136.90	157.95		
聊城市	34.93	39.54	23.02	24.36	119.39	136.05		
临沂市	40.31	41.48	25.45	25.65	145.15	129.46		
河南								
郑州市	87.50	91.20	55.00	59.72	357.81	406.69	6 300	6 500
洛阳市		107.16		40.90		361.69		8 843
开封市		49.25		34.48		226.24		6 562
商丘市		67.05		40.65		243.98		6 002
新乡市		80.50		58.68		273.00		9 517
焦作市		55.32		33.19		206.00		6 206
南阳市		56.22		36.73		224.47		6 110
平顶山市		76.39		45.37		197.20		4 357
湖北								
武汉市	31.71	12.30	21.31	9.46	117.61	51.69	6 000	5 462
宜昌市	6.30	6.67	4.59	5.61	24.12	24.11	5 300	5 460

3-8 全国主要地级市（地区）奶牛存栏和牛奶产量（三）

市（地区）	全群		成乳牛		产量		单产	
	2008	2009	2008	2009	2008	2009	2008	2009
湖　南								
邵阳市	19.39	17.83	11.95	12.35	46.60	50.01	3 900	4 050
常德市	6.67	7.27	4.05	4.45	18.00	22.06	4 444	4 957
长沙市	2.24	4.06	1.41	2.61	6.91	12.55	4 900	4 818
广　东								
广州市	19.36	17.89	12.07	10.69	51.90	50.44	4 302	4 720
深圳市	6.56	18.05	4.04	8.07	16.37	34.00	4 056	4 215
惠州市	-	9.03	-	4.89	-	23.03		4 706
广　西								
南宁市	7.90	7.47	4.99	6.59	18.81	17.15	5 025	4 130
海　南								
海口市	1.25	1.31	0.75	0.83	3.49	4.47	4 650	5 400
四　川								
眉山市	58.33	68.33	31.57	36.57	123.13	153.60	4 100	4 200
成都市	38.77	27.22	27.94	19.97	156.44	125.67	5 600	5 860
南充市	14.61	15.68	7.87	9.57	33.05	41.42	4 135	4 329
绵阳市	8.29	10.64	6.35	7.25	26.64	40.82	5 230	5 630
贵　州								
贵阳市	10.76	10.28	8.61	8.23	28.72	35.66	4 268	4 268
遵义市	1.80	1.97	1.44	1.57	6.50	6.99	5 205	5 205
云　南								
大理州	123.90	129.52	86.92	93.33	309.34	368.61	3 750	3 800
昆明市	36.38	33.02	27.68	22.78	63.55	97.70	4 000	4 575
陕　西								
咸阳市	186.87	197.02	110.44	118.21	589.51	536.34	5 338	5 237
西安市	79.22	112.07	45.43	72.85	259.43	498.39	5 710	6 242
宝鸡市	121.51	177.11	69.91	106.26	330.48	494.80	4 727	5 173
甘　肃								
甘南州	1 117.00	1 100.00	614.80	400.00	78.08	75.00	127	188
兰州市	18.00	27.00	8.01	15.00	52.75	61.60	6 590	4 107
酒泉市	20.00	23.34	14.00	15.85	49.23	46.23	3 516	3 000
青　海								
西宁市	127.40	103.11	73.80	73.94	95.39	94.59	2 000	4 575
海东地区		56.64		38.57		41.86		3 500
宁　夏								
吴忠市	195.23	205.30	120.05	123.55	562.81	561.00	6 094	5 700
银川市	142.28	129.80	78.70	71.97	416.78	410.60	6 291	6 700
中卫市	20.28	19.70	12.90	11.63	58.91	64.10	6 120	6 508
石嘴山市	21.66	25.00	11.41	12.58	59.48	62.00	6 112	5 808
新　疆								
昌吉州	258.00	280.00			463.40	551.80		
伊犁州直	334.70	380.00			455.30	518.40		

注：甘肃甘南州为牦牛。

3-9 全国主要县（区）或县级市奶牛存栏和牛奶产量（一）

单位：千头、千吨、千克/头·年

县（县级市）	全群		成乳牛		产量		单产	
	2008	2009	2008	2009	2008	2009	2008	2009
北　京								
三元绿荷	35.12	36.27	18.77	19.36	172.54	186.74	9 535	9 996
大兴区	24.00	24.00	17.80	17.80	135.00	126.00	7 600	7 078
延庆县	32.72	25.96	23.34	15.50	114.93	99.13	4 924	6 395
密云县	18.36	18.59	15.19	14.12	75.54	80.74	5 971	6 588
昌平区	11.47	11.01	6.95	6.40	47.28	54.57	6 800	8 500
顺义区	15.92	15.30	9.97	10.87	46.77	54.08	5 878	4 974
怀柔区	12.03	12.03	8.08	8.28	45.85	45.80	5 678	5 535
房山区	10.20	10.04	6.25	6.18	40.60	39.67	6 490	6 420
通州区	11.60	12.23	8.87	9.27	39.67	39.29	5 500	4 240
天　津								
武清区	52.22	51.92	30.84	30.30	208.93	218.56	6 400	7 188
北辰区	30.48	30.42	18.28	20.01	120.64	139.23	6 500	6 960
农垦系统	23.03	19.11	13.23	10.76	88.13	97.74	7 900	7 506
静海县	23.92	21.69	14.97	14.27	89.05	97.31	6 200	6 696
宁河县	15.84	12.51	9.35	8.95	58.00	52.69	5 500	5 880
宝坻区	8.63	8.95	4.98	5.09	13.08	23.87	5 900	4 740
河　北								
唐山滦南县	109.30	112.00		79.60	414.90	445.20		5 300
唐山滦县	115.20	98.70		84.10	340.40	393.50		5 600
唐山丰润区	110.10	93.50		73.30	385.70	390.60		5 800
石家庄行唐县	74.70	75.00	47.90	58.10	230.04	233.30	4 900	4 015
张家口察北管理区	32.15	41.05	28.90	28.00	96.55	176.80	5 100	6 314
保定定州市	41.70	48.00			141.60	156.00		
张家口张北县	69.58	56.30	45.11	38.00	161.07	150.27	4 500	3 954
张家口沽源县	51.00	46.90	29.00	28.20	55.98	141.00	3 800	5 000
石家庄栾城县	48.10	44.80	31.70	31.40	158.00	125.50	4 980	3 997
邢台宁晋县	37.80	37.80			87.50	116.90		
张家口怀来县	32.65	27.80	29.10	22.00	103.00	100.00	3 600	4 545
张家口塞北管理区	27.80	34.00	21.14	22.30	93.48	97.80	4 800	4 386
唐山迁安县		48.40		24.10		92.60		5 100
保定徐水县	35.00	37.00			93.00	85.00		
唐山丰南区	27.30	35.50		23.80	70.80	83.00		6 000
张家口涿鹿县	30.61	23.50	18.36	13.62	40.77	74.96	1 700	5 504
石家庄鹿泉市	17.34	20.60	11.02	13.20	64.03	59.30	5 100	4 492
邢台大曹庄管理区	18.50	18.40			49.10	49.10		
保定清苑县	21.30	23.00			49.60	48.00		
唐山遵化市		24.10		17.40		46.00		4 900
石家庄灵寿县	13.30	16.80			30.80	32.00		

3-9 全国主要县（区）或县级市奶牛存栏和牛奶产量（二）

县（县级市）	全群		成乳牛		产量		单产	
	2008	2009	2008	2009	2008	2009	2008	2009
山　西								
朔州山阴县	70.13	72.90	42.08	36.49	190.90	175.16	4 537	4 800
大同南郊区	21.04	22.00	13.74	14.30	70.12	78.02	5 102	5 458
朔州朔城区	32.97	33.07	18.13	16.24	70.76	77.54	3 902	4 776
朔州应县	31.83	32.13	17.50	16.22	62.47	77.38	3 569	4 771
忻州忻府区	18.76	19.58	11.25	11.40	43.03	50.22	3 824	4 406
太原小店区	8.43	10.38	5.82	7.77	34.90	37.88	6 800	4 873
晋中祁县	15.63	16.33	14.14	9.53	34.47	36.88	2 437	3 870
朔州怀仁县	15.62	11.77	7.06	5.53	33.13	30.13	4 695	5 449
太原清徐县	5.45	5.68	3.92	4.24	23.86	24.20	5 500	5 704
晋中榆次区	11.26	11.82	7.85	9.84	19.36	24.17	2 467	2 458
晋中平遥县	9.89	10.75	7.44	7.87	21.14	23.38	2 841	2 969
忻州定襄县	8.30	8.88	5.23	5.65	15.65	20.62	2 992	3 650
晋中太谷县	5.77	5.92	3.64	4.45	18.36	20.21	5 040	4 540
太原晋源区	2.84	3.18	1.85	1.91	10.77	12.80	5 900	6 700
内蒙古								
呼和浩特土左旗	240.95	243.24	156.62	160.83	1 053.44	1 057.25		6 570
呼和浩特赛罕区	168.23	160.91	109.35	120.78	736.64	704.28		5 830
包头土右旗	179.69	170.70	99.42	103.00	606.46	668.50	3 050	6 500
呼和浩特和林县	139.32	141.27	90.56	103.14	609.73	616.00		5 970
呼和浩特托克托县	105.19	105.56	68.38	68.81	461.08	472.20		6 860
包头九原区	67.32	68.90	39.72	44.00	246.23	299.20	3 100	6 800
呼伦贝尔扎兰屯市	76.50	96.00	54.00	68.79	206.00	250.00	4 158	5 000
呼伦贝尔海拉尔区	62.00	52.00	46.50	42.00	202.00	231.70	4 735	5 000
呼伦贝尔陈巴尔虎旗	76.00	82.32	57.00	55.94	203.00	230.65	3 882	4 100
呼伦贝尔牙克石市	99.00	78.00	55.00	61.00	169.00	220.00	3 349	3 600
呼伦贝尔鄂温旗	75.00	80.00	56.25	50.00	172.00	207.09	3 333	3 500
通辽科尔沁区		40.22		21.03		192.66		6 000
乌兰察布凉城县	73.00	66.50	40.00	33.20	212.00	182.00	5 300	5 500
呼伦贝尔阿荣旗	85.00	90.00	45.00	54.30	156.00	180.00	3 779	3 500
兴安盟科右前旗		49.53		24.58		149.81		6 100
巴盟彦淖尔杭锦后旗		44.32		34.50		149.37		4 300
包头达茂旗	38.57	36.50	22.39	20.20	137.67	132.00	3 075	6 500
乌兰察布察哈尔右翼前旗	52.00	48.00	27.00	25.00	143.00	131.00	5 300	5 200
呼伦贝尔额尔古纳市	66.20	72.00	42.00	31.70	119.00	130.00	3 088	4 000
兴安盟乌兰浩特市		39.01		22.50		126.50		5 600
乌兰察布丰镇市		30.51		18.80		118.59		6 300
赤峰元宝山区		40.16		33.16		106.50		3 200
乌兰察布察兴和县		31.45		19.81		104.00		5 200

3-9 全国主要县（区）或县级市奶牛存栏和牛奶产量（三）

县（县级市）	全群		成乳牛		产量		单产	
	2008	2009	2008	2009	2008	2009	2008	2009
乌兰察布察哈尔右翼中旗	38.00	32.00	19.00	18.00	102.60	94.00	5 400	5 200
呼和浩特玉泉区	18.94	18.81	12.31	8.37	75.74	77.26		9 230
锡盟太旗		33.62		24.05		76.00		3 200
包头东河区		18.14		10.10		69.50		6 900
包头固阳县	15.00	13.50	10.50	8.80	63.00	57.30	3 000	6 500
呼和浩特新城区	9.28	13.01	6.03	10.01	42.72	56.42		5 640
包头青山区		13.80		8.36		56.00		6 700
包头昆区		12.70		8.15		54.60		6 700
赤峰林西县		30.01		14.52		38.28		2 700
呼和浩特武川县	10.97	9.81	7.13	5.83	37.40	33.68		5 770
包头石拐区		7.80		4.52		29.80		6 600
呼和浩特清水河县	4.96	5.08	3.23	4.18	23.99	24.08		5 760
辽　宁								
沈阳新城子区	18.00	21.00	11.00	17.00	70.46	129.63	6 405	7 625
阜新县	23.00	28.00	16.00	18.00	88.00	115.29	5 500	6 405
阜新彰武县	20.00	25.00	1.40	15.00	77.00	100.65	5 500	6 710
大连金州区	16.00	16.00	11.20	11.20	64.96	67.20	5 800	6 000
沈阳于洪区	9.50	12.00	8.00	9.00	53.68	57.65	6 710	6 405
沈阳新民市	10.20	10.20	8.00	8.00	53.68	53.68	6 710	6 710
铁岭县	8.00	12.00	6.50	8.50	33.80	44.20	5 200	5 200
沈阳东陵区	7.00	7.00	6.00	6.00	42.09	42.09	7 015	7 015
铁岭清河区	5.00	8.00	3.50	6.50	18.55	35.75	5 300	5 500
沈阳苏家屯区	3.42	6.00	2.00	4.80	15.25	25.44	7 625	5 300
吉　林								
四平梨树县	13.49	17.00	10.22	14.95	128.00	80.00	2 875	5 200
长春榆树市	22.92	22.90	13.94	20.80	47.95	55.54	4 800	4 450
白城洮南市	56.98	63.50	24.96	35.10	88.10	35.80	4 840	1 139
松原前郭县	30.06	35.00	18.43	24.50	30.18	30.00	1 637	3 200
吉林昌邑区	1.80	4.50	0.32	4.00	1.61	20.00	5 000	5 000
黑龙江								
哈尔滨双城市	284.88	279.79	207.30	180.80	885.92	885.10	5 000	5 400
齐齐哈尔市郊	120.79	237.09	79.85	160.71	283.03	526.00	1 761	3 273
绥化安达市	140.18	164.69	95.36	106.09	417.68	493.15	5 500	5 600
大庆杜蒙县	145.00	165.22	87.00	85.63	333.00	488.07		5 700
大庆林甸县	90.00	115.05	58.00	60.61	296.00	363.68		6 000
绥化肇东市	126.07	148.08	80.08	95.91	268.30	321.01	5 500	5 800
齐齐哈尔富裕县	120.04	140.13	67.02	84.65	261.11	304.97	3 084	3 603
大庆市辖区	73.00	73.84	48.00	38.97	265.00	233.44		5 990
齐齐哈尔甘南县	86.27	100.00	51.18	51.79	164.85	189.43	3 183	3 658

3-9 全国主要县（区）或县级市奶牛存栏和牛奶产量（四）

县（县级市）	全群		成乳牛		产量		单产	
	2008	2009	2008	2009	2008	2009	2008	2009
哈尔滨道里区	29.89	35.27	23.13	23.35	94.49	127.13	5 000	6 000
大庆肇州县	31.00	40.01	19.00	20.39	67.00	117.03		5 740
大庆肇源县	30.00	36.30	17.00	18.01	70.00	99.94		5 550
绥化海伦市	35.41	41.49	24.87	27.16	111.22	95.05	4 500	5 200
齐齐哈尔龙江县	36.09	45.05	21.11	28.35	62.44	92.75	2 202	3 271
齐齐哈尔泰来县	38.38	40.66	25.25	26.64	77.77	91.06	2 920	3 418
哈尔滨呼兰县	30.42	28.54	19.73	21.13	82.87	84.54	5 100	4 400
黑河北安市	31.81	35.90	18.23	20.30	65.00	75.00	3 202	3 695
哈尔滨松北区	25.03	25.94	19.11	19.18	64.65	65.69	4 200	3 800
绥化青冈县	31.09	51.09	18.89	30.79	62.29	62.68	4 800	5 100
哈尔滨阿城市	17.81	18.20	12.65	12.68	60.73	62.12	5 000	5 400
哈尔滨五常市	16.51	17.03	9.67	9.77	31.00	53.74	4 000	6 100
齐齐哈尔克东县	21.75	8.40	14.49	5.22	30.15	41.58	5 780	7 970
齐齐哈尔依安县	20.25	16.03	12.68	10.86	25.18	39.74	2 318	3 658
伊春市区	9.09	16.99	5.76	11.53	14.66	33.65	1 271	2 919
哈尔滨尚志市	34.00	34.07	16.85	16.97	32.33	32.47	2 400	2 100
鹤岗萝北县		13.00		8.99		30.47		3 390
绥化北林区	9.74	12.10	7.15	7.72	16.79	26.50	5 000	5 420
黑河嫩江县	11.56	12.88	7.79	8.58	22.55	25.93	2 630	3 024
黑河五大连池市	9.82	10.94	5.79	6.37	20.25	22.52	3 177	3 534
农垦牡丹江分局	66.06	80.21		49.49	250.21	302.46		6 112
农垦齐齐哈尔分局	64.54	70.07		36.08	180.95	211.58		5 864
农垦北安分局	54.96	62.53		37.09	170.99	190.74		5 143
农垦宝泉岭分局	54.76	46.84		27.04	150.07	146.24		5 408
农垦九三分局	44.01	60.72		29.89	124.26	134.48		4 499
上　海								
光明食品	27.29	32.03	14.81	13.65	111.46	101.13	7 496	7 076
南汇区	10.05	9.55	5.13	4.67	36.37	32.92	7 037	6 691
崇明县	4.32	4.76	2.39	2.64	15.98	16.33	6 920	6 388
奉贤区	5.01	4.94	2.68	2.40	17.52	15.33	6 787	6 313
金山区	4.33	3.97	2.38	2.15	16.93	13.59	7 325	6 149
江　苏								
徐州铜山县	38.00	40.10	22.80	24.06	154.92	148.00	4 077	6 151
南京江宁区		14.99		11.71		58.57		5 000
无锡江阴市	6.58	7.40	3.95	4.44	24.70	24.80	3 754	5 586
淮安淮阴区		6.58		3.95		23.77		6 017
苏州相城区	8.07	5.28	4.84	3.17	17.99	21.37	2 229	6 747
南京浦口区		4.93		3.08		20.35		6 600
徐州睢宁县	7.50	8.60	4.50	5.16	30.00	20.15	4 000	3 905
安　徽								
淮南大通区	10.47	11.22	8.18	8.76	39.15	43.79	3 739	3 904
马鞍山当涂县	7.76	8.24	5.54	5.40	36.00	32.00	6 696	6 918
合肥长丰县	10.03	10.19	5.40	5.91	23.00	26.00	4 260	4 398
合肥肥东县	3.43	8.57	2.16	4.97	13.16	24.40	6 097	4 908

3-9 全国主要县（区）或县级市奶牛存栏和牛奶产量（五）

县（县级市）	全群		成乳牛		产量		单产	
	2008	2009	2008	2009	2008	2009	2008	2009
福　建								
南平延平区	12.32	12.75	7.50	7.51	42.50	42.00	5 667	5 595
江　西								
赣州于都县	8.16	10.05	6.52	6.98	32.61	44.93	5 003	5 300
山　东								
青岛莱西市	80.53	88.00	41.07	57.20	233.54	286.01	5 600	5 600
青岛即墨市	14.18	20.64	8.06	13.42	40.42	66.06	5 320	5 320
青岛胶州市	5.30	11.07	3.03	7.19	15.11	33.20	4 780	4 780
济南历城区	37.30	37.90	26.30	28.00	101.60	127.60	3 863	4 560
济南章丘市	30.65	31.02	18.39	10.40	57.58	60.43	3 130	5 810
济南平阴县	15.35	18.12	9.60	12.68	47.77	55.00	4 976	4 337
济南长清区	13.60	12.60	8.60	9.20	37.05	37.00	4 308	4 022
济南济阳县	15.40	18.74	9.60	7.57	23.82	34.08	2 481	4 500
济南市中区	8.00	12.85	4.50	7.21	20.52	32.81	4 560	4 550
淄博高青县	27.80	31.00	16.70	17.60	86.18	96.05	5 160	5 457
烟台莱阳市	38.00	38.00	28.80	28.80	154.12	154.12	5 351	5 351
烟台牟平区	13.70	15.10	11.50	9.70	46.90	48.50	4 078	5 000
烟台龙口市	9.03	8.99	5.57	5.91	32.68	33.58	5 872	5 686
潍坊临朐县	39.40	37.00	23.60	24.05	158.59	136.36	6 720	5 669
潍坊寒亭区	10.02	15.50	8.30	12.40	49.80	55.50	6 004	4 476
潍坊青州市	13.50	14.51	9.40	9.84	53.00	55.00	5 638	5 592
潍坊昌乐县	11.40	13.50	7.30	8.60	40.10	47.25	5 494	5 494
威海文登市	35.01	34.31	23.55	23.53	141.28	108.07	6 000	4 592
威海荣成市	20.30	20.30	13.30	13.30	78.07	70.45	5 870	5 297
泰安泰山区	50.40	53.41	39.37	32.04	120.60	132.50	3 063	4 135
泰安新泰市	33.10	36.52	23.12	24.20	85.10	94.97	3 681	3 925
泰安岱岳区	30.72	34.48	20.60	21.57	86.02	90.99	4 176	4 218
泰安宁阳县	25.30	29.00	22.90	24.00	60.11	66.70	2 625	2 779
泰安肥城市	22.99	27.14	13.30	17.80	57.50	65.07	4 323	3 656
临沂罗庄区	12.15	10.22	7.46	6.69	38.80	32.42	5 204	4 844
聊城阳谷县	11.60	12.06	6.50	7.30	42.37	44.18	6 519	6 052
聊城东昌府区	9.03	11.10	5.92	7.20	31.21	38.71	5 271	5 376
济宁汶上县	12.00	13.66	10.00	9.54	45.00	49.47	4 500	5 185
菏泽曹　县	21.50	25.00	11.80	23.98	109.00	138.75	9 237	5 786
菏泽牡丹区	14.81	10.22	9.63	6.64	51.83	36.78	5 385	5 539
东营广饶县	23.50	26.10	14.10	16.20	67.50	81.32	4 787	5 020
东营垦利县	11.01	12.58	7.20	7.46	29.52	37.28	4 100	5 000
德州禹城市	15.00	18.00	8.30	10.80	31.50	37.80	3 795	3 500
德州陵　县	13.50	18.50	6.80	9.30	33.08	37.00	4 864	3 978
德州临邑县	15.00	18.00	7.50	10.00	30.00	35.00	4 000	3 500
滨州邹平县	25.10	26.90	15.30	16.60	101.15	107.60	6 611	6 482
滨州滨城区	13.20	10.80	8.60	6.95	34.31	30.10	3 990	4 331

3-9 全国主要县（区）或县级市奶牛存栏和牛奶产量（六）

县（县级市）	全群		成乳牛		产量		单产	
	2008	2009	2008	2009	2008	2009	2008	2009
河南								
郑州中牟县	32.90	35.30	18.20	24.86	135.94	157.65	6 300	6 500
郑州荥阳市	16.90	17.29	11.20	10.02	64.25	80.04	6 300	6 500
洛阳偃师市		22.00		13.20		79.20		6 000
商丘虞城县		21.00		12.60		75.60		6 000
郑州金水区	10.00	10.75	5.80	7.85	49.50	50.38	6 500	6 700
新乡原阳县		13.20		7.92		47.52		6 000
周口沈丘县		13.00		7.80		46.80		6 000
郑州新郑市	9.20	6.92	6.40	3.73	39.52	43.12	6 300	6 500
洛阳孟津县		10.50		6.30		37.80		6 000
洛阳洛龙区		9.80		5.88		35.28		6 000
南阳卧龙区		9.75		5.85		35.10		6 000
南阳宛城区		9.50		5.70		34.20		6 000
洛阳新安县		8.05		4.83		28.98		6 000
郑州惠济区	10.20	7.15	6.90	5.51	26.65	28.68	6 300	6 500
郑州新密市	2.30	3.64	1.60	2.55	17.80	21.80	6 500	6 700
湖北								
武汉黄陂区	5.60	9.16	3.50	6.98	18.20	37.17	5 200	5 325
宜昌夷陵区	4.81	5.25	3.59	3.75	20.10	21.01	5 050	5 600
湖南								
邵阳城步苗族自治县	18.50	17.00	11.00	11.78	42.80	47.71	3 890	4 050
广东								
深圳宝安区	6.45	14.00	3.83	7.07	16.00	32.00	4 172	4 500
深圳光明新区		6.83		4.19		20.15		4 804
广西								
钦州灵山县	13.82	20.70	11.33	15.11	16.35	16.46	1 608	1 633
南宁西乡塘区	3.36	3.47	1.77	3.12	9.50	8.00	6 000	4 300
重庆								
渝北区	4.72	4.71	3.15	3.16	15.47	15.50	3 276	4 900
万洲区	3.02	3.11	2.18	2.49	10.02	12.23	3 318	4 921
江北区	3.13	3.21	1.84	2.10	10.07	10.65	3 221	5 085
四川								
眉山洪雅县	52.37	51.27	23.57	23.77	94.04	95.67	3 990	4 000
达州宣汉县	7.24	7.34	4.88	4.98	28.90	29.90	5 923	5 923
凉山州西昌市	9.46	9.57	7.01	7.11	27.33	28.33	3 897	3 991
成都郫县	4.32	3.74	3.98	2.87	25.00	25.00	6 281	8 720
成都新都区	3.81	3.18	3.02	2.70	22.73	22.70	7 517	8 418
贵州								
贵阳乌当区	3.43	3.49	2.35	2.77	10.23	16.49	4 205	4 619
贵阳修文县	2.99	3.27	2.34	2.56	5.71	8.10	3 643	3 950
云南								
大理州洱源县	64.88	71.01	42.18	46.86	125.50	164.12	3 200	3 500
大理州大理市	35.00	33.27	28.20	28.50	129.22	143.12	3 500	
昆明宜良县	12.54	12.70	8.34	8.82	33.24	35.41	3 987	4 017
大理州弥渡县	11.58	12.51	7.84	9.38	26.65	29.13	3 850	3 100
昆明晋宁县	8.13	9.29	6.58	6.83	24.61	27.13	3 742	4 753

注：钦州灵山县以奶水牛为主。

3-9 全国主要县（区）或县级市奶牛存栏和牛奶产量（七）

县（县级市）	全群		成乳牛		产量		单产	
	2008	2009	2008	2009	2008	2009	2008	2009
陕 西								
西安临潼区	62.49	72.00	49.73	57.38	274.94	282.58	5 528	4 924
咸阳泾阳县	58.80	53.79	37.20	76.37	192.15	160.22	5 165	5 153
宝鸡陇县	27.06	54.08	14.83	36.77	70.05	139.28	4 457	4 956
咸阳武功县	40.15	44.00	27.49	29.92	171.71	114.30	6 246	4 494
咸阳乾县	45.00	42.48	22.32	28.89	114.37	104.66	5 124	4 263
宝鸡千阳县	21.06	35.95	12.48	24.44	58.70	82.68	4 704	3 979
宝鸡凤翔县	21.01	19.84	13.50	13.49	66.89	68.96	4 954	6 012
宝鸡县	15.34	18.59	9.03	12.64	43.46	65.41	4 811	6 089
宝鸡岐山县	24.20	23.54	12.67	16.01	61.38	59.00	4 845	4 337
西安灞桥区	12.59	12.84	7.78	4.92	56.01	57.13	7 204	
渭南临渭区	18.80	30.10		20.46		53.16		3 610
西安阎良区	8.56	11.31	5.84	7.77	40.44	43.73	6 922	5 631
宝鸡扶风县	3.48	12.80	2.01	8.70	9.80	40.92	4 887	5 530
西安户县	5.92	6.57	4.01	3.39	25.97	30.33	6 475	8 946
西安未央区	2.00	7.77	1.15	4.20	8.41	29.29	7 322	6 973
宝鸡眉县	7.90	8.35	4.59	5.68	20.81	29.08	4 530	5 689
甘 肃								
酒泉肃州区	18.00	18.00	12.60	10.00	40.20	35.00	3 190	3 500
兰州七里河区	6.80	7.00	4.76	4.20	25.32	21.84	5 318	5 200
青 海								
西宁湟中县	43.00	47.80	22.33	31.30	47.76	51.58	3 450	2 500
西宁大通县	61.00	36.27	32.25	31.68	28.19	28.41	1 500	2 600
宁 夏								
吴忠市城区	152.71	160.14	94.68	97.71	454.31	461.27	6 104	6 000
银川兴庆区	44.57	35.10	26.28	19.09	136.54	117.40	6 369	7 255
吴忠青铜峡市	40.21	37.63	24.12	22.20	100.94	84.21	6 051	4 822
银川灵武市	26.00	23.00	14.16	12.54	62.00	70.00	6 078	6 589
银川西夏区	19.02	17.80	10.21	11.31	70.06	67.60	6 860	7 052
银川永宁县	17.90	19.90	9.85	10.64	54.07	63.80	6 059	7 075
银川金凤区	20.20	18.60	10.80	9.86	57.17	53.20	6 132	6 367
石嘴山惠农区	15.02	20.10	8.33	10.20	44.06	51.60	6 168	5 971
中卫中宁县	14.67	12.50	9.54	8.14	45.94	44.30	5 957	6 425
银川贺兰县	14.08	15.40	7.41	8.53	36.94	38.60	6 000	5 340
新 疆								
昌吉州呼图壁县		63.90		37.06		159.96		4 316
昌吉市		55.66		30.61		128.47		4 238
兵团八师		44.90		23.30		120.79		5 185
昌吉州玛纳斯县		24.72		14.83		91.73		6 184
昌吉州奇台县		60.43		32.24		90.55		2 809
昌吉州阜康市		23.25		12.79		36.62		2 863
昌吉州吉木萨尔县		30.20		16.61		34.74		2 091
博尔塔拉州博乐市		14.89		9.21		33.15		3 600
巴音郭楞州焉耆县		17.56		10.22		32.84		3 200
博尔塔拉州温泉县		14.90		8.94		32.17		3 600

3-10 各地区奶牛饲养规模情况（一）

（2009 年） 单位：户、头、吨

地 区	年存栏 1～4 头		年存栏 5～19 头		年存栏 20～99 头	
	场(户)数	年存栏数	场(户)数	年存栏数	场(户)数	年存栏数
全 国	1 796 061	4 415 783	506 449	4 605 789	62 840	2 476 409
北 京	1 326	3 867	1 626	15 100	295	13 305
天 津	765	2 268	833	10 444	1 093	46 978
河 北	87 698	184 275	22 712	233 346	4 334	178 246
山 西	47 927	123 912	16 470	143 364	1 229	46 994
内蒙古	360 847	970 352	115 478	970 966	11 778	480 740
辽 宁	22 097	62 050	14 826	140 378	2 586	97 169
吉 林	37 052	112 867	11 949	118 604	2 261	88 067
黑龙江	192 442	621 008	125 558	1 148 399	11 923	455 941
上 海					4	265
江 苏	841	2 216	1 683	17 123	900	32 249
浙 江	1 215	3 099	1 165	10 874	358	14 641
安 徽	1 442	3 321	649	6 438	248	10 594
福 建	2 546	5 948	892	7 180	58	1 902
江 西	453	932	551	6 347	356	16 406
山 东	44 980	127 648	27 081	264 520	7 674	304 260
河 南	42 660	102 194	18 622	182 666	3 915	145 203
湖 北	8 756	10 181	124	1 382	135	5 914
湖 南	2 340	6 383	1 307	12 419	110	4 904
广 东	1 871	4 495	266	2 135	171	8 767
广 西	328	737	242	2 453	54	2 460
海 南						
重 庆	2 468	5 590	983	9 177	89	3 088
四 川	21 373	48 689	5 066	46 880	748	27 182
贵 州	916	2 784	425	3 849	29	1 066
云 南	62 057	134 991	2 916	22 592	393	12 405
西 藏	20 298	40 596	6 357	43 082	335	11 725
陕 西	124 993	292 637	13 960	110 493	1 349	48 523
甘 肃	27 672	66 094	7 003	59 516	664	25 310
青 海	98 364	201 973	1 889	13 784	33	1 707
宁 夏	5 825	19 218	15 259	149 434	1 865	72 830
新 疆	594 807	1 296 054	96 914	895 926	8 188	329 293

注：数据来自全国畜牧总站。

3-10 各地区奶牛饲养规模情况（二）

单位：户、头

地 区	年存栏 100～199 头		年存栏 200～499 头		年存栏 500～999 头		年存栏 1000 头以上	
	场(户)数	年存栏数	场(户)数	年存栏数	场(户)数	年存栏数	场(户)数	年存栏数
全 国	**4 324**	**622 298**	**3 341**	**1 070 472**	**1 773**	**1 214 833**	**706**	**1 306 105**
北 京	145	21 200	124	37 968	30	22 467	28	44 206
天 津	73	9 447	38	12 418	45	33 862	13	22 277
河 北	422	64 229	593	219 244	709	496 649	193	347 860
山 西	158	21 377	102	31 120	31	20 051	11	12 799
内蒙古	762	118 306	380	124 828	168	110 408	52	90 134
辽 宁	130	18 740	99	29 841	37	25 789	27	41 488
吉 林	183	25 883	94	27 478	30	19 156	9	14 106
黑龙江	688	98 061	197	61 648	62	42 314	27	55 037
上 海	31	4 791	52	17 398	19	14 656	13	26 880
江 苏	93	13 944	112	34 797	46	28 883	28	66 170
浙 江	60	8 034	33	10 164	11	7 697	10	14 262
安 徽	49	6 043	39	11 251	17	10 494	13	30 968
福 建	2	327	7	2 178	12	8 581	13	17 120
江 西	22	2 661	9	3 508	1	834	2	3 921
山 东	594	80 495	426	134 426	180	121 309	82	171 554
河 南	206	27 741	324	102 508	169	113 885	70	152 743
湖 北	12	1 684	17	4 820	22	16 229	12	21 500
湖 南	10	1 294	9	2 322	2	1 629	3	4 630
广 东	45	5 732	16	4 634	11	7 475	11	21 463
广 西	9	1 444	19	7 694	2	1 491	3	3 764
海 南	1	151	1	483	1	500		
重 庆	10	1 290	3	1 020	3	2 209	2	2 073
四 川	56	8 045	56	15 368	11	6 812	7	12 955
贵 州	3	377	6	2 069	3	1 768	1	1 926
云 南	13	1 844	19	5 847	8	5 009	3	3 673
西 藏								
陕 西	165	24 160	325	89 406	51	30 920	19	36 787
甘 肃	81	10 664	39	10 288	9	5 766	9	17 137
青 海	10	1 243	10	3 455			1	1 731
宁 夏	116	17 737	74	22 313	29	20 792	14	20 724
新 疆	175	25 354	118	39 978	54	37 198	30	46 217

Ⅳ. 牛奶生产成本收益

4-1 全国不同规模奶牛成本收益

（2009 年）

项　　目	单位	奶牛	散养奶牛	规模奶牛	小规模奶牛	中规模奶牛	大规模奶牛
每单位							
主产品产量	千克	5 543.15	5 400.08	5 686.22	5 217.63	5 496.41	6 344.63
产值合计	元	15 654.82	14 736.60	16 573.03	14 026.77	16 343.52	19 348.80
主产品产值	元	14 312.68	13 440.72	15 184.63	12 721.52	14 875.79	17 956.59
副产品产值	元	1 342.14	1 295.88	1 388.40	1 305.25	1 467.73	1 392.21
总成本	元	12 154.74	11 113.00	13 196.47	10 863.49	12 915.66	15 810.20
生产成本	元	12 124.37	11 089.18	13 159.55	10 836.13	12 870.22	15 772.23
物质与服务费用	元	10 793.36	9 731.54	11 855.15	9 669.41	11 423.64	14 472.42
人工成本	元	1 331.01	1 357.64	1 304.40	1 166.72	1 446.58	1 299.81
家庭用工折价	元	774.26	1 257.71	290.83	770.66	91.78	9.97
雇工费用	元	556.75	99.93	1 013.57	396.06	1 354.80	1 289.84
土地成本	元	30.37	23.82	36.92	27.36	45.44	37.97
净利润	元	3 500.08	3 623.60	3 376.56	3 163.28	3 427.86	3 538.60
成本利润率	%	28.80	32.61	25.59	29.12	26.54	22.38
每 50 千克主产品							
平均出售价格	元	129.10	124.45	133.52	121.91	135.32	141.51
总成本	元	100.24	93.85	106.32	94.42	106.94	115.63
生产成本	元	99.99	93.65	106.02	94.18	106.56	115.35
净利润	元	28.86	30.60	27.20	27.49	28.38	25.88
附：							
每核算单位用工数量	日	43.42	52.41	34.43	39.99	33.91	29.39
平均饲养天数	日	365.00	365.00	365.00	365.00	365.00	365.00

注：散养指饲养规模≤10 头；小规模指 10 头＜饲养规模≤50 头；中规模指 50 头＜饲养规模≤500 头；大规模指饲养规模＞500 头。

4-2 各地区散养奶牛成本收益（一）

（2009 年）

项　　目	单位	平均	山西	内蒙古	辽宁	吉林
每头						
主产品产量	千克	5 400.08	6 168.07	5 225.44	5 865.57	5 150.00
产值合计	元	14 736.60	16 371.06	13 848.24	14 082.67	14 923.33
主产品产值	元	13 440.72	15 100.04	12 793.54	12 732.67	13 390.00
副产品产值	元	1 295.88	1 271.02	1 054.70	1 350.00	1 533.33
总成本	元	11 113.00	12 214.59	11 332.00	11 171.73	9 114.39
生产成本	元	11 089.18	12 210.84	11 332.00	11 171.73	9 114.39
物质与服务费用	元	9 731.54	10 930.31	10 073.05	9 716.79	7 675.99
人工成本	元	1 357.64	1 280.53	1 258.95	1 454.94	1 438.40
家庭用工折价	元	1 257.71	1 258.03	1 258.95	1 454.94	1 438.40
雇工费用	元	99.93	22.50			
土地成本	元	23.82	3.75			
净利润	元	3 623.60	4 156.47	2 516.24	2 910.94	5 808.94
成本利润率	%	32.61	34.03	22.20	26.06	63.73
每 50 千克主产品						
平均出售价格	元	124.45	122.40	122.42	108.54	130.00
总成本	元	93.85	91.32	100.18	86.10	79.40
生产成本	元	93.65	91.30	100.18	86.10	79.40
净利润	元	30.60	31.08	22.24	22.44	50.60
附：						
每核算单位用工数量	日	52.41	51.23	50.77	58.67	58.00
平均饲养天数	日	365.00	365.00	365.00	365.00	365.00

4-2 各地区散养奶牛成本收益（二）

（2009年）

项 目	单位	山东	河南	湖南	广西
每头					
主产品产量	千克	5 238.58	4 883.23	4 872.50	5 050.00
产值合计	元	11 210.00	14 056.88	13 431.00	16 428.25
主产品产值	元	9 925.37	12 832.35	12 481.00	15 237.00
副产品产值	元	1 284.63	1 224.53	950.00	1 191.25
总成本	元	10 224.67	10 785.03	11 647.34	14 305.20
生产成本	元	10 205.36	10 785.03	11 647.34	14 042.45
物质与服务费用	元	8 492.96	9 072.17	10 921.94	12 734.25
人工成本	元	1 712.40	1 712.86	725.40	1 308.20
家庭用工折价	元	1 562.40	1 712.86	725.40	1 308.20
雇工费用	元	150.00			
土地成本	元	19.31			262.75
净利润	元	985.33	3 271.85	1 783.66	2 123.05
成本利润率	%	9.64	30.34	15.31	14.84
每50千克主产品					
平均出售价格	元	94.73	131.39	128.08	150.86
总成本	元	86.40	100.81	111.07	131.36
生产成本	元	86.24	100.81	111.07	128.95
净利润	元	8.33	30.58	17.01	19.50
附：					
每核算单位用工数量	日	66.00	69.07	29.25	52.75
平均饲养天数	日	365.00	365.00	365.00	365.00

4-2 各地区散养奶牛成本收益（三）

（2009 年）

项　　目	单位	重庆	贵州	陕西	新疆
每头					
主产品产量	千克	6 127.75	6 224.00	4 450.92	5 544.95
产值合计	元	17 436.06	19 302.12	12 964.64	12 785.01
主产品产值	元	15 877.46	18 209.85	11 475.33	11 234.06
副产品产值	元	1 558.60	1 092.27	1 489.31	1 550.95
总成本	元	11 776.49	12 677.19	9 239.82	8 867.83
生产成本	元	11 776.49	12 677.19	9 239.82	8 867.83
物质与服务费用	元	9 936.62	11 288.39	8 131.81	7 804.45
人工成本	元	1 839.87	1 388.80	1 108.01	1 063.38
家庭用工折价	元	946.12	1 388.80	1 108.01	930.50
雇工费用	元	893.75			132.88
土地成本	元				
净利润	元	5 659.57	6 624.93	3 724.82	3 917.18
成本利润率	%	48.06	52.26	40.31	44.17
每 50 千克主产品					
平均出售价格	元	129.55	146.29	128.91	101.30
总成本	元	87.50	96.08	91.87	70.26
生产成本	元	87.50	96.08	91.87	70.26
净利润	元	42.05	50.21	37.04	31.04
附：					
每核算单位用工数量	日	51.90	56.00	44.68	40.57
平均饲养天数	日	365.00	365.00	365.00	365.00

4-3 各地区小规模奶牛成本收益（一）

（2009年）

项　　目	单位	平均	·天津	河北	山西	内蒙古	辽宁
每头							
主产品产量	千克	5 217.63	5 870.44	5 586.63	5 495.75	5 255.83	6 129.96
产值合计	元	14 026.77	15 955.18	15 202.20	14 469.70	14 402.19	15 928.23
主产品产值	元	12 721.52	14 475.02	13 797.68	13 061.45	13 121.08	14 563.70
副产品产值	元	1 305.25	1 480.16	1 404.52	1 408.25	1 281.11	1 364.53
总成本	元	10 863.49	11 082.36	10 654.05	9 819.86	9 725.96	12 325.57
生产成本	元	10 836.13	11 062.43	10 630.01	9 804.86	9 713.13	12 325.57
物质与服务费用	元	9 669.41	10 144.75	10 001.05	8 692.81	8 413.25	11 135.03
人工成本	元	1 166.72	917.68	628.96	1 112.05	1 299.88	1 190.54
家庭用工折价	元	770.66	907.68	594.46	830.80	850.44	635.25
雇工费用	元	396.06	10.00	34.50	281.25	449.44	555.29
土地成本	元	27.36	19.93	24.04	15.00	12.83	
净利润	元	3 163.28	4 872.82	4 548.15	4 649.84	4 676.23	3 602.66
成本利润率	%	29.12	43.97	42.69	47.35	48.08	29.23
每50千克主产品							
平均出售价格	元	121.91	123.29	123.49	118.83	124.82	118.79
总成本	元	94.42	85.64	86.54	80.64	84.29	91.92
生产成本	元	94.18	85.48	86.35	80.52	84.18	91.92
净利润	元	27.49	37.65	36.95	38.19	40.53	26.87
附：							
每核算单位用工数量	日	39.99	36.80	24.74	41.25	42.69	40.59
平均饲养天数	日	365.00	365.00	365.00	365.00	365.00	365.00

4-3 各地区小规模奶牛成本收益（二）

（2009 年）

项 目	单位	吉林	黑龙江	福建	山东	河南
每头						
主产品产量	千克	4 861.33	4 860.72	5 035.60	5 250.30	4 822.80
产值合计	元	10 520.72	11 897.10	14 782.68	14 232.57	12 794.12
主产品产值	元	9 341.06	10 682.00	14 099.68	12 589.78	11 463.85
副产品产值	元	1 179.66	1 215.10	683.00	1 642.79	1 330.27
总成本	元	8 032.36	9 611.88	14 045.03	9 719.85	10 179.40
生产成本	元	8 029.86	9 610.86	14 045.03	9 711.43	10 150.53
物质与服务费用	元	7 385.06	8 156.24	12 021.20	8 336.41	8 986.68
人工成本	元	644.80	1 454.62	2 023.83	1 375.02	1 163.85
家庭用工折价	元	644.80	922.29	86.80	493.52	828.79
雇工费用	元		532.33	1 937.03	881.50	335.06
土地成本	元	2.50	1.02		8.42	28.87
净利润	元	2 488.36	2 285.22	737.65	4 512.72	2 614.72
成本利润率	%	30.98	23.77	5.25	46.43	25.69
每 50 千克主产品						
平均出售价格	元	96.08	109.88	140.00	119.90	118.85
总成本	元	73.36	88.77	133.01	81.88	94.56
生产成本	元	73.33	88.76	133.01	81.81	94.29
净利润	元	22.72	21.11	6.99	38.02	24.29
附：						
每核算单位用工数量	日	26.00	51.98	40.20	41.40	42.49
平均饲养天数	日	365.00	365.00	365.00	365.00	365.00

4-3 各地区小规模奶牛成本收益（三）

（2009年）

项　　目	单位	湖南	广西	四川	云南	宁夏
每头						
主产品产量	千克	5 279.40	5 123.33	4 616.67	4 517.94	5 557.70
产值合计	元	15 590.83	16 670.33	15 326.67	10 480.41	12 148.59
主产品产值	元	14 728.74	15 477.33	13 370.00	9 018.57	11 032.81
副产品产值	元	862.09	1 193.00	1 956.67	1 461.84	1 115.78
总成本	元	13 058.48	13 971.59	12 162.71	7 487.37	11 076.14
生产成本	元	13 058.48	13 756.92	12 154.54	7 415.06	11 073.51
物质与服务费用	元	11 833.84	12 508.66	10 805.17	6 663.80	9 957.56
人工成本	元	1 224.64	1 248.26	1 349.37	751.26	1 115.95
家庭用工折价	元	519.31	1 248.26	1 266.04	677.96	1 053.45
雇工费用	元	705.33		83.33	73.30	62.50
土地成本	元		214.67	8.17	72.31	2.63
净利润	元	2 532.35	2 698.74	3 163.96	2 993.04	1 072.45
成本利润率	%	19.39	19.32	26.01	39.97	9.68
每50千克主产品						
平均出售价格	元	139.49	151.05	144.80	99.81	99.26
总成本	元	116.83	126.60	114.91	71.31	90.50
生产成本	元	116.83	124.65	114.83	70.62	90.48
净利润	元	22.66	24.45	29.89	28.50	8.76
附：						
每核算单位用工数量	日	35.68	50.33	52.72	28.97	44.00
平均饲养天数	日	365.00	365.00	365.00	365.00	365.00

4-4 各地区中规模奶牛成本收益（一）

（2009 年）

项 目	单位	平均	北京	天津	山西	内蒙古	辽宁
每头							
主产品产量	千克	5 496.41	6 568.50	6 359.33	4 992.83	5 495.00	6 146.25
产值合计	元	16 343.52	20 683.93	18 953.99	13 509.91	15 468.83	16 111.28
主产品产值	元	14 875.79	18 938.86	17 463.11	12 271.63	13 735.50	14 531.37
副产品产值	元	1 467.73	1 745.07	1 490.88	1 238.28	1 733.33	1 579.91
总成本	元	12 915.66	15 919.65	14 058.97	10 878.77	10 981.82	12 735.10
生产成本	元	12 870.22	15 875.51	14 045.08	10 865.15	10 937.99	12 729.53
物质与服务费用	元	11 423.64	14 883.45	13 149.92	9 994.74	8 957.99	11 328.79
人工成本	元	1 446.58	992.06	895.16	870.41	1 980.00	1 400.74
家庭用工折价	元	91.78	38.94	118.62	259.58		
雇工费用	元	1 354.80	953.12	776.54	610.83	1 980.00	1 400.74
土地成本	元	45.44	44.14	13.89	13.62	43.83	5.57
净利润	元	3 427.86	4 764.28	4 895.02	2 631.14	4 487.01	3 376.18
成本利润率	%	26.54	29.93	34.82	24.19	40.86	26.51
每 50 千克主产品							
平均出售价格	元	135.32	144.16	137.30	122.89	124.98	118.21
总成本	元	106.94	110.95	101.84	98.96	88.73	93.44
生产成本	元	106.56	110.65	101.74	98.83	88.37	93.40
净利润	元	28.38	33.21	35.46	23.93	36.25	24.77
附：							
每核算单位用工数量	日	33.91	21.43	20.05	29.58	36.00	39.27
平均饲养天数	日	365.00	365.00	365.00	365.00	365.00	365.00

4-4 各地区中规模奶牛成本收益（二）

（2009年）

项 目	单位	吉林	黑龙江	上海	安徽	福建
每头						
主产品产量	千克	5 750.23	5 219.88	6 660.04	5 825.65	5 144.15
产值合计	元	17 282.74	12 805.21	26 038.78	18 700.89	14 900.81
主产品产值	元	15 857.54	11 606.80	23 883.76	17 436.41	14 143.31
副产品产值	元	1 425.20	1 198.41	2 155.02	1 264.48	757.50
总成本	元	11 572.12	10 464.92	25 476.39	15 132.36	13 749.76
生产成本	元	11 538.37	10 455.38	25 351.13	15 061.81	13 749.76
物质与服务费用	元	10 731.99	8 950.20	22 850.19	14 100.09	11 525.15
人工成本	元	806.38	1 505.18	2 500.94	961.72	2 224.61
家庭用工折价	元	18.60	368.28		97.22	112.84
雇工费用	元	787.78	1 136.90	2 500.94	864.50	2 111.77
土地成本	元	33.75	9.54	125.26	70.55	
净利润	元	5 710.62	2 340.29	562.39	3 568.53	1 151.05
成本利润率	%	49.35	22.36	2.21	23.58	8.37
每50千克主产品						
平均出售价格	元	137.89	111.18	179.31	149.65	137.47
总成本	元	92.33	90.86	175.44	121.09	126.85
生产成本	元	92.06	90.78	174.57	120.53	126.85
净利润	元	45.56	20.32	3.87	28.56	10.62
附：						
每核算单位用工数量	日	19.63	46.64	43.19	23.42	46.40
平均饲养天数	日	365.00	365.00	365.00	365.00	365.00

4-4 各地区中规模奶牛成本收益（三）

（2009年）

项目	单位	河南	湖南	广西	重庆	四川
每头						
主产品产量	千克	5 014.41	5 180.00	3 957.20	4 630.00	5 980.00
产值合计	元	13 744.72	15 900.00	14 379.56	14 489.00	22 778.00
主产品产值	元	12 407.84	14 800.00	12 663.23	12 964.00	21 528.00
副产品产值	元	1 336.88	1 100.00	1 716.33	1 525.00	1 250.00
总成本	元	11 072.25	10 994.05	11 744.24	12 058.05	16 638.00
生产成本	元	11 040.15	10 994.05	11 744.24	12 016.05	16 502.71
物质与服务费用	元	9 602.20	10 099.45	10 821.14	8 830.05	14 385.21
人工成本	元	1 437.95	894.60	923.10	3 186.00	2 117.50
家庭用工折价	元	221.98	204.60			
雇工费用	元	1 215.97	690.00	923.10	3 186.00	2 117.50
土地成本	元	32.10			42.00	135.29
净利润	元	2 672.47	4 905.95	2 635.32	2 430.95	6 140.00
成本利润率	%	24.14	44.62	22.44	20.16	36.90
每50千克主产品						
平均出售价格	元	123.72	142.86	160.00	140.00	180.00
总成本	元	99.66	98.78	130.68	116.51	131.48
生产成本	元	99.38	98.78	130.68	116.11	130.41
净利润	元	24.06	44.08	29.32	23.49	48.52
附：						
每核算单位用工数量	日	36.45	31.70	30.00	54.00	42.35
平均饲养天数	日	365.00	365.00	365.00	365.00	365.00

4-4 各地区中规模奶牛成本收益（四）

（2009 年）

项 目	单位	云南	陕西	甘肃	宁夏	新疆
每头						
主产品产量	千克	3 550.00	7 100.00	5 200.50	6 034.26	5 120.00
产值合计	元	10 675.00	17 802.21	15 471.33	14 575.33	12 598.80
主产品产值	元	8 875.00	15 900.00	14 041.35	13 204.05	11 264.00
副产品产值	元	1 800.00	1 902.21	1 429.98	1 371.28	1 334.80
总成本	元	5 492.54	14 347.75	12 973.31	12 756.80	9 266.23
生产成本	元	5 305.04	14 300.45	12 973.31	12 697.35	9 221.23
物质与服务费用	元	4 913.04	12 165.22	11 848.91	11 460.28	7 874.70
人工成本	元	392.00	2 135.23	1 124.40	1 237.07	1 346.53
家庭用工折价	元				184.19	210.80
雇工费用	元	392.00	2 135.23	1 124.40	1 052.88	1 135.73
土地成本	元	187.50	47.30		59.45	45.00
净利润	元	5 182.46	3 454.46	2 498.02	1 818.53	3 332.57
成本利润率	%	94.35	24.08	19.26	14.26	35.96
每 50 千克主产品						
平均出售价格	元	125.00	111.97	135.00	109.41	110.00
总成本	元	64.32	90.24	113.20	95.76	80.90
生产成本	元	62.12	89.95	113.20	95.31	80.51
净利润	元	60.68	21.73	21.80	13.65	29.10
附：						
每核算单位用工数量	日	11.20	45.50	28.11	37.34	35.90
平均饲养天数	日	365.00	365.00	365.00	365.00	365.00

4-5 各地区大规模奶牛成本收益（一）

（2009 年）

项　　目	单位	平均	北京	山西	辽宁	黑龙江	江苏
每头							
主产品产量	千克	6 344.63	7 583.75	6 000.00	5 912.95	5 547.53	7 980.00
产值合计	元	19 348.80	23 247.42	15 150.00	16 225.70	13 375.05	30 494.00
主产品产值	元	17 956.59	21 771.45	13 800.00	14 645.20	12 137.82	29 094.00
副产品产值	元	1 392.21	1 475.97	1 350.00	1 580.50	1 237.23	1 400.00
总成本	元	15 810.20	19 041.64	14 273.80	13 742.53	10 937.31	25 562.66
生产成本	元	15 772.23	18 990.81	14 263.80	13 709.53	10 924.98	25 374.66
物质与服务费用	元	14 472.42	18 086.12	13 274.00	12 121.12	9 649.98	22 534.66
人工成本	元	1 299.81	904.69	989.80	1 588.41	1 275.00	2 840.00
家庭用工折价	元	9.97	25.54	124.00			
雇工费用	元	1 289.84	879.15	865.80	1 588.41	1 275.00	2 840.00
土地成本	元	37.97	50.83	10.00	33.00	12.33	188.00
净利润	元	3 538.60	4 205.78	876.20	2 483.17	2 437.74	4 931.34
成本利润率	%	22.38	22.09	6.14	18.07	22.29	19.29
每 50 千克主产品							
平均出售价格	元	141.51	143.54	115.00	123.84	109.40	182.29
总成本	元	115.63	117.57	108.35	104.89	89.46	152.81
生产成本	元	115.35	117.26	108.27	104.64	89.36	151.69
净利润	元	25.88	25.97	6.65	18.95	19.94	29.48
附：							
每核算单位用工数量	日	29.39	15.27	35.00	44.38	38.33	52.33
平均饲养天数	日	365.00	365.00	365.00	365.00	365.00	365.00

4-5 各地区大规模奶牛成本收益（二）

（2009 年）

项　　目	单位	浙江	安徽	山东	河南	湖北
每头						
主产品产量	千克	6 562.35	6 427.33	6 605.50	5 667.48	6 836.40
产值合计	元	23 656.76	21 268.07	15 420.76	16 272.04	21 457.20
主产品产值	元	22 329.96	19 141.33	13 665.72	14 841.25	20 821.00
副产品产值	元	1 326.80	2 126.74	1 755.04	1 430.79	636.20
总成本	元	19 255.63	17 531.45	16 933.93	12 622.42	18 965.05
生产成本	元	19 220.78	17 502.64	16 933.93	12 580.35	18 876.45
物质与服务费用	元	17 799.78	16 334.03	16 086.12	11 240.77	17 375.00
人工成本	元	1 421.00	1 168.61	847.81	1 339.58	1 501.45
家庭用工折价	元					
雇工费用	元	1 421.00	1 168.61	847.81	1 339.58	1 501.45
土地成本	元	34.85	28.81		42.07	88.60
净利润	元	4 401.13	3 736.62	-1 513.17	3 649.62	2 492.15
成本利润率	%	22.86	21.31	-8.94	28.91	13.14
每 50 千克主产品						
平均出售价格	元	170.14	148.91	103.44	130.93	152.28
总成本	元	138.49	122.75	113.59	101.56	134.59
生产成本	元	138.24	122.55	113.59	101.23	133.96
净利润	元	31.65	26.16	-10.15	29.37	17.69
附：						
每核算单位用工数量	日	26.75	27.00	16.64	30.44	17.90
平均饲养天数	日	365.00	365.00	365.00	365.00	365.00

4-5 各地区大规模奶牛成本收益（三）

（2009 年）

项目	单位	广东	云南	甘肃	青海	新疆
每头						
主产品产量	千克	4 950.00	4 575.00	8 046.90	4 809.00	7 665.30
产值合计	元	20 357.50	11 452.50	24 736.87	13 716.50	23 401.62
主产品产值	元	19 057.50	10 522.50	23 175.07	12 423.25	21 922.76
副产品产值	元	1 300.00	930.00	1 561.80	1 293.25	1 478.86
总成本	元	13 861.50	8 297.00	17 531.71	13 384.16	15 212.09
生产成本	元	13 842.50	8 235.00	17 531.71	13 384.16	15 212.09
物质与服务费用	元	12 290.00	7 185.00	16 907.92	11 866.10	14 335.67
人工成本	元	1 552.50	1 050.00	623.79	1 518.06	876.42
家庭用工折价	元					
雇工费用	元	1 552.50	1 050.00	623.79	1 518.06	876.42
土地成本	元	19.00	62.00			
净利润	元	6 496.00	3 155.50	7 205.16	332.34	8 189.53
成本利润率	%	46.86	38.03	41.10	2.48	53.84
每 50 千克主产品						
平均出售价格	元	192.50	115.00	144.00	129.17	143.00
总成本	元	131.07	83.31	102.06	126.04	92.96
生产成本	元	130.89	82.69	102.06	126.04	92.96
净利润	元	61.43	31.69	41.94	3.13	50.04
附：						
每核算单位用工数量	日	34.50	28.00	18.06	31.26	24.96
平均饲养天数	日	365.00	365.00	365.00	365.00	365.00

V.乳品企业经济指标

5-1 全国乳品企业基本情况

项目	单位	2005	2006	2007	2008	2009
企业数	个	698	717	736	815	803
亏损企业数	个	196	176	166	223	160
职工人数	千人	192.27	203.00	206.26	212.38	222.88
总产值	亿元	891.21	1 074.23	1 329.01	1 490.71	1 668.11
销售总额	亿元	861.83	1 041.42	1 309.71	1 431.02	1 623.17
利税总额	亿元	84.69	95.07	132.51	103.92	177.03
利润总额	亿元	48.16	55.02	77.96	40.31	104.56
资产总额	亿元	644.52	719.49	962.50	942.46	1 154.02
负债总额	亿元	346.91	379.51	441.12	533.04	619.24

5-2 全国不同规模乳品企业基本情况

项目	单位	2005	2006	2007	2008	2009
全行业						
企业个数	个	698	717	736	815	803
亏损企业数	个	196	176	166	223	160
从业人员	千人	192.27	203.00	206.26	212.38	222.88
销售总额	亿元	861.83	1 041.42	1 309.71	1 431.02	1 623.17
资产总额	亿元	644.52	719.49	962.50	942.46	1 154.02
利税总额	亿元	84.69	95.07	132.51	103.92	177.03
大型企业						
企业个数	个	10	9	12	9	13
亏损企业数	个	0	0	0	2	1
从业人员	千人	42.29	44.51	54.86	38.95	53.75
销售总额	亿元	302.99	338.62	409.32	290.37	351.09
资产总额	亿元	205.74	225.50	275.05	260.34	358.43
利税总额	亿元	29.86	29.50	46.27	9.34	35.55
中型企业						
企业个数	个	109	107	126	137	144
亏损企业数	个	18	18	15	48	22
从业人员	千人	79.10	81.49	83.61	97.70	95.26
销售总额	亿元	342.81	415.88	561.92	723.08	824.57
资产总额	亿元	243.93	267.16	442.04	375.65	461.34
利税总额	亿元	40.24	43.62	59.10	56.97	97.95
小型企业						
企业个数	个	579	601	598	669	646
亏损企业数	个	178	158	151	173	137
从业人员	千人	70.87	77.00	67.79	75.74	73.87
销售总额	亿元	216.03	286.91	338.47	417.57	447.51
资产总额	亿元	194.85	226.82	245.41	306.47	334.25
利税总额	亿元	14.59	21.95	27.14	37.61	43.53

5-3 全国不同经济类型乳品企业基本情况

项 目	2007	2008	2009	项 目	2007	2008	2009
全行业				**股份有限公司**			
企业个数(个)	736	815	803	企业个数(个)	58	61	64
亏损企业数(个)	166	223	160	亏损企业数(个)	12	24	14
从业人员(千人)	206.26	212.38	222.88	从业人员(千人)	37.15	27.79	34.72
销售收入(亿元)	1 309.71	1 431.02	1 623.17	销售收入(亿元)	207.25	228.26	262.29
资产总计(亿元)	962.50	942.46	1 154.02	资产总计(亿元)	168.41	152.69	211.96
利税总额(亿元)	132.51	103.92	177.03	利税总额(亿元)	21.93	9.34	31.83
国有企业				**私营企业**			
企业个数(个)	29	23	23	企业个数(个)	294	348	350
亏损企业数(个)	10	10	4	亏损企业数(个)	46	66	54
从业人员(千人)	7.37	7.07	7.45	从业人员(千人)	37.90	54.81	53.40
销售收入(亿元)	28.26	31.41	36.88	销售收入(亿元)	153.00	225.19	277.20
资产总计(亿元)	26.40	22.51	36.55	资产总计(亿元)	106.34	148.00	176.96
利税总额(亿元)	1.91	0.94	2.97	利税总额(亿元)	12.28	19.64	25.86
集体企业				**外商和港澳台资企业**			
企业个数(个)	13	11	7	企业个数(个)	98	112	111
亏损企业数(个)	1	4	0	亏损企业数(个)	22	36	24
从业人员(千人)	2.26	1.72	1.08	从业人员(千人)	64.76	64.71	67.41
销售收入(亿元)	15.44	7.11	4.73	销售收入(亿元)	606.26	601.33	664.10
资产总计(亿元)	5.73	4.45	3.69	资产总计(亿元)	362.44	406.18	479.75
利税总额(亿元)	1.91	0.68	0.33	利税总额(亿元)	71.90	53.82	79.74
股份合作企业				**其他企业**			
企业个数(个)	8	12		企业个数(个)	236	239	248
亏损企业数(个)	1	3		亏损企业数(个)	74	80	64
从业人员(千人)	2.29	3.36		从业人员(千人)	54.54	52.92	58.82
销售收入(亿元)	9.21	18.99		销售收入(亿元)	290.29	318.74	377.98
资产总计(亿元)	4.96	7.54		资产总计(亿元)	288.22	201.11	245.10
利税总额(亿元)	0.61	1.53		利税总额(亿元)	21.97	17.98	36.30

5-4　各地区乳品企业数

单位：个

地　区	2005		2006		2007		2008		2009	
	总数	亏损数	总数	亏损数	总数	亏损数	总数	亏损数	总数	亏损数
全国总计	**698**	**196**	**717**	**176**	**736**	**166**	**815**	**223**	**803**	**160**
北　京	19	8	21	10	13	7	13	7	14	7
天　津	15	5	16	5	13	4	14	6	12	4
河　北	63	19	63	19	63	17	64	35	52	19
山　西	18	3	18	3	20	2	24	3	24	1
内蒙古	47	17	49	16	63	12	70	22	77	13
辽　宁	25	9	25	7	20	5	29	7	28	4
吉　林	7	2	9	3	8	2	7	1	10	1
黑龙江	72	16	72	11	78	16	80	15	77	14
上　海	16	6	17	8	14	6	12	3	9	3
江　苏	33	9	34	8	36	8	36	6	36	3
浙　江	34	11	35	13	29	7	30	10	26	6
安　徽	12	6	11	3	13	2	14	3	15	1
福　建	13	5	13	5	12	4	11	4	13	1
江　西	10	1	9	2	9	2	8	2	8	1
山　东	81	5	83	6	82	5	95	7	101	8
河　南	25	4	28	1	29	2	53	5	51	4
湖　北	14	6	15	4	15	6	16	5	17	3
湖　南	16	1	17	1	15	1	15	3	16	2
广　东	21	8	22	5	24	6	26	7	27	6
广　西	10	3	11	1	11	1	10	1	13	2
海　南	3	3	3	2	4	4	4	2	3	0
重　庆	6	1	5	1	5	3	7	5	5	3
四　川	23	7	24	6	25	7	26	8	21	7
贵　州	5	1	5	1	5	3	5	2	4	0
云　南	8	1	9	4	12	3	10	6	11	6
西　藏	1	0	1	0	0	0	0	0	0	0
陕　西	43	13	44	10	47	10	49	13	53	10
甘　肃	14	6	14	8	14	7	20	10	18	7
青　海	4	2	4	0	6	2	7	1	7	0
宁　夏	18	8	18	7	18	3	21	8	20	12
新　疆	22	10	22	6	32	9	38	16	34	12

5-5 各地区乳品企业产值

单位：千元

地 区	2005	2006	2007	2008	2009
全国总计	**89 120 692**	**107 422 596**	**132 900 812**	**149 070 830**	**166 811 298**
北 京	3 172 937	3 781 743	3 402 586	3 550 742	3 848 520
天 津	1 132 031	1 162 680	1 394 340	1 677 509	1 780 298
河 北	12 707 907	15 807 930	19 987 035	11 966 134	11 870 452
山 西	1 985 943	1 216 212	2 586 955	3 596 755	3 250 514
内蒙古	20 469 287	23 203 801	26 771 642	29 134 544	32 278 377
辽 宁	2 147 078	3 405 812	4 343 991	6 651 813	8 490 253
吉 林	294 351	407 426	434 239	586 121	821 084
黑龙江	11 074 705	12 098 710	15 880 584	22 595 698	28 296 318
上 海	4 354 957	5 161 260	5 786 880	6 812 046	7 999 762
江 苏	1 901 544	1 885 796	2 215 272	2 896 720	3 373 530
浙 江	1 828 767	2 406 017	2 708 337	1 896 042	2 410 459
安 徽	304 703	631 083	2 807 501	3 242 756	3 603 320
福 建	808 537	875 411	1 167 380	1 459 942	1 578 672
江 西	566 541	1 001 324	1 406 278	1 803 667	1 780 069
山 东	8 577 794	10 956 170	11 698 966	14 206 019	15 765 890
河 南	1 217 914	2 193 156	2 800 010	4 059 297	4 710 938
湖 北	1 070 816	1 316 768	1 735 967	2 512 779	2 870 523
湖 南	3 210 543	3 924 442	4 291 823	4 289 732	4 528 992
广 东	3 580 095	5 479 516	6 993 193	8 563 183	9 616 743
广 西	375 986	502 240	571 247	585 647	738 356
海 南	29 761	33 080	52 002	50 908	48 212
重 庆	453 493	554 213	687 010	1 086 674	905 258
四 川	1 217 335	1 645 507	2 184 357	2 878 753	2 394 822
贵 州	156 724	174 331	184 145	454 391	674 697
云 南	496 436	625 565	1 164 390	1 084 595	1 293 249
西 藏	59 453	52 631	68 214	56 135	64 348
陕 西	3 487 493	4 231 642	6 022 783	6 623 277	7 395 242
甘 肃	556 078	583 719	746 191	831 195	771 938
青 海	24 723	32 019	95 771	247 339	381 146
宁 夏	939 138	935 691	1 104 360	1 386 500	1 361 108
新 疆	917 622	1 136 701	1 607 363	2 283 917	1 908 208

5-6 各地区乳品企业负债总计

单位：千元

地 区	2005	2006	2007	2008	2009
全国总计	**34 691 020**	**37 950 780**	**44 112 393**	**53 304 136**	**61 924 249**
北 京	2 111 990	2 336 989	2 947 832	2 947 748	3 276 280
天 津	586 580	622 067	628 387	830 716	784 267
河 北	2 485 940	2 716 616	3 363 709	2 865 968	2 915 077
山 西	877 310	649 091	872 611	1 086 376	1 383 947
内蒙古	6 055 090	6 878 402	8 776 504	12 314 324	18 006 321
辽 宁	1 435 460	1 591 787	1 565 517	2 157 570	1 163 579
吉 林	301 770	401 597	428 824	439 329	578 064
黑龙江	3 995 310	3 816 482	4 705 624	5 718 927	8 336 444
上 海	1 863 100	1 986 833	2 506 883	2 819 340	3 052 769
江 苏	1 068 280	1 338 812	1 382 900	1 491 908	1 417 953
浙 江	1 302 880	1 559 344	1 622 881	1 128 738	1 113 419
安 徽	232 950	542 740	759 868	855 365	995 806
福 建	734 490	756 626	582 391	279 391	321 783
江 西	230 220	291 959	362 761	368 029	334 695
山 东	2 670 570	3 003 547	2 925 667	3 538 349	4 085 568
河 南	559 460	568 476	554 131	760 984	720 691
湖 北	823 190	955 495	988 467	1 485 943	1 630 837
湖 南	1 299 930	1 494 956	1 371 003	1 703 583	1 366 001
广 东	1 523 980	1 664 175	2 032 953	3 192 616	2 723 365
广 西	170 160	218 896	208 876	253 125	533 908
海 南	26 130	21 316	33 548	33 062	23 254
重 庆	414 430	385 402	496 520	718 442	594 778
四 川	559 660	824 533	893 252	1 235 489	1 123 738
贵 州	128 310	134 839	245 467	387 240	719 728
云 南	437 330	472 025	615 583	580 370	487 521
西 藏	36 830	5 441	48 322	47 338	51 294
陕 西	1 056 780	961 774	1 205 298	1 524 818	1 761 912
甘 肃	427 980	452 174	585 533	539 863	568 837
青 海	12 340	14 459	49 005	113 813	159 321
宁 夏	594 450	551 249	553 280	798 225	688 731
新 疆	668 130	732 678	798 796	1 087 147	1 004 361

5-7 各地区乳品企业资产额

单位：千元

地 区	2005	2006	2007	2008	2009
全国总计	**64 451 692**	**71 948 814**	**96 250 455**	**94 245 890**	**115 401 704**
北 京	3 494 527	3 813 151	4 619 615	4 395 591	6 000 996
天 津	879 346	946 011	934 432	1 115 383	1 103 923
河 北	4 978 790	6 046 375	15 893 555	5 031 444	6 211 791
山 西	1 331 683	1 056 972	2 003 055	2 688 614	2 824 640
内蒙古	12 289 606	13 861 423	17 157 127	19 420 030	27 398 737
辽 宁	2 645 485	2 828 872	3 282 718	4 114 073	5 195 581
吉 林	565 783	749 067	729 058	730 767	1 026 557
黑龙江	7 009 251	7 417 233	9 678 029	11 268 382	14 489 254
上 海	5 159 084	5 095 821	5 910 701	6 217 953	6 741 760
江 苏	1 729 532	1 975 721	2 204 737	2 246 391	2 353 642
浙 江	1 828 834	2 322 776	2 512 385	1 882 253	1 826 651
安 徽	355 569	877 931	1 585 885	1 925 201	2 046 791
福 建	1 150 708	1 104 638	917 232	557 519	818 961
江 西	463 608	540 237	667 588	819 159	1 044 025
山 东	4 758 084	5 592 204	5 389 785	6 883 856	7 647 036
河 南	923 755	1 028 177	1 191 665	1 783 891	1 951 572
湖 北	1 112 744	1 414 320	1 388 300	2 098 241	2 991 104
湖 南	2 532 224	2 858 988	2 774 836	2 775 194	2 200 614
广 东	2 853 224	3 343 510	4 256 758	5 097 999	6 050 974
广 西	310 324	368 932	411 741	490 868	1 639 343
海 南	35 628	32 315	40 155	41 249	35 266
重 庆	591 013	698 403	769 091	1 100 517	892 968
四 川	1 023 122	1 169 447	3 965 098	2 052 989	1 768 381
贵 州	206 980	343 314	355 891	669 671	1 010 348
云 南	675 871	733 184	1 013 189	843 938	893 484
西 藏	175 386	155 819	155 876	162 151	142 187
陕 西	2 226 552	2 379 751	2 791 620	3 030 766	3 627 040
甘 肃	661 040	683 676	740 864	777 516	827 713
青 海	54 212	57 906	87 570	283 521	1 147 725
宁 夏	962 588	883 307	933 376	1 349 884	1 251 741
新 疆	1 467 139	1 569 333	1 888 523	2 390 879	2 240 899

5-8　各地区乳品企业产品销售成本

单位：千元

地　区	2005	2006	2007	2008	2009
全国总计	**65 050 400**	**80 219 531**	**99 975 073**	**111 402 825**	**122 978 847**
北　京	2 551 727	3 491 163	4 086 401	4 401 328	4 893 942
天　津	889 585	835 619	921 057	1 247 663	1 467 492
河　北	10 181 723	13 204 391	16 544 870	9 538 269	8 596 991
山　西	1 364 870	890 325	1 780 578	2 199 420	2 028 271
内蒙古	14 718 617	16 776 751	18 646 252	22 491 364	23 588 587
辽　宁	1 666 329	2 878 971	3 628 479	6 038 280	7 440 359
吉　林	218 322	303 498	342 317	453 293	655 810
黑龙江	7 063 408	8 518 819	11 475 456	14 487 192	19 676 751
上　海	4 097 006	4 493 848	4 590 900	5 580 059	5 673 788
江　苏	1 491 806	1 528 305	1 762 634	2 323 254	2 592 648
浙　江	1 456 410	1 853 091	1 961 115	1 639 051	1 816 859
安　徽	259 437	552 350	2 350 629	2 471 523	2 447 521
福　建	453 785	492 264	786 892	1 158 909	1 138 797
江　西	446 008	671 757	873 360	1 131 978	1 237 713
山　东	6 236 641	7 948 206	9 614 689	10 987 016	12 716 928
河　南	861 616	1 478 431	1 931 445	2 957 156	3 575 722
湖　北	786 794	890 895	1 250 721	1 919 848	2 096 470
湖　南	1 989 734	2 579 057	2 848 092	2 715 049	2 904 914
广　东	2 114 129	3 526 270	3 924 019	4 600 907	4 967 789
广　西	178 784	317 028	287 507	417 610	485 292
海　南	29 000	22 486	47 820	44 424	32 737
重　庆	322 152	378 312	696 705	854 980	716 495
四　川	880 218	1 190 113	1 645 396	2 222 679	2 033 748
贵　州	119 639	121 883	148 604	363 719	457 935
云　南	374 834	502 767	888 690	807 087	959 475
西　藏	32 560	32 467	42 394	46 396	42 861
陕　西	2 360 392	2 680 257	3 738 850	4 464 916	5 010 996
甘　肃	480 313	453 739	635 094	686 958	583 824
青　海	24 433	23 713	55 323	185 842	317 759
宁　夏	694 564	833 550	1 055 126	1 098 879	1 130 230
新　疆	705 564	749 205	1 413 658	1 867 776	1 690 143

5-9 各地区乳品企业产品销售收入

单位：千元

地 区	2005	2006	2007	2008	2009
全国总计	**86 183 205**	**104 141 635**	**130 970 684**	**143 101 703**	**162 316 719**
北 京	3 244 483	4 302 103	4 920 409	5 303 548	5 822 910
天 津	1 030 532	972 654	1 037 743	1 415 646	1 681 063
河 北	12 350 930	16 009 440	19 726 247	11 313 102	11 515 208
山 西	1 795 180	1 118 094	2 340 952	2 863 902	2 453 053
内蒙古	19 517 159	22 494 913	26 043 664	27 649 923	31 170 268
辽 宁	2 068 604	3 356 073	4 293 944	6 603 390	8 405 137
吉 林	288 360	357 682	427 481	564 842	797 441
黑龙江	9 906 592	11 219 193	15 040 045	20 358 958	26 071 638
上 海	6 202 494	6 858 388	7 251 516	9 111 476	10 098 534
江 苏	1 927 452	1 981 963	2 249 883	2 951 506	3 340 971
浙 江	1 840 543	2 375 046	2 656 827	1 881 031	2 312 532
安 徽	306 058	679 996	2 867 077	3 122 897	3 360 552
福 建	619 684	635 821	928 648	1 293 782	1 273 886
江 西	538 217	966 442	1 381 771	1 770 667	1 754 156
山 东	7 810 845	10 003 877	11 786 886	13 239 315	15 628 847
河 南	1 094 134	1 834 869	2 413 176	3 656 366	4 305 885
湖 北	1 026 051	1 147 430	1 525 395	2 260 880	2 667 579
湖 南	3 118 008	3 469 259	4 212 679	4 028 573	4 313 412
广 东	3 525 015	5 321 567	6 669 256	8 169 151	8 819 775
广 西	251 872	377 635	426 162	454 625	687 056
海 南	33 784	28 771	55 689	57 243	45 277
重 庆	448 668	533 741	838 492	1 100 166	899 250
四 川	1 050 310	1 394 379	2 005 516	2 683 901	2 418 420
贵 州	152 264	159 239	187 332	476 370	638 013
云 南	476 536	601 278	1 123 896	975 143	1 177 779
西 藏	65 009	65 384	65 221	70 773	66 998
陕 西	3 190 250	3 415 442	4 855 054	5 386 189	6 333 899
甘 肃	539 860	509 719	705 495	748 568	636 724
青 海	28 685	32 036	88 174	243 848	394 069
宁 夏	895 858	993 096	1 197 368	1 232 441	1 291 126
新 疆	839 768	926 105	1 648 686	2 113 481	1 935 261

5-10 各地区乳品企业利润额

单位：千元

地 区	2005	2006	2007	2008	2009
全国总计	**4 815 856**	**5 501 602**	**7 796 205**	**4 031 322**	**10 456 456**
北 京	26 351	21 221	50 756	6 810	-4 802
天 津	-14 113	9 861	5 719	-13 755	17 929
河 北	671 587	853 284	696 344	-54 914	648 567
山 西	69 840	48 574	117 203	161 621	112 799
内蒙古	1 360 534	1 072 901	1 998 430	-1 018 082	1 792 442
辽 宁	118 590	177 394	191 847	213 525	387 279
吉 林	21 915	9 780	27 895	29 762	-2 644
黑龙江	383 313	387 298	769 374	1 476 155	2 054 742
上 海	591 143	554 429	691 143	869 632	1 003 578
江 苏	82 331	73 860	74 541	107 902	126 265
浙 江	6 870	64 452	110 988	62 059	87 596
安 徽	-15 502	3 335	196 698	73 063	254 397
福 建	-22 303	-756	33 099	42 156	36 946
江 西	18 575	62 925	23 955	63 546	191 043
山 东	473 687	669 644	662 355	558 592	1 118 556
河 南	101 825	180 622	262 250	339 541	383 921
湖 北	-8 041	23 507	20 400	15 291	164 327
湖 南	224 337	207 421	305 225	68 279	487 065
广 东	590 249	773 619	1 056 267	824 515	758 758
广 西	27 958	108 154	47 470	53 731	74 902
海 南	-2 371	-1 165	-2 582	2 252	3 403
重 庆	15 459	20 215	31 781	37 981	58 709
四 川	4 933	13 340	22 957	33 468	63 090
贵 州	1 508	2 525	-1 438	34 677	79 021
云 南	21 237	4 772	90 146	28 712	101 113
西 藏	7 300	7 178	6 224	7 259	6 580
陕 西	117 855	116 720	219 593	-59 973	286 513
甘 肃	-16 477	-8 546	-25 182	-24 085	-5 838
青 海	289	1 215	-196	2 566	15 453
宁 夏	-25 182	8 154	25 067	34 392	57 993
新 疆	-17 841	35 669	87 876	54 644	96 753

5-11 各地区乳品企业应交增值税

单位：千元

地 区	2005	2006	2007	2008	2009
全国总计	**3 263 110**	**3 690 906**	**5 008 230**	**5 676 646**	**6 648 038**
北 京	107 831	138 741	159 856	161 308	176 148
天 津	20 028	24 576	16 163	63 296	35 960
河 北	337 308	437 102	553 057	215 231	340 494
山 西	32 028	21 539	53 170	56 195	61 662
内蒙古	915 612	774 426	984 649	1 067 046	1 434 793
辽 宁	27 850	97 456	68 691	73 719	461 362
吉 林	6 591	1 830	1 659	11 295	13 456
黑龙江	514 158	487 914	631 971	1 011 357	1 164 485
上 海	211 911	425 756	463 087	633 490	373 801
江 苏	63 383	70 858	74 165	105 705	122 093
浙 江	69 648	88 042	102 915	30 979	67 491
安 徽	9 265	10 940	102 254	111 885	162 096
福 建	14 785	9 134	32 927	14 428	28 040
江 西	17 715	20 830	27 314	121 131	22 830
山 东	254 062	321 513	371 126	403 152	537 913
河 南	35 065	65 364	98 884	154 278	162 007
湖 北	27 444	27 322	46 792	89 351	63 654
湖 南	130 440	148 939	363 224	169 407	215 461
广 东	235 952	294 220	477 861	628 732	639 253
广 西	8 129	8 154	19 418	18 734	28 541
海 南	1 211	1 032	1 816	2 558	2 679
重 庆	21 076	25 758	22 827	31 641	36 966
四 川	22 109	21 447	39 204	74 601	77 243
贵 州	6 685	2 770	6 541	19 987	2 233
云 南	11 798	24 149	43 169	26 187	39 895
西 藏	3 373	3 521	3 913	5 439	5 624
陕 西	119 149	81 540	154 903	269 802	246 880
甘 肃	2 384	4 910	2 927	26 018	13 764
青 海	394	282	808	1 514	3 900
宁 夏	11 469	26 171	32 203	21 058	40 662
新 疆	24 257	24 670	50 736	57 122	66 652

5-12　各地区乳品企业从业人员

单位：人

地　区	2005	2006	2007	2008	2009
全国总计	**192 265**	**202 995**	**206 264**	**212 378**	**222 878**
北　京	9 140	9 760	7 955	4 844	5 092
天　津	2 498	2 669	2 520	2 807	3 007
河　北	22 775	23 759	25 818	17 061	16 838
山　西	4 055	4 238	5 086	5 404	4 836
内蒙古	22 123	22 183	23 697	26 359	28 628
辽　宁	8 153	7 814	7 525	8 420	8 831
吉　林	1 432	1 458	1 598	1 803	1 843
黑龙江	23 663	25 064	25 362	25 121	34 540
上　海	4 518	5 045	4 891	4 620	4 829
江　苏	7 330	7 072	6 987	7 728	7 566
浙　江	6 394	6 032	5 102	5 179	5 531
安　徽	3 245	4 105	6 141	6 162	7 355
福　建	1 524	1 554	1 795	1 738	1 836
江　西	2 950	3 905	2 812	6 621	7 105
山　东	16 415	17 354	17 092	20 766	19 465
河　南	4 535	5 367	5 096	6 839	7 780
湖　北	5 292	6 286	4 873	6 236	7 093
湖　南	5 697	5 447	4 598	4 222	4 740
广　东	7 269	10 587	12 804	10 876	9 903
广　西	2 396	2 368	2 441	2 689	2 819
海　南	240	195	315	243	184
重　庆	2 894	3 269	3 092	3 151	3 122
四　川	3 349	3 758	4 942	6 903	5 308
贵　州	2 213	2 912	1 795	1 791	2 089
云　南	2 965	3 085	3 604	3 115	3 205
西　藏	300	215	215	215	215
陕　西	10 465	10 028	10 129	12 125	10 280
甘　肃	1 810	1 821	1 745	2 114	1 945
青　海	280	170	245	684	944
宁　夏	3 448	2 710	2 590	2 734	2 331
新　疆	2 897	2 765	3 399	3 808	3 618

5-13 各地区乳品企业产品销售税金及附加

单位：千元

地 区	2005	2006	2007	2008	2009
全国总计	**390 238**	**314 526**	**446 687**	**684 302**	**598 141**
北 京	6 913	8 275	3 116	3 413	4 561
天 津	1 878	2 343	1 542	2 844	2 655
河 北	34 564	28 982	33 825	13 938	23 737
山 西	4 888	3 148	6 695	2 212	8 013
内蒙古	44 060	47 941	105 234	94 826	83 489
辽 宁	1 811	26 013	31 620	52 050	66 006
吉 林	2 781	6 418	2 559	3 620	38 311
黑龙江	85 352	26 804	52 427	172 067	64 406
上 海	995	925	1 533	1 757	3 338
江 苏	6 075	8 851	10 959	14 671	14 206
浙 江	8 425	5 143	5 543	4 303	5 799
安 徽	1 074	2 697	5 297	5 266	7 720
福 建	4 002	1 513	2 424	2 123	14 176
江 西	3 702	4 163	5 878	5 332	5 858
山 东	56 489	61 233	90 662	88 909	145 185
河 南	14 937	11 461	12 154	19 422	17 583
湖 北	4 315	4 034	3 440	6 722	11 284
湖 南	18 938	13 916	18 737	121 576	27 402
广 东	4 571	5 465	7 783	20 553	9 771
广 西	1 388	771	2 181	2 435	3 351
海 南	5	9	82	130	106
重 庆	3 186	3 975	7 113	4 811	784
四 川	4 480	10 066	18 239	15 695	8 703
贵 州	340	308	447	589	685
云 南	2 867	2 192	2 785	2 717	4 828
西 藏	3 308	4 233	369	544	562
陕 西	62 810	5 132	6 308	12 953	14 648
甘 肃	504	13 206	730	1 447	1 933
青 海	40	267	83	179	334
宁 夏	2 571	1 884	3 066	2 201	2 782
新 疆	2 969	3 158	3 856	4 997	5 925

5-14　各地区乳品企业产品销售费用

单位：千元

地　区	2005	2006	2007	2008	2009
全国总计	**11 293 372**	**14 061 765**	**15 694 407**	**18 499 726**	**22 568 156**
北　京	489 057	631 782	641 069	758 403	743 308
天　津	98 647	75 281	63 849	88 757	120 177
河　北	1 135 795	1 543 161	1 824 928	1 065 187	1 766 224
山　西	133 558	95 973	118 784	170 811	208 350
内蒙古	2 668 085	3 382 686	3 337 775	4 373 288	4 428 843
辽　宁	198 211	220 967	186 759	237 226	337 217
吉　林	26 815	31 069	47 115	44 098	28 248
黑龙江	1 762 872	1 828 985	2 159 848	2 565 980	4 114 306
上　海	1 361 292	1 725 212	2 155 344	2 843 613	3 342 177
江　苏	231 968	241 736	258 962	309 085	332 348
浙　江	231 957	286 427	446 271	99 767	280 567
安　徽	34 851	76 731	239 137	414 982	515 435
福　建	60 192	37 244	35 452	42 895	49 085
江　西	30 965	127 945	207 755	408 057	406 227
山　东	660 378	978 859	694 575	802 943	974 930
河　南	66 991	113 386	154 594	222 883	241 364
湖　北	139 275	167 586	158 287	177 936	305 684
湖　南	560 795	663 066	466 224	564 605	645 209
广　东	670 023	956 753	1 421 078	1 939 347	2 133 484
广　西	28 206	27 620	37 440	56 280	78 870
海　南	4 328	4 848	6 955	7 126	5 521
重　庆	67 404	83 411	79 377	131 190	183 144
四　川	90 259	121 270	139 410	251 340	187 210
贵　州	19 000	20 203	23 521	51 387	69 222
云　南	37 471	48 673	93 530	83 959	108 486
西　藏	3 120	2 927	5 935	7 738	7 776
陕　西	350 746	357 063	490 459	564 329	709 549
甘　肃	31 632	23 976	37 396	44 524	46 800
青　海	3 068	443	2 668	24 569	45 076
宁　夏	22 618	111 868	78 918	53 738	74 824
新　疆	73 793	74 614	80 992	93 683	78 495

Ⅵ. 乳及乳制品产量

6-1 全国干乳制品产量

单位：千吨

年度	乳制品	年度	乳制品	年度	乳制品	年度	乳制品
1957	12.7	1974	35.3	1986	225.8	1998	548.6
1963	13.3	1975	36.6	1987	272.2	1999	691.0
1964	17.6	1976	36.7	1988	295.3	2000	829.2
1965	21.2	1977	39.2	1989	266.8	2001	742.9
1966	23.5	1978	46.5	1990	313.7	2002	932.3
1967	23.1	1979	53.6	1991	376.6	2003	1 404.5
1968	23.1	1980	63.2	1992	412.9	2004	1 424.4
1969	26.2	1981	79.1	1993	417.3	2005	1 646.3
1970	29.6	1982	99.7	1994	424.6	2006	2 155.3
1971	30.3	1983	112.2	1995	525.7	2007	3 464.5
1972	34.0	1984	130.2	1996	504.1	2008	2 853.4
1973	34.5	1985	163.7	1997	564.8	2009	2 934.7

6-2 全国乳及乳制品产量增减情况

单位：千吨

	2006	2007	2008	2009	2009年比2008年增长	
					绝对数	%
奶类	33 024.6	36 333.8	37 815	37 346	-468	-1.24
牛奶	31 934.1	35 252.4	35 558	35 209	-349	-0.98
液态奶	12 440.4	14 410.0	15 252.2	16 416.4	/	13.49
干乳制品	2 155.3	3 464.5	2 853.4	2 934.7	/	9.56

注：由于每年的统计范围不同，液态奶、干乳制品产量增长率为统计局数。

6-3 各地区干乳制品产量

单位：千吨

地　区	2004	2005	2006	2007	2008	2009
全国总计	**1 424.4**	**1 646.3**	**2 155.3**	**3 464.5**	**2 853.41**	**2 934.75**
北　京	136.9	33.3	21.9	18.9	23.17	23.59
天　津	14.6	12.0	21.4	7.8	26.35	44.50
河　北	114.5	261.1	247.0	647.3	279.36	167.91
山　西	40.8	26.5	23.5	37.6	82.35	47.12
内蒙古	137.9	140.3	356.6	544.0	302.28	310.55
辽　宁	15.8	34.1	16.8	386.2	20.82	444.82
吉　林	1.2	0.6	21.8	75.6	57.70	2.41
黑龙江	392.9	349.6	406.0	507.3	541.98	652.89
上　海	21.7	30.1	37.0	40.5	37.78	42.88
江　苏	21.8	51.0	52.4	32.3	105.89	16.15
浙　江	34.7	41.5	52.8	99.4	122.31	52.96
安　徽	23.5	23.9	38.8	62.9	28.73	25.38
福　建	10.7	14.0	17.5	34.5	46.51	42.44
江　西	20.0	19.5	61.6	32.9	27.71	22.13
山　东	110.3	108.8	166.4	207.7	260.32	137.02
河　南	16.8	83.8	85.3	31.4	214.76	202.25
湖　北	8.2	14.0	13.3	43.5	48.74	44.06
湖　南	38.8	55.4	78.0	39.6	62.67	45.80
广　东	25.9	45.3	79.8	84.0	80.57	67.72
广　西	0.0	1.9	1.9	2.6	2.57	11.53
海　南	1.5	1.2				
重　庆	1.0	0.7	0.4	2.1	1.63	7.08
四　川	46.2	55.8	63.3	39.2	44.07	84.57
贵　州	0.4	0.3	3.7	3.5	0.76	0.22
云　南	8.9	8.7	13.6	30.5	13.64	10.11
西　藏	1.7	3.3	2.6	5.7	5.48	1.90
陕　西	137.9	184.9	184.0	331.9	313.81	314.68
甘　肃	8.7	11.7	10.3	22.3	13.51	9.20
青　海	0.2	0.0	0.0		2.47	7.32
宁　夏	19.8	23.1	52.7	52.6	36.85	40.70
新　疆	11.5	10.0	25.0	40.7	48.60	54.86

6-4 农垦系统乳制品产量

单位：吨

	2004	2005	2006	2007	2008	2009
全国农垦	**140 364**	**153 708**	**185 275**	**218 705**	**1 892 086**	**2 070 908**
北　京	5 154	6 858	17 695	8 457	182 614	235 618
天　津	3 007	2 028	3 491	2 776	100 324	84 669
河　北	22 212	20 910	30 254	36 049	302 015	333 931
山　西					13 651	735
内蒙古	15 227	14 547	16 930	13 337	21 741	23 418
辽　宁	1 002	3 478	3 245	1 169	100 988	99 484
吉　林						
黑龙江	47 822	55 350	51 374	68 799	261 092	357 241
上　海	2 154	4 527	5 228	6 649	341 062	360 675
江　苏						
浙　江	215	59			2 670	2 380
安　徽	1 857	1 473	1 630	2 804	13 972	15 910
福　建					1 350	1 186
江　西						
山　东	980	900	1 000	420	413	160
河　南					11 564	11 778
湖　北	100	717	30	10	95 508	76 525
湖　南	4 315	6 560	6 560	6 573	6 793	5 400
广　东					46 151	68 300
广　西		132	342	301	3 104	2 926
海　南						
重　庆	976	657	425	657	147 848	184 428
四　川		90	27	37	5 454	2 532
贵　州	876	893	367		22 505	30 127
云　南						
陕　西		68			945	1 798
甘　肃						
青　海	267	208	210	7 319	9 343	13 367
宁　夏					19 907	19 572
新疆(兵团)	4 627	10 045	16 461	31 191	76 323	72 773
新疆(农)	200	223	236	253	478	505
新疆(畜)	20 910	21 100	26 684	29 894	38 713	44 168
广　州	1 494	1 460	1 470	1 299	16 265	21 302
昆　明	1 664	1 425	1 616	711	49 292	

注：2008 年及以后年度，乳制品产量包括液态奶；以前年度仅指干乳制品。

6-5 各地区奶粉产量

单位：千吨

地 区	2004	2005	2006	2007	2008	2009
全国总计						
北 京						
天 津	1.40	4.07	3.21	1.69		0.40
河 北	180.00	162.10	245.00			
山 西	15.10	18.60	21.20	22.29	19.74	32.00
内蒙古						246.00
辽 宁	3.00	5.50	6.00	2.00		
吉 林					1.38	1.38
黑龙江				507.00		
上 海	5.50	4.50	3.72	39.40	39.40	35.43
江 苏	1.13	8.20	0.94		15.09	1.63
浙 江						
安 徽				15.00		
福 建	0.11					
江 西		8.30		18.20		
山 东			65.90			
河 南	9.00	1.20		10.00	20.00	
湖 北			2.09			
湖 南	30.00	35.40	35.40		17.81	20.90
广 东						
广 西						
海 南						
重 庆	1.05	0.65	0.42	0.42	0.25	0.13
四 川	5.00	6.60	11.00	20.00	20.00	21.00
贵 州	0.46					
云 南	13.00	12.90	21.05	15.12	13.10	
西 藏						
陕 西		180.00	190.00	400.00	314.00	272.00
甘 肃			1.53	2.00	14.82	6.89
青 海				1.50	1.80	
宁 夏	16.90	20.40	28.00	36.16	31.49	
新 疆			593.00	314.00		43.00

数据来源：各地奶业协会。

6-6　36 个大中城市奶粉产量

单位：千吨

城　市	2004	2005	2006	2007	2008	2009
城市合计						
北　京						
天　津	1.40	4.07	3.21	1.69		0.40
石家庄		52.63	56.59			5.81
太　原						
呼和浩特						
沈　阳						
大　连						
长　春					0.40	
哈尔滨		61.00	61.00			
上　海	5.50	4.50	3.72	39.40	39.40	35.43
南　京		0.08	0.10	0.02		
杭　州		8.00				
宁　波						
合　肥						
福　州						
厦　门						
南　昌	11.00	10.70	2.23	2.11	1.76	0.95
济　南		0.82				
青　岛		2.00	1.50	2.00	1.50	1.60
郑　州	1.40	3.50	3.50	4.00	9.32	5.50
武　汉	1.10	1.77	1.74	0.34		0.04
长　沙	4.00	4.00			17.00	8.80
广　州		1.58	22.00	25.00		30.00
深　圳						
南　宁						
海　口						
重　庆	1.05	0.65	0.42	0.42	0.25	0.13
成　都			0.87			
贵　阳	0.10					
昆　明	2.94	3.50	2.51	3.20	1.69	1.31
拉　萨						
西　安		42.00	68.70		71.15	
兰　州			0.27	0.18	0.15	3.00
西　宁	2.00					
银　川		6.30	7.49	9.22	9.56	8.98
乌鲁木齐		0.06	0.07			

数据来源：各地奶业协会

6-7 各地区液态奶产量

单位：千吨

地 区	2004	2005	2006	2007	2008	2009
全国总计	**8 067.4**	**11 457.9**	**12 440.4**	**14 410.0**	**15 252.2**	**16 416.41**
北 京	216.4	536.2	613.2	560.1	437.0	498.38
天 津	180.9	152.8	200.6	363.1	304.3	288.91
河 北	1 150.9	1 673.7	1 877.1	1 852.3	2 085.1	1 798.42
山 西	368.1	423.5	305.3	476.7	395.4	434.32
内蒙古	2 563.5	3 627.6	3 101.1	3 135.3	3 257.1	3 484.93
辽 宁	230.0	438.3	585.0	719.2	939.8	514.48
吉 林	40.4	53.1	77.2	23.2	21.7	57.11
黑龙江	374.2	578.9	821.5	1 116.9	1 143.3	1 115.22
上 海	385.6	362.0	359.9	368.9	343.7	358.93
江 苏	279.8	336.1	384.8	443.8	703.1	935.82
浙 江	284.9	351.9	263.9	205.2	182.9	289.63
安 徽	26.8	30.5	214.1	374.7	371.0	419.78
福 建	115.0	152.4	138.0	112.0	66.8	116.28
江 西	80.6	89.6	99.9	131.7	132.1	165.01
山 东	485.6	733.8	876.3	1 174.1	1 263.5	1 892.36
河 南	211.2	309.1	511.1	620.2	610.3	882.55
湖 北	213.8	278.0	298.4	420.1	366.7	474.96
湖 南	77.3	98.1	124.9	130.7	196.5	136.56
广 东	115.4	150.2	214.2	280.2	268.9	343.65
广 西	31.0	45.3	99.5	262.1	319.8	74.28
海 南	2.9	3.2	3.0	2.8	2.7	4.22
重 庆	88.7	94.7	88.3	88.5	91.3	106.10
四 川	29.5	94.6	106.4	203.8	306.7	385.98
贵 州	23.8	25.4	26.5	29.6	34.8	40.49
云 南	111.4	124.4	142.0	205.4	234.9	277.68
西 藏						4.38
陕 西	115.8	412.3	546.5	709.0	795.0	856.83
甘 肃	41.3	53.0	84.7	63.9	63.8	96.58
青 海	10.4	11.3	15.7	46.0	61.9	53.49
宁 夏	107.5	118.3	115.0	127.8	94.3	95.02
新 疆	104.6	99.7	146.3	162.9	157.9	214.03

6-8 各地区UHT奶、巴氏奶、酸奶产量

单位：千吨

地 区	2007			2008			2009		
	UHT奶	巴氏奶	酸奶	UHT奶	巴氏奶	酸奶	UHT奶	巴氏奶	酸奶
全国总计									
北 京									
天 津	259.32	30.13	85.64	264.79	20.49	46.05	208.05	11.85	37.22
河 北									
山 西	267.48	381.79	64.02	246.37	308.93	76.42	286.50	247.38	76.60
内蒙古									
辽 宁	600.00	200.00	400.00	540.00	230.00	180.00	540.00	230.00	180.00
吉 林				5.00	5.00	50.00	5.00	5.00	55.00
黑龙江									
上 海	285.29	195.52	273.09	230.42	116.19	232.13	20.49	61.50	119.16
江 苏				251.02	294.35	232.15	245.19	240.18	193.50
浙 江									
安 徽									
福 建	4.18	19.84	4.35	20.77	21.08	4.15			
江 西	1.03	132.00	24.10						
山 东							1 324.70	1 263.50	1 149.80
河 南	778.75	77.88	700.88	878.75	87.88	500.88	1 500.00	250.00	1 250.00
湖 北									
湖 南				0.95	91.71	28.64	4.06	13.56	18.42
广 东									
广 西									
海 南					4.46	3.65		3.05	1.95
重 庆	61.30	33.02	25.59	58.79	25.37	33.29	49.03	24.80	36.84
四 川	200.00	110.00	70.00	210.00	120.00	100.00	217.30	132.10	105.40
贵 州	10.91	21.38	11.35	10.45	20.48	10.87	18.53	10.79	10.55
云 南	126.19	73.02	23.81	28.93	52.85	29.37			
西 藏									
陕 西									
甘 肃	88.00	40.00	21.00	80.00	30.00	20.00	90.00	40.00	30.00
青 海	6.20	8.90	2.60	6.50	9.00	2.80			
宁 夏	149.54	2.30	12.17	152.02	2.23	8.37	70.27	1.84	4.52
新 疆	85.78	36.87	50.37				123.82	32.67	39.14

数据来源：各地奶业协会

6-9　36 个大中城市 UHT 奶、巴氏奶、酸奶产量

单位：千吨

城　市	2007			2008			2009		
	UHT 奶	巴氏奶	酸奶	UHT 奶	巴氏奶	酸奶	UHT 奶	巴氏奶	酸奶
城市合计									
北　京									
天　津	259.32	30.13	85.64	264.79	20.49	46.05	208.05	11.85	37.22
石家庄							134.33		161.31
太　原					0.30	1.15	42.00	45.00	8.00
呼和浩特									
沈　阳									
大　连	31.26	2.51	1.03	730.00	125.00	10.00	13.62	9.60	2.58
长　春				5.00	5.00	50.00			
哈尔滨									
上　海	285.29	195.52	273.09	230.42	116.19	232.13	20.49	61.50	119.16
南　京	19.16	96.57	41.73				28.36	104.65	50.79
杭　州	10.32	31.60	9.70						
宁　波									
合　肥		3.57	11.75						
福　州									
厦　门									
南　昌		20.54	26.59	0.00	31.83	32.49		36.01	39.74
济　南									
青　岛	160.00	35.00	25.00	110.00	37.00	23.00	100.00	38.00	22.00
郑　州	40.00	50.00	60.00	41.00	13.00	40.00	32.00	8.00	30.00
武　汉	48.00	29.40	52.02				29.54	30.60	52.41
长　沙					78.81	4.28	2.45	0.59	4.71
广　州	33.92	42.28	57.90						
深　圳	35.05	23.19	21.11				28.80	34.60	44.96
南　宁									
海　口		1.55	1.00		4.46	3.65		3.05	1.95
重　庆	61.30	33.02	25.59	58.79	25.37	33.29	49.03	24.80	36.84
成　都	55.38	17.35	23.93	56.55	27.20	88.16	111.82	17.04	47.65
贵　阳							18.38	4.61	8.39
昆　明	21.10	26.25	11.73	30.27	28.45	14.85	34.25	24.96	17.16
拉　萨									
西　安									
兰　州	42.31	19.00	8.53	4.00	3.00		40.00	10.00	2.00
西　宁									
银　川	42.80	2.10	11.00	32.02	2.23	7.80	14.30	1.80	4.75
乌鲁木齐									

数据来源：各地奶业协会

Ⅶ. 乳及乳制品价格

7-1 各地区生鲜牛奶平均收购价格

单位：元/千克

地　区	2004	2005	2006	2007	2008	2009
全国平均						
北　京	1.85	1.85	1.91		2.20～2.99	2.87
天　津	1.80	2.00	2.00	2.50	2.97	2.80
河　北	1.80～1.96	1.80～2.30	2.10			2.90
山　西	1.60	1.61	1.70	2.80	2.60	2.16
内蒙古	1.70		2.00			2.85
辽　宁	1.65	1.60	1.80	2.30	2.50	3.00
吉　林	1.60	1.60～1.80	1.50～1.80	2.80～3.20	2.58～2.72	2.36
黑龙江	1.60	1.60	1.65～1.75	1.82	2.48	2.10
上　海	2.20	2.20	2.30	2.80	3.30	3.27
江　苏	2.00	2.11	2.25	2.51	2.90	2.80
浙　江	2.00	2.00	2.30			3.30～3.40
安　徽	1.70～2.10	1.70～2.10	2.20～2.40	2.80	2.60～3.20	
福　建				2.27	3.00	3.60
江　西	2.18	1.83	2.10	1.82～3.15	2.82	3.18
山　东			1.80～2.30		2.70～3.15	2.72～2.77
河　南	1.80～2.10	1.56	1.80～2.18	2.80	2.00～3.00	3.00
湖　北	2.10	2.15	2.10	2.30～2.80	3.20	3.60
湖　南	5.07	2.20	2.40	2.40	2.62	2.96
广　东		2.60～3.40	2.80～3.20	2.90～3.25	3.14～7.00	3.83～4.00
广　西	2.60	2.60	2.60	3.00	3.20	3.20
海　南	3.50	3.04	2.75	3.00	3.15	3.50
重　庆	1.90	1.90	1.93	1.99	2.70	2.90
四　川	1.75		1.95～2.25	1.80～2.20	2.60～3.50	2.80～3.50
贵　州	1.90～2.20	2.00～2.20	2.50	2.60	2.60	3.00～3.45
云　南	1.53	1.50～1.80	1.45～1.88	1.45～2.50	1.60～2.30	2.00～2.60
西　藏	4.00	6.00		4.00	2.60	4.00
陕　西	1.600～1.85	1.20～1.70	1.60～1.70	1.80～3.20	2.40	2.49
甘　肃	1.60	1.65～1.75	1.65～1.90	2.00～3.00	2.00～2.80	2.00～3.20
青　海	1.60	1.60	1.70	1.50	2.00	2.70
宁　夏	1.60～1.80	1.60～1.80	1.70	1.60～3.20	1.60～3.20	2.20
新　疆	1.40～1.650	0.90～1.60	1.65	2.30		1.80

数据来源：各地奶业协会。

7-2 各地区部分乳品企业生鲜奶平均收购价格

单位：元/千克

公司名称	2008	2009	公司名称	2008	2009
北京三元食品股份有限公司	3.00	2.75	山东鹏程食品股份有限公司	2.00	2.40
天津海河乳业有限公司	2.60	2.86	河南花花牛乳业有限公司	2.80	2.60
石家庄君乐宝乳业有限公司	2.87	2.68	洛阳巨尔乳业有限公司	2.60	2.65
河北三元食品有限公司	/	2.82	湖南亚华乳业有限公司	2.85	2.97
山西古城乳业集团有限公司	2.70	3.26	湖南阳光乳业有限公司	2.80	3.00
内蒙古蒙牛乳业（集团）股份有限公司	3.15	3.06	广东燕塘乳业有限公司	3.34	3.78
内蒙古伊利实业集团股份有限公司	3.05	3.05	深圳市晨光乳业有限公司	4.43	4.24
沈阳乳业有限责任公司	2.20	2.70	广西皇氏甲天下乳业股份有限公司	3.16	3.82
大连三寰乳业有限公司	2.80	3.00	广西灵山百强水牛奶乳业有限公司	5.80	6.80
吉林省乳业集团广泽有限公司	2.66	2.29	海南艾森乳业有限公司	3.15	3.25
黑龙江省完达山乳业股份有限公司	2.76	2.41	新希望乳业控股有限公司	2.42	2.85
黑龙江飞鹤乳业有限公司	2.65	2.59	四川菊乐食品有限公司	3.15	3.35
光明乳业股份有限公司	3.86	3.66	贵阳三联乳业有限公司	2.60	3.08
光明乳业股份有限公司乳品八厂	/	3.46	贵州好一多乳业股份有限公司	3.44	3.45
上海乳品四厂有限公司	3.67	3.12	云南邓川蝶泉乳业有限责任公司	1.66	
南京奶业(集团)有限公司	3.09	3.13	昆明雪兰牛奶有限责任公司	2.50	2.47
徐州绿健乳业有限公司	2.80	2.80	大理来思尔乳业有限责任公司	1.80	2.06
宁波牛奶集团有限公司	3.62	3.50	西安银桥生物科技有限责任公司	2.75	2.98
浙江金华市佳乐乳业有限公司	2.64	2.93	陕西红星乳业有限公司	2.62	2.60
安徽益益乳业有限公司	2.90	2.90	兰州庄园乳业有限责任公司	2.20	2.80
福建长富乳业集团股份有限公司	3.00	3.18	酒泉市好牛乳业食品有限公司	2.20	1.80
江西美庐乳业有限公司	2.86	2.95	青海天露乳业有限责任公司	2.20	2.50
济南佳宝乳业有限公司	2.79	2.66	青海小西牛生物乳业有限公司	/	2.60
山东得益乳业有限公司	2.81	2.61	宁夏夏进乳业集团股份有限公司	2.58	2.21
山东亚奥特乳业有限公司	3.18	3.20	宁夏红果乳业有限公司	2.41	2.10
青岛新希望琴牌乳业有限公司	2.80	2.70	新疆明旺乳业有限公司	2.74	2.13

注：广西灵山百强水牛奶乳业有限公司为水牛奶收购价；陕西红星乳业有限公司为羊奶收购价。

7-3 全国乳及乳制品零售价格指数

（上年=100）

年 份	全 国	城 市	农 村
1995	126.3	125.3	128.6
1996	110.3	111.8	107.3
1997	104.8	105.7	101.8
1998	100.0	100.4	98.7
1999	99.1	99.5	98.0
2000	100.0	100.2	99.4
2001	99.1	99.0	99.7
2002	99.4	99.5	99.2
2003	99.7	99.4	100.7
2004	100.4	100.1	101.7
2005	100.9	100.7	101.5
2006	101.0	101.1	100.9
2007	102.9	103.1	102.3
2008	117.4	118.5	112.7
2009	101.4	101.3	101.8

7-4 全国居民乳及乳制品消费价格指数

（上年=100）

年份	全国	城市	农村
1995	126.0	125.9	126.4
1996	110.8	112.7	107.4
1997	104.1	104.8	102.3
1998	100.3	100.9	98.8
1999	99.3	99.7	98.2
2000	100.0	100.2	99.3
2001	99.1	99.0	99.7
2002	99.0	99.2	97.3
2003	99.2	99.2	99.0
2004	100.5	100.2	101.8
2005	100.9	100.7	101.9
2006	100.9	100.9	100.8
2007	102.7	102.8	102.1
2008	117.0	118.0	113.3
2009	101.5	101.4	102.3

Ⅷ. 进出口贸易

8-1 苜蓿草分国别进口量值

（商品税号：12149000）

单位：吨、千美元

国家或地区	2008		2009		2009年比2008年增加%	
	数量	金额	数量	金额	数量	金额
国家（地区）合计	**19 600.11**	**5 659.56**	**76 616.08**	**20 434.10**	**290.90**	**261.05**
美国	17 612.55	5 129.99	74 184.93	20 030.26	321.20	290.45
澳大利亚	1 545.98	484.81	1 448.45	372.80	-6.31	-23.10
蒙古	418.89	12.57	971.70	29.17	131.97	132.04
中国台湾			11.00	1.88		
智利	22.23	18.90				
日本	0.46	13.29				

8-2 苜蓿草分地区进口量值

单位：吨、千美元

地　区	2008		2009		2009年比2008年增加%	
	数量	金额	数量	金额	数量	金额
全国合计	**19 600.11**	**5 659.56**	**76 616.08**	**20 434.10**	**290.90**	**261.05**
上海	12 684.84	3 682.83	25 085.41	6 748.21	97.76	83.23
北京	1 420.90	446.42	19 997.18	5 300.72	1307.36	1087.39
安徽	2 348.16	833.60	11 504.59	3 173.17	389.94	280.66
山东			6 769.65	1 764.22		
天津	372.93	110.67	3 004.62	799.13	705.68	622.09
广东	2 354.40	573.47	2 349.04	691.83	-0.23	20.64
江苏			2 038.46	540.19		
四川			1 691.83	483.86		
福建			1 523.98	414.19		
内蒙	418.89	12.57	971.70	29.17	131.97	132.04
河北			934.67	293.35		
黑龙江			541.64	138.12		
广西			203.30	57.94		

8-3 全国牛及冻精和胚胎进口量值

单位：头、千克、千美元

种　类	2008		2009		2009年比2008年增加%	
	数量	金额	数量	金额	数量	金额
改良种用牛	15 075.00	34 204.67	40 599.00	81 770.45	169.31	139.06
胚胎	74.00	1 340.99	92.00	1 015.26	24.32	-24.29
牛冷冻精液	1 811.00	2 788.97	2 106.00	4 452.29	16.29	59.64

8-4　改良种用牛分国别进口量值

（商品税号：01021000）

单位：头、千美元

国家或地区	2008		2009		2009 年比 2008 年增加%	
	数量	金额	数量	金额	数量	金额
国家（地区）合计	**15 075.00**	**34 204.67**	**40 599.00**	**81 770.45**	**169.31**	**139.06**
澳大利亚	12 416.00	26 420.93	26 622.00	55 968.37	114.42	111.83
新西兰	2 651.00	7 502.90	9 999.00	16 787.24	277.18	123.74
乌拉圭			3 970.00	8 734.00		
南非	8.00	280.84	8.00	280.84		

8-5　改良种用牛分地区进口量值

单位：头、千美元

地　区	2008		2009		2009 年比 2008 年增加%	
	数量	金额	数量	金额	数量	金额
全国合计	**15 075.00**	**34 204.67**	**40 599.00**	**81 770.45**	**169.31**	**139.06**
黑龙江	1 659.00	4 462.71	11 841.00	23 308.88	613.74	422.30
辽宁			5 993.00	10 000.44		
江苏	1 854.00	4 542.30	5 875.00	12 137.38	216.88	167.21
陕西			5 821.00	11 948.32		
安徽	28.00	1 470.00	3 866.00	8 273.24	13 707.14	462.81
吉林			2 950.00	6 047.50		
山东			2 919.00	5 519.85		
北京	122.00	886.15	897.00	3 087.49	635.25	248.42
内蒙古			395.00	876.90		
天津	7 303.00	13 212.26	16.00	125.80	-99.78	-99.05
河南			13.00	123.85		
海南	8.00	280.84	8.00	280.84		
广东			5.00	39.98		
其他	4 101.00	9 350.41				

8-6　动物胚胎分国别进口量值

（商品税号：05119920）

单位：千克、千美元

国家或地区	2008		2009		2009 年比 2008 年增加%	
	数量	金额	数量	金额	数量	金额
国家（地区）合计	**74.00**	**1 340.99**	**92.00**	**1 015.26**	**24.32**	**-24.29**
美国	17.00	647.22	71.00	706.87	317.65	9.22
澳大利亚			13.00	171.47		
加拿大	57.00	693.77	6.00	136.50	-89.47	-80.33
法国			2.00	0.23		
德国				0.20		

8-7　动物胚胎分地区进口量值

单位：千克、千美元

地　区	2008		2009		2009年比2008年增加%	
	数量	金额	数量	金额	数量	金额
全国合计	**74.00**	**1 340.99**	**92.00**	**1 015.26**	**24.32**	**-24.29**
北京	67.00	546.83	64.00	831.12	-4.48	51.99
山东	5.00	14.99	26.00	120.00	420.00	700.75
上海			2.00	0.23		
天津		64.32		63.92		-0.62
其他	2.00	714.85				

8-8　牛的精液分国别进口量值

（商品税号：05111000）

单位：千克、千美元

国家或地区	2008		2009		2009年比2008年增加%	
	数量	金额	数量	金额	数量	金额
国家（地区）合计	**1 811.00**	**2 788.97**	**2 106.00**	**4 452.29**	**16.29**	**59.64**
美国	587.00	695.23	1 092.00	2 762.18	86.03	297.31
加拿大	561.00	656.01	541.00	880.85	-3.57	34.27
荷兰	280.00	154.16	450.00	419.06	60.71	171.83
意大利	63.00	79.10	10.00	54.48	-84.13	-31.12
德国	203.00	1 036.75	8.00	195.79	-96.06	-81.11
法国	90.00	100.67	2.00	107.00	-97.78	6.29
挪威			2.00	22.50		
澳大利亚			1.00	10.43		
其他	27.00	67.06				

8-9　牛的精液分地区进口量值

单位：千克、千美元

地　区	2008		2009		2009年比2008年增加%	
	数量	金额	数量	金额	数量	金额
全国合计	**1 811.00**	**2 788.97**	**2 106.00**	**4 452.29**	**16.29**	**59.64**
北京	1 556.00	1 805.03	1 962.00	2 726.75	26.09	51.06
内蒙古	1.00	52.00	124.00	1 612.68	12 300.00	3 001.06
山东	52.00	16.91	20.00	112.87	-61.54	567.49
其他	202.00	915.03				

8-10　全国主要乳制品进口量值

单位：吨、千美元

种　类	2008		2009		2009年比2008年增加%	
	数量	金额	数量	金额	数量	金额
液态奶	8 219.96	15 398.37	14 305.25	24 062.82	74.03	56.27
鲜奶	7 435.00	12 527.95	12 779.41	19 702.03	71.88	57.26
酸奶	784.96	2 870.42	1 525.84	4 360.78	94.38	51.92
干乳制品	342 471.18	846 251.87	582 694.00	1 003 929.35	70.14	18.63
奶粉	101 026.63	398 117.73	246 787.44	580 408.93	144.28	45.79
乳清	213 134.32	312 133.31	288 753.81	284 220.37	35.48	-8.94
炼乳	852.49	3 129.86	1 732.28	3 975.08	103.20	27.01
奶油	13 553.40	59 043.90	28 443.69	65 664.98	109.86	11.21
奶酪	13 904.35	73 827.07	16 976.78	69 660.00	22.10	-5.64

8-11　全国主要乳制品出口量值

单位：吨、千美元

种　类	2008		2009		2009年比2008年增加%	
	数量	金额	数量	金额	数量	金额
液态奶	39 531.71	31 309.80	20 873.73	14 492.72	-47.20	-53.71
鲜奶	38 427.89	29 585.21	20 030.12	13 342.53	-47.88	-54.90
酸奶	1 103.82	1 724.59	843.61	1 150.20	-23.57	-33.31
干乳制品	81 101.17	270 393.33	15 905.95	42 397.06	-80.39	-84.32
奶粉	63 770.99	236 692.64	9 737.53	30 859.72	-84.73	-86.96
乳清	4 309.97	4 838.90	316.09	338.83	-92.67	-93.00
炼乳	8 053.66	11 710.08	3 691.95	5 711.10	-54.16	-51.23
奶油	4 966.56	17 151.71	2 045.65	5 010.07	-58.81	-70.79
奶酪			114.73	477.34		

8-12　液态奶分国别进口量值

单位：吨、千美元

国家或地区	2008		2009		2009年比2008年增加%	
	数量	金额	数量	金额	数量	金额
国家（地区）合计	**8 219.96**	**15 398.37**	**14 305.25**	**24 062.82**	**74.03**	**56.27**
新西兰	3 580.58	7 291.87	6 181.66	11 540.29	72.64	58.26
法国	1 402.88	2 664.74	2 208.23	4 002.94	57.41	50.22
澳大利亚	1 755.61	1 999.12	1 776.19	2 155.04	1.17	7.80
德国	465.29	853.34	1 757.40	1 751.41	277.70	105.24
韩国	178.17	210.67	1 203.91	1 479.15	575.72	602.12
日本	279.32	716.07	212.77	667.26	-23.83	-6.82
英国	4.41	12.80	192.93	370.83	4 275.75	2 796.41

（续）

国家或地区	2008		2009		2009年比2008年增加%	
	数量	金额	数量	金额	数量	金额
荷兰	165.08	523.96	163.77	589.46	-0.79	12.50
西班牙	117.06	252.22	149.21	314.04	27.46	24.51
瑞士	73.36	256.04	129.92	495.89	77.10	93.68
中国台湾	56.74	78.92	109.60	169.65	93.15	114.96
美国	26.02	95.66	53.55	173.57	105.80	81.44
瑞典			48.00	72.00		
奥地利	40.01	108.94	36.00	90.21	-10.02	-17.19
意大利	21.05	26.61	27.78	28.44	31.97	6.85
阿根廷			25.00	47.64		
俄罗斯			14.03	12.04		
泰国			9.99	73.65		
希腊	0.98	5.70	3.05	20.74	212.07	263.78
比利时	41.29	292.40	1.64	6.63	-96.04	-97.73
丹麦			0.32	0.77		
加拿大			0.28	1.00		
中国香港	0.11	0.20	0.02	0.13	-78.70	-36.95
马来西亚	0.15	1.89	0.01	0.07	-91.22	-96.56
其他	11.86	7.22				

8-13　液态奶分地区进口量值

单位：吨、千美元

地　区	2008		2009		2009年比2008年增加%	
	数量	金额	数量	金额	数量	金额
全国合计	**8 219.96**	**15 398.37**	**14 305.25**	**24 062.82**	**74.03**	**56.27**
上海	5 451.99	10 355.04	8 549.76	13 738.81	56.82	32.68
广东	1 857.68	2 656.70	2 466.63	4 081.68	32.78	53.64
北京	449.52	1 092.33	1 492.09	3 180.18	231.93	191.14
山东	217.94	395.63	1 194.40	1 428.42	448.05	261.05
浙江	69.03	488.25	225.58	760.45	226.80	55.75
天津	46.70	163.35	157.44	346.40	237.15	112.06
辽宁	66.98	178.43	125.99	336.41	88.10	88.54
福建	47.61	60.59	66.66	96.68	40.00	59.55
内蒙古	11.80	6.61	14.03	12.04	18.86	82.25
广西			8.31	72.87		
江苏	0.05	0.11	3.52	6.89	7 731.11	6 460.95
河北			0.50	0.31		
重庆			0.36	1.69		
其他	0.67	1.34				

8-14 液态奶出口货源地量值

单位：吨、千美元

地 区	2008		2009		2009 年比 2008 年增加%	
	数量	金额	数量	金额	数量	金额
全国合计	**39 531.71**	**31 309.80**	**20 873.73**	**14 492.72**	**-47.20**	**-53.71**
广东	15 317.43	9 837.56	16 701.65	11 382.93	9.04	15.71
山东	3 667.36	3 426.53	4 099.75	2 954.77	11.79	-13.77
内蒙古	19 030.52	15 952.06	71.82	154.79	-99.62	-99.03
广西			0.52	0.23		
其他	1 516.41	2 093.66				

8-15 液态奶出口目的地量值

单位：吨、千美元

国家或地区	2008		2009		2009 年比 2008 年增加%	
	数量	金额	数量	金额	数量	金额
国家（地区）合计	**39 531.71**	**31 309.80**	**20 873.73**	**14 492.72**	**-47.20**	**-53.71**
中国香港	29 067.66	21 350.93	20 605.32	13 833.91	-29.11	-35.21
中国澳门	1 877.71	1 589.29	171.28	134.92	-90.88	-91.51
日本	103.00	551.88	62.50	463.40	-39.32	-16.03
加拿大	460.40	387.14	26.00	19.50	-94.35	-94.96
新加坡	1 990.18	1 721.07	7.73	40.03	-99.61	-97.67
越南	17.93	15.39	0.52	0.23	-97.12	-98.48
法国	0.00	0.01	0.38	0.74	12 500.00	14 660.00
其他	6 014.83	5 694.11				

8-16 鲜奶分国别进口量值

单位：吨、千美元

国家或地区	2008		2009		2009 年比 2008 年增加%	
	数量	金额	数量	金额	数量	金额
国家（地区）合计	**7 435.00**	**12 527.95**	**12 779.41**	**19 702.03**	**71.88**	**57.26**
新西兰	3 567.43	7 242.31	5 576.18	10 490.93	56.31	44.86
法国	1 319.94	2 329.86	2 128.40	3 648.30	61.25	56.59
德国	429.38	697.11	1 677.61	1 520.90	290.71	118.17
澳大利亚	1 618.72	1 354.85	1 630.65	1 465.54	0.74	8.17
韩国	178.14	210.30	1 196.30	1 450.65	571.53	589.79
英国	4.37	12.03	192.86	370.42	4 311.21	2 978.12
日本	76.17	143.20	107.22	235.19	40.77	64.23
荷兰	134.08	314.81	90.72	216.56	-32.34	-31.21
中国台湾	18.19	18.01	39.32	42.25	116.20	134.58
奥地利	40.01	108.94	36.00	90.21	-10.02	-17.19

（续）

国家或地区	2008		2009		2009年比2008年增加%	
	数量	金额	数量	金额	数量	金额
美国	12.31	37.40	35.64	80.53	189.43	115.35
意大利	20.51	21.49	26.77	22.96	30.55	6.82
阿根廷			25.00	47.64		
俄罗斯			14.03	12.04		
比利时	3.26	13.30	1.64	6.63	-49.85	-50.19
西班牙	1.61	1.97	0.74	0.44	-53.83	-77.52
丹麦			0.32	0.77		
马来西亚			0.01	0.07		
瑞士	10.88	22.37				

8-17　鲜奶分地区进口量值

单位：吨、千美元

地　区	2008		2009		2009年比2008年增加%	
	数量	金额	数量	金额	数量	金额
全国合计	**7 435.00**	**12 527.95**	**12 779.41**	**19 702.03**	**71.88**	**57.26**
上海	4 891.32	8 578.66	7 823.36	11 395.39	59.94	32.83
广东	1 848.22	2 569.05	1 870.69	3 020.58	1.22	17.58
北京	392.99	799.76	1 398.70	2 779.52	255.91	247.55
山东	166.83	206.11	1 170.85	1 326.25	601.83	543.47
天津	46.47	162.49	157.44	346.40	238.78	113.18
浙江			150.85	386.77		
辽宁	66.98	178.43	125.99	336.41	88.10	88.54
福建	21.51	32.11	66.66	96.68	209.89	201.11
内蒙古			14.03	12.04		
河北			0.50	0.31		
重庆			0.36	1.69		
吉林	0.67	1.34				

8-18　鲜奶出口货源地量值

单位：吨、千美元

地　区	2008		2009		2009年比2008年增加%	
	数量	金额	数量	金额	数量	金额
全国合计	**38 427.89**	**29 585.21**	**20 030.12**	**13 342.53**	**-47.88**	**-54.90**
广东	14 485.08	9 110.10	15 928.78	10 736.40	9.97	17.85
山东	3 553.88	2 766.19	4 029.52	2 451.34	13.38	-11.38
内蒙古	19 011.92	15 941.04	71.82	154.79	-99.62	-99.03
其他	1 377.02	1 767.88				

8-19　鲜奶出口目的地量值

单位：吨、千美元

国家或地区	2008		2009		2009 年比 2008 年增加%	
	数量	金额	数量	金额	数量	金额
国家（地区）合计	**38 427.89**	**29 585.21**	**20 030.12**	**13 342.53**	**-47.88**	**-54.90**
中国香港	28 113.52	20 325.91	19 864.36	13 214.41	-29.34	-34.99
中国澳门	1 860.11	1 561.07	165.38	127.38	-91.11	-91.84
法国	0.00	0.01	0.38	0.74	12 500.00	14 660.00
其他	8 454.26	7 698.22				

8-20　酸奶分国别进口量值

单位：吨、千美元

国家或地区	2008		2009		2009 年比 2008 年增加%	
	数量	金额	数量	金额	数量	金额
国家（地区）合计	**784.96**	**2 870.42**	**1 525.84**	**4 360.78**	**94.38**	**51.92**
新西兰	13.15	49.56	605.48	1 049.36	4 506.12	2 017.48
西班牙	115.46	250.25	148.46	313.59	28.59	25.31
澳大利亚	136.89	644.28	145.54	689.50	6.32	7.02
瑞士	62.48	233.67	129.92	495.89	107.94	112.22
日本	203.15	572.87	105.55	432.07	-48.04	-24.58
法国	82.94	334.89	79.83	354.64	-3.75	5.90
德国	35.91	156.23	79.80	230.51	122.19	47.55
荷兰	31.00	209.15	73.05	372.90	135.65	78.29
中国台湾	38.55	60.91	70.27	127.39	82.28	109.16
瑞典			48.00	72.00		
美国	13.71	58.27	17.91	93.04	30.66	59.67
泰国			9.99	73.65		
韩国	0.02	0.37	7.61	28.50	33 000.00	7 643.21
希腊	0.98	5.70	3.05	20.74	212.07	263.78
意大利	0.55	5.12	1.01	5.48	85.35	6.97
加拿大			0.28	1.00		
英国	0.04	0.77	0.07	0.41	86.49	-47.07
中国香港	0.11	0.20	0.02	0.13	-78.70	-36.95
其他	50.03	288.21				

8-21　酸奶分地区进口量值

单位：吨、千美元

地　区	2008		2009		2009 年比 2008 年增加%	
	数量	金额	数量	金额	数量	金额
全国合计	**784.96**	**2 870.42**	**1 525.84**	**4 360.78**	**94.38**	**51.92**
上海	560.67	1 776.38	726.39	2 343.42	29.56	31.92
广东	9.46	87.65	595.94	1 061.10	6 199.57	1 110.60
北京	56.52	292.57	93.39	400.66	65.23	36.95
浙江	69.03	488.25	74.73	373.68	8.27	-23.47
山东	51.11	189.52	23.56	102.17	-53.91	-46.09
江苏	0.05	0.11	3.52	6.89	7 731.11	6 460.95
其他	38.13	35.95				

8-22 干乳制品分国别进口量值

单位：吨、千美元

国家或地区	2008		2009		2009 年比 2008 年增加%	
	数量	金额	数量	金额	数量	金额
国家（地区）合计	**342 471.18**	**846 251.87**	**582 694.00**	**1 003 929.35**	**70.14**	**18.63**
新西兰	74 858.83	313 023.85	241 181.02	572 960.00	222.18	83.04
美国	109 111.32	150 830.31	148 033.64	102 222.02	35.67	-32.23
法国	54 672.99	115 058.02	57 679.80	99 409.38	5.50	-13.60
澳大利亚	37 723.27	123 764.61	33 788.28	70 007.39	-10.43	-43.44
荷兰	14 234.82	34 765.83	18 119.84	34 364.65	27.29	-1.15
德国	10 473.79	18 299.98	17 907.07	25 950.58	70.97	41.81
芬兰	10 036.66	18 234.12	14 848.38	22 172.51	47.94	21.60
爱尔兰	9 491.42	19 641.26	13 566.42	22 129.75	42.93	12.67
加拿大	5 365.71	7 694.73	8 659.38	7 603.41	61.38	-1.19
波兰	1 866.36	1 738.59	6 494.28	5 188.51	247.97	198.43
阿根廷	3 098.39	7 338.45	6 094.53	9 359.50	96.70	27.54
乌克兰	1 975.00	1 765.53	3 224.90	1 844.39	63.29	4.47
丹麦	437.46	3 658.64	3 027.10	9 130.34	591.98	149.56
奥地利	423.66	1 178.69	2 262.72	3 912.04	434.09	231.90
比利时	1 423.82	4 950.92	1 502.80	3 735.58	5.55	-24.55
西班牙	97.80	104.98	1 393.24	1 162.01	1 324.55	1 006.93
意大利	672.56	3 079.03	890.20	3 044.46	32.36	-1.12
瑞士	40.74	485.84	773.85	2 111.27	1 799.30	334.56
日本	408.33	1 479.44	543.73	2 405.96	33.16	62.63
白俄罗斯			525.00	1 124.73		
印度	4 934.90	14 951.46	384.00	535.88	-92.22	-96.42
南非	0.02	0.61	325.00	205.25	1 911	33 825.62
乌拉圭	175.00	861.56	322.53	341.41	84.31	-60.37
瑞典	12.42	120.89	313.23	912.03	2 421.55	654.43
立陶宛	100.00	83.00	251.00	144.32	151.00	73.88
英国	8.92	67.61	109.68	205.33	1 129.06	203.72
新加坡	239.43	904.50	106.35	533.25	-55.58	-41.05
泰国	16.67	115.84	92.20	99.09	453.21	-14.46
马来西亚	198.39	1 046.02	65.64	301.25	-66.91	-71.20
韩国	25.91	216.08	60.87	173.39	134.93	-19.76
中国（大陆）	9.45	32.63	52.26	216.85	452.97	564.66
印度尼西亚			43.59	250.19		
中国香港	0.21	0.57	20.16	13.54	9 499.52	2 296.11
蒙古			10.15	8.12		
土耳其	126.17	100.74	6.85	36.95	-94.57	-63.32
科威特	0.90	2.78	5.04	9.94	457.52	257.92
斯洛伐克	2.64	26.59	4.93	45.75	86.63	72.07
希腊	6.69	59.47	2.99	49.46	-55.27	-16.83
中国台湾	6.15	44.33	1.02	5.50	-83.38	-87.60
塞浦路斯	0.29	4.69	0.25	1.57	-12.89	-66.58
斯洛文尼亚			0.04	0.81		
爱沙尼亚	0.36	4.04	0.03	0.28	-90.45	-93.07
匈牙利			0.01	0.75		
其他	193.75	515.68				

8-23 干乳制品分地区进口量值

单位：吨、千美元

地　区	2008		2009		2009 年比 2008 年增加%	
	数量	金额	数量	金额	数量	金额
全国合计	**342 471.18**	**846 251.87**	**582 694.00**	**1 003 929.35**	**70.14**	**18.63**
天津	89 326.73	206 476.64	139 894.26	224 370.77	56.61	8.67
广东	42 273.04	137 997.10	92 846.85	181 502.92	119.64	31.53
上海	57 019.64	145 583.94	89 709.41	163 825.82	57.33	12.53
山东	32 644.74	80 921.84	59 393.00	125 982.75	81.94	55.68
浙江	41 429.94	126 611.40	58 919.09	115 129.23	42.21	-9.07
北京	25 772.23	50 910.91	35 789.09	52 147.00	38.87	2.43
辽宁	11 401.60	17 168.23	28 409.92	35 436.80	149.17	106.41
福建	12 521.37	14 009.06	22 502.73	16 369.02	79.71	16.85
黑龙江	11 118.82	22 720.67	18 657.50	33 046.33	67.80	45.45
湖南	2 865.95	10 541.83	8 085.23	18 401.29	182.11	74.56
江苏	4 617.02	10 205.23	7 454.35	13 655.24	61.45	33.81
云南	3 257.72	4 425.66	4 989.95	2 787.71	53.17	-37.01
安徽	1 129.62	976.14	3 721.51	2 101.45	229.45	115.28
河北	3 016.90	9 926.46	3 011.23	3 874.27	-0.19	-60.97
湖北			2 523.80	2 995.11		
内蒙古	1 062.33	3 714.29	2 320.16	5 374.23	118.40	44.69
山西	75.00	195.00	1 881.53	3 732.91	2 408.70	1 814.31
四川	1 497.45	891.58	1 514.43	870.06	1.13	-2.41
陕西	36.65	319.50	775.63	654.14	2 016.43	104.74
海南	197.57	1 406.73	207.46	1 250.41	5.00	-11.11
河南	472.56	662.59	72.60	389.55	-84.64	-41.21
广西	13.50	71.49	13.69	30.74	1.41	-57.00
吉林	20.00	18.00	0.60	1.60	-96.98	-91.10
其他	700.81	497.61				

8-24　干乳制品出口货源地量值

单位：吨、千美元

地　区	2008		2009		2009年比2008年增加%	
	数量	金额	数量	金额	数量	金额
全国合计	**81 101.17**	**270 393.33**	**15 905.95**	**42 397.06**	**-80.39**	**-84.32**
黑龙江	35 604.04	134 037.31	4 327.71	14 811.77	-87.84	-88.95
山东	21 273.04	67 506.42	4 029.62	7 143.21	-81.06	-89.42
内蒙古	5 236.11	18 443.24	2 914.00	8 020.70	-44.35	-56.51
江苏	3 949.51	13 355.28	1 939.34	4 703.09	-50.90	-64.78
云南	3 573.82	11 765.95	1 535.65	4 731.13	-57.03	-59.79
广东	1 180.57	3 557.65	290.10	942.93	-75.43	-73.50
浙江	4 005.08	4 658.45	163.69	228.34	-95.91	-95.10
辽宁	638.79	2 217.00	158.75	523.27	-75.15	-76.40
上海	396.62	825.77	142.93	354.47	-63.96	-57.07
河北	696.95	2 476.50	124.93	59.96	-82.08	-97.58
新疆	116.15	257.23	81.85	198.63	-29.53	-22.78
陕西	400.00	1 523.16	70.00	245.68	-82.50	-83.87
天津	2 322.72	3 697.60	68.27	230.02	-97.06	-93.78
安徽	35.00	118.98	40.03	80.09	14.38	-32.69
北京	1 225.05	4 283.35	19.07	123.72	-98.44	-97.11
四川	0.01	0.03	0.02	0.06	38.46	107.14
其他	447.71	1 669.42				

8-25　干乳制品出口目的地量值

单位：吨、千美元

国家或地区	2008		2009		2009年比2008年增加%	
	数量	金额	数量	金额	数量	金额
国家（地区）合计	**81 101.17**	**270 393.33**	**15 905.95**	**42 397.06**	**-80.39**	**-84.32**
委内瑞拉	35 530.00	131 632.83	5 250.00	18 017.86	-85.22	-86.31
中国香港	7 464.91	17 304.45	3 734.48	5 749.84	-49.97	-66.77
尼日利亚	3 072.30	10 583.49	2 567.00	6 803.81	-16.45	-35.71
伊朗	421.12	1 436.31	1 641.50	4 076.35	289.79	183.81
缅甸	2 814.09	8 921.80	1 518.65	4 693.73	-46.03	-47.39
朝鲜	271.69	1 141.50	287.78	698.77	5.92	-38.79
阿尔巴尼亚	119.69	185.17	119.13	188.56	-0.47	1.83
巴基斯坦	116.15	257.23	81.85	198.63	-29.53	-22.78
泰国	3 421.14	12 521.91	77.01	299.23	-97.75	-97.61
新加坡	1 891.69	2 518.36	62.22	51.55	-96.71	-97.95
越南	1 188.81	2 086.61	57.01	117.42	-95.20	-94.37
以色列	17.34	34.27	52.01	152.01	199.95	343.53
埃及	1 456.00	4 874.93	51.87	92.81	-96.44	-98.10
阿联酋	1 662.43	5 895.89	46.18	259.07	-97.22	-95.61

（续）

国家或地区	2008		2009		2009 年比 2008 年增加%	
	数量	金额	数量		数量	金额
乌干达			44.17	218.64		
喀麦隆	346.73	973.33	43.39	68.84	-87.49	-92.93
莫桑比克	168.32	486.09	41.56	48.28	-75.31	-90.07
尼泊尔			36.00	94.18		
南非			35.96	115.71		
中国台湾	8 920.36	32 922.46	25.60	50.69	-99.71	-99.85
阿鲁巴岛	7.86	33.42	23.59	85.74	200.00	156.59
科威特	329.56	1 099.14	22.10	44.91	-93.29	-95.91
洪都拉斯			19.66	23.80		
斯里兰卡	249.00	930.75	13.06	39.65	-94.76	-95.74
佛得角	34.72	75.84	11.00	28.80	-68.31	-62.03
苏丹	964.45	3 507.08	10.00	20.30	-98.96	-99.42
吉布提			10.00	41.35		
法国			9.07	82.38		
中国澳门	3.92	4.33	7.42	10.64	89.58	145.67
马来西亚	48.97	84.90	6.33	22.38	-87.08	-73.64
德国	0.57	2.05	0.22	0.75	-61.55	-63.53
韩国	218.38	826.00	0.14	0.31	-99.94	-99.96
哥斯达黎加			0.03	0.09		
美国	76.37	125.20	0.01	0.02	-99.99	-99.98
其他	10 284.62	29 928.01				

8-26 奶粉分国别进口量值

单位：吨、千美元

国家或地区	2008		2009		2009 年比 2008 年增加%	
	数量	金额	数量	金额	数量	金额
国家（地区）合计	**101 026.63**	**398 117.73**	**246 787.44**	**580 408.93**	**144.28**	**45.79**
新西兰	50 593.56	215 242.24	203 910.44	477 867.59	303.04	122.01
澳大利亚	24 529.83	89 289.31	18 052.05	40 155.99	-26.41	-55.03
法国	3 351.45	14 089.71	6 974.46	22 396.16	108.10	58.95
美国	16 486.73	58 276.59	6 062.99	13 691.44	-63.23	-76.51
丹麦	4.01	28.22	2 426.43	5 175.53	60 379.36	18 238.62
荷兰	199.25	710.15	2 403.09	5 342.58	1 106.06	652.32
德国	68.44	198.33	2 086.93	4 595.61	2 949.41	2 217.14
加拿大	1 277.85	3 835.69	1 049.88	2 075.75	-17.84	-45.88
瑞士	0.73	2.73	718.28	1 508.39	98 025.00	55 152.23
波兰	50.00	212.50	700.00	1 441.30	1 300.00	578.26
比利时	611.87	2 085.65	567.84	1 391.10	-7.20	-33.30
白俄罗斯			525.00	1 124.73		
芬兰	14.00	69.80	427.00	833.75	2 950.00	1 094.48
爱尔兰	808.09	3 062.55	424.08	1 236.18	-47.52	-59.64
瑞典	0.01	0.58	300.55	774.69	4 293 500.00	133 929.58

（续）

国家或地区	2008		2009		2009 年比 2008 年增加%	
	数量	金额	数量		数量	金额
中国（大陆）	9.45	32.63	50.00	200.60	429.10	514.85
乌克兰	100.00	323.50	49.98	110.28	-50.03	-65.91
英国	3.37	25.79	27.28	97.05	709.80	276.26
日本	9.68	144.93	12.66	254.13	30.82	75.35
新加坡	147.86	509.96	10.49	81.50	-92.90	-84.02
韩国	20.17	190.20	3.66	22.58	-81.87	-88.13
阿根廷	15.88	119.10	3.00	17.70	-81.11	-85.14
意大利	4.02	8.99	1.27	12.19	-68.31	35.58
乌拉圭			0.06	1.23		
中国台湾	0.87	5.84	0.01	0.08	-98.74	-98.71
土耳其	10.01	5.22	0.01	0.03	-99.90	-99.41
匈牙利			0.01	0.75		
马来西亚	7.26	28.36	0.00	0.03	-99.99	-99.89
其他	2 702.23	9 619.17				

8-27　奶粉分地区进口量值

单位：吨、千美元

地　区	2008		2009		2009 年比 2008 年增加%	
	数量	金额	数量	金额	数量	金额
全国合计	**101 026.63**	**398 117.73**	**246 787.44**	**580 408.93**	**144.28**	**45.79**
天津	25 637.95	89 468.09	58 077.50	124 657.75	126.53	39.33
广东	20 353.06	92 305.64	57 180.21	136 013.93	180.94	47.35
浙江	23 368.02	95 622.45	39 663.98	93 558.63	69.74	-2.16
山东	8 042.42	28 268.75	34 067.04	90 186.36	323.59	219.03
上海	11 800.25	46 641.48	26 251.60	60 886.84	122.47	30.54
北京	2 977.35	11 464.66	6 457.07	14 870.13	116.87	29.70
黑龙江	1 165.34	3 740.71	6 202.65	12 980.02	432.26	246.99
湖南	2 737.10	10 483.67	5 191.33	16 740.14	89.67	59.68
江苏	1 915.04	7 434.72	3 784.38	8 343.51	97.61	12.22
辽宁	14.26	327.60	2 018.19	4 419.55	14 050.84	1 249.06
内蒙古	420.51	1 515.61	1 889.68	4 255.50	349.38	180.78
山西			1 881.53	3 732.91		
福建	225.43	859.65	1 826.99	3 793.81	710.43	341.32
湖北			1 259.58	2 242.05		
河北	1 993.90	7 976.88	719.65	2 455.63	-63.91	-69.22
安徽	0.01	0.22	108.00	214.92	1 542 757.14	95 846.43
四川	3.65	61.06	98.01	235.69	2 584.58	286.00
海南	117.08	1 093.34	96.47	781.92	-17.60	-28.48
广西	13.50	71.49	13.50	29.70		-58.46
陕西			0.10	9.94		
其他	241.76	781.70				

8-28 奶粉出口货源地量值

单位：吨、千美元

地　区	2008		2009		2009年比2008年增加%	
	数量	金额	数量	金额	数量	金额
全国合计	**63 770.99**	**236 692.64**	**9 737.53**	**30 859.72**	**-84.73**	**-86.96**
黑龙江	35 147.54	132 713.21	4 327.71	14 811.77	-87.69	-88.84
内蒙古	5 099.31	17 999.62	2 914.00	8 020.70	-42.85	-55.44
云南	3 573.82	11 765.95	1 535.65	4 731.13	-57.03	-59.79
山东	15 857.07	59 002.44	553.89	1 953.03	-96.51	-96.69
辽宁	635.14	2 197.21	155.00	508.05	-75.60	-76.88
新疆	116.15	257.23	81.85	198.63	-29.53	-22.78
陕西	400.00	1 523.16	70.00	245.68	-82.50	-83.87
广东	446.09	2 140.53	46.41	259.86	-89.60	-87.86
安徽	35.00	118.98	40.00	80.00	14.29	-32.76
北京	857.25	3 186.21	10.00	41.35	-98.83	-98.70
上海	160.92	556.23	3.00	9.48	-98.14	-98.30
四川	0.01	0.03	0.02	0.06	38.46	107.14
其他	1 442.69	5 231.83				

8-29 奶粉出口目的地量值

单位：吨、千美元

国家或地区	2008		2009		2009年比2008年增加%	
	数量	金额	数量	金额	数量	金额
国家（地区）合计	**63 770.99**	**236 692.64**	**9 737.53**	**30 859.72**	**-84.73**	**-86.96**
委内瑞拉	35 530.00	131 632.83	5 250.00	18 017.86	-85.22	-86.31
尼日利亚	3 027.00	10 465.10	2 567.00	6 803.81	-15.20	-34.99
缅甸	2 772.91	8 877.80	1 518.65	4 693.73	-45.23	-47.13
巴基斯坦	116.15	257.23	81.85	198.63	-29.53	-22.78
泰国	3 126.14	11 334.30	76.96	299.05	-97.54	-97.36
越南	331.53	1 150.95	57.01	117.42	-82.81	-89.80
中国香港	2 528.39	9 720.18	54.13	205.31	-97.86	-97.89
阿联酋	798.83	2 949.21	46.18	259.07	-94.22	-91.22
中国台湾	8 095.67	31 580.07	24.60	41.82	-99.70	-99.87
阿鲁巴岛	7.86	33.42	23.59	85.74	200.00	156.59
朝鲜			19.00	67.36		
吉布提			10.00	41.35		
马来西亚	48.94	84.89	6.33	22.38	-87.08	-73.64
新加坡	280.00	1 065.80	2.00	5.38	-99.29	-99.50
德国	0.57	2.05	0.22	0.75	-61.55	-63.53
韩国	0.05	0.12	0.02	0.06	-66.04	-50.85
美国	0.03	0.08	0.01	0.02	-76.47	-77.50
其他	7 106.91	27 538.61				

8-30　奶油分国别进口量值

单位：吨、千美元

国家或地区	2008		2009		2009 年比 2008 年增加%	
	数量	金额	数量	金额	数量	金额
国家（地区）合计	**13 553.40**	**59 043.90**	**28 443.69**	**65 664.98**	**109.86**	**11.21**
新西兰	10 917.88	46 412.20	24 398.18	53 199.02	123.47	14.62
澳大利亚	1 023.81	3 927.47	2 135.37	4 961.20	108.57	26.32
法国	529.91	3 129.54	563.01	2 690.09	6.25	-14.04
比利时	371.41	2 086.03	336.41	1 301.84	-9.42	-37.59
芬兰	82.44	385.19	273.88	640.63	232.23	66.32
荷兰	202.05	960.85	229.20	774.77	13.44	-19.37
丹麦	99.01	696.96	144.89	836.81	46.34	20.07
美国	165.24	694.36	112.47	403.20	-31.94	-41.93
阿根廷	90.00	316.80	77.00	144.79	-14.44	-54.30
日本	0.21	2.01	63.73	286.76	30 390.43	14 152.63
德国	23.96	154.80	42.56	187.98	77.63	21.44
爱尔兰	18.17	96.61	32.61	159.66	79.49	65.26
乌拉圭			22.47	51.91		
新加坡			11.34	23.08		
意大利	7.21	26.19	0.21	1.43	-97.10	-94.53
泰国	16.67	115.84	0.19	1.04	-98.85	-99.10
韩国			0.14	0.28		
中国台湾	0.01	0.08	0.04	0.48	500.00	497.53
其他	5.42	38.97				

8-31　奶油分地区进口量值

单位：吨、千美元

地　区	2008		2009		2009 年比 2008 年增加%	
	数量	金额	数量	金额	数量	金额
全国合计	**13 553.40**	**59 043.90**	**28 443.69**	**65 664.98**	**109.86**	**11.21**
上海	5 165.45	21 840.50	13 086.58	30 529.40	153.35	39.78
广东	3 562.44	15 092.94	5 135.55	11 809.28	44.16	-21.76
天津	1 639.71	7 639.36	2 889.66	6 201.60	76.23	-18.82
北京	1 200.85	5 415.03	2 746.34	6 230.71	128.70	15.06
江苏	50.58	222.57	2 038.71	3 887.85	3 930.75	1 646.79
浙江	660.00	3 142.33	1 035.44	2 591.92	56.88	-17.52
山东	1 095.73	4 984.70	657.53	2 517.65	-39.99	-49.49
黑龙江			403.20	868.39		
福建			268.38	515.65		
辽宁	106.41	407.00	112.00	222.60	5.25	-45.31
海南	72.23	299.48	69.98	288.60	-3.12	-3.63
广西			0.19	1.04		
吉林			0.14	0.28		

8-32 乳清分国别进口量值

单位：吨、千美元

国家或地区	2008		2009		2009年比2008年增加%	
	数量	金额	数量	金额	数量	金额
国家（地区）合计	**213 134.32**	**312 133.31**	**288 753.81**	**284 220.37**	**35.48**	**-8.94**
美国	90 456.25	80 631.56	140 019.49	80 118.28	54.79	-0.64
法国	50 322.26	93 017.65	49 758.10	70 402.19	-1.12	-24.31
德国	9 746.60	14 804.68	15 106.66	19 159.63	54.99	29.42
荷兰	13 659.64	32 210.46	14 902.75	26 049.82	9.10	-19.13
芬兰	9 935.50	17 731.16	14 147.50	20 698.13	42.39	16.73
爱尔兰	8 630.05	16 255.98	13 069.61	20 438.83	51.44	25.73
澳大利亚	8 609.59	13 696.73	8 932.47	8 103.78	3.75	-40.83
加拿大	4 087.86	3 859.04	7 609.50	5 527.66	86.15	43.24
波兰	1 807.00	1 431.96	5 778.00	3 618.78	219.76	152.72
阿根廷	2 817.48	6 051.29	5 767.10	8 510.44	104.69	40.64
新西兰	6 752.63	20 727.00	3 728.44	9 633.05	-44.79	-53.52
乌克兰	1 875.00	1 442.03	3 174.93	1 734.12	69.33	20.26
奥地利	305.55	613.12	2 166.35	3 492.32	609.00	469.60
西班牙	96.00	75.02	1 392.00	1 138.76	1 350.00	1 418.00
意大利	445.40	752.11	645.98	762.44	45.03	1.37
比利时	440.54	779.23	527.50	839.68	19.74	7.76
日本	306.06	616.90	392.00	1 152.49	28.08	86.82
印度	2 258.00	5 472.85	384.00	535.88	-82.99	-90.21
南非	0.01	0.29	325.00	205.25	4 642 757.14	71 415.68
丹麦	168.87	1 343.06	310.56	1 732.68	83.90	29.01
乌拉圭			250.00	145.87		
立陶宛	100.00	83.00	250.00	141.68	150.00	70.70
英国			75.75	49.06		
中国香港			20.00	10.50		
蒙古			10.15	8.12		
韩国			9.98	10.93		
其他	314.05	538.21				

8-33 乳清分地区进口量值

单位：吨、千美元

地 区	2008		2009		2009年比2008年增加%	
	数量	金额	数量	金额	数量	金额
全国合计	**213 134.32**	**312 133.31**	**288 753.81**	**284 220.37**	**35.48**	**-8.94**
天津	61 045.06	104 195.08	77 842.47	89 808.75	27.52	-13.81
上海	34 148.87	43 942.77	41 552.56	36 271.87	21.68	-17.46
广东	15 877.88	18 104.46	27 871.41	23 012.11	75.54	27.11
辽宁	10 960.38	14 914.23	25 743.86	28 942.33	134.88	94.06
山东	22 982.47	45 203.42	24 320.72	31 984.03	5.82	-29.24
北京	18 979.30	20 786.25	22 867.73	17 079.54	20.49	-17.83
福建	10 698.00	6 080.16	19 495.10	9 046.46	82.23	48.79
浙江	17 389.57	27 732.42	17 950.68	18 047.61	3.23	-34.92
黑龙江	9 953.49	18 979.96	12 051.65	19 197.92	21.08	1.15
云南	3 025.97	3 649.18	4 989.95	2 787.71	64.90	-23.61
安徽	1 129.62	975.91	3 613.47	1 886.15	219.89	93.27
湖南	128.85	58.16	2 893.90	1 661.15	2 145.95	2 756.37
河北	1 023.00	1 949.57	2 291.58	1 418.63	124.01	-27.23
江苏	2 548.96	1 997.71	1 537.47	739.51	-39.68	-62.98
四川	1 493.80	830.52	1 416.15	630.11	-5.20	-24.13
湖北			1 264.23	753.06		
陕西			746.35	402.15		
内蒙古	560.11	1 761.79	290.95	445.21	-48.06	-74.73
海南			13.60	106.08		
其他	1 189.00	971.73				

8-34 炼乳分国别进口量值

单位：吨、千美元

国家或地区	2008		2009		2009年比2008年增加%	
	数量	金额	数量	金额	数量	金额
国家（地区）合计	**852.49**	**3 129.86**	**1 732.28**	**3 975.08**	**103.20**	**27.01**
德国	233.55	694.70	503.33	1 058.57	115.52	52.38
新西兰	361.87	1 578.93	409.37	916.50	13.13	-41.95
荷兰	54.49	110.79	239.34	451.07	339.23	307.15
澳大利亚	128.28	378.75	179.46	568.49	39.91	50.09
美国	4.94	40.81	147.69	312.70	2 887.90	666.19
泰国			92.01	97.89		
比利时	0.01	0.01	71.05	202.96	1 420 820.00	1 449 614.29
日本	35.87	197.81	24.84	151.89	-30.77	-23.21
法国	24.36	113.59	22.11	103.84	-9.22	-8.58
马来西亚	0.73	0.66	17.19	33.72	2 264.79	5 040.24
新加坡	6.86	8.31	8.29	9.97	20.82	20.02
丹麦			6.16	24.37		
科威特	0.90	2.78	5.04	9.94	457.52	257.92
瑞士			3.53	14.12		
中国（大陆）			2.26	16.25		
意大利	0.23	1.42	0.49	2.37	113.16	66.50
韩国	0.41	1.31	0.13	0.36	-69.73	-72.60
英国			0.01	0.07		

8-35 炼乳分地区进口量值

单位：吨、千美元

地　区	2008		2009		2009 年比 2008 年增加%	
	数量	金额	数量	金额	数量	金额
全国合计	**852.49**	**3 129.86**	**1 732.28**	**3 975.08**	**103.20**	**27.01**
上海	219.70	515.36	839.66	1 950.58	282.18	278.49
广东	110.52	358.87	406.24	713.31	267.59	98.77
北京	149.01	456.09	356.12	822.57	138.99	80.35
天津	260.62	1 244.14	57.60	168.88	-77.90	-86.43
江苏	84.03	396.47	33.66	164.38	-59.95	-58.54
海南	7.59	8.96	22.88	30.34	201.57	238.62
山东	12.33	83.93	15.96	121.58	29.50	44.85
辽宁			0.16	3.27		
浙江	8.70	66.03	0.01	0.16	-99.94	-99.76

8-36 炼乳出口货源地量值

单位：吨、千美元

地　区	2008		2009		2009 年比 2008 年增加%	
	数量	金额	数量	金额	数量	金额
全国合计	**8 053.66**	**11 710.08**	**3 691.95**	**5 711.10**	**-54.16**	**-51.23**
山东	5 073.58	8 280.71	3 475.73	5 190.18	-31.49	-37.32
广东	730.57	1 412.79	196.57	497.13	-73.09	-64.81
浙江	359.21	421.53	19.66	23.80	-94.53	-94.35
其他	1 890.30	1 595.05				

8-37 炼乳出口目的地量值

单位：吨、千美元

国家或地区	2008		2009		2009 年比 2008 年增加%	
	数量	金额	数量	金额	数量	金额
国家（地区）合计	**8 053.66**	**11 710.08**	**3 691.95**	**5 711.10**	**-54.16**	**-51.23**
中国香港	4 912.78	7 573.21	3 483.49	5 195.21	-29.09	-31.40
新加坡	1 332.53	957.87	60.19	46.08	-95.48	-95.19
以色列	17.34	34.27	52.01	152.01	199.95	343.53
乌干达			44.17	218.64		
喀麦隆	181.41	372.75	21.33	46.32	-88.24	-87.57
洪都拉斯			19.66	23.80		
佛得角	34.22	73.44	11.00	28.80	-67.84	-60.78
韩国	0.41	1.27	0.12	0.25	-71.67	-80.25
其他	1 574.98	2 697.27				

8-38　干酪分国别进口量值

单位：吨、千美元

国家或地区	2008		2009		2009年比2008年增加%	
	数量	金额	数量	金额	数量	金额
国家（地区）合计	**13 904.35**	**73 827.07**	**16 976.78**	**69 660.00**	**22.10**	**-5.64**
新西兰	6 232.89	29 063.50	8 734.60	31 343.83	40.14	7.85
澳大利亚	3 431.77	16 472.35	4 488.92	16 217.94	30.81	-1.54
美国	1 998.16	11 186.99	1 691.00	7 696.40	-15.37	-31.20
法国	445.01	4 707.53	362.12	3 817.10	-18.63	-18.92
荷兰	119.39	773.58	345.45	1 746.40	189.36	125.76
阿根廷	175.03	851.26	247.43	686.57	41.37	-19.35
意大利	215.71	2 290.31	242.26	2 266.03	12.31	-1.06
德国	401.25	2 447.47	167.59	948.79	-58.23	-61.23
丹麦	165.56	1 590.40	139.06	1 360.95	-16.01	-14.43
奥地利	118.11	565.57	96.37	419.72	-18.41	-25.79
新加坡	59.70	352.49	76.23	418.70	27.68	18.79
瑞士	40.01	483.11	52.04	588.77	30.07	21.87
日本	56.51	517.80	50.51	560.70	-10.61	8.28
乌拉圭	175.00	861.56	50.01	142.39	-71.43	-83.47
马来西亚	190.24	1 016.43	48.45	267.50	-74.53	-73.68
韩国	5.33	24.57	46.97	139.24	781.96	466.77
印度尼西亚			43.59	250.19		
爱尔兰	35.12	226.12	40.13	295.08	14.27	30.49
波兰	9.36	94.14	16.28	128.42	73.96	36.42
瑞典	12.42	120.31	12.68	137.34	2.09	14.15
土耳其	0.16	2.11	6.84	36.92	4 122.84	1 651.38
英国	0.42	5.87	6.64	59.15	1 469.27	907.63
斯洛伐克	2.64	26.59	4.93	45.75	86.63	72.07
希腊	6.69	59.47	2.99	49.46	-55.27	-16.83
西班牙	1.41	23.97	1.24	23.25	-12.07	-3.02
立陶宛			1.00	2.64		
中国台湾	0.27	3.40	0.98	4.94	261.48	45.38
塞浦路斯	0.29	4.69	0.25	1.57	-12.89	-66.58
中国香港	0.21	0.57	0.16	3.04	-24.29	437.70
斯洛文尼亚			0.04	0.81		
爱沙尼亚	0.36	4.04	0.03	0.28	-90.45	-93.07
泰国			0.01	0.15		
其他	5.37	50.89				

8-39　干酪分地区进口量值

单位：吨、千美元

地　区	2008		2009		2009 年比 2008 年增加%	
	数量	金额	数量	金额	数量	金额
全国合计	**13 904.35**	**73 827.07**	**16 976.78**	**69 660.00**	**22.10**	**-5.64**
上海	5 685.36	32 643.84	7 979.03	34 187.12	40.34	4.73
北京	2 465.72	12 788.87	3 361.83	13 144.05	36.34	2.78
广东	2 369.15	12 135.20	2 253.45	9 954.29	-4.88	-17.97
天津	743.39	3 929.97	1 027.03	3 533.79	38.16	-10.08
福建	1 597.94	7 069.26	912.26	3 013.11	-42.91	-57.38
辽宁	320.55	1 519.40	535.70	1 849.05	67.12	21.70
山东	511.79	2 381.03	331.75	1 173.13	-35.18	-50.73
浙江	3.65	48.17	268.99	930.91	7 269.53	1 832.68
内蒙古	81.71	436.89	139.53	673.52	70.77	54.16
河南	68.56	393.61	72.60	389.55	5.89	-1.03
江苏	18.41	153.75	60.13	520.00	226.62	238.20
陕西	36.65	319.50	29.18	242.04	-20.37	-24.24
海南	0.68	4.95	4.54	43.46	566.91	778.42
吉林			0.46	1.32		
四川			0.26	4.26		
安徽			0.04	0.39		
其他	0.80	2.64				

Ⅸ. 乳制品消费

9-1　各地区城镇居民平均每人全年可支配收入

单位：元/人

地　区	2004	2005	2006	2007	2008	2009
全国平均	**9 421.61**	**10 493.03**	**11 759.45**	**13 785.79**	**15 780.76**	**17 174.65**
北　京	15 637.84	17 652.95	19 977.52	21 988.71	24 724.89	26 738.48
天　津	11 467.16	12 638.55	14 283.09	16 357.35	19 422.53	21 402.01
河　北	7 951.31	9 107.09	10 304.56	11 690.47	13 441.09	14 718.25
山　西	7 902.86	8 913.91	10 027.70	11 564.95	13 119.05	13 996.55
内蒙古	8 122.99	9 136.79	10 357.99	12 377.84	14 432.55	15 849.19
辽　宁	8 007.56	9 107.55	10 369.61	12 300.39	14 392.69	15 761.38
吉　林	7 840.61	8 690.62	9 775.07	11 285.52	12 829.45	14 006.27
黑龙江	7 470.71	8 272.51	9 182.31	10 245.28	11 581.28	12 565.98
上　海	16 682.82	18 645.03	20 667.91	23 622.73	26 674.90	28 837.78
江　苏	10 481.93	12 318.57	14 084.26	16 378.01	18 679.52	20 551.72
浙　江	14 546.38	16 293.77	18 265.10	20 573.82	22 726.66	24 610.81
安　徽	7 511.43	8 470.68	9 771.05	11 473.58	12 990.35	14 085.74
福　建	11 175.37	12 321.31	13 753.28	15 505.42	17 961.45	19 576.83
江　西	7 559.64	8 619.66	9 551.12	11 451.69	12 866.44	14 021.54
山　东	9 437.80	10 744.79	12 192.24	14 264.70	16 305.41	17 811.04
河　南	7 704.90	8 667.97	9 810.26	11 477.05	13 231.11	14 371.56
湖　北	8 022.75	8 785.94	9 802.65	11 485.80	13 152.86	14 367.48
湖　南	8 617.48	9 523.97	10 504.67	12 293.54	13 821.16	15 084.31
广　东	13 627.65	14 769.94	16 015.58	17 699.30	19 732.86	21 574.72
广　西	8 689.99	9 286.70	9 898.75	12 200.44	14 146.04	15 451.48
海　南	7 735.78	8 123.94	9 395.13	10 996.87	12 607.84	13 750.85
重　庆	9 220.96	10 243.46	11 569.74	12 590.78	14 367.55	15 748.67
四　川	7 709.87	8 385.96	9 350.11	11 098.28	12 633.38	13 839.40
贵　州	7 322.05	8 151.13	9 116.61	10 678.40	11 758.76	12 862.53
云　南	8 870.88	9 265.90	10 069.89	11 496.11	13 250.22	14 423.93
西　藏	9 106.07	9 431.18	8 941.08	11 130.93	12 481.51	13 544.41
陕　西	7 492.47	8 272.02	9 267.70	10 763.34	12 857.89	14 128.76
甘　肃	7 376.74	8 086.82	8 920.59	10 012.34	10 969.41	11 929.78
青　海	7 319.67	8 057.85	9 000.35	10 276.06	11 640.43	12 691.85
宁　夏	7 217.87	8 093.64	9 177.26	10 859.33	12 931.53	14 024.70
新　疆	7 503.42	7 990.15	8 871.27	10 313.44	11 432.10	12 257.52

9-2 各地区城镇居民平均每人全年消费性支出

单位：元/人

	2005	2006	2007	2008	2009
全国平均	**7 942.88**	**8 696.55**	**9 997.47**	**11 242.80**	**12 264.55**
北　京	13 244.20	14 825.41	15 330.44	16 460.26	17 893.30
天　津	9 653.26	10 548.05	12 028.88	13 422.47	14 801.35
河　北	6 699.67	7 343.49	8 234.97	9 086.73	9 678.75
山　西	6 342.63	7 170.94	8 101.84	8 806.55	9 355.10
内蒙古	6 928.60	7 666.61	9 281.46	10 827.04	12 369.87
辽　宁	7 369.27	7 987.49	9 429.73	11 231.48	12 324.58
吉　林	6 794.71	7 352.64	8 560.30	9 729.05	10 914.44
黑龙江	6 178.01	6 655.43	7 519.28	8 622.97	9 629.60
上　海	13 773.41	14 761.75	17 255.38	19 397.89	20 992.35
江　苏	8 621.82	9 628.59	10 715.15	11 977.55	13 153.00
浙　江	12 253.74	13 348.51	14 091.19	15 158.30	16 683.48
安　徽	6 367.67	7 294.73	8 531.90	9 524.04	10 233.98
福　建	8 794.41	9 807.71	11 055.13	12 501.12	13 450.57
江　西	6 109.39	6 645.54	7 810.73	8 717.37	9 739.99
山　东	7 457.31	8 468.40	9 666.61	11 006.61	12 012.73
河　南	6 038.02	6 685.18	7 826.72	8 837.46	9 566.99
湖　北	6 736.56	7 397.32	8 701.18	9 477.51	10 294.07
湖　南	7 504.99	8 169.30	8 990.72	9 945.52	10 828.23
广　东	11 809.87	12 432.22	14 336.87	15 527.97	16 857.50
广　西	7 032.80	6 791.95	8 151.26	9 627.40	10 352.38
海　南	5 928.79	7 126.78	8 292.89	9 408.48	10 086.65
重　庆	8 623.29	9 398.69	9 890.31	11 146.80	12 144.06
四　川	6 891.27	7 524.81	8 691.99	9 679.14	10 860.20
贵　州	6 159.29	6 848.39	7 758.69	8 349.21	9 048.29
云　南	6 996.90	7 379.81	7 921.83	9 076.61	10 201.81
西　藏	8 617.11	6 192.57	7 532.07	8 323.54	9 034.31
陕　西	6 656.46	7 553.28	8 427.06	9 772.07	10 705.67
甘　肃	6 529.20	6 974.21	7 875.78	8 308.62	8 890.79
青　海	6 245.26	6 530.11	7 512.39	8 203.17	8 786.52
宁　夏	6 404.31	7 205.57	7 817.28	9 558.29	10 280.00
新　疆	6 207.52	6 730.01	7 874.27	8 669.36	9 327.55

9-3 各地区农村居民平均每人全年纯收入

单位：元/人

地　区	2005	2006	2007	2008	2009
全国平均	**3 254.93**	**3 587.04**	**4 140.40**	**4 760.62**	**5 153.17**
北　京	7 346.26	8 275.47	9 439.63	10 661.92	11 668.59
天　津	5 579.87	6 227.94	7 010.06	7 910.78	8 687.56
河　北	3 481.64	3 801.82	4 293.43	4 795.46	5 149.67
山　西	2 890.66	3 180.92	3 665.66	4 097.24	4 244.10
内蒙古	2 988.87	3 341.88	3 953.10	4 656.18	4 937.80
辽　宁	3 690.21	4 090.40	4 773.43	5 576.48	5 958.00
吉　林	3 263.99	3 641.13	4 191.34	4 932.74	5 265.91
黑龙江	3 221.27	3 552.43	4 132.29	4 855.59	5 206.76
上　海	8 247.77	9 138.65	10 144.62	11 440.26	12 482.94
江　苏	5 276.29	5 813.23	6 561.01	7 356.47	8 003.54
浙　江	6 659.95	7 334.81	8 265.15	9 257.93	10 007.31
安　徽	2 640.96	2 969.08	3 556.27	4 202.49	4 504.32
福　建	4 450.36	4 834.75	5 467.08	6 196.07	6 680.18
江　西	3 128.89	3 459.53	4 044.70	4 697.19	5 075.01
山　东	3 930.55	4 368.33	4 985.34	5 641.43	6 118.77
河　南	2 870.58	3 261.03	3 851.60	4 454.24	4 806.95
湖　北	3 099.20	3 419.35	3 997.48	4 656.38	5 035.26
湖　南	3 117.74	3 389.62	3 904.20	4 512.46	4 909.04
广　东	4 690.49	5 079.78	5 624.04	6 399.79	6 906.93
广　西	2 494.67	2 770.48	3 224.05	3 690.34	3 980.44
海　南	3 004.03	3 255.53	3 791.37	4 389.97	4 744.36
重　庆	2 809.32	2 873.83	3 509.29	4 126.21	4 478.35
四　川	2 802.78	3 002.38	3 546.69	4 121.21	4 462.05
贵　州	1 876.96	1 984.62	2 373.99	2 796.93	3 005.41
云　南	2 041.79	2 250.46	2 634.09	3 102.60	3 369.34
西　藏	2 077.90	2 435.02	2 788.20	3 175.82	3 531.72
陕　西	2 052.63	2 260.19	2 644.69	3 136.46	3 437.55
甘　肃	1 979.88	2 134.05	2 328.92	2 723.79	2 980.10
青　海	2 151.46	2 358.37	2 683.78	3 061.24	3 346.15
宁　夏	2 508.89	2 760.14	3 180.84	3 681.42	4 048.33
新　疆	2 482.15	2 737.28	3 182.97	3 502.90	3 883.10

9-4 各地区农村居民平均每人全年生活消费支出

单位：元/人

地 区	2005	2006	2007	2008	2009
全国平均	**2 555.40**	**2 829.02**	**3 223.85**	**3 660.68**	**3 993.45**
北 京	5 315.71	5 724.50	6 399.27	7 284.65	8 897.59
天 津	3 035.96	3 341.06	3 538.31	3 825.43	4 273.15
河 北	2 165.72	2 495.33	2 786.77	3 125.55	3 349.74
山 西	1 877.70	2 253.25	2 682.57	3 097.54	3 304.76
内蒙古	2 446.17	2 771.97	3 256.15	3 618.11	3 968.42
辽 宁	2 805.94	3 066.87	3 368.16	3 814.03	4 254.03
吉 林	2 305.98	2 700.66	3 065.44	3 443.24	3 902.90
黑龙江	2 544.65	2 618.19	3 117.44	3 844.73	4 241.27
上 海	7 277.94	8 006.00	8 844.88	9 119.67	9 804.37
江 苏	3 567.11	4 135.21	4 786.15	5 328.37	5 804.45
浙 江	5 432.95	6 057.16	6 801.60	7 534.09	7 731.70
安 徽	2 196.23	2 420.94	2 754.04	3 284.11	3 655.02
福 建	3 292.63	3 591.40	4 053.47	4 661.94	5 015.72
江 西	2 483.70	2 676.60	2 994.49	3 309.21	3 532.66
山 东	2 735.77	3 143.80	3 621.57	4 077.05	4 417.18
河 南	1 891.57	2 229.28	2 676.41	3 044.21	3 388.47
湖 北	2 430.19	2 732.46	3 090.00	3 652.57	3 725.24
湖 南	2 756.43	3 013.32	3 377.38	3 804.97	4 020.87
广 东	3 707.73	3 885.97	4 202.32	4 872.46	5 019.81
广 西	2 349.60	2 413.93	2 747.47	2 985.03	3 231.14
海 南	1 969.09	2 232.19	2 556.56	2 883.10	3 088.56
重 庆	2 142.12	2 205.21	2 526.70	2 884.92	3 142.14
四 川	2 274.17	2 395.04	2 747.27	3 127.94	4 141.40
贵 州	1 552.39	1 627.07	1 913.71	2 165.70	2 421.95
云 南	1 789.00	2 195.64	2 637.18	2 990.61	2 924.85
西 藏	1 723.76	2 002.24	2 217.62	2 199.59	2 399.47
陕 西	1 896.48	2 181.00	2 559.59	2 979.37	3 349.23
甘 肃	1 819.58	1 855.49	2 017.21	2 400.95	2 766.45
青 海	1 976.03	2 178.95	2 446.50	2 896.62	3 209.41
宁 夏	2 094.48	2 246.97	2 528.76	3 094.86	3 347.94
新 疆	1 924.41	2 032.36	2 350.58	2 691.79	2 950.63

9-5　全国城镇居民家庭平均每人全年食品消费支出

单位：元/人

地　区	2005	2006	2007	2008	2009
全国平均	**2 914.39**	**3 111.92**	**3 628.03**	**4 259.79**	**4 478.54**
北　京	4 215.56	4 560.52	4 934.05	5 561.54	5 936.11
天　津	3 542.90	3 680.22	4 249.31	5 005.09	5 404.53
河　北	2 315.76	2 492.26	2 789.85	3 155.40	3 250.77
山　西	2 056.79	2 252.50	2 600.37	2 974.76	3 071.93
内蒙古	2 177.63	2 323.55	2 824.89	3 552.94	3 772.63
辽　宁	2 860.98	3 102.13	3 560.21	4 378.14	4 680.85
吉　林	2 356.00	2 457.21	2 842.68	3 307.14	3 637.32
黑龙江	2 071.62	2 215.68	2 633.18	3 128.10	3 397.41
上　海	4 940.06	5 248.95	6 125.45	7 108.62	7 344.83
江　苏	3 205.79	3 462.66	3 928.71	4 544.64	4 773.67
浙　江	4 140.34	4 393.40	4 892.58	5 522.56	5 604.72
安　徽	2 781.50	3 091.28	3 384.38	3 905.05	4 051.40
福　建	3 595.20	3 854.26	4 296.22	5 078.85	5 336.36
江　西	2 495.09	2 636.93	3 192.61	3 633.05	3 881.56
山　东	2 512.73	2 711.65	3 180.64	3 699.42	3 954.34
河　南	2 067.51	2 215.32	2 707.44	3 079.82	3 272.75
湖　北	2 625.41	2 868.39	3 455.98	3 996.27	4 160.51
湖　南	2 689.39	2 850.94	3 243.88	3 970.42	4 174.55
广　东	4 265.19	4 503.86	5 056.68	5 866.91	6 225.22
广　西	2 906.73	2 857.40	3 398.09	4 082.99	4 129.55
海　南	2 819.96	3 097.71	3 546.67	4 226.90	4 507.81
重　庆	3 135.65	3 415.92	3 674.28	4 418.34	4 576.23
四　川	2 709.69	2 838.22	3 580.14	4 255.48	4 391.73
贵　州	2 458.30	2 649.02	3 122.46	3 597.94	3 755.61
云　南	2 997.06	3 102.46	3 562.33	4 272.29	4 460.58
西　藏	3 830.45	3 107.90	3 836.51	4 262.77	4 581.60
陕　西	2 401.52	2 588.91	3 063.69	3 586.13	3 988.57
甘　肃	2 352.82	2 408.37	2 824.42	3 183.79	3 359.30
青　海	2 267.36	2 366.42	2 803.45	3 315.61	3 548.85
宁　夏	2 228.63	2 444.98	2 760.74	3 352.83	3 432.23
新　疆	2 257.44	2 386.97	2 760.69	3 235.77	3 386.33

9-6 全国城镇居民家庭平均每人全年乳制品消费支出

单位：元/人

地 区	2005	2006	2007	2008	2009
全国平均	**138.62**	**150.23**	**160.72**	**189.84**	**196.14**
北 京	270.43	279.86	279.45	332.13	341.88
天 津	149.17	153.15	182.18	211.11	205.93
河 北	134.25	140.61	150.19	169.14	166.38
山 西	154.26	171.83	183.97	205.47	210.64
内蒙古	120.14	124.96	133.32	159.78	175.51
辽 宁	140.14	149.13	153.06	213.15	218.57
吉 林	105.30	106.45	120.13	126.55	146.29
黑龙江	95.60	106.33	112.49	129.59	135.19
上 海	246.88	267.34	313.04	341.69	361.73
江 苏	156.29	173.07	182.26	216.44	216.79
浙 江	155.28	160.25	169.31	210.20	206.77
安 徽	154.65	175.09	192.84	238.78	229.03
福 建	152.34	159.06	164.79	201.42	192.71
江 西	119.63	129.09	157.46	169.30	180.77
山 东	159.61	176.72	197.63	215.95	217.93
河 南	115.26	123.22	145.11	140.81	148.30
湖 北	110.25	124.17	143.62	148.87	149.54
湖 南	119.20	117.88	106.98	134.95	131.35
广 东	134.49	157.28	147.10	207.50	220.52
广 西	99.58	95.03	118.27	139.58	145.27
海 南	69.53	83.86	104.07	113.17	144.38
重 庆	168.05	187.78	181.94	204.16	214.01
四 川	138.86	146.25	161.74	190.15	211.75
贵 州	96.40	107.11	118.30	118.35	133.15
云 南	78.23	68.82	56.58	65.48	83.85
西 藏	339.90	269.24	284.90	311.74	283.24
陕 西	124.31	133.19	151.78	197.88	222.41
甘 肃	136.80	137.93	140.87	140.37	149.56
青 海	104.44	112.77	138.73	141.33	175.18
宁 夏	124.17	135.05	154.82	199.40	179.24
新 疆	113.75	123.65	132.77	148.52	151.64

9-7　全国城镇居民家庭平均每人全年酸奶购买量

单位：千克/人

年份	总平均	最低收入	其中：困难户	低收入户	中等偏下　户	中等收入　户	中等偏上　户	高收入户	最高收入　户
1995	0.26	0.09	0.07	0.18	0.23	0.26	0.31	0.36	0.41
2000	1.12	0.51	0.41	0.62	0.88	1.09	1.42	1.52	2.06
2001	1.36	0.55	0.46	0.78	1.10	1.30	1.69	2.17	2.27
2002	1.82	0.51	0.34	0.98	1.35	1.76	2.30	2.74	3.31
2003	2.53	0.68	0.46	1.35	2.01	2.57	3.11	3.92	4.33
2004	2.85	1.05	0.75	1.60	2.36	2.96	3.56	3.96	4.82
2005	3.23	1.00	0.72	2.09	2.55	3.51	3.97	4.71	5.62
2006	3.72	1.39	1.02	2.27	3.13	3.87	4.58	5.22	6.31
2007	3.97	1.85	1.56	2.83	3.41	4.22	4.61	5.51	5.94
2008	3.54	1.60	1.36	2.43	2.98	3.74	4.32	5.04	5.49
2009	3.88	1.89	1.58	2.75	3.38	4.20	4.68	5.23	5.73

9-8　全国城镇居民家庭平均每人全年奶粉购买量

单位：千克/人

年份	总平均	最低收入	其中：困难户	低收入户	中等偏下　户	中等收入　户	中等偏上　户	高收入户	最高收入　户
1995	0.35	0.19	0.16	0.23	0.33	0.39	0.41	0.42	0.50
2000	0.49	0.26	0.24	0.36	0.43	0.52	0.56	0.67	0.70
2001	0.50	0.29	0.27	0.34	0.46	0.52	0.56	0.62	0.74
2002	0.55	0.34	0.25	0.42	0.57	0.58	0.59	0.68	0.65
2003	0.56	0.31	0.30	0.46	0.57	0.61	0.62	0.62	0.63
2004	0.51	0.26	0.20	0.41	0.50	0.58	0.57	0.60	0.62
2005	0.52	0.28	0.24	0.42	0.51	0.54	0.59	0.63	0.71
2006	0.50	0.28	0.21	0.39	0.47	0.55	0.56	0.62	0.64
2007	0.45	0.28	0.24	0.43	0.44	0.48	0.51	0.51	0.52
2008	0.57	0.37	0.32	0.45	0.52	0.61	0.65	0.68	0.71
2009	0.48	0.25	0.24	0.38	0.41	0.51	0.58	0.60	0.74

9-9　全国城镇居民家庭平均每人全年鲜奶购买量

单位：千克/人

年份	总平均	最低收入	其中：困难户	低收入户	中等偏下　户	中等收入　户	中等偏上　户	高收入户	最高收入　户
1995	4.62	2.56	2.26	3.24	3.93	4.71	5.13	6.27	7.57
2000	9.94	4.59	3.95	6.04	8.27	9.83	11.95	14.07	17.52
2001	11.90	5.61	4.96	7.73	9.69	11.78	14.79	16.80	19.60
2002	15.68	4.83	3.59	8.39	11.78	15.79	19.99	23.63	26.46
2003	18.62	6.71	5.23	10.85	15.51	18.94	23.43	26.82	28.29
2004	18.83	7.79	6.34	12.7	16.49	18.93	23.18	26.18	28.30
2005	17.92	7.80	6.41	11.70	15.30	18.69	22.56	25.74	26.05
2006	18.32	8.80	7.32	12.91	16.26	19.16	22.29	24.52	25.91
2007	17.75	9.57	8.13	12.53	15.35	19.16	21.02	23.23	24.89
2008	15.19	7.56	6.66	10.30	13.17	15.84	18.81	20.80	22.37
2009	14.91	8.01	6.98	10.47	12.80	15.98	18.20	20.08	21.35

9-10　各地区农村居民家庭平均每人全年鲜奶购买量

单位：千克/人

地　区	2001	2002	2003	2004	2005	2006	2007	2008	2009
全国平均	**0.27**	**0.33**	**0.60**	**0.78**	**1.22**	**1.42**	**1.62**	**1.38**	**1.39**
北　京	5.98	6.54	8.30	10.65	9.63	9.81	8.89	6.97	7.36
天　津	0.47	0.54	1.40	1.93	2.84	5.18	4.85	3.83	4.78
河　北	0.08	0.15	0.40	1.02	1.75	2.40	2.45	2.37	2.09
山　西	0.66	0.99	1.30	1.85	3.10	3.43	5.02	3.89	3.49
内蒙古	0.35	0.41	0.90	1.36	2.27	2.55	2.91	2.68	2.66
辽　宁	0.33	0.35	0.60	0.87	1.80	2.17	2.28	2.29	2.19
吉　林	0.02	0.02	0.20	0.28	0.74	1.16	1.89	1.47	1.49
黑龙江	0.21	0.25	0.50	0.48	1.10	1.32	1.95	1.57	1.71
上　海	1.44	1.77	2.90	3.43	7.42	7.52	7.33	5.71	5.40
江　苏	0.35	0.55	1.20	1.62	3.03	3.32	3.62	3.42	3.38
浙　江	0.53	0.74	1.20	1.32	2.27	1.99	2.08	1.94	2.13
安　徽	0.01	0.02		0.03	0.10	0.20	0.17	0.14	0.29
福　建	0.49	0.78	1.10	1.35	1.67	1.67	2.11	1.42	1.20
江　西	0.01	0.03	0.10	0.18	0.40	0.54	0.61	0.51	0.68
山　东	0.50	0.84	1.90	2.68	4.15	4.87	5.78	4.57	3.97
河　南	0.04	0.06	0.10	0.16	0.20	0.37	0.42	0.49	0.49
湖　北	0.01			0.02	0.05	0.08	0.09	0.15	0.14
湖　南	0.01			0.09	0.13	0.20	0.22	0.15	0.13
广　东	0.05	0.06	0.10	0.12	0.15	0.33	0.25	0.18	0.13
广　西					0.03	0.01	…	0.03	0.03
海　南		0.02		0.01	0.03	0.02	…	0.03	0.03
重　庆	0.03	0.04	0.10	0.09	0.29	0.39	0.61	0.52	0.51
四　川	0.04	0.07	0.20	0.20	0.59	0.74	0.82	0.70	1.29
贵　州					0.08	0.15	0.09	0.08	0.12
云　南	0.06	0.08	0.10	0.09	0.13	0.12	0.12	0.11	0.15
西　藏	1.91				0.07	0.01	…	0.01	0.03
陕　西	0.53	0.49	0.50	0.73	1.03	0.95	1.08	0.95	1.20
甘　肃	0.19	0.23	0.30	0.68	0.94	1.50	1.71	1.47	1.27
青　海	0.44	0.54	0.60	0.90	0.79	0.93	1.43	1.44	1.60
宁　夏	0.30	0.40	0.50	0.79	1.58	1.08	2.01	1.42	1.18
新　疆	0.50	0.68	0.40	1.11	0.97	1.33	1.17	1.07	1.79

9-11　各地区农村居民家庭平均每人全年乳及乳制品消费量

单位：千克/人

地　区	2001	2002	2003	2004	2005	2006	2007	2008	2009
全国平均	**1.20**	**1.19**	**1.71**	**1.98**	**2.86**	**3.15**	**3.52**	**3.43**	**3.60**
北　京	8.29	10.51	10.47	12.64	12.12	13.31	11.61	9.42	10.50
天　津	1.00	1.28	1.85	2.36	3.43	5.65	5.40	4.63	5.70
河　北	0.32	0.43	0.67	1.46	2.40	3.23	3.44	3.57	3.24
山　西	0.90	1.34	1.79	2.38	3.89	4.84	6.93	5.63	5.36
内蒙古	2.89	3.05	4.99	4.80	6.23	7.70	6.64	6.96	6.54
辽　宁	0.51	0.66	0.97	1.33	2.53	3.08	3.11	3.05	3.19
吉　林	0.14	0.15	0.42	0.55	1.15	1.73	2.62	2.22	2.49
黑龙江	0.49	0.49	0.73	1.05	1.85	1.93	3.17	2.86	2.92
上　海	2.50	2.41	4.47	4.70	9.12	9.68	9.89	7.09	7.02
江　苏	0.64	0.96	1.66	2.23	4.10	4.97	5.75	6.02	5.86
浙　江	1.28	1.83	3.15	3.07	4.17	4.91	5.17	5.19	5.58
安　徽	0.16	0.20	0.25	0.25	0.62	0.86	1.09	1.22	1.39
福　建	0.74	1.08	1.56	1.96	2.59	3.13	3.86	3.70	4.37
江　西	0.15	0.23	0.40	0.46	1.05	1.38	1.59	2.10	6.61
山　东	0.98	1.55	2.41	3.46	5.78	6.30	7.35	6.67	6.12
河　南	0.22	0.33	0.35	0.44	0.85	1.21	1.49	2.18	2.15
湖　北	0.21	0.05	0.08	0.11	0.23	0.33	0.50	0.81	1.11
湖　南	0.09	0.11	0.16	0.27	0.52	0.79	0.88	0.69	0.75
广　东	0.11	0.13	0.21	0.20	0.35	0.57	0.58	0.55	0.54
广　西	0.02	0.03	0.05	0.04	0.09	0.13	0.18	0.21	0.26
海　南	0.05	0.23	0.07	0.07	0.14	0.16	0.13	0.15	0.21
重　庆	0.09	0.26	0.18	0.18	0.49	0.77	1.21	1.17	1.23
四　川	0.75	1.07	0.83	1.14	1.13	1.39	1.58	1.61	2.69
贵　州	0.03	0.05	0.03	0.04	0.17	0.28	0.23	0.25	0.35
云　南	0.13	0.25	0.23	0.20	0.23	0.21	0.25	0.29	0.40
西　藏	30.71	15.18	33.68	36.09	47.23	37.60	37.65	35.35	30.66
陕　西	1.11	1.13	1.14	1.23	2.17	2.49	3.10	3.36	3.94
甘　肃	0.58	0.69	0.75	1.16	1.36	2.01	2.39	2.38	2.24
青　海	20.56	16.90	19.71	21.37	27.81	23.13	26.71	21.90	19.00
宁　夏	0.87	1.40	2.22	2.77	2.92	2.61	5.00	6.52	4.98
新　疆	2.85	3.87	4.58	3.64	4.90	5.94	6.17	6.30	6.07

X. 社会经济综合指标

10-1 全国国内生产总值

单位：亿元

年 份	国民总收入	国内生产总值				人均国内生产总值（元）
			第一产业	第二产业	第三产业	
1978	3 645.2	3 645.2	1 027.5	1 745.2	872.5	381
1980	4 545.6	4 545.6	1 371.6	2 192.0	982.0	463
1985	9 040.7	9 016.0	2 564.4	3 866.6	2 585.0	858
1990	18 718.3	18 667.8	5 062.0	7 717.4	5 888.4	1 644
1995	59 810.5	60 793.7	12 135.8	28 679.5	19 978.5	5 046
2000	98 000.5	99 214.6	14 944.7	45 555.9	38 714.0	7 858
2005	185 808.6	184 937.4	22 420.0	87 598.1	74 919.3	14 185
2006	217 522.7	216 314.4	24 040.0	103 719.5	88 554.9	16 500
2007	267 763.7	265 810.3	28 627.0	125 831.4	111 351.9	20 169
2008	316 228.8	314 045.4	33 702.0	149 003.4	131 340.0	23 708
2009	343 464.7	340 506.9	35 226.0	157 638.8	147 642.1	25 575

注：1. 1980 年以后国民总收入（原称国民生产总值）与国内生产总值的差额为国外净要素收入。
2. 2009 年为初步核实数据，表 10-3 与此同。
3. 2005-2008 年数据在第二次经济普查后作了修订，表 10-3 与此同。

10-2 全国农林牧渔业总产值

单位：亿元

年 份	农林牧渔业总产值	农 业	林 业	牧 业	渔 业
1978	1 397.0	1 117.5	48.1	209.3	22.1
1980	1 922.6	1 454.1	81.4	354.2	32.9
1985	3 619.5	2 506.4	188.7	798.3	126.1
1990	7 662.1	4 954.3	330.3	1 967.0	410.6
1995	20 340.9	11 884.6	709.9	6 045.0	1 701.3
2000	24 915.8	13 873.6	936.5	7 393.1	2 712.6
2005	39 450.9	19 613.4	1 425.5	13 310.8	4 016.1
2006	40 810.8	21 522.3	1 610.8	12 083.9	3 970.5
2007	48 893.0	24 658.1	1 861.6	16 124.9	4 457.5
2008	58 002.2	28 044.2	2 152.9	20 583.6	5 203.4
2009	60 361.0	30 611.1	2 359.4	19 468.4	5 626.4

注：2006 年农林牧渔业总产值根据农业普查数据进行了修正。

10-3 各地区国内生产总值

单位：亿元

地 区	2000	2005	2006	2007	2008	2009
全国总计	**99 214.55**	**184 937.37**	**216 314.43**	**265 810.31**	**314 045.43**	**340 506.87**
北 京	2 478.76	6 969.52	8 117.78	9 846.81	11 115.00	12 153.03
天 津	1 639.36	3 905.64	4 462.74	5 252.76	6 719.01	7 521.85
河 北	5 088.96	10 012.11	11 467.60	13 607.32	16 011.97	17 235.48
山 西	1 643.81	4 230.53	4 878.61	6 024.45	7 315.40	7 358.31
内蒙古	1 401.01	3 905.03	4 944.25	6 423.18	8 496.20	9 740.25
辽 宁	4 669.06	8 047.26	9 304.52	11 164.30	13 668.58	15 212.49
吉 林	1 821.19	3 620.27	4 275.12	5 284.69	6 426.10	7 278.75
黑龙江	3 253.00	5 513.70	6 211.80	7 104.00	8 314.37	8 587.00
上 海	4 551.15	9 247.66	10 572.24	12 494.01	14 069.86	15 046.45
江 苏	8 582.73	18 598.69	21 742.05	26 018.48	30 981.98	34 457.30
浙 江	6 036.34	13 417.68	15 718.47	18 753.73	21 462.69	22 990.35
安 徽	3 038.24	5 350.17	6 112.50	7 360.92	8 851.66	10 062.82
福 建	3 920.07	6 554.69	7 583.85	9 248.53	10 823.01	12 236.53
江 西	2 003.07	4 056.76	4 820.53	5 800.25	6 971.05	7 655.18
山 东	8 542.44	18 366.87	21 900.19	25 776.91	30 933.28	33 896.65
河 南	5 137.66	10 587.42	12 362.79	15 012.46	18 018.53	19 480.46
湖 北	4 276.32	6 590.19	7 617.47	9 333.40	11 328.89	12 961.10
湖 南	3 691.88	6 596.10	7 688.67	9 439.60	11 555.00	13 059.69
广 东	9 662.23	22 557.37	26 587.76	31 777.01	36 796.71	39 482.56
广 西	2 050.14	3 984.10	4 746.16	5 823.41	7 021.00	7 759.16
海 南	518.48	897.99	1 044.91	1 254.17	1 503.06	1 654.21
重 庆	1 589.34	3 467.72	3 907.23	4 676.13	5 793.66	6 530.01
四 川	4 010.25	7 385.10	8 690.24	10 562.39	12 601.23	14 151.28
贵 州	993.53	2 005.42	2 338.98	2 884.11	3 561.56	3 912.68
云 南	1 955.09	3 461.73	3 988.14	4 772.52	5 692.12	6 169.75
西 藏	117.46	248.80	290.76	341.43	394.85	441.36
陕 西	1 660.92	3 933.72	4 743.61	5 757.29	7 314.58	8 169.80
甘 肃	983.36	1 933.98	2 276.70	2 702.40	3 166.82	3 387.56
青 海	263.59	543.32	648.50	797.35	1 018.62	1 081.27
宁 夏	265.57	612.61	725.90	919.11	1 203.92	1 353.31
新 疆	1 364.36	2 604.19	3 045.26	3 523.16	4 183.21	4 277.05

10-4 各地区农林牧渔业总产值

单位：亿元

地 区	2000	2005	2006	2007	2008	2009
全国总计	**24 915.80**	**39 450.89**	**42 424.38**	**48 893.02**	**58 002.15**	**60 361.01**
北 京	195.20	268.85	269.97	272.30	303.90	314.95
天 津	156.30	258.41	270.99	240.74	268.11	281.65
河 北	1 544.70	2 600.83	2 771.83	3 075.77	3 505.23	3 640.93
山 西	322.40	483.80	512.40	498.39	595.92	908.74
内蒙古	543.20	980.21	1 085.86	1 276.44	1 525.74	1 570.58
辽 宁	967.40	1 671.57	1 841.31	2 128.00	2 476.95	2 704.58
吉 林	609.40	1 050.49	1 155.50	1 359.83	1 614.80	1 734.26
黑龙江	625.10	1 294.41	1 387.74	1 700.65	2 123.43	2 251.10
上 海	216.50	233.39	237.01	255.98	280.35	283.15
江 苏	1 869.70	2 576.98	2 707.06	3 064.72	3 590.64	3 816.02
浙 江	1 062.90	1 428.28	1 514.56	1 597.15	1 780.01	1 873.40
安 徽	1 220.00	1 666.19	1 779.93	2 070.09	2 446.51	2 569.46
福 建	1 037.30	1 396.15	1 496.35	1 692.16	1 965.02	2 001.24
江 西	760.30	1 142.99	1 228.32	1 426.93	1 680.50	1 733.82
山 东	2 294.30	3 741.81	4 056.58	4 766.23	5 612.96	6 003.09
河 南	1 981.50	3 309.70	3 589.69	3 879.93	4 669.54	4 871.51
湖 北	1 125.60	1 775.58	1 871.00	2 296.84	2 940.47	2 985.19
湖 南	1 221.70	2 056.24	2 131.91	2 632.19	3 324.51	3 207.88
广 东	1 640.70	2 447.57	2 678.26	2 821.24	3 298.01	3 337.59
广 西	829.00	1 448.37	1 648.07	2 026.22	2 389.79	2 377.20
海 南	311.90	475.88	543.90	548.32	664.98	705.04
重 庆	412.60	662.19	637.24	720.73	871.39	913.11
四 川	1 413.30	2 457.46	2 602.10	3 377.00	3 903.40	3 689.81
贵 州	413.00	571.84	610.62	697.02	843.80	875.20
云 南	680.90	1 068.58	1 209.76	1 331.70	1 594.51	1 706.19
西 藏	51.20	67.74	70.04	79.80	88.45	93.38
陕 西	464.90	730.72	818.74	1 002.85	1 277.86	1 337.22
甘 肃	323.00	521.53	561.36	686.10	808.10	876.28
青 海	57.00	94.04	100.60	121.25	153.40	157.30
宁 夏	77.80	138.00	152.18	182.95	227.20	243.50
新 疆	487.20	831.06	883.50	1 063.50	1 176.69	1 297.61

10-5　各地区牧业总产值

单位：亿元

地　区	2000	2005	2006	2007	2008	2009
全国总计	**7 393.10**	**13 310.78**	**13 640.15**	**16 124.93**	**20 583.56**	**19 468.36**
北　京	90.56	135.75	123.56	122.38	140.52	136.08
天　津	51.75	102.71	104.15	76.93	86.03	83.57
河　北	613.68	1 124.43	1 136.78	1 146.99	1 410.82	1 350.10
山　西	89.67	148.59	150.40	140.18	185.37	230.94
内蒙古	205.46	444.58	487.26	559.65	699.63	721.44
辽　宁	304.20	636.43	654.62	830.80	1 052.45	1 171.41
吉　林	268.71	467.59	483.46	635.34	770.21	825.52
黑龙江	175.66	461.16	480.66	584.96	813.08	870.24
上　海	87.35	54.34	46.29	58.00	68.40	64.61
江　苏	430.53	599.14	571.43	704.38	916.46	873.97
浙　江	177.34	285.96	287.34	367.60	418.86	404.88
安　徽	349.38	553.56	540.40	637.36	806.89	795.82
福　建	208.18	276.48	279.70	340.27	425.68	366.91
江　西	221.80	365.10	368.22	435.58	556.01	541.50
山　东	599.17	1 125.04	1 160.37	1 313.00	1 704.90	1 683.83
河　南	641.56	1 251.65	1 299.13	1 326.09	1 761.18	1 654.29
湖　北	338.77	545.40	523.79	686.19	1 008.65	881.78
湖　南	455.93	834.52	808.29	1 013.82	1 463.40	1 100.38
广　东	389.70	638.61	656.84	775.62	967.91	917.14
广　西	275.33	511.60	564.54	710.17	871.67	812.46
海　南	50.27	95.21	99.31	106.13	140.39	142.83
重　庆	141.99	249.50	240.31	264.48	344.15	319.42
四　川	541.54	1 230.18	1 317.41	1 827.10	2 036.30	1 596.72
贵　州	110.67	194.21	207.64	231.60	291.65	281.53
云　南	201.49	339.68	362.89	438.40	570.01	557.76
西　藏	23.53	30.05	33.04	34.91	38.96	44.29
陕　西	106.39	199.00	221.93	274.05	385.26	387.90
甘　肃	71.72	129.11	135.60	131.17	168.26	171.89
青　海	30.49	51.70	56.25	67.01	89.15	90.09
宁　夏	25.75	46.00	49.42	53.28	73.07	70.67
新　疆	114.51	183.52	189.10	231.51	318.23	318.37

10-6 各地区食品加工业总产值

单位：亿元

地 区	2000	2005	2006	2007	2008	2009
全国总计	3 722.70	10 565.12	12 907.74	17 496.08	23 917.37	27 961.03
北 京	54.46	126.45	135.29	185.90	232.15	241.52
天 津	66.70	128.01	151.17	192.22	288.27	328.94
河 北	128.75	496.87	628.23	759.30	1 028.17	1 085.61
山 西	20.87	49.72	60.50	88.65	102.88	133.61
内蒙古	46.37	223.49	279.30	385.63	548.09	764.38
辽 宁	171.17	531.69	763.77	1 048.01	1 629.08	2 082.07
吉 林	63.74	299.42	389.37	563.43	962.34	1 181.95
黑龙江	103.75	303.49	346.41	459.61	677.44	821.98
上 海	77.01	150.34	148.43	208.44	291.59	243.09
江 苏	364.18	706.50	867.36	1 158.03	1 535.63	1 851.67
浙 江	177.45	397.76	440.98	542.09	637.35	653.84
安 徽	95.46	214.75	275.19	443.84	685.58	923.23
福 建	120.74	369.20	440.01	575.09	775.27	927.16
江 西	64.72	124.17	169.63	244.24	378.82	481.63
山 东	811.91	2 970.78	3 517.97	4 658.23	5 912.41	6 712.05
河 南	283.73	893.00	1 153.76	1 614.89	2 046.51	2 191.32
湖 北	192.54	246.89	300.76	472.28	758.65	1 086.63
湖 南	82.43	257.52	344.93	508.84	795.46	1 027.38
广 东	313.67	750.47	841.38	1 121.65	1 494.31	1 517.37
广 西	153.95	344.00	463.41	594.79	815.30	883.36
海 南	23.17	35.62	46.20	66.28	81.10	81.86
重 庆	18.42	82.72	94.43	137.42	215.39	243.20
四 川	119.35	500.00	614.78	879.72	1 233.23	1 535.08
贵 州	13.66	29.05	34.14	46.10	54.54	69.20
云 南	56.85	86.17	108.24	137.44	179.66	209.17
西 藏	0.49	0.16	0.96	0.86	1.59	2.07
陕 西	37.63	91.62	108.69	162.58	239.81	312.17
甘 肃	16.83	62.81	69.69	83.46	110.06	136.19
青 海	3.44	5.60	5.36	5.62	15.56	16.95
宁 夏	2.88	13.99	22.40	25.94	30.00	39.66
新 疆	36.38	72.86	85.01	125.49	161.12	176.71

10-7　各地区食品制造业总产值

单位：亿元

地　区	2000	2005	2006	2007	2008	2009
全国总计	**1 442.52**	**3 711.18**	**4 751.06**	**6 070.96**	**7 716.54**	**9 219.24**
北　京	71.61	136.16	146.73	140.80	148.43	166.96
天　津	47.05	77.94	82.71	101.30	146.40	233.18
河　北	99.74	230.54	292.10	360.60	325.97	377.16
山　西	8.94	32.73	29.62	52.41	67.34	62.83
内蒙古	24.29	243.35	307.27	384.13	487.33	558.26
辽　宁	40.38	88.12	132.94	179.99	270.65	369.19
吉　林	40.07	26.55	52.77	98.31	138.65	162.65
黑龙江	51.68	132.02	152.15	197.02	265.85	342.69
上　海	108.53	218.10	233.32	288.56	332.87	369.32
江　苏	103.58	193.62	217.45	248.08	302.56	331.66
浙　江	73.96	162.30	189.99	244.20	298.72	345.68
安　徽	21.44	75.13	123.91	148.22	186.24	161.61
福　建	53.04	168.10	205.59	270.99	348.10	412.96
江　西	9.64	37.59	60.35	91.32	142.67	179.81
山　东	179.14	682.52	934.37	1 179.01	1 479.27	1 732.87
河　南	109.63	314.98	448.67	607.55	805.47	991.91
湖　北	39.57	85.20	104.89	134.24	196.65	256.76
湖　南	18.19	118.72	163.01	211.77	269.13	334.52
广　东	212.63	377.36	486.19	592.30	746.21	895.74
广　西	21.50	26.65	35.08	44.14	67.92	89.54
海　南	15.21	13.84	14.67	22.09	32.54	31.44
重　庆	9.88	23.90	26.40	39.80	67.35	74.00
四　川	24.74	93.36	122.56	181.28	258.97	323.03
贵　州	3.60	18.49	22.43	26.95	41.59	40.19
云　南	3.75	14.07	16.05	25.08	37.84	45.24
西　藏	0.04	0.66	0.59	0.88	0.71	0.80
陕　西	20.54	53.47	70.18	93.96	106.48	151.67
甘　肃	10.45	15.47	18.22	22.03	29.82	34.34
青　海	0.37	2.08	2.20	2.99	7.97	11.49
宁　夏	7.41	16.04	19.61	26.45	33.94	41.23
新　疆	11.91	32.12	39.04	54.49	72.90	90.49

10-8　各地区饮料制造业总产值

单位：亿元

地　区	2000	2005	2006	2007	2008	2009
全国总计	1 752.37	3 073.51	3 902.25	5 082.34	6 250.46	7 465.03
北　京	71.03	104.29	114.99	124.14	136.15	157.00
天　津	42.33	65.28	72.09	95.14	100.63	98.48
河　北	89.54	146.38	130.90	176.07	210.44	224.05
山　西	17.80	35.34	49.92	68.76	68.06	69.37
内蒙古	23.10	38.52	56.14	84.77	112.92	159.73
辽　宁	46.24	79.89	104.05	149.60	215.33	278.17
吉　林	32.96	67.83	97.17	149.83	221.89	275.23
黑龙江	48.34	73.20	85.32	98.41	121.07	134.56
上　海	63.58	105.38	116.06	134.42	175.07	162.87
江　苏	130.46	233.88	283.32	345.02	408.08	493.39
浙　江	136.99	206.26	237.82	325.50	377.73	402.90
安　徽	78.14	90.90	118.90	151.07	178.92	224.64
福　建	45.75	98.14	128.21	178.78	243.72	297.43
江　西	18.73	33.22	50.03	70.13	99.18	109.23
山　东	193.61	373.71	527.51	605.19	651.42	765.46
河　南	84.83	175.79	257.12	374.81	497.93	553.47
湖　北	78.36	112.26	159.38	229.24	301.78	388.65
湖　南	27.63	54.52	69.32	104.86	159.63	213.97
广　东	197.79	299.65	363.41	431.10	489.08	603.86
广　西	18.26	39.79	62.66	93.53	125.25	150.39
海　南	14.53	22.49	24.02	20.44	14.19	15.39
重　庆	16.57	30.90	42.11	50.48	65.58	86.16
四　川	175.82	368.37	468.39	623.24	780.55	1 013.61
贵　州	24.92	64.09	81.44	103.64	150.79	179.04
云　南	9.94	25.50	36.91	66.95	68.62	79.38
西　藏	1.36	2.22	2.76	4.97	6.43	8.46
陕　西	25.83	63.07	88.13	126.13	151.68	172.59
甘　肃	17.12	28.59	35.72	44.76	60.16	69.96
青　海	3.26	2.39	4.32	6.52	7.75	10.26
宁　夏	2.89	12.00	11.50	15.01	13.36	19.27
新　疆	14.62	19.64	22.63	29.80	37.07	48.08

10-9 全国社会消费品零售总额

单位：亿元

年 份	社会消费品零售总额	市	县	县以下
1978	1 558.6	505.2	380.4	673.0
1980	2 140.0	733.6	399.4	1 007.0
1985	4 305.0	1 874.5	737.2	1 693.3
1990	8 300.1	3 888.6	1 337.4	3 074.1
1991	9 415.6	4 529.8	1 491.2	3 394.6
1992	10 993.7	5 470.3	1 689.8	3 833.6
1993	14 270.4	7 138.1	2 090.1	5 042.2
1994	18 622.9	9 387.8	2 558.7	6 676.4
1995	23 613.8	12 979.4	3 366.3	7 268.1
1996	28 360.2	16 199.2	3 759.7	8 401.3
1997	31 252.9	18 499.5	4 011.6	8 741.8
1998	33 378.1	20 294.1	4 220.2	8 863.8
1999	35 647.9	22 201.8	4 460.8	8 985.3
2000	39 105.7	24 555.2	4 831.1	9 719.4
2001	43 055.4	27 379.1	5 251.4	10 424.9
2002	48 135.9	31 376.5	5 566.5	11 192.9
2003	52 516.3	34 608.3	6 011.8	11 896.2
2004	59 501.0	39 695.7	6 636.0	13 169.3
2005	67 176.6	45 094.3	7 485.4	14 596.9
2006	76 410.0	51 542.6	8 477.9	16 389.5
2007	89 210.0	60 410.7	9 943.8	18 855.5
2008	114 830.1	/	/	/
2009	132 678.4	/	/	/

注：2008 年数据为第二次经济普查后修订数据，2008 年、2009 年按地域分的详细数据未公布。

10-10　各地区社会消费品零售总额

单位：亿元

地　区	2000	2005	2006	2007	2008	2009
全国总计	**34 152.6**	**67 176.6**	**76 410.0**	**89 210.0**	**114 830.1**	**132 678.4**
北　京	1 443.3	2 902.8	3 275.2	3 800.2	4 645.5	5 309.9
天　津	736.6	1 190.1	1 356.8	1 603.7	2 078.7	2 430.8
河　北	1 613.9	2 952.9	3 397.4	3 986.2	4 991.1	5 764.9
山　西	629.1	1 401.2	1 613.4	1 914.1	2 421.1	2 809.0
内蒙古	484.0	1 344.1	1 595.3	1 904.1	2 463.0	2 855.3
辽　宁	1 847.6	2 999.0	3 434.6	4 030.1	5 032.4	5 812.6
吉　林	810.9	1 460.8	1 675.8	1 999.2	2 549.2	2 957.3
黑龙江	1 094.0	1 760.1	1 997.7	2 331.1	2 928.3	3 401.8
上　海	1 722.3	2 973.0	3 360.4	3 847.8	4 577.2	5 173.2
江　苏	2 604.1	5 699.9	6 623.2	7 838.1	9 905.1	11 484.1
浙　江	2 298.8	4 631.7	5 325.3	6 214.0	7 533.3	8 622.3
安　徽	1 054.3	1 765.0	2 029.4	2 403.7	3 045.2	3 527.8
福　建	1 372.8	2 345.8	2 704.2	3 187.9	3 866.7	4 481.0
江　西	704.9	1 236.2	1 428.0	1 683.1	2 142.0	2 484.4
山　东	2 545.9	6 126.4	7 122.5	8 438.8	10 658.8	12 363.0
河　南	1 786.7	3 358.4	3 880.5	4 597.5	5 815.4	6 746.4
湖　北	1 789.4	2 964.6	3 412.0	4 028.5	5 109.7	5 928.4
湖　南	1 364.7	2 459.1	2 834.2	3 356.5	4 222.6	4 913.7
广　东	4 071.9	7 882.6	9 118.1	10 598.1	12 986.6	14 891.8
广　西	859.2	1 397.0	1 600.8	1 897.9	2 395.8	2 790.7
海　南	172.5	268.6	308.3	362.0	463.2	537.5
重　庆	643.4	1 215.8	1 403.6	1 661.2	2 147.1	2 479.0
四　川	1 523.7	2 981.4	3 421.6	4 015.6	4 944.8	5 758.7
贵　州	343.7	606.9	689.8	821.8	1 075.2	1 247.3
云　南	583.2	1 034.4	1 188.9	1 394.6	1 764.7	2 051.1
西　藏	42.9	73.1	89.7	112.0	130.0	156.6
陕　西	607.6	1 322.4	1 522.0	1 800.9	2 317.1	2 699.7
甘　肃	362.7	632.8	717.5	833.3	1 023.6	1 183.0
青　海	82.1	160.5	180.1	208.3	259.7	300.5
宁　夏	90.2	174.3	199.0	233.3	295.4	339.3
新　疆	374.5	637.8	727.6	847.7	1 041.5	1 177.5

注：2008年数据为第二次经济普查后修订数据。

10-11　全国城乡人口数

单位：万人

年　份	年末总人口	城　镇		乡　村	
		人口数	比重(%)	人口数	比重(%)
1978	96 259	17 245	17.92	79 014	82.08
1980	98 705	19 140	19.39	79 565	80.61
1985	105 851	25 094	23.71	80 757	76.29
1990	114 333	30 195	26.41	84 138	73.59
1991	115 823	31 203	26.94	84 620	73.06
1992	117 171	32 175	27.46	84 996	72.54
1993	118 517	33 173	27.99	85 344	72.01
1994	119 850	34 169	28.51	85 681	71.49
1995	121 121	35 174	29.04	85 947	70.96
1996	122 389	37 304	30.48	85 085	69.52
1997	123 626	39 449	31.91	84 177	68.09
1998	124 761	41 608	33.35	83 153	66.65
1999	125 786	43 748	34.78	82 038	65.22
2000	126 743	45 906	36.22	80 837	63.78
2001	127 627	48 064	37.66	79 563	62.34
2002	128 453	50 212	39.09	78 241	60.91
2003	129 227	52 376	40.53	76 851	59.47
2004	129 988	54 283	41.76	75 705	58.24
2005	130 756	56 212	42.99	74 544	57.01
2006	131 448	57 706	43.90	73 742	56.10
2007	132 129	59 379	44.94	72 750	55.06
2008	132 802	60 667	45.68	72 135	54.32
2009	133 474	62 186	46.59	71 288	53.41

注：1. 1982 年以前数据为户籍统计数；1982-1989 年数据根据 1990 年人口普查数据有所调整；1990-2000 年数据根据 2000 年人口普查数据进行了调整；2001-2004 年和 2006 年数据为人口变动情况抽样调查推算数；2005 年数据根据全国 1%人口抽样调查数据推算(下表同)。
2. 总人口中包括中国人民解放军现役军人，按城乡分人口中现役军人计入城镇人口。

10-12 各地区人口的城乡构成

单位：万人

地 区	2007		2008		2009	
	城镇	乡村	城镇	乡村	城镇	乡村
全 国	**59 378.77**	**72 750.23**	**60 667.00**	**72 135.00**	**62 186.00**	**71 288.00**
北 京	1 379.89	253.12	1 439.06	255.95	1 491.75	263.25
天 津	850.86	264.14	908.22	267.78	958.09	270.07
河 北	2 795.00	4 148.00	2 928.32	4 060.50	3 024.79	4 009.61
山 西	1 493.94	1 899.06	1 538.53	1 872.08	1 576.24	1 851.12
内蒙古	1 206.11	1 198.89	1 248.14	1 165.59	1 293.39	1 128.68
辽 宁	2 544.42	1 753.58	2 590.98	1 723.72	2 606.52	1 712.48
吉 林	1 451.27	1 278.73	1 454.76	1 279.24	1 460.73	1 278.82
黑龙江	2 061.14	1 762.86	2 119.27	1 706.12	2 123.43	1 702.57
上 海	1 648.05	209.95	1 673.18	215.28	1 702.01	218.99
江 苏	4 056.50	3 568.50	4 168.77	3 508.53	4 295.10	3 429.90
浙 江	2 894.32	2 165.68	2 949.12	2 170.88	2 999.22	2 180.78
安 徽	2 367.67	3 750.33	2 484.68	3 650.33	2 581.15	3 549.85
福 建	1 743.95	1 837.05	1 798.40	1 805.60	1 864.28	1 762.72
江 西	1 738.46	2 629.54	1 819.84	2 580.16	1 913.81	2 518.35
山 东	4 379.07	4 987.93	4 482.60	4 934.63	4 576.05	4 894.25
河 南	3 214.22	6 145.78	3 397.27	6 031.73	3 578.50	5 908.50
湖 北	2 524.66	3 174.34	2 581.37	3 129.63	2 631.20	3 088.80
湖 南	2 570.60	3 784.40	2 689.17	3 690.83	2 767.39	3 638.61
广 东	5 966.10	3 482.90	6 048.03	3 495.97	6 110.49	3 527.51
广 西	1 727.92	3 040.08	1 837.79	2 978.21	1 903.55	2 952.45
海 南	398.84	446.16	409.92	444.08	424.52	439.55
重 庆	1 361.25	1 454.75	1 419.22	1 419.78	1 474.96	1 384.04
四 川	2 893.21	5 233.79	3 043.61	5 094.39	3 167.60	5 017.41
贵 州	1 062.39	2 699.61	1 104.06	2 688.67	1 135.22	2 662.78
云 南	1 426.42	3 087.58	1 499.19	3 043.81	1 554.14	3 016.86
西 藏	80.37	203.63	64.89	222.11	69.03	221.00
陕 西	1 522.44	2 225.56	1 583.80	2 178.20	1 640.82	2 131.18
甘 肃	826.71	1 790.29	844.94	1 783.18	860.48	1 774.98
青 海	221.19	330.81	227.00	327.30	233.51	323.79
宁 夏	268.52	341.48	278.00	340.00	289.03	336.17
新 疆	820.19	1 274.81	844.65	1 286.15	860.21	1 298.42

附 录

主要国家和地区奶业

新西兰奶业考察报告①

2010年2月27日至3月11日，农业部赴新西兰奶业考察团一行22人，在全国畜牧总站谷继承站长的带领下，抵新开始为期13天的考察学习。这次考察学习是2009年第三届“中国—新西兰奶业对话”的商定活动内容之一（“中国—新西兰奶业对话”从2005年开始举办，两年一次），在新期间由新方接待并负责全部费用。考察团成员包括部、省行业管理部门的同志，相关事业单位和科研机构从事奶业工作的代表，以及部分乳品企业的负责人。本次考察学习行程紧凑、内容丰富，代表们在考察中对新西兰的奶业发展有了深刻和直观的了解，收获较大，深受启发。

一、学习考察基本情况

本次考察学习大体分为两个阶段：

第一阶段，3月1～2日，在新西兰首都惠灵顿集中听取了新西兰奶业的专题讲座。新方的讲座内容包括新西兰奶业概况、竞争规则、奶业定价与价格波动管理、牛奶品质管理、环境管理、促进奶业发展的商品征费法案、新西兰奶业科研情况、动物福利保障、农产品生产的可追溯系统、奶牛结核病控制战略、新西兰奶农合作组织DairyNZ的有关情况介绍等，讲座单位有新西兰农林部、新西兰食品安全局、新西兰科技部、新西兰动物卫生理事会和新西兰奶农协会。我部奶业管理办公室邓荣臻副主任为新方作了中国奶业发展的演讲。

第二阶段，3月3～10日，以实地考察和专题讲座相结合的方式，考察团对奶牛场、科研单位、乳品加工厂等进行实地考察访问，对新西兰奶业有了更加直接、具体的感性认识。在塔拉塔黑（Taratahi）农业培训学院，考察团就新西兰农业培训、培训理念、培训组织、培训体系进行了学习和交流；在梅西（Massey）大学，考察团对新西兰精准农业、环境管理、奶牛营养、奶业科技等有了进一步的了解；考察团实地考察了北帕海边灌溉奶牛场，并就农民培训系统、牛结核病管理系统做了现场观摩；在草地研究中心就农业研究、奶业与环境和新西兰专家进行了探讨，对新西兰的“测土配方种草”形成了特别深刻的印象；在陶波市，考察了新西兰大地集团（Landcorp）的奶牛场，重点了解了这个新西兰最大的国有奶牛场的运营；在哈密尔顿市，参观了新西兰艾姆博瑞（AmBreed）奶牛育种中心，深入了解了新西兰在奶牛生产性能测定、杂交改良方面的一些先进做法；在怀卡托农业创新园，考察团详细考察了新西兰将奶业科研成果进行产业转化和推广的高效模式。考察团还访问了新西兰最大的乳品加工企业恒天然集团，参观了原料奶独立（即第三方）检测实验室，对其牛奶质量安全管理程序和方法进行观摩；走访了一家集约化奶牛场，这是新西兰为数不多的舍饲和放牧相结合的高效奶牛养殖模式；深入调查了乳品企业原料奶收购运输和初检过程。考察结束后，考察团与新西兰举办方共同对考察学习做了回顾和总结。

回顾10天的日程，代表们听取了新西兰农林部组织的32场不同内容的专题讲座，实地考察了5家不同类型的奶牛养殖场和1家奶牛育种中心，参观走访了4所科研院所和技术培训机构，还参观了恒天然集团的乳品加工厂和原料奶独立检测实验室。考察学习内容涵盖了新西兰奶业产业链的各个不同环节和方面，从草地管理、奶牛育种、饲养管理、乳品加工、行业培训、科技研发、质量安全、环境保护，直到奶业政策法规，系统而全面。新西兰农林部及其委托接待单位——新西兰农业服务有限公司和精华国际咨询公司，对本次考察学习的安排十分周密细致，各类专题讲座均印发了中英文对照的提纲，所有专题介绍都尽量与现场观摩相结合，并随时解答考察团提出的各种问题。考察团全体成员都特别珍惜这次学习机会，克服旅途疲劳、作息时间紊乱、饮食不适等困难，用心听，认真看，仔细记，踊跃提问，旅途上也抓紧交流，每天都感觉到时间不够用。整个考察学习过程，中新双方互动热烈，气氛融洽，增进了了解，加深了友谊，新方对中国考察团积极认真的态度给予高度赞赏。

二、新西兰奶业发展

①本考察报告为农业部组织以全国畜牧总站站长谷继承为团长一行22人的考察团，赴新西兰进行为期13天（2010年2月27日至3月11日）的学习考察后，撰写的文章。

（一）新西兰概况

新西兰地处南半球，由南岛、北岛及一些小岛组成，国土面积 27 万平方公里，与内蒙古呼伦贝尔市面积相当，人口 435 万。新西兰全境多山，山地和丘陵占全国面积的 75%以上，属温带海洋性气候，雨热充沛，草地生产力很高。

新西兰经济以农牧业为主，农牧产品出口占出口总量的 50%。发达的草地畜牧业在新西兰经济中占据重要地位，畜牧业生产用地接近国土面积的一半，其中约 900 万公顷的人工草地中有 50 万公顷可灌溉，还有 200 万公顷的天然草场。羊肉和奶制品出口量居世界第一位，羊毛出口量居世界第二位。

（二）新西兰奶业发展情况

奶业是新西兰畜牧业的重要组成部分。新西兰全国有 11 618 个奶牛场，425 万头泌乳奶牛，按总人口计算人均约 1 头泌乳牛。每年生产 130 万吨乳固体（新西兰主要统计乳蛋白和乳脂肪合计的乳固体量），约折合 1 560 万吨原奶。

新西兰具有得天独厚的草地资源，奶业生产主要基于先进高效和低成本的放牧生产体系。在新西兰，对奶业生产效率的评价是以每公顷草地生产的乳固体来衡量的，牧草的科技含量直接影响着奶业的发展。为了实现每块草地效益最大化，草地建设受到特别重视。在降雨量不足的地区，一般都有先进的灌溉系统，以便全年均衡生产牧草；大部分草地都采取测土配方施肥提高生产能力，在黏土较多的地方还要铺设透水管线保证牧草生长。牧草品种一般以 80%的多年生黑麦草和 20%的白三叶混播，7～8 年翻种一次，牧草长势较差的地方会及时进行补种。奶牛饲养一般采取季节性放牧和划区轮牧方式，平均单产仅有 3.8 吨，但生产成本低，干物质含量高，乳脂肪和乳蛋白两项合计含量在 8.3%以上。

新西兰牛奶生产呈现出很强的季节性，每年 7 月到下一年 5 月初是挤奶季节。为了让奶牛产犊与牧草生长的季节性相吻合，一般在秋冬季节配种，平均妊娠 283 天，次年集中在春夏季节的 82 天内产犊。牧场主和加工者受气候条件的影响较大，由于原料奶供应的季节性，在供应淡季时加工设备开工不足。

新西兰 82%的奶牛场在北岛，主要分布在第一大城市奥克兰以南，汉密尔顿地区；18%的奶牛场在南岛，主要分布在第二大城市基督城附近。近年来，由于奶牛养殖的比较效益高，使一些农场从饲养绵羊和肉牛转为饲养奶牛。在这种情况下，新西兰全国乳品产量在最近 9 年里，平均每年增长 3%。新西兰奶牛场平均占地 131 公顷，平均每公顷饲养 2.8 头奶牛。在过去 10 年中，牛群规模平均增长了 60%，奶牛群数量减少 21%。随着牛群规模扩大和更多合作牧场的建立，南岛奶牛场显著增长。

新西兰乳品加工行业以牧场主拥有的合作企业为主体。三家主要的乳品加工企业恒天然（Fonterra）集团、西部（Westland）乳品公司和塔图阿（Tatua）乳品公司均为合作企业，2008/09 生产季收奶量占新西兰全国的 96%，其中恒天然（Fonterra）一家就占 92%。

新西兰是全球主要乳制品出口国，超过 93%的原料奶被加工成干乳制品用于出口，国内消费仅占很小一部分。乳品出口对象主要有美国、中国、日本、马来西亚、欧盟、澳大利亚等，出口产品以奶粉为主。

三、新西兰奶业发展的启示

新西兰得天独厚的草地资源为奶业生产提供了十分有利的条件，奶牛场的饲养头数一般在 150 头以上，平均规模 366 头，规模化水平较高；同时，以低成本的放牧饲养为主，在全球竞争中成本优势非常明显。由于资源禀赋不同，新西兰的奶牛低成本放牧系统是我们无法模仿和照搬的，但在生产组织模式构建、乳品质量安全管理、科技研发和推广等方面，一些做法值得借鉴。

（一）奶农和乳品企业之间形成紧密的利益联结关系，合理的产业链结构为奶业健康发展奠定了制度基础

新西兰的奶牛养殖场和乳品加工企业之间具有紧密的利益联结关系，这与我国奶农和乳品企业之间的关系不同。全球最大的乳品加工企业恒天然集团，是新西兰 1 万多个奶牛养殖场主共同拥有的股份合作制乳品加工企业，年出口额占新西兰贸易出口总额的 1/4。以恒天然集团为典型的股份合作乳品生产模式，在新西兰乳品加工业中占据主导地位，也受到牧场主的欢迎。因为拥有加工企业的所有权，牧场主在产业链中的地位和收益有了保障。奶农依据合同向企业供奶，企业根据国际市场行情，以尽可能高的价格向奶农支付奶款，企业加工增值所获取的利润定期给奶农分红。这种产业链利益分配格局，使得所有奶农都特别注重产品质量，关注和支持加工企业发展。对比新西兰的奶农主导型产业模式，我国的企业主导型产业模式质量安全管理压力大，哄抢奶源等市场无序竞争情况时有发生，这与各产业环节的利益连结方式有很大关系。

合作模式也有一些不利因素，百分之百的合作所有制结构经常会遭遇融资困难，还会面临所谓的“赎回”风险，交易股东可随时停止供应牛奶并撤回全部资金。为鼓励竞争，新西兰立法规定恒天然（Fonterra）集团采取的开放性进入和退出政策，私人投资的公司虽然目前牛奶收购量仅占 4%，但在近两三年呈现扩张趋势。

（二）严格的管理与先进的检测手段相结合，为乳品质量安全提供了有力保障

牛奶的质量安全管理是新西兰特别重视的一个领域。这项工作主要由新西兰食品安全局负责，监管新西兰 11600 个牧场、172 家乳品生产商、226 家乳品运输和储存商、164 家乳品出口商、46 个乳品实验室和 252 个乳品风险管理评估机构，实行从农场到餐桌的一条龙管理。食品安全局制定质量安全管理的规章和标准，对奶牛场实行风险管理制度，具体的评估和检测工作委托有

认证资格的第三方质量安全检测实验室和风险评估机构具体承担。质量安全检测实验室和风险评估机构独立于奶农和乳品企业，职责是进行产品抽检，以及按照风险管理制度每年对每个奶牛场进行至少一次独立的检测评估。风险评估机构不光看生产结果，为防患于未然，评估内容十分广泛，包括奶牛场选址、奶牛饲养管理和健康状况、饲料和兽药使用、饲养环境和饮水质量、牛奶的冷却和营养成分等等。一般情况下，对生鲜乳生产实行抽检；一旦发现某个奶牛场出现质量问题，奶牛场要承担运输车整批(一般为 30 吨)生鲜乳报废的经济责任，并接受每天至少一次的跟踪检测，检测费用自负。

独立的第三方检测和评估是新西兰乳品质量管理的一条成熟经验，值得我们学习和借鉴。

（三）技术研发与推广模式具有针对性和适用性，为奶业发展不断注入活力

新西兰奶业的稳定发展还得益于其成熟的科技研发和推广体系。最主要的行业组织是新西兰奶农协会（DairyNZ），完全独立，由饲养奶牛的牧场主出资、授权一个管理委员会管理，同一些大学和咨询机构开展合作研究，致力于提升奶牛场生产效率、可持续性和竞争力。奶农协会对每一位农场主股东负责，以“为本行业谋利益”为宗旨，进行经营改进、产品和设施开发、凝聚和教育牧场主、对政府和相关利益主体施加影响、防范乳品行业威胁等工作。这个组织靠每千克乳固体征收 3.6 分新币的强制性缴费提供资金，牧场主每 6 年投票表决一次，决定是否继续实行这项缴费；如果否决，奶农协会就会解散。除此而外，新西兰还有一大批受政府资助的奶业方面的研究机构和培训机构，为行业提供创新研究和生产技能培训。

这些组织和机构对新西兰奶业发展的作用十分巨大，形成了一种很务实的导向。从奶业生产的各个环节来看，技术研发和推广都特别注重效率：牧草生产搞氮磷平衡，测土配方；奶牛品种上用荷斯坦牛与娟姗牛进行经济杂交，选育耐粗饲、干物质乳固体产量高的个体；放牧生产方式注重草畜平衡和环境保护，同时提高了奶牛的健康水平和使用年限；奶牛生产不盲目追求单产提高，而是追求单位草场面积生产更多的干物质；乳品加工的硬件水平同我国类似，但检测中使用机器人抽样，先进高效。这些做法对我国奶业发展，都有可借鉴之处。

（农业部赴新西兰奶业考察团）

新西兰奶业

奶业是新西兰最大的产业，以质量和创新著称。其优势主要体现在高效的放牧饲养体系、加工规模、产品研发和市场推广方面。新西兰乳制品不仅以其与众不同的天然口味享誉世界，同时新西兰的奶业也以生产安全、卫生的产品而闻名遐迩。

（一）总体概况

新西兰有 438 万人口，土地面积为 2 690 万公顷(约为中国的 2.8%，相当于广西的面积)，约 42%的土地用于放牧、草料种植或休整备耕。在截至 2009 年 5 月的年度内，新西兰奶农共拥有泌乳牛 425 万头，在牧场放养，液态奶产量达 160 亿升，其中 95%以上的原奶经过加工制成奶粉、黄油、奶酪、干酪素和其他产品用于出口。泌乳牛数量的增加弥补了春夏恶劣的气候条件的影响，截至 2010 年 5 月的年度产量上升 3%。

近年来，新西兰奶农的生产力得到了很好的提高，这是得益于饲养管理方式的改善和奶牛群的遗传改良。在截至 2009 年 5 月年度的上一个十年间，每头牛的乳固体产量以 2%的年增长率递增。奶牛存栏数继续保持增长，这是得益于在适宜的土地上，特别是在南岛，从事奶业生产比将土地作为它用具有更高的收益。

在截至 2009 年 5 月的年度内，新西兰平均单群奶牛养殖区域占地 131 公顷。发展趋势是不断涌现出更大规模的奶牛场，从而实现更大的规模经济效益，并通过合并以及其他农场的转型逐步实现。2009 年，新西兰共有 11 618 个奶牛群，每群平均 366 头奶牛。一般泌乳群的乳固体产量约为 12 万千克（约 138 万升液态奶，或每头单产 3 800 升）。新西兰 77%的奶牛群分布在北岛，主要集中在怀卡托和塔拉那基地区。南岛奶牛群数量占全国总数的 23%，主要集中在北坎特伯雷和南部地区。

新西兰牛奶产量占全世界总产量的 2.3%，按国家或国家组排列位于世界第八。中国乳制品生产年增长率约 14%，比新西兰潜在年增长率高出 5 倍以上。中国目前在世界牛奶产量排行中以 5.4%的份额排名第四。

（二）奶牛养殖

新西兰农场均为商业实体，由私人拥有并经营，科技含量高，动态发展，以市场为导向，兼具规模经济和范围经济效应。农场主的生产决策和回报情况依据国内和国际市场状况而定，销售情况则取决于满足客户对于价格和质量的期望值，从而实现了高效、盈利、可持续的农业生产。

新西兰的乳品生产是以对奶牛进行牧草饲养为基础的。主要的牧草种类是高质量的禾草和三叶草。适宜的气候和茂盛的牧草使得畜群能够全年在草场上放牧。截至2009年，除了152万公顷作为奶牛养殖区域的牧场外，还有辅助用地用于放养后备奶牛和干奶牛，种植青贮饲料用的谷物，以及种植牧草用于生产干草和青贮饲料。对于辅助用地实行多种安排方式，从奶牛群所有人对土地拥有所有权和进行租赁，到由种植农、羊和肉牛养殖农进行合同放养和种植。

新西兰绝大部分（估计为 97%）的奶牛群为季节性产奶，为加工业提供奶源；其余 3%的奶牛群常年产奶，特别是应冬季供奶合同，为国内市场提供液态奶。原奶的生产呈季节性，并取决于农场牧草的长势。原奶采集和加工量猛增到春季的 10 月份达到高峰，之后在夏季和秋季的数月间呈平稳下降。从 5 月至接下去的半个冬季期间牧草产量较低，奶牛大多进入干奶期。尽管气候条件对每季实际产奶量有相当大的影响，但奶牛单产水平的提高还是主要依靠遗传增益和饲养管理的完善。

新西兰还建立了一套分成制奶牛养殖模式，分成养殖者按照签订的合同对奶牛群进行养殖并履行一系列的农场工作职责，以获得一定比例的售奶收入。该模式将受过培训、有进取心的人员带入奶牛养殖业，使他们可以不断积累资产，直到最终可获得农场的所有权。然而，由于奶牛场所有者更愿意雇用农场经理和更低层的分成养殖者，这种五五分成养殖的模式（在该模式下分成养殖者拥有奶牛群的所有权）已日益减少。支付价格的猛跌也致使一些奶牛场所有者回归到全职管理工作上。近年来，与外部投资者或者农场经理进行资产合作的方式也越来越多地被采用。

新西兰的奶牛一般每天挤奶两次，这使挤奶成为奶牛场的主要工作之一。挤奶后，原奶被储存在农场内有温度控制的奶罐里，每天由公路冷藏罐车运走。产品质量和安全至关重要：采奶后对原奶立即进行细菌和其他污染物的检测，并将检测结果通知奶农。出现检测结果不合格则意味着将暂停从所涉农场采集原奶，直到问题解决为止。

新西兰以牧草为基础的奶牛养殖模式和季节性生产成就于创新技术的使用。新西兰约 75%的奶牛采用来自具有更好遗传品质的牛的新鲜或冷冻精液进行人工授精，几乎 100%的后备母牛都是人工授精的产物。通过设计具有众多自动化特性的高效挤奶系统，新西兰奶农可以减少人力投入。对于奶农来说，动物卫生是首要关键，新西兰拥有完善的体系可以检测动物的卫生及福利状况。

新西兰还协助许多其他国家，将其极为成功的奶业技术解决方案因地制宜，运用于当地独特的环境。利用其专业经验对市场需求进行评估，能够将技术转化以适应当地条件，并提供后续支持和建议，以此提供奶业的整体解决方案，在这方面新西兰被公认为做得非常成功。

（三）乳制品加工

绝大多数的新西兰奶农都将其生产的原奶提供给他们的合作制乳制品加工企业。这些合作制企业本身也属于这些供应原奶的奶农所有。奶农根据其供应的原奶和在此基础上加工制成的乳制品的预期收益，按月领取相应的供奶报酬。在每个季节性供应产奶年度（截至 5 月 31 日）结束后，奶农将得到截至 7 月 31 日年度实际加工收益的最终支付款。原奶是按照每千克乳固体（蛋白+脂肪）的标准进行支付的。

政府不对新西兰奶农进行出口补贴或贸易扭曲性国内补贴，也不会参与对奶农支付价的设定。奶农承担从自家奶牛场采集原奶的费用，这反映在其酬劳的合算方式上，即按脂肪和蛋白含量计酬并扣除运输（容积）费用。奶农还要缴付每千克乳固体 0.036 新西兰元的税，用于行业受益研究经费。

目前在新西兰经营的合作制乳制品加工企业主要有三家：恒天然合作集团（Fonterra）、Westland 合作乳品公司（Westland）和 Tatua 合作乳品公司（Tatua）。在截至 2010 年 5 月的年度中，这几家公司约占有从奶牛场采集的乳固体总量的 93%。

依赖于原奶合同供应的新的独立乳品加工企业正在增加。Open Country Cheese 乳酪有限公司（OCC）是其中的第一家，该公司成立于 2004 年。Dairy Trust 有限公司成立于 2007 年初，继而接管了 OCC 公司并更名为 Open Country Dairy 乳业公司。南坎特伯雷的 New Zealand Dairies 公司在截至 2008 年 5 月的年度内已开始运营其奶粉加工业务，位于坎特伯雷中部的 Synlait 公司也是如此。

《2001 奶制品行业重组法案》的鼓励竞争管理办法规定恒天然集团的经营活动必须确保市场的可竞争性，从而保障了新西兰奶制品市场的有效运作。该法案能够保证奶农每季度以公平的价格与恒天然集团进行自由的股份买卖，以及要求恒天然集团每季度以管制价格向独立奶制品加工企业供应多达 6 亿升原奶，向每个新独立加工企业最多可供应 5 千万升。

新西兰政府近期已同意为上述管理办法的设立触发机制，一旦办法即将失效，触发机制将被启动，开始对管理办法的实施进行评估，以延续针对恒天然集团的鼓励市场竞争条件。新的触发机制为：在北岛地区恒天然乳固体采集量达到 80%，在 Westland 区域理事会管辖地区外的南岛地区乳固体采集量达到 80%。一旦触发北岛或南岛任一上述情况，评估机制将被启动。

（四）乳制品出口

新西兰奶农依赖于国际市场价格，新西兰全国奶产量的约 96%被用于加工成乳制品出口。由于远离出口市场，新西兰一直以来都侧重于将牛奶尽可能地脱水加工成乳制品出口，以此来减少运输成本。这就是为什么新西兰的乳品加工行业大多以生产全脂和脱脂奶粉、奶酪、干酪素等产品为主。除了向东南亚和太平洋岛国出口几乎可以忽略不计的少量的 UHT 灭菌奶外，新西兰不出口液态奶。

新西兰是全球用于国际贸易的乳制品的最大生产国。新西兰奶业在出口方面成功的关键在于其高质量的乳品生产体系。新西兰奶业在产品多元化方面颇具成功经验。产品涵盖了从高质量安全的基本产品（如奶粉、黄油和奶酪）到专业食品（如冰淇淋，以及喷雾干奶蛋白、水解牛奶蛋白、干冻生理活性蛋白等高度专业的食品原料）。

在截至2010年6月的年度中，新西兰乳制品出口至155个国家，出口值达到了106亿新西兰元。总出口量达252万吨，其中奶粉出口量占36%。中国是新西兰乳制品的第一大市场，所占份额达17.2亿新西兰元。

更多资讯

新西兰农业及林业2010年现状及展望

http://www.maf.govt.nz/mafnet/rural-nz/statistics-and-forecasts/sonzaf/2010/2010-sonzaf.pdf

2010牧场监测

http://www.maf.govt.nz/mafnet/rural-nz/statistics-and-forecasts/farm-monitoring/2010/pastoral/index.htm

2008-09新西兰奶业统计数据

http://www.lic.co.nz/pdf/dairy_stats/DAIRY_STATISTICS_08-09.pdf

（新西兰农林部）

澳大利亚乳业概况

1.行业概况 奶业是澳大利亚农村的主要产业。2009—2010年度，加工前的行业总产值（原奶价值）为120亿澳元，奶牛总数约为160万头，2009—2010年度牛奶总产量为930万吨，比上年下降了4%，主要原因是上半季原奶价格太低。主要的乳制品系列包括饮用奶、干酪、脱脂奶粉/奶油、奶油/酪蛋白、全脂奶粉，和其他零售产品如酸奶、沙司和乳品甜点，以及特种配料如乳清蛋白产品。

目前，澳大利亚牛奶产量中45%用于出口，主要是以制成品的形式，出口价值为24亿澳元。2009年澳大利亚在国际乳制品贸易中所占的份额是10%（按等量的牛奶计算），仅次于新西兰（35%）和欧盟（32%）。

2.奶牛养殖 澳大利亚的气候和自然资源十分有利于奶业生产，本地奶业主要是以牧场放牧为主，大约70%～75%的奶牛是在“正常的”天气条件下放牧养殖。因此，牛奶生产效率高，牛奶质量优良。

奶业生产大多集中在沿海地区，牧草生产依靠天然降雨。然而，也有一些内陆地区是依靠灌溉系统，主要是在维多利亚州北部和新南威尔士州南部。在澳大利亚，依靠饲料养殖奶牛的情况依然是不多见的，但是补充饲料如干草、青贮饲料和谷物的使用，越来越普遍，这是对近年来干旱情况的回应。澳大利亚的奶牛场主继续通过改良牧场、饲料和牛群管理技术来提高奶牛场上的生产效率。

虽然牛奶生产集中在维多利亚州（占全国的65%），但各个州都有独立发展和效益良好的奶业，为附近的城镇提供新鲜的牛奶产品。另外，澳大利亚国内多数的州都生产各种各样的高质量的乳制品，从新鲜产品如酸奶和各色的干酪产品到大包装和特种奶粉。

在过去30年间，澳大利亚的奶牛场数量减少了一半，从1990年的15 400家减少到2010年中的7 500家。大多数奶牛场的经营模式是家庭拥有和经营，而合伙经营也是一种重要的形式，占行业中的15%，它在家庭经营模式中也有很成功的应用。

奶牛场的平均规模从1990年的105头增加到现在的220头，另外超大型的奶牛场也出现了，在一个牧场上拥有1 000头奶牛。

澳大利亚的主要奶牛品种是荷斯坦黑白花牛，占总数的70%以上。其他的重要品种包括娟姗牛和澳大利亚的本地品种伊拉瓦拉短角奶牛。大多数繁殖是依靠人工授精，因此澳大利亚的奶牛场主能够获得世界上最优秀的品种基因。牛群的记录管理也广泛应用，约有一半的牛群有定期的产奶记录。

在过去30年中，澳大利亚的奶牛平均产奶量从2 850升增加到了5 700升，这与品种改良、牧场管理的改善和补充饲料计划的实施等因素是分不开的。将奶牛的平均产奶量的增加与奶牛场平均规模的扩大结合起来，同期的奶牛场平均产奶总量就从250 000升增加到现在的1 200 000升。

在过去的一季中，澳大利亚牛奶生产成本在之前2年的大幅上涨后有所缓解，当时，饲料、草料、化肥、能源和银行利率等投入方面的成本出现了很大的增幅。澳大利亚约80%的牛奶生产在南部地区，随着2009年底和2010年初国际乳品产品的价格改善，原奶平均价格在2009—2010年度的下半季有所上升。这很重要，尤其是在2009年的大部分时间里很多牧场都处于亏损状态。国际价格的更加坚挺将使2010—2011年度的原奶价格进一步提升，全年平均价格大约为40澳分，这能让牧场从上季的亏损中有所恢复，偿还一些由于现金亏损所造成的更多的债务。

与很多国家不同的是，澳大利亚没有法律来约束加工商向牧场收购原奶的价格。奶牛场的原奶价格因生产商而异，因为各个公司的赢利是受产品组合、营销策略和生产效率的影响。大多数的原奶价格是根据原奶的乳脂和非脂肪乳固体而定。生产商还根据原奶的质量、数量和淡季供应情况来制定奖惩制度，也会使奶牛场所收到的原奶价格有所区别。

3. 乳品加工　与牧场一样，牛奶加工也在不断地进行合理化调整，这就使每个工厂的平均收奶量大幅增加，因为经营规模的增大提高了效率，实现了规模效应。过去七年中原奶生产没有增长的情况则减轻了澳大利亚的乳品公司在中短期内提高加工能力方面的压力。取而代之的挑战是能够最大程度地有效使用现有的生产能力。

澳大利亚的牛奶加工企业是多元化的，包括由奶农所拥有的合作社公司、上市公司、私营公司和跨国公司。合作社公司不再占据主导地位，但其加工量仍占牛奶总量的40%。最大的合作社公司（双江MG公司）加工的牛奶约占澳大利亚牛奶总量的35%。

在澳大利亚开展业务的国际大公司包括恒天然（新西兰）、麒麟（日本）和帕玛拉特（意大利）。

其他澳大利亚的乳品公司的业务遍及各个多样化的市场和产品，从上市公司（瓦伦堡干酪和奶油公司）到高度专业化的牧场干酪生产商。

表 27-1　澳大利亚的主要乳制品和产量

产品	2009—2010年度产量（吨）	变化（与2008—2009年度比较）
饮用奶	2 337 000	+ 2%
中脂奶粉	13 000	- 15%
奶油	82 900	- 11%
无水奶油	22 700	- 27%
干酪	350 000	+ 2%
脱脂奶粉	190 200	- 10%
全脂奶粉	126 000	- 15%
乳清产品	79 100	- 3%

乳制品产量的变化趋势反映了上一个季节中原奶供应紧张的情况，以及乳品公司在国际乳品价格情况下所作出的改变产品结构的回应。

4. 澳大利亚乳品消费

（1）**饮用奶。**近年来，饮用奶的人均年消费水平趋于稳定，2009/10年度为102升。牛奶消费也从普通的全脂牛奶转变到特制的牛奶品种，如减脂和低脂牛奶。同时风味牛奶的市场份额也在增加，超高温牛奶的消费也有所增长。牛奶加工商之间的竞争使更多的具有不同脂肪含量或强化维生素和微量元素的特种牛奶开发出来。还有一些牛奶品种是为特殊消费人群而开发的，如无乳糖牛奶或用于卡普奇诺咖啡的特多泡沫的牛奶。

（2）**干酪。**澳大利亚人均干酪的年消费量约为13千克，其中一半以上是切达或切达类干酪。尽管如此，非切达干酪的消费正在增加，反映出了澳大利亚饮食文化的日益多样化和都市化的特点。

（3）**奶油。**澳大利亚人均奶油年消费量约为4千克。从20世纪70和80年代以来，奶油的消费量一直在减少，这是因为消费者寻求降低饱和脂肪的摄入量。但是，近年来，随着涂抹更为方便、饱和脂肪更低的奶油和植物油混合产品的出现，这种下降的趋势有所稳定。消费者对奶油的天然性和口味以及它的烹饪功能性也很感兴趣。

（4）**酸奶。**酸奶是乳品行业中获得很大增长的一个类别。人均年消费量约为7千克。酸奶在消费者中有一个健康和方便食品的良好形象。超市中低脂和减肥类别的产品占了所售酸奶产品的一半以上。在包装、口味、益生菌、饮用型酸奶和酸奶点心等方面的不断创新，推动了酸奶消费的增长。

（5）**奶粉。**澳大利亚奶粉产量中不足20%用于内销。零售网点占内销的比例很小，本地主要用做食品原料。

（6）**冰淇淋。**消费量在全世界范围内较高，人均年消费18千克。市场稳定，季节性强。超市销售以一升或以上的包装形式，而路线销售中占主导地位的是冰棍和即兴消费型产品。近年来，流行的糖果品牌的许可证制度使人们对这类产品产生了兴趣，很多这种产品是昂贵的高档产品。

（7）**乳品甜点、蘸料和稀奶油。**乳品甜点和乳品蘸料是一个小但在不断增长的市场。产品作为高档食品或款待食品来进行市场营销，通常的促销对象是成年消费者，产品包括穆斯、焦糖蛋奶冻和干乳酪。也对儿童促销，产品包括干乳酪和包装盒上印有流行的卡通人物的风味蛋奶冻。

乳品蘸料通常是针对家中的娱乐和宴请。

稀奶油在零售和餐饮业的市场保持稳定。普通稀奶油和酸奶油都广泛用于食品装饰和食品原料。

5. 乳品出口　澳大利亚的牛奶产量仅占全世界产量的2%，但澳大利亚是重要的乳品出口国。澳大利亚在全球乳品贸易中排名第三，出口量占全球总量的10%。

近年来，澳大利亚牛奶总产量中45%用于出口，与21世纪初的50%相比出口比例有所下降，主要原因是近几年中一系列的干旱使澳大利亚的牛奶总产量下降了。

2009—2010年度澳大利亚乳制品出口总值超过24亿澳元。澳大利亚的出口集中在亚洲/东亚地区，占出口总量的72%。日本是澳大利亚最重要的出口市场，占出口总值的19%，其次是中国，占出口总值的13%。

2009—2010年度澳大利亚最大的五个出口市场是日本、新加坡、中国、印度尼西亚和菲律宾（按出口总量计算）。如果按出口总值计算，排名略有不同，是日本、中国、新加坡、印度尼西亚和马来西亚。这些国家的排名除了中国在近年中的快速增长之外，其他国家在近年里变化不大。

表 27-2 澳大利亚主要乳制品的出口量

产品	2009—2010 年度出口量（吨）	变化（与 2008—2009 年度比较）
液态奶	71 900	+ 4%
奶油/无水奶油	68 400	+ 3%
干酪	168 100	+ 16%
脱脂奶粉、酪乳粉以及脱脂奶粉与酪乳粉的混合	136 800	- 20%
全脂奶粉	104 500	- 26%

澳大利亚向中国的出口占出口总量和出口总值的13%，而且还在稳定增长。2009—2010 年度向中国的出口总量是 94 400 吨，总值为 3.04 亿澳元。

澳大利亚向中国的主要出口产品是液体奶（17 100 吨）、全脂奶粉（12 300 吨）、干酪（10 850 吨）、乳清粉（10 800 吨）和脱脂奶粉（8 600 吨）。

6. 澳大利亚乳业展望 在过去 7 年间，澳大利亚乳业局每年出版一个综合性的报告:《乳业的现状和展望报告》，2010 年的报告可以从公司的网站上下载：www.dairyaustralia.com.au 。这个报告就目前市场情况和影响未来中短期的展望的因素提供综合全面的分析。

2009 年随着全球金融危机所造成的原奶下降和使很多牧场陷入困境的持续的干旱条件，澳大利亚乳业行业面临着危机。然而，2010 年的情况已大有好转，经济复苏带动了主要市场的需求增长，而供应的减少将使以美元计算的商品价格有大幅度的上涨。

在过去 3 年中，国际乳品市场日益动荡，但是，2009 年商品的现货价格上升到 2 年前的价格水平。虽然乳品的零售需求仍然情况良好，但买家态度谨慎，购买量减少以减少库存，这就加剧了价格波动。

中国市场作为全球经济的一个主要的推动力以及一个重要的全脂奶粉进口国间接和直接地引领了需求的恢复。东南亚市场对奶粉产品的需求仍保持强劲，而中东市场对干酪和其他产品也是如此。然而，日本市场对干酪的需求仍很疲软，同时其国内的供应和需求的问题限制了对进口的需求。

本季中原奶价格良好，谷物价格处于 3 年来的低位，2010 年上半季的总体季节条件良好，这些因素都使南部的牧场处于多年以来最好的生产环境。但是，2009 年的现金亏损情况仍将是牧场主头上的阴影，而在过去 2 年中债务水平增加了约 20%。更重的债务负担和上涨的利率将继续对牧场财务状况造成压力。

澳大利亚乳业局的 2010 年乳业牧场调查针对 1000 位牧场主的态度、挑战和意向进行了调查，显示 65%的牧场主对 2010 年的行业前景表示乐观，与 2009 年持平（66%）。乐观情绪通常与相信对乳制品的持续需求相关联，也同时反映了对原奶价格上涨的预计。可以想象，原奶价格低是造成负面情绪的主要因素。

与 2009 年一样，在 2010 年的牧场主调查中，牧场主仍然认为原奶价格是目前和将来最大的挑战，其次是气候和灌溉水的成本和供应。

因此，虽然对大多数牧场主而言，外部的经营环境的好转非常乐观，但是，很多牧场主寻求稳定的回报，以期建立长期的未来发展，市场和利润的波动会影响他们对未来展望的信心。

7. 澳大利亚政府与乳品行业 澳大利亚乳品行业是一个完全由市场驱动的行业。在过去的 20 世纪 80 年代和 90 年代的 20 年里政府逐步取消了限制。而这个进程的最后一步是 2000 年 7 月政府对饮用奶价格管制的取消。因此，现在除了设立最基本的食品安全要求和食品标准规范（如标签和广告等）之外，政府对乳品行业没有任何形式的干预。

8. 澳大利亚乳业局 澳大利亚乳业局是一个由奶牛场主拥有和资金支持的行业协会，为澳大利亚乳品行业服务，澳大利亚乳业局的资金来源是国家立法对所有牛奶所征收的税费。这一税费是通过牛奶加工厂来收取的。

澳大利亚乳业局致力于提高澳大利亚乳品行业的赢利能力和竞争力，为整个行业的利益进行以下的工作：

（1）在研究开发进行投资，以提高牧场和加工企业的竞争力；

（2）在贸易政策如贸易自由化和贸易准入等方面进行工作，以改善出口环境，促进出口的增长；

（3）推广乳制品的健康和营养价值，提高澳大利亚国内的乳品消费；

（4）解决环境和社区问题；

（5）促进行业咨询和沟通。

澳大利亚乳业局将行业信息编辑成为<<年澳大利亚乳品行业信息>>，这是有关澳大利亚乳品行业最全面和最权威的信息汇编。2010 年的最新信息将于 2010 年 11 月发布。

澳大利亚乳业局的奖学金培训项目是为中国乳制品企业举办的一个技术培训活动，另外乳业局还为所有参加过培训的校友举办一系列的交流活动，以及每年在中国举办技术讲座和研讨会。澳大利亚乳业局还与中国政府在贸易政策和市场准入方面进行合作。

更多的信息可以从澳大利亚乳业局的网站上查阅：www.dairyaustralia.com.au 。

德国奶业发展概况

自1984年欧洲牛奶生产配额制实施以来，德国的牛奶生产与欧盟奶业体系之间的关联愈发紧密。在欧洲配额制体系约束下，欧盟各成员国均须按照既定配额进行牛场生产，超过配额的牛奶生产将会受到经济惩罚并直接实施于过度生产的牛场主。在德国的奶业生产体系中，牛奶生产配额制度是控制牛奶总产量及保护牛奶价格的重要工具。随行业的发展，由于部分牛场主依照自身需求需要增加年度的牛奶产量，牛奶生产配额已经在德国转变成具备特定价格的特殊产品。

多年来，德国的奶牛养殖者可以通过每年三次的特定拍卖会进行牛奶生产配额的出售与购买。在20世纪90年代末，奶牛养殖者需要以每千克超过1欧元的价格购买额外的配额进行扩大生产，进而极大提高了牛奶的生产成本。目前，牛奶生产配额制度将仅延伸执行到2014年至2015年，此后该制度预期将终止运行。受欧洲奶业发展形势和配额制取消的预期，2010年7月牛奶生产配额的市场买卖价格已经跌至每千克0.11欧元。由于配额制度造成的扩张成本及奶业生产的发展预期，多数奶牛养殖者近几年来并未对牛场规模进行扩增。

据相关统计，2009年德国参与奶牛养殖的农户共有95 800户，奶牛总养殖规模达420万头，平均牛场养殖规模达43.5头。相对而言，1995年德国牛场的平均奶牛养殖规模仅为25头。在20世纪末的发展时期内，德国的牛奶生产配额大量被购买转移至德国北部地区。因此，北部地区的牛场规模相对于德国南部也不断增加。目前仅考虑具备完整品种登记记录的母牛群体，德国平均场奶牛养殖规模已达54.8头。德国奶牛养殖规模因地区不同而差异巨大，德国西北部的平均场奶牛养殖规模为59头，而在德国东北部的平均场养殖规模达220头(单个牛场的最大规模超过4 000头)。德国南部地区主要养殖以西门塔尔牛和瑞士褐牛为主的奶牛群体，平均场规模为34头。从全国范围统计，德国奶牛养殖的主要品种仍为荷斯坦牛，养殖规模超过总奶牛养殖规模的66%；西门塔尔牛及瑞士褐牛为其次的养殖品种，并以其他兼用的红白花品种作为补充。

2009年，德国牛奶生产总量达2 866万吨。与美国等地区不同，德国不允许在奶牛养殖中使用激素增加牛场产量。在严格激素使用控制下，德国登记奶牛的305天产奶量达8 879千克、乳脂率达4.13%、乳蛋白率达3.43%(2009年统计数据)。德国部分养殖规模达千头以上的牛场，由于采用规模化集约化的养殖模式，奶牛单产已经超过11 000千克。德国奶牛育种体系非常完善，技术领先，为德国奶牛养殖者提供了大量优质的奶牛遗传物质。在过去的20年间，德国的奶牛单产的增长幅度达3 000千克。

德国奶牛在生产寿命和终生产量上具有遗传优异。目前，德国在群登记的奶牛中有超过20万头个体的总产量已经超过6万千克，许多奶牛的记录终生产量可达10万千克以上。同时，奶牛体细胞数和细菌数得到有效控制，原奶品质优异。

受到2009年世界金融危机的冲击，世界范围内奶类产品的需求有所下降，受此影响德国原奶价格自2008年末大幅下降。在2009年初，德国牛奶生产非常理想，但面对市场需求的下滑，乳脂率为4.0%与乳蛋白率3.4%的原奶收购价格降至每千克0.2欧元以下。2009年5月至2010年5月德国两大主要乳品企业NordMilch与Humana公司的收奶平均价格分别为每千克0.2541欧元和0.2583欧元。目前，由于市场对奶产品需求的不断恢复且原奶生产总量相对稳定，原奶收购价格有所恢复，但速度缓慢。

作为欧洲大陆的主要发达国家，德国民众对奶产品的消费始终保持较高的水平。据统计，德国每年人均消费液态奶64.2千克、奶酪20.7千克以及黄油6.4千克。德国奶牛养殖者生产的45%原料奶均用于奶酪产品的加工。2008年，德国加工生产的液态奶总量达62.4亿千克，黄油达46.5万吨，奶酪达19.41亿千克。其中，大量的奶制品也出口到其他国家。德国平均每年向包括欧洲、亚洲、北美地区出口高达80万吨的奶酪产品。同时，由于欧盟成员国之间贸易联系紧密，德国也自其他欧洲邻邦进口奶制品。总体统计，上除黄油外的其他奶制品，德国均为净出口国。

自2008年世界金融危机后，以石油输出国和亚洲部分国家和地区为代表，经济恢复迅速，据相关机构预计，世界奶类产品需求及价格将稳步上扬。特别是由于奶价低迷，澳大利亚、南美和美国地区的原奶产量都下降。因此，德国有关机构综合上述利好消息，对德国奶业生产在2010年实现全面恢复具备信心。

(德国遗传国际有限公司 Matthias Hempe)

[北京奶牛中心 刘林(译)]

日本奶业概况

日本为岛国，约由3 900多个岛屿组成，小岛居多，其中有四个主要岛屿是北海道、本州、四国和九州，总面积为378 000平方公里，这些岛屿南北延伸近4 000公里，国土面积是中国的1/25，人口相当于中国的1/10。截至2009年，GDP为全球第二大经济体，预测2010年中国替代日本可能成为GDP第二大经济体。但中国人均GDP仍为日本的1/10。日本国土的主要部分是山区，仅有14%的国土适合耕种，农场一般较小，土地宝贵，日本农民合理使用土地，加上使用先进的农业科学技术，生产出了占日本消费量2/3左右的大米、水果、蔬菜等农牧产品。由于日本农业资源和土地的限制，加之近年的日元升值和消费量增加等原因，日本大量进口畜牧产品，已成为世界上最大的畜牧产品进口国，致使一般日本家庭餐桌上食品的60%是依赖进口。目前，日本农业面临着萎缩与进口农产品持久战的形势。但是，日本奶业发展独树一帜，日本牛奶和奶制品的国内自给率为80%。现在的日本奶牛养殖业在亚洲国家中发展水平最高，成母牛平均单产仅次于美国和丹麦，高于英国、法国、德国等欧洲国家。人均乳制品消费量是51千克，其中液态奶消费量占到95%以上，而液态奶中65%是巴式灭菌奶即鲜奶的消费。日本年消费牛奶总量为1200万吨，其中800万吨左右是依靠日本国内奶牛养殖户的生鲜奶供给。

（一）日本奶牛养殖业的现状

日本奶牛养殖业是在二战后，伴随着象征流行的西洋式饮食即所谓“日本战后食文化”牛奶消费的扩大而发展起来的。20世纪40～60年代中期的20年间，是单纯急速扩张和扩大时期，以后经过规模扩大和提高效率化等基本策略的调整，使日本奶牛业比较顺利地发展到现在的水平。

日本奶牛养殖业在此发展过程中也经历了不同的发展阶段，经历了所谓日本战后农政的农业结构调整等政府引导的产业结构变化阶段和过程。比如：养牛户数最高峰时1964年41.6万户，平均1户3.4头，平均单产4 250千克/年，2009年养牛总户数减少到2.3万户，1户的养殖规模扩大到平均65头，平均单产8050千克。日本奶牛养殖头数从1964年的120万头增加到1980年的210万头最高峰后，在200万头左右的规模上持续了15年到1996年开始下降，2009年下降为150万头。1户饲养规模的扩大和奶牛单产的提高，使日本的鲜奶生产量从1964年的276万吨增长到1986—1996年的860万吨后，持续下降从2008年跌破800万吨，2009年为796万吨。北海道以外地区养牛头数从1996年开始下降，2009年已经下降到1996年的65%，67.7万头。

在此发展过程中，日本奶牛养殖业曾连续20～30年扮演了日本农业结构调整政策的“优等生”和“朝阳产业”的角色，如今出现了下降的趋势。曾经以“兼业”或“副业”经营的养殖场开始撤出，以更“专业”、更“专一”和更“规模化”形式的经营模式开始接手经营，以求在竞争中取胜。多数的日本政策研究者认为，这种趋势反映了日本整个国家在维持其“鲜奶”生产基盘上出现的问题，此时需要从根本上调整或改革国家对奶农及奶牛牧场的政策。这种趋势的出现说明日本奶牛业“通过规模扩张式经营，出现了奶牛养殖业的阶层分解”，有些人认为此为“发展的必然之路”，有些人认为其结果必然是中小养殖场的失业者增加，原本奶牛养殖发达地区的产业后退和妨碍农村经济发展。另一方面有些人认为，高唱“扩大规模、提高生产效率”等同于“提高国际竞争力”的观点值得置疑，“提高国际竞争力”的目标是“提高日本国内的自给自足率”，可是“规模化”导致的失业和地域经济发展迟缓必然妨碍“自给自足”的提高，陷入了“自论自驳”的怪圈。

（二）日本奶牛养殖业及奶牛协会的作用和职能

在此形势下日本成立了“奶农及奶牛养殖业基本问题委员会”，通过该委员会的调查、讨论、论证和评价，于2010年4月该委员会提出了关于“为了日本奶农和奶牛业更好发展——日本奶农和奶牛养殖业中长期课题和生产者及其组织的作用”的日本中长期奶业发展规划报告书。首先在该报告书中提出了日本奶业政策和奶业生产者发展策略基本方针，明确指出日本奶牛养殖业应该以继续维持国民经济生产和维护其在日本国民经济价值中“永远不变价值”的地位，并且必须以可持续性发展为前提，为国民生活的不断提高而持续贡献为目的。在此方针下，该报告提出了日本奶牛业应担负责任，并提出了建议和意见。

1. 实现和提高牛奶和奶制品的国内自给率，需要可持续发展的奶牛养殖业 其中关键是维持日本国内奶牛养殖业经营的稳定、合理水平的牛奶价格和合理的利润收入。正视日本国内乳制品的自给率已下降到70%和国际市场供应的极端不稳定性的现状，以发展国产乳制品为主体，构建可以弹性对应国际市场变动的产业结构。

2. 促进和鼓励各种各样经营条件下的多样化养牛经营模式 今后只有尊重和充分发挥日本不同地区、不同地理环境、奶牛养殖生产条件的牧场经营者的不同价值观念和理念，才能实现维持和扩大现有生鲜奶生产能力的目的。今后的政策重点是支援“专业性和多样性并举，具有丰富个性的日本奶牛养殖业”的发展。其中多样性包括：（1）经营形态的多样性，比如：家族牧场，企业

/法人经营牧场。（2）生产方式多样性，如：饲养方法，挤奶方法，饲料供给采购方法。（3）经营内容的多样性，如：主营生鲜乳生产兼营肉牛、乳制品加工或销售。（4）区域、环境的多样性，如：平原农区，其中包括旱田农区、水田农区；山地农区；都市周边区；寒冷地区；温暖地区等。只有鼓励多样性、丰富个性化的奶牛养殖业，充分发挥奶牛养殖业的“土、草、牛”三位一体的循环型农业的技术优势，使不同模式的经营优势充分组合，将生产性和利益性得到最大发挥。家族式养殖业（牧场）是环境协调型养殖业，它的发展在传统发展和环境保护上具有明显优势，其仍将是今后的主力发挥模式。

3. 日本奶牛养殖从业者协会的作用与职能，主要职能简单而言——生鲜乳的共同销售 在日本，奶农相互间的合作较其他农畜牧业生产者而言协作性更强，“为了共存的协调”是奶农合作的核心，这也是由于生鲜乳商品的特性和奶牛养殖的技术的特性所要求的。为了确保奶农经营的稳定性和持续性，维持和发展奶农间的协作共同体，在日本被称为“日本奶农的社会资本”非常重要。主要作用分为（1）生鲜乳的价格协商和制定；（2）对需要和供给的调整；（3）扩大市场需要；（4）对奶农或牧场经营的支援。

（三）日本生鲜奶价格形成机制

日本奶农的生鲜乳销售是由日本政府指定机构通过统一价格销售给乳品公司。奶价是通过“受托销售委员会”代表生产者和乳业公司之间交涉价格。按照加工制品目的或用途不同，生鲜乳的价格不同，被称为“用途别生鲜乳交易制度”和“生鲜乳共同销售功能”。“用途别”价格包括：“饮用乳用生鲜乳”、“发酵乳用生鲜乳”、“炼乳等用生鲜乳”、“其他特定乳制品用生鲜乳”、“干酪用生鲜乳”等5项不同生产用途用原料生鲜奶的价格。在此价格的基础上又制定了“按质论价”的价格奖励体系，地区不同略有差异。对生鲜奶的成分和卫生都有统一标准。比如对乳脂肪、无脂固形物等成分有明确要求、对细菌数、体细胞数等卫生标准也有严格要求，其中地区不同略有差异。特别是对细菌数和体细胞数等卫生标准比较严格，比如:细菌在100万以上或体细胞在40万以上时生奶禁止销售。

（四）日本生鲜乳计划生产政策

生鲜乳的供需变化极大地影响其价格的形成，因此日本政府制定了统一调整库存的法令和方法。1966年日本依据政府1961年制定的“畜产品价格稳定法律”，出台了“原料乳生産者补给金等暂定办法”，该办法的出台极大地稳定了供需间由于暂时的变动引发的价格变动，同时，政府根据供需平衡，通过调整进口和库存来调节供需，有效地扶植了日本国内奶牛养殖业的稳定发展，这些政策被称为了日本战后农业政策的杰作。随着市场消费的不断增加，奶农生产技术和水平的提高原料奶产量也在增加、牧场规模在扩大，致使政府的原料奶库存逐年加大，有时库存达到5～8个月的市场份额，政府占用资金过大，终于在1987年停止了政府库存的政策。日本于1986年制定了“生鲜乳计划生产政策”，与生产者一起直接参与计划制定和“乳价不足支付制度”，至今已执行了20多年。特点如下：（1）生产者直接参与“供需平衡”和“过剩时的主动生产抑制”，政府参与损失补偿。截至2008年日本乳价调价前，生鲜乳价格出现了长期稳定的历史。（2）政府指定机构直接参与生鲜乳买卖和流通的一元化管理，真正实现了生鲜乳的计划生产。（3）缓解了地区差和地域差形成的生鲜乳流通上的地域竞争，其中“不同的用途补偿政策不同”有效地发挥了政府政策的全国计划的协调性和公益性。（4）当市场趋于饱和及生产过剩时，调整了不同发展潜力地区的发展方向和策略。（5）在北海道等生鲜乳主要产区采取当地深加工干乳酪辅助政策，实施了“特别剩余乳”制度和“特别调整乳”制度，致使2010年日本北海道地区开始出现了“选择地扩大生产数量”的动向，可能成为乳品生产和消费的新增长点。

（日本全药 甄 岩）

奶业行业相关标准列表

序号	标准号	标准名称	发布日期	实施日期
1	GB/T 23387-2009	饲草营养品质评定 GI 法	2009-3-26	2009-7-1
2	GB/T 27342-2009	危害分析与关键控制点(HACCP)体系 乳制品生产企业要求	2009-2-17	2009-6-1
3	NY/T 1780-2009	苜蓿种子生产技术规程	2009-12-22	2010-2-1
4	NY/T 1819-2009	饲料中胆碱的测定 离子色谱法	2009-12-22	2010-2-1
5	农业部 1163 号公告－1-2009	动物性食品中己烯雌酚残留检测 酶联免疫吸附测定法	2009-2-6	2009-3-1
7	农业部 1163 号公告－3-2009	动物性食品中双甲脒残留标示物检测 气相色谱法	2009-2-6	2009-3-1
9	农业部 1163 号公告－5-2009	动物性食品中氨苄西林残留检测 高效液相色谱法	2009-2-6	2009-3-1
10	农业部 1163 号公告－6-2009	动物性食品中泰乐菌素残留检测 高效液相色谱法	2009-2-6	2009-3-1

国际奶业统计资料

表 27-3 世界奶类产量

单位：百万吨

	1995	2000	2004	2005	2006	2007	2008*	2009*
牛乳	465.2	490.5	528.1	544.0	557.4	566.9	576.5	580.0
水牛乳	54.5	66.5	76.1	78.9	82.2	86.6	87.5	89.0
山羊乳	11.7	12.7	14.1	14.5	14.9	15.1	15.1	15.2
绵羊乳	8.0	8.4	8.6	8.9	9.1	9.0	9.1	9.1
其他	1.3	1.3	1.5	1.6	1.6	1.6	1.6	1.7
全部乳	**540.7**	**579.4**	**628.4**	**647.8**	**665.2**	**679.2**	**689.8**	**695.0**

注：*估计数
资料来源：ZMP，联合国粮农组织（FAO），IDF 国家委员会及其他团体。

表 27-4 世界各地区牛奶产量

单位：百万吨

	1995	2000	2004	2005	2006	2007*	2008*	2009*
非洲	35.7	20.2	23.8	24.2	25.5	26.6	27.0	27.0
亚洲部分国家[1]	55.4	52.0	69.2	75.4	82.0	87.2	91.0	94.1
中美及加勒比海	11.3	13.5	14.3	14.4	14.9	15.4	16.0	16.2
欧盟 27 国		148.7	148.6	148.9	146.9	147.1	149.0	150.0
北美洲	78.4	83.9	85.7	88.3	90.3	92.4	94.3	92.9
南美洲	38.8	45.1	50.8	54.0	55.0	55.2	56.2	56.5
大洋洲[2]	18.1	23.6	25.0	25.6	25.3	24.4	25.4	25.9
全球	**465.2**	**490.5**	**528.1**	**544.0**	**557.4**	**566.9**	**576.5**	**580.0**

注：*估计数；1 指中国、日本、印度、韩国；2 新西兰、澳大利亚，乳业年度至下年 6 月。
资料来源：ZMP，联合国粮农组织（FAO），IDF 国家委员会及其他团体。

表 27-5 世界主要国家水牛乳产量

单位：百万吨

	1995	2000	2004	2005	2006	2007*	2008*	2009*
印度[1]	35.7	43.6	50.2	52.1	55.5	59.2	62.0	
巴基斯坦	14.0	16.9	19.2	19.9	19.8	20.4	21.0	21.6
中国			2.8	2.8	2.9	2.9	3.0	3.0
埃及	1.4	2.0	2.3	2.3	2.3	2.3	2.3	
意大利	0.1	0.2	0.2	0.2	0.2	0.2	0.2	0.2
全球	**54.5**	**66.5**	**76.1**	**78.9**	**82.2**	**86.6**	**87.5**	**89.0**

注：*估计数
1）乳业年度截止到下年 3 月。
资料来源：ZMP，联合国粮农组织（FAO），IDF 国家委员会及其他团体。

表 27-6　其他奶产量[1]

单位：千吨

	1995	2000	2004	2005	2006	2007*	2008*	2009*
全球	**20 955**	**20 523**	**24 245**	**24 941**	**25 656**	**25 782**	**25 800**	**26 000**
-山羊奶	11 719	12 656	14 052	14 517	14 950	15 127	15 100	15 200
-绵羊奶	7 991	8 430	8 645	8 858	9 115	9 044	9 100	9 100
-骆驼奶			1 548	1 566	1 591	1 611	1 600	1 700

注：*估计数；1 绵羊奶、山羊奶、骆驼奶
资料来源：ZMP，联合国粮农组织（FAO），IDF 国家委员会及其他团体。

表 27-7　世界主要国家奶牛存栏数

单位：千头

	2000	2004	2005	2006	2007	2008	2009*
德国	4 564	4 287	4 164	4 054	4 087	4 229	4 100
西班牙	1 141	1 057	1 013	942	903	888	885
法国	4 153	3 947	3 958	3 878	3 846	3 800	3 794
爱尔兰	1 153	1 156	1 122	1 087	1 087	1 105	
意大利	2 172	1 838	1 842	1 814	1 839	1 831	1 831
荷兰	1 532	1 471	1 433	1 420	1 413	1 466	1 562
英国	2 339	2 152	2 007	1 979	1 954	1 909	1 864
欧盟 27 国	27 613	25 419	24 921	24 531	24 223	24 187	23 900
俄罗斯	13 100	11 000	9 647	9 500	9 400	9 300	9 100
乌克兰	5 431	4 061	3 965	3 410	3 347	3 080	2 805
加拿大	1 142	1 055	1 041	1 019	1 005	989	978
美国[1]	9 206	9 012	9 043	9 137	9 189	9 315	9 200
墨西哥	2 075	2 234	2 197	2 222	2 109	2 153	
澳大利亚	2 165	2 010	1 870	1 786	1 700	1 700	1 700
新西兰	3 485	3 867	4 100	4 140	4 167	4 200	4 365
阿根廷	2 500	2 200	2 300	2 150	2 150	2 150	2 150
巴西	16 040	15 200	15 100	15 290	15 925	16 700	17 023
中国	5 238	11 080	12 161	13 632	12 180	12 335	12 603
日本	1 150	1 088	1 055	1 046	1 011	998	1 000
韩国	255	282	271	263	256	250	250
印度[2]	62 254	68 256	69 759	.	.	.	

注：*预测数；

1）至次年 1 月 1 日；2）包括水牛

资料来源；ZMP，国家统计局，联合国粮农组织，美国农业部，EUROSTAT data

表 27-8 世界主要国家牛奶产量

单位：千吨

国别	2000	2004	2005	2006	2007*	2008*	2009*
德国	28 331	28 245	28 453	27 955	28 403	28 656	28 900
西班牙	5 900	6 576	6 553	6 378	6 335	6 500	
法国	24 975	24 452	24 885	23 360	23 367	24 769	23 341
爱尔兰	5 260	5 373	5 163	5 188	5 346	5 199	
意大利	10 877	10 869	10 897	10 821	10 840	10 962	12 000
荷兰	11 155	10 905	10 827	10 994	11 227	11 621	
英国	14 489	14 552	14 470	14 316	14 023	13 719	
波兰	11 900	11 810	11 901	11 970	12 088	12 449	12 447
欧盟 27 国	148 717	148 572	148 926	146 901	147 096	148 980	150 000
俄罗斯	31 938	30 600	31 440	32 016	32 381	32 500	32 800
乌克兰	12 658	14 106	13 714	13 287	12 264	11 642	11 364
白俄罗斯	4 490	5 150	5 676	5 896	5 904	6 225	6 549
澳大利亚[1]	10 862	10 428	10 392	9 583	9 223	9 200	9 200
新西兰[1]	12 700	14 530	15 200	15 700	15 200	16 200	16 700
加拿大	7 925	8 137	8 001	7 856	8155	8162	8 172
美国	76 004	77 534	80 254	82 455	84 211	86 179	84 700
墨西哥	9 591	10 170	10 164	10 330	10 599	10 815	
阿根廷	9 794	9 169	9 493	10 466	9 813	10 310	10 000
巴西	22 134	24 202	25 384	26 160	26 920	28 000	28 000
中国	8 420	22 606	27 534	31 934	35 250	35 558	37 000
日本[2]	8 497	8 329	8 285	8 138	8 007	7 982	8 000
印度[3]	32 870	36 018	37 344	39 760	41 803	44 162	46 000
印度[2,3]	76 490	85 431	87 522	91 830	97 051	100 950	
巴基斯坦[3]	8 039	8 678	8 848	10 726	11 130	11 700	11 985
巴基斯坦[2,3]	24 949	28 624	29 438	31 214	32 219	33 000	33 607
土耳其	8 732	9 609	10 026	10 867	11 279	11 255	11 583

注：*预测数；1）乳业年度截止到下年的 5 月或 6 月；2）包括水牛乳；3）乳业年度截止到 4 月

资料来源：ZMP、IDF 各国家委员会、联合国粮农组织、EUROSTA、美国农业部

表 27-9 世界主要国家商品牛奶产量[1]

单位：千吨

	2000	2004	2005	2006	2007	2008	2009*
德国	26 984	27 113	27 380	26 876	27 321	27 466	28 000
西班牙	5 454	5 948	5 940	5 863	5 765	5 814	5 700
法国	23 303	22 915	23 353	22 867	22 979	23 819	22 800
爱尔兰	5 160	5 269	5 060	5 235	5 242	5 106	5 000
意大利	10 377	10 579	10 897	10 821	10 837	10 607	10 900
荷兰	10 734	10 561	10 479	10 662	10 899	11 294	11 500
英国	13 932	14 114	14 038	13 923	13 649	13 352	13 100
波兰	6 662	7 829	8 612	8 524	8 467	8 824	9 100
欧盟 27 国	131 011	132 765	134 520	133 615	133 789	134 914	134 520
俄罗斯	12 500	14 500	14 700	15 048	15 543	15 600	16 400
乌克兰[1]	3 335	5 237	5 689	5 607	6 029	5 820	
加拿大[2]	7 407	7 605	7 492	7 410	7 584	7 591	7 600
墨西哥	9 591	10 170	10 150	10 352	10 000	10 300	
美国[2]	75 413	77 034	79 736	81 931	83 682	85 650	84 150
阿根廷	9 103	8 778	9 070	9 717	9 062	9 541	9 200
巴西	12 470	14 929	16 773	17 164	17 700	18 000	18 000
中国	5 050	16 050	19 270	22 350	24 680	24 890	
日本	8 391	8 247	8 205	8 056	7 923	7 900	
韩国[2]	2 253	2 225	2 229	2 176	2 188	2 139	
澳大利亚[3]	10 862	10 428	10 392	9 658	9 373	9 476	9 200
新西兰[3]	12 700	14 530	15 200	15 700	15 200	16 100	16 583
南非	1 977	1 888	2 321	2 425	2 470	2 526	

注：*预测数；1）所有加工乳；2）包括售给乳品厂和直接售给消费者的牛乳；3）至次年 5、6 月份截止的乳业年总产量

资料来源：ZMP，IDF 各国家委员会，国家统计局，EUROSTAT。

表 27-10 世界主要国家液体奶产量

单位：千吨

	2000	2003	2004	2005	2006	2007	2008
欧盟 27 国	32 978	33 400	33 500	33 804	34 178	34 261	34 050
俄罗斯	.	8 473	9 023	9 394	4 106	4 188	4 100
乌克兰[1]	.	489	716	863	818	852	810
加拿大	2 699	2 709	2 741	2 717	2 730	2 745	2 740
墨西哥	3 765	4 019	4 144	4 313	4 350	4 271	4 412
美国	24 979	24 939	24 661	24 740	25 010	24 987	25 011
阿根廷	1 598	1 386	1 504	1 647	1 692	1 730	1 789
巴西[2]	12 690	12 391	12 743	13 400	13 755	.	.
中国	1 230	5 829	8 067	9 748	10 330	11 960	12 658
日本	4 571	4 362	4 454	4 290	4 150	4 039	3 953
韩国	.	1 829	1 781	1 691	1 684	1 697	1 702
澳大利亚[2]	1 978	1 961	1 960	2 127	2 160	2 205	2 251

注：1）部分估计数；2）乳业年度截止到下年 6 月份；

资料来源：ZMP，IDF 各国家委员会，EUROSTAT

表 27-11 世界主要国家乳饮料、酸奶和发酵乳产量

单位：千吨

	2000	2003	2004	2005	2006	2007	2008
欧盟 25 国	7 979	8 966	9 278	9 577	9 796	9 973	9 855
欧盟 27 国	.	.	9 511	9 824	10 052	10 251	10 142
瑞士	99	193	208	229	234	236	251
乌克兰	158	278	464	499	523	534	530
美国	833	1 137	1 228	1 387	1 498	1 577	1 633
加拿大	150	197	215	233	244	252	274
阿根廷	243	272	357	405	474	576	583
智利	107	139	160	189	172	177	192
墨西哥	370	466	483	536	569	636	631
以色列	151	147	147	152	164	167	170
中国	270	710	1 200	1 702	2 115	2 450	2 593
日本	2 667	2 708	2 618	2 651	2 726	2 779	2 656
韩国	.	555	524	482	504	485	455

由于定义的差异性，本表所列数据的可比性有限

资料来源：ZMP，IDF 各国家委员会，国家统计局，EUROSTAT

表 27-12 世界主要国家奶油产量[1]

单位：千吨

国别	2000	2003	2004	2005	2006	2007	2008
欧盟 25 国	2 075	2 008	2 107	2 137	2 042	2 055	2 065
欧盟 27 国	2 084	2 015	2 118	2 148	2 053	2 065	2 075
瑞士	37	40	40	39	37	37	46
白俄罗斯	64	64	82	85	88	86	101
俄罗斯	270	229	276	277	230	245	258
乌克兰	135	145	113	120	104	99	85
澳大利亚[2]	176	148	147	146	133	128	153
新西兰[2]	353	415	380	390	420	390	400
加拿大	77	87	87	86	79	82	86
美国	570	564	566	611	657	695	749
阿根廷	47	36	41	40	47	47	51
巴西	72	72	75	77	78	82	84
中国	15	30	35	30	25	30	37
印度[3]	37	24	42	36	36	38	42
印度[1]	98	83	109	106	.	108	114
日本	88	80	80	84	81	75	72

注：1）包括与奶油等价的无水乳脂肪和酥油；2）乳业年度至次年 5 月或 6 月；3）佐餐奶油

资料来源：ZMP、IDF 各国家委员会统计数字、EUROSTAT、FAO、USDA

表 27-13 世界主要国家干酪产量

单位：千吨

国别	2000	2003	2004	2005	2006	2007	2008
欧盟 25 国	7 142	7 593	7 740	7 894	8 020	8 087	8 147
欧盟 27 国	7 249	7 724	7 877	8 034	8 156	8 222	8 276
挪威	81	83	84	84	83	84	85
瑞士	146	160	162	168	173	176	179
俄罗斯	221	335	348	371	405	434	429
乌克兰	67	168	335	391	319	346	352
加拿大[1]	358	366	372	379	387	404	396
墨西哥	134	127	134	134	143	146	150
美国[1]	4 079	4 231	4 378	4 506	4 673	4 755	4 793
阿根廷	453	332	378	414	467	487	491
巴西	445	460	468	495	528	580	630
中国	.	10	15	15	13	18	15
日本	126	119	120	123	125	125	118
以色列	99	102	104	106	113	115	119
澳大利亚[2]	376	384	388	373	364	359	348
新西兰[2]	289	321	297	292	308	314	345

注：1）不包括农舍干酪；2）乳业年度截止到下年 5 月或 6 月

资料来源：ZMP、IDF 各国家委员会、FAO、EUROSTAT、USDA

表 27-14 世界主要国家炼乳产量[1]

单位：千吨

国别	2000	2003	2004	2005	2006	2007	2008
欧盟 15 国	1 255	1 165	1 167	1 136	1 086	1 058	1 060
欧盟 25 国	.	.	1 220	1 180	1 120	1 080	1 080
俄罗斯		204	193	188	199	197	.
白俄罗斯	78	50	49	57	88	88	.
乌克兰	47	79	100	104	97	108	112
加拿大	103	69	51	46	48	44	41
美国[1]	211	270	249	248	230	234	260
阿根廷	12	8	6	6	7	8	7
智利	24	31	39	40	44	45	42
秘鲁	.	272	313	279	279	281	.
中国	80	125	175	150	120	150	173
日本	41	42	42	42	42	45	44
新加坡		134	260	325	252	253	.
泰国		73	85	82	82	82	.
南非	20	39	41	43	43	43	.

注：1）仅包括罐装淡炼乳和甜炼乳

资源来源：ZMP，各国统计数字、IDF 各国家委员会、EUROSTAT、FAO

表 27-15 世界主要国家全脂、半脱脂奶粉产量

单位：千吨

国别	2000	2003	2004	2005	2006	2007	2008
欧盟 25 国	971	870	856	851	779	764	838
瑞士	10	21	20	20	19	21	22
白俄罗斯	14	19	33	38	35	36	.
俄罗斯	75	90	91	80	76	75	84
乌克兰	7	16	22	29	25	30	30
美国	51	18	19	15	14	14	23
墨西哥	151	151	170	166	184	202	191
阿根廷	202	198	260	254	260	185	225
巴西	256	390	420	440	465	526	580
澳大利亚[1]	205	187	189	158	135	142	138
新西兰[1]	515	628	585	611	653	651	710
中国[2]	615	830	900	900	1 100	1 300	1 200
印度[2、3]	132	99	160	179	172	167	170
日本	18	16	15	14	14	14	14
南非	10	13	13	16	.	.	.

注：1）乳业年度至次年 5 月、6 月份；2）包括全部乳粉；3）乳业年度至次年 4 月份

资料来源：ZMP， IDF 各国家委员会，EUROSTAT，FAO，USDA

表 27-16 世界主要国家脱脂奶粉产量

单位：千吨

国别	2000	2003	2004	2005	2006	2007	2008
欧盟 25 国	1 240	1 292	1 018	1 034	1 011	982	969
欧盟 27 国	1 240	1 297	1 024	1 039	1 015	986	972
瑞士	22	28	26	26	24	22	28
白俄罗斯	35	28	38	46	55	55	.
俄罗斯	97	110	110	110	123	132	131
乌克兰	61	71	83	83	81	95	65
加拿大	69	91	88	73	72	75	85
美国	661	721	641	698	689	685	861
阿根廷	45	31	36	16	23	11	14
巴西	62	108	110	113	117	128	140
澳大利亚[1]	265	199	207	228	209	177	221
新西兰[1]	251	275	225	247	304	265	290
印度		147	147	148	151	162	180
日本	194	183	183	187	181	173	158

注：1）乳业年度截止到次年的 5 月或 6 月。

资料来源：ZMP，EUROSTAT，IDF 各国委员会统计数字、FAO、USDA

表 27-17　世界主要国家乳制品出口量

单位：千吨

	2000	2003	2004	2005	2006[1]	2007[1]	2008[1]
奶油							
全球	**700**	**850**	**880**	**840**	**840**	**800**	**750**
欧盟[2]	175	301	333	311	243	211	150
美国	9	12	9	9	11	40	89
澳大利亚[3]	109	83	74	72	64	70	59
新西兰[3]	329	378	330	320	391	364	330
其他国家	79	77	134	128	118	119	122
脱脂奶粉							
全球	**1 230**	**1 080**	**1 180**	**1 100**	**1 150**	**1 100**	**1 250**
欧盟[2]	357	222	281	189	88	201	177
加拿大	32	36	16	6	13	14	10
美国	113	147	270	289	292	266	403
澳大利亚[3]	218	161	152	165	173	127	178
新西兰[3]	251	287	250	220	316	281	248
白俄罗斯	28	28	37	45	54	60	61
乌克兰	50	51	63	57	64	58	44
印度	5	10	17	53	26	32	43
全脂奶粉							
全球	**1 415**	**1 600**	**1 730**	**1 680**	**1 700**	**1 580**	**1 680**
欧盟[2]	575	481	509	486	434	364	491
美国	25	11	15	12	10	12	29
阿根廷	104	106	182	166	215	115	101
巴西	0	3	22	25	17	42	82
澳大利亚[3]	183	159	161	165	143	125	163
新西兰[3]	474	657	629	576	645	680	607
中国		7	8	16	15	58	62
新加坡	5	16	15	27	30	42	62
干酪							
全球	**1 227**	**1 350**	**1 450**	**1 450**	**1 480**	**1 530**	**1 400**
欧盟[2]	458	509	576	546	582	594	555
瑞士	58	55	56	57	56	59	61
乌克兰	12	61	94	116	49	61	77
白俄罗斯	17	38	53	65	83	92	102
澳大利亚[3]	223	212	237	202	212	202	132
新西兰[3]	262	308	277	283	309	309	247
美国	48	52	61	58	71	100	131

注：1）部分预测值；2）2003 及以前欧盟 15 国，2004-2006 欧盟 25 国，2007 年及以后 27 国；3）至次年 6 月份的 12 个月期间

资料来源：ZMP，IDF 国家委员会，国家统计局，EUROSTAT，USDA，GTA

表 27-18 世界主要国家乳制品进口量[1]

单位：千吨

	2000	2003	2004	2005	2006	2007	2008[2]
奶油							
全球	**700**	**850**	**880**	**840**	**840**	**800**	**750**
欧盟	104	115	93	82	82	92	65
俄罗斯	54	133	101	83	112	129	140
埃及	61	47	48	30	40	26	33
摩洛哥	27	35	31	36	36	20	30
墨西哥	34	46	63	71	49	42	29
伊朗	20	28	27	43	26	40	50
中国	.	11	12	13	13	14	14
日本	0	13	7	6	4	11	18
美国	19	27	40	40	32	16	14
脱脂奶粉							
全球	**1 230**	**1 080**	**1 180**	**1 100**	**1 150**	**1 100**	**1 250**
俄罗斯	51	10	15	19	5	42	63
中国	22	45	55	43	62	41	55
印尼	.	72	85	87	86	91	77
日本	52	43	37	34	32	35	32
菲律宾	108	110	120	87	95	98	80
沙特阿拉伯	38	50	61	53	53	42	35
新加坡	39	37	55	61	60	62	54
墨西哥	129	173	168	155	111	121	152
阿尔及利亚	92	81	91	84	68	91	105
全脂奶粉							
全球	**1 415**	**1 600**	**1 730**	**1680**	**1 700**	**1 580**	**1 680**
俄罗斯	25	20	25	30	82	25	28
阿尔及利亚	110	130	161	167	182	160	170
巴西	108	33	21	29	31	20	19
墨西哥	34	45	35	45	43	46	23
委内瑞拉	67	61	45	46	44	47	50
中国	29	89	90	64	67	58	46
印尼	18	20	21	26	27	27	84
沙特阿拉伯	43	36	49	75	75	70	62
新加坡	22	40	40	62	60	61	73
马来西亚	76	65	75	68	59	64	50
菲律宾	56	44	50	42	40	42	45
干酪							
全球	**1 227**	**1 350**	**1 450**	**1 450**	**1 480**	**1 530**	**1 400**
欧盟	148	175	112	102	105	94	84
瑞士	31	32	32	33	33	37	41
俄罗斯	36	176	213	260	218	330	350
美国	189	216	214	209	206	198	165
墨西哥	54	78	74	78	78	86	68
日本	205	194	219	212	207	225	187
韩国	30	36	41	44	45	49	47
沙特阿拉伯	73	89	95	103	103	98	70
澳大利亚[3]	33	49	50	50	60	64	70

注：1）全球进口量数据是根据出口数据进行统计的；2）估计数；3）乳业年度结束在次年 6 月

资料来源：ZMP，IDF 国家委员会，国家统计局，EUROSTAT，USDA，GTA

表 27-19　世界主要国家液体奶消费量[1]

单位：千吨

	2000	2003	2004	2005	2006	2007	2008
丹麦	710	738	739	734	759	754	.
德国	7 385	7 762	7 699	7 650	7 829	7 791	7 730
法国	5 509	5 951	5 493	5 780	5 670	5 721	5 567
爱尔兰	546	621	.	559	568	557	578
意大利	3 675	3 275	3 632	3 838	3 868	3 764	3 833
荷兰	1 629	2 072	2 069	2 064	2 020	2 020	1 964
西班牙	4 808	5 122	5 145	5 156	5 104	5 060	5 005
英国	6 860	6 650	6 516	6 258	6 352	6 405	.
欧盟 25 国		42 114	42 344	42 886	42 993	44 300	44 200
挪威	554	530	532	528	537	543	551
瑞士	680	803	.	601	610	612	617
加拿大	2 950	3 002	3 060	3 052	3 027	3 051	3 068
墨西哥	3 765	4 019	4 144	4 313	.	.	
美国	24 716	24 659	24 661	24 740	25 010	24 987	25 011
阿根廷	2 514	2 251	1 545	1 635	1 724	1 729	1 762
巴西	12 690	12 391	12 743	13 175	.	.	
澳大利亚[2]	1 987	2 109	2 148	2 329	2 435	2 271	2 312
新西兰[2]	380	360	360	360	.	.	
中国	1 230	6 539	9 267	11 450	.	.	
日本[3]	4 702	4 907	4 853	4 692	4 574	4 464	.
韩国	–	2 377	2 328	2 168	2 181	2 177	2 152
南非	1 365	1 286	1 215	1 584	1 630	1 680	

注：1）包括乳品厂加工的乳制品及直接由牧场销售给消费者的乳制品，同时包括可用的乳饮料和发酵乳制品数据资料；2）乳业年度结束于次年 5 月或 6 月；3）财政年度结束于次年 3 月。

资料来源：IDF 各国家委员会，ZMP，国家统计局，EUROSTAT ，USDA

表 27-20　世界主要国家液体奶人均消费量[1]

单位：千克

	2000	2003	2004	2005	2006	2007	2008
丹麦	133.1	136.7	137.2	135.7	139.7	138.0	.
德国	89.9	93.9	93.1	92.8	94.4	95.0	94.0
法国	92.5	92.9	91.7	92.0	89.4	89.7	86.8
爱尔兰	144.2	155.7	.	135.3	134.0	128.4	130.7
意大利	63.7	56.8	63.1	65.5	65.7	63.4	64.1
荷兰	125.8	127.7	127.1	126.5	123.6	123.3	119.4
西班牙	123.8	120.0	119.7	116.9	114.2	112.0	108.6
英国	114.8	111.6	108.9	103.9	104.8	105.1	.
欧盟 25 国/欧盟 27 国[4]	–	92.8	92.8	93.2	93.1	89.5	89.3
挪威	123.4	115.2	115.6	114.8	116.7	118.0	116.2
瑞士	92.5	108.5	.	80.7	81.1	79.0	79.9
加拿大	95.8	95.0	95.8	94.7	92.8	92.5	92.1
墨西哥	38.1	39.0	39.8	38.3	.	.	
美国	87.6	84.9	84.2	83.7	83.8	83.0	82.6
阿根廷	69.8	62.1	40.4	42.4	44.2	43.9	43.9
巴西	74.6	71.0	72.0	73.2	.	.	
澳大利亚[2]	102.3	105.5	106.2	113.3	116.8	107.2	107.2
新西兰[2]	99.0	90.0	90.0	90.0	.	.	
中国	1.0	5.1	7.2	8.8	.	.	
日本[3]	37.0	38.5	38.0	36.7	35.8	34.9	.
韩国	–	48.7	48.4	45.0	45.2	44.9	44.3
南非	30.3	29.5	26.1	36.8	37.9	39.1	

注：1. 包括乳品厂加工的乳制品及直接由牧场销售给消费者的乳制品，同时包括可用的乳饮料和发酵乳制品数据资料；2. 乳业年度结束于次年 5 月或 6 月；3. 财政年度结束于次年 3 月；4. 2007 年起 27 国。

资料来源：IDF 各国家委员会、ZMP、USDA

表 27-21 世界主要国家乳饮料、发酵乳消费量

单位：千吨

	2000	2003	2004	2005	2006	2007	2008
丹麦	191	232	241	249	272	263	.
德国	2 176	2 351	2 304	2 457	2 514	2 532	2 510
法国	1 196	2 059	1 784	1 983	2 037	2 058	1 915
荷兰	739	689	684	660	706	.	.
西班牙	620	1 041	1 032	1 233	1 300	.	.
欧盟 25 国/欧盟 27 国[1]		8 516	8 647	8 920	9 750	10 200	10 050
挪威	75	95	97	98	109	117	121
瑞士	167	193	208	229	234	.	.
加拿大	150	198	215	233	243	251	273
墨西哥	370	472	483	536	568	.	
阿根廷	244	271	357	403	467	507	510
伊朗	.	.	.	2 670	2 882	3 348	3 480

注：1. 2007 年起 27 国。

资料来源：IDF 各国家委员会、ZMP、USDA

表 27-22 世界主要国家乳饮料、发酵乳人均消费量

单位：千克

	2000	2003	2004	2005	2006	2007	2008
丹麦	35.8	43.0	44.6	45.9	50.0	48.2	.
德国	26.5	28.5	27.9	29.8	29.8	30.8	30.5
法国	-	34.3	28.7	31.6	31.6	31.0	29.9
荷兰	46.4	42.5	42.0	40.7	45.0	.	.
西班牙	15.7	24.4	24.0	28.0	29.1	.	.
欧盟 25 国		18.8	18.9	19.3	21.1	20.6	20.3
挪威	16.6	20.7	21.1	21.3	23.7	25.4	25.5
瑞士	22.8	25.6	27.0	30.7	31.4	.	.
加拿大	4.9	6.2	6.7	7.2	7.5	7.6	8.2
墨西哥	3.0	4.5	4.6	5.1	5.3	.	.
阿根廷	6.7	7.3	9.4	10.4	12.0	12.9	12.8
伊朗	.	.	.	38.7	40.9	46.8	47.3

资料来源：AMP，IDF 各国家委员会，欧盟统计办公室，USDA

表 27-23　世界主要国家奶油消费量

单位：千吨

	2000	2003	2004	2005	2006	2007	2008
丹麦	9	9	9	9	9	10	11
德国	546	543	537	531	538	523	515
法国	490	467	496	480	499	504	502
爱尔兰	11	11	12	12	11	11	.
意大利	162	158	165	163	170	157	154
荷兰	53	52	52	53	54	56	54
西班牙	24	18	17	21	22	23	25
英国[1]	209	207	209	219	226	195	.
欧盟 25 国		1 954	1 902	1 940	1 940	1 959	1 938
挪威[1]	23	21	21	20	20	18	19
瑞士	45	41	42	41	42	44	45
俄罗斯	332	440	437	373	394	374	399
加拿大	93	104	112	106	86	91	90
美国	579	594	606	620	645	687	772
阿根廷	44	36	35	30	29	28	29
澳大利亚	57	70	77	77	81	87	89
新西兰	22	25	26	26	.	.	
日本	83	90	90	85	90	92	.

注：1）包括乳脂肪混合物；

资料来源：IDF 各国家委员会、ZMP、USDA

表 27-24　世界主要国家奶油人均消费量

单位：千克

	2000	2003	2004	2005	2006	2007	2008
丹麦	1.6	1.7	1.6	1.6	1.6	1.7	2.0
德国	6.6	6.6	6.5	6.4	6.5	6.4	6.2
法国	8.3	7.8	8.0	7.7	7.9	7.9	7.8
爱尔兰	3.0	2.8	3.0	2.9	2.7	2.6	.
意大利	2.8	2.8	2.9	2.9	2.9	2.6	2.6
荷兰	3.3	3.2	3.2	3.3	3.3	3.3	3.3
西班牙	0.7	0.4	0.4	0.5	0.5	0.5	0.5
英国[1]	3.5	3.5	3.5	3.6	3.7	3.2	.
欧盟 25 国	-	4.3	4.3	4.2	4.2	4.0	3.9
挪威[1]	5.1	4.6	4.6	4.3	4.3	4.0	4.0
瑞士	5.4	5.5	5.7	5.5	5.6	5.7	5.7
俄罗斯	2.3	3.1	3.1	2.6	2.7	2.6	2.8
加拿大	2.9	3.3	3.5	3.3	2.6	2.8	2.7
美国	2.1	2.0	2.1	2.1	2.2	2.3	2.5
阿根廷	1.2	1.0	0.9	0.8	0.7	0.7	0.7
澳大利亚	3.1	3.5	3.8	3.8	3.9	4.1	4.1
新西兰	6.5	6.3	6.3	6.3	.	.	
日本	0.7	0.7	0.7	0.7	0.7	0.7	.

注：1）包括乳脂肪混合物；

资料来源：IDF 各国家委员会、ZMP、USDA

表 27-25 世界主要国家干酪消费量[1]

单位：千吨

	2000	2003	2004	2005	2006	2007	2008
芬兰	83	87	97	98	102	104	.
法国	1 420	1 473	1 506	1 476	1 501	1 524	1 574
德国	1 740	1 791	1 808	1 771	1 813	1 824	1 815
爱尔兰	39	42	42	34	28	31	27
意大利	1 284	1 283	1 323	1 285	1 280	1 249	1 280
荷兰	231	279	272	279	289	295	285
西班牙	353	377	410	321	320	334	345
瑞典	148	158	161	162	166	166	.
英国	581	641	677	693	734	744	.
欧盟 25 国	-	8 097	8 226	8 385	8 490	8 723	8 814
挪威	68	70	67	70	70	71	.
瑞士	131	149	161	161	165	172	177
俄罗斯	580	800	810	880	705	764	779
加拿大	422	443	382	390	398	417	410
美国	4 148	4 435	4 592	4 293	4 461	4 565	4 575
阿根廷	410	310	352	367	415	442	457
墨西哥	188	204	214	230	229	233	238
澳大利亚	218	248	237	240	249	250	254
新西兰	28	28	29	29	28	26	.
日本	243	239	249	246	254	263	.
韩国	-	58	64	68	72	74	72

注：1)以现有数据为基础，包括农舍干酪、粗制脱脂酸奶干酪和融化干酪；

资料来源：IDF 各国家委员会、ZMP、USDA

表 27-26 世界主要国家干酪人均消费量[1]

单位：千克

	2000	2003	2004	2005	2006	2007	2008
芬兰	16.3	16.6	18.3	18.7	19.1	19.1	.
法国	25.3	24.8	24.0	23.6	23.7	23.9	24.6
德国	21.2	21.7	21.9	21.5	22.0	22.2	22.1
爱尔兰	10.3	10.5	10.5	8.2	6.7	7.1	6.1
意大利	22.3	22.3	22.7	21.9	21.7	21	21.4
荷兰	14.5	14.7	16.7	17.1	17.7	18.0	17.3
西班牙	9.0	9.5	9.5	7.3	7.2	7.3	7.5
瑞典	17.0	17.6	18.2	18.2	18.5	18.4	.
英国	9.9	10.8	11.3	11.7	12.1	12.2	.
欧盟 25 国	-	17.8	17.9	18.1	18.3	17.7	17.9
挪威	15.1	15.1	14.6	15.2	15.2	15.4	.
瑞士	17.8	20.2	21.7	22.2	22.1	22.2	22.7
俄罗斯	4.8	5.6	5.7	6.2	4.9	5.4	5.5
加拿大	13.8	14.0	11.9	12.1	12.2	12.6	12.3
美国	14.6	15.3	15.5	14.5	15.3	15.1	15.0
阿根廷	11.4	8.3	9.2	9.5	10.7	11.2	11.5
墨西哥	1.7	1.9	2.1	2.1	2.2	2.2	2.2
澳大利亚	11.4	12.4	11.7	11.7	11.9	11.8	11.8
新西兰	7.3	7.1	7.1	7.1	6.7	6.1	.
日本	1.9	1.9	2.0	1.9	2.0	2.1	.
韩国	-	1.2	1.3	1.4	1.5	1.5	1.5

注：1)以现有数据为基础，包括农舍干酪、粗制脱脂酸奶干酪和融化干酪

资料来源：IDF 各国家委员会、ZMP、USDA

图书在版编目（CIP）数据

中国奶业年鉴. 2010 / 刘成果主编. -- 北京 : 中国农业出版社, 2010.12
ISBN 978-7-109-15063-8

Ⅰ. ①中… Ⅱ. ①刘… Ⅲ. ①乳品工业－中国－2010－年鉴 Ⅳ. ①F426.82-54

中国版本图书馆 CIP 数据核字(2010)第 238967 号

中国农业出版社出版
(北京市朝阳区农展馆北路 2 号)
(邮政编码 100125)
责任编辑 刘博浩 豆 明

中国农业出版社印刷厂印刷
2010 年 12 月第 1 版 2010 年 12 月北京第 1 次印刷

开本：889mm×1194mm 1/16 印张：28.75 插页：34
字数：980 千字
定价：300.00 元

CDYB
2010 2011 201